ULLSTEIN

Das Buch

Der Kapitalismus treibt auf eine ausweglose Situation zu. Der Lebensstandard breiter Bevölkerungsschichten sinkt, die Arbeitslosigkeit nimmt zu, der Ausweg in die Dienstleistungsgesellschaft erweist sich als Illusion. Die Marktwirtschaft wird mit ihren Produktivitätssprüngen – Automation und Globalisierung – nicht mehr fertig.
In einer Analyse der drei großen industriellen Revolutionen zeichnet Robert Kurz die Geschichte des Kapitalismus nach und zeigt gleichzeitig, daß die bisherigen Gegenentwürfe das Wesen der Marktwirtschaft unangetastet ließen. Er macht deutlich, weshalb die Wachstumsdynamik der letzten 200 Jahre zwangsläufig erlischt und warum das bisherige System von Arbeit, Geldeinkommen und Warenkonsum nicht mehr zu retten ist.

Der Autor

Robert Kurz, 1943 geboren, lebt als freier Publizist, Journalist und Referent im Kultur- und Wirtschaftsbereich in Nürnberg. Er ist Mitherausgeber der gesellschaftskritischen Theoriezeitschrift *Krisis.*

Robert Kurz

Schwarzbuch Kapitalismus

Ein Abgesang auf die Marktwirtschaft

Ullstein

»Übrigens sah der Verurteilte so hündisch ergeben aus, daß es den Anschein hatte, als könnte man ihn frei auf den Abhängen herumlaufen lassen und müsse bei Beginn der Exekution nur pfeifen, damit er käme.«

Franz Kafka

Ullstein Taschenbuchverlag
Der Ullstein Taschenbuchverlag ist ein Unternehmen der
Econ Ullstein List Verlag GmbH & Co. KG, München
1. Auflage 2001

Umschlagkonzept: Lohmüller Werbeagentur GmbH & Co. KG, Berlin
Umschlaggestaltung: DYADEsign, Düsseldorf
Satz: Pinkuin Satz und Datentechnik, Berlin
Druck und Bindearbeiten: Clausen & Bosse, Leck
Printed in Germany
ISBN 3-548-36308-3

Inhalt

Prolog

Das historische Gedächtnis der Menschen ist kurz. Sogar die eigene Biografie verblasst in der Erinnerung. Was wissen wir noch wirklich von unserem Leben, unseren Gedanken, Gefühlen und Befindlichkeiten vor zwanzig, dreißig oder vierzig Jahren? Die meisten Menschen sind überrascht, wenn sie zufällig auf einen objektiven dokumentarischen Beleg ihrer Vergangenheit stoßen und dann feststellen müssen, wie sehr sich die einstige Realität oft von dem Bild unterscheidet, das sie in ihrem Kopf davon gespeichert haben. Immer sind wir andere und uns selbst fremd geworden. Es scheint aber weniger die begrenzte Kapazität des menschlichen Gehirns zu sein, die solche Fehlleistungen der Erinnerung bewirkt. Vielmehr sind wir in der Regel Verdrängungskünstler, die sich die eigene Geschichte zurechtfärben und für das Selbstwertgefühl passend legitimieren. Jeder Mensch affirmiert sein noch so fadenscheiniges Ego, um möglichst bequem und unangefochten in seiner Haut leben zu können, ohne sich selbst in Frage stellen zu müssen.

Ähnliches gilt in verstärktem Maße für das kollektive Gedächtnis der Menschheit. Alles, was hinter den Horizont des eigenen lebensgeschichtlichen Anfangs zurückreicht, liegt für uns in einem noch schwärzeren Dunkel als die persönliche Vergangenheit. Es kommt uns seltsam vor, wenn wir daran denken, daß die Eltern und Großeltern, die doch so vertraut scheinen, ein Leben vor unserem Leben hatten, das für uns immer wildfremd bleiben muß. Und hier beginnt schon die Geschichte der Gesellschaft, denn jenseits der bloß blutsverwandtschaftlichen Stammesorganisation, die in der modernen Welt vollends auf die Kleinfamilie mit Dackel und in der postmodernen Version auf den Single als Gesellschaftsatom geschrumpft ist, mischt sich in die persönliche Geschichte der Generationen die kulturelle, politische und sozialökonomische Geschichte. Abgesehen davon, daß der Habitus, die Umgangsformen und die Klamotten der Vorvergangenheit immer zum Schreien komisch sind, wissen wir von den wirklichen Umständen so gut wie gar nichts mehr. Die Erzählungen sind bruchstückhaft und selber wieder von Verdrängungen gefärbt, so daß die Geschichte wahlweise als »die gute alte Zeit« oder umgekehrt als »die schlechten Zeiten« firmiert; oder als beides zusammen, denn um unaufgelöste Widersprüche ist der Alltagsverstand nie verlegen. Die »Ich war dabei«-Geschichten sind so ziemlich die unzuverlässigsten.

Wie sich aber die einzelne Person selbst lebensgeschichtlich legitimiert, so erst recht die herrschende Struktur der Gesellschaft. In die persönlichen Erinnerungen dringen wie Ätzmittel die ideologische Selbstrechtfertigung und die offizielle, in den Schulbüchern kolportierte Geschichtsschreibung der bestehenden Machtverhältnisse ein, setzen das Denken unter Druck und drohen es aufzulösen. Zur persönlichen Selbstzensur addiert sich die gesellschaftliche. Weltmeister in dieser Hinsicht ist der moderne Kapitalismus. Noch keine Gesellschaft in der menschlichen Geschichte hat sich derart unverfroren als Absolutes gesetzt. Das totale Marktsystem färbt seine eigene Geschichte aber nicht bloß schön, sondern löscht sie sogar großenteils aus. Der »homo oeconomicus« lebt quasi im Zeithorizont eines kleinen Kindes; nämlich in einer ewigen Gegenwart von Markthandlungen, die alle auf derselben zeitlosen Ebene stattzufinden scheinen. Beschwört der konservative Geist die Geschichte, um sie im Namen der Autorität zu verfälschen, so verscherbelt der wirtschaftsliberale Geist die Geschichte wie Unterhosen, Kampfbomber, Fertigsuppen und andere Marktgegenstände, in die sich die erfahrbare Welt unterschiedslos verwandelt. Und war schon die mündliche Überlieferung mythologisch standardisiert, so enthistorisieren die kapitalistischen Medien die Geschichte selbst und lösen sie in die Ökonomie des Marktes auf.

Diese Methode ist ideologisch vorteilhafter als alle bloßen Geschichtsklitterungen. Denn die Beliebigkeit der bunten Warenwelt verschluckt jede objektive Wahrheit, und die sogenannte Postmoderne ist ja folgerichtig nicht nur beim totalen Markt, sondern auch beim totalen Relativismus gelandet, also in einer Paradoxie. »Alles ist nur ein Film«. Somit entfällt jede kritische Reflexion über das historische Gewordensein »dessen, was ist«. Es »ist« einfach und damit Schluß. Für dieses Denken (oder vielmehr für diese Gedankenlosigkeit) kommt allerdings dem medialen oder ideologischen Schein genauso viel Tatsachengehalt zu wie dem realen Sein; genauer gesagt »scheint« es keinen Unterschied zwischen Realität und Inszenierung mehr zu geben. Die Lüge ist genauso wahr wie die Wahrheit, und somit leben wir mitsamt unserer demokratischen Freiheit längst in einer Orwellschen Welt. »1984« liegt ja auch schon hinter uns, nur hat es niemand bemerkt.

Während der einem zynischen Realismus verfallene Marktmensch sich einbildet, das aufgeklärteste Wesen der Welt zu sein, läßt er nahezu alles mit sich machen, nimmt die unglaublichsten Zumutungen fatalistischer hin als ein orientalischer Mystiker und läßt sich größeren Unsinn einreden als ein mittelalterlicher Bauer. Weil er jeden Maßstab verloren hat, kann er weiß und schwarz nicht mehr unterscheiden; und ob ihm etwas weh tut, muß er den Diagnosen von Experten oder der Statistik entnehmen. Erst dieser komplette, seiner kritischen Vernunft beraubte und entmündigte Idiot ist reif für eine flächendeckende Marktwirtschaft, an deren »Gesetze« er glauben darf wie der feudale Hintersasse an die Realexistenz von Hölle und Fegefeuer.

Der letzte kümmerliche Rest eines Maßstabs schien in der Nachkriegsgeschichte die Tatsache des Systemkonflikts zwischen Ost und West zu sein. Es war freilich ein allzu billiges Maß, an dem sich der kapitalistische Westen dabei selber messen konnte. Denn bekanntlich ging der bürokratische Staatssozialismus nirgendwo aus der Krisenreife eines kapitalistischen Systems hervor, sondern im Gegenteil aus einer Krise der »Unterentwicklung« an der Peripherie des Weltmarkts in der ersten Hälfte des 20. Jahrhunderts. Es ist unschwer zu erkennen, daß die Regimes der »nachholenden Modernisierung« im Osten und Süden nicht nur in einer lediglich anderen ideologischen Verkleidung die längst vergessenen und verdrängten westlichen Frühformen des Kapitalismus wiederholten, um eine moderne industrielle Warenwirtschaft im Schnelldurchgang aus dem Boden zu stampfen; sie ahmten auch bis zur Lächerlichkeit die Affekte und die Mythologie der bürgerlichen Revolutionen, die kapitalistischen Lebensformen und sogar noch das westliche Design nach. Der Osten war insofern von Anfang an keine historische Alternative, sondern immer nur eine gröbere, eher mickrige und auf halbem Weg stekkengebliebene Billigversion des Westens selbst. Die ökonomische und technologische Überlegenheit des westlichen Kapitalismus war nie mehr als diejenige eines älteren Bruders, der den jüngeren gewohnheitsmäßig zusammenschlägt und darauf auch noch stolz ist.

Nur die bis zur Vollendung gediehene Geschichtsblindheit machte es möglich, daß der Zusammenbruch des vorsintflutlichen Staatssozialismus als kapitalistischer Endsieg und als Endlösung der sozialen Frage ausgerufen werden konnte. Es erscheint heute mehr denn je als undenkbar, daß die gemeinsamen Geschäftsgrundlagen des modernen warenproduzierenden Systems, an denen sich die historischen Nachzügler ihrerseits von Anfang an messen lassen mußten, selber zum Auslaufmodell werden könnten. Zwar haben sich alle kapitalistischen Verheißungen seit 1989 als Luftblasen erwiesen. Die offenen Märkte des Ostens bescherten der westlichen Gesellschaft kein neues Wirtschaftswunder, sondern nur eine desperate Billiglohn-Konkurrenz. Und die Menschen des Ostens reiben sich ungläubig die Augen, weil sie feststellen müssen, daß noch die finstersten Ideologen des Kasernenkommunismus, deren Lügenpropaganda über die eigene Herrschaft doch so durchsichtig und jämmerlich gewesen war, die sozialen Defizite der westlichen Marktwirtschaft mit boshafter Präzision durchaus zutreffend beschrieben hatten.

Aber die Idee ist paralysiert, die utopischen Energien scheinen verbraucht. Nach dem Ende der Geschichte herrschen Verwirrung und innere Verhärtung. Die Hoffnung wird irre, weil sie keine Alternative mehr denken kann. Sogar der gemäßigte Reformismus bricht zusammen. Der Kapitalismus ist von der Kette und zeigt ein Gesicht, das ihm so bösartig viele nicht mehr zugetraut hätten. Eine wüste Konzeptheckerei hat begonnen, die mit einem absurden Billigvorschlag nach dem andern aufwartet, um die schier unaufhaltsame sozialökonomische Krise auf dem Boden der »alternativlosen« Marktwirtschaft zu bannen. Die Selbstzensur des kapitalistischen Menschen, die wirksamer ist als jede Polizeibehörde, hat zum Ende des kritischen Denkens geführt. Nicht einmal die Subkultur ist mehr oppositionell.

Um eine neue, andere Alternative wieder denken zu können, muß zuerst die Geschichte rehabilitiert werden. Den scheinbar ahistorisch gewordenen Kapitalismus gilt es zu historisieren. Das ist heute keine Frage mehr, die sich auf das unverbindliche Reich des Gedankens beschränken könnte. In Wahrheit haben wir die historische Schmerzgrenze der Marktwirtschaft erreicht, deren ökonomischer Totalitarismus unerträglich zu werden beginnt. Während die letzten kalten Krieger immer noch von der »freien Welt« faseln, entpuppt sich das planetarische System des Kapitalismus als eine Gesellschaft, »die dabei ist, buchstäblich verrückt zu werden« (Oskar Negt). Das ist bekanntlich das Schicksal jeder Hybris. Eine Selbstheilung der Gesellschaft, eine Rückkehr auf den sozialen und ökologischen Boden der Tatsachen, eine Beruhigung des enthemmten und entgrenzten Fortschritts, ein erträgliches gesellschaftliches Leben und eine Grundgeborgenheit als Voraussetzung von Mitgefühl, generativer Verantwortung und ideeller Reflexion werden nur möglich sein, wenn dem absurd und gemeingefährlich gewordenen System der totalen Konkurrenz von atomisierten Individuen der Spiegel seiner eigenen Geschichte vorgehalten wird, damit die Selbsterkenntnis des kapitalistischen Menschen ein Ende des Kapitalismus ohne Schrecken erleichtert.

Nicht bloß vordergründig ist diese Geschichte vor allem eine Wirtschafts- und Sozialgeschichte. Denn wenn »das Medium die Botschaft ist« (Marshall McLuhan), dann kann die Geschichte des modernen »homo oeconomicus« in der Tat nur die Geschichte seiner Ökonomie sein, die Geschichte der »Produktivkraftentwicklung«, die Geschichte der Konjunkturen, der Krisen und des abstrakten Geldreichtums. Mit der Gewaltsamkeit und den ungeheuren Potentialen dieser Geschichte kontrastiert ihre nicht weniger ungeheure Trivialität. Nachdem die existentiellen, metaphysischen und erkenntnistheoretischen Fragen der Menschheit durch die sogenannten Marktgesetze erstickt worden sind, bleibt nur die triviale Metaphysik des Geldes übrig. Die Abenteuer sind zu Ende, denn in der totalen Banalität des Marktes gibt es nichts zu entdecken und nichts zu erleben. Da hilft kein Risikosport und kein Erlebnistourismus im Himalaya mehr. Der Held der Woche heißt z. B. Hartwig Piepenbrock, »Herr einer riesigen Putzkolonne« von 30 000 Billiglohn-Schrubbern (Wirtschaftswoche 37/1996), dessen Lebensziel es ist, in der Billiglohn-Schrubber-Branche der Größte zu werden. Die historische Schmerzgrenze der Marktwirtschaft ist auch diejenige ihres Weltbildes, ihrer »Warenästhetik« (W. F. Haug) und der peinlichen Borniertheit des menschlichen Strebens.

Eine Schmerzgrenze ist folgenlos nicht überschreitbar. Jenseits dieser Grenze ist der Patient entweder tot oder ein anderer. Die überfällige Historisierung des Kapitalismus kann allerdings nicht mehr von den Binnenkonflikten der bisherigen Modernisierungsgeschichte ausgehen. Sie muß das Ganze in den Blick nehmen, d. h. aus der Analyse des Gewordenseins auf das Ende schließen. Die Ironie der Geschichte könnte es sein, daß für den Kapitalismus absoluter Triumph und Endkrise historisch zusammenfallen. Daß diese unerwartete Krise freilich ganz anders aussieht, als früher gedacht, ergibt sich aus dem Zerfall des bisherigen Bezugssystems selbst. Die gegenwärtige weltweite »Standort«-Debatte ist deswegen so grotesk, weil sie nicht realisieren will, daß das flächendeckende System marktwirtschaftlicher »Arbeitsplätze« sich heute selbst zerstört und unmöglich geworden ist. Natürlich verweist auch die Arbeitsplatzfrage auf die Geschichte. Die kapitalistische Industrialisierung, die im späten 18. Jahrhundert angestoßen wurde, tritt in das Stadium der Ausweglosigkeit ein. Es kann nur noch ein Abenteuer geben: die Überwindung der Marktwirtschaft jenseits der alten staatssozialistischen Ideen. Danach mag eine andere Geschichte beginnen.

Modernisierung und Massenarmut

Der letzte klägliche Rest eines dumpfen Geschichtsbewußtseins, den die Marktwirtschaft übriggelassen hat, ist ihre eigene Legende: daß sie nämlich grundsätzlich »wohlfahrtssteigernd« sei. Demnach hätte die Menschheit vor der marktwirtschaftlichen Modernisierung im Elend verschmachten müssen. In Wirklichkeit verhält es sich für die große Mehrheit der Weltbevölkerung genau umgekehrt. Zwar hat der Kapitalismus zweifellos die Produktivkräfte verwissenschaftlicht und ihre Entwicklung ungeheuer beschleunigt. Die Steigerung der Wohlfahrt war damit jedoch merkwürdigerweise immer nur zeitweilig verbunden, begrenzt auf bestimmte soziale Segmente und Weltregionen. Denn der Kapitalismus ist ein brutales Gewinner-Verlierer-Spiel, dessen totalitärer Charakter die pure soziale und selbst die physische Existenz als Einsatz nicht ausspart; und er hat von Anfang an mehr Verlierer als Gewinner hervorgebracht.

Die Gesamtbilanz ist nicht nur negativ, sondern verheerend. Der Wirtschaftshistoriker Immanuel Wallerstein und sein Team am Fernand Braudel Center for the Study of Economics der State University in New York haben aus ihren Untersuchungen Ende der 70er Jahre den Schluß gezogen: »Langfristig sinkt der Wohlstand des Weltsystems und der Gesamtheit der Arbeitskräfte der Erde – entgegen einer sehr verbreiteten Annahme steigt er nicht« (Hopkins/Wallerstein 1979, 184 f.). Das mag dem vielseitig konsumierenden westmitteleuropäischen »Fußgängerzonen-Menschen« (Diedrich Diederichsen) heute immer noch überraschend und unglaubwürdig vorkommen, obwohl er sich selber schon längst wieder auf dem absteigenden Ast des Lebensstandards befindet. Aber »Gesamtbilanz« heißt eben, daß erstens nicht nur die jüngste Vergangenheit der Nachkriegsgeschichte mit ihren zeitweilig hohen Konsum-Gratifikationen, sondern die Modernisierungsgeschichte insgesamt mit dem Leben all ihrer Generationen berücksichtigt werden muß. Zweitens können selbstverständlich nicht nur die Menschen des hoch- und postindustriellen Nordens in die Rechnung eingehen, sondern die gesamte Weltbevölkerung von gegenwärtig nahezu 6 Milliarden

Menschen mit ihren wirklichen Lebensverhältnissen muß in der Bilanzierung vorkommen.

Drittens ist es ganz unzulässig, das Pro-Kopf-Einkommen in Dollar als Indikator zu nehmen, wie dies gewöhnlich die nationalen und internationalen Institutionen sowohl bei historischen Reihen als auch bei aktuellen Untersuchungen nicht ohne üble Absicht tun. Denn dieser abstrakte Durchschnittswert läßt völlig unberücksichtigt, daß der Marktwirtschaft grundsätzlich die Tendenz innewohnt, die Gesellschaft zu polarisieren. Diese Tendenz ist nur in wenigen Gewinnerländern zeitweilig gemildert worden, und sie bricht heute selbst in diesen wieder ungehemmt durch. Aus obszönem Geldreichtum einerseits und massenhafter Verarmung oder sogar Verelendung andererseits den statistischen Durchschnitt als Maß der gesellschaftlichen Wohlfahrt zu ziehen, heißt der sozialen Wahrheit ins Gesicht schlagen. Wenn z. B. die Armutsgrenze bei einem Monatseinkommen von 100 Dollar liegt und 99 von 100 Menschen unter dieser Grenze mit 90 Dollar im Monat bzw. 1080 Dollar im Jahr vegetieren müssen, während der eine hunderste 5 Millionen Dollar im Jahr einnimmt, dann läge das »durchschnittliche Pro-Kopf-Einkommen« bei sage und schreibe mehr als 51 000 Dollar pro Jahr und man müßte jene hundert »im Durchschnitt« zu den Glücklichen dieser Erde zählen. Sowohl die historische als auch die aktuelle Realität der wunderbaren Marktwirtschaft ist gar nicht so weit weg von diesem fiktiven Beispiel, wenn auch die gesamte Verteilung und besonders der »Mittelstandsbauch« der Statistik je nach Land und Epoche sehr unterschiedlich ausfallen.

Viertens werden, und das ist mittlerweile allgemein bekannt, die Kosten der vom globalen Marktsystem verursachten ökologischen Zerstörung entweder gar nicht berücksichtigt oder sie gehen sogar als positive Größen in das Bruttosozialprodukt ein; etwa wenn die Kosten von Verkehrsunfällen und ihren Folgen, von Boden- und Wasserverseuchung, Luftverschmutzung usw. (ebenso wie übrigens die kapitalistische Armutsverwaltung) als »Einkommen« erscheint. Ein nicht unerheblicher Teil der kapitalistischen Menschheit verdient seinen Lebensunterhalt mit den Schäden, die das System anrichtet. Ganz zu schweigen davon, daß die Gefräßigkeit der Marktwirtschaft im Verlauf ihrer Geschichte jeden freien, unentgeltlichen Zugang der

Menschen zu den Naturreichtümern abgeschnitten und durch die »Privatisierung der Welt« die gesamte menschliche Naturbeziehung den Zwängen des Kaufens und Verkaufens untergeordnet hat.

Marktwirtschaft macht arm

Daß der Kapitalismus einige wenige reich, die Masse aber bettelarm macht, das ist eine historische Grunderfahrung. Der großen Mehrzahl der Menschheit ist es sowohl in der kapitalistischen Frühgeschichte seit dem 16. Jahrhundert als auch in dem Vierteljahrtausend von 1750 bis heute in nahezu jeder Hinsicht schlechter gegangen als im 14. und 15. Jahrhundert. Alle, die heute von der »Alternativlosigkeit« der Marktwirtschaft sprechen (und das ist nach dem Untergang des Staatssozialismus auch ein Großteil der Linken), gehören zur winzigen und immer weiter schrumpfenden historischen Minderheit der (relativen) Gewinner und zu den zynischen Rechtfertigungs-Ideologen einer ebenso absurden wie antihumanen Gesellschaftsform.

Und dieser Zynismus wird inzwischen gar nicht mehr groß bemäntelt. Die Damen und Herren Realisten »stehen dazu«. Sie sind sozial und historisch zu Autisten geworden, die keine andere Realität mehr an sich heranlassen als ihre eigene. Über die Armut reden sie nur unter den axiomatischen Bedingungen der Marktwirtschaft, also bestenfalls im Sinne einer technokratischen Regulation. Aber die Geschichte kehrt zurück. Deswegen ist es nicht unnütz, die Rechnung aufzumachen, die von diesem System und seinen Apologeten noch bezahlt werden muß.

Am Anfang war das massenhafte Elend; aber das bereits frühkapitalistisch erzeugte. In der frühmodernen Epoche vor der Industrialisierung hatte sich ganz Europa in eine Dantesche Hölle der Verelendung verwandelt, die in ihrer Dichte und Ausdehnung historisch beispiellos war und nur mit den Zuständen im heutigen Afrika (ebenfalls einem Schreckensprodukt des Kapitalismus) vergleichbar ist. So unsicher und lückenhaft die damaligen statistischen Angaben auch sein mögen, die historische Sozialwissenschaft kann heute trotzdem einigermaßen fundierte Aussagen über die gähnend auseinanderklaffende Sozialstruktur des vorindustriellen Kapitalismus im 16., 17. und 18. Jahrhundert machen:

»In Spanien bildeten im 16. Jahrhundert die oberen Einkommensschichten (einschließlich des Adels, der Bischöfe und der Angehörigen der freien Berufe, die zwischen 5 und 7 Prozent der Bevölkerung ausmachten, und der selbständigen Handwerker, die weitere 10 bis 12 Prozent ausmachten) etwa ein Fünftel der Bevölkerung, während die übrigen 80 Prozent Arme waren. Zu Ende des 17. Jahrhunderts gab Gregory King eine stärker ins einzelne gehende Darstellung der Vermögensverteilung in England [...] Auch hier bildeten die Reichen einen kleinen Teil der Gesellschaft und die Armen rund 50 Prozent, wovon die Hälfte in erschreckender chronischer Armut vegetierte. Zur selben Zeit lebten [...] fünf Neuntel der französischen Bevölkerung in Armut. Im frühen 18. Jahrhundert fanden sich in Deutschland, Schätzungen zufolge, in den geistlichen Besitztümern unter jeweils 1000 Einwohnern 50 Geistliche und 260 Bettler, während Köln in einer Bevölkerung von 50000 damals angeblich 20000 Bettler zählte« (Minchinton 1983, 60).

Der absolute und relative Verfall der materiellen Wohlfahrt durch marktwirtschaftliche Modernisierung, ganz zu schweigen vom Verfall der immateriellen Wohlfahrt durch die Zersetzung selbstbestimmter sozialer Zusammenhänge, über große historische Zeiträume hinweg taucht in sozial- und wirtschaftsgeschichtlichen Studien immer wieder auf, wird aber selten systematisch und in seiner ganzen Schärfe dargestellt.

Ziemlich unbestritten ist immerhin, daß die fremdbestimmte Arbeitszeit der Massen während der Modernisierungsgeschichte im Vergleich zu allen vorkapitalistischen Gesellschaften exorbitant erhöht wurde. Nach Immanuel Wallerstein haben verschiedene Sozialhistoriker anhand mittelalterlicher Urkunden herausgefunden, daß im damaligen England ein Arbeitstag »von Sonnenaufgang bis Mittag« ging und daß ein wichtiger Aspekt der sogenannten marktwirtschaftlichen Entwicklung schon früh in der »allmählichen Ausdehnung der Arbeitsstunden in der Landwirtschaft« zu sehen ist (Wallerstein 1986/1974, 75f.). Aus einem Erlaß von König Wenzel II. im Jahr 1300 geht hervor, daß die Schichtdauer im böhmischen Bergbau täglich 6 Stunden betrug, wie eine Dokumentensammlung zu Arbeitszeitfragen zeigt (Otto 1989, 33). Ebenso kommt der Sozialhistoriker Wilhelm Abel zu dem Schluß, daß beim Vergleich des Lebensniveaus von Bauhandwerkern »für das Spätmittelalter [...] zwei Feiertage in der Woche angenommen« werden können, während Arbeiter derselben Kategorie im Jahr 1800 nicht nur einen Tag mehr arbeiten, sondern wegen niedrigerer Löhne sogar in der Regel ihr Einkommen »durch Gelegenheitsarbeiten an Sonn- und Feiertagen aufbessern« mußten (Abel 1981, 63). Heute noch arbeiten die Lohnabhängigen trotz aller mühselig errungenen Arbeitszeitverkürzungen (die gegenwärtig schon wieder zurückgenommen werden) selbst in den kapitalistischen Kernländern länger und intensiver als die meisten Leibeigenen des Mittelalters.

Dieselbe negative Entwicklung gilt für die materielle Reproduktion, heute in kapitalistischer Terminologie als »Reallöhne« bezeichnet. In der Sozialgeschichtsschreibung werden diese wegen der Kontinuität des Maßstabs meistens in Getreidemaßen ausgedrückt. Wilhelm Abel kommt zu einem erschütternden Ergebnis bei seinem Vergleich zwischen dem 14. und dem beginnenden 19. Jahrhundert:

»Für das ausgehende Mittelalter wurde ein Würzburger Zimmerer herangezogen, für die Jahre um 1800 wird ein Berliner Maurer gewählt. Zimmerer und Maurer erhielten zumeist den gleichen Lohn [...] Der Würzburger Zimmerer sollte nach einer Polizeiverordnung vom Jahre 1387, die sicherlich nicht unterschritten, eher überschritten wurde, einen Tageslohn im Gegenwert von etwa 26 kg Roggen erhalten. Das bedeutet je Konsumtag bei zwei arbeitsfreien Tagen in der Woche 18,6 kg Roggenäquivalente. Der Berliner Maurer erhielt je Arbeitstag, der nunmehr mit dem Konsumtag gleichgesetzt werden soll, den Gegenwert von 6,7 kg Roggen« (Abel, a.a.O., 63).

Eine wirklich grandiose »Steigerung der Wohlfahrt« nach Jahrhunderten marktwirtschaftlicher Modernisierungsschübe. Man muß wahrhaftig ziemlich undankbar sein, um die Qualität dieses »Fortschritts«, der den Reallohn beinahe auf ein Drittel abgesenkt hat, nicht zu würdigen. Für andere Länder kommen Wirtschafts- und Sozialhistoriker zu demselben Ergebnis. Nach Angaben des Agrarhistorikers Slicher van Bath hat Wallerstein dazu eine entlarvende

Tabelle bezüglich des Reallohns eines englischen Zimmermanns pro Tag (in Kilogramm Weizen) vom 13. bis zum 19. Jahrhundert zusammengestellt:

Zeit	Reallohn
1301–1350	94,6
1401–1450	155,1
1601–1650	48,3
1701–1750	94,6
1751–1800	79,6
1801–1850	94,6

(Quelle Wallerstein 1986/1974)

Es ist ein Hohn: Im glorreichen 19. Jahrhundert der Industrialisierung erreichte der Lebensstandard gerade einmal wieder das Niveau des hohen Mittelalters, ohne auch nur im entferntesten an den spätmittelalterlichen Standard des 15. Jahrhunderts heranzukommen. Die gesamte Geschichte des Frühkapitalismus ist durch einen steilen Absturz des Lebensniveaus gekennzeichnet. Dabei haben wir es hier mit einem gerade zur ersten Weltmacht aufgestiegenen Land und mit einem bessergestellten Handwerker zu tun. Um wieviel tiefer muß der soziale Absturz infolge der Modernisierung für einfache Tagelöhner und für periphere Länder gewesen sein. Selbst heute noch liegt das Lebensniveau in vielen Ländern der Dritten Welt weit unter dem ihrer vorkolonialen und vorkapitalistischen Geschichte.

Natürlich ist Armut immer relativ. Auch gibt es Unterschiede in der Struktur des Lebensstandards, die jedoch kaum als Entlastungsgründe für die Marktwirtschaft dienen können. Ich habe mit eigenen Augen brasilianische Favelas gesehen, wo die Menschen in besseren Hundehütten leben und die Kinder chronisch unterernährt sind, deren Antennenwald aber die Existenz zahlloser Fernsehgeräte anzeigt. Waren vormoderne Freisassen, die alle Grundbedürfnisse reichlich befriedigen konnten und deren soziale Verhältnisse vergleichsweise stabil waren, etwa deswegen »ärmer«, weil sie ihr Hirn nicht mit über die Mattscheibe flimmernden Seifenopern betäuben konnten? Ähnliches, wenn auch auf einem anderen Niveau, gilt für die von Staat und Markt und allen guten Geistern sozialer Geborgenheit verlassene alleinerziehende Mutter im zeitgenössischen Mitteleuropa, die zwar Telefon, Armbanduhr und Stereoanlage besitzt, sich aber die Schulsachen für ihre Kinder vom Mund absparen muß und auf dem Sozialamt von genervten Beamten weitaus schlimmer und entwürdigender als ein mittelalterlicher armer Bittsteller bei seinem Feudalherren, also wie der letzte Dreck behandelt wird.

Um Mißverständnisse zu vermeiden: Ich will keineswegs bestreiten, daß die kapitalistische Modernisierungsgeschichte die menschlichen Potenzen über alles frühere Maß hinaus gesteigert hat; nicht bloß die technischen Fähigkeiten, sondern in vieler Hinsicht auch das Abstraktions- und Reflexionsvermögen. Hier steht jedoch etwas anderes zur Debatte, nämlich die Frage des Lebensstandards, der Mußezeit und des Wohlbefindens der Mehrheit. Der Kapitalismus war niemals imstande, die von ihm hervorgebrachten Potenzen für eine Verbesserung des Lebens aller Menschen anzuwenden, die er unter sein Gesetz gezwungen hat. Dieses Defizit ist bis heute nicht kleiner, sondern im Gegenteil hinsichtlich der gesamten Weltbevölkerung immer größer geworden. Deshalb kann es sich dabei um keinen bloß zufälligen, äußerlichen Zusammenhang handeln, sondern es muß zum Wesen der Marktwirtschaft gehören, daß sie mit ihren eigenen Potenzen nichts Besseres anzufangen weiß.

Es kann also gewiß nicht darum gehen, sich in irgendeine unwiederbringliche Vergangenheit zurückzuwünschen oder deren Mängel reaktionär zu verklären. Selbstverständlich gab es in der vormodernen Gesellschaft feudale und patriarchalische Unterdrückung, Seuchen, Kriege, Unwissenheit und blutsverwandtschaftliche Beschränktheiten. Aber das ist es ja gerade: selbst gegenüber diesen keineswegs üppigen und erbaulichen Zuständen hat die Marktwirtschaft im historischen Ganzen eine enorme Verschlechterung der sozialen Lebensverhältnisse gebracht. Jede auch nur halbwegs ehrliche historische Gesamtbilanz muß ihr eine grundsätzlich »wohlfahrtssteigernde« Wirkung rundweg absprechen. Die wenigen Episoden relativer Prosperität, an die sich heute die westliche Erfahrung klammert, haben stets nur gemildert und zu einem bescheidenen

Teil wiedergutgemacht, was die Marktwirtschaft vorher selber an Elend und Katastrophen erzeugt hatte.

Der vorindustrielle Kapitalismus, dem die ökonomischen Prinzipien der modernen Marktwirtschaft ja auch schon inhärent waren, kannte allerdings weder Gnade noch zeitweilige Milderung, sondern nur permanente Senkung des Lebensstandards – über mehr als drei Jahrhunderte hinweg. Wenn wir etwa hören, daß einfache Handwerker mit einigermaßen gesichertem Lebensunterhalt bereits zu den »Reichen« gezählt wurden, können wir uns vielleicht annähernd vorstellen, was Armut in dieser Zeit bedeutet haben muß. Das gilt gerade für die Grundbedürfnisse und ganz besonders für das Niveau der Ernährung. Um zu begreifen, wie ungeheuerlich der Armutsschub war, muß man Essensgewohnheiten und Essensrationen vergleichen. Fernand Braudel hat in seiner großen Sozialgeschichte der Modernisierung dazu die nötigen Quellen zusammengetragen; auch dieser Vergleich blamiert alle Marktwirtschafts- und Modernisierungsideologen:

»In Deutschland befahl ein Erlaß der Herzöge von Sachsen 1482: ›Denen Werkleuten sollen zu ihrem Mittags- und Abendmahl nur 4 Essen: an einem Fleischtag eine Suppe, zwei Fleisch und ein Gemüse; an einem Freitag und andere Tage, da man nicht Fleisch isset, ein Essen, grüne oder dürre Fische, zwei Zugemüse; so man fasten muß, fünf Essen, eine Suppe, zweierlei Fisch, zwei Zugemüse. Dazu morgens und abends noch Brod‹, außerdem Kofent (Dünnbier) vorgesetzt werden. Eine Handwerkermahlzeit, die man schon fast als bürgerlich bezeichnen kann. Und wenn 1429 im elsässischen Oberhergheim der zur Fron herangezogene Bauer nicht mit den anderen auf dem Meierhof essen wollte, mußte ihm der Meier ›zwei Stück Rindfleisch, zwei Stück Braten, ein Maß Wein und Brot für zwei Pfennige schicken‹ […] Je weiter wir uns jedoch vom ›Herbst‹ des Mittelalters entfernen, desto spürbarer verschlechtert sich die Lage – ein Trend, der bis zur Mitte des 19. Jahrhunderts, in bestimmten Gegenden Osteuropas, v. a. auf dem Balkan, sogar bis ins 20. Jahrhundert anhält. In Europa zeigen sich die Einschränkungen schon ab Mitte des 16. Jahrhunderts. In Schwaben hat sich laut Heinrich Müller (1550) die Ernährung des Landvolks drastisch verschlechtert. Anstelle der reichlichen Mahlzeiten von einst, die täglich Fleisch umfaßten und an Festtagen wie Kirchweih zur Schlemmerei ausarteten, machen sich überall Teuerung und Mangel bemerkbar. Selbst die Kost der reichsten Bauern, so der Autor, ist fast schlechter als die der Tagelöhner und Knechte von anno dazumal. Zu Unrecht haben die Historiker die immer wiederkehrenden Zeugnisse dieser Art als krankhaftes Bedürfnis der Menschen zur Verherrlichung vergangener Zeiten abgetan« (Braudel 1990/1979, 198ff.).

Die Verschlechterung und Verminderung des Essens, das die expandierende Marktwirtschaft den Menschen noch zugestand, ging ununterbrochen weiter und hat in vielen Weltregionen bis heute nicht aufgehört. Man muß nicht übermäßigen Fleisch- und Alkoholkonsum befürworten, um zu erkennen, daß für die meisten Menschen nicht einmal der elementare Anspruch auf gutes und reichliches Essen mehr als gesichert gelten konnte. Selbst in den europäischen Kernländern war noch die Literatur des 19. Jahrhunderts voll von Schilderungen eines kapitalistisch erzeugten Hungerelends auf dem flachen Land und in den Randzonen der wuchernden städtischen Agglomerationen. Friedrich List, der bekannte Nationalökonom und Protagonist einer deutschen Industrialisierung, beschrieb im Jahr 1844 mit schaudernder Ironie die einschlägigen Verhältnisse in vielen Gegenden Deutschlands:

»Ich habe Reviere gesehen, wo ein Hering, an einem an der Zimmerdecke befestigten Faden mitten über den Tisch hängend, unter den Kartoffelessern von Hand zu Hand herumging, um jeden zu befähigen, durch Reiben an dem gemeinschaftlichen Tafelgut seiner Kartoffel Würze und Geschmack zu verleihen. Man nannte das schon Wohlstand, denn in schweren Zeiten mußte man sich diesen Hochgenuß, ja sogar den des Salzes versagen« (List 1928/1844, 307).

Nicht zufällig war hinsichtlich des Lebensstandards seither dauernd vom Essen die Rede, denn jede Bedürfnisbefriedigung, auch die primitivste, verlor ihre Selbstverständlichkeit. Naturkatastrophen und Mißernten waren an dieser Verelendung höchstens sekundär beteiligt, denn vor der frühkapitalistischen Modernisierung hatte es selbst bei schlechteren Produktionsbedingungen zwar »arme Leute« und gelegentlich Krisen durch Naturkatastrophen (Mißernten), aber niemals eine derartig ausufernde und tiefgehende »strukturelle« Massenarmut auf der Ebene der Grundbedürfnisse gegeben. Wie war dieser krasse soziale Abstieg gegenüber allen bekannten Jahrhunderten der Antike und des Mittelalters trotz steigender wissenschaftlicher Kenntnisse möglich?

Weberelend und Weberaufstand

Niemand wußte im 17. und 18. Jahrhundert, daß er im Frühkapitalismus lebte. Der Begriff des »Kapitalismus« ebenso wie derjenige der dazugehörigen »Marktwirtschaft« tauchte erst im 19. Jahrhundert auf. Die Menschen merkten nur, daß die Bedeutung des Geldes stieg und ihre eigene sank. Die große Mehrheit war nicht Subjekt, sondern Objekt der ständigen Ausdehnung von Markt- und Geldbeziehungen seit dem 16. Jahrhundert. Im heutigen Sinne privatkapitalistisch organisiert wurde allerdings nur ein Teil dieser wachsenden Warenproduktion, vor allem in der Textilbranche. Denn im Unterschied zu den lokalen Märkten des zünftlerischen Handwerks fanden in erster Linie Textilien und ihre Vorprodukte ihren Weg in den großen nichtagrarischen Handel; sie gehörten zu den wenigen gewerblichen Massengütern der frühmodernen Warenwirtschaft. Aber auch in diesem Sektor vollzog sich nur allmählich der Übergang von der handwerklichen zur kapitalistischen Produktionsweise, wie Friedrich List 1842 analysierte:

»Zu allen Zeiten haben die Spinnereien und Webereien dem inneren und äußeren Handel kultivierter Länder die meisten Tauschmittel geboten. In Florenz zur Zeit seiner Blüte, später in Flandern und Brabant, zuletzt in England waren die Tuchmanufakturen die Basis des großen Handels, im übrigen Italien und in Frankreich war es die Seidenfabrikation, in Deutschland die Linnenmanufaktur. So behauptete vor der Erfindung der großen Maschinen jedes kultivierte Land die Suprematie in irgendeinem Hauptzweig der Webeindustrie, ohne darum von den anderen Zweigen ausgeschlossen zu sein. Denn die internationale Konkurrenz berührte damals nur die Bedürfnisse der Reichen; die Kleidungsstoffe der niederen Klassen wurden fast überall durch das Lokalgewerk und die Hausfabrikation gefertigt, [...] weil bei der überall vorherrschenden Handarbeit alle Länder und Provinzen diese Artikel fast zu gleichen Kosten produzierten« (List 1928/1842, 227).

Der moderne unternehmerische Kapitalismus kam erst dort richtig auf Touren, wo Konkurrenz und großräumige Märkte nicht mehr bloß die Bedürfnisse der Reichen, sondern die Massenbedürfnisse zu erfassen begannen. Der Textilsektor bot dafür durch seine schon relativ entwickelte Handelsstruktur die besten Voraussetzungen. Und vom Handelskapital ging auch die Initiative aus, die zur Kapitalisierung der Textilproduktion führen sollte. Vor allem war es zunächst das sogenannte Verlagswesen, das die alte handwerkliche Produktion von Stoffen und Kleidern abzulösen begann. Bei »Verlegern« denken wir heute vor allem an Buchverlage. Im 18. und frühen 19. Jahrhundert aber verstand man darunter Geschäftsleute, die Handwerker in deren eigener Werkstatt für sich arbeiten ließen, um die Produkte dann nach kapitalistischen Prinzipien auf den überregionalen Märkten zu verkaufen. Die Produktion blieb zwar weitgehend traditionell und wurde zu Hause im Familienkreis verrichtet, aber nicht mehr auf eigene Rechnung, sondern für den Aufkäufer. Die privatkapitalistische Organisation ging also nicht von der Produktion, sondern vom Handel aus, der jedoch anfing, sich die Produktion unterzuordnen. Das paritätische Verhältnis und Kräftegleichgewicht zwischen handwerklichen Produzenten und Händlern wurde zugunsten letzterer umgestoßen. Von hier aus war es nur noch ein Schritt, bis die kaufmännischen »Unternehmer« auch die Produktionsmittel und Produktionsbedingungen in eigene Regie nahmen.

Diese Keimform des unternehmerischen Privatkapitalismus im Textilsektor dehnte sich rasch aus. Um 1800 hatte in Deutschland fast schon die Hälfte der gewerblichen Produktion die Form des Verlagswesens angenommen. Immer stärker nutzten die Verleger die Abhängigkeit der Beschäftigten aus, um die Preise der aufgekauften Waren zu drücken. Auf diese Weise waren die Heimarbeiter gezwungen, immer schneller zu arbeiten, ihren Arbeitstag immer weiter auszudehnen und selbst die Kinder mitarbeiten zu lassen. Über die von Friedrich List geschilderte Armseligkeit hinaus waren besonders die Spinner und Weber Schlesiens und Böhmens buchstäblich einer gesellschaftlich erzeugten Hungersnot ausgesetzt, die an die heutigen

Hungerkatastrophen in Teilen der afrikanischen Armutszone erinnert, wie aus einer historischen Analyse hervorgeht: »Oft waren sie dem Hungertode nahe und erhielten sich nur, indem sie die gefallenen Tiere aus der Schindergrube holten und verzehrten oder statt des Brots ein Gebäck aus Moos aßen« (zit. nach Engelmann 1980, 12). Und das bei »Vollzeitarbeit« und Arbeitszeiten, die selbst im frühen Mittelalter bei weitaus besserer Lebensmittelversorgung Aufstände ausgelöst hätten! In ihrer Not mußten viele ihre Häuser und Hütten verpfänden oder sogar verkaufen, während es der Gesellschaft qua Pro-Kopf-Einkommen »im Durchschnitt« immer besser ging. Das Elend der Weber wurde sprichwörtlich. In Liedern und Dialektgedichten um die Wende vom 18. zum 19. Jahrhundert sind die anonymen Stoßseufzer der Menschen zu vernehmen, die an der glorreichen Vermarktwirtschaftlichung ihres Lebens zugrunde gingen:

Die Zeit is andersch gewurden itzt
Wenn enner no su rackert und schwitzt
Ar mog sich schinden wie ar will
und kejne Minute halen still
Es ist je zu wing zum Laben
bann Waben, bann Waben

Die Verleger waren bald gefürchtete und gehaßte Leute. Die Weber in den schlesischen Gebirgsdörfern sahen für sich und ihre Familien keinen Ausweg mehr. Schon 1785/86, 1793 und 1798 kam es zu Verzweiflungsaufständen in den zu Preußen gehörenden schlesischen Regionen, die blutig niedergeschlagen wurden:

»Und mit welcher Brutalität beispielsweise die 1793 in der ganzen schlesischen Textilindustrie aufgeflammte revolutionäre Bewegung niedergeworfen worden ist, läßt sich aus der schriftlichen Anweisung des – hauptsächlich wegen seines Mystizismus und seiner vielen Mätressen berühmten – Preußenkönigs Friedrich Wilhelm II. an seinen Minister, den jüngeren Danckelmann, ersehen. Der König befahl seinerzeit, den Weberaufstand rücksichtslos zu unterdrücken [...] Ganze Dorfschaften mußten damals Spießruten laufen, wobei viele der halbverhungerten Weber den schweren

Verletzungen erlagen, und Hunderte wurden auf die Festungen verschleppt und an die Karren geschmiedet« (Engelmann a.a.O., 11).

Das hört sich an wie ein Greuelbericht aus den finsteren Mythen der grauen Vorzeit, aber es handelt sich um dokumentierte marktwirtschaftliche Modernisierungsgeschichte. Gerieten die Brutalitäten der Jahre vor 1800 nahezu in Vergessenheit, so hat sich der erneute Weberaufstand ein halbes Jahrhundert später, wieder in Schlesien und immer noch unter den Bedingungen des Verlegertums, um so tiefer in das historische Gedächtnis eingegraben. Als 1844 im schlesischen Kreis Reichenbach abermals der Weberaufstand losbrach gegen die Verleger und Handelsherren mit Namen Zwanziger und Dierig, wahren Ahnherren und Unschuldslämmern der wunderbaren Marktwirtschaft, ging mehr als ein Raunen durch den inzwischen stark angewachsenen Blätterwald. In Gestalt eines entwickelten Pressewesens kehrte sich gewissermaßen erstmals die kapitalistisch erzeugte Produktivkraft gegen den Kapitalismus selbst, denn die Nachrichten über die Ereignisse in Schlesien konnten durch keine Zensur mehr unterdrückt werden. Der Aufstand wurde von preußischer Infanterie niederkartätscht. Aber das Weberelend und der Weberaufstand führten an der Schwelle der Industrialisierung zu einem öffentlichen Bewußtsein über die kapitalistisch erzeugte »soziale Frage« und sogar zu einer geistigen Erschütterung, die ganz Deutschland erfaßte und von Heinrich Heine in ebenso grimmigen wie berühmten Versen formuliert wurde:

Im düstern Auge keine Träne,
Sie sitzen am Webstuhl und fletschen die Zähne:
Deutschland, wir weben dein Leichentuch,
Wir weben hinein den dreifachen Fluch –
Wir weben, wir weben!

Ein Fluch dem König, dem König der Reichen,
Den unser Elend nicht konnte erweichen,
Der den letzten Groschen von uns erpreßt,
Und uns wie Hunde erschießen läßt –
Wir weben, wir weben!

Ein Fluch dem falschen Vaterlande,
Wo nur gedeihen Schmach und Schande,
Wo jede Blume früh geknickt,
Wo Fäulnis und Moder den Wurm erquickt –
Wir weben, wir weben!

Das Schiffchen fliegt, der Webstuhl kracht,
Wir weben emsig Tag und Nacht –
Altdeutschland, wir weben dein Leichentuch,
Wir weben hinein den dreifachen Fluch.
Wir weben, wir weben!

Es stellt sich nun natürlich eine Frage: Wie konnte es überhaupt dazu kommen, daß die handwerklichen Produzenten in eine derartige Abhängigkeit geraten waren? Denn mochten ihre Verzweiflungsaufstände als Resultat dieser Abhängigkeit und ihrer sozialen Folgen auch militärisch niedergeschlagen werden, so konnte doch die vorherige Veränderung der ökonomischen Beziehungen selbst nicht sozusagen mit vorgehaltener Waffe allein geschehen sein. Es muß dafür selber wieder strukturelle, sozialökonomische Gründe gegeben haben. Tatsächlich hatten sich seit dem 16. Jahrhundert neue gesellschaftliche Rahmenbedingungen herausgebildet, die nicht unmittelbar durch privatkapitalistische Unternehmungen verursacht waren.

Die Geburt des Weltmarkts aus dem Geist des Absolutismus

Das frühkapitalistische Milieu zwischen dem 16. und dem 18. Jahrhundert war größtenteils ein Produkt der absolutistischen Staatenwelt. Denn der entstehende Apparat des modernen Territorialstaats war es vor allem, der die Expansion der Geldwirtschaft forcierte, um seine gewaltig zunehmenden bürokratischen und militärischen Bedürfnisse zu finanzieren. Viele berühmte Potentaten aus dem Pantheon der heraufdämmernden europäischen Moderne wie der nahezu analphabetische französische »Sonnenkönig« Ludwig XIV. oder der Preußenherrscher Friedrich »der Große« waren in Wirklichkeit räuberische Menschenverächter, gewissermaßen vom Schlage eines Idi Amin oder eines Saddam Hussein unserer Tage. Anders hat die Knüppelgarde der kapitalistischen Modernisierung niemals und nirgendwo ausgesehen.

Insofern war es also doch wieder der moderne Militarismus, der half, das kapitalistische Milieu hervorzubringen; und zwar nicht allein durch unmittelbare Zwangsmaßnahmen, sondern vor allem durch die blinde Entfesselung der dazugehörigen ökonomischen Logik des Geldes. Der absolutistische Geldhunger war wenig wählerisch, aber es schälten sich dabei allmählich zwei grundlegende ökonomische Mechanismen heraus, die sich in der späteren kapitalistischen Geschichte noch mehrfach wiederholen sollten. Erstens wurden alle Hemmnisse für einen großräumigen Markt auf der Ebene der entstehenden modernen »Nationen« beseitigt und damit die Bahn für den Fluß des Geldes, den man durch Steuern und Gebühren aller Art abzuschöpfen gedachte, freigeschaufelt. Das betraf die Abschaffung aller lokalen und regionalen Sonderrechte, vor allem der handwerklichen Zünfte und ihrer Beschränkungen. Frankreich und England gingen in dieser Entwicklung voran. Schon vor der Revolution von 1789 gab es in der Pariser Vorstadt St. Antoine mehr als 30 000 Handwerker, die außerhalb der Zunftzwänge für den freien Markt arbeiteten. In England verdoppelte sich die Zahl der Erwerbstätigen im nichtzünftlerischen Gewerbe außerhalb der Landwirtschaft zwischen 1760 und 1840 nahezu von 24 Prozent auf 47 Prozent. In Deutschland war der Absolutismus dagegen, abgesehen von Preußen, in viele Kleinstaaten zersplittert, aber zumindest die Zunftgesetze fielen auch hier nach und nach.

Die neue »Freiheit von der Zunft« war freilich alles andere als eine »wohlfahrtssteigernde« Vergrößerung des persönlichen Spielraums für die handwerklichen Produzenten. Sie kamen eher vom Regen in die Traufe, denn sie standen nun statt unter der Kuratel der Zünfte (die immerhin Elemente einer Selbstverwaltung besaßen) unter derjenigen der absolutistischen Staatsbürokratie, von der sie ausgepreßt wurden; gleichzeitig mußten sie für von ihnen selber nicht mehr kontrollierbare Märkte produzieren.

Zweitens aber wurde die Entfesselung der inneren großnationalen Märkte begleitet und überlagert von der Entstehung des Weltmarkts. Wallerstein ist sogar der Meinung, daß überhaupt erst der Weltmarkt, wie er sich seit dem 16. Jahrhundert herausgebildet hat, die »Bedingung der Möglichkeit« für die Konstitution der inneren nationalen Märkte war. Das hängt damit zusammen, daß neben der frühen kolonialen Expansion vor allem der zwischennationale Handel von der absolutistischen Staatsbürokratie gefördert wurde, um die abschöpfbaren Geldströme zu verstärken. Genauer gesagt: Jeder absolutistische Staat versuchte, so viel wie möglich zu exportieren und so wenig wie möglich zu importieren, um durch eine »positive Handelsbilanz« (damals ein völlig neuer Begriff der eben erst entstehenden theoretischen Nationalökonomie) den größten Geldreichtum auf das eigene Land zu ziehen und für Staatszwecke zu verpulvern. Das war die Doktrin des »Merkantilismus«, einer Ideologie des Außenhandels, eines »Exportismus« – und damit das erste »wirtschaftspolitische« Konzept der Geschichte, das damals auf die Bedürfnisse der frühmodernen Militärstaaten zugeschnitten war.

Es kam also zu einem Exportwettlauf. Mit allen Mitteln, natürlich auch denen der politischen und militärischen Pression, versuchten die absolutistischen Regimes, sich selber einerseits durch Zollschranken abzuschirmen, andererseits aber den eigenen Export auf Teufel komm raus zu forcieren. Nach den Regeln von Druck und Gegendruck war es aber natürlich nicht möglich, bei null Importen ein Maximum an Exporten zu erzielen, d.h., ohne wechselseitige Zugeständnisse auszukommen. Je nach ihrem ökonomischen und militärischen Gewicht mußten die Staatsapparate auch bei den Importen Kompromisse eingehen. Dieses Geschubse und Fingerhakeln der Nationalstaaten um die Handelsbilanzen hat die gesamte Modernisierungsgeschichte bis in unsere Tage begleitet, auch wenn die einseitige merkantilistische Doktrin längst nicht mehr als gültig angesehen wird. Das Resultat dieser ersten Wirtschaftspolitik war jedenfalls die Konstitution eines Weltmarkts, und hauptsächlich darüber lief die rapide Ausdehnung von Markt- und Geldbeziehungen, weniger über die Konstitution »innerer« nationaler Märkte, die erst sekundär durch das entstehende warenproduzierende »Weltsystem« (Wallerstein) auf den Weg gebracht wurden.

Das ist auch leicht erklärlich. Denn es kam den Potentaten ja allein auf Geldzufluß und Geldabschöpfung an, nicht auf die Wohlfahrt ihrer Untertanen, auch wenn dies in den zeitgenössischen paternalistischen und süßlich rührseligen Traktaten ständig behauptet wurde; mit genauso viel Heuchelei übrigens wie im heutigen marktwirtschafts-demokratischen Diskurs. So konnte nicht die Kaufkraft der Massen an sich das Ziel sein, und nicht deswegen ein innerer nationaler Markt entstehen. Die Masse der Produzenten war und galt nur als das Menschenmaterial, die »abstrakte Gesamtarbeitskraft« des jeweiligen Staates, die im Wirtschaftskrieg um den abstrakten Geldreichtum in die Waagschale zu werfen war. Die Menschen sollten nicht gut leben und konsumieren, sondern ihr Leben für die absolutistischen Zwecke verwursten lassen. So war es nur logisch, daß der »Exportismus« Vorfahrt hatte und erst durch die Ausdehnung von Export-Import-Strukturen und die damit verbundene Geldwirtschaft auch die innere Reproduktion der entstehenden modernen Nationen zunehmend über den Markt lief.

Da die Gesellschaft immer noch eine weitgehend agrarische war, stand auch zunächst die Umwandlung der basalen landwirtschaftlichen Produktion für den entstehenden Weltmarkt im Vordergrund. Nur oberflächlich war die agrarische Sozialstruktur noch »feudal« organisiert, als autoritäre Beziehung von Grundherren und mehr oder weniger abhängigen Bauern. Unter dem Druck des Absolutismus wurde diese Struktur für den Weltmarkt instrumentalisiert und kapitalistisch zugeschnitten. Wallerstein zeigt dies am Unterschied des mittelalterlichen Feudalismus und des frühkapitalistischen Weltmarkt-Pseudofeudalismus in Osteuropa:

»In ersterem produzierte der Grundbesitzer (seignor, Grundherr) vorwiegend für eine lokale Wirtschaft, und seine Macht rührte aus der Schwäche der Zentralgewalt [...] In letzterem Fall produzierte der Grundbesitzer (Grundherr) für eine kapitalistische Weltwirtschaft [...] Seine Macht wurde eher durch die Stärke denn durch die Schwäche einer Zentralgewalt erhalten, zumindest durch ihre Stärke gegenüber den Landarbeitern. Um Verwechslungen auszuschließen, werden wir diese Form der ›Leibeigenschaft‹ als erzwungene verkaufsorientierte landwirtschaftliche Arbeit (coerced cash-crop labor) bezeichnen [...] ›Erzwungene verkaufsorientierte landwirtschaftliche Arbeit‹ ist ein System der Arbeitsorganisation in der Landwirtschaft, bei dem von den Bauern durch ein legales, vom Staat durchgesetztes

Verfahren verlangt wird, daß sie [...] ein Erzeugnis für den Verkauf auf dem Weltmarkt produzieren. Üblicherweise war die Domäne ›Besitz‹ einer vom Staat ernannten Einzelperson, aber nicht unbedingt erbliches Eigentum. Der Staat konnte selbst direkter Besitzer einer solchen Domäne sein; aber in diesem Fall bestand die Tendenz, die Arbeitsorganisation zu verändern« (Wallerstein 1986/1974, 122f.).

Dies galt nicht nur für die Gebiete östlich der Elbe, die bis tief ins 20. Jahrhundert und vielfach bis heute traditionell Exporteure agrarischer Erzeugnisse auf der Basis von »coerced cash-crop labor« blieben; von den berüchtigten ostelbischen »Krautjunkern« des Deutschen Reiches bis zu den osteuropäischen Diktatoren des Staatssozialismus vom Schlage der Ceauçescu u. Co. Auch die spanischen Latifundias, die Güter in der Lombardei und, wie Wallerstein betont, »die gesamte Peripherie und Semiperipherie der europäischen Weltwirtschaft« verwandelten die landwirtschaftliche Produktion auf dieselbe Weise. Und das galt natürlich erst recht für den agrarischen »Kolonialkapitalismus« in Lateinamerika, ein Produkt der ersten kolonialen Expansion, der in großem Maßstab Sklavenarbeit auf riesigen Plantagen direkt für den Weltmarkt ausbeutete. Auch die Südstaaten der USA pflegten bekanntlich diesen Agrarkapitalismus mittels Sklavenarbeit, und in den Anfängen basierte der Nationalreichtum des »Landes der Menschenrechte« sogar in erster Linie auf diesem Sektor; zum Krieg zwischen Nord- und Südstaaten kam es erst, als die ökonomische Entwicklung des Nordens den südlichen agrarischen Sklavenhalter-Kapitalismus disfunktional gemacht hatte.

Bis heute produziert die Plantagenwirtschaft in großen Teilen der Dritten Welt immer noch mittels »coerced cash-crop labor« für den Weltmarkt; und in manchen Regionen Afrikas und Lateinamerikas, besonders im Norden Brasiliens, ist dabei nach wie vor buchstäbliche Sklaverei nichts Ungewöhnliches. Die auf den Weltmarkt ausgerichteten agrarischen Monokulturen des globalen Südens sind nicht nur ein Erbe der Vergangenheit, sondern auch heute noch werden Menschen gewaltsam mit staatlicher Hilfe und mit dem Segen von Weltbank und Internationalem Währungsfond (IWF) von ihrem Land vertrieben, von selbstbestimmter Produktion für den Eigenbedarf enteignet und in fremdbestimmte Weltmarktstrukturen hineingezwungen, um dem abstrakten marktwirtschaftlichen Nationalreichtum zu dienen (sprich: Devisen zu erwirtschaften) und selber wie die Hunde zu leben. Sklaverei und sklavenähnliche Abhängigkeitsverhältnisse sind keine Spezialität der Antike, sondern eine Begleiterscheinung des agrarischen modernen Weltmarkts von Anfang an gewesen, und der globale Agrarkapitalismus wird davon bis an sein unseliges Ende auch nicht loskommen.

In den west- und nordeuropäischen Kernregionen selbst konnte der Absolutismus zwar diesen semistaatlichen bzw. scheinfeudalen großen Agrarkapitalismus nicht in derselben Weise installieren. Aber auch hier gab es einige analoge Prozesse, die teilweise auch schon von privatkapitalistischen Interessen der Pächter getrieben waren; so in England seit dem 16. Jahrhundert die Umwandlung von Ackerland in Weide für die Schafzucht, weil die Wollproduktion für Textilien mehr Profite in der expandierenden Geldwirtschaft versprach. Auf diese Weise kam es zu den berüchtigten »Einhegungen« (enclosures) von Acker- und Gemeindeland, zur Vertreibung von Bauern und schließlich sogar mehrfach zu einer Lebensmittelknappheit, die wiederum durch Importe im Kontext von Weltmarkt und Geldwirtschaft kompensiert werden mußte. Hinter dem Sprichwort, daß »die Schafe die Menschen fressen«, stand ein ungeheuerlicher Enteignungs- und Verarmungsprozeß großer Teile der Landbevölkerung.

Auch sonst versuchten die frühmodernen Staaten die Agrarproduktion wenigstens indirekt in Geldwirtschaft und Weltmarkt hineinzulotsen, etwa durch die zunehmende Verwandlung naturaler Leistungen an Staat und Grundherren in die Geldform, was zu vermehrtem Verkauf auf dem Markt und zu einer Intensivierung der Produktion (aber eben nicht für die eigenen Bedürfnisse) zwang. Vergleichbar, wenn auch mit anderen Mitteln vorgehend, sind heute die Methoden der Weltbank, deren erklärtes Ziel es ist, auch Kleinbauern durch Kredite und (häufig falsche) Versprechungen in eine »cash-crop«-Produktion für den Weltmarkt hineinzulocken, wo sie dann extremen Preisschwankungen, Verschuldungskrisen und dem Ruin ausgesetzt sind. Ob mit Zuckerbrot oder Peitsche, ob direkt oder indirekt erzwungen: der staatlich oder halbstaatlich induzierte Agrarkapitalismus des entstehenden Weltmarkts und die aufoktroyierte Vermarktwirtschaftlichung der agrarischen Binnenproduktion waren wesentliche Anschubkräfte der absolutistischen Modernisierung.

Aber Agrarkapitalismus und marktwirtschaftliche Intensivierung der Landwirtschaft reichten für die geldhungrigen Bedürfnisse des »Exportismus« bei weitem nicht aus. Der erste große Klassiker der entstehenden theoretischen Nationalökonomie, Adam Smith (1723–1790), erklärte in seinem 1776 erstmals erschienenen berühmten Werk »An Inquiry into the Nature and Causes of the Wealth of Nations« (»Der Reichtum der Nationen«) auch, warum die agrarische Exportkraft allein relativ schwach bleiben mußte:

»Die reichsten Nationen sind zwar allen ihren Nachbarn gewöhnlich auf beiden Gebieten, in der Landwirtschaft wie im Gewerbe, überlegen, doch ist ihr Vorsprung in der Agrarwirtschaft durchweg geringer als in den übrigen Erwerbszweigen. Ihr Boden wird in der Regel besser kultiviert und wirft, bezogen auf Fläche und natürliche Fruchtbarkeit, mehr ab, da mehr Arbeitskräfte und Kapital eingesetzt werden. Doch übersteigt dieser Mehrertrag den Mehraufwand an Arbeit und Kapital selten um ein beträchtliches. Die Arbeit in der Landwirtschaft ist mithin in reichen Ländern nicht immer wesentlich produktiver als die in armen, zumindest ist sie niemals um so viel höher als es, vergleichsweise, durchschnittlich im Gewerbe der Fall ist. Deshalb wird auch das Getreide eines wohlhabenden Landes nicht unbedingt billiger auf den Markt kommen als gleich gutes des armen [...] Ein armes Land kann also durchaus trotz unterlegener Bodenkultur mit dem reichen in Preis und Qualität seines Getreides bis zu einem gewissen Grade konkurrieren, sein Gewerbe jedoch kann einen solchen Wettbewerb nicht durchstehen [...]« (Smith 1993/1789, 11).

Das wußten natürlich auch die absolutistischen Staatsbürokratien. In der gewerblichen Produktion ließ sich die Geldwirtschaft viel intensiver forcieren und abschöpfen als in der Landwirtschaft, und sie bot dem »Exportismus« ein viel weiteres Feld für eine positive Handelsbilanz. So wurde nicht allein der Agrarkapitalismus installiert, sondern der Staat setzte auch massiv eine neuartige gewerbliche Produktion für Markt und Export in Bewegung. Die Auflösung der handwerklichen Zünfte mit ihren lokal beschränkten Märkten und traditionellen Produktionsmethoden war nur ein Schritt in diese

Richtung. Gleichzeitig schuf der Staat selber vielfältige Institutionen der Zwangsarbeit in Gestalt von Zuchthäusern, Armenhäusern, Irrenanstalten usw.; Karl Marx hat dieses Schreckenskabinett der beginnenden modernen »Arbeitsverwaltung« als einer der ersten ans Licht gebracht, und in jüngster Zeit hat Michel Foucault diese Horror- und Wahnsinnsgeschichte der »Arbeit« noch tiefgehender analysiert. Die Menschen sollten zu Zugochsen der »abstrakten Arbeit« (Marx) gemacht, nämlich einer fremdbestimmten, jenseits der eigenen Bedürfnisse und außerhalb der eigenen Kontrolle liegenden Tätigkeit unterworfen werden. Indem sie nur noch durch das Joch der »Arbeitsmärkte« an die Reproduktion ihres eigenen Lebens herankommen konnten, mußten sie ihre gesamte produktive Tätigkeit dem abstrakten Selbstzweck des Geldes (aus Geld mehr Geld machen) ausliefern. »Abstrakt« gemacht wurde ihre Tätigkeit dabei als inhaltlich gleichgültige betriebswirtschaftliche »Verausgabung von Arbeitskraft« schlechthin, als sinnvergessenes Produzieren um seiner selbst willen. In diesem Sinne wurden zunächst gewerbliche Staatsunternehmen für den Export gegründet, in denen (ebenso wie in der »coerced cash-crop production« des Agrarkapitalismus) neue Formen arbeitsteiliger Organisation entstanden: Die agrarkapitalistische Sklaverei, das Irrenhaus und die Staatsmanufaktur waren die Urformen der modernen industriellen Fabrik und des Systems der »Arbeitsplätze«.

Absolutistischer Geldhunger, »Exportismus«, Zwangsarbeit, Staatsökonomie, Kolonialismus, Weltmarkt und Expansion der Marktbeziehungen: In diesem Milieu einer von Grund auf repressiven ökonomischen Dynamisierung konnte sich auch das Verlegertum im Textilsektor und damit der beginnende Privatkapitalismus tummeln. Denn erstens waren die absolutistischen Regimes weder in der Lage noch willens, die gesamte von ihnen angestoßene Expansion der Geld- und Marktwirtschaft selber zu organisieren. Ihnen kam es ja allein auf die Abschöpfung von Geldreichtum qua Besteuerung und positiver Handelsbilanz an; und dafür mochte auch die »unternehmerische Privatinitiative« (wenn auch »makroökonomisch« unter Staatsregie) dienlich sein.

Zweitens aber sahen sich die vorher nach strengen traditionellen Regeln für lokale Märkte produzierenden Handwerker, Kleinbauern oder landlosen Häusler, die sich mit handwerklichen Gelegenheitsarbeiten ernährten, der bis dahin unbekannten anonymen Konkurrenz überregionaler und sogar weltweiter Märkte ausgesetzt. In demselben Maße, wie sie die Kontrolle über ihre Absatzmärkte verloren, mußten sie auch die Kontrolle über ihre Produktion verlieren. Denn sie besaßen nicht die notwendige Logistik, um sich einen Marktzugang unter den neuen Bedingungen verschaffen zu können. So stieg die Bedeutung des Zwischenhandels sprunghaft an, und damit war auch die Ausgangsbasis geschaffen für die Verwandlung der »Handelsherren« in »Fabrikherren« nach dem Muster der staatlichen Manufakturen.

Die bäuerlichen und handwerklichen Produzenten, die sich über den Druck des Latifundien-Kapitals und der Verleger an das niedrigere Preisniveau der Sklaven- und Zwangsarbeit bzw. der arbeitsteiligen Manufakturproduktion für große Märkte und letztlich für den Weltmarkt anpassen mußten (ein Menetekel für die heutige Situation, in der sich dieser Prozeß auf viel höherer Stufenleiter wiederholt!), verarmten nicht nur bis zum Verhungern; sie mußten es sich auch gefallen lassen, in ihrer Produktion und deren Methoden unter Kuratel genommen zu werden. Das Verlegertum war so nur eine Übergangsform zur privatkapitalistischen Manufaktur. Und weil die Textilproduktion die besten Voraussetzungen dafür bot, wurde sie für lange Zeit und in vieler Hinsicht zum Paradigma dieser Umwälzung.

Die schwarze Utopie der totalen Konkurrenz

Es kann gar keinen Zweifel geben, daß der totalitäre Markt, wie wir ihn als Bedingung und Funktionssphäre des Kapitalismus kennen, den totalitären Staat der absolutistischen Regimes und seine bürokratischen Apparate zum Vater hat. Somit war auch das über den Welthandel und das Verlagswesen aufkommende privatkapitalistische Unternehmertum ein Wechselbalg dieser sozialhistorischen Konstellation. Allerdings konnte es nicht ausbleiben, daß die neue soziale Figur des privaten »Fabrikherrn« im Kontext der wachsenden Märkte eine zunehmende Eigendynamik gewinnen mußte. In demselben Maße, wie sich die vom Absolutismus angestoßene Logik des Geldmachens der gesellschaftlichen Reproduktion zu bemächtigen begann und zum Medium der sozialen Beziehungen wurde, bildete sich zwangsläufig auf diesem neuen Boden der Gesellschaft ein Gefüge von spezifischen »Interessen« der verschiedenen Funktionsträger heraus.

Schon die großen Handelsherren der Renaissance hatten ein erhebliches Selbstbewußtsein gegenüber den frühneuzeitlichen Fürstenhäusern entwickelt. Dies nahmen bald auch die großen Verleger und Manufakturkapitalisten in Anspruch. In einer Gesellschaft, die sich zusehends dynamisierte, gewannen die partikularen Eigeninteressen an Fahrt. Das aufstrebende marktwirtschaftliche Unternehmertum sicherte sich eine starke gesellschaftliche Stellung, war jedoch gleichzeitig nicht mehr an die traditionelle Struktur der autoritären Hierarchie gebunden. Diese neue Art »bindungsloser Herren« blickte nicht auf große und uralte Familientraditionen zurück, sondern war oft selber aus der Hefe des »Volkes« aufgestiegen.

Die unübersehbare Ekelhaftigkeit dieser Figuren, ausgestellt etwa in der Galerie der »Comédie humaine« von Honoré de Balzac (1799–1850), gab über lange Zeit dem konservativen, rückwärtsgewandten, sich an die alte Autorität klammernden Ressentiment Nahrung. Seitdem wetteifern im Metier der sozialökonomischen Halsabschneiderei die Ideologien der »Chancengleichheit« und des reaktionären (ursprünglich adeligen) Elitedünkels, des Staatskonservatismus und der Wirtschaftsfreiheit miteinander, welche Doktrin die übleren Charaktere und die schlimmeren Folgen hervorbringt; dieser edle Wettstreit dürfte unentschieden stehen. Jedenfalls begann die quecksilbrige Beweglichkeit des Geldes auch die Sozialstruktur beweglich zu machen. Das Milieu des sozialen Abstiegs, der Auspowerung und Verelendung für die vielen war gleichzeitig das Milieu des Aufstiegs für die wenigen: für die Glücksritter, Cleverles, Ellbogenchecker, Bereicherungswütigen und »Erfolgsmenschen«.

Diese Kreaturen des Marktes, die sich als Subjekte der »neuen Beweglichkeit« dachten und es auch waren, fühlten sich von der staatsbürokratischen Reglementierung der absolutistischen Apparate zunehmend eingeengt und drangsaliert. So mußten sie eine eigene Herrschaftsideologie hervorbringen, die nicht nur ihre spezifischen Interessen zu legitimieren, sondern auch eine Welterklärung und ein umfassendes Bild des Menschen zu formulieren wußte, wie es seither für das gesamte westliche Denken der Moderne bis zum heutigen Tag hegemonial werden sollte und gegenwärtig dominierender ist als jemals zuvor. Um so mehr muß es von Interesse sein, die historischen Wurzeln dieser marktwirtschaftlichen Ideologie des sogenannten Liberalismus freizulegen.

Schon der Name ist nicht allein irreführend, sondern geradezu eine perfide Verdrehung. Denn diejenige Betätigung und Mentalität, die bis dahin bei allen Völkern und Zeiten als eine der niedrigsten und verächtlichsten gegolten hatte, nämlich die Verwandlung von Geld in mehr Geld als Selbstzweck, die darin eingeschlossene abhängige Lohnarbeit und damit die unaussprechliche Selbsterniedrigung des Sichverkaufen-Müssens, wurde zum Inbegriff menschlicher Freiheit umredigiert. Diese Besudelung des Freiheitsbegriffs, die im Lobpreis der Selbstprostitution gipfelt, hat die erstaunlichste Karriere in der Geschichte des menschlichen Denkens gemacht.

Eine Gesellschaft von Ungeheuern

Als der erste große Stammvater des Liberalismus kann der englische Philosoph Thomas Hobbes (1588–1679) bezeichnet werden. Daß Hobbes gleichzeitig als Theoretiker des Absolutismus gilt, ist keineswegs ein Widerspruch. Diese Koinzidenz zeigt nur an, daß es eine Gemeinsamkeit von Absolutismus und Liberalismus gibt; kein Wunder, gehören doch beide derselben historischen Entfesselungsbewegung des Geldes und der »abstrakten Arbeit« an. Der Liberalismus stammt vom Absolutismus ab, enthält wie dieser ein totalitäres Moment und ist letzten Endes nur eine Spielart des modernen Totalitarismus selbst; nur daß er einen mehr »ökonomistisch« fundierten Totalitarismus des Marktes vertritt, dem sich die Menschen bedingungslos unterwerfen sollen. Wie so oft in der Geschichte handelt es sich bei der Wendung des Liberalismus gegen die autoritäre staatsabsolutistische Doktrin bloß um einen Vatermord innerhalb derselben historisch-gesellschaftlichen Konstellation, nicht um einen Wesensunterschied.

Bei Hobbes hat der Vatermord noch nicht stattgefunden, er liefert noch für beide Spielarten der kapitalistischen Modernisierungs-Ideologie die Grundlagen. Dabei reflektiert er bereits hellsichtig die gesellschaftliche Atomisierung der Menschen durch die Logik des Geldes, die im 17. Jahrhundert erst embryonal entwickelt war. Hatte die vormoderne Gesellschaft die Individuen und ihre Tätigkeit für den Lebensunterhalt noch in einen wenn auch oft rohen und beschränkten »Kosmos«, in eine kulturelle Einheit eingebunden, die sowohl soziale Kontrolle als auch ein gewisses Maß an Geborgenheit vermittelte, so tendiert die kapitalistische Modernisierung dazu, jedes Gemeinwesen vollständig aufzulösen und an die Stelle kulturell bestimmter Gemeinsamkeit und gegenseitiger Verpflichtung die reine Geldbeziehung treten zu lassen.

Auf diese Weise erscheint die Gesellschaftlichkeit der Menschen absurderweise nicht mehr als menschliche, sondern als dingliche. Auch die soziale Kontrolle wird somit nicht etwa überwunden, sondern vielmehr ebenfalls verdinglicht, »subjektlos« und nicht mehr persönlich verhandelbar, also so gnadenlos wie niemals zuvor. In diesem paradoxen System ist jeder Mensch im Prinzip als soziales Wesen ein »vereinzelter Einzelner«, obwohl die Funktionsteilung und gesellschaftliche Komplexität gleichzeitig ständig zunimmt. Oder, um es mit Margaret Thatcher zu sagen: »Es gibt keine Gesellschaft, es gibt nur Individuen«. Ungeachtet der Tatsache, daß zu seiner Zeit die soziale Kooperation noch weitaus vielfältiger und noch keineswegs von der Logik des Geldes vollständig zersetzt war, sah Hobbes »der Zukunft zugewandt« den Menschen bereits als abstrakten Einzelnen, der um seine individuelle Selbsterhaltung kämpft:

»Unter dem Naturrecht, von den Gelehrten gewöhnlich ius naturale genannt, versteht man die Freiheit jedes Menschen, seine Kräfte nach seinem eigenen Ermessen zu gebrauchen, um für seine Selbsterhaltung, d.h. für die Sicherung seines Lebens zu sorgen – und folglich auch die Freiheit, alles zu tun, was ihn seinem Urteil und seinen Überlegungen zufolge dieses Ziel am besten erreichen läßt« (Hobbes 1965/1651, 102).

Hobbes läßt auch keinen Zweifel daran, welcher Natur diese »Freiheit« ist, der sich die Bürger erfreuen dürfen: »Sie haben [...] die Freiheit, zu kaufen und zu verkaufen und miteinander Handel zu treiben« (a.a.O., 167). Die Menschen sollen nicht mehr die Freiheit haben, sich nach eigenen Bedürfnissen und Vereinbarungen kooperativ zu verhalten, sondern nur noch unter dem Diktat der Geldwirtschaft; und es sollte ein Wesenszug des Liberalismus bis heute bleiben, daß er jede Kooperation und jeden sozialen Zusammenschluß, der die Ohnmacht des »vereinzelten Einzelnen« gegenüber den Gesetzen des Geldes aufzuheben droht, mit Mißtrauen verfolgt und notfalls administrativ oder sogar gewaltsam zu verhindern sucht. In seiner Orwellschen Sprache nennt er Freiheit genau diese Unfreiheit der hoffnungslosen Vereinzelung.

Da die Verallgemeinerung von Geldbeziehungen aber nur durch die Konstitution anonymer, großräumiger Märkte möglich war, mußte sie zusammen mit der Tendenz zur totalen Vereinzelung auch die Tendenz zur totalen Konkurrenz bringen. Denn der anonyme, sozial unkontrollierte Vergleich der Waren weit voneinander entfernter Produzenten, die in keinerlei kommunikativer Beziehung mehr zueinander stehen, entfesselt das sogenannte »Gesetz von Angebot und Nachfrage«: Die Waren müssen über den Preis miteinander konkurrieren, und somit unterliegt auch die Produktion dem stummen Zwang der Konkurrenz. Das bedeutet, daß der gesellschaftliche Zusammenhang der »vereinzelten Einzelnen« nur noch negativ durch die ökonomische Konkurrenz hergestellt wird. Jedes Wolfsrudel ist sozialer organisiert als die marktwirtschaftlichen Menschen. Deswegen muß es als eine Verunglimpfung der Wölfe zurückgewiesen werden, vom »Wolfsgesetz der Konkurrenz« zu sprechen.

Hobbes witterte diese Logik der Konkurrenz, ohne sie für grundsätzlich kritisierbar zu halten. Er konnte zum Stammideologen des Liberalismus werden, weil er seine Beobachtungen radikal zu einem finsteren Bild des Menschen verallgemeinerte und dabei ignorierte, daß er keineswegs die »Natur« der menschlichen Gesellschaft schlechthin beschrieb, sondern das historische Resultat eines Prozesses, in dem die ersten Schübe der modernen Marktwirtschaft begonnen hatten, sämtliche Formen einer freiwilligen, selbstbestimmten sozialen Kooperation wegzuätzen. So stellte Hobbes den Menschen als ein prinzipiell egoistisches Wesen dar, das angeblich »von Natur aus« einsamer als ein Tier ist:

»Das Zusammenleben ist den Menschen also kein Vergnügen, sondern schafft ihnen im Gegenteil viel Kummer, solange es keine übergeordnete Macht gibt, die sie alle im Zaum hält [...] So sehen wir drei Hauptursachen des Streites in der menschlichen Natur begründet: Wettstreben, Argwohn und Ruhmsucht. Dem Wettstreben geht es um Gewinn, dem Argwohn um Sicherheit, der Ruhmsucht um Ansehen. Die erste Leidenschaft scheut keine Gewalt, sich Weib, Kind und Vieh eines anderen zu unterwerfen, ebenso wenig die zweite, das Geraubte zu verteidigen, oder die dritte, sich zu rächen für Belanglosigkeiten [...] Und hieraus folgt, daß Krieg herrscht, solange die Menschen miteinander leben ohne eine oberste Gewalt, die in der Lage ist, die Ordnung zu bewahren. Und es ist ein Krieg, den jeder Einzelne gegen jeden führt« (a.a.O., 98 f.).

Dieser »Krieg aller gegen alle« (bellum omnium contra omnes), so Hobbes, sei der »Naturzustand« des Menschengeschlechts, angeblich in Reinkultur überall dort vorzufinden, wo es noch keine institutionelle Zähmung gebe. Und um ja keinen Zweifel daran zu lassen, daß es sich dabei um eine blinde Determination durch Naturkräfte handelt, versteigt er sich in der lateinischen Fassung sogar zu einem aufschlußreichen tierischen Vergleich:

»Wozu jedoch brauchen die Menschen, die doch Verstand besitzen, noch mehr Beweise, wenn selbst die Hunde zu verstehen scheinen, worum es geht: Sie bellen jeden an, der ihnen über den Weg läuft: Am Tage jeden Unbekannten, nachts aber alle« (a.a.O., 100).

Dieses im wahrsten Sinne des Wortes auf den Hund gekommene Menschenbild ist das Credo des Liberalismus bis zum heutigen Tag geblieben. Das kläffende und beißende Konkurrenzsubjekt, zu dem die Marktwirtschaft das Individuum degradiert, wird zum Naturgesetz des menschlichen Bewußtseins, und somit die eindeutig historische Marktwirtschaft zur überhistorischen »Naturform« sozialer Beziehungen umdefiniert. Mit perfider Schläue kann so unterstellt werden, daß alle, die diesem hündischen Menschenbild nicht gehorchen wollen, sich »gegen die Natur versündigen«. Auch Adam Smith spricht 120 Jahre nach Hobbes von »einer natürlichen Neigung des Menschen, zu handeln und Dinge gegeneinander auszutauschen« (Smith, a.a.O., 16), woraus überhaupt die Arbeitsteilung und damit die Kultur entsprungen sei.

Bei allen Ideologen des Liberalismus über mehr als drei Jahrhunderte hinweg werden wir durch noch so viele Spielarten hindurch immer wieder dieselbe Grundkonstruktion finden: nämlich die »Naturalisierung des Sozialen«, die Biologisierung oder Physikalisierung von Marktwirtschaft und ökonomischer Konkurrenz. Und weil es so schön ist, darf dabei auch eine sakrosankte Friedensgestalt der jüngsten osteuropäischen »Freiheitsrevolution« in Gestalt des tschechischen Präsidenten Václav Havel nicht fehlen:

»Vor allem und hauptsächlich: nie in meinem Leben habe ich mich mit irgendeiner Ideologie, Glaubenslehre oder Doktrin identifiziert, sei sie nun rechts, links oder wie auch immer gerichtet [...] Sosehr auch mein Herz schon immer links von der Mitte meiner Brust schlug, habe ich immer gewußt, daß die einzig funktionierende und überhaupt mögliche Ökonomie die Marktwirtschaft ist [...] Einzig eine solche Ökonomie ist natürlich [...] Die Marktwirtschaft ist für mich etwas so Selbstverständliches wie die Luft: geht es doch um ein jahrhundertelang (was sage ich – jahrtausendelang!) erprobtes und bewährtes Prinzip der ökonomischen Tätigkeit des Menschen, das am besten der menschlichen Natur entspricht« (Havel 1992, 59 ff.).

Auch hier fasziniert wieder die Unverfrorenheit, mit der sich da einer als ideologiefrei bekennt und im selben Atemzug die Urfassung alles ideologischen Denkens der Moderne gedankenlos wiederholt, ein bestimmtes Welt- und Menschenbild mit dem härtesten überhaupt denkbaren Doktrinarismus der »Natur des Menschen« zuschlägt.

Es kostet nicht viel, diese Doktrin zu widerlegen. Längst haben Historiker, Ethnologen und Anthropologen tausendfach bewiesen, daß die naßforsche Behauptung von Adam Smith über die »natürliche Neigung« des Menschen zum Warentausch völlig haltlos und die gesellschaftliche Funktionsteilung auf ganz andere Weise im Inneren kleiner, nicht auf Warentausch beruhender Gemeinschaften entstanden ist. Ebenso ist es leicht zu zeigen, daß es sich bei dem abstrakten Egoismus des Geldmenschen, wie ihn die Liberalen postulieren, um ein Paradoxon handelt, weil das menschliche Wohlbefinden in fast allen Dingen nur durch befriedigende soziale Beziehungen und in einem Raum sozialer Geborgenheit möglich ist, der abstrakte Egoismus sich daher prinzipiell selbst ins Bein schießt. Und in der Tat ist ja dem kapitalistischen Menschen ein hohes Maß an Selbstdestruktion eigen.

Man muß keineswegs ein idealistisches, rührseliges, altruistisches und somit naives Menschenbild entwickeln, um gegen den Liberalismus Position zu beziehen. Die anthropologische Spannung zwischen individueller Persönlichkeit und gesellschaftlicher Organisation muß überhaupt nicht notwendig die verrückte Form des Kapitalismus annehmen, und das war ja auch in mehr als 99 Prozent der Menschheitsgeschichte nicht der Fall. Die Tatsache, daß die gesellschaftlichen Menschen sich als Individuen streiten, daß sie ihre gemeinsamen Existenzbedingungen nur durch einen kommunikativen Prozeß hindurch herstellen können, deckt sich nicht im geringsten mit den »Marktgesetzen« und der Verkehrsform des Geldes. Und daß die einzelnen Menschen Eigenschaften wie Mut oder Feigheit, Ehrgeiz oder Neid, Sympathie oder Antipathie entwickeln, daß die Bedürfnisse und Geschmäcker verschieden sind – all dies setzt die Logik der ökonomischen Konkurrenz weder voraus, noch wird sie dadurch an sich hervorgebracht; und sie ist ja auch erst seit dem 16. und 17. Jahrhundert überhaupt entstanden. Auch die Selbstverständlichkeit, daß die Menschen nicht für nichts oder Gotteslohn sich anstrengen wollen, geht niemals in der spezifischen Austauschbeziehung abstrakter Äquivalenz zwischen konkurrierenden Monaden auf; es sind auch ganz andere, nicht von Konkurrenz bestimmte Formen sozialer Wechselseitigkeit möglich und historisch beobachtbar. Im Gegenteil, gerade die »Gesetze der Konkurrenz«, wie sie nur der Kapitalismus hervorgebracht hat, zwingen die Mehrheit der Individuen immer wieder in Bedingungen, die ihren Anteil an der gesellschaftlichen Produktion herunterdrücken wie in keiner anderen Gesellschaftsform.

Das schwarze Leitbild des Liberalismus stellt den Menschen noch unter die Tierwelt, denn derart auf einen »Krieg aller gegen alle« wie bei Hobbes sind nicht einmal die tierischen Instinkte konditioniert. Das »Recht des Stärkeren« ist die innere Konsequenz dieser »Freiheit«, wobei das vorgeschaltete Kriterium immer schon die Durchsetzungskraft in der Banalität von Marktbeziehungen ist, diese Definition von »Stärke« also einen besonders schäbigen Typus bevorzugt. Rassismus und Faschismus sind nur die Fortsetzung dieser liberalen Konkurrenzideologie mit anderen Mitteln, indem sie das Konkurrenzschema des Liberalismus auf Ethnien, »Völker« und andere irrationale Kollektivsubjekte übertragen. Insofern ist es keinesfalls eine Übertreibung, den Faschismus als historischen Abkömmling des insgesamt in der Modernisierungsideologie hegemonialen Liberalismus zu bezeichnen.

Das gilt letzten Endes auch für die Frage des repressiven Staates und seiner Apparate der Menschenverwaltung. Nachdem Hobbes die Menschen als existentielle Monaden zum bellum omnium contra omnes verurteilt hatte, mußte er sich nach jener »übergeordneten Macht« umsehen, die den angeblichen menschlichen Raubaffen zur negativen Gesellschaftlichkeit zähmen sollte. Damit die abstrakten Individuen sich in ihrer mörderischen Konkurrenz nicht gegenseitig völlig zerfleischen und auffressen, konstruierte er also den Staat als notwendige Zwangsgewalt, die über den Individuen stehen muß und der er den Namen des biblischen Ungeheuers »Leviathan« gab. Die vielen kleinen Ungeheuer des marktwirtschaftlichen Konkurrenz-Individualismus sollen durch das große Gesamt-Ungeheuer des staatlichen »Leviathan« gebändigt und an die Kette der Ordnung gelegt werden, damit sie Verträge miteinander schließen können, ohne gleich danach mit Zähnen, Klauen und Messern übereinander herzufallen. Eine entzückende Art der Gesellschaftlichkeit, die in dieser Form weder Pygmäen noch Aboriginals und nicht einmal die Horden des Dschingis-Khan jemals kannten. Aber für das moderne Denken (nicht nur für das liberale, sondern erst recht für das konservative und rechtsradikale) ist dieses Motiv der »institutionellen Zähmung des Raubtiers Mensch« konstitutiv geworden, so etwa im 20. Jahrhundert in der anthropologisch ausgefeilten Version von Arnold Gehlen (1904–1976).

Der »Leviathan« ist dabei natürlich ebenso wenig wie der soziale Dschungel des Marktes eine Institution kultureller und sozialer Gemeinsamkeit. Denn der Staat hebt die totale Konkurrenz nicht auf; er ist nur eine repressive und den sozialen Einzelkämpfern äußere Gewalt, ein Apparat, der notdürftig gemeinsame Rahmenbedingungen für die tobsüchtigen Subjekte des Marktes herstellt. Daran hat sich seit Hobbes nichts geändert. Und das Furchtbare ist, daß sich die menschlichen Individuen nach mehr als 400 Jahren Marktwirtschaft inzwischen selber als diese wahnsinnigen Raubaffen unterstellen, zu denen man sie ideologisch deklariert hat, obwohl sie in ihrer Mehrheit tatsächlich bloß das lebende Futter für den Verwertungsprozeß des Kapitals sind. Hobbes war kein Kenner der »menschlichen Natur«, sondern ein bitterer, finsterer Prophet der Marktwirtschaft.

Mit der Idee des »Leviathan« kam Hobbes natürlich dem Absolutismus entgegen. Er galt als Propagandist der Krone und der auch in England stark ausgeprägten Tendenzen zum absoluten Staat. So verwundert es nicht, daß ihn nach der Hinrichtung Karls I. (1649) der republikanische und fundamentalistische Diktator Oliver Cromwell (1599–1658) ebenso schätzte. In der Tat ist die Gesellschafts- und Staatstheorie von Hobbes ja nicht auf einen bestimmten konkreten Typus festgelegt und konnte deshalb in Abwandlungen und konstitutionellen Milderungen, etwa durch seinen Nachfolger John Locke (1632–1704), für alle modernen Gesellschaftstypen und Staatsformen das Grundmuster abgeben. Dieses abstrakte Schema ist gleichgeblieben, und seine Prämissen werden von den führenden Liberalen auch heute noch mit unverminderter Härte wiederholt. So läßt ein zeitgenössischer Liberaler wie Ralf Dahrendorf seinen gewöhnlich milden reflexiven Ton beiseite, sobald es ans Eingemachte geht, und greift mit wutverzerrtem Gestus die Marxsche Idee der »Assoziation freier Menschen« und den Gedanken einer »herrschaftsfreien Kommunikation« bei Habermas an:

»Doch sind alle diese Hoffnungen Illusionen. In der Praxis verlangt alle gesellschaftliche Assoziation Herrschaft, und das ist auch gut so [...] Was immer uns Ethnologen an Geschichten über ›Stämme ohne Herrscher‹ erzählen mögen, hat wenig Plausibilität [...] Gesellschaft heißt Herrschaft [...] Gesellschaft ist eben nicht nett, sondern nötig« (Dahrendorf 1992, 47 ff.).

Jede geschichtliche Realität und jeder Gedanke außerhalb des marktwirtschaftlich konditionierten Vorstellungsvermögens ist »wenig plausibel« und kann weggefegt werden, und wir dürfen nicht zweifeln: »notfalls« mit Panzern und Maschinengewehren. Gesellschaft soll das sein und bleiben, wozu der Kapitalismus sie gemacht hat: »nötig«, bittere und künstlich erzeugte Bedürftigkeit, die zur Selbstauslieferung des Individuums an die vom Weltmarkt diktierte »Notwendigkeit« zwingt. In diese Kerbe schlagen mittlerweile auch die zum kapitalistischen »Realismus« mutierten westlichen Ex-Linken, wie eine honorige grüne Vizepräsidentin des Deutschen Bundestags mit anthropologisierendem Tremolo zu formulieren wußte:

»Alles beginnt damit, daß der Mensch Wünsche hat. Alles beginnt mit dem Mangel. Alles beginnt damit, daß der Mensch nicht allein ist. Alles beginnt mit der unausweichlichen Konkurrenzsituation in allen Grunddaten der Existenz. Nahrung, Elternliebe, Arbeit, Raum, Luft zum Atmen, Anerkennung und Menschenwürde, alles ist Mangelware [...] Alle Gewalt kommt also aus der Heftigkeit, mit der wir etwas wünschen, und aus der Tatsache, daß wir dabei auf Mitmenschen stoßen, die mit uns die gleichen Wünsche und die gleiche Heftigkeit teilen. So kommt die Gewalt tatsächlich aus dem Kampf ums Dasein, wie Nietzsche formulierte. Das Unheimliche an diesem Prozeß ist nur, daß der Kampf ums Dasein nicht nur in materiellen Notzeiten entflammt, sondern jederzeit möglich ist, wenn nur eine Konkurrenzsituation gegeben ist oder empfunden wird« (Vollmer 1996, 69).

Vielleicht hätte sich sogar Hobbes für eine derart plumpe Argumentation geniert, denn seine misanthropische Prämisse war noch nicht so simpel mit den Axiomen der kapitalistischen Volkswirtschaftslehre kurzgeschlossen. Die Vollmersche Argumentationsweise, die nichts als eine durchsichtige Rationalisierung der eigenen ideologischen Mutation darstellt, spricht allem Wissen über die geschichtlichen Gesellschaften hohn. Eine innergesellschaftliche Konkurrenz um Dinge wie »Nahrung« wäre außerhalb einer Extremsituation von Naturkatastrophen allen vorkapitalistischen Menschen absurd vorgekommen, nicht »aufessen zu müssen« und die Reste den Schweinen zu geben galt selbst bei den ärmsten Bauern als unterste Stufe der Selbstachtung. Und die Gewaltaffekte der Leidenschaft wie die kriegerischen Aktionen wären nicht einmal unter der Folter mit dem Motiv einer »Knappheitskonkurrenz« ausgerechnet um das Gut »Arbeit« begründet worden. Auch die »Luft zum Atmen« im Sinne einer persönlichen räumlichen Großzügigkeit oder eines konkurrenzfreien sozialen Raums ist den meisten Menschen erst durch das »porentiefe« kapitalistische Konkurrenzprinzip und durch den kleinlichen, pfennigfuchserischen Abrechnungs- und Zuteilungsmodus der Marktwirtschaft genommen worden; hinsichtlich der buchstäblichen physikalischen Atemluft greift Frau Vollmer allerdings sogar dem warenproduzierenden System vor, obwohl dieses zweifellos mit Macht daran arbeitet, selbst ein derart elementares »Gut« in ein »knappes« zu verwandeln, das marktwirtschaftlich rationiert werden kann.

Nicht nur das Essen, auch die Gewalt der Selbstbehauptung ist in der marktwirtschaftlichen Durchsetzungsgeschichte armselig geworden. Hobbes hatte wenigstens (wie später Nietzsche) die düster-grandiose Fiktion eines genuinen Raubtiers vor Augen, während die Vollmersche Mauskonkurrenz um Käse-, Liebes-, »Arbeits«- und womöglich Luftbröcklein sogar noch die ehrliche Menschenfeindlichkeit beleidigt. Der konstitutionelle (und später im 20. Jahrhundert der demokratische) Liberalismus markiert einen nicht mehr zu unterbietenden Tiefpunkt der Geistesgeschichte, indem er sowohl die Motive der Gewalt als auch deren Kritik auf das Niveau kleinbürgerlicher Geldgehässigkeit und staatstreuer, verkniffener »Scheißangst« vor der Polizeibehörde herunterbringt.

Mit der expliziten Verschiebung des individuellen Egoismus auf rein marktwirtschaftliche Konkurrenzmotive und deren Rechtfertigung als »naturnotwendiges« Movens hat der spätere Liberalismus im menschenfeindlichen Konstrukt von Hobbes allerdings die Gewichte verlagert. Hobbes selber argumentierte noch nicht im eigentlichen Sinne »ökonomistisch«, er blieb deshalb offen für eine absolutistische bzw. merkantilistische Interpretation des »Leviathan« als eines virtuellen kapitalistischen Gesamtunternehmers. Der Liberalismus seinerseits hat nicht nur das Menschenbild von Hobbes aufgegriffen, sondern auch das Konstrukt des »Leviathan«, während lediglich das ökonomische Subjekt des kapitalistischen Unternehmertums als »notwendig« selbständiger Pol eingeführt wurde.

So hat die auf Hobbes folgende und seine Argumentation erweiternde liberale Doktrin nur das Verhältnis von Marktwirtschaft und Staat in einem funktionalistischen Sinne zurechtgerückt und die Eigendynamik der Konkurrenz bzw. ihrer Subjekte eingeklagt, ohne den »Leviathan« als bändigende Kraft aufzugeben. Das große Ungeheuer sollte nach außen wie nach innen gerade das freie Spiel der Konkurrenzkräfte repressiv garantieren. Im liberalen Idealfall kann und darf der Staat die Konkurrenz nach außen auf der freien Wildbahn der räuberischen Nationen mit militärischen Mitteln fortsetzen, von den kolonialen Eroberungen bis zum nationalistischen Falkland-Gemetzel der Frau Thatcher. Und nach innen kann und darf nicht nur, sondern soll unbedingt die eiserne Faust eines hochgerüsteten Gewaltapparats die Opfer der Konkurrenz daran hindern, sich ein anderes Leben als das vom Diktat der »Marktgesetze« determinierte zu organisieren. Es bedurfte nicht erst eines Pinochet, um zu beweisen, daß blutige Diktatur, Polizeistaat und Todesschwadronen sehr gut vereinbar sind mit konsequentem Wirtschaftsliberalismus und »freier« Marktwirtschaft.

Der Liberalismus hat so wenig Zutrauen zu den wohltuenden Wirkungen seiner »Freiheit«, daß er sich immer wieder dem »Leviathan« anheimgeben muß: Einerseits unterstellt er »den Menschen«, also alle Menschen ohne Ausnahme, als einander a priori spinnefeinde Einzelkämpfer, die den Staatsapparat als Moderator brauchen, um überhaupt leben zu können; andererseits wird der Leviathan aber auch gebraucht, um all diejenigen zu knuten und zu kujonieren, die sich dem negativen Menschenbild nicht beugen und ihm nicht entsprechen wollen, weil sie anderes kennen oder sich vorzustellen vermögen.

Deshalb ist der Liberalismus nicht nur dem Haupt des Absolutismus entsprungen, sondern er kann auch jederzeit wieder eine absolutistische Gestalt annehmen. Auch in dieser Hinsicht sind sowohl der Faschismus als auch der Staatssozialismus (und überhaupt alle Modernisierungsdiktaturen) nur Varianten oder Erscheinungsformen des liberalen Proteus gewesen, deren gemeinsamer Nenner wie schon bei der Urform des 16. und 17. Jahrhunderts immer die Expansion und der gesellschaftlich usurpatorische Anspruch von Warenform und Geldbeziehungen zu einer der Tendenz nach totalen »Ökonomisierung« oder »Inwertsetzung« der Gesellschaft war.

Genau wie die Urformen des historischen Absolutismus und Liberalismus im Westen haben auch die staatssozialistischen oder »befreiungsnationalistischen« Regimes der nachholenden Modernisierung im Osten und Süden die Bevölkerung ihrer Staaten als »abstrakte Gesamtarbeitskraft« betrachtet, die für Zwecke der nationalökonomischen »Wertschöpfung« jenseits ihres Wohlbefindens zu mobilisieren und zu reglementieren ist. Und wie die freie Konkurrenz des Westens stets gewaltige bürokratische Staatsapparate einschloß, so kam umgekehrt die bürokratische Planung des staatssozialistischen Spätabsolutismus nicht ohne Elemente der »individuellen Geldanreize«, der betriebswirtschaftlichen Konkurrenz und der »marktwirtschaftlichen Reformen« aus. Überall, wo Menschen zu den Kunststücken des Geldes und der »abstrakten Arbeit« dressiert werden wie Zirkustiere, müssen die Dompteure im Namen der Macht mit der Peitsche drohen und mit klebrigen kleinen Belohnungsbonbons locken.

Sowohl historisch als auch strukturell handelt es sich bei dem Gegensatz von Markt und Staat, Privatkapital und Staatsökonomie, ökonomischen und politischen Eliten stets nur um die Spannung zwischen den beiden Polen desselben gesellschaftlichen Feldes, wobei jederzeit Sprünge möglich sind. Der nahezu reibungslose Übergang der staatssozialistischen Funktionseliten zum neoliberalen Marktradikalismus nach 1989 hat insofern nichts Überraschendes. Der Proteus der »Modernisierung« hat nur wieder einmal seine Gestalt gewechselt, nicht aber sein inneres Wesen. Die Fixierung auf den bloß äußerlichen Gegensatz von Marktideologie und Staatsideologie ist gewissermaßen ein historischer Trick und ein Spiel des Absolutismus-Liberalismus in seiner schillernden Doppelnatur. Er hat es verstanden, die sozialen Befreiungsbewegungen in eine logische und kulturelle Falle zu locken und den Hasen der Emanzipation zwischen seinen beiden Igelgestalten von Geldindividualität und Staatsmacht schließlich zu Tode zu hetzen.

Repräsentierte Hobbes als Stammvater dieser Ideologie noch beide Momente gleichermaßen, so hat sich die Polarität der repressiven »Modernisierung« seither nach Ländern und Epochen schwerpunktmäßig ausdifferenziert: England und später die angelsächsische Welt insgesamt gelten als Heimat des ökonomischen Liberalismus, der europäische Kontinent (insbesondere Deutschland) und der Osten dagegen als Heimat des staatlichen Absolutismus, obwohl die beiden Elemente des modernen Herrschaftsanspruchs sich überall wechselseitig durchdrungen und bedingt haben. Daß England diese Rolle zufiel, erklärt sich aus der Geschichte, deren Zeuge und Interpret Hobbes war: Bezog er aus dem englischen Bürgerkrieg des 17. Jahrhunderts (und sicherlich mit einem Seitenblick auf den kontinentalen Dreißigjährigen Krieg) als desperater Denker sein verkrüppeltes Menschenbild, so lieferten die Ergebnisse dieses Krieges 1688 mit der gemäßigten Restauration eines parlamentarisch kontrollierten Königtums, das den »Privatherren« für ihre eigenen unseligen Unternehmungen genügend Spielraum ließ, die gesellschaftliche Ausgangslage für eine Entfaltung des Liberalismus; denn im Unterschied zum Kontinent konnte in England seitdem kein staatsökonomisch zentrierter Absolutismus mehr entstehen, sondern eher eine weltmarktorientierte, staatlich gestützte Privatinitiative, die natürlich im 17. Jahrhundert noch vom lokalen Grundeigentum (der »gentry«) und privaten Pächtern ausging, also noch keineswegs ein Unternehmertum im heutigen Sinne war. Aber dies war der Boden, auf dem sich der Privatkapitalismus am schnellsten und am wenigsten beeinträchtigt entfalten konnte.

Der angelsächsische Wirtschaftsliberalismus, der die Staatsmaschine eher für die Interessen der privatkapitalistischen »Macher« instrumentalisieren wollte, übernahm in diesem Sinne später die Ideen einiger französischer Ökonomen, die sich in Frankreich selbst weniger dauerhaft durchsetzen konnten. Diese sogenannten »Physiokraten« mit François Quesnay (1694–1774) an der Spitze, die schon in ihrem Namen das allgemeine liberale Credo von einer angeblichen ökonomischen »Herrschaft der Natur« anzeigten, verlangten, daß die Wirtschaft dem »ordre naturel« überlassen bleiben müsse. Die atomisierten und an das Gesetz des Geldes geketteten Individuen sollten ebenso beweglich sein wie das Geld selbst und auf dem Boden der entstehenden kapitalistischen Produktionsweise nach eigenem Ermessen zu eigenem Nutzen als natürliche Egoisten handeln dürfen; gedacht war dabei »natürlich« vor allem an die Fabrik- und Handelsherren in ihrem Verhältnis zum absolutistischen Staat.

Diese Lehre, zusammengefaßt in dem berühmten Schlagwort »Laissez faire et laissez passer, le monde va de lui-même« (Laß es gehn und laß es geschehn, die Welt geht doch ihren eigenen Gang) oder kurz »Laissez faire«, blieb in Frankreich selber eine Episode zwischen der absolutistischen Staatsökonomie von Jean-Baptiste Colbert (1619–1683), dem Wirtschaftsminister Ludwigs XIV., und dem ebenfalls wieder weitgehend staatsökonomischen Regime der Revolution. Der angelsächsische Liberalismus dagegen baute dieses Schlagwort systematisch aus und setzte damit einen entscheidenden Akzent in der Modernisierungsgeschichte. Denn die wirtschaftsliberalen Ideen kamen der inneren Logik der kapitalistischen Produktionsweise am nächsten, wie sie sich in den folgenden beiden Jahrhunderten entwickeln sollte.

Private Laster als öffentliche Vorteile

Es bestand zunächst aber eine gewissermaßen moralische Schwierigkeit für den weiteren Fortgang des Liberalismus und seiner »freien« Marktwirtschaft. Denn bei Hobbes ist das pseudo-natürliche individuelle Konkurrenzsubjekt bedauerlicherweise rein negativ bestimmt, als die zu zähmende Raubnatur des Menschen. Der kapitalistische Idealmensch erscheint hier noch als ein monströses Vieh, während die positive Seite allein dem staatlichen Dompteur zukommt, der freilich seinerseits die Züge eines Ungeheuers annehmen muß, um seinen Beruf erfüllen zu können. Wenn aber dieses Verhältnis mit umgekehrtem Vorzeichen belegt und das Konkurrenzsubjekt selber positiv bestimmt werden sollte, dann mußten Eigenschaften, die in der Menschheitsgeschichte bis dahin immer als schlecht, bösartig und minderwertig gegolten hatten, in den moralischen Adelsstand erhoben werden. In diesem Sinne hat der Liberalismus die »Umwertung aller Werte« längst vor Nietzsche vollzogen.

Die große Bresche in die Mauer aller bisherigen Moralvorstellungen schlug einer der brillantesten Zyniker des modernen Denkens, ein knallharter Pamphletist und publizistischer Draufgänger, der als großer Anreger allerdings nicht immer gern zugegeben wird. Bernard Mandeville (1670–1733), ein Engländer holländischer Herkunft, Arzt, Aufklärer und wohlvertraut mit den frühkapitalistischen Verhältnissen auf dem Kontinent wie auf den Britischen Inseln, hat eine Vorgabe geliefert, die in ihrer Klarheit und Schärfe nie wieder erreicht worden ist. Mit gutem Grund, denn Mandeville verzichtete auf jede ideologische Schönfärberei. Seine rigorose Rechtfertigung der Marktwirtschaft atmet einen derart ätzenden Zynismus, daß bis heute Zweifel bestehen, ob er nicht in Wahrheit eine grimmige Satire auf die wunderbare kapitalistische Moderne schreiben wollte. Es liegt wohl in der Natur der Sache, daß jede offene, ungeschminkte Rechtfertigung dieses Gesellschaftssystems auch als vernichtende Kritik gelesen werden kann. Karl Marx, der Zyniker dieser Art liebte, nannte Mandeville einen »hellen Kopf«, »ehrlicher als die philisterhaften Apologeten der bürgerlichen Gesellschaft«.

Seine Gedanken legte Mandeville erstmals 1705 mit Hilfe von Knittelversen in einem pamphletistischen Gedicht dar, das bis 1723 nicht nur mehrere Auflagen erlebte, sondern auch durch erläuternde Abhandlungen und Anmerkungen des Autors zu einem Buch anschwoll, vielfach übersetzt wurde und eine innere Wirkungsmacht im Diskurs der Aufklärung entfalten konnte. Diese sogenannte »Bienenfabel« hatte allerdings nichts mit dem ebenso uralten wie betulichen Bild der Bienen als »Fleißtieren« zu tun; oder höchstens im Sinne jener bitterbösen Karikatur, die das Markenzeichen des Autors werden sollte. Schon der Untertitel »Private Laster als gesellschaftliche Vorteile« verrät, worum es eigentlich geht. Alle unschönen Eigenschaften des Egoismus, der Geldgier, der wechselseitigen Gaunerei und Konkurrenz bis aufs Blut sollen es angeblich einzig und allein sein, die eine Gesellschaft (und Mandeville denkt ausdrücklich an die zeitgenössische englische) im Endresultat zu einer »blühenden Gemeinschaft« machen. Das Bild eines Bienenstaats von lauter amoralischen Einzelbienen dient dabei, wie einige entscheidende Passagen zeigen, als Folie für diesen einen Grundgedanken:

In jedem Teile sündig zwar,
Ein Paradies das Ganze war;
Im Krieg gefürchtet, sonst begehrt,
Von aller Welt gerühmt, geehrt,
Verschwenderisch mit Gut und Leben:
Der Bienenvölker Zierde eben.
Das Heil des Staats war zweifellos:
Geballter Frevel macht' ihn groß.
Die Tugend sah der Politik
Bald ab manch ausgepichten Trick,
Schloß Freundschaft mit dem Laster gar,
Was dann bewirkte, daß fürwahr
Der größte Schurke selbst zum Schluß
Doch dem Gemeinwohl dienen muß …
So nährte Laster den Verstand
Der sich mit Fleiß und Zeit verband
Und schuf des Lebens Überfluß,
Komfort, Vergnügen und Genuß …
Daß man die Wonnen dieser Welt
Genießt und erntet Ruhm im Feld
Und lebt in Wohlstand sündenfrei,
Ist Utopie und Träumerei.
Falsch, Dünkel, Pomp muß existieren,
Da wir von ihnen profitieren …
So kann auch Laster nützlich sein,
Schränkt das Gesetz es weise ein.
Ja, will das Volk nach Größe streben,
Muß es im Staat auch Sünde geben …
Allein von Tugend kann auf Erden
Kein Staat groß, reich und mächtig werden.

Wollt ihr die Goldnen Zeiten wieder?
Da aß man Eicheln und war bieder.

Mandeville lieferte auf diese Weise das Grundmuster (das er selbst als »seltsames Paradoxon« bezeichnete) für die liberale Heiligsprechung der niedrigsten antisozialen Instinkte. Wenn die Gesamtresultante der individuellen Bosheit freilich das »Wohl des Staates« sein sollte, dann hieß das keineswegs, daß damit das Wohl aller Menschen gemeint war. Denn erst der Kapitalismus selber hat es ja fertiggebracht, im Weltmaßstab große Menschenmassen in eine derart künstliche, gesellschaftlich erzeugte Armut zu treiben, daß sie tatsächlich »Eicheln essen« müssen. Letzten Endes sollte das gute Ergebnis der bösen Triebe ausdrücklich nur für die »Besserverdienenden« sowie für die abstrakte staatliche Gesamtrechnung gelten. Die Masse des menschlichen Arbeitsviehs hingegen mußte bedauerlicherweise, so Mandeville mit unüberbietbarer Ironie in seinen Abhandlungen über die »Bienenfabel«, möglichst raffiniert zur »Arbeit« gezwungen werden:

»Jeder weiß, daß es eine große Zahl von Gesellen bei Webern, Schneidern, Tuchmachern und zwanzig anderen Handwerkern gibt, die kaum zu bewegen wären, am fünften Tag zu arbeiten, wenn ihr Lebensunterhalt mit vier Tagen Arbeit bestritten werden könnte, und daß ferner Tausende von Arbeitern aller Art existieren, die ihren Lebensunterhalt zwar kaum finanzieren können, die aber gern fünfzig Unannehmlichkeiten auf sich nähmen, ihre Arbeitgeber verärgerten, hungerten und Schulden machten, nur um sich einen Feiertag zu verschaffen. Wenn die Menschen eine so außerordentliche Neigung zu Müßiggang und Vergnügen haben, welchen Grund hätten wir zu glauben, sie würden jemals arbeiten, wenn sie nicht durch die unmittelbare Notwendigkeit dazu gezwungen würden? [...] Was würde bei einer solchen Entwicklung aus unseren Manufakturen werden? Wenn der Kaufmann Tuch exportieren wollte, müßte er es selbst herstellen, denn der Tuchmacher könnte nicht einen Mann bekommen von den zwölfen, die bei ihm zu arbeiten pflegten [...] Von hier aus läßt sich zeigen, daß Überfluß die Arbeitskräfte billig macht, sofern man die Armen gut im Griff hat; zwar sollte man sie nicht verhungern lassen, aber sie dürften auch nicht die Möglichkeit zum Sparen bekommen. Wenn hier und da einer aus der niedersten

Klasse durch ungewöhnlichen Fleiß und Absparen vom Munde sich aus seinen ursprünglichen Lebensverhältnissen emporarbeitet, sollte ihn niemand daran hindern. Ja, es ist unleugbar der klügste Weg für alle Menschen einer Gesellschaft und jede private Familie, genügsam zu sein; aber es liegt im Interesse aller reichen Nationen, daß der größte Teil der Armen kaum jemals müßig ist und doch ständig ausgibt, was er einnimmt« (Mandeville 1988/1723, 177 ff.).

Hier wird erstmals eine Mentalität deutlich, die den Liberalismus als fundamentale Ideologie, das Denken der kapitalistischen »Macher«, der Funktionäre, Vorstände, Eliten, der Erben von Vermögen und der Vertreter bürgerlicher Ehrbarkeit, Seriosität und Solvenz bis heute von Grund auf kennzeichnet: nämlich das aufreizend unverschämte Grundempfinden, man selbst sei zu Besserem geboren und zu Höherem berufen qua Geldmacherei und marktwirtschaftlicher »Durchsetzungsfähigkeit«, während es eine minderbemittelte Masse von Menschenmaterial geben müsse, das zur »Arbeit« schicksalhaft ausersehen, jedoch auf eine uneinsichtige und geradezu »unmoralische« Weise störrisch und von Natur aus faul sei, also der starken Hand einer vormundschaftlichen *potestas* bedürfe, um seiner subalternen Bestimmung zugeführt zu werden. Mandeville nimmt wahrhaftig kein Blatt vor den Mund. Er erklärt das »Mit-Fühlen und Mit-Leiden bei Unglück und Elend anderer« zu einem Gefühl der »schwächlichsten Gemüter«, vor allem der Frauen und Kinder, dem die Männer des Marktes nicht nachgeben dürften:

»Übergroße Nächstenliebe fördert meist Trägheit und Müßiggang und leistet kaum etwas für ein Staatswesen, als Nichtstuer hervorzubringen und den Fleiß zu zerstören. Je mehr Asyle und Armenhäuser man baut, desto mehr braucht man [...] Ich plane nichts Grausames und ziele nicht im entferntesten auf etwas ab, was nach Unmenschlichkeit schmeckt. Genügend Hospitäler für die Kranken und Verwundeten zu haben halte ich im Frieden wie im Krieg für eine unerläßliche Pflicht. Kleiner Kinder ohne Eltern, hilfloser Greise und aller Arbeitsunfähigen sollte man sich mit Liebe und Eifer annehmen. Aber wie ich einerseits keinen vernachlässigt sehen möchte, der ohne eigenes Verschulden Hilfe braucht, so will ich andererseits Bettelei und Faulheit der Armen nicht unterstützen. Alle sollten zur Arbeit angehalten werden, die irgend dazu fähig sind, und selbst die Kranken sollten daraufhin untersucht werden. Für die meisten unserer Lahmen und Blinden ließe sich dann eine leichte Beschäftigung finden […]« (a.a.O., 250).

Das sinnverdrehende »Doppeldenk« und »Neusprech« des Liberalismus seit dem 18. Jahrhundert redet auch in dieser Hinsicht mit professioneller Doppelzüngigkeit: »Im Prinzip« bekennt man sich zu den »Geboten der Menschlichkeit«, aber nur »soweit notwendig«; und diese Notwendigkeit soll auf den dürftigsten überhaupt denkbaren Grad heruntergeschraubt werden, um selbst noch die Alten, Kranken und Schwachen, die Blinden und Lahmen in die Verwertungsmaschine des Kapitals einzuspannen und das Letzte an Reserven aus ihnen herauszuholen. Das ist die trübe ideologische Quelle, aus der ein Ronald Reagan und eine Margaret Thatcher, ein Newt Gingrich oder ein Graf Lambsdorff heute immer noch schöpfen. Im Zuge seiner Abrechnung mit dem »übertriebenen Mitleid« fällt Mandeville sogar über die »Armenschulen« her, die bürgerliche Heuchelei und schlechtes Gewissen ins Leben gerufen hatten. Und wieder sind seine Argumente so ätzend, daß sie in ihre eigene radikale Kritik umzukippen drohen:

»Als nächstes müssen wir gutes Benehmen und Höflichkeit in Betracht ziehen, die den Armen in den Armenschulen beigebracht werden sollen. Ich bekenne, daß es nach meiner Meinung völlig unnütz, wenn nicht gar schädlich ist, diese Eigenschaften in irgendeinem Maße zu besitzen; zumindest gibt es für die arbeitenden Armen nichts Überflüssigeres. Was wir von ihnen haben wollen, sind nicht Komplimente, sondern ihre Arbeitskraft und ihre Dienstbeflissenheit« (a.a.O., 254).

Das ist es in Wahrheit, was hinter der glatten liberalen Stirn immer gedacht wird, und Mandeville kommt das Verdienst zu, es freimütig ausgesprochen zu haben. Noch viel mehr gilt dies für seine messerscharfen Ausführungen über die Schulbildung als Luxus oder Notwendigkeit:

»Aus dem Gesagten wird klar, daß in einer freien Nation, wo Sklaven nicht erlaubt sind, der sicherste Reichtum in einer großen Zahl arbeitsamer Armer besteht; denn abgesehen davon, daß sie einen nie versiegenden Nachwuchsquell für Flotten und Armeen bilden, gäbe es ohne sie kein Vergnügen, und kein Produkt irgendeines Landes könnte einen Wert haben. Um die Gesellschaft glücklich und die Menschen unter den bescheidensten Umständen zufrieden zu machen, ist es erforderlich, daß eine große Anzahl von ihnen nicht nur arm, sondern auch unwissend ist [...] Gedeihen und Glück jedes Staats und Königreiches erfordern daher, daß die Kenntnisse der arbeitenden Armen auf den Bereich ihres Berufes beschränkt bleiben und niemals über das hinausgehen (in bezug auf sichtbare Dinge), was mit ihrer Tätigkeit verbunden ist. Je mehr ein Schäfer, Pflüger oder sonstiger Landmann von der Welt weiß und von Dingen, die seiner Arbeit oder Beschäftigung fremd sind, um so weniger wird er geeignet sein, ihre Strapazen und Härten heiter und zufrieden zu ertragen. Lesen, Schreiben und Rechnen sind sehr notwendig für jene, deren Tätigkeit eine solche Qualifikation verlangt, aber wo der Lebensunterhalt der Leute von diesen Künsten nicht abhängt, verderben sie die Armen, die ihr täglich Brot mit ihrer täglichen Arbeit verdienen müssen. Nur wenige Kinder machen Fortschritte in der Schule, wären aber sehr wohl in der Lage, in dieser Zeit einer produktiven Beschäftigung nachzugehen, so daß jede Stunde, die Kinder armer Leute über ihren Büchern zubringen, ebensoviel verlorene Zeit für die Gesellschaft ist. Schulbesuch, verglichen mit Arbeit, ist Müßiggang, und je länger Knaben diese bequeme Art von Leben fortsetzen, um so ungeeigneter werden sie zu wirklicher Arbeit, sowohl in bezug auf Kraft als auch Neigung, wenn sie heranwachsen. Menschen, die bis ans Ende ihres Lebens in einer arbeitsreichen, ermüdenden und entbehrungsvollen Stellung verbleiben sollen, werden sich um so geduldiger und dauerhafter damit abfinden, je früher sie diesen Bedingungen unterworfen werden [...] Ein Mann, der etwas Bildung genossen hat, mag sich den Beruf eines Landwirts erwählen und bei der schmutzigsten und schwersten Arbeit fleißig sein; er muß es aber dann in seinem eigenen Interesse tun [...] Er wird aber kein guter Lohnarbeiter werden und für ein erbärmliches Entgelt Dienst bei einem Farmer leisten; zumindest ist er dafür nicht so gut geeignet wie ein Tagelöhner, der schon immer mit dem Pflug und Mistkarren umgegangen ist und sich nicht daran erinnert, jemals anders gelebt zu haben. Wenn Ergebenheit und niedere Dienste erforderlich sind, werden wir stets feststellen, daß sie niemals so bereitwillig und freudig geleistet werden wie von Niederen gegenüber Höheren; ich meine Niedere nicht nur in Besitz und Rang, sondern ebenso in Kenntnissen und Verstand. Ein Diener kann keinen ehrlichen Respekt vor seinem Herrn haben, sobald er klug genug ist zu bemerken, daß er einem Narren dient [...] Kein Geschöpf unterwirft sich zufrieden seinesgleichen; und wäre ein Pferd so klug wie ein Mensch, so möchte ich nicht sein Reiter sein« (a.a.O., 274 ff.).

Wenn hier etwas »klar« wird, dann ist es die wahre Natur der westlich-kapitalistischen »freien Nationen«, wo zwar »Sklaven nicht erlaubt« sind (was keineswegs immer die Regel ist, wie die Geschichte des Agrarkapitalismus bis heute zeigt), der Liberalismus aber fast 300 Jahre lang daran gearbeitet und es geschafft hat, eine neue Art der Sklaverei mit unsichtbaren Ketten zu installieren. Mandeville gibt gleichzeitig den Blick frei auf die Seele des kapitalistischen Wissens: es darf nie und nimmer freie Erkenntnis sein, sondern muß stets bloßes Funktionswissen der Selbstverwurstung bleiben für einen monströsen Zweck jenseits aller Erkenntnis.

Deshalb wurde der Zugang zu »höherem« Wissen auf allen Entwicklungsstufen der Modernisierung immer wieder mit Restriktionen belegt; und dasselbe durch nichts begründete bürgerliche Selbstverständnis, das vom Mittelstand aufwärts noch das dümmste Kind »von eigenem Fleisch und Blut« mit tausenderlei Hilfsspritzen durchs Abitur päppelt und quält, ist bei knappen öffentlichen Finanzen stets als erstes bereit, den kostenlosen Besuch der höheren Schulen oder Universitäten zu streichen und selbst noch die kapitalistische »Chancengleichheit« für die »Kinder der Armen« wegzunehmen (oder diese vorab einer »Begabungsauslese« für Herrschaftswissen zu unterwerfen).

Außerdem wurde das Wissen, soweit man sich aus funktionalen Gründen der Kapitalverwertung seit dem 19. Jahrhundert doch zu seiner Vermittlung »nach unten« genötigt sah, möglichst systematisch und lückenlos auf »den Bereich des Notwendigen« im kapitalistischen Sinne reduziert und mit Gehorsamstraining durchtränkt. Was der Lyriker Rainer Kunze zwar treffend, jedoch nur mit Bezug auf die Erfahrung der staatssozialistischen Wissensdiktatur formuliert hat, gilt in Wahrheit für das gesamte verschulte Dummwissen des modernen warenproduzierenden Systems: »Unwissende, damit ihr unwissend bleibt, werden wir euch schulen.« Darüber hinaus ist es dem Kapitalismus gelungen, die Individuen darauf zu dressieren, daß sie diese Form des Wissens als Selbstverdummung verinnerlicht haben; noch die stromlinienförmig konformistischen und karrierebewußten BWL-Studenten von heute, die schon von sich aus die Erkenntnis nicht lieben und bloß funktionales Erfolgswissen für irgendein stumpfsinniges »Geldverdienen« möglichst intravenös aufnehmen wollen, legen Zeugnis dafür ab. Was immer jemand heute studieren mag, es ist stets bloß eine Abart der Betriebswirtschaftslehre.

Mandeville läßt schließlich keinen Zweifel daran, daß die (schon bei Hobbes buchstäbliche) Hundsgemeinheit einer Gesellschaft, die »private Laster als gesellschaftliche Vorteile« für einen absurden Staatszweck installiert hat und dafür die Lebensinteressen der Mehrheit gnadenlos aufzuopfern bereit ist, auch nur mit gnadenloser Härte aufrechterhalten werden kann; womit wir wieder beim Leviathan angelangt wären. Derselbe Sophismus, der die boshafte und gierige individuelle Durchsetzungsfähigkeit auf dem Boden des Marktes als gesamtgesellschaftliche Tugend verkaufen möchte, muß ebenso wie die »Freiheit« des Marktes auch das Gefängnis und den Galgen für die in einer solchen Gesellschaft unvermeidliche Delinquenz lieben:

»Es gehört zu den schlimmsten Nachteilen so riesiger, übervölkerter Städte wie London oder Paris, daß sie Betrüger und Verbrecher beherbergen wie Kornspeicher das Ungeziefer [...] Und wenn sie verhaftet worden sind, reichen die Beweise vielleicht nicht aus oder weisen andere Mängel auf, ist die Anklage nicht lückenlos genug, werden Geschworene oder selbst Richter vom Mitleid gerührt. Sind Staatsanwälte anfangs unerbittlich, so werden sie oft weich, wenn es zum Prozeß kommt [...] Ein gutmütiger Mensch nimmt nicht so leicht einem anderen das Leben, auch wenn dieser den Galgen verdient hat [...] und dies ist der Grund, weshalb Tausende davonkommen, die eigentlich die Todesstrafe verdient hätten; und dies ist ebenso der Grund dafür, daß es so viele Gesetzesbrecher gibt, die sich kühn der Hoffnung hingeben, sie würden mit etwas Glück schon freikommen, wenn man sie einmal fassen sollte. Wenn die Menschen aber der Meinung wären und darin gar bestärkt werden könnten, daß sie, wenn sie ein Verbrechen begehen, worauf der Galgen steht, mit Sicherheit auch daran baumeln würden, wären Hinrichtungen selten; und selbst der abgebrühteste Verbrecher würde sich bald lieber selbst aufhängen als in ein Haus einbrechen« (a.a.O., 256 f.).

Auch dieses Statement der Abschreckungs-Illusion ist zum Archetypus liberalen Denkens geworden: Nicht die sozialen Ursachen der Kriminalität sind zu beseitigen, sondern man muß polizeiliche und juristische Härte zeigen. Die kapitalistisch erzeugte Armut wird zum »Sicherheitsproblem« umdefiniert. Inmitten des Elends sollen die Gewinner alle Früchte der marktwirtschaftlichen Durchsetzungsfähigkeit unbedrängt und unbeschwert genießen dürfen. Mandeville hat damit den »ethischen« Kanon der liberalen Doktrin vollendet. Für die grausame Ehrlichkeit, mit der er dies getan hat, gebührt ihm historischer Dank und ein Ehrenplatz im Pantheon des genialen kapitalistischen Zynikertums.

Die Frau als Hündin des Mannes

Übertroffen wird der Zynismus eines Mandeville nur noch von dem berühmten Marquis de Sade (1740–1814), der nicht ohne Grund die zweifelhafte Ehre genießt, daß die Foltererlust des Sadismus seinen Namen trägt. Auch de Sade hat, direkt und verschärft an Hobbes anschließend, die monadische Form des kapitalistischen Menschen schon in der Frühphase dieser abgründigsten aller bisherigen Gesellschaftsordnungen mit ebenso dürren wie klaren Sätzen bezeichnet: »Alle Kreaturen sind vom Tage ihrer Geburt an einsam und bedürfen einander nicht [...] Mein Nachbar ist ein Nichts für mich, zwischen mir und ihm gibt es aber auch nicht die geringste Beziehung« (zit. nach: Luckow 1998, 184). Und ebenso wie Mandeville hat de Sade die stets nur notdürftig verhüllten Grundüberzeugungen des kapitalistischen Liberalismus mit einer nie wieder erreichten Offenheit ausgesprochen, die selbst in den späteren Rassenideologien nur segmentiert wiederkehren konnte.

Das am weitesten verbreitete Werk von de Sade, die allegorische Geschichte der Justine (Justine oder Vom Mißgeschick der Tugend), ist sowohl dem Inhalt wie der Entstehung nach eng mit der »Bienenfabel« verwandt. Ursprünglich ein schmaler Band, schwoll das Werk in mehreren Fassungen zwischen 1787 und 1797 immer mehr an, weil der Verfasser nicht nur zahllose zusätzliche Episoden, sondern auch immer neue philosophische Exkurse hinzufügte. Hatte de Sade in den ersten Fassungen noch so getan, als wäre seine Geschichte der Abschreckung wegen geschrieben, so ließ er zuletzt auch noch diesen (ohnehin dünnen) Schleier fallen. Im Gleichklang mit Mandeville läßt er zustimmend einen seiner fiktiven liberalen Geldschurken erklären:

»Alles, was sich Almosen und milde Gabe nennt, ist meinem Wesen in einem solchen Maße zuwider, daß ich – selbst wenn ich dreimal so reich wäre, als ich bin – mich nicht entschließen würde, einem Bedürftigen auch nur einen halben Pfennig zu geben. In dieser Hinsicht habe ich feste Grundsätze, von denen ich nie abweichen werde. Der Arme gehört in das System der Natur [...] Ihm zu helfen, hieße die bestehende Ordnung verleugnen, sich dem System der Natur widersetzen und das Gleichgewicht zerstören, auf dem ihre überaus empfindlichen Gebilde beruhen. Es hieße, auf eine für die Gesellschaft gefährliche Gleichheit hinzuwirken, Trägheit und Nichtstuerei zu fördern« (de Sade 1998/1787, 138).

Auf die Vorhaltung, daß bei solchen Anschauungen die (im kapitalistischen Sinne) Schwachen untergehen müßten, antwortet de Sade kühl: »Und wenn schon! Frankreich hat sowieso mehr Untertanen, als es braucht. Der Staat, der alles im großen sieht, kümmert sich herzlich wenig um den einzelnen, solange die Maschine (!) läuft« (a.a.O., 21). Und auf den Stoßseufzer eines sozialen Opfers (»Ach, es wäre besser gewesen, man hätte uns, kaum geboren, erstickt!«) antwortet die schneidende Stimme der Aufklärungsvernunft: »Daran ist etwas Wahres« (ebda). In seinem Pamphlet »Die Philosophie im Boudoir« steigert sich de Sade geradezu in eine Art existentiellen Haß gegen die »arbeitenden Armen« und deren »überflüssige«, allzu zahlreiche Nachkommenschaft hinein und hetzt, Mandeville übertreffend, selbst noch gegen die kümmerlichste Staatsfürsorge der Armenhäuser:

»Zerstört diese ekelhaften Häuser, reißt sie gnadenlos ab, in denen ihr dreist die Früchte der Zügellosigkeit dieser Armen sammelt, diese scheußlichen Kloaken, die Tag für Tag einen widerlichen Schwarm von neuen Geschöpfen auf die Gesellschaft ausspeien, die nur auf eins hoffen können, auf eure Börse. Wozu dient es, frage ich, daß man solche Kreaturen mit soviel Mühe am Leben erhält? [...] Diese überschüssigen Wesen sind wie Schmarotzerpflanzen, die unweigerlich den Stamm zugrunde richten, von dem sie leben. Erinnert euch, daß jedesmal, wenn die Bevölkerung in ganz gleich welchem Gemeinwesen größer ist als die Existenzmittel, dieses Gemeinwesen dahinsiecht [...] Kein Asyl für die schimpflichen Früchte der Zügellosigkeit: man läßt diese gräßlichen Folgen zurück wie Verdauungsprodukte [...]« (De Sade 1980/1795, 126 f.).

Hier finden wir bereits den Strang jener kühlen Argumentation, die erst Jahrzehnte später in der großen Transformationskrise der industriellen Revolution von dem »Bevölkerungstheoretiker« Malthus zur »Wissenschaft« erhoben werden sollte – und immer mit jener Berufung auf die »Stimme der Natur«, wie sie schon Hobbes vorgegeben hatte. De Sade geht sogar noch weiter. Er formuliert als aufklärerischer »Libertin« ungeheuer wirkmächtige Gedanken voraus, die erst der Sozialdarwinismus an der Schwelle des 20. Jahrhunderts systematisieren und schließlich auf deutschem Boden in die gesellschaftliche Mordtat umsetzen sollte:

»In den griechischen Republiken wurde jedes Kind, das zur Welt kam, sorgfältig untersucht, und wenn es nicht für tauglich befunden wurde, später einmal die Republik zu verteidigen, wurde es sofort umgebracht: dort hielt man es nicht für unerläßlich, den unwerten (!) Abschaum der menschlichen Natur in kostspieligen Anstalten zu bewahren [...] Es steht zu hoffen, daß die Nation diese höchst überflüssige Ausgabe streichen wird; ein Wesen, dem von Geburt an alle Voraussetzungen fehlen, eines Tages der Republik von Nutzen sein zu können, hat kein Recht auf Leben; ihm sofort ein Ende zu machen, ist noch immer die beste Lösung [...] Die menschliche Rasse muß von der Wiege an ausgelesen werden; folglich muß ausgemerzt werden, was aller Voraussicht nach der Gesellschaft niemals nützen wird [...]« (De Sade 1980/1795, 284 ff.).

Ähnlich wie bei Mandeville sind immer wieder Zweifel aufgetaucht, ob eine derart ätzende Offenheit nicht womöglich als radikale Kritik gelesen werden muß, obwohl sie nichts als die Radikalisierung der gewöhnlichen kapitalistischen Logik darstellt. Hier macht sich ein eigenartiger Zug der modernen bürgerlichen Intellektualität geltend:

Die Verachtung der moralisierenden »Gutmenschen«, so angebracht sie ist, weil diese durch jämmerliche Ethik nur das Gesetz jener irrationalen und destruktiven gesellschaftlichen Beziehungsform des Kapitals verkleistern, deren Zwang sie doch nicht missen wollen und an der sie ihre bürgerlichen Interessen nähren – sie wird sehr zweideutig, wenn demgegenüber das offene, zynische Bekenntnis zu den Konsequenzen der kapitalistischen Konkurrenz als eine Art Heldentat erscheint. Daß die negative Wahrheit affirmativ (»ich stehe dazu«) ausgesprochen wird, scheint plötzlich die Kritik fast schon überflüssig zu machen.

Diese Zweideutigkeit hat sich bis heute gehalten, und sie feiert in der postmodernen »Gesellschaftskritik durch Überaffirmation« neue Triumphe, die jederzeit wieder in eine »unschuldige«, sich auf die angebliche Natur der Natur berufende Mordideologie umschlagen können. Über diese Dinge ist nicht mit einem Augenzwinkern zu reden. Und de Sade tut es auch nicht, er ist der Sache angemessen völlig humorlos und auch nirgendwo ironisch, sondern meint offensichtlich ganz platt, was er sagt, und freut sich ganz platt an seiner eigenen fast schon postmodern »inszenierten« Verruchtheit. Daß der zynische Haß gegen die »arbeitenden Armen« und die soziale Ausrottungsphantasie gegen die »Nutzlosen«, Behinderten usw. lediglich die Konsequenzen eines zeitgenössischen Diskurses formuliert, geht aus genügend anderen Quellen (z. B. Mandeville) hervor; und daraus ist zu schließen, daß auch alle übrigen Ideen von de Sade, nicht zuletzt die Feier der Grausamkeit, als positive Aussagen ohne doppelten Boden verstanden werden müssen. Ganze Generationen von linksbürgerlichen Intellektuellen haben sich literarisierend daran aufgegeilt, mit dem de Sadeschen Zynismus zu spielen und ihm »indirekt« kritische Potenzen anzudichten.

Daß de Sade jedoch im Gegensatz zu Mandeville diese Offenheit von der gutbürgerlichen Welt nicht verziehen wurde, liegt vor allem daran, daß er sie über eine betuliche volkswirtschaftliche Legitimationsideologie (ökonomische Prosperität durch staatlich in Grenzen gehaltene egoistische Amoral) hinaus bis zur Unerträglichkeit weitertrieb. Diese Unverzeihlichkeit betrifft zum einen die Frage der »Sicherheit« und des Eigentums. De Sade stellt selbstverständlich die Form des kapitalistischen Privateigentums nicht in Frage, aber er zieht wieder einmal die äußersten Konsequenzen und erlaubt den Diebstahl (der ja in der Tat keineswegs das bürgerliche Privateigentum als solches negiert, sondern es im Gegenteil logisch voraussetzt). In der »Philosophie im Boudoir« heißt es deshalb, daß der Dieb mit seiner Tat »nur dem obersten und weisesten Trieb der Natur folgte, dem Triebe nämlich, die eigene Existenz zu erhalten, ganz gleich, auf wessen Kosten« (De Sade 1980/1795, 256). Die liberale Ideologie vom »Recht des Stärkeren« kommt dabei erstmals in einer radikalisierten Gestalt zum Vorschein, die sich in keinster Weise mehr einschränken und domestizieren lassen will:

»Ihr sprecht uns von einer sagenhaften Stimme dieser Natur, die uns gebiete, nicht den anderen anzutun, was wir nicht wollten, daß man uns tue; doch dieser absurde Ratschlag ist uns immer nur von Menschen erteilt worden, und zwar von schwächlichen Menschen. Der starke Mensch würde sich nie einfallen lassen, eine solche Sprache zu sprechen [...] glauben Sie mir, die Natur, unser aller Mutter, spricht zu uns immer nur von uns; nichts ist so egoistisch wie ihre Stimme, und was wir daraus am deutlichsten hören, ist der unwandelbare und heilige Rat, den sie uns erteilt: wir sollten uns ergötzen, gleichgültig auf wessen Kosten. Aber die anderen, erwidert man hierauf, könnten sich rächen [...] Recht so, der Stärkere wird immer recht behalten. Für diesen ursprünglichen Zustand von ewigem Krieg und ewiger Zerstörung hat ihre Hand uns geschaffen [...] wenn ein Verbrechen sein sollte, was dem einen nützt, indem es dem anderen schadet, so müßte man zuerst beweisen, daß der Geschädigte der Natur kostbarer sei als der Nutznießer. Da jedoch in den Augen der Natur alle Menschen gleich sind, ist eine solche Bevorzugung unmöglich; folglich ist die Handlung, die dem einen nützt, indem sie dem anderen schadet, der Natur vollkommen gleichgültig« (a.a.O., 175 f., 213).

Demzufolge empfiehlt de Sade, den »Nachlässigen« zu bestrafen, der sich hat bestehlen lassen, nicht aber den Dieb. So kann es nicht ausbleiben, daß er schließlich auch den Mord rechtfertigt: »In Sparta jagte man Heloten, wie man bei uns in Frankreich Rebhühner jagt. Bei den freiesten Völkern steht der Mord am höchsten im Kurs« (a.a.O., 282). So sollten die Bürger »mit ausdrücklicher Billigung der Allmutter Natur« zumindest in gewissen Fällen die »volle Freiheit haben, einander nach dem Leben zu trachten« (a.a.O., 250). Freie Fahrt für freie Bürger, gewissermaßen. Der Mensch, auch nur ein Haufen Materie, kann unter dem Gesetz der Konkurrenz und dem Recht des Stärkeren jederzeit »umgewandelt« werden, wie es in der »Justine« heißt:

»Nun aber ist vor dem Auge der Natur jede Form gleich, nichts geht unter in dem unermeßlichen Schmelztiegel, in welchem sich ihre Verwandlungen vollziehen; alle Materieteilchen, die dort hineinstürzen, erneuern sich unaufhörlich in anderer Gestalt [...] Was kümmert es die ewig schöpferische Natur, wenn diese Masse Fleisch, die heute eine Frau ist, morgen in der Gestalt von tausend verschiedenen Insekten wiederkehrt? [...] was kann es ihr [...] ausmachen, daß durch das, was man das Verbrechen eines Menschen nennt, ein anderer in eine Fliege oder einen Lattich verwandelt wird?« (De Sade 1998/1787, 49).

In diesem Sinne erlaubt die Natur eigentlich alles, was überhaupt getan werden kann; denn alles, was denkmöglich und ausführbar ist, gehört somit auch der Natur an: »Wir könnten diese Dirne zu Brei zermalmen, ohne daß auch nur der Schatten eines Verbrechens vorläge« (De Sade 1980/1795, 315). Und in einer Vision, der man den prophetischen Blick ins 20. Jahrhundert nicht absprechen kann, läßt de Sade »die Natur« auch zum Äußersten schreiten: »Geböte sie uns, den blinden Werkzeugen ihrer Eingebung, das Weltall in Brand zu setzen, so bestünde das einzige Verbrechen in unserer Weigerung« (ebda). Tatsächlich laufen die bis zum Überdruß wiederholten Ideen von de Sade auf eine »Fortsetzung der Konkurrenz mit anderen Mitteln« hinaus, die den Rahmen der bürgerlichen Gesellschaft sprengt, indem sie ihrem irrationalen Selbstwiderspruch freien Lauf läßt. Das kann als Entladung nach außen auftreten, als imperialer Krieg (und welcher der von de Sade genüßlich ausgemalten Schrecken wäre dabei seither ausgelassen worden?), oder als innere Zurücknahme des Leviathan in die Konkurrenzsubjekte selbst. Auch diese Variante ist von extremen Standpunkten des Liberalismus gelegentlich durchaus vertreten worden, freilich in einer weniger verfänglichen Form als bei dem »libertinistischen« Altmeister. Wenn in der neoliberalen Welt von heute private Sicherheitsdienste und »bodyguards« zunehmend elementare Funktionen des Leviathan übernehmen, deutet sich ein realer innergesellschaftlicher Zerfall des Sozialen an, wie ihn de Sade nur in seinen wildesten Phantasien ausgemalt hat.

Unerträglich für das bürgerlich-liberale Normalbewußtsein war vielleicht noch nicht einmal, daß dabei der Leviathan grundsätzlich in Frage gestellt wurde; geschah dies doch nicht etwa als Proklamation einer sozialen Emanzipationsbewegung, sondern im Gegenteil als propagandistische Panzerung des Konkurrenzsubjekts selber, lange vor Nietzsche das gesetzlos-naturgesetzliche Recht des Über- und Herrenmenschentums vorwegnehmend. Aber keine Gnade konnte es finden, daß de Sade die nihilistischen Konsequenzen dieser Logik mit der Naivität des Ungeheuers ausgeplaudert hat. Diese frühe und restlose Kompromittierung der Aufklärungsvernunft konnte ihm nicht nachgesehen werden.

Die zweite, womöglich noch größere Unverzeihlichkeit bestand darin, daß de Sade mit boshafter Begeisterung bis in die tabuisierte sexuelle Herzkammer des kapitalistischen Wesens vordrang, um auch deren Geheimnisse mit affirmativer Unschuld auszuplaudern. Es ist natürlich kein Zufall, daß die »Mißgeschicke der Tugend« speziell einem weiblichen Wesen, Justine, widerfahren und daß vornehmlich Frauen, junge Mädchen und Knaben als Objekte des »Sadismus« für die Phantasien (und gelegentlich auch für die Realität) von sexuellen Massakern freigegeben werden. Gewiß enthält menschliche Sexualität immer ein Moment der Lust an der Aggressivität und umgekehrt der Lust an der passiven Hingabe (was jedoch keineswegs per se und quasi biologisch determiniert einseitig auf die verschiedenen Geschlechter und Lebensalter verteilt ist). Auch ist es richtig, daß die patriarchalische Unterordnung der Frau viele (wenngleich keineswegs alle) Gesellschaften in der Geschichte kennzeichnet. Aber auch in dieser Hinsicht hat der aufkommende Kapitalismus mit seiner Aufklärungsvernunft die Unterordnung der Frau und das aggressive Moment der Sexualität auf der männlichen Seite nicht etwa gemildert, sondern in einer bis dahin unerhörten Weise brutalisiert. Und de Sade hat diese Tatsache mit der Hellsichtigkeit des Irren in immer wilderen Phantasien zugespitzt, die nur die extremsten Konsequenzen des kapitalistischen Geschlechterverhältnisses darstellen.

Es handelt sich also nicht etwa um eine Auslotung der Abgründe menschlicher Sexualität überhaupt, sondern um die blinde Reflexion einer strukturellen Veränderung. Auch in diesem Sinne wurde in der kapitalistischen Frühphase des 18. Jahrhunderts Klartext geredet. Dabei stehen die Degradierung der Produzenten zum Menschenmaterial des kapitalistischen Selbstzwecks, die Entfesselung der anonymen Konkurrenz und die veränderte Struktur des Geschlechterverhältnisses in einer engen Wechselbeziehung. Schon Mandeville hatte ja das soziale Mitleid als verächtliche Gefühlsregung von »Weibern und Kindern« gebrandmarkt; de Sade führt (in der erweiterten Ausgabe der »Justine«) das Problem nun weiter aus als negative »Natureigenschaft« der Frau:

»[…] die Schwäche ihrer Organe macht sie geeigneter als uns zu dem kleinmütigen Gefühl des Mitleids, und veranlaßt sie, ganz willenlos und ohne jedes Verdienst, die Leiden, die sie vor sich hat, zu beklagen und zu trösten […] Aber keine Spur von Tugend oder Uneigennützigkeit in alledem, nichts als Egoismus und Trieb. Es ist eine empörende Albernheit, ihre Bedürfnisse für Tugenden auszugeben und in etwas anderem als in ihrer Schwäche und ihrer Furcht die Motive dieser schönen Handlungen zu suchen, über die wir uns in unserer Verblendung täuschen […]« (De Sade 1992/1797, 344).

Die ideologisch allzuständige »Natur« muß also wieder herhalten, um das verhaßte Mitleid als bloß unwillkürliche »Natureigenschaft« der Frau zuzuschreiben und sie dafür zu verachten, weil sie die Kreise des männlichen, kalten Konkurrenzsubjekts zu stören scheint. Die Gleichung Frau = Natur und Mann = Kultur, in ihren ersten Anfängen schon auf das Spätmittelalter und den Protestantismus zurückgehend, ist seither zum Topos männlich-kapitalistischer Ideologie geworden, wobei »Kultur« ausgerechnet für die leeren gesellschaftlichen Abstraktionen des Geldes steht. Die »anwidernde Konstitution« (De Sade, a.a.O., 342) der Frau als naturhafte Störung der männlichen Konkurrenzlogik läßt sogar Zweifel an ihrem Menschsein aufkommen; sie sei, so de Sade,

»[…] ein so entartetes Geschöpf, daß auf dem Konzil zu Macon während mehrerer Sitzungen in ernstliche Erwägung gezogen wurde, ob dieses bizarre Individuum, das sich vom Manne ebenso unterscheidet, wie der Waldaffe vom Menschen, einen Anspruch auf die Bezeichnung Mensch habe und ob man sie ihr mit Recht zugestehen kann [...]« (a.a.O., 342).

Aber woher diese absurde und bösartige Zuordnung, wo doch offensichtlich ist, daß Frauen und Männer gleichermaßen »Natur« und »Kultur« sind? Vor dem Beginn der kapitalistischen Modernisierung (deren früheste Anfänge ja bis in die Renaissance zurückreichen), als die Markt- und Geldwirtschaft nur eine marginale Rolle spielte, war die materiell-ökonomische Reproduktion auf das Hauswesen von Bauern, Handwerkern und Gutsbesitzern konzentriert. In diesem Kontext hatten die Geschlechter abgegrenzte, mehr oder weniger gleichberechtigte Aufgabengebiete; das patriarchalische Muster beschränkte sich auf die äußere soziale Repräsentanz dieses Hauswesens. Mit der Entfesselung der Geldwirtschaft entstand jedoch eine »abgespaltene Ökonomie« jenseits des Hauswesens – nicht für die erweiterte Bedürfnisbefriedigung, sondern eben als abstrakter Selbstzweck (ursprünglich für die »Bedürfnisse« der frühmodernen Militärmaschinen), in den die unmittelbaren Produzenten gewaltsam eingespannt wurden. Das moderne warenproduzierende System alias Kapitalismus bringt also erstmals im großen gesellschaftlichen Maßstab so etwas wie eine »öffentliche Ökonomie« hervor, noch dazu in den Anfängen verwoben mit der militärischen Entwicklung – daher auch als strukturell »männliche Angelegenheit«.

Für die Frau blieb dann nur noch der sekundäre »Rest« des alten Hauswesens mitsamt den damit verbundenen emotionalen Momenten, die von den aufkommenden männlichen Konkurrenzsubjekten als minderwertig angesehen wurden. Die moderne verschärfte Degradierung der Frau und die Entwertung der unmittelbaren Produzenten sind also die reziproken Seiten ein und desselben Prozesses; strukturell untrennbar mit der verselbständigten Geld- und Konkurrenzwirtschaft verbunden. Der moderne Feminismus hat dies, wenn überhaupt, meistens nur auf der Erscheinungsebene erkannt, ohne daraus die letzte Konsequenz zu ziehen; wollte sich die Frauenbewegung doch von der Französischen Revolution bis heute immer nur innerhalb des warenproduzierenden Systems emanzipieren. Erst in jüngster Zeit konnte der Zusammenhang im Kontext einer feministischen Kritik des Feminismus selbst als begriffliche Einheit von Kapitalismus- und Patriarchatskritik formuliert werden:

»Der Grundwiderspruch [...] von Stoff (Inhalt, Natur) und Form (abstrakter Wert) ist geschlechtsspezifisch bestimmt. Alles, was in der abstrakten Wertform an sinnlichem Inhalt nicht aufgeht, aber trotzdem Voraussetzung gesellschaftlicher Reproduktion bleibt, wird an die Frau delegiert (Sinnlichkeit, Emotionalität usw.) [...] Diese Basisstruktur [...] korrespondiert mit der Ausbildung einer privaten und einer öffentlichen Sphäre. Die private Sphäre ist demzufolge idealtypisch ›weiblich‹ besetzt (Familie, Sexualität etc.), die öffentliche Sphäre (abstrakte ›Arbeit‹, Staat, Politik, Wissenschaft, Kunst etc.) dagegen ›männlich‹. Idealiter wäre die Frau so das soziale ›Ruhekissen‹ des in der öffentlichen Sphäre agierenden Mannes« (Scholz 1992, 23 ff.).

Tatsächlich wird die Frau auf diese Weise nicht nur in die Privat- und Familiensphäre gebannt, also etwa zuständig für kapitalistisch nicht faßbare Tätigkeiten (»Hausarbeit«) und »Mitleidsfunktionen« (Kinderbetreuung, Altenpflege usw.) gemacht, sondern damit auch zur Repräsentantin von angeblichen »Naturmomenten«. Und insofern auch zum strukturellen Ärgernis, denn ihre bloße Existenz erinnert das selbstherrliche Konkurrenzsubjekt ständig daran, daß es in der Welt etwas gibt, was sich dem Totalitätsanspruch des kapitalistischen Selbstzwecks entzieht, Kosten verursacht und Scherereien macht. Zur Zeit von de Sade war dieses Problem noch nicht gesellschaftlich verallgemeinert; es bezog sich zunächst auf das ständische Bürgertum bzw. den in die Geldwirtschaft eingebundenen Adel, also auf die Familien der Herrensubjekte selbst: Die »arbeitenden Armen« und die eigenen Frauen und Kinder erschienen plötzlich auf einer Linie als »Material« einer zu domestizierenden »Natur« in Gestalt einer sperrigen »Unnatur«. Frauen und »arbeitende Arme« müssen also gleichermaßen dazu erzogen werden, sich dem männlichen Konkurrenzsubjekt zu unterwerfen, wie es z. B. Jean-Jacques Rousseau (1712–1778) in seinem Erziehungsroman »Emile« sagt:

»So muß sich die ganze Erziehung der Frauen im Hinblick auf die Männer vollziehen. Ihnen gefallen, ihnen nützlich sein, sich von ihnen lieben und achten lassen, sie großziehen, solange sie jung sind, als Männer für sie sorgen, sie beraten, sie trösten, ihnen ein angenehmes und süßes Dasein bereiten: das sind die Pflichten der Frauen zu allen Zeiten, das ist es, was man sie von Kindheit an lehren muß« (Rousseau 1986/1762, 733).

Wie aber stimmt die Unterwerfung der Frau mit den Prinzipien der bürgerlichen Gleichheit zusammen? Keinesfalls handelt es sich um eine bloß inkonsequente, formale Ausschließung, so daß die Freiheit und Gleichheit nach der berühmten »Brüderlichkeit« auch als »Schwesterlichkeit« einklagbar wäre. Denn die Gleichheit bezieht sich immer nur auf das, was jeweils die »Allmutter Natur« angeblich vorgegeben hat, und die Frau ist somit gerade dadurch der bürgerlichen Gleichheit zugehörig, daß sie notfalls gezwungen wird, sich ihrer zugeschriebenen Natur gemäß zu verhalten. In der Version von Rousseau ist dies die Rolle des harmlosen Hausmütterchens, in der die Unterordnung des weiblichen Naturwesens familientauglich eingekleidet ist. Aber dem Bild der Mutter stand schon von Anfang an das der Hure gegenüber, die andere (sexuelle) Seite desselben Wesens. Nicht umsonst sind die Ideen von de Sade gelegentlich als ein »ins Schwarze geschminkter Rousseauismus« verstanden worden, hat er doch genau diese sexuelle Seite bis zur letzten Konsequenz vorangetrieben.

Die Sexualität ist nämlich gerade der Teil am männlichen Konkurrenzsubjekt, der selber seine Naturhaftigkeit nicht verleugnen kann und der dem abstrakten, entsinnlichten Weltverhältnis der abgespaltenen Ökonomie deshalb als unheimlich erscheinen muß. Wenn die Sexualität weiblich und als Natur konnotiert ist, dann muß das männliche Konkurrenzsubjekt in Gestalt seiner eigenen Sexualität dem Unterworfenen ein ärgerliches Zugeständnis machen, das seine gesellschaftliche Selbstherrlichkeit bedroht. Nicht nur als Naturwesen überhaupt und nicht nur als Trägerin der verachteten Mitleidsgefühligkeit, sondern vor allem als Repräsentantin der Sexualität (auch der eigenen männlichen) wird die »abgespaltene« Frau so zum Haßobjekt.

Im Grunde genommen zeigt sich hier ein doppelter und in sich widersprüchlicher Naturbegriff der modernen Ideologie. Denn einerseits repräsentiert dabei die Frau die zu kujonierende Natur, andererseits aber soll ja auch das männlich-kapitalistische Subjekt als Repräsentant der »Kultur« wiederum Natur bzw. von der Natur bestimmt sein; nämlich in Gestalt des stilisierten, einsamen Konkurrenz-Raubtiers. In einer doppelten Camouflage wird die kapitalistische »Kultur« von der Natur abgesetzt, nur um dann alle Kultur wieder in (ideologisierte) Natur zurückzuverwandeln, während gleichzeitig die kapitalistische gesellschaftliche Form auf die Natur projiziert wird. In der Verteilung auf die Geschlechter erscheinen dann die beiden gegensätzlichen Naturbegriffe dieser Ideologie als die völlig verschiedenen und gegensätzlichen »Naturen« von Mann und Frau. Die beiden Geschlechter sind sich demzufolge »von Natur aus« so fremd wie Wesen unterschiedlicher Arten oder aus anderen Welten.

Natürlich geht niemand wirklich in diesem unheimlich entfremdeten Geschlechterverhältnis auf, und die Menschen hören trotz aller Kapitallogik nicht auf, sich zu verlieben. Trotzdem mischt sich noch in das trauteste und scheinbar ungetrübteste Liebesverhältnis das ätzende Moment jener Abspaltung und des damit verbundenen Geschlechterhasses, der jederzeit gewaltsam hervorbrechen kann.

Und de Sade hat sich zum unübertroffenen Sprecher dieser dunklen Seite kapitalistisch überformter Sexualität gemacht. Um die unvermeidliche sexuelle Form der Sinnlichkeit unter Kontrolle zu behalten, so sein Grundgedanke, muß sie möglichst auf einen puren physiologischen Akt reduziert werden. So heißt es in der Urfassung der »Justine«: »Ich bediene mich einer Frau nur auf Grund eines Bedürfnisses, so wie man im Falle eines anderen ein Nachtgeschirr benutzt« (De Sade 1998/1787, 135). Die domestizierte Sexualität ist also von allen gefährlichen emotionalen Elementen zu reinigen, gewissermaßen in einen (analog zum kapitalistischen Produktionsprozeß) maschinellen Vollzug zu verwandeln. Und dementsprechend zeigt sich das gehorsame Weib in der »Philosophie im Boudoir« auch von diesem mechanischen Vollzug angetan:

> »Wenn man so eingestellt ist wie ich, so will man überall gevögelt werden, und in welchen Teil eine Maschine (!) auch immer eindringt, man ist glücklich, sie dort zu fühlen« (De Sade 1980/1795, 189).

Die physiologisch-maschinelle Reduktion der Sexualität bedingt logischerweise auch die beliebige Austauschbarkeit der Objekte, wiederum analog zur Logik von Warenproduktion und anonymer Konkurrenz. Die Sexualität muß im Prinzip eine Ware und der Genuß ein einsamer sein, wie es sich für die soziale Monade gehört:

»Während der Dauer des Koitus mag ich wohl dieses Gegenstands bedürfen, der daran teilhat; doch sobald er vollzogen ist, was bleibt dann, ich bitte Sie, noch zwischen mir und diesem Gegenstand? Und welche konkrete Verpflichtung wird die Folgen dieses Koitus an ihn oder an mich binden? [...] tausend andere, ähnliche und oft bessere Gegenstände werden uns über den Verlust dieses einen hinwegtrösten; alle Männer, alle Frauen sind gleich: es gibt keine Liebe, die vernünftiger Überlegung standhalten könnte [...] Was wünscht man sich beim Liebesgenuß? Daß alles um uns sich nur mit uns beschäftige, nur an uns denke, nur um uns besorgt sei. Wenn die Geschöpfe, die uns bedienen, selber zur Lust gelangen, so beweist das, daß sie wohl mehr mit sich als mit uns beschäftigt sind und folglich unseren Genuß trüben« (De Sade 1980/1795, 215 f., 297).

In Erinnerung an Hobbes stellt sich die sexuelle Beziehung zwischen Mann und Frau so als eine Art Sodomie dar: »Die Bestimmung der Frau ist es, der Hündin zu gleichen, der Wölfin: sie soll allen angehören, die sie begehren« (a.a.O., 131). Denn »natürlich« hat das unterworfene Naturwesen dabei die passive Rolle des »gefickten Tiers« zu übernehmen, wie übrigens auch unterworfene Männer und Knaben als Sexualobjekte (nur in dieser Form versteht de Sade die homosexuelle Libertinage). Und wenn das Objekt nicht will, wenn es sich wehrt, wenn es gefährliche emotionale Bindungen einfordert oder gar auslöst? Dann muß die »Lust der Grausamkeit« ins Werk treten. Das geht aber nur, wenn eine weitgehende Anonymität der »Sexmaschine« gesichert ist, und so kommt de Sade auch zur Apotheose der »sexuellen Freiheit der Frau«, indem er sie in die negative Utopie einer totalisierten Prostitution hineinimaginiert – zu vollziehen in hygienischen »öffentlichen Häusern«:

»Niemals kann über einen freien Menschen Besitzrecht ausgeübt werden; es ist ebenso ungerecht, eine Frau für sich allein zu besitzen, wie es unrecht ist, Sklaven zu besitzen; alle Menschen sind frei geboren, alle haben die gleichen Rechte: Diese Grundsätze dürfen wir niemals außer acht lassen; es kann daher niemals dem einen Geschlecht das Recht eingeräumt werden, sich des anderen ausschließlich zu bemächtigen [...] Eine Frau kann sich sogar nach dem unverfälschten Naturgesetz dem, der sie begehrt, nicht mit der Begründung verweigern, sie liebe einen anderen, weil dies einen Ausschluß bedeutet und kein Mann vom Besitz einer Frau ausgeschlossen werden darf, nachdem einmal feststeht, daß sie entschieden allen gehört [...] Wir haben unbestreitbar das Recht, Gesetze zu erlassen, die sie zwingen, den Leidenschaften dessen, der sie begehrt, zu Willen zu sein; da selbst die Gewaltanwendung zu den Konsequenzen dieses Rechts gehört, dürfen wir uns ihrer mit Fug bedienen [...] Ein Mann, der irgendeine Frau oder ein Mädchen begehrt, kann sie also [...] in eines der obengenannten Häuser vorladen lassen [...] Aber, so wird man einwenden, es gibt ein Alter, in dem der Verkehr mit einem Mann unbedingt der Gesundheit des Mädchens Schaden zufügen muß. Diese Überlegung ist völlig unhaltbar, denn sobald man den Anspruch auf Sinnengenuß anerkennt, ist dieser Anspruch unabhängig von den Folgen dieses Genusses; von diesem Augenblick an wird es unerheblich, ob dieser Genuß für das Objekt, das ihm dienen soll, nützlich oder schädlich ist« (a.a.O., 261 ff.).

Nur oberflächlich betrachtet steht die doppelzüngige Proklamation, daß »alle Menschen frei geboren« sind und daher »niemals dem einen Geschlecht das Recht eingeräumt werden kann, sich des anderen ausschließlich zu bemächtigen«, im Widerspruch zu den sozialen und sexuellen Metzgerphantasien von de Sade. Denn wie die bürgerliche Freiheit nur darin bestehen kann, sich bedingungslos den angeblichen »gesellschaftlichen Naturgesetzen« bis zur Selbstaufgabe zu unterwerfen, so kann sich die »Gleichheit« auch nur darin äußern, daß alle Subjekte gleichermaßen ihre prinzipiell ungleiche »Natur« ausleben dürfen, die Schwachen ihre Schwäche, um überrollt zu werden, und die Starken ihre Stärke, um die Schwachen niederzumähen.

Da Männer und Frauen völlig verschiedener »Natur« sein sollen, kann demzufolge ihre wechselseitige Freiheit und Gleichheit nur darauf hinauslaufen, sich der jeweiligen »Natur« gemäß zu verhalten. Männern ist es nicht erlaubt, eine Frau ausschließlich in Besitz zu nehmen; aber nicht etwa deswegen, weil die Frau als eigenständiges Subjekt einer Liebesbeziehung anerkannt würde, sondern weil diese einseitige Inbesitznahme der eigenen wie der fremden sexuellen »Natur« widersprechen soll. Die Freiheit und Gleichheit der Frau besteht also gerade darin, daß sie ihrer zugeschriebenen »Natur« zufolge die allgemeine Sexsklavin abgibt; jede Brutalität ist erlaubt, wenn sie diese »Natur« verleugnet.

Nicht nur die Urphantasie aller modernen Vergewaltiger zeigt sich hier, sondern die hinterhältige Dialektik bürgerlicher Freiheit überhaupt. Der »Libertin« de Sade hat den Liberalismus als sexuelle Gewaltphantasie logisch zu Ende gedacht; und mag seine »sexuelle Volkswirtschaftslehre« auch real unlebbar sein, so lauert sie als äußerste Konsequenz doch in der Struktur des kapitalistischen Geschlechterverhältnisses, deren Kern trotz aller oberflächlichen Veränderungen auf dem Boden des modernen warenproduzierenden Systems unaufhebbar bleibt.

Die unsichtbare Hand

Mit der »Umwertung der Werte« hatte der Liberalismus erst einen (anti-)moralischen Ausgangspunkt gewonnen. Selbst Mandeville scheint über seinen eigenen Vorstoß ein wenig erschrocken gewesen zu sein, zumal er für sein Ausplaudern der geheimsten liberalen Gedanken sogar wegen Blasphemie vor Gericht gezerrt wurde. So beeilte zumindest er sich (im Gegensatz zu de Sade, der für seine rücksichtslose Ausplauderung und Zuspitzung ins Zuchthaus ging), neben der offenen Verhöhnung der »arbeitenden Armen« gleichzeitig gewisse soziale Gratifikationen in Aussicht zu stellen, die vermittels der »privaten Laster« nicht bloß dem Abstraktum des Staates, sondern ein wenig auch der Bevölkerung als »gesellschaftliche Vorteile« zugute kommen sollten:

»Eine der Folgen aus der Ehrenhaftigkeit und Genügsamkeit einer ganzen Nation wäre ohne Zweifel, daß niemand mehr neue Häuser bauen oder neue Materialien benötigen würde, solange die alten noch ihren Dienst tun. Dadurch wären drei von vier Steinmetzen, Zimmerleuten, Maurern usw. ohne Arbeit, und wenn das Baugewerbe einmal darniederliegt, was wird aus dem Malen, Schnitzen und den anderen Künsten, die dem Luxus dienen und welche von jenen Gesetzgebern streng verboten wurden, die eine brave und ehrliche Gesellschaft einer blühenden und wohlhabenden vorziehen und sich bemühen, ihre Untertanen eher tugendhaft als reich zu machen« (a.a.O., 206).

Auch dieses scheinbare Zugeständnis kommt nicht ohne eine Art Grinsen in der Argumentation aus. Denn Mandeville unterstellt hier bereits eine zu seiner Zeit noch gar nicht ganz durchgesetzte soziale Unmündigkeit der Menschen; er tut so, als stünden sie ohne »Arbeit gebende« Kapitalisten völlig hilflos wie kleine Kinder da und wären unfähig, für sich selbst nach Maßgabe ihrer Bedürfnisse und Fähigkeiten Häuser zu bauen, Kunstwerke anzufertigen usw. Er setzt damit bereits jene totale »Privatisierung der Welt« voraus, deren Kehrseite die ebenso totale Lohnabhängigkeit der Massen ist. Der Selbstzweck der Kapitalverwertung schiebt sich zwischen Mensch und Natur, enteignet die Kooperationsfähigkeit und überträgt sie auf die Kapitalform, so daß sich die Individuen daran gewöhnen sollen, nichts mehr für sich und füreinander tun zu können ohne Dazwischenkunft eines »Geldverdienens«.

Ganz selbstverständlich sollen die eigene Tatkraft, die Produktionsmittel und die Naturreichtümer eher brachliegen oder sogar zerstört werden, wenn sie nicht »rentabel« für die abstrakte Gewinnproduktion vernutzt werden können. Das Bauen von Häusern richtet sich dann nicht mehr nach dem Vorhandensein von Materialien, Fähigkeiten und Bedürfnissen. Wurde in den vorkapitalistischen Gesellschaften der soziale Raum der Produktion für den Bedarf meistens eher äußerlich durch Herren-Ansprüche angezapft (z. B. in Form von Tributen, Abgaben, Frondiensten etc.), so propagiert Mandeville bereits das unheimliche Einsickern dieses Anspruchs in die direkte persönliche Reproduktion, so daß der Zugriff der »fremden Macht« auf das Leben lückenlos wird und es kein Gut mehr geben kann, das nicht durch ihre ökonomische Mühle gedreht worden ist. Die durch den Markt von der Kontrolle über ihre eigenen Produktionsbedingungen abgeschnittenen Menschen werden in ökonomisch querschnittsgelähmte und sozial autistische Wesen verwandelt, die nach einem »Investor« schmachten müssen, damit sie »Arbeit haben«.

Diese Absurdität ist der geheime Kern des gesamten Aufklärungsdenkens im 18. Jahrhundert. Im diesbezüglichen Teil seiner Argumentation geht Mandeville bereits über eine bloß moralische Legitimation hinaus. Daß das Leben der Massen nur noch als Abfallprodukt der kapitalistischen Profitproduktion geduldet ist, wird in ein »Wohlfahrtsmoment« des Kapitals umgelogen; gleichzeitig deutet sich der Gedanke eines gesellschaftlichen »Systems« an, in dem sich die trickreiche Dialektik von privaten Lastern und angeblichen öffentlichen Vorteilen in das Räderwerk einer (bei de Sade bereits angedeuteten) gesellschaftlichen Maschine verwandelt. Damit ergibt sich der nächste ideologische Winkelzug des Liberalismus, der die Verdichtung und Objektivierung der Marktwirtschaft begleitet. Zu den Geistesgrößen, die dieses neue Systemdenken auf den Weg brachten, gehört auch Immanuel Kant (1724–1804), vielleicht der wirkungsmächtigste Philosoph der Modernisierungsgeschichte – und auch er ein liberaler Apologet der Konkurrenz egoistischer Einzelner, die er in seinem Aufsatz »Idee zu einer allgemeinen Geschichte in weltbürgerlicher Absicht« (1784 in der »Berlinischen Monatsschrift« veröffentlicht) geradezu auf ein göttliches Gesetz zurückführt:

»Das Mittel, dessen sich die Natur bedient, die Entwicklung aller ihrer Anlagen zu Stande zu bringen, ist der Antagonismus derselben in der Gesellschaft, so fern dieser doch am Ende die Ursache einer gesetzmäßigen Ordnung derselben wird. Ich verstehe hier unter dem Antagonismus die ungesellige Geselligkeit der Menschen; d.i. den Hang derselben, in Gesellschaft zu treten, der doch mit einem durchgängigen Widerstande, welcher diese Gesellschaft beständig zu trennen droht, verbunden ist [...] Dieser Widerstand ist es nun, welcher alle Kräfte des Menschen erweckt, ihn dahin bringt, seinen Hang zur Faulheit zu überwinden, und, getrieben durch Ehrsucht, Herrschsucht oder Habsucht, sich einen Rang unter seinen Mitgenossen zu verschaffen, die er nicht wohl leiden, von denen er aber auch nicht lassen kann. Da geschehen nun die ersten wahren Schritte aus der Rohigkeit zur Kultur, die eigentlich in dem gesellschaftlichen Wert des Menschen besteht; da werden alle Talente nach und nach entwickelt, der Geschmack gebildet, und selbst durch fortgesetzte Aufklärung der Anfang zur Gründung einer Denkungsart gemacht, welche die grobe Naturanlage zur sittlichen Unterscheidung mit der Zeit in bestimmte praktische Prinzipien, und so eine pathologisch-abgedrungene Zusammenstimmung zu einer Gesellschaft endlich in ein moralisches Ganze verwandeln kann. Ohne jene, an sich zwar eben nicht liebenswürdige, Eigenschaft der Ungeselligkeit, woraus der Widerstand entspringt, den jeder bei seinen selbstsüchtigen Anmaßungen notwendig antreffen muß, würden in einem arkadischen Schäferleben, bei vollkommener Eintracht, Genügsamkeit und Wechselliebe, alle Talente auf ewig in ihren Keimen verborgen bleiben: die Menschen, gutartig wie die Schafe die sie weiden, würden ihrem Dasein kaum einen größeren Wert verschaffen, als dieses ihr Hausvieh hat; sie würden das Leere der Schöpfung in Ansehung ihres Zwecks, als vernünftige Natur, nicht ausfüllen. Dank sei also der Natur für die Unvertragsamkeit, für die mißgünstig wetteifernde Eitelkeit, für die nicht zu befriedigende Begierde zum Haben, oder auch zum Herrschen! Ohne sie würden alle vortreffliche Naturanlagen in der Menschheit ewig unentwickelt schlummern. Der Mensch will Eintracht; aber die Natur weiß besser, was für seine Gattung gut ist: sie will Zwietracht. Er will gemächlich und vergnügt leben; die Natur will aber, er soll aus der Lässigkeit und untätigen Genügsamkeit hinaus, sich in Arbeit und Mühseligkeiten stürzen, um dagegen auch Mittel auszufinden, sich klüglich wiederum aus den letztern heraus zu ziehen. Die natürlichen Triebfedern dazu, die Quellen der Ungeselligkeit und des durchgängigen Widerstandes, woraus so viele Übel entspringen, die aber doch auch wieder zur neuen Anspannung der Kräfte, mithin zu mehrerer Entwickelung der Naturanlagen antreiben, verraten also wohl die Anordnung eines weisen Schöpfers; und nicht etwa die Hand eines bösartigen Geistes, der in seine herrliche Anstalt gepfuscht oder sie neidischer Weise verderbt habe« (Kant 1993/1784, 37 ff.).

Auch Kant argumentiert also ganz im Sinne von Hobbes; er bekennt sich hinter der aufklärerischen Fassade zu demselben Ideal des »kläffenden Hundsmenschen«, und ein zeitgenössischer Liberaler wie Ralf Dahrendorf kann diese Passage immer noch mit Behagen zustimmend zitieren (Dahrendorf 1992, 48). Wie alle Ideologen der Modernisierungsgeschichte nimmt auch Kant die vorgefundenen Formen des Kapitalismus, soweit sie sich als negative »Errungenschaften« der Modernität bereits durchgesetzt haben, für das Entwicklungsgesetz der Menschheit schlechthin. Auch er vertritt die eingefleischte Herrenvermutung von der »angeborenen Faulheit«

der Massen, die durch den heilsamen Konkurrenzdruck überwunden werden müsse. Gilt Kant bis heute im bürgerlichen Denken als verehrungswürdiger Begründer ethischer Prinzipien der Demokratie, so verrät er selber deren wahren Charakter, wenn er das »moralische Ganze« des kapitalistischen Ensembles aus einer »pathologisch-abgedrungenen Zusammenstimmung« hervorgehen sieht.

Auch die Vermutung Kants, eine kooperative, im nicht-warenförmigen Sinne genossenschaftliche Produktionsweise würde ihre Mitglieder »zu einem arkadischen Schafsleben einschläfern«, setzt wie bei seinen liberalen Vorgängern jedes »höhere Streben« und jede menschliche Initiativkraft mit der Selbstbehauptung in der Trivialität von Marktbeziehungen gleich. Mut und Tatkraft werden so der marktwirtschaftlichen Banalität ausgeliefert und können nur noch durch die niedrigsten Instinkte mobilisiert werden. Im übrigen sollte der Liberalismus mit der Schafsmetapher vorsichtig sein, denn für die Weltmehrheit hat Marktwirtschaft nie etwas anderes bedeutet, als zur Schafsherde eines irrationalen ökonomischen Ehrgeizes degradiert und regelmäßig geschoren oder abgeschlachtet zu werden.

Bemerkenswert an Kants Hymne auf die Konkurrenz ist aber vor allem, daß er über die vagen Andeutungen bei Mandeville hinaus nicht mehr bloß ein moralisches Zusammenstimmen von »privaten Lastern und gesellschaftlichen Vorteilen«, sondern so etwas wie ein abstraktes *System der Vernunft* am Werk sieht, das für sich steht und gar nichts mehr mit Lastern oder Vorteilen zu tun hat. Kants Vernunft ist die monströse Vernunft des Kapitals. Er erhebt sich damit über den bloßen sozialen Paternalismus der Herrenklassen, um als kapitalistische Zwangsgewalt, die »weiß, was für die Gattung gut ist«, die Natur selbst und endlich »die Anordnung eines weisen Schöpfers« geltend zu machen. Hier findet in der Naturalisierung des Sozialen seit Hobbes gewissermaßen eine Umkehrung statt: nicht mehr bloß der kapitalistische Raubaffe des abstrakten Egoismus ist der »natürliche Mensch« und der Markt eine quasi-physikalische Tatsache der menschlichen Existenz, sondern die *innere Gesetzmäßigkeit* dieses großen Ganzen erscheint als ein einziger großer Plan der »zweiten Natur« jenseits der bloß subjektiven Natur der Menschen, der gewaltige Mechanismus des weltumspannenden Kapitals als ein Werk der »Hand Gottes«, das seinerseits den subjektiven Faktor des

»natürlichen« Einzelegoismus lenkt und leitet. Mit anderen Worten: der »gesellschaftliche Vorteil« ist nicht mehr bloß eine zufällig positive Gesamtresultante der vielen kapitalistischen Einzelwillen, sondern gerade umgekehrt sind die vielen egoistischen Willenshandlungen der »vereinzelten Einzelnen« das Resultat eines von göttlicher Vorsehung bestimmten Gesamtzusammenhangs, einer »höheren Natur« des Systems.

Diese theoretische (und gewissermaßen kapital-theologische) Erweiterung, in der sich die liberale Ideologie systemisch schließt und die doch recht prekäre, bloß (anti-)moralische Rechtfertigung eines Mandeville oder de Sade überwindet, reflektiert den realgesellschaftlichen Fortgang der kapitalistischen Marktbeziehungen von einem Fokus neuartiger Zumutungen zu einem in sich geschlossenen, objektivierten Wahnsystem, das bereits axiomatische Bedingungen gesetzt hat. Die »Anordnung eines weisen Schöpfers« bei Kant erinnert nur zu sehr an die berühmte, sprichwörtlich gewordene »unsichtbare Hand« in der Theorie von Adam Smith. Dieser Begriff der »unsichtbaren Hand« findet sich nicht erst im ökonomischen Hauptwerk über den »Reichtum der Nationen«, sondern schon 17 Jahre vorher in der 1759 von Adam Smith veröffentlichten »Theorie der ethischen Gefühle«, also bezeichnenderweise immer noch im Kontext jener moralischen Rabulistik des Liberalismus, die seine Apologie der kapitalistischen Produktionsweise kennzeichnet. Smith setzt dabei bereits auf der Ebene eines für sich stehenden Systemzusammenhangs jenseits des menschlichen Willens an:

»Wir sind [...] entzückt von der Schönheit und Bequemlichkeit der Einrichtung, die in den Palästen und in der Haushaltung der Reichen herrscht, und bewundern es, wie alles darauf abgestimmt ist, um ihre Behaglichkeit zu fördern, ihren Bedürfnissen zuvorzukommen, ihre Wünsche zu befriedigen und ihre nichtigsten und unbedeutendsten Gelüste zu unterhalten und zu ergötzen. Wenn wir die wirkliche Befriedigung, die alle diese Dinge zu gewähren imstande sind, an und für sich und abgesondert von der Schönheit der Anordnungen in Betracht ziehen, die zu den Zwecke getroffen wurden, diese Befriedigung zu fördern, so wird sie uns immer in höchstem Grade verächtlich und geringfügig erscheinen. Aber wir betrachten sie selten in diesem abstrakten und philosophischen Lichte. Wir vermengen sie vielmehr in unseren Gedanken ganz unwillkürlich mit der Ordnung, der regelmäßigen und harmonischen Bewegung des Systems, der Maschine oder der wirtschaftlichen Einrichtung, mittels deren sie hervorgebracht wird. Die Freuden, welche Wohlstand und hoher Rang bieten, drängen sich aber, wenn sie in diesem Zusammenhang betrachtet werden, der Einbildungskraft als etwas Großes und Schönes und Edles auf, dessen Erlangung wohl alle die Mühen und Ängste wert ist, die wir so gerne auf sie zu verwenden pflegen. Und es ist gut, daß die Natur uns in dieser Weise betrügt. Denn diese Täuschung ist es, was den Fleiß der Menschen erweckt und in beständiger Bewegung erhält. Sie ist es, was sie zuerst antreibt, den Boden zu bearbeiten, Häuser zu bauen, Städte und staatliche Gemeinwesen zu gründen, alle die Wissenschaften und Künste zu erfinden und auszubilden, die das menschliche Leben veredeln und verschönern, die das Antlitz des Erdballs durchaus verändert haben […] Es ist vergebens, daß der stolze und gefühllose Grundherr seinen Blick über seine ausgedehnten Felder schweifen läßt und ohne einen Gedanken an die Bedürfnisse seiner Brüder in seiner Phantasie die ganze Ernte, die auf diesen Feldern wächst, selbst verzehrt. Das ungezierte und vulgäre Sprichwort, daß das Auge mehr fasse als der Bauch, hat sich nie vollständiger bewahrheitet als in bezug auf ihn. Das Fassungsvermögen seines Magens steht in keinem Verhältnis zu der maßlosen Größe seiner Begierden, ja, sein Magen wird nicht mehr aufnehmen können als der des geringsten Bauern. Den Rest muß er unter diejenigen verteilen, die auf das sorgsamste das Wenige zubereiten, das er braucht […] Der Ertrag des Bodens erhält zu allen Zeiten ungefähr jene Anzahl von Bewohnern, die er zu erhalten fähig ist. Nur daß die Reichen aus dem ganzen Haufen dasjenige auswählen, was das Kostbarste und ihnen Angenehmste ist. Sie verzehren wenig mehr als die Armen; trotz ihrer natürlichen Selbstsucht und Raubgier […] teilen sie doch mit den Armen den Ertrag aller Verbesserungen […] Von einer unsichtbaren Hand werden sie dahin geführt, beinahe die gleiche Verteilung der zum Leben notwendigen Güter zu verwirklichen, die zustandegekommen wäre, wenn die Erde zu gleichen Teilen unter alle ihre Bewohner verteilt worden wäre; und so fördern sie, ohne es zu beabsichtigen, ja ohne es zu wissen, das Interesse der Gesellschaft und gewähren die Mittel zur Vermehrung der Gattung. Als die Vorsehung die Erde unter eine geringe Zahl von Herren und Besitzern verteilte, da hat sie diejenigen, die sie scheinbar bei ihrer Teilung übergangen hat, doch nicht vergessen und nicht ganz verlassen. Auch diese letzteren genießen ihren Teil von allem, was die Erde hervorbringt. In all dem, was das wirkliche Glück des menschlichen Lebens ausmacht, bleiben sie in keiner Beziehung hinter jenen zurück, die scheinbar so weit über ihnen stehen. In dem Wohlbefinden des Körpers und in dem Frieden der Seele stehen alle Lebensstände einander nahezu gleich und der Bettler, der sich neben der Landstraße sonnt, besitzt jene Sicherheit und Sorglosigkeit, für welche Könige kämpfen. Das gleiche Prinzip, die gleiche Liebe zum geordneten Ganzen, die gleiche Rücksicht auf die Schönheit der Ordnung, der Kunst und wohl ersonnener Pläne, trägt häufig auch sehr viel dazu bei, uns jene Einrichtungen zu empfehlen, die bestimmt sind, die allgemeine Wohlfahrt zu fördern [...] Es macht uns Vergnügen, die Vervollkommnung eines so schönen und großartigen Systems zu betrachten und wir sind nicht ruhig, bis wir jedes Hindernis, das auch nur im mindesten die Regelmäßigkeit seiner Bewegungen stören oder hemmen kann, beseitigt haben« (Smith 1977/1759, 314 ff.).

Die fixe Idee der betuchten Mittelklasse, ein sonniges Bettlerglück des »einfachen Lebens« zu beschwören und damit auf ungefährliche Weise die eigene soziale Sentimentalität zu befriedigen, gipfelt nicht nur in der paternalistischen Beteuerung, daß durch den besessenen Aktivismus der kapitalistischen »Macher« die größtmögliche Verbesserung und die bestmögliche Verteilung (die dennoch ganz selbstverständlich die Existenz von Bettlern einschließt!) erzielt werde, so daß sich jede Kritik erübrige. Vielmehr setzt Smith überhaupt die sinnlichen Bedürfnisse und deren Befriedigung herab, um die unabhängige und für sich seiende »Schönheit der Ordnung« und den Glanz der ökonomischen »Maschine«, »der regelmäßigen und harmonischen Bewegung des Systems« zu verherrlichen.

Die angeblich wohltätigen Wirkungen der »unsichtbaren Hand« sind für Smith ausdrücklich weniger wichtig als die Anbetung dieses säkularisierten Gottes, der keinen anderen neben sich duldet. Und so darf die dumpfe Drohung nicht fehlen, »jedes Hindernis zu beseitigen«, das »die Regelmäßigkeit seiner Bewegungen stören oder hemmen kann«.

Diese Hymne auf die »unsichtbare Hand« zeigt, wie das Weltbild der modernen Ökonomie systematisch auf dem der mechanischen Physik aufbaut; ein Zusammenhang, den die Biographen und Kommentatoren von Adam Smith übereinstimmend betonen:

»Die englische Philosophie seiner Epoche, die schottische Aufklärung war [...] bestrebt, die Metaphysik, also unsere Psychologie, und die Ethik in das mechanische Weltbild, wie es Kopernikus, Kepler, Galilei und Newton begründet hatten, einzufügen. Sie betrachteten das Universum als eine riesige Maschine, die sich, ist sie erst einmal angeworfen, selbst reguliere. So gebraucht Smith die gleiche Metapher [...], um den Wirtschaftsablauf modellhaft zu charakterisieren« (Recktenwald 1993, XXXIV).

Dem mechanischen Newtonschen Universum entspricht die mechanische Smithsche Ökonomie des Marktes. Damit war das kapitalistische Denken von einer bloßen Rechtfertigungsideologie zu einem geschlossenen Systembegriff vorgestoßen. Kant und Smith beerben dabei den Gedanken des deutschen Philosophen Gottfried Wilhelm Leibniz (1646–1716) von der »prästabilierten Harmonie« der Welt durch den von Anbeginn an und im voraus festgelegten Plan Gottes, der alle weltliche Substanzen »so geschaffen hat, daß eine jede, indem sie nur ihre eigenen Gesetze befolgt, die sie zugleich mit ihrem Dasein empfangen hat, mit der anderen genau ebenso in Übereinstimmung bleibt, als wenn ein gegenseitiger Einfluß stattfände oder als wenn Gott immer mit seiner Hand eingriffe [...]« (Leibniz zit. nach Störig 1966, 293). Dieses Räsonnement brauchte nur noch auf die blutig aus der Geschichte auftauchende Welt der »abstrakten Arbeit« bezogen werden, um die repressive Modernisierung in ein »notwendiges« System der Weltvernunft umzudeuten. Erst der blinde Systemprozeß des totalen Marktes konnte in der affirmativen Reflexion so etwas wie das moderne Systemdenken hervorbringen, an dessen Anfang Leibniz, Kant und Smith und an dessen Ende die heutigen soziologischen Systemtheorien (etwa eines Niklas Luhmann) stehen, deren objektivierte Kategorien, die den Menschen zur »Umwelt« seines eigenen gesellschaftlichen Systems degradieren, jede Spur ihrer historischen Genesis gelöscht haben.

So konnte sich Adam Smith, nachdem er die marktwirtschaftliche Objektivierung erkannt und als Systembegriff reflektiert hatte, frohgemut daranmachen, die inneren Gesetzmäßigkeiten dieses von der »unsichtbaren Hand« geschaffenen Systems zu entdecken, zu beschreiben und den Menschen als Gebote ihres Verhaltens wiederzugeben. Das war die eigentliche Geburt der sogenannten Nationalökonomie oder Volkswirtschaftslehre, die ein historisches Wahnsystem der Menschheit mit dem Anspruch der Naturwissenschaft erforscht und gleichzeitig dessen Existenznotwendigkeit stets aufs neue »beweist«.

Adam Smith setzt dabei, zu seiner Zeit immer noch historisch vorgreifend (wenn auch für England am meisten zutreffend), bereits eine total durchkapitalisierte Gesellschaft und somit ein flächendeckendes System der Warenproduktion voraus. Für dieses System postuliert er jenseits aller Freiheitsideologie das Prinzip der *mechanischen Selbstregulation* unabhängig vom Willen der beteiligten Menschen. Hier findet sich die Wurzel des aufklärerischen Denkens in verselbständigten sozialhistorischen »Gesetzmäßigkeiten«, allerdings ein pseudonaturgesetzliches Postulat der objektivierten Marktwirtschaft, das merkwürdigerweise auch der Marxismus noch positiv vertreten sollte. Das Uhrwerk dieser aufgezogenen, subjektlosen Selbstregulation ist laut Smith der Preismechanismus, der die Bewegung der ökonomisierten Gesellschaft steuert. Als regulierendes Prinzip nennt er, wie könnte es anders sein, einen »natürlichen Preis« der Güter, in denen sich das Kapital inkarniert:

> »Eine Ware wird dann zu dem verkauft, was man als ihren natürlichen Preis bezeichnet, wenn der Preis genau dem Betrag entspricht, der ausreicht, um nach den natürlichen Sätzen die Grundrente, den Arbeitslohn und den Kapitalgewinn zu bezahlen, welche anfallen, wenn das Produkt erzeugt, verarbeitet und zum Markt gebracht wird« (Smith 1993/1776, 48).

Smith schmuggelt hier als Axiom ein, was erst historisches Resultat war: die Reproduktion aller Menschen nur noch unter dem Vorzeichen *kapitalistischer Erwerbskategorien,* die einfach »anfallen« müssen, sobald überhaupt ein Produkt hergestellt wird; für Smith freilich ein wiederum »natürliches« Ergebnis der Arbeitsteilung schlechthin, obwohl hochkomplexe geschichtliche Formen der Produktion ohne jede kapitalistische Erwerbskategorie existiert haben. Nachdem er die Voraussetzung dieses »natürlichen Preises« gemacht hat, kann er dessen selbstläufigen Mechanismus durch die Schwankungen der Marktpreise hindurch als Resultante der vielen Millionen von Konkurrenzhandlungen angeben:

»Den tatsächlichen Preis, zu dem eine Ware gewöhnlich verkauft wird, nennt man ihren Marktpreis. Er kann entweder höher oder niedriger als der natürliche Preis oder ihm genau gleich sein [...] Entspricht das Angebot auf dem Markt gerade der effektiven Nachfrage, so kommt der Marktpreis ganz von selbst dem natürlichen Preis entweder gleich oder doch weitgehend gleich [...] Die am Markt angebotene Menge einer Ware paßt sich ganz von selbst der wirksamen Nachfrage an. Denn es liegt im Interesse aller, die Land, Arbeit oder Kapital einsetzen, um ein Gut auf den Markt zu bringen, das Angebot niemals über die effektive Nachfrage steigen zu lassen. Umgekehrt sind alle anderen daran interessiert, daß es niemals darunterliegt [...] Aus diesem Grunde ist der natürliche Preis gleichsam der zentrale, auf den die Preise aller Güter ständig hinstreben [...] Alles Erwerbsstreben, Grundlage des jährlichen Angebots an Waren, paßt sich auf solche Weise ganz natürlich der effektiven Nachfrage an [...]« (Smith, a.a.O., 49 ff.).

Diese Vorgabe eines automatischen Preismechanismus ist bis heute die Grundlage sowohl der »wissenschaftlichen« Volkswirtschaftslehre als auch das Postulat der liberalen Ideologie geblieben, die ökonomische Staatseingriffe in die »schöne Maschine« der systemischen Selbstregulation ablehnt. Das ist ein genialer Dreh in doppelter Hinsicht: Erstens werden die Menschen nicht mehr auf eine immer irgendwo durchlässige, brüchige und angreifbare persönliche Herrschaft verpflichtet, auch nicht mehr auf die bloß abstrakt-ideologisch hergeleitete Pseudonatürlichkeit des kapitalistischen Ansinnens, sondern auf die »Herrschaft« eines inzwischen real existierenden und völlig unpersönlichen Mechanismus; und zweitens kann durch dieses automatische Regelwerk, ist es erst einmal gesellschaftlich installiert, den Menschen ihr eigenes Empfinden und Begehren, das an sich unvereinbar ist mit dem absurden Bewegungsgesetz des Kapitals, grinsend ad absurdum geführt und ihnen fast schon ihr eigenes Leben ausgeredet werden – immer mit Verweis auf die »Naturgesetzlichkeit« des Preismechanismus, der selbstverständlich auch für den Preis der zur Ware gemachten Arbeitskraft Geltung hat.

Gegen das pervertierte Menschenbild und gegen die perverse Antimoral des Liberalismus als bloße Idee kann man noch argumentieren, gegen die Unerbittlichkeit des real funktionierenden systemgesetzlichen Preismechanismus kann man, ist man selber erst einmal zu einem ausgepreisten Stück Arbeitsvieh gemacht geworden, nicht mehr argumentieren. Sobald die Verkehrsform des Geldes totalisiert und auf diese Weise die historische Falle zugeschnappt ist, wird es ungeheuer schwer, auch nur in Gedanken einen Meta-Standpunkt der Kritik einzunehmen und die groteske Unverschämtheit der kapitalistischen Anforderungen überhaupt noch zu erkennen.

Den »freien Knechten« der Lohnabhängigkeit kann somit bewiesen und vorgerechnet werden, wie sie durch jede eigenständige und eigenwillige Motivation, die vom Diktat der »schönen Maschine« abweicht, immer nur sich selbst schädigen oder gar »unmoralisch« gegen andere handeln würden. Wer sich nicht verkaufen will, mag verhungern; denn es gibt ja keinen Raum mehr außerhalb des Systems. Und wer sich verkauft, der muß annehmen, was die »unsichtbare Hand« des Preismechanismus ihm zuteilt. Werden im Sinne dieser Mechanik »zu hohe« Löhne gefordert, so straft die selbstregulative Gesellschaftsmaschine durch Arbeitslosigkeit; und drängt das Uhrwerk des Arbeitsmarktes nach Absenkung des Preises der Arbeitskraft bis zu einem erbärmlichen Lebensniveau, dann wird den widerständigen Lohnknechten vorgehalten, daß sie »unsolidarisch« mit den bereits Arbeitslosen seien.

Dem Jungen zum Hohn, der seiner Neigung und seinen Fähigkeiten nach Naturforscher oder Krankenpfleger werden möchte, kann der Platz eines Autoverkäufers, und dem Mädchen, das von einer Ausbildung als Grafikerin oder Journalistin träumt, kann ein mieser Job an der Kasse eines Supermarkts zugewiesen werden. Auch eine fremdbestimmte räumliche Mobilität kann durch den Preismechanismus des Arbeitsmarkts erzwungen werden, von stundenlangen Anfahrtswegen über die Trennung von den Angehörigen während der Arbeitswoche bis zur völligen sozialen Entwurzelung und Arbeitsmarkt-Vagabondage; die Maxime des lutherischen Kirchenlieds: »Laßt fahren dahin/Haus, Weib und Kind/Sie haben's kein Gewinn« wird vom säkularisierten Baal des Kapitals noch viel unerbittlicher eingefordert als vom Protestantengott im Himmel.

Und das schönste ist, daß niemand für all dies verantwortlich gemacht werden kann. Das ist der große Fortschritt bei der Berufung auf die objektiv ausgeformte Systemgesetzlichkeit gegenüber dem eher subjektiven Zynismus eines Mandeville: Noch die Manager,

Bürokraten, Richter und Vollstrecker der marktwirtschaftlichen Zumutungen können sich mit den Opfern menschelnd identifizieren und das gemeinsame Ausgeliefertsein an eine objektiv-reale Schicksalsmacht ins Feld führen; immer mit dem bedauernden Achselzukken, daß die »unsichtbare Hand« es eben leider, leider so verlangt und daß es »ganz natürlich« dem Menschen zukomme, sich der Natur der Selbstprostitution gemäß »der effektiven Nachfrage anzupassen«. C'est la vie.

Relative Verbesserungen des Lebens, Lohnerhöhungen usw. sind unter den Bedingungen der kapitalistischen Weltmaschine nur in Phasen ihres schnellen Laufes, d. h. in der Prosperität der Vernutzung »abstrakter Arbeit« möglich; sie können aber jederzeit durch den Mechanismus der Märkte wieder zurückgenommen werden. Aber sogar wenn die »unsichtbare Hand« selbst für den letzten Gläubigen erkennbar keine Chancen und Gratifikationen mehr verteilt, sondern in der Krise blind um sich schlägt und Verwüstungen zurückläßt, kann dies wie eine Naturkatastrophe, wie ein Erdbeben oder eine Sturmflut behandelt und auch noch tränenselig (und tatkräftig in der Krisenverwaltung) an die »Solidarität« im massenhaften, gesellschaftlich selbsterzeugten Darben appelliert werden, ohne auch nur den Gedanken aufkommen zu lassen, dem Treiben der »unsichtbaren Hand« ein Ende zu setzen.

Das größtmögliche Glück der größtmöglichen Zahl

Der Liberalismus als Ur- und Stammideologie aller modernen Ideologien, die allesamt blind von derselben axiomatischen Grundlage eines warenproduzierenden Systems und der »abstrakten Arbeit« (Erwerbsarbeit für Geld) als dessen Tätigkeitsform ausgehen, hatte in der Epoche zwischen Thomas Hobbes und Adam Smith bereits seine zentralen Widersprüche versammelt: einerseits das Postulat der »freien« und unbehelligten Individualität, andererseits das repressive Zwangsungeheuer des »Leviathan«; einerseits das Prinzip der Eigenverantwortlichkeit und des Aushandelns von Verträgen (Arbeitsverträgen, Geschäftsverträgen usw.) zwischen angeblich autonomen

Subjekten, andererseits die Voraussetzung einer subjektlosen, automatischen Gesellschaftsmaschine des Kapitals mit einem selbstregulativen Preismechanismus; einerseits das Versprechen einer segenspendenden, wohlfahrtssteigernden Wirkung der »unsichtbaren Hand«, andererseits die weltweite Produktion einer ebenso künstlichen (nicht mehr aus natürlichen Restriktionen hervorgehenden) wie historisch beispiellosen Massenarmut.

Besonders hinter dem liberalen Postulat der Eigenverantwortlichkeit lauert ein bodenloser und aufreizender, gleichzeitig aber systemisch objektivierter Zynismus; denn die verlangte Selbsttätigkeit bezieht sich ja auf ein abstraktes Individuum, das von allen selbstbestimmten Mitteln der sozialen Kooperation und der Reproduktion seines eigenen Lebens entblößt ist. »Selbstverantwortung« bedeutet unter diesen Bedingungen nichts anderes, als sich dem »Diktat der Märkte« restlos auszuliefern, unter allen Umständen (selbst den entwürdigendsten) begierig nach »Arbeit« zu suchen und aus der permanenten Zumutung »das Beste zu machen«, ohne das absurde Gesellschaftskonstrukt jemals auch nur im Traum in Frage zu stellen.

Schon Leibniz hatte diese moderne Welt der außerordentlichen Zumutungen als »die beste aller möglichen« apostrophiert; und die Jünger der Marktwirtschaft machten daraus die raffinierte Selbstvergewisserung, daß das System zwar sicherlich viele Mängel habe, ja in mancher Hinsicht geradezu scheußlich sei, aber eben doch das beste unter allen möglichen und bisher bekannten. Je mehr die kapitalistischen Erwerbskategorien in den gesellschaftlichen Körper einsanken und als Leitspuren des Lebens festgebrannt wurden, desto paradoxer und vordergründig milder wurde der Ton des kapitalistischen Räsonnements. Die liberalen Ideologen verstehen sich nun als Menschenfreunde, die »nur das Beste wollen«; unter den stählernen Bedingungen der Marktwirtschaft, versteht sich.

Nach den Zynikern und nach den systemtheologischen Mechanisten betreten also die Berufsoptimisten, Gesundbeter, Animateure und Showmaster des allgemeinen Wohlwollens die Bühne der Modernisierungsgeschichte. Den Anfang macht gleich ein unglaublicher »Glücksphilosoph«. Jeremy Bentham (1748–1832), ein englischer Jurist, propagierte das ethische Prinzip des »größtmöglichen Glücks für die größtmögliche Zahl«. Auch dieses Prinzip geht auf die schottische Aufklärung zurück, und zwar auf Ideen des Philosophen Francis Hutcheson (1694–1747), übrigens ein Lehrer von Adam Smith. Der Kapitalismus wird nun mit wohlwollendem Augenaufschlag als eine Gesellschaft interpretiert, die jedem Menschen das Recht gibt bzw. geben sollte, »sein Glück zu machen«. Unter der Formel des »pursuit of happiness« (Streben nach Glück) ist dieses »Recht« sogar in die berühmte Unabhängigkeitserklärung der Vereinigten Staaten von Amerika vom 4. Juli 1776 eingegangen:

»Wir halten es für selbstverständliche Wahrheiten, daß alle Menschen gleich geschaffen sind, daß sie von ihrem Schöpfer mit bestimmten unveräußerlichen Rechten ausgestattet sind, zu denen das Leben, die Freiheit und das Streben nach Glück gehören« (zit. nach: Förster 1987, 42).

Bentham hat diese Glücksideologie, mit der die kapitalistische Zumutung in ein süßes Versprechen uminterpretiert wird, als erster systematisch zu einer Theorie ausgebaut. Nachdem die Automatik des Preismechanismus als Bedingung eingeführt und der Kult der »unsichtbaren Hand« installiert war, konnte nun wieder mehr die subjektive Seite des Ganzen in Betracht gezogen werden, d. h. die Ethik der Menschenfreundlichkeit unter den Aspekten kapitalistischen Erwerbsstrebens. Bentham geht dabei in mehreren Schritten durchaus folgerichtig vor. Zunächst einmal stellt er fest, daß das »größtmögliche Glück für die größtmögliche Zahl« nur als die Erzeugung eines »größtmöglichen Nutzens« verstanden werden kann. Seine Glücksphilosophie versteht sich daher als *Nützlichkeitsphilosophie,* als Utilitarismus (lat. utilis = nützlich). Es geht also um die Maximierung des gesellschaftlichen Nutzens. Als nächstes stellt sich die Frage, wie dieser Nutzen denn objektiv gemessen werden kann. Bentham zögert nicht mit der Antwort – der Maßstab ist das Geld:

»Hier möchte ich mit einem gefühlvollen, mitleidigen Freund einen Waffenstillstand schließen, wenn ich eine so aufs Geld ausgerichtete Sprache rede. Ich tue es notgedrungen und möchte auch die Menschheit dazu auffordern, es nur notgedrungen zu tun. Das Thermometer ist das Instrument, um draußen die Temperatur zu messen; das Barometer ist das Instrument, um den Luftdruck zu messen. Wer mit der Genauigkeit dieser Instrumente nicht zufrieden ist, muß andere zu finden suchen, oder er muß der Naturwissenschaft Lebewohl sagen. Das Geld ist das Instrument, um die Menge des Schmerzes oder der Lust zu messen [...] Daher sollte niemand erstaunt oder empört sein, wenn er findet, daß ich in dieser Arbeit alles am Geldwert messe« (Bentham 1981/1843, 269).

Die Glücksmaximierung durch Nutzenmaximierung und als deren Maßstab die Geldmaximierung – dieses entzückende Konstrukt könnte naive Gemüter vielleicht zu der Annahme verführen, daß die kapitalistisch erzeugte Geldmasse nun nach irgendwelchen Gerechtigkeitsprinzipien verteilt werden sollte. Dem muß der Glücksphilosoph gleich einen Riegel vorschieben:

»Deshalb müßte man [...] die Folgerung ziehen, daß bei der Einführung einer Verfassung, die sich das größtmögliche Glück der größten Zahl zum Ziele gesetzt hätte, ausreichende Ursache vorhanden wäre, den Reichsten ihren Reichtum abzunehmen und ihn auf die weniger Reichen zu übertragen [...] Aber sobald man dann die Auswirkungen zweiter und dritter Ordnung in Betracht zieht, so ergibt sich die entgegengesetzte Wirkung: statt dem größtmöglichen Glück ergäbe sich einmal eine völlige Vernichtung des Glücks und weiterhin auch eine solche der Existenz. Das Übel zweiter Ordnung wäre die Vernichtung des Glücks durch eine allgemeine Beunruhigung und das Anschwellen der Gefahr bis zur Gewißheit; das Übel dritter Ordnung wäre die Vernichtung der Existenz durch die Gewißheit, daß man die Früchte seiner Arbeit nicht genießen wird, wodurch jeder Ansporn zur Arbeit ausgelöscht würde. Ganz abgesehen von der Zerstörung, die dadurch bewirkt würde, daß man die Gleichheit – oder besser gesagt, das System der Gleichmacherei [...] – bis zu seiner letzten Konsequenz durchführen würde – oder daß man auch nur damit rechnen müßte, daß dies geschehen würde – würde das Aggregat des Glücks auch dadurch vermindert, daß der Fundus aus dem Überfluß verschwände, der geschaffen wurde, um einen ständigen Grundstock an Reichtum zur Verfügung zu haben, wie er zur sicheren Aufrechterhaltung des notwendigen Lebensunterhalts erforderlich ist« (Bentham, a.a.O., 267).

Mit einem Wort: Umverteilung nach unten ist von Übel und geht an die Substanz des Reichtums. Die »Macher« könnten sich beleidigt zurückziehen und die Menschheit dem völligen Elend eines »arbeitgeberlosen« Zustands überlassen. Daher darf die zum »Aggregat des Glücks« mutierte Akkumulationsbewegung des Kapitals, der Born der Nützlichkeit, auf keinen Fall gestört werden; und aus dieser Sicht kann womöglich selbst ein bescheidenes Wohlstandsverlangen des kapitalistischen Menschenmaterials als verderbliche »Gleichmacherei« erscheinen (eine Vorstellung übrigens, die überhaupt erst durch die abstrakte Form des kapitalistischen Reichtums möglich wird). Bentham rückt sehr schnell damit heraus, daß beim »größtmöglichen Glück der größtmöglichen Zahl« die Betonung ziemlich scharf auf »möglich« liegt: d. h. möglich, soweit mit den Bewegungsgesetzen der »schönen Maschine« vereinbar. Man tut ja, was man kann; aber für den Einzelnen (und speziell für den Einzelnen in der Sockelregion der kapitalistischen Glückspyramide) kann das »mögliche Glück« ziemlich klein ausfallen. Genauer gesagt – es kann sogar das Verhungern als leider einzig möglicher Glücksanteil übrigbleiben:

»Die Folge davon, daß nicht genug vorhanden ist, um den Lebensunterhalt aller zu sichern, ist der Tod; und einem solchen natürlichen (!) Tode geht ein Leidensweg voraus, der weit härter ist als die mit dem schmerzhaftesten gewaltsamen Tode verbundenen Leiden, der etwa zum Zweck der Strafe verhängt wird. Anstatt weiterhin unter einer solchen Heimsuchung zu leiden, werden die Menschen, die so etwas durchmachen müssen, natürlich und notwendigerweise, soweit sie dazu Gelegenheit haben, alles ihnen nur irgend mögliche auf Kosten anderer unternehmen, um sich davor zu bewahren; und in dem Maße, wie Bemühungen zu diesem Zweck unternommen werden, oder in dem Maße, wie angenommen wird, daß solche beabsichtigt sind, vermindert sich natürlich die Sicherheit des Eigentums – und wahrscheinlich auch die Sicherheit der Person – bei allen anderen« (a.a.O., 260).

Der wohlwollende Glücksphilosoph Bentham muß also einsehen, daß »direkt nach dem universalen Ziel, nämlich dem größten Glück der größten Zahl« in der Reihenfolge der »speziellen Ziele« an Nr. 1 auf jeden Fall – die »Sicherheit« rangiert (a.a.O., 255). Das Sicherheitsproblem treibt Bentham um, er ist geradezu besessen davon. Im Unterschied zu einem Zyniker wie Mandeville ist er aber ein überzeugter und herzensguter Philanthrop, und so kann er sich keinesfalls mit dem Verweis auf Galgen und Mitleidlosigkeit begnügen. Außerdem muß es als zweifelhaft erscheinen, ob Polizei, Militär, Richter und Henker überhaupt ausreichend vorhanden und gerüstet sind, um die Sicherheit zu gewährleisten, wenn das »mögliche« Glück der »größten Zahl« auf bedauerliche Tiefstände sinken sollte.

Der philanthropische Liberalismus hat also ein Problem: Es ist dem kapitalistischen Menschenmaterial möglichst schonend beizubringen, daß es sich stets an die Spielregeln zu halten hat, anständig verlieren muß und dem »Aggregat des Glücks« nicht ins Uhrwerk pfuschen darf. Das Sicherheitsproblem ist somit nicht nur ein polizeiliches, sondern vor allem ein *pädagogisches.* Mandeville mußte in diesem Punkt korrigiert werden; er war insofern über das Ziel hinausgeschossen, als er die Frage der »Armenschule« nur unter dem Gesichtspunkt des notwendigen oder überflüssigen (womöglich sogar gefährlichen) Wissens betrachtet hatte. Dieser Aspekt mußte »natürlich« gültig bleiben, aber jetzt kam das Postulat der *Pädagogik* dazu. Und zwar deswegen, weil die Disziplinierung des Menschenmaterials keine bloß äußerliche, rein auf Zwangsgewalt fußende bleiben konnte. Die Funktionalisierung, Restriktion und Kontrolle des Wissens war eine Sache, die andere (und vielleicht wichtigere) aber war die pädagogische Zurichtung, die Feindressur für den kapitalistischen Zweck, die Einübung der Disziplin und die Gewöhnung an die Zumutungen. Über die Anwendung von Zuckerbrot und Peitsche hinaus war eine systematische *Gehirnwäsche* fällig geworden.

So kann es kaum verwundern, daß im weiteren Fortgang der Modernisierung die moderne Pädagogik entstand, die Verschulung und allgemeine *Volkspädagogik* sowie *Industriepädagogik* einen ungeahnten Aufschwung nahmen und die großen menschenfreundlichen Pädagogen und Theoretiker der Gehirnwäsche auftraten. Jean-Jacques Rousseau hatte bereits seinen »Emile« geschrieben, einen Erziehungsroman, der unter dem Deckmantel der »naturgemäßen« Pädagogik die Einübung in moderne Verhaltensweisen und (wie gezeigt) nicht zuletzt Geschlechtsrollen propagierte. Rousseau und die Französische Revolution waren im Unterschied zum englischen Liberalismus zwar mehr nach der »politischen« Seite der Modernisierung hin orientiert; Rousseau verachtete sogar den raffgierigen privaten Bourgeois und propagierte demgegenüber die »Staatsbürgertugend« eines strikt politischen Liberalismus. Aber das war eben nur die andere Seite derselben Medaille, und in Robespierres »Tugend-Diktatur« kam gegen die naive Intention von Rousseau der »Leviathan« von Hobbes wieder zum Vorschein, der als gemeinsamer Ausgangspunkt Absolutismus und Liberalismus zusammenschließt – auch in der verwandelten Gestalt des französischen Jakobinertums. Und so ist es kein Zufall, daß sich der englische Wirtschaftsliberalismus und der französische politische Revolutionsliberalismus trotz aller äußeren Gegensätze wieder in der Frage der *Volkspädagogik* und in der Ausarbeitung von Methoden der Gehirnwäsche treffen. In Rousseaus »Natur« gingen (ihm selber offenbar unbewußt) immer schon der liberale »ordre naturel« und die kapitalistische »zweite Natur« ein.

Was »natürlich« war, wurde von den meisten Großdenkern der Modernisierung sowieso im Kontext des mechanistischen Weltbilds verstanden. Wie der physikalischen Weltmaschine Newtons die gesellschaftliche Weltmaschine der Marktwirtschaft bei Smith entsprochen hatte, so mutierte nun auch das Hobbessche Ungeheuer »Leviathan« allmählich zur Staatsmaschine, und deren pädagogischer Auftrag zur allgemeinen Gehirnwäsche stellte sich folgerichtig, wie es der Sozialhistoriker Wolfgang Dreßen formuliert, als »pädagogische Maschine« dar (Dreßen 1982). Und keiner war bei der Konstruktion dieser Maschine so erfindungs- und erfolgreich wie der Glücks- und Nützlichkeitsphilosoph Jeremy Bentham.

In einem mechanischen Weltbild liegt es nahe, auch den Menschen selber als mechanisches Objekt zu betrachten und zu behandeln. Der französische Philosoph Julien Offroy de La Mettrie (1709–1751), ein früher Materialist, hatte schon 1748 ein Buch mit dem Titel »L'Homme-Machine« (Der Maschinenmensch) veröffentlicht. Auch die Guillotine als »Tugendmaschine« ist in diesem Kontext zu sehen. Und wenn der Mensch als Teil der Weltmaschine selber eine Maschine darstellt und alle seine Regungen »Funktionen« sind, dann empfiehlt sich im Sinne der pädagogischen Gehirnwäsche auch eine Art maschinelle Bearbeitung (es muß ja nicht immer gleich die Guillotine sein). Bringt man diesen Gedanken mit dem Sicherheitsproblem und der kapitalistischen Dressurabsicht zusammen, dann ergibt sich daraus die Aufgabe der permanenten *Bewachung* und *Beobachtung* des pädagogischen Objekts. Der alte »sündige« Adam der Faulheit und Genußsucht, der stets von neuem gegen die kapitalistischen Zumutungen aufzumucken droht und seinem eigenen »Glück« schadet, muß auf Schritt und Tritt unter Kontrolle sein und sich auch selber beaufsichtigt fühlen, bis er ganz abgestorben ist und der »neue Mensch« als gläsernes und absolut zumutungsfähiges Wesen rund um die Uhr funktioniert. Nicht zu vergessen: all dies im Namen der »Freiheit«, nämlich der allumfassenden Freiheit des Kaufens und Sichverkaufens.

Nun wäre es aber viel zu aufwendig, hinter jeden Menschen einen Polizisten und einen Erzieher zu stellen. Außerdem, wer sollte die Erzieher erziehen? In seiner Doppeleigenschaft als Glücks- und Nützlichkeitsphilosoph entwickelte Bentham einen nachhaltigen Beitrag zur pädagogischen Kostensenkung bei gleichzeitiger Optimierung der Gehirnwäsche. Die Bewachung mußte pflegeleicht und einfach sein; langfristig sollte der Patient Mensch sogar möglichst zu seinem eigenen Bewacher werden. Der selbstregulative Mechanismus des Marktes mußte durch eine selbstregulative Gesellschaft mit selbstregulativen Individuen komplettiert werden. Das ist auch der geheime Sinn des Kantschen aufklärerischen Imperativs, der Mensch solle aus der »selbstverschuldeten Unmündigkeit« herausgehen und »sich seines Verstandes ohne Leitung eines anderen bedienen« (Kant 1985/1783, 55). Damit war nie etwas anderes gemeint, als sich dem kapitalistischen »System der Vernunft« nicht nur äußerlich zu unterwerfen, sondern es zu verinnerlichen, kapitalistisch selbstregulativ zu werden: jeder sein eigener Polizist, Erzieher, Gefängniswärter und Antreiber!

Auch der auf Kant folgende große Modernisierungsphilosoph Georg Wilhelm Friedrich Hegel (1770–1831), der die kapitalistische Weltvernunft zum totalen Weltgeist stilisierte, kann mit einem seiner berühmtesten Sätze auf diesen Nenner gebracht werden: »Freiheit ist Einsicht in die Notwendigkeit«; eine wahrhaft liberal züngelnde Aussage. Bentham begriff, daß dies nicht durch bloßes Zureden oder Strafen möglich war. Er verfiel auf die schlichtweg geniale Idee, die absolute Beobachtung und Kontrolle in die Organisationsform und vor allem in die *Architektur* der Dressuranstalten selbst zu verlegen.

Das Ergebnis war *The Panopticon,* ein kunstreich ersonnenes Gebäude mit kunstreichen Prinzipien und Einrichtungen, das Bentham 1787 in Briefen an einen Freund erläuterte, die 1791 mit zwei Zusätzen veröffentlicht wurden. Ein »Panoptikum« ist eigentlich ein Wachsfiguren- oder Kuriositäten-Kabinett; in der altgriechischen ursprünglichen Bedeutung verweist der Begriff auf einen Raum »allgemeiner Einsehbarkeit«, was bekanntlich für Ausstellungen aller Art zutrifft. Bentham könnte auf seine Idee, wie Michel Foucault vermutet, durch den Aufbau des Versailler *Zoologischen Gartens* gekommen sein:

»[...] es handelte sich um die erste Tierschau, die nicht wie früher üblich auf einen Park verstreut war. In der Mitte stand ein achteckiger Pavillon, der im ersten Geschoß nur einen einzigen Raum enthielt, nämlich den Salon des Königs. Alle Seiten öffneten sich durch breite Fenster auf sieben ummauerte Gehege (die achte Seite war dem Eingang vorbehalten), in denen verschiedene Arten von Tieren eingesperrt waren [...]« (Foucault 1977, 261).

Eine ähnliche Anordnung stellt Benthams Panopticon dar. Es ist eine »Menagerie, in der das Tier durch den Menschen ersetzt ist« (Foucault, a.a.O.). Und was soll es sein? Zunächst einmal natürlich ein neuartiges Gefängnis. Aber Benthams Option geht viel weiter. Er nennt sein Konstrukt »The Inspection-House«, das Haus der Beobachtung und Kontrolle. Und gleich im ausladenden Titel seiner panoptischen Schrift gibt er die Bandbreite der Möglichkeiten für das Panopticon an. Seine Idee sei

»anwendbar auf alle Einrichtungen, in denen Personen jeder beliebigen Art unter Kontrolle gehalten werden sollen; insbesondere auf Besserungsanstalten, Gefängnisse, Werkstätten, Manufakturen und Fabriken, Armenhäuser, Irrenhäuser, Krankenhäuser und Schulen« (Bentham 1995/1791, 29, nach dem englischen Original).

Benthams Nützlichkeitsphantasie arbeitet auf Hochtouren:

»Das Gebäude ist kreisrund. Die Apartements der Insassen nehmen den Radius des Kreises ein. Man kann sie, wenn man will, die Zellen nennen.

Diese Zellen sind voneinander abgeteilt, und die Insassen sind durch Trennwände, die vom äußeren Rand zum Zentrum verlaufen, von jeder Kommunikation untereinander abgeschnitten [...] Das Apartement des Kontrolleurs nimmt das Zentrum ein; man kann es, wenn man will, die Bewacherloge nennen. Am besten läßt man einen leeren, unbewohnten Zwischenraum zwischen Zentrum und äußerem Ring. Zwischen den Zellen soll genug Platz sein, um einen Durchgang von der Außenseite des Gebäudes zur zentralen Bewacherloge zu ermöglichen. Jede Zelle hat ein Fenster nach außen, das groß genug ist, um nicht nur die Zelle zu erhellen, sondern auch genug Licht zum entsprechenden Teil der Bewacherloge durchzulassen. Der innere Radius des Zellenrings wird durch ein eisernes Gitter gebildet, das so beschaffen sein muß, daß der Blick von der Bewacherloge in die Zellen nicht behindert wird [...] Die Fenster der Bewacherloge sind durch Jalousien so verdeckt [...], daß die Insassen von ihren Zellen aus nicht sehen können, ob sich jemand in der Loge befindet oder nicht [...]« (Bentham 1995/1791, 35 f., nach dem englischen Original).

Diese raffinierte Anordnung rationalisiert und perfektioniert die Kontrolle: Die Insassen sollen stets sichtbar sein, während der »Inspektor« für sie unsichtbar bleibt. In aller liberalen Nützlichkeitsunschuld nimmt sich Bentham der Einzelheiten an. Er vergißt eine Alarmanlage ebenso wenig wie ein ausgefeiltes technisches System zur Entsorgung und Verwertung der Exkremente. Von Humanismus beseelt, wendet er sich gegen die Todesstrafe, und zwar mit der Begründung, daß dem »Aggregat des Glücks und der Nützlichkeit« dadurch Arbeitskräfte verlorengehen. Denn die Arbeitskraft der Insassen soll optimal ausgenutzt werden, als Einübung und Vorbild für die ganze Gesellschaft. So interessiert sich Bentham lebhaft dafür, die damals in manchen Gefängnissen üblichen *Tretmühlen* zwecks Erziehung der Delinquenten nicht nur zu verallgemeinern, sondern auch an nützliche Maschinen aller Art anzuschließen (vgl. Dreßen 1982, 94 f.). Die Pausen sollen auf ein Minimum reduziert werden. Auch das war doppelt kalkuliert, nützlichkeitsphilosophisch und pädagogisch:

»Bei 15 Stunden Arbeit wurden höchstens 6 Stunden Schlaf zugestanden. Dabei ging es nicht nur um eine möglichst extensive Ausnutzung der Produktivität des Gefangenen, sondern auch darum, seine Wünsche und Phantasien zu verhindern. Völlig übermüdet, so schreibt Bentham, sollte der Gefangene im Bett sofort einschlafen, denn sonst könnte er in seinen Vorstellungen dem Inspektor und Erzieher entfliehen« (Dreßen, a.a.O., 94).

Außerdem sollen die Arbeiten sich dergestalt abwechseln, daß die Ermüdung immer wieder überspielt werden kann. Aber auch das reicht noch keineswegs. Die Insassen müssen sich nicht nur ständiger Beobachtung ausgesetzt fühlen, ohne selber beobachten zu können; sie müssen nicht nur nahezu pausenlos in Bewegung gehalten werden; es kommt auch darauf an, sie möglichst optimal voneinander zu isolieren. Bentham hat daher auch die *Isolationshaft* erfunden. Er schlägt sogar vor, den Insassen in diesem Fall Masken um die Augen zu binden oder ihnen kleine Kugeln in den Gehörgang zu stecken. In seinen »Prinzipien des Strafrechts« erklärt er händereibend (und als hätte er die Behandlung der RAF-Gefangenen durch den bundesdeutschen demokratischen Justizapparat vorausgeahnt):

»Eine solche einsame Haft, besonders wenn sie mit Dunkelheit und wenig Kost kombiniert wird, ist nichts anderes als Folter, aber ohne daß sie den allgemeinen mit diesem Namen verbundenen Haß auf sich zöge« (Bentham, zit. nach Dreßen 1982, 95 f.).

Aber auch außerhalb von Gefängnissen ist dieses Prinzip in abgewandelter Form anzuwenden, etwa in Schulen. Die gewöhnliche Anordnung eines Klassenzimmers geht auf Benthams Panopticon zurück: Jeder Schüler hat seinen Platz, die Zöglinge können durch Zusammen- oder Auseinander-Setzen beliebig kombiniert werden, das Lehrerpult ist erhöht und ermöglicht eine Übersicht, die ähnlich wie von der Bewacherloge aus alle Vorgänge im Raum leicht erfassen kann, wie Bentham frohlockt:

»Jedes Spiel, alles unbeaufsichtigte Gerede, jede Zerstreuung wird durch die zentrale […] Situation des Lehrers effektvoll verhindert. Dabei können auch Trennwände oder Schirme zwischen den einzelnen Schülern helfen« (Bentham, zit. nach Dreßen, a.a.O.).

Auch das Prügeln bemüht sich Menschenfreund Bentham vernünftiger und nützlicher als bisher zu gestalten. Wehrlose zu schlagen galt in vielen Kulturen als ehrlos, wenn auch nicht selten Grausamkeiten gegenüber besiegten Feinden üblich waren. Gewohnheitsmäßig die eigenen Kinder zu prügeln blieb jedoch fast allein der christlich-abendländischen Zivilisation vorbehalten; und diese schöne Sitte steigerte sich in der Modernisierungsgeschichte zur Orgie einer allgemeinen Prügelpädagogik in Familien, Schulen, Gefängnissen und Armeen bis weit in das 20. Jahrhundert hinein. In diesem Punkt marschierte zwar Preußen-Deutschland unangefochten an der Spitze des Fortschritts; aber der liberale Utilitarist Bentham ließ es sich nicht nehmen, selbst auf diesem Gebiet Gesichtspunkte technischer Rationalisierung ins Spiel zu bringen, und zwar mittels einer veritablen *Prügelmaschine:*

»Man sollte eine Maschine bauen, die eine bestimmte Anzahl elastischer Ruten aus Rohr oder Fischbein in Bewegung setzt. Ihre Zahl und ihre Größe sollten durch das Gesetz bestimmt werden. Der Körper des Delinquenten wird dann den Hieben dieser Ruten ausgesetzt, wobei die Stärke und die Abfolge der Hiebe vom Richter vorgeschrieben werden. So wird jede Willkür vermieden. Ein öffentlicher Beamter [...] sollte die Ausführung der Strafe überwachen. Wenn mehrere Delinquenten bestraft werden sollen, so kann zugleich Zeit gespart (!) und der Terror der Szenerie gesteigert werden [...]« (Bentham, zit. nach Dreßen, a.a.O., 88).

Mit einem Wort: »das größtmögliche Glück der größtmöglichen Zahl«; denn durch alle diese Maßnahmen wird die Sicherheit und damit das Glück in der kapitalistischen Gesellschaft gesteigert. Bentham setzt sich für wissenschaftliche Forschungen auf diesem Gebiet zwecks weiterer Verfeinerung ein, und er läßt auch keinen Zweifel, im Kontext welcher gesellschaftlichen Logik der heikle Komplex der »Züchtigung« steht:

»Der bei den Züchtigungen produzierte Schmerz ist wie ein Kapital, das seinen Profit erwartet [...] Der Gesellschaft könnte ein großer Dienst durch den erwachsen, [...] der die Wirkungen der verschiedenen Formen der Züchtigung untersuchen und die verschiedenen Abstufungen des Schmerzes angeben würde, etwa die unterschiedlichen Folgen von Quetschungen und Sehnenrissen, die man mit Schnüren- oder Peitschenhieben erzielt« (Bentham, zit. nach Miller 1996, 19).

Damit ist die panoptische Welt allerdings noch immer nicht vollendet. So führt Bentham zusätzlich das Prinzip einer umfassenden *Identitätskontrolle* ein: Jeder Insasse soll jederzeit und sofort kenntlich sein und dingfest gemacht werden können, im Panopticon selbst und ebenso draußen im gesellschaftlichen Gesamt-Panopticon. Mit unermüdlichem Spürsinn trägt er Beispiele zusammen, um das Prinzip zu erläutern und daran zu feilen:

»In der japanischen Hauptstadt hat jeder seinen Namen an seiner Kleidung zu tragen […] An den englischen Universitäten tragen die Studenten eine spezielle Uniform. In den charity schools hat jeder nicht nur eine Uniform zu tragen, sondern auch ein Nummernschild. Von den Soldaten ganz zu schweigen. Es ist wohl das Mindeste, die Armen in eine Uniform zu stekken« (Bentham, zit. nach Miller 1996, 32).

In einem Brief an Sir Carew schlägt Bentham 1804 sogar vor, jeden englischen Bürger zwangsweise und ohne Ausnahme mit einer Nummer oder einem nur für die einzelne Person gültigen Namen zu *tätowieren* (Miller, a.a.O.). Was jetzt noch bleibt, ist die große Frage, wer die »Inspektoren« inspizieren und die Erzieher erziehen soll. Auch dafür hat der erfindungsreiche liberale Menschenfreund zwei Mittelchen parat. Zum einen schlägt er vor, die panoptischen Anstalten einschließlich der Gefängnisse zu *privatisieren* und von Privatkapitalisten gewinnbringend betreiben zu lassen. Frau Thatcher läßt grüßen! Dabei möchte Bentham strengste Maßstäbe rationeller Rechnungsführung angelegt wissen. Mit den freiberuflichen Inspektoren sollen Verträge geschlossen werden, die eine »durchschnittliche Todesrate pro Jahr« festlegen, die nicht überschritten werden darf. Außerdem sind die Anstaltsdirektoren für jeden Entflohenen finanziell haftbar zu machen (Dreßen, a.a.O., 95). Das zweite Mittel aber ist die strikte Öffentlichkeit des gesamten Geschehens, wie Bentham in seinen »Prinzipien des Strafrechts« erläutert:

»Öffentlichkeit ist das wirksamste Mittel gegen Mißbrauch [...] das Panopticon wird sozusagen durchsichtig sein, es ist jederzeit besonders autorisierten Beamten zugänglich, zu genau bestimmten Stunden oder an bestimmten Tagen aber offen für jedermann. Der Zuschauer wird in die zentrale Loge geführt und kann hier das Innere des Gefängnisses übersehen, er wird Zeuge der Haftbedingungen und kann genau den Zustand der Gefangenen beurteilen« (Bentham, zit. nach Dreßen, a.a.O., 84).

So werden also auch die Erzieher erzogen, und die gesamte Gesellschaft überwacht sich gegenseitig: Bentham plant eine systematisch unkritische Öffentlichkeit voraus, eine totale Kontrollöffentlichkeit, die sogar noch die Thematisierung der kapitalistisch erzeugten künstlichen Armut zur Affirmation des herrschenden Systems umbiegen kann. Die kapitalistische Vernunft wird Öffentlichkeit, und die Öffentlichkeit wird kapitalistische Vernunft, wie der französische Sozialphilosoph Jacques-Alain Miller die infernalische Logik des panoptischen liberalen Denkens charakterisiert:

»Die panoptische Welt setzt somit die unumschränkte Herrschaft der berechnenden Vernunft ein. Eine Herrschaft über Zuchthäuser [...] So gesehen bildet das Panoptikon den Tempel der Vernunft, einen strahlenden und durchsichtigen Tempel [...] Das öffentliche Auge wird das innere Auge überwachen [...] So wird das Gefängnis als Ort des Ausschließens wieder dem sozialen Raum eingegliedert: Es wird sein strahlendster, vertrautester Ort werden« (Miller 1996, 17).

Ganz offensichtlich handelt es sich bei den monomanischen Texten Benthams um die Auslassungen eines Irren; aber eben eines kapitalistisch vernünftigen Irren mit innerer Folgerichtigkeit. Und so endete der Glücksphilosoph seiner Lehre entsprechend in einem Zustand totaler Resteverwertung: Nachdem er vorgeschlagen hatte, der Nützlichkeit und Kostenersparnis halber präparierte Leichen als Statuen in Kirchen und Theatern einzusetzen, vermachte er auch seinen eigenen Körper der Anatomie. Damit nicht genug, führten Freunde im Geiste der Nützlichkeit auch noch sein Skelett einer vernünftigen Verwendung zu, indem sie es mit einem wächsernen Körper umschlossen und diesem Benthams Kleider anzogen, so daß er (in einem tragbaren Kabinett) heute noch für Lehr- und Ausstellungszwecke vielseitig einsetzbar ist als »Londoner von 1830«. Die totalitäre, abstrakte Nützlichkeitsvernunft des Kapitalismus hat Bentham nicht nur an sich selbst vollstreckt, sondern als Selbsterziehungs- und Selbstunterdrückungskonzept erfolgreich der Nachwelt hinterlassen.

Die Intentionen dieser irren Vernunft lassen sich an vier wesentlichen Punkten festmachen. Erstens am Prinzip der totalen Sichtbarkeit: »Die Sichtbarkeit ist eine Falle« (Foucault 1977, 257). Alle stehen ständig unter Beobachtung, ohne zu wissen, ob sie im Moment wirklich beobachtet werden. Und so kann sich ein Verhalten einschleifen, bei dem der sich beobachtet Glaubende sein eigenes Verhalten kontrolliert (hier wird die Ähnlichkeit der kapitalistischen Normalität, die zu Benthams Zeit noch nicht selbstverständlich war, mit schizophrenen Wahnvorstellungen deutlich).

Zweitens am Prinzip der Isolierung der Individuen voneinander. Auch hier gilt: Sobald die Verhaltensspur eingeschliffen ist, können die Zellenwände und Trennschirme weggenommen werden, ohne daß die Individuen aufhören, sich als isolierte Wesen wahrzunehmen und dementsprechend zu handeln. Der seit Hobbes bloß ideologisch postulierte »vereinzelte Einzelne« wird so bewußt durch einen panoptischen Prozeß produziert und als Selbstwahrnehmung im Hirn festgebrannt.

Drittens am Prinzip der äußeren Objektivierung der Verhaltensspur durch Apparate, Organisationsformen, Architekturen, Sitzordnungen usw., so daß die kapitalistischen Imperative »in einer konzertierten Anordnung von Körpern, Oberflächen, Lichtern und Blicken« sich automatisch aufdrängen »in einer Apparatur, deren innere Mechanismen das Verhältnis herstellen, in welchem die Individuen gefangen sind« (Foucault, a.a.O., 259).

Viertens schließlich am Prinzip der *Entpersönlichung* von Gewalt, Herrschaft, Disziplinierung, Einflußnahme usw. nicht bloß auf der Makro-Ebene der selbstregulativen marktwirtschaftlichen Gesamtmaschine, sondern auch im Mikro-Bereich der alltäglichen Unmittelbarkeit. Die totale Durchsichtigkeit und Simplizität der Mechanismen, die überdies völlig öffentlich sind, macht auch ungebildete und sogar dumme Menschen fähig zur Ausübung der Kontrolle, wie

Bentham nicht ohne Stolz bemerkt. »Beinahe jedes beliebige Individuum kann die Maschine in Gang setzen: anstelle des Direktors auch seine Familie, seine Besucher, seine Dienstboten sogar« (Foucault, a.a.O., 260).

Die Bemerkung Lenins, daß im Staatssozialismus »jede Köchin den Staat regieren« kann (oder dieses Vermögen zumindest das Ziel sein sollte), bekommt im Licht der panoptischen Logik einen unheimlichen Sinn. Plötzlich wird sichtbar, daß hier gar nicht die Emanzipation der Köchin gemeint ist (ebenso wenig wie bei Kants Mündigkeitsforderung die Emanzipation des Menschen von repressiven Prinzipien), sondern eine derart konsequente Verselbständigung der gesellschaftlichen Arbeits- und Verwertungsmaschine gegenüber den Individuen, daß es egal ist, ob eine Köchin oder ein Spezialist die kontrollierende Funktion ausübt.

Es geht also darum, eine *selbstrepressive Identität* von Subjekt und Objekt als allgemeinen Funktionsmodus der »schönen Maschine« herzustellen. Das identische Subjekt-Objekt der liberalen »Selbstverantwortungsmaschine« setzt Kontrollieren und Kontrolliert-Werden gleich: alle kontrollieren sich selbst und einander wechselseitig im Namen einer subjektlosen Vernunft, der Vernunft des verselbständigten Systems von »Arbeit« und »Verwertung«.

Die Erziehungsdiktatur wird also in ihrer Vollendung zur *Selbsterziehungsdiktatur,* und diese *negative Selbstbestimmung* wird gestützt, geformt und vordefiniert durch ein riesiges Netz von materiell, organisatorisch und sozialpsychologisch in den Mikro-Körper der Gesellschaft eingeprägten Mustern, deren repressiver Charakter nicht mehr bewußt wahrgenommen wird. Die »Köchin« regiert munter mit, indem sie an den öffentlich-objektivierten Kontrollmechanismen ebenso aktiv wie gewohnheitsmäßig beteiligt ist und die Uhr der Selbstunterdrückung tagtäglich mit allen anderen zusammen aufzieht; indem sie kontrolliert wird gerade dadurch, daß sie selber mitkontrolliert.

Die Erinnerung an Lenins »Köchin« in einem ganz anderen als dem bisher üblichen Sinne ist aber nicht das einzige Unheimliche, das sich bei der Lektüre Benthams einstellt. Dieses Unheimliche an Bentham wird vielmehr erst richtig deutlich, wenn wir seine Ideen weniger auf die dinosaurierhaften Modernisierungsdiktaturen, sondern auf die am weitesten entwickelte freiheitlich-demokratische Marktwirtschaft beziehen. Es drängt sich nämlich der Verdacht auf, daß alle Prinzipien des Panopticons gerade in der »freien« westlichen Welt (und nur in dieser vollständig!) längst schon durchgesetzt sind und daß wir heute überhaupt nur deswegen die totale Marktwirtschaft aushalten, weil wir die zur automatischen Selbstregulation heruntergezüchteten Nachkommen der einstigen Opfer sind.

Es ist auf den ersten Blick erkennbar, daß Bentham Orwells »1984« um nahezu zweihundert Jahre vorwegnimmt. Er tut dies aber nicht nur als Liberaler, sondern auch als Demokrat (eine damals noch unerhörte Kombination), denn er preist die repräsentative Demokratie der USA als Vorbild an. Für ihn stimmt die Demokratie als wahrhafte *Selbst-Beherrschung* nahtlos mit den panoptischen Prinzipien zusammen. Demokratie ist die Herrschaftsform der panoptisch gezwiebelten selbstregulativen Subjekte, die begierig nach den marktwirtschaftlichen Zumutungen lechzen, auf eine Art kapitalistisches Wurstschnappen getrimmt sind und ins Korsett einer apparativen Umwelt gezwängt »frei« miteinander umgehen. Leute also, die selbstbestimmt gerade dadurch sind, daß sie als Pawlowsche Hunde eines selbstregulativen Systems automatisch bei den Klingelzeichen der Systemimperative mit Speichelfluß reagieren (die wahre »zweite Natur« des angeblichen heroischen Raubtiers). Demokratie ist somit nichts anderes als *geronnene Diktatur,* die Glücksdiktatur der »unsichtbaren Hand« jenes marktwirtschaftlichen Systemdämons, den Immanuel Kant und Adam Smith mit pompösem theoretischen Aufwand als neuen säkularen Gott beschworen hatten und dessen ebenso kleinkarierter wie unerbittlicher historischer Zuchtmeister ein geistiges Würstchen wie Jeremy Bentham werden konnte.

Der fortgeschrittene Kapitalismus ist allein schon architektonisch geronnene Diktatur, in allen seinen Institutionen sind die panoptischen Spuren eingebrannt. Die allseits offenen und einsehbaren modernen Großraumbüros, in denen die Angestellten auf einem riesigen Präsentierteller sitzen, stellen ebenso ein Element des Panopticons dar wie die offen einsehbaren Großküchen der Fastfood-Restaurants, wo das Personal stets dem Auge des Publikums ausgesetzt bleibt. Die ewigen Benotungen, Bewertungen und Leistungsnachweise das ganze Leben hindurch, das System der Nummern, Namensschildchen, Ausweise und Identitätskarten, all dies sind »Errungenschaften« des panoptischen Prinzips.

Man sollte einen Wettbewerb ausschreiben, um die verborgenen panoptischen Elemente, Anordnungen, Architekturen, Apparate usw. in unserer demokratischen Umwelt, die uns als solche (als diktatorisch eingeätzte Verhaltensspuren) nicht mehr bewußt sind, ihrerseits wieder sichtbar zu machen und das demokratische Endstadium des liberalen Totalitarismus kritisch zu begreifen; um zu verstehen, daß die Modernisierungsdiktaturen seit Bentham nur prototypische Aggregatzustände der marktwirtschaftlichen Demokratie oder demokratischen Marktwirtschaft selber waren und daß wir nun freiwillig, weil »alternativlos« in einem einzigen Benthamschen Gesamtzuchthaus sitzen. Das zyklopische Auge, das uns den Eindruck allseitiger und immerwährender Beobachtung unterhalb der Bewußtseinsebene vermittelt, das Auge von »Big Brother« also, gehört keinem menschlichen »Inspektor« an, obwohl es mehr denn je von »Inspektoren« nur so wimmelt; es ist das subjektlose Auge der kapitalistischen Systemkriterien, die wir verinnerlicht haben: unser »drittes Auge« sozusagen, das selbstbeobachtend und wachsam nach innen blickt.

Die Meuterei auf der Bounty

Die liberale Doppelzüngigkeit formuliert ihr Hase- und Igel-Spiel mit der Emanzipation, indem sie ihre Doppellüge von »Freiheit« und »Wohlfahrt« instrumentalisiert: Kommt die angebliche materielle Wohlfahrtssteigerung angesichts nicht mehr zu übersehender Armutsschübe ins Gerede, dann wird die bürgerliche »Freiheit« als ethischer Wert geltend gemacht; kommen an irgendeiner Stelle die repressiven und selbstdestruktiven Momente der »freien Sklaverei« ans Licht, so wird die angebliche Steigerung des Lebensstandards als besänftigende Gratifikation beschworen. Dabei schrecken die offizielle Öffentlichkeit und ihre Institutionen vor keiner statistischen Fälschung, keiner Schönfärberei und keinem durchsichtigen Retuschieren der marktwirtschaftlichen Armut zurück. Noch die Elendsquartiere werden notfalls als »blühende Landschaften« abgemalt, ein wenig schmuddelig vielleicht, aber voll fröhlichen Lebens und so schön pittoresk. In dieser Hinsicht sind schon die Klassiker des liberalen Zynismus wahre Weltmeister im Orwellschen »Wahrlügen«. Adam Smith zum Beispiel entblödet sich nicht, inmitten des vor- und frühindustriellen kapitalistischen Elends zu behaupten:

»In Großbritannien verdient offensichtlich (!) jeder Arbeiter heute erheblich mehr, als er für den Unterhalt seiner Familie unbedingt braucht [...] Die reale Entlohnung der Arbeit, also die tatsächliche Menge an notwendigen und angenehmen Dingen des Lebens, die man damit kaufen kann, ist im Laufe unseres Jahrhunderts möglicherweise noch mehr als der Nominallohn gestiegen [...]« (Smith 1978/1776, 64 ff.).

Der Leser reibt sich die Augen, denn wenige Seiten vorher läßt sich derselbe Autor in heiligem Zorn gegen die »unnatürlichen« Riots und Assoziationen der Lohnarbeiter zu folgender Aussage hinreißen:

»Mögen ihre Zusammenschlüsse nun offensiven oder defensiven Charakter haben, sie werden immer weithin bekannt, denn die Arbeiter machen stets ein großes Geschrei darum, schrecken gelegentlich auch nicht vor roher Gewalt und grober Beleidigung zurück, um möglichst rasch eine Entscheidung über ihre Forderungen zu erzwingen. Verzweifelt, wie sie sind, handeln sie mit der ganzen Torheit und Maßlosigkeit von Menschen, die [...] am Verhungern sind [...]« (a.a.O., 59).

Hier liegt »offensichtlich« ein himmelschreiender Widerspruch vor, der aber weder Smith noch seine wissenschaftlichen Kommentatoren sonderlich stört, denn für sie scheint es wiederum »natürlich« zu sein, daß angeblich ausreichender Unterhalt und wunderbare Reallohnsteigerungen durchaus im Einklang stehen können mit der »Verzweiflung von Menschen, die am Verhungern sind«. Ein wenig klärt sich dieses Problem, wenn man sieht, was Smith unter Steigerung des Lebensstandards versteht:

»So kosten Kartoffeln im Augenblick weithin im Königreich nur noch halb soviel wie vor 30 oder 40 Jahren. Gleiches gilt für Steckrüben, Karotten und Kohl [...] Auch die Kleidung wurde für den Arbeiter billiger und besser, da man in der Fertigung von groben Leinen- und Wollstoffen große Fortschritte erzielt hat [...] Dagegen wurden Seife, Salz, Kerzen, Leder und gegorene Getränke erheblich teurer [...] Allerdings ist die ärmere Bevölkerung nur auf geringe Mengen solcher Güter angewiesen (!), so daß die Verteuerung die Verbilligung bei vielen anderen Waren bei weitem nicht aufwiegt. Die übliche Klage, der Luxus breite sich selbst in den untersten Schichten des Volkes aus und die ärmeren Arbeiter seien nicht mehr, wie früher, mit dem gewohnten Essen, der Kleidung und der Wohnung zufrieden, sollte uns eigentlich überzeugen, daß nicht nur der Nominallohn, sondern auch das reale Entgelt für die Arbeit gestiegen ist« (a.a.O., 67 f.).

Ausreichend Kartoffeln, Steckrüben, Sackleinen als »Wohlfahrtssteigerung« (längst vergessen sind die vergleichsweise üppigen Zeiten des Spätmittelalters), Seife und Salz dagegen fast unerschwinglich, aber für die Armen »nicht so wichtig« (erinnern wir uns an die einschlägige Aussage von Friedrich List über die deutschen Verhältnisse noch Jahrzehnte später) – diese fast schon bewundernswerte liberale Kaltschnäuzigkeit wird nur noch dadurch überboten, daß Smith die dreisten Klagen der »Besserverdienenenden« über die wachsende Unzufriedenheit des Menschenmaterials schlichtweg als »Beweis« für die Richtigkeit seiner Behauptung wachsenden Wohlstands nimmt. Treuherzig fügt er hinzu, »daß der Arbeitslohn in England nirgends jene Untergrenze erreicht, die sich mit unserer Vorstellung über Menschlichkeit noch (!) vereinbaren läßt« (a.a.O., 64).

Es ist ein merkwürdiger Trost, den die historischen Chefideologen des Liberalismus für die unter den kapitalistischen Restriktionen geschaffene künstliche Armut haben. Die marktwirtschaftlich Verarmten und Verarmenden sollen sich nämlich am »relativen Reichtum« ihrer Armut ergötzen, der angeblich sogar noch das Darben unter kapitalistischen Bedingungen weit über alle vorkapitalistischen Existenzbedingungen erhebt – eine Lüge und Verfälschung, die so erfolgreich war, daß sie allmählich tief in das moderne Massenbewußtsein eingesunken ist. Schon Mandeville übt sich in den Abhandlungen zu seiner »Bienenfabel« in dieser eigentlich skurrilen Argumentation:

»Man würde jemand auslachen, wenn er Luxus in der einfachen Kleidung eines Mannes entdecken wollte, der in einem dicken Armenkittel und einem groben Hemd darunter einhergeht; und doch – wie viele Menschen, wie viele verschiedene Berufe und welche Vielzahl verschiedener Fertigkeiten und Werkzeuge sind erforderlich, um das gewöhnlichste Yorkshire-Tuch herzustellen?« (Mandeville, a.a.O., 152f.)

Ein halbes Jahrhundert später verwendet Adam Smith im »Reichtum der Nationen« bei seiner Feier der kapitalistischen Arbeitsteilung exakt dasselbe Argument (offenbar schreibt er sogar ohne Quellenangabe von Mandeville ab), um den modernen Armen jenen absurden Trost zu spenden:

»Man braucht sich nur die Ausstattung eines ganz gewöhnlichen Handwerkers oder Tagelöhners in einem entwickelten und aufstrebenden Land anzusehen, um sofort zu erkennen, daß die Zahl derer, die an seiner Versorgung beteiligt sind, wie klein auch immer ihr Beitrag sein mag, alle Schätzungen übertrifft. So ist die Wolljacke, die der Tagelöhner trägt, so grob und derb sie auch aussehen mag, das Werk der Arbeit vieler. Der Schäfer, der Wollsortierer, der Wollkämmer oder Krempler, der Färber, der Hechler, der Spinner, der Weber, der Walker, der Zuschneider und viele andere mußten zusammenwirken, um auch nur dieses anspruchslose Produkt zuwege zu bringen« (Smith 1993/1776, 14).

Die kapitalistische Armut soll sich also damit trösten, daß auch die Ausstattung ihrer Ärmlichkeit noch das Produkt jener hochkomplexen und bewundernswerten »schönen Maschine« ist, die alle Menschen in Rädchen ihres Getriebes verwandelt hat. Und um diesen Gedanken plausibel zu machen, malen die Herren Mandeville und Smith wiederum einträchtig die angeblichen Schrecken vor- und nichtkapitalistischer Lebensbedingungen liebevoll an die Wand. Mandeville, der ja schon das Bild von den »Eicheln essenden« Vorfahren benutzt hatte, verweist in diesem Fall abermals auf die dunkle Vergangenheit, um den modernen Armen den »relativen Luxus« ihrer »dicken Armenkittel« schmackhaft zu machen:

»In den ältesten Zeiten ernährte sich der Mensch zweifellos von den Früchten der Erde, ohne sie vorher zuzubereiten, und ruhte wie andere Tiere nackt auf dem Schoß der gemeinsamen Mutter« (Mandeville, a.a.O., 152).

Zweifellos! In dieselbe Kerbe schlägt Adam Smith, der zeitgemäß auf die »Wilden« Afrikas verweist, die seit dem 18. Jahrhundert im Bewußtsein der europäischen Modernisierung und ihrer philosophischen Protagonisten als die »unterste Stufe« einer linear gedachten Menschheitsentwicklung figurieren, deren krönender Abschluß »natürlich« der Kapitalismus ist. Die afrikanischen, ozeanischen und amerikanischen »Wilden« werden also mit der »wilden«, unentwikkelten Vorzeit überhaupt gleichgesetzt, gewissermaßen als lebender Anschauungsunterricht (und übrigens auch mit höchstphilosophischem Segen nicht anders als Tiere behandelt). Diese Tiermenschen im Kopf von Adam Smith eignen sich nun ebenfalls hervorragend als Vergleichsmaßstab, um die kapitalistische Armut zu relativieren:

»Doch sollte man bedenken, daß die Lebenshaltung eines Fürsten in Europa sich von der eines fleißigen und genügsamen Bauern vielleicht weniger unterscheidet, als die des letzteren von der manches Herrschers in Afrika, der uneingeschränkt über Leben und Freiheit von zehntausend nackten Wilden gebietet« (Smith, a.a.O., 15).

Es war hinsichtlich ihrer Glaubwürdigkeit das Pech von Ideologen wie Mandeville und Smith, daß zumindest einige ihrer arm gemachten und gedemütigten Zeitgenossen und englischen Landsleute in die Lage versetzt wurden, das frei erfundene Konstrukt von den »nackten Wilden«, die ihr Haupt auf die blanke Erde betten, aus eigener Anschauung zu überprüfen. Die Matrosen der Kriegs- und Handelsflotte, die als »freie« Engländer nach Kriterien der Zuchthaus-Disziplin gehalten und von ihren Vorgesetzten mit Stöcken geprügelt wurden, häufig verfaulte Lebensmittel zu essen bekamen und zur erbärmlichsten Kategorie der »arbeitenden Armen« gezählt wurden, kamen oft genug in direkte Berührung mit den »Wilden« und ihren wirklichen Lebensverhältnissen, soweit diese noch nicht durch kolonialistische Versklavung zerstört worden waren.

Der Vergleich, der sich daraus ergab, war ein ganz anderer als der von Mandeville und Smith. Und es gibt einen berühmten Vorfall, der indirekt die Konstrukte der liberalen Ideologen als Humbug entlarvt hat. Das war die »Meuterei auf der Bounty«, zweifellos nicht das einzige Ereignis dieser Art, aber von paradigmatischer Bedeutung. Als bloße Abenteuergeschichte und als Kinderbuch aufbereitet, erscheint der eigentliche Hintergrund nur undeutlich; dafür geht er aus den erhalten gebliebenen Dokumenten um so klarer hervor. Am 29. April 1789 meuterte ein Großteil der Besatzung des Schiffes »Bounty« (»Wohltat«) nach fast zweijähriger Fahrt in der Südsee gegen den Kapitänleutnant William Bligh und seine Offiziere.

Bligh war Navigator an Bord des berühmten Entdeckers James Cook (1728–1779) bei dessen dritter großer Expeditionsreise gewesen, auf der Cook von Insulanern erschlagen worden war. Als er das Kommando der »Bounty« übernahm, galt er selbst nach Maßstäben der englischen Flotte als besonders »harter Hund«, der seinen Leuten nichts schenkte. In Romanen über die »Bounty« und ihr Schicksal wird die Unerträglichkeit von Blighs Schinderei oft als der eigentliche Beweggrund für die Meuterei dargestellt. Aber die Geschichte geht darin keineswegs auf. Das dokumentarische Material über die Meuterei wurde 1791 und 1793 von Johann Reinhold Forster und seinem Sohn Georg Forster, dem bekannten deutschen Aufklärer, die an der zweiten Reise von James Cook 1772–1775 teilgenommen hatten, ins Deutsche übersetzt. Hermann Homann, der Neuherausgeber und Bearbeiter dieses Materials, nimmt Kapitän Bligh in Schutz: er sei offenbar »nicht besser und nicht schlechter als die Schiffskommandanten damals überhaupt« und keineswegs ein »Unmensch« gewesen (Homann 1973, 15f.). Überraschende Auskunft über die wirklichen Motive der Meuterei, die damals »weit über England hinaus Aufsehen und rege Parteinahme für und wider hervorgerufen« (a.a.O., 13) hat, gibt Kapitän Bligh selbst in seinem authentischen Bericht:

»Nun wird man fragen, was denn eine solche Meuterei veranlaßt haben könnte. Darauf kann ich nur mit der Vermutung antworten, daß die Meuterer sich auf Tahiti ein glücklicheres Leben versprachen, als sie wahrscheinlich in England zu erwarten hatten. Dies und einige Bindungen an tahitische Frauen waren meiner Meinung nach die Hauptursachen des unglücklichen Ereignisses. Die tahitischen Frauen sind wohlgestaltet, sanft, fröhlich, gefühlvoll und dabei geschickt genug, sich beliebt zu machen und bewundern zu lassen. Die Vornehmen auf Tahiti hatten große Zuneigung zu unseren Leuten und ermunterten sie, bei ihnen zu bleiben, ja sie versprachen ihnen sogar ansehnliche Besitzungen auf der Insel. Unter solchen Umständen ist es nicht verwunderlich, daß einige Seeleute verführt wurden, sich auf der schönsten Insel der Welt niederzulassen, wo sie nicht zu arbeiten brauchten (!) und wo der Anreiz zu Ausschweifungen größer ist, als man sich vorstellen kann [...] Desertionen sind auf verschiedenen Schiffen vorgefallen, die die Societäts-Inseln besucht haben, aber immer gelang es den Befehlshabern, bei den Häuptlingen die Herausgabe der Flüchtigen zu erwirken. Vielleicht aber kamen meine Leute gerade deshalb, weil sie wußten, wie unsicher die Desertion war, auf den Gedanken, sich gleich des ganzen, wenn auch kleinen Schiffes zu bemächtigen« (Bligh, zit. nach Homann, a.a.O., 148 f.).

Kapitän Bligh vertritt hier natürlich die offizielle bürgerliche Welt der »Arbeit« und das kapitalistische Anathema gegen »Ausschweifungen« des Menschenmaterials, das sich nicht für Zwecke des Kapitals aufsparen will; aber pro domo sprechend, enthüllt er unfreiwillig die Erkenntnis der Meuterer und Deserteure, daß sogar bei den »Wilden« ein besseres Leben für sie als im zivilisierten England zu erwarten war. Offenbar fanden die einfachen Matrosen und Unteroffiziere (der Rädelsführer der Meuterer, Fletcher Christian, stammte laut Bligh sogar »aus gutem Hause«) die »Wilden« nur halb so wild wie die Zumutungen des Kapitalismus und der englischen Marine. So kann die Meuterei auf der »Bounty« letztlich als historische Blamage für die apologetischen Ideologen des Liberalismus gelesen werden.

Und was ist aus der »Bounty« geworden? Die Meuterer fuhren mit dem erbeuteten Schiff nach Tahiti, wo sie sich aber vor dem Zugriff des britischen Staates nicht sicher fühlen konnten. So nahmen sie ihre einheimischen Frauen und auch eine Anzahl abenteuerlustiger tahitischer Männer an Bord und irrten eine Zeitlang durch den Stillen Ozean, um sich schließlich auf der abgelegenen kleinen Insel Pitcairn anzusiedeln. Diese utopische Miniatur führte in die Katastrophe, aber nicht in eine ökonomische: Die weißen Matrosen, gerade eben ihren eigenen Herren entronnen, begannen übelste Manieren eines weißen Herrenmenschentums gegenüber den »Eingeborenen« an den Tag zu legen. Es kam zu Mord und Totschlag, Trunksucht und Wahnsinn. Erst nach zehn Jahren gelang es dem letzten Überlebenden der Meuterer, John Adams, die zehn Frauen und mittlerweile neunzehn Kinder von Pitcairn mit Hilfe seiner Vorstellungen von »christlicher Gemeinschaft« zu einer überlebensfähigen Kolonie zu formieren. In den folgenden Jahrzehnten wurden die Menschen von Pitcairn gelegentlich entdeckt und immer wieder vergessen. Die Meuterei war verjährt. Der englische Kapitän Beechey, der im Dezember 1825 auf Pitcairn landete, beschrieb die »merkwürdigen und rührenden Tatsachen«, die er dort vorfand:

»Er ging im Dorf umher, das aus bescheidenen, aber reinlichen, von Pandanus und Kokospalmen umgebenen Häuschen bestand. Der Wohlstand schien unter den Ansiedlern zu herrschen, sie hatten Hühner und Schweine und Felder mit Yams, Bananen und Taro. Die Insulaner, Mischlinge von Engländern und Polynesierinnen, hatten eine freundliche und angenehme Gesichtsbildung, und ihren gutgebauten Gliedern fehlte es weder an Gewandtheit noch an Kraft« (Homann, a.a.O., 298).

Nein, das Abenteuer der »Bounty« und die Kolonie von Pitcairn sind trotzdem nicht zu guter Letzt als gelungenes Klein-Utopia zu betrachten. Abgeschnitten von allen gesellschaftlichen Potenzen konnte hier nicht mehr herauskommen als ein halbwegs passables Überleben mit einfachen Mitteln und begünstigt vom tropischen Klima. Die Meuterei auf der »Bounty« war kein positives, sondern ein negatives Paradigma. Nicht die Insel-Utopie ist daran entscheidend, sondern das vernichtende Urteil über den europäischen Kapitalismus: Sogar das in vieler Hinsicht reizlose subsistenzwirtschaftliche Leben unter den Bedingungen eines sogenannten »Naturvolkes« war der kapitalistischen Arbeitshölle und den panoptischen Strukturen der Modernisierung vorzuziehen; und nur gemessen an den rachitischen Kindern der europäischen »arbeitenden Armen« konnten die Kinder von Pitcairn mit ihren »gutgebauten Gliedern« relativ glücklich genannt werden. Heute leben immer noch etwa zweihundert Nachkommen der Meuterer auf Pitcairn ein vermutlich immer noch allzu bescheidenes und ziemlich eintöniges Leben – und immer noch (oder schon wieder) dürfte es ihnen »relativ besser« gehen als vielen Menschen in den Slums von London, New York, Moskau oder Rio.

Nicht nur die authentische Meuterei auf der »Bounty« gab der Phantasie in der aufsteigenden kapitalistischen Gesellschaft Nahrung. Die Insel-Utopie wurde in ganz Europa von Befürwortern wie Kritikern des marktwirtschaftlichen Gesellschaftsmodells bemüht. Und auch in dieser Hinsicht lieferte der »seefahrende Kapitalismus« Großbritanniens die Vorbilder. Zwei bis zum heutigen Tag jedem Kind geläufige wahre »Weltbücher« griffen dieses Motiv auf. Schon 1719 hatte Daniel Defoe (1660–1731) den »Robinson Crusoe« veröffentlicht; 1727 waren »Gullivers Reisen« von Jonathan Swift (1667–1745) erschienen. Wie es oft mit Büchern von großer paradigmatischer Kraft geschieht, wurden auch diese beiden Erzählungen als Abenteuerlektüre für Jugendliche geläufig, während sie gleichzeitig gewissermaßen historische Modelle von Gesellschaftsreform und Gesellschaftskritik darstellen.

Es ist wenig bekannt, daß in dieser Hinsicht Defoe und Swift Antipoden waren. Defoe, aus einer Familie stammend, die der protestantischen Sekte der »Dissenters« angehörte, und selber als (allerdings bankrottierender) Kaufmann der Mittelklasse tätig, brachte die idealen Voraussetzungen für die Konstruktion eines bürgerlichen Weltbildes mit. In seinem »Robinson«, der wie später die Geschichte der »Bounty« ebenfalls auf ein authentisches Ereignis (die Erlebnisse des schiffbrüchigen schottischen Matrosen Alexander Selkirk) zurückgeht, gibt er ein positives Schema der heraufdämmernden Marktwirtschaft: Durch die »innere Wandlung Crusoes vom gedanken- und gottlosen Seefahrer zum frommen Haushalter seiner Seele und humanen Wildenbekehrer« (Reisiger o. J., 562) zeichnet Defoe das Bild des rationalen weißen Fleißmenschen, der sich planmäßig aus dem Nichts eine behagliche Welt schafft und nebenbei noch den farbigen »Eingeborenen« namens »Freitag« durch Handel und »Arbeit« zu wunderbaren bürgerlichen Verhaltensweisen zivilisiert. Nicht umsonst hat Rousseau in seinem »Emile« den Robinson zur Pflichtlektüre im Erziehungsprogramm gemacht.

Was von einer anderen Romanfigur Defoes gesagt werden kann, der »berühmten Moll Flanders«, gilt mehr noch für Robinson Crusoe: »Defoes Hauptgestalt wie auch die Form seiner Erzählung spiegeln […] eine der wichtigsten Entwicklungen des 18. Jahrhunderts überhaupt, die Herausbildung eines selbstverantwortlichen Individuums, das sich in seinem Denken und Handeln am common sense, der für alle verbindlichen Gesellschaftsmoral, orientiert« (Pache 1979, 401 f.). Was hier in bürgerlich-demokratischer Ahnungslosigkeit positiv als Würdigung des Aufklärungsdenkens gemeint ist, wird allerdings erst im Lichte der späteren selbstentlarvenden Reflexionen von Kant und Bentham kenntlich: Der »common sense« ist dann als die pseudo-moralische Gestalt der kapitalistischen Weltmaschine zu dechiffrieren. Im Grunde genommen lieferte die »Robinsonade« ein Urmodell der kapitalistischen Volkswirtschaftslehre, nämlich eine bildmächtige Metapher des abstrakten Individuums und der ideologischen Naturalisierung gesellschaftlicher Verhältnisse; aber nicht wie bei Hobbes aus dem Geist eines verfinsterten Menschenbilds, sondern in einer frühen Version des Fortschrittsoptimismus und mit einem Schuß bürgerlicher Betulichkeit, jener seither häufig benutzten biedermännischen Maske für das Gorgonenhaupt des Liberalismus.

Ganz im Gegensatz dazu waren »Gullivers Reisen« ein satirisches Märchen, in dem Swift das seit den Entdeckungsreisen kursierende phantastische Seemannsgarn über bizarre Fabelwesen in fernen Weltteilen als Folie benutzt, um die kapitalistische Modernisierungs-Gesellschaft von Grund auf zu verhöhnen. Nachdem der Held etwa dem König des Riesenreiches von »Brobdingnag« die Verhältnisse und Mentalitäten seiner englischen Heimat geschildert hat, gibt dieser den Kommentar ab, die Mehrzahl der dortigen »Eingeborenen« seien wohl »die schädlichste Art von kleinem, scheußlichem Ungeziefer [...], dem die Natur jemals erlaubt hat, auf der Oberfläche der Erde herumzukriechen» (Swift 1991/1726, 189). Und im Reich der sprechenden Pferde sind die Menschen eine Art schmutziger, von asozialen Instinkten getriebener Tiere, die das Motiv der Gewinnmaximierung karikieren, indem sie »glänzende Steine« in ihren kotbesudelten Ställen aufhäufen. Insofern ist Swifts »Gulliver«, wie es in der Einleitung zu einer jüngeren deutschen Ausgabe heißt, ein bewußter »Anti-Robinson« und in diesem Sinne eine Parodie auf Defoes »Tugenden des bürgerlichen Menschen«.

Die irrlichternde Polemik Swifts ist historisch heimatlos, und es gehen auch viele zeitbedingt unkoschere Gedanken in sein Werk ein. Swifts pessimistisches Menschenbild zielt aber im Gegensatz zu Hobbes genau darauf, daß der Mensch ein Hundsvieh genannt zu werden verdient, solange er sich den Kapitalismus gefallen läßt. Und so hat der Dekan von St. Patrick in Dublin, der als Atheist verschrien war und auf dessen Grabstein nicht zu Unrecht das stolze Wort von der »wilden Empörung« eingemeißelt ist, dem »freien« Kapitalismus außer dem »Gulliver« noch eine weitere Brandmarkung hinterlassen, die auch nach mehr als 250 Jahren noch ins Schwarze trifft. Im Jahr 1729, fast zeitgleich mit dem Erscheinen der Abhandlungen Mandevilles zur »Bienenfabel«, unterbreitete er der bürgerlichen Öffentlichkeit seinen denkwürdigen »bescheidenen Vorschlag« zur »Nutzbarmachung« der Kinder armer Eltern:

»Es ist ein trauriger Anblick für diejenigen, die durch unsere große Stadt gehen oder über Land reisen, wenn sie sehen, wie die Straßen, die Wege und die Eingänge zu den Hütten von Bettlerinnen wimmeln, die, umgeben von drei, vier oder sechs völlig zerlumpten Kindern, jeden Passanten um ein Almosen anbetteln [...] Ich glaube, man ist sich allerseits darüber einig, daß diese horrende Zahl von Kindern [...] für das Königreich in seinem gegenwärtigen bedauerlichen Zustand eine zusätzliche Belastung darstellt [...] Unsere Kaufleute versichern mir, daß ein Junge oder ein Mädchen vor Vollendung des zwölften Lebensjahres keine marktfähige Ware ist; und selbst wenn sie in dieses Alter kommen, bringen sie an der Börse nicht mehr als drei Pfund oder höchstens drei Pfund und eine halbe Krone ein, was weder den Eltern noch dem Königreich etwas abwirft, da die Kosten für Nahrung und Lumpen mindestens viermal so hoch gewesen sind. Ich werde deshalb jetzt bescheidentlich meine eigenen Gedanken darlegen, gegen die es, wie ich hoffe, keinerlei Einwände geben wird. Von einem sehr sachverständigen Amerikaner meiner Bekanntschaft in London ist mir versichert worden, daß ein junges, gesundes, gutgenährtes Kind im Alter von einem Jahr eine äußerst wohlschmeckende, nahrhafte und bekömmliche Speise sei, gleichviel, ob geschmort, gebraten, gebacken oder gekocht, und ich zweifle nicht, daß es in gleicher Weise zu Frikasse oder Ragout taugt. Deshalb stelle ich es in aller Bescheidenheit der Öffentlichkeit anheim zu erwägen, daß von [...] einhundertzwanzigtausend Kindern zwanzigtausend für die Zucht zurückbehalten werden sollten; davon braucht nur ein Viertel männlichen Geschlechts zu sein, was mehr ist, als wir bei Schafen, schwarzen Rindern oder Schweinen dafür vorsehen [...] Die übrigen hunderttausend können, wenn sie ein Jahr alt sind, vornehmen und reichen Leuten im ganzen Königreich zum Kauf angeboten werden, wobei man die Mutter stets dazu anhalten sollte, sie im letzten Monat reichlich zu stillen, um sie fleischig und fett für eine gute Tafel zu machen. Ein Kind reicht für zwei Gerichte zur Bewirtung lieber Gäste, und wenn die Familie allein speist, so ergibt ein Vorder- oder Hinterviertel ein annehmbares Gericht; mit etwas Pfeffer oder Salz gewürzt, wird es gekocht noch am vierten Tag sehr gut schmecken, besonders im Winter [...] Ich gebe zu, daß diese Speise etwas teuer wird, und eben deshalb ist sie für Gutsbesitzer besonders geeignet; denn da sie bereits die meisten Eltern verschlungen haben, steht ihnen gewiß auch das erste Anrecht auf die Kinder zu« (Swift 1991/1729, 486 f.).

Swifts Angriff zielt geradewegs auf Apologeten des kapitalistischen Menschenbilds wie Mandeville u. Co. Und diese gallbittere Satire liegt bis heute nicht weit ab von der Wirklichkeit, denn jeder einzelne kapitalistische »Macher« mitsamt seiner betulichen Ehrbarkeit hat mehr Kinder auf dem Gewissen als König Herodes, auch wenn er sie nicht eigenhändig schlachtet und verschlingt, sondern der kannibalistische Kinderfraß immer nur indirekt und vermittelt durch die Wirkungen der subjektlosen »schönen Maschine« stattfindet.

Der Blick in das 18. Jahrhundert ist der Blick in die Hölle unserer eigenen Zukunft. Können wir aufhören, »Hundsmenschen« zu sein? Diese Frage nach der Verantwortlichkeit ist nicht mit »wissenschaftlichen« Objektivierungen wegzuwischen. So sehr alle Beteiligten immer »Kinder ihrer Zeit« sind, ebensosehr sind sie Akteure dieser Zeit. Es gibt nichts zu entschuldigen. Die Herren Defoe, Mandeville, Smith, Kant, Bentham usw. reagierten mit ihren Ideen auf die schon existenten Objektivierungen der Marktwirtschaft, aber umgekehrt gingen diese Ideen auch ihrerseits wirkmächtig in die weitere Objektivierung dieses paranoiden Zuchthaus-Systems ein. Die meisten mehr oder weniger berühmten Modernisierungs-Philosophen der Aufklärung (und ebenso die Repräsentanten der großen Französischen Revolution) waren nur »oppositionell« gegen die abgelebten Hüllen der Herrschaft, aber nicht gegen die Herrschaft als solche. Im Gegenteil, sie stilisierten den subjektlosen Grund des neuen Herrschaftssystems, die Weltmaschine des Kapitals, zum säkularen Götzen. Und ihre Ideen, die geistige Grundlegung des Liberalismus als Götzenideologie der »abstrakten Arbeit« und der totalen Konkurrenz, sind heute zur allgemeinen Denkform geronnen und liegen wie ein Alp auf dem menschlichen Hirn. Die verzweifelte Satire

Swifts und andererseits die Meuterei auf der »Bounty« zeigen, daß diese Entwicklung keineswegs von vornherein zwangsläufig und linear »fortschrittlich« war, wie es noch der »historische Materialismus« der Marxisten glauben machen wollte.

Vor allem aber hat die kapitalistische Ideologie der totalen Konkurrenz nichts mit einem angeblichem Wesen des Menschen zu tun. Von jeher hatten die meisten menschlichen Individuen nicht den Ehrgeiz, in irgendeinem verrückten Wettbewerb »Sieger« zu sein, absurde Reichtümer in der Abstraktionsform des Geldes aufzuhäufen oder sich in ein goldenes Klo zu entleeren. Wenn sich aus der Modernisierungsgeschichte etwas herauslesen läßt, dann der tiefempfundene Wunsch des zum Material degradierten Menschen, endlich einmal in Ruhe gelassen zu werden, endlich einmal nicht mehr den blinden Mächten entfremdeter Strukturen ausgesetzt zu sein, endlich einmal nicht mehr von der Dynamik einer verselbständigten »Entwicklung« ruhelos gemacht und gehetzt zu werden, endlich einmal die diversen Großherren-Visagen der Weltmaschine nicht mehr sehen und das pausenlose Gesabber ihrer Pädagogen, Antreiber und Menschenverwalter nicht mehr hören zu müssen.

Die Geschichte der Ersten industriellen Revolution

Als Theoretiker wie Adam Smith, der Marquis de Sade, Immanuel Kant oder Jeremy Bentham am geistigen Gebäude des Liberalismus bauten, hatte die kapitalistische Produktionsweise zwar ihren Radius erweitert und den Grad ihrer Objektivierung verstärkt, aber sie war noch keineswegs den Kinderschuhen entwachsen. Was die leichtfüßige Idee historisch vorauseilend bereits als vollendet ausmalte, war in der schwerfälligeren gesellschaftlichen Materie erst im Werden und noch lange nicht zur realen Totalität abgeschlossen. Die Marktwirtschaft im modernen Sinne beschränkte sich noch immer weitgehend auf den agrarischen Weltmarkt des Latifundien-Kapitalismus und auf den allerdings bedeutenden Textilsektor sowie auf die montanen Basisindustrien von Kohle, Eisen und Stahl. Der Alp der absolutistischen Staatsapparate, die Schrecken der Französischen Revolution und der Napoleonischen Kriege mischten sich auf schwer identifizierbare Weise mit dem sozialen Grauen des wachsenden Privatkapitalismus. Die sich lang hinziehende vatermörderische Auseinandersetzung des Liberalismus mit dem Absolutismus war ebenso verwirrend wie die zunächst schwer durchschaubare vordergründige Menschenfreundlichkeit der kapitalistischen Glücksphilosophen und »Ethiker«. Wer mittendrin steckte in diesem historischen Getümmel und sich durchschlagen mußte, konnte die gesellschaftliche Gemengelage sicher nicht leicht auf einen Nenner bringen. Die Drangsal als Gesamtresultat nahm zu und hörte nicht mehr auf, aber wie sich orientieren?

Während eine wachsende Zahl von mittelständischen Freibeutern des Marktes ihre Chance witterten, weckten die Dynamik des neuen Systems, die Drohung der anonymen Konkurrenz, das Elend und die Verzweiflung Zukunftsängste bei den meisten. Trotz der liberalen Glücksverheißungen war es die nicht zu übersehende Monstrosität und sagenhafte Gierschlündigkeit dieses heranwachsenden sozialökonomischen Wechselbalgs, die viele Menschen in Schrecken versetzte, auch wenn sie selber von ihm noch nicht aufgefressen worden waren. In dieser Lage hatte es die kapitalistische Aufklärungsvernunft eilig, mit der großen Gesellschaftstheorie zum Schluß zu kommen, um die erreichten Grundlagen nicht mehr zu gefährden. Der Weltgeist, so erklärte Hegel, sei in seiner Wenigkeit und im konstitutionellen preußischen Staat zu sich gekommen, und damit aus. Keine neuen Umwälzungen mehr; nun gelte es, die bürgerliche Gesellschaft des warenproduzierenden Systems auszubauen, zu versittlichen und die Einsicht in ihre Notwendigkeit zu verallgemeinern.

Indem die Aufklärungsvernunft sich defensiv eingrub, wurde sie allmählich »positivistisch«, d. h., sie versuchte sich auf die vom Kapitalismus gesetzten »positiven Tatsachen« zu beschränken und alles andere ins Wolkenkuckucksheim unfruchtbarer Metaphysik zu verweisen. Mit einem Wort: Nachdem der Kapitalismus und sein marktwirtschaftliches »Hundsmenschentum« ihren historischen Brückenkopf erobert und sich gesellschaftlich ausreichend manifestiert hatten, konnten die Herren nun »Realismus« predigen. An pragmatischen Wichtigtuern und breitmäuligen Realos hat es dem Kapitalismus seither nie gefehlt. Über Marktwirtschaft und Republik oder »konstitutionelle Monarchie« hinaus (erst später durfte die Formel »Marktwirtschaft und Demokratie« heißen) sollte es nie wieder den Gedanken einer anderen Gesellschaftsform geben. Die kapitalistische Selbstzweck-Maschine mit ihrem basalen Verhältnis von »abstrakter Arbeit« und Geld sollte nun nicht mehr explizit verteidigt, sondern als selbstverständlich vorausgesetzt und jede grundsätzliche Kritik daran nicht mehr ernst genommen, zumindest im offiziellen Pantheon der Wissenschaft nicht mehr zugelassen werden.

Deshalb verlegte das bürgerliche Denken seinen Schwerpunkt zunehmend auf die Organisations- und Naturwissenschaft. Der berühmte Fortschritt, der wegen der angeblich für immer abgeschlossenen Form der Gesellschaft nicht mehr weitergehen durfte, sollte ab sofort einseitig technisch-naturwissenschaftlich ausgerichtet werden. Der Fortschrittsglaube des 19. Jahrhunderts war deshalb getragen von oberflächlicher Technikbegeisterung. Die euphemistisch als »Mängel und Fehler« apostrophierten sozialen Katastrophen in der »besten aller möglichen Welten« würden sich durch technokratische Intelligenz schon allmählich beheben lassen, so hoffte man. Die Vernunft kroch in die Maschine und wurde selber maschinell: nicht mehr bloß metaphorisch, sondern buchstäblich. Und da es die kapitalistische Vernunft war, kamen dabei logischerweise auch kapitalistische Maschinen heraus.

Diese Tendenz stimmte durchaus überein mit dem Weltbild, das in den vorangegangenen Jahrhunderten konstruiert worden war. Das geistige Bild des kapitalistischen Maschinenwesens war längst da, bevor die Erste industrielle Revolution begann. Nachdem Newton das Universum zur physikalischen, Smith die Gesellschaft zur »schönen« ökonomischen Weltmaschine erklärt, de Sade die anonyme Sexmaschine erfunden und La Mettrie sogar den Menschen selber als Maschinenwesen definiert hatte, war es nur folgerichtig, daß sich der »Weltgeist« des Kapitalismus auf die technologische Entwicklung nach seinem Bilde verlegte. Gleichzeitig objektivierte sich auch dieses Moment des kapitalistischen Denkens, und zwar getrieben durch die Dynamik der Konkurrenz. Je größer die Zahl der kapitalistischen Unternehmen und je dichter das Netz der großräumigen Märkte wurde, desto fühlbarer machte sich die Konkurrenz als »stummer Zwang« (Marx) geltend. Die Marktteilnehmer wurden zu einer permanenten »Produktivkraftentwicklung« genötigt, um das eigene Angebot marktfähig zu halten. In demselben Maße, wie der Motor der Konkurrenz ansprang, wurde der Durchbruch der Ersten industriellen Revolution unvermeidlich.

Für Adam Smith lag der Hauptvorteil der neuen Produktivkräfte noch hauptsächlich in der manufakturellen Arbeitsteilung, auch wenn er bereits Maschinen kannte. Doch bald sollte es der Maschineneinsatz sein, der seinerseits den Fortgang der betrieblichen Arbeitsteilung diktierte. Nicht zufällig ging die industrielle Revolution von England aus, das ja als Land mit dem fortgeschrittensten Kapitalismus schon die liberalen Ideen ausgebrütet hatte. Deshalb wurde England auch zuerst zum Land der technischen Innovatoren. Schon 1733 erfand John Kay das fliegende Webschiffchen, den sogenannten »Schnellschützen«; 1765 James Watt die Dampfmaschine; 1771 Richard Arkwright die Baumwollspinnmaschine. Bis zum Beginn des 19. Jahrhunderts war die vereinzelte Anwendung der neuen Maschinenkräfte in England bereits zu Ansätzen eines industriellen Systems zusammengewachsen. Die Herstellung von Textilien wurde zwangsläufig zuerst industrialisiert; die Dampfmaschine fand allerdings bald auch in anderen Produktionszweigen vielseitige Verwendung.

Auf dem Kontinent war man zunächst nur Zuschauer und staunte über die titanischen Kräfte, die da beim ungeliebten Nachbarn entfesselt wurden und für jeden sichtbar ein neues Zeitalter heraufführten. Um 1820 hatte Goethe in seinem Bildungsroman »Wilhelm Meisters Wanderjahre« Spinner- und Webersiedlungen beschrieben, die noch nicht vom Konkurrenzkampf erfaßt waren und wo die Leute, wie es der Dichterfürst etwas betulich-herablassend darstellte, in ihren »einfachen, aber sauberen« Häusern bei der Arbeit noch gemütlich miteinander singen und plaudern konnten: »Zeisige und Stieglitze, in Käfigen aufgehangen, zwitschern dazwischen, und nicht leicht möchte ein Bild regeren Lebens gefunden werden [...]« (Goethe 1982/1821, 347). Aber die schwarze Gewitterwolke der industriellen Konkurrenz ist schon sichtbar, wie die Stimmung der Textilhandwerker bei Goethe zeigt:

> »Sie freuten sich [...] des Friedens, obgleich in Sorge wegen einer [...] drohenden Gefahr; denn es war nicht zu leugnen, das Maschinenwesen vermehre sich immer im Lande und bedrohe die arbeitsamen Hände nach und nach mit Untätigkeit. Doch ließen sich allerlei Trost- und Hoffnungsgründe beibringen« (a.a.O., 346).

Als in England die Industrialisierung längst auf vollen Touren lief, gab es in deutschen Landen erst einige wenige Dampfmaschinen. Vor allem in den Kleinstaaten hatten die Zünfte ihren Einflußbereich relativ lange halten können und die Anfänge des Maschinenwesens im 18. Jahrhundert blockiert. So war z. B. in Kur-Sachsen die Anwendung von Maschinen bis 1765 generell verboten (Abendroth 1965, 13). Auch die Aufhebung der Zunftzwänge änderte zunächst wenig an den Produktionsmethoden. Der Anstoß zur Industrialisierung kam erst nach 1820, und zwar von außen. Denn die Konkurrenz des »billigen englischen Tuchs« machte sich in den folgenden Jahrzehnten gewaltig und schmerzhaft fühlbar. Im Vorfeld und als Reaktion auf den schlesischen Weberaufstand von 1844 drangen auch in Deutschland die Probleme der Industrialisierung allmählich ins allgemeine Bewußtsein.

Wie in ganz Europa mischte sich die Debatte über die soziale Frage des sogenannten Pauperismus unvermeidlich mit der Frage des Einsatzes von Maschinen. Daß die »schöne« Gesellschaftsmaschine der Konkurrenz im Verein mit der technologischen Maschine der Dampfkraft über Menschen hinwegrollen und sie sozial plattwalzen durfte, das erschien unerhört, unsittlich und irgendwie unbegreiflich. Trotzdem wurde das herangereifte Phänomen der Konkurrenz schon als eine Art Naturgewalt hingenommen. So rechtfertigte die »Aachener Zeitung« im Februar 1844 die Brutalität der schlesischen Verleger mit den Zwängen der ausländischen Konkurrenz, ohne dabei zu vergessen, einige philanthropische Krokodilstränen hinterherzuweinen:

»Der Preis muß fallen, wenn von anderwärts eine durch die Umstände begünstigte Konkurrenz eintritt. Zu diesen Umständen gehört vor allem die größere Billigkeit der Kapitalien. Sind diese Umstände so günstig, daß sie den Zoll überwiegen, so wird die fremde Industrie die einheimische erdrücken, und wenn dies nicht, doch den inländischen Fabrikanten zwingen, den Arbeitslohn so herabzudrücken, daß er zwar gegen die fremde Konkurrenz bestehen kann, aber seine Arbeiter an ihrem Lohn verkürzen muß. Dazu ist es in Oberschlesien gekommen. Die Unglücklichen unterstützen ist edel, und mögen alle Menschenfreunde sich beeilen, diesem Elende abzuhelfen [...]« (zit. nach: Kroneberg/Schloesser 1980, 74).

Es begann also eine Art »Standortdebatte«, wie sie auch heute wieder auf viel höherer Entwicklungsstufe geführt wird. Die durchaus realen Zwänge der beginnenden internationalen Konkurrenz wurden als Mittel der sozialen Erpressung benutzt, um die Textilarbeiter auf ein noch tieferes Armutsniveau zu setzen. Nicht die Unhaltbarkeit der kapitalistischen Produktionsweise war die Schlußfolgerung, sondern die Hoffnung auf eine naturwissenschaftlich-technische Erlösung, die doch irgendwann einmal aus den Maschinenkräften selber kommen sollte. Die Ignoranz gegenüber den ökonomischen Mysterien des Kapitalismus bemühte den gesunden Menschenverstand, um die segensreiche Wirkung der maschinellen Arbeitsersparnis gegen die drohenden sozialen Wirkungen ins Feld zu führen. So verbreitete sich die »Privilegierte Schlesische Zeitung« im Januar 1844 angesichts des Weberelends über die industrielle Zukunft:

»Die Maschinen sind da, sind ein Produkt der fortgeschrittenen Zeit, ein Ergebnis der gesamten Völkerkultur und Volksindustrie [...] Wenn hundert Handspinner die ganze Woche nicht so viel zu produzieren imstande sind als eine Maschine in einem Tage oder in einer Stunde, wäre es da nicht Torheit, hundert Menschenkräfte einer Tätigkeit zuzuwenden, die ebensogut durch Kräfte der Natur, durch mechanische besorgt werden kann? Der Grundsatz, alles durch Maschinenkräfte besorgen zu lassen, was durch sie besorgt werden kann, und dann die Menschenkraft, die edle, für solche Geschäfte zu verwenden, wohin keine Maschinenkraft reicht, ist ein durchaus humaner. Die Maschinen sind Mittel in der Hand Gottes zur Erlösung der Menschheit, dazu, das Bewußtsein ihrer Würde zu wecken [...]« (zit. nach: Kroneberg/Schloesser, a.a.O., 70).

Hinsichtlich der leibhaftigen Weber selber in ihrer aktuellen Notlage hatte dasselbe Feuilleton der zukünftigen Industrialisierung einstweilen allerdings nur den Vorschlag, sie sollten irgendwohin *ausgesiedelt* werden. Aber die Verelendung und drohende Massenarbeitslosigkeit als Wirkung der neuen Maschinen ließ sich nicht einfach ignorieren. Gegen die beginnende Technik-Euphorie eines positivistisch kastrierten Fortschrittsglaubens gab es längst auch warnende, wenn auch eher hilflos argumentierende Stimmen. So zeigte sich der Ökonom Carl von Rotteck 1840 im »Staatslexicon« einigermaßen bedenklich über die sozialen Folgen der auch in Deutschland absehbaren industriellen Revolution:

»Bei dem allen, so sehr es zum wärmsten und enthusiastischen Lobpreisen auffordert, bleibt gleichwohl noch eine Seite übrig, von welcher aus betrachtet die Wirkung der Maschinen als etwas zweideutig, ja selbst schädlich erscheint. Jetzt erst entsteht eine feindselige Spaltung in der Nation zwischen den beneideten und gehaßten Reichen einerseits und den verachteten und gefürchteten Armen andererseits. Nicht nur der lucrativen Arbeiten im Dienste der Reichen entbehrt jetzt der Arme, sondern er verliert auch die Möglichkeit eines belohnenden Erwerbs als freier oder selbständiger Producent. Was er mit der angestrengtesten Arbeit seiner Hände (und mit Hülfe blos einfacher Werkzeuge) hervorzubringen vermag, reicht nicht mehr hin zu seiner und der Seinigen Ernährung« (zit. nach: Treue/Manegold 1966, 194 f.).

Pessimistische Erwägungen dieser Art blieben jedoch phänomenologisch beschränkt und ohne jede Konsequenz. Der noch kaum als solcher identifizierte Kapitalismus wurde in Gestalt der Ersten industriellen Revolution zum gesellschaftlichen Naturereignis, dessen Paradoxien nun erst voll durchzuschlagen begannen. Warum konnte die bis dahin niemals für möglich gehaltene Arbeitsersparnis durch das Maschinenwesen nicht als Steigerung der gesellschaftlichen Wohlfahrt und als Lösung der sozialen Probleme in Erscheinung treten? Das war (und ist bis heute) die große Preisfrage.

Die Vernunft der Betriebswirtschaft

Bevor das kapitalistische Monstrum geboren wurde, hatte es zwar auch schon Märkte für die relativ geringe handwerkliche Produktion gegeben: Ebenso wie die zahlenmäßig weitaus überwiegende Bauernschaft waren die Handwerker in ihrer Produktionsweise auf Familienbasis organisiert, d.h., es gab keine sehr weitgehende gesellschaftliche Kooperation der Tätigkeiten. Der niedrige Grad der Vernetzung in der Produktion machte es daher erforderlich, die Lükken in der Vergesellschaftung durch Tausch und damit durch Märkte zu überbrücken. Aber diese Märkte waren nicht nur großenteils lokal und regional begrenzt (schon wegen der Schwerfälligkeit der Transportmittel), sondern auch ohne jeden Konkurrenzmechanismus. Deshalb sind sie mit der kapitalistischen Marktwirtschaft überhaupt nicht zu vergleichen.

Warum fehlte die Konkurrenz? Das lag ganz einfach daran, daß diese Märkte sich nicht als System verselbständigt hatten. Die Handwerker produzierten zwar getrennt voneinander und jeder für sich, die Vergesellschaftung konnte also erst über den Markt als Austausch der fertigen Produkte stattfinden; aber dieser Austausch war weder anonym, noch folgte er blinden Mechanismen. Denn die Austauschenden kannten einander sehr wohl und besaßen auch eine Meta-Kommunikation untereinander, die in bestimmten Körperschaften (Zünften, Räten etc.) organisiert war. Diese Körperschaften »planten« gewissermaßen das Marktvolumen. Bedarf und Produktion wurden bewußt gegeneinander abgewogen. Das bedeutete, daß die Zahl der

Produzenten strikt begrenzt bleiben mußte, bezogen auf eine bestimmte Population und ein bestimmtes Bedürfnisniveau. Nur entsprechend dem Bevölkerungswachstum konnten zusätzliche Produzenten für die jeweiligen Produktionszweige zugelassen werden. So sollte ein ständiges Gleichgewicht von wechselseitiger Produktion und Konsumtion gewährleistet bleiben, was ein entsprechendes Gleichgewicht der wechselseitigen Kaufkraft einschloß. In einem solchen System (das nur am Rande einer riesigen agrarischen Naturalwirtschaft existierte) gab es keinerlei Platz für Konkurrenz.

Diese strenge Regulation bezog sich notwendigerweise auch auf die Produktionsmethoden. Denn in der Getrenntheit der tatsächlichen Produktion lauerte immer schon die abstrakte Möglichkeit der Konkurrenz, des Versuchs also, durch verbesserte Produktionsmittel auf Kosten der Kollegen einen größeren Marktanteil zu erkämpfen. Es galt jedoch als ehrlos, auf diese Weise anderen das Brot wegzunehmen. Um diesem moralischen Konsens Nachdruck zu verleihen, hatten die meisten Zünfte ein striktes Verbot erlassen, die Instrumente (Werkzeuge) und Methoden der Produktion durch technische Innovationen zu verändern. So heißt es z. B. in der Zunftordnung der Stadt Thorn: »Niemand soll etwas Neues erdenken oder erfinden oder gebrauchen, sondern jeder soll aus bürgerlicher oder brüderlicher Liebe seinem Nächsten folgen« (zit. nach: Eichberg 1975, 18). Auf diese Weise konnte es keinerlei *ökonomisches Kalkül* der einzelnen Produktionseinheit geben, also auch nicht das, was heute »Betriebswirtschaft« genannt wird. Statt dessen gab es nur einen traditionell kodifizierten, technischen Ablauf, eine Art Rezeptsammlung für die Bearbeitung der Rohstoffe, vermischt mit moralischen Lehren über die sozialen Beziehungen in der Produktion (zwischen Mann und Frau, Eltern und Kindern, Meistern und Gesellen bzw. Lehrlingen, Herr und Gesinde). Die Zunftgremien, Ratsversammlungen etc. hatten über dieses sozialökonomische Gefüge zu wachen, Streitigkeiten zu schlichten und allenfalls kleine kontrollierte Veränderungen vorzunehmen.

Dieses System, das vom Feudalismus strukturell weitgehend in Ruhe gelassen, allerdings durch Abgaben ökonomisch angezapft wurde, war in sich keineswegs irrational und destruktiv, insofern es auf ein soziales Gleichgewicht und ein (allerdings beschränktes)

»Auskommen« aller Gesellschaftsmitglieder orientiert war. Aber es war auch borniert, blutsverwandtschaftlich verblödet, kleinlich und statisch bis zur Versteinerung. Zerstört wurde es jedoch nicht von innen, durch eine emanzipatorische Bewegung seiner eigenen Mitglieder über ihren beschränkten Horizont hinaus, sondern durch eine ungeheure Repression von außen, nämlich durch die Zumutungen der absolutistischen Staatsapparate und später des liberalen freien Unternehmertums. Indem die Installation großräumiger anonymer Märkte und die damit verbundene Verselbständigung des Geldes die vorher moralisch strengstens verpönte Konkurrenz entfesselte, wurde gleichzeitig die »Betriebswirtschaft« geboren, d. h. das partikulare ökonomische Kalkül der einzelnen Produktionseinheit gegen alle anderen und ohne Institutionen einer regulierenden Meta-Kommunikation. Der moderne Staat mit seinen Apparaten war nämlich keine Erweiterung und Verbesserung der alten Zunftgremien und Ratsversammlungen, sondern im Gegenteil als Ausgeburt des Absolutismus die äußere und fremde Macht, welche die autonome Kommunikation der Produzenten untereinander zerstörte, um sie den Gesetzen eines abstrakten, verselbständigten Systems zu unterwerfen.

Es ist von entscheidender Bedeutung, sich in diesem Kontext die historische Alternative klarzumachen, die im Einsatz von arbeitssparenden Maschinen grundsätzlich liegt. Auf Dauer ist es unmöglich, die menschliche Phantasie und Aktivität an Erfindungen zu hindern. Aber dies muß nicht notwendig in die totale Konkurrenz führen. Die Wirkung der Arbeitsersparnis kann ja auf einem gegebenen Niveau der Produktion auch wörtlich genommen werden: nämlich als wunderbare Möglichkeit, schlicht *weniger zu arbeiten,* mehr Zeit für *Muße* zu haben.

Die ängstliche Bornierung der familialen Produktionseinheiten und der Zünfte hätte also auch aufgebrochen werden können durch einen bewußten Konsens über die Entwicklung der Produktivkräfte, in dem das Verhältnis von Erweiterung der Produktion und der Bedürfnisse einerseits, der Verkürzung der Arbeits- und der Vermehrung der Mußezeit andererseits ständig neu diskutiert und gemeinschaftlich festgelegt wird. Das hätte natürlich erfordert, den Dualismus von Marktbeziehungen und Räte-Kommunikation der getrennten Produzenten durch eine kommunikativ geplante und zusammenwachsende Produktion aufzuheben, und somit statt die Marktvolumina die nunmehr direkt gesellschaftliche Produktion selber durch Beschlüsse festzulegen. Denn allein auf diese Weise wäre es möglich, die aus der Produktivkraftentwicklung resultierende Steigerung der Produktion mit einem Weniger an Arbeitszeit für alle auszutarieren.

Daß es Möglichkeiten gab, technische Innovationen in diesem Sinne durch gemeinschaftliche Absprache ins Werk zu setzen, ist belegt. Im sogenannten Mittelalter ist durchaus eine technische Entwicklung festzustellen, die durch eine autonome emanzipatorische Bewegung der Produzenten hätte forciert werden können. Tatsächlich waren die mittelalterlichen Sozialorganisationen und selbst die Zünfte nicht generell gegen Erfindungen eingestellt; so gab es durchaus auch in dieser Zeit arbeitssparende Innovationen wie etwa die Wassermühle oder die Hebemaschinen im Bergbau. Es galt nur das Prinzip, daß durch Neuerungen nicht die »Nahrung« von anderen Mitgliedern der Gesellschaft vernichtet werden dürfe. Grundsätzlich wäre es also möglich gewesen, die Produktivkräfte in diesem Sinne kontrolliert und gemeinschaftlich zu entwickeln.

Aber bevor diese Möglichkeit in Erwägung gezogen und ausprobiert werden konnte, drängte sich die vom Absolutismus entfesselte Konkurrenz der betriebswirtschaftlichen Einheiten im Zusammenhang großräumiger anonymer Märkte gewaltsam auf. Die englischen Grundeigentümer der »gentry« und die privaten Pächter hatten ebenso wenig etwas mit den alten Kommunikationssystemen der Produzenten zu tun wie die Agrokapitalisten der Sklavenhalter-Latifundien, die Verwalter der staatlichen Manufakturen oder die kapitalistischen Verleger in der Textilproduktion und die ersten »freien« Unternehmer des beginnenden Industriesystems. Für sie alle stellte sich die Frage des Maschineneinsatzes ganz anders dar, nämlich eben vom Standpunkt der partikularen betriebswirtschaftlichen Vernunft eines konkurrierenden Unternehmens für anonyme Märkte.

Aus dieser Sicht aber ist es ganz unvernünftig, ja geradezu verrückt, die Potenz der Maschinen zur Arbeitsersparnis ausgerechnet für eine größere Muße der Produzenten einzusetzen. Der Produktivitätsgewinn muß vielmehr restlos für die Konkurrenz verausgabt werden, um zusätzliche Marktanteile zu gewinnen bzw. bestehende zu halten. Wo keine Kommunikation zwischen den Produzenten selber stattfindet und das Verhältnis von Produktion und Konsumtion nicht bewußt diskursiv geregelt wird, gibt es nur ein Gesetz: das der betriebswirtschaftlich bornierten »Kostensenkung« um jeden Preis, damit »Konkurrenzfähigkeit« hergestellt wird. Da alle anonymen Marktteilnehmer ständig unter diesem Zwang stehen, findet auch eine ständige Produktivkraftentwicklung statt, aber völlig kommunikationslos und daher mit paradoxen Wirkungen.

Die gesellschaftliche Paradoxie dieser kapitalistischen Produktivkraftentwicklung läßt sich auf mehreren Ebenen erkennen. Statt die notwendige Arbeitszeit für alle zu verkürzen, verlangt die »Vernunft« der Betriebswirtschaft, daß die einen gänzlich »arbeitslos« und von allen Subsistenzmitteln abgeschnitten werden, während für die anderen, vermeintlich Glücklicheren, die ihre »Arbeitsplätze« behalten, sich umgekehrt die Arbeitszeit sogar verlängern und die Arbeitsintensität erhöhen kann. Denn auf diese Weise potenziert sich der Konkurrenzvorteil. Bei erhöhter Produktivität mit weniger Arbeitskräften diese gleichzeitig mehr und länger arbeiten zu lassen bedeutet eine zusätzliche Verbesserung des betriebswirtschaftlichen Verhältnisses von Kapitalaufwand (ausgelegt für Produktionsmittel und Arbeitskräfte) einerseits und Produktausstoß bzw. dafür erzielbarem Gelderlös andererseits. Und einzig und allein auf dieses abstrakte, in Geld ausgedrückte Input-Output-Verhältnis kommt es dem betriebswirtschaftlichen ökonomischen Kalkül an.

Aber nicht nur das soziale Resultat dieses Kalküls ist paradox und enttarnt die Vernunft der Betriebswirtschaft als gesellschaftlichen Irrsinn. Die kapitalistische Produktionsweise gerät dadurch auch in einen unlösbaren logischen Selbstwiderspruch. Denn auf der einen Seite ist es ihr absurder Selbstzweck, die Akkumulation »abstrakter Arbeit« in eine Akkumulation von ökonomischem »Wert« zu verwandeln, dargestellt als pulsierendes Wachstum des Geldkapitals um seiner selbst willen. Auf der anderen Seite aber ersetzt dieselbe irre Vernunft mit zunehmender Produktivkraftentwicklung menschliche Arbeit fortlaufend durch technisch-wissenschaftliche Agenzien und höhlt so die Substanz der »Wertschöpfung« selber aus. Wenn immer weniger Arbeiter eine immer größere Masse an Produkten herstellen, dann läßt sich dieser Vorgang von einem bestimmten Punkt ab nicht mehr als »Wertschöpfung« und Wachstum des Geldes darstellen. Auf den Märkten muß dieser Widersinn schließlich als krasses Mißverhältnis von wachsenden Produktmassen und schrumpfender Kaufkraft in Erscheinung treten.

Die »unsichtbare Hand« der subjekt- und damit kommunikationslosen Kapital- bzw. Marktmaschine, die Kant und Smith zum irdischen Gott erhoben hatten, kann also letzten Endes gar nicht zur allgemeinen Wohlfahrt führen, sondern nur in einen fundamentalen Selbstwiderspruch und damit in die gesellschaftliche Krise des verselbständigten Marktsystems. Diese innere Krisenpotenz des Kapitalismus steht außer allem Zweifel. Sie ist die Quittung dafür, daß die menschliche Kommunikation in gesellschaftlichen Institutionen durch eine paradoxe Kommunikation der Waren und ihrer Preise untereinander auf dem anonymen Markt ersetzt worden ist. Produzenten und Konsumenten, Käufer und Verkäufer sind nicht mehr identisch durch die Vermittlung einer gemeinsamen gesellschaftlichen Kommunikation, sondern sie fallen auseinander: sogar in den Individuen selber, die in ihrer Eigenschaft als Konsumenten ein gegensätzliches Interesse entwickeln zu sich selbst in ihrer Eigenschaft als Produzenten (so hat z. B. nach dem Anschluß die ehemalige DDR-Bevölkerung durch den bevorzugten Konsum westlicher Waren zur Zerstörung ihrer eigenen Produktionsgrundlage beigetragen). Der stumme Preismechanismus ersetzt die bewußte Selbstverständigung der menschlichen Akteure. Und der daraus entstandene blinde, nicht ansprechbare und nicht verhandelbare Systemprozeß führt mit logischer Konsequenz immer wieder in dasselbe Dilemma, weil er immer nur dasselbe eingebaute Programm abspulen kann. Wie eine Maschine eben.

So erklärt sich das klaffende historische Mißverhältnis des Kapitalismus zwischen einer Steigerung der menschlichen Potenzen einerseits und der Erzeugung immer neuer Armuts- und Krisenpotentiale andererseits aus der gesellschaftlich irrationalen Vernunft des betriebswirtschaftlichen Kalküls. Das Irre an dieser Vernunft besteht darin, daß sie den gesellschaftlichen Charakter der Produktivkraftentwicklung systematisch negiert und in sein Gegenteil verkehrt. Die Entwicklung der Maschinenkräfte führte also nicht, wie es notwendig und sinnvoll gewesen wäre, zu einer vorgeordneten Kommunikation der alten handwerklichen Produzenten über die gemeinschaftliche Kontrolle der vernetzten Produktion selber, sondern bewirkte im Gegenteil, daß auch noch die nachgeordnete Kommunikation ersatzlos gestrichen wurde.

Die Steigerung der technisch-wissenschaftlichen Potenzen muß auf diese Weise im allgemeinen Verdrängungskampf der Konkurrenzen verschleudert werden, während die Menschen durch die blinde Gesamtresultante ihres eigenen beschränkten, ökonomisch ungesellschaftlichen Ego-Kalküls sich gegenseitig in eine groteske Selbstschädigung treiben. Und da diese destruktive Logik untrennbar zum Wesen des Kapitalismus gehört, ist sie auch bis heute gültig geblieben und entfaltet weiterhin ihre Wirkungen. Alle nachträglichen sozial- und wirtschaftspolitischen Regulationsversuche müssen letztlich immer wieder dem gleichsam osmotischen inneren Druck der verrückten betriebswirtschaftlichen Rationalität unterliegen.

Die Mühlen des Teufels

Unter dem Diktat des betriebswirtschaftlichen Kalküls konnte die Erste industrielle Revolution die sozialen Katastrophen des Kapitalismus nicht mildern, sondern nur verstärken. Die Konkurrenz von billiger Sklavenarbeit des peripheren Agro-Kapitalismus und die Konkurrenz der arbeitsteiligen Staatsmanufakturen potenzierte sich durch die Konkurrenz des Maschinensystems. Schon die ersten Takte des neuen Industriezeitalters führten daher auch zu einer ersten *technologisch forcierten, strukturellen Massenarbeitslosigkeit,* wie sie heute auf viel höherer Stufenleiter erneut zu beobachten ist. Aber im frühen 19. Jahrhundert war diese Arbeitslosigkeit der Transformation des gerade erst entstehenden Industriesystems geschuldet und betraf vor allem die untergehenden handwerklichen Produzenten, die nun endgültig kapitulieren mußten. Außerdem konzentrierte sie sich auf den einen großen, immer noch paradigmatischen Produktionszweig der Textilindustrie, während in anderen Bereichen die alten Verhältnisse noch wesentlich länger aushielten.

Sowohl in England selbst als auch in ganz Europa wurde das gesamte Textilhandwerk durch die billige englische Fabrikware ruiniert. Die Goetheschen Spinner und Weber von 1820 hatten zu Recht schwarz gesehen, und auch noch der schlesische Weberaufstand von 1844 war indirekt durch die Maschinenkonkurrenz mitverursacht. Das gesamte Verlagswesen und damit die abhängige Heimindustrie schmolzen dahin und wurden durch Fabriken mit großen, immer häufiger dampfgetriebenen Maschinenaggregaten ersetzt. Aus der von den Verlegern ausgepreßten »arbeitenden Armut« nach dem Muster der schlesischen und böhmischen Webersiedlungen wurde die vollständige Arbeitslosigkeit und die soziale Verödung ganzer Landstriche.

Die erste große Welle der Massenarbeitslosigkeit und vagabundierenden Armut war seit dem 16. Jahrhundert unter der ländlichen Bevölkerung durch die Konkurrenz der Sklavenhalter-Latifundien für den Weltmarkt und durch brutale Vertreibungsaktionen der Landlords wie in England entstanden, die Platz für ihre gewinnbringende Schafzucht brauchten. Die ruinierten und vertriebenen Landbewohner strömten in die Städte, vor allem nach London, und bildeten dort die Millionenarmee eines »arbeitslosen« sozialen Bodensatzes in wuchernden Slums (»Schlammvierteln«), durch die sich die Städte zu riesigen Agglomerationen aufblähten. Denselben Prozeß finden wir heute überall in der Dritten Welt: Die einen werden zu Sklavenbedingungen auf die Weltmarkt-Plantagen gezwungen, die anderen wandern ab in die Slums der 10- und 20-Millionenstädte, die immer noch unaufhörlich weiterwachsen. Das Schreckensbild einer solchen »Dritten Welt« war damals London (und ist es heute unter dem neoliberalen Regime wieder geworden).

Mit der industriellen Revolution kam die zweite große Welle der Massenarbeitslosigkeit, die bald das gesamte Textilhandwerk erfaßt hatte. Zu den Elendsmassen der ehemaligen Bauern gesellten sich nun die Massen der arbeitslosen ehemaligen Textilproduzenten; und durch die Konkurrenz auf den Märkten strahlte dieser Prozeß in großem Maßstab auch auf den Kontinent aus. Nur ein Teil der Arbeitslosen fand im entstehenden Fabriksystem eine neue Existenz. Aber zu welchen Bedingungen! Die völlig entwurzelten Menschen mußten sich um jeden Preis verkaufen und wurden Arbeitsformen unterworfen, die jeder Beschreibung spotten. Neben den halbsklavischen Landarbeitern, Bettlern, Vagabunden, Insassen der

Arbeits- und Armenhäuser und verslumten Gelegenheitsarbeitern entstand eine neue Kategorie von »arbeitenden Armen«: das Fabrikproletariat.

Nicht alle Intellektuellen zeigten sich dieser Erniedrigung des Menschen gegenüber so ignorant und zynisch wie die großen Aufklärungsphilosophen. Ungefähr zur selben Zeit, als die bürgerliche »Tugendmaschine« des Dr. Guillotin in Aktion trat und der liberale Gemütsmensch Bentham seine kostensparende Prügelmaschine entwarf, griff der englische Mystiker und Frühromantiker William Blake (1757–1827) den Alptraum des beginnenden Fabriksystems in dunklen Versen an:

> Und schien einst Gottes Angesicht
> Auf unsere bewölkte Flur?
> Und wurde Jerusalem erbaut
> Zwischen finstern Mühlen des Satans nur?

Die den modernen Philologen (und schon den »hochkulturellen« Zeitgenossen) oft als verstiegen erscheinende Lyrik Blakes war in Wirklichkeit, wie der englische Sozialhistoriker Edward P. Thompson bemerkt, »die einzigartige und unverfälschte Stimme einer langen Volkstradition« (Thompson 1987/1963, 57); und gerade die letzte Verszeile der obigen Gedichtstrophe erwies sich als ein Volltreffer: Die »Mühlen des Teufels« wurden als Bezeichnung für die Fabriken zum geflügelten Wort, das die vom Kapitalismus Erniedrigten und Beleidigten aus tiefstem Herzen nachempfinden konnten. Denn die »Arbeitsplätze« der Ersten industriellen Revolution waren in der Tat wahre Höllenlöcher. Die Maßlosigkeit des betriebswirtschaftlichen Kalküls erzwang gerade durch die arbeitssparenden Maschinen ein drakonisches Arbeitsregime, das bis zur totalen physischen Auspowerung der Arbeitenden ging. Dies betraf sowohl die direkten Arbeitsbedingungen als auch die allgemeinen Lebensbedingungen. Das privatkapitalistische industrielle Fabriksystem setzte die schlimmsten Erscheinungen des staatlichen Manufaktursystems fort, übertraf und verallgemeinerte sie.

Über die Fabrikhöllen der Ersten industriellen Revolution in England liegt eine Fülle von Dokumenten und Untersuchungen vor. Bis heute unübertroffen ist in dieser Hinsicht jenes Werk, das 1845 ein junger deutscher Intellektueller vorlegte: Als Sohn eines Wuppertaler Spinnereibesitzers hatte er einige Zeit geschäftlich in England verbracht und mit wachem Interesse die neue »Arbeiterfrage« des Fabriksystems aus eigener Anschauung studiert. Das Buch des 25jährigen Friedrich Engels über »Die Lage der arbeitenden Klasse in England« erregte nicht nur zeitgenössisches Aufsehen durch seine unbestechliche Sicht damaliger Fabrikverhältnisse, sondern bietet grundsätzliche Einsichten in die sozialen Zerstörungsmechanismen betriebswirtschaftlicher Rationalität überhaupt.

Ins Auge stechend sind natürlich besonders jene Aspekte der »Mühlen des Teufels«, die der westmitteleuropäische kapitalistische Normalmensch heute für überwunden hält und als böse Märchen aus einer schlimmen, aber lange vergangenen Zeit eher gelangweilt zur Kenntnis nimmt. Dies betrifft vor allem die Schrecken der unmenschlich langen Arbeitszeit, der Kinderarbeit und der Lebensbedingungen eines absoluten Elends. Hatte der Frühkapitalismus seit dem 16. Jahrhundert die Arbeitszeiten schrittweise immer mehr ausgedehnt, so kannte das industriekapitalistische Fabriksystem in dieser Hinsicht kein Halten mehr. Das betriebswirtschaftliche Kalkül trieb die tägliche Arbeitszeit auf 12, 14, 16 und teilweise sogar mehr Stunden hinauf, und die Kinder wurden dabei am allerwenigsten geschont. Der kannibalistische Kinderfraß der Marktwirtschaft verlagerte sich von der indirekten Form der aus der Gesellschaft herausgefallenen Bettelarmut (wie bei Swift) auf die direkte Verwurstung von Kinderkörpern in den Fabriken. Vor einer solchen Höllenfolter schreckten sogar die zur Untersuchung dieser Verhältnisse eingesetzten Kommissäre zurück, die eigentlich durchaus dem liberalen Unternehmertum wohlgesonnen waren. Engels zitiert aus einem einschlägigen Untersuchungsbericht des Kommissärs Dr. Loudon:

»Ich denke, es ist klar genug bewiesen worden, daß Kinder unvernünftig und unbarmherzig lange haben arbeiten und selbst Erwachsene ein Quantum Arbeit übernehmen müssen, das kaum irgendein menschliches Wesen aushalten kann. Die Folge davon ist, daß viele vor der Zeit gestorben, andere lebenslänglich mit einer fehlerhaften Konstitution behaftet worden sind […]« (Engels 1976/1845, 381).

So sah also die soziale Wirkung der arbeitsparenden Maschinen in der »wohlfahrtssteigernden« marktwirtschaftlichen Praxis aus. Der maßlose Hunger der Kapitalmaschine nach abstrakten menschlichen Arbeitsquanten ließ wirklich keine Scheußlichkeit aus, wie der junge Engels voll Zorn feststellt:

»Und wenn man erst die Barbarei der einzelnen Fälle liest, wie die Kinder von den Aufsehern nackt aus dem Bette geholt, mit den Kleidern auf dem Arm unter Schlägen und Tritten in die Fabriken gejagt [...] wurden, wie ihnen der Schlaf mit Schlägen vertrieben, wie sie trotzdem über der Arbeit eingeschlafen, wie ein armes Kind noch im Schlaf, und nachdem die Maschine stillgesetzt war, auf den Zuruf des Aufsehers aufsprang und mit geschlossenen Augen die Handgriffe seiner Arbeit durchmachte, wenn man liest, wie die Kinder, zu müde, nach Hause zu gehen, sich im Trockenzimmer unter der Wolle verbargen, um dort zu schlafen, und nur mit dem Riemen aus der Fabrik getrieben werden konnten, wie viele Hunderte jeden Abend so müde nach Hause kamen, daß sie vor Schläfrigkeit und Mangel an Appetit ihr Abendbrot nicht verzehren konnten [...]; wenn man das alles und noch hundert andere Infamien und Schändlichkeiten in diesem einen Berichte liest, alle auf den Eid bezeugt, durch mehrere Zeugen bestätigt, [...] wenn man bedenkt, daß [...] die Kommissäre selbst auf seiten der Bourgeoisie sind und alles das wider Willen berichten – so soll man nicht entrüstet, nicht ingrimmig werden über diese Klasse, die sich mit Menschenfreundlichkeit und Aufopferung brüstet, während es ihr einzig auf die Füllung ihrer Börsen à tout prix ankommt?« (Engels, a.a.O., 388 f.)

Vielleicht hatte Engels noch nicht genug Bentham gelesen, um all das zu verstehen und für »natürlich« zu halten. Die Unmenschlichkeit war aber gerade deswegen so gnadenlos, weil sie nicht aus bloß subjektiver Bereicherungssucht herrührte, sondern aus den strukturellen Bedingungen von Konkurrenz und betriebswirtschaftlicher Rationalität, die auch noch den sanftesten Menschen durch die Wirkungen seines ökonomisch bestimmten Handelns zu einer Bestialität objektivieren, wie sie kein sadistischer KZ-Aufseher sich schlimmer auszudenken vermöchte.

Daß überhaupt Kinderarbeit in großem Maßstab »angewendet« werden konnte, war wiederum den Maschinen zu verdanken, die nicht nur an sich arbeitssparend waren, sondern auch menschliche Muskelkraft durch Dampfkraft ersetzten. Kinder sind nicht konkurrenzstark und wenig organisationsfähig. So folgte die Kinderarbeit ebenso wie die maßlose Verlängerung der Arbeitszeiten wie von selbst aus dem ökonomischen Kalkül, dessen Raffinesse nun erwachsene Männer dazu zwang, mit dem Billigpreis kindlicher Arbeitskraft konkurrieren zu müssen. Der Ruin der selbständigen Handwerker wurde dadurch ungeheuer beschleunigt, denn gegen die Kombination von Maschineneinsatz und billiger Kinderarbeit konnten sie nicht bestehen und ihre Erlöse fielen auf ein beschämendes Niveau unter dem Existenzminimum, wie eine Untersuchung über die Löhne der Textilarbeiter in Württemberg Anfang des 19. Jahrhunderts zeigt: »Ein württembergischer Handspinner verdiente danach bei einer Arbeitszeit von 6 bis 22 Uhr soviel wie ein Fabrikkind in einer Maschinenspinnerei bei 12- bis 14-stündiger Arbeitszeit und die Hälfte bis ein Drittel des Lohnes einer erwachsenen Fabrikarbeiterin« (Fischer 1992, 140).

In vielen Fällen wurden also erwachsene Männer arbeitslos, während Kinder und Frauen zu Niedriglöhnen in den industriellen Fabriken beschäftigt wurden. Und es ist Augenwischerei, solche Verhältnisse einer bloßen historischen Verirrung zuzuschreiben und heute für grundsätzlich überwunden zu halten. Daß es selbst in den westlichen Kernländern mehr als eines Jahrhunderts erbitterter Auseinandersetzungen bedurfte, um wenigstens die gröbsten Brutalitäten des Fabriksystems zu mildern, zeigt nur eines: daß nämlich der im ökonomischen Kalkül verankerte Liberalismus grundsätzlich und unabhängig von jedem subjektiven Empfinden dazu tendiert, die kapitalistischen Scheußlichkeiten der »Mühlen des Teufels« zu wiederholen, sobald er von der Kette ist. Die maßlose Verlängerung der Arbeitszeit und die maßlose Anwendung von Kinderarbeit ist relativ unabhängig vom technologischen Niveau in der Struktur betriebswirtschaftlicher Rationalität als solcher angelegt und kann jederzeit wieder hervorbrechen, solange diese Rationalität selber nicht durch einen emanzipatorischen Aufstand gegen die Marktwirtschaft zerstört wird.

In Wahrheit konnte die Kinderarbeit nur in wenigen historischen Gewinnerländern des Weltmarkts beseitigt werden (und selbst in diesen nur zeitweilig). Für den größten Teil der Menschheit haben die frühindustrielle Auspowerung der Arbeitskraft und insbesondere die Kinderarbeit mit allen ihren Schrecken niemals aufgehört; heute versucht man sich mit solchen Methoden an der kapitalistischen Peripherie gegenüber dem hohen Kapitaleinsatz der Zentren konkurrenzfähig zu halten.

Sobald das ökonomische Kalkül einmal anerkannt und axiomatisch geworden ist, tendiert das soziale Bewußtsein der Gesellschaft dazu, die Wirkungen zu beschönigen und nur noch verzerrt wahrzunehmen; nur die klügsten Köpfe des affirmativen Denkens zeigen durch offenen Zynismus, daß sie den Sachverhalt durchschauen. Die frühindustriellen Unternehmer sahen sich großenteils allen Ernstes als Wohltäter, die Bettelkinder von der Straße wegholen und einer »nützlichen« (Vorsicht, Bentham!) Betätigung zuführen. Der liberale Management-Theoretiker Andrew Ure (1778–1857) wollte bei der Betrachtung der Kinder in den Teufelsmühlen folgende paradiesische Szenen gesehen haben:

»Es war entzückend (delightful), die Hurtigkeit zu beobachten, mit der sie die zerrissenen Fäden wieder vereinigten, sowie der Mule-Wagen zurückging [...] Die Arbeit dieser flüchtigen (lively) Elfen schien einem Spiel zu gleichen, worin ihnen ihre Übung eine gefällige Gewandtheit gab« (zit. nach Engels, a.a.O., 390).

Nicht viel anders ist die Betrachtungsweise heute in der kapitalistischen Peripherie – und indirekt auch bei den westlichen Wohltätigkeitsorganisationen, die allesamt nicht im Traum daran denken, die Marktwirtschaft und das ihr inhärente ökonomische Kalkül anzugreifen. Seitdem dieses System nach dem Zusammenbruch des Staatssozialismus vermeintlich »alternativlos« geworden ist, hat sich sogar bei christlichen Kinderhilfswerken eine ebenso erstaunliche wie konformistische ideologische Wendung vollzogen. Die industrielle Kinderarbeit in den Ländern der kapitalistischen Peripherie wird nun mit fast denselben Argumenten wie seitens der frühindustriellen Unternehmer grundsätzlich gerechtfertigt; und zwar sei die Alternative ja doch nur Bettelei, Prostitution und noch größere Verelendung der Familien. Nur innerhalb der Marktwirtschaft ist das richtig, aber wer kann eine solche Alternative hinnehmen, ohne sich vollständig zu diskreditieren? Die Hilfsorganisationen lassen sich also von liberalen »Experten« nur allzu willig an der Nase herumführen, dozieren als marktwirtschaftliche Musterschüler altklug über »ökonomische Notwendigkeiten« und orientieren nur noch auf eine (blauäugig für machbar gehaltene) Milderung und soziale Verbesserung der globalen Kinderarbeit, die sich übrigens auch heute im wesentlichen noch auf die Textilindustrie konzentriert. Damit beweisen diese Organisationen ungewollt, daß jede grundsätzliche Akzeptanz der Marktwirtschaft als allgemeiner Form der Reproduktion noch den überzeugtesten Gutmenschen vollautomatisch in ein objektiviertes Scheusal des Kapitals verwandelt, das in Benthamscher Gemütsruhe am »Glück« der Menschheit zu basteln glaubt.

Und weil sich die »Mühlen des Teufels« für Millionen von Kindern Tag für Tag weiterdrehen und ein Ende dieser Hölle nur durch die Verbindung der Hilfstätigkeit mit radikaler Kritik der kapitalistischen Produktionsweise und ihres Marktsystems zu haben wäre, diese aber verweigert wird – trifft jenes Wort von Terroristen jeglicher Couleur, die irrational auf die irre Vernunft der Aufklärung reagieren, als Bumerang dieser Vernunft ins Schwarze: *»Es gibt keine Unschuldigen«*. Die Bombe, die den zufälligen Passanten in Stücke reißt, ist ebenso sinnlos wie das unaufhörliche marktwirtschaftliche Verheizen von Kinderfleisch, für das der Passant keine persönliche Verantwortung trägt, an dem er aber besinnungslos immer schon beteiligt ist. Wenn die gesellschaftliche Maschine solche Wirkungen hervorbringt, ruft der junge Engels in seinem ersten Buch aus,

> »so ist das ebensogut Mord wie die Tat des einzelnen, nur versteckter, heimtückischer Mord, ein Mord, gegen den sich niemand wehren kann, der kein Mord zu sein scheint, weil man den Mörder nicht sieht, weil alle und doch wieder niemand dieser Mörder ist, weil der Tod des Schlachtopfers wie ein natürlicher aussieht und weil er weniger eine Begehungssünde als eine Unterlassungssünde ist. Aber er bleibt Mord« (Engels, a.a.O., 325).

Es ist aber keineswegs bloß die im Weltmaßstab bis heute nicht überwundene und dem ökonomischen Kalkül wesenseigene Maßlosigkeit der Arbeitszeiten und der Kinderarbeit, die den Charakter der »Mühlen des Teufels« ausmacht. Selbst wenn die Arbeitszeit ein wenig verkürzt und die Kinderarbeit abgeschafft würde, blieben jene an ihr selber unaufhebbaren Momente der Betriebswirtschaft zurück, die Karl Marx mit dem allgemeinen Begriff der »Entfremdung« bezeichnet hat: Wer Geld verdienen muß in den »dark satanic mills«, der muß sich selber fremd werden, ohne es am Ende überhaupt noch zu merken. Das ist ein keineswegs schwer einsehbarer Sachverhalt. Denn der objektivierte Selbstzweck der Kapitalverwertung entzieht den Lohnarbeitern ebenso wie dem Management jegliche Selbstbestimmung über das Zweck-Mittel-Verhältnis ihrer Tätigkeit. Erst das Auseinanderfallen von Produktion und Konsumtion, die anonyme Tätigkeit für den anonymen Markt ohne bewußte Verständigung über den inhaltlichen Sinn und Zweck, getrieben von den Zwängen der Konkurrenz, macht die Tätigkeit aller Beteiligten zur »abstrakten Arbeit«. »Der Arbeiter«, so schrieb der 28jährige Emigrant Karl Marx 1844 in sein Pariser Notizbuch, »fühlt sich erst außer der Arbeit bei sich und in der Arbeit außer sich« (Marx 1968/1844, 55). Und der junge Engels brachte in seinem ein Jahr später erschienenen Buch erstmals das Lebensgefühl auf den Punkt, das den geldverdienenden Arbeitsmenschen bis heute niemals losgelassen hat, auch wenn es ins Unbewußte gerutscht ist:

»Nichts ist fürchterlicher, als alle Tage von morgens bis abends etwas tun zu müssen, was einem widerstrebt. Und je menschlicher der Arbeiter fühlt, desto mehr muß ihm seine Arbeit verhaßt sein, weil er den Zwang, die Zwecklosigkeit für sich selbst fühlt, die in ihr liegen. Weshalb arbeitet er denn? Aus Lust am Schaffen? Aus Naturtrieb? Keineswegs. Er arbeitet um des Geldes, um einer Sache willen, die mit der Arbeit selbst gar nichts zu schaffen hat […]« (Engels, a.a.O., 346).

Die Fabrik und das Büro werden zu einem funktionalistischen Raum der abstrakten Zeit und der abstrakten Tätigkeit, getrennt von allen eigenen Lebensäußerungen. Schon der Zuschnitt der Räume und die Art, wie die Maschinen ausgelegt werden, stehen unter dem Bann des objektivierten Zwangs, dessen Exekutor die Konkurrenz ist. Ich habe oft in Fabriken gearbeitet und immer wieder bemerkt, wie vor allem Frauen (ihrer antrainierten Geschlechtsrolle entsprechend, die sie für das gemütvolle Herrichten des »Heims« konditioniert) auf rührende Weise versuchen, irgendein Moment von »Gemütlichkeit« in die Teufelsmühle hineinzuschmuggeln, z. B. durch das Aufhängen eines Adventskranzes in einer Maschinenhalle. Dadurch wird freilich die un-menschliche Gestalt des kapitalistischen Funktionsraums nur um so grotesker hervorgehoben.

Hier ist nichts dem Charakter gesellschaftlicher Tätigkeit an sich geschuldet, sondern alles der Zurichtung für den Selbstzweck des Geldes. Und weil die Entmenschlichung des Funktionsraums nicht von selbst aus dem bloßen Zusammenwirken von Menschen entspringt, findet in dieser Hinsicht ein mehr oder weniger versteckter Kampf zwischen »Beschäftigten« und Management statt, dessen Geschichte noch nicht geschrieben ist. Ein Bekannter aus der Ex-DDR hat mir erzählt, wie es den Arbeitern einer Spielzeugfabrik in Thüringen ergangen ist, die sich Wunder von der DM erhofften und dann ihr blaues Wunder erlebten: Abgesehen davon, daß die Hälfte der Belegschaft schlagartig auf die Straße flog, wurden dem verbliebenen Rest als erstes ihre kleinen Kaffee-Kochstellen und »Plaudernischen« als »effizienzstörend« entfernt und die bis dahin selbstverständliche Benutzung von Werkzeug für persönliche Zwecke verboten.

Es wäre ein leichtes, eine Sammlung von Aushängen, Abmahnungen und Reglements zusammenzustellen, die alle dasselbe belegen, nämlich den direkten und indirekten Druck auf die »Beschäftigten«, sich als Menschen in der kapitalistischen Funktionszeit unsichtbar zu machen, sich möglichst restlos in Verausgabungsmaschinen von Energie zu verwandeln und somit »in der Arbeit außer sich« zu sein. Engels zitiert z. B. aus einem englischen Fabrikreglement: »Jeder Arbeiter, der mit einem andern sprechend, der singend oder pfeifend betroffen wird, entrichtet [...] Strafe. Wer während der Arbeit von seinem Platze geht, ebenfalls« (a.a.O., 399). Ganz ähnliche Vorschriften finden sich in der deutschen Industrialisierungsgeschichte. Überall war der kapitalistische »Erziehungsanspruch« dem Menschenmaterial gegenüber mit einem System von Fabrikstrafen verbunden, d. h., es gab Lohnabzüge für »Verfehlungen« aller Art. Überliefert ist etwa das »Rothe Strafbuch« der 1817 gegründeten ersten deutschen Maschinenfabrik Koenig und Bauer bei Würzburg. Mit Geldstrafen zwischen 8 Pfennig und 20 Groschen und Namensnennung bestraft wurden Arbeiter u. a. wegen folgender »Delikte«:

»Zu Zweit auf Abtritt gewesen; Wegen angeblichem Bohrersuchen herumgelaufen; War Montag früh krank, ist übrigen Tag auch nicht gesund; Wegen Schimpferei des Herrn Pfarrer auf Landgericht vorgeladen; Wegen Schmuserei; Wegen Heiraten, 12 Stunden gefehlt, auch noch verschlafen; Wegen kindischer Streiche; Wegen Unfolgsamkeit; Wegen Schlägerei im Wirtshaus; Einen Obstputzen durchs Fenster geworfen; Wegen Vorwitz; Bei der Arbeit geschlafen« usw. (zit. nach Deneke 1987, 113 f.).

Und in der »Allgemeinen Fabrikordnung der Gelatine-Fabriken von Carl Simeons« in Höchst aus dem Jahr 1869 heißt es unter anderem:

»Es ist keinem Arbeiter gestattet, sich durch Verwandte oder Fremde Erfrischungen in die Fabrik bringen zu lassen [...] Es ist den Arbeitern untersagt, sich mit Fremden in irgendwelche Gespräche einzulassen [...] Es ist keinem Arbeiter gestattet, ohne besondere Erlaubnis nach Beendigung der Arbeit oder während der Ruhestunden in den Fabriklokalitäten zurückzubleiben [...] In allen Arbeitszimmern und Werkstätten soll stets Ruhe und Stille herrschen, es darf nicht gepfiffen, gesungen und unnötiges Geschwätz geführt und kein Handel getrieben oder Spiele gespielt werden« (zit. nach Eiler 1984, 264 f.).

Auch heute noch gibt es eine Fülle von an sich irrationalen Vorschriften dem Wesen nach ähnlicher Art (wenn auch inzwischen in einer mehr abstrakt-allgemeinen Form), die denselben Charakter der Zurichtung und Fremdbestimmung als Hintergrund haben. Vieles muß nicht einmal extra kodifiziert sein. Ich habe es oft erlebt, wie Vorarbeiter und Meister, die »Unteroffiziere des Kapitals« (Marx), unruhig werden, wenn sich jemand »während der Arbeitszeit« hinsetzt, Zeitung liest oder herumalbert; selbst dann, wenn gar nichts zu tun ist, eine Materialstockung eintritt oder eine Maschine neu eingestellt werden muß.

Neuere und postmoderne Management-Konzepte, die vorgeblich den Selbstzweck des Kapitals gerade durch ein gesteigertes Wohlbefinden der Produzenten befeuern wollen, haben allesamt etwas Verkrampftes und Unwahrhaftiges an sich. Da der Zweck der Veranstaltung den Menschen an sich äußerlich ist, können sie »in der Arbeit« nur »bei sich« sein, insofern sie aufhören, Menschen zu sein, und den fremden Selbstzweck des Geldes verinnerlichen. Der funktionalistischen Reduktion ist damit natürlich nicht zu entkommen. Wenn etwa die Farben der Wände nach »psychologischen Erwägungen« ausgewählt werden, um (angeblich) die Leistung zu steigern, dann wird damit die Abrichtung des Menschenmaterials nur verfeinert. Dasselbe gilt für Formen einer »Enthierarchisierung«, die einzig und allein den Zweck haben, die Menschen nach Bentham-Muster dahin zu bringen, daß sie zu ihren eigenen Aufsehern und Antreibern werden.

Daß es im Staatssozialismus der DDR ganz ähnliche Zurichtungsbegriffe gab, verweist wiederum auf die innere Verwandtschaft der warenproduzierenden modernen Gesellschaftsformationen. Die staatssozialistische Kategorie der »Arbeitszufriedenheit«, in deren Namen Betriebspsychologen auf die »Beschäftigten« losgelassen wurden, ist geradezu der Beweis für die Anwesenheit von Entfremdung, die untrennbar von abstrakten Verwertungsprozessen ist; egal, ob diese mehr durch den blinden Konkurrenzmechanismus oder mehr staatsbürokratisch exekutiert werden. Unfreiwillig hat allerdings die staatsbürokratische Administration »in der Arbeit« offenbar mehr Lücken für persönliche Nischen des Menschenmaterials gelassen als der stumme Totalzwang der Konkurrenz im westlichen Kapitalismus. Dies wurde von den westlichen Ideologen als »mangelnde Effizienz« ausgelegt. Der Staatssozialismus wurde damit an dem Maß gemessen, das er sich in der gesellschaftlichen Form eines warenproduzierenden Systems selber auferlegt hatte.

Es ist leicht erkennbar, daß in den »Mühlen des Teufels« der Traum eines gemeingefährlichen Irren wie Bentham endlich gesellschaftlich verallgemeinert wurde. Aus den Staatsmanufakturen, Weltmarkt-Sklavenplantagen, Arbeitshäusern und Irrenanstalten, in denen die »abstrakte Arbeit« zuerst eingeübt wurde, trat der Ausnahmefall für Delinquente nun in den gesellschaftlichen Normalzustand über. Alle Elemente des Benthamschen Panopticon finden sich im Fabriksystem wieder. Schon der Ausdruck »Beschäftigte« für das Menschenmaterial verweist auf den Ursprung der Fabrik- und Büroarbeit in den Zucht- und Irrenhäusern des 18. Jahrhunderts mit ihren Tretmühlen und ausgeklügelten Arbeitsfoltermaschinen, die nun, potenziert durch die Dampfkraft, über die gesamte Menschheit herfallen und sie der von Bentham geforderten kapitalistischen »Nützlichkeit« zuführen konnten. In England nannte man das solcherart ausgenutzte Menschenmaterial bezeichnenderweise »hands« (Hände), was die Reduktion der Individuen auf Verausgabungseinheiten von Arbeitskraft deutlich macht.

Das panoptische Wahnsystem Benthams konnte sich sedimentieren in den Maschinenaggregaten des Kapitals und somit als technische Objektivität und Voraussetzung des menschlichen Lebens in Erscheinung treten. Denn das war es ja, was Betham gewollt hatte: Die kapitalistische Zumutung sollte sich entsubjektivieren in dinglichen Strukturen, um gerade dadurch zur Verhaltensspur des »inneren Menschen« zu werden; und was wäre dafür über die architektonische und organisatorische Zurichtung hinaus besser geeignet gewesen als eine Matrix von technischen Abläufen, die sich unschuldig als eine zweite materielle Natur darzustellen vermögen? Der Selbstzweck der kapitalistischen Weltmaschine konnte so aus einer sozialökonomischen Apparatur in eine buchstäblich technische übersetzt werden, die ihre Gewalt hinter angeblichen »Notwendigkeiten« der gesteigerten Produktivkräfte selber versteckt. Einem zeitgenössischen Management-Guru wie Andrew Ure war dies durchaus bewußt, im Unterschied zu so manchen späteren Sozialisten. 1835 schrieb er in seinem Buch *The philosophy of manufactures* in schöner Offenherzigkeit über die Anordnung bei den Spinnmaschinen des Erfinder-Unternehmers Arkwright:

»Meiner Ansicht nach war das Hauptproblem Arkwrights nicht so sehr, einen selbsttätigen Mechanismus zu erfinden, der die Baumwolle herausziehen und einen fortlaufenden Faden einflechten konnte, als vielmehr [...] den Leuten ihren unsteten Arbeitstag abzugewöhnen und sie dazu zu bringen, sich mit der unveränderlichen Ordnung eines komplexen Automaten zu identifizieren. Es ging darum, ein System der Fabrikdisziplin zu planen und zu verwalten [...] Es erforderte wirklich einen Mann von der Nervenkraft und dem Ehrgeiz eines Napoleon, um mit dem widerspenstigen Charakter von Arbeitern fertig zu werden, die bis dahin nur ihren unregelmäßigen Anfällen von Arbeitslust gehorcht hatten« (zit. nach: Elmer 1984, 153).

Erst mit dem kapitalistischen Maschinensystem war der letzte Schritt getan, um die Reduktion des Menschen und seiner Gesellschaftlichkeit auf einen toten Funktionsmechanismus zu vollenden, auch wenn diese Vollendung dann auf dem Boden des kapitalistischen Industrialismus selber noch einmal eine lange Entwicklung durchmachen sollte. 1845 beschreibt Friedrich Engels die Anfänge dieser letzten Transformation.

»Die Beaufsichtigung der Maschinen, das Anknüpfen zerrissener Fäden ist keine Tätigkeit, die das Denken des Arbeiters in Anspruch nimmt, und auf der anderen Seite wieder derart, daß sie den Arbeiter hindert, seinen Geist mit andern Dingen zu beschäftigen [...] Dazu kann er keinen Augenblick abkommen – die Dampfmaschine geht den ganzen Tag, die Räder, Riemen und Spindeln schnurren und rasseln ihm in einem fort in den Ohren [...] Der Arbeiter muß morgens um halb sechs in der Fabrik sein [...] Er muß auf Kommando essen, trinken und schlafen [...] Die despotische Glocke ruft ihn aus dem Bette, ruft ihn vom Frühstück und Mittagstisch« (Engels, a.a.O., 397 ff.).

Die Unmenschlichkeit dieser »Arbeit« scheint sich jedoch aus der technischen Produktivkraft selbst zu ergeben; und an dieser Stelle stutzt Engels, der sich nicht gegen die modernen Produktivkräfte aussprechen und versündigen will, um sich dann gewissermaßen argumentativ seitwärts in die Büsche zu schlagen:

»Man wird mir sagen, solche Regeln seien notwendig, um in einer großen, geordneten Fabrik das nötige Ineinandergreifen der verschiedenen Manipulationen zu sichern; man wird sagen, eine solche strenge Disziplin sei hier ebenso notwendig wie bei der Armee – gut, es mag sein, aber was ist das für eine soziale Ordnung, die ohne solche schändliche Tyrannei nicht bestehen kann? Entweder heiligt der Zweck das Mittel, oder der Schluß von der Schlechtigkeit des Mittels auf die Schlechtigkeit des Zwecks ist ganz gerechtfertigt« (Engels, a.a.O., 400).

Hier erscheint erstmals zögernd und noch in negativer Formulierung jene Metapher von den »Armeen der Arbeit«, die wenig später im »Kommunistischen Manifest« schon positiv besetzt wurde: Es kündigt sich eine Lebenslüge des späteren Marxismus an, die schließlich zu seinem »Umkippen« in eine selber repressive Modernisierungsideologie führen sollte. Der junge Engels schaudert hier noch vor einer solchen Perspektive zurück, aber sie drängte sich schon unwiderstehlich auf, weil die in den Maschinen materialisierte soziale Abstraktion des Kapitals begrifflich nicht von den neuen Produktivkräften als menschlicher Potenz getrennt werden konnte.

Das intellektuelle Milieu, das Engels vorfand und in dem er sich (nicht nur in England) bewegte, hatte auch unter dem neuen Vorzeichen des »Sozialismus«, in den sich der konsequentere Teil der bürgerlichen Philanthropie zu verwandeln begann, durchaus die liberale Doktrin der »Arbeitszucht« und der Unterwerfung eines Menschenmaterials unter die Maschine abstrakter Wertproduktion verinnerlicht; nur sollte diese Disziplinierung für den *fremden Gott* der »abstrakten Arbeit« auf menschenfreundlichere Weise gestaltet werden. In aller Unschuld feiert Engels die einschlägige »Bildungsarbeit« eines liberal-sozialistischen Amalgams, unter dessen Ideengebern kein anderer als der nützlichkeitsphilosophische Menschenfreund und Arbeitszuchthaus-Ideologe Jeremy Bentham hervorsticht:

»Die beiden größten praktischen Philosophen der letzten Zeit, Bentham und Godwin, sind [...] fast ausschließliches Eigentum des Proletariats; wenn auch Bentham unter der radikalen Bourgeoisie eine Schule besitzt, so ist es doch nur dem Proletariat und den Sozialisten gelungen, aus ihm einen Fortschritt zu entwickeln. Das Proletariat hat sich auf diesen Grundlagen eine eigene Literatur gebildet, die meist aus Journalen und Broschüren besteht [...]« (Engels, a.a.O., 455).

So begegnet man sich wieder. Zugunsten des jungen Engels muß gesagt werden, daß er 1845 die Schriften und somit die wahren Absichten Benthams kaum oder nur bruchstückhaft gekannt haben dürfte. Das geht auch daraus hervor, daß er sich in seinem Buch wenige Seiten später über die Einrichtung und die Verhältnisse der sogenannten Arbeitshäuser für arbeitslose Arme empört:

»Selbst die Diät der Gefängnisse ist durchgehend besser, so daß die Bewohner des Arbeitshauses häufig irgendein Vergehen absichtlich sich zuschulden kommen lassen, um nur ins Gefängnis zu kommen. Denn auch das Arbeitshaus ist ein Gefängnis; wer sein Quantum Arbeit nicht tut, bekommt nichts zu essen, wer herausgehen will, muß erst um Erlaubnis bitten, die ihm je nach seinem Betragen oder der Meinung, die der Inspektor davon hat, verweigert werden kann [...] die Paupers tragen eine Arbeitshaus-Uniform und sind der Willkür des Inspektors ohne Schutz überliefert [...] Im Arbeitshause zu Greenwich wurde im Sommer 1843 ein fünfjähriger Knabe drei Nächte zur Strafe in die Totenkammer gesperrt, wo er auf den Dekkeln der Särge schlafen mußte. Im Arbeitshause zu Herne geschah dasselbe mit einem kleinen Mädchen [...] Dies Arbeitshaus, das in einer der schönsten Gegenden von Kent liegt, zeichnet sich auch dadurch aus, daß alle Fenster nach innen, nach dem Hofe zu gehen [...]« (a.a.O., 497 f.).

Offenbar ohne es zu wissen, beschreibt Engels hier das Benthamsche Panopticon, dessen organisatorische und architektonische Realität zu dieser Zeit bereits eine Selbstverständlichkeit geworden war. Aber die Unwissenheit schützt vor Strafe nicht, auch wenn natürlich durch diesen merkwürdigen Bezug das aufrüttelnde Buch von Engels und die Wahrheit seiner Darstellung nicht beeinträchtigt wird. Marx und Engels sind später oft und mit großem Recht über die seichten Duseleien des »kleinbürgerlichen Sozialismus« hergefallen und haben stets die liberalen Scheußlichkeiten gegeißelt, ohne jedoch die kapitalistische Verfaßtheit der neuen Produktivkräfte auch auf der technologischen und organisatorischen Ebene (sozusagen auf der Bentham-Ebene) kritisch zu durchdringen. Indem so die repressive Ideologie von den »Armeen der Arbeit« gedeihen konnte, finden wir hier ein frühzeitiges ebenso unbewußtes wie untergründiges Andocken des Sozialismus an den Liberalismus.

Maschinenstürmer

Die Opfer der Ersten industriellen Revolution selber ließen sich freilich ebenso wenig ruhig und kampflos zur Schlachtbank führen wie die Bauern und Handwerker der vorangegangenen Jahrhunderte. Lange Zeit blieben diese Revolten sowohl in der bürgerlichen Geschichtswissenschaft als auch in der marxistischen Theorie unterbelichtet. Die mechanistische Fortschritts- und Modernisierungs-Emphase blockierte das Verständnis einer ganz eigenständigen und »unterhalb« der offiziellen Geschichte ablaufenden großen und militanten Massenbewegung, deren Konturen bis heute nur schemenhaft sichtbar sind. Teils hat sie, noch der mündlichen alten Volkskultur entsprechend, keine offiziellen und schriftlichen Zeugnisse hinterlassen, teils wurden diese Zeugnisse mit dem ganzen Haß der kapitalistischen Menschenverwalter und Einpeitscher der mechanistischen Weltsicht ausgetilgt, teils hat man sich aber auch gar nicht dafür interessiert, und viel dokumentarisches Material ist wahrscheinlich bis heute ungehoben oder müßte völlig neu interpretiert werden. Aus der Sicht der späteren Arbeiterbewegung handelte es sich dabei immer nur um unvollkommene (und damit auch nicht ganz für voll zu nehmende) »Vorläufer«.

Erst in jüngster Zeit hat die stärkere Orientierung an der subkutanen Alltags- und Sozialgeschichte ein anderes Bild der frühkapitalistischen Durchsetzungsepoche angedeutet, das aber noch keineswegs hinreichend ausgearbeitet ist; und dieses Problem droht gegenwärtig durch die besinnungslose Orientierung der akademischen Wissenschaftszunft an der »alternativlosen« Marktwirtschaft wieder verschüttet zu werden. Die neuerliche allgemeine Heiligsprechung des Systems kapitalistischer Zumutungen nach dem Scheitern der westlichen »Neuen Linken« und nach dem Untergang des östlichen Staatssozialismus läßt es offenbar als wenig opportun und karrierefördernd erscheinen, die Mechanismen Benthamscher Menschendressur und deren Objektivierung durch die Geschichte der Industrialisierung neu aufzurollen und der Marktwirtschaft als einem blutig durchgesetzten Zwangssystem historisch den Prozeß zu machen.

Die offizielle Geschichte hat wenig mit der wirklichen zu tun; das historische Bild der modernen bürgerlichen Gesellschaft von sich selbst ist nach wie vor ein Zerrbild. Tatsächlich erscheint es kaum im historischen Bewußtsein, daß die gesamte Epoche des Übergangs zur Ersten industriellen Revolution von einem permanenten, bald schleichenden und bald offenen Bürgerkrieg in ganz Europa gekennzeichnet war. Die ungeheure Verdichtung und Militanz dieser zähen Auseinandersetzung wurde in den Geschichtsbüchern und Epochenbegriffen sorgfältigt gelöscht.

Schon der vorindustrielle Kapitalismus der Verleger und Staatsmanufakturen war von zahlreichen Aufständen und sozialen Gegenbewegungen begleitet; die Revolte der schlesischen Weber war weder ein Einzelfall noch außergewöhnlich. Vielmehr handelte es sich nur um ein zufällig in der literarischen Verarbeitung herausgehobenes Durchschnittsereignis. Bereits lange vor den großen Schüben der Industrialisierung galt die Formel der allgemeinen Destabilisierung: »Die Angst vor dem sozialen Ernstfall durchzog das 18. Jahrhundert [...]. Es ging um Aufstand, Ausstand, Verabredungen, Tumulte, rebellischen Unfug – alles Begriffe, die letztlich nur verschiedene Formen desselben ungewissen Zustands meinten« (Stürmer 1986, 153).

Diese soziale Rebellion wurde von der Ersten industriellen Revolution und der damit verbundenen Radikalisierung des kapitalistischen Kalküls erst richtig angefacht. Während die Spinner- und Weberaufstände auf dem Kontinent (berühmt geworden ist außer der schlesischen Revolte auch der Aufstand der Lyoner Seidenweber von 1831) noch der Nachklang des vorindustriellen 18. Jahrhunderts waren, entwickelte sich im industriell fortgeschrittenen England eine neue Sozialbewegung, die im Zuge der allmählichen Industrialisierung auch auf West- und Mitteleuropa übergriff und sich dort mit den älteren Formen der Handwerker-Revolten und allgemeinen »Brotunruhen« vermengte. Auch in England selber hat es diese »Brotunruhen«, die regelmäßig auf eine Erhöhung der Lebensmittelpreise folgten, reichlich gegeben; und heute ist dieser Begriff für die zahllosen spontanen Revolten in der Dritten Welt wieder gebräuchlich geworden, wie sie immer wieder als Reaktion auf die drastische Verteuerung der Grundnahrungsmittel aufflammen, die der Internationale Währungsfonds (IWF) und seine neoliberalen Vordenker den hochverschuldeten Staaten der kapitalistischen Peripherie stets von neuem verordnen und aufzwingen.

Den Kern der sozialen Revolten bildete jedoch seit der Ersten industriellen Revolution die von England ausgehende neue Bewegung der »Maschinenstürmer« oder »Ludditen«, benannt nach »General Ludd«, einem legendären Anführer der militanten Strumpfwirker namens Ned Ludd oder Ludlam, von dem zweifelhaft ist, ob er real gelebt hat oder eine »Kunstfigur« und Imagination der sozialen Massenbewegung war. Von diesem Ludd und über ihn kursierten (oft in Knüttelversen und Schüttelreimen) zahlreiche Berichte und Sprüche wie z. B. der folgende, den Thompson zitiert:

> Kein General außer Ludd
> Meint es mit den Armen gut

Die Bewegung der Ludditen war keineswegs durch ein ahistorisches Augenblicks-Bewußtsein geprägt, wie es etwa bezeichnenderweise der sozialdemokratische Politikwissenschaftler Wolfgang Abendroth behauptet, der den »später beteiligten« ludditischen Aktivisten in den ersten Jahrzehnten des 19. Jahrhunderts unterstellt, »überhaupt nichts davon (zu) wissen, daß es in England einige Jahrzehnte vorher analoge Protestbewegungen gegeben hat« (Abendroth 1985, 29). Im Gegenteil lassen die Zeugnisse darauf schließen, daß die Ludditenbewegung von einer sehr starken historischen Überlieferung geprägt war und sich bewußt in die sehr wohl bekannte Tradition der sozialen Revolte stellte. Größere Unruhen der verschiedensten Art und aus den verschiedensten Gründen hatte es in England laut Thompson bereits 1709, 1740, 1756/57, 1766/67, 1773, 1780, 1782, 1795 und 1800/01 gegeben, nicht gerechnet zahllose kleinere und lokal beschränkte aufrührerische Aktionen. Die Mittel waren Streiks, Demonstrationen, Brandstiftungen, Plünderungen, Drohbriefe und auch schon im 18. Jahrhundert Zerstörungen von Maschinen und Fabrikeinrichtungen: »Die ersten Maschinen zum Wollscheren wurden 1758 von englischen Arbeitern zerstört« (Abendroth 1965, 13), und »1769 wurde als Reaktion auf die Zerstörung einer mechanischen Sägemühle in London das erste Gesetz, das die Zertrümmerung von Maschinen und Zerstörung von Fabrikgebäuden unter Strafe stellte, vom englischen Parlament erlassen« (Wulf 1987, 20). Im Verein mit den Brotunruhen entwickelte sich dabei ein militant antiautoritärer Geist von offenbar hochorganisierten Gruppen, wie er sich etwa in einem gereimten Drohbrief von 1766 manifestiert (dokumentiert bei Thompson 1980, 119):

> Wir sind eine kleine Armee von über 3000,
> zum Kämpfen zusammengeschweißt.

> Und, verdammt, wir werden's schaffen,
> daß des Königs Armee in die Hosen scheißt.
> Wenn König und Parlament nicht besser handeln,
> wollen wir England in einen Abfallhaufen verwandeln.
> Und wenn die Dinge nicht billiger werden,
> dann, verdammt, zünden wir das Parlament an
> und machen alles besser auf Erden.

Diese militante Sozialrevolte wurde nun von den Ludditen in der Ersten industriellen Revolution während des frühen 19. Jahrhunderts wieder aufgenommen und über mehrere Jahrzehnte mit Höhepunkten in den Jahren 1811/12 und 1817 durchgehalten. In den Textilprovinzen Nottinghamshire, Yorkshire und Lancashire erhielten die Unternehmer massenhaft mit »General Ludd« unterzeichnete Drohbriefe, oft mit der wenig schmeichelhaften Anrede »Du verdammter Schweinehund« (Thompson 1987/1963, 611) und mit Ankündigungen wie »daß wir eure Gebäude zu Asche verbrennen werden« (Thompson, a.a.O., 646 f.). Im März 1811 kam es in Nottingham zu großen Demonstrationen für Mindestlöhne und gegen die Einführung neuer Produktionsverfahren mit anschließenden »Maschinenstürmen«:

> »Als die Demonstration der Strumpfwirker am 11. März 1811 von der Polizei gewaltsam niedergeschlagen worden war, zerstörten sie als Reaktion hierauf noch in derselben Nacht 60 Strumpfwirkstühle. Diese gewaltsamen Aktionen hielten fast ein Jahr lang an. Im Laufe dieser Zeit wurden etwa 1000 Strumpfwirkstühle zerschlagen sowie normwidrige Produkte vernichtet. Die Arbeiter gingen hierbei durchweg organisiert und planmäßig vor« (Wulf 1987, 21 f.).

In Yorkshire, dem »zweiten großen Zentrum des Luddismus [...] bestanden die Ludditen aus der bestorganisierten Gruppe hochqualifizierter Handwerker-Facharbeiter, den Tuchscherern« (Paulinyi 1983, 237). Hier ging es gegen die Einführung der *gig-mill* und des *shearing-frame:* Produktionstechniken, von denen die Tuchscherer nicht zu Unrecht Dequalifizierung und Absturz der Löhne befürchteten. Der Kampf eskalierte bis zum offenen Bürgerkrieg:

»Anders als die Strumpfwirker von Nottingham sahen sich die Tuchscherer von Yorkshire […] nicht allein mit Kleinbetrieben, sondern auch mit fabrikmäßigen Großbetrieben konfrontiert, die sich keineswegs einschüchtern ließen und denen ungleich schwerer beizukommen war. Im April 1912 nahmen die Ludditen die Kraftprobe auf und griffen mit 150 bewaffneten Leuten die Fabrik von William Cartwright in Rawfolds an. Cartwright war auf einen solchen Angriff vorbereitet und hatte in seiner Fabrik vorsorglich Soldaten und bewaffnete Arbeiter postiert. Als die Ludditen die Haupteingänge zu stürmen versuchten, wurden sie von Cartwrights Leuten zurückgeschlagen. Auf seiten der Angreifer gab es Verletzte und zwei Tote. Hatten sich die Ludditen bis zu diesem Zeitpunkt auf die selektive Zerstörung von Maschinen beschränkt, so eskalierte nun, nachdem das erste Blut geflossen war, die Bewegung. Als Vergeltung für die zwei erschossenen Arbeiter ermordeten sie einen der verhaßtesten Unternehmer namens Horsfall, der provokativ verkündet hatte, er wolle ›bis zu den Sattelgurten in Ludditenblut reiten‹ […] Durch diesen Mord verlor die Ludditenbewegung an Sympathie in der Bevölkerung, was wiederum zu einer weiteren Radikalisierung führte. Es kam nun zu Plünderungen und bürgerkriegsähnlichen Auseinandersetzungen. Die Bewegung weitete sich zunehmend aus zu einer Revolte gegen die durch Mißernten, Krieg und Wirtschaftskrise verursachte materielle Verelendung. Die Regierung antwortete hierauf mit massivem Truppeneinsatz und der Einführung der Todesstrafe für Maschinenzerstörung« (Wulf, a.a.O., 23f.).

Offensichtlich besaß die »Armee der Gerechten«, wie sich die Ludditen auch nannten, durchaus weiterhin einen starken Rückhalt in der Bevölkerung; und Thompson ist der Auffassung, man dürfe auch nach den schweren militärischen Zusammenstößen »die Isolation, in die die Strumpfwirker und Scherer getrieben wurden, nicht überbewerten. Während der ganzen Zeit ludditischer ›Ausschreitungen‹ besaßen die Maschinenstürmer in den Midlands und dem West Riding den Rückhalt der öffentlichen Meinung« (Thompson 1987/1963, 635). Trotz des Einsatzes regulärer Truppen gegen die eigene Bevölkerung (ein Glanzlicht in der Durchsetzung des marktwirtschaftlichen »laisser faire«) und der militärischen Niederlage von »General Ludd« gab es auch weiterhin Revolten, Streiks, Brandstiftungen und Maschinenzerstörungen bis in die 40er Jahre des 19.

Jahrhunderts – im Grunde eine Begleitmusik zur gesamten Geschichte der Ersten industriellen Revolution in Großbritannien.

1818 entzündeten sich Massenstreiks von Baumwollspinnern und Webern; letztere »sammelten alle Weberschiffchen ein und verschlossen sie in Kapellen oder Werkstätten, und zwar nicht nur in Manchester, sondern in allen Weberstädten [...] Der Streik endete mit vorübergehenden Konzessionen der Unternehmer und mit der Verfolgung und Verhaftung von verschiedenen Weberführern« (Thompson 1987/1963, 303f.). 1819 kam es zum berüchtigten »Massaker von Peterloo«, als das Militär in eine Großdemonstration feuerte; 1826 wurden erneut Maschinenwebstühle zerstört, und noch 1831 endeten 23 Männer wegen Zerstörung einer Papiermaschine auf dem Schafott. Ähnlich zäh war der militante Widerstand der Landarbeiter gegen den »arbeitssparenden« Maschineneinsatz und gegen Lohnsenkungen, verschlechterte Arbeitsbedingungen usw. Noch 20 Jahre nach den Ludditen-Aufständen gingen, wie Friedrich Engels erfuhr, die Bauern und Landarbeiter mit denselben Mitteln gegen den Agro-Kapitalismus vor:

»Ihre beliebte Weise des sozialen Krieges ist die Brandstiftung [...] im Winter 1830/31 [...] wurden den Pächtern die Korn- und Heuschober auf den Feldern, ja die Scheunen und Ställe unter ihren Fenstern angezündet. Fast jede Nacht flammten ein paar solcher Feuer und verbreiteten Entsetzen unter den Pächtern und Grundeigentümern. Die Täter wurden nie oder selten entdeckt, und das Volk übertrug diese Brandstiftungen auf eine mythische Person, die es Swing nannte. Man zerbrach sich die Köpfe darüber, wer dieser Swing sein möge [...] Seit jenem Jahre haben sich die Brandstiftungen mit jedem Winter [...] wiederholt. Im Winter 1843/44 waren sie wieder einmal außerordentlich häufig« (Engels, a.a.O., 478).

Bei »Swing« handelte es sich offensichtlich um eine »General Ludd« verwandte Figur, und die Legendenbildung zeigt, wie tief verwurzelt die Rebellion gegen den Kapitalismus und seine Erste industrielle Revolution in den Volksmassen war. Noch 40 Jahre nach der Niederschlagung der Ludditen sprach man »von mitternächtlichen Treffen, militärischen Übungen und aufrührerischen Reden« und von 1812 vergrabenen ludditischen Waffen, die »in den späteren

Krisen wieder ausgebuddelt wurden« (Thompson 1987, 579). Diese Geschichte eines militanten und geradezu heroischen Widerstands wird gewöhnlich sowohl von der liberalen als auch von der marxistischen Theorie (wenn auch mit unterschiedlichen Akzentsetzungen) als »rückwärtsgewandte« und »sinnlose« Auflehnung gegen die »unvermeidliche Modernisierung« betrachtet.

Einerseits zeigt sich hier wieder das gemeinsame mechanistische Weltbild der »Modernisierer«, die Menschenopfer für normal halten und als eine Art Götzendiener dem roboterhaften Modernisierungs-Moloch der »abstrakten Arbeit« verpflichtet sind; auch heute ist ja wieder ungerührt die Rede vom »notwendigen Strukturwandel«, der ganz nach liberaler Tradition als »Naturgesetz« einer blinden Entwicklung jenseits menschlicher Bedürfnisse interpretiert und exekutiert wird. Andererseits scheint der »Maschinensturm« auf den ersten Blick die bloße Dummheit einer »unreifen Bewegung« zu sein (wie sie wenig später auch Karl Marx abtun sollte), die ein verkürztes und »falsches« Feindbild gegen »die Maschine« aus ihrer unmittelbaren Erfahrung entwickelt habe. Diese Erfahrung läßt sich allerdings auch nicht »wissenschaftlich« wegzaubern. Der junge Engels zitiert in seinem Buch aus dem Gedicht »König Dampf« von Edward P. Mead aus Birmingham, das die Identität von realer Erfahrung und Empörung gegen das Maschinensystem dokumentiert:

Ein König lebt, ein zorniger Fürst,
Nicht des Dichters geträumtes Königsbild,
Ein Tyrann, den der weiße Sklave kennt,
Und der Dampf ist der König wild.

Er hat einen Arm, einen eisernen Arm,
Und obgleich er nur einen trägt;
In dem Arme schafft eine Zauberkraft,
Die Millionen schlägt.

Wie der Moloch grimm, sein Ahn, der einst
Im Tale Himmon saß,

Ist Feuersglut sein Eingeweid',
Und Kinder sind sein Fraß.

Seine Priesterschar, der Menschheit bar,
Voll Blutdurst, Stolz und Wut,
Sie lenken – o Schand – seine Riesenhand
Und zaubern Gold aus Blut.

Und seine Vögte grimm, die Mill-Lords stolz,
Goldstrotzend und blutigrot,
Stürzen muß sie des Volkes Zorn,
Wie das Scheusal, ihren Gott!

Tritt uns hier wirklich nur eine wilde Naivität entgegen? Laut Engels spricht dieses Gedicht die Ansicht der damaligen Arbeiter über das *Fabriksystem* aus, was immerhin etwas anderes ist als die bloße Unmittelbarkeit der Maschinen. Und in der Tat ist leicht erkennbar, daß hier mit »König Dampf« wesentlich mehr gemeint ist als eine »falsch« aufgefaßte oder negativ mythologisierte naturwissenschaftlich-technologische Kausalität. Vielmehr geht es um die *soziale Abstraktion des Kapitals*, die als mit der konkreten Gestalt des Maschinensystems identische gedacht wird. Und nicht zu Unrecht, denn der kapitalistische Produktionsapparat ist eben eine bereits in den absurden betriebswirtschaftlichen Selbstzweck »übersetzte« konkrete Ausformung der neuen industriellen Potenzen. Und deswegen kann auch dieser kapitalistischen Erscheinungsform der weiterentwickelten Produktivkräfte keineswegs eine technologische »Unschuld« bescheinigt werden, wie sie später zur verinnerlichten Selbstverständlichkeit werden sollte.

Insofern hatten die Ludditen in gewisser Weise zwar kein »höheres Bewußtsein«, aber doch ein feineres Gespür für den sozialen Charakter des Fabriksystems als die spätere »offizielle« Arbeiterbewegung mit ihrem bürgerlichen Wissenschaftsfimmel. Es wäre natürlich verfehlt, »General Ludd« zu idealisieren und zu romantisieren (das bekommt auf die Dauer jeder historischen Sozialbewegung schlecht und verdunkelt eher ihren möglichen positiven Stellenwert). In diesem Punkt ist Thompson zuzustimmen, der die (unvermeidliche) Ambivalenz der ludditischen Revolte herausgearbeitet hat: weder war sie »reaktionär« noch im liberalen oder sozialistischen Sinne »fortschrittlich«; sie paßt überhaupt nicht in das seit mehr als hundert Jahren eingeschliffene sozialwissenschaftliche Kategoriensystem.

Auf keinen Fall waren diese Sozialrevolten primitive Spontanaktionen von »irrational reagierenden« Analphabeten, wie es z. B. noch bei Abendroth erscheint. Vielmehr handelte es sich um weitreichende Organisationen mit Wachposten, Kurieren und Korrespondenzen, die nicht bloß maskiert und verkleidet als bewaffnete Gruppen in zahllosen gewagten Kommandounternehmen auftraten, sondern auch programmatische Diskussionen über die Zukunft der Gesellschaft führten. Ihre geheimen Anführer waren nach Berichten und Zeugnissen »scharfsinnig und humorvoll; einige von ihnen gehörten nach den Londoner Handwerkern zu den belesensten der ›arbeitsamen Klassen‹ [...]« (Thompson 1987/1963, 630).

Es war zweifellos ein rückwärtsgewandtes Moment in diesen Bewegungen und Revolten enthalten. Das an der Vergangenheit orientierte Motiv der Ludditen war natürlich, wie sich leicht belegen läßt, die alte handwerkliche Lebenswelt und damit teilweise auch deren soziale Beschränktheit. Das zeigte sich etwa in Forderungen, die volle (bei den Tuchscherern siebenjährige) Lehrzeit einzuhalten und keine ungelernten Arbeiter zu beschäftigen. Damit sollte der rapide Verfall des Lohnniveaus durch das Fabriksystem gestoppt werden. Sozial bestand die Bewegung aus degradierten oder von Degradierung bedrohten Handwerkern und aus Fabrik- oder Manufakturarbeitern, die aber noch einen handwerklichen Vergleichsmaßstab hatten; unterstützt wurden die Ludditen von kleinen Meistern, kleinen Händlern, Arbeitern anderer Produktionszweige außerhalb der Textilindustrie, sogar von Geistlichen, Soldaten, Akademikern usw., was darauf hindeutet, daß diese Revolten nicht bloß partikulare Interessen artikulierten.

Ganz offenbar wurde die Erste industrielle Revolution allgemein als Verschlechterung erlebt, wie schon früher der vorindustrielle Kapitalismus als Verschlechterung und Bedrohung empfunden worden war. Selbst wenn dabei die vage Erinnerung an die vorkapitalistischen Lebensumstände zu einem »goldenen Zeitalter« idealisiert worden sein sollte, so bleibt es ein hartes Faktum, daß die Menschen den heraufdämmernden kapitalistischen Industrialismus aus vollem Herzen verabscheuten, denn »alle Zeugen waren sich einig in der generellen Ablehnung des Fabriksystems« (Thompson 1987/1963, 613), und sie ließen sich diese Ablehnung, ihre eigene Erfahrung und ihr eigenes Empfinden partout nicht von den liberalen »Experten« und benthamistischen Menschenschindern ausreden.

Bis heute hält die konformistische Geschichtswissenschaft hartnäckig an dem bürgerlichen Mythos fest, die Sozialrevolten der Ersten industriellen Revolution (die überdies in ihrer Bedeutung heruntergespielt werden), seien ihrerseits einem bloßen Mythos aufgesessen und große Massen von Menschen hätten um eines bloßen »Hirngespinstes« willen aus freien Stücken ihr Leben riskiert. Thompson führt einen dieser modernen Apologeten an, der treuherzig meint, die Lebensumstände der Menschen im kapitalistischen Fabriksystem seien doch auch »nicht schlimmer als die einer früheren Periode« gewesen (a.a.O., 294). Ein wahrhaft durchschlagendes Argument!

Es ging aber nicht allein um die mehr oder weniger idealisierte Erinnerung an eine noch nicht von marktwirtschaftlichen Zwängen gehetzte Vergangenheit und auch nicht bloß um die real erfahrenen Lohnsenkungen oder die Verschlechterung der Arbeitsbedingungen. Vielmehr machten die sozialen Gegenbewegungen auch einen positiven Maßstab geltend, den Thompson in einer berühmt gewordenen Formulierung als »Plebeische Kultur und moralische Ökonomie« (Thompson 1980) bezeichnet hat. Die Ludditen und andere waren »Erben überlieferter Dorfrechte, rechtlicher Gleichheitsvorstellungen«, sie orientierten sich an einem »moralischen Rechtsempfinden« und an einem »kulturellen Muster«, das einen »Rhythmus von Arbeit und Muße« ebenso einschloß wie die Vorstellung eines »gerechten Preises« und eines »angemessenen Lohnes« (Thompson 1987/1963, passim), die völlig unvereinbar war mit den blind-mechanistischen Gesetzen eines sogenannten Arbeitsmarktes. Die Menschen wollten sich nicht an irgendein »freies Spiel der Kräfte« ausliefern, sie empfanden den Wirtschaftsliberalismus nicht als Freiheit, sondern als ungeheuren Betrug, und sie wehrten sich daher gegen den »Verlust von Status und vor allem Unabhängigkeit für den Arbeiter, seine vollständige Abhängigkeit von den Produktionsmitteln des Unternehmers, [...] die Disziplin und Monotonie der Arbeit, [...] (den) Verlust von Freizeit und Annehmlichkeiten; und die Reduktion des Menschen zu einem ›Instrument‹ [...]« (a.a.O., 218).

Diese Maßstäbe sind keineswegs bloß rückwärtsgewandt, sondern sie klagen elementare und universelle Bedingungen menschlicher Freiheit ein, die durch das kapitalistische Markt- und Fabriksystem von Grund auf zerstört wurden. Wie sehr dieser Vorgang nicht bloß als Verletzung moralischer Normen, sondern als existentielle Unerträglichkeit empfunden wurde, geht auch aus Berichten über die deutschen Verhältnisse immer wieder hervor. So heißt es z. B. in einer Untersuchung über die Anfänge der Industrialisierung in Baden und Württemberg:

»Der Weg in die Fabrik aber, soweit sich derartige Möglichkeiten anboten, galt den gelernten Handwerkern leicht als ein Schritt, der ihrer ›Ehre‹ widersprach und dem sie selbstbestimmte Dürftigkeit (!) vorzogen. Denn die Fabrikarbeit erbrachte zwar durchschnittlich höheren Lohn als das ›Werken‹ in den eigenen vier Wänden, stand aber unter ständiger Aufsicht und Kontrolle und nötigte bei langem Arbeitstag insgesamt zu größerer Arbeitsintensität« (v. Hippel 1992, 178 f.).

Abgesehen davon, daß die Löhne in der Fabrik nur wegen des massenhaften Ruins der handwerklichen Produzenten »höher« waren, zeigt sich hier ein ganz fundamentaler Impuls gegen die totale Fremdbestimmung, wie er eigentlich für jeden Menschen selbstverständlich sein sollte. Die kapitalistischen »Sachzwänge« waren eben noch nicht verinnerlicht und konnten deshalb mit Abscheu zurückgewiesen werden. Daß auch dem schlesischen Weberaufstand ähnliche Motive inhärent waren, zeigt sich indirekt an einem rügenden Räsonnement der »Deutschen Allgemeinen Zeitung« im Juni 1844:

»Die Weber litten nicht mehr Not als alle übrigen Tagelöhner, die aus der Hand in den Mund lebten, zu einer Zeit, wo der Arbeit wenig, die Konkurrenz groß, die Lebensmittel aber ungewöhnlich teuer waren. War ihre Bedrängnis größer als die der bezeichneten Klassen, so kam sie zum großen Teil her aus [...] ihrem Widerwillen gegen jede andere Arbeit. Hunderte von

Weberburschen und Webermägden würden vom Bauer bereitwillig in Dienst, in Arbeit genommen worden sein, hätten bei Straßenbauten und sonst Beschäftigung gefunden; aber sie hätten streng arbeiten und gehorchen müssen, und sie wollten nur soviel arbeiten als ihnen gefiel und nur solange als ihnen recht war [...]« (zit. nach: Kroneberg/Schloesser 1980, 185).

Aus solchen versteckten, indirekten Äußerungen wird deutlich, daß die Ludditen nur die Speerspitze einer in ganz Europa verbreiteten fundamentalen Oppositionshaltung der Produzenten waren, die sich nicht das Rückgrat brechen lassen wollten. Natürlich war die »plebeische Kultur und moralische Ökonomie« noch auf die familiale Produktionseinheit bezogen, aber sie schloß höhere Organisationsformen keineswegs von vornherein aus; dies zeigt ja schon der weitverzweigte Zusammenschluß der ludditischen Revolte selber an. Was »aus dem Bauch heraus« erbittert abgelehnt wurde, das war die allein dem Gesetz des Geldes folgende Disziplinierung und Fremdbestimmung. Der Begriff der »Ehre« in diesem sozialen Sinne erscheint heute als antiquiert, und es wird von den meisten wohl nur noch kopfschüttelnd zur Kenntnis genommen, daß Menschen lieber hungern und revoltieren, als sich einem kapitalistischen »Arbeitsplatz« anzubequemen. Das zeigt freilich nur, wie ehrlos und würdelos die Menschen gemacht worden sind, daß sie nach »Arbeitsplätzen« gieren, weil sie sich eine gemeinschaftlich organisierte, selbstbestimmte Reproduktion ihres Lebens gar nicht mehr vorstellen können.

Die Frauen waren aus diesem sozialen Ehrbegriff keineswegs grundsätzlich ausgeschlossen. Zwar kann die bäuerlich-handwerkliche, auf die Familie bezogene Produktionsweise natürlich auch in dieser Hinsicht nicht idealisiert werden; sie war im Kern patriarchalisch. Das bedeutete jedoch keineswegs eine Recht- und vor allem auch keine Machtlosigkeit der Frauen, denn aufgrund ihres eigenen Platzes in der Produktion konnten sie durchaus mitreden. Wie eine selbstbestimmte Produktivkraftentwicklung nicht grundsätzlich ausgeschlossen war, so war auch eine Beteiligung und Mitbestimmung der Frauen daran im Prinzip denkbar.

Es war ja erst der Kapitalismus, der den Frauen einen eigenständigen Platz in der »offiziellen« Gesellschaft absprach, um sie auf ein

Hausfrauendasein zu verpflichten, das sie einerseits zur Mutterschaft und andererseits zur »Sexmaschine« im Sinne von de Sade degradierte. Auf diese Rollen blieben die Frauen auch dann fixiert, wenn sie parallel dazu einer (meist schlechter bezahlten) Lohnarbeit unterworfen wurden; deswegen ist es eine grobe Irreführung, den Aufstieg der Marktwirtschaft als Bedingung der weiblichen Emanzipation darzustellen. Vielleicht waren die Frauen der Unterschichten in jener Umbruchphase, als der Kapitalismus noch auf den Massenwiderstand sozialer Revolten stieß, einer Emanzipation viel näher als in den späteren Domestizierungs- und Anpassungsprozessen der »Modernisierung« – auch wenn sie ihrem Bewußtsein nach natürlich ebenso wie die Männer auf dem Niveau ihrer Zeit standen. Aus den Volksbewegungen der Französischen Revolution ist ja die militante Rolle von »niederen Frauen« bekannt. Bei den Brotunruhen und Aktionen gegen die Disziplinierungen von Manufaktur oder Fabrik standen oft Frauen in vorderster Linie. In der ganzen Frühgeschichte der Industrialisierung traten Frauen als Anstifterinnen von Unruhen auf. Die Polizeiberichte dieser Zeiten sind voll von einschlägigen Hinweisen. So klagt ein Staatsanwalt, wieder in Frankreich, anläßlich eines Maschinensturms 1831 (nicht in Lyon, sondern in Saint-Etienne):

»Und äußerst schmerzlich ist die Feststellung, daß die Frauen besonders verbissen gegen die Nationalgarde gekämpft haben. Sie hatten die Schürzen voller Steine, und bald warfen sie selbst, bald haben sie die Steine zum Werfen weitergereicht [...] Es gibt besonders unter den Frauen schreckliche Kreaturen [...]« (zit. nach: Perrot 1981, 82).

Auch für das England der Zeit vor und während der ludditischen Bewegung werden Frauen als durchaus selbstbewußte Akteure genannt, wie Thompson am Beispiel einer der zahlreichen Brotrevolten zeigt, die vielerorts mit dem Aufstand der Ludditen direkt oder indirekt vermittelt waren:

»In Nottingham marschierten die Frauen 1812 mit einem Laib Brot auf einer Stange durch die Straßen, der mir roten Streifen bemalt und mit schwarzem Krepp versehen war: ein Emblem für eine ›in Sacktuch gekleidete, blutsaugende Hungersnot‹ [...]« (Thompson 1980, 128 f.).

Aus solchen Dokumenten darf man natürlich nicht auf eine umfassende Frauenemanzipation in den Sozialrevolten schließen. Der spezifisch christlich-abendländische Patriarchalismus, verschärft durch die frühe Modernisierung seit der Reformation, saß vermutlich in den revoltierenden Handwerkerfamilien, »arbeitenden Armen« oder Slumbewohnern ebenso tief wie in anderen gesellschaftlichen Schichten. Dennoch ist in der Verschränkung von Selbstlegitimation durch »altes Recht« (das keineswegs die Stellung der Frau eindeutig negativ bestimmte) und sozialer Rebellion unter Beteiligung von Frauen die Möglichkeit einer »Öffnung nach vorn« zu erkennen. Es gab hinsichtlich der Kritik des Patriarchats »unter den radikalen Handwerkern der großen Städte auch eine hartnäckige Minderheitstradition, die viel weiterreichende Forderungen aufstellte, als sie vor der Französischen Revolution je bekannt waren« (Thompson 1987/1963, 443f.). Und das gilt auch für alle anderen Fragen einer zukünftigen gesellschaftlichen Entwicklung.

Die ludditischen und andere europäische »Maschinenstürmer«-Revolten überschritten mit ihrer Opposition und ihrem Aufruhr gegen die kapitalistische Fremdbestimmung bereits die Grenzen eines bloß sozialkonservativen Denkens. Die Wertmaßstäbe der »plebeischen Kultur und moralischen Ökonomie«, die vorher eher in halbbewußten Traditionen geschlummert hatten, wurden überhaupt erst durch die Abwehr der kapitalistischen Zumutungen bewußt und nahmen eine programmatische Gestalt an; und insofern könnte der ludditische Bezug auf handwerkliche soziale (nicht technische) Traditionen über sich selbst hinausweisen. Das gilt auch für die seit dem 18. Jahrhundert selber schon zur Tradition gewordene Mentalität der Revolte, denn der antiautoritäre, »aufmüpfige« und bissig-ironische Geist der »Armee der Gerechten« hatte wohl auch wenig mit der alten handwerklichen »Ehrerbietigkeit« zu tun.

Gerade in diesem Sinne eines erwachenden, weitergehenden Bewußtseins, und darauf hat nicht nur Thompson hingewiesen, waren die Ludditen keine blinden Maschinen- und Industriefeinde; so wollten die Tuchscherer ausdrücklich der Einführung der gig-mill zustimmen, »sofern sie von kompensatorischen, d.h. ihre berufliche Existenz absichernden Maßnahmen, begleitet wäre« (Wulf 1987, 23), und die Zerstörung von Maschinen wurde durchaus selektiv gegen die Scharfmacher der Lohnsenkung und der Fabrikschinderei betrieben, richtete sich also nicht gegen das Gerät als solches.

Im Grunde genommen wollten die Ludditen, daß das »wirtschaftliche Wachstum nach ethischen Grundsätzen geregelt und [...] den menschlichen Bedürfnissen untergeordnet werden sollte« (Thompson 1987/1963, 640). Wenn sich diese Revolte daher »zu jedem Zeitpunkt zu einer Bewegung mit weitergehenden revolutionären Zielen hätte entwickeln können« (a.a.O., 641), so deshalb, weil sie kurz davor stand, die irrationale betriebswirtschaftliche »Vernunft« zu enttarnen und eine alternative, den benthamistischen Zurichtungen diametral entgegengesetzte Mobilisierung der neuen Produktivkräfte in einem tatsächlich »arbeitssparenden« und »wohlfahrtssteigernden« Sinne zu verlangen. Vielleicht wurde sie gerade deswegen derart brutal unterdrückt und ihr auch das kleinste Zugeständnis verweigert, um diesen unklar aufkeimenden Gedanken für immer zu ersticken und auszulöschen.

Mit dem Kampf gegen die kapitalistische Verselbständigung des Geldes und der Markt-Maschine stand selbstverständlich auch das privatkapitalistische juristische »Eigentum an den Produktionsmitteln« zur Disposition, freilich in einem ganz anderen Sinne als bei den späteren Sozialisten mit ihrer staatsautoritären Ideologie. Die Ludditen konnten sich eine »Staatsplanung« nicht einmal vorstellen; sie wollten auf eine autonome Selbstverständigung der Produzenten hinaus, auch wenn diese völlig unausgegoren blieb und der Bewegung gar keine Zeit gelassen wurde, eine solche Idee konkreter zu entwickeln und die vergangenheitsfixierte, letztlich illusionäre Ideologie vom »gerechten Preis« bzw. »gerechten Lohn« durch Erfahrung wie durch Reflexion zu überwinden.

Daß die Macht des in der absolutistischen Epoche aus den Massen herausgepreßten Geldes zwischen ihnen und den neuen Produktivkräften stand, beklagte 1818 ausdrücklich ein bemerkenswert reflektierter Baumwollspinner-Geselle: »Die Dampfmaschinen kamen in Gebrauch, und um diese zu kaufen und Gebäude zu errichten, die groß genug waren, [...] brauchte es ein großes Kapital« (zit. nach Thompson, a.a.O., 217). Die verarmten und degradierten, von Steuern und Teuerungen bis aufs Hemd ausgeplünderten Menschen besaßen zu Beginn der Ersten industriellen Revolution auch kollektiv und in (denkbaren) kooperativen Zusammenschlüssen nicht mehr die Mittel, legal an die neuen Produktivkräfte heranzukommen und die Aufgabe zu meistern, sie jenseits der vom Absolutismus ererbten Markt- und Betriebswirtschaft autonom zu gestalten.

In der Ambivalenz der Rebellion mit ihren halb rückwärtsgewandten, an der handwerklichen Tradition orientierten Motiven und ihrer halb zukunftsträchtigen, noch ganz verschwommenen Kritik betriebswirtschaftlicher Schein-Rationalität und »Marktgesetzlichkeit« liegt eine bis heute nicht eingelöste historische Möglichkeit: nämlich sich den Pseudo-Naturgesetzen der Markt-Maschine und der liberalen Ideologie zu verweigern, um eine selbstbestimmte Vergesellschaftung jenseits blinder Preismechanismen durch direkte menschliche Verständigung zu finden.

Das Bevölkerungsgesetz: Verschwindet von der Erde!

Die Ludditen waren nur die relativ bewußteste und schlagkräftigste soziale Revolte und Massenbewegung gegen das Fabriksystem und die kapitalistischen Zumutungen überhaupt. Die erwähnten Bewegungen auf dem Kontinent, die noch mehr durch »Brotunruhen« als durch »Maschinenstürme« gekennzeichnet waren, blieben jedoch an antiautoritären Impulsen und Selbstbestimmungs-Motiven nichts schuldig. Sogar in der vermieften deutschen Provinz gab es nicht nur passiven Sozialstolz, sondern weit über das punktuell hervorgehobene schlesische Ereignis hinaus aufmüpfige Handwerker, Fabrik- und Manufakturarbeiter und Teile der Landbevölkerung, die sich gegen soziale Degradation, »Pauperisierung« und Brotverteuerung wehrten. So kam es z. B. im April 1847 in Berlin zum sogenannten »Kartoffelaufstand« (Price 1992, 27), und auf lokaler und regionaler Ebene sind zahlreiche ähnliche Revolten dokumentiert. Auch in den deutschen Staaten waren die »kollektiven Proteste und Protestdrohungen verwurzelt in überlieferten Bildern einer gerechten Ordnung« (Langewiesche 1992, 433). Was eben auch hier nur bedeutet, daß der Kapitalismus und die beginnende Industrialisierung als permanente Verschlechterung erlebt wurden. In verblüffender Parallele zu England findet sich auch im damaligen Deutschland das Mittel des sozialrevolutionären Drohbriefs dokumentiert. So erhielt 1847 der Gemeinderat im südwestdeutschen Ebersbach folgendes Schreiben:

»Liebe Bürger, ich kann nicht mehr unterlassen euch zu sagen welche es noch nicht wissen daß der Gemeinderath und Bürgermeister schläft, weil ihr nicht für die armen Bürger sorgt, indem wir doch Gemeindemittel haben, aber es findet einen anderen Weg, Gemeinderath wir sagen Euch wie ihr nicht sorgt für Brod und Frucht und Kartoffel werdet ihr totgeschlagen bei hellem Tag« (zit. nach Langewiesche 1992, 432 f.).

Ein tiefer Groll der »arbeitenden Armen«, soziale Drohbriefe, der Weberaufstand in Schlesien, Brotunruhen in vielen Landesteilen, Ablehnung der freien Konkurrenz und immer noch nirgendwo »wohlfahrtssteigernde Wirkungen« der Marktwirtschaft für einen Großteil der Bevölkerung in Sicht: Es ist bezeichnend, daß diese Epoche in Deutschland später »das Biedermeier« genannt wurde. Ursprünglich war das ein Spottname (erfunden von dem Schriftsteller Ludwig Eichrodt, der seit 1850 parodistische Gedichte eines fiktiven schwäbischen Schullehrers namens »Gottlieb Biedermaier« herausgab), der sich in den Geschichts- und Kulturwissenschaften jedoch zum bierernsten Epochenbegriff mausern konnte. Darin drückt sich in doppelter Weise die soziale Ignoranz der bürgerlichen Gesellschaft in Deutschland aus: nämlich sowohl die verspießerte, »mittelständische«, besitz- und bildungsbürgerliche Krisenverdrängung der zeitgenössischen »Träger des Fortschritts« von Vermarktwirtschaftlichung und Industrialisierung als auch die spätere wissenschaftlich-akademische Vernebelung der wirklichen Geschichte, in der die Realexistenz des sozialen Kriegs- und Belagerungszustands zum Randphänomen der »notwendigen« Modernisierungsopfer degradiert wird.

Für das literarische Biedermeier kann als typischer Vertreter Ludwig Uhland (1787–1862) gelten, seit 1811 Rechtsanwalt in Tübingen, liberaler Ideologe und Abgeordneter der Liberalen im württembergischen Landtag, selbstverständlich bürgerlicher Patriot (»In den frischen Eichenhainen/Webt und rauscht der deutsche Gott«)

und vor allem auch württembergischer Lokalpatriot (»Und wo bei altem, gutem Wein/Der Württemberger zecht«), als Dichter gleichzeitig »bedeutendster Vertreter der schwäbischen Spätromantik« (Gero v. Wilpert, Deutsches Dichterlexikon). Worin dieser Verfasser deutschtümelnder Balladen und lange nachwirkender militaristischer Edelschnulzen (»Ich hatt' einen Kameraden«) in sozialideologischer Hinsicht »bedeutend« und für die biedermeierliche Weltsicht repräsentativ war, zeigen Verse aus seinem Gedicht »Lied eines Armen«:

Der Reichen Gärten seh' ich blühn,
Ich seh' die goldne Saat;
Mein ist der unfruchtbare Weg,
Den Sorg' und Mühe trat.

Doch weil' ich gern mit stillem Weh
In froher Menschen Schwarm
Und wünsche jedem guten Tag
So herzlich und so warm.

O reicher Gott, du ließest doch
Nicht ganz mich freudenleer:
Ein süßer Trost für alle Welt
Ergießt sich himmelher.

Noch leuchtet Sonne, Mond und Stern
So liebevoll auch mir,
Und wann die Abendglocke hallt,
Da red' ich, Herr, mit dir.

Einst öffnet jedem Guten sich
Dein hoher Freudensaal,
Dann komm' auch ich im Feierkleid
Und setze mich ans Mahl.

Wenn man bedenkt, daß dies in einer Epoche der Hungerrevolten und des sozialen Krieges geschrieben wurde, dann ist es schon fast wieder gut in seiner frechen Einfalt. Verglichen mit Heinrich Heines »Weberlied«, dem Gedicht von »König Dampf« oder den aufrührerischen Knüttelversen aus dem England des 18. Jahrhunderts tritt uns hier der Geist der deutschen liberal-patriotischen Sesselfurzer und Sozialignoranten des 19. Jahrhunderts entgegen. Die marktwirtschaftlich verursachte Massenarmut und Massenarbeitslosigkeit erzeugt in diesen Köpfen billige Sentimentalität, solange die Gedemütigten und Beleidigten sich an die kapitalistischen Spielregeln halten, sich mit ihrem Los bescheiden und »jedem guten Tag sagen«, um frohgemut und mit unsäglicher Geduld auf das bessere Jenseits (oder auf die segensreichen Wirkungen der leider notwendigen »Strukturanpassung«) zu warten.

Bis heute hat sich an dieser Mentalität des deutschen Mittelstands nichts geändert, der noch auf jede Krise seiner marktwirtschaftlichen Religion und ihrer Heiligtümer einerseits mit beinharter Besitzstandswahrung, andererseits mit sentimentaler Verniedlichung und Verdrängung reagiert hat. Die Welt soll marktwirtschaftlich sein, aber auch edel, hilfreich und gut. Von einem kleinen Mädchen aus behütetem Hause wurde mir vor einiger Zeit berichtet, es hätte sich das Märchen vom Rotkäppchen zum wiederholten Vorlesen gewünscht, »aber bitte ohne den bösen Wolf«. Kindermund tut Wahrheit kund, denn das könnte ein Motto sein für zweihundert Jahre Biedermeierei und kapitalistische Krisengeschichte in Deutschland.

Leider gibt es aber den Kapitalismus ohne den Wolf nicht. Die zweite, weniger sentimentale, beinharte Seele in der biedermeierlichen Brust ist sich dessen sehr wohl bewußt. Die Massen, die durch Marktwirtschaft und Industrialisierung von der Kontrolle über ihre eigenen Lebensbedingungen abgeschnitten worden sind, aber gleichwohl nicht ausreichend »beschäftigt« werden können – sie »stören« und werden als dunkle Bedrohung empfunden, gerade weil die Marktwirtschaft sich nicht mehr mit relativ harmlosen Armutspopulationen begnügt, sondern gleich im Großen zuschlägt:

»Wie die rasch anschwellende vormärzliche Pauperismus-Literatur zeigt, [...] herrschte unter der erdrückenden Mehrheit all jener Beamten, Pfarrer, Staatswissenschaftler, Schriftsteller, Nationalökonomen, Gutsbesitzer usw., die sich zu diesem Notstand unablässig äußerten, Einigkeit darüber, daß es sich um eine historisch neuartige Erscheinung der Massenarmut, nicht mehr um die traditionelle Armut handelte« (Wehler 1987, 283).

Wohin also mit dieser anschwellenden Massenarmut und Massenarbeitslosigkeit, die als permanente Bedrohung und Anklage gegen die wunderbare Marktwirtschaft erscheinen mußte? Die aus der Angst geborene Armenbeschimpfung gehörte bald wieder zum guten Ton der besseren Kreise. Der preußische Freiherr vom und zum Stein (1757–1831) etwa, ein marktwirtschaftlicher und nationalpolitischer Reformer, den aus unbegreiflichen (oder nur zu begreiflichen) Gründen die staatssozialistische DDR in ihre vom Stechschritt beflügelte Ahnengalerie aufgenommen hat, tobte über den »Andrang von ursprungslosem und sittenlosem Gesindel«, das »aus dem Wachstum der Zahl und der Ansprüche der untersten Klassen« und des »eigentumslosen Pöbels« entstünde, »Neid und Habsucht« nähre und Eigentum und Ordnung bedrohe (Wehler 1987, 282). Der Freiherr sprach der gesamten besserverdienenden Welt aus der Seele. In welchem Ausmaß die Masse der Armen und »Herausgefallenen« einem dennoch unbeirrt marktgläubigen Bürgertum als lästiges und bedrohliches Ungeziefer erschien, zeigt der Leserbrief »einer Dame« an den »Manchester Guardian«, den Friedrich Engels in seinem Buch über die »Lage der arbeitenden Klasse« zitiert:

»Seit einiger Zeit begegnet man auf den Hauptstraßen unserer Stadt einer Menge von Bettlern, die teils durch ihre zerlumpte Kleidung und ihr krankes Aussehen, teils durch ekelhafte, offne Wunden und Verstümmelungen das Mitleid der Vorübergehenden auf eine häufig sehr unverschämte und molestierende Weise rege zu machen suchen. Ich sollte meinen, wenn man nicht nur seine Armensteuer bezahlt, sondern auch reichlich zu den wohltätigen Anstalten beiträgt, so hätte man doch genug getan, um das Recht zu haben, vor solchen unangenehmen und unverschämten Behelligungen sichergestellt zu werden; und wofür bezahlt man denn eine so hohe Steuer zum Unterhalt der städtischen Polizei, wenn diese einen nicht einmal so weit schützt, daß man ruhig in die Stadt oder heraus gehn kann?« (zit. nach Engels, a.a.O., 488 f.).

Gerade rechtzeitig kam die definitive bürgerliche Antwort auf dieses Problem, natürlich wieder aus dem fortgeschrittenen England, wo die Erste industrielle Revolution am stärksten von einer tiefgehenden strukturellen Massenarbeitslosigkeit begleitet war. Die Lösung für das Problem der »arbeitenden Armen« mußte nun ergänzt werden durch eine Lösung für das Problem der »Überflüssigen«, und zwar möglichst eine Endlösung. Nur ein wirtschaftsliberaler Pfarrer konnte in moraltriefender Betulichkeit diese soziale Endlösung ersinnen, und er fand sich in Thomas Robert Malthus (1766–1834). Dieser anglikanische Geistliche wurde zum Nationalökonomen und erfand in aller Schlichtheit das sogenannte *Bevölkerungsgesetz*.

War Bentham zuständig für die Dressur der »Beschäftigten«, so wurde es Malthus für den Umgang mit den »Überflüssigen«. Er holt weit aus, um der marktwirtschaftlich-kapitalistischen Welt eine neue furchtbare Rechtfertigung zu liefern. Und wieder einmal muß dabei die Natur bzw. »Natürlichkeit« der kapitalistischen Verhältnisse als wissenschaftliche Begründung herhalten. War die Pseudo-Naturalisierung des Sozialen im 18. Jahrhundert und namentlich bei Adam Smith noch mit eher physikalischen Metaphern im Sinne des mechanistischen Newtonschen Weltbildes begründet worden, so macht Malthus nunmehr den ersten großen Schritt zur *Biologisierung* der gesellschaftlichen Krise, darin die Phantasien des Marquise de Sade fortführend. Denn sein ideologisch konstruiertes Bevölkerungsgesetz firmiert als angeblich biologisches Grundgesetz der gesellschaftlichen Entwicklung. Aus der biologischen Natur entnimmt er willkürlich die »dauernde Neigung aller Lebewesen, sich weit über das Maß der für sie bereitgestellten Nahrungsmittel zu vermehren« (Malthus 1924/1826, Bd. 1, 14). Dies gelte notwendigerweise auch für den Menschen: »Wo immer also Freiheit ist, betätigt sich die Vermehrungskraft, und ihre übermäßigen Folgen werden hinterher durch Raum- und Nahrungsmangel unterdrückt« (a.a.O., 15). Wenn sie nicht gehemmt werde, verdoppele sich die Bevölkerung alle 25 Jahre und nehme somit in geometrischer Progression zu, während die Lebensmittel bestenfalls in arithmetischer Reihe vermehrt werden könnten.

Malthus verlagert also das Problem aus der Struktur der gesellschaftlichen Beziehungen heraus, um die kapitalistisch erzeugte künstliche Armut, ja sogar »Überflüssigkeit« von Menschen auf die Ebene von Karnickeln oder Bibern zu bringen, die sich unter bestimmten Bedingungen »zu stark vermehren«. Das tun die »Lebewesen« laut Malthus immer dann, wenn es ihnen zu gut geht. Und aus dieser Erkenntnis heraus muß Herr Malthus leider in aller liberalen Menschenfreundlichkeit bekennen, »daß der Armut und dem Elend, die bei den niederen Gesellschaftsklassen herrschen, absolut nicht abzuhelfen ist« (a.a.O. 5). Diese kleine Korrektur am liberalen Wohlstandsversprechen von Adam Smith hatte eigentlich auch Bentham schon vorgenommen, aber noch nicht mit einer derart durchschlagenden »biologischen« Begründung.

Malthus gibt zwar ohne weiteres zu, daß sein Konstrukt nur unter kapitalistischen Bedingungen gilt; da diese aber ihrerseits bekanntlich die »natürlichen« und unabänderlichen sind, trifft sich alles bestens. Selbstverständlich hält Malthus diese Unabänderlichkeit für tragisch und vergießt manche christliche Träne dabei; aber was sein muß, muß eben sein, denn »die Konstanz der Naturgesetze [...] ist das Fundament alles menschlichen Wissens« (a.a.O., Bd. 2, 10).

Als kluger Mann setzt sich der biologisierende Pfarrer auch mit möglichen Einwänden auseinander. Ein »vorbeugendes Hemmnis« der Bevölkerungsvermehrung könnte natürlich die Verhinderung von Geburten sein. Der frühkapitalistische Absolutismus hatte im Interesse der unablässigen Produktion von »Menschenmaterial« rigoros die alten Methoden der Empfängnisverhütung verboten und das Wissen darüber unterdrückt, um »Soldaten und Arbeiter« am Fließband zu bekommen, ohne Rücksicht auf Verluste. Unter dem Eindruck der Ersten industriellen Revolution und des Problems der »Überflüssigen« sagt Malthus nun, daß das ein Fehler war; aber selbstverständlich will er als liberaler Christ nicht zurück zu den vormodernen Verhältnissen bewußter Empfängnisverhütung und »irregulärer« Sexualität unter Einschluß von einstmals (vor allem in der Adoleszenz) real ziemlich unproblematischen homosexuellen Beziehungen:

»Ein unregelmäßiger Geschlechtsverkehr bis zu einem solchen Grade, daß die Geburt von Kindern verhindert wird, scheint die Würde der menschlichen Natur in der deutlichsten Weise herabzusetzen. Er kann nicht ohne

Wirkung auf die Menschen bleiben, und nichts kann mehr ins Auge fallen, als seine Tendenz, den weiblichen Charakter zu erniedrigen (!), und alle seine liebenswürdigsten und auszeichnensten Eigenschaften zu vernichten [...] Ungeregelter Geschlechtsverkehr, unnatürliche Leidenschaften, Ehebruch, unsaubere Praktiken zur Verheimlichung der Folgen unregelmäßiger geschlechtlicher Beziehungen, sind vorbeugende Hemmnisse, die klar und deutlich unter den Begriff des Lasters fallen« (a.a.O., Bd. 1, 24 ff.).

Malthus findet über nahezu tausend Seiten seines Hauptwerkes gar kein Ende mehr damit, immer wieder jede Form der Sexualität ohne Kinderwunsch als »im hohen Grade unnatürlich, unsittlich« und als »verabscheuungswürdig« (a.a.O., Bd. 2, 43) zu brandmarken. Salbungsvoll schlägt er statt dessen den »überflüssigen« Massen allen Ernstes ein Leben in »sittlicher Enthaltsamkeit« (Bd. 2, 225) vor. Ihre Pflicht sei »die Unterwerfung der Leidenschaften unter die Vernunft (!)« und ein Leben »in strenger Keuschheit« (Bd. 2, 238 f.), um zur Einsicht zu gelangen, daß »der Verzicht auf die Ehe, bis wir in der Lage sind, eine Familie erhalten zu können, und ein völlig reiner Wandel während dieser Zeit strenge Pflicht sind« (Bd. 2, 249). Natürlich weiß sogar Malthus, daß diese Forderungen absurd sind. Er will sie ja auch nur zur Warnung gesagt haben, denn wer nicht hören will, muß eben fühlen, und fast lustvoll und mit einem gewissen Behagen malt er die dann leider eintretenden »Notwendigkeiten der Natur« aus:

»[...] Kriege – die stille, aber sichere Vernichtung von Menschenleben in großen Städten und Fabriken – und die engen Wohnungen und ungenügende Nahrung vieler Armen – hindern die Bevölkerung daran, über die Subsistenzmittel hinaus zu wachsen und, wenn ich eine Wendung gebrauchen darf, die zuerst gewiß befremdlich erscheint, überheben große und verheerende Epidemien der Notwendigkeit, zu vernichten, was überflüssig ist« (Bd. 1, 479).

Ach wo, Herr Malthus, aus liberalem Munde klingt das überhaupt nicht befremdlich, sondern durchaus gewohnheitsmäßig. Man versteht es doch sehr wohl, daß die Betreiber der »schönen Maschine« froh sind, wenn sie bei ihrem aufopferungsvollen Bemühen, die »überflüssige« Bevölkerung durch Kriege, durch die stille, aber sichere Vernichtung von Menschenleben in Fabriken und durch zu enge Wohnung und ungenügende Nahrung für die Armen zu dezimieren, ein klein wenig von hilfreichen Epidemien unterstützt werden. In diesem Sinne ist auch die liebevolle Sympathie von Malthus z. B. für die Blattern nachvollziehbar, denn »die Blattern sind sicherlich einer der Kanäle, und zwar ein sehr breiter, welche die Natur seit den letzten tausend Jahren geöffnet hat, um die Bevölkerung auf dem Niveau des Nahrungsmittelspielraums festzuhalten« (Bd. 2, 270).

Malthus begegnet auch dem Einwand, daß doch die Kapazitätsgrenzen der Lebensmittelproduktion unmöglich erreicht sein und das Lebensniveau limitieren könnten, wenn in den industriellen und agrarischen Krisen der kapitalistischen Ökonomie intakte Produktionsmittel gerade mangels Rentabilität stillgelegt werden. Wer so denkt, entgegnet Malthus, versteht die »Gesetze der Volkswirtschaft« nicht. Denn menschliche Arbeit sei in einem »vernünftigen« System nun einmal eine Ware und müsse sich den Marktgesetzen beugen »durch die Analogie jeder anderen Ware, die auf den Markt gebracht wird« (Bd. 2, 256). Ebenso gebe es Grund zu der Annahme, daß die Gesellschaft »stets aus einer besitzenden Klasse und einer Arbeiterklasse bestehen wird« (Bd. 2, 386) und daß aufgrund der Naturnotwendigkeit des Eigentums Lebensmittel nur unter dem betriebswirtschaftlichen Gesetz der Gewinnträchtigkeit produziert werden könnten:

»Auch ist allgemein bekannt, daß in letzter Zeit bei manchen der niederen Gesellschaftsklassen die Anschauung herrschte, Grund und Boden sei des Volkes Gut [...] (diese Lehren) deuten auf einen hohen Grad von Unwissenheit hin [...] In Rücksicht auf das Privatinteresse, sei es des Grundherrn oder Pächters, kann kein Arbeiter jemals im Ackerbau beschäftigt werden, der nicht mehr als den Betrag seines Lohnes produziert, und wenn dieser Lohn im Durchschnitt nicht hinreichte, [...] so müssen offenbar beide, die Bevölkerung wie die Produktion, zum Stillstand kommen« (Bd. 2, 36, 134).

Ohne einen »angemessenen Profit« (Bd. 2, 82) sei jede Produktion sinnlos, ganz unabhängig von Bedürfnissen und sachlichen Produktionsmitteln. Malthus reformuliert also die bekannten liberalen »Naturgesetze« der Volkswirtschaftslehre unter den neuen Bedingungen der industriellen Krise und strukturellen Massenarbeitslosigkeit. Ein »grober Irrtum« sei es, so sagt er mit erhobenem Zeigefinger,

»daß der Marktpreis der Arbeit hinreichend sein müsse, um eine Familie ordentlich zu ernähren, und daß für alle Arbeitswilligen Beschäftigung gefunden werden müsse [...] eine Folgerung, die im Widerspruch steht mit den einfachsten und offenkundigsten Grundsätzen von Angebot und Nachfrage [...] Unausführbar aber ist es, irgendwie durch private oder nationale Anstrengungen mit einem Male jene energische Arbeitsnachfrage wieder herzustellen, die durch Ereignisse verloren gegangen ist, die, welches auch immer ihr Ursprung sei, jetzt nicht mehr zu beherrschen sind (!) [...] Es kann als eine absolute Unmöglichkeit bezeichnet werden, daß alle verschiedenen Gesellschaftsklassen sowohl gut bezahlt wie voll beschäftigt sein sollen, wenn das Angebot von Arbeitskräften im ganzen die Nachfrage überschreitet« (Bd. 2, 83, 86, 97).

Nachdem die Menschen durch brutalen Zwang über Jahrhunderte hinweg gegen ihren Willen in kapitalistische Verhältnisse und damit in fremdbestimmte »Arbeitsplätze« hineingepreßt und immer wieder auf zukünftige Wohlfahrt vertröstet worden sind, gibt Malthus jetzt also mit dürren Worten zu verstehen, daß die »schöne Maschine« auf der Stufe der industriellen Revolution in ihren Wirkungen leider »nicht mehr zu beherrschen« ist und deshalb nicht einmal die erzwungene »Beschäftigung« für den kapitalistischen Baal mehr garantiert werden kann. Daß er sich in schreiendem Widerspruch zu seinem eigenen Postulat von angeblich »biologischen« Naturgesetzen befindet, wenn er die Krise durch *Überproduktion* von Lebensmitteln (gemessen an der kapitalistisch beschränkten Massenkaufkraft) als ebenso selbstverständlich ansieht wie die dann folgende Stillegung der technisch ohne weiteres möglichen Produktion – diese Absurdität stört ihn nicht weiter, weil er mit erzliberaler sozialer Ignoranz gepanzert ist. Im Gegenteil glaubt er »bewiesen« zu haben, daß Armut und Hunger rein auf den biologischen Vermehrungsdrang der Armen zurückzuführen seien:

»Daß die hauptsächliche und andauerndste Ursache der Armut wenig oder gar keine direkte Beziehung zu den Regierungsformen oder zur ungleichen

Verteilung des Eigentums hat, daß, da die Reichen tatsächlich nicht die Macht haben, Beschäftigung und Unterhalt für die Armen zu finden, die Armen der Natur der Dinge nach kein Recht haben können, beides zu fordern, das sind wichtige, aus dem Bevölkerungsgesetze hervorgehende Wahrheiten [...]« (Bd. 2, 383).

Menschenfreund Malthus meint deshalb, es sei in der unvermeidlichen industriellen Krise ganz falsch, »auf die Beschäftigung der Armen zu viel Gewicht zu legen« (Bd, 2, 354). Besser sei es, »ein Normalmaß von Elend« (Bd. 2, 315) grundsätzlich zu akzeptieren und »die arbeitenden Klassen über die wahre Natur ihrer Lage aufzuklären und sie zu ermutigen, eine unvermeidliche Last geduldig zu ertragen« (Bd. 2, 291), und zwar »mit Seelenstärke und Resignation« (Bd. 2, 409):

»Es hat sich gezeigt, daß infolge der unvermeidlichen Gesetze der Menschennatur manche menschliche Wesen der Not ausgesetzt sein werden. Diese sind die unglücklichen Personen, die in der großen Lebenslotterie eine Niete gezogen haben« (Bd. 2, 31).

Bevor Malthus darüber eine christliche Zähre vergießen kann, muß er sich schon wieder über verderbliche Irrtümer hermachen, die er in der englischen Armengesetzgebung erblickt. Dieser dürftige Vorläufer der späteren »Sozialstaatlichkeit« war weniger eine wirkliche Hilfe als vielmehr ein Instrument der Repression, denn die »überflüssigen« Armen wurden unter unbeschreiblichen Bedingungen in jene von Engels und anderen beschriebenen zuchthausähnlichen Bentham-Armenhäuser eingesperrt, so daß viele es vorzogen, auf der Straße zu sterben. Aber selbst diese Art der repressiven »Wohltätigkeit« ist dem liberalen Denken immer noch viel zuviel, wie ja auch de Sade schon voller Haß bemerkt hatte. »Wir haben ungeheure Summen an die Armen verschwendet« (Bd. 2, 311), klagt nun Malthus; und diese Liederlichen und »Verwahrlosten« würden dadurch nur zur »Sorglosigkeit« und zum »Mangel an Sparsamkeit« aufgereizt, um die Steuergroschen der Besserverdienenden »in die Bierschenke« zu tragen (Bd. 2, 73). Um dieser Verschwendung von Steuergeldern ein für allemal einen Riegel vorzuschieben, soll das

»Anspruchsdenken« beendet und die falsche Vorstellung von grundsätzlichen »Rechten« liquidiert werden:

»(Ein) Recht aber gibt es, dessen Besitz dem Menschen allgemein zugesprochen worden ist, das er meiner Überzeugung nach weder besitzt noch besitzen kann – ein Recht auf Unterhalt, wenn seine Arbeit ihn füglich nicht erstehen kann. Unsere Gesetze sagen allerdings, daß er dies Recht hat, und verpflichten die Gesellschaft, denjenigen Beschäftigung und Nahrung zu verschaffen, welche dieselbe nicht auf dem gewöhnlichen Markte erhalten können. Aber indem sie dies tun, stürzen sie die Naturgesetze um [...]« (Bd. 2, 281).

Malthus schlägt daher (darin völlig übereinstimmend mit de Sade) vor, auch noch die erbärmlichen Armengesetze abzuschaffen und die sozialen Verhältnisse ganz den blinden Marktkräften zu überlassen, die heilsam auf den Vermehrungsdrang der unkeuschen Menschheit einwirken und das »Bevölkerungsgesetz« in aller Stille durch ihren mahlenden Gang exekutieren würden. Die »Stimme der Natur« soll deshalb positive Gesetzeskraft erlangen:

»Als erster Schritt zu jeder großen Veränderung in dem gegenwärtigen Systeme, welche die Zunahme der zu erteilenden Unterstützung beschränken oder aufhalten könnte, sind wir, wie mir scheint, durch Gerechtigkeit und Ehre verpflichtet, das Recht der Armen auf Unterhalt in aller Form in Abrede zu stellen. Zu dem Zwecke möchte ich ein Gesetz des Inhalts vorschlagen, daß kein eheliches Kind, das nach Verlauf eines Jahres, und kein uneheliches, das nach Verlauf von zwei Jahren vom Datum des Gesetzes ab geboren wird, jemals einen Anspruch auf Gemeindeunterstützung haben solle [...] Dies würde als offene, deutliche und bestimmte Warnung wirken, die niemand gut mißverstehen könnte [...] Wenn nun jemand, nachdem die von mir vorgeschlagene Warnung erteilt worden, und das System der Armengesetze mit Rücksicht auf die heranwachsende Generation aufgehoben wäre, heiraten wollte, ohne die Aussicht darauf, eine Familie ernähren zu können, so müßte es ihm vollkommen frei stehen, dies zu tun. Obwohl in diesem Falle zu heiraten, meiner Meinung nach eine unsittliche Handlung ist, so ist es doch keine, welche die Gesellschaft mit Recht verhindern oder bestrafen könnte, weil die durch die Naturgesetze dafür vorgesehene

Strafe direkt und mit aller Strenge jenen trifft, der die Tat begeht [...] Er sollte daher der Strafe der Natur, der Strafe der Not überlassen werden. Er hat angesichts der klarsten und bestimmtesten Warnung gefehlt, und darf niemanden anklagen als sich selbst [...] Jede Gemeindeunterstützung sollte ihm verweigert werden, und er müßte auf die unsichere Wohltätigkeit einzelner angewiesen sein. Er müßte lernen, daß die Naturgesetze, welche Gottes Gesetze sind, ihn und seine Familie zum Leiden verurteilt hätten, weil er ihren wiederholten Ermahnungen keine Folge geleistet; daß er kein Recht hätte, von der Gesellschaft auch nur den kleinsten Bissen mehr zu fordern [...] Was die unehelichen Kinder betrifft, so dürften sie, nachdem die geeignete Warnung erteilt worden ist, keinen Anspruch auf Gemeindeunterstützung haben, sondern sollten einzig und allein der Privatwohltätigkeit überlassen bleiben [...] Das Kind ist, relativ genommen, für die Gesellschaft von geringem Werte, da seine Stelle sofort durch andere ersetzt werden wird [...]« (Bd. 2, 296 ff.).

So traurig das alles nun sein mag, versichert Herr Malthus, so hat es doch auch sein Gutes. Denn er teilt selbstverständlich die Auffassung der Herren Mandeville, Kant, de Sade, Smith, Bentham und der gesamten Aufklärungsphilosophie von der »angeborenen Faulheit« des Menschenmaterials, dem »das Gesetz der Notwendigkeit« beigebogen werden muß, nämlich »Elend und die Furcht vor Elend« (Bd. 2, 18). Damit die von Haus aus liederlichen Menschen nicht auf dumme Gedanken kommen, müssen sie »durch die Not angetrieben werden, ihre Arbeit im Eintausch gegen (die) zum Leben [...] notwendigen Artikel anzubieten« (Bd. 2, 32). Schließlich lebt man in der bürgerlichen liberalen Zivilisation nicht mehr »im Zustand der Wildheit, wo es keinen regelrechten Arbeitspreis gibt« (Bd. 1, 32). In diesem Sinne fühlt sich Herr Malthus zusammen mit allen Monteuren der »schönen Maschine« durchaus getröstet: »Ich habe das Bevölkerungsgesetz stets als ein Gesetz betrachtet, das für einen Zustand der Zucht und der Prüfung ganz besonders geeignet ist« (Bd. 2, 468).

Damit wir uns recht verstehen: Diese Fassung der Malthusschen Theorie ist bereits die »entschärfte«; denn im Vorwort zur 2. Auflage von 1803 beeilt er sich zu versichern, er habe sich bemüht, »die härtesten Schlüsse der ersten Ausgabe zu mildern« (Bd. 1, 4), und im Nachwort der 6. Auflage von 1826 wiederholt er noch einmal, »aus

Rücksicht« seien »jene Stellen ausgemerzt, gegen welche am meisten Einspruch erhoben worden ist«, und er habe »in der vorliegenden Ausgabe noch weitere Korrekturen derselben Art vorgenommen« (Bd. 2, 469).

Die Theorie und das Programm von Malthus stellen eine einzigartige Kriegserklärung an die Menschheit im Namen der aufklärerischen Vernunft und der »Naturgesetze« des Kapitalismus dar. Noch niemals zuvor ist eine allgemeine soziale Vernichtungsdrohung derart unverhüllt ausgesprochen worden (de Sade konnte noch als bloßer literarischer Exzeß gelten). So zu reden war erst möglich und »notwendig« geworden im Dienste jener säkularisierten Gottheit, wie sie die Aufklärer in Gestalt der ökonomischen »Weltmaschine« auf den Thron gehoben hatten. Und diese Kriegserklärung als Antwort der marktwirtschaftlich-kapitalistischen Gesellschaft auf die soziale Massenrevolte, als Programm des sozialen Bürgerkriegs »von oben« und der »Endlösung der Armen- und Arbeitslosenfrage« klingt um so schneidender, als sie nicht mehr mit dem blendenden literarischen Zynismus eines Mandeville, sondern mit fistelnder Predigerstimme im Ton des religiösen Fanatismus vorgetragen wird.

Der Erfolg dieser Theorie in der »guten Gesellschaft« war ein gewaltiger. Angesichts der permanent drohenden oder manifesten Sozialrevolte erhob sich, beflügelt durch das Werk von Malthus, in den besseren Kreisen ein edler Wettstreit mit sich überbietenden Vorschlägen, wie die »Überflüssigen« denn wohl am menschenfreundlichsten und geräuschlosesten ausgelöscht werden könnten. Den Vogel schoß dabei, so berichtet Friedrich Engels 1844 in den »Deutsch-Französischen Jahrbüchern«, ein 1838 unter dem Pseudonym »Marcus« veröffentlichtes Pamphlet ab, in dem »eine Staatsanstalt zur schmerzlosen Tötung der Kinder der Armen« (zit. nach Meek 1956, 62) vorgeschlagen wird. Was einst bei Swift gallbittere Satire gewesen war, erschien nun als ernsthafte gutbürgerliche Überlegung in einer Gesellschaft wieder, die offensichtlich dabei war, mit Riesenschritten ihrer realen Entmenschung, Auflösung und Selbstzerstörung entgegenzueilen.

Es darf niemals vergessen werden, daß Malthus das letzte Wort der modernen kapitalistischen Marktgesellschaft und ihrer liberalen Ideologen für den Fall einer ausweglosen Krise gesprochen hat: In einer solchen Situation steht demzufolge niemals das Marktsystem, sondern immer die Existenz der betroffenen Menschen zur Disposition. Nachdem in der »Naturalisierung« des Sozialen einmal der Schritt zur »Biologie der Krise« getan war, gab es kein Halten mehr, und die malthusianische Konsequenz lauert bis zum heutigen Tag in der alltäglichen wie in der intellektuellen Selbstverständlichkeit der totalitären Marktwirtschaft.

Dies zeigt sich nicht zuletzt in der Retrospektive der offiziellen akademischen Historiker, die heute wieder nicht nur den sozialen Bürgerkrieg in der Zeit des vorindustriellen Kapitalismus und der Ersten industriellen Revolution apologetisch wegblenden oder in seinen Ausmaßen herunterspielen, sondern die auch für die Erklärung der großen Transformationskrise ganz axiomatisch die malthusianische Argumentation im Kern übernehmen. So hält es Wolfram Fischer, Professor für Wirtschafts- und Sozialgeschichte an der FU Berlin, in einer neueren Untersuchung über die badische Industrialisierung für ausgemacht, daß die Massenarmut der Ersten industriellen Revolution von den Gesellschafts- und Kapitalismuskritikern ganz falsch interpretiert worden sei:

»Viele, wenn auch längst nicht alle, glaubten, daß die neuen Produktionsmethoden der Fabrik daran schuld seien [...] Heute ist es eindeutig widerlegt. Wir können nicht nur nachweisen, daß die Fabrikarbeiter mehr verdienten als die Tagelöhner, [...] sondern wir kennen auch die Gründe für die Zunahme der Armen: die Bevölkerung, besonders die Unterschichten, begannen schneller zuzunehmen als die Arbeitsplätze« (Fischer 1992, 139).

Die geschichtliche Wahrheit und Ehrlichkeit kommt hier ebenso unter die Räder wie die Grammatik (obwohl teilweise Fischers eigenes Material gegen seine marktwirtschafts-konformistische Argumentation herangezogen werden könnte). In dieselbe Kerbe schlägt der besonders renommierte Sozialhistoriker Hans-Ulrich Wehler in seiner hochgelobten »Deutschen Gesellschaftsgeschichte«:

»Inzwischen läßt sich ein Erklärungsmodell entwickeln, das den wesentlichen Faktoren gerecht und empirisch zusehends abgesichert wird. Dabei ist von den realhistorischen Ursachen der neuen Massenarmut auszugehen.

Das Fundamentalfaktum, mit dem jede Erörterung des Pauperismus zu beginnen hat, ist das vor der Mitte des 18. Jahrhunderts einsetzende und länger als ein Jahrhundert anhaltende vehemente Bevölkerungswachstum. Von dieser dritten Expansionswelle der europäischen ›demographischen Revolution‹, deren Charakter und Auswirkungen in Mitteleuropa beschrieben worden sind, ging ein unaufhaltsam ansteigender Druck auf all jene Ressourcen aus, die den deutschen Gesellschaften im Rahmen ihrer soziopolitischen und ökonomischen Verfassung zur Verfügung standen, um den Menschen zu ermöglichen, ihr Leben zu fristen. Daß die Bevölkerungsvermehrung überhaupt in diesem Umfang derart lange anhalten konnte, setzte ein komplexes Ineinandergreifen mehrerer vorantreibender Kausalfaktoren, darunter insbesondere zwei ökonomische Bedingungen voraus: Der vordringende Agrarkapitalismus, die Modernisierung der Landwirtschaft […] schufen erstens einmal Arbeitsstellen […]; zum zweiten halfen die wachsenden Erträge, die verbesserte Produktivität, die erhöhte Marktquote […] die anschwellende Bevölkerung […] zu ernähren. Gleichzeitig gab das protoindustrielle Verlagswesen […] einer Vielzahl von Menschen Brot und Überlebenschancen […], bis – seit Jahrzehnten befürchtet und seit den 20er Jahren heftiger als zuvor diskutiert – in den 30er Jahren eine Art Sättigungsgrenze der Wirtschaft erreicht wurde. Die verschiedenen Wirtschaftszweige vermochten die Flut der Arbeitsuchenden immer weniger zu absorbieren. Das Wachstum der Bevölkerung und des Arbeitskräftepotentials eilte dem wirtschaftlichen Wachstum, das unter den gegebenen sozioökonomischen und politischen Bedingungen damals möglich war, voraus« (Wehler 1987, 284).

Fischer wie Wehler vertreten gleichermaßen eine astrein malthusianische Argumentation, die der Modernisierungsgeschichte wie selbstverständlich unterlegt wird; und das sind beileibe keine Einzelfälle, sondern sie repräsentieren den Mainstream des akademisch-staatsfrommen Wissenschaftsbetriebs in der Historikerzunft. Der positivistische Geist leugnet die gesamte Konstitutionsgeschichte der kapitalistischen Zumutung und bezieht sich, als wäre nichts gewesen, auf die objektivierten Resultate, deren Interpretation die Tatsachen auf den Kopf stellt und den jahrhundertelangen grimmigen und verzweifelten Widerstand der Sozialbewegungen nicht ernst nimmt.

So erscheint die gewaltsame Enteignung der Menschen von der

Kontrolle über ihre eigenen Produktions- und Lebensbedingungen und ihre Verwandlung in ein bloßes Heizmaterial für die »Verwertung des Werts« wie zum nachträglichen Hohn als segensreiches Bereitstellen von »Arbeitsplätzen« und »Überlebenschancen«, während die von der absolutistischen »Bevölkerungspolitik« erzwungene zusätzliche »Menschenproduktion« für die Schlachtfelder der Modernisierung als gesellschaftlich voraussetzungsloses Naturphänomen einer »Bevölkerungsexplosion« firmiert. Fischer und Wehler unterstellen dann mit Malthus, daß die pure Bevölkerungszunahme die frühkapitalistischen Produktivkräfte sozusagen überholt habe. In Wirklichkeit verhält es sich genau umgekehrt: Die kapitalistischen Produktivkräfte sind immer viel schneller gewachsen als die Bevölkerung. Aber ein überproportional großer Teil des Produktivitätszuwachses wurde für die absolutistischen Militärapparate und für die Konkurrenz auf den anonymen Großmärkten verpulvert, so daß der Anteil der Massen am gesellschaftlichen Gesamtprodukt (nicht bloß absolut, sondern auch pro Kopf) sogar noch tief unter das vormoderne Niveau fiel.

Die Armuts- und Hungerkrise entsprang nicht dem Mißverhältnis von Bevölkerungswachstum und Produktivkräften, sondern einzig und allein der kapitalistischen Auspowerung gemäß betriebswirtschaftlicher Rationalität und staatsbürokratischer Abschöpfung. Auch noch im 20. Jahrhundert wuchs die Produktivität weitaus schneller als der Lebensstandard der Massen, der heute sogar auf dem Höhepunkt der Dritten industriellen Revolution weltweit wieder rapide abstürzt. Diese kapitalistischen Restriktionen der Ressourcen erscheinen bei Wehler neutral, positivistisch verpackt und euphemistisch als »Rahmen der soziopolitischen und ökonomischen Verfassung« oder als »die gegebenen sozioökonomischen und politischen Bedingungen«, die anscheinend »gottgegeben« sind, wieder ganz wie bei Malthus. Das muß natürlich so sein in einer apologetischen Argumentation, für die eine »erhöhte Marktquote« per se schon zu den »positiven Faktoren« zählt und auf derselben Ebene wie die »verbesserte Produktivität« aufgeführt wird.

Ebenso ist es eine böswillige Verdrehung, daß die Fabrikarbeit der Ersten industriellen Revolution eine Verbesserung des Lohnniveaus gebracht hätte. Was soll es beweisen, daß sich sogar ein Fabrikkind finanziell besser stellte als z. B. ein erwachsener Handweber? Gezeigt wird damit nur, daß die Erste industrielle Revolution zunächst über Jahrzehnte hinweg weitaus mehr Menschen ruiniert hat, als sie absorbieren konnte. Durch die Konkurrenz der Maschinen wurden die Handwerker ja erst auf den Tiefpunkt der Verarmung heruntergedrückt. Und das soll keine Wirkung der Industrialisierung gewesen sein? Die Fabriklöhne waren unter diesen sozialen Katastrophenbedingungen nur relativ höher als die Einkommen der Tagelöhner, Handweber, Landarbeiter etc. – aber eben relativ innerhalb einer allgemeinen brutalen Absenkung des Lohnniveaus! So zeigt Karl Marx in einem 1848 in Brüssel gehaltenen Vortrag anhand zeitgenössischer Quellen, daß in England »der Lohn des Handwebers von 1815 bis 1843 von 28 Shilling pro Woche auf 5 Shilling gefallen (ist); und der Lohn des Maschinenwebers ist in der Zeit von 1823 bis 1843 von 20 Shilling pro Woche auf 8 Shilling heruntergedrückt worden« (Marx 1977/1848, 445). In der Diktion des Herrn Professor Fischer würde daraus die berufsoptimistische Feststellung, daß sich durch die wunderbaren Wirkungen der Ersten industriellen Revolution der Fabrikarbeiter am Ende um fast zwei Drittel besser stellte als der Handwerker.

Vielleicht mögen die Herren eine Aussage von Karl Marx nicht mehr akzeptieren, selbst wenn sie rein sachlich und ordentlich belegbar sein sollte. Aber dann müssen sie wenigstens ihrem Gewährsmann und Stichwortgeber Malthus glauben. Denn Malthus selbst hat anhand von Berichten, die dem britischen Oberhaus vorgelegt wurden, die kapitalistische Absenkung des Einkommens- und Kaufkraftniveaus in seiner ungerührten Art zugegeben: »Bei der Prüfung dieser Berichte wird man finden, daß in manchen Fällen der Weberlohn um ein Drittel oder fast um die Hälfte gefallen ist, und zwar zur selben Zeit, wo der Weizenpreis um ein Drittel oder fast um die Hälfte gestiegen ist« (Bd. 2, 196). Und was Malthus hier über die Erste industrielle Revolution in England berichtet, kann ohne weiteres auch für die zeitversetzte Entwicklung auf dem Kontinent und in Deutschland gesagt werden. Wenn man schon apologetisch und malthusianisch argumentiert, dann sollte man wenigstens auch so offen und ungeschminkt wie Malthus sein, statt die Befunde derart zu verdrehen wie Fischer und Wehler.

Soziale Emanzipation oder staatsbürgerliche Nationalrevolution?

Hatte in England und Frankreich bereits der Absolutismus die bürgerliche Nationalstaatsbildung durchgesetzt und war dort bei Beginn der industriellen Revolution auch der Vatermord des Liberalismus am Absolutismus längst weitgehend vollzogen, so fielen in Deutschland beide Entwicklungen zusammen. Im Unterschied zu ihren westlichen Kollegen mußten die deutschen Protagonisten der »schönen Maschine« daher zunächst einen Zweifrontenkrieg sowohl gegen den scheinbar ungebrochenen Absolutismus der fürstlichen Kleinstaaterei als auch gegen die flackernde Sozialrevolte von unten führen. Die Unsicherheit der sozialen und historischen Fronten wurde in dieser Situation besonders deutlich. Die gewissermaßen strukturellen Trennlinien der verschiedenen ineinander verschlungenen und miteinander ringenden Impulse und Motive lassen sich erst im nachhinein von einem Standpunkt jenseits der sogenannten Moderne entwirren und konnten den damaligen Konfliktparteien, denen ja naturgemäß der Fortgang ihrer eigenen Geschichte unbekannt bleiben mußte, gar nicht in vollem Maße bewußt sein. In diesem widersprüchlichen Kontext vollzogen sich auch die Ereignisse der sogenannten »Revolution von 1848«, die in die europäische und deutsche Geschichte der Industrialisierung eingegangen ist.

Da war erstens der Absolutismus als »Urschöpfer« der kapitalistischen Produktionsweise mit seiner immer dünner werdenden Adelsfassade, schon arg ramponiert durch die englische bürgerliche Revolution des 17. und die französische bzw. amerikanische des 18. Jahrhunderts, und mit seinem etatistischen Souveräntitätsanspruch gegenüber der bürgerlichen Gesellschaft, der ökonomisch bereits aufgehoben war zugunsten des »freien Unternehmertums«. Da war zweitens das liberale Republikanertum als Speerspitze der weiteren kapitalistischen Entwicklung, das eine möglichst schrankenlose Freiheit des Geldes und der Märkte einerseits mit den »staatsbürgerlichen Freiheiten« der Presse, des Wahlrechts, der bürgerlichen Rechtsstaatlichkeit etc. verbinden und andererseits den starken und harten »Leviathan« gegen die Sozialrevolte des Menschenmaterials aufrüsten wollte, soweit dieses sich noch immer der »abstrakten Arbeit« und ihren Zwangsgesetzen verweigerte.

Der scheinbar äußere Gegensatz von Absolutismus und Liberalismus bewegte sich auf einer gemeinsamen ökonomischen Grundlage, deren *politische Form* jedoch umstritten war. Zwar hatte im Westen der Absolutismus bereits die nationalstaatliche Form hervorgebracht, die jedoch noch ganz auf seine eigenen Bedürfnisse zugeschnitten blieb und rein funktional verstanden wurde. In dem Maße, wie nun über den Absolutismus hinausgehend der Liberalismus selber den Nationalstaat trug, wandelte sich auch dessen Stellenwert: Der nationale Bezugsrahmen gewann eine eigene irrationale »Identität«, die ihm vorher nicht zugekommen war. Solange der Absolutismus herrschte, war die strukturelle Polarität von Staat und Markt noch als Gegensatz von Absolutismus und Liberalismus erschienen; jetzt aber wollte der Liberalismus selber beide Pole besetzen (oder hatte dies schon getan). Er benötigte dazu eine identitätsstiftende Konstruktion, die Nationalökonomie und Nationalstaatlichkeit zusammenzwang. Man suchte also nach einer vermeintlich zugrundeliegenden historischen Substanz oder Entität, und fand die sogenannte *Nation*: ein nirgends eindeutig definierbarer Zusammenhang, der bestimmte geografische Einheiten und kulturelle Gemeinsamkeiten wie die Sprache in einer vorher nicht bekannten Art und Weise als primäres Aktionsfeld und äußere Begrenzung für die »schöne Maschine« und ihren staatlichen Moderator absteckte.

Dieses nationale Identitäts-Konstrukt wurde in der ersten Hälfte des 19. Jahrhunderts vom liberalen Bürgertum (besonders im kapitalistisch noch rückständigen Deutschland) in hohem Grade sozialpsychologisch und emotional aufgeladen; die vorher auf ganz andere Zusammenhänge (Stadtstaaten, Fürstenherrschaften usw.) gerichteten Knechtsgefühle des »Patriotismus« schlossen sich nun an den neuen abstrakteren Bezugsrahmen der Nation an und wurden zum »Nationalismus«. Der Nationalismus ist der Patriotismus des bürgerlichen, warenproduzierenden Zeitalters. Und so ist es auch nicht verwunderlich, daß diese Gefühle zunächst hauptsächlich jenen liberalen Ideologen und Funktionsträgern der weiteren kapitalistischen Modernisierung zukamen, wie sie in den deutschen Staaten bilderbuchartig durch deutschtümelnde und vor sich hin biedermeiernde Verfassungspatrioten vom Schlage eines Ludwig Uhland verkörpert wurden. Der vom Absolutismus ausgehende soziale und ideologische Strang der kapitalistischen Modernisierung dagegen blieb besonders östlich des Rheins noch lange dem bürgerlichen Nationalgedanken gegenüber reserviert und orientierte seinen Machtanspruch mehr am Bezugssystem von Fürstengeschlechtern, obwohl die von ihm selber installierten Staatsapparate und Marktwirtschaften sich wie von selbst zu nationalökonomischen Zusammenhängen gruppierten.

Und da war drittens die soziale Bewegung und Massenrevolte von unten, getragen von den »unterbürgerlichen« Schichten und gänzlich außerhalb der offiziellen bürgerlichen Gesellschaft agierend. Da die eigene Intelligenz dieser Bewegung historisch kaum zu Wort kam, nur wenige ihrer Dokumente überliefert sind, die überdies verfälscht und unterdrückt wurden (wie wir inzwischen wissen, haben die Brüder Grimm ja sogar die Volksmärchen bürgerlich entstellt und frisiert), können wir über ihren »sozialpolitischen Gefühlshaushalt« nur sagen, was Thompson als jene Orientierung der »moralischen Ökonomie und plepeischen Kultur« an Muße, »gerechtem Einkommen« usw. gezeigt hat; jedenfalls stand sie der Vorstellungswelt des bürgerlichen »Fortschritts« und deren Begriffen völlig fremd, ja feindselig gegenüber; und sie war auch nicht im neuen liberalen Sinne nationalistisch.

Natürlich wäre es ganz falsch, die Sozialrebellen als frei von nationalen oder regionalen Ressentiments aus ihrer Welt herauszupräparieren und ihnen eine Art historisches Überbewußtsein anzudichten, als wären sie schon über den modernen Nationalismus hinausgewesen, bevor er überhaupt durchgesetzt war. Wenn aber die Ludditen sich gelegentlich als »freigeborene Engländer« bezeichneten, so war das offensichtlich mehr eine Metapher der sozialen Unabhängigkeit als eine solche des entwickelten bürgerlichen Nationalgefühls, auch wenn es Ressentiments gegen Franzosen (aus der alten Furcht vor einer Invasion der Britischen Inseln) oder gegen die »schmutzigen Iren« gab. Man muß aber Elemente von Fremdenfeindlichkeit, die schlimm genug sind, vom eigentlichen Nationalismus des bürgerlichen Zeitalters unterscheiden. Außerdem hatten schon die englischen Volksaufstände des 18. Jahrhunderts selbst dort, wo sich ihre sozialen Beweggründe z.B. als »Anti-Katholizismus« maskierten (wie bei den Londoner sogenannten Gordon-Unruhen), durchaus soziale Unterschiede gemacht:

»Und noch unverblümter trat dieses Bedürfnis, mit den Reichen abzurechnen, bei den Gordon-Unruhen zutage, bei denen die Aufrührer zwar lautstark ihren generellen Katholikenhaß verkündeten, dann aber doch nur die Häuser der in den besseren Vierteln im Westen der Stadt wohnenden Katholiken angriffen, während sie die dichtbesiedelten Katholikenbezirke verschonten [...] Ebenso nahmen sie nur die katholischen Standespersonen, die Fabrikanten, Kaufleute und Gastwirte aufs Korn, ließen die katholischen Handwerker und Lohnarbeiter – also Leute ihres Schlages – jedoch ungeschoren, eine soziale Differenzierung, die sich zweifellos auch bei anderen Stadtunruhen der damaligen Zeit nachweisen ließe« (Rudé 1977, 61).

Bei den eigentlichen nationalistischen und rassistischen Bewegungen späterer Zeit, insbesondere im 20. Jahrhundert, finden wir solche Differenzierungen nicht mehr, weil diese auch nicht mehr von der Existenzsicherung schlechthin ausgehen, sondern bereits vom kapitalistischen Gesichtspunkt der Konkurrenz, der in mörderische ideologische Feindbilder unabhängig von der sozialen Zugehörigkeit übersetzt wird. War aber die revoltierende Londoner Slumbevölkerung des 18. Jahrhunderts nicht im modernen Sinne nationalistisch, so waren es die Ludditenaufstände des frühen 19. Jahrhunderts mit ihrer »moralischen Ökonomie« um so weniger. Die dumpfen, rückwärtsgewandten Motive in der Bewegung der »unterbürgerlichen« Schichten waren im ganzen weniger nationalistisch als vielmehr volkskultureller, religiöser und familialer Natur, also noch nicht von den spezifischen Ressentiments der Moderne durchtränkt.

Wie gezeigt war es diesen Bewegungen nicht gelungen, sich zu stabilisieren und eine eigene emanzipatorische Weltinterpretation gegen die bürgerliche Modernisierungsmaschine über erste Ansätze hinaus zu formulieren. Aber weil das Massenelend in der ersten Phase der Industrialisierung zwischen der Jahrhundertwende und 1850 so riesig angeschwollen war und die Revolte noch einmal so allgemein aufzuflackern drohte, daß die Idee oder das Motiv der emanzipatorischen sozialen Selbstbestimmung und Selbstverständigung über die neuen Produktivkräfte – gegen das mechanistische kategoriale System der Modernisierung – weiterhin in der Luft zu liegen schien, reichten sich Absolutismus und Liberalismus gegen diese »Gefahr« sofort die Hände und machten gemeinsam mobil. Die unentbundenen Ideen der sozialen Emanzipation gegen das totalitäre Marktsystem, die bis heute ihrer Erlösung harren, erschienen in der offiziellen Geistesgeschichte nur als die »Unvernunft« der verarmten und hungernden Massen. Herr Malthus ist da wieder ganz unmißverständlich:

»Ich gestehe, daß ich verschiedene Male während der letzten Mißjahre, wenn ich mich mit Arbeitern unterhielt, aufs äußerste entmutigt wurde, als ich ihre hartnäckigen Vorurteile bezüglich der Getreidefrage bemerkte, und ich empfand aufs deutlichste die fast absolute Unvereinbarkeit einer wirklich freien Regierung mit einem solchen Grad von Unwissenheit. Die Irrtümer sind derart, daß, falls danach gehandelt würde, sie auf alle Fälle gewaltsam unterdrückt werden müßten (!) [...]« (Bd. 2, 311).

Daß es in dieser Frage beim Konjunktiv nicht bleiben konnte, wissen wir bereits. Sobald Malthus daran verzweifelt, dem »unvernünftigen« Menschenmaterial »einige der einfachsten Prinzipien der Volkswirtschaftslehre« (Bd. 2, 310) beizubringen, ist er bereit, den liberalen Gegensatz zum Absolutismus und geradezu zur Militärdiktatur zu vergessen, weil im Falle der Nichtakzeptanz kapitalistischer Prinzipien und der sozialen Revolte alle Interessen- und Ideengegensätze hinter die Pflicht zur gewaltsamen Systemrettung zurücktreten müssen:

»Solange jeder unzufriedene Mann von Talent imstande ist, die unteren Volksklassen zu überreden, daß all ihre Armut und Not einzig und allein von der Unbilligkeit der Regierung herrühren, [...] wird offenbar stets aufs neue der Same der Unzufriedenheit und der Revolution ausgestreut werden [...] Der Pöbel, der in der Regel der Auswuchs einer überschüssigen Bevölkerung ist (!), durch den Grimm über wirkliche Leiden aufgestachelt, aber völlig im Unklaren über ihren Ursprung, ist von allen Ungeheuern, welche die Freiheit bedrohen, das gefährlichste [...] Als Freund der Freiheit und selbstverständlicher Feind großer stehender Heere, kann ich nur mit Widerwillen eingestehen, daß ohne die große organisierte Heeresmacht des Landes das Elend des Volkes während der letzten Notjahre [...] jene zu den schrecklichsten Gewalttätigkeiten getrieben [...] haben dürfte. Sollten dergleichen Perioden öfter wiederkehren (eine Wiederkehr, die wir nach dem gegenwärtigen Zustande des Landes nur allzu sehr befürchten müssen), so ist die Aussicht, die sich uns bietet, im höchsten Grade traurig. Die Verfassung Englands würde dann mit raschen Schritten der von Hume prophezeiten Euthanasia entgegeneilen, es wäre denn, ein Volksaufstand unterbräche ihren Fortgang, und diese Alternative bietet der Phantasie ein noch schrecklicheres Bild [...] Wir können kaum glauben, daß die berufenen Hüter der britischen Freiheit jene fortschreitenden Übergriffe der obersten Gewalt, die in den letzten Jahren statthatten, ruhig sollten zugelassen haben, wenn sie nicht diese noch schrecklicheren Übel gefürchtet hätten. Wie groß der Einfluß der Korruption auch gewesen ist, so kann ich von den Grundherren Englands doch nicht so gering denken, um zu glauben, daß sie einen Teil ihres angeborenen Rechtes auf Freiheit aufgegeben haben würden, wären sie nicht von einer wirklichen und echten Furcht getrieben worden, daß ihr damals mehr Gefahren vom Volke als von der Krone drohten. Sie lieferten sich anscheinend der Regierung aus, unter der Bedingung, vor dem Pöbel beschützt zu werden [...] Ohne Zweifel sind die erfolgreichsten Stützen der Tyrannei jene allgemeinen Schreier, die alles Elend der Armen und fast alle Übel, denen die Gesellschaft unterworfen ist, menschlichen Einrichtungen und der Ungerechtigkeit der Regierungen zur Last legen [...] Aus diesen Gründen mag ein wahrer Freund der Freiheit, ein eifriger Verfechter der wirklichen Menschenrechte, sich unter den Verteidigern eines erheblichen Grades von Tyrannei finden. Eine an sich schlechte Sache kann von den Guten und Tugendhaften unterstützt werden, bloß weil das, was ihr entgegengestellt ward, noch viel schlechter war, und weil es im Augenblick notwendig war, zwischen beiden zu wählen« (Bd. 2, 275–284).

Malthus gibt also ganz offen zu, daß zumindest in England der soziale Bürgerkrieg trotz aller offiziellen Schönfärberei tatsächlich geführt wurde. Und seine Worte, die als repräsentativ gelten können, lassen keinerlei Zweifel daran, daß der Liberalismus gegenüber dem Anspruch auf soziale Selbstbestimmung außerhalb und jenseits der kapitalistischen Marktmaschine sich reflexartig jener von seinen Anfängen bis zum heutigen Tag propagierten »Notwendigkeit« des repressiven Staatsungeheuers zu versichern beabsichtigte: Die wirtschaftsliberale Freiheit des Geldes, sich das Leben der Menschen zu unterwerfen, hatte über allen anderen Kriterien zu stehen und mußte notfalls militärisch gegen die sozial degradierten Massen verteidigt werden. Im Ernstfall also warf sich der Liberalismus hemmungslos in die Arme des Leviathan, dessen düstere Gewaltdrohung gegen das Menschenmaterial und nun in der Ersten industriellen Revolution vor allem gegen die »Überflüssigen« die Ultima ratio blieb.

In der akuten Krisensituation Mitte des 19. Jahrhunderts war das natürlich nicht nur in England so, sondern überall, und besonders auch in Deutschland. Das dem Absolutismus gegenüber in staatsbürgerlicher Hinsicht oppositionelle Bürgertum verschmolz sofort mit der Staatsmacht, egal welcher, sobald es gegen die nicht-bürgerliche Sozialrevolte ging. Es gibt viele demokratische Lobgesänge über die »Fortschrittlichkeit« der Studenten in der bürgerlichen Revolution von 1848; aber diese »Fortschrittlichkeit« war größtenteils strikt auf die »staatsbürgerlichen Freiheiten« begrenzt. Die Studenten kämpften gegen die absolutistische Zensur, aber oft auch zusammen mit dem Absolutismus gegen jede eigenständige Sozialbewegung von unten. Exemplarisch dafür ist etwa die maßgebliche Beteiligung der »studentischen Sicherheitswache« in Tübingen an der Niederschlagung des sogenannten »Gôgenaufstands« von unterbürgerlichen sozialen Schichten:

»Die Studenten waren Teil des Bildungsbürgertums und empfanden sich auch so. Ihre politische Zielrichtung ging auf Mitbeteiligung und Mitsprache an der Politik, auf Freiheitsrechte und Ausbau der Verfassung – soziale Verantwortung verspürten sie nicht. Das zeigt sich deutlich, als sie sich zweimal, 1831 und 1847, zur Unterdrückung von sozialen Unruhen in der Unterstadt militärisch formierten und eine unmißverständliche Grenze zogen zu den in ihren Augen unmündigen Krawallmachern, d.h. den ärmeren Weingärtnern, den ›Gôgen‹ und den Handwerksgesellen. Umgekehrt mutet es sehr merkwürdig an, daß beide Male die lokale Obrigkeit einen Hilferuf an die offiziell nicht bestehenden und verbotenen Verbindungen richtete« (Sieber 1992, 97).

Das sind so die süßen kleinen Geheimnisse der bürgerlich-liberalen Revolution, aus deren verklärter Tradition heraus die deutsche Linke immer wieder in den liberal-aufklärerischen Heimatstall zurückgetrottet ist, bevor sie die Frage der sozialen Emanzipation ernsthaft auch nur zu denken bereit war. Damit ist schon gesagt, daß »die Linke« eigentlich strenggenommen immer nur der »linke Flügel« des Liberalismus und deshalb in der antikapitalistischen Konsequenz gelähmt war. Eine solche Behauptung erscheint vielleicht als überzogen, aber diese Betonung ist notwendig, um einen gemeinhin verdeckten Zusammenhang ans Licht zu bringen. Es geht dabei um das Verhältnis der scheinbar »stummen« (in Wahrheit von der offiziellen Öffentlichkeit und wissenschaftlichen Interpretationsgeschichte stumm gemachten) Sozialrevolten zum innerkapitalistischen Gegensatz von Absolutismus und Liberalismus. Aus diesem doppelbödigen, geradezu paradoxen Verhältnis heraus wurde die ganze spätere Geschichte entfaltet.

Die beiden innerkapitalistischen Parteien waren sich im Notstand der Sozialrevolte gegen die »arbeitenden Armen« und hungernden Massen einig. Gleichzeitig verhielten sie sich jedoch auch taktisch zu den unterbürgerlichen Schichten und deren gesellschaftlichen Regungen. In England waren es die »Tories«, die Partei der konservativen Grundbesitzer, die das (von rassistischen Untertönen nicht freie) Bild vom »weißen Sklaven« für die neuen Fabrikarbeiter erfunden hatten, um Stimmung gegen die liberalen »Whigs«, die Partei des finanziellen und industriellen Unternehmertums, zu machen. Umgekehrt führten die Whigs die elende Lage der Massen mit Vorliebe auf die anachronistischen Institutionen und Verhaltensweisen der alten grundbesitzenden »gentry« zurück. Aber in England war wegen der schon im 17. Jahrhundert gelungenen Ablösung des Absolutismus dieser taktische Gegensatz innerhalb der kapitalistischen Modernisierung ziemlich ausgereizt und zu einem mehr rhetorischen Geplänkel geworden. Weil gleichzeitig die englischen Sozialrevolten bis 1848 weitaus besser organisiert waren und härter zuschlugen als die einschlägigen kontinentalen Bewegungen, rückten Regierung und Opposition, Tories und Whigs, »Krone« und liberales Bürgertum sehr schnell im malthusianischen Sinne für das gemeinsame Systeminteresse zusammen:

»England durchzog in der ersten Hälfte des 19. Jahrhunderts eine Welle von großen, zum Teil gewalttätigen Protesten und Revolten, weit größer als in den Staaten des Deutschen Bundes, aber zur Revolution wurden diese Revolten eben nicht. Warum nicht? Was war anders in England? [...] Auch in England kam es im Frühjahr 1848 zu großen Demonstrationen und zu Aufstandsversuchen, aber anders als in der europäischen Revolutionszone von Frankreich bis an die Grenzen Rußlands und des zerfallenden osmanischen Großreiches stießen diese englischen Bewegungen sofort auf eine entschlossen handelnde, alle Revolutionsversuche blockierende Allianz aus Regierung und Bürgertum« (Langewiesche 1992, 436).

Aber das heißt eben nur, daß es in England gar keiner bürgerlichen (liberalen) Revolution mehr bedurfte, weil diese im wesentlichen längst vollzogen war und weil es für den Liberalismus galt, die noch immer nicht erstickte soziale Emanzipationsbewegung endgültig zu zerschlagen. Damit ist aber auch schon gesagt, daß die im größten Ausmaß sich vollziehenden antikapitalistischen Bewegungen und sozialen Revolten zumindest in ideeller Hinsicht mit dieser Revolution, vielleicht mit dem modernen Revolutionsbegriff überhaupt, eigentlich weniger zu tun hatten, als gewöhnlich angenommen wird. Als pures Faktum ist dieser Sachverhalt den Historikern durchaus nicht unbekannt: »Offensichtlich führte kein direkter Weg von den schweren Sozialproblemen der frühindustriellen Gesellschaft zur Revolution« (Langewiesche 1992, 431). Aber was bedeutet das?

Das offizielle moderne Bewußtsein ist geneigt, die sogenannte Revolution für den Inbegriff und das Nonplusultra von Radikalität zu halten. Das gilt auch für den »Marxismus«. Im Hinblick auf die Sozialrevolten des vorindustriellen Kapitalismus und der frühen Industrialisierung sieht es dann so aus, als hätten sich diese nicht bis zur »eigentlichen« (national-politischen) Revolution aufschwingen können. Aber vielleicht war das gar nicht ihr Ziel, weder ihr bewußtes noch ihr unbewußtes, noch nicht ausformuliertes. Waren sie deswegen weniger radikal, oder waren sie gar »reformistisch«? Mit Sicherheit nicht, denken wir nur an die englischen Ludditen.

Was hier nicht stimmt, ist einfach das Begriffssystem, das diesen Bewegungen übergestülpt wird. Ihre Radikalität war offenbar eine andere: Sie wollten sich überhaupt nicht im kapitalistischen Sinne »modernisieren« lassen, und deshalb konnte es auch keineswegs ihr selbstverständliches Ziel sein, in »Staatsbürgerlichkeit« und »Nationalstaatlichkeit« hineinzukommen, weil sie vielleicht mehr ahnten als wußten, daß ihnen damit die Verewigung als Menschenmaterial der »abstrakten Arbeit« blühte. Soweit die Revolte gegen die Unzumutbarkeit und Unlebbarkeit der kapitalistischen Anforderungen und der Krisen des Marktsystems eigene Konturen gewann, verweist sie immer auf jene von Thompson apostrophierte »plebeische Kultur und moralische Ökonomie«, die aus gutem Grund keineswegs identisch war mit den liberalen »staatsbürgerlichen Freiheiten« und Nationalgefühligkeiten, weil diese ja nur der Modus für die nächste Entwicklungsstufe eines verhaßten Systems der Auspowerung und Fremdbestimmung waren. Staats- und Nationalbürger zu werden, das konnte nur heißen, in die Falle der formalen Scheinemanzipation zu laufen, um sich als »Geldverdiener« in der Form der Lohnarbeit zu ewigen Knechten der unbegreiflichen, subjektlosen Gesellschaftsmaschine des Kapitals zu machen. Sicherlich konnten die Träger der Sozialrevolten noch gar keine scharfen Begriffe von diesen Zusammenhängen haben; aber instinktiv richtete sich ihr Aufruhr gegen Absolutismus und Liberalismus gleichermaßen, blieb also jenseits der innerkapitalistischen »politischen« Konfliktlinien.

Ich will damit auch in dieser Hinsicht keineswegs ein »reines« und völlig selbständiges Bewußtsein der Sozialrevolten jenseits der oberflächlich sichtbaren Konfliktkonstellation in der entstehenden bürgerlichen Gesellschaft behaupten. Die Motive, Ideen und Bewegungen konnten gar nicht hermetisch voneinander abgeschottet sein. Dennoch ist es im Interesse einer gesellschaftlichen Erkenntnis durchaus legitim, bei der historischen Betrachtung von der realen Gemengelage zu abstrahieren und zwischen dem Impuls der Sozialrevolte und der sogenannten bürgerlich-demokratischen Revolution eine Trennungslinie zu ziehen, die im konkret-historischen Prozeß zwar aufscheint, aber niemals scharf und eindeutig zutage liegt.

Dieser Sachverhalt ist nur so zu verstehen, daß sich hier zwei miteinander unvereinbare Impulse und Bewegungen historisch überlagerten und miteinander verschlangen: nämlich erstens die Sozialrevolte gegen die kapitalistischen Zumutungen überhaupt (einschließlich der noch unfertigen politischen Hülle) und zweitens der relative, auf die politischen Modalitäten bezogene kapitalistische Binnenkonflikt zwischen Absolutismus und Liberalismus, dessen historische Spitzen den Namen »Revolution« bekamen, ausgehend vom Urerlebnis der großen Französischen Revolution. Das Merkwürdige ist nur, daß die bürgerliche »politische«, nationalstaatliche Revolution in keinem einzigen Falle jemals ihre welterschütternde Kraft hätte entfalten können, wäre sie nicht mit dem ihr eigentlich wesensfremden Impuls der antikapitalistischen Sozialrevolte aufgeladen gewesen. Der Liberalismus selber war in Bezug auf den Absolutismus im großen und ganzen immer »reformistisch«. Die Eruptionen fanden nur dann statt, wenn die liberale Reformbewegung, fast möchte man sagen: zufällig, mit der ihr äußerlichen und fremden Sozialrevolte in eine Art Resonanzschwingung geriet.

Man kann das Problem sogar noch paradoxer ausdrücken: Die großen bürgerlichen Revolutionen der Modernisierung, die »Lokomotiven« der kapitalistischen Geschichte, waren nur möglich in Verschränkung mit sozialen Aufständen, die sich wesentlich *gegen* Modernisierung, Marktwirtschaft und »abstrakte Arbeit« richteten. Dabei muß allerdings ein grundsätzlicher Unterschied zwischen einer sozial emanzipatorischen und einer reaktionären »Antimoderne« gemacht werden. Der Absolutismus, seine fürstlich-monarchischen Galionsfiguren und Beamtenapparate, die einst selber Schrittmacher der kapitalistisch-marktwirtschaftlichen Modernisierung gewesen waren, brüteten nun in ihrer letzten Defensive gegen den bürgerlichen Liberalismus und frischgebackenen Nationalismus eine konservative bis reaktionäre Haltung und Ideologie gegen die weitere kapitalistische Modernisierung aus, die über ihre Köpfe hinwegzugehen drohte. Aus dieser Konstellation entstand dann durch Metamorphosen hindurch das moderne konservative Denken, das sich auf dem Boden der späteren demokratischen Welt zum spezifischen Antimodernismus-Motiv in den rechtsradikalen, elitären, anti-emanzipatorischen und bald schon selber zutiefst nationalistischen Bewegungen verdichten sollte.

Die demokratischen Modernisierungs-Emphatiker und bürgerlichen Freiheitsgaukler haben es gut verstanden, diesen bloß reaktionären und elitären Antimodernismus als den einzig denkbaren und möglichen darzustellen und die emanzipatorische Antimoderne der alten Sozialbewegungen zu unterschlagen, ja im gesellschaftlichen Gedächtnis auszulöschen. Deren rückwärtsgewandte Motive (in denen sie außerdem, wie gezeigt, keineswegs aufgingen) waren aber völlig anderer Natur als diejenigen der innerkapitalistischen Reaktion; sie waren im Gegensatz zu dieser antiautoritär und antielitär, weil sie am Motiv der Selbstbestimmung gegen die »Macher« des Fabriksystems festhielten. Die große ideologische Integrationsleistung des »linken«, vordergründig antireaktionären Liberalismus sollte es werden, die soziale Bewegung fortan auf den innerbürgerlichen Gegensatz zu vergattern und vor die Scheinalternative zu stellen: entweder bürgerliche Liberalität und Rechtsstaatlichkeit auf dem Boden des warenproduzierenden Zwangssystems oder reaktionären Absolutismus (bzw. im 20. Jahrhundert rechtsradikale Diktatur und Barbarei).

Auf diese Weise ist es den bürgerlichen »Modernisierern« allmählich gelungen, die sozialen Ideen auf den innerkapitalistischen Gegensatz zu reduzieren. Im späten 18. und frühen 19. Jahrhundert hieß das aus der Sicht des Liberalismus noch, die eigenständigen Sozialrevolten, wenn sie schon nicht völlig zu verhindern waren, in ihrer Wirkung möglichst für eine Schwächung des konservativ-absolutistischen Lagers taktisch zu manipulieren: Auf der einen Seite also im Notfall gemeinsam mit dem absolutistischen Staat die Sozialrevolten niederkartätschen, auf der anderen Seite sie aber als eine Art Faustpfand im liberal-nationalistischen Reformbestreben geltend machen!

In der Französischen Revolution wäre das beinahe schiefgegangen. Die Sozialrevolte hatte damals (ähnlich wie über viele Jahrzehnte in England) eine solche Wucht, daß sie vorübergehend tatsächlich außer Kontrolle geriet. Deshalb wurde diese Revolution auch, obwohl im Resultat eine bürgerliche, ironischerweise seither zum Schreckgespenst für alle bürgerlichen Schichten und deren politische Lobbyisten. Revolutionär im »schrecklichen« Sinne an dieser größten Revolution waren gerade diejenigen Aktionen, deren Träger eigentlich etwas ganz anderes als die Revolution in ihrer späteren (nationalen und staatlichen) Ausrichtung wollten. Die Liberalen haben bis auf wenige Ausnahmen weder in dieser noch in irgendeiner anderen Revolution ihre kostbaren Körper jemals den Kugeln des jeweiligen Ancien régime ausgesetzt. Der reale Volksaufstand jedoch, dessen Anliegen den staatsbürgerlichen Reformern durchaus fernstanden, schlug unfreiwillig für diese die entscheidende Bresche in den alten Apparat. Der Liberalismus an der Macht hätte genausogut selber das Opfer der Revolte sein können, und viele »freie Unternehmer« und bürgerliche Sklaventreiber wurden es auch im einzelnen; aber weil sie politisch noch im Schatten des Absolutismus standen, wurden die Liberalen von einer Massenbewegung an die Macht gespült, die sich eigentlich gegen den Kapitalismus insgesamt richtete.

Die »Bedingung der Möglichkeit« für diese absurde Konstellation war natürlich die mangelnde Fähigkeit der Sozialrevolte, sich organisatorisch und ideell zu konsolidieren; gleichzeitig aber auch die brutale militärische und diktatorische Unterdrückungspolitik des Liberalismus an der Macht oder im Schulterschluß mit dem absolutistischen Apparat. Wo die Sozialrevolte eine größere Selbständigkeit und Konsistenz zeigte, wie im Fall der englischen Ludditen, richtete sie sich schon gegen einen höher entwickelten Kapitalismus, der gar nicht mehr in die »französische« Verlegenheit kommen wollte und von vornherein alle Furien des Leviathan gegen die militante Bewegung der sozialen Emanzipation entfesselte. Damit scheint das grundsätzliche Muster der modernen Revolutionsgeschichte beschrieben zu sein.

1848 wiederholte sich dieses Schema, aber bereits gebrochen durch die bisherige Modernisierungsgeschichte. Das Massenelend erreichte seinen Höhepunkt, aber die Ludditen waren bloß noch eine Erinnerung und auf dem Kontinent praktisch unbekannt. Die vielfältige Revolte hatte, bedingt durch die ungeheuren kapitalistischen Unterdrückungsmaßnahmen der vorangegangenen Jahrzehnte, einen solchen Blutzoll entrichtet, daß sie jetzt tatsächlich ihre Kontinuität eingebüßt hatte und von sich aus nur noch unmittelbar reagieren konnte. Für den Liberalismus östlich des Rheins, der sich im Unterschied zu seinen englischen und französischen Vettern noch in einem ernsthaften Konflikt mit dem absolutistischen Ancien régime befand, ergab sich daraus die Möglichkeit einer politischen Manipulation, soweit er sich nicht zur direkten Repression veranlaßt sah. So schrieb Julius Hölder, »später die große Führungspersönlichkeit im württembergischen Liberalismus und ab 1881 württembergischer Innenminister« (Langewiesche 1992, 435), in einer strategischen Analyse:

»Das Proletariat gibt dem Bürgerstand zunächst Kraft; denn wenn es diesem ans Fell geht, wird er sich um ein borniertes Königtum und Beamtentum den Teufel kümmern; da muß das geschehen, was der Bürger will, von was er das Heil des Staates erwartet, da will er mitreden, mithandeln, und die Angst vor den unteren Schichten wird ihm den Obern gegenüber im gesetzlichen Kampfe den Mut der Verzweiflung geben. Diese Zeit sollten die Bürger nicht versäumen, sondern durch Versammlungen, Besprechungen etc. untersuchen, was und wo es fehlt und wie geholfen werden kann. Was sie jetzt der Regierung vorschlagen, das muß geschehen, sonst können sie die Erhaltung der Ordnung nicht verbürgen [...] Der Proletarier holt dem Mittelstand die Kastanien aus dem Feuer; wenn aber dieser gesiegt hat, werden wir vielleicht politische Feinde. Doch da ist's ja noch weit zu« (zit. nach: Langewiesche 1992, 434).

Allerdings war diese Strategie nicht ohne Risiko, zumal das liberale Bürgertum angstvoll die französischen Erfahrungen verinnerlicht hatte. Aber angesichts der ideologischen Schwäche der verzweifelten Sozialrevolte konnte man darauf hoffen, deren Protagonisten womöglich staatsbürgerlich und nationalistisch zu impfen, um ihnen den emanzipatorischen Stachel zu ziehen. In diesem Zusammenhang war es auch möglich, die niedrigsten Instinkte und die demoralisierenden Elemente in der sozialen Bewegung selber zu instrumentalisieren. Denn natürlich war die Sozialrevolte keineswegs gefeit gegen anti-emanzipatorische Ablenkungsmotive. In Deutschland keimte schon damals der moderne Antisemitismus auf, um die Juden zu Sündenböcken der sozialen Katastrophen zu machen. 1819 und 1830 kam es im südwestdeutschen Raum zu den sogenannten »Hep-Hep-Unruhen«, benannt nach einem angeblichen Ausruf der römischen Legionäre, als sie den Tempel in Jerusalem stürmten. In Heidelberg und Karlsruhe wurden Häuser jüdischer Familien geplündert, Hausrat auf die Straße geworfen usw., ganz ähnlich wie bei der »Reichskristallnacht« mehr als 100 Jahre später. Daß dabei auch eine kräftige Hetze seitens der bürgerlichen Publizistik zum Zuge kam, zeigt sich in einem bitteren Brief von Rahel Varnhagen (einer Intellektuellen jüdischer Herkunft, deren berühmter Salon bedeutend für die romantische Literatur war) über diese Ereignisse:

»Seit drei Jahren sag' ich, die Juden werden gestürmt werden. Ich habe Zeugen. Dies ist der deutsche Empörungsmuth. Und wieso? Weil es das gesittetste, guthmütigste, friedliebendste, Obrigkeit ehrendste Volk ist [...] Wo auch Raum für Neid ist, gegen eine große Zahl solcher – Juden – [...] Die Insinuationen die seit Jahren alle Zeitungen durchlaufen. Die Professoren Fries und Rühs, und wie sie alle heißen, Arnim, Brentano [...] und noch höhere Personen mit Vorurtheilen [...] es ist lauter Schlechtes, in That und Motiv, und nicht die That des Volkes, dem man Hep schreien lehrte [...]« (zit. nach Wirtz 1981, 72 f.).

Sicherlich war »das Volk« in diesen Fällen keine an sich gute, bloß äußerlich manipulierte, verfolgende Unschuld, sondern es keimte auch in ihm selber eine tückische Sklavengesinnung, die der Sozialrevolte sozusagen »von innen« den Weg versperrte und die sozialen Widersprüche und Katastrophen des Kapitalismus in einem paradoxen Einverständnis mit den herrschenden Mächten auf ein irrationales Sündenbock-Pogrom abzuleiten suchte. Und dieses im Vergleich zu den anderen Sozialrevolten (besonders den englischen Ludditen) zutiefst beschämende Syndrom, wie es in den Hep-Hep-Unruhen zum erstenmal sichtbar wurde, sollte die gesamte deutsche Geschichte begleiten. In jenem Brief von Rahel Varnhagen blitzt eine Ahnung vom üblen Zusammenspiel der niedrigsten Instinkte bei den verarmten Massen und der bürgerlichen Intelligenz »hinter den Kulissen« auf, das schließlich nach Auschwitz führen sollte. Dieser Demoralisierung der Sozialrevolte gegenüber waren auch die deutschen Behörden weniger unversöhnlich, wie aus einer Untersuchung der historischen Quellen hervorgeht:

»Die Untätigkeit der Ordnungsbehörden in diesem Fall kann nur als absichtsvoll gedeutet werden. Und für den zeitgenössischen Journalisten war klar, daß offiziell nur Pöbel und Straßenjungen als Täter in Frage kamen, obgleich zahlreiche Bürger beteiligt waren [...] Der ungestörte Verlauf des ›Judensturms‹ legt nahe, daß städtische Behörden und Ordnungskräfte alle

Augen zugedrückt hatten, und daß dies in der folgenden Untersuchung zutage kam, ist auch nicht weiter verwunderlich [...] Der Aufruf an die Bevölkerung fiel vergleichsweise milde aus und brachte viel Verständnis auf« (Wirtz 1981, 63 ff.).

Die relative Milde der kapitalistischen Behörden, der Justiz- und Polizeiapparate gegenüber antisemitischen und rassistischen Übergriffen im Vergleich zu emanzipatorischen, ernsthaft antikapitalistischen Sozialrevolten ist seither in der ganzen Welt immer wieder zu beobachten, ganz besonders aber in Deutschland, wo dieser Tatbestand zur festen nationalen Tradition gehört. Auch heute noch werden hierzulande linke Demonstranten bei kleinsten Verletzungen der »öffentlichen Ordnung« oder selbst bei bloßen Gesten (wie z. B. Pfeifkonzerten gegen kapitalistische Repräsentanten) oft mit unverhältnismäßiger Brutalität angegriffen und verfolgt, während (auch in jüngster Zeit wieder) selbst schwere Brandstiftungen gegen Unterkünfte von Asylbewerbern, rechtsradikale Hetzjagden auf Ausländer oder Gewaltakte gegen linke Jugendliche in zahlreichen Fällen nur ein vergleichsweise zeitlupenhaftes und wenig motiviertes Eingreifen von Polizei und Justiz herausgefordert haben. Diese Mentalität und Tradition der deutschen Staats- und »Ordnungs«-Apparate geht bis tief in das 19. Jahrhundert zurück.

Erschien auf diese Weise schon im »Vormärz« ein gelegentlicher klammheimlicher deutscher Konsens von Absolutismus, Liberalismus und Pseudo-Sozialrevolte in der perversen Form antisemitischer Pogrome als »Blitzableiter«-Funktion, so verweisen diese Ereignisse auf die doppelte Schwäche der Märzrevolution von 1848: Weder war der liberale Reformwille aus Angst vor der Sozialrevolte und »französischen Zuständen« stark genug, um die von Julius Hölder skizzierte Strategie zu fahren, noch war die Sozialrevolte insgesamt konsequent und antiautoritär genug, um in ihrem paradoxen Verhältnis zum Liberalismus jene gesellschaftspolitische Resonanzschwingung hervorzurufen, die in Frankreich mehr als ein halbes Jahrhundert zuvor den Absolutismus wirklich in die Luft gesprengt hatte. Gemessen an ihrem seit dem 18. Jahrhundert eingeführten Begriff ist die deutsche Revolution von 1848 zu Recht als ein kläglich gescheitertes Unternehmen betrachtet worden.

Die sozialdemokratische Sonntagsschule des Liberalismus

Aber gerade die historische Niederlage des Liberalismus gegen den deutschen Absolutismus war es, die maßgeblich dazu beitrug, die entstehende Linke (bzw. den späteren »Sozialismus«) für immer an die Probleme des Liberalismus zu fesseln und in eine lange historische Sackgasse hineinlaufen zu lassen. War der aufkeimende »politische« Sozialismus schon in England und Frankreich ein Ableger der bürgerlichen Philanthropie und ein Produkt der inneren Widersprüche des Liberalismus gewesen, so galt dies noch viel mehr für Deutschland. Die autonome Sozialrevolte und diese »linken« Ableger des Liberalismus waren nirgendwo identisch, und es ist unklar, welche Zusammenhänge überhaupt bestanden; jedenfalls sind sie wegen der ins Dunkel gehüllten Geschichte des antikapitalistischen Untergrunds nicht genau bestimmbar, und der Kontext bleibt von vornherein interpretationsbedürftig.

Für England spricht Thompson den Ludditen den Charakter einer »transitorischen Bewegung« (Thompson 1987/1963, 692) zu und bleibt damit (trotz seiner erhellenden Kritik und seiner Parteinahme für den eigenständigen Charakter der Sozialrevolte) insofern im Begriffshorizont des traditionellen Marxismus, als er implizit den ludditischen Aufstand als »Vorläufer« der späteren, mehr politisch-demokratischen Arbeiterbewegung versteht. Das liegt wohl auch daran, daß für ihn der jakobinisch-demokratische Revolutionsbegriff noch unproblematisch ist und beinahe zwangsläufig die (staatsbürgerliche) »Politisierung« von sozialen Bewegungen als ihre Weiter- und Höherentwicklung erscheint. Nun lassen sich zwar jakobinisch-demokratische Strömungen in den englischen Volksmassen jener Zeit nachweisen, und es mag auch zahlreiche Verbindungen, Überschneidungen und Überlagerungen von ludditischen und bürgerlich-demokratischen Impulsen gegeben haben. Wenn aber klar ist, daß ein wesentliches Ziel der ludditischen Revolte die Verweigerung der kapitalistischen Disziplinierungen war, dann ist sehr zweifelhaft, ob der Demokratiebegriff dabei überhaupt eine große Rolle gespielt hat; und wenn ja, ob er nicht in einem ganz anderen als dem staatsbürgerlichen Sinne verstanden wurde.

Thompson selber führt Material an, das jene logische Trennungslinie von emanzipatorischer Antimoderne der Sozialrevolte und demokratisch-linksliberaler bürgerlicher Revolution nahelegt; so heißt es im Brief eines englischen Jakobiners: »Wir verneinen und verwerfen alle und jede Verbindung mit Maschinenstürmern, Fabrikbrandstiftern, Gelderpressern, Plünderern von Privatbesitz oder Attentätern« (Thompson a.a.O., 688f.). Dieser herzliche Abscheu kann umgekehrt genauso gegolten haben.

In Wirklichkeit war das Verhältnis von Sozialrevolte und späterer »sozialistischer Arbeiterbewegung« ein hochproblematisches und ist keineswegs als die mehr oder weniger lineare Entwicklung zu einem als »höher« apostrophierten »politischen« Bewußtsein zu verstehen. Es handelte sich dabei sicherlich um eine Transformation, die jedoch einem tiefen Bruch gleichkam und keineswegs zu einer größeren emanzipatorischen Bewußtheit führte, eher im Gegenteil. Man vergißt gerne, daß die Gründerväter der Sozialdemokratie und die Kirchenväter des Marxismus durchwegs keine Anführer und Protagonisten der Sozialrevolte waren, sondern desorientierte und moralisch geschockte Liberale. Die »wilde«, emanzipatorisch antimoderne Sozialbewegung wurde auch deswegen vom späteren Arbeiterbewegungs-Marxismus so pejorativ und herablassend gesehen, weil er seine eigene Scham verbergen mußte. Soweit und insofern die Sozialrevolten niedergeschlagen und staatsterroristisch ausgelöscht worden waren, entstand nämlich der moderne Sozialismus eher aus den kreuzbraven Reformgruppen der unterbürgerlichen Schichten, organisiert in sogenannten Arbeitervereinen: »Meistens werden diese Vereine von freisinnigen Bürgern guten Willens geführt« (Rovan 1980, 4). Man kann die meisten auf diese Weise gegründeten Arbeitervereine getrost als eine Art sozialpolitische Sonntagsschule der bürgerlichen Philanthropie bezeichnen, und schon die Gründungsgestalten des modernen arbeiterbewegten Sozialismus waren weniger Rebellen als vielmehr ursprünglich Sonntagsschüler des Liberalismus, unter deren Gebetbüchern sich sogar Schriften von Bentham befanden, wie ja auch Engels ganz unschuldig zu berichten wußte.

Im Grunde genommen entstanden diese Bestrebungen aus dem Versuch des Liberalismus, auf die unterbürgerlichen Schichten in seinem Interesse Einfluß zu nehmen, sie auch außerhalb der Fabriken zu »erziehen«, ihnen im Sinne von Bentham oder Malthus gewisse »Notwendigkeiten« und Grundbegriffe der »Volkswirtschaftslehre« beizubringen, die Sozialrevolte zu verhindern oder zu dämpfen und die Widersprüche und Restriktionen des Kapitalismus einseitig auf den absolutistischen Konservatismus zurückzuführen. Wir erkennen hier die innerste Seele der Sozialdemokratie, die ihre gesamte Geschichte bis heute prägen sollte. Aber wie es oft so geht: Von den gewissermaßen als Agenten in der Gestalt von Oberlehrern zu den »gefährlichen« sozialen Gruppen geschickten liberalen Intellektuellen wurden einige durch ihre Erfahrungen »umgedreht«. Sie deckten die haarsträubenden Widersprüche und die soziale Heuchelei des Liberalismus auf, um schließlich ihr Selbstverständnis zu wandeln und die Partei der sozialen Kritik am Liberalismus zu nehmen.

Die für immer herausragendsten Gestalten dieser Verwandlung wurden Karl Marx und Friedrich Engels; es wird oft vergessen, daß auch diese beiden ursprünglich als Liberale firmierten (Marx war Vorsitzender des Kölner Arbeitervereins). Es ist nun von großer Bedeutung, sich die historische Alternative klarzumachen, die sich aus der Verbindung dieser neuen revolutionären Intellektuellen mit den »gefährlichen Klassen« ergeben konnte, ganz besonders hinsichtlich der Frage, in welcher Gestalt die neuen Produktivkräfte aufgegriffen und weiterentwickelt werden sollten. Sieht man nämlich einmal von den bornierten, rückwärtsgewandten Momenten der Sozialrevolten gegen das kapitalistische Fabriksystem ab, dann lassen sich als ihre verallgemeinerungs- und zukunftsfähigen Motive vor allem *das Verlangen nach Muße und einer an konkreten Bedürfnissen orientierten Tätigkeit (statt der »abstrakten Arbeit«) sowie nach kooperativer Selbstbestimmung und Selbstverständigung (statt der Abhängigkeit von blinden Marktmechanismen und/oder bürokratischer Bevormundung)* herausdestillieren. Konnte also die neue theoretische Kritik am Liberalismus diesen emanzipatorischen Motiven der antimodernen Sozialrevolte die Begriffe geben und sie mit den neuen Produktivkräften vermitteln, oder blieb sie durch mitgeschleppte Elemente des repressiven liberalen Denkens kontaminiert? Mit anderen Worten: Brachte der entstehende Marxismus/Sozialismus die Sozialrevolte zu einer bewußten emanzipatorischen Antimoderne, oder wurde er umgekehrt selber zu einer zweiten Modernisierungstheorie auf dem Boden des warenproduzierenden Systems und seiner »abstrakten Arbeit«, wie ich bereits angedeutet habe?

Die Marxsche Theorie blieb in dieser Hinsicht hochgradig ambivalent. Natürlich müssen die persönlichen Umstände und die historischen Kontexte berücksichtigt werden, um die theoretischen und praktischen Übergänge vom Liberalismus zum Sozialismus zu erkennen. Unmittelbar anknüpfen an die Höhepunkte der englischen Sozialrevolte konnten Marx und Engels nicht mehr: Als die Bewegung der Ludditen endgültig niedergeschlagen wurde, war der 1818 geborene Marx noch ein Säugling. Aber es wäre auch unwahrscheinlich gewesen, wenn Marx aus der herrschenden liberalen Doktrin seiner Zeit, der sein eigenes Denken entstammte, keinerlei Elemente mit in das sozialistische Gedankenreich hinübergenommen hätte.

Gerade seine philosophische Verallgemeinerung der kapitalistischen Widersprüche in Gestalt des »historischen Materialismus« verabsolutierte die technischen Produktivkräfte als treibendes Moment der gesamten Geschichte derart, daß auch Marx jene schon im Buch des jungen Engels über die Lage der Arbeiter ansatzweise beobachtbare »positivistische« Bestimmung des Maschinensystems nicht völlig verleugnen konnte. Zwar hat sich Marx stets mit Sympathie für soziale Aufstände geäußert, aber sein negatives Urteil über das Bewußtsein der »Maschinenstürmer« zeigt doch, daß er deren Impuls im wesentlichen als eine Verirrung gegen »die Produktivkräfte« betrachtete. Obwohl er gelegentlich andeutet, daß sich die soziale Repression und irrationale Organisationsform des Kapitals durchaus auch in seiner technologischen Gestalt niedergeschlagen hat, blieb dieser Aspekt, der in den Augen der Sozialrebellen der hervorstechende war, in seiner Theorie unterbelichtet. Ja sogar ein klammheimliches Liebäugeln mit der industriellen Disziplinierung wird sichtbar, wenn er von der »durch den Mechanismus des kapitalistischen Produktionsprozesses selbst geschulten [...] Arbeiterklasse« spricht (Marx 1965/1867, 791). Für den späteren Arbeiterbewegungs-Marxismus gab es dann überhaupt keine Differenz mehr zwischen den neuen Produktivkräften als menschlicher Potenz und ihrer kapitalistischen technologischen Erscheinungsform; die sozialen Übel des Kapitalismus wurden rein äußerlich auf der soziologischen

Ebene verstanden, und die handgreifliche Gestalt des Fabrik- und Maschinensystems (ebenso wie der Konsumprodukte) erschien unmittelbar als der anzueignende Reichtum.

Diese Betrachtungsweise wurzelte im positivistischen, technisch-naturwissenschaftlich verkürzten Fortschrittsbegriff des Liberalismus. Und das hatte Folgen. Denn zusammen mit der mehr oder weniger unkritisch verstandenen technologischen Gestalt des Fabriksystems wurde auch der abstrakte Arbeitsbegriff des Liberalismus weitgehend übernommen, den dieser aus dem Protestantismus und von den absolutistischen Regimes geerbt und kapitalistisch zurechtgefeilt hatte. Marx meinte den Begriff der »abstrakten Arbeit« zwar eigentlich kritisch, grenzte ihn jedoch keineswegs eindeutig gegen ein affirmatives Verständnis ab; bei ihm verschwimmen ein kritischer und ein positiver Arbeitsbegriff ständig ineinander. In der Lesart des Arbeiterbewegungs-Marxismus wurde daraus eine positive Verklärung der protestantischen Arbeitstugend (und in den Lehrbüchern der DDR die »abstrakte Arbeit« paradoxerweise zur ökonomischen Staatsdoktrin). Das war schon eine grundsätzliche Veränderung gegenüber den Motiven der eigentlichen Sozialrevolte, deren Trägern ja die liberalen Zuchtmeister ständig vorwarfen, sie würden bloß drei oder vier Tage in der Woche »arbeiten« wollen oder nur »unregelmäßige Anfälle von Arbeitslust« verspüren, wenn man sie nicht einem pädagogischen Zwang unterwerfen und auf Hungerrationen setzen könne.

Daß sich der Marxismus etwas darauf einbildete, »den Standpunkt der Arbeiterklasse« zu vertreten, war für diese eine durchaus zweifelhafte Ehre. Denn die rebellischen Sozialbewegungen in der Konstitutionsgeschichte des Kapitalismus hatten sich ja eigentlich mit Händen und Füßen dagegen gewehrt, überhaupt zur »Arbeiterklasse« unter dem Joch des Geldes gemacht zu werden. Auch war es eine böswillige Verzerrung, die sozialen Massenrevolten des 18. und frühen 19. Jahrhunderts in jene beliebte (gerade für »linke Abweichler« inflationär gebrauchte) marxistische Rubrik einer linksradikalen oder reformistischen »Kleinbürgerlichkeit« einzuordnen, denn diese Aufstände der unmittelbaren Produzenten und »arbeitenden Armen« hatten gar nichts zu tun mit den beflissenen oder durchgedrehten Kleineigentümern und »Mittelständlern« unter fortgeschrittenen kapitalistischen Bedingungen. In der sozialen Kategorisierung klafft hier nicht zufällig eine Lücke, weil dieses Problem in der Theoriegeschichte der Moderne kaum besetzt worden ist. Daß es legitim sein könnte, sich der repressiven Bentham-Modernisierung von Grund auf zu verweigern, durfte in allen ideologischen Lagern der modernen Arbeitszuchthaus-Vernünftler nicht in Erwägung gezogen werden.

Trotzdem hat Karl Marx nicht nur die Funktionsmechanismen der »schönen Maschine« in einer bis heute unübertroffenen Weise kritisch bloßgestellt, sondern auch eine traumartige Vermittlung zu den Motiven der rebellischen, emanzipatorischen Antimoderne hergestellt, die in seine Theorie merkwürdig schillernd und querliegend eingegangen ist: und zwar in Gestalt jener Enthüllung des gesellschaftlichen »Fetischismus« in den verselbständigten Selbstzweck-Formen des Kapitals, die auf die radikale Kritik einer bewußtlosen Vergesellschaftung durch das Geld und auf einen davon emanzipierten »Verein freier Menschen« hinausläuft, der sich jenseits von Ware, Geld und Staat durch bewußte Selbstverständigung reproduziert und die neuen Produktivkräfte für Muße und Genuß statt für endlose Repression, Konkurrenz, immer neue Arbeitshetze und maßlose Akkumulation einsetzt. Nicht umsonst hat Marx dieses Motiv schon in seinen Anfängen in die Metapher des Traums gesetzt: »Es wird sich dann zeigen, daß die Welt längst den Traum von einer Sache besitzt, von der sie nur das Bewußtsein besitzen muß, um sie wirklich zu besitzen« (Marx 1956/1843, 346).

In seiner Kritik des kapitalistischen Fetischismus, die implizit auch eine *Kritik des Arbeits- und Leistungswahns* darstellt, hat Marx einen theoretischen Ansatz geschaffen, der gewissermaßen der emanzipatorischen Antimoderne der Sozialrevolten zukunftsweisende Begriffe liefern und ihre bornierten, rückwärtsgewandten Momente überwinden konnte. Aber der Brückenschlag ist damals nicht gelungen, weil die am besten organisierten und bewußtesten Sozialrevolten schon untergegangen waren und Marx selber die liberalen Elemente seiner Theorie im Weg standen. Sein Bild von der Philosophie als dem Kopf und dem Proletariat als dem Herzen einer gesellschaftlichen Transformation verwirklichte sich nicht als Verschmelzung von Sozialrevolte und radikaler Kritik des kapitalistischen Fetischismus, sondern als Vereinigung der liberalen Arbeiter-Sonntagsschule mit den vom Liberalismus angehauchten Elementen der Marxschen Theorie. Und das Resultat davon war die Sozialdemokratie.

Die radikale, d.h. an die Wurzeln der repressiven und irrationalen Modernisierungsgeschichte gehende Verschmelzung von emanzipatorischer Rebellion und theoretischer Kritik des modernen Fetischismus harrt also bis heute ihrer Stunde. Mit dem »Standpunkt der Arbeiterklasse«, der so martialisch klingt, wurde in Wahrheit ein Standpunkt *innerhalb* der bürgerlichen, kapitalistischen Welt und ihrer permanenten, bewußtlosen Modernisierung eingenommen. Zwar erinnerte man sich im Arbeiterbewegungs-Marxismus gelegentlich, daß es die Aufgabe der »Arbeiterklasse« sein müsse, zusammen mit den sozialen Klassen überhaupt auch sich selbst aufzuheben; aber das blieb eine unbestimmte, in eine unabsehbare Zukunft vertagte Aufgabe. Realhistorisch wurde der »Standpunkt der Arbeiterklasse« zum Standpunkt der »Arbeit«, d.h. des abstrakten, repressiven Prinzips, das der Liberalismus den »arbeitenden Armen« immer aufzuzwingen versucht hatte und das seine zur politisch-organisatorischen Selbständigkeit strebenden Sonntagsschüler nun ironischerweise für sich selbst reklamierten und als ihr eigenes Prinzip mobilisieren wollten.

Sicherlich hätte auch die an einem »guten Leben« orientierte Sozialrevolte den positiven Arbeitsbegriff nicht als solchen überwinden können; auch sie war natürlich nicht frei vom protestantischen Erbe und in dieser Hinsicht ideologisch schwach, weil sie in gewisser Weise gegen Elemente ihres eigenen »Über-Ichs« argumentieren mußte. Aber die Rebellion gegen die »abstrakte Arbeit« war trotzdem möglich, weil der bäuerlich-handwerkliche positive Arbeitsbegriff an konkreten Bedürfnissen orientiert und mit einer traditionellen Kultur der Muße durchsetzt war. Die Sozialdemokratie dagegen war überhaupt nicht mehr in der Lage, ihren positiven Arbeitsbegriff von dem des Liberalismus abzugrenzen.

Der Begriff der sozialen Emanzipation wurde also von nun an eingekerkert in das kapitalistische Tätigkeits-Prinzip. Der soziologisch verkürzte Interessenstandpunkt der »Arbeiterklasse« innerhalb der unaufgehobenen gesellschaftlichen Formen der warenproduzierenden Gesellschaftsmaschine fesselte den eigenen Willen der Produzenten an die marktwirtschaftliche Tretmühle. Diese objektivierten Formen der Repression, also die für kapitalistische Zwecke konstruierte Maschinerie und das Fabriksystem, die »abstrakte Arbeit«, der ökonomische Wert und das Geld als flächendeckendes gesellschaftliches Medium im Kontext des unaufhörlich pulsierenden kapitalistischen Selbstzwecks, wurden zu vermeintlich »neutralen Gegenständen« des Interessenkampfes, und sie sollten nicht mehr als Zumutung abgewehrt und überwunden, sondern positiv ausgestaltet werden.

Aus dem Liberalismus und seinen unaufgehobenen Widersprüchen wurde auch die Antwort auf die Frage genommen, wie diese Ausgestaltung denn vorzunehmen sei: nämlich durch die demokratische »staatsbürgerliche Revolution« auf dem Boden der Nationalstaatlichkeit. An die Stelle der direkten, realen Emanzipation durch Abschüttelung der kapitalistischen Zumutungen und durch eine alternative, selbstbestimmte Anwendung der neuen Produktivkräfte trat die indirekte, irreale Emanzipation durch die Hoffnung auf nationale Staatsbürgerlichkeit und deren Gratifikationen auch für die »arbeitenden Armen«. Die irrealen und halb höhnischen Versprechungen der Mandeville, Smith usw. wurden also ernst genommen und »staatsbürgerlich« eingeklagt. Die Niederlage der Revolution von 1848 begünstigte diese Orientierung deswegen, weil der sich vom Liberalismus lösende »linke Flügel«, der sich zum Sozialismus mausern sollte, den vorläufigen Sieg der alten, in Deutschland noch immer absolutistischen Gewalten nicht vom Standpunkt der emanzipatorischen Sozialrevolte, sondern vom Standpunkt der unerfüllten liberalen Ideale bzw. ideologischen Versprechungen interpretierte.

Der paradoxe innere Zusammenhang von antimoderner Sozialbewegung und liberaler Modernisierung wurde also mißverstanden und scheinaufgelöst in einen vermeintlichen »Verrat des Liberalismus« (bzw. in soziologischer Sprache: des kapitalistischen Bürgertums) an »seiner« eigenen National- und Staatsrevolution. In Wahrheit konnte es dem Liberalismus als vatermörderischem Abkömmling des Absolutismus gar nicht darauf ankommen, unbedingt einen gesellschaftlich erschütternden Sturz der absolutistischen Apparate ins Werk zu setzen, der ja immer nur durch die gesellschaftliche Resonanzschwingung der dem liberalen Denken fremden und gegenläufigen, emanzipatorisch-antimodernen Sozialrevolten möglich wurde. Worauf der Liberalismus selber hinauswollte, das war auch in allmählichen Reformschüben zu entwickeln, weil es sich bloß um die Weiterentwicklung derselben gesellschaftlichen Grundlagen handelte.

Der zum Sozialismus bzw. zur »Sozialdemokratie« gewandelte linke Flügel des Liberalismus aber blieb auf die formale, nationalstaatsbürgerliche »Befreiung« gegen den Absolutismus fixiert. So reicherte er den bloß relativen liberalen, nationalen und staatsbürgerlichen Gegensatz zum (fürstlichen) Absolutismus mit einer falschen, »idealistischen« Konsequenz an und wurde zum ideologischen Erben der undurchschauten Widersprüche in der »bürgerlichen Revolution«, an der er seither als einer für ihn ewig unabgeschlossenen weiterzubasteln wähnt, wobei er sich doch längst im Räderwerk der »schönen Maschine« verfangen hat. Eingeschlossen in eine auf sich selbst rückgekoppelte, heute längst ausgeleierte historische Zeitschleife wiederholt er endlos »die Moderne« als »ein unvollendetes Projekt« (Habermas), ohne doch je zum Ziel eines herrschaftsfreien »kommunikativen Handelns« zu gelangen, das a priori vereitelt wird durch die fetischistischen Formen des Kapitals und der »abstrakten Arbeit«, auf die er sich selbst vergattert hat. Fixiert auf jene innerbürgerliche Scheinalternative von Bentham-Demokratie und absolutistischer bzw. später »rechtsradikaler« Diktatur, wurde der Sozial-Demokratismus, soweit er sich ernsthaft auf das Ziel sozialer Emanzipation berief, von Anfang bis Ende zum klassischen Fall eines »unglücklichen Bewußtseins« (Hegel).

Diese historische Fixierung des Sozialismus auf die vermeintlich uneingelösten liberalen Staatsbürger-Ideale wurde durch zwei Umstände entscheidend verstärkt. Zum einen war (nicht allein in Deutschland) nur der äußerste linke Flügel des Liberalismus »demokratisch«, d. h. zu dem Zugeständnis bereit, daß auch die Lohnarbeiter die staatsbürgerlichen Freiheiten genießen und volles Stimmrecht (zwecks Selbstverpflichtung auf das System der Zumutungen) erhalten sollten. Der entstehende Sozialismus kaprizierte sich also auf die »demokratische« Konsequenz in der staatsbürgerlichen Revolution, ohne zu merken, daß er damit in die Falle lief, die

Bentham aufgestellt hatte: Denn Bentham war ja gerade insofern Demokrat gewesen, als er seiner Zeit weit vorauseilend die Chance erkannte, durch eine totale Öffentlichkeit und »negative Selbstbestimmung« im eisernen Griff der »abstrakten Arbeit« die Menschen zur automatischen Selbstrepression und Selbstregulation im Namen der kapitalistischen Prinzipien zu bringen und die Revolte der Widerspenstigen in ihren eigenen Köpfen zu brechen. Nachdem der Sozialismus de facto das System der »abstrakten Arbeit« positiv adaptiert hatte, wurde er in der hochgehaltenen liberal-demokratischen Konsequenz der staatsbürgerlichen Revolution zu einer Variante der selbstregulativen Bentham-Demokratisierung, ohne sich dessen bewußt zu sein.

Zum andern aber war es auch hier wieder die geschichtsphilosophische Doktrin des »historischen Materialismus«, die diese fatale Orientierung forcierte. Das Verhältnis von Marx und Engels zu den Begriffen von Demokratie und Nation, wie sie aus der liberalen Ideologie hervorgingen, war dabei nicht weniger ambivalent als ihr Verhältnis zum kapitalistischen Arbeitsbegriff. Sie sahen durchaus, daß es sich bei der »demokratischen« und nationalen Form der politischen Staatsmaschine immer noch um eine repressive Funktion handelte, die untrennbar mit der Unterwerfung der Menschen unter die ökonomische Weltmaschine des Kapitals verbunden blieb; ohne daß sie allerdings die dabei anfallenden »Verinnerlichungs-Prozesse« der kapitalistischen Verhaltensnormen in Rechnung stellten. Der vom Liberalismus übernommene mechanische Fortschrittsgedanke, der in Gestalt des »historischen Materialismus« die kapitalistische Produktionsweise schlankweg als »notwendiges Entwicklungsstadium« definierte, verlangte ganz einfach, daß jetzt gegenüber dem Absolutismus die Weiterentwicklung zur bürgerlichen Demokratie und Nationalstaatlichkeit historisch »dran« war.

Besonders Marx behielt zwar seine Distanz zu den entwickelten kapitalistischen Formen von Staatsbürgerlichkeit und Nation ebenso bei wie seine Distanz zur »abstrakten Arbeit«, die er ja als »Kernsubstanz« des zu überwindenden Kapitalismus erkannt hatte. Aber mit dieser Distanz blieb er wie mit seiner dunklen Kritik des modernen Fetischismus auf einer für seine Zeitgenossen (und auch noch für so ziemlich alle heutigen Sozialisten, Demokraten und sonstigen unglücklichen Geisteserben des liberalen »Doppeldenk«) völlig unverständlichen theoretischen Meta-Ebene, auf der er zusammen mit Engels allerhand Sandkasten-Strategien entwarf, wie die famose »Arbeiterklasse« das angeblich »historisch notwendige« staatsbürgerliche und nationale Gehäuse des warenproduzierenden Systems zuerst notfalls gegen die »inkonsequente liberale Bourgeoisie« durchsetzen müsse, nur um es dann anschließend selber wieder mit ganz anderen Zielen in die Luft sprengen zu sollen. An derart arg gezwungenen Konstrukten wird deutlich, wie Marx dem fatalen Geschichtsdeterminismus in seiner eigenen philosophischen Doktrin auf den Leim ging und sich in einen unlösbaren Widerspruch verstrickte.

Seine herbeiströmenden Anhänger freilich brauchten solche vertrackten theoretischen Spitzfindigkeiten nicht. Sie machten sich ganz eindimensional und positiv »abstrakte Arbeit«, demokratische Staatsbürgerlichkeit und Nation als sozialistische Ziele und Prinzipien zu eigen, ohne dabei irgendeine metakritische Relativierung zu erkennen. Auch in der Epoche nach der 48er Revolution bis zur (zeitlich nahe beieinander liegenden) Gründung der Sozialdemokratie und des Deutschen Reiches waren alle später bekannt gewordenen Führer der Arbeiterbewegung durch die Mangel der liberalen Ideologie gedreht worden, wie der sozialdemokratische Patriarch August Bebel (1840–1913) in seinen Memoiren berichtet:

»Der Umfang, den die Bewegung angenommen hatte, und die große Bedeutung, die sie noch erlangen konnte, veranlaßte die weitsichtigeren Liberalen, beizeiten ihr Augenmerk auf die Arbeiter zu richten und diese für ihre politischen Ziele zu gewinnen [...] So benutzten sie vom Jahre 1860 ab den Drang der Arbeiter nach Gründung von Arbeitervereinen und förderten diese, an deren Spitze sie ihnen zuverlässig erscheinende Personen zu bringen suchten [...] Daher strömten die Arbeiter in Scharen den Vereinen zu, die die liberalen Wortführer gründen halfen [...] Zu jener Zeit bildeten die Maschinenbauer die Elite der Berliner Arbeiter und galten als die eigentliche Leibgarde der Fortschrittspartei« (Bebel 1946/1910, 54f., 64).

Bebel, der 1848 noch ein Kind war, hat offensichtlich keine Ahnung davon, daß bereits in der zeitlich viel früheren englischen Industrialisierung, im Vormärz und in der 48er Revolution die liberalen Arbeitervereine eine Rolle gespielt hatten und daß auch seine verehrten Lehrmeister aus dieser Schule hervorgegangen waren. Noch viel weniger ist ihm in diesem Zusammenhang bewußt, daß es eine ganze große Epoche der militanten sozialen Massenrevolte gegen den Kapitalismus gegeben hatte, die weitgehend unabhängig von dieser Geschichte der liberalen Sonntagsschule war. So erscheint ihm die Abnabelung der Marxisten (und Lassalleaner) von der liberalen Fortschrittspartei als die erste selbständige Bewegung der »Arbeiter« gegen den Kapitalismus und die eigene »politische« Geburt aus dem liberalen Schoß als selbstverständliche Voraussetzung. Der entstehende Arbeiterbewegungs-Marxismus verharrte überdies sogar organisatorisch noch einige Jahre im liberalen Bannkreis:

»Während Liebknecht und sein Freund Bebel Arbeitervereinigungen organisierten, in denen sie die Grundlagen einer politischen und nationalökonomischen Bildung legten, blieben sie noch lange mit ›demokratischen‹, d. h. linksliberalen Parteien verbunden, vornehmlich in Sachsen und Württemberg. Aber nach und nach kamen sie zu der Überzeugung, daß die liberale Linke nicht imstande war, auf demokratischem und antipreußischem Wege die deutsche Einheit herzustellen […]« (Rovan 1980, 12).

Deutlicher könnte nicht gesagt werden, daß der sich mühsam abnabelnde Sozialismus die liberalen Aufgabenstellungen für die Installation eines neuen, moderneren Bezugssystems der bürgerlichen Gesellschaft übernommen hatte. Eine Bewegung sozialer Emanzipation als Weiterentwicklung der Sozialrevolte dagegen hätte nur ihr völliges Desinteresse an einer Aufgabe vom Typus »die deutsche Einheit herstellen« anmelden können. Denn eine radikale Ablehnung der »abstrakten Arbeit« und die Entwicklung einer alternativen Mobilisierung der neuen Produktivkräfte für Muße und soziale Selbstbestimmung wäre notwendigerweise identisch gewesen mit einer ebenso radikalen Ablehnung des nationalstaatlichen Gehäuses und mit dem Ansteuern einer anderen Form des gesellschaftlichen Zusammenhangs, zum Beispiel über Räte oder Komitees von Selbstverwaltungs-Einheiten unabhängig von bürgerlich-»nationalen« Bezugsräumen.

Infiziert von der liberalen Nationalduselei und darin noch scheinbar »wissenschaftlich« bestärkt vom historisch-materialistischen Geschichtsdeterminismus, wurden die Sozialisten und Arbeiterbewegungs-Marxisten zu glühenden Nationalidioten der bürgerlichen Gesellschaft; und diese geistige Behinderung ist ihnen in West und Ost bis heute geblieben. Die absonderlichen Bemühungen der DDR, noch in der Phase ihres Niedergangs eine »sozialistische deutsche Nation« zu kreieren, gehört ebenso in diese Rubrik wie das einschlägige Zurechtstutzen der Auffassungen von Marx und Engels über die Nation schon im beweihräuchernden Vorwort zum ersten Band der »Marx-Engels-Werke« (MEW):

»Wahrhaft patriotisches Denken und Handeln erfüllte das Leben dieser größten deutschen Wissenschaftler und Revolutionäre. Ein leuchtendes Beispiel dafür gaben sie in den Jahren 1848/49, als sie in vorderster Kampflinie leidenschaftlich um die nationale Einigung Deutschlands auf demokratischer Grundlage rangen« (Institut für Marxismus-Leninismus beim ZK der SED 1978, XV).

Vielleicht ist dieser üble Strauß von religiösen Stilblüten die gerechte Strafe für die historisch-materialistischen Eiertänze und strategischen Sandkastenspiele von Marx und Engels, mit denen sie ihr liberales Erbe in den Sozialismus einbrachten und dem gefährlichen nationalen Identitätswahn eine »relative Fortschrittlichkeit« im mechanisch ablaufenden Uhrwerk der Geschichte zugestanden. Kurz gesagt: Weil die emanzipatorische Sozialrevolte und die Marxsche Theorie sich historisch verpaßt und gegenseitig nicht abgeholt haben, reduzierte sich der Marxismus (unter Ausblendung aller damit inkompatiblen Elemente des widersprüchlichen und über sich selbst hinausweisenden Marxschen Denkens) auf eine alternative bürgerliche Fortschrittstheorie in den Grenzen des warenproduzierenden Systems und der Gesetze der Staatsbürgerlichkeit. Die radikale Kritik der kapitalistischen Zumutungen wurde in den entstehenden »sozialdemokratischen« Parteien, die schon in ihrem Namen das Hereinfallen auf das Bentham-System andeuten, ersetzt durch systemimmanente »Sozialpolitik«, während die vermeintliche Radikalität sich auf eine staatsbürgerlich-nationalstaatliche Rhetorik verlagerte. Wie der

Liberalismus aus dem Haupt des Absolutismus, so ist der Staatsbürger- und National-Sozialismus aus dem Haupt des Liberalismus entsprungen. Daß die national-sozialistische Begriffsverbindung im 20. Jahrhundert eine fürchterliche Abwandlung erfahren würde, konnte natürlich 1848 und in den Jahrzehnten danach niemand ahnen; aber die ideologische Möglichkeit wurde damals geboren. Und wie die Auseinandersetzung des Liberalismus mit dem Absolutismus ein Vatermord innerhalb derselben historischen Familie war, so auch die Auseinandersetzung des Sozialismus mit dem Liberalismus. Bei allen äußeren Gegensätzen von Absolutismus, Liberalismus und Sozialismus haben wir es doch immer wieder mit jenem gemeinsamen marktwirtschaftlichen Kontinuum zu tun, das der »dunkle«, unabgeholte Marx als den Fetischismus der Moderne bezeichnet hat und das nach 1848 in den politisch-ökonomischen Formen von Lohnarbeit und betriebswirtschaftlicher Rationalität allen beteiligten Kräften unwidersprochen zur neutralen gesellschaftlichen Naturgrundlage werden sollte. Man kann es auch so sagen: Alles, was von nun an scheußlich war am Sozialismus, war vom Absolutismus und Liberalismus geerbt.

Freihandel und nachholender Nationalismus

Das Einschwenken auf das nationalstaatliche und nationalökonomische Bezugssystem wurde bald allgemein, ebenso wie die nationalistische, irrationale Gefühlsduselei. Nicht nur die sozialistischen Parteien, die an die Stelle der zusammengeschossenen autonomen Sozialrevolten traten, wurden zu Drogenabhängigen des nationalen Wahns, sondern zunehmend auch die adeligen Herrschaftsklassen des (in Deutschland) oberflächlich siegreichen Absolutismus. Theoretisch und kulturell hatten die »großen Philosophen« des deutschen Idealismus bereits kräftig vorgearbeitet. Johann Gottlieb Fichte (1762–1814), der sozial aufgestiegene Sohn einer Weberfamilie, machte sich 1807/08 in seinen berühmten »Reden an die deutsche Nation« gegen die napoleonische Vorherrschaft Frankreichs stark und kreierte eine absurde Theorie der angeblichen Überlegenheit deutsch-»germanischer« Kultur und Sprache über die romanische

Welt der »Welschen«. Und schon vorher hatte Johann Gottfried Herder (1744–1803) die Idee des »Völkischen« eingeführt, in der die »Nationalvölker« durch ihre unterschiedlichen »Volkskulturen« als quasi individuelle Wesen erscheinen, die eine eigene Entwicklung analog zum Reife- und Alterungsprozeß des einzelnen Menschen durchlaufen.

Bei Herder war das »Völkische« noch nicht einseitig herauspräpariert und bis zur Kenntlichkeit jener Fratze entwickelt, die der Begriff im 19. und 20. Jahrhundert annehmen sollte, sondern vermischt mit einer scharfsinnigen Kritik an den Ungereimtheiten des Aufklärungsdenkens und an den Greueln des europäischen Kolonialismus; und zu den »Gesinnungen«, die er in seinen »Briefen zur Beförderung der Humanität« (seit 1793) propagierte, gehören der »Abscheu gegen den Krieg« und das »Gefühl der Billigkeit gegen andre Nationen«. Dennoch wird Herder nicht zu Unrecht als Mitbegründer des historisch verhängnisvollen deutschen Irrationalismus betrachtet. Bei ihm findet sich bereits jener Grundzug, der später jede »deutsche«, »rechte«, autoritär-antiemanzipatorische Scheinkritik an der kapitalistischen Modernisierung bestimmen sollte: nämlich die Ablehnung kapitalistischer Erscheinungsformen und Haltungen nicht vom Standpunkt einer Kritik und Demontage der repressiven Weltmaschine als solcher, sondern vom Standpunkt anderer kapitalistischer Erscheinungsformen und Haltungen. Wie Rationalismus und Irrationalismus, Staat und Markt nicht als die Pole desselben historischen Feldes erkannt und kritisiert, sondern bloß gegeneinander ausgespielt wurden, ebenso geschah es mit der Polarität von Kosmopolitismus/Universalismus einerseits und völkischem Nationalismus andererseits.

So stellte schon Herder dem abstrakten Universalismus von Ware und Geld den vermeintlichen »völkischen« Urgrund des Nationalen entgegen, ohne zu erkennen, daß das synthetische Konstrukt der »Nation« demselben gesellschaftlichen Zusammenhang der Modernisierung entsprungen war und einen realen Funktionsraum der »universellen« kapitalistischen Prinzipien selber markierte. In der Geschichte der Ersten industriellen Revolution wurde Herders Idee des »Völkischen« nun in einer Fassung umformuliert, die jeder Idee von »Humanität« entkleidet war und den Nationalismus zum Vehikel einer mörderischen, kapitalistischen Konkurrenz unter den Nationalökonomien bzw. Nationalstaaten und »Nationalvölkern« machen sollte. Daß die irrationale Gefühlsbesetzung des »Völkischen« besonders in Deutschland wucherte, hatte seinen Grund im kapitalistischen Vorsprung Englands und Frankreichs: War die frühe Nationalstaatsbildung in England mit einem eher ökonomischen Funktionalismus verbunden und in Frankreich durch die große Revolution mit politischen Abstraktionen und Gefühlen angereichert worden, so kreierte die deutsche bürgerliche Intelligenzia einen besonderen, »völkisch« geifernden »Blut und Boden«-Begriff der »deutschen Kulturnation«, um die deutsche Eigenständigkeit zu betonen und vom »westlichen« Nationalbegriff Englands und Frankreichs abzugrenzen.

Es ging also im Verlauf des 19. Jahrhunderts nicht mehr bloß um die gesellschaftliche Installation des Kapitalismus überhaupt als universelles Vergesellschaftungsprinzip, sondern um eine Neubestimmung der nationalstaatlichen Konkurrenz jenseits des Absolutismus. Und es sollte sich zeigen, daß der hochgradig ideologisierte bürgerlich-liberale Nationalismus nicht nur mit einem wesentlich höheren Anspruch gesellschaftlicher Integration und Homogenität einherging als das fürstliche »Gottesgnadentum« der frühkapitalistischen Staatenwelt, sondern auch die nationale Konkurrenzwut in jeder Hinsicht anfachte und steigerte. Wie die verselbständigte Ökonomie des Kapitals vom Liberalismus nicht mehr als Mittel zum Zweck betrachtet wurde, sondern als eine Art religiöser Selbstzweck, so verwandelte sich die Nation aus einem bloßen Herrschaftsraum (mit dem absoluten Fürsten als Subjekt) in eine verselbständigte Meta-Einheit der Konkurrenz, analog zu den betriebswirtschaftlichen Teileinheiten und oberhalb von ihnen.

Der ressentimentgeladene deutsche Nationalismus aus der Situation des historischen Nachzüglers heraus wurde dabei zum Paradigma einer »nachholenden Modernisierung« und eines »nachholenden Nationalismus«. Indem das »Deutschtum« sich in der kapitalistischen Konkurrenz gegen den höher entwickelten französischen und vor allem englischen Kapitalismus »völkisch« aufplusterte, sah es sich auf irrationale Weise jenseits der bürgerlichen »Raffgier« stehen: das schnöde Profitprinzip erschien als allein mit der westlichen Variante des Kapitalismus identisch, während man den eigenen (nachholenden) »deutschen« Weg zum Kapitalismus zu einer vermeintlich »höheren Aufgabe« stilisierte. Die Nation wurde also aus einem Funktionsraum und einer Erscheinungsform des Kapitals ideologisch in eine angeblich dem »reinen« Kapitalismus entgegenstehende »Schicksalsgemeinschaft« umgemünzt.

Dieses »deutsche« Paradigma sollte sich später bei zahlreichen Varianten »nationaler Befreiungsbewegungen« in der Dritten Welt wiederholen. Nicht umsonst wurde Johann Gottfried Herder, was wenig bekannt ist, in Osteuropa, Arabien und Afrika als Klassiker und Stichwortgeber für eine »völkisch«-nationalistische Identitätsbildung eifrig rezipiert. Seine Kritik am europäischen Kolonialismus und sein Interesse auch für die außereuropäischen »Volkskulturen« boten der nachholenden Modernisierung bis tief ins 20. Jahrhundert hinein Nahrung, um sich kulturell aufzupäppeln und den jeweiligen Massen, die zum Menschenmaterial einer eigenständigen Kapitalmaschine für die Teilnahme am Weltmarkt gemacht werden sollten, ein repressives Identitäts-Korsett zu verpassen. Der deutsche Irrationalismus lebte insofern weit über seine Zeit hinaus als Ferment einer »Nationalisierung der Massen« (Mosse 1976) auch noch im Zeichen einer antiimperialistischen »nachholenden Inwertsetzung« in großen Teilen der Dritten Welt weiter, nicht zuletzt in diversen »sozialistischen« Masken. Wie schon in Deutschland und Europa wurden im 20. Jahrhundert auch an der kapitalistischen Peripherie die mündlich tradierten vormodernen Massenkulturen enteignet, bürgerlich redigiert, verfälscht und für die Erfindung nationalistischer und »völkischer« Konstrukte mißbraucht, um die »schöne Maschine« kulturalistisch zu verschalen. Daß der Marxismus und auch noch die neue Linke seit 1968 diesen Prozeß zur »Befreiungsbewegung« umdeuteten, war immer nur dem eigenen ideologischen Marschgepäck jenes mechanistischen Fortschrittsbegriffs geschuldet, der die kapitalistische Modernisierung und Nationalisierung zur »historischen Notwendigkeit« hochjubelte.

Die bloß kulturalistische und »völkische« nationale Identitätsbildung wäre freilich schon im 19. Jahrhundert zu wenig gewesen, um der Nation eine quasi-ontologische Konsistenz zu verleihen. Hinzutreten mußte eine engere ökonomische Bestimmung des Nationalen, wie sie bei Adam Smith und seinen Vorläufern noch nicht zu finden war. Denn die »Volkswirtschaftslehre« im Sinne von Smith verstand sich vor allem als jenes universelle kapitalistische »Naturgesetz«, wie es der Liberalismus propagierte, während das nationale bzw. nationalökonomische Bezugssystem als solches nur nebenbei thematisiert wurde. Aus dem damaligen deutschen Blickwinkel einer nachholenden Modernisierung mußte sich das gründlich ändern. Und so war es nicht zufällig ein deutscher Ökonom, der in die glorreiche Phalanx der englischen liberalen Wirtschaftstheoretiker einbrach und den »nationalökonomischen« Gesichtspunkt im engeren Sinne geltend machte: Friedrich List (1789–1846) wurde zum Propheten nicht nur der deutschen, sondern der Nationalökonomie überhaupt, wie schon aus dem Titel seines Hauptwerks hervorgeht, das er in bewußter Abgrenzung von der abstrakt-universellen englischen Wirtschaftstheorie »Das nationale System der Politischen Ökonomie« (List 1841) nannte.

Wenn List so eindringlich die elenden Lebensbedingungen der »deutschen Kartoffelfresser« geschildert hat, so keineswegs deswegen, weil er etwa die kapitalistische Produktionsweise kritisieren wollte. Ganz im Gegenteil war er selber überzeugter Liberaler, dem es nur um eines zu tun war: nämlich die Industrialisierung des kapitalistisch rückständigen Deutschland. Zu diesem Zweck kritisiert er die ökonomische Theorie von Adam Smith und dessen Nachfolgern David Ricardo (1772–1823) und Jean-Baptiste Say (1767–1832), freilich nicht ohne zu versichern, daß er die allgemeinen Grundsätze von Smith teilt und nur eine kritische Ergänzung hinsichtlich der ökonomischen Eigenlogik von Nationen anbringen will:

»Damit wollen wir [...] keineswegs die großen Verdienste Adam Smiths in Abrede stellen [...] Vermittels [...] eines ungewöhnlichen Grades von Scharfsinn brachte er Licht in die wichtigsten Zweige der Wissenschaft, die früher fast ganz im Dunkeln lagen. Vor Adam Smith gab es nur eine Praxis; erst durch seine Arbeiten ist es möglich geworden, eine Wissenschaft der politischen Ökonomie zu bilden [...] Allein in derselben Eigentümlichkeit seines Geistes, wodurch er in Analysierung der einzelnen Bestandteile der politischen Ökonomie so Bedeutendes leistete, lag auch der Grund, daß er [...] vor lauter Individuen die Nation nicht gewahr wurde, daß er vor lauter

Sorgfalt für die freie Tätigkeit der einzelnen Produzenten die Zwecke der ganzen Nation aus dem Gesicht verlor« (List 1922/1841, 459).

List ist ein gläubiger Anbeter der »schönen Maschine«, aber er wendet sich gegen die »völlige Nullifizierung der Nationalität und der Staatsgewalt« (a.a.O., 456) in der ökonomischen Wissenschaft und gegen eine bloß »kosmopolitische Ökonomie [...], welche lehrt, wie das gesamte menschliche Geschlecht zu Wohlstand gelangen könne, im Gegensatz zu der politischen Ökonomie [...], die sich darauf beschränkt, zu lehren: wie eine gegebene Nation unter den gegebenen Weltverhältnissen [...] zu Wohlstand, Zivilisation und Macht gelange« (a.a.O., 204f.). In diesem Sinne propagiert List eine Art Doppelstrategie für die Industrialisierung der »deutschen Nation«. Einerseits sollen ganz nach dem liberalen Schema die Zollgrenzen zwischen der zerstückelten deutschen Staatenwelt fallen, um eine »nationale Freihandelszone« als Vorstufe eines einheitlichen nationalökonomischen Funktionsraums zu schaffen. Dies gelang nach maßgeblicher Propaganda und Förderung durch List 1834 mit der Gründung des »Deutschen Zollvereins«, dem unter Führung Preußens 18 deutsche Staaten angehörten.

Andererseits verlangt List, daß im Interesse der Herausbildung »einer nationalen Gewerbsproduktivkraft« die entstehende deutsche Nationalökonomie nach außen durch ein System von Schutzzöllen ihre noch junge und schwache Industrie gegen die übermächtige englische Konkurrenz abschirmt. Er polemisiert deshalb gegen das Postulat eines allgemeinen Vorteils durch internationalen Freihandel, wie es Smith und vor allem Ricardo aufgestellt hatten: »Die Weltkonkurrenz würde ganz vortrefflich sein, ständen nur alle Nationen auf gleicher Stufe der industriellen Ausbildung – hätten nur nicht andere Nationen infolge ihrer früheren nationalen Vereinigung [...] einen unermeßlichen Vorsprung vor uns gewonnen« (List 1928ff. V/1841, 191). Dieses Problem sei durch die industrielle Revolution verschärft worden und mit den Bedingungen der vorindustriellen Marktwirtschaft gar nicht mehr vergleichbar:

»Die großen Maschinen haben viele Dinge über den Haufen geworfen, nichts aber so von Grund aus als die Lehre von dem Selbstemporkommen der Fabriken, von ihrer sogenannten naturgemäßen Entstehung. Solange eine Kunkel, ein Spinnrädchen und ein Webstuhl die ganze Maschinerie war, die man sich anzuschaffen brauchte, um die Spinnerei und Weberei in Gang zu setzen [...], klang es nicht so übertrieben absurd, wenn man behauptete, der Staat brauche sich der Sache gar nicht anzunehmen [...] Diese Lehre hatte ihre schwache Seite, aber sie war nicht den zehnten Teil so unsinnig wie in unseren Tagen, wo die Errichtung und der Verlag einer großartigen mechanischen Spinnerei und Weberei Hunderttausende, ja Millionen erfordert, wo Hunderte und Tausende von Arbeitern in dreißig und vierzig verschiedene Handgeschäfte eingeübt sein müssen [...] Man muß in der Tat die Augen absichtlich zuhalten, um nicht zu sehen, welche Hindernisse in unseren Tagen dem Aufkommen der Spinnereien und Webereien, selbst in den dazu befähigsten Ländern, bei freier Konkurrenz einer industriellen Suprematie wie der englischen im Wege stehen. Durch eine aufs höchste ausgebildete Maschinenfabrikation [...], durch den größten internationalen Handel, den je eine Nation besessen hat, werden die englischen Fabrikanten befähigt, ihre Anstalten ins Riesenmäßige auszudehnen, ihre Preise aufs niedrigste zu stellen und, im Fall ihnen eine auswärtige Konkurrenz in den Weg tritt, auf allen Profit für die außer Landes gehenden Fabrikate Verzicht zu leisten [...], bis die jungen Sprößlinge des Auslands erstickt sind« (List 1928 f. V/1842, 232 f.).

List unterstellt England sogar eine Art Wirtschaftskrieg für die Verewigung seiner industriellen Vormacht gegen den Rest der Welt, wobei Smith und Ricardo wider besseres Wissen die »kosmopolitische« Freihandelslehre als geistige Waffe eingesetzt hätten, um die dummen Deutschen an der Nase herumzuführen. Gleichzeitig beteuert er aber, keinesfalls gegen die liberalen Grundsätze verstoßen oder gar die einseitige Doktrin des Merkantilismus wiederbeleben zu wollen. Denn erstens solle der Schutzzoll nur eine vorübergehende Maßnahme sein, eine Art »Erziehungszoll«, bis die »industrielle Erziehung Deutschlands« genügend fortgeschritten und eine Konkurrenzfähigkeit mit England erreicht sei. Und zweitens würde die innere Konkurrenz ja nicht ausgeschaltet, sondern könne die äußere Konkurrenz vorübergehend ersetzen und alle »heilsamen Wirkungen« des Konkurrenzsystems als solche übernehmen. Bei weiterer deutscher Ignoranz gegenüber der industriellen Weltmarkt-Konkurrenz, so warnt List in einer berühmt gewordenen Passage, drohe das kontinentale Europa zu einer englischen Kolonie herabzusinken:

»Ganz England würde sich [...] zu einer einzigen unermeßlichen Manufakturstadt ausbilden. Asien, Afrika, Australien würden durch England zivilisiert und mit neuen Staaten, nach englischem Muster, besäet. So entstünde mit der Zeit eine Welt von englischen Staaten, unter dem Präsidium des Mutterstaates, in welcher sich die europäischen Kontinentalnationen als unbedeutende unfruchtbare Volksstämme verlören. Frankreich würde sich mit Spanien und Portugal in die Bestimmung teilen, dieser englischen Welt die besten Weine zu liefern und die schlechten selbst zu trinken [...] Deutschland dürfte dieser englischen Welt schwerlich etwas mehr zu liefern haben als Kinderspielwaren, hölzerne Wanduhren, philologische Schriften und zuweilen ein Hilfskorps, das sich dazu hergäbe, in den Wüsten Asiens oder Afrikas für die Ausbreitung der englischen Manufaktur- und Handelsherrschaft, der englischen Literatur und Sprache zu verschmachten« (List 1922/1841, 218).

Mitten in der Situation des Massenelends als direkte oder indirekte Folge der Ersten industriellen Revolution setzt List also voll auf die Karte eines Weltmarkt-Nationalismus, um die ganze unausgegorene Frage der sozialen Verhältnisse in das Problem einer »internationalen Konkurrenzfähigkeit« umzudefinieren und die Debatte damit von vornherein nach den Kriterien kapitalistischer Entwicklung zu bestimmen. Die »arbeitenden Armen« und die »Überflüssigen« in Deutschland sollen auf das nationalistische Konkurrenzmotiv verpflichtet werden, bevor sie an weitere soziale Revolten zu denken wagen. Zu diesem Zweck trägt List faustdick auf, was die angeblichen leiblichen Genüsse der Armen im konkurrenzstarken England angeht:

»Wöchentlich vier- bis fünfmal gutes Fleisch, an manchen Orten 1 Pfd. täglich, 1 Pfd. Weizenbrot täglich, 1 Schoppen Porter oder Ale ditto; zum Frühstück Grütze oder Reis in Milch gekocht (ohne Zweifel mit Zucker und Zimt), Gemüse und Kartoffel soviel sie essen mögen, dazu ½ Pfd. Butter wöchentlich; abends Milchsuppe, Erbsen, Kartoffel oder auch Tee mit Weizenkuchen (Milch und Zucker versteht sich), am Sonntag Plumpudding (ohne Rosinen, Malaga-Trauben und Sauce gibt es desgleichen nicht), sodann ein wohlgeheiztes Zimmer und reinliche Betten: das ist der jammervolle Zustand, in welchem in gewöhnlichen Zeiten 6 bis 700 000 Arme in England leben […]« (List 1928 ff. V/1842, 243).

Das ist die Sprache eines national-liberalen Demagogen, der einem von der Marktwirtschaft buchstäblich ausgehungerten Publikum das Wasser im Mund zusammenlaufen läßt, um von der Erbärmlichkeit des angebeteten Systems auf den Konkurrenzhaß gegen »das Ausland« abzulenken. Man bedenke, daß List hier von der Diät für jene berüchtigten englischen Armen- und Arbeitshäuser spricht, deren Kost nach den Untersuchungen von Engels miserabler als die in Gefängnissen war (»Fleisch« und »Gemüse« gab es z. B. oft nur von praktisch ungenießbaren Abfällen), die immer wieder als barbarische Zuchtanstalten beschrieben worden sind und aus denen nach Zeugenberichten sogar Sterbende flohen! Und da List für gewöhnlich als gut unterrichtet gilt, ist es nicht zuviel gesagt, daß er hier bewußt seinen deutschen Landsleuten die Hucke vollügt, um die sozialen Widerstände gegen die kapitalistische Industrialisierung ideologisch abzuwehren. Wie kaltschnäuzig er trotz aller vordergründigen Verständnistuerei im Grunde genommen die soziale Krise sieht und wie wenig wählerisch er in seinen Argumenten ist, geht aus einem ein Jahr später geschriebenen Artikel hervor:

»(Der) höchste Grad von Torheit wäre es doch wahrlich, wenn man auf eine so wesentliche Quelle der materiellen Wohlfahrt und der Macht der Nation Verzicht leisten wollte, bloß weil die unermeßlichen Wohltaten und Vorteile, die sie gewährt, auch zugleich von Übelständen begleitet sind, während doch nichts auf dieser Welt davon frei ist. Im Licht der höchsten Verblendung aber erscheint ein solches Verfahren, wenn man in Betrachtung zieht, daß in diesem Fall – aus übertriebener Sorgfalt, doch ja keine Volksklasse zu erzeugen, die durch zufällige Umstände (!) in Mangel und Not geraten könnte – die ganze Nation eines ihrer wesentlichen Organe beraubt […] würde […] Übrigens ist die Vorstellung, die man sich von diesen Übeln macht, eine höchst übertriebene und falsche, indem man den Grad derselben nach den Erscheinungen bemißt, die man in dieser Beziehung in England wahrnimmt, während doch unsere Nationalindustrieverhältnisse von den englischen von Grund aus verschieden sind. England will für die ganze Welt fabrizieren, den Markt der ganzen Welt monopolisieren, und zu diesem Ziel kann es nur gelangen infolge geringer Fabrikationskosten. Alles in England ist also darauf berechnet, daß nach den dortigen Verhältnissen die Arbeitslöhne so tief als möglich herabgedrückt, daß die niedern Klassen angestrengt werden, soviel als möglich für eine gegebene Quantität Lohn zu arbeiten [...] So ist die Brutalisierung, der Mangel, das Elend, die Not der niedern Klassen – von Millionen Menschen – der Preis, wofür England sein Industriemonopol erkauft« (List 1928 ff. V/1843, 271).

Es stört List offensichtlich nicht, daß er nun diametral entgegengesetzt argumentiert. Er beschreibt so oder so immer nur die Wirkungen der destruktiven betriebswirtschaftlichen Rationalität in England wie auf dem Kontinent, übersetzt diese aber ohne Rücksicht auf noch so haarsträubende Ungereimtheiten in die Logik seines Weltmarkt-Nationalismus. Er kann damit die zweifelhafte Ehre in Anspruch nehmen, ideologischer Stammvater sämtlicher »Standort«-Debatten der kapitalistischen Geschichte zu sein, die immer schon die Selbstverpflichtung der Menschen auf das irrationale System der Konkurrenz voraussetzen, um sie dazu zu zwingen, an die Stelle des eigenen elementaren Interesses an einem »guten Leben« das abstrakte nationale Konkurrenz-Interesse zu setzen und sich diesem sklavisch zu unterwerfen.

Wie Herders Idee des »Völkischen«, so hat auch Lists Idee der »nationalen Gewerbsproduktivkraft« und der nationalen Schutz- bzw. »Erziehungszölle« eine lange Wirkungsgeschichte entfaltet; nicht nur in Preußen-Deutschland vor wie nach der Reichsgründung von 1871, sondern ebenfalls wieder in den östlichen und südlichen Diktaturen nachholender Modernisierung während des 20. Jahrhunderts. Bis heute empfehlen kapitalistische Entwicklungstheoretiker Lists Konzept oder Teile davon für die Nationalstaaten der 3. Welt. Und keineswegs zufällig wurde List in Deutschland zum ökonomischen Nationalheiligen und Schutzpatron sowohl des Nationalsozialismus als auch der DDR, die beide auch in der ökonomischen Theorie ihr liberales Erbe nie verleugnen konnten. So heißt es in Vorwort und Einleitung zu einer List-Ausgabe während des Nazi-Regimes, der »geschichtliche Auftrag«, dem deutschen »völkischen Dasein« neue

Formen zu geben, erschließe das Verständnis für List, der die »Unvereinbarkeit seiner historisch-politischen Weltanschauung mit aufklärerisch-rationalistischen Elementen« in seiner Theorie »unbekümmert« ertragen und es dennoch verstanden habe, »die irrationalen Kräfte der Nation zu wecken« (Forschepiepe 1938, VII ff.). Und in einer frühen DDR-Monographie über List wird er als Kronzeuge angerufen gegen »die hinterhältige Zersetzung des Nationalbewußtseins« durch »das amerikanische Monopolkapital« und gegen die »kosmopolitische« und daher »antinationale Politik der westdeutschen Imperialisten« (Fabiunke 1955, 11, 17). Daß List selbstverständlich auch vom westdeutschen Kapitalismus ideologisch in Anspruch genommen wurde, zeigt nur an, wie die verfeindeten Lager in der kapitalistischen Modernisierungsgeschichte letztlich immer auf dem gemeinsamen Boden der »abstrakten Arbeit« und ihrer Institutionen stehen.

Nirgendwo und zu keiner Zeit hatten die Ideen des »Völkischen« und der Nation als ökonomisches Subjekt jedoch emanzipatorischen Charakter, und nie bezeichneten sie etwas anderes als die identitäre Bindung an einen abgegrenzten Funktionsraum des modernen warenproduzierenden Systems. Auch wenn sie gelegentlich (und zuerst in Deutschland) gegen einen westlichen, »kosmopolitischen«, abstrakt wirtschaftsideologischen Liberalismus instrumentalisiert worden sind, so stiegen sie doch aus der modernen Urideologie des Liberalismus selber auf, aus seinen inneren Widersprüchen und seiner Auseinandersetzung mit dem Absolutismus, um schließlich auch den Arbeiterbewegungs-Sozialismus und später die »antiimperialistischen« Bewegungen der Kolonialzonen bzw. der 3. Welt zu durchdringen. Und je mehr die deutsche nachholende Modernisierung im 19. Jahrhundert den nationalen Bezugsraum ideologisch auflud, desto stärker positionierten sich auch die jeweiligen nationalistischen Ideologien bei den anderen kapitalistischen Mächten. Der Kapitalismus, seine staatlichen »Leviathane« und seine liberalen Vordenker traten in das Zeitalter des Nationalismus und eines bürgerlich-nationalstaatlichen Beziehungsfeldes ein, das die von Freihandelsideen (wenn auch keineswegs immer von entsprechenden Realitäten) bestimmte Aufstiegs- und Konstitutionsepoche des Liberalismus ablösen sollte – und auf diesem Weg in die kommenden Katastrophen nahm er den jungen Arbeiterbewegungs-Sozialismus mit und führte ihn unsichtbar an der Hand.

Das Gesetz des Gleichgewichts und das industrielle Schneeballsystem

Die Beschwörung der »nationalen Schicksalsgemeinschaft« und der nationalistischen »Standort«-Konkurrenz wurde zwar zum großen ideologischen Vehikel, um die Massen der »arbeitenden Armen« und der entstehenden Fabrikarbeiterklasse in das kapitalistische System einzubinden. Aber das bis zur Mitte des 19. Jahrhunderts durch die marktwirtschaftliche und industrielle Expansion aufgehäufte Massenelend war so ungeheuerlich, daß die wortklingelnde Beschwörung eines Nationalbewußtseins, das ja noch gar nicht allgemein verankert war, allein kaum ausgereicht hätte, um die sozial Gedemütigten und »Überflüssigen« stillzustellen und zu befrieden. Man konnte nicht die soziale und sogar physische Vernichtungsdrohung im Sinne von Malthus aussprechen und im selben Atemzug an die gemeinsame Nationalidentität appellieren. Das System stand immer noch am Rande des Abgrunds, denn obwohl die Sozialrevolte mit blutiger Repression niedergerungen worden war, blieb die Drohung unkontrollierbarer Eruptionen im Raum stehen: Armut kann apathisch machen, aber absolute Verelendung und der pure Hunger können auch zur Verzweiflung treiben. Und eine weitere kapitalistische Entwicklung war unter dem Druck von latentem Bürgerkrieg und Militärdiktatur kaum vorstellbar.

Das System mußte also unbedingt aus der großen Falle seines logischen Selbstwiderspruchs herauskommen, und es mußte wenigstens minimale Gratifikationen für die Massen abwerfen, wenn es weiterleben wollte. Wir wissen heute natürlich, daß die große, katastrophale Transformationskrise in der zweiten Hälfte des 19. Jahrhunderts kapitalistisch überwunden werden konnte, auch wenn die Opfer bis heute nicht ehrlich gezählt worden sind. Diese relative Stabilisierung zwischen 1850 und 1914 entwickelte sich aus einem ökonomischen Mechanismus, der heute als struktureller *Wachstumszwang* (und inzwischen unter sozial-ökologischen Gesichtspunkten sogar als »Wachstumswahn«) der kapitalistischen Produktionsweise bekannt ist. Ideologisch hatten die liberalen Wirtschaftstheoretiker mit Adam Smith an der Spitze ja schon immer behauptet, daß in der Marktwirtschaft automatisch jeder Deckel zu seinem Topf finden und der Preismechanismus ein gesellschaftliches Gleichgewicht von Produktion und Konsum zur Befriedigung aller herstellen würde. Die nach 1850 tatsächlich einsetzende relative Stabilisierung kann allerdings nur auf paradoxe Weise als »Gleichgewicht« bezeichnet werden. Denn unter diesem Begriff stellt man sich ja einen in sich ruhenden Zustand vor; aber die kapitalistische Stabilisierung ist eher das Gegenteil, nämlich ein zeitweiliges, relatives Gleichgewicht nur im Zustand *maßloser Bewegung und zielloser, unbeherrschbarer Dynamik.*

Solange die industrielle Revolution noch nicht im großen Maßstab das Geschehen bestimmte, also bis zur Zeit von Adam Smith, war die Krise qua Wachstumsdynamik nicht entscheidend in der liberalen Legitimationstheorie. Es ging im 18. Jahrhundert eher um das Problem der »arbeitenden Armen« als um das Problem der »Überflüssigen«. Erst die strukturelle Massenarbeitslosigkeit der vom neuen »Maschinenwesen« ruinierten Handwerker machte die ökonomische Krise zum liberalen Gegenstand. Die Perspektive, daß man die »hands« womöglich dauerhaft mangels Rentabilität nicht mehr ausreichend »beschäftigen« könnte, mußte das ökonomische Denken des Liberalismus beunruhigen und herausfordern. Bei der bloßen sozialen Vernichtungsdrohung durch den Liberalen Malthus konnte es nicht bleiben; das durfte nur die Ultima ratio sein. Aber gab es nicht auch noch einen Spielraum des Marktes, die »Überflüssigen« wieder in normale »arbeitende Arme« zurückzuverwandeln und diese Metamorphose abermals als »wohlfahrtssteigernde« Potenz der kapitalistischen Ökonomie zu verkaufen?

Jean Baptiste Say, der französische Schüler, Popularisator (und Vulgarisator) von Adam Smith, hatte auf diese Frage bereits Anfang des 19. Jahrhunderts eine Antwort gegeben, die zum eisernen Bestand der bürgerlichen Volkswirtschaftslehre bis heute werden sollte. Says berühmte These lautet, daß jedes *Angebot* sich von selber seine *Nachfrage* schaffe, vorausgesetzt allerdings, daß kein störender »außerökonomischer« Eingriff in den Markt stattfinde. Dies gelte auf die Dauer auch für ein ungeheuer vermehrtes Angebot durch die industrielle Revolution, die nur genügend ausgedehnt werden müsse. Deshalb sagt er, ausdrücklich gegen Malthus gewendet, daß wachsende Bevölkerung und wachsende Gütermenge keineswegs in die Krise führen müßten, sondern durchaus ein jeweils neues Gleichgewicht auf immer höherer Entwicklungsstufe der Produktivkräfte hergestellt werden könne.

Schon frühzeitig hatte Say bei diesem »Gesetz der Absatzwege« (Identität von Absatz und Produktion) darauf gesetzt, daß die Verbilligung der Güter durch »arbeitssparenden« Maschineneinsatz deren Produktion nicht etwa (mangels Wertschöpfung und Kaufkraft der »Überflüssigen«) unrentabel machen würde, sondern vielmehr im Gegenteil die wechselseitige Rückwirkung von Produktion und Absatz anfachen müsse. Für ihn ist es ausgemacht, »[...] daß, wie groß auch die hervorgebrachte Waarenmenge und die darauf entspringende Erniedrigung der Preise seyn mag, doch eine hervorgebrachte Quantität von Gütern einer Art immer hinreicht, um ihre Urheber zur Erwerbung einer erzeugten Menge von Waaren einer anderen Art in den Stand zu setzen [...]« (Say 1979/1821, 72). Auf jeder beliebigen Stufenleiter der Produktionsausdehnung durch Produktivkraftsteigerung sei also auch eine entsprechende Erweiterung der Märkte gegeben, wenn der Staat nicht in deren Selbstlauf (z. B. durch Sozialgesetzgebung) hineinpfusche, so behauptet er in seinem Hauptwerk »Traité d'économie politique«:

»Es ist zweckmäßig, zu bemerken, daß fertiggestellte Erzeugnisse im gleichen Augenblick in der vollen Höhe ihres Wertes einen Markt für andere Produkte bieten. Denn sobald der Letzterzeuger ein Produkt fertiggestellt hat, ist sein größtes Verlangen darauf gerichtet, es zu verkaufen, damit der Wert des Erzeugnisses nicht bei ihm ruhe. Aber nicht weniger eilig hat er es, sich des Geldes wieder zu entledigen, das ihm der Verkauf einbringt, damit auch der Wert des Geldes nicht bei ihm festliege. Nun kann man sein Geld nur dadurch umsetzen, daß man irgendein anderes Produkt zu erwerben trachtet. Man sieht also, daß der bloße Umstand der Herstellung eines Erzeugnisses im gleichen Augenblick einen Markt für andere Produkte eröffnet [...] Die [...] Konsequenz, die man aus dieser wichtigen Wahrheit ziehen kann, ist die, daß stets mit der Vermehrung der Zahl der Produzenten und mit der Vervielfachung der Erzeugnisse auch die Absatzmärkte immer flüssiger, mannigfaltiger und ausgedehnter werden [...] Um den Gewerbefleiß zu ermuntern, [...] (muß man) diejenigen Wünsche und Bedürfnisse anregen, welche die Kauflust der Bevölkerung wecken [...] Es sind die allgemeinen und stetigen Bedürfnisse eines Volkes, die es zu produktiver Tätigkeit ermuntern, damit es die Kaufkraft erwerbe, welche eine ständig erneuerte Konsumtion nach sich zieht [...]« (Say, zit. nach Hofmann 1971, 49ff.).

Says Innovation besteht also darin, daß er die bereits von Smith behauptete Gleichgewichtstendenz der Marktwirtschaft auch bei beliebiger Produktivkraftsteigerung und technologischer »Arbeitsersparnis« als immanent weiterhin gegeben annimmt und somit eine grenzenlose Ausdehnbarkeit der Märkte und der Produktion postuliert. Sein in etwas krauser Form und noch nicht mit voller Klarheit dargestelltes Theorem, das z. B. die unselbständige Lohnarbeit gar nicht einbezieht, wurde allmählich in der Volkswirtschaftslehre als »Saysches Gesetz« oder »Gesetz des Gleichgewichts« zurechtgeschliffen und zu einer allgemeinen »Angebotstheorie« ausgebaut, die auch auf den Arbeitsmarkt der Lohnarbeiter anzuwenden sei.

In dieser ausgefeilten Fassung besagt es, daß die von der Konkurrenz erzwungene Produktivkraftsteigerung die Produkte so stark verbilligt, daß die Märkte expandieren können, weil eine große Masse von Menschen sich diese Produkte nun häufiger kaufen (Erhöhung der Verbrauchsfrequenz) oder überhaupt erstmals leisten kann (Erschließung neuer Käuferschichten). Das führt notwendigerweise dazu, daß zwar pro Produkt viel weniger Arbeit benötigt wird, gleichzeitig aber die Produktion in einem größeren Ausmaß gesteigert werden kann, als die Arbeitsersparnis am einzelnen Produkt ausmacht. Die Expansion der Märkte überkompensiert also das Überflüssigwerden von menschlicher Arbeitskraft; und letztlich werden für die erweiterte Produktion absolut mehr Arbeiter gebraucht, als relativ überflüssig geworden sind. Eine »Angebotstheorie« ist das deswegen, weil sie die Krisenbereinigung und »gleichgewichtige« Prosperität nicht von einer Stimulierung der Nachfrage z. B. durch Lohnerhöhung, Sozialleistungen, Staatskonsum etc. erwartet, sondern von einer autonomen Expansion der Märkte durch Verbilligung des Angebots (d. h. durch betriebswirtschaftliche, konkurrenzvermittelte Kostensenkung). Auf den Arbeitsmarkt angewendet bedeutet diese Angebotstheorie, daß die Lohnarbeiter auch ihre »Ware Arbeitskraft« so billig anbieten sollen, daß sich der Arbeitsmarkt von selbst erweitert (»Kostensenkung« heißt hier persönliche Inkaufnahme der »arbeitenden Armut«); die dann folgende Erweiterung von Produktion und Absatzmärkten werde schließlich auch automatisch und marktgerecht wieder zu einer Erhöhung der Löhne führen; und außerdem könnten sich die Arbeiter ja durch die Verbilligung der Produkte mehr Sachgüter leisten (sogar bei niedrigeren oder gleichbleibenden Löhnen).

Schien sich dieses Theorem durch die katastrophale Transformationskrise bis zur Mitte des 19. Jahrhunderts grausam zu blamieren, so erfuhr es umgekehrt in der darauf folgenden relativen Stabilisierung nach Meinung seiner Verfechter eine um so glänzendere Bestätigung. Tatsächlich verschwand das Problem einer gefährlichen Masse von strukturell »Überflüssigen« in demselben Maße, wie die industrielle Revolution über das enge Feld der Textilproduktion immer weiter hinausgriff und einen Produktionszweig nach dem anderen aufrollte. Hatte zwischen dem Ruin der handwerklichen Textilproduzenten und der industriell-kapitalistischen Resorption ihrer Arbeitskraft durch Expansion der Märkte für das »billige Tuch« eine lange Inkubationsperiode des puren Elends gelegen, so schluckte die nun einsetzende Lawine der Industrialisierung Arbeitskraft in rasch wachsendem Umfang.

Die »hands« durften sich wieder rühren, jetzt in großem Maßstab direkt unter dem Kommando des Kapitals. Der Arbeitsmarkt, lange Zeit im Massenbewußtsein gleichgesetzt mit öffentlicher Prostitution, wurde in großen Schüben zur Massennormalität, wenn auch die agrarische Produktion noch lange nicht voll durchkapitalisiert war und auch viele handwerkliche Produktionszweige fortbestanden (die allerdings ihrerseits kapitalistisch überformt und aus ihren traditionellen Verhältnissen gerissen wurden, sich also selber nach betriebswirtschaftlicher Rationalität ausrichten mußten). Die neu entstandenen Arbeitsmärkte pochten nun im Herzschlag der Marktzyklen: Für mehr als ein Jahrhundert verschwand die strukturelle Massenarbeitslosigkeit, um einer »gemäßigten« konjunkturellen (vorübergehenden)

Arbeitslosigkeit Platz zu machen. Die Arbeitslosen waren also keine malthusianisch bedrohten »Überflüssigen« mehr, sondern eine »industrielle Reservearmee« (wie Karl Marx das Phänomen der zyklischen, konjunkturellen Arbeitslosigkeit nannte).

In das verhärtete bürgerliche Bewußtsein kehrte auf der Welle dieser relativen Stabilisierung der alte technologische Fortschrittsoptimismus zurück. In geradezu geometrischer Progression entwickelte sich der Eisenbahnverkehr; bald durchschnitten viele tausend Schienenkilometer die europäischen Länder, und der Bau von Lokomotiven und Waggons beflügelte die Industrialisierung. Die Weltausstellungen zeigten immer neue technisch-wissenschaftliche Wunderwerke. Samuel Morse erfand den Telegrafen (1837), Johann Philipp Reis bzw. Alexander Graham Bell das Telefon (1861/1876), Louis Jacques Daguerre die Fotografie (1839), Justus von Liebig den Kunstdünger und den Fleischextrakt (1864), Carl von Linde den Kühlschrank (1876), Thomas Alva Edison das Grammophon (1877) und die elektrische Glühlampe (1879), Werner von Siemens den Dynamo (1866), Heinrich Hertz den drahtlosen Funkverkehr (1887), und die Herren Gottlieb Daimler und Karl-Friedrich Benz überraschten die Welt mit Verbrennungsmotor und Automobil (1886). Die chemische und die elektrische Industrie entstanden. 1889 wurde anläßlich der Pariser Weltausstellung aufgrund von Plänen des französischen Ingenieurs Gustave Eiffel der berühmte, nach ihm benannte eiserne Turm als Monument des kapitalistischen Technikfetischismus errichtet. Man sprach vom »Triumph des 19. Jahrhunderts«, auf den sich z. B. der naturalistische, der Sozialdemokratie nahestehende Dichter Karl Henckell 1886 seinen passenden Reim machte:

Seht ihr die rätselhafte Kraft sich regen,
Die Menschengeist in seinen Dienst genommen?
Mit heil'gem Strome kommt ein Schiff geschwommen,
Darin der Zukunft Wunder sich bewegen.

In meinem Hirn auf – heiße Sehnsucht schwillt –
Elektrisch zuckt der neuen Zeiten Bild,
Wenn nicht mehr Dampf der Herr des Treibradriemens;

Wenn billig mit der ungeheuren Kraft
Ein jeder leicht des Lebens Notdurft schafft
Und Glück kein Traum mehr – Heil dir, Werner Siemens!

Diese flunderplatte Geburtstagslyrik markiert Stimmung und Bewußtsein jenes technologischen Aufstiegs, der nicht nur von der Verbreiterung der industriellen Basis getragen wurde, sondern auch von einer relativen »Domestizierung« des kapitalistischen Menschenmaterials. Die entstehende Arbeiterbewegung und Sozialdemokratie konnte sich dem technologisch reduzierten bürgerlichen Erlösungsglauben schon deshalb nicht völlig entziehen, weil sie ihre soziale Opposition (einschließlich ihres »Sozialismus«-Begriffs) auf dem Boden der ins Überhistorische geglittenen kapitalistischen Realkategorien von »abstrakter Arbeit« und ökonomischem »Wert« formuliert hatte, und nicht mehr als deren emanzipatorische Verweigerung.

Es wäre natürlich – ebenso wie schon hinsichtlich der erst von einem heutigen Standpunkt aus erkennbar rückwärtsgewandten und defizitären Momente der vor-sozialdemokratischen Sozialrevolten – auch diesen Menschen gegenüber unbillig, ihnen im nachhinein ein historisches Überbewußtsein abzuverlangen; auch sie konnten sich nur im Kontext ihrer Erfahrungen und deren »intersubjektiver« Interpretation bewegen. Der problematische Unterschied zu den großen Sozialrevolten, nämlich zwar einerseits deren vormoderne Bornierungen, andererseits aber auch ihre grundsätzliche emanzipatorische Verweigerung des kapitalistischen Selbstzwecks nicht mehr zu teilen, und die eigene ideologische Abkunft vom vordergründig-vatermörderisch bekämpften Liberalismus – diese »Geheimnisse« eines grundsätzlichen sozialdemokratischen Defizits konnten in den Jahrzehnten nach 1848 nicht mehr kritisch thematisiert und aufgehoben werden.

Man darf auch nicht vergessen, daß schon die bloße Linderung des ungeheuren gesellschaftlichen Verelendungsdrucks unmittelbar als ein Leichterwerden der Last empfunden werden mußte; etwa wie das berühmte »Nachlassen der Schmerzen«, was ja eine Verbesserung nur relativ und aus einem negativen Bezug heraus darstellt. Doch ungeachtet solcher Einschränkungen muß die Frage gestellt werden, wie weit diese Linderung wirklich ging, womit sie erkauft wurde, und ob es nicht gleichzeitig auch gegenläufige Empfindungen und Erfahrungen gab – gewissermaßen »Schmerzen der Domestizierung«. Die relative Stabilisierung durch das Auffächern der industriellen Revolution brachte zweifellos eine allgemeine, d. h. statistische (relative) Verbesserung des Lebensstandards; Kunststück, wenn man sieht, von welchem Tiefpunkt aus dies gemessen wird. In seiner vom Ansatz her rechtfertigenden (modernisierungs-positivistischen) Analyse beschreibt Hans-Ulrich Wehler diesen Sachverhalt als einen im wesentlichen positiven, wenn auch nicht ungetrübten:

»Zwar traf es weiterhin zu, daß die Mehrheit der Industriearbeiter sich häufig in der Nähe des zeitgenössischen Existenzminimums bewegte. Das auf längere Sicht durchschlagende Erfolgserlebnis in der Epoche der Industriellen Revolution nach 1849 bestand jedoch nicht nur aus einem steilen Anstieg der Nominallöhne, sondern auch aus einer bis zur Krise von 1873 immer häufigeren Stabilisierung der Reallöhne, obwohl diese den Fluktuationen der konjunkturbedingten Lebenshaltungskosten unterworfen waren. Entscheidend ist: Während der vormärzliche Pauperismus allmählich verschwand, entstand kein neuer industrieller Pauperismus von vergleichbarem Ausmaß [...] Bis 1868 hatten sich die Löhne verdoppelt, in den dreiundzwanzig Jahren bis 1873 sogar verdreifacht [...]« (Wehler 1995, 144).

Aber was ist das für eine merkwürdige Verbesserung, wenn sie sich trotz Verdoppelung und Verdreifachung der Löhne immer noch »in der Nähe des Existenzminimums« bewegt? Nur vom verinnerlichten Standpunkt der »Unvermeidlichkeit« des Systems und seiner blinden Strukturprozesse aus kann man hier etwas anderes sehen als die bemerkenswerte soziale Schäbigkeit der Marktwirtschaft selbst unter fortgeschrittenen industriellen Bedingungen und in der raschen Aufwärtsbewegung der Akkumulation. Wehler selbst führt die noch lang andauernde Schutzlosigkeit bei Krankheit und Invalidität durch Arbeitsunfälle (eine mangels Schutzvorrichtungen häufige Erscheinung) ebenso als Einschränkung an wie die kurze Dauer der lebenszeitlichen relativen Hochlohnphase, »bis der ausgemergelte, frühzeitig alternde Arbeiter zwischen achtundfünfzigstem und achtundsechzigstem Lebensjahr auf ein Tagelöhnerniveau absank« (Wehler, a.a.O., 146). Das schlußfolgernde Gesamturteil über die Gratifikationen des industriellen Aufschwungs für die »arbeitenden

Armen« in der zweiten Hälfte des 19. Jahrhunderts fällt dementsprechend recht eigenartig aus:

»Wenn sich das industriekapitalistische Arbeitsverhältnis auch im Vergleich mit den strukturellen vorindustriellen Beschäftigungskrisen als neuartige Lebenschance schließlich für Millionen erweisen sollte, war es doch – gerade in seiner Anfangsphase – mit extremen Belastungen verbunden« (a.a.O., 146).

Hier wird erstens wieder die (angeblich durch das schiere Bevölkerungswachstum verursachte) »vorindustrielle Beschäftigungskrise« den industriellen Beschäftigungsmöglichkeiten äußerlich gegenübergestellt, ohne die Verschränkung beider Prozesse einzubeziehen, d. h. die direkte und indirekte Ruinierung der vorindustriellen Produktion durch die ersten Schübe der kapitalistischen Industrialisierung selbst. Man kann nicht jenes halbe Jahrhundert der absoluten Massenverelendung im Inkubationsprozeß der industriellen Revolution schlicht als »irgendwie nicht dazugehörig« entsorgen; ganz abgesehen davon, daß es der ursprüngliche Impuls eines sozialen Stolzes ja war, sich überhaupt nicht fremdbestimmt »beschäftigen« zu lassen. Zweitens ist es schwer nachvollziehbar, wie »extreme Belastungen« und »frühzeitige Ausmergelung« »neuartige Lebenschancen« eröffnen sollen, und zwar um so weniger, als Wehler im folgenden selber wieder das sozialhistorische Material ausbreitet, das die Überschrift »Marktwirtschaft macht arm« auch für die Zeit nach 1850 grundsätzlich rechtfertigen würde.

Das Problem ist immer die ideologische Perspektive der Betrachtung ex post: die Fortdauer der Grundzumutung kann nur dann aufgrund lächerlich geringer sekundärer Verbesserungen als »Beginn einer Chance« umgedeutet werden, wenn man eine Alternative und die Position der emanzipatorischen Verweigerung nicht einmal mehr denken will. Wehlers Sprachregelung erinnert an die einschlägige angelsächsische »Lebensstandard«-Diskussion für die zeitlich frühere englische Industrialisierung, in der ebenfalls ein letztlich apologetischer akademischer Konsens unter der Maske einer zweifelhaften (interpretativ gefilterten) »Objektivität« geschlossen wurde. Edward Thompson polemisiert gegen diesen systemkonformistischen Konsens, der auf fragwürdigen Schätzungen beruht:

»Es ist sehr wohl möglich, daß sich statistische Durchschnittswerte und menschliche Erfahrungen in entgegengesetzter Richtung bewegen. Eine Pro-Kopf-Zunahme quantitativer Faktoren kann gleichzeitig mit großen qualitativen Beeinträchtigungen [...] einhergehen [...] wir können Gewerbe wie den Kohlebergbau anführen, wo die Reallöhne zwischen 1790 und 1840 stiegen, aber erkauft wurden mit mehr Arbeitsstunden und einer höheren Arbeitsintensität, so daß der Brotverdiener ›ausgezehrt‹ war, bevor er vierzig Jahre alt war. In der Statistik bedeutet das eine Aufwärtskurve. Die betroffenen Familien nahmen dies wohl eher als Verelendung wahr« (Thompson 1987/1963, 227f.).

Thompson formuliert hier teilweise dieselben Relativierungen eines sozialen »Aufschwungs« wie Wehler (»Auszehrung«), aber eben mit einer anderen, weniger affirmativen Sichtweise. Im Grunde genommen bestand der marktwirtschaftliche soziale »Fortschritt« während der Epoche der industriellen relativen Stabilisierung seit 1850 in kaum mehr als einem gnädigen Verzicht des Systemprozesses auf unmittelbare soziale Vernichtung und Hungertod. Man wird doch zugeben müssen, daß diese Gratifikation eine ziemlich bescheidene ist.

Es geht aber keineswegs bloß um den Standard der unmittelbaren Lebensbedürfnisse von Nahrung, Kleidung und Wohnung. Hinsichtlich der Arbeitszeit, der Kinderarbeit usw. sind die kapitalistischen Verhältnisse trotz einer »Senkung« des (überdies verdichteten) kapitalistischen Normalarbeitstags auf in der Regel 10 bis 12 Stunden und trotz einiger gesetzlicher Beschränkungen auch in dieser Zeit bei weitem nicht mehr an die mittelalterlichen Standards herangekommen. Der Spielraum der sozialen Autonomie wurde für die Mehrheit sogar im Vergleich zu den Elendsjahrzehnten in der ersten Jahrhunderthälfte weiter heruntergedrückt; das war der Preis für die bescheidenen Reallohnsteigerungen in den »dark satanic mills«. Dabei blieb die »Beschäftigung« für die meisten einer häufigen Bedrohung durch die kapitalistischen Konjunkturzyklen unterworfen. Von einem Massenzustand, der einer »Wohlfahrt« auch nur entfernt ähnlich gesehen hätte, war der europäische Kapitalismus also auch in der zweiten Hälfte des 19. Jahrhunderts während der lawinenartigen Ausbreitung der industriellen Revolution weit entfernt.

Die geringe Steigerung des Lebensstandards für die Massen, die unglaublich weit hinter der Steigerung der Produktivkräfte zurückblieb, war aber nicht nur um den Preis einer völligen sozialen Fremdbestimmung erkauft, sondern auch von einem tiefen kulturellen Bruch gekennzeichnet: Zusammen mit den autonomen Sozialrevolten erlosch auch die alte bäuerlich-handwerkliche *Kultur der Muße,* der damit verbundenen sozialen Kompetenzen, der kulturellen Selbsttätigkeit, des gehaltvollen Nichtstuns, geradezu des Träumens. Auch diese Kultur der Muße wurde nicht im Kontext sozialer Selbstbestimmung und Selbstverständigung weiterentwickelt, sondern liquidiert und allmählich durch kapitalistischen Warenkonsum ersetzt.

In dem Maß, wie sich die von Tätigkeit und Muße durchzogene, kulturell geformte Lebenszeit in die abstrakte Arbeitszeit des kapitalistischen Funktionsraums einerseits und das kümmerliche Anhängsel einer »Freizeit« als lebenszeitlichem Abfall andererseits auseinanderdividierte, begann sich die kulturelle Selbsttätigkeit zum passiven, kompensatorischen Warenkonsum zu »verdinglichen«. Solange freilich der Warenkonsum weitgehend auf die primären Bedürfnisse eingeengt blieb, konnte dieser Wandel noch nicht groß ins Auge stechen, blieb die schiere Armut das entscheidende Problem; aber mit der sprunghaften Progression der kapitalistischen Industrialisierung wurden auch kulturell die Weichen gestellt.

Abgesehen von den fremdbestimmten kulturellen Brüchen und der weiterschwelenden sozialen Misere, die sich lediglich aus einer absoluten in eine relative, zur Lebensnormalität werdende Katastrophe verwandelt hatte, blieb auch der immanente Widerspruch der kapitalistischen Produktionsweise und ihrer betriebswirtschaftlichen Rationalität unvermindert bestehen. Dieser Widerspruch hatte sich dynamisiert; er löste sich durch die permanente Expansion von Produktivität und Märkten nur auf, um sich auf stets neuer, höherer Stufenleiter abermals geltend zu machen. Denn der Zyklus von Produktivitätssteigerung, Verbilligung der Produkte, Erschließung zusätzlicher Käuferschichten, Vermehrung der Produktion und Absorption zusätzlicher Arbeitskraft konnte in keinem Produktionszweig ewig durchgehalten werden. Irgendwann mußte eine Marktsättigung eintreten, d. h., es fanden nur noch Ersatzkäufe statt, und die Dynamik ging verloren.

In diesem Falle setzte jede weitere, von der Konkurrenz erzwungene Produktivitätssteigerung unerbittlich wieder mehr Arbeit frei, als neu gebraucht wurde, und das grundsätzliche Problem von struktureller Arbeitslosigkeit und innerer Grenze der »Verwertung des Werts« drohte wiederzukehren, der Mechanismus der Überkompensation im Verhältnis von »Arbeitsersparnis« pro Produkt und Expansion der Märkte zu erlöschen. Wenn die Akkumulationsbewegung trotzdem nicht zusammenbrach, so nur deswegen, weil der Industrialisierungsprozeß von einem Produktionszweig auf den nächsten übersprang. Der große »Strukturbruch« in der Textilproduktion war nur der erste von zahlreichen folgenden gewesen; allerdings wurde die Inkubationszeit immer kürzer, weil die industrielle Basis nun breiter und kohärenter geworden war, während gleichzeitig die Wachstumsdynamik zunahm. Das blind prozessierende marktwirtschaftliche System setzte einen unregelmäßigen doppelten Zyklus einerseits von konjunkturellen Schwankungen (»relativen« Krisen) und andererseits von Strukturbrüchen und Zwängen zur »Strukturanpassung« frei.

Mit einem Wort: Der Kapitalismus hatte sich in ein *industrielles Schneeballsystem* verwandelt; er konnte überhaupt nur noch in dieser Form weiterexistieren, während gewissermaßen auf seinem logischen Grund weiterhin und unaufhebbar die Drohung des Zusammenbruchs lauerte. Letztendlich muß jedes Schneeballsystem einmal zusammenbrechen. Das kapitalistische Motto aber lautet schon immer: Nach uns die Sintflut! Über die Zukunft brauchte man sich nicht den Kopf zu zerbrechen, solange es in der Gegenwart irgendwie »lief« und die Schornsteine rauchten. Einstweilen konnte sich das Schneeballsystem durch die gesamte gesellschaftliche Reproduktion hindurchfressen wie eine abgehende Lawine, ohne daß ein neuer absoluter Krisenhorizont sichtbar zu werden schien. Die zu Handlangern eines düsteren Selbstzwecks degradierten Menschen sollten von jetzt an für mehr als ein Jahrhundert von der Marktwirtschaft gleichsam in einer historischen Treibjagd gehetzt und zu einem ewig ruhelosen Zustand in allen Lebensbereichen verdammt werden: schneller umdenken, schneller sich umstellen, schneller arbeiten, schneller essen, schneller konsumieren, immer neu sich anpassen, anpassen, anpassen.

Das System der nationalen Imperien

Als sich das 19. Jahrhundert neigte, hatte die zweite große Epoche in der Durchsetzung des Kapitalismus die Welt von Grund auf verändert. Nach dem langen Anlauf der marktwirtschaftlichen Objektivierung durch die absolutistischen Regimes, das Aufkommen des Liberalismus und die Kampagnen der Disziplinierung hatte die blutige und katastrophische Geschichte der Ersten industriellen Revolution nunmehr eine neue kapitalistische »Weltordnung« heraufgeführt: *das System der nationalstaatlichen Imperien.* An die Stelle der dynastischen Bürokratien auf der Grundlage des weltmarktbezogenen Agro-Kapitalismus, der manufakturellen Zwangsarbeit und des Verlegertums in der Textilproduktion waren bürgerliche Nationalstaaten auf der Grundlage eines weitverzweigten industriellen Privatkapitalismus getreten. Mit der Konstitution des Deutschen Reiches 1871, nach dem gewonnenen Krieg gegen Frankreich und der Annexion von Elsaß-Lothringen, war dieser Prozeß kapitalistischer Nationalstaatsbildung bei den entscheidenden »Mächten« Europas abgeschlossen.

Im Inneren dieser bürgerlichen Nationalstaaten fand ein eigenartiger Prozeß der Homogenisierung statt, der nicht zu verwechseln ist mit sozialer Angleichung: Gleichgeschaltet wurde selbstverständlich nicht das Lebensniveau, sondern der Bezug aller sozialen Gruppen auf ein gemeinsames System abstrakter ökonomischer »Interessen«, die bereits die kapitalistischen Kategorien als gesellschaftliche Naturgrundlage voraussetzten und nun durch das ebenso abstrakte übergeordnete Bezugssystem der Nation und des Nationalstaats jenseits der alten dynastischen Strukturen komplettiert wurden. Diese Entwicklung ließ den zunehmend verblassten und ohnehin niemals unversöhnlichen Gegensatz von liberalem Unternehmertum und ehemals absolutistischen Staatsapparaten (die es in Deutschland zumindest pro forma noch immer waren) vollends verschwinden:

»[...] zum einen schwenkten die wichtigsten industrialisierenden deutschen Staaten nach 1849 Schritt für Schritt auf eine liberale Wirtschaftspolitik ein.

Rechtlich, politisch, administrativ wurden die lästigen Schranken abgebaut, die dem freien Unternehmertum entgegenstanden. Die Behörden verloren zusehends das Image des arroganten Vormunds. Statt dessen wuchsen sie in eine Haltung der Kooperationsbereitschaft, ja der direkten Förderung moderner ökonomischer Interessen hinein [...] Zum anderen hatten zahlreiche Unternehmer in den Revolutionsjahren den starken Staat schätzen gelernt. Seine Institutionen: von der Verwaltung über die Rechtsprechung bis hin zum Heer galten als die verläßlichsten Stützen in ihrer Auseinandersetzung mit dem Proletariat [...] Diese staatsfreundliche Wende wurde von den alten Machteliten mit geheimem Triumph registriert [...]« (Wehler 1995, 120).

Bereits vor der Reichsgründung war aus der liberalen Deutschen Fortschrittspartei die Partei der *Nationalliberalen* hervorgegangen, die nach der Formel »Von der Einheit zur Freiheit« zu handeln gedachte: Die nationale Einigung unter Führung Preußens sollte Vorrang haben, die staatsbürgerlichen »Freiheiten« und die konstitutionelle (parlamentarische) Begrenzung der bürokratischen Macht erst allmählich durch die Nationalstaatsbildung hindurch erreicht werden. Während für Protestbewegungen sogenannte staatsbürgerliche »Rechte« wie Meinungs-, Versammlungs- und Demonstrationsfreiheit fast die einzigen Fortschrittsmomente in der Herausbildung des modernen juristischen Systems sein konnten (allerdings auf eine zweischneidige Weise, weil damit der Protest auf harmlose und wirkungslose, staatsbürgerlich eingebundene Formen ablenkbar wurde), kam es dem Liberalismus gerade auf diese Rechte am allerwenigsten an. Damit konnte man warten, bis die Domestizierung der Massen weiter fortgeschritten und das Nationalbewußtsein tiefer verwurzelt war.

In diesem Sinne äußerte sich noch 1892 die nationalliberale »Kölnische Zeitung« im behäbigen Rückblick auf 1848: »Nicht wenige unter uns waren von Haus aus republikanische, freiheitstrunkene Idealisten und sind erst durch Bismarck und durch den großen und guten Kaiser innerlich in Vernunftmonarchisten (!) umgewandelt worden« (zit. nach. Schulz 1976, 286 f.). Als wichtig erschien vorerst einzig und allein, daß sich die nationale Vereinheitlichung in einem ökonomischen Klima vollzog, in welchem die Staatsapparate sich die moderneren wirtschaftsliberalen Grundsätze zu eigen machten. Schon List hatte ja gezeigt, daß sich Wirtschaftsliberalismus und staatliche Eingriffe wie z. B. eine Schutzzollpolitik nicht grundsätzlich ausschließen mußten.

In demselben Maße, wie der dynastische Absolutismus vor der irreversiblen Realität des neuen industriellen Kapitalismus ökonomisch kapitulieren mußte, rückten nicht nur in einem soziologischen Sinne alte Apparate und industrielles Unternehmertum einander näher, sondern es bildete sich auch ein verändertes kapitalistisches Verhältnis zwischen Markt und Staat ebenso wie in den sozialen Beziehungen aus. Die vom Absolutismus ererbte ständische Struktur eines noch rohen, undifferenzierten Kapitalismus löste sich zusehends auf, um einem gesellschaftlichen Gravitationsraum oder einem »Kräfteverhältnis« industriekapitalistisch bestimmter Institutionen und Sozialkategorien Platz zu machen.

Die institutionellen Vorbehalte und Ansprüche des dynastischen Absolutismus und seiner adeligen Galionsfiguren gegenüber der von ihnen selbst in einem blinden Prozeß hervorgebrachten kapitalistischen Ökonomie waren endgültig verdampft, auch wenn der »Standesdünkel« und die alten soziokulturellen Muster noch länger fortlebten; nicht nur im Wilhelminischen deutschen Kaiserreich, sondern auch in den westlichen Nationalstaaten England und Frankreich: Bis heute ist ja gerade in England das ständische Moment besonders ausgebildet, und noch immer vegetiert der europäische Hochadel in industrie- und finanzkapitalistisch anverwandelter Gestalt weiter, um als anachronistische Parodie das Futter für Hausfrauenträume und die dazugehörige Regenbogenpresse zu liefern. Blutig erstickt war die emanzipatorische Antimoderne der alten Sozialrevolte mit ihren Ansprüchen auf soziale Autonomie; an ihre Stelle war eine selber schon in kapitalistischen Erwerbskategorien denkende »Arbeiterklasse« getreten, repräsentiert durch die sozialdemokratische Arbeiterbewegung.

Flächendeckend war die kapitalistische Form der Gesellschaft allerdings immer noch nicht; es gab im Wilhelminischen Deutschland ebenso wie in den anderen bürgerlichen Nationalstaaten weiterhin agrarische und subsistenzwirtschaftliche (auf teilweiser Selbstversorgung beruhende) Sektoren. Und auch bei den Produktionen für den

Markt hatte der Industriekapitalismus die gesellschaftliche Struktur mit Ausnahme Englands noch keineswegs majorisiert:

Beschäftigte nach Grundsektoren um 1910 (in Prozent)

Land	Landwirtschaft	Industrie	Dienstleistungen
England	9	54	37
Frankreich	30	43	27
USA	32	41	27
Deutschland	34	38	28

Quelle: Handwörterbuch der Wirtschaftswissenschaften (HdWW), nach: Schäfer 1989, 76.

Der hohe Anteil der Dienstleistungen neben der Landwirtschaft darf nicht verwechselt werden mit der späteren Expansion des »tertiären Sektors« durch »postindustrielle« Entwicklungen. Bis weit ins 20. Jahrhundert hinein beruhte das erstaunliche Ausmaß dieses Sektors statt dessen darauf, daß große Massen von Menschen in den Funktionen von persönlichen Dienern, Hausmädchen, Köchinnen usw. als Domestiken der »Besserverdienenden« mißbraucht wurden und sich dazu hergeben mußten, weil die Gesellschaft ihnen außer dem Verhungern keine anderen Möglichkeiten bot. In Relation zur Gesamtbevölkerung hatte es selbst im Mittelalter weitaus weniger Domestiken gegeben. Noch bis in die 20er Jahre dieses Jahrhunderts hinein war in ganz Europa auch für die Familien von mittleren Beamten und Angestellten ein Dienstmädchen und/oder eine Köchin, die meistens in einer schäbigen Kammer im Haushalt untergebracht waren, nahezu eine Selbstverständlichkeit. In der Dritten Welt und für die Mehrzahl der Menschheit hat dieser bürgerlich-feudalistische Zustand ebenso wie die Kinderarbeit bis heute nicht aufgehört, und inzwischen kehrt diese Form der menschlichen Erniedrigung auch in den Westen zurück, wenn auch noch nicht in demselben Ausmaß.

Dennoch war bis zum Beginn des 20. Jahrhunderts der Industriekapitalismus überall gleichermaßen zur führenden und dynamischen Kraft, zum Leitsektor der Gesellschaft geworden, der die weitere Entwicklung bestimmen sollte. Nachdem der grundsätzliche Widerstand erloschen oder erstickt worden war, gingen die sozialen Auseinandersetzungen zwar weiter, aber innerhalb der neuen Hülle der Gesellschaft, die den Interessenkampf der diversen Erwerbskategorien kompatibel machte und gleichzeitig begrenzte auf die verinnerlichten Formen der nunmehr industriell verobjektivierten Produktionsweise. Mit einem Wort: Alle beteiligten sozialen Gruppen, Parteien, Ideologien, Interessen, Wünsche und Zielvorstellungen bezogen sich jetzt auf ein und dieselbe Gesamtstruktur der industriekapitalistischen Akkumulation. Daß klammheimlich ein gemeinsames, im Grunde nicht mehr umstrittenes Bezugssystem entstanden war, nämlich das industrielle Schneeballsystem und sein nationalstaatliches Terrain, machte den großen Unterschied zur früheren Konstitutionsgeschichte des Kapitalismus aus.

Und wie sich in dieser Geschichte bereits die Struktur der Geldverwertung als gesellschaftliche »Maschine« den Akteuren gegenüber verselbständigt hatte, so nahm nun auch die komplementäre Struktur der *staatlichen Regulation* eine dementsprechende Eigengesetzlichkeit an. Der innere Konkurrenzkampf um die Regelung kapitalistisch konditionierter Interessengegensätze und die äußere Konkurrenz der staatlich zusammengefaßten Nationen gaben dem Staat und seinen Apparaten gerade dadurch eine neue Bedeutung, daß die industrialisierte kapitalistische Marktwirtschaft sich derart dynamisch ausgedehnt hatte. Es war nicht nur die alle sozialen Klassen der Industrialisierung übergreifende nationalistische Ideologie und die wechselseitige Annäherung von Wirtschaftsliberalismus und altem Apparat, die dem Staat dieses neue Gewicht verliehen. Die ökonomischen Probleme der industriellen Expansion selbst, ihre Bedingungen und Folgeprozesse, machten sogar den Liberalismus mehr und mehr geneigt, dem Staat über seine Schreckensfunktion als Leviathan hinaus auch wieder soziale und ökonomische Eingriffe zuzugestehen.

In mancher Hinsicht waren es daher die sozialökonomisch auf der ganzen Linie siegreichen liberalen Unternehmer, Wirtschaftspolitiker und teilweise auch Ideologen selber, die der Staatstätigkeit ein größeres Interesse abgewinnen konnten. Hinzu kamen die konservativen Theoretiker und Politiker, die ihre alte Staatsfreundlichkeit auf dem Boden der jungen Industriegesellschaft neu zu formulieren suchten und in diesem Kontext wieder Oberwasser bekamen. In dem Maße, wie Liberalismus und Konservatismus verschmolzen, flachte die strenge Doktrin der freien Märkte ab, auch wenn der frühere absolutistische Anspruch auf eine grundsätzliche Unterordnung der kapitalistischen Ökonomie unter (dynastische) Staatszwecke natürlich nicht mehr wiederkehren konnte. Das Zeitalter der industriellen nationalen Imperien wurde für ein volles Jahrhundert auch zur Epoche eines neuen, auf die industrielle Konkurrenz bezogenen Staatsinterventionismus, der in mehreren Wellen ansteigen sollte.

Vater Staat

Nachdem der ökonomische Zusammenbruch durch die Entfesselung des industriellen Schneeballsystems abgewendet war und man die »arbeitenden Armen« endlich disziplinarisch im Griff der »abstrakten Arbeit« hatte, konnten sich die kapitalistischen Eliten neue Gedanken über die »soziale Frage« machen. Schließlich mußten die Erfahrungen des allgemeinen Notstands und der Massenverelendung aus der ersten Hälfte des 19. Jahrhunderts irgendwie aufgearbeitet werden, wollte man bei möglichen zukünftigen Krisen nicht wieder in eine ähnliche Lage geraten. Deshalb war der allmählich sich etablierende Liberalkonservatismus nach 1850 weit eher als in der »klassischen« Zeit von Adam Smith, Bentham, Malthus u. Co. geneigt, dem Staat eine gewisse soziale Verantwortung zu übertragen – selbstverständlich in seiner Eigenschaft als Leviathan, also untrennbar vermengt und verbunden mit seiner Repressionsfunktion.

Die Wiederverheiratung des Liberalismus mit dem industriekapitalistisch geläuterten ehemals absolutistischen Apparat und seinen konservativen Repräsentanten war bestens geeignet, um nach der großen Transformationskrise die Staatsfunktionen zu überdenken und neu auszuformen. Auf die eine oder andere Weise hatte diese Annäherung oder sogar Verschmelzung von Liberalismus und Konservatismus in allen wichtigen Ländern Europas stattgefunden, am meisten aber in Deutschland, wo die verspätete Konstitution des bürgerlichen Nationalstaats ja »von oben«, also formell durch die alte dynastische Macht selbst vollzogen worden war. Das Wilhelminische deutsche Kaiserreich mauserte sich daher zur Avantgarde in der neuen kapitalistischen Sicht des Staates. Der Leviathan sollte künftig Krisen verhindern und die Heloten des Kapitals einigermaßen sozial befrieden. Die blanke Naturgesetzlichkeit des Marktes, der man trotz des famosen »Sayschen Gesetzes« von der angeblich unendlichen immanenten Expansionsfähigkeit der kapitalistischen Produktionsweise insgeheim nicht mehr völlig vertrauen mochte, war über das alte Armenhaus- und Zuchthaus-System hinaus durch ein staatlich gemanagtes Sozialwesen zu ergänzen. Ideologisch wurde in diesem Zusammenhang jenes paternalistische Moment wieder hervorgeholt und neu herausgeputzt, das die offiziellen Legitimationstheorien des Absolutismus ausgezeichnet hatte. Um dieses Revival auf der neuen Entwicklungsstufe verstehen zu können, ist eine kurze Rekapitulation nötig.

Real waren es natürlich die absolutistischen Bürokratien selber gewesen, die angefangen hatten, die Bevölkerung in ein Menschenmaterial des Geldes zu verwandeln und die Instrumentalisierung der Arbeitskraft hautnah und lückenlos zu machen. Jede selbständige Regung, jedes Aufbegehren wurde rücksichtslos unterdrückt. Die Perfidie des Absolutismus war es dabei aber gewesen, die im Vergleich zu allen früheren Herrschaftsverhältnissen größere Zugriffsmacht und soziale Unterdrückungsmaschine, die er aufbaute, als väterliche Vor- und Fürsorge des Monarchen zu maskieren. Die »Untertanen« sollten gewissermaßen als die unmündigen Kinder der paternalistischen Überfigur erscheinen, die das heraufdämmernde kapitalistische System zunächst personal repräsentierte, ja geradezu verkörperte (»Kinder« werden übrigens tatsächlich in den großen russischen Romanen z. B. von Turgenjew die leibeigenen Bauern in der Anrede ihrer Gutsbesitzer oftmals ganz unbefangen genannt).

Der Liberalismus dagegen hatte eine weitaus raffiniertere Perfidie hervorgebracht, indem er die blinde systemische Objektivierung der »Verwertung des Werts« zum Anlaß nahm, jedem einzelnen die Selbstunterwerfung unter ein angebliches »gesellschaftliches Naturgesetz« anheimzustellen und dies als »Freiheit« auszugeben. Die paternalistische Bevormundung durch den Absolutismus wurde verworfen zugunsten einer »freiwilligen Selbstkontrolle« der Individuen im Namen desselben fetischistischen, allerdings weiterentwickelten und zum Selbstzweck gewordenen Prinzips. Eingegrenzt durch den eisernen Vorhang der kapitalistischen Kriterien und eingespannt in die warenproduzierende Gesellschaftsmaschine, sollten die Individuen »selbstverantwortlich« das »Risiko« auf sich nehmen, sozial vom Räderwerk dieser Maschine zerquetscht und zermalmt zu werden, um der »Chance« willen, selber zu Maschinenführern in den »Mühlen des Teufels« aufzusteigen. Das paternalistische Moment reduzierte sich zum »pädagogischen Auftrag« des Staates, durch Zwangserziehung und Gehirnwäsche die Menschen zur Verinnerlichung dieser systemischen Anforderungen zu bringen. Alle, die diese irren Anforderungen verweigerten, wurden vom Liberalismus, wie ich bereits gezeigt habe, genauso verfolgt wie vorher vom Absolutismus.

Nach These und Gegenthese verlangte die Dialektik der sozialen Perfidie nun eine kapitalistische Synthese, die der Tatsache Rechnung zu tragen hatte, daß das »Risiko« zu stark ansteigen und zum Systemrisiko selbst werden konnte, wie die Transformationskrise der industriellen Revolution gezeigt hatte. Der Liberalismus mußte mit einem zusätzlichen Tropfen paternalistischen Öls gesalbt werden. Oder, wie es Fürst Otto von Bismarck (1815–1898), der erzkonservative »eiserne Kanzler« der deutschen Reichsgründung, auszudrükken beliebte: Man sei genötigt, »dem Staate ein paar Tropfen socialen Oeles im Rezepte beizusetzen« (zit. nach: Adler 1897, 41). Freilich konnte sich dieser neue Paternalismus nicht mit ideologischen Phrasen begnügen, sondern mußte reale Institutionen der sozialen Vorsorge hervorbringen, wenn auch nur für das (zu definierende) Existenzminimum, um die Gespenster von Zusammenbruch und Aufstand für die Zukunft zu bannen.

Nun war aber die unmittelbare Personifizierung der Vormundschaft nicht mehr in der alten absolutistischen Weise möglich, obwohl zumindest in Deutschland mit »Kaiser Wilhelm« dafür eine passende Figur zur Verfügung stand, deren Lächerlichkeit im Klima der sozialen Befriedung auf niedrigem Lebensniveau nicht weiter auffiel. Der neue Paternalismus mußte nicht nur stärker institutionalisiert sein, sondern auch einen abstrakteren Charakter tragen als der alte, nämlich auf die »abstrakte Allgemeinheit« des neuen Nationalstaats bezogen und in Gesetzen juristisch fixiert werden. In der Kennzeichnung des Leviathan sollte dies zu einer abermals veränderten Akzentsetzung führen: War der moderne Staatsapparat ursprünglich bei Hobbes metaphorisch als ein drachenähnliches Ungeheuer erschienen und später im Kontext des mechanistischen Weltbilds als Pendant der Marktmaschine zur Gewalt- bzw. zur »pädagogischen Maschine« umgetauft worden, so begann er nun als *»Vater Staat«* zu firmieren. Was nichts weiter bedeutet, als daß die alsbald sozialstaatlich beglückte Menschheit ein maschinelles bürokratisches Ungeheuer zum vormundschaftlichen Stiefvater bekam.

Es zeugt von der Blindheit und Selbstgefälligkeit der kapitalistischen Eliten, daß sie damals die Chance nicht erkennen wollten, die frischgebackene Sozialdemokratie und die entstehenden Gewerkschaftsapparate, die doch längst wesentliche kapitalistische Anforderungen und Gesellschaftskategorien übernommen hatten, wenigstens teilweise in die Ansätze dieser neuen paternalistischen Sozialstaatlichkeit auf leviathanischer Grundlage einzubinden. Bentham war seiner Zeit doch ziemlich weit voraus gewesen und wurde auch in der zweiten Hälfte des 19. Jahrhunderts in seiner letzten Konsequenz selbst vom Liberalkonservatismus noch nicht voll verstanden, trotz seines schlichten intellektuellen Niveaus.

Aber das Verständnisproblem war weniger ein intellektuelles als vielmehr ein soziales. Für den durchschnittlichen liberalkonservativen Elitemenschen dieser Zeit war die pädagogische Zurichtung des Menschenmaterials zwar ebenso vorstellbar wie die Notwendigkeit minimaler sozialer Zugeständnisse. Nicht mehr vorstellbar war jedoch, daß die aus den alten liberalen Arbeitervereinen hervorgegangenen sozialistischen bzw. sozialdemokratischen Organisationen der »Arbeiterklasse« zum offiziellen Staatsbestandteil werden, den Kapitalismus mitverwalten oder gar mitregieren könnten. Das erschien den honorigen Herren ungefähr so absurd wie der Gedanke, mit ihren Dienern und Hausmädchen am selben Tisch zu essen. Erst im 20. Jahrhundert wurden Sozialdemokratie und Gewerkschaften als anerkannte Systembestandteile derart selbstverständlich, daß es Regierungsbeteiligungen gab, wobei in Koalitionen die Sozialdemokraten das Arbeitsministerium als Spielwiese so sicher zugeteilt bekamen wie später die Frauen das Familienministerium. Bis zum 1. Weltkrieg aber gab es überhaupt nur einen einzigen Fall sozialistischer Regierungsbeteiligung, und zwar in Frankreich: 1899 wurde der sozialistische Abgeordnete Alexandre Étienne Millerand auf individueller Basis (also nicht im Rahmen einer Koalition) Handelsminister in einem liberalkonservativen Kabinett (und dafür prompt aus der Partei ausgeschlossen).

Insgesamt jedoch waren die kapitalistischen, liberalkonservativ bestimmten Administrationen in Verkennung ihres eigenen gesellschaftlichen Systems geneigt, der weiterhin anachronistisch als »Stand« aufgefassten »Arbeiterklasse« jede eigenständige Repräsentanz zu verweigern (selbst eine grundsätzlich systemkonforme) und die Massen des Menschenmaterials bestenfalls unter dem Diktat eines sozialen und politischen »Herr im Haus«-Standpunkts als Objekte der paternalistischen Fürsorge zu behandeln. Vor der Reichsgründung hatte Bismarck zwar zeitweise aus taktischen Gründen hinter den Kulissen mit dem Allgemeinen Deutschen Arbeiterverein (ADAV) von Ferdinand Lassalle (1825–1864) gegen die Liberalen angebandelt (hier zeigt sich wieder, wie die aus dem Liberalismus hervorgegangene »sozialistische« Arbeiterbewegung um die Jahrhundertmitte sowohl vom Konservatismus als auch vom Liberalismus als taktische Manövriermasse betrachtet wurde); seit sich jedoch der ADAV und die »marxistische« Sozialdemokratie 1875 in Gotha zur Sozialistischen Arbeiterpartei Deutschlands (später SPD) zusammengeschlossen hatten, betrachtete der »eiserne Kanzler« die Sozialdemokratie in Verkennung der Tatsachen als staatsfeindliche Kraft: »Daß sich diese neue Bewegung vorwiegend auf die Stärkung des politischen Gewichts und die Verbesserung der sozialen Lage der Arbeiter konzentrierte und von Revolutionsvorstellungen, wie sie Karl Marx entwickelt hatte, ziemlich unberührt blieb, wurde von Bismarck nicht registriert« (Loth 1996, 59).

Um der vermeintlichen Umsturzgefahr entgegenzuwirken, die bereits in rein politisch-staatlichen Kategorien wahrgenommen wurde (d. h. nicht mehr als grundsätzliche Verweigerung des Fabriksystems), entwickelte Bismarck eine unversöhnliche Verfolgungs- und Unterdrückungspolitik gegen die Sozialdemokratie. 1878 brachte er deshalb im Reichstag das sogenannte Sozialistengesetz durch, das erst 1890 wieder aufgehoben wurde. Mit Zustimmung der zunächst zögernden Nationalliberalen wurden alle sozialdemokratischen Parteiorganisationen, Gewerkschaften, Presseorgane und jede »sozialistische Agitation« verboten (allerdings mit relativ geringer polizeilicher Nachdrücklichkeit).

Das Bemerkenswerte und für die weitere kapitalistische Entwicklung Bedeutsame an Bismarcks Politik war jedoch weniger das Sozialistengesetz als vielmehr eine neuartige Sozialgesetzgebung, wie er sie mit jener Redewendung von den »paar Tropfen sozialen Oeles« angekündigt hatte. Dementsprechend erklärte sich Kaiser Wilhelm I. mit passender Obrigkeits- und Gottesgnaden-Schwülstigkeit in einer Thronrede am 17. November 1881, die von Bismarck selber verlesen wurde:

»Schon im Februar dieses Jahres haben Wir Unsere Ueberzeugung aussprechen lassen, dass die Heilung der sozialen Schäden nicht ausschlieslich im Wege der Repression sozialdemokratischer Ausschreitungen, sondern gleichmässig auf dem der positiven Förderung des Wohles der Arbeiter zu suchen sein werde. Wir halten es für Unsere Kaiserliche Pflicht, dem Reichstage diese Aufgabe von Neuem an's Herz zu legen, und würden Wir mit umso grösserer Befriedigung auf alle Erfolge, mit denen Gott Unsere Regierung sichtlich gesegnet hat, zurückblicken, wenn es Uns gelänge, dereinst das Bewusstsein mitzunehmen, dem Vaterlande neue und dauernde Bürgschaften seines inneren Friedens und den Hülfsbedürftigen grössere Sicherheit und Ergiebigkeit des Beistandes, auf den sie Anspruch haben, zu hinterlassen« (zit. nach Diehl/Mombert 1984, 185).

Bismarck fuhr also eine klassische Doppelstrategie: Parallel zum Verbotsdruck nach alter leviathanischer Manier machte seine Regierung in einer »klassisch« gewordenen Weise mit den paternalistischen sozialstaatlichen Überlegungen des Liberalkonservatismus ernst und brachte eine Art »weiße Revolution« von oben in der Sozialgesetzgebung hervor, die zum Prototyp des modernen Wohlfahrtsstaates im 20. Jahrhundert werden sollte. 1883 führte die Bismarck-Administration die gesetzliche Krankenversicherung ein, 1884 die gesetzliche Unfallversicherung, 1889 die gesetzliche Rentenversicherung.

Bezeichnenderweise waren die Nationalliberalen und andere Gruppen und Parteien des inzwischen zersplitterten (und durch die Annäherung an den Konservatismus ideologisch geschwächten) Liberalismus in beiden Fällen, sowohl in der Verbots- als auch in der Sozialpolitik, eher Bremser und Zauderer, ohne eine grundsätzliche Gegenposition zu beziehen. In der Verbotsfrage nährten sie einen Rest von Mißtrauen gegen den konservativen Apparat, solange sie nicht selbst an den Regierungshebeln saßen und kein drohender neuer Notstand abzusehen war. In dieser gemäßigten Situation war ihnen der »Herr im Haus«-Standpunkt auf der betrieblich-unternehmerischen Ebene lieber als auf der staatlichen. In der Sozialpolitik wiederum zogen sie es ihrer Tradition entsprechend selbstverständlich vor, die Bismarcksche Initiative wenigstens zu verwässern und einen allzu starken staatlichen Schutz zu verhindern. Es gelang den Liberalen tatsächlich, die ursprünglich vorgesehenen Reichszuschüsse für die Sozialversicherungen zu beschränken und »die Vertretungsrechte der Arbeiter [...] wurden radikal zusammengestrichen [...] Noch mehr Abstriche mußten bei der Alters- und Invaliditätsversicherung gemacht werden [...] Um in den Genuß der Altersrente zu kommen, mußte man 70 Jahre alt sein und 30 Jahre ununterbrochen Beiträge gezahlt haben; das traf nur für einen verschwindend geringen Teil der Arbeiter zu« (Loth 1996, 71).

Auch Bismarck selber war selbstverständlich weniger von philanthropischen Erwägungen als vielmehr von machtpolitischem Kalkül geleitet. Schon 1880 hatte er festgestellt, seine geplante Sozialgesetzgebung solle *»in der großen Masse der Besitzlosen die konservative Gesinnung erzeugen, welche das Gefühl der Pensionsberechtigung mit sich bringt«* (zit. nach: Loth, a.a.O., 68). Recht viel mehr als das »Gefühl«, vielleicht notdürftig versorgt zu werden, konnte es ja nicht sein. Vor allem aber löste die Bismarcksche Sozialgesetzgebung alle Ansätze einer selbstbestimmten und emanzipatorisch selbstverwalteten »gegenseitigen Hilfe« der Lohnarbeiter ab. Seit Beginn des modernen »Wohlfahrtsstaats« werden die Sozialversicherungsbeiträge staatlich zwangskassiert und unter Staatsaufsicht verwaltet. Die Beteiligung von Unternehmen und Staat am Beitragsaufkommen wurde also erkauft mit einer Enteignung der organisierten Selbsttätigkeit und Kooperation selbst noch auf diesem sekundären Gebiet.

In einem derart paternalistischen Geist propagierte Bismarck die Chimäre eines *»sozialen Königtums«* preußischer Provenienz. Die Ideen dafür hatten sich in Deutschland seit längerem zusammengebraut. Es waren gerade konservative akademische Kreise, die in einer eigentümlichen Verarbeitung der großen Transformationskrise ideologische Varianten eines sozialen Interventionsstaates ausheckten. So nahm der pommersche Gutsbesitzer und preußische Jurist Johann Karl Rodbertus-Jagetzow (1805–1875) eine (sogar von Marx gewürdigte) theoretische Mittlerstellung zwischen bürgerlich-konservativen und sozialistischen Ideen ein, indem er eine eigene Kritik des kapitalistischen Profits bzw. der Grundrente entwickelte und nach dem Muster staatsutopischer Vorstellungen eine ökonomische »Zentralbehörde« zur Regelung der sozialen Frage verlangte.

Insgesamt übernahm bei der Verschmelzung von Liberalismus und Konservatismus die ideologische Offensive, die sich im Vergleich zum zögernden Altliberalismus besser mit dem neuen Systemimperativ einer paternalistischen Staatsintervention anfreunden konnte, allmählich eher die konservative Seite. Diese Tendenz war allerdings keinswegs bloß auf Deutschland beschränkt, sondern sie erfaßte mehr oder weniger den gesamten europäischen Kapitalismus. Das Grundmuster der Bismarckschen Doppelstrategie von Repression und staatlichem Sozialpaternalismus läßt sich auch in England und Frankreich sowohl ideengeschichtlich als auch gesellschaftspolitisch erkennen.

In England war bereits durch den »Combination Act« von 1799 jede Art von Interessenorganisation der Lohnarbeiter verboten worden. Dieses Verbot wurde 1819 von der konservativen Regierung ausdrücklich erneuert und erst 1824 etwas gelockert, so daß sich seitdem die gemäßigten »Trade Unions« herausbilden konnten. Dennoch blieb die gewerkschaftliche und politische Tätigkeit selbst von liberal beeinflußten Sozialisten zahlreichen Repressalien und Schikanen ausgesetzt. Gleichzeitig entwickelte sich schon frühzeitig ein neokonservativer englischer Sozialpaternalismus als Reaktion auf die Schrecken der Industrialisierung. Der spätromantische Historiker und Schriftsteller Thomas Carlyle (1795–1881) wetterte gegen die »traurige Religion des Mammonglaubens« vom Standpunkt der altaristokratischen Werte wechselseitiger Treue und Loyalität zwischen

Herr und Knecht – eine ideologische Grundfigur der repressiven, anti-emanzipatorischen, rechtskonservativen Antimoderne bis tief ins 20. Jahrhundert. Carlyle führte die umstürzlerischen Empörungen der »arbeitenden Armen« auf die mangelnde Führungskraft und Fürsorge der liberalistischen Industrieherren zurück:

»Was sind alle Emeuten und Ausbrüche der Volkswuth? Brüllen, unartikulirtes Schreien, wie eines stummen Wesens in Wuth und Qual: dem Ohre der Weisheit klingt es wie unartikulirtes Flehen: ›Führe mich, regire mich! Ich bin toll und elend, und kann mich nicht selber führen!‹ Fürwahr: unter allen ›Menschenrechten‹ ist dieses Recht des unwissenden Menschen, von den Weiseren geführt, mild oder gewaltsam von ihm auf der rechten Bahn gehalten zu werden, das unveräußerlichste. Wenn Freiheit einen Sinn hat, so bedeutet sie den Genuß dieses Rechtes, – und das faßt den Genuß aller Rechte in sich« (Carlyle, zit. nach: Adler 1897, 9).

In diesem ebenso eigenartigen wie unverschämten Sinne verlangt Carlyle einen sozial verantwortlichen »Industrie-Adel«, sogenannte *»captains of industry«* – ein in England zum Schlagwort gewordener Ausdruck. Im Verein mit einer »staatlichen Förderung der niederen Klassen« solle der industrielle Adel »Noblesse in der Konkurrenz und warmherzige Fürsorge für alle Angestellten« walten lassen. Carlyle ist damit »der Erste, der den Ruf nach Feudalisierung der modernen Erwerbsthätigkeit erhoben [...] hat« (Adler 1897, 11). Einige dieser Ideen übernahm Benjamin Disraeli (1804–1881), der berühmte konservative Premierminister Großbritanniens in den Jahren 1868 und 1874 bis 1880. Von ihm stammt jenes geflügelte Wort über das moderne Verhältnis zwischen Besitzenden und Besitzlosen: »Sie sind gleichsam zwei Nationen, zwischen denen kein verwandtes Gefühl besteht, die einander so wenig kennen in ihren Gewohnheiten, Gedanken und Gefühlen, als ob sie die Söhne verschiedener Zonen oder die Bewohner verschiedener Planeten wären« (zit. nach Adler 1897, 18). Schon in jungen Jahren und lange vor Bismarck hatte deshalb Disraeli das »Prinzip des sozialen Königtums« propagiert. Als Minister, Schatzkanzler und schließlich Premierminister brachte er 1867 und 1878 weitreichende Schutzgesetze für die Arbeit in Fabriken auf den Weg.

Auch in Frankreich vollzog sich eine ganz ähnliche Entwicklung. Noch die gesetzgebende Versammlung der bürgerlichen Revolution hatte mit dem »Loi Le Chapelier« 1791 jede Arbeiterkoalition untersagt; dieses Verbot fiel offiziell erst 1864. Als nach dem Sturz des »Bürgerkönigs« Louis-Philippe und der 48er Revolution Louis Bonaparte (1808–1873) an die Macht kam und sich als Napoleon III. zum »Kaiser der Franzosen« krönen ließ (Zweites Kaiserreich), verfolgte auch er eine staatsinterventionistische Doppelstrategie, die durch ein Blutbad und eine Verfolgungsorgie eingeleitet wurde: »Es begann mit einem Feldzuge gegen alle wie auch immer gearteten Assoziationen der Arbeiter [...] So fielen nicht blos alle ihre politischen Vereine, sondern auch ihre rein wirthschaftlichen Genossenschaften, darunter viele blühende Konsumvereine und manche Produktivgenossenschaft, der ›gesellschaftsrettenden‹ Diktatur zum Opfer« (Adler 1897, 32). Andererseits hatte auch Napoleon III. schon vor seiner Thronbesteigung ein konservatives »sozialpolitisches Programm« ausgearbeitet; auch ihm schwebte »eine Art carlylischen Industrie-Adels als Ideal vor [...] Disziplin und Ueberwachung der Arbeiter einerseits, Besserung ihrer materiellen Lage andrerseits: Das ist eine Idee, die sich in der inneren Politik Louis Napoleons nie verleugnet hat« (a.a.O., 29, 34). Zwischen 1850 und 1870 begann daher auch in Frankreich der moderne industrielle Sozialstaat mit verschiedenen Maßnahmen, die an die zynischen Argumente Mandevilles über die Notwendigkeit eines Luxuskonsums der »upper ten« für die »Beschäftigung« erinnern und gleichzeitig teilweise schon die staatliche Konjunkturpolitik des 20. Jahrhunderts ahnen lassen:

»Napoleons wichtigste sozialpolitische That [...] ist die von ihm versuchte Bekämpfung der Arbeitslosigkeit, die [...] durch ein System öffentlicher Bauten geschah [...] Binnen anderthalb Jahrzehnten wurden allein in der Hauptstadt über anderthalb Milliarden auf öffentliche Bauten verwandt. Und Aehnliches geschah in Lyon, Marseille und Bordeaux. Diese Maßregel hatte in dem großartigen Stil, wie sie hier betrieben wurde, verschiedene wichtige Konsequenzen: einer großen Anzahl von ›Händen‹ wurde fortdauernd lohnende Beschäftigung gewährt, die Löhne erhielten die Neigung, zu steigen, die Unternehmungslust wurde durch die von den Baugewerben ausgehende Anregung allenthalben geweckt [...] Nebenbei sei bemerkt, daß sich an diese [...] Neubauten auch eine kolossale Grundstücksspekulation und die Begünstigung der Kreaturen des Kaiserreichs [...] durch Zuwendung ungezählter Millionen anschloß [...] Sonst wurden noch staatliche Subventionen für den Bau von Arbeiterwohnungen flüssig gemacht, die aber doch nur sporadisch entstanden; die Wohlthätigkeitsanstalten wurden neu geordnet und durch staatlich subventionirte Badeanstalten fürs Volk, Krippen für Arbeiterkinder und Asyle für verstümmelte Arbeiter vermehrt« (Adler 1897, 33).

Das Bismarcksche Sozialistengesetz fiel also, obwohl es die Verbotspolitik auffallend forcierte, ebenso wenig wie die neue paternalistische Sozialstaatlichkeit aus dem Rahmen des üblichen kapitalistischen Regierungsverhaltens in der zweiten Hälfte des 19. Jahrhunderts. Peinlicherweise wurde der moderne Sozialstaat in Europa ursprünglich von einem stockkonservativen Geist und dessen machtpolitischen Zielsetzungen hervorgebracht. Und diese Herkunft ist auch dem demokratischen Sozialstaat bis heute noch deutlich anzusehen. Etwas anderes als zutiefst staatsautoritäre, stets mit Repression und Überwachung verbundene, selbst bei eigener Beitragszahlung des Menschenmaterials die Form staatlich verordneter Almosen annehmende soziale Gratifikationen kann der Kapitalismus seinem Wesen nach gar nicht hervorbringen; dies ist anscheinend das äußerste an »Wohlfahrt«, was von dieser Gesellschaftsordnung überhaupt zu erwarten ist.

Waren die konservativen Anfänge des industriekapitalistischen Sozialstaats eine allgemeine Erscheinung in den wichtigsten europäischen Ländern, so setzte sich diese Entwicklung doch am wirkungsvollsten und nachhaltigsten im deutschen Kaiserreich durch. Hier drangen die sozialstaatlichen und staatsinterventionistischen Ideen auch stärker als in Westeuropa bis in die akademische Nationalökonomie vor. Zwar nicht so weit wie Rodbertus, aber in eine ähnliche Richtung gingen die sozialpolitischen Gedanken der sogenannten »Kathedersozialisten«, einer eher konservativ orientierten Gruppe von Professoren, die 1872 den »Verein für Socialpolitik« gründeten, aus dem entscheidende Anregungen für die Bismarckschen und für alle späteren sozialstaatlichen Reformen überhaupt kamen. In einem ebenso zynischen wie demagogischen Sinne verstand und titulierte auch Bismarck selbst diese Ideen ganz positiv als *»Staatssozialismus«*; ein Ausdruck, den vor allem der Nationalökonom und Finanztheoretiker Adolph Wagner (1835–1917) geprägt und propagiert hatte. Die Idee eines autoritären »preußischen Sozialismus« von paternalistischen Eliten auf dem Boden eines staatlich zusammengefaßten Industriesystems strahlte keineswegs überraschend auch in die Sozialdemokratie aus und sollte bis weit ins 20. Jahrhundert hinein Modernisierungsideologen von links bis rechtsaußen als Legitimationskonstrukt dienen.

Aber auch der Liberalismus als solcher, der sich den Erörterungen über das Systemrisiko und die autoritäre soziale Befriedung ja keineswegs verschlossen hatte, mußte in den staatssozialistischen Zug der Zeit einsteigen – selbst wenn er es seiner Tradition entsprechend vorzog, im Bremserhäuschen Platz zu nehmen. Es war Friedrich Naumann (1860–1919), ein Chefideologe des organisatorisch zersplitterten wilhelminischen Liberalismus, der die Wende des liberalen Denkens und die Anpassung an die neuen Systemimperative staatlicher Regulation in Deutschland formulierte. Naumann, nach dem noch heute die der Freien Demokratischen Partei (FDP) nahestehende Stiftung für »politische Bildung« benannt ist, ursprünglich evangelischer Pfarrer und später Berufspolitiker, war selbstverständlich Nationalist und entwickelte Gedanken eines moralisierenden »christlichen Sozialismus«. 1896 gründete er den »national-sozialen Verein« im Spektrum der liberalen Splittergruppen; und es ist keineswegs zufällig, sondern durchaus folgerichtig, daß die ominöse Begriffsverbindung »national-sozial« als Parteiname zuerst im liberalen Kontext auftritt. In vieler Hinsicht kann Naumann als Begründer der »sozialliberalen« Ideen gelten, die sich vom marktradikalen Wirtschaftsliberalismus des 18. und frühen 19. Jahrhunderts abzusetzen versuchten. 1906 stellte er in seiner »Neudeutschen Wirtschaftspolitik« fest: »Etwa in der Mitte der siebziger Jahre beginnt die Abwendung von der liberalen Theorie, vom unwirtschaftlichen Staate, und macht einer Auffassung Platz, die man als staatssozialistisch bezeichnen hört« (Naumann 1964/1906, 454). So wenig Naumann als Liberaler diese Tendenz uneingeschränkt befürworten kann, ebensowenig läßt er aber Zweifel daran, daß der alte Liberalismus ausgedient hat:

»Der ältere wirtschaftliche Liberalismus ist, wie schon sein Name sagt, ein Teil der großen allgemeinen Kulturbewegung, die im Laufe der letzten Jahrhunderte Europa geistig und materiell verändert hat [...] Es sei kein Zwang, aber auch kein Schutz! Wem das Glück hold ist, der steige aufwärts, wem es sich versagt, der sinke ins Grab! Man darf nicht mitleidig sein, wenn man Wirtschaftsmenschen erziehen will! [...] Jeder soll nach Angebot und Nachfrage bezahlt werden. Er gehe hin an den Markt und biete sich an: ich arbeite für diesen Preis! Arbeit wird Submissionsartikel. Wenn morgen jemand kommt, der dasselbe billiger herstellt als du, so darfst du gehen, denn deine Arbeit verliert an Wert, sobald ein anderer sie für weniger Geld besorgt! [...] hier gilt es, den Gedanken des wirtschaftlichen Liberalismus in seiner ganzen Nacktheit zu sehen. Angebot und Nachfrage! Ihr Menschenkinder habt einen steigenden und sinkenden Kurs wie die Aktien an der Börse! Wie war es nur möglich, daß diese Lehre die Gemüter mit Hoffnungen füllen konnte, und wie war es möglich, daß sie zur Grundlage unseres ganzen Arbeitssystems wurde? [...] Die Wirtschaftswelt, in die seinerzeit der Liberalismus eintrat, war eine ganz andere, als die Wirtschaftswelt ist, in der er sich heute seinen Platz zu suchen hat, und so gut seine alte Erscheinungsweise eine zeitgeschichtliche Anwendung seiner Grundprinzipien war, so wird auch heute der Liberalismus eine zeitgeschichtliche Färbung haben müssen, wenn er überhaupt leben soll [...] Er kann nicht ohne eine neue Weckung der Geister seine Auferstehung halten, nicht ohne Kritik an sich selbst [...]« (a.a.O., 314 ff., 525 f.).

Damit er im Mainstream des Zeitgeistes mitschwimmen konnte, durfte es dem Liberalismus also ausnahmsweise einmal ein wenig vor seinem eigenen Spiegelbild grausen. Die sozialliberale Anpassung oder wenigstens teilweise Annäherung an die aufkeimenden staatssozialistischen Ideen sieht auch Naumann zunächst in einer systemnotwendigen Metamorphose des Leviathan zum »Vater Staat« auf sozialpolitischem Gebiet:

»Auch das, was unter der allgemeinen Überschrift ›Sozialpolitik‹ zusammengefaßt wird, ist ein Teil von ›Recht und Wirtschaft‹, [...] als deren Hersteller und Garant die Staatsmacht auftritt. Es handelt sich um staatliche Eingriffe in das Wirtschaftsleben, die zum Schutze der Schwächeren notwendig werden. Ob man diese Eingriffe mehr mit den Grundsätzen der christlichen Nächstenliebe oder mit staatlichen Notwendigkeiten begründet, ist sachlich gleichgültig. Ihr Wesen ist die Erkenntnis, daß mit bloßer Hinstellung der zwei Prinzipien des Privateigentums und des freien Arbeitsvertrages die Fülle der Rechtsbeziehungen zwischen Unternehmern und Arbeitern nicht erledigt ist […] Nein, es ist so, es muß offen zugestanden werden: Wir brauchen des staatlichen Zwanges, um die Elemente einer gewerblichen Anstandslehre überhaupt erst zu lernen! Noch haben wir in der Textilbranche und auch in anderen Gewerben für die Männer teilweise ganz unmenschliche Arbeitszeiten, noch ist die Ausnutzung der Frau zu groß, noch entbehren die Kinder der Heimarbeit fast allen Schutzes. Mag das Wort ›Achtstundentag‹ eine zu schematische Formel sein, aber unsere Volksgesundheit und moralische Kultur fordert die Sicherung eines viel größeren Quantums von Menschentum außerhalb des gewerblichen Dienstes, als es heute der Mehrzahl der abhängigen Arbeitenden zu Gebote steht. Die unterste Schicht der Lohnarbeiter wird voraussichtlich immer durch gesetzlichen Minimalschutz vor dem Versinken in Barbarei bewahrt werden müssen […] Um ihretwillen muß der gesetzliche Arbeiterschutz eine dauernde Einrichtung sein […] Als die Reichsversicherungen ins Leben gerufen wurden, stimmten die Liberalen vielfach gegen sie […] Heute […] ist kaum noch jemand, der sie nicht als ein vortreffliches nationales Werk anerkennt. Sie sind eine notwendige Ergänzung des freien Arbeitsvertrags« (a.a.O., 496, 499 ff.).

Näherte Naumann auf diese Weise das liberale Denken dem neuen staatsinterventionistischen Geist des entwickelten Industriesystems an, so ließ er keinerlei Zweifel daran, daß auch für ihn ein autoritär-paternalistisches Regime dazugehören sollte. Zwar wandte er sich der liberalen Tradition entsprechend gegen eine Totalisierung des staatsautoritären Zwangs und verlangte, daß »die freie Organisation« (der unternehmerischen bzw. gewerkschaftlichen Verbände und deren Vereinbarungen) »im Zweifelsfalle stets den Vortritt vor dem Beamtenapparat« haben solle (a.a.O., 502). Aber diese sozialökonomische »Selbstregierung« parallel zur Staatsintervention ist durchaus im Benthamschen Sinne gedacht und mit elitären Vorstellungen angereichert. In seiner Schrift über »Demokratie und Kaisertum« hatte Naumann schon 1900 die »Notwendigkeit« autoritärer Führung betont:

»Ganz von selbst bilden sich in der Demokratie aristokratische Elemente [...] Es gibt keine Art von gesammelter Massenwirkung ohne eine Art von Aristokratie [...] Überall in der Welt wächst ein Mandarinentum, selbst da, wo man es grundsätzlich bekämpft [...] Man kämpft um den ersten Platz. Auch Demokraten wollen nach vorn kommen. Die Geschichte des bürgerlichen Liberalismus ist ein einziges fortlaufendes Beispiels dieses Strebens nach oben« (Naumann 1949/1900, 144ff.).

So erscheint es dem liberalen Chefideologen ganz selbstverständlich, daß eine »Oberschicht« die Führung übernimmt, »getragen von der weiten, großen, dunklen Masse, die unter ihr ist« (a.a.O., 146). Die erzkonservative Carlylesche Idee eines Industrieadels, der »captains of industry«, spukte also auch in den liberalen Hirnen. Und wie Naumanns sozialliberale und national-soziale Weltanschauung überhaupt war auch dieses elitäre Element auf der ganzen Linie kompatibel mit dem Wilhelminismus, der seinerseits die Verbindung von Sozialstaatlichkeit und autoritärer politischer Unterordnung des Menschenmaterials niemals zu lockern gewillt war. Als der nach dem Tod des alten Kaisers 1888 zur Macht gelangte Kaiser Wilhelm II. mit Bismarck in Streit um die weitere Sozialgesetzgebung und die »Arbeiterfrage« geriet, schließlich 1890 den »eisernen Kanzler« entließ und dessen Sozialistengesetz aufhob, tat er dies gerade in einer besonders autokratischen Manier. An der Doppelstrategie von bürokratisch-paternalistischer Sozialstaatlichkeit und Repression änderte sich trotz Legalisierung der Sozialdemokratie grundsätzlich nichts. Leutselig verlangte Wilhelm II. z.B. 1899 anläßlich eines Besuchs seiner Besitzung Kadinen: »Es muß dafür gesorgt werden, daß nicht etwa die Schweineställe besser sind als die Arbeiterwohnungen« (Reden des Kaisers, Johann 1966, 82). In demselben autoritären Geist, der sich hier herablassend zeigt, hatte der Kaiser angesichts gewerkschaftlicher Streiks im Bergbau und anderen Branchen vor westfälischen Industriellen ein Jahr früher versichert:

»Wie alle, die den industriellen Betrieben obliegen, so haben auch Sie ein wachsames Auge auf die Entwicklung unserer sozialen Verhältnisse, und Ich habe Schritte getan, soweit es in Meiner Macht steht, Ihnen zu helfen, um Sie vor wirtschaftlich schweren Stunden zu bewahren. Der Schutz der deutschen Arbeit, der Schutz desjenigen, der arbeiten will, ist von Mir im vorigen Jahre [...] feierlich versprochen worden. Das Gesetz naht sich seiner Vollendung und wird den Volksvertretern noch in diesem Jahre zugehen, worin jeder – er möge sein, wer er will, und heißen, wie er will –, der einen deutschen Arbeiter, der willig ist, seine Arbeit zu vollführen, daran zu hindern versucht, oder gar zu einem Streik anreizt, mit Zuchthaus bestraft werden soll« (nach: Johann 1966, 79 f.).

Die Anfänge des modernen Sozialstaats waren aber nicht nur von autoritären Regimes und elitären Ideologien geprägt, auch ihre Wirksamkeit ist zweifelhaft; zumindest wenn man Maßstäbe einer ernsthaften Besserstellung der »arbeitenden Armen« anlegt. Im Rückblick stellte der »Staatssozialist« Adolph Wagner lediglich fest, die Errungenschaften der sozialen Gesetzgebung hätten »die Bevölkerung leistungsfähiger, gesunder, tüchtiger gemacht« (Wagner 1912, 16). Nicht die Wohlfahrt an sich steht hier zur Debatte, sondern der funktionalistische Blick taxiert den Nutzen für die repressive Gesellschaftsmaschine der »abstrakten Arbeit«. Und damit daran auch wirklich kein Zweifel aufkommt, verfällt der konservative Preußensozialist sogleich hinsichtlich der »unteren Klassen der Bevölkerung« in ein nur allzu vertrautes altliberales Credo, wie wir es seit Mandeville, de Sade, Smith, Kant und Malthus kennen:

»Nicht ein Dorado-Leben versprechen wir ihnen, nicht ein Leben in einem phantastischen Glücksnebel, – es wird immer Not und Elend geben in der Welt, und ist vielleicht gut so, daß es Not und Elend geben wird, im Interesse der Erziehung (!) des menschlichen Geschlechts« (a.a.O., 17).

Tatsächlich konnte bis zum 1. Weltkrieg immer noch nicht die Rede von einer »wohlfahrtssteigernden Wirkung« der Marktwirtschaft sein, auch nicht unter dem Begleitschutz der sozialstaatlichen Ansätze. Lediglich der Schritt vom beispiellosen Massenelend zu einer »normalisierten« Massenarmut war in der Epoche der nationalstaatlichen Imperien »gelungen«. So peinlich es ist, auch an der Schwelle des 20. Jahrhunderts und mitten in der Expansion des industriellen Schneeballsystems war der Ernährungsstandard immer noch nicht merklich gestiegen. So ist über die Nahrung thüringischer Spielwarenarbeiter in Bismarcks Reich aus zeitgenössischen Quellen zu erfahren:

»Sie besteht meist aus Kartoffeln, die in allen Gestalten auf den Tisch kommen. Man nimmt sie am Morgen zum Cichorien-Aufguss oder der ›Kaffeebrühe‹, und geniesst als zweites Frühstück Brot mit Kaffee. Zu Mittag gibt es allerlei Kartoffelspeisen, dazu wird ein Häring geholt, oder etwas Fett vom Metzger; die Aermsten müssen statt des Härings mit der Salzlake fürlieb nehmen, worin er eingepökelt liegt, und nennen das ›Häringsbrühe‹. Fleisch wird selten gegessen [...] Zur Vesper wird wiederum Kaffeebrühe genommen, oder sie holen vom Metzger ganze Häfen ›Wurstsuppe‹, wie sie das Wasser nennen, worin die Würste gekocht werden; das erhalten sie umsonst oder für geringes Geld und darein schneiden sie Kartoffelstücke. ›Kartoffeln in der Früh, zu Mittag in der Brüh, des Abends mitsammt dem Kleid, – Kartoffeln in Ewigkeit‹, lautet der Vers, in welchem sie ihre Tafelgenüsse zusammenfassen« (nach Ritter/Kocka 1982, 262).

Dieselbe Erbärmlichkeit, die Friedrich List einst beschrieben und daraus die Notwendigkeit einer kapitalistischen Industrialisierung abgeleitet hatte, war also Jahrzehnte später und mitten in der fortgeschrittenen Industrialisierung noch immer nicht verschwunden, und die Beschreibung wiederholt sich fast wortwörtlich!

Aber auch die Haushaltsführung und Lebensweise der »bessergestellten« Arbeiterkategorien konnte sich kaum über diese Erbärmlichkeit erheben. Der Speisezettel eines Berliner Facharbeiters im Jahr 1890 gibt diesbezüglich zu keinerlei Optimismus Anlaß:

»Stark ist der Verbrauch von Hülsenfrüchten, Kartoffeln, Mehl, Brot und Milch. Von Fleischwaren werden neben billiger Wurst – mit der Brot bestrichen, aber nicht belegt wird – zumeist gehacktes Rindfleisch oder Lungen verwendet, zu Fleischklößen (Klops) oder ›falschen Hasen‹ (Hackfleisch vermischt mit Semmelbröseln oder -Würfeln und dann mit etwas Fett ausgebacken). In Rücksicht auf Sonn- und Festtage wird Werktags sehr gespart« (a.a.O., 276).

Wie es scheint, bestand also die »wohlfahrtssteigernde Wirkung« der Marktwirtschaft im 19. Jahrhundert vor allem darin, den Menschen zuerst teilweise auch noch die Kartoffeln und den Zichorien-»Kaffee« wegzunehmen, um ihnen diesen grandiosen Standard dann in der zweiten Jahrhunderthälfte allmählich gnädig wiederzuschenken. Es mag ja ermüdend sein, sich das von Entwicklungsstufe zu Entwicklungsstufe und von Jahrzehnt zu Jahrzehnt immer wieder von neuem anhören zu müssen, aber leider gibt es nichts anderes zu berichten. Und die wilhelminischen Verhältnisse lassen sich ohne weiteres für das ganze entwickelte Europa dieser Epoche verallgemeinern. Nimmt man noch die überall in den Fabrikstädten fortdauernden grauenhaften Wohnverhältnisse hinzu, dann wird deutlich, wie lächerlich gering die realen Verbesserungen waren und wie sehr es eigentlich nur darum ging, den Menschen ein »Gefühl« der Versorgung und Vorsorge zu suggerieren.

Ein volles Jahrhundert kapitalistischer Industrialisierung hatte es nicht vermocht, den Standard der Bevölkerung in den Grundbedürfnissen endlich über das Niveau des Spätmittelalters hinauszuheben; vom Bedürfnis nach Muße ganz zu schweigen. Sogar ein bloß einigermaßen anständiges Leben war in der Tat auch jetzt nur »in einem phantastischen Glücksnebel« vorstellbar.

Der autoritäre Sozialpaternalismus war also im großen und ganzen ärmlich. Aber wenn auch die gesellschaftliche Maske des irrationalen kapitalistischen Selbstzwecks in der Form der nationalstaatlichen Machtpolitik vor dem Hintergrund des Konkurrenzkampfes der Nationen auf dem Weltmarkt abstrakter geworden war und die Galionsfiguren als solche kenntlich, so blieb doch die Unerbittlichkeit der Unterordnung des Menschenmaterials unter diese Zwecke. Was der erzkonservative (später der CDU nahestehende) Historiker Gerhard Ritter (1888–1967) in einer deutschnationalen Erbauungsrede während des 2. Weltkriegs sagte, könnte als Motto schon für die Wilhelminische Epoche und außerdem nicht bloß für das Deutsche Reich gelten: »Wir Deutsche haben [...] gelernt [...], daß für ein Volk, das eine große geschichtliche Rolle spielen will, zunächst und vor allem eins Not tut: hart arbeiten, sich großhungern (!) und gehorchen« (zit. nach: Berthold 1960, 106).

Auch die bürgerliche belletristische Intelligenzia hatte sich seit den biedermeierlichen Unsäglichkeiten eines Ludwig Uhland nicht grundlegend geändert. Der Dichterkollege Rainer Maria Rilke (1875–1926), um die Jahrhundertwende angeblich in religiöse Verzückung gefallen und von Gotteserlebnissen gebeutelt, bemühte sich in seinem poetisch-religiösen »Stundenbuch« redlich, die neue kapitalistische Armut des 20. Jahrhunderts in würdiger Weise zu besingen. 1903, viele Jahrzehnte nach Uhland, brachte er in diesem Sinne unsterbliche Zeilen über die heiligen Armen im »großgehungerten« Deutschland zustande:

> Denn sie sind reiner als die reinen Steine
> und wie das blinde Tier, das erst beginnt,
> und voller Einfalt und unendlich Deine
> und wollen nichts und brauchen nur das *Eine*:
>
> so arm sein dürfen, wie sie wirklich sind.
>
> Denn Armut ist ein großer Glanz aus Innen [...]
>
> Des Armen Haus ist wie ein Altarschrein.
> Drin wandelt sich das Ewige zur Speise,
> und wenn der Abend kommt, so kehrt es leise
> zu sich zurück in einem weiten Kreise
> und geht voll Nachklang langsam in sich ein.
>
> Des Armen Haus ist wie ein Altarschrein.

In dieser fast schon liberal-zynischen Erbaulichkeit kommt nicht nur die frühkapitalistische Sentimentalität wieder hoch, die mit tränendem Auge ihren Gefühlshaushalt an der selbstproduzierten sozialen Verelendung mästet; vielmehr deutet sich darüber hinaus eine neue »Ästhetisierung der Armut« an, die schon bald in die »Ästhetisierung der Gewalt« umschlagen sollte. Es waren gerade solche schrägen und innerlichkeits-süchtigen Verse wie die von Rilke, durch deren wilhelminische Gefühlsschläue die blutigen kapitalistischen Massaker und Massenkatastrophen des nächsten halben Jahrhunderts schon hindurchschimmerten.

Gründerschwindel und Große Depression

Die tiefsitzende Furcht vor Verelendung und Aufstand einer Bevölkerung, die blinden Wachstums- und Krisenzyklen ausgeliefert wurde, blieb eine wesentliche (wenn auch keineswegs die einzige) Triebkraft für die staatsinterventionistische Wende der kapitalistischen Eliten nach 1870. Diese Furcht war um so berechtigter, als die seit 1850 anhaltende stürmische Entwicklung des industriellen Kapitalismus plötzlich mit einem großen Knall abbrach. 1873 war die erste große Aufschwungphase der Industrialisierung beendet.

Dabei machte sich erstmals eine Erscheinung in größerem Maßstab unangenehm bemerkbar, die auch schon früher gelegentlich die Geburtswehen des Kapitalismus begleitet hatte. Denn diese Produktionsweise ist nicht nur ein industrielles, sondern auch ein finanzielles Schneeballsystem. Genauer gesagt: In Gestalt des Kredits wird das reale Wachstum gewissermaßen vorweggenommen. Träger dieses Prozesses sind die Banken, welche die Spargelder und das momentan von seinen Besitzern nicht produktiv eingesetzte Geldkapital sammeln und konzentrieren. Umgekehrt gibt es immer wieder industrielle Unternehmen, die ihre Investitionen für zukünftige Wertschöpfung nicht oder nicht ausreichend aus eigenen Gewinnen der Vergangenheit finanzieren können. Sie leihen sich also über das Bankensystem in verschiedenen Formen Geldkapital aus, das dann bei gelingender Realisation der Gewinne aus realer Warenproduktion verzinst zurückgezahlt werden muß. Das Geldkapital spaltet sich also, wie Marx im dritten Band des »Kapital« ausführlich analysierte, in zwei Bestandteile auf: nämlich in das »fungierende« betriebswirtschaftliche Kapital einerseits, das den kapitalistischen Produktionsprozeß betreibt und dadurch den Selbstzweck des auf sich selbst rückgekoppelten realen Mehrwerts in Gang hält; und in das zinstragende »reine« Geldkapital andererseits, das keine unmittelbare Warenproduktion betreibt, sondern an das »fungierende« Kapital verliehen wird und dafür seinen Anteil am Mehrwert in Form des Zinses erhält. In der bürgerlichen Volkswirtschaftslehre werden diese beiden Bestandteile des Kapitals immer wieder verwechselt oder in eins gesetzt, weil es vom (abstrakten) positivistischen Standpunkt des Geldkapitals aus egal ist, woher der Gewinn genau kommt und wie der Prozeß des Plusmachens durch verschiedene Abteilungen der »schönen Maschine« vermittelt wird. Nicht ohne Ironie bemerkte Marx dazu:

»Das Kapital erscheint als mysteriöse und selbstschöpferische Quelle des Zinses, seiner eigenen Vermehrung […] Im zinstragenden Kapital ist daher dieser automatische Fetisch rein herausgearbeitet, der sich selbst verwertende Wert, Geld heckendes Geld, und trägt es in dieser Form keine Narben seiner Entstehung mehr […] Das Geld als solches ist bereits potentiell sich verwertender Wert, und wird als solcher verliehen […] Es wird ganz so Eigenschaft des Geldes, Wert zu schaffen, Zins abzuwerfen, wie die eines Birnbaums, Birnen zu tragen […] Für die Vulgärökonomie, die das Kapital als selbständige Quelle des Werts, der Wertschöpfung, darstellen will, ist natürlich diese Form ein gefundnes Fressen, eine Form, worin die Quelle des Profits nicht mehr erkenntlich und worin das Resultat des kapitalistischen Produktionsprozesses – getrennt vom Prozeß selbst – ein selbständiges Dasein erhält« (Marx 1965/1894, 405 f.).

Das Problem ist nur, daß sich die Differenz der beiden Formen des Kapitals sehr drastisch fühlbar macht, wenn der in der Ausleihung von Fremdkapital vorweggenommene zukünftige Mehrwert in Gestalt rentabler und marktfähiger realer Warenproduktion nicht wirklich nachfolgt; sei es, weil »der wirkliche Rückfluß nicht rechtzeitig (stattfindet)« (Marx, a.a.O., 361); sei es, weil sich die Produkte wegen einer billiger anbietenden Konkurrenz oder aus Mangel an gesellschaftlicher Kaufkraft nicht absetzen lassen; oder sei es, weil das ausgeliehene Geldkapital für »sachfremde« Zwecke verausgabt worden ist (z. B. für die Bezahlung früherer Schulden oder für Konsum, Prestigeobjekte usw.). Dann folgt statt dessen das dicke Ende nach: Das »fungierende« betriebswirtschaftliche Kapital bankrottiert, weil es Zinsen und Tilgung der Kredite nicht bezahlen kann; das zinstragende Kapital seinerseits erleidet dadurch einen unwiederbringlichen Verlust und bankrottiert meistens ebenfalls, weil der Ruin des Schuldners bei entsprechender Höhe der Ausleihungen in der Regel auch der Ruin des Gläubigers ist. Solche Ereignisse gehören im Einzelfall zum kapitalistischen Alltag; aber sie werden zum gesamtgesellschaftlichen Krisenproblem, wenn sich diese Fälle häufen und zu einer Flut anschwellen. Diese Gefahr droht in einem konjunkturellen Abschwung, der sich in dem Maße zur Krisenspirale zuspitzen kann, wie in falscher Erwartung eines weiterlaufenden Booms zuviel zukünftige Gewinne vorweggenommen und mit geliehenem Geldkapital in großem Umfang Fehlinvestitionen getätigt worden sind. Die zunächst verborgene Krise des produktiven Kapitals tritt also immer zuerst als Finanzkrise ans Licht.

Im 19. Jahrhundert war man in dieser Hinsicht freilich noch einigermaßen zögerlich; vor allem in den klassischen Familienbetrieben mit ihrer Personalunion von juristischem Eigentum und Management galt es als wenig seriös, in großem Maße Kredit in Anspruch zu nehmen. Diese alte gediegene und gleichzeitig schwerfällige Seriosität kam allerdings mit dem Tempo der Industrialisierung nicht mehr mit und wurde von einer Art historischer Müdigkeit befallen; wie immer in der kapitalistischen Entwicklung begann einer gerade absterbenden Schicht von Entwicklungsträgern eine böse Ahnung vom wahren Wesen des Selbstzweck-Monstrums zu dämmern, während die nächste Trägerschicht schon naßforsch und unbekümmert um die Ecke bog. In Thomas Manns berühmtem Roman »Buddenbrooks«, der den zeitgenössischen Verfall einer alten hanseatischen Kaufmannsfamilie beschreibt, blitzt diese müde Dämmerungs-Erkenntnis bei den Helden an einigen Stellen auf:

»Das Auftreten, Reden, Sichbenehmen, Wirken und Handeln unter Menschen stellte sich [...] nicht als ein naives, natürliches und halb unbewußtes Vertreten praktischer Interessen dar, die man mit anderen gemein hat und gegen andere durchsetzen will, sondern als eine Art von Selbstzweck (!), eine bewußte und künstliche Anstrengung, bei welcher, anstatt der aufrichtigen und einfachen inneren Beteiligung, eine furchtbar schwierige und aufreibende Virtuosität [...] aufkommen mußte« (Mann o.J., 474).

Nun, die unbekümmerten neuen »Virtuosen« waren schon unterwegs; mit der sich überschlagenden Industrialisierung war wieder einmal eine neue Schicht von kapitalistischen Neureichen und Glücksrittern aufgekommen, die gewaltig über das Ziel hinauszuschießen begann. Zusammen mit dem Eisenbahnbau, der von vornherein eine Nummer zu groß für Familien-Unternehmen war, nahm das bis dahin ganz marginale *Aktienwesen* einen ungeahnten Aufschwung und kreierte einen neuen, moderneren Typus von kapitalistischen Unternehmen, die sich von der archaischen Form des patriarchalischen Familienclans zu lösen begannen: In den Aktiengesellschaften entfaltete sich aus dem Kreditsystem eine neue Form der Betriebswirtschaft selbst. Wie sich das Kapital vorher schon in ein »fungierendes« Kapital der Warenproduktion und ein »zinstragendes« reines Geldkapital aufgespalten hatte, so spaltete sich nun das warenproduzierende Unternehmen selber in eine eher dem Leih- oder Kreditkapital ähnliche Gesellschaft von funktionslosen Eigentümern (Aktienbesitzern) und ein nicht mehr an das juristische Eigentum gebundenes (selber der Form nach lohnabhängiges oder nur in kleinem Maßstab am Aktienbesitz beteiligtes) reines »Funktionskapital« oder *Management* auf.

Die für den realen Produktionsprozeß des Kapitals funktionslosen Aktienbesitzer beteiligen sich an »ihrem« Unternehmen ganz ähnlich wie ein bloß äußerlicher Kreditgeber; sie werden daher in Gestalt der Dividende auch in ähnlicher Weise wie das zinstragende Geldkapital am Gewinn beteiligt, allerdings nicht am allgemeinen Zinsfuß gemessen, sondern natürlich am spezifischen Geschäftserfolg »ihres« Unternehmens. Das spekulative Moment, das dem reinen Geld- oder Kreditkapital in hohem Maße anhaftet, überträgt sich so auf das Produktionskapital selbst. Verdienen kann man mit der Aktie gleich doppelt, nämlich außer durch die Dividende auch durch einen möglichen spekulativen Kursgewinn. Die Dividende wird am Ende eines Geschäftsjahres als Beteiligung des Aktionärs am tatsächlichen Gewinn mit einer bestimmten, vom Vorstand der Aktiengesellschaft festzulegenden Summe pro Aktie ausgeschüttet. Gleichzeitig sind aber auch Gewinne durch die Kurssteigerung der Aktie im Börsenhandel möglich. Der Kurs ist der Preis, zu dem die Aktie gerade an der Börse gehandelt wird. Er kann den sogenannten Nennwert um ein Vielfaches übertreffen.

Während die Dividende auf die Vergangenheit bezogen ist, also auf den abgeschlossenen realen Geschäftsgang, ist der Aktienkurs auf die Zukunft bezogen, also auf die möglicherweise irrealen Erwartungen und Hoffnungen. Bei langen Aufwärtsbewegungen der Börsenkurse macht sich regelmäßig solch ein irrationales Moment bemerkbar. Denn selbst wenn die in der Kurssteigerung vorweggenommenen zukünftigen Gewinne tatsächlich eintreffen, werden sie ja als Dividende noch einmal ausgeschüttet oder in neue Produktionsanlagen reinvestiert. Die Kursgewinne treten also gewissermaßen neben die realen Geschäftsgewinne, ganz so, als könnte sich das Kapital zweimal verwerten. Im Grunde wird dabei der Optimismus der Börsianer selber kapitalisiert, also in eine Art »fiktives Kapital« (Marx) verwandelt. Diese spekulative Kreation wird spätestens dann prekär, wenn sich herausstellt, daß die Erwartungen nicht der nachfolgenden realen Konjunktur entsprechen. Die Börse ist natürlich nicht in der Lage, dauerhaft fiktive Werte durch bloße Kurssteigerungen zu kreieren, ohne in Gestalt eines »Krachs« (d. h. eines Absturzes der Kurse ins Bodenlose und damit einer großen Vermögensvernichtung) die Quittung zu bekommen.

Solche Krisen hatte es schon beim Übergang zur modernen kapitalistischen Geldwirtschaft gegeben, etwa bei der berühmten »Tulpenspekulation« im Holland des 17. Jahrhunderts. Damals hatte sich in den höfischen Kreisen Europas eine »Tulpenmode« entwickelt, so daß die Zwiebeln dieses Gewächses im Preis stiegen; zunächst eine ganz normale Sache. Bald jedoch nahm der spekulative Handel zukünftige Preissteigerungen vorweg, und in einer Art Hysterie wurden schließlich bestimmte Züchtungen für Tausende von Gulden oder den Preis ganzer Häuser gehandelt (ein Steuermann, der bei seiner Rückkehr aus Übersee von der Tulpenspekulation noch nichts wußte und in aller Unschuld eine kostbare Zwiebel seines Schiffsherrn beim Frühstück verzehrte, soll beinahe gelyncht worden sein). Der Vorgang ist keineswegs allein psychologisch zu erklären. Es gibt auch eine logische Voraussetzung dafür. Denn in einem System des Kaufens und Verkaufens ist der Wert einer Ware nicht unmittelbar identisch mit ihrem in Geld ausgedrückten Preis. Der Preis kann sich vorübergehend dem realen Wert gegenüber verselbständigen. Jeder weiß natürlich, daß eine Tulpenzwiebel nicht »wirklich« soviel wert sein kann wie ein ganzes Haus. Aber wenn die spekulative Welle einmal rollt, sind alle realistischen Bemessungsgrundlagen schnell vergessen.

Bei einer Aktienspekulation überträgt sich die fiktive Wertsteigerung von bestimmten Waren auf ganze Unternehmen. Auch dafür gab es bereits Präzedenzfälle. Anfang des 18. Jahrhunderts hatte zum Beispiel der in französische Dienste getretene schottische Finanzabenteurer John Law (1671–1729) eine Art Aktien-Papiergeld kreiert, mit dem seine 1717 gegründete »Compagnie d'Occident« in Gestalt der Eigentumsrechte an der Kolonie Louisiana in Nordamerika dem Publikum riesige zukünftige Reichtümer vorgaukelte und bis zum unvermeidlichen Krach ein Vielfaches der tatsächlich zu erzielenden Werte auf dem Papier in Umlauf brachte. Die kapitalistische Ausdehnung der Geldwirtschaft und die Frühformen des modernen Papiergeldes waren also bereits von spekulativen Wellen begleitet, die allerdings die gesellschaftliche Reproduktion kaum berührten.

Der Aktienboom als Begleiterscheinung der großen Industrialisierung nach 1850 nahm da schon ganz andere Ausmaße an. Das galt ganz besonders für das Deutsche Reich, dem nach dem gewonnenen Krieg von 1870/71 aus dem besiegten Frankreich Reparationen in Milliardenhöhe zuflossen. Die heute wieder vielbeschworene »Gründerzeit« war nicht zuletzt ein großes Schwindelunternehmen, das den großen Boom des ersten Industrialisierungsschubs nicht etwa begründete, sondern abschloß. Die immer hektischer und unseriöser werdenden Aktiengesellschaften schossen wie die Pilze aus dem Boden: »Während im Zeitraum zwischen 1850 und 1870 insgesamt nur 295 Aktiengesellschaften in Deutschland eine Konzession erhalten hatten, wurden von 1871 bis 1873 in jedem Jahr mehr als 300 neue Gesellschaften [...] gegründet und an die Börse gebracht« (Lichter 1998). In ganz Europa nahm die Eisenbahnspekulation so absurde Dimensionen an wie einst die holländische »Tulpenmania«. Und wie in solchen Fällen seither üblich, folgte die Immobilienspekulation auf dem Fuße, denn – so die irreale Erwartung – in endlosen Boomzeiten wird auch endlos viel gebaut. Als Folge stieg die Wohnungsnot in Städten wie Berlin dramatisch an; die Kluft zwischen obszönem Spekulationsreichtum und wieder zunehmender Massenarmut wurde immer größer. Das Zentrum der preußischen Macht rückte plötzlich wieder in die Nähe des sozialen Notstands und des Aufruhrs:

»Im Juli 1872 kam es zu heftigen Barrikadenkämpfen zwischen der Polizei und randalierenden Obdachlosen. Ausgelöst wurde der Aufruhr, als Polizisten auf Antrag eines Spekulanten einen Tischler aus seiner Wohnung in der

Blumenstraße zerrten. 600 Schutzleute in Uniform und ebenso viele in Zivil konnten den Aufstand nur mit Mühe unterdrücken. Sogar das Militär in den Garnisonen rund um Berlin stand in Alarmbereitschaft, und ein Bürgerkrieg schien nicht ausgeschlossen. Einer der Offiziere, der spätere König von Württemberg, schrieb nach Hause: ›Es wäre ein fürchterliches Gefühl gewesen, unter Umständen gegen wohnungslose Volksgenossen, zum Teil heimgekehrte Kriegskameraden, kämpfen zu sollen!‹ [...]« (Ogger 1982, 200).

Die Spekulationswelle suchte sich auch absonderliche Felder, so etwa das Brauereiwesen. Die Folge waren ein erhöhter Ausstoß von teilweise ungenießbarem Gesöff und eine Erhöhung der Bierpreise. 1873 wurden daraufhin in Frankfurt nach Straßenschlachten Brauereien und Gaststätten geplündert. Vom regierenden Fürsten bis zum Hausdiener (Bismarck höchstselbst eingeschlossen) ging die spekulative Mentalität quer durch alle Schichten, auch wenn sie insgesamt nur jenen kleinen Teil der Bevölkerung erfassen konnte, der überhaupt über liquide Mittel verfügte. Immerhin trugen selbst »kleine Leute« ihr Erspartes zu den überall aufkommenden Börsen. Der noch immer lebendige konservativ-ständische Geist neigte bei alledem dazu, die unseriöse Spekulation scheinheilig anzuprangern und ihr ein altsolides archaisches Kaufmannstum gegenüberzustellen, gleichzeitig aber selber kräftig mitzumischen, um ja keine Chance auf die »schnelle Mark« bzw. den »schnellen Taler« zu verpassen. Aber auch die sozialdemokratische Arbeiterbewegung kritisierte die spekulativen Exzesse nur vom Standpunkt einer seriösen Warenproduktion und des realkapitalistischen »Produktivismus«. In dieser eigenartigen Gemütslage keimte die Scheinkritik am »welschen« Kapitalismus im Namen einer deutschnationalen Metaphysik auf der Linie von Herder und Fichte wieder besonders üppig; August Heinrich Hoffmann von Fallersleben, der Dichter des »Deutschlandliedes« und republikanischer Nationalist von 1848, schrieb etliche höhnische »Gründerlieder«:

Ich bin ein Gründer froh und frisch,
Schon heute setz' ich mich zu Tisch
Als dürft' ich weiter mich nicht quälen
Als meine Zinsen nur zu zählen.

Gottlob, ich weiß mir selber Rat,
Nichts soll mich kümmern Stadt noch Staat:
Dem Gründerleben treu ergeben
Verschaff' ich mir ein würdig Leben.

Was gehet *das* Verdienst mich an?
Nur *der* Verdienst ist noch mein Mann:
Ich will mir flechten selbst zum Lohne
Aus Aktien eine Bürgerkrone.

Derlei poetisch mäßige und moralisierende Scheinkritik berührte natürlich Finanzhaie wie den »Eisenbahnkönig« Bethel Henry Strousberg oder den Immobilien-Großspekulanten Heinrich Quistorp herzlich wenig. Das Heulen und Zähneklappern begann erst, als der Aktienboom seine objektiven Grenzen fand, weil die spekulativen Erwartungen die fiktiven Werte weit über jede zukünftige Realisierungsmöglichkeit hinausgetrieben hatten. Es kam, was kommen mußte, nämlich der große »Gründerkrach« von 1873, eingeleitet durch den Zusammenbruch der Wiener Kreditanstalt. Ein zeitgenössischer Journalist beschrieb den großen Katzenjammer:

»Über Nacht wurde der deutsche Sprachschatz um ein […] Wort bereichert, welches jäh durch die Stadt gellte, welches viele tausend Existenzen ruinierte, die großen Piraten und die kleineren Strandräuber, welches namenloses Unglück über zahllose solide Familien brachte und das ganze wirtschaftliche Leben plötzlich brachlegte, und dieses Wort hieß der ›Krach‹! ›Krach‹ hallte es durch die Paläste der Herzöge, durch die Couloirs des Parlaments, durch die Hallen der Börse, durch die Villen der Reichen, durch Hofwohnungen, durch Obst- und Milchkeller. Krach! Krach! […] Und durch ganz Deutschland hallte es, dieses kleine zermalmende Wort, und von der Donau, der Seine, der Themse und dem Tiber grollte es zurück, dieses furchtbare und unvergeßliche Wort!« (zit. nach: Ohlsen 1987, 262 f.).

Zahlreiche Familien wurden vollständig ruiniert, darunter auch solche der alteingesessenen »guten Gesellschaft«. Sogar der einst wie ein Fürst residierende Strousberg endete wenig später als Bettler. Typisch war das Schicksal eines preußischen Adeligen, der sein ererbtes Landgut verkauft und die dafür erlösten 250 000 Taler in neuen Aktien angelegt hatte, um davon standesgemäß bis an sein seliges Ende zu leben. Die »Gartenlaube« schilderte den spektakulären Ruin des Mannes durch den hereinbrechenden Crash:

»Der Cours begann zu sinken und sank ohne Aufhören; der Banquier verlangte Deckung, und da diese nicht geleistet werden konnte, ließ er die Actien im Wege der Execution an der Börse verkaufen. Der ehemalige Gutsbesitzer hatte in noch nicht einem halben Jahr sein ganzes Vermögen verloren, und er war dem Banquier auch noch 20 000 Thaler schuldig« (zit. nach: Ogger 1982, 181).

Es kam zu den in solchen Fällen üblichen Selbstmordwellen, und in einem Verwaltungsbericht der Stadt Charlottenburg vom 14. Oktober 1874 hieß es, als Folge des Gründerkrachs hätte »die Zahl der Geisteskranken überhand genommen« (zit. nach: Ohlsen 1987, 265). Mit einem Wort: Der irrationale Charakter des Kapitalismus brach in der gesellschaftlichen Stimmungslage durch; seither ein wiederkehrendes Kennzeichen für den inneren Zusammenhang von Aktienwahn und Krise. Und die ökonomischen Folgen waren (nicht nur) in Deutschland verheerend genug:

»61 Banken, 116 Industrieunternehmen und 4 Eisenbahngesellschaften gingen bankrott. An den Börsen sanken die Aktienkurse ins Bodenlose, und noch 1876 lagen die Kurse im Schnitt um 50 Prozent unter den Notierungen während des Booms bis zum Februar 1873. Der Bankier Gerson Bleichröder, der die Krise glimpflich überstanden hatte, schätzte, daß im Börsenkollaps rund ein Drittel des deutschen Nationalvermögens verlorengegangen war. In Berlin standen Zehntausende Wohnungen leer, und unzählige Hausbesitzer konnten ihre Bankkredite nicht mehr zurückzahlen« (Ogger 1982, 202).

Allein in Berlin gingen 30 von 40 neuen Banken pleite (Geinitz 1996). Der Zusammenbruch war breiter als in allen früheren Finanzkrisen, die stets nur die Oberfläche der Gesellschaft gekräuselt hatten; aber er schnitt in Wahrheit trotzdem noch nicht so tief in das gesellschaftliche Leben ein, wie die Aufwallungen hätten erwarten lassen. Allerdings nur deshalb, weil Deutschland und Österreich als Zentren des europaweiten Bebens ja noch immer zu großen Teilen agrarisch strukturiert waren und der Industriekapitalismus erst einen Teil des gesellschaftlichen Territoriums besetzt hatte. Immerhin ging die stürmische Industrialisierung in ganz Europa für nahezu zwei Jahrzehnte bis Anfang der 90er Jahre in eine schleichende Stagnation über, die später als »Große Depression« (Rosenberg 1976) bezeichnet wurde.

Das Gesetz der zunehmenden Staatstätigkeit

Unter dem Eindruck der ökonomischen Kontraktion in der Gründerzeitkrise und der zunehmenden industriellen Weltmarkt-Konkurrenz begannen immer mehr kapitalistische Wirtschaftssubjekte nach dem Staat zu rufen, darunter auch die junge deutsche Großindustrie. Es war nicht mehr allein die Furcht vor weiteren Krisen und sozialen Unruhen, die den Hardcore-Wirtschaftsliberalismus diskreditiert hatte. Auch für andere, strukturelle Erfordernisse des Kapitals erwies sich eine erweiterte Staatstätigkeit als immer dringlicher. Zunächst wurde das einst von Friedrich List propagierte Schutzzoll-System wieder aufgewärmt, das nach seiner ersten Blütezeit auf dem Boden des deutschen Zollvereins in der (auf ökonomischem Gebiet) liberalen Periode nach der 48er Revolution vom Freihandel zurückgedrängt worden war:

»Der Ruf nach einer Abkehr vom Freihandel hatte vermehrtes Echo gefunden, seit der Preisverfall auch kleine Produzenten traf und die Getreideproduzenten unter den Druck der Konkurrenz aus Rußland und Übersee geraten waren. 1877 ging die ›Vereinigung der Steuer- und Wirtschaftsreformer‹ konservativer Grundbesitzer dazu über, agrarische Schutzzölle zu fordern, und im Laufe des Jahres 1878 setzte sich allmählich die Einsicht durch, daß man dafür auch Schutzzölle für die Industrie hinnehmen mußte, wie sie der schwerindustriell dominierte ›Centralverband deutscher Industrieller‹ verlangte. Das Bündnis agrarischer und industrieller Schutzzöllner, das sich damit anbahnte, erwies sich bald als mehrheitsfähig: Am 17. Oktober 1878 trat eine ›Volkswirtschaftliche Vereinigung des Reichstags‹ mit einem Appell an die Öffentlichkeit, in dem für stärkere Eingriffe des Staates in das Wirtschaftsleben und eine Hinwendung zum Schutzzoll plädiert wurde. 204 Abgeordnete, die Mehrheit des Reichstags also, schlossen sich dieser Erklärung an« (Loth 1996, 64f.).

Zwar gab es ideologischen Widerspruch aus liberalem Munde gegen diese neue Schutzzollpolitik (auch Naumann war kein Freund davon), aber es schlossen sich doch zahlreiche liberale Abgeordnete der Initiative an. Entscheidend war vor allem, daß die kapitalistischen »Macher« der Schwerindustrie sich über bloß theoretische Bedenken hinwegsetzten. Sind unmittelbare Kapitalinteressen im Spiel, so haben sich die betriebswirtschaftlichen oder politischen Pragmatiker des Profits und der Macht von jeher den Teufel um reine liberale Glaubenssätze geschert. Abgesehen von England, das sich noch immer auf seinen industriellen Vorsprung verlassen konnte, reagierten fast alle europäischen Staaten mit einer ähnlichen, als »Protektionismus« bezeichneten Schutzzollpolitik auf die Stagnationstendenzen der »Großen Depression«. Die Schutzzoll-Initiative war freilich nur ein kleines Segment der wirtschaftsbezogenen Staatstätigkeiten, die über bloße Sozialpolitik hinausgingen. Schon bald zeigte sich, daß die industrialisierte Marktwirtschaft, sobald sie in größere Dimensionen hineinwuchs, eine zunehmende Fülle von staatlichen Rahmenbedingungen und Hilfstätigkeiten benötigte.

Es war wiederum der preußische Staatssozialist Adolph Wagner, der diese Entwicklung zuerst als eine allgemeine ökonomische Gesetzmäßigkeit zu fassen suchte. Sein berühmtes »Gesetz der zunehmenden Staatstätigkeit«, von der finanztheoretischen Seite her formuliert als »Gesetz der steigenden Staatsquote« (am monetär dargestellten Sozialprodukt der Gesellschaft), machte Epoche. In der Fassung seiner »Allgemeinen oder theoretischen Volkswirtschaftslehre« stellt Wagner dieses Gesetz sogar in den Zusammenhang eines Kulturfortschritts der Menschheit überhaupt; die zunehmende Staatstätigkeit ist für ihn selbstverständlich ein Positivum:

»Geschichtliche (zeitliche) und räumliche, verschiedene Länder umfassende Vergleiche zeigen, dass bei fortschreitenden Culturvölkern regelmässig eine Ausdehnung der Staatsthätigkeiten und der gesammten öffentlichen, durch die Selbstverwaltungskörper neben dem Staate ausgeführten Thätigkeiten erfolgt [...] Der Staat speciell, als Wirthschaft zur Fürsorge für gewisse Bedürfnisse aufgefasst, wird dabei absolut immer wichtiger für die Volkswirthschaft und für die Einzelnen. Aber auch seine relative Bedeutung steigt [...] Fasst man [...] den Staat mit [...] anderen, seine Thätigkeit ergänzenden Zwangsgemeinwirthschaften zusammen, was für mancherlei Zwecke nothwendig ist, so ergiebt sich auch eine Zunahme der gesammten zwangsgemeinwirthschaftlichen oder ›öffentlichen‹, besonders der staatlichen und communalen [...] Thätigkeit [...] Productionstechnische Gründe führen dabei immer mehr zu einer gesteigerten Thätigkeit des Staats, der Gemeinde u.s.w. selbst in der Sphäre der materiellen und der Individualbedürfnisse [...] Die inneren Gründe für diese Ausdehnung der Staats- und der zwangsgemeinwirthschaftlichen oder ›öffentlichen‹ Thätigkeiten überhaupt lassen sich zum Theil aus dem erfahrungsmässig feststehenden Wesen des Staats, der Gemeinde bei fortschreitenden Culturvölkern (a priori) ableiten, zum Theil ergeben sie sich inductiv aus den einzelnen Thatsachen, in welchen die Ausdehnung jener Thätigkeiten hervortritt. Ihre Kentniss berechtigt uns, von einem (volkswirthschaftlichen) Gesetze der wachsenden Ausdehnung der öffentlichen und speciell der Staatsthätigkeiten zu sprechen, ein Gesetz, welches für die Finanzwirthschaft als Gesetz des wachsenden öffentlichen Finanzbedarfs des Staats und der Selbstverwaltungskörper zu formuliren ist« (Wagner 1879, 310f.).

Ein deutscher Professor tut es natürlich nicht unter einer Art von Geschichtsphilosophie, selbst wenn er nur die Notdürftigkeiten der kritiklos vorausgesetzten kapitalistischen Produktionsweise beschreiben will. Ist die »Ableitung a priori« einer gesetzmäßig gesteigerten Staatstätigkeit als Ausdruck eines überhistorischen »Kulturfortschritts« aber pure Ideologie, so kann der »induktive« Hinweis auf bereits vorgefundene zeitgenössische Tatsachen durchaus Gültigkeit beanspruchen. Denn es ging hier keineswegs bloß um ein Postulat, eine Hypothese oder eine Prognose, sondern bereits zu Wagners Zeiten um die Erklärung eines in Ansätzen empirisch feststellbaren Sachverhalts: Gewissermaßen klammheimlich hatte sich die Staatstätigkeit naturwüchsig zusammen mit der Industrialisierung gegen alle wirtschaftsliberale Ideologie ausgedehnt. Die Ursache dafür, so Wagner, sei im Erfolg der kapitalistischen Produktionsweise und damit der Ausdehnung der Marktkonkurrenz selbst zu suchen:

»Die Entwicklung der Volkswirthschaft, so namentlich die immer weiter gehende nationale und internationale Arbeitstheilung, ferner das System der freien Concurrenz schaffen immer complicirtere Verkehrs- und Rechtsverhältnisse. Daraus ergeben sich wieder leicht vermehrte Rechtsstreitigkeiten und Rechtsstörungen, sowie Interessengegensätze von Einzelnen und Gesellschaftsgruppen oder Classen und demgemäss grössere Anforderungen an die repressive (!) und präventive Thätigkeit des Staats zur Verwirklichung des Rechtszwecks, an seine gesetzgeberische, die Gegensätze ausgleichende oder versöhnende, wie an seine richterliche Wirksamkeit [...] Die extensive und intensive Steigerung der Staatsthätigkeit auf dem Gebiete des Rechts- und Machtzwecks ist bei Culturvölkern daher eine begreifliche, ja nothwendige. In der im längeren Jahresdurchschnitt überall fast ununterbrochenen Vermehrung des finanziellen Staatsbedarfs für die grossen Verwaltungsabtheilungen der Justiz, des Inneren, der Polizei, des Heers, der Flotte, des diplomatischen Diensts findet sie, auf den Generalnenner ›Geld‹ zurückgeführt, ihren ziffernmässigen Ausdruck« (Wagner, a.a.O., 315 f.).

Die Identität von zunehmender Vermarktwirtschaftlichung und zunehmender Staatstätigkeit ergibt sich aber nicht bloß aus dem wachsenden Rechts-, Verwaltungs- und Exekutivbedarf. Da der Markt eben eine blinde und bewußtlose gesellschaftliche »Maschine« ist, entsteht eine sekundäre Regulationsnotwendigkeit nicht nur auf der juristischen und sozialen, sondern auch auf der materiellen Ebene. Mit ansteigender Verwissenschaftlichung einer derart absurden und rücksichtslosen Produktionsweise muß der Staat, diese abstrakt-allgemeine Instanz der atomisierten Gesellschaft, immer mehr institutionelle und sachliche Krücken zur Verfügung stellen, damit der kapitalistische Betrieb überhaupt noch laufen kann. Neben Reparaturmaßnahmen hinsichtlich der permanent angerichteten Schäden handelt es sich dabei aber auch um die gesellschaftliche Logistik des industriellen Marktsystems selbst, wie Wagner wiederum als erster systematisch darstellt:

»Ein entscheidendes Hauptmoment aber, die Umgestaltung der Productionstechnik (Dampf! u. a. m.), ist gerade zu Gunsten ›öffentlichen‹ Grund- und Kapitaleigenthums und ›öffentlicher‹ Sachgüterproduction bereits gegenwärtig öfters anzuführen: wegen dieses Moments und wegen der damit in Verbindung stehenden Einrichtung des gesammten Wirthschaftsbetriebs eignen sich theilweise der Staat selbst, theilweise andere öffentliche Körper, namentlich die Gemeinde, schon jetzt und vermuthlich wachsend immer mehr für die Uebernahme auch von Zweigen der Sachgüterproduction, neben und statt der Privatwirthschaften. Die letzteren werden auch bereits mehrfach durch diese öffentlichen Körper verdrängt [...] Der entwickelte Staat wählt [...] diejenigen Sachgüterproductionszweige aus, für welche der Staatsbetrieb in technisch-ökonomischer Hinsicht sich am Meisten eignet, gewisse Vorzüge besitzt, gewisse Nachtheile, verglichen mit andren Wirthschaften, nicht besitzt [...] So möchte im Ganzen, namentlich unter Berücksichtigung der Gebiete der Verkehrsanstalten, des Wegebaus, Eisenbahnbaus, im entwickelten modernen Staate schon jetzt eine grössere Staatsthätigkeit in der Sphäre der materiellen Production stattfinden, als früher. Es ist dies u. A. deshalb noch besonders wichtig und beachtenswerth, weil hiernach der Staat auch als der weitaus grösste Arbeitgeber im Gebiete der materiellen, physischen Arbeit in der Volkswirthschaft erscheint, nicht nur in demjenigen der geistigen Arbeit, wo er oft für bestimmte Arbeitsarten der einzige oder fast der einzige Arbeitgeber ist (Beamtenthum) [...] Je mehr aber jene productionstechnischen Momente zur Geltung kommen und je weniger sich ökonomisch, technisch und socialpolitisch das privatwirthschaftliche System bewährt, desto mehr werden Zweige der Sachgüterproduction in den dann immer häufigeren geeigneten Fällen an den Staat und wohl besonders an die Commune übergehen« (a.a.O., 319 ff.).

Es sind genau die später als materielle Infrastruktur der kapitalistischen Produktionsweise und ihrer Märkte bezeichneten »Zweige der Sachgüterproduktion«, die nach Wagner der Staat zweckmäßiger als das Privatkapital betreiben kann; und er nennt auch gleich die logisch zwingenden ökonomischen Gründe dafür:

»So nimmt die zwangsgemeinwirthschaftliche Bedürfnissbefriedigung durch die Vermittlung des Staats absolut und oft auch relativ in der Volkswirthschaft zu. Beide genannte Fälle treten besonders dann ein, wenn eine grosse räumliche und zeitliche Concentration und systematische Einheitlichkeit der Thätigkeiten erforderlich ist. Dazu eignet sich theils allein der Staat, theils hat die Uebertragung solcher Thätigkeiten an die Privatwirthschaften, z. B. an Erwerbsgesellschaften, ihre Bedenken, weil leicht factische Monopole entstehen [...] Die Ausdehnung der Staatsthätigkeit hängt auch öfters mit dem Bedürfniss nach höheren, vollkommeneren, feineren Leistungen zusammen, als sie Private und andre Gemeinwirthschaften liefern können, und mit der Nothwendigkeit, den Erwerbsgesichtspunct in der betreffenden Thätigkeit im sachlichen Interesse hinsichtlich der Qualität der Leistung oder mit Rücksicht auf die grosse allgemeine culturliche Bedeutung der Thätigkeit zurücktreten, mindestens ihn nicht zum beherrschenden werden zu lassen [...] Darauf drängt auch die Wahrnehmung hin, dass das speculative Privatkapital, besonders, aber nicht allein, in der Form der Kapitalassociation (Actienwesen) oftmals selbst zu Vergeudungen, gewöhnlich aber wenigstens zur örtlichen und zeitlichen Deplacirung der Kapitalien zu führen droht. Die Kapitalbewegung wird von der Börse und von der momentanen Conjunctur ganz abhängig, wendet sich Verwendungen zu, die überhaupt nicht oder nicht in diesem Umfange wahrhaft volkswirthschaftlich productiv sind und ist zeitlich ausserordentlich ungleichmässig, eine Zeit lang fieberhaft erregt, um hinterher ganz zu erschlaffen [...] Wichtigere einzelne Beispiele [...] für die Uebertragung bisheriger Privatthätigkeiten auf den Staat [...] sind: Schulen, besonders höhere oder Specialschulen, technische, Real-, neben classischen Schulen und Universitäten; Telegraphen und Eisenbahnen neben Posten; städtische Verkehrsanstalten (Pferdebahnen), Gas- und Wasserwerke; Banken (Zettelbanken, Sparcassen); Versicherungsanstalten (Pensionscassen, Lebens-, Feuerversicherung) und viele andre mehr« (a.a.O., 321 f.).

Obwohl Wagner hier noch nicht begrifflich zwischen der privatkapitalistischen Produktion für den Markt und der allgemeinen (gesamtgesellschaftlichen) sachlich-materiellen Infrastruktur als Rahmenbedingung der Marktwirtschaft unterscheidet, sondern bloß von »verschiedenen Zweigen der Sachgüterproduktion« spricht, wird diese qualitative ökonomische Differenz doch implizit aufgemacht: Der industrielle Kapitalismus erfordert logistische Strukturen, die nicht selbst wieder kapitalistisch nach den Gesetzen rein betriebswirtschaftlicher Rationalität betrieben werden können, weil sie sonst ihre Aufgabe als gesamtgesellschaftliche Voraussetzung der Produktionsweise als solcher nicht mehr erfüllen würden. Die Infrastruktur (im weitesten Sinne) der Marktwirtschaft ist etwas anderes als die Marktwirtschaft selbst, weil sie weder partikular als isoliertes Unternehmen darstellbar ist noch den konjunkturellen Schwankungen und Kapitalbewegungen unterworfen werden darf, sondern flächendeckend, permanent und ohne Fluktuationen zur Verfügung stehen muß. Deshalb kann auf diesen Gebieten das Motiv des Profits nicht (oder nicht uneingeschränkt) gelten, wenn das System der Profitmacherei als solches reproduktionsfähig sein soll. Im Prinzip hatte diesen Gesichtspunkt schon Adam Smith anerkannt, allerdings als quasi vernachlässigbare Größe. Jetzt, unter den Bedingungen des expandierenden industriellen Kapitals, mußte dieses Problem in einer viel größeren Dimension als »Gesetz der zunehmenden Staatstätigkeit« reformuliert werden.

Es kehrt auch in dieser Hinsicht trotz aller terminologischen und symbolischen Anklänge keineswegs der alte absolutistische Anspruch unvermittelt zurück, sondern die Bestimmung des Leviathan erfährt eine auf der industriellen Entwicklungsstufe des Kapitalismus notwendige Erweiterung. Der konservative »Staatssozialist« Adolph Wagner betonte immer wieder, seine Lehre sei keineswegs unternehmerfeindlich, sondern anerkenne durchaus, »welche Bedeutung der Unternehmer, der kapitalistische Unternehmer hat [...] der Sozialismus kann nicht einmal denkmäßig auf dem Papier, geschweige denn in der Praxis die Funktionen des privatkapitalistischen Unternehmers ersetzen« (Wagner 1912, 14). Sowohl bei Wagner als auch bei Bismarck bezieht sich der Begriff des »Staatssozialismus« nicht auf den Kern der industriellen kapitalistischen Produktion, sondern auf das Problem der erweiterten Rahmenbedingungen und auf eine Art »Kapitänsfunktion« des Staates qua national zusammenfassender Kompetenz.

Entwicklungsgeschichtlich läßt sich die Wandlung der kapitalistischen Staatsfunktion in einem dialektischen Dreischritt bezeichnen; These, Antithese und Synthese des Leviathan beziehen sich nicht nur auf die Sozialstaatlichkeit, sondern auf ein größeres Spektrum der Staatstätigkeit. Im Sinne des Absolutismus war der Staat ursprünglich noch selber der gesellschaftliche »Generalunternehmer«

für die dynastischen Zwecke der Geldbeschaffung gewesen. Der aus dem Absolutismus hervorgegangene Liberalismus dagegen hatte den Staat zum »Nachtwächterstaat« degradiert; er sollte als Leviathan auf die repressive und pädagogische Funktion beschränkt werden und die Ökonomie sich selbst überlassen. Der liberalkonservative »Staatssozialismus« des späten 19. Jahrhunderts korrigierte nun diesen Pendelschlag und nahm »staatsökonomische« Ideen der Französischen Revolution wieder auf, die den Absolutismus republikanisch gewendet hatte, ohne den staatlichen Anspruch gegenüber der Ökonomie wie in England völlig preiszugeben.

Aber das private kapitalistische Unternehmertum wurde dabei nicht mehr in Frage gestellt, sondern der »Staatssozialismus« sollte nur »national lebenswichtige« Sektoren in seiner Regie betreiben. An der Schwelle des 20. Jahrhunderts und bei fortgeschrittener Industrialisierung schälten sich dabei jene neuen staatlichen Aufgaben oberhalb und neben der eigentlichen kapitalistischen Marktwirtschaft heraus, die sich laut Wagner als »Gesetz der steigenden Staatstätigkeit« niederschlagen und hauptsächlich in vier, über die reine Repressions- und »Nachtwächterfunktion« hinausgehenden, Sektoren zusammengefaßt werden können: Erstens als ein zusammen mit der Marktwirtschaft und ihren Verträgen bzw. Tauschhandlungen permanent zunehmender Verrechtlichungs- und Verwaltungsbedarf (samt den dazugehörigen Apparaten); zweitens als Sozialpolitik und staatliche Trägerschaft von Sozialversicherungen zum Ausgleich und zur Abfederung der kapitalistischen »Wechsellagen« und Strukturbrüche; drittens als wirtschaftspolitischer Interventionismus, der zwar nicht mehr in der Form eines staatlichen »Generalunternehmers« auftritt, aber auf makroökonomischer Ebene Steuerungsfunktionen für die kapitalistischen Fließgrößen übernimmt (Schutzzollpolitik, Geldpolitik etc.) und auch dafür Apparate benötigt; viertens schließlich als staatlicher Betrieb (und damit staatlicher Eigentumssektor) der ebenfalls zusammen mit Marktwirtschaft und Industrialisierung wachsenden materiellen Logistik oder Infrastruktur (Verkehrs- und Energiewesen, Post und Telekommunikation, Gesundheitswesen, Kanalisation, Reparatur ökologischer Schäden, Müllbeseitigung, Ausbildungs- und Wissenschafts-Institutionen usw.).

Es zeigte sich also, daß die alte Gegenüberstellung von Staatsökonomie und Privatökonomie aus der Aufstiegsgeschichte des Kapitalismus gar nicht das eigentliche Problem war. Wie der Staat als von der »zivilen Gesellschaft« getrennter Machtapparat (Leviathan) überhaupt erst wegen der allseitigen Konkurrenz der durch das Geld atomisierten und zu abstrakten Individuen gemachten Gesellschaftsmitglieder nötig geworden war, so dehnte sich der Staatsbedarf durch die Industrialisierung gerade der privatkapitalistischen Marktwirtschaft selber mehr aus, als es sich die alten Staatsökonomen des Absolutismus jemals hätten träumen lassen.

Damit aber entstand zwangsläufig eine neue Kostenfrage, die implizit eine eigene Krisendimension enthält. Denn indem die bornierte betriebswirtschaftliche Rationalität permanent Kosten »externalisiert« und auf die Gesamtgesellschaft umwälzt, weil sie sich ihrem Wesen nach für sämtliche »allgemeinen« Rahmenbedingungen der kapitalistischen Produktionsweise unzuständig erklären muß, entstehen zusammen mit den dadurch erzeugten gesamtgesellschaftlichen Aufgaben und Problemlagen auch eine Fülle von Vorauskosten, Folgekosten und Nebenkosten. Diese »allgemeinen Geschäftskosten« oder »Gemeinkosten« der Marktwirtschaft und ihrer irrationalen Ressourcenleitung mußte also zusammen mit den entsprechenden sachlichen Aufgaben der Staat übernehmen.

Da der Staat jedoch faktisch und im liberalkonservativen Verständnis selber kein gewinnproduzierender »Unternehmer« mehr sein konnte, sondern diese Funktion der »schönen Maschine« den Privaten überlassen hatte, entstand logischerweise ein »Finanzierungsproblem« seiner wachsenden Aufgaben in der industriellen Marktwirtschaft. Daß der Staat aufgehört hatte, »Generalunternehmer« zu sein, und »nur« noch die Rahmenbedingungen sicherstellen mußte, erhöhte unter den Bedingungen der Industrialisierung seinen Geldbedarf und damit seine Geldgier, statt diese zu vermindern. Im strengen Sinne einer Marktökonomie konnte dabei die *Besteuerung von Markteinkommen* die einzige reguläre staatliche Finanzquelle sein. Als Hüter des kapitalistischen Gesamtsystems darf der Staat jedoch die privatwirtschaftlichen Einkommen (Gewinne und Löhne) nicht zu stark belasten, um Investitionen und Konsum als Motoren des Wachstums nicht zu ruinieren. Mit einiger Bedenklichkeit erklärte schon der »Staatssozialist« Adolph Wagner, es müsse »berücksichtigt werden, daß diese Lasten ein gewisses Maß nicht übersteigen dürfen« (Wagner 1912, 16).

Dummerweise handelt es sich aber bei diesen Aufgaben nicht um subjektive, sondern um objektive Problemlagen, die aus dem blinden Markt- und Industrialisierungsprozeß selber erzeugt werden. Diese Objektivität hatte Wagner ja höchstselbst mit seiner Formulierung von der »Gesetzmäßigkeit« der wachsenden Staatstätigkeit und des wachsenden staatlichen Finanzbedarfs (in Gestalt der steigenden Staatsquote am Sozialprodukt) festgestellt. Die Warnung vor dem »gewissen Maß«, das nicht überstiegen werden dürfe, hätte also an den subjektlosen Maschinengott des kapitalistischen Selbstzweck-Systems selbst gerichtet werden und sich damit als sinnlos desavouieren müssen.

Wie teilweise schon dem absolutistischen Staat blieb auch dem neu entstandenen industriekapitalistischen Regulationsstaat nichts anderes übrig, als sich über seine regulären Einnahmen hinaus zu verschulden, und zwar in einem vergleichsweise steigenden statt zurückgehenden Ausmaß. Obwohl die Größenordnung dieser neuen Staatsverschuldung am Ende des 19. Jahrhunderts noch keineswegs die Systemgrenzen sprengte, wurde sie doch von den liberalkonservativen Ideologen mit Unbehagen registriert. Der berühmte Schweizer Kulturhistoriker und Geschichtsphilosoph Jacob Burckhardt (1818–1897) erregte sich darüber in seinen »weltgeschichtlichen Betrachtungen« mit altväterlichem Zorn, der schon wieder auf die sozialen Ansprüche zielte:

»Man will eben die größten Hauptsachen nicht mehr der Gesellschaft überlassen, weil man das Unmögliche will und meint, nur Staatszwang könne dieses garantieren [...] man oktroyiert dem Staat in sein täglich wachsendes Pflichtenheft schlechtweg alles, wovon man weiß oder ahnt, daß es die Gesellschaft nicht tun werde. Überall steigen die Bedürfnisse und die dazu passenden Theorien. Zugleich aber auch die Schulden, das große, jammervolle Hauptridikule des 19. Jahrhunderts. Schon diese Art, das Vermögen der künftigen Generationen vorweg zu verschleudern, beweist einen herzlosen Hochmut als wesentlichen Charakterzug« (Burckhardt 1978/1905, 135).

Abgesehen davon, daß auch Burckhardt hier die »steigenden Bedürfnisse« als Anforderungen an den Staat rein ins subjektive Wollen verlegt, statt sie als unvermeidliche Problemlagen der kapitalistischen Produktionsweise zu erkennen, registriert er ebensowenig die Tatsache, daß die ansteigende Staatsverschuldung keineswegs nur für soziale Zwecke verausgabt wird, sondern großenteils für die Betriebskosten des Kapitals selbst. In der pseudomoralischen Predigt gegen den unseriösen staatlichen Verschuldungsdrang, der »herzlos das Vermögen künftiger Generationen verschleudert«, wie sie seither gewohnheitsmäßig von liberalkonservativen gesellschaftlichen Hausvater-Attrappen heruntergebetet wird, kommt nichts weiter zum Vorschein als die Schizophrenie des bürgerlichen Bewußtseins. Auf der einen Seite soll die aus der Selbstwidersprüchlichkeit der kapitalistischen Rationalität drohende Systemkrise gebannt werden, auf der anderen Seite reut die Systemrepräsentanten der sozialstaatliche Bettelpfennig schon im Moment seiner Einforderung. Obwohl die Empfänger dieser Bettelpfennige überhaupt erst durch die kapitalistischen Systemzwänge bedürftig geworden sind, wird ihnen die Finanzierungsfrage ihres blanken Überlebens als »herzloser Hochmut« ausgelegt.

Und selbst noch das Finanzproblem der für die industrielle »Verwertung des Werts« unerläßlichen kapitalistischen Infrastrukturen wird nur widerwillig gesehen; der von Haus aus betriebswirtschaftlich bornierte Bürger (der hier aus dem Ideologen Burckhardt spricht) möchte am liebsten noch die gesellschaftlichen Lebensbedingungen seiner eigenen partikularen Plusmacherei ignorieren, weil sie »kosten«. Daß es die wachsende Marktwirtschaft selbst ist, die auch das »Pflichtenheft des Staates« täglich wachsen läßt, will ihm partout nicht in den Schädel. Der vernünftig-unvernünftige Kern dieser Schizophrenie ist die Ahnung, daß durch die permanent erweiterte Staatstätigkeit und die damit verbundene Staatsverschuldung der systemische Selbstwiderspruch nicht gelöst, sondern nur verlagert wird. Ein neues Gespenst tauchte insofern am kapitalistischen Entwicklungshorizont auf: die Möglichkeit nämlich, daß die Gemein- oder Geschäftskosten der Marktwirtschaft durch deren immanenten Irrationalismus derart ansteigen könnten, daß sie die Krise nicht mehr bannen, sondern potenzieren. Um die Jahrhundertwende war dieses Gespenst aber noch relativ klein, auch wenn Burckhardt es bereits gesehen hat.

Sozialistischer Absolutismus

Parallel zur Entfesselung des industriellen Schneeballsystems und zur offiziellen sozialstaatlichen Politik wuchs die Sozialdemokratie in der Epoche der nationalen Imperien zur gesellschaftlichen Kraft an und entfaltete ihren eigenen inneren Widerspruch: nämlich einerseits abstrakt die soziale Emanzipation gegen die »Ungerechtigkeiten« des Kapitalismus zu propagieren und andererseits diese Emanzipation in den blind übernommenen kapitalistischen Kategorien selbst vollziehen zu wollen. Für den historischen Charakter des »Sozialismus« bzw. der Sozialdemokratie war allerdings nicht nur ihre Herkunft aus dem Liberalismus und seinen Organisationen von Bedeutung, sondern auch ein qualitativer Wandel in der Massenbewegung.

In den Anfängen der Industrialisierung hatte sich die soziale Massenrevolte noch gegen die kapitalistischen Zumutungen als solche gerichtet und eine eigene Avantgarde hervorgebracht, wohingegen die liberalen »Arbeitervereine« als Hilfstruppen der bürgerlichen Modernisierer gegen den Absolutismus marginal blieben. In den bürgerlichen Revolutionen von 1848 war die ursprüngliche Massenrevolte schon geschwächt und ausgeblutet, während die aus den liberalen Arbeitervereinen hervorgegangenen sozialdemokratischen Gruppen noch keine neue Massenbasis hatten, sondern mehr oder weniger aus Hinterzimmern heraus ihre Agitation betrieben und auf spontane Bewegungen Einfluß zu nehmen suchten. In der Zeit von 1850 bis zum 1. Weltkrieg erst gewann die Sozialdemokratie allmählich ihre eigene neue Massenbasis; und zwar gerade aus den Arbeiterpopulationen, die nun bereits in zweiter oder dritter Generation im Fabriksystem arbeiteten, keine kollektive Erinnerung an relativ bessere vorkapitalistische bzw. vorindustrielle Zustände mehr imaginativ besetzen konnten und sich weitgehend an die Fabrikdisziplin gewöhnt hatten. Diese gewissermaßen vom Kapitalismus »verhausschweinte« Arbeiterklasse trug im wesentlichen den Aufschwung der sozialistischen Parteien und Gewerkschaften zur sozialen Massenbewegung.

Dementsprechend hatten die gewerkschaftlichen und sozialdemokratischen Aktionen auch bei weitem nicht mehr den militanten und aufrührerischen, antiautoritären Charakter der früheren Sozialrevolte. Wenn sich die liberalkonservativen Regimes vom Schlage der Bismarck-Administration trotzdem einen drohenden »Umsturz« zusammenphantasierten, so vor allem wegen eines Ereignisses, das eine merkwürdige Leuchtspur in der Geschichte hinterlassen hat: nämlich der »Pariser Commune« von 1871. Die Interpretation der Commune, deren Existenz zwischen März und Mai 1871 nur wenige Wochen andauerte und mit einem Blutbad endete, war (und ist bis heute) beiderseits von apologetischen Legenden und Mythologisierungen bestimmt, die an das grundsätzliche gesellschaftliche Problem gar nicht heranreichen, sondern in einer historisch objektivierten Konstellation befangen sind.

Die Tatsache, daß die Commune den Charakter einer militärischen »Arbeiterrevolution« hatte und daß es zu gewaltsamen Auseinandersetzungen kam, wurde von den liberalkonservativen kapitalistischen Regimes (und von allen ihren ideologischen Nachfahren) als Beweis des »Zusammenbruchs von Recht und Ordnung«, als Ende der seit Benthams Zeiten zum kapitalistischen Seelenbedürfnis gewordenen »Sicherheit« des Eigentums und der kapitalistischen Verkehrsformen, geradezu als drohender »Weltuntergang« interpretiert, demgegenüber im Interesse der »Gesellschaftsrettung« jedes Mittel der blutigen Repression gerechtfertigt gewesen sei. Letzten Endes wurde das Ereignis der Commune zum Anlaß genommen, der aufsteigenden Sozialdemokratie ungeachtet ihres gänzlich anderen Charakters und Herkommens mit derselben Kriegshaltung zu begegnen wie den alten Sozialrevolten. Umgekehrt wurde die Commune in der sozialistischen Apologetik zum Kronzeugen für die eigene »Gefährlichkeit« gemacht und vom späteren Linksradikalismus zur Ikone ebenso unklarer wie uneingelöster Revolutionsideen idealisiert.

Beiderseits sah man die Ereignisse durch eine soziologisch verkürzende und auf bürgerliche Willenskategorien beschränkte Brille: Das soziologische »factum brutum«, daß überhaupt Lohnarbeiter bzw.

deren politische Repräsentanten die Bühne der Macht betraten und einen politischen Willen durchsetzten, reichte den liberalkonservativen bürgerlichen Eliten schon, um in Panik und Raserei zu verfallen. Was da hochkam, war nichts als jenes alte ständische Vorurteil, das die gesellschaftliche Form der »schönen Maschine« fälschlich wie in längst vergangenen Zeiten mit der subjektiven Macht einer sozialen Schicht, bestimmter Milieus, Eliten und »Familien« identifizierte, über die das Monstrum des kapitalistischen Selbstzwecks längst hinausgewachsen war. Umgekehrt sahen die diversen Sozialisten in einer Regierung oder Mitregierung der Lohnarbeiter und ihrer Organisationen *als Lohnarbeiter* per se schon eine Art Garantie für die soziale Emanzipation. Würde erst die »Arbeiterpartei« (oder gar die »Partei der Arbeit«) das Sagen haben, so meinte man in beiden Lagern, dann ginge es allein dadurch schon mit dem Kapitalismus zu Ende.

Die »subjektlosen« *gesellschaftlichen Formen und Strukturverhältnisse* der kapitalistischen Produktionsweise dagegen (jenseits der jeweiligen subjektiven bzw. soziologisch identifizierbaren Trägerschaft), wie sie sich in einem mehrhundertjährigen blinden Systemprozeß und positiv formuliert durch die affirmativen Ideologien von Hobbes und Mandeville bis zu Malthus, List usw. herausgebildet hatten, blieben fast gänzlich unreflektiert bzw. waren eben schon längst verinnerlicht worden. Hatte sich die theoretische Reflexion der kapitalistischen Anfänge seit der Renaissance zunächst auf ethisch-moralische bzw. anthropologische Fragestellungen konzentriert und war sie bei Adam Smith, Kant und Hegel zur systemtheologischen Anbetung der kapitalistischen Weltmaschine gelangt, so verlagerte sich in der zweiten Hälfte des 19. Jahrhunderts das theoretische Interesse erneut: In demselben Maße, wie sich das Neue und Unerhörte der säkularisierten System-Gottheit verlor und ihre Realkategorien (abstrakte Arbeit, Arbeitsmärkte, Marktvergesellschaftung, moderner Staatsapparat, Nation usw.) zu quasi-ontologischen Selbstverständlichkeiten sedimentierten, rückten jetzt die inzwischen herausgebildeten und stabilisierten Sozialkategorien oder »Klassen« des Systems und deren subjektives Handeln auf politischem und ökonomischem Gebiet in den Mittelpunkt.

Erst im späten 20. Jahrhundert sollte die gesellschaftswissenschaftliche Theorie über diesen positivistisch verflachten »Soziologismus« von Klassen- und Schichten-Standpunkten hinaus wieder zu einer »strukturalistischen« und systemtheoretischen Reflexion gelangen. Diese ist jedoch bis heute ihrerseits affirmativ geblieben und macht die kapitalistischen Formen in einem noch höheren Abstraktionsgrad als bei Smith oder Kant zu überhistorischen »natürlichen« Existenzbedingungen. Im Unterschied vor allem zu Kant wird dabei nicht einmal mehr das Problem der *Konstitution* dieser gesellschaftlichen Formen gesehen, eben weil sie vermeintlich gar nicht mehr gerechtfertigt werden müssen, sondern als selbstverständlich vorausgesetzt erscheinen.

1870 und in der folgenden »Geschichte der Arbeiterbewegung« sah man die Entwicklung und die historischen Ereignisse noch durch die Brille eines soziologischen Positivismus und die antikapitalistische Gefährlichkeit der Pariser Commune vor allem im Auftreten der »bewaffneten Arbeiterklasse«, ohne deren bewußtes oder unbewußtes Verhältnis zu den kapitalistischen Strukturen zu reflektieren. So erschien es als unerheblich, aus welchem Beweggrund die Pariser »Arbeiterklasse« eigentlich zu den Waffen gegriffen hatte; Hauptsache, es war überhaupt jene fast schon metaphysisch aufgeladene soziale Kategorie von Menschen, die dies tat. Dabei hätte es immerhin merkwürdig berühren müssen, daß das ganze zweite Kaiserreich hindurch der soziale Gegensatz in Frankreich niemals auch nur größere Unruhen nach dem Muster der ersten Jahrhunderthälfte oder gar der Revolutionszeit Ende des 18. Jahrhunderts hervorgebracht hatte. Tatsächlich war es keine soziale Massenbewegung, die unmittelbar aus sich heraus zur Pariser Commune führte, sondern die französische Niederlage im Krieg gegen das von Preußen geführte Deutschland.

Als Napoleon III. in Kriegsgefangenschaft geraten war und die preußisch-deutschen Truppen auf Paris vorrückten, stellte sich heraus, wie sehr das morsche, innerlich zerfressene und bis zur Lächerlichkeit korrupte zweite Kaiserreich bereits abgewirtschaftet hatte. Der »Ruf wie Donnerhall«, der daraufhin Frankreich erschütterte, war ein durch und durch national-patriotischer, der immer nur beiläufig die soziale Frage auf die Tagesordnung setzte, und auch dann stets im Rahmen des warenproduzierenden Systems und seiner »abstrakten Arbeit«. Es entstand eine paradoxe Situation, die den Schatten einer ganzen Katastrophen-Epoche vorauswerfen sollte. Die offizielle Regierung eines demoralisierten offiziellen Bürgertums samt Parlament und dessen linker Fraktion begann sich ausgerechnet vor den patriotischen Gefühlen der Masse zu fürchten, entwich aus Paris nach Versailles und bot letzten Endes dem »äußeren« Feind die Kapitulation an. Die Fabrikarbeiter, kleinen Handwerker, Krämer usw. und die diversen ideologischen (proto-sozialdemokratischen) Organisationen der »Arbeit« dagegen verteidigten tiefinnerlich erschüttert das kapitalistische Formprinzip der Nation und zeigten sich bereit, auf dem patriotischen Altar die größten Opfer zu bringen. Ihm selber unbewußt bringt der Teilnehmer und Biograph der Commune, Prosper Lissagaray, diese Situation in seiner Polemik gegen die bürgerlich-parlamentarische Linke auf den Punkt:

»Es brauchte nur einen Stoß, um diesen Schutthaufen von Kaiserreich niederzuwerfen. Das Volk bot instinktiv seine Hilfe an (!), um die Nation sich selbst zurückzugeben (!), aber die Linke wies es zurück, sie weigerte sich, das Vaterland durch einen Aufstand zu retten (!), beschränkte ihre ganze Kraftanstrengung auf einen lächerlichen Vorschlag und überließ die Rettung Frankreichs den Mamelucken [...] Drei Wochen lang sah man das byzantinische Kaiserthum ganz und gar wiederkehren. Geknebelt stürzte die Nation in den Abgrund, angesichts ihrer regierenden Klassen, die stumm und regungslos zusahen« (Lissagaray 1894, 3).

Alle Deklarationen der Commune, der Nationalgarde (einer zu großen Teilen aus Arbeitern gebildeten Miliz) und der diversen sozialistischen Organisationen waren voll von diesem triefenden Patriotismus und Nationalismus, der immer wieder in dem frommen Wunsch gipfelte: »Für das Vaterland sterben!« (Pariser Kommune/Dokumente, 1931, 235). Zwar erscheint gelegentlich in der schwülstigen Sprache der Zeit auch die Hoffnung, »die Vaterländer« möchten sich dereinst »in einer kollektiven, erhabenen Personalität: der Menschheit« vereinen (ebd., 225); aber mehr als ein zierendes Ornament an einem tiefsitzenden Hurrapatriotismus waren solche Bekundungen nicht. Wäre die offizielle bürgerliche Regierung nach dem politisch-militärischen Ende von Napoleon III. energisch genug zur »Vaterlandsverteidigung« geschritten, so hätte es eine Pariser Commune niemals gegeben. Wie der Name schon sagt, handelte es sich schlicht um die Stadtverwaltung des von den preußisch-deutschen Truppen eingeschlossenen Paris, die nach Neuwahlen von sozialistischen Gruppen dominiert wurde und gegen den Willen der nach Versailles geflohenen Regierung den Krieg fortsetzte. Erst in dieser Konstellation wurde die Auseinandersetzung um die richtige »Vaterlandsverteidigung« auch zu einem sozialen und ideologischen Konflikt.

Natürlich hatte die Commune nicht genügend Zeit, um die bestehende Ordnung grundsätzlich umzuformen. Außer vagen Formulierungen gab es dafür allerdings auch weder in Frankreich noch anderswo ein Programm, das über die damals schon beschränkten, industriekapitalistisch geprägten Vorstellungen der Sozialdemokratie hinausgegangen wäre. Daß etwa die Commune aus den Schulen die Kruzifixe entfernen ließ oder daß der Erzbischof von Paris als Lösegeld für in Versailles zum Tode verurteilte Kommunarden angeboten (und verschmäht!) wurde, zeigt nur an, wie sehr die Revolutionsideen auf dem Niveau und im Begriffshorizont der bürgerlich-liberalen Umwälzung verharrten. Abgesehen von solchen marginalen Bilderbuch-Aktionen waren die perspektivischen Maßnahmen der Commune mehr als bescheiden und gingen in keiner Weise über den Rahmen der kapitalistischen Produktionsweise hinaus. Am ehesten lassen noch die radikaldemokratischen Veränderungen des politischen Systems aufhorchen: Die Commune beschloß die jederzeitige Abwählbarkeit der Abgeordneten und Beamten (»imperatives Mandat«) und den berühmten »Arbeiterlohn« für alle staatlichen Funktionsträger; die eine Maßnahme rein formal, die andere rein quantitativ.

Karl Marx, beflügelt von der »heroischen Arbeiterrevolution«, beschrieb diese politischen Reformen zwar enthusiastisch als entscheidenden historischen Fortschritt: Erstmals sei es darum gegangen, »nicht mehr wie bisher die bürokratisch-militärische Maschinerie aus einer Hand in die andere zu übertragen, sondern sie zu zerbrechen [...]« (zit. nach: Pariser Kommune/Dokumente, 1931, 290f.); und Lenin, der Repräsentant und Ideologe der späteren »Französischen Revolution des Ostens« und einer »nachholenden Modernisierung«, nannte das Vorbild der Commune in einer berühmt gewordenen Formulierung einen »Staat, der schon keiner mehr ist« (a.a.O., 292). Aber der bloße Radikaldemokratismus, der sich immer auf die unaufgehobenen Kategorien des warenproduzierenden Systems bezieht, kann ebenso wenig den Leviathan antasten wie die ökonomische Weltmaschine. »Abwählbarkeit« und »Arbeiterlohn« betreffen überhaupt nicht qualitativ den Staat als *Regulationsmaschine* der »abstrakten Arbeit«, sondern bewegen sich als Maßnahmen innerhalb des unbegriffenen Systemhorizonts.

Die Unterschiede zwischen »Reformisten« (im späteren westlich-sozialdemokratischen Sinne) und »Revolutionären« (im späteren quasi-jakobinischen Sinne der Oktoberrevolution) sind dabei nur relative. Was Marx als die große spontane Entdeckung der Commune feierte, das »Zerbrechen« der alten Staatsmaschine (statt sie bloß zu übernehmen), ist vom Marxismus immer rein soziologisch und damit verkürzt verstanden worden, als »Radikalität« lediglich hinsichtlich des »Davonjagens« bestimmter sozialer Personengruppen, nämlich der sogenannten Bourgeoisie und ihrer Funktionäre. Das war im Grunde das Modell der bürgerlichen Revolution, deren »radikale« Version die soziale Personengruppe des Adels davongejagt oder einen Kopf kürzer gemacht hatte. Nicht jedoch bezog sich diese Radikalität auf ein »Zerbrechen« der Staatsmaschine in einem höheren, qualitativen Sinne, nämlich als Aufhebung des warenproduzierenden Systems, seiner »abstrakten Arbeit« und damit logischerweise auch der dazugehörigen Regulationstätigkeit eines Staatsapparats.

Zwar mochte Marx selber, der ja die kritischen Begriffe der »abstrakten Arbeit« und des modernen Fetischismus in seiner Theorie kreiert hatte, einen solchen Zusammenhang im Hinterkopf mitgedacht haben; in der konkreten Situation der von blutiger Repression niedergeworfenen Commune jedoch und mitgerissen vom soziologisch beschränkten Denken der sozialdemokratischen Arbeiterbewegung konnte er das Problem nicht mehr explizit formulieren. Der formale Radikalismus des »Zerbrechens« der Staatsmaschine im soziologisch verkürzten Verständnis lief letzten Endes so ziemlich auf dasselbe hinaus wie die reformistische Variante, die bloß eine Übernahme des bestehenden Staatsapparats oder eine Beteiligung daran anstrebte: In beiden Fällen konnte das Resultat immer nur sein, daß im Kontext des unaufgehobenen warenproduzierenden Systems dann eben die »eigenen Leute«, d. h. aus der Arbeiterbewegung hervorgegangene Funktionäre, die Repräsentanz des Leviathan übernahmen.

Im Grunde genommen bezog sich der Unterschied zwischen den formal radikalen »Jakobinern« der Arbeiterbewegung und den Reformisten nur auf die historische Ungleichzeitigkeit der globalen Entwicklung: Die revolutionär-jakobinische Variante paßte besser zu den Problemen der »nachholenden Modernisierung« an der kapitalistischen Peripherie, denn dort konnten die Elemente des warenproduzierenden Systems nur im Eilverfahren von diktatorischen Regimes aus dem Boden gestampft werden; die reformistische Variante dagegen paßte besser zu den Problemen einer bereits in Grundzügen herausgebildeten industriellen Marktwirtschaft in den westeuropäischen Zentren, wo es mehr darum ging, die Lage der schon an die Lohnarbeit gewöhnten Massen innerhalb des Systems zu verbessern. Die Pariser Commune stand gewissermaßen noch zwischen diesen beiden Möglichkeiten; aber von einer emanzipatorischen Kritik der »abstrakten Arbeit« war in ihren Dekreten niemals die Rede. Das zeigt sich besonders deutlich in einigen ihrer sozialen und ökonomischen Verfügungen. So heißt es im »Dekret über Arbeitsangebot und Arbeitsnachfrage«:

»In allen Mairien liegt ein Register auf, in das die Arbeiter sich eintragen sollen, und zwar auf der einen Seite mit ihrem Beruf und auf der anderen Seite mit ihren Ansprüchen und ihrem Arbeitsangebot. Ebenso liegt in den Mairien ein Register auf, in welchem die Gesellschaften, die Unternehmer jeglicher Art, die Fabrikbesitzer, die Gewerbetreibenden, die Kaufleute und so weiter vermittels eines ausführlichen Lastenheftes den Charakter und die sozialen Vorteile der Arbeit anzeigen sollen, die sie zu offerieren in der Lage sind. Die Verwalter jeder der Mairien von Paris werden aufgefordert, den Interessenten unverzüglich die zur Durchführung dieses Dekrets notwendigen Räume, Register und das Personal zur Verfügung zu stellen« (Dokumente der Pariser Kommune, a.a.O., 308).

Im Klartext: Was die Commune hier beabsichtigte, war aus heutiger Sicht nichts anderes als die Konstitution eines stinknormalen Arbeitsamts; eine damals noch unbekannte Institution, die als Notwendigkeit einer »Arbeitsverwaltung« jedoch ganz auf der Linie der kapitalistischen Entwicklung lag und deshalb später auch ganz ohne militärische »Arbeiterrevolution« in allen modernen Ländern installiert wurde. Das System der Lohnarbeit als Selbstzweck ist hier bereits fraglos vorausgesetzt, und das gilt auch für die Modalitäten der Fabrikdisziplin, wie ein anderes Dekret der Commune über das Reglement in den Werkstätten zeigt:

»Während der Essenszeit darf kein Arbeiter in den Werkstätten bleiben [...] Fünf Minuten vor Beginn der Essenszeit und fünf Minuten vor dem Ende des Arbeitstages verkündet ein Klingelzeichen den Arbeitsschluß [...] Die Arbeiter haben ihr Erscheinen den Werkmeistern zu melden, und die Stunden werden gezählt [...] Kein Bürger, der nicht im Besitz der neuen Einlaßkarte ist, darf die Werkstätten betreten« usw. (Dokumente [...], a.a.O., 315).

Ein derartiges Reglement erinnert nicht nur an die Fabrikordnungen des Frühkapitalismus, in denen die Arbeiter geschurigelt wurden wie kleine Kinder in einem autoritären Schulsystem, sondern es ist damit absolut deckungsgleich. So waren viele Maßnahmen der vielgerühmten und vielgeschmähten Commune bereits eine Art Benthamsches Projekt, an dem der liberale Erfinder einer repressiven Selbst-Pädagogisierung seine Freude gehabt hätte. Abgesehen von der spezifischen historischen Konstellation des paradoxen »Aufstands für die Nation«, der ja auf derselben Linie der Selbstunterwerfung unter kapitalistische Formprinzipien lag, wich das Denken und Handeln der Commune nicht grundsätzlich von dem der späteren »Arbeiterparteien« ab.

In demselben Maße also, wie nur noch die immanenten Erfahrungen des aufsteigenden Fabriksystems besetzt werden konnten, die mit den vom Liberalismus übernommenen Elementen der sozialdemokratischen Ideologie verschmolzen, entstand eine positive (nicht mehr negatorische) Arbeiterbewegung mit eingebauter Selbstdisziplinierung. Bis in die Organisation der »Freizeit« hinein gaben sich die ideologisch und strukturell domestizierten Arbeiterorganisationen mehr oder weniger unbewußt selber den Auftrag, die kapitalistische Disziplin an Körper und Geist weiter einzuüben und zu verfeinern, etwa in den neu entstehenden arbeitsähnlichen Sportarten und im mechanischen, in mancher Hinsicht quasi-militärischen Kollektivismus der proletarischen Jugend- und Kulturorganisationen.

Dem vordergründigen, in soziologischer Verkürzung wahrgenommenen »Klassenfeind« gegenüber organisierten die sozialistischen Parteien und Gewerkschaften einerseits durch (meistens wohltemperierte) Streiks, Tarifverhandlungen und politische Kundgebungen den Druck für systemimmanente Reformen und Verbesserungen; andererseits bildeten ihre Apparate eine staatstragende Formierung der Arbeiterbewegung selbst heraus. Bis heute sind diese Organisationen, die sich von Anfang an starr institutionalisiert hatten, in ihrer Struktur hierarchisch und autoritär geblieben. Nicht umsonst lautete die vorsichtige sozialdemokratische und parteikommunistische Kritik an der ansonsten ikonisierten Commune später meistens, sie wäre nicht genügend »zentralistisch« gewesen. Die Nähe dieser Ideologie zum preußischen Staatssozialismus Bismarckscher und Wagnerscher Prägung ist ganz unverkennbar. Schon Lassalle hatte ja den Staat »an sich« als Träger der zivilisatorischen Entwicklung und als Erzieher des Menschengeschlechts gepriesen, ganz in der Tradition der liberalen Volkserzieher und Industriepädagogen, deren Erbe die Sozialdemokratie in sich aufgenommen hatte.

Natürlich sollte aber der als Fernziel angestrebte sozialistische Staat ein vermeintlich ganz anderer, weil nicht mehr von der »Bourgeoisie« geführter Staat sein: ein Staat von Arbeitern für Arbeiter, ein »Arbeiterstaat« oder sozialer »Zukunftsstaat«, wie es im Programm der deutschen Sozialdemokratie hieß. Zwar maulte Karl Marx im Hintergrund an diesen Formulierungen herum, weil sie ihm zu sehr nach seinem früheren Rivalen Lassalle schmeckten und weil in seinem vorerst historisch uneinlösbar gewordenen theoretischen »Geheimprogramm« einer radikalen Kritik des modernen Fetischismus eigentlich das Problem schlummerte, den ursprünglich aus dem Absolutismus herausgewucherten entfremdeten Staatsapparat in eine Gesellschaft »frei assoziierter Individuen« zurückzunehmen. Aber andererseits schloß das von Marx selber eingebrachte liberale Erbe der Arbeiterbewegung zwangsläufig das leviathanische Element ein, und unter dem Druck des zunehmend staatsinterventionistischen Zeitgeistes, an den sich die sozialdemokratische Ideologie der Arbeiterbewegung gerade mittels dieser Erbschaft leicht assimilierte, konnte Marx seinen grundsätzlichen Einwand nur noch als theoretische Nörgelei vorbringen.

Dem philosophischen Patriarchen und den Mysterien seiner Theorie gegenüber pflichtschuldigst und fromm, aber ohne wirkliches Verständnis, nahm die Sozialdemokratie die »Aufhebung des Staates« als Leerformel in ihr Programm auf; allerdings nur für eine ferne und unwirkliche Zukunft, während für alle praktischen Handlungen, Reformen und Ideen einer gesellschaftlichen Transformation der Staatsapparat als quasi »natürliches« Bezugssystem erschien, wie ja auf der anderen Seite die allgemeine Warenform der Produkte und die Lohnarbeit als die entsprechenden »natürlichen« Zustände der ökonomischen und sozialen Reproduktion bereits verinnerlicht waren.

Nur in einem Punkt ging die Sozialdemokratie über den Staatssozialismus von Wagner und Bismarck hinaus, allerdings nicht nach vorwärts, sondern nach rückwärts: Der »sozialistische Staat« oder »Arbeiterstaat« (dessen Imagination trotz aller Zugeständnisse an die theoretischen Skrupel von Marx für das arbeiterbewegte Zukunftsbild bestimmend blieb) sollte die Funktion des Unternehmers nicht bloß auf den Gebieten der Verwaltung, der Infrastruktur, des sozialen Ausgleichs usw. ergänzen, sondern im Kern des industriellen Systems vollständig übernehmen und ersetzen. Ausgerechnet in der sozialdemokratischen Arbeiterbewegung kehrten also in sozialistischer Verkleidung die Ansprüche der alten absolutistischen Apparate gegenüber der marktwirtschaftlichen Ökonomie in Reinform wieder. Karl Kautsky (1854–1938), der Cheftheoretiker der Sozialdemokratie nach dem Tod von Marx und Engels, ließ in seiner Erläuterung des »Erfurter Programms« der SPD von 1891 (mit Zustimmung des damals noch lebenden Engels) keinen Zweifel daran, daß die vermeintliche Aufhebung der Warenproduktion in den unaufgehobenen Kategorien der Warenproduktion selbst (also in den Formen des ökonomischen »Werts« und des Geldes) nicht anders als mittels eines allumfassenden Staatsapparats ins Werk gesetzt werden könne:

»Von den heute bestehenden gesellschaftlichen Organisationen gibt es nur eine, die den nötigen Umfang besitzt, daß man sie als Rahmen benutzen könnte, um innerhalb desselben die sozialistische Genossenschaft zu entwickeln, das ist der *moderne Staat* [...] Der moderne Staat ist [...] nicht bloß die einzige der heute bestehenden gesellschaftlichen Organisationen, die genügende Ausdehnung besitzt, um den Rahmen für eine sozialistische Genossenschaft zu bieten, er ist auch die einzige natürliche (!) Grundlage derselben [...] Die ökonomische Entwicklung treibt den Staat [...] dazu, teils im Interesse seiner Selbsterhaltung, teils zur besseren Besorgung seiner Funktionen oder endlich zur Erhöhung seiner Einkünfte, immer mehr Betriebe in seiner Hand zu vereinigen [...] Die wirtschaftliche Tätigkeit des modernen Staates ist der natürliche Ausgangspunkt jener Entwicklung, die zur sozialistischen Genossenschaft führt. Damit ist jedoch keineswegs gesagt, daß jede Verstaatlichung einer wirtschaftlichen Funktion oder eines wirtschaftlichen Betriebs ein Schritt zur sozialistischen Genossenschaft sei, [...] ohne daß sich im Wesen des Staates etwas zu verändern brauche [...] wie der Staat bisher die Verstaatlichung nicht weiter getrieben hat, als es den Interessen der herrschenden Klassen entsprach, so wird er es auch künftighin halten. Solange also die *besitzenden* Klassen auch die *herrschenden* sind, wird das Verstaatlichen von Betrieben und Funktionen nie so weit gehen, daß der private Kapital- und Grundbesitz im allgemeinen dadurch geschädigt [...] würde. *Erst wenn die arbeitenden Klassen im Staate die herrschenden geworden sind, wird der Staat aufhören, ein kapitalistisches Unternehmen zu sein; erst dann wird es möglich werden, ihn zu einer sozialistischen Genossenschaft umzugestalten.* Dieser Erkenntnis ist die Aufgabe entsprungen, welche die Sozialdemokratie sich gesetzt hat: *sie will, daß die arbeitenden Klassen die politische Macht erobern, damit sie mit deren Hilfe den Staat in eine große, im wesentlichen sich völlig selbst genügende Wirtschaftsgenossenschaft verwandeln*« (Kautsky 1922/1892, 115–126, Hervorheb. Kautsky).

Es ist ein finsteres Bild der sozialistischen Zukunft, das hier gezeichnet wird und durchaus die Grundzüge der Arbeiterbewegungs-Ideologie wiedergibt. Die protestantische Verkniffenheit der durch das Fabriksystem bereits arbeitszuchthäuslerisch sozialisierten sozialdemokratischen Arbeiterbewegung äußerte sich auf eine merkwürdig schräge Weise: Einerseits als dienernde Anbiederung an die kapitalistischen Kriterien, andererseits als Frustration durch die schnöde Ablehnung seitens der liberalkonservativen Eliten und deren Verbots- oder zumindest Repressionspolitik. In der sozialdemokratischen

Ideologie wurde dieser Widerspruch als Flucht in eine absurde »Radikalisierung« des bürgerlich-bismarckischen Staatssozialismus verarbeitet. Das metaphysisch aufgeblasene »historische Subjekt« der »Arbeiterklasse« erschien imaginativ in der Rolle der alten Dynastien, und die sozialdemokratischen Apparate übernahmen den staatsdirigistischen Überanspruch ihrer absolutistischen Ahnen, während gleichzeitig die kapitalistische Form der Nation über die bürgerliche Realität hinaus zu einem gerade in ökonomischer Hinsicht »sich völlig selbst genügenden« Bezugsraum übersteigert wurde; der politische Nationalismus eskalierte also in der sozialistischen Reinterpretation zum Gedanken einer nahezu autarkistischen sozialen und ökonomischen Einmauerung. Der scheinbar gegenläufig dazu propagierte »proletarische Internationalismus« hatte nichts mit transnationalen (das Bezugsfeld der Nation aufhebenden), unkontrollierten sozialen und kulturellen Beziehungen der Massen selber zu tun, sondern reduzierte sich auf eine Art diplomatischen Verkehr der diversen nationalen Parteiapparate, dokumentiert in den leeren Deklarationen der internationalen Sozialistenkongresse. Daß eine derart schwarze Negativ-Utopie, die aus den gesammelten Alpträumen von Absolutismus und Liberalismus zusammengesetzt war, mit dem biedermännischen Bierernst eines Kautsky zur »wissenschaftlich gesicherten« positiven und menschenfreundlichen Zukunftsvision stilisiert werden konnte, hat etwas Unbegreifliches an sich.

Natürlich ist dieser Charakter des sozialdemokratischen Staatssozialismus auch den Zeitgenossen nicht völlig verborgen geblieben. Insbesondere der anarchistische Flügel der Arbeiterbewegung, der in Deutschland und England marginalisiert blieb, in den romanischen Ländern aber durchaus einigen Einfluß erreichen konnte, kritisierte immer wieder die sozialistische Fixierung auf den »modernen Staatsapparat«. Erich Mühsam (1878–1934), der von den Nazis ermordete anarchistische Dichter, prägte in diesem Zusammenhang für das staatsgläubige Denken der deutschen Sozialdemokratie die treffende Bezeichnung »Bismarxismus«. Und der deutsche anarchistische Theoretiker Rudolf Rocker nannte sein Resümee der Arbeiterbewegung in der Epoche vom Kaiserreich bis zum Ende des 2. Weltkriegs geradezu »Absolutistische Gedankengänge im Sozialismus« (Rocker 1974/1950). So sehr aber die Anarchisten hier eine

Wahrheit witterten, so sehr waren sie doch auch selber Kinder dieser Epoche und nicht weniger als die Sozialdemokratie ideologische Abkömmlinge des Liberalismus und seiner erbaulichen Sonntagsschulen. Rocker läßt daran keinen Zweifel, wenn er sich (cum grano salis stellvertretend für die anarchistische Ideologie überhaupt) zum Stellenwert und zur inneren Beziehung der großen Gesellschaftstheorien in der Moderne äußert:

»Der moderne Sozialismus war im Grunde genommen nur eine natürliche Fortsetzung der großen liberalen Gedankenströmungen des 17. und 18. Jahrhunderts. Der Liberalismus hatte dem System des fürstlichen Absolutismus den ersten tödlichen Schlag versetzt und das gesellschaftliche Leben auf neue Bahnen gelenkt. Seine geistigen Träger, die in dem Höchstmaß der persönlichen Freiheit den Hebel jeder kulturellen Neugestaltung erkannten und die Betätigung des Staates auf die engsten Grenzen beschränken wollten, hatten damit der Menschheit ganz neue Ausblicke ihrer zukünftigen Entwicklung eröffnet, die unbedingt zu einer Überwindung aller machtpolitischen Bestrebungen und zu einer sachkundigen Verwaltung gesellschaftlicher Dinge hätte führen müssen, wenn ihre wirtschaftliche Einsicht mit ihrer politischen und sozialen Erkenntnis gleichen Schritt gehalten hätte. Das war aber leider nicht der Fall. Unter dem stets wachsenden Einfluß einer sich in immer rascherem Tempo vollziehenden Monopolisierung aller natürlichen und durch gesellschaftliche Arbeit erzeugten Reichtümer entwickelte sich ein neues System wirtschaftlicher Hörigkeit, das sich auf alle ursprünglichen Bestrebungen des Liberalismus und die wirklichen Grundsätze einer politischen und sozialen Demokratie immer verhängnisvoller auswirkte [...] Die sozialistische Bewegung hätte dieser Entwicklung der Dinge einen Damm entgegensetzen können [...] Sie hätte zum Testamentsvollstrecker der liberalen Gedankenentwicklung werden können (!), indem sie ihr durch die Bekämpfung der Wirtschaftsmonopole und ihr Bestreben, die gesellschaftliche Produktion den Bedürfnissen aller dienstbar zu machen, eine positive Grundlage gegeben hätte. Durch diese wirtschaftliche Ergänzung der politischen und sozialen Ideenströmungen des Liberalismus hätte sie sich zu einem machtvollen Bestandteil im Bewußtsein der Menschen verdichten [...] können [...] Allein die große Mehrheit der Sozialisten bekämpfte mit unglaublicher Verblendung die freiheitlichen Grundgedanken der liberalistischen Gesellschaftsauffassung [...] Auf diese Art wurde der Glaube an die Allmacht des Staates, welcher durch die liberalen Gedankenströmungen des 18. und 19. Jahrhunderts einen empfindlichen Schlag erlitten hatte, wieder neu aufgefrischt und planmäßig gestärkt. Es ist bezeichnend, daß die Vertreter des autoritären Sozialismus im Kampfe gegen den Liberalismus ihre Waffen häufig der Rüstkammer des Absolutismus entlehnt haben, ohne daß dieses den meisten von ihnen auch nur zum Bewußtsein gekommen wäre. Viele von ihnen, besonders die Vertreter der deutschen Schule, die später einen so überragenden Einfluß über die gesamte sozialistische Bewegung erlangten, waren bei Hegel und Fichte und anderen Vertretern der absoluten Staatsidee in die Schule gegangen« (Rocker, a.a.O., 3f.).

Hier zeigt sich, daß die Anarchisten in ihrer Kritik am »sozialistischen Absolutismus« nicht einmal die halbe Wahrheit für sich in Anspruch nehmen konnten. In völliger Naivität wird die Orwellsche Sprache des Liberalismus beim Wort genommen, ohne die mehr als deutlichen Texte seiner Klassiker (z. B. hinsichtlich der »arbeitenden Armen«) auch nur im geringsten kritisch zu durchdringen und ihren gesellschaftlich-historischen Hintergrund aufzuhellen. Ganz ähnlich wie in der sozialdemokratischen Ideologie erscheint das Problem der kapitalistischen Produktionsweise in soziologistischer Verkürzung, d.h. als bloße Willensäußerung sozialer Gruppen in Gestalt der »Monopolisierung der Reichtümer«, während die »schöne Maschine« des Adam Smith, die fetischistische Form der »Verwertung des Werts« und ihre betriebswirtschaftlichen Kriterien völlig ausgeblendet bleiben.

Offensichtlich war der Anarchismus ebenso wenig wie die Sozialdemokratie in der Lage, die Impulse der alten Sozialrevolten wieder aufzunehmen und mit einem höheren theoretischen Bewußtsein der kapitalistischen Gesellschaftsmaschine kritisch zu vermitteln. Anarchismus und Sozialdemokratie, beide aus den liberalen Sonntagsschulen hervorgegangen und ideell ursprünglich von demselben Tisch gespeist, reproduzierten in ihrer Gegensätzlichkeit lediglich den Widerspruch von Absolutismus und Liberalismus sowie den inneren Widerspruch des Liberalismus selbst: Wie die Sozialdemokraten den Liberalen »Verrat« an der bürgerlich-demokratischen Revolution vorgeworfen hatten, so warfen die Anarchisten ihrerseits den

Sozialdemokraten »Verrat« am »Erbe« der liberalen Prinzipien vor, ohne daß bei diesen Auseinandersetzungen der Bannkreis des modernen warenproduzierenden Systems und seiner repressiven Religion der »Arbeit« jemals verlassen wurde. Die Sozialdemokraten erneuerten nur auf dem Boden der (ideell vorweggenommenen) marktwirtschaftlichen Demokratie den absolutistischen Anspruch eines umfassenden Staatsdirigismus unter der Ägide ihrer eigenen Apparate, während die Anarchisten umgekehrt einen ökonomischen »Antimonopolismus« propagierten, der die Idee des abstrakten ökonomischen Individuums hochhielt.

Beiden Seiten kam es nicht zu Bewußtsein, daß die schizophrene Spaltung der modernen Gesellschaftlichkeit in die »freien« individuellen Konkurrenz-Ungeheuer einerseits und in das zusammenfassende Staatsungeheuer des Leviathan andererseits das zwangsläufige Resultat eines totalisierten Systems von Warenbeziehungen ist, in dem sich das Geld zum prozessierenden Selbstzweck aufgeschwungen hat. Somit blieb ihnen auch verborgen, daß das Problem dieser gesellschaftlichen Formgebung auch jenseits des Kampfes gegen die absolutistischen Dynastien und deren historische Ausläufer auf dem Boden von warenproduzierenden Demokratien nicht nur anwesend bleiben, sondern sich sogar erst in Reinform darstellen und verschärfen würde. Anarchisten und Sozialdemokratie stritten also immer noch um die Begriffe ihrer liberalen Herkunft, bezogen auf die bürgerliche Revolution von 1848, und merkten gar nicht, wie weit die industrialisierte kapitalistische Gesellschaft schon darüber hinausgewachsen war und wie sich der Systemcharakter dieser Produktionsweise jenseits des verblassenden Widerspruchs von »monarchischen« und »demokratischen« oder »republikanischen« Regimes objektiviert hatte.

Daß die über Generationen hinweg zwangsweise oder mittels Gehirnwäsche disziplinierte (und sich zunehmend selbst disziplinierende) »Arbeiterklasse« auch als soziale Bewegung das kategoriale Gefängnis der kapitalistischen Vergesellschaftung nicht mehr verlassen konnte, ist keineswegs überraschend, sondern eine logische Konsequenz ihrer Geschichte. So brachte die Epoche der »Arbeiterbewegung«, die identisch ist mit der Epoche der Industrialisierung, auch nur noch verkürzte und verkümmerte Ideen der Emanzipation hervor, die nichts anderes mehr als sozialistische Derivate der kapitalistischen Formen sein konnten. Wenn dabei die anarchistische Ideologie einer »freien« Gesellschaft von warenproduzierenden Individuen größtenteils zur Randerscheinung degradiert wurde und in der Arbeiterbewegung die Ideologie eines »sozialistischen Absolutismus« dominierte, so entsprach dies völlig dem kapitalistischen Zeitgeist. Während die liberalkonservativen Denker und Macher auf die Erfordernisse der Industrialisierung selbst schon mit einem gemäßigten Revival staatsinterventionistischer Ideen reagiert hatten, besetzte die Sozialdemokratie denselben leviathanischen Pol in einer »überdeterminierten« Version, die den modernen (demokratisch fortentwickelten) Staatsapparat als »Gesamtunternehmer« favorisierte.

Panzerkreuzer und Raubnationalismus

Das neue Verhältnis von Staatsapparat und Ökonomie konnte nicht auf die inneren Verhältnisse der entstandenen Nationalökonomien beschränkt bleiben. Es war keineswegs bloß der patriotische Gefühlstaumel aller Klassen und Schichten des industriellen Kapitalismus, der eine expansive Außenpolitik stimulierte, die über den aggressiven Expansionsdrang der alten absolutistischen Modernisierungsregimes mit ihren ewigen dynastischen Erbfolgekriegen sogar noch hinausging. Der ökonomische Konkurrenzkampf der Nationen auf dem industriellen Weltmarkt politisierte die Ökonomie auch nach außen und machte die staatliche Außenpolitik zu einem ökonomischen Parameter in mehrfacher Hinsicht.

Der abstrakt gewordene, nicht mehr an Personen gebundene Funktionszusammenhang von Staat und Nation (selbst »Kaiser Wilhelm« war ja nur noch ein funktionaler Repräsentant), der als leviathanische »Überperson« auftrat, hatte nicht nur die Rechts- und Infrastruktur-Verhältnisse etc. der Konkurrenzsubjekte im Inneren der Nationen zu regulieren, sondern wurde gleichzeitig zum politisch-ökonomischen Großsubjekt der Konkurrenz nach außen. In der liberalen Epoche war die Konkurrenz der kapitalistischen Unternehmen gewissermaßen noch quer zu den erst entstehenden nationalökonomischen Räumen und ihren zusammenfassenden staatlich-politischen Instanzen verlaufen. In der liberalkonservativen Epoche des neuen Staatsinterventionismus mauserte sich jedoch der nationalökonomische Raum mit seinem staatlichen »ideellen Gesamtkapitalisten« (wie Marx diesen Zusammenhang nannte) zu einer auf den Weltmarkt bezogenen Suprainstanz, in der die Momente der politischen Souveränität und der ökonomischen Konkurrenz nahezu zusammenfielen.

Unmittelbar waren es zwar selbstverständlich weiterhin die einzelnen betriebswirtschaftlich agierenden kapitalistischen Unternehmen, vor allem die sich fortschreitend zusammenballenden Großkonzerne, die auf dem Weltmarkt miteinander in konkurrierende Beziehungen traten. Aber da es auf der Weltebene keine dem Nationalstaat entsprechende »weltstaatliche« regulierende Meta-Instanz geben konnte, mußte der nationale Staatsapparat als Hilfs-, Garantie- und Durchsetzungsmacht hinter den Außenbeziehungen »seiner« Unternehmen stehen, was umgekehrt bedeutete, daß diese im Unterschied zum frühen 19. Jahrhundert als eine Art Agenten oder Repräsentanten einer staatlich zusammengefaßten Nationalökonomie auftraten. Mit anderen Worten: Im Unterschied zu seiner bloß regulierenden Funktion nach innen nahm der nationale Staatsapparat nach außen tatsächlich zumindest einige Züge eines nationalen »Gesamtunternehmers« an.

Daß die internationale Konkurrenz der nationalen Großsubjekte auf dem Weltmarkt im Unterschied zur binnenökonomischen Konkurrenz keinen juristischen und administrativen Rahmen entwikkeln konnte, machte sie zu einer zunehmend gefährlichen Angelegenheit. Wie es im Begriff der modernen Ökonomie liegt, daß der Austausch auf dem Markt die Konkurrenz vieler kapitalistischer Unternehmen impliziert und der Staat niemals der wirkliche »Gesamtunternehmer« werden kann, ebenso liegt es im Begriff des modernen Staates, daß die politische Souveränität über ein bestimmtes Gebiet die konkurrierende Existenz anderer Staaten auf anderen Gebieten impliziert und ein in schlechten Utopien immer wieder beschworener »Weltstaat« eine logische Unmöglichkeit ist. Deshalb war der zwischenstaatliche Verkehr auf allen Ebenen, gerade auch auf der ökonomischen, niemals generell regelbar, sondern mußte in bilateralen oder multilateralen Abkommen von Fall zu Fall immer wieder neu ausgehandelt und festgelegt werden; das sogenannte »Völkerrecht« ist stets nur ein schwächliches Rudiment ohne letzte Verbindlichkeit geblieben.

Die zwischenstaatlichen und außenwirtschaftlichen Verhältnisse wurden so nicht anders als in den vorangegangenen Jahrhunderten immer wieder zur »freien Wildbahn« der leviathanischen Raubmonster. Wie die postabsolutistische Politik die Fortsetzung der Ökonomie mit anderen Mitteln war, so blieb nach dem berühmten Bonmot des preußischen Generals und Militärtheoretikers Carl v. Clausewitz (1780–1831) der Krieg die Fortsetzung der Politik mit anderen Mitteln. Erstens machten sich die neuen kapitalistischen Nationalstaaten in Europa selbst Industriegebiete, Rohstoffquellen (Kohle) und Einflußzonen streitig; zwischen den frischgebackenen »Erbfeinden« Frankreich und Deutschland blieb Elsaß-Lothringen ein Zankapfel, und auch sonst keimten dumpfe Eroberungs- und Einverleibungspläne in den kapitalistischen Staatshirnen auf.

Zweitens trat auch der Kolonialismus in eine neue Phase. Gehörte die iberische Kolonisation Lateinamerikas noch der frühabsolutistischen Epoche an und hatte die holländische, französische und vor allem die englische Kolonisierung in Nordamerika, in Indien und im Pazifik die Epoche des aufsteigenden Liberalismus gekennzeichnet, so traten nun die liberalkonservativen Regimes der industriekapitalistischen Nationalökonomien in einen neuen Wettlauf kolonialer Eroberungspolitik ein. Dieser abermalige Kampf um die Neuaufteilung der Welt wurde später als »Epoche des Imperialismus« von 1880 bis 1914 bezeichnet; eine willkürliche Eingrenzung und ein irreführender Name insofern, als das imperiale Streben der europäischen Mächte (und bald auch des europäischen Ablegers USA) sowohl vor als auch nach dieser Zeit die Entwicklung des kapitalistischen Weltsystems bestimmte.

Lediglich die Formen und ideologischen Verkleidungen unterschieden sich. Hatte sich der liberale Freihandels-Imperialismus meistens noch mit Handelsfestungen an den Küsten der kolonisierten Länder begnügt, so ging das Streben bald nach flächendeckenden Kolonialstaaten, trotz der schlechten britischen Erfahrung mit Nordamerika. Schon die Eroberung Indiens durch Großbritannien (1856) wies in diese Richtung. Was in der Zeit des gewissermaßen »offiziellen« Imperialismus noch zu erobern übrig blieb, war vor allem der afrikanische Kontinent. Nicht nur England und Frankreich gerieten sich hier erneut in die Haare (zum Beispiel in der sogenannten Faschoda-Krise 1898, benannt nach einer Stadt im Sudan, wo englische und französische Kolonialtruppen zusammenstießen). Auch das deutsche Kaiserreich als kolonialer »Späteinsteiger« und jüngster Aspirant auf die kapitalistische Weltmacht mischte in Afrika (und teilweise in Ostasien) kräftig mit. Zwar hatte es schon unter dem Großen Kurfürsten Friedrich Wilhelm (1640–1688) einen preußischen Kolonisationsversuch an der Goldküste gegeben, der jedoch Episode blieb. Am Ende des 19. Jahrhunderts strebte der neue deutsche Imperialismus mit Macht nach einem eigenen Kolonialreich. 1884 werden Togo und Kamerun zu deutschen »Schutzgebieten« erklärt, im selben Jahr Deutsch-Südwestafrika zum Protektorat. 1891 übernimmt das Wilhelminische Reich Deutsch-Ostafrika. Aufstände der Hottentotten und der Hereros werden von deutschen Kolonialtruppen blutig niedergemetzelt. Darauf waren die schnauzbärtigen Protagonisten noch lange Zeit besonders stolz, kaum weniger als über den Sieg gegen Frankreich 1870/71. In der pazifischen Region übernahm das Wilhelminische Reich nur wenige kleine Kolonialterritorien: 1885 wird Deutsch-Neuguinea zum »Schutzgebiet« erklärt, 1897 Kiautschou in Ostchina besetzt, 1899 eine Südsee-Inselgruppe (Karolinen, Marianen u. a.) von Spanien gekauft, 1900 ein Teil von Samoa als »Schutzgebiet« beansprucht.

Die imperiale Rivalität der europäischen Großmächte forderte zu einem neuen Rüstungswettlauf heraus, der alle früheren militärischen Anstrengungen bei weitem übertreffen sollte. Denn die forcierte Rüstung fand nun auf der technologischen Höhe des Industriekapitalismus statt, der neue oder »verbesserte« Vernichtungstechniken und Waffensysteme hervorbrachte. 1867 erfand der schwedische Chemiker Alfred Nobel (1833–1896) das berüchtigte Dynamit, einen neuen Sprengstoff von unerhörter Wirkungskraft. Der Nobel-Konzern wurde zum ersten großen internationalen Rüstungsunternehmen mit Sprengstoff-Fabriken in verschiedenen Ländern. Von Gewissensbissen getrieben, stiftete der Erfinder neuer Vernichtungspotenzen und Großindustrielle Nobel den nach ihm benannten internationalen Preis. Nichts könnte den objektivierten Zynismus der kapitalistischen

Modernisierungs-Zivilisation besser kennzeichnen als die zutiefst symbolische Tatsache, daß der renommierteste internationale Wissenschafts- und sogar der »Friedenspreis«, der auf der ganzen Welt mit Ehrfurcht betrachtet wird, vom größten Sprengstoffkonzern gestiftet und nach einem Rüstungsindustriellen benannt ist. Es erübrigt sich fast zu sagen, daß mit diesem Preis in der Regel nur konformistische Wissenschaftler bedacht werden; auch mit dem Palmzweig des »Friedensnobelpreises« dürfen immer wieder äußerst zwielichtige oder heuchlerische Gestalten wedeln.

Selbstverständlich wurden auch die Kanonen und sonstigen Feuerwaffen im Verlauf der industriellen Entwicklung immer »besser« konstruiert, immer größer und weittragender. Dem Maschinenzeitalter entsprechend erfand der US-Amerikaner Sir Hiram Stevens Maxim (1840–1916) anno 1883 das Maschinengewehr, fortan eine Hauptwaffe der Infanterie mit einer Feuergeschwindigkeit von tausend Schuß pro Minute. Im »großgehungerten« deutschen Kaiserreich machte die Firma Krupp als eine der zentralen Rüstungsschmieden von sich reden. Aus den wie üblich von späteren Hofbiographen besungenen »kleinen Anfängen«, wenn auch von einer alten Kaufmannsfamilie herstammend, die schon seit Jahrhunderten mit Waffen haus(s)iert hatte, mauserte sich der Sproß Alfred Krupp mit seiner gleichnamigen, in Essen sitzenden Aktiengesellschaft zum deutschen »Kanonenkönig«. Längst vor der Reichsgründung hatte diese Firma Gußstahlkanonenrohre produziert und sich seit 1859 als militärischer Hoflieferant des preußischen Staates etabliert. Mit großzügigen Geldspritzen Preußens unterstützt, wurde die Kruppsche Rüstungsschmiede immer gigantomanischer:

»Das Geld investierte er in Anlagen wie den 1000 Zentner schweren Schmiedehammer ›Fritz‹, zu dessen Verankerung ein ganzer Wald von Baumstämmen als Fundament in den Boden getrieben werden mußte. Mit dem Ungetüm konnte Krupp die größten Stahlblöcke des Kontinents zu großkalibrigen Geschützen oder auch zu Schiffswellen für künftige Dampfergenerationen verarbeiten« (Ogger 1982, 145).

In der Tat war neben der Höherentwicklung der traditionellen Feuerwaffen-Vernichtungstechnik vor allem die maritime Militarisierung der Hauptinhalt des europäischen Rüstungswettlaufs. Denn die großen Landheere eigneten sich zwar für den Machtkampf in Europa selbst, aber nicht für die koloniale Expansion; und Flugzeuge gab es noch nicht. So wurden Flottenrüstung und Flottenpolitik zum zentralen Moment des neuen Imperialismus, materialisiert in immer monströseren »Panzerschiffen«:

»Äußerst kostspielige und bis dahin in ihren Dimensionen noch nie dagewesene Flottenbauprogramme, geschürt von zugespitzten Interessengegensätzen zwischen den imperialistischen Staaten und dem Kampf um die Neuaufteilung der Welt, ließen letztlich Seestreitkräfte entstehen, deren Hauptkampfschiffe, die Linienschiffe, mobilen stählernen Festungen glichen. Im allgemeinen Rüstungswettlauf zwischen den entwickeltsten kapitalistischen Staaten der Welt entstanden nach ähnlichen Grundprinzipien gebaute und gegliederte Flottenkräfte [...] Allgemein galt das Prinzip, die neuesten Erkenntnisse von Wissenschaft und Technik so schnell wie möglich in das Marinewesen einfließen zu lassen [...] Es kam dabei zu einer bis dahin unbekannten militanten Verflechtung von Politik, Technik und Wissenschaft. Alle gerade erst herangereiften technischen Lösungen wurden sofort für die Flottenrüstung genutzt, um über den Besitz noch stärkerer Seestreitkräfte ehrgeizige expansionistische Ziele zu erreichen. Das betraf sowohl den Schiffbau und die Panzerung als auch das Geschützwesen, die Antriebsaggregate, den Einsatz der Elektrizität an Bord, das Nachrichten- und Signalwesen. Echolote warnten vor Untiefen und durch Unterwasserschallsender und -empfänger wurden neue Wege der Nachrichtenübermittlung erschlossen. Die sich ab Mitte der 90er Jahre des 19. Jahrhunderts entwickelnde drahtlose Telegraphie war von großer Bedeutung für das Zusammenwirken der Flottenkräfte und ihre gesamte Führung [...] So spiegelte sich in den Panzerschiffen der Jahrhundertwende das gesamte Niveau des in den jeweiligen Staaten erreichten Standes von Wissenschaft und Technik und damit zugleich ihre Wirtschaftskraft wider« (Israel/Gebauer 1991, 8 ff.).

Vor dem Hintergrund des allgemeinen Nationalismus bildete die Flottenrüstung bald ihre eigene Mythologie aus. Die neue »Marinemalerei« stellte mit Vorliebe schwere Schlachtschiffe und Panzerkreuzer im kitschigen Morgenrot dar, und die militaristische Phrasendreschmaschine lief auf Hochtouren. Im Deutschen Reich, in England, Frankreich und Italien schlug die Flottenbegeisterung hohe Wogen; aus einer merkwürdigen Mischung von Interessen der schweren Rüstungsindustrie und expansionistischer Euphorie als hysterischer Massenerscheinung wurden überall propagandistische »Flottenvereine« gegründet, es entwickelte sich eine regelrechte »Flottenbewegung«. Nach dem Tirpitz-Plan aus dem Jahr 1896, benannt nach seinem Urheber Großadmiral v. Tirpitz, war es das erklärte Ziel der wilhelminischen Flottenrüstung, »Großbritannien aus seiner Position als dominierende See- und Weltmacht zu verdrängen« (Deist 1976, 10).

Natürlich schlug sich der irrationale Charakter der nationalen Rüstungsprogramme auch in einer Kostenlawine nieder, die aus dem Anwachsen von Armeen, Flotten und ihrer technischen Ausrüstung resultierte. Zwischen 1875 und 1914 stieg die Mannschaftsstärke des deutschen Heeres von 430 000 auf über 800 000 Mann an, die der Marine von 6000 auf 80 000. Die gesamten Militärausgaben stiegen zwischen 1880 und 1910 von 462 Millionen Mark (Goldmark!) auf rund 1,5 Milliarden Mark an; 1914 betrugen sie bereits mehr als 7 Milliarden Mark. Der Militärhaushalt bildete unter dem »Gesetz der steigenden Staatsquote« bei den Staatsausgaben mit einem Anteil zwischen 20 und 30 Prozent den bei weitem dicksten Brocken. Ganz ähnlich verhielt es sich bei den anderen imperialen Großmächten des industriellen Kapitalismus.

Die Frage ist natürlich, ob sich der im wahrsten Sinne des Wortes »irre« Aufwand eigentlich gelohnt hat. Unter dem Strich und gesamtwirtschaftlich betrachtet muß diese Frage mit einem ganz klaren Nein beantwortet werden. Von Anfang bis Ende haben der unselige Kolonialismus und die Weltmacht-Ambitionen alle beteiligten »Mächte« insgesamt viel mehr gekostet, als sie letzten Endes einbringen konnten. Das wollte gerade die marxistische Imperialismustheorie niemals wahrhaben, die in allen ihren Varianten den gesamtkapitalistischen Erfolg der kolonialen Ausbeutung axiomatisch voraussetzte. Die stille Hintergrundannahme war dabei stets, daß alles, was »die Kapitalisten« und der kapitalistische Staat tun, auch gut für den Kapitalismus sein müsse. Das lag natürlich daran, daß die Marxisten vom Liberalismus die Kategorien der bürgerlichen Rationalität blind übernommen hatten und alles in der Marxschen Theorie wegblendeten, was darüber hinausging. Der Marxismus dachte also nicht nur seine ganze Gesellschaftskritik selber in den Begriffen der kapitalistisch totalisierten Warenproduktion und ihrer Erwerbsformen, ohne den fetischistischen Systemcharakter überhaupt wahrzunehmen; er übernahm damit auch die urliberale Vorstellung des »rationalen Interessenkalküls« sowohl für sich selbst als auch für die Gegenseite. Der irrationale Charakter dieser Produktionsweise dagegen wurde nicht oder nur in einem oberflächlichen Sinne (als mangelnde Fähigkeit zur Steuerung der marktwirtschaftlichen Prozesse) verstanden. Während Marx, weit über seine Zeit hinausschießend, mit seinem Fetischbegriff an den paranoiden Charakter des Systems herankam, vermochten die marxistischen Theoretiker der Arbeiterbewegung das »rationale Interessenkalkül« nicht mehr als bloße Binnenrationalität einer absurden Objektivierung zu durchschauen. Und auf diese verkürzte Weise nahmen sie auch den Imperialismus wahr.

Tatsächlich ist die koloniale Expansion ebenso wie die maritime Rüstungspolitik nur als Ausdruck, Fortsetzung und Verlängerung derselben verselbständigten und wahnhaften Struktur zu begreifen, die schon die »abstrakte Arbeit« als solche und ihre Zuchtanstalten im Sinne eines Bentham hervorgebracht hatte. Der imperiale Staat als »ideeller Gesamtkapitalist« setzte nicht nur den Irrationalismus der ökonomischen Konkurrenz »außenpolitisch« fort, sondern er war eben deshalb auch außerstande, das partikulare »rationale Interessenkalkül« auf eine gesamtgesellschaftliche Stufe zu heben. Die Verrücktheit der basalen Logik mußte auf der Ebene der Konkurrenz zwischen den imperialen »Mächten« wiedererscheinen und auf diese selber zurückschlagen.

Der Kapitalismus hat durch Kolonialismus und Imperialismus grundsätzlich und auf lange Sicht nichts gewonnen, aber was kann ein fetischistischer und blind prozessierender Systemzusammenhang auch schon gewinnen »wollen«? Die Sprache der subjektiven Repräsentanten und Götzendiener der »schönen Maschine« war von Anfang an die des flackernden Irrsinns. So kann die selbstzerstörerische Qualität der imperialen Konkurrenz an der Schwelle des 20. Jahrhunderts kaum verwundern, entsprach sie doch der Logik einer grundsätzlich selbstzerstörerischen Gesellschaftsform.

Im Kern ging die marxistische Imperialismustheorie weitgehend auf den englischen Ökonomen und bürgerlichen Sozialreformer John Atkinson Hobson (1858–1940) zurück, dessen 1913 erschienenes Buch über den Imperialismus seinerseits schon vor der Jahrhundertwende gängige sozialistische Vorstellungen über die Ursachen der imperialen Annexionspolitik weiterführte. Die Argumentation von Hobson, wie sie von den marxistischen Theoretikern Hilferding und Lenin übernommen und zugespitzt wurde, nahm (ähnlich wie die etwas anders gelagerte Theorie von Rosa Luxemburg) die innere Schranke und Krise des kapitalistischen Wachstums zum Ausgangspunkt: Das akkumulierte Geldkapital könne in den industriellen Nationalökonomien Europas durch die Erschöpfung der inneren Märkte und Wachstumspotentiale nicht mehr ausreichend rentabel reinvestiert werden. Deshalb benötige der nationale Kapitalismus die koloniale Expansion, um Räume für den Kapitalexport zu erschließen.

Das Argument der inneren Schranke traf zwar rein logisch grundsätzlich zu, aber real war diese Schranke an der Schwelle des 20. Jahrhunderts keineswegs praktisch erreicht. Das aus der großen Transformationskrise in der ersten Hälfte des 19. Jahrhunderts hervorgegangene industrielle Schneeballsystem war auch in Europa selber noch keineswegs am Ende. Es durchlief zwar zyklische Rezessionen und strukturelle Durchsetzungkrisen beim Übergang von alten in neue Produktionszweige; aber da ja die gesamte gesellschaftliche Reproduktion zu dieser Zeit in den meisten europäischen Ländern noch keineswegs flächendeckend kapitalistisch erfaßt war und noch wesentliche und relativ arbeitsintensive Produktinnovationen bevorstanden, konnte die innere, binnenökonomische Expansion des Kapitals gar nicht erschöpft sein. Außerdem übersah die Theorie von Hobson und seinen marxistischen Nachfolgern weitgehend, daß es in Form des expandierenden Staatskredits eine zusätzliche binnenökonomische Schubkraft gab, um die logische Schranke des Kapitalismus zeitlich hinauszuschieben und ein gewissermaßen künstliches Wachstum herbeizuführen. Wenn diese Möglichkeit auch letzten Endes in eine eigene Krisenpotenz umschlagen mußte, so lag diese doch ebenfalls noch jenseits des historischen Ereignishorizonts, und das Problem war selbst theoretisch erst in Ansätzen erörtert.

Die Argumentation von Hobson und seinen marxistischen Nachfolgern war trotzdem keineswegs völlig falsch und wenigstens teilweise auch empirisch fundiert; vor allem dann, wenn nicht allein die tropischen kolonialen Neuerwerbungen seit 1880 in die Analyse einbezogen werden, sondern die kolonialen Gebiete insgesamt und (wie es vor allem Lenin betonte) auch die formal unabhängigen »halbkolonialen« Staaten der kapitalistischen Peripherie. Aber erstens traf dieser Befund nur für Großbritannien zu, das ja auch den mit weitem Abstand größten Kolonialbesitz aufzuweisen hatte; der britische Kapitalexport lag nicht nur um das Vier- bis Zehnfache über dem der kontinentaleuropäischen kapitalistischen Länder, sondern ging auch zu einem erheblichen und bis 1914 wachsenden Teil zwischen 35 und über 50 Prozent in die britischen Kolonien bzw. mehr oder weniger abhängigen Gebiete.

Für Frankreich dagegen, das immerhin ein Kolonialreich mit einem großen territorialen Umfang verwaltete, lag dieser Anteil stets unter 10 Prozent und damit deutlich niedriger; und im Falle des Deutschen Reiches kam er kaum über 1 Prozent hinaus, ohne daß deswegen in beiden Fällen eine große Investitionskrise heraufbeschworen wurde. Die besonders exponierte Situation Großbritanniens als imperiale Weltmacht wurde also vorschnell verallgemeinert. Zweitens kam gerade für das imperialistisch fortgeschrittene und dominierende Großbritannien als Resultat dieses Kapitalflusses nur ein krasses Mißverhältnis zwischen unproduktiven (vor allem militärischen, verwaltungstechnischen, logistischen usw.) Kosten einerseits und langfristigem »Ertrag« andererseits heraus, wie es 1936 der Historiker Grover Clark in einer großen Untersuchung eindeutig festgestellt hat (nach: Mommsen 1979, 100). Der enorme Aufwand war sicherlich auch darauf zurückzuführen, daß die industrielle kapitalistische Technik von Transport, Logistik und Kommunikation trotz ihrer dynamischen Entwicklung um die Jahrhundertwende keineswegs in die noch allzu großen Schuhe einer transkontinentalen Reproduktion hineingewachsen war.

Das alles ändert natürlich nichts daran, daß im Namen der räuberischen kolonialen Eroberungspolitik Millionen von Menschen umgebracht, verstümmelt und erniedrigt, ganze Länder verwüstet und durch Raubbau ruiniert wurden. Diese verheerende Entwicklung erscheint dadurch, daß am Ende nicht einmal ein gesamtkapitalistisch profitables Resultat herauskam, nur in einem um so grelleren Licht. Äußerst oberflächlich und apologetisch wäre es auch, Kolonialismus und Imperialismus als bloßen »historischen Irrtum«, als eine dem Kapitalismus äußerliche und eigentlich fremde Erscheinung und womöglich als fatales Residuum absolutistischer und vordemokratischer Denkweisen etc. zu verharmlosen. Das verbietet sich schon deshalb, weil die postkoloniale formal gleichberechtigte Teilnahme der späteren »Dritte Welt«-Regimes am Weltmarkt den Prozeß der Verelendung und Erniedrigung für die Mehrheit der Menschen in diesen Ländern nicht etwa gestoppt, sondern quantitativ und strukturell sogar noch forciert hat. An die Stelle der relativ willkürlichen kolonialen Grausamkeit trat die objektivierte, gesetzmäßige Grausamkeit der »schönen Maschine« in ihrer auf qualitativ neuer Stufe globalisierten Gestalt.

Um die Jahrhundertwende war die Reproduktion des keineswegs voll ausentwickelten Kapitals noch weitgehend national zentriert. Das heißt jedoch nicht, daß der irrationale Raubnationalismus nach außen mit der inneren Logik des Kapitals nichts zu tun gehabt hätte. Der Austausch auf dem Markt unterscheidet sich zwar seiner Natur nach vom gewaltsamen Raub; er setzt ein Rechtsverhältnis und die Äquivalenz der getauschten Güter voraus. Deswegen wird von Apologeten oft behauptet, daß die Marktwirtschaft die friedlichste Sache der Welt und das genaue Gegenteil gewaltsamer, räuberischer und zwanghafter Verhältnisse sei. Aber das ist ganz im Benthamschen Sinne gedacht: Es wird dabei völlig vernachlässigt, daß der Zweck der Veranstaltung (im Unterschied zu vormodernen Märkten als Rand- und Nischenformen der agrarischen Naturalwirtschaft) eben nicht der Austausch von beiderseits benötigten Gütern ist. Vielmehr steht hinter dem munteren Treiben der formal gleichberechtigten Tauschverhältnisse der irrationale Selbstzweck der »schönen Maschine«, unaufhörlich Geld (ökonomischen Wert, Quanten »abstrakter Arbeit«) aufzuhäufen. Die Marktwirtschaft ist, was gar nicht oft genug betont werden kann, nur eine sekundäre Funktionssphäre der kapitalistischen Selbstzweck-Produktion.

Dieser Selbstzweck ist zwar in seiner ökonomischen Form der Rückkoppelung des Werts auf sich selber (Mehrwert) natürlich nicht identisch mit einfachem Raub, sondern in seiner gesellschaftlichen

Objektivierung viel raffinierter. Die arbeiterbewegte Vorstellung vom »Raub« des vorenthaltenen Mehrwerts war daher immer naiv und, wie mehrfach gezeigt, selber in den Erwerbsformen des Kapitalismus befangen; trotzdem verweist sie auf eine richtige, wenn auch schräg ausgedrückte Empfindung und auf die reale Erfahrung des zwanghaften und gewaltsamen Moments der kapitalistischen Produktionsweise. Es ist nicht nur der nach langen sozialen Abwehrkämpfen mit äußerster Brutalität durchgesetzte »stumme Zwang der Verhältnisse« (Marx), der dieses Moment ausmacht, sondern es sind immer auch die Apparate der bürokratischen Menschenverwaltung und der offenen Repression, die bereitstehen, um sofort jeden Versuch des Menschenmaterials im Keim zu ersticken, sich den »Mühlen des Teufels« zu entziehen. Auch direkt mit Gewalt erzwungene Sklavenarbeit für den Weltmarkt gehörte ja zur Aufstiegsgeschichte des Kapitalismus, wie z. B. Wallerstein gezeigt hat. Und sogar der vermeintlich freie Austausch auf dem Markt kann mit vorgehaltener Waffe erzwungen werden, wenn sich die »Tauschpartner« nicht zu kapitalistischen Formen des Austauschs und zu den Konditionen der westlichen Länder bequemen wollen.

Ein räuberisches und gewaltsames Element gehört also in vielen Nuancen zum ganz normalen kapitalistischen Alltagsgeschäft. Vor diesem Hintergrund wird es verständlich, warum der irrationale kolonialistische und annexionistische Ehrgeiz das moderne Denken derart lange beherrschen konnte. Daß gesamtgesellschaftlich die Kosten und Schäden überwiegen, ist kein spezifisches Merkmal des Kolonialismus, sondern gehört zum Wesen der kapitalistischen Produktionsweise überhaupt. Der Standpunkt des Gesamtkapitals ist ja immer nur ein virtueller, abstrakt-theoretischer und betrachtender, der von keiner Instanz praktisch eingenommen wird; auf dieser Ebene findet auch keine praktisch relevante Kostenrechnung statt, denn diese ist auf die partikulare betriebswirtschaftliche Ebene beschränkt, und die Rechnungsführung des Staates kann ebenfalls keine gesamtkapitalistische sein, sondern beschränkt sich auf seine eigenen Einnahmen und Ausgaben.

Der gesamtwirtschaftliche Irrationalismus der imperialen Expansion läßt sich jedoch durchaus auf binnenrationale Ziele der diversen partikularen Instanzen heruntertransformieren. So bedeutet »das krasse Mißverhältnis zwischen staatlichen Ausgaben für die Kolonien und deren tatsächlichem Wert für die jeweilige nationale Volkswirtschaft« keineswegs, »daß einzelne Wirtschaftsgruppen nicht gleichwohl hohe Gewinne gemacht haben« (Mommsen 1979, 100). Das betrifft nicht nur die direkten kolonialen Investoren und die »Kolonialwarenhändler«, sondern vor allem auch die Rüstungsindustrie und ihre politische Lobby, die sich schon bald zu einem bis heute erhalten gebliebenen und weiter ausgebauten »militärisch-industriellen Komplex« entwickeln sollte. Dabei ging (und geht) es niemals nur um das Mittel für einen unguten (annexionistischen, repressiven usw.) Zweck, sondern immer gleichzeitig auch um einen damals symbolträchtig in den sündhaft teuren Panzerkreuzern und Großschlachtschiffen manifestierten Selbstzweck, der ein Moment sui generis innerhalb des allgemeinen kapitalistischen Selbstzwecks darstellt. Denn obwohl gesamtkapitalistisch ein unproduktiver Kosten- und langfristig ein finanzieller Krisenfaktor, ist der militärisch-industrielle Komplex doch gleichzeitig nicht nur ein gewinnbringendes Unternehmen für die beteiligten Einzelkapitalien, sondern auch ein durch den Staatskredit künstlich ernährter Sektor von Wachstum und Beschäftigung mit Sekundärwirkungen, der zunächst eher krisendämpfend wirkt. Erst bei einer daraus resultierenden Krise der Staatsfinanzen tritt letzten Endes die Krisenpotenz dieses Faktors wieder in Erscheinung. Natürlich könnte dieselbe Wirkung auch durch eine Defizitpolitik auf anderen Sektoren erreicht werden, aber der Liberalismus und sein konservatives Pendant lieben nun einmal die Kosten für Vernichtungsmaschinen viel mehr als die leidigen sozialstaatlichen Bettelpfennige. Wenn schon Defizite, dann ist für die eine Waagschale nur jener berüchtigte »Tropfen socialen Oeles« vorgesehen, während in die andere ruhig der 1000 Zentner schwere Dampfhammer für die Kanonenproduktion krachen darf.

Der militärisch-industrielle Komplex war aber keineswegs das einzige Moment von kapitalistischer Binnenrationalität des Imperialismus. Vom Standpunkt des industriekapitalistischen Nationalstaats lassen sich durchaus weitere teilrationale Aspekte im Sinne der vorausgesetzten irrationalen Produktionsweise erkennen. So bildet für die nationalökonomisch zentrierte kapitalistische Industrie (und für das Industriesystem insgesamt) die Zugriffsmöglichkeit auf *strategi-*

sche Rohstoffreserven einen wichtigen indirekten, von der stofflich-technischen Notwendigkeit bestimmten Grund, sich trotz des allgemeinen Mißverhältnisses von Kosten und Nutzen imperialistisch zu verhalten. Um die Jahrhundertwende betraf dies immer noch in erster Linie Kohle und Eisenerz, und in dieser Hinsicht waren die imperialen Regimes ebenso wie die national organisierten Verbände des Industriekapitals durchaus ebenso lüstern auf die Annexion benachbarter europäischer Gebiete wie auf koloniale Erwerbungen. Der Industrielle und betont demokratische Politiker Walther Rathenau (1867–1922), Vorstandsmitglied der AEG, die sein Vater begründet hatte, und eine Gestalt in der offiziellen Ahnengalerie der bundesdeutschen Weltmarkt-Demokratie, nach der noch heute fast überall Straßen und Plätze benannt sind, ließ zu diesem Komplex 1913 in seinem Aufsatz »Deutsche Gefahren und neue Ziele« eines der härtesten Statements vom Stapel, durchaus in Kenntnis des Kosten-Nutzen-Verhältnisses:

»In frühern Zeiten glaubte man, Kolonien seien nützlich als Tributstaaten oder als Abladestätten der Übervölkerung oder als Absatzgebiete. Heute erkennen wir, daß sie meist mehr kosten als bringen [...]; deshalb sind wir leicht geneigt, [...] den Wert überseeischen Besitzes zu unterschätzen. Bald werden wir erkennen, daß jedes Stück der Erde als Substanz wertvoll ist; denn auch das geringste besitzt oder erzeugt irgendein Rohmaterial; und ist es nicht das unmittelbar verwendbare, so dient es zum Austausch. Die letzten hundert Jahre bedeuteten die Aufteilung der Welt. Wehe uns, daß wir so gut wie nichts genommen und bekommen haben! Nicht politischer Ehrgeiz und nicht theoretischer Imperialismus rufen diese Klage aus, sondern beginnende wirtschaftliche Erkenntnis. Die Zeit naht eilend heran, in der die natürlichen Stoffe nicht mehr wie heute willige Marktprodukte, sondern heiß umstrittene Vorzugsgüter bedeuten; Erzlager werden eines Tages mehr gelten als Panzerkreuzer, die aus ihren Gängen geschmiedet werden [...] Wir können nicht in einem Menschenalter hundert Millionen Deutsche mit den Produkten einer halben Million Quadratkilometer einheimischen Bodens und einer afrikanischen Parzelle ernähren und beschäftigen, und wir wollen nicht der Gnade des Weltmarktes anheimfallen. Wir brauchen Land dieser Erde. Wir wollen keinem Kulturstaat das seine nehmen, aber von künftigen Aufteilungen muß uns so lange das nötige zufallen, bis wir annähernd so wie unsere Nachbarn gesättigt sind [...] Auf diese Sprache kann nichts erwidert werden, denn das Argument der Rohstoffe ist unwiderleglich wahr [...]« (zit. nach: Opitz 1994, 204f.).

Hier klingt schon ein weiteres binnenrationales Motiv an, das die damaligen kapitalistischen Eliten zu einer imperialen Annexionsstrategie trieb, nämlich dieselbe tiefsitzende Furcht vor einer neuen sozialen Katastrophe, die vielleicht im Schoß der kapitalistischen Zukunft lauern mochte, wie sie schon die halbherzigen sozialstaatlichen Ideen des Bismarckschen »Staatssozialismus« hervorgetrieben hatte. Das nur allzu gute Wissen darüber, daß die kümmerlichen sozialstaatlichen Netze einen neuerlichen säkularen Einbruch der Kapitalakkumulation niemals aushalten würden, ließ die imperiale Expansion als entscheidenden Puffer zur Abfederung von möglichen Beschäftigungs- und Ernährungskrisen erscheinen. Das ist natürlich ein Moment, das sich in zeitgenössischen Statistiken der Investitionen nicht dingfest machen läßt, dem aber dennoch ein realer Gehalt zukommt; denn auch die Zukunftsangst der kapitalistischen Instanzen kann zur materiellen Gewalt werden, zumal sie niemals unbegründet ist. Diese Furcht trieb alle imperialistischen Staaten um, nicht zuletzt auch die britische Weltmacht selbst, deren Repräsentanten ebenfalls immer wieder auf die Idee verfielen, die inneren sozialen Restriktionen des Kapitalismus durch äußere Expansion zu kompensieren; daß dabei ganz wie in Kontinentaleuropa besonders im Hinblick auf die Ernährung der Massen national-autarkistische Vorstellungen (wie sie nicht zufällig auch das sozialistische Programm der Arbeiterbewegung kennzeichneten) immer wieder in den Vordergrund traten, zeigt sich z. B. in einer Rede des Lord Dunravon aus dem Jahr 1884:

»Es würde an Wahnsinn grenzen, die Kolonien, die kostbare Erbschaft unserer Vorfahren, aufzugeben. Ich hoffe, daß der Tag nicht mehr allzu fern ist, wo wir all unsere Lebensbedürfnisse nur aus stammverwandten Kolonien beziehen werden, daß alles Brot, welches wir essen, als Korn in unseren Kolonien gewachsen ist. Schon aus diesem Grund sind wir verpflichtet, die Kolonien an uns zu ketten und sie zu schützen« (zit. nach: Lautemann/Schlenke, 575).

Max Weber (1864–1920) wiederum, ein Künder imperialistischer deutscher Weltpolitik, dessen soziologisches Werk heute ehemals antikapitalistischen Gesellschaftskritikern als theoretische Auffangstellung und Rückzugsposition im akademischen Betrieb dient (man kann ihn inzwischen weitaus leichter ohne Reputations-Abschlag zitieren als Marx), sah die Expansionspolitik vor allem als potentielle Lösung der immer wieder drohenden »Arbeitslosenfrage«. 1896 mahnte er in einem Vortrag: »Wir brauchen dafür Raum nach außen, Erweiterung der Erwerbsmöglichkeit [...], das heißt Ausdehnung des ökonomischen Machtbereichs Deutschlands nach außen, und diese ist auf Dauer absolut bedingt durch Ausdehnung der politischen Macht nach außen« (zit. nach: Lautemann/Schlenke 1980, 586). Ein Jahr später legte er nach, und zwar direkt an die verehrte »Arbeiterschaft« gewendet:

»Die deutsche Arbeiterschaft hat heute noch die Wahl, die Arbeitsgelegenheit im Vaterland oder auswärts zu suchen. Dies wird aber in nicht allzu langer Zeit definitiv zu Ende gehen, ob die Arbeiter wollen oder nicht. Der Arbeiter wird dann ausschließlich auf denjenigen Ernährungsspielraum beschränkt sein, den ihm das Kapital und die Macht seines Vaterlandes zu schaffen weiß. Wann sich diese Entwicklung vollzieht, weiß man nicht, sicher ist aber, daß sie sich vollzieht, sicher ist die Entstehung eines erbitterten Kampfes um die Macht an Stelle eines scheinbaren friedlichen Fortschrittes« (a.a.O., 586).

Diese Mischung aus leviathanischer Drohung und imperialer Lokkung konnte sich auf das Apriori eines kapitalistisch bedingten »Ernährungsspielraums« beziehen, den die sozialistische Arbeiterbewegung in der Form des Geldlohns als der einzig denkbaren gesellschaftlichen Reproduktion zumindest implizit bereits anerkannt hatte. Noch krasser wurde im selben Jahr 1897 der National-Soziale Verein des liberalen Chefideologen Friedrich Naumann, dessen Ideen bis heute als Grundlage des »sozialliberalen« Flügels im deutschen Liberalismus gelten. Es ist vielleicht niemals deutlicher geworden, wie sehr die liberalen Demokraten des Kaiserreichs zur geistigen Vorbereitung nicht nur der Weltkriegsepoche, sondern auch des Nationalsozialismus unmittelbar beigetragen haben. Im »National-sozialen Katechismus« zur Popularisierung eines »sozial« modifizierten liberalen Denkens wurde kein Blatt vor den Mund genommen:

»1. Warum nennt ihr euch nationalsozial? Weil wir überzeugt sind, daß das Nationale und das Soziale zusammengehören. 2. Was ist das Nationale? Es ist der Trieb des deutschen Volkes, seinen Einfluß auf der Erdkugel auszudehnen. 3. Was ist das Soziale? Es ist der Trieb der arbeitenden Menge, ihren Einfluß innerhalb des Volkes auszudehnen. 4. Wie hängt beides zusammen? Die Ausdehnung des deutschen Einflusses auf der Erdkugel ist unmöglich ohne Nationalsinn der Masse, und die Ausdehnung des Einflusses dieser Masse im Volk ist unmöglich ohne weitere Entwicklung der deutschen Macht auf dem Weltmarkte. 5. Inwiefern hängt die Ausdehnung deutschen Einflusses auf der Erdkugel vom Nationalsinn der Masse ab? Weil die großen Opfer, welche für Flotte und Heer gebracht werden müssen, wenn Deutschland in Asien, Afrika, Amerika und vor allem auch in Europa etwas bedeuten soll, nicht auf die Dauer ohne den Willen der arbeitenden Menge aufgebracht werden können [...] 22. Kann sich der Einfluß aller Kulturvölker nicht gemeinsam ausdehnen? Nein, denn dazu ist der Absatzmarkt für die Waren dieser Völker nicht groß genug. Dieser Markt wächst langsamer als das Streben nach Ausdehnung in den Kulturvölkern. Der Kampf auf dem Weltmarkt ist ein Kampf um's Dasein [...]« (zit. nach: Opitz 1994, 125).

Ganz offensichtlich verschränkten sich autoritärer Sozialstaat und Imperialismus zu einem politisch-ökonomischen Gesamtkomplex, in dem die inneren Widersprüche des Kapitalismus aus dem nationalen Binnenraum nach außen gelenkt werden sollten. Dieser Zusammenhang zeigte sich nicht nur in Großbritannien und im wilhelminischen Deutschland, sondern in allen industriekapitalistischen Staaten. Schon im 19. Jahrhundert wurde dafür der Begriff des »Sozialimperialismus« geprägt. So wichtig dieser Aspekt aber auch ist, er kann trotzdem nicht allein oder hauptsächlich den Imperialismus erklären, wie es etwa der Sozialhistoriker Hans-Ulrich Wehler behauptet, bei dem die sozialimperialistische Option zumindest für das Deutsche Reich als zentrales Moment erscheint; und zwar in erster Linie motiviert durch die konservative Abwehr gegen die Reformbestrebungen der Sozialdemokratie. Demgegenüber sind nicht nur der strategische Zugriff auf Rohstoffreserven, die Eigeninteressen der kolonialen Händler oder Investoren und die Eigendynamik des militärisch-industriellen Komplexes mit seiner gesamtgesellschaftlichen Funktion als eigenständige Faktoren anzuführen. Vielmehr war es die Logik der kapitalistischen Konkurrenz an sich, die durch das nationalökonomische Bezugssystem auf eine politische, zwischenstaatliche Ebene transformiert wurde: Die Fortsetzung der Konkurrenz in den politisch-militärischen Formen der sich gegenübertretenden »ideellen Gesamtkapitalisten« mußte ganz unabhängig von irgendeinem positiven Nutzen als quasi zweckloser (oder eben auch auf dieser Ebene selbstzweckhafter) Kampf um »Interessensphären« ausgetragen werden. Dieser oder jener Nutzen mochte als nachgeschobene Begründung herhalten, und sei es auch nur die abstrakte »Hoffnung, daß die betreffenden Territorien künftig einmal ökonomisch nutzbringend entwickelt werden könnten, wiewohl deren wirtschaftlicher Wert im gegebenen Augenblick gleich Null oder negativ war« (Mommsen, a.a.O., 100). Einen Erklärungswert hat diese Feststellung aber nur, wenn sie auf den von Haus aus irrationalen Charakter des Kapitalismus und seiner »Marktwirtschaft« bezogen wird, statt diese als beste aller Welten axiomatisch vorauszusetzen.

Ausgerechnet Bananen

Wenig plausibel ist es auch, den Sozialimperialismus der sozialdemokratischen Reformforderung gegenüberzustellen. Die »verhausschweinte« Arbeiterbewegung dachte ja bereits in kapitalistischen Erwerbskategorien und war auf die bürgerlichen Formen der Nation und der Demokratie fixiert, womit sie schon den Keim des Sozialimperialismus in sich trug. Zwar stimmte die deutsche Sozialdemokratie im Reichstag regelmäßig gegen das Budget für den Flottenbau, und die internationalen Sozialistenkongresse verabschiedeten eine pazifistische Erklärung nach der anderen. Das alles blieb jedoch Papier und wurde von niemandem so ganz ernst genommen mit Ausnahme des zahlenmäßig wenig bedeutenden äußersten linken Flügels, wie er in Deutschland unmittelbar vor dem Weltkrieg von Rosa

Luxemburg repräsentiert wurde. Die formale Ablehnung der imperialen Expansions- und Rüstungspolitik rührte wohl eher daher, daß die sozialistischen und gewerkschaftlichen Apparate von den imperialistischen Eliten weiterhin aus der staatlichen Mitverwaltung ausgegrenzt wurden, und weniger aus einer wirklich prinzipiellen Gegnerschaft.

Das wichtigste Vehikel eines Anschlusses der Arbeiterbewegung an den Sozialimperialismus war natürlich der Hurra-Nationalismus, den die sozialistischen Parteien längst vor der imperialistischen Epoche sozusagen mit der linksliberalen Muttermilch aufgesogen hatten. Schon im Deutsch-Französischen Krieg von 1870/71 war der offene Zusammenbruch der internationalen sozialistischen Freundschaft nur deswegen vermieden worden, weil die eigentümliche Konstellation einer bürgerlichen Regierung, die sich selbst aus Furcht vor dem Nationalismus der Massen an den »äußeren Feind« auslieferte, die wahren Verhältnisse verzerrt hatte. Als diese besondere Situation mitsamt der »Pariser Commune« jedoch noch nicht existierte und die beiden kapitalistischen Staaten sich im ganz »normalen« modernen Kriegszustand befanden, war schon nahezu ein halbes Jahrhundert vor dem Ersten Weltkrieg deutlich geworden, wo die Sozialisten beiderseits des Rheins wirklich standen, nämlich auf der Seite ihres jeweiligen kapitalistischen »Vaterlandes« – bereit zum Brudermord. Die einschlägigen Dokumente wurden zwar später nicht mehr gern zitiert, aber sie lassen an Deutlichkeit nichts zu wünschen übrig. Als die preußisch-deutschen Regimenter gen Frankreich zogen, verabschiedete z. B. in Augsburg eine »allgemeinen Arbeiterversammlung« eine Resolution, die als exemplarisch für die Stimmung unter den sozialdemokratischen Arbeitern betrachtet werden darf:

»Der gegenwärtige Krieg, weil nicht durch Interessen des Volkes, des deutschen sowie des französischen, bedingt, ist verdammenswert vom Standpunkte des fühlenden Menschen, des Sozialisten, des Republikaners. Da aber eine rein verneinende Haltung der vorliegenden Frage gegenüber in gegenwärtiger Zeit nicht denkbar (!), so erklärt die heutige Arbeiterversammlung weiter wie folgt: Deutsche, angegriffen durch den Mörder aller Volksfreiheit [...] Louis-Napoleon, haben die Pflicht, mit allen ihren Kräften für die Verteidigung des heimatlichen Bodens einzustehen [...]« (zit. nach: Deuerlein 1970, 46f.).

Und als wenig später die französischen Armeen besiegt waren, gab der Ausschuß der Sozialdemokratischen Arbeiterpartei in Braunschweig ein von deutschnationalen Phrasen geradezu triefendes Sieges-Manifest heraus, das bereits alle späteren Unappetitlichkeiten sozialistischer Weltkriegs-Begeisterung enthielt:

»Ein solcher Verteidigungskrieg schließt nicht aus, daß man den Feind angreife; er schließt, wie jeder Krieg, ein, daß letzterer zum Frieden gezwungen wird. Daher mußten wir selbst dann noch den deutschen Heeren den Sieg wünschen, als die unmittelbare Bedrohung der deutschen Grenzen beseitigt und unser braves Heer mitten in Frankreich hineingedrungen war; freudig bewegten uns die in unerhörter Tapferkeit, in großartigster Todesverachtung von unseren deutschen Brüdern errungenen glorreichen Siege. Und gewiß können wir stolz darauf sein, einem solchen Heldenvolke anzugehören. Aber mehr als je ist es jetzt, in dem Bewußtsein des ruhmvollsten Sieges, unsere Pflicht, uns nicht zu berauschen in dem wilden Siegestaumel [...]« (zit. nach: Deuerlein 1970, 107).

Ungefähr zur selben Zeit ließen sich auch die französischen Arbeitervereine und die französische Sektion der Internationalen (!) Arbeiterassoziation, aus deren Reihen wenig später die »Pariser Commune« hervorgehen sollte, in Sachen Nationalismus nicht lumpen und boten ihren deutschen Kollegen in einer Proklamation freundschaftliches Totschießen an:

»An das deutsche Volk! An die sozialistische Demokratie der deutschen Nation! [...] Das republikanische Frankreich fordert dich im Namen der Gerechtigkeit auf, deine (!) Armeen zurückzuziehen. Sonst werden wir bis zum letzten Mann kämpfen und dein und unser Blut in Strömen vergießen müssen [...] Geht hinter den Rhein zurück [...] Es lebe die Weltrepublik! [...]« (zit. nach: Pariser Kommune 1871/Dokumente, 1931, 114f.).

Die ganze Rabulistik und Heuchelei des späteren sozialistischen Einschwenkens auf den Imperialismus ist hier auf beiden Seiten schon in der Keimform erkennbar; besonders widerwärtig in jener Urformel aller linken »Realpolitiker« bis heute, daß zu den an sich und eigentlich »verdammenswerten« Scheußlichkeiten des Kapitalismus keine »rein verneinende Haltung« eingenommen werden könne, und so müsse man leider das genaue Gegenteil von dem praktisch tun, was man theoretisch (angeblich) für richtig halte. Der Drang zum kapitalistischen Mitmachen und zum Mitverwalten nicht nur der »abstrakten Arbeit« und ihrer Absurditäten, sondern auch der blutigen nationalistischen Schlächtereien (heute: der kapitalistischen »Weltpolizei«) war offenbar schon so ungestüm geworden, daß er von der politischen Repression des bürgerlichen Staatsapparats nur noch mühsam zurückgehalten werden konnte. Immerhin widersetzte sich die deutsche Sozialdemokratie 1871 noch der Annexion von Elsaß-Lothringen; ein Rest von abstraktem »Internationalismus«, der nicht lange Bestand haben sollte. Diese Haltlosigkeit drückt übrigens sogar der Begriff des »Internationalismus« selbst aus, der ja die positive Existenz von »Nationen« und damit der kapitalistischen Vergesellschaftungsform bereits voraussetzt.

Wer A sagt, muß bekanntlich auch B sagen. Und so erwies sich die offiziell »antimilitaristische« Sozialdemokratie in allen kapitalistischen Ländern hinter den Kulissen ganz praktisch und von ihrer allgemeinen Mentalität her schon Jahrzehnte vor dem Ersten Weltkrieg als integraler Bestandteil eines »volkstümlichen« Militarismus, der durchaus auch von der Basis ausging. Die preußische Tüchtigkeitsideologie mit ihrer Verherrlichung der sogenannten Sekundärtugenden wie Disziplin, Pünktlichkeit usw. als moralische Werte »an sich« war nicht nur in den Massen der Lohnarbeiter nach einer langen Epoche der Eintrichterung und Gehirnwäsche durch Fabriksystem und »Volkspädagogik« tief verwurzelt, sondern schloß auch wie selbstverständlich die Armee als »Schule der Nation« ein. Daß in dieser segensreichen Institution den jungen Rekruten einmal richtig »die Löffel langgezogen« und ihnen »Manieren beigebracht« würden, gehörte zum Standardrepertoire erbaulicher Sprüche von Eltern, Lehrern und Veteranen. Und so ist auch die überlieferte Wirtshausparole sozialistischer Jungarbeiter durchaus glaubwürdig: »Wir sind Soldaten und Sozialdemokraten, beides mit Leib und Seele« (zit. nach: Grebing 1979, 134).

Schon 1887, als sie noch unter dem Sozialistengesetz verboten war, hatte es in einem Aufruf der Sozialdemokratie geheißen: »Wir verlangen die allgemeine Volksbewaffnung, die Erziehung der gesamten Nation zur Wehrhaftigkeit, die Schaffung eines Volksheeres, welches die ganze Wehrhaftigkeit der Nation umfaßt« (zit. nach: Schulz 1976, 255). Daß dieser fromme Wunsch die Vermutung einschloß, ein solches »Volksheer« sei nur zur Verteidigung geeignet, machte die Nähe der sozialdemokratischen Mentalität zum imperialen Militarismus kaum geringer. Nach dem Sturz Bismarcks und der Aufhebung des Sozialistengesetzes beeilte sich der neue Reichskanzler und preußische General Leo von Caprivi (1831–1899), den »Eifer« der sozialdemokratisch geschulten Soldaten in der Armee lobend hervorzuheben. August Bebel antwortete ihm im Reichstag nicht etwa mit giftigem Hohn, sondern außerordentlich geschmeichelt:

»Das wundert mich gar nicht und beweist nur, daß die Herren von der Rechten und von der Regierung von der Tüchtigkeit (!) der Sozialdemokraten eine ganz falsche Anschauung haben. Ich glaube sogar, daß die Bereitwilligkeit, mit der gerade meine Parteigenossen sich der vorschriftsmäßigen Disziplin gefügt haben (!), ein Ausfluß der Disziplin ist, die ihnen das Leben beibringt (!). Die Sozialdemokratie ist also gewissermaßen eine Vorschule für den Militarismus (!)« (zit. nach: Rocker 1980/1950, 45).

Dieser verräterische, gleichwohl dennoch ideologieimmanente Ausrutscher Bebels findet sich bezeichnenderweise weder in den gängigen Dokumentensammlungen noch in den Standardwerken zur Geschichte der Arbeiterbewegung, und es bedurfte des polemischen Interesses eines Anarchisten wie Rocker, um auf diese Spur stoßen zu können. Den Dank für eine derart treudeutsche Militärbegeisterung der Sozialdemokratie stattete der Kaiser bei der Rekrutenvereidigung der Garderegimenter im November 1891 ab, indem er harsch verkündete:

»Ihr habt Mir Treue geschworen, das – Kinder Meiner Garde – heißt, ihr seid jetzt Meine Soldaten, ihr habt euch Mir mit Leib und Seele ergeben; es gibt für euch nur einen Feind, und der ist Mein Feind. Bei den jetzigen sozialistischen Umtrieben kann es vorkommen, daß ich euch befehle, eure eignen Verwandten, Brüder, ja Eltern niederzuschießen – was ja Gott verhüten möge –, aber auch dann müßt ihr Meine Befehle ohne Murren befolgen« (zit. nach: Schulz 1976, 284 f.).

Trotz derartiger Provokationen konnte zehn Jahre später der Publizist Maximilian Harden (1861–1927) in seiner Zeitschrift »Die Zukunft« mit einigem Erstaunen feststellen: »Bebels Kritik des Heeresbudgets verrät fast herzlichere Teilnahme als die Ausstellungen so manches Staatserhaltenden. Jedenfalls mehr Verständnis und Willen zur Verständigung« (zit. nach: Schulz 1976, 319). Bei so viel Militärfreundschaft und Liebe zu militärischen Sekundärtugenden kann es kaum verwundern, daß das leviathanische Erbe des Liberalismus in der Sozialdemokratie auch hinsichtlich des Kolonialismus immer stärker zum Durchbruch kam. Auch auf diesem Gebiet speiste sich die offizielle sozialistische Ablehnungspolitik mehr aus dem Frust über die Ausgrenzung aus der Herrschaft und ihrer Verwaltung als aus einer prinzipiellen Gegnerschaft. Hinter der Fassade des offiziellen Antikolonialismus kamen daher in allen wichtigen sozialistischen Parteien Europas immer stärkere Signale einer Annäherung des Interesses an die imperialistische Expansion, die von einer stärker werdenden Minderheit bei den internationalen Sozialistenkongressen offen befürwortet wurde.

Große Teile der Sozialdemokratie betrachteten den Kolonialismus nicht als grundsätzlich verdammenswert, sondern eher im Gegenteil als Moment jener »zivilisatorischen Mission« des Kapitalismus, von der Marx in ganz anderem Zusammenhang gesprochen hatte. Eduard Bernstein (1850–1932), Kopf der sogenannten Revisionisten, die alles im Sinne einer biedermännischen Reformpolitik »Anstößige« in der marxistischen Theorie liquidieren wollten, formulierte diese Haltung programmatisch in seinem berühmten Buch »Die Voraussetzungen des Sozialismus und die Aufgaben der Sozialdemokratie« (1899) mit brutaler Offenheit:

»Sonst liegt wohl Grund vor, bei Erwerbung von Kolonien stets deren Wert und Aussichten streng zu prüfen und die Abfindung und Behandlung der Eingeborenen sowie die sonstige Verwaltung scharf zu kontrollieren, aber kein Grund, solchen Erwerb als etwas von vornherein Verwerfliches zu betrachten. Ihre, durch das gegenwärtige Regierungssystem gebotene politische Stellung verbietet der Sozialdemokratie, in diesen Dingen eine andere als kritisierende Haltung einzunehmen [...] Aber auch die Zukunft hat an uns ihre Rechte. Wenn wir berücksichtigen, daß Deutschland zur Zeit jährlich ganz erhebliche Mengen Kolonialprodukte einführt, so müssen wir uns auch sagen, daß einmal die Zeit kommen kann, wo es wünschenswert sein mag, mindestens einen Teil dieser Produkte aus eigenen Kolonien beziehen zu können [...] Nicht das Ob, sondern das Wie ist hier das Entscheidende. Es ist weder nötig, daß Besetzung tropischer Länder durch Europäer den Eingeborenen Schaden an ihrem Lebensgenuß bringt, noch ist es selbst bisher durchgängig der Fall gewesen. Zudem kann nur ein bedingtes Recht der Wilden auf den von ihnen besetzten Boden anerkannt werden (!). Die höhere Kultur hat hier im äußersten Fall auch das höhere Recht (!). Nicht die Eroberung, sondern die Bewirtung des Bodens gibt den geschichtlichen Rechtstitel auf seine Benützung« (Bernstein 1969/1899, 180).

Bemerkenswert ist hier nicht allein die Tatsache, daß der Kolonialismus prinzipiell akzeptiert und »im äußersten Fall« das »höhere« Eroberungsrecht der angeblich »höheren« europäischen Kultur propagiert wird. Bernstein sagt auch ohne Umschweife, daß allein ihre »durch das gegenwärtige Regierungssystem gebotene politische Stellung« (sprich: ihre Ausgrenzung aus der Macht) die Sozialdemokratie zu ihrem offiziellen Antikolonialismus veranlassen konnte. Besonders verräterisch aber ist die Begründung für das »höhere Recht«, nämlich der Verweis auf die »Bewirtung des Bodens«, d. h. dessen »Inwertsetzung« durch »abstrakte Arbeit«, während die nicht auf Warenproduktion beruhenden Existenzweisen für rechtlos erklärt werden.

Daß sich nicht bloß der »revisionistische« Flügel, sondern im Grunde genommen die gesamte Sozialdemokratie (mit Ausnahme wiederum des unbedeutenden äußersten linken Flügels) im Banne des kolonialistischen Denkens befand, sollte sich schon bald zeigen. Ein Jahr nach dem Erscheinen des Buches von Bernstein brach in China der sogenannte Boxeraufstand (benannt nach einer europäerfeindlichen Geheimorganisation) gegen die imperialistische Einflußnahme los, der von einem gemeinsamen Expeditionskorps der europäischen Mächte blutig niedergeworfen wurde. Gern beteiligte sich auch das Deutsche Reich an diesem kolonialen Schlachtfest; hatte doch schon 1895 ein Maler namens Knackfuss im Auftrag des deutschen Kaisers einen Ölschinken zum Thema »Die Gelbe Gefahr« angefertigt – ein Schlagwort, mit dem die Annexionsgelüste in Asien gerechtfertigt wurden. Und im Namen der imperialistischen Gemeinsamkeit war das deutsche Mitmachen in diesem Fall unter der seither berüchtigten Parole »Germans to the front« wohlgelitten, zumal ein äußerer Anlaß der »Friedensmission« darin bestand, daß der als besonders übler Chauvinist aufgefallene deutsche Gesandte in Peking, Baron von Ketteler, am 20. Juni 1900 auf offener Straße erschossen worden war. Wilhelm II. verabschiedete seine Schlächtergarde auf dem Weg nach Asien in Bremerhaven mit einer »Hunnenrede«:

»Wer euch in die Hände fällt, sei euch verfallen! Wie vor tausend Jahren die Hunnen unter ihrem König Etzel sich einen Namen gemacht, der sie noch jetzt in Überlieferung und Märchen gewaltig erscheinen läßt, so muß der Name Deutscher in China auf tausend Jahre durch euch in einer Weise betätigt werden, daß niemals wieder ein Chinese es wagt, einen Deutschen auch nur scheel anzusehen [...] Öffnet der Kultur (!) den Weg ein für allemal« (zit. nach: Schulz 1976, 314f.).

Diese unübersehbare spezifisch preußisch-deutsche Verbindung von offener Barbarei, Disziplin, Präzision und »Kulturanspruch« sollte sich in den folgenden Jahrzehnten bis zum größten Menschheitsverbrechen steigern. Die »Hunnenrede« hat sich so tief ins Gedächtnis dieser Zeit eingegraben, daß die Deutschen noch im alliierten Landser-Jargon des Ersten Weltkriegs als »Hunnen« tituliert wurden. Und der Oberliberale Friedrich Naumann, von Haus aus evangelischer Pastor und glühender Imperialist, erhielt seitdem den Ehrennamen »Hunnenpastor«. Vier Monate nach dieser berüchtigten Rede sprach sich August Bebel im Reichstag auf eine Weise gegen die offizielle China-Politik aus, die ganz im Sinne Bernsteins gehalten war:

»Wirkliche, echte deutsche, europäische Kultur und Zivilisation in der ganzen Welt zu verbreiten, wo immer es daran fehlt (!), ist eine große und schöne Aufgabe (!), aber es kommt auf die Art und Weise an, wie man diesen Gedanken durchführt, es kommt auf die Art und Weise an, wie man zu den fremden Völkern kommt, denen man Kultur und Zivilisation bringen will (!)« (zit. nach: Schulz 1976, 318).

Schon 14 Jahre vor dem Ersten Weltkrieg wurde also deutlich, daß auch die marxistische Mehrheit in der deutschen Sozialdemokratie über ein »gemäßigtes Hunnentum« in der Kolonialfrage nicht hinauskam. Und auch diese Haltung fand sich entsprechend an der Basis der Arbeiterbewegung. Mein eigener Großvater, ein überzeugter sozialdemokratischer Gewerkschafter im Maschinenbau, der im Ersten Weltkrieg sogar desertiert war und sich noch als alter Mann gegen den Vietnamkrieg der USA ereifern konnte, vermochte trotzdem den kolonialen Genüssen in der Erinnerung nur Positives abzugewinnen. Es waren auch die Massen der Lohnarbeiter, die es später als ein großes Unrecht empfanden, daß man dem Deutschen Reich »unsere Kolonien« weggenommen hat. Die exotischen Früchte in den »Kolonialwarenläden« müssen im »großgehungerten« Deutschen Reich einen ungeheuren Eindruck gemacht und die Suggestion eines »Hauchs von Luxus« erzeugt haben, demgegenüber die »Rechte der Wilden« kaum ins Gewicht fielen.

Kann ich den Erzählungen meiner Großeltern Glauben schenken, dann besitzt die deutsche »Arbeiterklasse« seither offenbar ein absonderliches Verhältnis – zu Bananen, die sogar im heimischen Liedgut (»ausgerechnet Bananen«) besungen wurden. Vielleicht gehört es zum kollektiven Unbewußten, daß für die Massen der DDR wiederum die Banane zur symbolischen Frucht für die Freuden des DM-Nationalismus avancierte; waren doch schon die arbeiterbewegten Vorfahren gewissermaßen mit Bananen auf die Schlachtfelder der Weltkriegsepoche gelockt worden.

Die Biologisierung der Weltgesellschaft

Imperialismus und internationale kapitalistische Konkurrenz um die Aufteilung der Welt, militärisch-industrieller Komplex und Flottenbewegung, koloniale Ansprüche und kulturelle Überlegenheitspropaganda konnten nicht ohne Folgen für das gesellschaftliche Bewußtsein des Kapitalismus an der Schwelle zum 20. Jahrhundert bleiben. In einer eigentümlichen Mischung aus Angst vor der Weltmarktkonkurrenz und dem bedrohlichen Fremden, nationalistischem Triumphalismus und kulturellem Messianismus braute sich in der gesamten kapitalistischen Welt eine aggressive neue Wahnideologie zusammen. Hatte schon der früheste Liberalismus seit Hobbes die sozialen Beziehungen ideologisch »naturalisiert« und seit Adam Smith als die mechanistische Pseudo-Physik der Marktmaschine dargestellt, und hatte Malthus mit seinem »Bevölkerungsgesetz« den Schritt zur Biologisierung der Krise vollzogen, so brüteten die Hirne der imperialen Konkurrenz nun eine weit darüber hinausgehende, umfassende *biologistische Weltanschauung* aus. Das liberale Programm einer Naturalisierung des Sozialen wurde dabei aus einer eher metaphorischen in eine buchstäbliche Bedeutung gehoben, die das gesamte System menschlicher Kultur und Gesellschaft als einen unmittelbaren Bestandteil der (selber wieder ideologisierten) Biologie definierte und eine ungeheure Resonanzschwingung im Massenbewußtsein erzeugen sollte. Dieser Biologismus, der bis heute nicht allein nachwirkt, sondern immer neu aus den Konkurrenzverhältnissen hervorquillt, hat das moderne Denken entscheidend geprägt und für immer dessen zutiefst irrationale, sozialpathologische Potenz enthüllt.

Zum Schrittmacher des neuen Biologismus wurde keineswegs unfreiwillig einer der größten modernen Naturwissenschaftler, der kaum weniger als Newton das Weltbild umgestürzt hat. Es war der britische Landadelige und gescheiterte Priesteramtskandidat Charles Darwin (1809–1882), der die mechanistische Sicht der physikalischen Welt und der menschlichen Gesellschaft durch eine biologistische Welterklärung ergänzt und erweitert hat. Dabei geschah etwas, das typisch und symptomatisch ist für die moderne Naturwissenschaft überhaupt: Eine wirkliche große Entdeckung verschmolz vollständig mit einem irrationalen ideologischen Impuls und unreflektierten Interessen des kapitalistischen Fetisch-Systems, um sich schließlich mit einer enormen Zerstörungskraft aufzuladen.

Darwins Familie waren wohlhabende »Whigs«, Liberale der schlimmsten Sorte und gleichzeitig naturwissenschaftlich interessiert, wie seine Biografen belegen (Desmond/Moore 1995); schon Darwins Großvater Erasmus, ein Arzt, Dichter und Tüftler, der unter anderem eine Sprechmaschine konstruierte, die das Vaterunser und die Zehn Gebote aufsagen konnte, hatte Ende des 18. Jahrhunderts über eine mögliche Veränderung der Arten und eine »Abstammungslehre« spekuliert, die auszuarbeiten seinem Enkel vorbehalten blieb – dem er immerhin ein einschlägiges »freigeistiges« Credo in Versen hinterließ:

> Erzeugt ohne Eltern, entsteht von allein
> Im Nebel der Vorzeit organisches Sein

Es ist heute kaum vorstellbar, daß noch bis in die erste Hälfte 19. Jahrhunderts, mitten in einer Epoche der Industrialisierung und der Blüte kapitalistischer Naturwissenschaften, erst schwache Ansätze für das Verständnis einer wirklichen *Naturgeschichte* existierten (vor Kant meinte dieser Begriff nur den allgemeinen Zusammenhang der Naturerscheinungen, keine Entwicklungsgeschichte im fortlaufenden Sinne). Selbst noch Hegel kam ein solcher Gedanke absonderlich vor. Trotz »Aufklärung«, Naturerkenntnis und Technologie des Kapitals wurde in diesem Punkt die Bibel von großen Teilen der offiziellen Gesellschaft nach wie vor bierernst wörtlich genommen. So galt es nicht nur bei Ungebildeten als selbstverständlich, daß Gott vor ungefähr sechstausend Jahren die natürliche Welt samt allen Tier- und Pflanzenarten als unveränderliches Ensemble geschaffen habe, auch wenn sich die Naturwissenschaft weitgehend schon eines viel größeren Zeitraums erdgeschichtlicher Vergangenheit bewußt war. Auch der Gedanke der biologischen Evolution keimte bereits seit geraumer Zeit, so bei dem französischen Naturforscher Jean-Baptiste Lamarck (1744–1829), der die Unveränderlichkeit der

Arten angezweifelt hatte, ohne diese Lehre jedoch ausarbeiten und ihr zum Durchbruch verhelfen zu können. Darwin sammelte auf einer Weltreise, die er von 1832 bis 1837 als finanziell unabhängiger wissenschaftlicher Begleiter an Bord des britischen Forschungs- und Vermessungsschiffs »Beagle« unternahm, nicht nur zahlreiche Präparate und Fossilien, sondern entwickelte in seinen Notizbüchern auch die Grundgedanken der »Abstammungslehre«, die er erst Jahrzehnte später, gedrängt von Freunden, veröffentlichen sollte. Erst 1859, gewissermaßen pünktlich zum Beginn der neuen imperialistischen Runde, erschien sein Werk »Über die Entstehung der Arten durch natürliche Zuchtwahl«. 1871 folgte, wiederum nach langem Zögern, die Anwendung und Erweiterung seiner Lehre auf die menschliche Herkunft aus dem Tierreich: »Die Abstammung des Menschen und die geschlechtliche Zuchtwahl«.

Der Kampf ums Dasein

Es hatte natürlich seinen Grund, daß Darwin so lange zögerte, zagte und zweifelte, bevor er sich mit seiner wissenschaftlich untermauerten Evolutionstheorie an die Öffentlichkeit wagte. Denn die Beweise für eine langdauernde Entwicklung und Veränderung der Arten mußten die christlichen Kirchen, die immer noch eine Macht darstellten, kaum weniger herausfordern als einst die Entdeckungen von Kopernikus und Galilei am Firmament. Mit der Abstammungslehre wurde der letzte tragende Stein aus dem Gebäude der orthodoxen, wörtlichen Bibelauslegung herausgeschlagen; war die »Krone der Schöpfung« zuerst unter schweren ideologischen Friktionen aus dem Zentrum des Universums in eine galaktische Provinz verbannt worden, so entfiel nun auch die unmittelbare Gottebenbildlichkeit unter dem Verdikt, »kopflose, zwittrige Mollusken seien die Vorfahren der Menschheit« (Desmond/Moore 1995, 9). Noch schlimmer war die in der jüngeren Evolutionsgeschichte zu konstatierende enge Verwandtschaft mit den Primaten, die zu der volkstümlichen Vulgarisierung von Darwins Theorie führte, daß »der Mensch vom Affen abstammt«. Kaum weniger einschneidend als die Entdeckung der biologischen Naturgeschichte durch Darwin und seine Vorläufer stellte sich die nahezu gleichzeitige, erst jüngst in ihrer Bedeutung genauer reflektierte Revolutionierung des geologischen Weltbilds und die damit verbundene »Entdeckung der Tiefenzeit« (Gould 1990) von unermeßlichen Epochen der Erdgeschichte dar. Mußte die biologische Naturgeschichte der Arten nach Jahrmillionen gezählt werden, so dehnte sich die geologische Naturgeschichte auf unvorstellbare Jahrmilliarden aus. Die menschliche Geschichte schrumpfte zu einer winzigen Marginalie der planetarischen Entwicklung und die Erzählung der Genesis in der »Heiligen Schrift«, zumindest in ihrem wörtlichen Verständnis, auf den Status eines Kindermärchens. Während aber die geologische »Tiefenzeit« und ihre Konsequenzen in der breiten Öffentlichkeit weniger beachtet wurden, rief Darwins Abstammungslehre bei allen rechtgläubigen Stützen von »Thron und Altar« zunächst den erwarteten Sturm der Entrüstung hervor. Es darf nicht vergessen werden, daß die sogenannte Aufklärung die christliche Religion ja keineswegs grundsätzlich negiert und das religiöse Denken aufgehoben, sondern nur den Platz der Religion in der Gesellschaft neu definiert und die Angelegenheiten von Wissenschaft und Ökonomie säkularisiert hatte. Jetzt schien es so, als habe die Naturwissenschaft in Gestalt Darwins und seiner Anhänger gewissermaßen den Waffenstillstand gebrochen und erneut eine Demarkationslinie überschritten. Bis heute ist die orthodoxe christliche Erregung nicht abgeebbt, und die mächtigen USA blamieren sich noch immer durch ihre calvinistischen Fanatiker, die Darwins Evolutionslehre aus dem Schulunterricht verbannen und durch die Schöpfungsgeschichte des Alten Testaments ersetzen wollen.

Es mochte ein konservatives politisches Denken erzürnen, wenn die Axt an die letzten Wurzeln des religiösen Bewußtseins gelegt wurde; hatte doch die kapitalistische Volkspädagogik mit ihrem Training der disziplinierenden Sekundärtugenden stets an die populäre religiöse Vorstellungswelt appelliert und »das Volk« gerne in einem Zustand naiver Demütigkeit gesehen. Insofern konnten auch die zeitgenössischen liberalkonservativen Eliten angesichts des »Darwinismus« bedenklich gestimmt sein.

Aber andererseits existierte auch seit Aufklärungszeiten ein zunächst minoritäres, jedoch im Zuge der »Vernaturwissenschaftlichung« rasch anwachsendes »freigeistiges« Milieu innerhalb des Liberalismus, dem ja auch schon Darwins Großvater angehört hatte. Man konnte (klammheimlich oder offen) die Religion gar nicht mehr ernst nehmen; vordergründig im Zeichen der erfolgreichen Naturwissenschaften und ihrer »Entzauberung« der Welt. Diese liberale Freigeisterei war jedoch in Wahrheit alles andere als befreiend, weil sie längst an die Stelle des christlichen Gottes die Vergöttlichung der »schönen Maschine«, also der mahlenden Weltbewegung des Kapitals und seiner Selbstzweckhaftigkeit gesetzt hatte. Die Befangenheit in diesem säkularisierten quasi-religiösen Bewußtsein erlaubte es nicht, die Involvierung der Naturwissenschaft als »kapitalistische Magie« in diesen irrationalen und destruktiven Zusammenhang zu reflektieren und bewußt zu machen.

Auch die Dissidenten des Liberalismus wie Marx und Engels blieben für diesen Kontext völlig blind. Marx sah am Darwinismus in erster Linie die naturwissenschaftliche Entdeckungsleistung und verehrte Darwin geradezu, dessen »materialistische« Evolutionstheorie der Natur ihm seine eigene »materialistische« Evolutionstheorie der Gesellschaft zu stützen schien. Zwar machte er sich am Rande auch darüber lustig, daß Darwin im Tierreich die zeitgenössische englische Gesellschaft wiedererkannte, aber das schien ihm unbedeutend und tat seiner Begeisterung keinen Abbruch. Nach Erscheinen der zweiten Auflage des »Kapital« (1873) schickte er dem Meister ein Widmungsexemplar, ohne freilich mehr als eine höfliche Zurückweisung zu ernten. Denn Darwin stand mit beiden Beinen fest auf dem Boden eines orthodoxen Liberalismus und hatte sogar Schuldgefühle wegen seiner lästerlichen naturwissenschaftlichen Ambitionen. Der Konflikt in Darwins Seele spiegelte nur die Tatsache, daß der Widerspruch zwischen naturwissenschaftlicher Freigeisterei und konservativ-klerikaler Gesinnung kaum mehr als ein Familienzwist innerhalb des Liberalismus und seiner herrschenden Eliten war.

Die Freigeister wollten entweder die naturwissenschaftliche Scheinaufhebung der Religion für die Eliten reservieren, während »das Volk« aus disziplinarischen Gründen weiterhin mit christlicher Glaubensdemut gefüttert werden sollte; diese Haltung kehrte gewissermaßen die aufklärerische Vorstellung vom »Priesterbetrug« um, wonach die Religion ohnehin nur ein Herrschaftsinstrument in den

Händen von in Wahrheit materialistischen Eliten sei. Oder, soweit die Freigeister »das Volk« einbeziehen und naturwissenschaftlich-materialistisch umschulen wollten, waren sie Demokraten im schlimmsten Sinne dieses Begriffs seit Bentham: Die Ersetzung der Religion durch die Naturwissenschaft sollte die rohe Form einer äußerlichen Gängelung der Massen durch die raffiniertere Form einer massenhaften Selbst-Disziplinierung ablösen, nunmehr nach angeblich »naturwissenschaftlichen« und sogar biologischen Gesetzmäßigkeiten. Nur insofern stellten die Freigeister eine Avantgarde dar, deren Einfluß bis in die liberalen Arbeitervereine reichte.

Und genau in diesem Sinne entfaltete schließlich der Darwinismus seine verheerende Wirkungsgeschichte. Nicht nur die freigeistige Avantgarde eines demokratischen Liberalismus, sondern die liberalkonservativen Spitzen der kapitalistischen Gesellschaft selbst mußten letzten Endes anerkennen, welches ideologische Geschenk ihnen dieser merkwürdige Gelehrte ins Nest gelegt hatte, der ein so verdächtiges »zärtliches Interesse an dem buntgefärbten Hinterteil bestimmter Affen« (Desmond/Moore 1995, 14) bekundete, auch wenn er deswegen von den Klerikalen zur Persona non grata gestempelt worden war:

> »Doch seine Wissenschaft wurde zu einer Säule des spätviktorianischen Liberalismus. Wie soll man es sich sonst erklären, daß ein Graf und zwei Herzöge als Repräsentanten der Regierung Gladstones bei seiner Beisetzung in der Westminsterabtei den Sarg trugen?« (a.a.O.).

Die liberalkonservative Wertschätzung der neuen Naturwissenschaft vom Menschen trotz ihrer häretischen Umwälzungen war nicht ohne Pikanterie, aber jedenfalls gut begründet. Darwin hatte nämlich, wenn nicht seinen Bentham, so doch seinen Malthus gelesen und dessen aus der Natur fälschlich und ideologisch abgeleitetes »Bevölkerungsgesetz« auf die Natur zurückprojiziert, um den angeblichen *Mechanismus* für die Evolution der Arten erklären zu können. Diesen glaubte er in Anlehnung an Malthus darin gefunden zu haben, daß die jeweils »zu große« Anzahl der Lebewesen einer Art einen »Kampf ums Dasein« führt, aus dem nur die Lebenstüchtigsten als Sieger hervorgehen und somit durch »Auslese« (Selektion) eine allmähliche Veränderung und Höherentwicklung bewirken; eine Auffassung, die so auch naturwissenschaftlich längst nicht mehr haltbar ist, jedoch in eine legitimatorische Ideologie umgemünzt werden konnte. Schon in seinen »geheimen Notizen« lange vor der Veröffentlichung seines Buches von 1859 hatte Darwin mit auf die Natur projizierten Konkurrenz- und Kriegs-Metaphern postuliert:

»Wir erkennen, daß das höchste Gut, das wir uns vorstellen können, nämlich die Entstehung der höheren Tiere, ein direktes Ergebnis von Tod, Hungersnot, Plünderung und dem verborgenen Krieg der Natur ist« (zit. nach: Desmond/Moore 1995, 335).

Der Darwinismus stieg kometenhaft zur großen Mode auf; seine Theorie wurde nun auf alles und jedes ausgedehnt, bis sogar das mechanistische Universum Newtons sich die Biologisierung in diesem Sinne gefallen lassen mußte: 1874 veröffentlichte der bayerische Philosoph Dr. Carl Freiherr du Prel (1839–1899) eine Abhandlung mit dem Titel: »Der Kampf ums Dasein am Himmel. Die Darwin'sche Formel nachgewiesen in der Mechanik der Sternenwelt«. Und der populärwissenschaftliche Schriftsteller Wilhelm Bölsche (1861–1939) verbreitete sich 1887 über »Darwin in der Poesie«. Es bedurfte wahrhaftig keiner großen theoretischen Anstrengung, dieselbe Lehre vom »struggle for life« auf die Gesellschaft zurückzuprojizieren und darin eine wunderbare »naturwissenschaftliche« Rechtfertigung für die kapitalistische Konkurrenz und ihre existenz- und lebensvernichtende Wirkung zu erkennen. Schon bald trieb der »Sozialdarwinismus« üppige Blüten.

Wenn imperialistische Ideologen wie Friedrich Naumann, Walter Rathenau oder Max Weber die deutschen Weltmachtansprüche formulierten, so benutzten sie dabei nicht zufällig das sozialdarwinistische Vokabular vom »Kampf ums Dasein« zwischen den kapitalistischen Nationen, das innerhalb kurzer Zeit in die politische Terminologie eingesickert war. Und dieselbe Sprache wurde auch für die »Auslese« innerhalb der Nationen verwendet: Die »Völker« sollten sich stärken und rüsten für die Konkurrenz, indem die weniger Durchsetzungsfähigen sozial ausgesiebt wurden. Entgegen zahlreichen biographischen und wissenschaftlichen Beschönigungsversuchen mit der Behauptung, der Sozialdarwinismus sei mit Darwins Theorie ebenso wenig vereinbar wie »die Astrologie mit der Astronomie« (Wuketits 1987, 101), stellten diese barbarischen Auffassungen keine Mißinterpretation Darwins dar, der vielmehr selber durchaus ganz offen als der »erste Sozialdarwinist« (Marten 1983, 69) auftrat. Er selbst war es, der »den mörderischen, aber lautlosen Kampf organischer Lebewesen, der in den friedlichen Wäldern und auf den idyllischen Feldern tobt« (zit. nach: Desmond/Moore 1995, 323), wiederum auf die menschliche Kultur und Gesellschaft übertrug und somit die »zweite Natur« der kapitalistischen Weltmaschine direkt in die »erste Natur« und ihre vermeintlichen biologischen Selektionsmechanismen zurückübersetzte. So naiv konnte Darwin gar nicht sein, um nicht die normative Parallele zwischen der gesellschaftstheoretischen Konkurrenz-Ideologie des Liberalismus (mit der er selber aufgewachsen war) und seiner biologischen Selektionstheorie sehen zu müssen. Im Gegenteil, indem er in seiner Autobiographie ausdrücklich die Lektüre von Malthus als seine entscheidende Inspiration nennt, gibt Darwin indirekt zu, daß er keineswegs, wie behauptet, einer rein induktiven, aus der geduldigen Sammlung von empirischen Sachverhalten entwickelten Theoriebildung gefolgt ist, sondern die ideologische Rechtfertigung des ökonomischen Konkurrenzmechanismus als apriorisches Interpretationsraster benutzt hat.

Wenn Darwin schon 1859 in der »Entstehung der Arten« die Formulierung gebraucht, »daß alle organischen Wesen einem scharfen Wettbewerb ausgesetzt sind« (Darwin 1995/1859, 100), so ist die begriffliche Übertragung ganz offensichtlich; denn distanziert betrachtet gehört schon ein hoher Grad von ideologischer Metaphorik dazu, die Verhältnisse des Tier- und Pflanzenreichs wie selbstverständlich mit einem Begriff des modernen Marktmechanismus zu belegen. Daß damit die Rückübertragung ebenso selbstverständlich angelegt ist, zeigt Darwin an derselben Stelle, wenn er zu seinem Begriff der »natürlichen Zuchtwahl« als Selektionsmechanismus bemerkt: »Indessen ist der von Herbert Spencer gebrauchte Ausdruck *Überleben des Tüchtigsten* besser und zuweilen ebenso bequem« (a.a.O., Hervorhebung Darwin). Dieser Herbert Spencer (1820–1903) war aber gerade ein sozialphilosophischer Biologist, der das radikale Konkurrenzdenken als »organisches Prinzip« der

Gesellschaft verteidigte, was Darwin natürlich wissen (und also billigen) mußte. Diese sozialdarwinistische Rückübertragung bestätigt sich eindeutig in seinem späteren Werk »Die Abstamung des Menschen«, wo er die Selektionstheorie direkt auf die moderne Gesellschaft bezieht:

»Der merkwürdige Erfolg der Engländer als Colonisten, gegenüber anderen europäischen Nationen, [...] ist deren ›unerschrockener und ausdauernder Energie‹ zugeschrieben worden; wer kann aber sagen, wie die Engländer ihre Energie erlangten? Wie es scheint, liegt in der Annahme sehr viel Wahres, daß der wunderbare Fortschritt der Vereinigten Staaten ebenso wie der Charakter des Volkes die Resultate natürlicher Zuchtwahl sind [...] Natürliche Zuchtwahl ist die Folge des Kampfes um's Dasein [...] Wenn wir in vielen Theilen der Erde enorme Strecken des fruchtbarsten Landes [...] nur von einigen herumwandernden Wilden bewohnt sehen, so möchte man wohl zu der Folgerung veranlaßt werden, daß der Kampf um's Dasein nicht hinreichend heftig gewesen sei, um den Menschen aufwärts auf seine höchste Stufe zu treiben [...] Nach dem, was wir z. B. in Theilen von Süd-Amerika sehen, scheint es, als würde ein Volk, welches wohl civilisiert genannt werden kann, wie die spanischen Colonisten, leicht indolent und schreite rückwärts, wenn die Lebensbedingungen gar zu günstig und leicht (!) sind. Bei hoch civilisierten Nationen hängt der beständige Fortschritt in einem untergeordneten Grade von natürlicher Zuchtwahl ab; denn derartige Nationen ersetzen und vertilgen einander nicht so, wie es wilde Stämme tun. Nichtsdestoweniger werden in der Länge der Zeit die intelligenteren Individuen einer und derselben Genossenschaft besseren Erfolg haben, als die untergeordneteren, und werden auch zahlreichere Nachkommen hinterlassen: und dies ist eine Form der natürlichen Zuchtwahl« (Darwin 1986/1871, 157f.).

Hier wird deutlich, wie Darwin »gesellschaftstheoretisch« nicht nur die naturalisierende Metaphorik der Liberalen für den sozialökonomischen Konkurrenzmechanismus aufgreift, sondern die Biologisierung des Sozialen endlich sogar buchstäblich macht, indem die »Tüchtigkeit« und Leistungsfähigkeit (nach den niederträchtigen kapitalistischen Kriterien, versteht sich) nun selber als angebliches Problem der biologischen Vererbung und »Zuchtwahl« direkt auf die

Ebene von Pflanzen und Tieren zurückgeführt wird. Damit war das angebliche Naturgesetz des Kapitalismus endgültig in einen qualitativ neuen Status eingerückt: gewissermaßen von der sozialen Naturphilosophie zur sozialen Naturwissenschaft, nämlich als Unterabteilung der Biologie.

Menschenzucht und Fortpflanzungshygiene

Wenn aber die sozialen und gesellschaftlichen Widersprüche des Kapitalismus letztlich ein biologisch-genetisches Problem waren, dann mußten sie auch einer steuernden biologischen Sozialtechnologie zugänglich sein. Daher erschien es als denkbar, der Natur auf die Sprünge zu helfen und die gesellschaftlich-soziale »Zuchtwahl« bewußt zu beschleunigen und gewissermaßen zu vollstrecken. Vor dem Hintergrund des Imperialismus steigerte sich so die bald einsetzende Flut sozialdarwinistischer Ideen und Organisationen zur Utopie der »Menschenzüchtung« für den kapitalistischen »Kampf ums Dasein« und zwecks Überlebensfähigkeit der eigenen Nation.

Diese Utopie nahm verschiedene Formen an und entwickelte eine Fülle von neuen Begriffen und Verfahren. Unter dem Namen »Eugenik« etablierten sich menschenzüchterische Bewegungen für »nationale Erbgesundheit« vor allem in den angelsächsischen Ländern und in Deutschland, die bis weit ins 20. Jahrhundert hinein Bestand hatten und anwuchsen. Ihr Anspruch war es, das gesellschaftliche »Survival of the fittest« auf unmittelbar biologischer Ebene voranzutreiben und zu organisieren. In den USA gab es dazu in der Zwischenkriegszeit unter dem Titel »Fitter Families« sogar Wettbewerbe:

»1920 wurde erstmals auf der Kansas Free Fair, wo sonst besonders wohlgeratene Schweine und Kürbisse mit Preisen bedacht wurden, auch Familien mit ›ausgezeichnetem Erbgut‹ prämiert. Eine Begleitbroschüre erklärte: ›Es ist an der Zeit, die Wissenschaft menschlicher Zuchtwahl nach den Prinzipien der wissenschaftlichen Landwirtschaft (!) zu entwickeln, wenn die besseren Elemente unserer Zivilisation dominieren oder auch nur überleben sollen‹. Unter der Schirmherrschaft der American Eugenics Society wurden die ›Fitter Families‹-Wettbewerbe [...] an jährlich bis zu zehn Orten veranstaltet. Sie fanden zahlreiche Sponsoren, bis mit der Weltwirtschaftskrise das Interesse an ihnen erlosch« (Baumunk/Rieß 1994, 169).

Selten ist deutlicher geworden, wie die aus einer gemeinsamen Wurzel gewachsene und sich wechselseitig bedingende Dummheit von Kapitalismus und moderner Naturwissenschaft in die ebenso offene wie grausame Selbstverhöhnung des bürgerlichen Herrenmenschen umschlagen muß. Es war nur folgerichtig, daß mit den positiven »eugenischen« Ideen einer nationalen Menschenzucht rasch auch die entsprechenden Vorstellungen einer negativen Selektion einhergingen. Wenn der »Zuchtwahl« durch eine Propaganda und Organisierung von »erbgesunder« Fortpflanzung nachgeholfen werden konnte, warum nicht auch im negativen Sinne durch die »wissenschaftliche« Identifikation und Aussonderung von negativen, »erbkranken« einzelnen Menschen oder ganzen Menschentypen? Auch in diesem Sinne hatte Darwin selbst in seinem Buch über die »Abstammung des Menschen« dem Sozialbiologismus die Stichworte geliefert:

»Wenn die verschiedenen [...] Hemmnisse es nicht verhindern, daß die leichtsinnigen, lasterhaften und in anderer Weise niedriger stehenden Glieder der Gesellschaft sich in einem schnelleren Verhältnisse vermehren als die bessere Classe der Menschen, so wird die Nation rückschreiten, wie es in der Geschichte der Welt nur zu oft vorgekommen ist« (Darwin 1986/1871, 154).

Hatten die Mandeville, Smith, Kant u. Co. den neuen kapitalistischen Herrenmenschen noch eine *soziale* Überlegenheit und den arbeitsunwilligen Verweigerern oder kriminellen Delinquenten eine *moralische* Unterlegenheit oder Abirrung bescheinigt, so fielen im Zeichen des Sozialdarwinismus die nach kapitalistischen Kriterien positiven oder negativen sozial-moralischen Eigenschaften einer *biologischen Determination* anheim. Das hieß einerseits, daß die Sieger im erbärmlichen Wettkampf der ökonomischen Konkurrenz sich als die *auch biologisch* höherwertigen Menschen, geradezu als von der Natur selbst determinierte »Übermenschen« definieren konnten; ein

Terminus, den nicht zufällig Nietzsche in derselben Zeit erfand. Andererseits aber waren die »Arbeitsscheuen« und Delinquenten dann auf eine ebenso biologisch prädestinierte Weise grundsätzlich unverbesserlich und durch moralisierende Pädagogik gar nicht zu erreichen; sie konnten nur irgendwie aus der Geschichte ausgeschaltet werden. Hatte aber Malthus für den Zweck der Eliminierung der aus seiner Sicht bloß »moralisch Minderwertigen« noch die ebenso blinde wie hilfreiche »Natur« des »Bevölkerungsgesetzes« wüten lassen wollen, so forderte der Sozialdarwinismus nun für die Ausschaltung der »biologisch Minderwertigen« einen bewußten naturwissenschaftlichen Selektionsmechanismus der Gesellschaft ein.

Das betraf zum einen die »Kriminellen«, also die Menge all derjenigen, die aus bis heute weitaus überwiegenden sozialen Gründen in irgendeiner Weise gegen kapitalistische Gesetze verstoßen (wobei das Eigentumsdelikt nicht nur statistisch dominiert, sondern auch größeren liberalen Abscheu hervorruft und im Schnitt härter bestraft wird als körperliche Grausamkeiten, soweit diese nicht ihrerseits mit Eigentumsdelikten verbunden sind). Hatte es bisher ideologische Schwierigkeiten bereitet, die sozialen Wurzeln der Kriminalität wegzulügen, so durfte »das kriminelle Wesen« jetzt mit naturwissenschaftlicher Weihe bequemerweise als biologische Erbeigenschaft definiert werden, die mit den kapitalistischen Zumutungen a priori nichts zu tun haben konnte.

Vorläufer hatte diese Denkweise einer sozialbiologischen Identifikation von »Abweichungen« in der sogenannten »Phrenologie«, einem von dem Arzt Franz Joseph Gall (1758–1828) begründeten absurden Nebenprodukt der Naturwissenschaften, wonach physiognomische Besonderheiten (z. B. Wulstbildungen an den Schläfen) für charakterliche Eigenschaften, vor allem negative, verantwortlich und überhaupt im menschlichen Hirn soziale Verhaltensweisen lokalisierbar und je nach Ausdehnung messbar seien; so etwa die Gehirnsektion eines »Sinnes für Eigentum«, die sich bei entsprechender Form als »Diebesorgan« feststellen lasse usw. Diese groteske Selbstkarikatur der Naturwissenschaft führte zu einer Praxis der »Schädelvermessung« bei Delinquenten, die im Kontext des Sozialdarwinismus auszuufern begann und immer neue theoretische und sozialbiologische Blüten trieb.

Unter dem Eindruck von Darwins Abstammungslehre wurde das biologisch determinierte »Verbrechertum« zunehmend als Effekt eines Atavismus oder einer Degeneration eingestuft, wofür sich allmählich allgemein der Begriff der *»Entartung«* durchsetzte. In diesem Sinne erlaubte sich der Wiener Sexualwissenschaftler Richard von Krafft-Ebing (1841–1902) bereits in einer Abhandlung aus dem Jahr 1868, Kriminelle und Sexualverbrecher als biologisch »Entartete« zu definieren:

»(Dazu zählten) jene vom Zeugungskeim an mit dem Stempel des Krankhaften bezeichneten Individuen, jene Thunichtgute, Tagdiebe, instinctiven Bösewichter, von Kindsbeinen an, die in früher Jugend der Schreck der Eltern, die Plage der Gespielen, später der Gegenstand des Entsetzens der Lehrer, Moralisten, im weitern Lebensgang in der bürgerlichen Gesellschaft unmöglich werden« (zit. nach: Bergmann 1992, 149).

Internationalen Ruhm und Anerkennung erntete auch der Turiner Gerichtsmediziner Cesare Lombroso (1836–1909) mit seiner weitgespannten »Entartungslehre«, die ebenfalls den »geborenen Verbrecher« (Uomo delinquente) postulierte. Lombroso verglich z. B. die angeblichen Gangarten (!) von Verbrechern und Epileptikern, denen er einen »normalen Gang« gegenüberstellte; aus solchen bizarren »Untersuchungen« kreierte er u. a. ein gemeinsames »Krankheitsbild« von »Epilepsie, Prostitution, Kriminalität und Anarchismus (!)« (zit. nach Bergmann 1992, 151 f.).

Zum anderen betraf das Problem der biologischen Selektion natürlich alle körperlich oder geistig Behinderten, chronisch Kranken, Verkrüppelten usw., mit einem Wort alle im kapitalistischen Sinne Arbeitsunfähigen, selbst wenn sie nicht durch Delinquenz auffielen. Auch in dieser Hinsicht hatte bereits Darwin höchstselbst über Malthus hinaus die Stichworte geliefert:

»Bei Wilden werden die an Geist und Körper Schwachen bald beseitigt und die, welche leben bleiben, zeigen gewöhnlich einen Zustand kräftiger Gesundheit. Auf der anderen Seite thun wir civilisierte Menschen alles nur Mögliche, um den Process dieser Beseitigung aufzuhalten. Wir bauen Zufluchtsstätten für die Schwachsinnigen, für die Krüppel und die Kranken;

wir erlassen Armengesetze und unsere Ärzte strengen die größte Geschicklichkeit an, das Leben eines Jeden bis zum letzten Moment noch zu erhalten. Es ist Grund vorhanden, anzunehmen, daß die Impfung Tausende erhalten hat, welche in Folge ihrer schwachen Constitution früher den Pocken erlegen wären. Hierdurch geschieht es, daß auch die schwächeren Glieder der civilisierten Gesellschaft ihre Art (!) fortpflanzen. Niemand, welcher der Zucht domesticierter Thiere seine Aufmerksamkeit gewidmet hat, wird daran zweifeln, daß dies für die Rasse des Menschen im höchsten Grade schädlich sein muß. Es ist überraschend, wie bald ein Mangel an Sorgfalt oder eine unrecht geleitete Sorgfalt zur Degeneration einer domesticierten Rasse führt, aber mit Ausnahme des den Menschen selbst betreffenden Falls ist wohl kaum ein Züchter so unwissend, daß er seine schlechtesten Tiere zur Nachzucht zuließe« (Darwin 1986/1871, 148).

Darwin schwächt die impliziten Konsequenzen solcher Aussagen zwar ab, wenn er scheinheilig dazu auffordert, aus Gründen der zivilisatorischen Moral müsse die Gesellschaft dennoch »die ganz zweifellos schlechte Wirkung des Lebenbleibens (!) und der Vermehrung der Schwachen ertragen« (a.a.O.). Aber die Schlußfolgerung der sozialbiologischen Selektion drängt sich dennoch geradezu auf, wenn überhaupt die Prämissen Darwins anerkannt werden. Distanziert betrachtet ist die Darwinsche Argumentation allerdings ganz offensichtlich gleich doppelt haltlos. Denn zum einen sind selbst in der biologischen Natur »Stärke« und »Schwäche« stets relativ und oft nicht eindeutig; bei Veränderungen des Bezugssystems können sich »Stärken« in »Schwächen« verwandeln und umgekehrt.

Zum andern und vor allem aber ist die menschliche Gesellschaft und Kultur eine Ordnung anderer Art als die biologische Natur; es bedarf nicht einmal eines besonderen ethisch-moralischen Ausweises, um diese elementare Differenz zu erkennen. Es ist ganz eindeutig, daß Darwins Entdeckung und Beschreibung der biologischen Evolution der Arten schon in der Wurzel seiner Argumentation mit den Begriffen des kapitalistischen Weltverhältnisses kontaminiert ist. Soziokulturell gesehen, was seine Fähigkeit zur Bindung gesellschaftlicher Energien und zur sozialen Integration der Gesellschaftsmitglieder angeht, muß der Kapitalismus aber eine äußerst instabile und hybride Gesellschaftsform genannt werden, deren Kriterium von

»Stärke« in der Konkurrenz aller gegen alle gleichzeitig eine ungeheure »Schwäche« der Gesamtformation als solcher darstellt, die als Selbstzerstörungskraft wirkt.

Der Sozialbiologismus von Malthus über Darwin bis zu den Verästelungen sozialdarwinistischer Ideen und Bewegungen seit der zweiten Hälfte des 19. Jahrhunderts war und ist allerdings auch gar nicht als Problem einer bloß falschen oder offensichtlich inkohärenten Argumentation zu fassen. Als naturwissenschaftliche Ideologie (und Ideologie einer Pseudo-Vernaturwissenschaftlichung der Gesellschaft) verweist er nicht allein auf den irrationalen Kern der modernen Naturwissenschaften selbst, die eben keineswegs bloß äußerlich vom abstrakten und destruktiven Selbstzweck der kapitalistischen Produktionsweise befallen sind; vor allem stellt er eine zwar absolut ekelhafte, aber wie jedes Wahnsystem durchaus in sich logische ideelle Reaktionsbildung auf die verinnerlichten Anforderungen der kapitalistischen Konkurrenz in allen ihren Erscheinungsformen dar.

Eine Kritik der sozialbiologisch-darwinistischen Reaktionsbildungen auf das System der Konkurrenz war und ist nur zu haben als radikale Kritik der Konkurrenz selbst und damit des zugrundeliegenden fetischistischen Mechanismus der »schönen Maschine«. Alle bloß moralische Kritik des Sozialdarwinismus dagegen, die dennoch das System der Konkurrenz und der abstrakten »Arbeit« voraussetzt, also lediglich auf eine Art »gemäßigtes Hunnentum« im Sinne der Sozialdemokratie (oder der modernen christlichen Soziallehren) hinauswill, muß im Zweifelsfall immer schlechte Karten in der Auseinandersetzung mit offen sozialbiologischen Ideen haben. Denn diese, so irrational sie auch sein mögen, sind doch nicht irrationaler als der Kapitalismus und seine Marktwirtschaft selbst; sie können sich in ihren mörderischen Konsequenzen stets auf den real mörderischen Charakter des kapitalistischen »Kampfes ums Dasein« berufen.

So bot der Sozialbiologismus in der Inkubationszeit der Weltkriege nicht nur die bequemste Legitimationsideologie für die imperialistische Expansionspolitik und die innere kapitalistische Krisenverwaltung, sondern gleichzeitig auch die billigste, wenn auch prekäre und auf den selbstzerstörerischen »Kampf« ausgerichtete negative Integrationsleistung in Gestalt einer monströsen *Kompensationsideologie* für die gedemütigten, künstlich arm gemachten, pädagogisierten und gedrillten Massen, die ihre bedingungslose Selbstunterwerfung unter den Verwertungsprozeß damit aggressiv maskieren durften: Wer sonst nichts mehr war, konnte sich immerhin noch als ein gegenüber den diversen »Entarteten« überlegener und anspruchsberechtigter Vollmensch fühlen; und wer sonst nichts mehr hatte, konnte sich wenigstens noch auf die »richtige« Form seiner Nase oder auf den enormen Umfang seines spießbürgerlichen Schwellkopfs berufen.

Sowohl die positive, menschenzüchterische als auch die negative, selektierende »Eugenik« liefen zunächst auf eine biologistische Bevölkerungspolitik hinaus, die sich als »Fortpflanzungshygiene« definierte. Während die »Minderwertigen« und »Entarteten« notfalls gesetzlich und mit Polizeigewalt daran gehindert werden sollten, sich fortzupflanzen, galt es andererseits als gesellschaftspolitisches Ziel, »erbgesundes« Menschenmaterial nach landwirtschaftlichen Gesichtspunkten zusammenzuführen. Obwohl die Mechanismen, Formen und Inhalte der (als solcher unzweifelhaften, jedoch mit Sicherheit nicht auf »soziale Eigenschaften« bezogenen) Genetik und biologischen Evolution bis heute umstritten und nicht ausreichend erforscht sind, legte die vollbärtige Wissenschaftlichkeit des imperialen Kapitalismus in einer derart slapstickartigen Manier los, daß sie bis heute Lachstürme ernten müßte, wären ihre Folgen nicht so grauenhaft. Mit tierischem Ernst wurden Kopfgrößen und Körperformen vermessen, angeblich signifikante Schädel (!) von ehemaligen Prostituierten, Verbrechern usw. ausgestellt, Statistiken, Schaubilder und Tabellen mit völlig willkürlichen und grotesken Beziehungen angefertigt. Ein aus demselben Kontext stammendes Überbleibsel sind übrigens die bis heute (vor allem von staatlichen Apparaten) ungebrochen weitergeführten sogenannten »Intelligenztests«, die nicht nur einen funktionalistisch reduzierten (also auf den Kapitalismus zurechtgestutzten) Begriff von »Intelligenz« voraussetzen, sondern auch von immer wieder hervortretenden rassistischen Implikationen gekennzeichnet sind.

Diese Realsatire der Naturwissenschaft zielte aber durchaus mit einer gewissen kapitalistischen Binnenrationalität auf eine verfeinerte Überwachung der sozialen Äußerungen, vor allem aber des Trieblebens und der Sexualität – letztlich auf eine staatliche Kontrolle der

Fortpflanzung. Dabei waren und sind sich die Protagonisten der »Geburtenkontrolle« bis heute nicht einig, ob nun zu viele Menschen geboren werden, wie es Malthus behauptet hatte, oder nicht vielleicht umgekehrt zu wenige – dieser Ansicht neigten (ähnlich wie früher die Kanonenfutter-Ideologen des Absolutismus) nun wieder die eher militärstrategischen Denker zu, die schon die kommenden Schlachtopfer voraussahen. Große Einigkeit herrschte hingegen im kapitalistischen Männerdiskurs, daß zusammen mit den Geburten auch die potentiellen Gebärerinnen, »die Frauen« also, verstärkt an die Kandare zu nehmen seien. Weil der begründete Verdacht bestand, daß der weibliche Teil der Menschheit nicht so ohne weiteres Körperlichkeit und Liebesleben den viehzüchterischen Gesichtspunkten der kapitalistischen Menschheitsverbesserer ausliefern würde, erfand der Sozialdarwinismus in einem Aufwasch gleich den »physiologischen Schwachsinn des Weibes«, so der Titel einer im Jahr 1900 erschienenen, ebenso hochgelahrten wie verrückten Abhandlung des berüchtigten wilhelminischen Neurologen Paul Julius Möbius (1853–1907).

Der Kapitalismus, von Haus aus eine Männerveranstaltung, hatte ja schon immer die Idee einer gewissen Unzuverlässigkeit und gleichzeitigen Inferiorität des weiblichen Menschenmaterials gehegt, das wegen seiner Bereitstellung für die »abgespaltenen«, von der Kapitallogik nicht voll zu erfassenden Bereiche eben auch weniger in den Kriterien der kapitalistischen Weltmaschine aufgehen konnte. Diese grundsätzlich misogyne Haltung, schon in der Aufklärungsphilosophie präsent und am wüstesten bei de Sade ausformuliert, war sogar die eigentliche Wurzel eines biologistischen Denkens im Kapitalismus; um so üppiger konnte diese auf sozialhistorischen Zuschreibungen beruhende Abwertung des Weiblichen nun im sozialdarwinistischen Kontext gedeihen.

Darwin selbst war auch in dieser Hinsicht wieder der erste Sozialdarwinist; da das wesentliche Mittel der »geschlechtlichen Zuchtwahl« der »Kampf« sei (eine von Darwin völlig willkürlich gemachte Annahme), der ausschließlich von den »Männchen« ausgetragen werde, würden auch die verbesserten (Kampf-)Eigenschaften nur auf die männlichen Nachkommen übertragen, so daß »das Männchen viel häufiger variiert als das Weibchen« (Darwin 1986/1871, 251) und somit der eigentliche Träger der evolutionären »Höherentwicklung« sei; mit Folgen für die Rangstufe der Geschlechter auch beim Menschen:

»Der Mann ist muthiger, kampflustiger und energischer als die Frau und hat einen erfinderischeren Geist. Sein Gehirn ist absolut größer [...] Die Frau [...] steht, wie man sagt, in der Bildung ihres Schädels mitten inne zwischen dem Kinde und dem Manne [...] Der hauptsächliche Unterschied in den intellectuellen Kräften der beiden Geschlechter zeigt sich darin, daß der Mann zu einer größeren Höhe in Allem, was er nur immer anfängt, gelangt, als zu welcher sich die Frau erheben kann, mag es nun tiefes Nachdenken, Vernunft oder Einbildungskraft, oder bloß den Gebrauch der Sinne und der Hände erfordern« (a.a.O., 629 f., 637).

Die Früchte eines derartigen »tiefen Nachdenkens« wurden von Herrn Möbius, Schädelvermesser aus Passion, noch übertroffen. Für ihn stand fest:

»Der Instinkt nun macht das Weib thierähnlich [...] Mit dieser Thierähnlichkeit hängen sehr viele weibliche Eigenthümlichkeiten zusammen. Zunächst der Mangel eigenen Urtheils [...] Wie die Thiere seit undenklichen Zeiten immer dasselbe thun, so würde auch das menschliche Geschlecht, wenn es nur Weiber gäbe, in seinem Urzustande geblieben sein« (zit. nach: Bergmann 1992, 268).

Möbius gelangt so ganz unschuldig zu der bündigen Schlußfolgerung, »daß das Weib während eines beträchtlichen Theiles seines Lebens als abnorm (!) anzusehen ist« (a.a.O.). Somit stand »die Frau« plötzlich gewissermaßen »physiologisch« in einer Linie mit den »Entarteten«, wozu auch noch Homosexuelle, »exzessive Onanisten« und andere »Abnorme« gesellt wurden, die beim Sex womöglich etwas anderes im Kopf hatten als die Ehre der »erbgesunden« Fortpflanzung für Volk und Vaterland.

Die grausigen Lachnummern der darwinistischen Biologisierung sozialer Verhältnisse und Eigenschaften wären bis heute schön unter dem Teppich geblieben, hätte nicht die feministische Frauenforschung (so z. B. in den Arbeiten der hier mehrfach mit Belegstellen zitierten Berliner Politologin und Sozialhistorikerin Anna Bergmann und vieler anderer) den ganzen Komplex erst in jüngster Zeit systematisch aufgerollt. Die bis heute sowohl methodisch und inhaltlich als auch der puren Zahl und institutionellen Herrschaft nach männlich dominierte »kapitalistische Magie« der Naturwissenschaften (und der sogenannten Wissenschaft überhaupt) gibt hinsichtlich ihrer ebenso schandbaren wie lächerlichen Geschichte nur das widerstrebend zu, was eindeutig bewiesen und tausendfach belegt ist. Aber selbst dann noch werden (wie im Fall Darwin) die haarsträubenden Entgleisungen und theoretischen Schnitzer der angeblichen Lichtgestalten aus der eigenen Ahnengalerie systematisch verharmlost und vertuscht. So hat die falsche und vernichtungsträchtige Kurzschluß-Naturwissenschaft des Historisch-Gesellschaftlichen zwar ihre Terminologie und ihre Argumentation nach Auschwitz verändert und besser maskiert, ist aber im Kern dieselbe geblieben und kann deshalb nicht offen und vorbehaltlos den Sozialbiologismus (und damit die eigene Geschichte) von Grund auf kritisieren und zurückweisen.

Rassenkampf und Weltverschwörung

Diese zwar nicht fröhliche, dafür aber durch und durch närrische und gleichzeitig gemeingefährliche Naturwissenschaft vom gesellschaftlichen Menschen war den Dämonen und Furien des kapitalistischen Konkurrenz-Bewußtseins genügend auf den Leib geschrieben, um leicht mit einer anderen Ausgeburt des daraus systemisch hervorgegangenen Denkens verschmelzen zu können, nämlich mit dem modernen Rassenwahn. Schon die großen Aufklärungsphilosophen mit Kant an der Spitze hatten ja die Menschen Afrikas als die auf der niedrigsten Stufe stehenden »Tiermenschen« definiert. Neun Jahre vor seinem Traktat zur Verherrlichung der Konkurrenz verbreitete sich der Mitbegründer kapitalistischer Vernunft über die »verschiedenen Rassen der Menschen«, um dabei zu dem Schluß zu kommen:

»Übrigens ist feuchte Wärme dem starken Wuchs der Tiere überhaupt beförderlich, und kurz, es entspringt der Neger, der seinem Klima wohl angemessen, nämlich stark, fleischig, gelenk, aber unter der reichlichen Versorgung seines Mutterlandes (!) faul, weichlich und tändelnd ist« (Kant 1993 XI/1775, 23).

Unter dem Aspekt der Kampagne gegen die »Faulheit« zwecks »Verfleißigung« (Industrialisierung) des Menschenmaterials mußten »die Neger« als Negativexempel herhalten; und kein Zweifel: den Herren der »Schönen Maschine« ist es auf der ganzen Linie gelungen, den afrikanischen Bevölkerungen die »reichliche Versorgung ihres Mutterlandes« in die künstliche Knappheit kapitalistischer »Vaterländer« auf der untersten Stufe der Weltmarkt-Pyramide zu verwandeln. Daß die Afrikaner aber auch zu gar nichts zu gebrauchen seien und von Natur aus kujoniert werden müßten, wußte Kant schon früh in seiner Abhandlung »Beobachtungen über das Gefühl des Schönen und Erhabenen« apodiktisch darzulegen:

»Die Negers von Afrika haben von der Natur kein Gefühl, welches über das Läppische stiege. Herr Hume fordert jedermann auf, ein einziges Beispiel anzuführen, da ein Neger Talente gewiesen habe, und behauptet: daß unter den Hunderttausenden von Schwarzen, die aus ihren Ländern anderwärts verführt werden, obgleich deren sehr viele auch in Freiheit gesetzt werden, dennoch nicht ein einziger jemals gefunden worden, der entweder in Kunst oder Wissenschaft, oder irgend einer andern rühmlichen Eigenschaft etwas Großes vorgestellt habe, obgleich unter den Weißen sich ständig welche aus dem niedrigsten Pöbel empor schwingen [...] Die Schwarzen sind sehr eitel, aber auf Negerart, und so plauderhaft, daß sie mit Prügeln müssen auseinander gejagt werden« (Kant 1988 II/1764, 880).

Auch die Entwicklungstheorie Hegels setzte diese rassistische Diskriminierung fort, indem sie die Kultur der »Neger« als die unterste, vorzivilisatorische Phase des entäußerten »Weltgeistes« abstempelte; so z. B. in den Vorlesungen über die Philosophie der Geschichte:

»Jenes eigentliche Afrika ist [...] das Kinderland, das jenseits des Tages der selbstbewußten Geschichte in die schwarze Farbe der Nacht gehüllt ist [...] Bei den Negern ist [...] das Charakteristische gerade, daß ihr Bewußtsein noch nicht zur Anschauung irgendeiner festen Objektivität gekommen ist, wie zum Beispiel Gott, Gesetz, bei welcher der Mensch mit seinem Willen wäre und darin die Anschauung seines Wesens hätte. Zu dieser Unterscheidung seiner als des Einzelnen und seiner wesentlichen Allgemeinheit ist der Afrikaner in seiner unterschiedslosen, gedrungenen Einheit noch nicht gekommen, wodurch das Wissen von einem absoluten Wesen, das ein anderes, höheres gegen das Selbst wäre (!), ganz fehlt. Der Neger stellt [...] den natürlichen Menschen in seiner ganzen Wildheit und Unbändigkeit dar [...] es ist nichts an das Menschliche Anklingende in diesem Charakter zu finden« (Hegel 1992/1837, 120 ff.).

Die »wesenhafte Allgemeinheit«, die ein »absolutes Wesen« darstellt, das ein »höheres« gegen das »Selbst« wäre, ist natürlich nichts anderes als die Selbstzweck-Maschine des Kapitals, deren absoluter (also totalitärer) Anspruch jede Form menschlichen Daseins, die den Kategorien von Markt und Konkurrenz nicht entspricht, aus der Menschheit exkommunizieren muß. In Frankreich kreierte Auguste Comte (1798–1857), der positivistische Vulgarisator Hegels, eine einschlägige »Stadientheorie« der Menschheit, die von der angeblichen Menschenfresserei der »Wilden« bis zu den »Auserwählten oder [...] den Vortrab der Menschheit« reicht, der »den größeren Teil der weißen Rasse oder die europäischen Nationen (umfaßt)« (Comte 1933/1881, 167). Obwohl der Rassenbegriff bis dahin noch eher kulturtheoretisch motiviert war, enthielt er mit dem Kriterium der Hautfarbe bereits ein biologistisches Merkmal.

Daran anschließen konnte der französische Diplomat und Publizist Joseph Arthur Graf de Gobineau (1816–1882), der den Mythos der »arischen Edelrasse« erfand. Gobineau gehörte noch zu den Ideologen der alten absolutistischen Elitetheorien, die im drohenden gesellschaftlichen Niedergang des Adels den Untergang der Menschheit heraufdämmern sahen. Diesen Gedanken versuchte er in einer eigenartigen Mischung aus selbstgebastelten Mythologemen und der aufkommenden sozialbiologistischen Ideologie als Muster des Niedergangs in der gesamten Geschichte zu identifizieren. Der Mythos vom »Ariertum«, ursprünglich aus rein sprachgeschichtlichen Erkenntnissen (hinsichtlich der Verwandtschaft der sogenannten indogermanischen Sprachen) völlig willkürlich zu einer phantasmagorischen Rassenlehre aufgeblasen, blühte schon seit Beginn des

19. Jahrhunderts; der Verweis auf das angebliche gemeinsame »Blut« war dabei allerdings (wie auch noch bei Gobineau) eher als eine irrationale kulturelle Metapher zu verstehen.

Durch die Verschmelzung mit dem Darwinismus nahm auch die Rassentheorie einen unmittelbar biologistischen Charakter an, der ihren von Haus aus wahnhaften und destruktiven Charakter gewissermaßen verdoppelte. Schon Gobineau sah als einziges Mittel gegen den (fatalistisch als unaufhaltsamen gedachten) Verfall durch »ständige Blutsmischung« den Kampf um die »Reinhaltung der Rasse« an, wobei er die noch »relativ reinsten« Überreste der ominösen Arier grundsätzlich in der »weißen Rasse« sah und innerhalb dieser wieder »die Germanen« favorisierte, deren »Rassenkern« er noch am meisten in gewissen Gegenden Frankreichs, in Skandinavien und Norddeutschland erhalten glaubte. Gobineaus »Versuch über die Ungleichheit der Rassen« war schon im Revolutionsjahr 1848 erschienen, also noch vor Darwins »Entstehung der Arten«. Erst in der Folgezeit wurde die Rassenlehre mit der darwinistischen Vererbungslehre und »Eugenik« aufgeladen.

Daß eine Art »Inzucht«-Philosophie einerseits und die Idee einer Höherentwicklung durch genetische Varianz andererseits selbst innerhalb des biologistischen Konstrukts nicht unbedingt logisch zusammenpassen, tat der Wirksamkeit des darwinistischen Rassismus (oder rassistischen Darwinismus) keinen Abbruch. Auf solche Ungereimtheiten kam es nicht an; denn die biologischen Gegenstände im eigentlichen Sinne sind im Kontext des Rassenwahns Schall und Rauch, da er seine Kraft eben aus einer ganz anderen Logik bezieht, die mit der realen Untersuchung biologischer Prozesse nur indirekt etwas zu tun hat. Die irrlichternde Verbindung von Rassenlehre und darwinistischer Eugenik diffundierte unaufhörlich zwischen kulturalistischen und biologistischen Mustern, die sich überlagerten und immer absurdere Kombinationen hervorbrachten; bis hin zu einer Biologisierung der Religion oder einer religiösen Rassenbiologie.

Einer der wirksamsten Propagandisten dieser konkurrenzgesellschaftlichen Paranoia des Kapitalismus wurde der Deutschengländer Houston Stewart Chamberlain (1855–1927), dessen dickleibiger Rassenschmöker »Die Grundlagen des XIX. Jahrhunderts« seit 1899 riesige Auflagen und Übersetzungen in die wichtigsten westlichen

Sprachen erlebte. Mit wahnhafter Akribie hechelt der Autor auf mehr als tausend Seiten nahezu die gesamte Geschichte einschließlich der Kunstformen nach »rassischen« Gesichtspunkten durch und lieferte damit seiner Zeit eine umfassende sozialbiologistische Deutung auf der historisch-kulturellen Ebene. Der Kampf um die »Rassenreinheit« avancierte so zum ideologischen Zielkorridor für das beginnende 20. Jahrhundert, mit mehr oder weniger tiefgreifendem Einfluß in ausnahmslos allen kapitalistischen Ländern und Modernisierungsgesellschaften.

Aus Darwinismus, Rassenwahn und der Verheiratung beider Konstrukte, aus den unfreiwillig parodistischen Elementen einer androzentrischen Naturwissenschaft vom Menschen, dem Spuk von »Ariern« und »Germanentum«, der Eugenik oder »Rassenhygiene« (wie die Idee landwirtschaftlicher Menschenzucht fortan meistens genannt wurde) und der Selektion von »Minderwertigen« bildete sich so eine dualistische Rangordnung des imperial-kapitalistischen Systems auf allen Ebenen heraus: biologisch elitäre Herrenmenschen, »weiße Rasse«, »erbgesunde« Normalos, kampfkräftige Männer auf der einen Seite; zu beherrschendes und biologisch inferiores Menschenmaterial, »Entartete« und Kranke, geborene Verbrecher, Frauen, »farbige Rassen« auf der anderen Seite.

Diese fortentwickelte Version der besten aller Welten wäre freilich nicht vollständig gewesen ohne ein düsteres Gegenbild zu den imaginierten Lichtgestalten des darwinistischen und rassistischen Wahns. Denn so phantasmatisch die immanenten Verarbeitungs- und Reflexionsformen der inneren und äußeren imperialen Konkurrenz auch waren, sie mußten alle Aspekte des weiterentwickelten industriekapitalistischen Systems erfassen. Ein wesentlicher Aspekt aber war natürlich die Selbstunterwerfung und Selbstauslieferung der konkurrierenden Herrenmenschen unter den dunklen Fetisch-Gott der »schönen Maschine« und unter das Fatum der Konkurrenz, das die Möglichkeiten von Krise, Scheitern und Untergang einschloß. Die Tatsache, daß dem selbstherrlichen Subjekt der Konkurrenz das »automatische Subjekt« eines blinden, übergeordneten Bezugssystems gegenübersteht, mußte im alptraumartigen Charakter des darin eingeschlossenen Denkens irgendwie auftauchen.

Es fehlte also noch ein Traumgespenst – die Verkörperung des biologisch Bösen. Jede Gesellschaft, die sich ihrer selbst nicht bewußt ist und sich in pseudo-naturgesetzlichen, selbstzweckhaften Denk- und Handlungsformen bewegt, benötigt die Idee eines als fremd und äußerlich gedachten »Bösen«, um die verdrängten, nicht ins Bewußtsein integrierten Momente des eigenen Selbst zu bannen. Im rein oberflächlichen und politischen Sinne waren die »Reiche des Bösen« natürlich die imperialistischen Konkurrenten, die entsprechend schwarzgemalt wurden. Aber diese Zuordnung reichte bei weitem nicht aus, um die Unfaßbarkeit des Bösen ausreichend zu definieren, das auch in der eigenen Gesellschaft als dämonischer »innerer Feind« darstellbar sein mußte. Wenn das System der Verwertung des Werts und der allseitigen Konkurrenz an sich gut war, dann mußten die unübersehbaren und für die Zukunft noch drohenden negativen Wirkungen von einer omnipräsenten, aber biologisch fremden und bösen Gegenmacht ausgehen. Die inferioren Menschenkategorien konnten dieses Böse nicht darstellen, dafür waren sie nicht satisfaktionsfähig genug. Es wäre für die Herrenmenschen der Konkurrenz innerhalb ihres eigenen Wahnsystems ehrenrührig gewesen, von »Entarteten«, Frauen oder Farbigen und sonstigen »Untermenschen« womöglich niederkonkurriert, zum historischen Niedergang verurteilt oder sonstwie ruiniert zu werden.

Das reif werdende kapitalistische System benötigte also für die Verkörperung seiner eigenen Negativität im Kontext des biologistischen Weltbilds eine »böse Gegenrasse« von »negativen Übermenschen« – und diese fand sich in Gestalt der Juden. Eine solche Interpretation des Bösen im Kapitalismus konnte sich auf eine lange Tradition beziehen. Schon im Mittelalter waren die jüdischen Gemeinden als »Christusmörder« aberwitzigen Phantasien (z. B. dem Verdacht kannibalistischer Ritualmorde an Christenkindern) und periodischen Verfolgungen ausgesetzt gewesen. Weil sie in den meisten Ländern vom landwirtschaftlichen Grundbesitz ebenso ausgeschlossen waren wie von der Zulassung zum zünftigen Gewerbe, hatten sich zumindest in West- und Mitteleuropa viele Juden zwangsläufig auf Handels- und Geldgeschäfte verlegt; vom ambulanten Elendsgeschäft und der Lumpensammlerei bis zum Geldverleih. In der negativen Zuordnung wurden die Juden daher generell mit der Figur des Geldmenschen und Geschäftemachers gleichgesetzt und als Verkörperung des amoralischen Geldhungers und blutsaugerischen Wuchers stigmatisiert, was viel eher auf die absolutistischen Herrscher und ihre Apparate zugetroffen hätte (hier zeigt sich schon die projektive Entlastungsfunktion des antisemitischen Syndroms für die Modernisierung).

Je mehr die kapitalistische Produktionsweise die gesamte Gesellschaft erfaßte und die »schöne Maschine« entfesselt wurde, desto größer wurde auch der Bedarf für diese Projektion: Das Unheimliche an der subjektlosen, stummen Herrschaft des auf sich selbst rückgekoppelten Geldes konnte so auf die finsteren Machenschaften einer fremden Subjektivität zurückgeführt werden. Der religiöse Affekt des Mittelalters wandelte sich zum modernen Antisemitismus, der diesen Affekt auf das säkularisierte, quasi-religiöse Bezugssystem der kapitalistischen Weltmaschine übertrug und die Negativität der Verwertung des Werts als »jüdisches Wesen« definierte: Was schlecht ist an der Herrschaft des Geldes, das muß »jüdisch« sein. Auch ihrer häufig zwangsghettoisierten sozialen Existenzweise nach eigneten sich die jüdischen Gemeinden für diese projektive Zuordnung des Bösen und Fremden im Körper der eigenen Gesellschaft. In einer Welt von kapitalistischen Nationen und erfundenen »Völkern« gab das quer über diese Realkonstrukte der Modernisierung ausgestreute »Volk« der Juden gleichzeitig eine Projektionsfläche für die Gefährdungen des globalen »Kampfes ums Dasein« ab: Der »internationale Jude« erschien als Gegenbild des nationalbewußten Vorkämpfers; die größere transnationale Flüssigkeit des Geldkapitals im Vergleich zur zunehmend national zentrierten industriellen Warenproduktion wurde zum »jüdischen Gegenstand« und die Existenz einiger bekannter jüdischer Bankiersfamilien (mit den berühmten Rothschilds an der Spitze) zum Phänomen eines heimtückischen »internationalen jüdischen Finanzkapitals« erklärt.

In der Verschmelzung mit dem Darwinismus verfiel auch das antisemitische Syndrom der biologistischen Deutung: Die postulierte Negativität des Jüdischen, seine Definition als Macht des Unheimlichen in der Moderne, erschien nun als biologische »Rasseneigenschaft«. Die antisemitische Paranoia verkehrte die eigenen imperialistischen Ansprüche in einen »Griff der jüdischen Rasse nach der Weltmacht« und die blinden, unberechenbaren Prozesse der kapitalistischen Weltmarktkonkurrenz in eine phantastische »jüdische Weltverschwörung«, wie es exemplarisch Houston Stewart Chamberlain in seinem Machwerk vorführt:

»Von idealen Beweggründen bestimmt, öffnete der Indoeuropäer in Freundschaft die Tore: Wie ein Feind stürzte der Jude herein, stürmte alle Positionen und pflanzte – ich will nicht sagen auf den Trümmern, doch auf den Breschen unserer echten Eigenart die Fahne seines uns ewig fremden Wesens auf. Sollen wir die Juden darob schmähen? Das wäre ebenso unedel, wie unwürdig und unvernünftig. Die Juden verdienen Bewunderung, denn sie haben mit absoluter Sicherheit nach der Logik und Wahrheit ihrer Eigenart gehandelt, und nie hat Humanitätsduselei (welche die Juden nur insofern mitmachten, als sie ihnen selber zum Vorteil gereichte) sie auch nur für einen Augenblick die Heiligkeit der physischen Gesetze vergessen lassen. Man sehe doch, mit welcher Meisterschaft sie das Gesetz des Blutes zur Ausbreitung ihrer Herrschaft benutzen: der Hauptstock bleibt fleckenlos, kein Tropfen fremden Blutes dringt hinein [...] inzwischen werden aber Tausende von Seitenzweiglein abgeschnitten und zur Infizierung der Indoeuropäer mit jüdischem Blute benutzt. Ginge das ein paar Jahrhunderte so fort, es gäbe dann in Europa nur noch ein einziges rassenreines Volk, das der Juden, alles Übrige wäre eine Herde pseudohebräischer Mestizen, und zwar ein unzweifelhaft physisch, geistig und moralisch degeneriertes Volk [...] Den Juden wurde nunmehr die Weltherrschaft und der Besitz aller Schätze der Welt versprochen, namentlich alles Goldes und alles Silbers [...] das ist nunmehr die Zukunft, welche dem Juden vorgespiegelt wird. In Demut soll er sich vor Gott beugen, nicht aber in jener inneren Demut, von der Christus spricht, sondern er beugt das Haupt vor Jahve, weil ihm verheissen wird, durch die Erfüllung dieser Bedingung werde er allen Völkern der Welt den Fuss auf den Nacken setzen, Herr und Besitzer der ganzen Erde werden. Diese eine Grundlage jüdischer Religion schliesst also ein direktes verbrecherisches Attentat auf alle Völker der Erde ein, und zwar kann das Verbrechen nicht darum in Abrede gestellt werden, weil die Macht zur Ausführung bisher fehlte; denn die Hoffnung selbst ist es, die verbrecherisch ist und die das Herz des Juden vergiftet [...] Hier triumphiert die Macht der Idee in einer erschreckenden Weise: in einem gut beanlagten, doch weder physisch noch geistig ungewöhnlich hervorragenden Volke erzeugt sie den Wahn einer besonderen Auserwähltheit [...] (und) macht es so unabwendbar [...] zu einem offenen oder versteckten Feind jedes anderen Menschen, zu einer Gefahr für jede Kultur, dass es zu allen Zeiten und an allen Orten den Hochbegabten das tiefste Mißtrauen einflösste und dem sicheren Instinkt des Volkes Abscheu [...] Der Gedanke, die Nation durch das strenge Verbot der Mischehen zu isolieren und aus dem hoffnungslos bastardierten Israeliten eine Edelrasse zu züchten, ist geradezu genial [...] Ich sage also, die Männer die das Judentum gründeten, wurden nicht von bösen, eigensüchtigen Absichten geleitet, sondern von einer dämonischen Kraft, wie sie nur ehrlichen Fanatikern eigen sein kann; denn das furchtbare Werk, das sie vollbrachten, ist in jedem Punkte vollkommen [...] Man kann das Judentum und seine Macht, sowie seine unausrottbare Lebenszähigkeit nicht verstehen, man kann den Juden unter uns, seinen Charakter, seine Denkart nicht gerecht und treffend beurteilen, solange man dieses Dämonisch-geniale in seinem Ursprung nicht erkannt hat« (Chamberlain 1934/1899, 382 ff., 532 ff.).

Diese exemplarische und vor Hitler wirkungsmächtigste Version des antisemitischen Syndroms zeigt nicht nur die Projektion, mit deren Hilfe die Irrationalität der kapitalistischen Ökonomie in Eigenarten der jüdischen Religion übersetzt wird, sondern durch die rassistische Biologisierung verwandelt sich das »fremde jüdische Wesen« auch in die unentrinnbare Objektivität der »dämonischen Gegenrasse«, deren Mitglieder nicht subjektiv zu tadeln sind, da sie nur ihrer biologischen Natur gemäß handeln. Gerade diese pseudo-naturwissenschaftliche »Anerkennung« des imaginierten »Rassengegners« läßt letzten Endes nur noch die Logik der physischen Vernichtung offen, da eine menschliche Verständigung mit den stummen »Gesetzen des (fremden) Blutes« nicht mehr möglich ist. Die Analogie zu den stummen, nicht verhandelbaren Gesetzen von Markt und Konkurrenz ist offensichtlich. Der Antisemitismus als Ausgeburt der Modernisierung erwies sich so frühzeitig als die Übergipfelung des gewöhnlichen Rassismus und Biologismus, insofern er die imperiale Konkurrenz in eine irrationale Geisterschlacht zwischen der »Arier- oder Germanenrasse« auf der einen und der »jüdischen Fremdrasse« auf der anderen Seite verwandelte, wobei die gemeinen Hetzer und Verfolger einer seit Jahrhunderten drangsalierten Minderheit sich in die Rolle der letzten Verteidiger einer fast schon gefallenen, von den

Ausgeburten des »Fremden« bedrängten arisch-germanischen Festung des Deutsch- und Europäertums hineinstilisierten.

Es ist kaum vorstellbar (und wird auch meistens nur ungern thematisiert), welche Kreise diese im wahrsten Sinne des Wortes irren Ideologien des Rassismus und Antisemitismus schon in den Jahrzehnten zwischen 1870 und dem Ersten Weltkrieg zogen, wie es vor allem Léon Poliakov in seiner umfangreichen »Geschichte des Antisemitismus« aufgedeckt hat. Nicht nur in Deutschland (das einen besonders schweren Fall darstellen sollte) wurden die Eliten und die Intelligenzia fast ausnahmslos von diesen Gedanken geradezu besessen. Zu den Bewunderern von Chamberlain gehörten zum Beispiel auch der US-Präsident Theodore Roosevelt, Bernard Shaw und Leo Tolstoi (Poliakov 1988, VII, 36).

Diese allgemeine geistige Stimmung wurde bei bestimmten Gelegenheiten nach oben gespült, so etwa durch die berühmte Dreyfus-Affäre in Frankreich, dem Fall des 1894 durch ein Komplott zu Unrecht als Spion für Deutschland verurteilten und degradierten jüdischen Offiziers Alfred Dreyfus (1859–1935), der trotz der Entdekkung von Fälschungen zugunsten der Anklage und dem Nachweis eines anderen Täters 1897 lediglich »begnadigt« und erst 1906 freigesprochen wurde. Diese Affäre löste einen Sturm antisemitischer Hetze in der Öffentlichkeit aus, der trotz (oder gerade wegen) der Aufdeckung der Affäre immer wieder hochkochte; wenngleich sich der französische Antisemitismus im Vergleich mit dem deutschen durch »ein Quentchen Leichtfertigkeit« und insofern »mildernde Wirkungen« auszeichnete – im Unterschied zu Preußen-Deutschland verschmähten es die französischen Antisemiten zum Beispiel nicht, sich mit Juden zu duellieren! (Poliakov 1988, VII, 58 ff.). Aber sogar unter den Verteidigern von Dreyfus, die wenigstens die Niederträchtigkeit des Komplotts und die Rechtsbeugungen brandmarkten, fanden sich ganz »unschuldige« antisemitische Äußerungen »im allgemeinen«. Die von Chamberlain und verwandten Geistern verbreitete aberwitzige Vorstellung, »die Juden« würden durch ihre beharrliche »rassische« Wühltätigkeit bald die Herrschaft in Europa übernehmen, wurde auch von projüdischen und gegen die Pogromhetze gerichteten Stimmen wie selbstverständlich vorausgesetzt.

Beinahe ebenso schlimm aber war es, daß sich jüdische Bürger in fast allen kapitalistischen Ländern selber Elemente dieser Wahnideen zu eigen machten und entsprechende Äußerungen in bestimmter Weise mittrugen. Das Motiv des »jüdischen Selbsthasses« ist zu oft antisemitisch ausgebeutet worden, um es positivistisch ohne weiteren Kommentar als Erklärung heranziehen zu können. Der wahre Kern dieses Verhaltens läßt sich vielleicht am ehesten mit dem bekannten Syndrom vergleichen, daß die Opfer von Geiselgangstern häufig zum psychischen Selbstschutz eine Art Sympathie für ihre Peiniger entwickeln. In der sozialpathologischen Situation des Kapitalismus um die Jahrhundertwende mußte besonders die Zugehörigkeit zu den Funktionseliten und zur durchwegs nationalistischen Intelligenz einen ungeheuren Anpassungsdruck ausüben, der zu derart selbstzerstörerischen Reaktionen führen konnte. Nur so ist es zu erklären, daß in den Synagogen von Paris sogar für die Gesundheit Alexanders III., des offen antisemitischen »Zaren der Pogrome«, gebetet wurde, weil er ein Verbündeter Frankreichs war (Poliakov 1988, VIII, 130).

Ähnliche Verhaltensweisen und Äußerungen lassen sich bei vielen bekannten jüdischen Literaten und Theoretikern bis in die Zeit des Hitler-Regimes hinein feststellen; ein bis heute weitgehend verdrängter und unausgeleuchteter Tatbestand, obwohl doch gerade ein derart extremes gesellschaftliches Bewußtseinsphänomen geeignet wäre, den tiefsitzenden Charakter des rassistischen und antisemitischen Syndroms in der Moderne zu erhellen. Aber so genau will es die in ihrem Denken an das warenproduzierende System und seine Kategorien gefesselte liberale, linke und demokratische Intelligenzia offenbar gar nicht wissen, weil sie vor den Konsequenzen der Kritik zurückscheut.

Es handelt sich eben nicht nur um eine Äußerlichkeit, daß sich die rassistischen und antisemitischen Motive bis auf die großen Geister der Aufklärung wie Voltaire, Rousseau, Kant usw. zurückverfolgen lassen (vgl. Poliakov 1983, V). Wenn auch die verschiedenen Anknüpfungspunkte noch viel weiter in die Geschichte zurückreichen, so ist doch der Zusammenhang von Darwinismus, Sozialbiologismus, Rassenwahn und Antisemitismus ein genuines Produkt der Modernisierung; eine notwendige irrationale Reflexionsform der Konkurrenz und von einer bestimmten Entwicklungsstufe des Kapitalismus an (wie sie ungefähr seit 1870 erreicht war) eine geradezu gesetzmäßig entstehende immanente Erscheinungsform des Massenbewußtseins. Es gehört zur Camouflage der Modernisierungsgeschichte, daß sich auch diese in Aufklärung und Liberalismus wurzelnde biologistische Ideologie ähnlich wie schon der Staatssozialismus dem liberalen »Mutterbewußtsein« gegenüber in neuen »rechtsradikalen« Strömungen und Parteien verselbständigte, die mit dem alten (adelig-absolutistischen) Konservatismus nichts mehr zu tun hatten und im 20. Jahrhundert ihren großen Aufstieg erleben sollten.

Soweit also bis heute Konflikte und wechselseitige Schuldzuweisungen zwischen Liberalismus und Rassismus/Antisemitismus auftauchen, handelt es sich um einen Zwist innerhalb eines gemeinsamen Bezugssystems, dessen äußerlich gegensätzliche Reflexionen auch ideologisch auf eine gemeinsame Wurzel zurückgehen. Das System einer dem Anspruch und der historischen Tendenz nach totalen Warenproduktion und Konkurrenz bringt notwendig ein *manichäisches Konstrukt* von »Gut« und »Böse«, von »Freund« und »Feind« hervor, das eben nicht bloß in den abgetrennten »rechtsradikal«-biologistischen Ablegern zum Ausdruck kommt. Soweit der Liberalismus sich gegen das verselbständigte rassistisch-antisemitische Syndrom wendet, kann er dies seinerseits nur durch den Glauben an einen fremden und äußerlichen, aus den Abgründen der Seele aufgestiegenen Atavismus tun: Weil er dieses »Böse« nicht als Fleisch von seinem Fleische wiedererkennen darf, kann er den Irrationalismus selber nur irrational reflektieren.

Gleichzeitig enthält aber der Liberalismus auch unmittelbar die biologistisch-rassistische Matrix in seinen eigenen Denkformen; eine Schnittmenge mit den rechtsradikalen Strömungen ist bis heute der Sozialdarwinismus in seinen verschiedenen (offenen oder versteckten) Erscheinungsformen geblieben. Um die Jahrhundertwende aber war das liberale Bewußtsein sogar voll und ganz von der »naturwissenschaftlichen« biologistisch-rassistischen und antisemitischen Denkweise durchsetzt; die verselbständigten Formen eines neuen, noch unklaren Rechtsradikalismus blieben nur deswegen bis zum 1. Weltkrieg politische Randströmungen, weil die liberalkonservativen Eliten des Imperialismus und ihre Hauptparteien selber auch die

Hauptträger der vom Darwinismus ausgehenden biologischen Konkurrenz- und Selektionsideen waren.

Die deutsche Abstammungsgemeinschaft

Eine Differenzierung im Gesamtsyndrom der darwinistischen Sozialbiologie läßt sich grundsätzlich zwischen einem *Individualrassismus* und einem *Kollektivrassismus* aufmachen (obwohl sich natürlich in der gesellschaftlichen Realität beide Momente mischen). Idealtypisch entspricht der Individualrassismus eher dem Denken der schottischen Aufklärung und dem angelsächsischen demokratischen Individual-Utilitarismus vom Schlage eines Bentham: Biologistische Determination, »Eugenik« und Selektion der »Entarteten« beziehen sich dann primär auf die individuelle »Tüchtigkeit« oder »Untüchtigkeit« im »Kampf ums Dasein«. Diese Auffassung kann zwar mit kollektivrassistischen Momenten angereichert werden, hat aber in diesen nicht ihren Schwerpunkt. Dem entspricht die politische Konstitution der westlichen bürgerlichen Nationalstaaten (wie vor allem England und Frankreich), deren Staatsbürgerlichkeit zumindest im Prinzip unabhängig von kollektiven ethnischen oder rassischen Zuordnungen definiert ist.

Der ethnische Kollektivrassismus dagegen mußte einen besonders üppigen Nährboden in Deutschland finden, wo sich ja die »nachholende« Nationalisierung seit Herder in ideologischer Konkurrenz zur westeuropäischen Nationenbildung »völkisch« legitimiert hatte. Es bedarf gar nicht des irreführenden Begriffs eines deutschen »Sonderwegs«, um diesen Zusammenhang zu erkennen. Der Terminus »Sonderweg« suggeriert einen normativen Plot in der Herausbildung des kapitalistischen Nationalstaats, was nur heißt, daß eine bestimmte »Richtigkeit« von Modernisierung unterstellt und somit das moderne warenproduzierende System als solches kritiklos vorausgesetzt wird. Eine radikale Kritik der modernen Gesellschaftsform und ihres Fetischismus kann aber ohne immanente normative Setzung die realen Unterschiede im Prozeß der Modernisierung natürlich ebensogut und besser wahrnehmen. Es bleibt eine Tatsache, daß die »völkische« Legitimation der deutschen Nationalisierung ein spezifisches historisches Bewußtsein erzeugte, das die Gewichte im Verhältnis von individueller und ethnisch-nationaler Konkurrenz eindeutig zugunsten letzterer verlagerte.

Insofern war es auch kein Zufall, daß der paternalistische Staatssozialismus im Deutschen Reich seit Bismarck besonders ausgeprägt war; denn die Idee der autoritären leviathanischen »Fürsorge« bekam durch die »völkische« Grundlegung des Nationalbewußtseins einen zusätzlichen Schub. Dieser Zusammenhang schlug sich auch in der juristischen Definition der deutschen Staatsbürgerschaft nieder, die im Unterschied zu den westlichen kapitalistischen Ländern bis zum heutigen Tag durch das *ius sanguinis* bestimmt ist, das »Recht des Blutes«; die schon von Herder und Fichte beschworene »völkische Schicksalsgemeinschaft« wurde damit sogar juristisch durch das deutsche Staatsbürgerrecht seit 1913 als Blut- und Abstammungsgemeinschaft bestimmt. Diese irrationale blutsgemeinschaftliche Grundlegung der deutschen Staatsbürgerlichkeit war aber nicht bloß eine lediglich juristische Definition, sondern fest als staatstragende Ideologie in den Köpfen der Funktionseliten und der Intelligenzia verankert. Über Schulpädagogik und Familienerziehung, Lesebücher und Kasernendrill, Kunst und Alltagskultur, Medien und Kirchengemeinden konnte dieses Denken um so leichter ins Massenbewußtsein quer durch alle Schichten und Klassen eingehen, als es in Deutschland keine die »Volksgemeinschaft« spaltende bürgerliche Revolution gegeben hatte und die Nationalisierung durch den alten absolutistischen Staatsapparat selber auf den Weg gebracht worden war.

So war es kein Wunder, daß der Darwinismus in Deutschland geradezu sein Dorado fand und die kollektivrassistische Variante des Sozialbiologismus hier ihren Schwerpunkt bilden konnte. War der Begriff des »Blutes« bei Herder und Fichte noch (ähnlich wie später bei Gobineau) als kulturelles Konstrukt entwickelt worden, so verwandelte er sich in Verbindung mit dem Sozialdarwinismus, der »Eugenik« und den »naturwissenschaftlichen« Rassenlehren in eine unmittelbar biologistische Bestimmung der deutschen »Volks- und Abstammungsgemeinschaft«. Wie aber in den westlichen Ländern der liberale Individualrassismus nicht der kollektivrassistischen, »völkisch«-antisemitischen Momente entbehrte, so fanden sich umge-

kehrt auch im deutschen blutsgemeinschaftlichen Kollektivrassismus die individualrassistischen Züge wieder; natürlich vor allem im politischen Spektrum des deutschen Liberalismus. So äußerte sich 1911 der Reichstagsabgeordnete der linksliberalen »Fortschrittlichen Volkspartei«, Heinz Potthoff, über die »Unwirtschaftlichkeit« von Behinderten und »Entarteten«:

»Die Begründung sozialer Tätigkeit auf Mitleid und Nächstenliebe führt unwillkürlich dazu, daß man Geld und Mühe da verwendet, wo das Elend am größten ist. Aber sozial richtig ist das nicht. Die Humanität in diesem Sinne ist zweifach unwirtschaftlich. Sie ist teuer: mit dem Gelde, mit dem man einen Krüppel erhält, kann man zwei gesunde Kinder hochbringen. Sie ist unproduktiv: die vom Mitleid gepflegten Elenden werden niemals das angewandte Kapital dem Volke zurückerstatten. So rührend daher die Versorgung von Idioten, Krüppeln oder anderen lebensunfähigen Elementen sein mag, man sollte nie übersehen, daß sie ein Luxus ist, und man sollte vor jeder größeren Aufwendung sich fragen, ob unser Volk sich diesen Luxus erlauben kann« (zit. nach: Bergmann, a.a.O., 131).

Potthoff versäumte es auch nicht, diese liebenswürdige »Ökonomisierung des Menschen« zum Allgemeinbegriff liberalen (wohlgemerkt: sogar links- oder sozialliberalen!) Kalküls zu erheben:

»Man wird niemals zu einer richtigen Wirtschafts- und Bevölkerungspolitik kommen, wenn man es nicht lernt, auch das Menschenleben mit dem Auge des rechnenden Kaufmanns zu betrachten und sich zu fragen: Was kostet der einzelne Mensch der Gesellschaft? Was bringt er ein?« (zit. nach: Weingart/Kroll/Bayertz 1988, 257).

Das ist nun wirklich Liberalismus at its best, und schöner hätten es auch die schottischen Aufklärer und angelsächsischen Wirtschaftsliberalen (Malthus eingeschlossen) nicht sagen können. Das kapitalistische Mordgesetz der abstrakten »Arbeit« und der betriebswirtschaftlichen Rentabilität, verschärft durch seine ideologische Biologisierung, wurde offensichtlich in Verbindung mit dem spezifisch deutschen Kollektivrassismus der staatlichen Blutsgemeinschaft bis zu einer nicht mehr überbietbaren Hemmungslosigkeit gesteigert. Gerade indem der deutsche Abstammungsstaat seine darwinistisch-demokratische Blutsideologie der westeuropäischen Konkurrenz gegenüber als eine Art von fast schon »antikapitalistischer« Kultur- und Rassenmission stilisierte, exekutierte er den vom Westen hervorgebrachten liberalen Utilitarismus und Sozialdarwinismus mit der äußersten überhaupt vorstellbaren Konsequenz.

Die sozialbiologische Wissenschaftsdebatte wurde nicht nur von den staatlichen Instanzen des Deutschen Reiches organisiert, sondern auch von den kapitalistischen Funktionsträgern noch über das englische Beispiel hinaus wohlwollend gefördert. Schon 1900 hatte der Kanonenkönig Alfred Krupp einen Preis für einen »wissenschaftlichen Wettbewerb« gestiftet, und zwar zu der Frage: »Was lernen wir aus den Prinzipien der Deszendenztheorie in Beziehung auf die innerpolitische Entwicklung und Gesetzgebung der Staaten?« (Baumunk/Rieß 1994, 169). Den ersten Preis gewann der Sozialdarwinist und Eugeniker Wilhelm Schallmayer (1857–1919), der als Erfinder des Begriffs »Rassenhygiene« gilt. Deutschland und Österreich wurden so zu intellektuellen Laboratorien der sozialbiologischen Debatte von den Universitäten bis zur Populärwissenschaft und dem Alltagsdiskurs der Massen, wobei sich Gesichtspunkte der Arbeitsideologie, des »volksgemeinschaftlich« verallgemeinerten Rentabilitätskalküls, der »Rassenhygiene« und des Rassenwahns gegenseitig hochschaukelten. 1908 brachte der österreichische Wirtschaftstheoretiker und Begründer der Finanzsoziologie Rudolf Goldscheid (1870–1931) den schönen Begriff der »Menschenökonomie« ins Spiel, ausdrücklich im sozialbiologischen Kontext; der Staat sollte auf der Basis der »Rassenhygiene« eine »rentable Menschenzucht« betreiben und darauf achten,

> »daß die Produktivität einer menschlichen Arbeitskraft höher liegt als die Arbeit, die für die unproduktiven Jahre eines jungen Menschen für Nahrung und Erziehung verausgabt wurden« (zit. nach: Weingart/Kroll/Bayertz 1988, 256).

Für diesen edlen Zweck schlug Goldscheid die Einrichtung von »Rasetüchtigkeitsämtern« (a.a.O., 257) vor. Schlechte Karten für »Entartete« oder auch nur einfach Körperbehinderte. Sie konnten sich darauf einstellen, unter sowohl volkswirtschaftlichen als auch eugenisch-»rassenhygienischen« Gesichtspunkten als »Parasiten« am deutschen Volks- und Blutskörper eingestuft zu werden. Mit bürokratisch-wissenschaftlicher Gemütsruhe nahm dabei der Lindauer Bezirksarzt Josef Graßl 1911 noch eine Feingliederung des kapitalistisch unbrauchbaren und damit »parasitären« Menschenmaterials vor:

»Vollparasit ist, wer sich seine Lebensbedürfnisse nicht selber verdient, verdient hat oder verdienen wird. Parasit ist also, wer die ererbten Ansammlungen seiner Voreltern aufzehrt, Parasit ist auch der Kranke, der von der Allgemeinheit lebt. Der eine schuldig, der andere unschuldig; im Wesen aber beide gleich [...] Halb- und Viertelparasit ist, wer sich seine Lebensbedürfnisse nur teilweise verdient. Teilparasit ist jeder, der über seinen Stand lebt, [...] sie alle zwingen die Allgemeinheit, die Produzenten, ihnen einen Teil ihrer Produkte abzutreten ohne jede persönliche Gegenleistung« (zit. nach: Bergmann, a.a.O., 132).

So reifte im spezifisch deutschen Geistesklima der Jahrhundertwende und der Zwischenkriegszeit die »Entartungs«-Diskussion zu einem regelrechten nationalökonomischen Vernichtungsprojekt für die systematische Auslöschung von Delinquenten, Behinderten, Geisteskranken und Arbeitsunfähigen heran, das in seiner Offenheit und Brutalität noch über die westlich-liberale Debatte zur »Endlösung der Armenfrage« hinausging: Wenn in der Zeit von Malthus die »schmerzlose Tötung von Kindern der Armen« Gesprächsstoff der Besserverdienenden gewesen war, dann gab dieser Tatbestand der Öffentlichkeit wenigstens noch Anlaß zum Erschauern, und diese Maßnahme ist jedenfalls niemals ernsthaft als staatliches Projekt in Erwägung gezogen worden. Der deutsche Kollektivrassismus mit seinem »völkischen« Rentabilitätskalkül dagegen machte tatsächlich Ernst: Längst vor dem Nationalsozialismus wurden die deutschen Begriffe geprägt, die für die angeblich »lebensunfähigen Elemente« schließlich das reale Todesurteil bedeuten sollten. 1920 formulierten der Psychiater Alfred Hoche (1865–1943) und der Jurist Karl Binding (1841–1920) eine Broschüre mit dem Titel: »Die Freigabe der Vernichtung lebensunwerten Lebens« (zit. nach: Klee 1995).

Damit war der entscheidende Begriff des »lebensunwerten Lebens« geprägt, von Hoche auch als »Ballastexistenzen« bezeichnet. Die Begründung war wieder wesentlich volksökonomisch: Durch die »sinnlose« Pflege von »geistig Toten« werde »ein ungeheure(s) Kapital in Form von Nahrungsmitteln, Kleidung und Heizung dem Nationalvermögen entzogen« (zit. nach: Klee 1995). Mit nicht zu überbietendem Zynismus gab man dem Vernichtungsprojekt den Namen »Euthanasie« – ein »angenehmer Tod« werde die »Lebensunwerten« von ihrer volkswirtschaftlich untragbaren Existenz erlösen. Hoche selbst wurde von der Nemesis seines Mordprojekts eingeholt: Ausgerechnet während der Naziherrschaft mußte er trotz seiner Verdienste für die industrielle Menschenvernichtung als »jüdisch Versippter« seine Entlassung einreichen, weil er sich noch mit 68 Jahren in die Jüdin Hedwig Goldschmidt verliebt und sie geheiratet hatte; 1940, drei Jahre vor seinem Tod, regte er sich in der Straßenbahn einem Bekannten gegenüber furchtbar auf, weil man ihm gerade die Urne mit der Asche einer Verwandten zugestellt hatte, die ein Opfer der Euthanasie geworden war (Klee 1995).

Nicht nur hinsichtlich der »Minderwertigen« und »Entarteten« radikalisierte das deutsche Abstammungsbewußtsein den gesamtkapitalistischen Diskurs des sozialbiologischen Darwinismus. Auch der Arierwahn gedieh auf dieser Grundlage weitaus üppiger als bei den benachbarten imperialistischen Mächten. Konnte sich doch das deutsche Stammesvolk, wenn es schon in der Epoche der bürgerlichen Revolutionen die allerkläglichste Rolle gespielt hatte, immerhin wenigstens im mythisch-paranoiden Geschichtskonstrukt von der arischen »Edelrasse« qua angeblichen Blutsherkommens eine Hauptrolle in der phantastischen Götterschlacht der »Rassen« imaginieren. Schon längst vor der Reichsgründung von 1871 trieb der deutsche Germanenkult bizarre Blüten; Gobineau, als Rassenprophet im eigenen Lande nur mäßig populär, konnte seinen eigentlichen Triumph auf der anderen Seite des Rheins feiern.

Kulturell trat der Komponist Richard Wagner (1813–1883) an die Spitze der »germanischen« Idolatrie, die mit der schwülstigen Opernserie »Der Ring des Nibelungen« (Rheingold, Die Walküre, Siegfried, Götterdämmerung) und anderen einschlägigen Werken in Form der »Bayreuther Festspiele« bis heute als deutscher demokratischer Staatskulturakt zelebriert wird. Wagner, ein Anhänger der gescheiterten bürgerlichen Revolution von 1848, repräsentierte kulturell den Teil der deutschen kapitalistischen Eliten, deren Nationalismus schon damals in glorreichen Untergangsphantasien schwelgte. Das Wagnersche Konzept von Bayreuth als Gesamtkunstwerk eines »demokratischen Festes« zeigt, wie eng verzahnt linksliberaler Demokratismus und Rassismus in Deutschland waren. Wagners Schriften und seine Tagebücher waren voll von Sätzen wie diesem: »Bei der Vermischung der Racen verdirbt das Blut der edleren Männlichen durch das unedlere Weibliche« (Wagner 1988/1975, 243). Kein Wunder, daß Houston Stewart Chamberlain Wahldeutscher wurde und zum Schwiegersohn von Richard Wagner avancierte. 1894 gründeten die deutschrassistischen Wagnerianer eine Gobineau-Vereinigung; einer ihrer Vertreter gab mit Bezug auf den Ariermythos voller Stolz für die deutsche Abstammungsgemeinschaft bekannt: »Wir sind relativ mit die wenigst Degenerierten, und das ist schon etwas« (zit. nach Claussen 1994, 42).

Der Arier- und Germanenmythos war längst in das Konstrukt der nationalen deutschen Bluts-Staatsbürgerschaft eingearbeitet; nach der Reichsgründung weihte Kaiser Wilhelm I. das »Hermanns-Denkmal« bei Detmold ein – ein dreißig Meter hohes Standbild des Cherusker-Häuptlings Arminius, dessen Sieg über die Römer im Jahre 9 nach Christus in aberwitziger Analogie dem Sieg über Frankreich 1870/71 gleichgestellt wurde. Der spätromantische Schnulzendichter Victor von Scheffel (1826–1886) verbrach dazu das Lied »Als die Römer frech geworden«, in dem es zuletzt heißt:

> Und zu Ehren der Geschichten
> Tat ein Denkmal man errichten,
> Deutschlands Kraft und Einigkeit
> Verkündet es jetzt weit und breit:
> ›Mögen sie nur kommen‹

So historisch haltlos und kindisch diese Spielchen zur Erfindung eines deutschen Nationalbewußtseins auch sein mochten, sie taten doch ihre Wirkung und trugen zu einem primitiven »volksgemeinschaftlichen« Selbstgefühl quer durch die sozialen Klassen bei. Noch der ärmste deutsche Kartoffelfresser, der sich zu allem Überfluß von seinen Vorgesetzten tagtäglich im preußischen Stil anschnauzen und schurigeln oder sogar durchprügeln lassen mußte, konnte so durch die ethnische Abstammungsfiktion ein sonderbares Überlegenheitsgefühl gegenüber dem Rest der Welt entwickeln, das mangels jeder handfesten Gratifikation (von den Weltmachtfreuden eines äußerst bescheidenen Bananenkonsums einmal abgesehen) hauptsächlich mit den Halluzinationen der Arier- und Germanenmythen vorliebnehmen mußte.

In diesem Zusammenhang setzte sich dann auch logischerweise das Phantom der »Gegenrasse«, der antisemitische Mythos, in den deutschen Köpfen besonders hartnäckig fest. Antisemitische Parteien und Strömungen gab es überall in der kapitalistischen Welt; aber nirgendwo war ihr geistiger Einfluß größer als in der irrationalen deutschen Blutsgemeinschaft, die ihre eigene historische Erbärmlichkeit nur verbrämt in der negativen Projektion einer phantasmatischen Übermacht des »internationalen Judentums« wahrnehmen konnte. 1879 schrieb der bis heute renommierte Historiker Heinrich von Treitschke (1834–1896) den berüchtigten Artikel »Unsere Aussichten«, in dem er mit einer unnachahmlichen Mischung aus Pogromhetze, akademisch-distanzierter Seriosität und plumper Anmache (»Ich glaube jedoch, mancher meiner jüdischen Freunde wird mir mit tiefem Bedauern Recht geben«) den fundamentalen Antisemitismus der deutschen Funktionseliten offenbarte:

»Unter den Symptomen der tiefen Umstimmung, welche durch unser Volk geht, erscheint keines so befremdend wie die leidenschaftliche Bewegung gegen das Judenthum. Vor wenigen Monaten herrschte in Deutschland noch das berufene ›umgekehrte Hep Hep Geschrei‹ [...] Heute sind wir bereits so weit, daß die Mehrheit der Breslauer Wähler – offenbar nicht in wilder Aufregung, sondern mit ruhigem Vorbedacht – sich verschwor unter keinen Umständen einen Juden in den Landtag zu wählen; Antisemitenvereine treten zusammen, in erregten Versammlungen wird die ›Judenfrage‹ erörtert, eine Fluth von judenfeindlichen Libellen überschwemmt den Büchermarkt [...] Aber verbirgt sich hinter diesem lärmenden Treiben wirklich nur Pöbelrohheit und Geschäftsneid? [...] Nein, der Instinkt der Massen hat in der That eine schwere Gefahr, einen hochbedenklichen Schaden des neuen deutschen Lebens richtig erkannt; es ist keine leere Redensart, wenn man heute von einer deutschen Judenfrage spricht. Wenn Engländer und Franzosen mit einiger Geringschätzung von dem Vorurtheil der Deutschen gegen die Juden reden, so müssen wir antworten: Ihr kennt uns nicht; Ihr lebt in glücklicheren Verhältnissen [...] Die Zahl der Juden in Westeuropa ist so gering, daß sie einen fühlbaren Einfluß auf die nationale Gesittung nicht ausüben können; über unsere Ostgrenze aber dringt Jahr für Jahr aus der unerschöpflichen polnischen Wiege eine Schaar strebsamer hosenverkaufender Jünglinge herein, deren Kinder und Kindeskinder dereinst Deutschlands Börsen und Zeitungen beherrschen sollen [...] wir wollen nicht, daß auf die Jahrtausende germanischer Gesittung (!) ein Zeitalter deutsch-jüdischer Mischcultur folge [...] Und welche hohle, beleidigende Selbstüberschätzung! Da wird unter beständigen, hämischen Schimpfreden bewiesen, daß die Nation Kants eigentlich erst durch die Juden zur Humanität erzogen, daß die Sprache Lessings und Goethes erst durch Börne und Heine für Schönheit, Geist und Witz empfänglich geworden ist! [...] in tausenden deutscher Dörfer sitzt der Jude, der seine Nachbarn wuchernd auskauft. Unter den führenden Männern der Kunst und Wissenschaft ist die Zahl der Juden nicht sehr groß; um so stärker die betriebsame Schaar der semitischen Talente dritten Ranges [...] Am Gefährlichsten aber wirkt das unbillige Uebergewicht des Judenthums in der Tagespresse [...] Der nothwendige Rückschlag gegen diesen unnatürlichen Zustand ist die gegenwärtige Ohnmacht der Presse; der kleine Mann läßt sich nicht mehr ausreden, daß die Juden die Zeitungen schreiben, darum will er ihnen nichts mehr glauben [...] Ueberblickt man alle diese Verhältnisse [...] so erscheint die laute Agitation des Augenblicks doch nur als eine brutale und gehässige, aber natürliche (!) Reaction des germanischen Volksgefühls gegen ein fremdes Element [...] Täuschen wir uns nicht: die Bewegung ist sehr tief und stark [...] Bis in die Kreise der höchsten Bildung hinauf [...] ertönt es heute wie aus einem Munde: die Juden sind unser Unglück!« (Treitschke 1988/1879, 8 ff.).

Der offensichtliche Minderwertigkeitskomplex, der hier aus Treitschke spricht, und dessen Projektion auf die halb als »angemaßt« bezeichnete, halb selber geglaubte überlegene und deshalb bedrohliche »Rassenmacht« der Juden in der Tat »bis in die Kreise der höchsten Bildung hinauf« als Zerrspiegel der kapitalistischen Widersprüche diente, lag ganz auf der Linie jener antisemitischen deutschen Tradition sowohl der Aufklärer als auch der Romantiker, über die sich schon Rahel Varnhagen beklagt hatte. Daran änderte auch die mehr erschrockene als emanzipatorische Gegenreaktion einiger immerhin mutiger Akademiker des Kaiserreichs nichts. Der berühmte liberale Althistoriker und Jurist Theodor Mommsen (1817–1903) etwa, der 1902 für seine »Römische Geschichte« den Nobelpreis bekam, wandte sich zwar scharf gegen Treitschke und geißelte die »nationalen Narren«, die den Antisemitismus »anständig« gemacht und ihm »den Kappzaum der Scham [...] abgenommen« hätten, »und jetzt [...] spritzt der Schaum« (Mommsen 1988/1880, 222). Aber Mommsen argumentierte selbstverständlich von einem nationalistischen und kapitalistischen Standpunkt aus, der stets nur eine hilflose Kritik des Rassismus und Antisemitismus zuläßt; ihm und seinesgleichen ging es weniger um die kritische Reflexion der logischen Wurzeln antisemitischen Denkens und noch nicht einmal in erster Linie um eine Verteidigung der Juden, sondern um »die Gesundung der nationalen politischen Sitten« (Poliakov 1988, VII, 38). Denn Mommsen fürchtete weniger für seine jüdischen Mitbürger als für die frischgebackene deutsche Nationaleinheit, wenn womöglich

»ein Krieg aller gegen alle (tobt) und werden wir bald so weit sein, daß als vollberechtigter Bürger nur derjenige gilt, der [...] seine Herstammung zurückzuführen vermag auf einen der drei Söhne des Mannus [...] Neben dem [...] neuerdings entfachten Bürgerkrieg des Geldbeutels tritt nun [...] ins Leben [...] der Feldzug der Antisemiten« (Mommsen, a.a.O., 213).

Von diesen Gefahren für Deutschlands äußeres Ansehen und seine innere Einheit abgesehen, die nur allzu deutlich die ewigen Sorgen des Liberalen über die möglichen Folgen der dennoch stets im Prinzip verteidigten Marktwirtschaft und Konkurrenz spiegelt, ist aber auch Mommsen zu schwerwiegenden Zugeständnissen an den Antisemitismus bereit, den er nur nicht den »Mißklängen des Pöbel auf beiden Seiten (!)« (a.a.O., 212) ausliefern will. Ansonsten aber beeilt er sich zu versichern, daß er die »Ungleichheit, welche zwischen den deutschen Occidentalen und dem semitischen Blut allerdings besteht«, durchaus sehe; ebenso will er »die Sondereigenschaften der unter uns lebenden Personen jüdischer Abstammung« nicht in Abrede stellen, denn die Juden seien »ohne Zweifel [...] ein Element der nationalen Decomposition«, und »gewiß liegt den einzelnen Klagen, die [...] erhoben werden, vielfach Wahres zu Grunde« – nämlich hinsichtlich »des schlimmen Treibens gewisser jüdischer Elemente«; so sei z. B. »der jüdische Wucher [...] keine Fabel« usw. (a.a.O., 217–223).

Wenn dieser Mommsen die weitestgehende Version des deutschen liberalen Widerstands gegen die antisemitische Wahnideologie vertrat, dann kann man sich vorstellen, wie es um den Geisteszustand der kapitalistischen Funktionseliten im deutschen Abstammungsstaat insgesamt bestellt sein mußte. Fast kein deutscher Philosoph und Schriftsteller, ob ins Pantheon der sogenannten Nationalliteratur eingegangen oder bloß Trivialliterat, ließ das antisemitische Syndrom in seinen Werken aus, ob Wilhelm Raabe in seinem »Hungerpastor« oder Gustav Freytag in seinem Machwerk »Soll und Haben«. Eine wesentliche Vorgabe hatte schon frühzeitig kein anderer als Richard Wagner geliefert, der sich nicht anders als antisemitisch äußern konnte. Schon 1850 hatte er die staatsbürgerliche Emanzipation der Juden als Forderung von 1848 in Frage gestellt und den wahren, untergründig antisemitischen Impuls des Paulskirchen-Demokratismus ans Tageslicht befördert:

»Als wir für Emanzipation der Juden stritten, waren wir aber doch eigentlich mehr Kämpfer für ein abstraktes Prinzip als für den konkreten Fall: wie all unser Liberalismus ein luxuriöses Geistesspiel war, in dem wir für die Freiheit des Volkes disputierten ohne Kenntnis dieses Volkes, ja mit Abneigung gegen jede wirkliche Berührung mit ihm, so entsprang auch unser Eifer für Gleichberechtigung der Juden viel mehr aus der Anregung des bloßen Gedankens als aus realer Sympathie; denn bei allem Reden und Schreiben für Judenemanzipation fühlten wir uns, bei wirklicher, tätiger Berührung mit Juden, von diesen unwillkürlich stets abgestoßen. Hier treffen wir uns denn auf den Punkt, der unserem besonderen Vorhaben uns näherbringt: wir haben uns das *unwillkürlich Abstoßende,* welches die Persönlichkeit und das Wesen des Juden für uns hat, *zu erklären*, um diese instinktmäßige Abneigung zu rechtfertigen [...] Noch jetzt belügen wir uns in diesem Bezuge nur absichtlich, wenn wir es für unsittlich und verpönt erklären, unsren natürlichen Widerwillen gegen jüdisches Wesen öffentlich kundzugeben [...] Der Jude ist, nach dem gegenwärtigen Stand der Weltdinge, wirklich bereits mehr als emanzipiert: *er herrscht* und wird so lange herrschen als das Geld die Macht bleibt, vor der all unser Tun und Treiben seine Kraft verliert [...]« (Wagner 1975/1850, 54f.).

Der deutschnationale Gesamtkunsthandwerker macht also den entscheidenden psychotischen Trick der kapitalistischen Welt geltend, die negative Macht des Geldes in eine negative Macht der Juden umzuinterpretieren, die er sogleich auf das Wesen der Kunst und des Staates überträgt:

»Wir haben nicht erst nötig, die Erscheinung der Verjudung der modernen Kunst zu bestätigen; sie springt in die Augen und bestätigt sich den Sinnen von selbst [...] Der Jude spricht die Sprache der Nation, unter der er von Geschlecht zu Geschlecht lebt, aber er spricht sie immer als Ausländer [...] In dieser Sprache kann der Jude nur nachsprechen, nachkünsteln, – nicht wirklich redend dichten oder Kunstwerke schaffen [...] Als durchaus fremdartig und unangenehm fällt unserem Ohr zunächst ein zischender, schrillender, summsender und mucksender Lautausdruck der jüdischen Sprechweise auf: eine unserer nationalen Sprache gänzlich uneigentümliche Verwendung und willkürliche Verdrehung der Worte und Konstruktionen gibt diesem Lautausdrucke vollends noch den Charakter eines unerträglich verwirrenden Geplappers, bei dessen Anhören unsere Aufmerksamkeit unwillkürlich mehr bei diesem widerlichen *Wie,* als bei dem enthaltenen *Was* der jüdischen Rede verweilt« (a.a.O., 56ff.).

Sowohl kulturell als auch staatlich kann sich das, was »deutsch« sein soll, nur durch negative Abgrenzung von dem Fremden schlechthin legitimieren; die abstrakte Allgemeinheit des Staates scheint nur dadurch pseudokonkret-»völkisch« zu werden, daß sie das (rassische) »jüdische Gegenwesen« auf allen Ebenen ausschließt. Wie sozialpathologisch die Verhältnisse und Beziehungen in diesem Klima sein mußten, zeigt sich schon daran, daß Wagner zeitweise einen jüdischen Dirigenten hatte und auch jüdische deutsche Honoratioren regelmäßig nach Bayreuth pilgerten. Der selbstzerstörerische Versuch der jüdischen Gemeinden (und vor allem von Mitgliedern der

Funktionseliten), sich dem jeweiligen Nationalismus anzupassen, bekam in Deutschland einen besonders grauenhaften Zug; denn hier bildete ja das »völkische« Abstammungskriterium eine permanente Bedrohung der jüdischen Staatsbürgerschaft.

Diese kollektive Psychose des blutsmäßigen Verfassungspatriotismus drang als deutschkultureller Gegenstand bis tief ins Massenbewußtsein. Dementsprechend hatten auch bei den Massen antisemitische Bewegungen und Parteien besonders großen Zulauf; zumindest ihre ideologischen Statements und Versatzstücke ihrer Mythen wurden zum Gedankengut des deutschen Normalmenschen. Die antisemitische Umdeutung des Kapitalismus und gleichzeitig die fanatische positive Besetzung seiner Ausgeburten wie Nation und imperiale Konkurrenz bildeten so jenes kollektivrassistische Band, das trotz der schreienden sozialen Gegensätze die deutsche Blutsgemeinschaft bis in die obersten Staatsspitzen hinein zusammenschloß. Dresden (1882) und Chemnitz (1883) wurden zu Schauplätzen internationaler antisemitischer Kongresse (Poliakov 1988, VII, 35). Und auch die wilhelminische Popkultur nahm den antisemitischen Impuls bereitwillig auf. In seiner »Frommen Helene« dichtete der deutsche Staats- und Haushumorist Wilhelm Busch behäbig der Nation ins Stammbuch:

Und der Jud mit krummer Ferse
Krummer Nas'und krummer Hos'
Schlängelt sich zur hohen Börse
Tiefverderbt und seelenlos

Diese Verse aus dem Schatzkästlein lustiger deutscher Alltagsschnurren zeigen, daß der »Stürmer« und die SS-Massenmörder nichts erfinden mußten, sondern direkt aus dem volkstümlichen Kulturgut schöpfen konnten. 1874 ließ sich auch die gutbürgerliche deutsche Familienzeitschrift »Die Gartenlaube«, geschockt durch den Gründerkrach und diesen sofort antisemitisch interpretierend, über die »Judenfrage« aus:

»Die Judenschaft [...] arbeitet nicht, sie beutet die mit der Hand verrichtete oder die geistige Arbeit des Mitmenschen aus [...] Dieser fremde Stamm hat das deutsche Volk unterjocht und saugt sein Mark aus. Die soziale Frage ist im wesentlichen eine jüdische Frage; alles übrige ist nur Betrügerei« (zit. nach: Poliakov, a.a.O., 30).

Wie schon bei den letzten Ausläufern der alten Sozialrevolte in den Jahren vor 1848 hatten es die deutschen Behörden nicht eilig, gegen soziale Agitation vorzugehen, wenn sie nur antisemitisch war; diese Sorte »Kapitalismuskritik« war als entlastende und ablenkende Funktion stets willkommen. 1881 unterschrieben Hunderttausende von Deutschen (darunter vorzugsweise Studenten und Akademiker, Lehrer und Beamte) eine antisemitische Petition, die verlangte, Juden von allen öffentlichen Ämtern auszuschließen (Röhl 1994). Jahrzehnte nach den Hep-Hep-Unruhen und mehr als ein halbes Jahrhundert vor der nazistischen »Reichskristallnacht« brach sich der antisemitische Mob im Gefolge von Schreibtischtätern wie Treitschke Bahn:

»Berlin (wurde) in den Jahren 1880 und 1881 der Schauplatz gewalttätiger Szenen […] Organisierte Banden fielen die Juden auf den Straßen an, verjagten sie aus den Cafés und zerbrachen die Scheiben ihrer Läden. In der Provinz wurden Synagogen verbrannt. Die Zahl der Agitatoren nahm ständig zu […]« (Poliakov, a.a.O., 31 f.).

Wenn solche Taten wie üblich nur lasch verfolgt wurden, so wußten die Behörden das Wohlwollen jener ominösen »höchsten Kreise« auf ihrer Seite. Es war der protestantische Pfarrer und kaiserliche Hofprediger Adolf Stoecker (1835–1909), der mit seiner 1878 gegründeten »Christlich-Sozialen Arbeiterpartei« jahrzehntelang antisemitische Massenpropaganda betrieb und die Juden im Preußischen Abgeordnetenhaus als »Blutegel« beschimpfen durfte (Röhl 1994). Allein die Tatsache, daß Stoecker als Hofprediger und somit Bestandteil der obersten Machtspitze derart vorgehen konnte, zeigt den antisemitischen Einfluß bis in den wilhelminischen Herrschaftskern.

Eine Ausnahme machten nur die unglücklichen Eltern des späteren Kaisers Wilhelm II., der deutsche Kronprinz Friedrich Wilhelm und seine Frau Victoria, eine Tochter der englischen Königin. Als

1880 die antisemitischen Unruhen aufloderten, »erschien [...] Friedrich Wilhelm in der Uniform eines preußischen Feldmarschalls beim Gottesdienst in der Berliner Synagoge« (Röhl 1994) und nannte den Antisemitismus »eine Schmach für unsere Zeit«, während seine Frau den geifernden Blutsnationalprofessor Treitschke zutreffend als »Geisteskranken« bezeichnete (a.a.O.). Dieses Ehepaar bewies, daß eine liberale Gesinnung zumindest in der Hocharistokratie nicht automatisch zu Rassismus und Antisemitismus führen mußte und daß immer und überall, in allen Schichten, Klassen, Parteien und ideologischen Lagern, trotz der gesetzmäßigen Bewußtseinsbildungen des warenproduzierenden Systems ein menschliches Aufbäumen gegen den Mordwahnsinn möglich ist (also auch niemals eine »Zeitbedingtheit« entschuldigend für Mitläufertum und Wegschauen angeführt werden kann). Es ist relativ wenig erhellt (und am allerwenigsten von deutschen Historikern), welche negative und die Katastrophe beschleunigende Wirkung es für Deutschland und die Welt hatte, daß Friedrich Wilhelm im »Dreikaiserjahr« 1888 nach nur 99 Tagen Regentschaft als Friedrich III. an Kehlkopfkrebs starb und von seinem Sohn Wilhelm beerbt wurde, der seine Eltern haßte und mit allen Giften des preußisch-deutschen Chauvinismus verpestet war.

Wilhelm II. (1859–1941), der eigentliche Imperialismus- und Weltkriegskaiser des deutschen Kapitalismus, war durch und durch von den biologistischen gesellschaftlichen Wahnideen des Darwinismus erfüllt. Gegen seine eigene Mutter gewendet verfluchte er schon als junger Mann das »verdammte englische Blut« in seinen Adern (Röhl 1994) und solidarisierte sich bis an sein unseliges Ende mit einer Propaganda, die das ganze Kaiserreich hindurch eine Verbindung zwischen der »jüdischen Weltverschwörung« und den Engländern als »Krämervolk« herstellte. Als sich aufgrund von antisemitischen Pogromen 1905 russische Juden nach Deutschland geflüchtet hatten, brüllte der Kaiser: »Hinaus mit diesen Schweinen!« (Poliakov, a.a.O., 40). Weil die deutsche demokratische Geschichtsschreibung bis heute beide Augen zugedrückt hat, mußte der englische Historiker John C. G. Röhl kommen, um die eindeutigen Quellen ins rechte Licht zu rücken, die den fanatischen Antisemitismus von Wilhelm II. beweisen.

1901 traf der Kaiser mit Houston Stewart Chamberlain zusammen, der fortan als wilhelminischer Staatsphilosoph und Chefideologe firmieren durfte und dafür, ganz im Sinne seines demokratisch-antisemitischen Schwiegervaters Richard Wagner, die Hohenzollern als die »tonangebenden Demokraten des 19. Jahrhunderts« feierte (zit. nach: Claussen 1994, 93). Nicht nur durch den äußerlichen politischen Charakter einer »demokratischen Monarchie« des allgemeinen Wahlrechts (das ebenso wie in den westlichen imperialen Staaten immer noch die Frauen ausschloß) enthält diese Aussage ein böses Wahrheitsmoment, sondern auch durch ihren unbewußten Bezug auf den wesenhaften Herrschaftskern aller modernen Demokratien, der mit dem abstrakten Selbstzweck des Kapitals und der daraus hervorgehenden Konkurrenz atomisierter Individuen auch die latente Gegenwart von Rassismus und Antisemitismus zwangsläufig enthält. Und genau auf diese irrationale, antisemitische Art und Weise war auch Wilhelm II., der oberste Kriegsherr des deutschen Kapitalismus, sowohl Demokrat als auch antisemitischer »Kapitalismuskritiker«, wie John C. G. Röhl mühelos anhand zahlreicher Briefe, Erinnerungen, Pressegespräche etc. nachweisen kann. Der Kaiser erklärte stets allen, die es hören wollten, daß die Juden der »Fluch« seines Reiches seien:

»Sie halten mein Volk in Armut und in ihrer Gewalt. In jedem kleinen Dorf in Deutschland sitzt ein dreckiger Jude, der wie eine Spinne die Leute in das Netz seiner Wucherei zieht […] Somit gewinnt er allmählich über alles Kontrolle. Die Juden sind die Parasiten meines Reichs. Die jüdische Frage ist eins meiner größten Probleme […]« (zit. nach: Röhl 1994).

Die projektive Entlastung des Massenarmut erzeugenden Kapitalismus, die das zentrale Klischee antisemitischer Propaganda bildet, könnte nicht reiner und deutlicher formuliert werden. Hitler hat über die Juden nichts gesagt, was nicht schon Wilhelm II. und seine Kamarilla immer wieder gesagt hätten. 1907 äußerte der Kaiser, diese Fremdrasse müsse »ausgemerzt« werden, und 1909 beklagte er den »Dämmerzustand«, in dem das von der »goldenen Internationale« geknechtete deutsche Volk durch die »Judenpresse« gehalten werde (zit. nach: Röhl, a.a.O). Nach seiner Abdankung verstieg er sich im holländischen Exil zu einer immer abstruseren rassistischantisemitischen Paranoia, verdächtigte die Franzosen und Engländer einer »eigentlich« schwarzafrikanischen Abstammung und die Oberschicht des Landes seiner Mutter als »von Juda durchseuchte Freimaurer«, um schließlich 1929, vier Jahre vor Hitlers Machtergreifung, einen originellen Vorschlag für die »Befreiung von der jüdischen Pest« zu machen: »Ich glaube, das Beste wäre Gas« (a.a.O.). Soviel zur Kontinuität der deutschen Geschichte.

Sozialismus der höheren Wirbeltiere

An dieser Stelle muß die Frage nach dem Beitrag auch des Sozialismus und der Arbeiterbewegung an der Biologisierung von Gesellschaftstheorie und sozialen Konflikten gestellt werden. Nachdem die ehemalige Sonntagsschule des Liberalismus schon die kapitalistischen Konzepte der abstrakten »Arbeit« und der Nation bzw. Nationalökonomie so bereitwillig übernommen und die Konzepte von Militarismus, Kolonialismus und Imperialismus zumindest teilweise und sozial verbrämt mitgetragen hatte, müßte es wahrhaftig ein Wunder genannt werden, wenn die sozialistischen Theorien und Parteien nicht auch von der sozialbiologischen und antisemitischen Grundströmung miterfaßt worden wären.

Die entscheidende Schnittmenge von Sozialismus und Rassismus/Antisemitismus war der positiv besetzte Begriff der »Arbeit«. In dem Maße, wie die sozialistische Arbeiterbewegung das Selbstverständnis der alten Sozialrevolten, die sich auf tradierte »Rechte« und in diesem Kontext auf Muße (»Müßiggang«!) bezogen hatten, durch die Leistungskategorie der »Arbeit« selber ersetzte, diese zum positiven Kern ihrer Identität machte und damit die vom Liberalismus seit Beginn der Neuzeit betriebene bürgerliche Kampagne (»Müßiggang ist aller Laster Anfang«) übernahm, mußte sie auch anfällig werden für Ressentiments gegen Leistungsschwache, »Ungläubige« in Sachen Religion der »Arbeit« und vermeintliche »Nichtarbeiter«. Damit war jenes bis zu einem gewissen Grad »erlaubte«, weil das bürgerliche Universum nicht in Frage stellende Ausspielen der einen kapitalistischen Kategorie gegen die andere, der »Arbeit« gegen das Geld, schon grundsätzlich angelegt – und genau diese

Schwachstelle mußte zum Einfallstor für Biologismus, Rassismus und Antisemitismus werden.

Dies läßt sich auf mehreren Ebenen erkennen. Zunächst einmal wurde die »Arbeit« gegen die vermeintliche »Nichtarbeit« in Szene gesetzt, gegen das »arbeitslose Einkommen« der Kapitalisten, die sich »den Mehrwert aneignen«. Aber natürlich war leicht nachzuweisen, daß die sogenannten Kapitalisten auch selbst »arbeiteten«, wenn auch in anderen Funktionsbezügen: Auch die Tätigkeit der betriebswirtschaftlichen Planung, Rechnungsführung usw. war durchaus als Bestandteil der »abstrakten Arbeit« zu definieren. Insofern konnten eigentlich der wie auch immer »mitarbeitende« Privatkapitalist und der sogar selber nur angestellte Manager nicht so ohne weiteres unter die Kategorie der »Nichtarbeit« subsumiert werden. Weil also die »abstrakte Arbeit« nicht insgesamt als Bestandteil des Kapitals dechiffriert werden konnte, lag es nahe, den Begriff der »Nichtarbeit« zu verengen: entweder auf den Handel, der »nichts herstellt« und sich angeblich bloß parasitär zwischen Produzenten und Konsumenten schiebt, oder auf die (wie Friedrich Engels sich ausdrückte) »Kuponschneider«, die reinen Geldkapitalisten, die anscheinend wirklich ohne jeden eigenen Handschlag in Form des Zinses »arbeitsloses Einkommen« beziehen.

Nun ist auch diese Argumentation nicht in sich stimmig, denn natürlich ist der Handel in einem warenproduzierenden System völlig unvermeidlich (auch unter Staatsregie); und weil dabei selbstverständlich jede Menge Tätigkeiten anfallen, ist dieser Sektor auch keineswegs von »Nichtarbeit« gekennzeichnet. Ebenso verhält es sich im Falle des reinen Geld- oder Leihkapitals, das im Bankensystem konzentriert ist; und auch in den Banken wird natürlich »gearbeitet«, gerade von den fungierenden Chefbankiers selber. Sogar der reine Spekulant muß bei näherem Hinsehen vielfältig tätig sein, sich umtun, Informationen verarbeiten usw. Aber bis zu diesem logischen Punkt »durfte« das positive »Arbeitsbewußtsein« nicht denken, wenn nicht der innere Widersinn einer Kapitalismuskritik in den Formen des Kapitals selber zum Vorschein kommen sollte.

So blieb nur noch übrig, auf den »unproduktiven« Charakter der Arbeiten von Handel und Banken etc. zu verweisen, was aber keine soziale oder moralische, sondern eine rein ökonomische Kategorie darstellt, und zwar wiederum als eine Entgegensetzung innerhalb des Kapitals selbst: »Unproduktiv« sind diese Tätigkeiten insofern, als sie nicht Wert »schöpfen«, sondern lediglich Wertgegenstände und Wertgrößen (in der Geldform) gesellschaftlich vermitteln; sie sind daher nationalökonomisch gesehen reine Kostenfaktoren und Abzüge von der gesellschaftlichen Wertschöpfung, aber dennoch kapitalistisch notwendig. Indem und soweit nun die Arbeiterbewegung die »unproduktiven« Arbeiten von Handel und Banken etc. moralisch ab- und die kapitalistisch »produktive« Tätigkeit in der industriellen Warenproduktion moralisch aufwertete, machte sie sich nur um so mehr die kapitalistische Logik zu eigen. Die unmittelbare Tätigkeit in der Umformung des Naturstoffs bei der Produktion von Gütern erschien als positive »produktive« Tätigkeit und als die »gute«, konkrete Seite, obwohl es sich immer nur um die Konkretion der abstrakten kapitalistischen Weltmaschine selbst handeln konnte; und die kapitalistische Vermittlungsfunktion von Handel oder Banken als die negative »unproduktive« Tätigkeit und als die »schlechte«, abstrakte (weil unmittelbar auf das Geld bezogene) Seite.

Diese verkürzte, moralisierende Kapitalismuskritik in den unaufgehobenen kapitalistischen Kategorien selbst paßte zu gut auf jene Verhaltensweisen, wie sie den Juden zugeschrieben wurden, als daß sie eine antisemitische Schlagseite hätte vermeiden können. Schon die frühen sozialistischen Ideologen und Publizisten, die aus dem Liberalismus hervorgegangen waren, hatten nicht allein eine Affinität zum modernen Antisemitismus, sondern gehörten geradezu zu seinen historischen Schrittmachern. Nach Auschwitz wurde hier (ebenso wie bei den nichtsozialistischen Parteien und Ideologien) auf der ganzen Linie retuschiert, ausgeblendet, verfälscht und verschwiegen, um die Spuren zu verwischen. Der vertuschte Zusammenhang findet sich wieder in einem zumindest für die Linke gewissermaßen apokryphen Buch des Jerusalemer Historikers Edmund Silberner, der unter dem Titel »Sozialisten zur Judenfrage« schon vor mehr als dreißig Jahren diese schmutzige Wäsche des Sozialismus enthüllt hat. Silberner ist offensichtlich israelischer Patriot und Vertreter einer jüdischen »ethnischen« Identität, aber er geht nicht denunziatorisch vor, sondern im wesentlichen sachlich und dokumentarisch, ohne »der« Linken schlechthin etwas am Zeug flicken zu wollen.

In Sachen Antisemitismus fündig wird er schon bei den utopischen Frühsozialisten aus der ersten Hälfte des 19. Jahrhunderts, vor allem bei Charles Fourier (1772–1837), der doch stets ein Lieblingsutopist gerade der radikalen Linken war. Als Vertreter kleiner, selbstgenügsamer Gemeinschaften war Fourier dennoch gleichzeitig französischer Nationalist und von einer dumpfen Fremdenfeindlichkeit; und weil er die kapitalistische Ausbeutung vor allem durch Handel und Wucher verursacht wähnte, verfiel er schon 1808 in seiner Schrift »Théorie des quatre mouvements« durch die entsprechenden Zuschreibungen in ein kraß antisemitisches Weltbild:

»Zum Glück [...] sind die Juden noch nicht allzuweit über Frankreich verbreitet, denn, dem Wucher ergeben, hätte diese Nation schon die meisten Vermögen und den Einfluß, der damit geht, an sich gerissen; ganz Frankreich wäre nur noch eine einzige riesige Synagoge, denn wenn die Juden auch nur ein Viertel der Vermögen besäßen, sie hätten dank ihres unlösbaren Geheimbundes den größten Einfluß« (zit. nach: Silberner 1962, 17).

Fourier eiferte deshalb sogar gegen Bürgerrechte für Juden und blieb zeitlebens offener Antisemit, wenn er auch kurz vor seinem Tod 1835 den quasi vor- oder früh-»zionistischen« Vorschlag gemacht hat, die Juden sollten in Palästina einen eigenen Staat gründen – finanziert von »Rothschild«! Dabei darf allerdings nicht vergessen werden, daß sogar die Nazis anfangs mit dem Gedanken spielten, die Juden womöglich nach Madagaskar oder sonstwohin auszusiedeln.

Nicht besser als mit Fourier steht es mit Pierre-Joseph Proudhon (1809–1865), einem der Begründer des Anarchismus. Proudhon reduzierte den Begriff des Kapitalismus auf das zinstragende Kapital der reinen Geldverleiher, dessen »Bedingung der Möglichkeit« er im Charakter des Geldes als einer privilegierten Ware angelegt sah, die demzufolge »deprivilegiert« werden müsse; Proudhon wollte deshalb ein sogenanntes »Arbeitsgeld« einführen, das auf der direkten Verrechnung von Arbeitsquanten beruhen und den »arbeitslosen« Zinsgewinn von Geldkapitalisten unmöglich machen sollte. Diese

Theorie wähnt den Kapitalismus nur in der Zirkulation angesiedelt und übersieht völlig den kybernetischen Charakter der kapitalistischen Produktionsweise, die gerade dadurch gekennzeichnet ist, daß sie das Geld »produktiv« auf sich selbst rückkoppelt. So konnte Proudhon (wie die gesamte Arbeiterbewegung) die »abstrakte Arbeit« des warenproduzierenden Systems nicht als Kern des Kapitals selber erkennen, sondern wollte dessen logischen Selbstwiderspruch auf paradoxe Weise durch eine vermeintlich direkte Gleichsetzung der Geldform mit der »Arbeit« loswerden, ohne den notwendigen und in sich gegensätzlichen Formwandel von »Arbeit« und Geld im Prozeß der Kapitalverwertung zu durchschauen. Auch Proudhons Theorie kritisiert den Kapitalismus nur so weit, wie es die antisemitische Umdeutung der inneren Widersprüche dieser Gesellschaftsform erlaubt; und prompt verfiel auch er immer wieder grundsätzlich in die hetzerische Sprache des Wahns vom eingeborenen jüdischen Geldmenschen und Weltverschwörer, so in seiner Schrift »Césarisme et christianisme«:

»Der Jude ist seiner Veranlagung nach ein Antiproduzent, weder Landwirt noch Gewerbetreibender, nicht einmal wirklicher Kaufmann. Er ist ein Zwischengänger, immer falsch und parasitär, der sich im Geschäft wie in der Philosophie der Fälschung, betrügerischen Nachahmung und Roßtäuscherei bedient. Er kennt nur Hausse und Baisse, Transportrisiko, ungewisse Ernteaussichten, Unsicherheit von Angebot und Nachfrage. Seine Wirtschaftspolitik ist ganz negativ, ganz wucherisch; das Prinzip des Bösen, Satan, Ahriman, verkörpert in der Rasse des Sem [...]« (zit. nach: Silberner, a.a.O., 58).

Die antisemitische Sprache von Chamberlain, Treitschke und der »Gartenlaube« war also auch längst schon die Sprache der wichtigsten frühsozialistischen Ideologen. Der Haß ausschließlich gegen die sogenannte »Zinsknechtschaft« von einem sozial heterogenen Standpunkt, der ein protestantisches Ethos der »ehrlichen Arbeit« vertritt, wie es bis heute unter verspießbürgerten Lohnarbeitern, Teilen des industriellen Managements, verschuldeten Häuslebauern, kleinen Warenproduzenten und Klitschen-Kapitalisten grassiert, besetzte mit seinen dumpfen Ausbrüchen gegen Bankenmacht, Wuchergeld und

»die Spekulanten« ein übergreifendes ideologisches Feld nationalistischer Couleur in allen sozialen Gruppen, Parteien und Strömungen, die ansprechbar waren für die Ausgeburten des »gesunden Volksempfindens«, der »bodenständigen Arbeit« und eines »völkischen« Kapitalismus (oder eines »Volkskapitalismus« mit staatssozialistischen Attributen). Die damit untrennbar verbundene antisemitische Hetze diffundierte zwischen Liberalismus, Nationalismus und Sozialismus, also eben auch bis tief in die Arbeiterbewegung hinein; und über diverse rassistische Gesellschaften okkulter Provenienz wie die sogenannten Theosophen und Anthroposophen mit ihrem Guru Rudolph Steiner (1861–1925) oder die Geldreform-Sekte des deutsch-argentinischen Kaufmanns Silvio Gesell (1862–1930) bildete sich um die gemeinsame antisemitisch-zinskritische Schnittmenge zwischen den ideologischen Blöcken ein weitverzweigtes Geflecht unterirdischer Bezüge, aus dem schließlich der Nationalsozialismus aufschießen sollte.

Die Theorie von Marx und der marxistische Hauptstrom der Arbeiterbewegung nach 1848 wollten nicht mehr bloß das zinstragende Leih- und das Handelskapital, sondern den Kapitalismus als Produktionsweise insgesamt kritisieren. Aber weil dabei trotzdem der positive Begriff der »abstrakten Arbeit« beibehalten und nur das privatkapitalistische industrielle Regiment durch ein staatsbürokratisches ersetzt werden sollte, blieb die Haltung gegenüber dem antisemitischen Syndrom notwendigerweise ambivalent. Auch bei Marx selber, obwohl er theoretisch im Unterschied zum Arbeiterbewegungs-Marxismus ein widersprüchliches und streckenweise kritisches Verhältnis zur Kategorie der »Arbeit« hat und obwohl er im dritten Band seines Hauptwerks die Fixierung auf das zinstragende Kapital als Volksvorurteil und Ausdruck des Kapitalfetischs bezeichnet, franst vor allem die polemische Sprache immer wieder in Richtung einer Identifikation von »Geld überhaupt« oder »Schacher« und »Wucher« mit dem »jüdischen Wesen« aus. So sagt er etwa im Kontext seiner Argumentation über die historische Verwandlung des Geldes in Kapital, jeder Kapitalist wisse, »daß alle Waren, wie lumpig sie immer aussehn oder wie schlecht sie immer riechen, im Glauben und in der Wahrheit Geld, innerlich beschnittne Juden sind [...]« (Marx 1965/1890, 169). Besonders die Marxsche Frühschrift »Zur

Judenfrage« wurde und wird immer wieder (auch von Edmund Silberner) als antisemitisch eingestuft, weil sie eine sogar ziemlich krasse Identifikation von »Jude« und »Geld« enthält:

»Aus ihren eignen Eingeweiden erzeugt die bürgerliche Gesellschaft fortwährend den Juden [...] Das Geld ist der eifrige Gott Israels, vor welchem kein andrer Gott bestehen darf. Das Geld erniedrigt alle Götter des Menschen – und verwandelt sie in eine Ware. Das Geld ist der allgemeine, für sich selbst konstituierte Wert aller Dinge. Es hat daher die ganze Welt, die Menschenwelt wie die Natur, ihres eigentümlichen Wertes beraubt. Das Geld ist das dem Menschen entfremdete Wesen seiner Arbeit und seines Daseins, und dies fremde Wesen beherrscht ihn, und er betet es an. Der Gott der Juden hat sich verweltlicht, er ist zum Weltgott geworden. Der Wechsel ist der wirkliche Gott des Juden. Sein Gott ist nur der illusorische Wechsel [...] Sobald es der Gesellschaft gelingt, das *empirische* Wesen des Judentums, den Schacher und seine Voraussetzungen aufzuheben, ist der Jude *unmöglich geworden*, weil sein Bewußtsein keinen Gegenstand mehr hat, weil die subjektive Basis des Judentums, das praktische Bedürfnis vermenschlicht, weil der Konflikt der individuell-sinnlichen Existenz mit der Gattungsexistenz des Menschen aufgehoben ist. Die gesellschaftliche Emanzipation des Juden ist die Emanzipation der Gesellschaft vom Judentum« (Marx 1978/1844, 374 ff.).

Zweifellos wird hier eine antisemitische Schieflage sichtbar. Trotzdem geht darin die Marxsche Position im Unterschied zu der von Fourier und Proudhon (oder gar der von Chamberlain u. Co.) in doppelter Weise nicht auf. Zum einen biographisch begründet, denn Marx stammte ja selbst aus einer alten Rabbinerfamilie; und kaum einer seiner zahlreichen deutschen und französischen Gegner oder Kritiker hat es versäumt, ihn bei jeder passenden oder unpassenden Gelegenheit als »Juden« zu denunzieren. Wenn in die polemische Sprache von Marx die quasi-antisemitische Abgrenzung von seiner eigenen Herkunft eingeflossen ist, dann erkennen wir daran wieder jenen ungeheuren Anpassungs- und Denunziationsdruck der antisemitischen deutschen und europäischen Intelligenzia, der jüdische Menschen in selbstverleugnende und selbstzerstörerische Haltungen getrieben hat. Einen »jüdischen Antisemitismus« kann es im strengen Sinne nicht geben, denn das hieße Täter und Opfer zu verwechseln (auch schon auf der sprachlichen und kulturellen Ebene). Damit ist ja nicht gesagt, daß solche Äußerungen nicht inhaltlich kritisiert werden sollten, weil sie natürlich dem gesellschaftlichen Antisemitismus Nahrung gaben.

Zum andern aber ist auch eine entscheidende inhaltliche Differenz festzustellen, die auf den ersten Blick leicht hinter der quasiantisemitischen Wortwahl verschwinden mag. Denn im Gegensatz zu den Chamberlains und Treitschkes ebenso wie zu den Fouriers und Proudhons nimmt Marx zwar »den Juden« als Metapher für die Geldherrschaft, aber er führt diese nicht auf ihn zurück. Genau umgekehrt: »Die bürgerliche Gesellschaft erzeugt den Juden«, nicht etwa »der Jude« die bürgerliche Gesellschaft (oder präziser: das, was schlecht ist an ihr). Somit besteht die gesellschaftliche Emanzipation der Juden darin, daß die Gesellschaft die Form der Geldherrschaft oder der kapitalistischen Weltmaschine aufhebt und auf diese Weise die Juden davon befreit, als Metapher oder Synonym für diese Herrschaft der Entfremdung herhalten zu müssen. Die Gesellschaft wird also erst menschlich, wenn sie sich von der Herrschaft des Geldes befreit; sie kann sich von »dem Juden« (oder den ihm zugeschriebenen Eigenschaften) nur emanzipieren, indem sie »den Juden« selber emanzipiert. Mit anderen Worten: Erst durch die Aufhebung des modernen warenproduzierenden Systems wird der Antisemitismus gegenstandslos.

Die unverhüllte Aussage bei Chamberlain und die Tendenz bei Fourier wie Proudhon dagegen lautet: Das moderne warenproduzierende System wäre wunderbar, wenn die Juden nicht wären; es braucht gar nicht aufgehoben zu werden, sondern »nur« das »jüdische Wesen« muß aus ihm verschwinden – entweder in Form der damit identifizierten »Zinsknechtschaft« und »Handelsbetrügerei« durch die »Nichtarbeiter« oder gleich durch die Vertreibung und Ermordung der Juden als negative »Rassenpersonen«. Wenn Silberner und andere diesen gravierenden Unterschied nicht erkennen und die Marxsche Schrift über die »Judenfrage« umstandslos dem Antisemitismus zumindest auf derselben Wellenlänge wie bei Fourier und Proudhon zuschreiben, so natürlich deswegen, weil der Gedanke einer realen Aufhebung der kapitalistischen Weltmaschine völlig außerhalb ihres Vorstellungsvermögens liegt. Wer aber das warenproduzierende System mitsamt seinen absurden Restriktionen für »natürlich« und unaufhebbar hält, der verewigt damit auch – ohne es zu wissen oder zu wollen – den modernen Antisemitismus.

Was die Marxsche Argumentation so verdreht macht und selber in die Nähe des Antisemitismus rückt, ist offensichtlich die attributive Identifikation von Geldherrschaft und Judentum, da das Geld »der Gott Israels« sei. Wenn er auch diese »Eigenschaft« nicht für eine biologische oder »rassische«, sondern für eine kulturell-religiöse (und daher aufhebbare) hält, so kommt Marx doch nicht von der sonderbaren Verknüpfung der Geldherrschaft mit »den Juden« als solchen los; und das ist seine reale Schnittmenge mit dem Antisemitismus, die seine eigentliche Argumentation verdunkelt. Denn selbstverständlich sind weder das zinstragende Kapital noch die Geldform als solche ein »jüdisches« Attribut; die irrationale Zuschreibung ist so offensichtlich, daß sie einer Erklärung bedarf, die den irrationalen Charakter der Ökonomie selber erhellt.

Um den inneren Mechanismus der wahnhaften Projektion zu dechiffrieren, könnte die spätere Marxsche Analyse der gesellschaftlichen Warenform und des darin enthaltenen Fetischismus hilfreich sein. Denn dieser Fetischismus besteht ja gerade darin, daß den privaten betriebswirtschaftlichen Produzenten für den anonymen Markt, die sich nicht vorab über den sinnvollen Einsatz der gemeinsamen Ressourcen verständigen, ihr eigener gesellschaftlicher Zusammenhang als *dingliche Eigenschaft der Waren* erscheint, als deren sogenannter Wert. Diese Eigenschaft ist eine gesellschaftliche Phantasmagorie, die nur in den Köpfen der fetischistisch verzauberten allgemeinen Warenproduzenten und »Geldverdiener« existiert. Trotzdem handelt es sich keineswegs bloß um eine ideologische Kopfgeburt, die etwa durch »Aufklärung« zu überwinden wäre, sondern vielmehr um einen »realen Schein« (Marx): nämlich um eine objektivierte gesellschaftliche Produktions- und Verkehrsform, die den materiellen Lebensprozeß ergriffen und sich institutionell manifestiert hat. Daß die Gesellschaftlichkeit der Menschen als Eigenschaft der von ihnen produzierten Dinge erscheint, ist das Wesen des Kapitals selbst.

Wenn aber der gesellschaftliche Zusammenhang die seltsame Form einer Eigenschaft (und zwar von toten Dingen, von Objekten) angenommen hat, dann kann auch der negative Charakter, das destruktive und krisenhafte Moment dieser Produktionsweise immanent gesehen nur in Form einer Eigenschaft erscheinen – jedoch notwendigerweise einer solchen von (negativen, störenden) Personen, da ja die ominöse Werteigenschaft der Waren als solche in Ordnung sein soll. Die verinnerlichte Metaphysik des Geldes schlägt daher projektiv in die Metaphysik des Rassismus und Antisemitismus um: Die metaphysische positive Werteigenschaft von toten Dingen sucht sich ihr logisches Pendant in der metaphysischen negativen Kriseneigenschaft von lebendigen Personen. Wie den Waren der Wert als natürliche sozialökonomische Eigenschaft anzuhaften scheint, so das gesellschaftliche Böse den Juden (oder in anderen Weltgegenden des nunmehr globalisierten warenproduzierenden Systems vielleicht anderen negativ definierten Personengruppen) als natürliche biologische oder »rassische« Eigenschaft. Dieser projektive und regelmäßig in der Krise abgerufene Mechanismus ist nur dann zu durchbrechen, wenn das gesellschaftliche Verhältnis vom Kopf auf die Füße gestellt wird. Erst wenn also die Menschen ihre Gesellschaftlichkeit bewußt selber organisieren und den Einsatz ihrer Ressourcen vorab gemeinsam festlegen, damit aber den toten Produkten die absurde Form einer gesellschaftlichen Eigenschaft nehmen, kann auch die fetischistisch projizierte negative gesellschaftliche Scheineigenschaft von Personen verschwinden. Insofern wird erst vor dem Hintergrund der Marxschen Analyse der gesellschaftlichen Warenform der eigentliche argumentative Kern des Aufsatzes zur »Judenfrage« von 1843 verständlich, der zu diesem Zeitpunkt noch unter der undurchschauten »jüdischen« Pseudo-Vereigenschaftung der Geldherrschaft leidet.

Genau auf diese Ebene der Marxschen Kapitalismuskritik (die klammheimlich eine Kritik der »Arbeit« einschließt) konnte jedoch die sozialistische Arbeiterbewegung nie gelangen, weil sie von Marx nur die aus dem Liberalismus mitgebrachten Grundideen (besonders das »leviathanische« Staatskonstrukt) übernommen und die scheinbar »dunkle« Kritik des modernen Fetischismus ignoriert hatte. So blieb im Namen der verherrlichten »Arbeit« die Haltung der kapitalistisch domestizierten sozialistischen Arbeiterbewegung zum antisemitischen Syndrom lasch und unklar. Die Sozialisten waren zwar nicht selber die eigentlichen politischen Träger des Antisemitismus;

dazu entwickelten sich nach dem Ersten Weltkrieg die neuen »rechtsradikalen« Parteien und Strömungen, die mit den Liberalkonservativen und den Sozialisten gerade dadurch konkurrierten, daß sie den allgemein als geistige Grundströmung quer durch die Gesellschaft sich ausbreitenden Biologismus, Rassismus und Antisemitismus zu einem besonderen, selbständigen politischen Programm erhoben. Aber wie die Liberalen und Altkonservativen waren auch die Sozialisten untergründig an diese Strömung angeschlossen und verhielten sich stets zweideutig zur antisemitischen Propaganda.

Nach einem von August Bebel aufgegriffenen Wort des österreichischen Sozialdemokraten Pernerstorfer galt der Antisemitismus als »der Sozialismus der dummen Kerle«. Diese Kennzeichnung war aber durchaus so gemeint, daß die antisemitischen Stimmungen, wenn nur von den unteren Volksmassen aufgegriffen, sozusagen ein lediglich etwas unreflektierter Schritt in die richtige Richtung seien, der dann von den Sozialisten leicht gegen die »Kapitalisten überhaupt« weitergetrieben werden könne. 1881, in einer Zeit preußischer »Reichskristallnächte«, schrieb der »Sozialdemokrat« in aller Gemütsruhe über das Phänomen des Antisemitismus:

»Auf der Bahn, in welche er die Massen hineinhetzt, werden heute die Juden totgeschlagen (!) und kommen logischerweise morgen die Hofprediger, Reichskanzler, Könige, Kaiser an die Reihe, samt dem ganzen ›unproduktiven‹ Troß« (zit. nach: Silberner, a.a.O., 204).

Zwölf Jahre später rieb sich der alte Wilhelm Liebknecht (1826–1900), ein führender Sozialist und über Jahre hinweg persönlicher Mitarbeiter von Marx, angesichts der Wahlerfolge antisemitischer Gruppen geradezu die Hände: »Ja, die Herren Antisemiten ackern und säen, und wir Sozialdemokraten werden ernten. Ihre Erfolge sind uns also keineswegs unwillkommen« (zit. nach: Silberner, a.a.O., 205). In diesem Sinne äußerte sich wenig später auch der »Vorwärts«, das Zentralorgan der Sozialdemokratischen Partei, über den wuchernden deutschen Antisemitismus:

»So kulturwidrig er ist, so ist er doch ein Kulturträger wider Willen (!) – im wahrsten Sinne des Wortes Kulturdünger für die Saat der Sozialdemokratie.

Und so freuen wir uns der Erfolge des Antisemitismus, die für alle übrigen kapitalistischen Parteien ein schwerer Schlag sind, fast ebensosehr wie unserer eigenen […]« (zit. nach: Silberner, a.a.O., 205 f.).

Aus diesen Worten spricht eine ungeheure Verblendung, die sich noch furchtbar rächen sollte. Die Arbeiterbewegungs-Marxisten glaubten sich den Antisemiten intellektuell überlegen, weil sie eine rationale Kritik des Kapitalismus mit einer staatssozialistischen Transformations-Perspektive anzubieten hatten. Aber sie übersahen dabei, daß der antisemitische »Sozialismus der dummen Kerle« in Wahrheit mehr zu bieten hatte für das leidende, aber kapitalistisch domestizierte Bewußtsein der Massen. Er konnte sich nicht nur ebensogut Elemente des Staatssozialismus zu eigen machen, sondern darüber hinaus auf eine zutiefst irrationale Weise gerade das fetischistische Zentrum der Leidensursache, die gesellschaftliche Abstraktion der Wert- und Geldform zum Thema machen, wozu die Sozialdemokratie auf eine andere, rationale Weise eben nicht in der Lage war. Denn die Rationalität ihrer Kapitalismuskritik war ja die unaufgehobene, lediglich staatsökonomisch zu moderierende Rationalität des Kapitalismus selbst. Der Arbeiterbewegungs-Marxismus konnte also nur das schwache Versprechen abgeben, er werde mittels des »Arbeiterstaats« die totale Warenproduktion und Geldherrschaft mit ihren destruktiven Abstraktionen vernünftig und planmäßig zum Wohle aller gestalten. Der Antisemitismus dagegen konnte das starke irrationale Versprechen abgeben, er werde diese real gewordenen Abstraktionen der Geldherrschaft selber beseitigen, und zwar durch Beseitigung der Juden. Es mußte nur die tiefe und ausweglose Krisensituation kommen, von der auf eine merkwürdig flache Art auch die Sozialdemokratie träumte, um die zerstörerische Kraft zu entfesseln, die in psychotischer Manier an die Wurzel des Kapitalismus rührte, an die vernünftig zu rühren niemand die Fähigkeit und den Willen hatte.

Beinahe das Schlimmste aber ist es, daß ein Großteil der Linken daraus bis heute nichts gelernt hat. Obwohl die im antisemitischen Syndrom lauernde Katastrophe bereits Geschichte geworden ist, hält sie an ihren falschen Begriffen fest. Dazu gehört nicht nur die Affirmation der »Arbeit« und damit notgedrungen aller Grundkategorien des Kapitalismus (deren staatsökonomische Moderation nunmehr irreparabel blamiert ist), sondern auch die Vorstellung von der an sich »guten«, weil zu irgendeiner historischen Mission eigens vom Weltgeist geschaffenen »Arbeiterklasse«. Und so muß jede Aktivität von Fabrikarbeitern, Bauern, arbeitslosen Jugendlichen und Unterprivilegierten, kurz: des »Volkes« im sozial emphatischen Sinne, vermeintlich an sich etwas Richtiges haben; vielleicht noch in »unbewußter« Form, aber doch im Prinzip weiterzuentwickeln. Auch Rassismus und Antisemitismus gelten dann offen oder klammheimlich als »nicht ganz so schlimm«, wenn die Mordideologie aus sozialen Motiven heraus scheinerklärt werden kann. Dem dumpf antisemitischen Arbeiterjugendlichen oder Dörfler wird – wohlwollend – unterstellt, daß er ja »bloß« gegen die falschen Feinde vorgehe und den Kapitalismus angeblich noch nicht richtig erkannt habe. Diese Verblendung, die den »sozial motivierten« Antisemitismus (und ist das nicht immer der Grund antisemitischen Verhaltens?) grotesk verharmlost, ist offenbar mit der verkürzten, selber noch dem bürgerlichen Aufklärungsdenken verhafteten Kapitalismuskritik des bisherigen Sozialismus untrennbar verbunden.

Die Affirmation von »Arbeit« und Nation machte die sozialistische Arbeiterbewegung aber nicht nur für Elemente des Antisemitismus oder für dessen Verharmlosung anfällig, sondern auch für die andere Seite der biologistischen Weltanschauung, nämlich für den scheelen Blick auf die »arbeitsscheuen« farbigen Völker und auf die Behinderten, Delinquenten und generell Arbeitsunfähigen im eigenen Land. Sowohl Elemente des Kollektiv- wie des Individualrassismus gegen die »Untermenschen« finden sich in der arbeiterbewegten Massenideologie. Führende englische Sozialisten wie George Bernard Shaw machten sich den biologistischen Standpunkt der »Eugenik« zu eigen; der berühmte utopische Autor und Herzenssozialist H. G. Wells forderte sogar die Zwangssterilisation von »Trägern minderwertigen Erbguts«, und Sidney Webb, das Haupt der sozialistischen Fabian Society, befürchtete »eine weitere Verschlechterung in der Rassensubstanz, ja (den) Selbstmord der Rasse« (zit. nach: Koch 1973, 134). Kein Wunder, daß schon die frühe Labour Party die Erfüllung ihrer Ideale nur durch die »Weltherrschaft der angelsächsischen Rasse« (a.a.O.) gewährleistet sah.

Um so mehr mußte der eugenische Rassismus auf die sozialistische Bewegung im blutsideologisch verseuchten Deutschland einwirken. Wilhelm Schallmayer, jener vom Kanonenkönig Krupp preisgekrönte Erfinder des Begriffs »Rassenhygiene«, erklärte seine Sympathie mit einem sozialdarwinistisch geläuterten Sozialismus und durfte sich sogar in der sozialdemokratischen Theoriezeitschrift »Neue Zeit« verbreiten; protegiert übrigens vom marxistischen Chefideologen Karl Kautsky, der Schallmayer ehrerbietig einen »Mann der Wissenschaft« nannte, und von dem Rechtssozialdemokraten Eduard David, der dem »Rassenhygieniker« Beifall zollte, weil er vor der »Verkümmerung des organischen Bestands des Volkskörpers« (zit. nach: Weingart/Kroll/Bayertz 1988, 109) gewarnt habe. 1910 veröffentlichte Kautsky sein darwinistisches Werk »Vermehrung und Entwicklung in Natur und Gesellschaft«, dessen letztes Kapitel ganz unschuldig mit »Rassenhygiene« überschrieben ist und eine entsprechende »Kapitalismuskritik« ebenso wie die dazugehörige Zukunftsvision liefert:

»Die menschliche Technik zerstört [...] das Gleichgewicht in der Natur, mindert die Anforderungen des Kampfes ums Dasein und erleichtert damit körperlich und geistig minderwertigen Individuen (!) nicht bloß die Erhaltung, sondern auch die Fortpflanzung [...] Nicht nur Kinder, auch Krüppel, selbst Geisteskranke können jetzt zur Arbeit gesetzt werden und so viel verdienen, als sie brauchen, um nicht zu verhungern [...] Die Entwicklung der Naturwissenschaft selbst trägt zur Entartung bei. Die Medizin ist weit weniger die Kunst, kranke Menschen gesund zu machen, als die, kranken Menschen das Leben in der Krankheit zu verlängern und damit die Möglichkeit für sie zu vermehren, Kinder in die Welt zu setzen. Das ist der Sinn der Abnahme der Sterblichkeit in den letzten Jahrzehnten, auf die bürgerliche und andere Schönfärber so stolz sind [...] Zuerst müßten diejenigen, die heute die ›Staatsweisheit‹ repräsentieren, die hohen und höchsten Herrschaften, mit gutem Beispiel vorangehen, denn bei ihnen wirkt die Entartung durch Erhaltung und Fortpflanzung minderwertiger Individuen am meisten [...] Die Fortpflanzung wird in diesen Kreisen ebenso wie die Ehe den Interessen des Familienbesitzes dienstbar gemacht, nicht der Verbesserung der Rasse [...] Ganz anders liegen die Dinge in einer sozialistischen Gesellschaft. Keiner ist mehr als Kapitalist der Sklave seines Kapitals, das ihm die Ehe mit einer vielleicht ungeliebten, kranken, aber jedenfalls besitzenden Frau und die Zeugung eines Erben vorschreibt. Und alle Lebensbedingungen verschwinden, die heute im Proletariat und auch in den oberen Klassen Krankheit und Entartung erzeugen. Wer noch eine gesunde Veranlagung in sich hat, wird sie entwickeln und kräftigen. Kränklichkeit wird nicht mehr eine Massenerscheinung sein, aus der es kein Entrinnen gibt. Wenn dann noch kranke Kinder in die Welt kommen, wird ihr Siechtum nicht mehr als Schuld der sozialen Verhältnisse, sondern einzig als persönliche Schuld der Eltern (!) erscheinen [...] Ein neues Geschlecht wird erstehen, stark und schön und lebensfreudig, wie die Helden der griechischen Heroenzeit, wie die germanischen Recken der Völkerwanderung [...]« (Kautsky 1910, 262 ff.).

Dieser eugenische Individualrassismus, eingefärbt mit einem Schuß kollektivrassistischen Arier- und Germanenwahns, ist allerdings der finsteren Vorstellungswelt eines leviathanischen Staatssozialismus würdig. Das Reich der ewigen »Arbeit« konnte nur eine Negativutopie von stahlharten Kraft- und »Rasse«-Menschen, von »gesunden« Volkskörpern und fanatischen Leistungsmonstern sein. Auf den ersten Blick ist sichtbar, daß es sich dabei um Imaginationen kapitalistischer Männlichkeit handelt, die den patriarchalischen Phantasien totaler Machbarkeit und Welteroberung entsprungen sind. Und so ist es kein Wunder, daß die sozialistische Arbeiterbewegung vom Liberalismus auch Elemente der biologistisch diskriminierenden Frauenfeindlichkeit übernahm. Mit der Akzeptanz des kapitalistischen Konzepts der »Arbeit« ging unvermeidlich auch die bürgerliche Familienideologie einher, die der Frau einen biologisch definierten Platz als Gebärerin, Mutter und Haushälterin in den kapitalistisch als inferior gesetzten (weil kein Geld bringenden) Bereichen der Privatsphäre zuweisen wollte. Ganz in diesem Sinne trat der lassalleanische Zweig der deutschen Arbeiterbewegung zunächst sogar vehement gegen die Erwerbstätigkeit von Frauen auf. So heißt es in einer 1867 verabschiedeten Resolution des Allgemeinen deutschen Arbeitervereins (ADAV):

»Die Beschäftigung der Frauen in den Werkstätten der großen Industrie ist einer der empörendsten Mißbräuche unseres Zeitalters. Empörend, weil die materielle Lage der Arbeiterklasse dadurch nicht gehoben, sondern verschlechtert und die Arbeiterbevölkerung besonders durch die Vernichtung der Familie in einen elenden Zustand versetzt wird, in dem sie auch den letzten Rest von idealen Gütern verliert [...] Um so mehr ist heute das Streben zu verwerfen, den Markt für die Frauenarbeit zu vergrößern [...]« (zit. nach: Mahaim/Holt/Heinen 1984, 30).

Die Frauen sollten also von den Geldlöhnen der Ehemänner abhängig und in einer untergeordneten, angeblich »natürlichen« Stellung bleiben. Im Gegensatz dazu verlangte die vereinigte sozialistische und spätere sozialdemokratische Partei die völlige Gleichstellung der Frau sowohl hinsichtlich der Erwerbstätigkeit als auch in der Politik (Frauenwahlrecht). Aber die eher männerbündlerische Haltung des Lassalle-Flügels blieb untergründig trotz aller offiziellen Lippenbekenntnisse bis heute wirksam und ist im gewerkschaftlichen Alltag jederzeit zu beobachten. Der Ur-Biologismus einer sozialen Herabsetzung der Frauen aufgrund ihrer postulierten Zuständigkeit für die von der Warenproduktion abgespaltenen Bereiche des Lebens ist nun einmal strukturell in der kapitalistischen Arbeitsgesellschaft angelegt und kann nicht durch formale Gleichheitsresolutionen wegdekretiert werden. Die biologistische Reduktion des Geschlechterverhältnisses findet sich daher selbst noch in den weitestgehenden theoretischen Äußerungen des Marxismus zur »Frauenfrage«. August Bebels berühmtes Buch »Die Frau und der Sozialismus« etwa, das um die Jahrhundertwende Bestsellerauflagen erlebte, fordert zwar abstrakt die völlige Befreiung der Frau, läßt aber in der konkreten Argumentation auf Schritt und Tritt doch wieder die Eselsohren der biologistischen Ideologie sehen:

»Auch wir glauben, daß es eine zweckmäßige Arbeitsteilung ist, den Männern die Verteidigung des Landes zu überlassen, dagegen den Frauen die Sorge für Heimat und Herd [...] Die unterrichtete Frau wird sich naturgemäß (!) an den unterrichteteren Mann (!) wenden. Daraus folgt Ideenaustausch und gegenseitige Belehrung [...] Der erste Gegenstand ihrer (der sozialistischen Gesellschaft) Sorge ist [...] die Gebärende, die Mutter [...] Die Mutterbrust dem Kinde zu erhalten, solange es möglich und notwendig erscheint, ist selbstverständlich [...]« (zit. nach: Burgard/Karsten 1981, 84 ff.).

Die Frau soll also nicht nur ewig für den »Herd« zuständig und Schülerin des »unterrichteteren« Mannes bleiben, sondern auch in der sozialistischen Zukunftsgesellschaft in erster Linie nicht als Gesellschaftsmitglied, sondern über ihre biologische Funktion (die Mutterrolle) sozial definiert werden. Wie stark diese biologistischen Zuschreibungen in der Arbeiterbewegung verankert waren, zeigt die sozialistische »Gebärstreikdebatte« vor dem Ersten Weltkrieg. Unter den von endlosen Schwangerschaften zermürbten Arbeiterfrauen mit oft sieben, acht oder mehr Kindern fand die Parole vom »Gebärstreik« großen Anklang. Das Problem wurde aber sofort in den biologistischen Diskurs eingemeindet. Auf der einen Seite versuchten männliche Propagandisten wie der sozialdemokratische Arzt Julius Moses (1868–1942) die mögliche Geburtenverweigerung selber wieder »rassenhygienisch«-sozialdarwinistisch mit dem Argument zu begründen, vor allem die kranken und schwindsüchtigen Frauen sollten »unfruchtbar gemacht« werden. Auf der anderen Seite wandten sich der Parteivorstand und auch prominente Sozialistinnen wie Rosa Luxemburg und Clara Zetkin gegen jeden Gebärstreik. Trotz aller Nöte der durch Kindersegen überarbeiteten und überforderten Mütter sei diese Parole grundfalsch, befand die Parteizeitung »Vorwärts«: »Nicht die geringe Kinderzahl ist der Weg zur sozialistischen Erkenntnis und Politik« (zit. nach: Bergmann 1992, 289). Warum nicht, das wußte Clara Zetkin anzugeben: Die sozialistische Bewegung brauche eine große Zahl von »Soldaten für die Revolution«, und deshalb sei den Frauen statt »Feigheit und Kleinmut« die (biologische!) »Klassenaktion« abzufordern (a.a.O., 291). Nicht nur in dieser Debatte zeigte sich, wie (gerade auch intellektuelle) Frauen selber als »Mittäterinnen« die biologistische Ideologie samt den dabei implizierten geschlechtlichen Zuschreibungen mittrugen.

Der auf Darwin zurückgehende »veterinärphilosophische« Sozialbiologismus hatte spätestens seit der Jahrhundertwende das kapitalistische Bewußtsein unter Einschluß der domestizierten Arbeiterbewegung so sehr überschwemmt und war zu einer derartigen Selbstverständlichkeit geworden, daß sich anscheinend selbst ethische, kritische oder in irgendeiner Weise emanzipatorische Impulse nur noch in einer derart kontaminierten Form ausdrücken konnten. Die »naturwissenschaftliche« Deutung der Gesellschaft durch die darwinisierten Sozialisten wurde ergänzt und befördert durch akademische Darwinisten wie den Zoologen Ernst Haeckel (1834–1919), der trotz seiner Ablehnung des Sozialismus in der Arbeiterbewegung viel gelesen wurde. In seinem populären Werk »Die Welträtsel« ließ er organische Natur und Gesellschaft direkt unter identische »Gesetzmäßigkeiten« fallen:

»Die Geschicke der Zweige des Menschengeschlechts, die als Rassen und Nationen seit Jahrtausenden um ihre Existenz und ihre Fortbildung gerungen haben, unterliegen genau denselben ›ewigen, ehernen, großen Gesetzen‹ wie die Geschicke der ganzen organischen Welt, die seit vielen Jahrmillionen die Erde bevölkert« (Haeckel 1960/1899, 341).

Alle scheinbar spezifisch menschlich-kulturellen Formen einschließlich der Ethik könnten somit nur Gültigkeit beanspruchen, soweit sie mit der menschlichen Natur als Bestandteil der »höheren Wirbeltiere« vereinbar seien. Umgemünzt auf eine »veterinärphilosophische« Kapitalismuskritik konnte dies nur eine Art »Sozialismus der höheren Wirbeltiere« bedeuten. So mühte sich auch der russische Anarchist Pjotr Alexejewitsch Fürst Kropotkin (1842–1921) in geradezu rührender Weise, den Sozialismus mit der »gegenseitigen Hilfe in der Tierwelt« zu begründen, da bekanntlich die Tiere sich keineswegs bloß gegenseitig auffressen und jedenfalls keine Panzerkreuzer zu bauen pflegen. 1911 verfaßte der französische Großliterat André Gide eine Schrift zur Verteidigung der Homosexualität, in der er nicht etwa damit argumentiert, daß die gleichgeschlechtliche Erotik eine schlicht zu akzeptierende Variante menschlicher Sexualität sei, sondern ihre biologische Begründung im Tierreich nachzuweisen sucht: »Ich kann Sie versichern, ich habe Hunde gesehen, die mit ihren Zudringlichkeiten andere, bewiesenermaßen jungfräuliche Hunde verfolgten« (Gide 1964/1911, 84); »dieselben Gewohnheiten« fänden sich »bei den Enten«, und nicht zuletzt sei das »außerordentlich häufige Vorkommen von Paarungen zwischen Männchen bei den Maikäfern« (a.a.O., 86) zu beobachten.

Karl Kautsky wiederum, der Meisterschüler von Marx und Engels, fing in seinem erst 1927 erschienenen zweibändigen Mammutwälzer über den »dialektischen Materialismus« (»Dieses Buch widme ich meiner teuren Luise, der Mutter meiner Söhne, [...] der unermüdlichen und verständnisvollen Helferin«) allen Ernstes an, seitenweise aus – »Brehms Tierleben« zu zitieren, unter anderem über die Geselligkeit der Webervögel, die eheliche Treue der Störche und die intellektuellen Eigenarten der Truthühner (»ihre Dummheit ist erschreckend«). Von dieser sicheren Grundlage ausgehend, nimmt Kautsky dann auch streng marxistisch zur »Rassenfrage« Stellung. Selbstverständlich ist er gegen die Ideologie vom »Rassenkrieg«, denn »warum sollen auch verschiedene Rassen gegeneinander Krieg führen müssen?« (Kautsky 1927 I, 515). Dennoch gehöre es zu den »unwiderleglichen Tatsachen, daß die Menschen sich in Rassen gruppieren« (a.a.O.), wobei allerhand »natürliche« Unterschiede anfallen, die jedoch nicht überbewertet und auf keinen Fall diskriminierend gedeutet werden sollen:

»Gewiß haben manche Rassen Merkmale, die anderen zuwider sind [...] Das Ungewohnte wirkt leicht befremdend, ja abstoßend. Und nicht nur unser Gesichtssinn, auch unser Geruchssinn wird mitunter von Angehörigen fremder Rassen beleidigt. Allerdings steht es dabei nicht fest, daß der uns unangenehme Geruch ererbt ist, eine Rasseneigenschaft darstellt, und nicht vielmehr besonderen Gewohnheiten und Nahrungsmitteln entspringt [...] Ich hatte im britischen Museum öfters Gelegenheit, stundenlang dicht neben studierenden Negern zu arbeiten, ohne auch nur eine Spur von Rassengeruch an ihnen zu bemerken [...] Damit soll natürlich nicht die Möglichkeit geleugnet werden, daß manche Rassen einen besonderen Geruch aufweisen [...] Auch ein besonderer Geschmack des Fleisches einzelner Rassen wäre möglich. Von den Krokodilen in manchen Gewässern Südostasiens wird berichtet, daß sie sehr gierig auf Chinesen seien, weniger auf Malayen, dagegen es sich überlegen, ehe sie nach einem Europäer schnappen [...] So unbestimmt alle diese Beobachtungen sind, so ist doch nicht daran zu zweifeln, daß jede Rasse ihre besonderen Eigentümlichkeiten hat [...]« (Kautsky, a.a.O., 515 f.).

Die toleranzschwitzende Tour de force durch die Biologie der menschlichen Rassen, die kein Auge trocken läßt, ist von einem überaus akribischen, im wahrsten Sinne des Wortes tierischen Wissenschaftsernst getragen. Vorangestellt hat der Chefideologe diesem philosophischen Hauptwerk der deutschen Sozialdemokratie immerhin ein offenherziges Bekenntnis:

»Die Anfänge meines geschichtlichen Denkens bildeten sich naturgemäß erst ein Menschenalter, nachdem Marx und Engels zu ihrer Geschichtsauffassung gekommen waren [...] Der Darwinismus war damals die Lehre, die alle Welt erfüllte. Von ihm war noch nicht die Rede zu der Zeit gewesen, als Marx und Engels die materialistische Geschichtsauffassung schufen. Sie waren von Hegel ausgegangen, ich ging von Darwin aus. Dieser beschäftigte mich früher als Marx, die Entwicklung der Organismen früher als die der Ökonomie, der Kampf ums Dasein der Arten und Rassen früher als der Klassenkampf« (Kautsky 1927 I, 17).

Angesichts dieser allgemeinen gesellschaftstheoretischen Viecherei und Vierbeinerei bekommt die ansonsten absonderlich erscheinende zeitgenössische Forderung des Philosophen Ernst Bloch nach dem »aufrechten Gang« doch eine gewisse Schlüssigkeit.

Die Geschichte der Zweiten industriellen Revolution

So psychotisch, wie er sich aufgeladen hatte, taumelte der Kapitalismus ins neue, 20. Jahrhundert hinein: weiter mit hohem Tempo blind prozessierend, voll Angst und Wut, maßlos und mit sich selbst im Widerspruch. In jener eigentümlich schizophrenen Mischung aus Fortschrittsgläubigkeit und Untergangsphantasie, technokratischem Machbarkeitsdenken und biologistischer »Veterinärphilosophie«, Staatsräson und Marktkonkurrenz, individuellen Ansprüchen und wahnhafter Kollektivsubjektivität von »Nation« und »Rasse«, wie sie sich im Aufstieg des industriekapitalistischen Imperialismus zusammengebraut hatte, drängte alles zur Entladung der unbeherrschbar gewordenen Spannungen in und zwischen den imperialen Mächten. Parallel zur Rüstungspolitik und zum Säbelrasseln wild gewordener liberalkonservativer Funktionseliten, die sich als »Auserwählte« und gleichzeitig buchstäblich als eine Art hochentwickelte Super-Raubaffen verstanden, lösten sich die aus der Agrargesellschaft überkommenen traditionellen Bindekräfte der Gesellschaft immer schneller auf.

Aber zurück blieb nichts als Ratlosigkeit und irrationale Unrast. Die Ideen und Programme des arbeiterbewegten Sozialismus waren trotz ständig steigender Mitgliederzahlen von Parteien und Gewerkschaften und trotz wachsender Erfolge bei Parlamentswahlen längst hohl und als vermeintliche historische Alternative unglaubwürdig geworden. Zu sehr war die dem Liberalismus als Dissidenz entsprungene sozialistische Ideologie von Grund auf kontaminiert mit den kapitalistischen Denkformen, Handlungsmustern und Interessenkategorien; ihre nationalistische und darwinistische Entpuppung war schon Geschichte geworden. So flackerten quer durch das politische Spektrum und die sozialen Klassen des Industriekapitalismus bizarre Ideen und Bewegungen auf, die auf die Unbegreiflichkeit der Veränderungen, die in weiterhin zunehmendem Tempo mit den Menschen einfach geschahen, in einer geradezu hinterhältig naiven Weise reagierten. Die Gesellschaft und sich selber »ganz anders« imaginieren, aber dennoch gleichzeitig auch mitmachen und dazugehören wollen – dieses heimliche Dilemma der sozialistischen Arbeiterbewegung reproduzierte sich in tausendfach gebrochenen Splitter- und Sektenbewegungen am Rand und in den Poren der bürgerlichen Gesellschaft.

Das dumpfe Gefühl, daß »etwas« geschehen müsse, ohne daß anzugeben war, was es denn sein solle, mündete in die falsche Unmittelbarkeit von vielfältigen einzelnen und scheinbar zusammenhanglosen Ideen. Wenn diese auf einen Nenner zu bringen waren, so konnte vielleicht vom abstrakten Postulat eines »Zurück zur Natur« gesprochen werden, mit dem sich seit Rousseau noch jeder Schub der hybriden und negativen kapitalistischen Vergesellschaftung maskiert hatte. Und in Verbindung mit dem »veterinärphilosophischen« Darwinismus war von dieser Idee alles andere als ein emanzipatorischer Impuls zu erwarten. Wie die Pilze schossen Bewegungen zur »Lebensreform«, Vegetarierclubs und Nudistenvereine aus dem Boden. Eine Jugend- und Wanderbewegung begehrte habituell auf gegen die ebenso saturierten wie steifen Lebensformen des viktorianischen und wilhelminischen Honoratioren-Kapitalismus; im deutschen und österreichischen Kaiserreich in Gestalt des »Wandervogel« und verwandter Bünde, in England durch die fast gleichzeitig entstandene »Pfadfinderbewegung« von Lord Baden-Powell. Nicht kritische Reflexion der Gesellschaft war jedoch das Ziel, sondern eine Art Läuterung durch kulturelle Ersatzhandlungen, habituelle Maskerade und eine intellektuell inferiore Lagerfeuer-Romantik, die das vordergründig in seinen Lebensformen angegriffene Spießbürgertum an nationalistischem Fanatismus noch überbot.

Es ging dabei weder um Muße noch um Genuß, weder um real lebbare Erotik noch um eine ungezwungenere Lebensweise. Die Zivilisationskritik richtete sich nur gegen die sowieso abblätternde kapitalistische Fassade des 19. Jahrhunderts, nicht aber gegen die destruktive gesellschaftliche Dynamik selbst, deren Ziellosigkeit sich in den Köpfen der Lebensreformler, Jugendbewegler (und entsprechend auch in den »Arbeiterkulturbewegungen«) reproduzierte. Ein zentraler ideologischer Begriff dieser abstrakten Neoromantik wurde die überhöhte Vorstellung einer umfassenden »Reinheit«. Dieser Begriff gewann geradezu mystische Bedeutung. Teilweise schwang darin noch die äußerliche Hygienekampagne des 19. Jahrhunderts mit, zu der die Unappetitlichkeiten und drohenden Seuchen in den neuen industriellen Ballungszentren gezwungen hatten; eine ähnliche Bedeutung kam der (ebenfalls von Beginn an durch und durch nationalistischen) Turn- und Sportbewegung zu. In der kulturkonservativen Edelschwarte »Rembrandt als Erzieher«, die 1888 der nationalistische Kulturkritiker Julius Langbehn (1851–1907) verzapft hatte und die zu einem Bestseller der deutschen Jugend- und Reformbewegungen avancierte, wurde die propagierte »Reinigung des deutschen Geisteslebens« durchaus auch wörtlich verstanden:

»Etwas von dem antiken hellenischen Leben besitzen die jetzigen Engländer in ihrer Sportliebhaberei; sie sind besser geschult als die jetzigen Deutschen [...] Besonders sollten die letzteren darauf sehen, ihren Körper nicht durch Biertrinken allzu sehr aufzuschwemmen; die zahllosen Wirtshäuser könnten sonst für die Volksgesundheit leicht das bedeuten, was Bazillenherde für die Gesundheit des einzelnen sind [...] Ein wenig hiervon dürften sich auch die deutschen Studenten gesagt sein lassen; eine Reform ihres körperlichen Lebens, nach der Seite des englischen Sportes hin, würde ihnen sehr wohltun; und ebenso den übrigen erwachsenen Deutschen. Wenn es statt der 50 000 Schenklokale, die es im jetzigen Preußen gibt, dort 50 000 öffentliche Badeanstalten gäbe, so würde es um die physische, geistige und sogar sittliche Gesundheit seiner gesamten Staatsangehörigen besser stehen als jetzt. Denn körperliche und sittliche Reinheit fordern sich gegenseitig. Es würde wahrscheinlich weniger Sozialdemokraten in Deutschland geben, wenn es dort mehr Bäder gebe« (Langbehn 1922/1888, 312).

Diese eigenartige Metaphorik der »Reinheit«, die Begriffe der Körperhygiene auf den Gesellschaftskörper übertrug und sozusagen von einer sittlichen und kulturellen Waschung träumte, mit der die himmelschreienden Widersprüche des Kapitalismus womöglich durch eine Art Kneipp-Kur weggespült werden könnten, richtete den hygienischen Blick auch nach innen, auf die »Reinheit des Blutes«, wie sie in den darwinistisch-sozialbiologischen Ideen verfochten wurde. Der wahre, neue und »reine« Mensch sollte eben auch möglichst ein »reinrassiger« sein, was immer darunter jeweils zu verstehen war. Die österreichische und große Teile der deutschen Wandervogelbewegung schlossen Juden als Mitglieder aus oder zwangen sie, eigene und getrennte Gruppen zu bilden; für dieses Vorgehen wurde das Wort »judenrein« geprägt (vgl. Poliakov 1988/1977, VII, 43). Diese schauerlichen Konnotationen der »Reinheit« klingen bis heute nach in der Bazillenangst deutscher Hausfrauen und den Slogans der Waschmittelindustrie (»porentief rein«).

Ganz unmittelbar waren kalte Waschungen, körperliche Ertüchtigung, asketisch-unerotische Nacktheit, Diät und Enthaltsamkeit, männerbündische Waffenerotik (ohne die Erlaubnis realer homosexueller Beziehungen), Märsche durchs Gelände usw. nichts als praktische und psychologische Kriegsvorbereitungen – die Vorwegnahme und Einübung des Lebens in den Schützengräben. Lord Baden-Powell machte für seine Pfadfinder auch keinen Hehl daraus: »Fußball ist ein gutes Spiel, aber besser als jedes andere Spiel ist das Menschenjagen« (zit. nach: Koch 1973, 111). Die Unruhe einer bevorstehenden Häutung des Kapitalismus, dessen massenindustrielles und massendemokratisches Entwicklungsstadium heraufdämmerte, und das gleichzeitige Fehlen jeder ernsthaften emanzipatorischen Initiative gegen das System der abstrakten »Arbeit« ließen im gesellschaftlichen Bewußtsein Momente einer aggressiven und zynischen Katastrophensehnsucht aufflackern. Die rassistischen Untergangsphantasien sollten alsbald durch die letzte »Reinigung« von Bein und Fleisch im »Stahlbad« des Weltkriegs befriedigt werden.

Sensible Naturen konnten die kommende Epoche der Großkatastrophen gewissermaßen aus dem Kaffeesatz des wilhelminischen Zeitgeistes herauslesen. In den Jahren 1910/11 beschwor der junge Poet Georg Heym (1887–1912), der zweieinhalb Jahre vor dem ersten großen Schlachten mit noch nicht einmal 25 Jahren beim Schlittschuhlaufen ertrank, die allgemeine Vernichtung in düsteren Bildern herauf, deren visionäre Kraft sogar schon den totalen Krieg der Jahrhundertmitte vorwegnahm: »Von toten Städten ist das Land bedecket«, heißt es in einer seiner Verszeilen aus dem Nachlaß; und unübertroffen ist sein Alptraumgedicht »Der Krieg«, das eine ganze Epoche vorausschaut:

Aufgestanden ist er, welcher lange schlief,
Aufgestanden unten aus Gewölben tief.
In der Dämmrung steht er, groß und unerkannt,
Und den Mond zerdrückt er in der schwarzen Hand.

Eine große Stadt versank in gelbem Rauch,
Warf sich lautlos in des Abgrunds Bauch.
Aber riesig über glühnden Trümmern steht,
Der in wilde Himmel dreimal seine Fackel dreht.

1912, noch mitten im tiefsten wilhelminischen Frieden, schrieb der Pädagoge Wilhelm Lamszus ein geradezu hellseherisches Buch mit dem Titel »Das Menschenschlachthaus«, in dem er die Geschichte des kommenden Jahrzehnts mit unglaublicher Präzision vorwegnimmt. Als hätte der Autor alles bereits vorher durchlebt oder gesehen, werden die Greuel des Weltkriegs genau so und mit derselben bitteren Ironie beschrieben, wie sie später in den zahlreichen Kriegsbüchern von Erich Maria Remarque bis Ernst Jünger tatsächlich als reales Erleben der großen Schlachten dargestellt sind:

»Da schläft ein Bein, es ist am Kniegelenk gelöst, noch hängen lang die Sehnen dran. Das trug einst einen Briefträger treppauf, treppab, nun freut es sich, daß es verlorenging und schmunzelt, weil es keiner mehr finden kann. Und ihm zur Seite windet sich aus einem Rumpfe, der den Kopf verlor, die abgerissene knorpelige Luftröhre so weit hervor, als schnappe sie hier unten noch nach Luft. Die barg den starken Atem eines Arbeiters, der unter wenig Brot und sieben Kindern so durchs Leben keuchte, daß sich die Luftröhre davon geweitet hat. Und über alles lacht der blonde Kopf des jungen Oberlehrers. Die Schädeldecke ist ihm wie eine Samenkapsel aufgesprungen. Das ist das eiweißhaltige Gehirn eines gelehrten Mannes [...] Pferdekadaver sehe ich, die von Verwesungsgasen wie Blasebälge aufgetrieben sind. Die Erde ist zerwühlt. Tornister, zerbrochene Gewehre, Kochgeschirre liegen zu beiden Seiten des Bahndamms [...]« (Lamszus 1928/1912, 78 f., 155).

Lamszus schildert den genauen Verlauf der späteren Katastrophe auch in ihrer politischen Dimension, von der anfänglichen Kriegsbegeisterung über die rasche Ernüchterung und Verzweiflung bis zum Zusammenbruch, zu den Erscheinungen des Bürgerkriegs und der Revolution, die freilich für den Ich-Erzähler zu spät kommt. Und in einer dieser schmerzhaft scharfen prophetischen Sequenzen stellt sich auch die Frage nach dem Grund und Sinn des großen Krieges, wie sie vier Jahre später in den Schützengräben tatsächlich den Stimmungsumschwung markieren sollte und den bis zum industriellen »Menschenschlachthaus« fortentwickelten Irrationalismus der kapitalistischen Konkurrenz ahnen ließ:

»Damals als wir auszogen, zogen wir doch in dem Bewußtsein einer unabänderlichen Notwendigkeit. Da hieß es, die Entscheidung mußte endlich kommen [...] die große europäische Abrechnung – und schon war sie plötzlich da: die letzte große Abrechnung [...] ja aber, was mußte denn eigentlich abgerechnet werden? [...] die Menschenfreunde und Philosophen sprangen auf und liefen, Blut und Feuer vor den Augen, mit gesenkter Stirn widereinander, um es endlich zur Entscheidung zu bringen. Ja, aber was mußte denn eigentlich entschieden werden. Was war es, was uns so gewaltig in die Beine fuhr? [...] wollten wir wissen, wer die billigsten Hosenknöpfe und die meisten Stecknadeln fabrizierte? [...] ist es das, warum wir Millionen Familienväter uns die Eingeweide aus dem Leibe reißen?« (a.a.O., 129 f.).

Ähnliche, historisch noch weiter reichende Visionen suchten Alfred Kubin (1877–1959) heim, den Maler und Zeichner des Unheimlichen, der in seinem einzigen Roman »Die andere Seite« schon 1909 eine phantastische, dem späteren »Dritten Reich« ähnliche Diktatur zwischen Traum und Realität beschreibt, die in einem Inferno untergeht; mit prophetischer Genauigkeit nimmt die Zerstörung der Traumstadt »Perle« wie in einer Filmsequenz den Bombenhagel der Zukunft und das Ende des Nazi-Reiches vorweg:

»Die Lange Gasse stürzte in sich zusammen, ich erblickte infolgedessen den Palast, der von hier aus sonst nicht sichtbar gewesen war. Hellrot beschienen und erhaben ragte seine geschlossene Masse über die Trümmer. Ich dachte, jetzt müßten Posaunen ertönen, das jüngste Gericht sei angebrochen [...] Da dehnte und streckte sich der Boden wie Kautschuk, ein betäubender Knall wie von vielen hundert Kanonen erschütterte die Luft. Langsam neigte sich die Fassade des Palastes, bog sich wie ein Fahnentuch im Wind und begrub den großen Platz unter ihrem Angesicht. Von allen Türmen Perles ertönten die Glocken, melodisch, imposant läuteten sie den Schwanengesang der sterbenden Stadt [...] Das Geläute war verstummt, die Türme eingestürzt, nur der große Uhrturm stand noch, seine mächtige Baßglocke summte in tiefen Baßtönen. Leben sah ich kaum mehr. Ein kleiner Trupp Menschen schien nur entronnen zu sein. Sie schossen nach allen Richtungen auseinander [...] Aus einem großen Loch in der Erde blies ein eiskalter Wind bis zu mir herauf, so daß die Flüchtlinge über den Haufen purzelten. Das unheimliche Loch atmete die ausgestoßene Luft wieder ein, Bretter, Balken und Menschen verschwanden in ihm; wie eine Windhose war es anzusehen [...] Dann verwischte sich alles vor mir, ich glaube noch bemerkt zu haben, daß die Häuserpyramide in der Vorstadt krachend zusammenstürzte [...] Ein weites, weites Trümmerfeld; Schutthaufen, Morast, Ziegelbrocken – der gigantische Müllhaufen einer Stadt« (Kubin 1994/1909, 231 ff., 246).

Die Urkatastrophe des 20. Jahrhunderts

Es war ein wunderbarer idyllischer Sommer, in den die erste große Schreckensnachricht des 20. Jahrhunderts wie eine Bombe platzte. Die Besserverdienenden wurden in der »Sommerfrische« überrascht (wie damals der jährliche Reiseurlaub hieß, den sich die meisten Lohnarbeiter nicht leisten konnten). Zwischen dem 1. und dem 4. August 1914 tauschten die wichtigsten europäischen Großmächte Kriegserklärungen aus, nachdem am 28. Juni das österreichische Thronfolgerpaar in Sarajewo von serbisch-bosnischen Nationalisten ermordet worden war und dieses Ereignis in einer politischen Kettenreaktion die angestauten kapitalistischen Widersprüche zur Explosion gebracht hatte. Damit begann die Entfesselung des Ersten Weltkriegs, den der US-amerikanische Historiker George F. Kennan treffend als »Urkatastrophe des 20. Jahrhunderts« bezeichnet hat. Als die Explosion erfolgte, waren sich die wenigsten darüber im klaren, zu welch einschneidenden gesellschaftlichen Veränderungen diese bis dahin größte Katastrophe der an Krisen und gesellschaftlichen Gesamtunfällen reichen Modernisierungsgeschichte führen würde.

Die erste Reaktion war eine ungeheure Begeisterungswelle. In Berlin ebenso wie in Paris umarmen sich Wildfremde auf der Straße, als hätten sie die freudigste Nachricht ihres Lebens erhalten. Jeder Uniformierte ist überall Hahn im Korb. Und die wilhelminischen Intellektuellen wollen endlich Geisterbahn fahren. Der Dichter Hermann Bahr (1863–1934) versteigt sich zu einer verräterischen Metaphorik:

»Deutsche Musik ist unsere Mobilmachung gewesen: Es ging in ihr genau wie in einer Partitur Richard Wagners zu: völlige Verzückung bei völliger Präzision« (zit. nach: Schulin 1994, 9).

Auch Thomas Mann, damals ein Shooting-Star der Literatur, dessen Roman »Die Buddenbrooks« 1901 erschienen war, notiert noch im Herbst 1914 seine enthusiastischen Gefühle bei der Nachricht vom Beginn des großen Krieges:

»Wie hätte der Künstler, der Soldat im Künstler nicht Gott loben sollen für den Zusammenbruch einer Friedenswelt, die er so satt, so überaus satt hatte! Krieg! Es war Reinigung (!), Befreiung, was wir empfanden, und eine ungeheure Hoffnung« (Zit. nach: Fries 1994, 825).

Das schrieb einer, der sich mit ärztlichem Attest vom Militärdienst hatte befreien lassen. Ganz offensichtlich wurde die Explosion wie eine Erlösung empfunden – so unerträglich war die Spannung im gesellschaftlichen Bewußtsein unter dem blinden Diktat der kapitalistischen Weltmaschine angestiegen. Daß die Hoffnung auf grundsätzliche und positive Veränderungen, auf eine Erneuerung und Verjüngung der Welt sich nicht mehr anders als in der Form einer nationalen Kriegsbegeisterung äußern konnte, zeigt den Grad der Demoralisierung und geistigen Verkommenheit an, den die menschliche Gesellschaft durch ihre Unterwerfung unter die Gesetze der Konkurrenz bereits erreicht hatte. Auch das gut dressierte Menschenmaterial, das seinen sozialen Stolz und fundamentalen Widerstandswillen verloren hatte, war längst reif geworden für den nationalen Haßausbruch. Nicht selten waren es Arbeiterhände, die auf die Waggons der anrollenden Militärtransporte in einer merkwürdig kindischen Vorfreude auf den Massenmord üble chauvinistische Sprüche schrieben:

Jeder Schuß ein Russ
Jeder Stoß ein Franzos
Jeder Tritt ein Brit
Serbien soll sterbien

Soviel Übereinstimmung zwischen den intellektuellen Vordenkern und den Volksmassen war nie. Zwar wollen jüngere Untersuchungen herausgefunden haben, daß die frenetische Kriegsbegeisterung vielleicht nur eine Legende gewesen sei, geboren aus dem offiziellen Geschichtsbild als »nachträgliche positive Verklärung« (Ulrich/Ziemann 1994, 17). Das mag durchaus sein. Erst recht eine Geschichtsklitterung aber wäre es, nun umgekehrt das irrsinnig jubilierende »Augusterlebnis« von 1914 wegerklären zu wollen, das als eine Art Pfingsten des modernen Nationalismus in die Geschichte eingegangen ist. In Wirklichkeit war vermutlich beides gleichzeitig wirksam: das Hochgefühl der Massenerweckung ebenso wie die Angst und tiefe Beklommenheit angesichts der Aussicht auf den Massentod. Eine derart gespaltene Empfindung entsprach völlig der strukturellen Schizophrenie des Kapitalismus, die sich durch die Fortsetzung der Konkurrenz mit militärischen Mitteln nur in offene Hysterie verwandeln konnte. Daß genau dies der vorherrschende Geisteszustand war, geht aus zahlreichen Zeugnissen hervor. So heißt es in einem Dienstbefehl des Stuttgarter Polizeidirektors vom 9. August 1914:

»Schutzleute! Die Einwohnerschaft fängt an, verrückt zu werden. Die Straßen sind von alten Weibern beiderlei Geschlechts erfüllt, die sich eines unwürdigen Treibens befleißigen. Jeder sieht in seinem Nebenmenschen einen russischen oder französischen Spion und meint, die Pflicht zu haben, ihn und den Schutzmann, der sich seiner annimmt, blutig zu schlagen [...] Wolken werden für Flieger, Sterne für Luftschiffe, Fahrradlenkstangen für Bomben gehalten [...]« (zit. nach: Ulrich/Ziemann 1994, 29).

Diese hysterische Grundstimmung entsprang vielleicht auch der dumpfen Ahnung, daß jetzt für die Selbstunterwerfung unter das kapitalistische Gesetz von »Arbeit« und Konkurrenz, für die seit Jahrzehnten gepflegten Nationalgefühle und die darwinistischen Exzesse eine blutige Zeche zu bezahlen war – und daß es kein Zurück mehr gab, sondern nur noch die Flucht nach vorn. Die plötzliche Ausweglosigkeit der ewigen Mitmacherei schlug um in die wahnwitzige Hoffnung, als werde jetzt endlich der gordische Knoten der Modernisierungsgeschichte durchhauen, als könne ausgerechnet durch die letzte Apotheose der Selbstaufopferung, durch die Flucht vor sich selber in den Weltkrieg, zuletzt doch noch alles gut werden. Das ganze Wutpotential einer von Grund auf repressiven Gesellschaftsordnung, das die nationalisierten Massen in sich hineingefressen hatten, durfte sich nun entladen – nach außen. Um so heftiger mußte die »innere Einheit« der »nationalen Schicksalsgemeinschaft« beschworen werden. In einer Stegreifrede vor einer riesigen, »Heil Dir im Siegerkranz« und »Deutschland, Deutschland, über alles« grölenden Menschenmenge erklärt Wilhelm II. am 1. August vor dem Berliner Schloß:

»Wenn es zum Kriege kommen soll, hört jede Partei auf, wir sind nur noch deutsche Brüder. In Friedenszeiten hat mich zwar die eine oder andere Partei angegriffen, das verzeihe ich ihr aber jetzt von ganzem Herzen [...]« (zit. nach: Johann 1966, 125f.).

Innerhalb weniger Tage mehrfach wiederholt und abgewandelt, verdichtete sich das Kaiserwort schließlich zu der berühmten Formel: »Ich kenne keine Parteien mehr, ich kenne nur noch Deutsche.« Was die diversen Liberalen anging, so bedurfte es eines solchen Appells natürlich gar nicht, hatten sie doch von den Nationalliberalen bis zur linksliberalen Friedrich-Naumann-Truppe allesamt die imperialistische Konkurrenzpolitik aus tiefstem Herzen selber propagiert und sogar konzeptionell ausgearbeitet. Es waren vor allem zwei gesellschaftliche Gruppen ganz verschiedener Art, die als national unsichere Kantonisten galten; freilich nur deshalb, weil sie (nicht nur in Deutschland) systematisch ausgegrenzt worden waren: die jüdischen Staatsbürger und die Sozialdemokratie. Aber da brauchten sich weder die wilhelminische Kamarilla noch ihre Kriegsgegner große Sorgen zu machen. Trotz aller Verfolgungen und Pogrome, trotz Dreyfus-Affäre und angezündeter Synagogen und obwohl sie in Berlin aus Cafés hinausgeprügelt und vom Kaiser höchstpersönlich als Ungeziefer bezeichnet worden waren, machten die meisten jüdischen Staatsbürger (zumindest die Mitglieder der Funktionseliten) den jeweiligen nationalen Taumel auch an der Schwelle des Weltkriegs mit. Die alte Politik der Anpassung und Selbstverleugnung schlug um in den offenen Wahnsinn der Beteiligung an den wechselseitigen Haßtiraden. Ausgerechnet der junge jüdische Dichter Ernst

Lissauer (1882–1937) war es, der nach dem Kriegseintritt Großbritanniens am 4. August den berüchtigten »Haßgesang gegen England« verfaßte:

Dich werden wir hassen mit langem Haß
Wir werden nicht lassen von unserem Haß
Haß zu Wasser und Haß zu Land
Haß der Hämmer und Haß der Kronen
Drosselnder Haß von siebzig Millionen
Sie lieben vereint, sie hassen vereint
Sie haben alle nur einen Feind:
England!

So trat also auch die Mehrzahl der jüdischen Oberschicht, der Akademiker, Wissenschaftler und Führungskräfte der Wirtschaft die nationalistische Flucht nach vorn an. Und wie nach ihrer ganzen Herkunft und Geschichte nicht anders zu erwarten, stimmten erst recht Arbeiterbewegung und Sozialdemokratie in das schauerliche nationale Kriegs- und Einheitsgeheul ein, wenn auch mit einigen elegischen Untertönen. Längst war ja klar, wie es um die oberflächliche Weltverbrüderungs-Ideologie des »Arbeits«- und »National«-Sozialismus in Wirklichkeit stand. Es mußte nur der (und sei es noch so fadenscheinige) Vorwand eines »Verteidigungskrieges« gegen »Aggressoren« geliefert werden, um die Sozialdemokraten in Kriegshetzer zu verwandeln – trotz ihrer scheinbar konsequenten Parole »Diesem System keinen Mann und keinen Groschen«, die in Wirklichkeit nur das von der Gegenseite so lange verschmähte Angebot zum Mitmachen verbarg, wie es der ein Jahr vor Kriegsbeginn gestorbene August Bebel wiederholt beteuert hatte – so in einer an den damaligen Kriegsminister Generalleutnant Karl von Einem gerichteten Reichstagsrede vom März 1904:

»Sie können künftig keinen siegreichen Krieg ohne uns schlagen […] Wenn Sie siegen, siegen Sie mit uns und nicht gegen uns […] Wenn der Krieg ein Angriffskrieg werden sollte, ein Krieg, in dem es sich dann um die Existenz Deutschlands handelte, dann – ich gebe Ihnen mein Wort – sind wir bis zum letzten Mann und selbst die ältesten unter uns bereit, die Flinte auf die

Schulter zu nehmen und unseren deutschen Boden zu verteidigen [...]« (zit. nach: Schulz 1976, 333).

Die aus dem bürgerlichen Geist von 1848 ererbte Fixierung des arbeiterbewegten Sozialismus auf das nationalstaatliche und nationalökonomische Bezugssystem, die schon 1870 zu militaristischen Ausfällen angestachelt hatte, bewährte sich auch jetzt. Und wie es 1870 der »fremde Despot« Napoleon III. gewesen war, dem man in liberalrepublikanischer Aufwallung die eigenen Despoten vorgezogen hatte, so mußte nun das Zarenregime von Nikolaj II. herhalten, um eine Bedrohung des demokratischen Wahlrechts und der deutschen Arbeiterbewegung »von außen« behaupten und den Schulterschluß mit dem wilhelminischen Kapitalismus legitimieren zu können. Was in diesen verhängnisvollen Augusttagen die Sozialdemokratie in ganz Europa auf beiden Seiten bewegte, war kein frischer »Sündenfall« einer sozialistischen Unschuld, sondern der fast automatische Vollzug ihres tausendfach schon bewiesenen historischen Wesens als bloßer Ableger des nationalen Liberalismus.

Trotzdem war die Heftigkeit des Einschwenkens auf die jeweilige national-imperialistische Einheitsfront von Irritationen und gegenseitigem Mißtrauen gekennzeichnet. Der französische Sozialistenführer Jean Jaurès, soeben zurückgekehrt von der letzten Sitzung des Internationalen Sozialistischen Büros in Brüssel, wurde am 31. Juli 1914, mitten in der Mobilmachung, beim Abendessen in einem Pariser Restaurant von einem rechtsnationalistischen Fanatiker ermordet – einerseits weil und andererseits obwohl er eine ähnlich zwiespältige Rolle spielte wie Bebel in Deutschland und sich ebenfalls grundsätzlich stets positiv zu Nation und Armee verhalten hatte. Böse Ironie der Geschichte: Jaurès selber hatte eigentlich befürchtet, als Patriot womöglich von einem »pazifistischen Fanatiker« (zit. nach: Abosch 1986, 124) ermordet zu werden.

Aber nicht einmal diese Mordtat (als deren Drahtzieher der kriegstreiberische russische Botschafter in Paris, Alexander Iswolski, vermutet wird) vermochte es, die Sozialdemokraten beiderseits des Rheins von ihrer Stampede auf die Schlachtfelder des nationalen Ruhms abzuhalten. Am selben Abend, an dem ihr Parteivorsitzender im Namen der Nation niedergeknallt wurde, rückten die zerstrittenen sozialistischen Partei- und Gewerkschaftsorganisationen Frankreichs zur »Verteidigung« eben dieser Nation zusammen und beschlossen, jede antimilitaristische Aktion einzustellen. Am Tag darauf, als der Leichnam von Jaurès schon für die Beerdigung hergerichtet wurde, schlossen sie mit den anderen Parteien (darunter auch den Nationalisten, aus deren Dunstkreis der Attentäter gekommen war) den Bund einer »Union Sacrée«. Um das Maß vollzumachen, wurde dieses Vorgehen als »postumer Triumph« (Abosch, a.a.O.) der Taktik von Jaurès gefeiert. Wenn sich schon die französischen Sozialisten selber durch die Ermordung ihres eigenen Anführers und Chefideologen nicht in ihrem nationalen Kriegstaumel beirren ließen, dann natürlich um so weniger ihre Bruderherzen auf der anderen Seite. Es gab nur so etwas wie den kurzen Lidschlag eines schwachen moralischen Zögerns; im Rückblick von 1916 mit nunmehr schon selbstverständlich gewordenem Kriegspathos eher unfreiwillig ausgeplaudert durch den SPD-Funktionär Konrad Haenisch (1876–1925), der wie so viele vom linken zum rechten Flügel übergegangen war:

»Dieses drängend heiße Sehnen, sich hineinzustürzen in den gewaltigen Strom der allgemeinen nationalen Hochflut und von der anderen Seite her die furchtbare seelische Angst, diesem Sehnen rückhaltlos zu folgen, der Stimmung ganz sich hinzugeben, die rings um einen herum brauste und brandete, und die, sah man sich ganz tief ins Herz hinein, auch vom eigenen Innern ja längst schon Besitz ergriffen hatte! Diese Angst: wirst Du auch nicht zum Halunken an Dir selbst und Deiner Sache – darfst Du auch so fühlen, wie es Dir ums Herz ist. Bis dann [...] plötzlich die furchtbare Spannung sich löste, bis man wagte, das zu sein, was man doch war, bis man – allen erstarrten Prinzipien und hölzernen Theorien zum Trotz – zum ersten Male (zum ersten Male seit fast einem Jahrhundert wieder!) aus vollem Herzen, mit gutem Gewissen und ohne jede Angst, dadurch zum Verräter zu werden, einstimmen durfte in den brausenden Sturmgesang: Deutschland, Deutschland über Alles« (zit. nach: Grebing 1979, 140).

Innerhalb weniger Tage war alles entschieden und das wahre nationale und kapitalimmanente Wesen des »Arbeits«-Sozialismus durchgebrochen. Die Kriegskredite wurden bewilligt und die wenigen Abweichler des äußersten linken Flügels mit der 1916 ins Gefängnis geworfenen jüdischen Marxistin Rosa Luxemburg an der Spitze verfemt: Von heute auf morgen waren diese sowieso schon seit langem nur noch widerwillig geduldeten und permanent angefeindeten Ex-Genossen fremder geworden als der militärische Feind jenseits der Grenzen. Außerhalb dieser winzigen Gruppe der Arbeiterbewegung ließ sich nur eine Handvoll Intellektueller durch den allgemeinen Wahn nicht mitreißen und versuchte von unterschiedlichsten Positionen aus eine Opposition gegen den Krieg literarisch zu formulieren; so zum Beispiel der Kultur- und Sprachkritiker Karl Kraus (1874–1936), die Dichterin und Historikerin Ricarda Huch (1864–1947), der Schriftsteller Stefan Zweig (1881–1942) oder der jüdisch-christliche Lyriker Franz Werfel (1890–1945). Dagegen durften »Arbeiterdichter« wie der Nürnberger sozialdemokratische Haussänger Karl Bröger (1886–1944) loslegen mit schwülen nationalen »Bekenntnissen«:

> Immer schon haben wir eine Liebe zu dir gekannt,
> bloß wir haben sie nie bei ihrem Namen genannt.
> Herrlich zeigte es aber deine größte Gefahr,
> daß dein ärmster Sohn auch dein getreuester war.
> Denk es, o Deutschland.

Lyrische Profis und Amateure von Drehbank und Biertisch stimmten sich mit einer wahren Springflut von Kriegsbegeisterung und Treuegelöbnissen auf das eigene qualvolle Verrecken in den kommenden »Stahlgewittern« ein. Und diese Aussicht des vermeintlichen Heldentodes wurde bewußt akzeptiert und besungen, wie es der Refrain eines weiteren berühmten Kriegsgedichts darstellt, und zwar aus der »Arbeiterhand« des Ruhrpott-Kesselschmieds Heinrich Lersch (1889–1936):

> Ein freier Deutscher kennt kein kaltes Müssen:
> Deutschland muß leben, und wenn wir sterben müssen!

Derselbe Autor, inzwischen an die Front beordert, weiß auch die eigenen Ängste und Schuldgefühle hinunterzuschlucken und zeigt, wie überaus gut die »Arbeiterklasse« ihre darwinistische Lektion des Sozialbiologismus gelernt hatte und sie nun praktisch als Durchhalteparole anwenden konnte, weil der Krieg ja eine »Naturgesetzlichkeit« war – wie die »Arbeit« und die »Rasse«, wie der Staat und die Nation:

Mein Kamerad Franzos, dich traf ich gut!
Du mußt nicht böse sein, daß ich dich schoß:
Ich bin dein Bruder ja, bin dein Genoß;
wir sind erlöst durch eines Gottes Blut.

Es muß so sein. Es wächst wie Gras und Baum
der Menschheit strebend Volk sich hin zum Licht;
zwei gleiche Bäume stehn zusammen nicht,
der eine frißt des andern Licht und Raum.

Kein Wunder, daß angesichts dieser darwinistischen Erbauungs- und Totschlagslyrik die offizielle Germanistik der »Arbeiterpoesie« bescheinigen konnte, sie habe nun endlich die Reifeprüfung bestanden und sich von jeder »partei- und standeshaften Verengung« befreit (zit. nach: Fries 1994, 829). Was dann freilich sehr schnell kam, war der Schock der Realität. Noch während Lersch seine Kriegslyrik veröffentlichte, schrieb er privat und mit allen Anzeichen der Desillusionierung an einen Freund:

»Lieber Petzold, ich hätt's mir ja nicht so vorstellen können – keiner kann's, denn so etwas ist so neu, daß es nie zum Kriegsein gehört hat [...] Mut, Tapferkeit und Geschick – alles ist überflüssig. Wer die stupidesten Nerven hat, der fühlt am wenigsten davon, und alles andere ist gleich« (zit. nach: Fries 1994, 840).

Aus dieser ganz anderen Sprache, die da plötzlich zu hören ist, spricht nicht nur die Schizo-Struktur eines hysterisierten Bewußtseins, sondern auch eine ehrliche Überraschung. Gewiß, den Tod hatte man schon erwartet auf dem Schlachtfeld – aber einen persönlichen und heroischen, keinen anonymen und industriellen Tod, dessen Erbärmlichkeit fast nicht zu glauben war. Man wollte ja doch der Stupidität des Kapitalismus und der Armseligkeit des Fabrik- und Bürolebens durch das »Kriegserlebnis« gerade entfliehen und mußte nun erfahren, daß es nur mit anderen, blutigen Mitteln fortgesetzt wurde. Es zeigte sich also, daß niemand wirklich auf die *Industrialisierung des Krieges* vorbereitet war, daß das Bewußtsein den selbstgeschaffenen kapitalistischen Realitäten hinterherhinkte. Die technischen Vollzüge und die Fabrikdisziplin waren zwar schon verinnerlicht, aber noch in einem gewissermaßen ständischen Sinne, noch durchzogen von vormodernen Imaginationen, Ehrbegriffen und persönlichen Verhaltensmustern. Der industrielle Krieg war für dieses Bewußtsein eine Art Kulturschock; und auch diese Erfahrung hatte Wilhelm Lamszus in seiner prophetischen Schau von 1912 vorweggenommen:

»Einst war's ein Reitertod, ein ehrlicher Soldatentod. Jetzt ist es ein Maschinentod! […] Von Technikern, von Maschinisten werden wir vom Leben zum Tode befördert. Und wie man Knöpfe und Stecknadeln im Großbetrieb erzeugt, erzeugt man nun die Krüppel und die Leichen mit Maschinenbetrieb […] Maschinen sind auf uns gezückt. Wir laufen ja nur gegen die Maschinen an. Und die Maschine triumphiert in unser Fleisch hinein. Und die Maschine trinkt das Blut aus unsern Adern und säuft es eimerweise aus […] So massenhaft, so kaltblütig, so sachverständig rottet man nur das Ungeziefer aus. In diesem Kriege sind wir nichts als Ungeziefer mehr […] Kommt doch und seht, ihr Feldherren der Explosion, […] daß der Mensch sich selber aufgegeben und zu einer Kruppschen Militärmaschine sich entwickelt hat« (Lamszus, a.a.O., 21, 52 ff., 115).

Als der Krieg aber wirklich begann, wurden in den Köpfen zunächst erbauliche militaristische Szenen aus dem Lesebuch abgerufen. Mit dem Bild des Schlachtfelds verband sich, obwohl die Maschine schon seit hundert Jahren zu einer Art Archetypus der kapitalistischen Seele geworden war, immer noch die Imagination von »kühnen Reitern« mit »blitzenden Säbeln«, die dem Maschinendonner der Kanonen trotzen. Ein Propaganda-Bilderbuch für Kinder mit dem Titel »Vater ist im Kriege«, das mit hoher Auflage von der »Kriegskinderspende deutscher Frauen« herausgegeben wurde, besingt bei seiner dümmlichen Verherrlichung der einzelnen Waffengattungen allen Ernstes die »deutschen Reiter«, obwohl in den Bildern und Gedichten nebenan schon Unterseeboote und Kampfflugzeuge auftauchen:

Der Feind hat's oft erfahren:
Sie reiten auf schäumendem Tier,
Ulanen und Husaren,
Dragoner und Kürassier.

Die munter'n Fähnlein fliegen
Vom schlanken Lanzenschaft;
Sie reiten und sie siegen
Und üben deutsche Kraft.

Und gehn sie als Sieger schlafen,
Im Dunkel des warmen Stalls
Klopfen sie noch den braven
Gäulchen den nassen Hals [...]

Tatsächlich wurden vor allem zu Beginn des Krieges noch massenhaft Pferde eingesetzt; freilich nicht so sehr als klassische Kavallerie, sondern als buchstäbliches Kanonenfutter, nämlich als Zugtiere für Geschützlafetten und anderes technisches Kriegsgerät. Das Elend dieser im industriellen Krieg wie niemals zuvor gequälten, zerfetzten und verstümmelten Wesen, das Lamszus schon vorausgesehen hatte, fehlt in fast keinem der späteren berühmten Kriegsbücher; so bei Erich Maria Remarque (1898–1970) in seinem weltbekannt gewordenen Opus »Im Westen nichts Neues«: »Ich habe noch nie Pferde stöhnen gehört und kann es kaum glauben. Es ist der Jammer der Welt, es ist die gemarterte Kreatur, ein wilder, grauenvoller Schmerz, der da stöhnt. Wir sind bleich« (Remarque 1952/1928, 55).

In den ersten Monaten, als es sich noch um einen »Bewegungskrieg« handelte, blitzte die heroische Illusion noch einmal auf und wurde doch schon grausam blamiert; so soll bei einem Sturmangriff am 10. November 1914 bei dem flandrischen Städtchen Langemarck nahezu ein ganzer Abiturientenjahrgang mit gezogenem Säbel und dem Deutschlandlied auf den Lippen im Feuer von Maschinengewehren niedergemäht worden sein. Was immer der reelle

Gehalt dieser Episode war, die zur nationalistischen Legende gemacht wurde – sie zeigte nur die Sinnlosigkeit einer noch immer vorindustriell geprägten Vorstellung des Krieges, in deren Namen naive »Kindercorps« verheizt wurden, um als »Blutzeugen des Reiches« (Wehner 1932) ein gespenstisches ideologisches Nachleben zu führen, mit dem sie sich noch ein zweites Mal für den nationalen Wahnsinn instrumentalisieren lassen mußten.

Aber mit fortschreitender Dauer des Mordens und seiner Erstarrung zum »Stellungskrieg« wurde die industrielle Veränderung und Maschinisierung der Schlacht, ihre völlige Inkongruenz mit den traditionellen militärischen Imaginationen, immer unabweisbarer. So sehr drängte sich das an der Front enthüllte Wesen des neuen Krieges als gewissermaßen »negative Produktion von Kapital« auf, daß sogar ein derart kalter und erzkonservativer Geist wie Ernst Jünger (1895–1998) sich schon im dritten Satz seines nicht minder berühmten Kriegsbuches »In Stahlgewittern« zu der Metaphorik vom *»Walzwerk der Front«* genötigt sieht, die immer wiederkehrt. Und ganz unbewußt, wie von selbst, kehrte auch der alte Schreckensbegriff der teuflischen »Mühle« zurück, wie er in den Anfängen der kapitalistischen Industrie die Verzweiflung der zum neuartigen »freien« Knechtsdasein gezwungenen Menschen ausgedrückt hatte und im Wort von der »Tretmühle« die Erinnerung an die Grausamkeit der frühkapitalistischen Arbeitsfoltermaschinen bis heute wachhält. So firmierte nun auch die große »Materialschlacht« vor Verdun als »Blutmühle«, und Max Barthel, ein weiterer jener merkwürdigen »Arbeiterdichter«, faßte die Erfahrung der Front in dieselbe alte Metapher:

Eine große Knochenmühle ist die Front,
Mahlt im heißen Schlachtgewühle,
Mahlt auch in der Winterkühle
Grauenhaft am Horizont.

Lange Tage, bange Wochen
Geht die Schlacht.
Hundertmal zerstampft, zerbrochen,
Mahlt sie junge Menschenknochen
Und der Mahlknecht lacht und lacht.

Es war dem deutschnationalen proletarischen Verseschmied von 1916 wohl kaum bewußt, daß er hier ein bereits mehr als hundert Jahre altes Bild von William Blake zur Kennzeichnung der kapitalistischen Produktionsweise aufgriff – aber eben nicht mehr von ehrlicher Wut und Abscheu erfüllt, sondern in einer schizophrenen und selbstmörderischen Hingabe an das Monstrum, auch und gerade in seiner Gestalt als »schöne« Kriegsmaschine des großen Menschenschlachthauses. Die sozialistische, antimilitaristische Moral, die sich sowieso nie in Übereinstimmung mit der wirklichen historischen Positionierung des Sozialdemokratismus befunden hatte, verdampfte unter dem überwältigenden Eindruck jener »Notwendigkeit«, wie sie schon in Friedenszeiten zur Verinnerlichung der Fabrikdisziplin geführt hatte und nun auch die Huldigung an die »Blutmühle« nach sich zog. Merkwürdigerweise ganz ähnlich schizophren und letztendlich den Nacken unter das Joch beugend reagierte der ideologische Gegenpol eines rechtskonservativen Bewußtseins, wie es vor allem Ernst Jünger repräsentierte. Auch für ihn schlägt das Geschehen des industrialisierten Krieges dem alten »Reiterstolz« des individuellen patriotischen Kriegsmannes ins Gesicht, und auch er hält gewissermaßen noch die andere Wange hin:

»Bei diesem Zusammenprall werden nicht mehr wie zur Zeit der blanken Waffe die Fähigkeiten des Einzelnen, sondern die der großen Organismen gegeneinander abgewogen. Produktion, Stand der Technik, Chemie, Schulwesen und Eisenbahnnetze: das sind die Kräfte, die unsichtbar hinter den Rauchwolken der Materialschlacht sich gegenüberstehen [...] Dieser Zwang, der das Leben des Individuums einem unwiderstehlichen Willen unterwarf, trat hier in furchtbarer Deutlichkeit hervor. Der Kampf spielte in riesenhaften Ausmaßen, vor denen das Einzelschicksal verschwand. Die Weite und tödliche Einsamkeit des Gefildes, Fernwirkung stählerner Maschinen und die Verlegung jeder Bewegung in die Nacht zogen eine starre Titanenmaske über das Geschehen [...] Die Entscheidung lief auf ein Rechenexempel hinaus: Wer eine bestimmte Anzahl von Quadratmetern mit der größten Geschoßmenge überschütten konnte, hielt den Sieg in der Faust. Eine brutale Begegnung von Massen war die Schlacht, ein blutiger Ringkampf der Produktion und des Materials. Daher kam auch den Kämpfern, diesem unterirdischen Bedienungspersonal mörderischer Maschinen, oft wochenlang nicht zum Bewußtsein, daß hier Mensch gegen Menschen stand [...] Es war im Grunde wohl dasselbe Gefühl von Sinnlosigkeit, das aus den kahlen Häuserblöcken von Fabrikstädten zuweilen in traurige Hirne sprang [...]« (Jünger 1978, 16f.).

Dieser Drang zur Selbstunterwerfung unter die auf absurde Weise selbsterzeugte blinde »Gesetzmäßigkeit«, die den Einzelnen dann als eine ins Riesenhafte aufgeblasene fremde Macht gegenübertritt, hat unter dem gesteigerten Eindruck der industriellen Großschlacht einen perversen sexuellen Beigeschmack. Auf eine in seinem eigenen Verständnis höchst »unmännliche« Art bietet sich der kapitalistische Männlichkeitswahn dem »Titanen« des historischen Prozesses als Objekt dar. Ein tief verborgenes und verdrängtes homosexuelles Moment wird hier sichtbar, das gerade deswegen fürchterlich wirkt, weil es nie gelebt werden durfte und, ins Bewußtsein gehoben, Übelkeit und hysterische Abwehr hervorrufen würde.

Noch deutlicher ist der sadomasochistische Beiklang, der sogar näher an der zugelassenen sexuellen Empfindung liegt, weil er eine gewisse Konformität mit dem Notwendigkeits-Ethos aufweist; bekanntlich gehört auch heute noch ein überproportional großer Anteil der kantigen kapitalistischen Macher zu jenen Männlichkeitsdarstellern, die zur Lust nur noch unter der Peitsche einer Domina gelangen können. Weniger ein Selbstbestrafungsritual wird hier sichtbar als vielmehr eine Unterwerfungslust, der gesellschaftlich die Selbstpreisgabe auf dem Altar »höherer Mächte« entspricht – um dann seinerseits desto lustvoller das Menschenmaterial malträtieren zu können. Der moderne Politiker- und Manager-Sadomasochismus könnte eine Art Tempelprostitution des kapitalistischen Molochs genannt werden; und es war der Erste Weltkrieg, in dem die Funktionsmänner aller Klassen von der Weltmaschine wie nie zuvor »hergenommen« wurden, der die Sprache dieses gesellschaftlichen Sadomasochismus offenlegte: In den »Stahlgewittern« des industrialisierten Krieges dankte auch endgültig das moderne Subjekt der Aufklärung ab, um bedingungslos vor dem Götzen seiner eigenen Hervorbringungen zu kapitulieren.

Diese Abdankung und Selbstpreisgabe war unmittelbar mit strukturellen Veränderungen verbunden, die zwar unter der Oberfläche schon herangewachsen waren, aber erst im großen Krieg sprunghaft ans Licht drängten. Die technische Entwicklung beschleunigte sich, etwa in der chemischen Industrie (Giftgasproduktion), im Flugzeugbau und in der Automobilproduktion. In den Schrecken der Materialschlacht deutete sich eine neue Stufe des Industriekapitalismus an, damit aber auch eine neue Gestalt der abstrakten »Arbeit«, die sich zuerst auf dem Schlachtfeld manifestierte. Wenn es im Feldpostbrief eines Fabrikarbeiters heißt: »Gestern haben wir schwere Blutarbeit geleistet« (zit. nach: Ulrich/Ziemann 1994, 85), dann war damit nicht bloß die Fortsetzung der Vorkriegsarbeit mit anderen Mitteln gemeint. Dieselben Männer, die vor kurzem noch von Säbelträumen besessen waren, sahen sich von Flugmaschinen attackiert und gepanzerte »Tanks« mit schweren Ketten auf sich zukriechen. Und im Gaskrieg wurde endlich auch die Metapher vom menschlichen Ungeziefer buchstäblich wahr gemacht: Die Kriegshelden auf beiden Seiten verwandelten sich in menschliche Laborratten, in das Testmaterial der chemischen Industrie. Der französische General Mordacq beschreibt die Wirkung eines der ersten Gasangriffe:

»Unsere Truppen fluteten überall zurück [...] Überall Flüchtende, Landwehrleute, Afrikaner, Schützen, Zuaven, Artilleristen ohne Waffe, verstört, mit ausgezogenen oder weit geöffneten Röcken, abgenommener Halsbinde, liefen wie Wahnsinnige ins Ungewisse, verlangten schreiend nach Wasser, spuckten Blut, einige wälzten sich sogar am Boden und versuchten vergeblich, Luft zu schöpfen [...] Es waren keine Soldaten mehr, die da flohen, sondern arme Wesen, die plötzlich verrückt geworden waren. Den ganzen Kanal entlang das gleiche Bild: Auf beiden Seiten hatte sich ein Haufen unglücklicher Wahnsinniger zusammengefunden, die nach Wasser schrien zur Erleichterung ihrer Qualen [...]« (zit. nach: Heydecker 1997, 278).

Solche Szenen signalisierten über den Krieg hinaus eine neue Qualität der kapitalistischen Zumutungen und eine Verdichtung der »Arbeit«, die sich zunächst in der Zuspitzung der quasi »betriebswirtschaftlichen« Disziplinierung in den Schützengräben ankündigte. Wie es August Bebel versprochen und vorausgesagt hatte, zahlte sich die sozialdemokratische Verinnerlichung der Fabrik- und Bürodisziplin als ideeller Wert der Arbeiterbewegung für das Funktionieren der Kriegsmaschine aus. So schreibt ein Frontsoldat über seine Empfindungen beim ersten Gefecht nach Hause:

»Die Toten waren zum Teil entsetzlich anzusehen [...] Blut, verkrallte Hände, verglaste Augen, verzerrte Gesichter. Viele hielten die Gewehre krampfhaft in der Hand, andere hatten die Hände voll Erde oder Gras, das sie im Todeskampf ausgerissen hatten [...] Von Mut, Tapferkeit und dergleichen überhaupt nichts, denn in Wirklichkeit ist's doch nur die furchtbare Disziplin, der Zwang, der den Soldaten vorwärts und in den Tod treibt« (zit. nach: Ulrich/Ziemann, a.a.O., 87).

Es sollte sich zeigen, daß es nach dem Krieg kein Zurück mehr zu den Produktions- und Arbeitsbedingungen der Zeit vor 1914 geben konnte; die in den Schützengräben gewissermaßen eingeübte Verdichtung oder Präzisierung von »Arbeit« und Disziplin erwies sich als irreversibel. Das war nicht nur der im Krieg ungeheuer beschleunigten technologischen Entwicklung geschuldet; vielmehr gingen damit auch Veränderungen der sozialen Strukturen und des Massenbewußtseins einher. Der Alltag konnte danach nie mehr so aussehen wie zuvor. Das betraf nicht zuletzt die Formen der Kommunikation:

»Erst im Weltkrieg erhielt Massen-Kommunikation ihre moderne Dimension: Bislang weitestgehend ortsgebundene und schriftlose Bevölkerungsgruppen wurden nun gleichermaßen in ›alle Länder‹ verbracht, und man kann ganz ohne wohlfeilen Zynismus sagen, daß diese Mobilität kommunikative Perspektiven und Interessen erweckte, auf denen sich spätere Öffentlichkeit aufbaute. Die millionenfachen Feldpostbriefe [...] sind unerläßlich für das Bewußtwerden der Unterschichten, zumal der bäuerlichen, die im Krieg zum ersten Mal gezwungen waren und sich daran gewöhnten, sich in schriftlicher Form über sich selber und ihre Lebensumstände zu äußern. Und selbstverständlich muß beachtet werden, wie weit die im Weltkrieg zur alltäglichen Wirklichkeit werdende Massenpropaganda über ihre direkten Zielsetzungen hinaus die kommunikativen Strukturen sowie Hör-, Seh- und Lesegewohnheiten in ungeheurem Maße veränderten. Man wird die nationalsozialistische bzw. faschistische Propaganda ohne diese bürgerlich-militaristischen Vorläufer nicht verstehen können« (Krumreich 1996, 15f.).

Es ist kein »wohlfeiler«, sondern ein knallhart objektivierter Zynismus des fortentwickelten politisch-ökonomischen Systems der Moderne, wenn »kommunikative Perspektiven« und ein »Bewußtwerden der Unterschichten« nicht anders als in der Form von militaristischer Massenpropaganda, Fernmeldenetzen der Kriegsmaschine und Feldpostbriefen eines todgeweihten menschlichen Kanonenfutters ins gesellschaftliche Leben treten konnten. In der Tat ist dies bis heute das eigentliche blutbesudelte Fundament der späteren massendemokratischen Öffentlichkeit geblieben, die sich so als ein wahres Bentham-Konstrukt entlarvt. Denn ein derartiges »Bewußtwerden«, das die Selbstvergewaltigung einschließt, ist schon a priori vorstrukturiert, kanalisiert und bis in die Nervenspitzen gesteuert von der kapitalistischen Weltmaschine, die als Kriegsmaschine nur um so schneller läuft und die Gesellschaft auf ihrer mechanisch vorgezeichneten Bahn weiterstößt. Genau in diesem Benthamschen Sinne trieb das Wühlen der gesamten männlichen Jugend in den Schützengräben auch die kapitalistische »Universalisierung« des Menschenmaterials voran; und zwar sowohl in technischer als auch in sozialer Hinsicht, wie Ernst Jünger in seinen »Stahlgewittern« bemerkt:

»Wir sind wahre Alleskönner, der Graben stellt täglich seine tausend Anforderungen an uns. Wir wühlen tiefe Stollen, bauen Unterstände und Betonklötze, bereiten Drahthindernisse vor, schaffen Entwässerungsanlagen, verschalen, stützen, nivellieren, erhöhen und schrägen ab, schütten Latrinen zu, kurz, wir üben jedes Handwerk aus eigener Kraft. Warum auch nicht, haben denn nicht alle Stände und Berufe Vertreter in unsere Mitte geschickt? Was der eine nicht kann, das kann der andere« (Jünger 1990/1920, 53).

Der »universelle Mensch«, von dem Marx einst geträumt hatte, konnte in seiner kapitalistischen Form nur als ein »universell verwendbarer Mensch« erscheinen, der im wahrsten Sinne des Wortes zu allem fähig ist – und deshalb mußte sein natürlicher Geburtsort das schlammtriefende, blutübergossene Erdloch der Materialschlacht sein. Eben dieses Loch war es auch, das schließlich den massendemokratischen Typus des 20. Jahrhunderts ausspie. Bis dahin war die demokratische Gleichheit nur eine juristische und äußerliche gewesen: Die aktive und passive Wahlberechtigung für das nationale Parlament hatte noch lange keinen einheitlichen Menschentypus »von der Stange« geschaffen, dessen Einzelexemplare sich nur durch ihre funktionale Stellung und ihren Geldreichtum unterschieden hätten. Vielmehr waren die ständischen, landsmannschaftlichen, beruflichen und kulturellen Schranken noch immer so hoch geblieben, daß sie Hindernisse für die weitere kapitalistische Einebnung von Kultur und Gesellschaft bildeten. Der Ich-Erzähler bei Remarque sinniert über die plötzlich veränderte Situation im Rückblick auf die so rasch märchenhaft entrückte Vorkriegszeit: »So sitzen wir uns gegenüber, [...] zwei Soldaten in abgeschabten Röcken [...] Was weiß er von mir – was weiß ich von ihm, früher wäre keiner unserer Gedanken ähnlich gewesen« (Remarque, a.a.O., 82). Erst die »Blutmühlen« des industriellen Krieges haben nicht nur für den »universell verwendbaren«, sondern auch für den identisch geprägten massendemokratischen Menschen die Prototypen des 20. Jahrhunderts geschaffen:

»Unsere Gedanken sind Lehm, sie werden geknetet vom Wechsel der Tage [...] Alle sind so, nicht nur wir hier allein – was früher war, gilt nicht, und man weiß es auch wirklich nicht mehr. Die Unterschiede, die Bildung und Erziehung schufen, sind fast verwischt und kaum noch zu erkennen [...] Es ist, als ob wir früher einmal Geldstücke verschiedener Länder gewesen wären; man hat sie eingeschmolzen, und alle haben jetzt denselben Prägestempel« (Remarque, a.a.O., 220).

Diese Einschmelzung und identische Umprägung des Menschenmaterials an den Fronten der »Urkatastrophe des 20. Jahrhunderts« schuf erst die elementare Form der funktionierenden demokratischen Gleichheit, die damit ihrer wahren Natur entsprechend als entstellte Mißgeburt das Licht der Welt erblickte: Die negative Gleichheit vor dem Geld, die bis dahin nur unzureichend durchgesetzt war, konnte nicht anders als in der Form einer negativen Gleichheit des Todes und der Verstümmelung in den »Blutmühlen« vorbereitet werden. Diese Urform der aufsteigenden Benthamschen Demokratie des 20. Jahrhunderts schenkte den Individuen endlich die Gleichheit der Einzelexemplare – von Ungeziefer. Der Prototyp des massendemokratischen Menschen war der Mann im Massengrab ebenso wie der für immer gezeichnete Überlebende: gedemütigt, kuschend und rückgratlos wie nie zuvor, aus Blut und Dreck hervorgekrochen, war er endlich reif dafür, sich kapitalistisch selbst zu regieren und sein eigener demokratischer Leviathan zu sein.

Dem entsprach der durch den Weltkrieg induzierte Fortschritt in der kapitalistischen Emanzipation der Frauen: Vorübergehend durften sie an die verwaisten industriellen »Arbeitsplätze« strömen, vor allem natürlich in den Rüstungsbetrieben und insbesondere in den Munitionsfabriken. Tatsächlich war der reale Anstieg der gesamten Frauenerwerbstätigkeit in den Kriegsjahren allerdings nicht stärker als in den hochkonjunkturellen Schüben der Vorkriegszeit; außerdem war die weibliche Lohnarbeit in der Rüstungsindustrie durch die mangelnde Qualifizierung der meist unausgebildeten Frauen begrenzt und bewußt zeitlich befristet:

»Die öffentliche Wertschätzung, derer sich die weibliche Lohnarbeit im Ersten Weltkrieg erfreute, darf nicht darüber hinwegtäuschen, daß sie einem Provisorium galt, dessen Andauern über das Kriegsende hinaus keineswegs erwünscht war. Die Beschäftigung von Frauen an ›Männerarbeitsplätzen‹ wurde nicht als solche begrüßt, sondern als Erfüllung einer Kriegspflicht in Zeiten, wo ›Not am Manne‹ war. Nach der Demobilmachung sollten, so war der Konsens aller relevanten gesellschaftlichen Gruppierungen, die Frauen den Männern wieder weichen. Diese Erwartungshaltung – der der Verlauf der Demobilmachung 1918/19 dann auch entsprach – war den Arbeiterinnen selbst durchaus bekannt: Den ganzen Krieg hindurch wurden diese Überlegungen verlautbart, gedruckt und in nicht wenigen Fällen auch gleich arbeitsvertraglich abgesichert, indem die Frauen bei ihrer Einstellung ein Revers unterschreiben mußten, worin sie sich damit einverstanden erklärten, bei Rückkehr des ›Arbeitsplatzbesitzers‹ entlassen zu werden« (Daniel 1996, 163).

Aber trotz dieser Einschränkungen war die zusätzliche weibliche Lohnarbeit in den Rüstungsindustrien ein tiefer struktureller und bewußtseinsgeschichtlicher Einschnitt: Erstmals bemühten sich zivile und militärische Behörden offiziell um eine Mobilisierung von

Frauen für die Lohnarbeit, im Widerspruch zu aller bisherigen Geschlechtsideologie des Sozialbiologismus. Damit war eine Bresche für die weibliche Lohnarbeit geschlagen, auch wenn die dauerhafte strukturelle Umwälzung erst später einsetzen sollte. Und wie die Männer an der Front, so durften auch die Frauen in den Kriegsfabriken »zuhause« ihre massendemokratische Initiation würdig begehen, wie es in den Erinnerungen eines Zeitzeugen festgehalten ist:

»Immer war ›etwas los‹. Besonders in den Nachtschichten. Keine Nacht ohne Zusammenbruch einer oder mehrerer Frauen an den Maschinen, infolge Erschöpfung, Hunger, Krankheit [...] In der Kantine kam es fast täglich zu Schreianfällen von Frauen, manchmal auch zu deprimierenden Schlägereien untereinander, weil angeblich ›die Kelle nicht gefüllt‹ war« (zit. nach: Ullrich 1994, 610).

Da mußte doch Freude aufkommen, wenn die weibliche Lohnarbeit auf diese Weise ihre offizielle Feuertaufe unter erschwerten Bedingungen erhielt, um keinen Irrtum über den Charakter kapitalistischer »Emanzipation« aufkommen zu lassen und den Frauen gewissermaßen von vornherein historisch klarzumachen, daß das Verhältnis von bürgerlichem Heim und Herd einerseits und dem eigenen Geldeinkommen durch fremdbestimmte abstrakte »Arbeit« andererseits nur das von Pest und Cholera sein konnte. Die demokratische Belohnung folgte nach Kriegsende auf dem Fuße in Gestalt des allgemeinen Frauenwahlrechts in zahlreichen Ländern, dem der große Krieg so ebenfalls die große Bresche geschlagen hatte. Der erste entscheidende Schritt zur Integration der Frauen in die kapitalistische Öffentlichkeit folgte demselben Muster wie das prototypische massendemokratische »Einschmelzen« der Männer an der Front: auch die geschlechtliche Gleichheit konnte nur als negative in Erscheinung treten, als Moment einer kapitalistisch-demokratischen »Verungezieferung« des Menschen.

In diesem Kontext eines neuen »Benthamschen Schubs« kapitalistischer Entwicklung durch den großen Krieg blühte der Sozialdemokratismus auf wie in einem Treibhaus. Endlich war er bei sich und zu sich gekommen, durfte mitmischen und die »Götterdämmerung der bürgerlichen Welt« (Bebel) als seinen eigenen lang ersehnten demokratischen Eintritt in eben diese Welt mit Blutorgien feiern. Ein zuverlässiges Zeugnis für diesen Geisteszustand war es, daß die deutsch-österreichische Sozialdemokratie 1916 sozusagen mit der Geste eines »negativen Internationalismus« als geistiges Heizmaterial für das Schüren von Durchhalteparolen ausgerechnet eine Abhandlung von Jean Jaurès über »Vaterland und Proletariat« in Form einer Massenbroschüre veröffentlichte. Die Einleitung des Wiener Sozialisten Engelbert Pernerstorfer verdient es, in aller Ausführlichkeit zu Wort zu kommen:

»Was Jaurès als Franzosen besonders auszeichnet, und was bei diesen und bei fast allen nichtdeutschen Nationen so selten gefunden wird, das ist sein echter Internationalismus (!), seine Achtung und Hochschätzung aller, insbesondere auch deutscher Kultur [...] Obwohl selbst ein glühender Nationalfranzose, verfiel er doch nicht in den allgemeinen französischen Fehler, die Welt nur französisch zu sehen [...] Die Schönheit der Menschenwelt sah er im Kaleidoskop der Nationen, deren Wirklichkeit ihm die Vorbedingung des Menschheitsideals war. Er war weit entfernt von jenem verwaschenen Internationalismus und Kosmopolitismus, der den Fortschritt des Menschengeschlechtes in einem chaotischen Gesamtbrei der Rassen und Nationen erblickt [...] Er war ein Freund des Friedens, was ihn nicht hinderte, ein umfängliches Werk über die französische Heeresreform zu schreiben, bewundernswert schon durch die Fülle militärischer Kenntnisse, die es zeigt. Denn die Unversehrtheit der Nation zu sichern, war ihm eine der obersten Pflichten jedes Volkes [...] Er verabscheute den Krieg, aber er fürchtete ihn. Wenn er käme, sollte er sein Land und Volk gerüstet finden (!). Das konnte nur sein, wenn die militärische Rüstung Frankreichs so vollkommen als möglich war. Trotz seiner tiefen und echten Friedensstimmung konnte er daher kein Antimilitarist sein. Nur sollte die Organisation des Heeres tadellos sein. Seine Beschäftigung mit dem Heereswesen führte so ihn, den Sozialisten und Pazifisten, dazu, ein bis ins kleinste ausgearbeitetes System einer Heeresreform auszuarbeiten. Das scheint nach landesüblichen Begriffen eines Sozialisten völlig unwürdig zu sein. Aber doch nur, wenn man im Sozialismus die Forderung einer völligen Aufhebung des Vaterlands- und Nationsgedankens sucht [...] Daß der Krieg, den Jaurès ja wohl hätte doch nicht verhindern können, ihn in die tiefste Not gestürzt hätte, wird jeder,

der sein Wirken und seine Persönlichkeit gekannt hat, bestätigen müssen. Er war ein höchster Typus des modernen Kulturmenschen, dem die Verbrüderung der Nationen nicht ein Paradewort, sondern innerstes Herzensbedürfnis war. Aber wer wollte daran zweifeln, daß er nach Ausbruch des Krieges sich mit Eifer und Leidenschaft zu seinem Volke gestellt hätte. Er hätte gehandelt nach dem Worte unseres Schillers: ›Was auch draus werde, steh zu deinem Volke‹. In einer Schicksalsstunde der Nation gibt es kein Klügeln und keine Rechthaberei. Er hätte seine Pflicht getan mit dem Tod im Herzen! [...] Jaurès weist erstlich die entwicklungsgeschichtliche Notwendigkeit und die geschichtliche Größe des Kapitalismus nach [...] Wir Sozialisten wissen alle, daß es ohne Kapitalismus keinen Sozialismus gäbe [...] Aber es ist zweifelhaft, ob diese Erkenntnis schon so in die Massen gedrungen ist, als es wünschenswert ist. Jedoch auch an sich hat der Kapitalismus nicht bloß Schattenseiten, die in ihm streitenden Mächte haben auch für den Fortschritt gewirkt. Wir müssen seine Weiterentwicklung wollen [...] Jaurès zeigt zum zweiten auf, daß das Vaterland auch für den Proletarier ein wertvolles Gut ist [...] Er wendet sich gegen die Formel des kommunistischen Manifestes: ›Die Arbeiter haben kein Vaterland‹. Aber vielleicht verstehen Jaurès und alle, die diesen Satz in der gebräuchlichen Auslegung anwenden, ihn falsch. Vielleicht hat Marx nur sagen wollen: ›Der Arbeiter hat heute kein Vaterland‹. Und das war für seine Zeit richtig [...] Aber seit jener Zeit bis heute hat sich doch eine ungeheure Wandlung vollzogen. Heute hat der Arbeiter ein Vaterland [...] Jaurès weist drittens auf den Kulturwert der Nation hin [...] Für ihn sind Nationalismus und Internationalismus keine Gegensätze [...] Nur wer erfüllt ist von dem Gefühle der Nation, der sichtbaren und wirksamen Zusammengehörigkeit zu einer konkreten Gemeinsamkeit, kann sich von hier aus erheben zu dem Gedanken des Weltbürgertums [...] Für die deutsche sozialdemokratische Partei wird es daher eine erste Notwendigkeit sein, sich wieder ohne jeden Hintergedanken zum Vaterland und zur Nation zu bekennen. Dann erst wird ihr internationales Bekenntnis echt und wahrhaftig sein (!) [...] Dem deutschen Arbeiter aber wird bei Lesung dieser Schrift doch manches in neuem Lichte erscheinen. Er wird namentlich den internationalistischen Phrasen den Abschied (geben) und so wie er in den letzten Zeiten triebhaft zum Vaterlande gestanden ist, dies fernerhin mit Bewußtsein tun und in der Erkenntnis, daß er dadurch die Pflichten des Internationalismus nicht nur nicht verletzt, sondern sinngemäß erfüllt (!)« (Pernerstorfer 1916, 1–12).

Die ideologische Perfidie und geradezu jesuitische Rabulistik, die hier durch alle Unbeholfenheit des sprachlichen Ausdrucks hindurch sichtbar wird, sucht wahrhaftig ihresgleichen. Als wäre es nicht schon übergenug gewesen, daß in Frankreich die nationalistischen Wallungen, die zu seiner eigenen Erschießung geführt hatten, als »Triumph« der »Taktik« von Jaurès gefeiert wurden, mußten seine erbaulichen Ausführungen zu vaterländischer Pflicht, Heeresreform und militärischen Notwendigkeiten nun auch noch dazu herhalten, die »feindlichen« deutschen Sozialisten zur Abschlachtung seiner französischen Parteigenossen im Namen des höheren Menschheitsfortschritts zu motivieren. Selten hat es eine unglücklichere und elendere Figur in der Geschichte gegeben als diesen Sozialistenführer, der buchstäblich von den Furien seiner eigenen patriotischen Ideen zu Tode gehetzt und über den Tod hinaus verfolgt worden ist.

Aber schon winkte überall für die demokratischen Sozialisten der Lohn der Angst: Weil sie den Blutzoll treu entrichtet und sich als Fleisch vom Fleische der kapitalistischen Welt bewiesen hatten, wurde ihnen nun der lang ersehnte Eintritt in die Zentren der Macht oder doch wenigstens in deren Vorhallen und Hinterhöfe gewährt; der leviathanische Impetus der Sozialdemokratie fand endlich sein praktisches Betätigungsfeld in der demokratischen Schülermitverwaltung des Menschenschlachthauses. Die bislang ausgegrenzten Sozialistenführer mutierten zu staatsmännischen Juniorpartnern der »schönen« Maschine, die sie bis heute geblieben sind. Erst nachdem die Menschenopfer turmhoch aufgeschichtet waren, konnte die sozialistische Regierungsbeteiligung zum Bestandteil des gewöhnlichen politischen Geschäfts werden. In Frankreich und in Belgien traten führende Funktionäre der Arbeiterbewegung als Minister in die Kriegskabinette ein. In Deutschland war es noch nicht ganz so weit, aber im informellen Beratungsgremium des »Interfraktionellen Ausschusses« war die Mehrheitssozialdemokratie gerngesehenes und eifriges Mitglied; und auf diesem Weg öffneten sich wenigstens die Hintertüren und Lieferanteneingänge des kapitalistischen Staatsapparats für die sozialistischen Abc-Schützen der Macht:

»Dieses Aufweichen der politischen Isolation zählte zu den wesentlichen gesellschaftspolitischen Veränderungen im Krieg. Die Kriegserfordernisse brachten die Sozialdemokraten in starkem Maße in Kontakt mit der Regierung, den Behörden und Beamten, vor allem in zahlreichen Kommissionen und im Hauptausschuß, dem wichtigsten Gremium zwischen den Sessionen des Reichstages. Das ging über den normalen parlamentarischen Rahmen hinaus. Die einst als Reichsfeinde stigmatisierten Sozialdemokraten wurden von Regierung und Parteien als Gesprächs- und Verhandlungspartner akzeptiert. Stärker noch war dieser Prozeß auf kommunaler Ebene zu spüren. SPD-Vertreter erhielten den in der Vorkriegszeit weithin verwehrten Zugang zu öffentlichen Ämtern und kommunalen Deputationen; in Preußen wurden erstmals Sozialdemokraten nach ihrer Wahl zu unbesoldeten Stadträten durch staatliche Behörden auch bestätigt. Die gestiegene Anerkennung in den Kommunen wurde von den Sozialdemokraten mit innerer Zufriedenheit registriert [...]« (Mühlhausen 1994, 664).

Aber sicher doch: Die größte Freud ist immer die Zufriedenheit, vor allem die innere; und so mußte es der Sozialdemokratie einfach ein »innerer Reichsparteitag« sein, daß sie durch ein paar Millionen lumpige Menschenopfer so überaus erfolgreich den demokratischen Fortschritt vorangebracht und sogar schon die ersten kommunalen Pfründe erobert hatte. Auf diese entzückende Weise wurde also die Tradition der sozialdemokratischen Teilhabe und schließlich sogar Dominanz in den Verwaltungsapparaten vieler Großstädte begründet, die seither längst ihre eigene Filz-Kamarilla hervorgebracht hat. Die unanständigen Blutflecken in den Herrschaftsklamotten dieser neuen Honoratiorenklasse konnten zwar niemals ganz ausgewaschen, aber immer geflissentlich übersehen werden.

Auf ganz eigentümliche Weise formte sich in diesem Zusammenhang der sozialdemokratische Begriff des Sozialismus weiter aus. War für die ausgegrenzte, aber trotzdem bereits »verhausschweinte« Arbeiterbewegung Sozialismus eigentlich ohnehin nichts anderes als Kapitalismus plus sozialistische Teilhabe in leviathanischen Formen gewesen, so trieb dieser Grundgedanke nun neue kriegssozialistische Blüten aus und vermengte sich mit dem, was in Deutschland allgemein »die Ideen von 1914« genannt wurde. Diese »Ideen« waren nichts anderes als eine ebenso vage wie irrationale Kriegsgemeinschafts-Ideologie, die den »deutschen Reichsgedanken« gegen das »perfide Albion« (Großbritannien) und gegen die westeuropäischen

»Krämerseelen« propagierte. Darin schwang nicht nur ein starkes antisemitisches Element mit, wie es ja Kaiser Wilhelm II. immer wieder ganz offen formulierte, sondern überhaupt jene spezifische Schizophrenie der deutschen nachholenden Nationsbildung seit dem frühen 19. Jahrhundert: Der »deutsche Kapitalismus« sollte eigentlich gar keiner sein, sondern etwas ganz anderes, in Wahrheit wesenhaft Heroisches und Transzendentes, trotzdem aber in den Formen eines industriekapitalistischen warenproduzierenden Systems für die zusammenphantasierten höheren Zwecke des blutsmäßigen Deutschtums funktionieren.

Dieses ererbte und schon über viele Generationen fortgesponnene ideologische Konstrukt verschmolz nun mit den kriegswirtschaftlichen »Notwendigkeiten«, der Beschwörung der »inneren Einheit« und der Akzeptanz oder sogar Verherrlichung der abstrakten »Arbeit« unter den Bedingungen des industriellen Weltkriegs zu jenen »Ideen von 1914«, die einen irrationalen und offen oder implizit antisemitischen Staatssozialismus neuen Typs einschlossen. Wie Liberalismus und Sozialismus schon aus derselben historischen Wurzel stammten, so durften sie sich durch den Schub des großen Krieges als feindliche Brüder auch gemeinsam in eine neue, noch unbekannte Struktur hinein entwickeln. Und nicht nur das – sie konnten gleichzeitig einen weiteren ideologisch-politischen Wechselbalg als feindliches Brüderchen in der trauten Familie der Modernisierungs-Geschichte begrüßen: den Rechtsradikalismus des 20. Jahrhunderts, der als grausame Karikatur des alten Konservatismus aus demselben Schlamm- und Blutloch hervorkroch wie die neue, in ihren Konturen noch unscharfe Massendemokratie. So äußerlich feindselig das Verhältnis der konkurrierenden Parteien und Ideologien auch sein mochte: Die Teilhabe der Sozialdemokratie am Staat und die Geburt des modernen Rechtsradikalismus entstammten demselben strukturellen Umbruch der kapitalistischen Gesellschaft, den der Weltkrieg ungeheuer beschleunigt hatte.

In Deutschland fand diese Entwicklung weit über die Sozialdemokratie hinaus einen besonders heftigen Niederschlag, weil hier ein ohnehin schon länger wirksamer ideologischer Sog parteiübergreifend durch die spezifische Kriegssituation unmittelbar verstärkt wurde: Deutschland unterlag einer Seeblockade seiner Gegner und mußte zur staatlichen Rohstoffbewirtschaftung übergehen. Cheforganisator dieses gesamtgesellschaftlichen Projekts wurde niemand anders als der liberale jüdische Großindustrielle, AEG-Direktor und Ideologe des deutschen Imperialismus Walther Rathenau, der somit an die Spitze der »Vaterlandsverteidiger« unter den jüdischen Angehörigen der kapitalistischen Funktionseliten trat. Um dazu fähig zu sein, mußte er sich in einer schon fast bewundernswerten Ignoranz gegenüber dem antisemitischen Grundton der deutschen Kriegsblutsgemeinschaft verkapseln. Am 20. Dezember 1915 legte er in einem Vortrag das staatsökonomische gesellschaftliche Großexperiment in seinen Grundzügen dar:

»Meine Herren! Über einen Abschnitt unsrer wirtschaftlichen Kriegführung möchte ich Ihnen berichten, der ohne geschichtliches Vorbild ist, der auf den Verlauf und Erfolg des Krieges von hohem Einfluß sein wird, und der voraussichtlich hinüberwirken wird in fernere Zeiten. Es ist ein wirtschaftliches Geschehnis, das eng an die Methoden des Sozialismus und Kommunismus streift, und dennoch nicht in dem Sinne, wie radikale Theorien es vorausgesagt und gefordert haben. Nicht den theoretischen Aufbau eines starren Systems möchte ich Ihnen geben, sondern ein Stück erlebten Lebens, das [...] schließlich zu einer gesamten Umstellung unsres Wirtschaftslebens führte und eine Behörde entstehen ließ, die aus den Mauern des alten preußischen Kriegsministeriums hervorwuchs, um die deutsche Wirtschaft dem Kriege dienstbar zu machen [...] Am 4. August letzten Jahres, als England den Krieg erklärte, geschah das Ungeheuerliche und nie Gewesene: unser Land wurde zur belagerten Festung. Geschlossen zu Lande und geschlossen zur See war es nun angewiesen auf sich selbst [...] Vier Wege waren möglich und mußten beschritten werden, um die Wirtschaft im Lande umzugestalten, um das Verteidigungsverhältnis zu erzwingen. Erstens: alle Rohstoffe des Landes mußten zwangsläufig werden, nichts mehr durfte eigenem Willen und eigener Willkür folgen [...] Zweitens: wir mußten alle verfügbaren Stoffe jenseits der Grenzen ins Land hineinzwingen, soweit sie zu zwingen waren [...] Die dritte Möglichkeit, die sich uns erschloß, war die Fabrikation. Wir mußten Bedacht darauf nehmen, daß alles das im Inland erzeugt wurde, was unentbehrlich und unerhältlich war [...] Und nun der vierte Weg: es mußten schwer erhältliche Stoffe durch andre, leichter beschaffbare ersetzt werden [...] Zur Lösung der Aufgabe, die uns auferlegt war, bedurften wir der Mitarbeit vieler Behörden [...] Bei der Lösung handelte es sich zunächst darum, Rechtsbegriffe neu zu schaffen [...] Es mußte der Grundbegriff gefunden werden, der es uns ermöglichte, den wirtschaftlichen Kreislauf umzugestalten. Wir schufen einen neuen Begriff der Beschlagnahme [...] Dieser Begriff der Beschlagnahme bedeutet nicht, daß eine Ware in Staatseigentum übergeht, sondern nur, daß ihr eine Beschränkung anhaftet, daß sie nicht mehr machen kann, was sie oder ihr Besitzer, sondern was eine höhere Kraft will [...] Auf der einen Seite war ein entschiedener Schritt zum Staatssozialismus geschehen; der Güterverkehr gehorchte nicht mehr dem freien Spiel der Kräfte, sondern war zwangsläufig geworden. Auf der andern Seite wurde eine Selbstverwaltung der Industrie, und zwar in größtem Umfange, durch die neuen Organisationen angestrebt [...] So entstand der Begriff der Kriegswirtschaft aus dem Wesen der Selbstverwaltung (!) und dennoch nicht der schrankenlosen Freiheit. Die Kriegs-Rohstoff-Gesellschaften wurden gegründet mit straffer behördlicher Aufsicht [...] Auf diese Weise stehen sie da als ein Mittelglied zwischen der Aktiengesellschaft, welche die freie wirtschaftlich-kapitalistische Form verkörpert, und einem behördlichen Organismus; eine Wirtschaftsform, die vielleicht in kommende Zeiten hinüberdeutet [...] Das ist ein deutsches Produkt [...] Abermals ist es ein Ruhm des deutschen und auch des preußischen Systems [...]« (Rathenau 1929/1915, 25–58).

Die deutsche staatliche Kriegswirtschaft war natürlich nicht die einzige; in allen am Krieg beteiligten Ländern gab es ähnliche Formen einer Unterordnung des Marktes unter die nationale Politik. Obwohl auch in Deutschland ein wirtschaftsliberaler Rest blieb, indem (wie Rathenau zeigt) kein volles Staatseigentum durchgesetzt wurde, sondern nur ein umfassender staatlicher Dirigismus, so erschien dieser gesteigerte staatsökonomische Zugriff den meisten Beteiligten doch als gewaltiger »Schritt zum Sozialismus«: Derart verankert war die unmittelbare Identifizierung von Sozialismus und Staatsdirigismus bereits in den Köpfen. Schon im November 1914 jubelte die Metallarbeiter-Zeitung: »Sozialismus, wohin wir blicken« (zit. nach: Schönhoven 1994, 675). Auch Rathenau meinte in einem Gespräch: »Wir sind doch schon im Kommunismus halb drin« (zit. nach: Bieber 1981, 141). Ebenso ein deutscher Regierungsvertreter bei Verhandlungen mit den Gewerkschaften über die kriegswirtschaftliche Ernährungspolitik: »Den halben sozialistischen Staat haben wir ja schon – den ganzen werden Sie doch wohl nicht verlangen!« (ebd.). So konnten sich auch die bolschewistischen Revolutionäre in Rußland mit Lenin an der Spitze immer wieder auf das preußisch-deutsche Organisationswunder der Kriegswirtschaft berufen und den »vollen« Sozialismus nur als deren Verlängerung zum totalen Staatseigentum unter »proletarischen« Vorzeichen propagieren. Sogar der preußische General Hans von Seeckt freute sich über diesen aufkommenden Kasernensozialismus:

»Zwei Dinge sind meines Erachtens ganz unausbleiblich: ein starkes Anwachsen der Staatsidee und damit der Macht des Staates, also verstärkter Staatssozialismus, nachdem das Volk zur Armee wurde [...]« (zit. nach: Klönne 1981, 137).

So brachte der große Krieg also unter kräftiger Mitarbeit von Arbeiterbewegung und Sozialdemokratie auch einen neuen staatssozialistischen Schub im Sinne von Adolph Wagner. Gewerkschaften und SPD beteiligten sich (ähnlich wie die ehemaligen Bruder- und Schwester-Organisationen bei den Kriegsgegnern) auch an den Debatten über die Kriegsziele bis hin zur Forderung nach Annexionen, neuen Kolonien, Deutscher Suprematie in Europa, ja sogar einer Art Weltherrschaft des Deutschen Reiches. Gewerkschaftsgelder wurden in großem Umfang in Kriegsanleihen angelegt. Und die sozialistische Legitimationsideologie für den nationalen Schulterschluß wechselte von der angeblichen Bedrohung der demokratischen Errungenschaften durch den russischen Zaren und seine »Horden« zur Bedrohung der deutschen Weltmarktinteressen durch Großbritannien, dessen kriegspolitischer »Hauptzweck«, wie viele Gewerkschaftsfunktionäre meinten, »die wirtschaftliche Schädigung Deutschlands« sei (zit. nach: Bieber 1981, 889). Eine solche Tendenz war eigentlich logisch, denn nachdem die abstrakte »Arbeit« als positiver Wert des Sozialismus übernommen und auf dieser Grundlage die »Arbeiterinteressen« nationalökonomisch und staatssozialistisch definiert worden waren, mußte notwendigerweise auch das nationale Konkurrenzinteresse nach außen (egal ob in jakobinisch-revolutionärer oder reformistischer Diktion) zur eigenen Sache gemacht werden. Diese mangels jeden Gedankens an ein von der Wurzel auf anderes, alternatives Paradigma bis heute gültig gebliebene Einbindung von Lohnarbeiter-Interessen und Gewerkschaften in das jeweilige nationale Konkurrenzinteresse trieb im großen Krieg die ersten üppigen Blüten. Der Gewerkschaftsführer Theodor Leipart (1867–1947) erkannte feinsinnig, die gewerkschaftlichen Ziele seien immer schon »neben der energischen Vertretung der Arbeiterinteressen zugleich auch auf das Interesse der deutschen Industrie und der deutschen Volkswirtschaft gerichtet gewesen« (zit. nach: Bieber 1981, 222). Und der Rechtssozialdemokrat August Winnig (1878–1956) verstieg sich später sogar zu der Aussage:

»Nicht der Kapitalismus war die treibende Kraft unseres Drängens zu den Weltmärkten, sondern der deutsche Arbeiter. Nicht der deutsche Militarismus war der Urheber der politischen Spannung, die sich jetzt im Krieg entlud, sondern die 20 Millionen Deutsche, die von der Arbeit ihrer Hände leben mußten« (zit. nach: Bieber 1981, 889).

Bei so viel Gemeinsamkeit unter dem Banner der »Ideen von 1914« konnte es nicht ausbleiben, daß sich das sozialdemokratisch-gewerkschaftliche Sozialismusverständnis mit Begriffen auflud, die teils neu erfunden wurden, teils aus dem Arsenal des bislang belächelten Antisemitismus stammten, des vermeintlich kleineren und dümmeren Bruders der Kapitalismuskritik. Der Sozialdemokrat Paul Lensch (1873–1926) sprach erstmals vom »Kriegssozialismus«, ein Begriff, der bald auch von rechtskonservativen und liberalen Kreisen verwendet wurde und später in der russischen Revolution wieder auftauchen sollte. Umgekehrt ging die Idee der »Volksgemeinschaft«, seit langem beliebt bei Antisemiten und in der Jugendbewegung, in den sozialistischen Wortschatz ein; in diesem Kontext entstand auch seit 1915 der wohl von Rathenau kreierte Begriff der »Gemeinwirtschaft«, der später das System kommunaler und gewerkschaftlicher warenproduzierender Unternehmen bezeichnete. Sozialisten, Liberale und Rechtskonservative brüteten gemeinsam die Idee der »Volksgenossenschaft« für einen »nationalen Arbeitsstaat« aus; und so kann es kaum verwundern, daß dabei auch die von Friedrich Naumanns Linksliberalen erstmals verwendete Bezeichnung eines »nationalen Sozialismus« in sozialdemokratisch-gewerkschaftlichen Texten als *»Nationalsozialismus«* (vulgo »Kriegssozialismus«) wieder erschien: Nahezu das gesamte Basis-Vokabular der Nazi-Partei wurde während des Ersten Weltkriegs unter aktiver Mitwirkung von Sozialdemokratie und Gewerkschaften »schöpferisch« in die Welt gesetzt. Und das waren keine bloß zufälligen Namensgleichheiten, sondern es handelte sich um eine enge Verwandtschaft (um nicht zu sagen Identität) der Ideen, getrennt nur durch hauchdünne Scheidewände äußerer Organisationsfeindschaft und unterschiedlicher ideologischer Traditionen. Sicherlich wurden die härtesten »nationalsozialistischen« Ideen nicht von allen Sozialisten mitgetragen, sondern es gab in der Sozialdemokratie ein breites Spektrum von Abstufungen bis hin zu den wenigen offenen Kriegsgegnern. Aber innerhalb dieses Spektrums zeigten sich rechtsnationalistische, »linksradikale«, sozialbiologische, »volksgemeinschaftliche« und arbeitsmilitaristische ideologische Mischungsverhältnisse, die oft erst im nachhinein als unvereinbar zurechtfrisiert wurden. Dennoch bildeten letztlich die massendemokratische Initiation, die staatliche Integration der Sozialdemokratie und die Geburt des Nationalsozialismus eine innere Einheit des durch den Weltkrieg ausgelösten Strukturbruchs. Wie schon hinsichtlich des Bismarckschen Staatssozialismus machte dabei wiederum Deutschland den Vorreiter, während ähnliche Erscheinungen auch in den anderen kapitalistischen Ländern abgeschwächt zum Vorschein kamen.

Flankiert durch die Organisationskraft von Sozialdemokratie und Gewerkschaften, die auf unterer Ebene vielfach die Drecksarbeit machten, hielt die Rathenausche Kriegswirtschaft das Deutsche Reich im eisernen Griff und die Kriegsmaschine trotz der deutschen Isolation am Laufen. Im Zusammenspiel mit der Organisation dieses »Kriegssozialismus« mutierte die Oberste Heeresleitung (OHL), an deren Spitze der Generalfeldmarschall Paul v. Hindenburg (1847–1934) und der General Erich Ludendorff (1865–1937) standen, mehr und mehr zum eigentlichen Machtzentrum, dem gegenüber die Reichsregierung und selbst der Kaiser an Bedeutung verloren. Ludendorff galt als aufstrebendes Militär- und Organisationsgenie; sein Regime nahm mit Fortdauer des Krieges zusehends die Form einer Militärdiktatur an und damit viele Züge der Modernisierungsdiktaturen verschiedenster Couleur im 20. Jahrhundert vorweg.

Je länger aber der Krieg dauerte, desto prekärer wurde auf beiden Seiten die Lage, besonders im allmählich erschöpften Deutschen Reich. Keines der kriegführenden kapitalistischen Länder hatte einen derart jahrelang sich hinziehenden industriellen Großkrieg vorausgesehen und sich darauf eingerichtet. Mehr und mehr Ressourcen mußten der Kriegsmaschine in den Rachen geworfen werden. Die Lebensmittelproduktion sank auf unglaubliche Tiefstände:

»In der vom Abzug der Arbeiter besonders betroffenen Landwirtschaft ging die Produktion zwischen 1913 und 1917 in Deutschland zwischen 50 und 70 % zurück, in Rußland um 50 % und in Frankreich zwischen 30 und 50 %. Die Folge war die Nahrungsmittelrationierung für die Bevölkerung, verbunden mit der Einführung von Lebensmittelkarten für Brot, Fleisch, Kartoffeln usw. Von allen kriegführenden Staaten litt Deutschland als erstes Land unter der Lebensmittelknappheit [...] Von 1914 an bestimmte der Getreideausschuß über die Zusammensetzung des Brotmehls, setzte ihm einen bestimmten Anteil von Kartoffelmehl zu und beschränkte den Brotverbrauch. Die Verwendung von Fettstoffen für die Herstellung von Glycerin beschränkte gleichfalls den Verbrauch von Speisefetten, Restriktionen für andere Produkte folgten bald [...] England [...] mußte nur bei einigen aus Übersee stammenden Produkten wie Kaffee und Butter rationieren. In Frankreich waren u. a. Fleisch und Zucker betroffen [...] Innerhalb der Doppelmonarchie gab es in Ungarn keine besonderen Schwierigkeiten, im Gegensatz zu Österreich, den slawischen Ländern und der besonders schlecht ernährten Armee. ›Die Würmer in der Nahrung schaden dem Magen nicht‹, gab ein an die Armeen gerichtetes Kommuniqué im Jahre 1918 bekannt. In der unterernährten Bevölkerung grassierte Typhus, und wie in der Türkei stieg die Sterblichkeit rapide an. Innerhalb der Arbeiterschaft in den deutschen und österreichischen Städten waren vor allem die Frauen von der Lebensmittelknappheit betroffen; wegen der Unterernährung blieb die Monatsregel aus, und es trat fast ausnahmslos eine zeitweilige Unfruchtbarkeit ein« (Ferro 1988/1969, 215 f.).

Es sind altbekannte Töne, die wir da hinsichtlich des Essens und seiner Qualität vernehmen. Was der Kapitalismus im Frieden schon immer geschafft hatte, das schaffte er natürlich im Krieg erst recht: nämlich bei ununterbrochener und gewaltiger Steigerung der Produktivkräfte für große Massen von Menschen selbst die Befriedigung der elementarsten Bedürfnisse auf ein hundserbärmliches Niveau herabzudrücken. Bei Remarque klagt ein junger Soldat: »Morgens Steckrübenbrot, mittags Steckrübengemüse, abends Steckrübenkoteletts und Steckrübensalat« (Remarque 1952/1928, 34). Ihm antwortet ein erfahrener alter Hase: »Brot aus Steckrüben? Da habt ihr Glück gehabt, sie machen es auch schon aus Sägespänen« (ebd). Selbst ein Ernst Jünger schüttelt sich: »Abends kam die Feldküche angewackelt und brachte einen Saufraß, wahrscheinlich aus erfrorenen Schweinerüben zusammengekocht« (Jünger 1990/1920, 15). Nicht besser stand es »zuhause«, wie aus zahllosen Dokumenten hervorgeht, so aus dem Brief einer Hamburgerin von 1917: »Man geht hungrig zu Bett und steht hungrig wieder auf [...] Nur die ewigen Rüben, ohne Kartoffeln, ohne Fleisch, alles in Wasser gekocht« (zit. nach: Ullrich 1994, 609). Im Brief einer Australierin, die den Krieg in Leipzig festsitzend verbringen mußte, heißt es (ebenfalls 1917):

»Wir haben eine seltsame Woche durchgestanden [...] praktisch nichts zu essen – es scheint keine Kartoffeln mehr zu geben – jeder hat ein halbes Pfund sogenannte Kartoffelflocken bekommen [...] Sie scheinen mir getrocknete Kartoffelschalen zu sein [...] Es übersteigt mein Fassungsvermögen, wie die Armen hier zurechtkommen. Jedes andere Volk dieser Erde würde sich gegen eine Regierung erheben, die es in solches Elend geführt hat [...]« (zit. nach: Schulin 1994, 15).

Mit anderen Worten: Die »wohlfahrtssteigernde« Marktwirtschaft fühlte sich nach fast hundert Jahren Industrialisierung in ihrer glorreichen Sondereigenschaft als Kriegsmaschine bemüßigt und legitimiert, den soeben mit Hängen und Würgen gnädig wieder gewährten Kartoffelfresser-Standard abermals wegzunehmen und in weiten Teilen der kapitalistischen Menschheit, besonders aber in Deutschland, durch einen Kartoffelschalen-, Schweinerüben- und Sägespäne-Standard zu ersetzen. Ein Hobbykünstler des Krieges wie Ernst Jünger konnte sich das Elend von Schützengraben und Materialschlacht zu einer »Ästhetik des Schreckens« zurechtmalen; in seiner peinlichen Schrift »Der Kampf als inneres Erlebnis« feierte er das maschinelle Schlachten als »ein prächtiges, blutiges Spiel« und beweihräucherte »das große Schicksal, ungetrübt durch die Fragen täglicher Notdurft« (Jünger 1925, XV). Da mochte dann der »Saufraß« nur als ein Requisit unter vielen in der Inszenierung des großen Gesamtkunstwerks erscheinen. Den gewöhnlichen, nicht mit derart schreckensästhetischen Qualitäten gesegneten Menschen allerdings begann jetzt – viel zu spät – die Hutschnur zu reißen.

1918 kam es zuerst in der französischen Armee zu Meutereien, die blutig niedergeschlagen und vertuscht wurden. Und dann endlich fingen sogar die Deutschen zu meutern an, weil ihnen nicht einmal mehr eine halbwegs anständige Henkersmahlzeit gegönnt wurde, während »Kriegsgewinnler« und Stabsoffiziere ungeniert praßten. Es geschah, was jedes Kind aus dem Schulbuch kennt: Das Deutsche Reich brach zusammen, weil es nach dem Kriegseintritt der USA (1917) den überlegenen Ressourcen der Alliierten nichts mehr entgegenzusetzen hatte. Die Kaiserkronen rollten in den Staub, die russische Revolution erschütterte die Welt. Aber wie konnte das domestizierte Menschenmaterial, das fast alle Zumutungen geschluckt hatte bis in den Tod, jetzt nach alledem noch an seine Befreiung von der mörderischen Weltmaschine denken? So schnell war die jahrzehntelange Selbstauslieferung nicht wegzuwischen. In seiner Vision von 1912 hatte Wilhelm Lamszus auch Zusammenbruch und Revolution vorausgesehen, aber nicht als glückliches Ende, sondern als letzten Hohn:

»Umzüge durch die Stadt [...] Verhaftungen [...] aufrührerische Reden [...] die Frauen ziehen vor das Rathaus und fordern ihre Männer wieder [...] Was soll denn das, nun ist's zu spät. Nun heißt's zufrieden sein und sich begnügen mit dem, was euch die Kugel ließ. Drückt nur den abgeschossenen Stumpf recht liebevoll an eure Brust [...]« (Lamszus 1928/1912, 147).

Und in der Tat, das massendemokratisch umgeprägte und blutgetaufte Menschenmaterial, das seine eigenen Vorstellungen von Freiheit und Glück schon lange nur noch in kapitalistischen Kategorien denken konnte, begnügte sich letzten Endes mit dem, was ihm die Kugel ließ. Insgesamt war die Kriegsmaschine mit fast zehn Millionen Toten geheizt worden. Als wollte sie die höhnische Vorausschau von

Lamszus exekutieren, schreibt 1918 eine Kriegerwitwe aus dem Allgäu an den Kaiser:

»Eure wohllöbliche Majestät! Ich hätte wenn es mir erlaubt wäre, eine Bitte an Eure Majestät! zu richten. Nämlich mein Mann stand seit 2. August 1914 an der Front und machte alles mit [...] Nun ist er [...] an der Westfront fürs Vaterland gefallen [...] da ich halt unbemittelt bin, ist es mir unmöglich den Leichnam überführen zu lassen [...] so erlaube ich mir die Bitte an Eure Majestät! zu richten, dass Eure Majestät! mir behilflich wär, dass ich den Leichnam meines guten Mannes mit wenig Kosten bekommen könnte [...]« (zit. nach: Ulrich/Ziemann 1994, 209).

In diesem Stil verlief dann ungefähr auch die Revolution. Der weitere Fortgang der kapitalistischen Geschichte nach der »Urkatastrophe des 20. Jahrhunderts« wurde wie in einem Zerrspiegel vorweggenommen durch das persönliche Schicksal der beiden Hauptprotagonisten und Cheforganisatoren im deutschen »Kriegssozialismus«. Der ehemalige Generalstabschef Erich Ludendorff, Militärgenie und Prototyp des industriellen Diktators (der Politiker und spätere Außenminister Gustav Stresemann hatte ihn den »deutschen Cromwell« genannt), wird buchstäblich verrückt und verbindet seine persönliche Paranoia mit der gesellschaftlichen: Geschüttelt von Weinkrämpfen und hysterischen Lähmungen (Poliakov 1988, 25), entwickelt er einen klinischen Verfolgungswahn, wird rasender Antisemit, beginnt an den Germanengott Wotan zu glauben (Tschuppik 1931, 424) und irrlichtert durch die deutsche Geschichte bis zu seinem Tod 1937; zunächst Mitglied und Reichstagsabgeordneter der NSDAP, überwirft er sich mit allen seinen Weltkriegskameraden und völkischen Blutsgenossen, um schließlich sogar Hitler vorzuwerfen, daß dieser die germanische Rasse an die Juden und an den römischen Papst verraten habe (Poliakov 1988, 29). Walther Rathenau, der als Chef der deutschen Kriegswirtschaft eng mit Ludendorff zusammengearbeitet haben muß, wird Außenminister und 1922 als »Verräter«, »Erfüllungspolitiker« des Friedensvertrags und »Judenschwein« von verwilderten rechtsradikalen Offizieren abgeknallt wie ein Hund.

Henry Ford und die Geburt der Auto-Gesellschaft

Eine Wurzel des großen Krieges war sicherlich die dumpfe Zukunftsangst nicht nur der ausgelieferten und unterworfenen Massen, sondern auch der kapitalistischen Funktionseliten selber gewesen. Die lange Stagnationsperiode der Gründerzeitkrise, die erst nach 1890 ihr Ende gefunden hatte, war nur in ein mäßiges Wachstum übergegangen. Es stellte sich noch immer die Frage, ob die kapitalistische Produktionsweise überhaupt zum gesellschaftlich flächendeckenden System totalisiert werden konnte. Die letzten äußeren Schranken sozialer und kultureller Art waren nun zwar durch den Weltkrieg niedergerissen worden. Aber der in den Blutmühlen eingeschmolzene massendemokratische Typus mußte auch ökonomisch in eine neue Stufe der kapitalistischen Systementwicklung hereingeholt werden. Dafür bedurfte es des Übergangs zu bisher nicht dagewesenen Formen der Massenproduktion und des Massenkonsums.

Um diese Hürde nehmen zu können, hatte der Kapitalismus nicht nur die Reste älterer kultureller und sozialer Muster zu überwinden, sondern auch ein besonderes Hemmnis seiner eigenen inneren Struktur. Grundsätzlich läßt sich jede Produktion aufteilen in die Produktion von Produktionsmitteln (Maschinen, Werkzeugen, Gebäuden usw.) und die Produktion von Konsumtionsmitteln; Marx nannte diese beiden Sektoren »Abteilung I« und »Abteilung II«. Die Logik des Kapitals tendiert nun von Haus aus dazu, die Abteilung I der Produktionsmittel oder Investitionsgüter zu bevorzugen und umgekehrt die Produktion von Konsumgütern relativ zu beschränken. Der Name »Kapitalismus« sagt es ja schon, daß hier Investition und nicht Konsum das eigentliche Ziel bildet. Der Verkehrung des Mediums Geld zum Selbstzweck entspricht logischerweise die Verkehrung des Werkzeugs im weitesten Sinne zum Ziel seiner selbst, das den Konsum nur noch als notwendiges Übel duldet. Daß der Mensch schließlich absurderweise als Werkzeug seines eigenen Werkzeugs fungiert, ist nur der Gipfelpunkt dieser fetischistischen Verkehrung.

Diese grundsätzliche Tendenz hat eine mentalitätsgeschichtliche Wurzel in der ursprünglich religiösen Abkunft der kapitalistischen Logik: Der Protestantismus (vor allem in seiner calvinistischen Variante) gebot es dem um seine Rechtfertigung vor Gott besorgten Menschen, einerseits buchstäblich wie ein Blöder zu malochen und Schätze aufzuhäufen zum Zeichen seiner Gotteserwähltheit, andererseits aber diese Früchte nicht sündhaft zu genießen, sondern sie in verkniffener dünnlippiger Knauserigkeit aufzusparen und in Mittel neuer Selbstzweck-»Arbeit« auf höherer Stufenleiter zu verwandeln – ad infinitum. Diese zwanghafte Dynamisierung des alten Lasters geiziger Schatzbildung gehörte zusammen mit dem Geldhunger der absolutistischen Militärdespotien zu den wesentlichen Triebkräften der kapitalistischen Konstitution.

Dem entspricht auch völlig die daraus hervorgegangene betriebswirtschaftliche Rationalität der Kostenersparnis, die sich gegen die Bequemlichkeit und gegen den Genuß der Produzenten wendet, um gesparte Zeit und Betriebsmittel stets von neuem auf dem Altar des Selbstzwecks zu opfern. Der Kapitalismus stellt so gewissermaßen eine zwanghafte ökonomische Neurose dar, die ungeheure Mittel nur entwickelt, um den Genuß immer weiter hinauszuschieben und die Mittel in neue und größere Mittel zu verwandeln. Und wenn der Konsum schon unvermeidlich ist, dann soll er doch entweder gebremst und mit Restriktionen belastet werden oder am besten selber einen investitionsähnlichen Charakter annehmen. Deshalb manifestierten sich die entfesselten Produktivkräfte zu einem überproportionalen Teil in der Abteilung I und nahmen eher die Form von Dampframmen und Großmotoren, Lokomotiven, Schienensträngen und Stahlwerken als die von Verbrauchsgütern des Massenbedarfs an; oder es handelte sich eben um den Staatskonsum von Kanonen und Panzerkreuzern, Kampfflugzeugen und Maschinengewehren, Gefängnissen und Erziehungsanstalten usw., den der Liberalismus schon immer viel mehr als jeden anderen Konsum geliebt hat, weil er integraler Bestandteil des perversen Selbstzwecks ist und ganz ohne Genußmoment für die Massen bleibt.

Natürlich war es trotzdem unvermeidlich, daß die gesteigerte Produktivität zu einem Teil auch in die Produktion von Gütern des Massenkonsums ging; nicht zuletzt in der Textilindustrie, die ja den Take-off der Industrialisierung wesentlich mitgetragen hatte. Auch in vielen anderen Produktionszweigen war die »billige Fabrikware« für den alltäglichen Bedarf selbstverständlich geworden. Anders hätte ja der Kapitalismus gar nicht weiterexistieren und sein industrielles Schneeballsystem aufrechterhalten können. Aber trotzdem blieb der Konsum hinter der Produktivkraftentwicklung weit zurück und bildete im Vergleich zu den turmhoch aufgehäuften Investitionsmitteln gewissermaßen nur ein kümmerliches Rinnsal. Dieser absurde Selbstwiderspruch des Kapitalismus, einerseits die Produktionsmittel schrankenlos zu entwickeln und andererseits unter dem konkurrenzvermittelten Diktat der betriebswirtschaftlichen »Vernunft« die Masseneinkommen der Lohnarbeiter krampfhaft in der Nähe des Existenzminimums zu halten, bildet sogar den letzten Grund seiner unvermeidlichen Krisen, wie Marx bemerkte.

Aber dieser Selbstwiderspruch war auch ein inneres Hemmnis für die weitere strukturelle Ausentwicklung des Kapitals und seine Totalerfassung des Menschenmaterials. Denn solange der »lag« zwischen produktiver Potenz und Konsum immer weiter klaffte, drohte nicht nur das Schneeballsystem wieder zusammenzubrechen, sondern das Leben der Massen konnte auch nicht voll von der kapitalistischen Logik vereinnahmt werden. Solange die Lohnarbeiter sich von ihren Löhnen mehr schlecht als recht ernährten, produzierten sie nebenbei notgedrungen selber einen Teil ihrer Lebensmittel und Gebrauchsgegenstände. Diese Momente von Subsistenzwirtschaft für den Eigenbedarf fielen vor allem den Frauen zu, denen grundsätzlich bis heute immer alles zugeschrieben wird, was nicht durch »Geldverdienen« vermittelt ist – und solche Bereiche gelten per se sowohl den Funktionseliten als auch den männlichen Lohnarbeitern als »minderwertig«, weil ihnen der »Adel« der Verwertungstätigkeit für die Weltmaschine nicht unmittelbar zukommt. Den Frauen fiel die Zuständigkeit dafür entweder als erweitertes Moment des Hausfrauendaseins zu oder, wenn sie selber bereits in der Lohnarbeit »beschäftigt« waren, als Teil ihrer Doppelbelastung in Beruf und Haushalt.

Über diese vielfältige Subsistenzwirtschaft und Eigentätigkeit im Kontext der Haushalte hinaus ließ die kapitalistische Restriktion des Konsums auch noch einen gewissen Raum für eine lokale und regionale nichtkapitalistische Warenproduktion bäuerlicher und handwerklicher Provenienz. An diese Sektoren und Nischen der Gesellschaft, die der Kapitalismus nicht besetzen konnte, hefteten sich gleichzeitig kulturelle Momente von Selbsttätigkeit und Eigensinn, auch wenn es sich nur noch um Erinnerungen an eine einst reichhaltige und weitverzweigte Produzenten- und Muße-Kultur der alten Agrargesellschaften handelte. Diese Momente in ihrer Komplexität bildeten jedenfalls ein Hindernis, den Lebensraum der Lohnarbeiter vollständig in einen mechanischen Zeittakt von abstrakter »Arbeit« und »Freizeit« aufzulösen. Die Kriegswirtschaft hatte zwar eine Art Prototyp des totalen kapitalistischen Lebens geschaffen, aber die an der Front eingeübte vollkapitalistische Lebensform galt es nun in den zivilen Normalzustand zu implementieren.

Der neue massendemokratische Typus mußte also entsprechend »beschäftigt« werden, und zwar über die bloße Produktion hinaus auch im Konsum. Keineswegs zufällig heftete sich der entsprechende dunkle Drang des Systems an die Form der industriellen Mobilität. Denn erstens war die mechanisierte Mobilität am ehesten dazu geeignet, den Konsum in einen strukturell verselbständigten Selbstzweck zu verwandeln und damit der Logik der Weltmaschine anzugleichen: Im Unterschied zu den meisten Gegenständen des sinnlichen oder kulturellen Genusses konnte dieser Konsum nämlich nicht im Gebrauch seiner Inhalte aufgehen, sondern erforderte eine derart flächendeckende materielle, organisatorische und soziale Logistik, daß er geeignet war, sich zu einer zwanghaften und verinnerlichten Benthamschen »Verhaltensspur« zu entwickeln, die das System der Disziplinierungen in bis dahin unbekannte Dimensionen auszuweiten versprach.

Zweitens war die mechanisierte Mobilität von allen Formen des Konsums dem Charakter eines Investitionsgutes am ähnlichsten und von daher auch im ökonomischen Sinne das am meisten geeignete Mittel, um den Menschen selbst noch im Konsum jede Eigensinnigkeit auszutreiben und sie zum Werkzeug ihres Werkzeugs zu machen. Bei der Eisenbahn fielen allerdings die beiden Momente noch auseinander: Als unmittelbar gesellschaftliche Form der industriellen Mobilität blieb das Betriebsmittel selbst reines Investitionsgut von Kapitalgesellschaften und wurde zunehmend (teils wegen mangelnder Rentabilität, teils aus kriegswirtschaftlich-logistischen Erwägungen) in Staatseigentum überführt. Der private Massenkonsum dagegen blieb auf die Inanspruchnahme einer bloßen Dienstleistung beschränkt. Die Aufgabe, die sich dem System in der blinden Logik seiner Entwicklung stellte, bestand somit darin, die beiden Momente des Investitionsmittels und des Massenkonsums zu einem einzigen zu verschmelzen. Das Kapital mußte also gewissermaßen statt des Billetts für die »Dienstleistung Mobilität« gleich das Betriebsmittel selber verkaufen – jedem kapitalistischen Menschen seine eigene kleine Privatlokomotive! Diese absurde Konsequenz hatte durch die Erfindung des Automobils mit Verbrennungsmotor bereits Gestalt angenommen. Der US-Ökonom George Katona war einer der ersten, der Anfang der 60er Jahre im Rückblick die ökonomische Bedeutung dieser »Konsum-Investition« erkannte und postulierte: »Auch der Verbraucher investiert« (Katona 1965, 36). Aus dieser Sicht kritisierte er im Namen des kapitalistischen Fortschritts die alte ökonomische Grundannahme einer grundsätzlichen Trennung von Konsum und Investition, nicht zuletzt mit Blick auf das Automobil:

»Die Vorstellung, daß Verbraucher verbrauchen, das heißt, daß sie durch Gebrauch aufzehren, was Landwirtschaft und Industrie erzeugen, weist den Investitionen der Unternehmer die beherrschende Rolle in der Wirtschaftspolitik zu, dem Verbraucher hingegen eine Funktion zweiten Ranges. Wohl hat man den Konsumenten stets mit Worten gelobt, im 19. Jahrhundert nannte man ihn einen König, und der Spruch, das Ziel der Erzeugung sei der Verbrauch, ist so alt wie die Volkswirtschaftslehre selbst. Die traditionelle Wirtschaftsanalyse ging jedoch nicht davon aus, daß die Bedürfnisse des Verbrauchers und die Nachfrage, die er ausübt, zu den bedeutungsvollsten Faktoren zählten. Im Gegenteil wurde als erwiesen angenommen, daß der Verbraucher weder Einkommen erzeugen noch seine Anwendung lenken kann [...] (Aber) der Entschluß, ein Automobil zu kaufen, ist dem des Hauskaufs nahe verwandt. So dienen manche Automobile im Besitz von Privaten [...] ebenfalls der Einkommensbildung [...] Da die dauerhaften Güter im Besitz der Verbraucher sich nicht in dem Jahr des Erwerbs abnützen, sondern durchschnittlich ebenso lange dienen wie Maschinen im Besitz der Unternehmer, stellen auch sie einen ersparten Anteil an der Produktion dar und sollten als Kapital angesehen werden [...]« (Katona, a.a.O., 37, 46).

Diese neue Sicht im Rückblick auf die bereits entfesselte Auto-Gesellschaft ist allerdings verräterisch: Die Selbstzweckhaftigkeit der kapitalistischen Produktion wird gegenüber der offiziellen scheinheiligen Beteuerung vom Endzweck des Verbrauchs nur aufgedeckt, um den Verbrauch selbst durch den Übergang zu langlebigen, nicht in der Flüchtigkeit des unmittelbaren Genusses aufgehenden »schweren« Selbstzweck-Konsumgütern (mit dem Automobil als Zentralmittel) in den Adel der protestantischen Fetisch-Rationalität aufzunehmen. Das Auto bleibt natürlich trotzdem ökonomisch gesehen bloßes Konsumtionsmittel; bei seinem Konsum wird weder Wert übertragen noch Wert erzeugt, es sei denn, daß es als Betriebsmittel eines Unternehmens fungiert. Trotzdem ist die Argumentation Katonas nicht ganz von der Hand zu weisen, denn im Sinne einer Integration von Produktion und Konsum für den Selbstzweck des Kapitals stellte die Automobilisierung einen qualitativen Sprung dar: Erst die Auto-Gesellschaft mit allen ihren Implikationen konnte den gesamten Lebenszusammenhang als kapitalistischen formieren.

Allerdings klaffte hier zunächst noch ein Abgrund zwischen Angebot und Nachfrage: Die Masseneinkommen waren viel zu niedrig und die bis zum 1. Weltkrieg gebauten Autos viel zu teuer, als daß eine neue Stufe des »investiven Massenkonsums« auf diesem Gebiet in der Reichweite der Möglichkeiten gelegen hätte: »Müssen die Verbraucher all ihr Geld für kurzlebige Konsumartikel ausgeben und nur für gewisse Dienstleistungen wie Miete, so können sie keinen Teil ihrer Kaufkraft zurückerhalten und ansammeln« (Katona, a.a.O., 36). Das Auto war ein Luxusprodukt für die Playboys der »upper ten« und hatte einen Status wie heute vielleicht ein Privatflugzeug.

Es waren zwei legendäre Figuren, die das schwierige Problem der Transformation zu Massenproduktion und Massenkonsum im Sinne der Weltmaschine lösten: der berühmte Automobilfabrikant Henry Ford und der kaum weniger berühmte Rationalisierungs-Ingenieur Frederick Winslow Taylor; beide nicht zufällig US-Amerikaner. Denn auf leisen Sohlen hatten sich die USA langsam, aber sicher im Windschatten der alten europäischen Weltmächte an die kapitalistische Spitze geschlichen. Mit zunehmender Industrialisierung der Welt fielen zwei Gewichte entscheidend für die USA in die Waagschale: zum einen der gewissermaßen kapitalistisch »jungfräuliche« Charakter der US-Gesellschaft, die nach der weitgehenden Ausrottung der Ureinwohner keine vormodernen kulturellen und sozialen Schranken mehr zu überwinden hatte, sondern sich ohne solche Friktionen direkt auf dem Boden der abstrakten »Arbeit« entwickeln konnte (wie schon Marx vorausgesehen hatte); zum andern die schiere Größe eines einzigartigen kontinentalen Binnenmarktes, der Produktionskapazitäten und technologische Umstrukturierungen in einer ganz anderen Dimension erlaubte, als sie für die relativ kleinen und bornierten europäischen Nationalökonomien möglich waren. Dieses Gewicht der USA hatte letzten Endes den 1. Weltkrieg entschieden und bereitete die Konturen einer neuen Weltordnung des Kapitalismus vor, deren Propheten Ford und Taylor werden sollten.

Vor allem Henry Ford (1863–1947), ein Sohn wohlhabender Farmer aus Michigan, war mehr als ein ordinärer Kapitalist. Er entwickelte missionarischen Eifer, baute seinen Geschäftserfolg zur »Philosophie« aus (ein damals noch unerhörtes Unterfangen) und trat, ohne es zu wissen, in die Fußstapfen eines Bentham. Mit Ford ging die liberale, ideologische und vor allem industriell-praktische Führung von Großbritannien auf die USA über, lange bevor der politische Weltmachtwechsel vollzogen war. Während »weit hinten in Europa die Völker aufeinanderprallten« (die USA traten ja erst 1917 offiziell in den Krieg ein), führte der noch unbekannte Prophet in seiner 1903 gegründeten »Ford Motor Company« jene entscheidenden Neuerungen ein, die den Industriekapitalismus des 20. Jahrhunderts prägen sollten. Genau wie Bentham ganz und gar Philanthrop und Prediger der Nützlichkeit (aber nicht als bloßer Theorieproduzent, sondern direkt als industrieller Unternehmer), kündigte Ford seine menschenfreundlichen Absichten richtiggehend programmatisch an, wie er in einem seiner zahlreichen »industriephilosophischen« Memoirenwerke bemerkt:

»Ich beabsichtigte ein Automobil für die Menge zu bauen. Es wird groß genug sein, um die Familie mitzunehmen, aber klein genug, daß ein einzelner Mann es lenken und versorgen kann. Es wird aus dem allerbesten Material gebaut, von den allerbesten Arbeitskräften gefertigt und nach den einfachsten Methoden, die die moderne Technik zu ersinnen vermag, gebaut sein. Trotzdem wird der Preis so niedrig gehalten werden, daß jeder, der ein anständiges Gehalt verdient, sich ein Auto leisten kann, um mit seiner Familie den Segen der Erholung in Gottes freier, reiner Luft zu genießen« (Ford 1923, 84).

Daß es in erster Linie die kapitalistische Restriktion der Zeit, des Städtebaus und der Lebensverhältnisse ist, die überhaupt erst industrielle Mobilitätsmittel erforderlich macht, um Zonen der »Erholung« aufsuchen zu können, kommt Ford natürlich nicht in den Sinn. Und was dabei vermittels des blechernen Stinktiers Automobil aus »Gottes freier, reiner Luft« wird, daran brauchte der naive Technikfetischismus zu Beginn des 20. Jahrhunderts auch noch keinen Gedanken verschwenden. Für das System ging es einzig und allein darum, im Interesse seiner Weiterentwicklung die Widersprüche von Investitionslogik und Konsumlogik, Massenproduktion und relativer Unterkonsumtion mangels Kaufkraft aufzulösen. Wesentlich an Fords Programm ist in dieser Hinsicht der Verweis auf die »einfachsten Methoden«. Hinter diesen Worten verbirgt sich, was später die Zweite industrielle Revolution genannt wurde. Ford präzisiert den Grundzug seines Vorgehens in der Einleitung zu seinem ersten Werk (zu diesem Zeitpunkt war der praktische Erfolg bereits gesichert):

»Während sich die meisten Fabrikanten eher zu einer Änderung des Produktes als ihrer Produktionsmethoden entschließen, verfolgen wir den gerade entgegengesetzten Weg [...] Zu verlangen, daß auf irgendeine Arbeit mehr Kraft als absolut notwendig verwendet wird, heißt verschwenden [...] Bei diesem Produktionsprozeß ist es gleichfalls mein Ziel, das Maximum an Löhnen, das heißt das Maximum an Kaufkraft auszuteilen. Da auch dieses Verfahren zu einem Minimum der Kosten beiträgt [...], sind wir imstande, unser Produkt in Einklang mit der Kaufkraft zu bringen« (Ford, a.a.O., 16 ff.).

Was Ford vorschwebt, ist also die alte Logik der Kostensenkung, aber mit neuen Mitteln und in einem solchen Ausmaß, daß der »lag« zwischen produktiver Potenz und Massenkaufkraft überwunden werden kann, ohne die selbstzweckhafte Akkumulationslogik des Kapitals zu beeinträchtigen. Mit anderen Worten: Die Kosten mußten so dramatisch gesenkt werden, daß es nicht nur möglich wurde, die Produkte billiger anzubieten und dadurch die Konkurrenten auszuschalten, sondern gleichzeitig sogar die Löhne zu erhöhen, die Arbeitszeit zu verkürzen und trotzdem die abstrakte »Plusmacherei« voranzutreiben. Dieses zunächst für unmöglich gehaltene Kunststück konnte nur gelingen, indem sich die Aufmerksamkeit der betriebswirtschaftlichen Rationalität auf einen bisher vernachlässigten Bereich richtete: die Arbeitsorganisation selbst und die Flußgeschwindigkeiten innerhalb ihres Ablaufs. In diesem entscheidenden Punkt trifft sich Ford mit Taylor, der ungefähr zur selben Zeit genau dieses Gebiet zum »scientific management« oder der sogenannten »Arbeitswissenschaft« entwickelte. Im Vorwort zur deutschen Übersetzung von Taylors Hauptwerk »Die Grundsätze wissenschaftlicher Betriebsführung« (1911), die kurz vor dem 1. Weltkrieg erschien, faßt der Herausgeber die Problemstellung ebenso präzise wie verräterisch zusammen:

»Seitdem die Großindustrie [...] ihren ersten Kinderschuhen entwachsen war, ist das Bestreben der leitenden Organe und Ingenieure hauptsächlich auf die Vervollkommnung der Maschinen gerichtet gewesen [...] die Tätigkeit der Maschine wurde sorgfältig vorher bedacht, die Frage, wie die Arbeiter ihre Aufgaben lösen würden, aber ihnen selbst zur Beantwortung überlassen [...] Das Taylor-System [...] ist einfach ein Weg zu einer möglichst haushälterischen Verwertung der menschlichen Kraft [...] Taylor bestreitet auf das entschiedenste, daß heute in der Mehrzahl der Fälle die geleistete Arbeit ein Äquivalent für den gezahlten Lohn darstellt [...] Es kann von keiner Ungerechtigkeit oder Härte die Rede sein, wenn für denselben Lohnsatz mehr Arbeit verlangt wird als bisher, wo [...] dem Leitenden unbekannt war, wie lange der Arbeiter ›wirklich‹ zu seiner Arbeit brauche« (Roesler 1913, XI ff.).

Hier ist schon mit dürren Worten gesagt, was auch bei Ford mit dem scheinbar harmlosen und vernünftigen Postulat gemeint ist, daß auf keine Arbeit »mehr Kraft als absolut notwendig« verwendet werden dürfe. Der Klartext lautet, daß auf keinen Handgriff »mehr Zeit als absolut notwendig« zu verwenden sei. Das bedeutet nichts anderes als eine geradezu ungeheuerliche *Verdichtung der Arbeit* weit über den bisherigen Verdichtungsgrad durch das Maschinensystem hinaus. Hatte die Erste industrielle Revolution das Handwerkszeug durch ein maschinelles Aggregat ersetzt, das den fremden Selbstzweck des Kapitals an den Produzenten exekutierte und ihnen jede Gemütlichkeit austrieb, so begann nun die Zweite industrielle Revolution in Gestalt der »Arbeitswissenschaft« damit, den gesamten

Raum zwischen Maschinenaggregat und Produzententätigkeit mit der grellen Verhörlampe der Aufklärungsvernunft auszuleuchten, um auch noch die letzten Poren und Nischen des Produktionsprozesses zu erfassen, den »gläsernen Arbeiter« zu schaffen und ihm jede Abweichung von seiner objektiv »möglichen« Leistung vorzurechnen – mit einem Wort, ihn endgültig in einen Roboter zu verwandeln. Das »philanthropische Wunder« einer gleichzeitigen Verbilligung der Produkte, Erhöhung der Löhne und Verkürzung der Arbeitszeit erklärt sich also allein daraus, daß den ArbeiterInnen in Wahrheit wesentlich mehr Lebensenergie abgezapft wird, als sie in Form der konsumistischen »Wohltaten« an Gratifikationen zurückerhalten. Taylor selbst läßt keinerlei Zweifel über das Haupt- und Staatsmotiv seiner »wissenschaftlichen Betriebsführung«:

»Statt [...] alle Kräfte anzustrengen, um möglichst viel zu leisten, wird er (der Arbeiter, R.K.) in den meisten Fällen mit dem Vorsatz beginnen, so wenig zu tun, als er, ohne aufzufallen, tun kann – bei weitem weniger, als er ohne besondere Mühe imstande wäre – in vielen Fällen nicht mehr als ⅓ oder höchstens die Hälfte einer ehrlichen Tagesleistung (!) [...] Das stillschweigende oder offene Übereinkommen der Arbeiter, sich um die Arbeit zu drücken, d. h. absichtlich so langsam zu arbeiten, daß ja nicht eine wirklich ehrliche Tagesleistung zustande kommt [...], ist in industriellen Unternehmungen fast allgemein gang und gäbe [...] Zweifellos neigt der Durchschnittsmensch bei jeder Beschäftigung zu langsamem und gemütlichem Tempo bei der Arbeit, und nur [...] unter dem Druck der Verhältnisse wird er sein Tempo beschleunigen« (Taylor 1913, 12 ff.).

Immer wieder kommt Taylor auf dieses Problem zurück; er ist geradezu besessen davon, entwickelt detektivischen Scharfsinn und klügelt Methoden aus, um die ArbeiterInnen permanent zu beobachten und ihnen bei jedem Handgriff genau auf die Finger zu schauen – ein wahrhaft Benthamsches Projekt! Über die Bespitzelung junger Frauen in einer Kugellagerfabrik berichtet der neue »Arbeitswissenschaftler«:

»Eine ganz unauffällig angestellte Untersuchung ergab, daß ein großer Teil der 10½ Stunden, während deren man die Mädchen an der Arbeit glaubte, tatsächlich mit Nichtstun verging [...] Wie diese Untersuchung zeigte, verbrachten bisher die Mädchen einen großen Teil ihrer Zeit in halber Untätigkeit, indem sie gleichzeitig plauderten und arbeiteten [...]« (Taylor, a.a.O., 91 ff.).

Um dieser »Drückebergerei« zu Leibe zu rücken und genaues Datenmaterial zu sammeln, führt Taylor die schönen Begriffe der »Zeit- und Bewegungsstudien« ein: Mit der seither berüchtigt gewordenen Stoppuhr werden alle Tätigkeiten in Teilabläufe zerlegt und genau durchgecheckt, um »die Unwissenheit der Arbeitgeber bezüglich der zur Verrichtung [...] mindestens erforderlichen Zeit« (a.a.O., 17) zu beenden und die »Charakterschwäche« der Lohnarbeiter durch wissenschaftliche Objektivität zu brechen. Dabei nimmt Taylor sogar persönliche Eigenheiten seiner unfreiwilligen Probanden aufs Korn:

»Z. B. machte ich Zeitstudien an einem von Natur aus energischen Arbeiter, der seinen Weg zur Arbeit und zurück in einem Tempo von ungefähr drei bis vier Meilen pro Stunde zurücklegte und sogar häufig am Feierabend nach Hause trabte. Beim Betreten der Fabrik jedoch verlangsamte er sofort seinen Schritt bis zu ungefähr 1 Meile in der Stunde. Hatte er einen beladenen Schubkarren vor sich her zu schieben, so ging er ziemlich rasch, selbst bergauf, um möglichst schnell die Arbeit zu beenden. Auf dem Rückweg mit dem leeren Schubkarren verfiel er dann sofort wieder in den langsamen Schritt von höchstens 1 Meile pro Stunde und benutzte jede Gelegenheit für einen Aufenthalt, so daß man jeden Augenblick meinte, er würde sich niedersetzen« (a.a.O., 19).

So geht es natürlich nicht: Wer in einem kapitalistischen Unternehmen arbeitet, darf am Feierabend nicht mehr nach Hause »traben«, sondern höchstens noch kriechen können, sonst war es eben keine »ehrliche Tagesleistung«. Taylors Ziel ist es in diesem Sinne, daß während des Arbeitsprozesses »alle unnötigen Bewegungen ausgeschaltet, langsame Bewegungen durch schnelle und unökonomische durch ökonomische Handgriffe ersetzt werden« (a.a.O., 24). Dazu ist es allerdings notwendig, die Produzenten von ihrem naturwüchsigen »Arbeitswissen« zu enteignen, das sie durch mündliche

Überlieferung, Beobachtung und Erfahrung erworben haben, um dieses Wissen statt dessen in neuer, durch »Klassifizierung«, Tabellen usw. objektivierter Form beim Management zu konzentrieren und von allen Bummelnischen zu reinigen. Wie der US-amerikanische Soziologe Harry Braverman später in seiner Kritik des Taylorismus zutreffend bemerkte, tut dieser dabei mit dem Gestus wissenschaftlicher Objektivität so, »als wäre er eine ›Wissenschaft von der Arbeit‹, obschon er in Wirklichkeit doch als *Wissenschaft des Managements der Arbeit anderer Leute* unter kapitalistischen Bedingungen gemeint ist« (Braverman 1977, 76). In schönster Weise bewahrheitet sich so am Menschen die Semantik des aus den lateinischen Wörtern *manus* (Hand) und *agere* (führen) abgeleiteten Begriffs *Management*: »Das englische Verb *to manage* [...] bedeutete ursprünglich ein Pferd in allen Gangarten zu üben, es veranlassen, die Übungen der Reitbahn (manège) auszuführen [...]« (Braverman, a.a.O., 61).

Das Problem dieses potenzierten Benthamismus bestand einfach darin, in einem neuen Verhältnis von Leistungskontrollen und Konsumgratifikationen den kapitalistischen Selbstzweck zu erhalten, um das Menschenmaterial für seinen (im Interesse der Vollkapitalisierung notwendigen) Warenkonsum einen doppelten und dreifachen Preis an Auspressung und Kontrolle bezahlen zu lassen. Die Einübung als menschliche Laborratten an der Front mußte also jetzt im zivilen Produktionsprozeß »arbeitswissenschaftlich« fortgesetzt werden, bis die »Hirnleistung« jeder Tätigkeit, selbst der primitivsten, von den unmittelbaren Produzenten auf die Unteroffiziere der »schönen« Maschine übertragen werden konnte:

»Die Entwicklung einer wissenschaftlichen Methode bringt die Aufstellung einer Menge von Regeln, Gesetzen und Formeln mit sich, welche an Stelle des Gutdünkens des einzelnen Arbeiters treten. Sie können mit Erfolg erst angewendet werden, wenn sie systematisch aufgezeichnet und zusammengestellt sind. Die praktische Anwendung von wissenschaftlichen Aufzeichnungen erfordert auch einen Raum, in dem die Bücher, Statistiken etc. aufbewahrt werden, und einen Tisch, an dem der disponierende Kopfarbeiter arbeiten kann. Alle Kopfarbeit unter dem alten System wurde von dem Arbeiter mitgeleistet und war ein Resultat seiner persönlichen Erfahrung.

Unter dem neuen System muß sie notwendigerweise von der Leitung getan werden in Übereinstimmung mit wissenschaftlich entwickelten Gesetzen […]« (a.a.O., 40).

Nichts soll mehr dem Zufall, sprich: der Eigenbeurteilung der Arbeiter überlassen bleiben. Taylor geht sogar so weit, von einer »Wissenschaft des Schaufelns« (a.a.O., 68) zu sprechen. Die auf diese Weise mögliche Produktivitätssteigerung konnte er erstmals in den Bethlehem-Stahlwerken beweisen, und zwar am denkwürdigen Beispiel des Verladens von Roheisen durch eine Arbeitskolonne:

»Ein Roheisenverlader bückt sich, nimmt einen Eisenbarren von ungefähr 42 kg auf, trägt ihn ein paar Schritte weit und wirft ihn dann auf den Boden oder stapelt ihn auf einen Haufen […] Wir stellten fest, daß in dieser Kolonne jeder einzelne durchschnittlich ungefähr 12½ t pro Tag verlud; zu unserer Überraschung fanden wir aber bei eingehender Untersuchung, daß ein erstklassiger Roheisenverlader nicht 12½, sondern 47 bis 48 t pro Tag verladen sollte […] Wir mußten ferner darauf sehen, daß diese Arbeit ohne einen Ausstand, ohne Streitigkeiten mit den Arbeitern getan würde, und daß die Leute beim Verladen von täglich 47 t freudiger und zufriedener wären als bei den 12½ t von früher […]« (a.a.O., 45).

Eine solch extreme Objektivierung des Menschen mußte natürlich einigermaßen behutsam eingefädelt werden, genauer gesagt: Es war zunächst ein besonderer Idiot zu finden, um an diesem das Exempel zu statuieren. In welchem Verhältnis auf der Ebene der unmittelbaren Produktion Dummheit und kapitalistische Leistungskraft (ganz im Gegensatz zur bürgerlichen Auffassung von »Rationalität«) stehen, ist bei konkreten Betriebsstudien immer wieder festgestellt worden. So ergab eine Untersuchung im Western Electric-Werk in Hawthorne, daß »die Arbeiterin mit der geringsten Arbeitsleistung im Raum […] bei der Intelligenzprüfung erste und bei der Geschicklichkeitsprüfung dritte war; die Arbeiterin mit der größten Arbeitsleistung […] hier die siebente und bei der Intelligenzprüfung die letzte war« (zit. nach: Braverman, a.a.O., 84). Taylor fand seinen Leistungsträger in einem dummen Deutschen namens Schmidt (der Arbeitswissenschaftler wußte also schon, aus welcher Ecke der Welt die größten Arbeitsdeppen kommen). Die Vorgehensweise dabei spricht Bände und erreicht eine derartige Dimension der Unverfrorenheit, daß sie ausführlich zitiert zu werden verdient:

»Das neue System macht es zur unbeugsamen Regel, bei Verhandlungen mit Arbeitern immer nur einen einzelnen Mann auf einmal vorzunehmen [...] Unser erster Schritt war also, den rechten Mann zu finden, mit dem man anfangen konnte. Wir beobachteten deshalb die fraglichen 75 Mann sorgfältig etwa drei oder vier Tage lang. Schließlich waren wir auf vier Leute aufmerksam geworden, die körperlich geeignet erschienen, täglich 47 t Roheisen zu verladen [...] Jeder einzelne von diesen Leuten wurde dann zum Gegenstand eines sorgfältigen Studiums gemacht. Wir gingen ihrem Vorleben nach, soweit dies praktisch durchführbar war, eingehende Untersuchungen wurden angestellt bezüglich ihres Charakters, ihrer Gewohnheiten und ihres Ehrgeizes. Schließlich suchten wir einen [...] aus als denjenigen, mit dem man am besten beginnen konnte. Es war ein untersetzter Pennsylvanier deutscher Abstammung [...] Diesen Mann wollen wir Schmidt nennen. Unsere Aufgabe bestand nun darin, Schmidt dazu zu bringen, 47 t Roheisen pro Tag zu verladen, seine Lebensfreude jedoch nicht zu stören, ihn im Gegenteil froh und glücklich darüber zu machen. Dies geschah in folgender Weise. Schmidt wurde unter den anderen Eisenverladern herausgerufen und etwa folgende Unterhaltung mit ihm geführt: ›Schmidt, sind Sie eine erste Kraft?‹ – ›Well, ich verstehe Sie nicht‹ – [...] ›Heraus mit der Sprache! Ich möchte wissen, ob Sie eine erste Kraft sind oder einer, der den übrigen billigen Arbeitern gleicht. Ich möchte wissen, ob sie Doll. 1,85 pro Tag verdienen wollen oder ob Sie mit Doll. 1,15 zufrieden sind, d.h. mit dem, was diese billigen Leute da bekommen‹ – ›1,85 Doll. pro Tag verdienen wollen, heißt man das eine erste Kraft? Well, dann bin ich so einer‹ – ›Sie machen mich ärgerlich. Freilich wollen Sie 1,85 Doll. pro Tag, das will jeder. Sie wissen recht gut, daß das sehr wenig damit zu tun hat, ob Sie eine erste Kraft sind [...] Wenn Sie nun eine erste Kraft sind, dann werden Sie morgen genau tun, was dieser Mann Ihnen sagt, und zwar von morgens bis abends. Wenn er sagt, Sie sollen einen Roheisenbarren aufheben und damit weitergehen, dann heben Sie ihn auf und gehen damit weiter! Wenn er sagt, Sie sollen sich niedersetzen und ausruhen, dann setzen Sie sich hin! Das tun Sie ordentlich den ganzen Tag über. Und was noch dazu kommt, keine Widerrede! Eine erste Kraft ist ein Arbeiter, der genau tut, was ihm gesagt wird, und nicht widerspricht [...]‹ [...] Das scheint wohl eine etwas rauhe Art, mit jemandem zu sprechen [...] Jedoch bei einem Mann von der geistigen Unbeholfenheit unseres Freundes ist es vollständig angebracht und durchaus nicht unfreundlich, besonders da es seinen Zweck erreichte, sein Augenmerk auf die hohen Löhne zu lenken, die ihm in die Augen stachen, und ihn ablenkte von dem, was er wahrscheinlich als unmöglich harte Arbeit bezeichnet hätte, wenn er darauf aufmerksam gemacht worden wäre (!) [...] Schmidt begann zu arbeiten, und in regelmäßigen Abständen wurde ihm von dem Mann, der bei ihm als Lehrer stand, gesagt: ›Jetzt heben Sie einen Barren auf und gehen Sie damit! Jetzt setzen Sie sich hin und ruhen sich aus!‹ etc. Er arbeitete, wenn ihm befohlen wurde zu arbeiten und ruhte sich aus, wenn ihm befohlen wurde, sich auszuruhen, und um halb sechs Uhr nachmittags hatte er 47½ t auf den Waggon verladen. Die drei Jahre hindurch, die ich in Bethlehem war, arbeitete er stets in diesem Tempo und leistete das verlangte Pensum tadellos. Er verdiente diese ganze Zeit hindurch etwas mehr als 1,85 Doll. durchschnittlich [...] Er erhielt also 60 % mehr Lohn als die anderen Arbeiter, die nicht unter dem Pensumsystem arbeiteten [...]« (Taylor, a.a.O., 45 ff.).

Man muß schon wirklich ein dummer Deutscher namens Schmidt sein, um nicht zu merken, daß einer Lohnerhöhung um 60 Prozent ein Anheben der Arbeitsleistung um mehr als 370 Prozent gegenübersteht. Da war dann freilich auch noch Spielraum für diverse Arbeitszeitverkürzungen, ohne daß die Selbstzweck-Akkumulation des Kapitals beeinträchtigt werden mußte. Die »Mühlen des Teufels« hatten so eine neue Qualität erreicht – es war möglich geworden, gleichzeitig ein Vielfaches an Lebensenergie abzuzapfen und die Aufmerksamkeit der Produzenten auf Lohn und Warenkonsum abzulenken, um sie desto sicherer mit Haut und Haar der Weltmaschine einzuverleiben – eine in der Tat teuflische Perfidie. Henry Ford mußte nur noch die Taylorsche »Arbeitswissenschaft« auf das »richtige« Kernprodukt anwenden, um die Zweite industrielle Revolution perfekt zu machen. Seine neue Automobilfabrik Highland Park in Detroit avancierte zum Laboratorium der neuen Methoden. Eine Teilproduktion nach der anderen wurde analysiert und umgestellt, jeder Arbeitsgang genau in Bewegungsabläufe zerlegt. Ford beschreibt z. B. den Vorgang bei der Montage der Kolbenstange:

»Der ganze Vorgang ist überaus einfach. Der Arbeiter zog den Stift aus dem Kolben heraus, ölte ihn, schob die Stange an ihre Stelle und den Stift durch Stange und Kolben hindurch, zog die eine Schraube an und die andere auf, und die Sache war erledigt. Der Vorarbeiter unterzog den ganzen Vorgang einer genauen Untersuchung, vermochte aber nicht zu entdecken, weshalb er ganze drei Minuten beanspruchte. Er analysierte daher die verschiedenen Bewegungen mit einer Stoppuhr und fand, daß bei einem neunstündigen Arbeitstag vier Stunden mit dem Hin- und Hergehen vergingen. Die Arbeiter gingen nicht etwa fort, aber sie mußten sich hin und her bewegen, um ihr Material heranzuholen und das fertige Stück beiseite zu schieben. Während des ganzen Vorgangs hatte jeder Arbeiter acht verschiedene Handgriffe zu verrichten. Der Vorarbeiter entwarf einen neuen Plan, indem er den ganzen Vorgang in drei Verrichtungen zerlegte, brachte an der Bank einen Schlitten an, stellte drei Mann an jeder Seite auf und einen Aufseher an das eine Ende. Statt daß ein Mann sämtliche Handgriffe tat, verrichtete er jetzt nur den dritten Teil, – nur so viel, als möglich war, ohne sich hin und her zu bewegen. Die Arbeitsgruppe wurde von achtundzwanzig auf vierzehn Mann herabgesetzt. Die Rekordleistung der achtundzwanzig Mann waren 170 Stück pro Tag gewesen. Heute bringen sieben Mann bei achtstündiger Arbeitszeit 2600 Stück pro Tag heraus. Es erübrigt sich wohl, die Ersparnis auszurechnen!« (Ford, a.a.O., 102 f.).

Es erübrigt sich leider nicht, darauf aufmerksam zu machen, was das für die Produzenten bedeutet. Jeder, der schon einmal in einer Fabrik gearbeitet hat, weiß ganz genau, wie wichtig die winzigen Pausen und Abwechslungen sind, wenn man sich Material heranholt, ein paar Worte mit Leuten an einem anderen Werktisch wechselt usw., um Elemente des »Erträglichmachens« im entfremdeten Produktionsprozeß zu finden, und seien sie noch so minimal. Die Ausweglosigkeit eines von Zeittakten bestimmten Ablaufs dagegen, der die Produzenten an ihren Plätzen festnagelt, das Material heranschiebt und unerbittlich die reduzierten Handgriffe abverlangt, steigert die Arbeitsqual bis an die äußersten Grenzen – und doch konnte sogar diese neue Qualität Benthamscher Bösartigkeit als allgemeine Normalität verankert werden!

Solche »arbeitswissenschaftlichen« Methoden der Reorganisation wie bei der Montage der Kolbenstange standen bei Ford bereits im

Kontext einer weiteren Neuerung: nämlich der Montagebahn oder, wie es später genannt wurde, des berüchtigten Fließbandes. Völlig neu war diese Einrichtung keineswegs. Ford hatte das Prinzip bezeichnenderweise den Schlachthöfen von Chikago abgeschaut; er selbst sagt, daß sein Fließband »den Schiebebahnen (ähnelte), deren sich die Chikagoer Fleischpacker bei der Zerlegung der Rinder bedienen« (a.a.O., 94). Aber auch in anderen Bereichen waren Fließbänder bereits seit der Jahrhundertwende üblich, etwa in der Getränkeproduktion oder in der Lebensmittelverpackung. Der berühmte Hollywood-Regisseur Frank Capra, ein Sohn armer sizilianischer Einwanderer der ersten Generation, beschreibt in seinen Memoiren anschaulich das kindliche Trauma, die Entmenschung seiner Mutter am Fließband mit anschauen zu müssen – lange vor den Zeiten von Henry Ford:

»Aus den Augen eines Kindes blickte ich zu Mama auf. Da stand sie den ganzen Tag auf ihren blasenbedeckten Füßen, und ich wußte, daß sie niemals heilen würden; stand den ganzen Tag im übelriechenden Dampf der Olivenölfabrik – zehn Stunden am Tag für zehn Dollar in der Woche – und klebte mit fliegenden Händen Etiketten auf Dosen, die sie mechanisch von einem endlosen Fließband nahm: Dosen, Dosen, Dosen, die mit dem Hexengegacker rasselnder Kettenförderbänder scheppernd angewackelt kamen. Ich sah hinauf zu Mamas Gesicht, zu ihrem starken Bauerngesicht, das jetzt vor Anstrengung feucht glänzte; sie nickte, nickte, nickte – ein Roboter, an den Rhythmus eines Monsters gekettet – und wagte nicht, sich das strähnige Haar aus der Stirn zu streichen – aus Angst, den Zauber dieser tödlichen Monotonie zu brechen« (Capra 1992/1971, 447).

Die neue Qualität des Fließbands bei Ford bestand allerdings darin, daß die Fließfertigung nicht für sich stand, sondern eingebaut war in das umfassende Konzept der »arbeitswissenschaftlichen« Rationalisierung der gesamten Produktion. Das laufende Band war in diesem Kontext nur ein Moment unter vielen anderen, auch wenn Ford selbst die besondere Bedeutung der fließenden Montage herausstreicht und dabei ebenso wenig wie Taylor ein Blatt vor den Mund nimmt, was die bewußte Reduktion der ArbeiterInnen auf einen willenlosen Mechanismus angeht:

»Der erste Fortschritt in der Montage bestand darin, daß wir die Arbeit zu den Arbeitern hinschafften, statt umgekehrt [...] Die bei der Montage befolgten Grundregeln lauten: 1. Ordne Werkzeuge wie Arbeiter in der Reihenfolge der bevorstehenden Verrichtungen, so daß jeder Teil während des Prozesses der Zusammensetzung einen möglichst geringen Weg zurückzulegen hat. 2. Bediene dich der Gleitbahnen oder anderer Transportmittel, damit der Arbeiter nach vollendeter Verrichtung den Teil, an dem er gearbeitet hat, stets an dem gleichen Fleck [...] niederlegen kann [...] 3. Bediene dich der Montagebahnen, um die zusammenzusetzenden Teile in handwerklichen Zwischenräumen an- und abfahren zu lassen. Das Nettoresultat aus der Befolgung dieser Grundregeln ist eine Verminderung der Ansprüche an die Denktätigkeit des Arbeitenden und eine Reduzierung seiner Bewegungen auf das Mindestmaß. Nach Möglichkeit hat er ein und dieselbe Sache mit nur ein und derselben Bewegung zu verrichten [...] Ungefähr am 1. April 1913 machten wir unseren ersten Versuch mit einer Montagebahn. Es war bei der Zusammensetzung der Schwungradmagneten [...] Früher, als der ganze Herstellungsprozeß bei uns noch in den Händen eines einzigen Arbeiters ruhte, war der Betreffende imstande, fünfunddreißig bis vierzig Magnete in einem neunstündigen Arbeitstag fertigzustellen, d. h. er brauchte ungefähr zwanzig Minuten pro Stück. Später wurde seine Arbeit in neunundzwanzig verschiedene Einzelleistungen zerlegt und die Zeit für die Zusammenstellung dadurch auf 13 Minuten, 10 Sekunden herabgedrückt. Im Jahre 1914 brachten wir die Bahn 20 Zentimeter höher an, dadurch wurde die Zeit auf sieben Minuten vermindert. Weitere Versuche über das Tempo der zu leistenden Arbeit setzten die Montagezeit auf fünf Minuten herab. Kurz ausgedrückt ist das Ergebnis folgendes: mit Hilfe wissenschaftlicher Experimente ist ein Arbeiter heute imstande, das Vierfache von dem zu leisten, was er vor noch verhältnismäßig sehr wenigen Jahren zu leisten vermochte« (Ford, a.a.O., 93f.).

Das Ergebnis deckt sich ziemlich genau mit dem von Taylor bei seinem dummen deutschen Eisenverlader: Eine Leistungssteigerung von drei- bis vierhundert Prozent, die aus den ArbeiterInnen herausgepreßt wird, gibt den Spielraum für eine Massenproduktion und Massenkonsumtion neuen Typs. Es waren freilich nicht allein die Taylorsche »Arbeitswissenschaft« (Zeit- und Bewegungsstudien) und die Fließfertigung, die dieses »Wunder« bewirkten. Die Fordsche

Produktionsmethode ermöglichte auch die Einfügung zahlreicher neuer, oft erst in der Praxis der Fließfertigung entwickelter Werkzeugmaschinen in den nunmehr lückenlos kontrollierten Ablauf:

»Der Kühler ist eine komplizierte Angelegenheit und das Verlöten erforderte einige Geschicklichkeit. Er besteht aus fünfundneunzig Röhren, die mit der Hand einzupassen und zu verlöten eine langwierige Gedulds- und Geschicklichkeitsprobe war. Heute wird die ganze Arbeit von einer Maschine verrichtet, die in acht Stunden 1200 Radiatoren-Hohlkörper herstellt; diese werden auf mechanischem Wege durch einen Ofen geführt und dort verlötet. Blechschmiede und geschulte Arbeitskräfte sind überflüssig geworden [...] Ist es zu erreichen, daß eine Maschine selbsttätig arbeitet, so wird es durchgeführt. Von keinem einzigen Handgriff glauben wir, daß er nun endgültig auf die beste und billigste Art verrichtet wird« (Ford, a.a.O., 103f.).

Diese Kombination von neuen Werkzeugmaschinen, Automaten und Fließfertigung zeigte schon den weiteren Weg der industriellen Produktionsprozesse an, die irgendwann zu einer weitgehenden Automatisierung übergehen mußten; solange jedoch die Verausgabung menschlicher Arbeitskraft das übergreifende Moment blieb, dienten jede neue Maschine und jeder Schritt der Automatisierung immer nur der weiteren Leistungsverdichtung des Menschenmaterials: »Jede erforderliche Sekunde wird ihm zugestanden, keine einzige darüber hinaus« (Ford, a.a.O., 95). Und demselben Zweck diente auch die zunehmende Standardisierung der Produktkomponenten und Modelle: Schon seit 1909 bauten die Ford-Werke nur noch ein einziges Auto, das berühmte »Modell T«, das in jeder Hinsicht durchstandardisiert war und so weitere Produktivitätsreserven eröffnete. Ironisch bemerkte Ford dazu: »Jeder Kunde kann seinen Wagen beliebig anstreichen lassen, wenn der Wagen nur schwarz ist« (a.a.O., 83). Erst die immer mehr verfeinerte Kombination von »Arbeitswissenschaft«, Fließfertigung, neuen Werkzeugmaschinen und Standardisierung war es, die das Modell der Fordschen Produktionsweise unschlagbar machte und jenes neue industrielle Paradigma begründete, das schon bald wie alle früheren Entwicklungsstufen in Fleisch und Blut der »automatisierten Arbeiterklasse« übergehen sollte.

In dieser Objektivierung des Menschen weit über das bisherige Fabriksystem hinaus wird mit logischer Konsequenz nicht nur die Zeit, sondern auch der Raum reglementiert und mit Restriktionen belegt – wie bei Laborratten eben. Nicht ohne Stolz beschreibt Ford auch diese Mechanik des »rationalisierten Raums« in seinem wissenschaftlichen Produktionsaggregat:

»Bei jedem Arbeitsgang wird genau der Raum ausgemessen, den der Arbeiter braucht; er darf natürlich nicht eingeengt werden – das wäre Verschwendung. Aber wenn er und seine Maschine mehr Raum beanspruchen, als nötig ist, so ist das ebenfalls Verschwendung. So kommt es, daß unsere Maschinen enger aufgestellt sind als in irgendeiner anderen Fabrik der Welt. Für einen Laien mag es den Anschein haben, als seien sie direkt übereinander aufgebaut; sie sind jedoch nach wissenschaftlichen Methoden aufgestellt, nicht nur in der Reihenfolge der verschiedenen Arbeitsgänge, sondern nach einem System, das jedem Arbeiter jeden erforderlichen Quadratzoll Raum gewährt, aber wenn möglich, keinen Quadratzoll und ganz gewiß keinen Quadratfuß mehr. Unsere Fabrikgebäude sind nicht als Parks angelegt« (a.a.O., 131 f.).

Diese geizige Manie der totalen Ausnutzung noch des letzten Leistungsquantums im kapitalistischen Raum-Zeit-Gefüge verschmäht keine aussaugbare menschliche Leistungspotenz, und sei sie auch noch so gering. Ohne sich dessen bewußt zu sein, wiederholt Ford nicht nur die Direktiven von Bentham auf höherer Entwicklungsstufe, sondern auch die zynischen Erwägungen eines Mandeville, der schon im 18. Jahrhundert selbst die Blinden und Kranken ins Geschirr spannen wollte, gehen ihm mit gutem philanthropischen Gewissen leicht von den Lippen – und mit weitaus größeren Realisierungsmöglichkeiten als zwei kapitalistische Jahrhunderte zuvor, steht doch jetzt ein viel feiner durchorganisiertes Aggregat der »schönen Maschine« zur Verfügung:

»Kranke und Krüppel gibt es überall. Im allgemeinen besteht die etwas großzügige (!) Ansicht, alle zu körperlicher Arbeit Unfähigen der Gesellschaft zur Last zu legen [...] Der Blinde oder Krüppel kann, wenn man ihn an den richtigen Platz stellt, genau das Gleiche leisten und den gleichen Lohn erhalten, wie der völlig gesunde Mensch [...] Dieses volkswirtschaftliche Hilfs- und Sparsystem läßt sich noch erweitern. Im allgemeinen gilt es als selbstverständlich, daß ein Arbeiter bei Verletzungen arbeitsunfähig geschrieben wird [...] Es gibt aber stets eine Rekonvaleszenszeit, besonders bei Brüchen, während welcher der Betreffende durchaus zum Arbeiten imstande ist [...] Wir haben mit Bettlägrigen Versuche angestellt (!) – mit Patienten, die aufrecht sitzen durften. Wir breiteten schwarze Wachstuchdecken über das Bettzeug und ließen die Leute Schrauben auf kleine Bolzen befestigen [...]« (a.a.O., 124 ff.).

Das protestantisch-liberale Prinzip der gnadenlosen »Selbstverantwortung« von hoffnungslos vereinzelten Individuen durfte also neue Triumphe feiern: Wer nicht arbeitet, soll auch nicht essen (es ist nur ein kleiner Schritt weiter, im Falle einer gänzlichen kapitalistischen »Unbrauchbarkeit« des Menschenmaterials die gleichzeitig mit Fords Industriephilosophie ausformulierte »rassenbiologische« Konsequenz der Vernichtung »lebensunwerten Lebens« zu ziehen). Und unverschämterweise wird den Menschen auch noch unterstellt, daß die einzige Form ihrer Selbstachtung darin bestehen müsse, dem Selbstzweck des kapitalistischen Monstrums zu dienen und nur darüber sich das Leben zu »verdienen«. Eine solche Denkweise wäre dazu fähig, die Leute auch noch auf dem Sterbebett »Schrauben auf kleine Bolzen« befestigen zu lassen. Es geht Ford nicht einmal mehr darum, die Entfremdung eines solchen Produktionsprozesses mit seinen qualitativ neuen Folterqualen der Leistungsverdichtung, die sogar Kranke und Schwerbehinderte mit ihren Zumutungen verfolgt, im geringsten beschönigen zu wollen. Im Gegenteil, er entwirft geradezu ein fröhliches Programm der bewußten Selbst-Entfremdung, wie es sich für eine richtige abstrakte »Arbeit« gehört:

»Versammlungen zur Herbeiführung eines guten Einvernehmens zwischen den einzelnen Persönlichkeiten oder Abteilungen sind gänzlich überflüssig. Um Hand in Hand zu arbeiten, braucht man sich nicht zu lieben. Allzuviel Kameradschaftlichkeit kann sogar von Übel sein [...] Wenn wir arbeiten, müssen wir es ernsthaft tun; genießen wir, dann gleichfalls in vollen Zügen. Es hat keinen Zweck, das eine mit dem anderen zu verquicken. Das alleinige Ziel sollte es sein, gute Arbeit zu leisten und dafür gut bezahlt zu werden [...] Unsere Organisation ist so bis ins einzelne durchgeführt und die verschiedenen Abteilungen greifen so ineinander ein, daß es völlig ausgeschlossen ist, den Leuten auch nur vorübergehend ihren Willen zu lassen [...] Persönliche Fühlungnahme gibt es bei uns kaum – die Leute verrichten ihre Arbeit und gehen wieder nach Hause – eine Fabrik ist schließlich kein Salon« (a.a.O., 107, 129 ff.).

Die unverblümte Infamie des Taylor-Ford-Komplexes konnte nicht nur deshalb triumphieren, weil das Menschenmaterial schon zu erschöpft und zu sehr domestiziert war, um gegen die kaum für möglich gehaltene abermals neue Zumutungsqualität noch grundsätzlich aufbegehren zu können. Insofern nämlich der Sprung in der Leistungsverdichtung erstmals ohne Schmälerung des kapitalistischen Selbstzwecks gleichzeitig Preissenkungen, Lohnerhöhungen und eine gewisse Arbeitszeitverkürzung ermöglichte, bekam das Verhältnis des ausgesaugten Menschenmaterials zu den neuen Funktionären ihres subjektlosen Vampirs etwas durchaus zweideutiges. Ford konnte mit der dicken Wurst einer unerhörten Einkommenssteigerung winken, deren Anziehungskraft Millionen von Menschen gewissermaßen in jenen ersten dummen Deutschen namens Schmidt verwandelte: Es schien keine Alternativen zu geben, und im bereits antrainierten kurzen Zeithorizont kapitalistischer Verhältnisse konnte der Augenblicksgenuß scheinbar exorbitant erhöhter Gratifikationen den Preis an Lebensenergie vergessen lassen.

Der erste sozialökonomische Paukenschlag kam schon im Frühjahr 1914, noch vor dem Ausbruch des Weltkriegs in Europa: Ford kündigte an, den bisherigen Tageslohn von 2,30 Dollar auf 5 Dollar zu erhöhen – also auf mehr als das Doppelte. Gleichzeitig gab er für sein Unternehmen den Beginn des von der Arbeiterbewegung lange vergeblich geforderten 8-Stunden-Tags bekannt, was bei damals 6 wöchentlichen Arbeitstagen die 48-Stunden-Woche bedeutete. In den 20er Jahren führte er sogar kurzzeitig und versuchsweise die 5-Tage-Woche ein; ein Standard, der sich erst nach dem 2. Weltkrieg (und auch dann nur in wenigen Ländern) verallgemeinern sollte. Zwar stellte sich bald heraus, daß der Tagelohn von 5 Dollar durchaus nicht allgemeingültig war, und auch die 5-Tage-Woche wurde rasch wieder zurückgenommen. Trotzdem war der Abstand zu den bisherigen

Lohn- und Arbeitszeitstandards immer noch so groß, daß Fords Neuerungen Verwirrung und fast eine Art Taumel hervorriefen, bei den Lohnarbeitern in aller Welt ebenso wie beim Management. Ford hatte freilich auch allen Grund, derart vorzupreschen: Seit der Einführung des Fließbands 1913 waren ihm die Arbeiter scharenweise davongelaufen; die Empörung über seine Methoden war groß, und viele konnten diese »Arbeit« auch schlicht nicht aushalten. Andererseits machte es die um ein Vielfaches und permanent weiter gesteigerte Produktivität und Arbeitsverdichtung leicht, derartige Vorstöße zu unternehmen und immer noch gewaltige Extraprofite zu erzielen.

Natürlich wußten die Geschöpfe Fords, daß ihnen das Leben aus den Knochen gesaugt wurde. In Detroit spottete man über die Hochlohn-Könige, daß ihre jungen Frauen sich die Freuden der Liebe von anderen Männern holen müßten, weil die Fordarbeiter sogar am »langen« Wochenende zu apathisch dafür wären. Trotzdem blieb die Lockung des vermeintlichen Hochlohns stärker als alle Skrupel und alle logische Überlegung: Die Freuden eines lebensgeschichtlich nur kurzfristig genießbaren höherwertigen Warenkonsums schienen eine ähnliche Anziehungskraft auszuüben wie früher nur die kolonialen Versprechungen – nur daß das Objekt der neuen »inneren« Kolonisierung auf höherer Entwicklungsstufe die Körper und Sinne der gelockten Lohnarbeiter selber waren.

Und eine Sirene, schöner und begehrenswerter als alle menschlichen Geliebten, wurde für die verhausschweinte männliche Lohnarbeiterklasse das Auto, der erotisierte, stinkende Blechhaufen. Denn der Traum von der eigenen hochherrschaftlichen maschinellen Mobilität, bisher ein Luxus der Oberschicht, rückte nun tatsächlich in die Reichweite des gewöhnlichen Fließbandarbeiters; zumindest in den USA. Ford hatte in dieser Hinsicht nicht zuviel versprochen. Nicht so sehr die erhöhten Löhne, sondern vor allem die atemberaubende Senkung der Produktionskosten und die dadurch mögliche sprunghafte Verbilligung der Automobile machte diesen »investiven Konsum« auf dem schon damals größten Binnenmarkt der Welt erstmals zum Massenkonsum. Die Steigerung der Produktivität bei Ford liest sich in dürren Zahlen tatsächlich wie ein Märchen. Hatte die durchschnittliche Jahresproduktion einer herkömmlichen Automobilfabrik vergleichbarer Größe vor dem 1. Weltkrieg bei höchstens

15 000 Autos gelegen, so produzierte die Ford-Fabrik in Detroit bereits im Geschäftsjahr 1913/14 sage und schreibe 248 317 Wagen, die zu entsprechend verbilligten Preisen auch ohne weiteres abgesetzt werden konnten. Und die Steigerung ging noch weiter: »Bis 1925 war eine Organisation geschaffen worden, die in einem einzigen Tag nahezu ebensoviele Autos produzierte wie in der früheren Geschichte des Modells T in einem ganzen Jahr hergestellt worden waren« (Braverman, a.a.O., 116).

Kein Wunder, daß Henry Fords Stern bald über der ganzen Welt aufging. Die Ford Motor Company blühte nicht nur in den USA, sondern wurde – nach dem Rüstungsimperium des Herrn Nobel – zu einem der ersten großen internationalen Unternehmen mit Zweigwerken auch in Europa, nicht zuletzt in Deutschland. Ja, es war wirklich ein Märchen, eines der bösesten: Denn wie im Märchen hatten die Menschen damit begonnen, in einem ganz neuen und höheren Grad ihre Seele zu verkaufen und ihr Leben zu verpfänden. Das Laborratten-Experiment an den Fronten des großen Menschenschlachthauses war bestens gelungen; das Menschenmaterial war bereit, sich bis zur Erschöpfung abzustrampeln, um auf Klingelzeichen die ersehnte Belohnung in Form von billigem Warenkonsumfraß vorgeworfen zu bekommen. Eine zeitgenössische Reportage über die Weimarer Republik beschrieb sarkastisch die neue Qualität der Konditionierung bei den Berliner Fordwerken:

»Der Höchstlohn beträgt zwanzig Mark pro Tag! Das ist die Summe, die zahlreiche Akkordarbeiter der Berliner Metallindustrie für die ganze Woche erhalten. Hier liegt das Geheimnis, warum sich die ausgehungerten Berliner Metallarbeiter zu Ford drängen und sich dort unter Zurückstellung aller menschlichen Würde zu seelenlosen Arbeitsautomaten degradieren lassen [...] Die Wirkung dieses Systems tritt am besten bei der halbstündigen Mittagspause in Erscheinung. Mit schmutzstarrenden Händen und Gesichtern stürzt alles im Marsch-Marsch-Tempo zur Kantine des Westhafens, wo sogar die Kellner schon vom Fordsystem angesteckt sind. Auf den Tischen befinden sich bereits an den bestimmten Plätzen die bestimmten Gläser und Bestecke. Während die Leute ihre Mahlzeiten hinunterschlingen, haben wir Zeit, ihre Physiognomien zu studieren. Es gibt einen Fordtypus. Wo haben wir doch diese aschgrauen Gesichter, in denen Nase, Kinn und Backenknochen spitz hervorstehen, diese fiebrig starren Augen und nervösen Bewegungen schon gesehen? Das Essen ist schnell hinuntergeschlungen. Der Rest der Pause reicht gerade, um ein Bedürfnis zu verrichten oder, eine Zigarette rauchend, ins Leere zu starren. Niemand liest Zeitung! ›Fordleichen‹, sagen die Arbeiter des Westhafens […] (Was ein Fordarbeiter erzählt): Er war früher in der Neuen Automobil-Gesellschaft, verdiente als Bohrer knappe dreißig Mark die Woche, wurde wegen ›Arbeitsmangels‹ entlassen. Drei viertel Jahre lang lag er draußen, bis es ihm durch einen Bekannten gelang, in das Fordparadies zu schlüpfen. Jetzt ist er im siebenten Himmel! Er hat schon die Schulden abzahlen können, sich einen Anzug angeschafft, Frau und Kinder haben was für den Winter. Man kann sich mal was leisten, jeden Tag ein halbes Pfund Schabefleisch – ›aber das muß man auch haben‹, setzt er hinzu, ›sonst hält man den Betrieb nicht aus!‹ […] Früher war er politisch und gewerkschaftlich organisiert, […] jetzt hat er alles verfallen lassen. Zeitunglesen besorgt für ihn seine Frau […] ›Ich bin zufrieden, wenn ich mich beim Nachhausekommen eine Stunde hinlegen kann!‹ […] Auf die Frage, wie lange er das mitzumachen gedenkt, zuckt er die Achsel. ›Vorläufig halte ich Stange. Die Arbeitslosigkeit hätte ich auch nicht lange mehr durchgehalten. Aber, Herrgott, ich muß rennen!‹ – Fort ist er. Im Augenblick hat sich der Saal völlig geleert. Und wie wir sie so davonstürmen sehen, fällt uns ein, wo wir solche Gesichter schon gesehen haben. An der Somme nach dreißigstündigem Trommelfeuer!« (zit. nach: Abelshauser u. a. 1985, 48 f.).

Die Rationalisierung des Menschen

Ganz unzweifelhaft besaß die von Taylor und Ford ausgehende Zweite industrielle Revolution eine doppelte Qualität als Produktinnovation und als Prozeßinnovation: Das Automobil, zwar schon Jahrzehnte alt, aber bisher nur eine marginale Edelware im dünnen obersten Konsumsegment, wurde zum Schlüsselprodukt in der Vollendung der kapitalistischen Produktionsweise. In seiner Vermassung mauserte es sich zu mehr als einer bloßen Ware unter anderen: Es begann den gesamten Raum- und Zeithorizont zu erfassen, bereitete eine strukturelle Integration von Produktion und »Freizeit« vor, besetzte allmählich die soziale Organisationsform bis hinein in das intime und familiäre Alltagsleben, eroberte sogar die gesellschaftlichen Phantasien und Imaginationen. Auch wenn es dafür noch mehrerer Schübe bedurfte, wurde der Kapitalismus durch und durch zur Auto-Gesellschaft.

Und gleichzeitig eröffnete die Taylor-Fordsche Prozeßinnovation von »Arbeitswissenschaft« und Fließfertigung, die jene Mutation zur Auto-Gesellschaft erst möglich machte, nicht nur eine neue säkulare Epoche der Kapitalakkumulation durch die unerhörte Verdichtung und betriebswirtschaftliche Rationalisierung der »abstrakten Arbeit«, sondern gleichzeitig auch eine neue, erstmals Produktion und Konsumtion übergreifende Qualität in der Disziplinierung und Zurichtung des Menschenmaterials. Damit wurden neue Standards der Benthamschen Verinnerlichung durchgesetzt, die bis heute wirksam sind. Das Infame dabei ist nicht zuletzt der schleichende Charakter dieser ausgeklügelten Absaugung von Lebensenergie: Es handelt sich nicht mehr um ein bloß brutales und äußerliches, oft von subjektiver Willkür gekennzeichnetes Hineintreiben in nur kurzfristig durchzuhaltende Leistungsspitzen wie in der Frühindustrialisierung; eine Methode, durch die das Menschenmaterial vorzeitig und mit relativ geringem Wirkungsgrad verschlissen wurde. Ebensowenig bleibt diese vampirische Mechanik bei den noch verstreuten Experimenten Benthams stehen, der zwar den Grundgedanken der »inneren Verhaltensspur« in Kombination mit äußeren Organisationsformen, Architekturen etc. bereits formuliert hatte; aber die Matrix der Disziplinierung blieb dabei noch relativ roh und konnte den Anspruch eines totalisierenden Gesamtkonzepts nicht auf allen Ebenen durchhalten. Vor allem hatte Bentham noch den Massenkonsum außen vor lassen müssen; sein Konzept bezog sich nur auf die Sphäre der Produktion und Verwaltung von Kapital, während der Konsum weiterhin mit den geizigen Augen des Frühkapitalismus betrachtet wurde. Erst die weitergehende Raffinesse, den »gehobenen« Warenkonsum selber gerade durch seine mit neuen Formen der Domestizierung verschränkte Massenhaftigkeit als »geizigen Konsumreichtum« der kapitalistischen Paradoxie anzuverwandeln, ermöglichte den zweiten Durchbruch der Weltmaschine in Richtung Totalität.

In gewisser Weise waren sich sowohl Taylor als auch Ford der Tragweite ihres Vorgehens bewußt. Das zeigt sich nicht zuletzt am missionarischen Charakter ihres Werdegangs, dessen ständige amateurphilosophische Selbstrechtfertigung über das pure Geschäft und die pure Fachrationalität hinaus diese Protagonisten als kapitalistische Pioniere einer neuen Entwicklungsstufe, ja einer neuen kapitalistisch integrierten Lebensweise auswies. In verblüffender Parallele zu Bentham betonte Taylor ausdrücklich, daß sich sein »scientific management« nicht etwa auf eine »Wissenschaft des Schaufelns« und anderer Tätigkeiten im engen industriellen Kontext beschränke; vielmehr gehe es darum,

»daß dieselben grundlegenden Gedanken mit gleichem Recht und mit gleichem Erfolg auf alle Gebiete menschlicher Tätigkeit anwendbar sind: auf die Verwaltung und Leitung des Haushaltes und des Bauerngutes, die Geschäftsführung des Handwerk- und des Fabrikbetriebs, die Leitung und Verwaltung von Kirchen, Wohlfahrtseinrichtungen und Universitäten, ja sogar der verschiedenen Ressorts der Staatsregierung« (Taylor, a.a.O., 5 f.).

Ganz in diesem Sinne (und unabhängig von Taylor) äußerte sich erst recht Henry Ford, der ja noch mit weitaus größerem Nachdruck als »philanthropischer« Gesellschaftsreformer und Zukunftsmusiker auftrat:

»Mir liegt vor allem daran, klar zu beweisen, daß die von uns angewandten Ideen überall durchführbar sind – daß sie nichts speziell mit Automobilen [...] zu tun haben, sondern daß sie gleichsam zu einem allgemeinen Kodex gehören. Ich bin fest überzeugt, daß dieser Kodex der natürliche (!) ist, und ich möchte dies so einwandfrei beweisen, daß unsere Ideen nicht als neue Ideen, sondern als ein natürlicher Kodex akzeptiert werden müssen« (Ford, a.a.O., 3).

Wir finden also nicht nur die altbekannte Naturalisierung der kapitalistischen Zumutungsverhältnisse, sondern ganz genauso wie bei Benthams perfidem »Panoptikon« den Anspruch der umfassenden gesellschaftlichen Allgemeinheit für das eigene Konzept: Es geht nicht um einen partiellen betriebswirtschaftlichen Effekt, sondern um ein totales *Gesellschaftsmodell*, anwendbar auf alle und jede soziale Institution – eine Matrix für das menschliche Leben überhaupt.

Und wie 120 Jahre zuvor erhebt sich in weiterentwickelter Gestalt der Wille zu einer lückenlosen Kontrolle, Unterwerfung und Selbstunterwerfung, dessen »Utilitarismus« sich auf keinen menschlichen Zweck und auf kein subjektives Wohlbehagen, auf kein ästhetisches Kriterium und noch nicht einmal auf einen persönlichen Machtanspruch bezieht, sondern einzig und allein auf den abstrakten Selbstzweck des Kapitals.

Deshalb nimmt dieses Konzept der umfassenden »Rationalisierung des Menschen« jenen für den Kapitalismus überhaupt typischen neurotischen Zug an, der bereits die perversen Phantasien und Projekte eines Bentham oder de Sade ausgezeichnet hatte: Die in sich geschlossene Binnenrationalität eines Wahnsystems von »Effizienz« jenseits menschlicher und sozialer Bedürfnisse gleicht, wie Harry Braverman in seiner Kritik des Ford-Taylor-Systems bemerkt, jenem Zustand des Kapitän Ahab, der von sich selbst sagt: »Alle meine Mittel und Methoden sind vernünftig, nur mein Ziel ist verrückt.« Aber genau diese Verrücktheit des Ziels, das in einer historischen Lawine Betriebsmittel um ihrer selbst willen aufhäuft und davon nicht mehr loskommt, durchtränkt auch die »Mittel und Methoden« mit eben jener Verrücktheit. Und so bewies die Zweite industrielle Revolution mit ihrer »Rationalisierung« aufs neue, daß die »Macher« des gesellschaftlich objektivierten Wahns keine Souveräne sein können – in der heraufdämmernden durchrationalisierten Auto-Gesellschaft ebenso wenig wie zuvor im selbsterzeugten Grauen des Menschenschlachthauses. Als Menschen gleichen sie eher bemitleidenswerten Spottgestalten, und offenbar gab gerade Taylor ein besonderes Prachtexemplar ab:

»Was seine psychische Beschaffenheit betrifft, so war Taylor ein übertriebenes Beispiel einer von Zwangsvorstellungen besessenen Persönlichkeit: seit seiner Jugend hatte er seine Schritte gezählt, die Zeit für seine verschiedenen Tätigkeiten gemessen und seine Bewegungen analysiert auf der Suche nach ›Effizienz‹. Selbst als er zu Bedeutung und Ruhm aufgestiegen war, hatte er immer noch etwas von einer Witzfigur an sich, und sein Erscheinen in der Werkstatt rief Heiterkeit hervor. Das Bild seiner Persönlichkeit rechtfertigt es, ihn zumindest als einen neurotischen Sonderling zu bezeichnen [...] Diese Züge machten ihn vortrefflich für die Rolle des Propheten des modernen kapitalistischen Managements geeignet, da das, was an einem Individuum neurotisch ist, im Kapitalismus normal und für das Funktionieren der Gesellschaft [...] wünschenswert ist« (Braverman, a.a.O., 78).

Keinesfalls handelt es sich hier um ein bloß zufälliges biographisches Detail. Die Unterwerfung anderer und die Selbstunterwerfung der »Macher« bedingen sich auf jeder kapitalistischen Entwicklungsstufe wechselseitig; und auch in dieser Hinsicht übersetzte das Ford-Taylor-System die psychische Struktur des industrialisierten Krieges in die zivile Reproduktion der Gesellschaft: Taylor stellte gewissermaßen eine Yankee- und Business-Version des preußisch-blutsdeutschen Ernst-Jünger-Typus dar, die auch dessen lächerliche und neurotische Seiten enthüllt. Ihres äußerlichen rationalen und/oder martialischen Habitus entkleidet, konnten sich die Propheten der Unausweichlichkeit nur als Witzfiguren entpuppen; freilich als eiskalte und geradezu dämonische Witzfiguren des kapitalistischen Panoptikums. Der zwanghaft neurotische Grundzug in der sich formierenden »Rationalisierung des Menschen« haftete jedoch nicht nur ihren Persönlichkeiten an, sondern sickerte über die Schmalspur-Philosophie von Taylor und Ford hinaus in die zeitgenössische Ideologiebildung wie in den Wissenschaftsbetrieb ein und prägte den gesamten Zeitgeist.

Nicht umsonst machte Taylors deutscher Herausgeber von 1913 auf die Kompatibilität dieser Gedanken mit dem ein Jahr zuvor erschienenen Werk des deutschen Physikers und Wissenschaftstheoretikers Wilhelm Ostwald (1853–1932) über den »Energetischen Imperativ« aufmerksam. Ostwald, der über chemische Dynamik gearbeitet und 1909 für sein »Verdünnungsgesetz« den Nobelpreis erhalten hatte, war das Haupt der sogenannten »Energetiker«, die als eine Art naturwissenschaftliche Sekte großen Einfluß ausübten; und zwar in Verbindung mit dem »Monistenbund« des Darwinisten Ernst Haeckel und der Vereinigung »Brücke«. Letztere hatte sich unter Mitwirkung von Ostwald, K. W. Bührer und A. Saager als »Institut für die Organisierung der geistigen Arbeit« 1911 in München gegründet. Dabei ging es um Formen der Standardisierung in der Wissenschafts- und Verwaltungstätigkeit, die Ostwald an einem Beispiel beschreibt:

»Während auf vielen Gebieten, namentlich dem der Technik und Wirtschaft bereits eine weitgehende Organisierung der gesamten menschlichen Tätigkeit Platz gegriffen hat, ist die geistige Arbeit im allgemeinen, wie sie insbesondere in der Wissenschaft ihre höchste Entwicklung erreicht, noch so gut wie gar nicht einer Organisierung unterzogen worden [...] Wenn man organisieren will, so kann man dies immer nur dadurch ausführen, daß man zunächst eine Einheit und Koordination in den alleralltäglichsten, häufigsten und daher mit dem geringsten Nachdenken bedachten Funktionen eintreten läßt. So hatte bereits Bührer als die Grundlage aller Organisation der geistigen Arbeit die Regelung der *Papierformate* erkannt. Wenn einem dieser Gedanke so wie eine Pistole auf die Brust gesetzt wird, so hat man die Neigung, laut aufzulachen, daß zwei so heterogene Dinge wie der ideale Gedanke der geistigen Arbeit und die simple Realität eines Blattes Papier in solcher allerengster Beziehung stehen sollen. Überlegt man sich aber, daß alle geistige Arbeit mit verschwindend geringen Ausnahmen in der Form eines Schriftstücks oder einer Drucksache erscheinen muß und daß alle Organisation der geistigen Arbeit zunächst mit einer rein mechanischen Ordnung solcher Schriftstücke und Drucksachen beginnt, so erkennt man alsbald die Richtigkeit des Gedankens« (Ostwald 1912, 15ff., Hervorheb. Ostwald).

Zwar kann eine technische Standardisierung bestimmter elementarer und alltäglicher Funktionen natürlich tatsächlich manchmal lästige Friktionen verhindern und das Leben erleichtern (die bekannten DIN-Formate gehen auf Ostwalds Verein zurück); aber dabei kommt es auf den Kontext und auf die Zielsetzung an. Es ist leicht erkennbar, daß diese bei Ostwald und seinen Mitstreitern weit über einige technische Erleichterungen hinausgeht. Das wird noch deutlicher, wenn der Gesichtspunkt des sogenannten Monismus hinzutritt, der sich hier von seiner philosophiegeschichtlichen Bedeutung (etwa bei Spinoza), wo er schlicht die Einheit von Gott und Welt und später die substantielle Einheit überhaupt (etwa im »Materialismus«) meint, völlig ablöst und zu einem zwanghaften technizistischen Anspruch an Mensch und Gesellschaft mutiert: »Monismus heißt *Einheitslehre* und das Wort Monismus stellt in einem kurzen Ausdruck das Arbeitsprinzip aller Wissenschaft dar. Wissenschaft ist ja Vereinheitlichung des Denkens [...]« (Ostwald, a.a.O., 14, Hervorheb. Ostwald). »Vereinheitlichung«, das ist das Zauberwort und der Schlüsselbegriff, der den totalitären Charakter erkennen läßt. Es geht weniger um technische Erleichterungen als vielmehr um eine Art *Taylorisierung des Denkens,* um die funktionalistische Reduktion der Wissenschaft im Rahmen einer funktionalistischen Reduktion des Menschen überhaupt. Und die Krönung dieses Unterfangens ist jenes »energetische« Denken, in dem Ostwald mit seinem die Kantsche abstrakte Ethik paraphrasierenden »energetischen Imperativ« gewissermaßen den kategorischen Imperativ der Zweiten industriellen Revolution formuliert:

»Das sämtliche Geschehen in der Welt läßt sich beschreiben als eine Umwandlung von Energie aus den vorhandenen in andere Formen. Nun sind keineswegs alle Energien zu dieser Umwandlung gleich bereit oder geeignet, sondern nur bestimmt geschaffene Energien, welche deshalb den Namen der *freien Energie* erhalten haben [...] Diese freie Energie ist nun dem *Verbrauch* unterworfen. Ja, sie nutzt sich auch selbsttätig ab, wenn sie nicht verbraucht wird [...] Die freie Energie ist also das Kapital, von welchem auch die sämtlichen *Lebewesen* aller Art zehren [...] Somit ist die Beschaffung und zweckmäßige Verwendung der freien Energie der Inhalt jeder Lebenstätigkeit, wie sie sich bei allen Lebewesen vom niedersten Bakterium bis zum höchsten Menschen vorfindet [...] Für den Menschen, der sich die Aufgabe stellt, sich der gesamten Natur und ebenso seinen Mitmenschen gegenüber möglichst zweckmäßig zu verhalten, folgt hieraus eine allgemeine Regel für dieses sein Verhalten. Diese Regel weist ihn an, die freie Energie so zweckmäßig, d.h. so vollständig wie möglich in die angestrebten Zweckformen überzuführen und alle Einrichtungen beständig darauf zu kontrollieren und gegebenenfalls in solchem Sinne zu verbessern, daß die Menge der Zweckenergie, die aus einer gegebenen Menge freier Energie in roher Form erhalten wird, so groß wie möglich wird. Man kann diese allgemeine Tendenz, oder besser gesagt, diese allgemeine Aufgabe alles menschlichen Tuns und Handelns in einem kurzen Ausdruck zusammenfassen, welchen ich im Anschluß an den Kantischen kategorischen Imperativ den *energetischen Imperativ* zu nennen vorgeschlagen habe, und welcher lautet: VERGEUDE KEINE ENERGIE, VERWERTE SIE. Dieser kurze Spruch ist in der Tat die allgemeinste Regel alles menschlichen Handelns und zwar erstreckt sich seine Geltung nicht nur etwa auf technische oder sonstige praktische Arbeiten, sondern auf des Menschen sämtliche Betätigungen überhaupt bis in die allerhöchsten und wertvollsten Leistungen hinauf [...] Ist alles Wirkliche Energie, weil alles Wirksame Energie ist, so werden wir umgekehrt alle Dinge, die sich nicht unter den Energiebegriff bringen lassen, oder die irgendwie außerhalb des Rahmens der Energiegesetze verlaufen sollen, als *unwirklich*, als nicht teilhabend an unserm Leben von uns entfernen [...] Wir wiederholen: der energetische Imperativ erweist sich als das allgemeinste Mittel, um die Vorgänge auf der Welt im einzelnen und für die Menschheit insgesamt soviel wie möglich willensgemäß zu gestalten. Und da die willensgemäßen Vorgänge ausschließlich die glückbringenden sind, so bedeutet der energetische Imperativ schließlich durchaus die wissenschaftliche Anweisung, um sowohl für den einzelnen wie für die Gesamtheit möglichst große Summen von Glück aus allem Geschehen herauszuarbeiten [...] Wir erkennen, daß bei all denen, bei denen der Intellekt und der Wille hinreichend entwickelt sind, um die Bedeutung eines Naturgesetzes aufzufassen und den eigenen Willen den Naturgesetzen gemäß einzurichten, von einem Gegensatz zwischen Gesetz und eigenem Willen gar nicht die Rede sein kann, daß bei diesen die Erfüllung des Gesetzes identisch ist mit der Erreichung des höchsten Glücks. Nur diejenigen zurückgebliebenen Menschenwesen, denen eine derartige Auffassung der Gesetzlichkeit nicht zugänglich ist, versuchen sich gegen das Naturgesetz, gegen den energetischen Imperativ aufzulehnen [...] Allen diesen Rückständigen gegenüber hilft Belehrung und Pflege (!), hilft ein verbessertes Denken und Wollen auf die höhere Stufe der Naturgesetzlichkeit« (Ostwald, a.a.O., 83–97, Hervorheb. Ostwald).

Es zeugt von einer tiefen Skurrilität, den zweiten Hauptsatz der Thermodynamik völlig abstrakt und unvermittelt auf die Ebene einer allgemeinen sozialen Handlungsanweisung herunterzubrechen. Aber dieser abwegige Gedanke entbehrt jeder Liebenswürdigkeit, denn er entstammt keiner persönlichen Schrulle. Es ist der kollektive kapitalistische Weltgeist, der hier durch Ostwald hindurch denkt; erkennbar an den gespenstischen Echos der positivistischen bürgerlich-aufklärerischen Reflexion seit Mandeville und Smith, die immer nur auf Totalunterwerfung des Lebens unter die »Zweckform« des Kapitals zielt. Was bei Ford und Taylor bloße Andeutung bleibt, verdichtet sich bei Ostwald zur »naturphilosophischen« Einheit der gesamten bürgerlichen Tradition. Nichts fehlt hier, weder der mechanistische Newtonsche Begriff der abstrakten Naturgesetzlichkeit noch die biologische Naturalisierung des Sozialen »vom Bakterium bis zum höchsten Menschen«, weder der infernalische Benthamsche Glücksbegriff noch die dazugehörige messianische Zwangsbeglükkung der »rückständigen« Menschheit. Es hat etwas Unheimliches, wenn Ostwald dabei die kapitalistische Urmetapher seit Adam Smith ganz unbewußt anhand einer Bemerkung des Physikers Helmholtz rekapituliert, der gesagt haben soll, »daß ihm bei solchen Arbeiten nicht selten zumute gewesen wäre, als sei er bei der Durchführung seiner Gedanken das Objekt eines von ihm unabhängigen Willens, gleichsam eine Maschine (!), gewesen, die unter dem Einfluß einer bestimmten Macht ihren notwendigen Gang nimmt« (Ostwald, a.a.O., 81). Dieser nicht etwa kritische, sondern ganz positive Verweis zeigt wieder, wie der Irrationalismus des kapitalistischen Selbstzwecks und das sich selbst nicht reflektierende positivistische Denken der Naturwissenschaft auf dieselbe Wurzel zurückgehen. So verwundert es auch nicht, daß Ostwald seinen »energetischen Imperativ« auch auf die zeitgenössische »Rassenbiologie« positiv anzuwenden sucht, zur allgemeinen Verblüffung freilich in einer quasi pazifistischen Wendung:

»Der Krieg hat zu allen Zeiten immer nur eine negative Auslese in dem Sinne bewirkt, daß durch ihn gerade die kräftigsten, sogar für den Krieg geeignetsten Persönlichkeiten mehr als alle anderen weniger geeigneten dem Untergange ausgesetzt gewesen sind und daß deshalb namentlich lange fortgesetzte Kriege durchaus nicht das kriegende Volk immer kräftiger und tüchtiger, sondern im Gegenteil immer schwächer und kriegsuntüchtiger machen müssen [...] Was hier erfahrungsmäßig durch die Geschichte bewiesen wird, kann man aufgrund allgemeiner Prinzipien sich auch leicht deduzieren. Eine Auslese wirkt nur dann steigernd, wenn sie den Erfolg hat, daß die ungeeigneten Mitbewerber an der Vermehrung und Fortpflanzung verhindert werden, während die geeigneten Mitbewerber nach Möglichkeit dazu gelangen, der Nachkommenschaft ihre Eigenschaften aufzuprägen. Von diesem einfachen Gesichtspunkt aus ist es ganz unzweifelhaft, daß der Krieg eine negative Auslese bewirken muß« (Ostwald, a.a.O., 333f.).

Diese merkwürdige rassenbiologische Begründung des Pazifismus (die ihren Verfasser nicht hinderte, zu Beginn des Ersten Weltkriegs einen Aufruf zur »Vaterlandsverteidigung« zu unterschreiben) ist dem an sich närrischen Charakter des »energetischen Imperativs« adäquat, der ebenso deutlich hervortritt, wenn Ostwald seinen gesellschaftlichen Gültigkeitsbereich absteckt:

»In einer Weise, die mich selbst auf das höchste überraschte, erwies sich aber dieses Prinzip auf immer höhere und höhere Gebiete anwendbar, bis ich mich vor der Tatsache fand, daß man wirklich durch einen Satz die Richtlinien alles sachgemäßen und vernünftigen Tuns, vom Nadeleinfädeln bis zur Regierung eines Staates darzustellen vermag« (Ostwald, a.a.O., 346).

Das Lachen über eine derartige neurotische Monomanie bleibt freilich im Halse stecken, wenn die Unerbittlichkeit dieses Denkens zum Vorschein kommt. Ostwald liefert gewissermaßen den allgemeinen philosophischen Ausdruck dieser gesellschaftlichen Neurose, als deren praktische Innovatoren und Vollstrecker Ford und Taylor gelten können. Hatte Bentham noch an der Zurichtung der »menschlichen Natur« für die kapitalistische Makrostruktur und ihre allgemeinen Kriterien (Fabrikdisziplin, pflegeleichte Verwaltung, automatische Arbeitsamkeit, autoritäre Selbstbeobachtung) gefeilt, so stellt die fordistisch-tayloristische Rationalisierungs-Offensive gewissermaßen die mikrologische oder mikroökonomische Vertiefung des Benthamismus dar: Die abstrakte, selbstzweckhafte »Effizienz« der betriebswirtschaftlichen Kosten-Rationalität soll als universelles Prinzip in der Psyche verankert werden. In diesem Sinne kann Ostwald in der Tat als der eigentliche Meta-Philosoph der Zweiten industriellen Revolution von Ford und Taylor verstanden werden.

Ein Zwangsneurotiker zählt zum Beispiel nicht nur seine Schritte, er versucht auch seine örtlichen Ziele möglichst in Luftlinie zu erreichen, also jedenfalls auf dem kürzesten Wege, um »freie Energie« optimal zu »verwerten«; Ostwald nannte das auch das »Prinzip des kleinsten Kraftmaßes«. Schlichtes Flanieren, Wandern und Spazierengehen ist damit ausgeschlossen. Bei der Ernährung läuft eine Zwangsneurose darauf hinaus, einen ausgeklügelten Plan für die vermeintlich optimale energetische Verwertung der zugeführten Nährstoffe aufzustellen und unerbittlich durchzuführen; Feinschmeckerei ebenso wie Völlerei, sogar schlichter Genuß am Essen und Trinken werden damit logisch unmöglich. Es ließen sich tausend Beispiele für solche monomanischen Unterwerfungen unter irgendein abstraktes Zwangs- oder angebliches Nützlichkeitsprinzip bei neurotischen oder psychotischen Störungen finden. Das betriebswirtschaftliche Kostenkalkül, eben weil es nichts mit menschlicher Lebensfreude, Bequemlichkeit und Genuß, Erkenntnisinteresse oder ästhetischer Gestaltung zu tun hat, sondern sich selbst genügt, ist mit dieser neurotisch-psychotischen Prinzipienstruktur identisch; allerdings in einer gesellschaftlich objektivierten Form.

Im bürgerlichen Alltag ist es der abstrakte, selbstzweckhafte Geiz, der sich nicht am Verhältnis von Wünschen und realen Möglichkeiten orientiert, sondern am »energetisch« sparsamen Abarbeiten der Lebensgegenstände, worunter sowohl Wünsche als auch reale Möglichkeiten zwanghaft subsumiert werden. Von einem frisch vermählten jungen Mittelstands-Ehepaar wurde mir folgende Verhaltensweise berichtet: Die beiden jungen Leute wünschten sich eigentlich nichts sehnlicher als eine Hochzeitsreise in die Karibik, und die Mittel dafür wären auch locker vorhanden gewesen; aber weil nun einmal ein ererbter Campingbus da war, »mußte« dieser »ausgenutzt« werden, und die Hochzeitsreise fand auf französischen Campingplätzen statt – wohlgemerkt keinerlei äußerem Zwang oder Befehl folgend, sondern nur dem eigenen inneren Drang und Zwang zur »sparsamen Verwertung von Energie«. Und natürlich sind nicht alle Beispiele so harmlos. Ostwalds »energetischer Imperativ« stellt gewissermaßen die naturwissenschaftlich maskierte Übersetzung des bürgerlich-protestantischen pfennigfuchserischen Geizes und der zugrunde liegenden betriebswirtschaftlichen Kosten-Rationalität dar: Weil das Universum vielleicht in zehn Milliarden Jahren den sogenannten Wärmetod (Entropie) durch Mangel an »freier Energie« erleidet (ein keineswegs bewiesener Satz), »deswegen« wäre es streng genommen schon schlichte Vergeudung, »nutzlos« am Strand spazieren zu gehen! Diese groteske Dimensionierung ist keineswegs weit hergeholt, sondern sie beschreibt ziemlich exakt das absurde Mißverhältnis im Charakter der betriebswirtschaftlichen Selbstzweck-Vernunft.

Auch wenn Ostwalds expliziter naturphilosophischer Energetismus heute vergessen ist, so ist doch die damit verbundene Aufladung des betriebswirtschaftlichen Kalküls in die Entfaltung der neuen Industrien eingegangen und im kapitalistischen Weltbewußtsein abgelagert. So erhielt also die Zweite industrielle Revolution reichlich ihre zeitgeistige Nahrung; und zwar auf allen Gebieten. Die Koinzidenz der Innovationen von Ford und Taylor mit der Vulgärphilosophie von Ostwald setzte sich auch in anderen neuen Impulsen der »Vereinheitlichung« fort. Das Verblüffende daran ist, daß auch in dieser Hinsicht die aufkommenden Nazis und Faschisten zentrale Begriffe von ihren Gegnern übernehmen konnten. Wie Ostwald sogar noch den Pazifismus ganz unschuldig rassenbiologisch-energetisch herzuleiten suchte, so leisteten er und seine Freunde mit ihren Vorstellungen von der »Organisierung der geistigen Arbeit« nicht nur Beihilfe zur weltweiten neuen »Rationalisierung des Menschen«, sondern auch zur mörderischen Gleichschaltungs-Ideologie der Nazis.

Eine ähnlich zwiespältige Rolle in der Geschichte der Zweiten industriellen Revolution spielte, vor allem auf dem Gebiet der Architektur und der industriellen Formgestaltung, das berühmte Bauhaus in Weimar und Dessau (zuletzt in Berlin-Steglitz). Diese Kunst- und Architekturschule hat die Geschichte der Weimarer Republik von 1919 bis 1933 begleitet, um schließlich auf die ganze Welt auszustrahlen; nicht zuletzt auf die USA. Der »Bauhausstil« gilt allgemein als »Keimzelle des modernen Design« (Wick 1994, 14) und wurde zu einem Mythos der Moderne im 20. Jahrhundert – und zu einem tragischen Fall. Schon seit dem frühen 19. Jahrhundert war das Auseinanderfallen von Kunst und Leben im Prozeß der Modernisierung beklagt worden; und immer wieder gab es Versuche, diese Spaltung aufzuheben. Dabei blieb jedoch stets das verursachende Prinzip ausgeblendet, nämlich die Logik der kapitalistischen Weltmaschine und deren Drang zur Unterwerfung des Lebens unter die Diktatur ihrer eigenen abstrakten Form, so daß die Ästhetik nur als ein abgespaltener, luxurierender Rest weiterexistieren konnte.

Für die Versuche einer Reintegration von Kunst und Leben ohne tiefgehende Kritik des modernen warenproduzierenden Systems blieben daher nur zwei Wege offen: entweder eine rückwärtsgewandte, romantische und eher technikfeindliche Utopie handwerklicher Betulichkeit oder umgekehrt eine negative Auflösung der Kunst in die kapitalistische Form der Technik – und nichts anderes ist die Verwandlung von Ästhetik in Design. Die Elemente des Künstlerischen in der Lebenswelt werden gewissermaßen zu Stilelementen der technischen und stofflichen Inkarnation von Geldkapital in seinem gesellschaftlichen Umwälzungsprozeß.

Das Bauhaus und seine Vorläufer repräsentierten beide Wege, was von Anfang an zu schmerzhaften Kontroversen und Enttäuschungen Anlaß gab. Durch die Widersprüchlichkeit der Konzepte hindurch gewann jedoch letzten Endes die funktionalistische Reduktion der Formgebung auf kapitalistisches Design die Oberhand. Schon 1902 hatte Hermann Muthesius (1861–1927), eine der führenden Persönlichkeiten des Deutschen Werkbundes, mit Nachdruck gefordert, es müsse »das Ziel bestehen, der bürgerlichen Gesellschaft, die das Gesamtbild unserer modernen gesellschaftlichen Zustände bestimmt, eine ihr angepasste Kunst entgegenzubringen« (zit. nach: Wick 1994, 24). Muthesius, durchaus angepaßt an die imperialistische Nationalökonomie, orientierte gegen alle künstlerische Individualität bewußt auf »Versachlichung« und auf »Typisierung« im Sinne industrieller kapitalistischer Produktion. Dieselbe Tendenz findet sich bei Walter Gropius, dem späteren Bauhaus-Direktor, der 1910 ein »Programm zur Gründung einer allgemeinen Hausbaugesellschaft auf künstlerisch einheitlicher Grundlage« verfaßte und diese Denkschrift keinem anderen als Walther Rathenau vorlegte, dem nachmaligen Organisator der deutschen Kriegswirtschaft. Das Programm von Gropius liest sich wie eine Vorwegnahme der Zweiten industriellen Revolution des Kapitals auf dem Gebiet der Architektur:

»Die Gesellschaft will nun die Konsequenz aus (den) tatsächlichen Verhältnissen ziehen und durch die Idee der Industrialisierung die künstlerische Arbeit des Architekten mit der wirtschaftlichen des Unternehmers vereinigen [...] Eine Konvention in gutem Sinne ist deshalb nicht von der Betonung der Individualität jedes Einzelnen zu erhoffen, sondern gerade durch einen Zusammenschluß, durch den Rhythmus von Wiederholungen, durch die Einheitlichkeit einmal als gut erkannter, immer wiederkehrender Formen [...] Der Gedanke der Industrialisierung des Hausbaus findet darin seine Erfüllung, daß sich die einzelnen Bauteile in sämtlichen Entwürfen der Gesellschaft wiederholen und damit eine Massenherstellung ermöglichen, die Billigkeit und Rentabilität verspricht [...]« (zit. nach: Wingler 1975, 26 f.).

Es ist ganz offensichtlich, daß Gropius nicht unterscheiden kann zwischen den Gesichtspunkten technischer Zweckmäßigkeit oder menschlicher Bequemlichkeit einerseits und der abstrakten »Zweckform« des Kapitals jenseits aller sozialen Bedürfnisse andererseits. So setzte sich dann unter seiner Leitung und darüber hinaus am Bauhaus eine »klare funktionalistische Grundorientierung« durch, um »Prototypen für die Industrie« (Wick 1994, 38 f.) unter dem Diktat der Rentabilität herzustellen. In späteren Phasen des Bauhauses wurde diese Orientierung noch deutlicher, besonders in der Architekturabteilung, deren Leitung Hannes Meyer (1889–1954) übernommen hatte. Meyer richtete das Bauhaus erst recht auf eine durch Industrieaufträge vorgegebene »Typisierung« und »Normierung« aus. Als Linker forderte er zwar eine »Analyse des gesellschaftlichen Zustands« von Architektur und betonte deren »Klassencharakter«. Welche Zielsetzung er jedoch damit verband, geht aus seinen eigenen Aussagen nur allzu deutlich hervor: »Es wurde der Lebensraum einzelner Arbeiter- und Angestelltenfamilien erforscht, um ihre Wohnzellen besser zu typisieren (!)« (zit. nach: Wick 1994, 46). Und ganz unschuldig formulierte Meyer 1929 die gesellschaftspolitischen Aufgaben des Bauhauses in einer Sprache, die längst von der aufstrebenden NSDAP besetzt worden war:

»Fordert nicht heute in Deutschland unsere Gesellschaft tausende von Volksschulen, Volksgärten, Volkshäusern? Hunderttausende von Volkswohnungen? Millionen von Volksmöbeln? [...] Als Gestalter sind wir Diener dieser Volksgemeinschaft. Unser Tun ist Dienst am Volke [...] So ist das Endziel aller Bauhausarbeit die Zusammenfassung aller lebenbildenden Kräfte zur harmonischen Ausgestaltung unserer Gesellschaft [...] Wir Heutigen ersehnen durch Kunst ausschließlich die Erkenntnisse einer neuen objektiven Ordnung, bestimmt für alle, Manifest und Mittler einer kollektiven Gesellschaft [...] Die neue Baulehre ist eine Erkenntnislehre vom Dasein. Als Gestaltungslehre ist sie das Hohe Lied der Harmonik. Als Gesellschaftslehre ist sie eine Strategie des Ausgleichs der Kooperativkräfte und der Individualkräfte innerhalb der Lebensgemeinschaft eines Volkes […]« (zit. nach: Wick 1994, 48).

Es ist nicht nur äußerlich und zufällig die Sprache des Faschismus, die da gesprochen wird. Das architektonische und ästhetische Resultat paßte vollkommen zum Modernisierungsprogramm der Nazis, das die kollektivistische Zwangs-Rationalisierung des Menschen in dieselbe organizistische Terminologie (»Volksgemeinschaft«) verpackte, wie sie ja auch vorher schon die deutsche Hurra-Sozialdemokratie von den Antisemiten übernommen hatte. Zwar waren den Nazis die eher sozialdemokratischen politischen Sympathien einiger Bauhaus-Repräsentanten suspekt, und die Institution mußte sich nach Repressalien von Polizei, SA und Gestapo im Juli 1933 unfreiwillig selbst auflösen. Aber daran wird nur ein weiteres Mal deutlich, wie der Nationalsozialismus Ideen seiner äußerlichen Gegner aufnehmen und den kapitalistischen Zeitgeist in der Frühphase der Zweiten industriellen Revolution synthetisieren konnte. Die funktionalistischen, »gleichschaltenden« Elemente der Bauhaus-Ästhetik standen auch durchaus nicht im Widerspruch zur faschistischen Ästhetik, die zwar in gewissen Formen ihrer Herrschaftsarchitektur einen monumentalen und kitschigen Pomp entfaltete, sich jedoch in der Gestaltung von Zweckbauten des Alltags durchaus in wachsendem Maße eben jener funktionellen Kahlheit befleißigte, die eindeutig dem Bauhaus abgeschaut war:

»Schleichend zwar, aber stringent vollzog sich der Wandel vom Siedlungsideal zu den Konzepten eines normierten Wohnungsbaus für die große Serie. So formulierte beispielsweise der Finanzexperte Mössner 1943 in einer Denkschrift: ›Eine Rekordproduktion zu sinkenden Kosten bei niedrigen Reinerträgen ist praktisch nur auf dem Weg rücksichtsloser Rationalisierung und Einspannung aller Eigenenergien der in der Wohnungswirtschaft lebendigen Kräfte erreichbar‹. Und im gleichen Maße, wie die Modernisierungsbestrebungen die Oberhand bekamen, erfolgte eine Demontage der Kleinsiedlung und der völkischen Angeridylle. Nach und nach setzten sich Positionen durch, die auf Förderung des Massenwohnungsbaus und rationalisierter Formen der Bauproduktion drängten« (Kaltenbrunner 1999).

Im NS-Wohnungsbau zeigte sich also derselbe Gegensatz zwischen einer reaktionären, verkitschten Agro-Idylle als ideologischem Gegenbild und einer Henry Ford nachempfundenen kapitalistischen Rationalisierung der Architektur wie schon im Bauhaus; und dieser Widerspruch wurde erst recht zugunsten des kapitalistischen Funktionalismus aufgelöst. Das Motiv der architektonischen und ästhetischen »Gleichschaltung« im Kontext der Zweiten industriellen Revolution wirkte freilich weit über den untergründigen, dunklen Zusammenhang von Bauhaus und Nazi-Modernisierung hinaus. Zur vollen Geltung kam es in den USA, wohin die wichtigsten Bauhaus-Repräsentanten emigrierten und wo sich das Bauhaus-Design erst so richtig entfalten konnte; Ludwig Mies van der Rohe (1886–1969), der letzte Leiter des Bauhauses nach Gropius und Meyer, stieg in der neuen Umgebung zum Star-Architekten der kapitalistischen Moderne auf. Hier löste sich die typisierende Vereinheitlichung der Funktionsästhetik auch zuerst von ihrer Verpuppung in den Formen von »Massenkollektiv« und »Volksgemeinschaft« ab, um in voll kommerzialisierter Gestalt nach 1945 zum Höhenflug anzusetzen.

Bis zu Beginn des 20. Jahrhunderts hatte man noch nicht so recht gewußt, wie eigentlich eine veritable Fabrikhölle für das domestizierte Menschenmaterial artgerecht gebaut werden muß. Rein äußerlich ähnelten die Fabriken eher vergrößerten Wohngebäuden oder Villen und Rathäusern, ihre Gestalt war noch nicht völlig zweckreduziert und bot dem Auge vielfach noch relativ angenehme Proportionen und »überflüssige« ästhetische Einsprengsel wie Erker und Türme oder gegliederte Fassaden. Aus dem Bauhaus-Stil ging nicht nur in der Architektur die Form hervor, die auch äußerlich das Wesen der »abstrakten Arbeit« auszudrücken vermochte: einheitliche, genormte Baukastensysteme, passend zum Ford-Taylorschen Fließprozeß der rationalisierten Produktion und »gereinigt« von allen ästhetischen Elementen, die nicht der kapitalistischen »Zweckform« entsprechen. Waren vorher die Fabriken nach den vielfältigen Mustern von Wohnungen gebaut, so sahen nun bald die Wohnhäuser und öffentlichen Gebäude in endloser Einheitlichkeit wie Fabriken aus. Die »typisierte Wohnzelle« für die Fließbandarbeiter an ihren »Fließzellen«-Arbeitsplätzen und die »Fahrzelle« des abstrakt-individuellen Verkehrsmittels Automobil konnten sich zu einem geschlossenen

Gesamtsystem zusammenfügen. Daß Häuser im gleichen Stil wie Autos produziert werden sollten, diese Maxime kapitalistischer Rationalität lag sozusagen in der Luft der Zweiten industriellen Revolution. Auch der Ford-Verehrer und spätere Star-Architekt Le Corbusier (1887–1965) handelte nach diesem Prinzip. Über die 1929 nach ähnlichen Gesichtspunkten angelegte Siedlung Dammerstock in Karlsruhe sagte der Kritiker Adolf Behne:

»Die ganze Siedlung scheint auf Schienen zu stehen. Sie kann auf ihrem Meridian rund um die ganze Erde fahren, und immer gehen die Bewohner gegen Osten zu Bett und wohnen gegen Westen [...] Hier in Dammerstock wird der Mensch zum abstrakten Wohnwesen (!)« (zit. nach: Kaltenbrunner 1999).

So war also die »Rationalisierung des Menschen« für das Totalwerden des Kapitalismus produktionstechnisch ebenso wie zeitgeistig-vulgärphilosophisch und funktionsästhetisch umfassend vorbereitet. Diesem Drive, der alle zentralen kapitalistischen Länder erfaßte, konnte sich fast niemand mehr entziehen. In Deutschland waren es nur wenige eher rechtskonservative Kulturkritiker, die sich hilflos gegen die Konstruktion des »Ford-Menschen« wandten. So bemühte etwa Peter Mennicken in seiner Schrift »Anti-Ford oder von der Würde des Menschen« (1924) die schon im wilhelminischen Kulturkonservatismus entwickelte ideologische Gegenüberstellung von deutschtümelnder »tiefer Kultur« und westlich-angelsächsischer »flacher Zivilisation«:

»Der Ford-Mensch wurzelt nicht mehr im tragenden Schwerpunkt des Menschlichen [...] Er ist flach geworden. Die Welt, die er gestaltet, wird immer ebener und regelgerader. Alle Höhen werden abgetragen und alle Tiefen gefüllt [...] Der Ford-Mensch bleibt immer in seiner Welt der Notwendigkeiten, der Geschäftlichkeiten. Eine reine Beziehung von Mensch zu Mensch gibt es für ihn nicht mehr [...]« (Mennicken 1924, 40f., 53).

Wesentlich witziger und treffender nahm in den USA Charlie Chaplin mit seinem berühmten Film »Modern Times« die Ford-Taylorsche Welt aufs Korn, wenn auch beschränkt auf den Aspekt des Fließbands und seiner Verwandlung des Menschen in einen Roboter. Unvergeßlich die traurigen Slapsticks, in denen Chaplin als Bandarbeiter noch im Traum quasi als Opfer einer Fabrik-Mondsucht seine produktionstechnischen Funktionen ausführt; auch er vermutlich im unklaren darüber, daß er hier das Wirklichkeit gewordene Programm von Bentham parodiert, der ja auch noch die Träume seiner Delinquenten beherrschen wollte.

Aber abgesehen von solchen kulturellen Interventionen gegen die »Rationalisierung des Menschen« gab es nirgendwo eine ernsthafte politische und sozialökonomische Gegenwehr. Der »weiße Sozialismus« Fords, wie dessen System bald genannt wurde, fand auch bei Gewerkschaften und Arbeiterparteien lebhaften Zuspruch, trotz gewisser Bedenklichkeiten wegen der allzu offensichtlichen neuen Qualität von Intensivierung und Disziplinierung der »Arbeit«. Die Figur Taylor war allerdings bei vielen als »Hetzvogt« verschrien, und so mußte man immerhin die »Menschenverachtung« des ursprünglichen Taylor-Systems moralisch ein wenig bejammern. Aber die offizielle Arbeiterbewegung beeilte sich trotzdem, den »wissenschaftlichen« Charakter seiner »Leistungen« anzuerkennen. In den neuen Formen der Rationalisierung glaubten viele schon, ähnlich wie vorher in der deutschen Kriegswirtschaft, den erstrebten Planwirtschafts-Sozialismus heraufdämmern zu sehen. So äußerte sich der Sozialdemokrat Ludwig Preller 1927 in den »Sozialistischen Monatsheften« geradezu emphatisch:

»Wir sehen, wie sich die Notwendigkeit planvoller Bewirtschaftung des Waren- und Arbeitsmarkts aus den Problemen der zunächst technischen Fließarbeitsfrage auch der kapitalistischen Wirtschaftsführung einhämmert. Gewiß ist von der Erörterung dieser Fragen bis zu ihrer Durchführung noch ein weiter Weg. Aber läßt die rasche Erkenntnis der Notwendigkeit rationalisierter Wirtschaft überhaupt und das Zusammenschießen der Unternehmungen wie Kristalle in letzter Zeit nicht vermuten, daß die Fließarbeit auch die Wege zur Planbewirtschaftung rascher findet? [...] Man kann dem Verein deutscher Ingenieure nur danken, daß er, mag es auch unbewußt geschehen sein, die Erkenntnis dieses sozialistischen Werdens durch seine Beiträge zum Thema der Fließarbeit erleichtert hat. An dem, der sich solche Erkenntnis zu eigen macht, ist es, das Streben der Fließarbeit nach

Planwirtschaft zu seinem Teil fördern zu helfen. Aufgabe der Sozialisten wird es dann sein, aus solcher noch kapitalistischen Planwirtschaft sozialistische Gemeinwirtschaft zu gestalten« (zit. nach: Hinrichs/Peter 1976, 241).

Auf den ersten Blick scheint eine derartige Verknüpfung von »Sozialismus« und kapitalistischer Rationalisierung angesichts des Charakters der Ford-Taylorschen Innovationen geradezu als verrückt. Aber es darf nicht vergessen werden, daß auch diese groteske Idee wieder nur die logische Konsequenz aus jener bereits langen Disziplinierungs- und Verinnerlichungsgeschichte der »abstrakten Arbeit« sein konnte, die von der sozialistischen Arbeiterbewegung selber mitgetragen und mitformuliert worden war. Wer sogar schon eifrig das Menschenschlachthaus des Weltkriegs mitorganisiert hatte, wie sollte der nun am Ford-System etwas Fundamentales auszusetzen haben? Die Idee der »Rationalisierung« von »Armeen der Arbeit« konnte von dieser Tradition der Selbstauslieferung an den kapitalistischen Modernisierungsprozeß im Grunde nur positiv aufgenommen werden. Und ebenfalls wie im Weltkrieg (und auch schon zuvor) machten sich die sozialistischen Gewerkschafter – weit entfernt von radikaler Kritik an der neuen Qualität der Entmenschlichung – einen sorgenvollen Kopf darüber, wie das nationale Konkurrenzinteresse mit Hilfe der »wissenschaftlichen Betriebsführung« zu mobilisieren sei. In diesem Sinne verbreitete sich der Gewerkschaftsfunktionär Richardt Woldt 1926 im »Gewerkschafts-Archiv«:

»Die moderne Industriewirtschaft bedingt eine technisch hochentwickelte Durchbildung der Arbeitsmittel, eine rationale Betriebsorganisation, die zu erreichen im Interesse der Leistungsfähigkeit unserer Industriewirtschaft notwendig ist. Wir müssen billig produzieren, um auf dem Weltmarkt konkurrenzfähig (zu sein) und genügend Absatz für unsere Produkte zu finden. Die deutschen Gewerkschaften sind keine Maschinenstürmer und werden sich auch hier dem technischen Fortschritt nicht widersetzen. Aber es wird auch unter den verfeinerten (!) Bedingungen darauf ankommen, den Arbeitslohn und das Arbeitstempo mitgestaltend so zu fixieren, daß der Arbeiter in seiner Lebenshaltung noch existieren kann« (zit. nach: Hinrichs/Peter 1976, 267 f.).

Deutlicher könnte die Geschichte der Arbeiterbewegung nicht in wenigen dürren Sätzen auf den Punkt gebracht werden, wenn auch unfreiwillig. In letzter Instanz nicht anders reagierte der bolschewistisch-kommunistische Zwillingsbruder, der aus dem Schisma der Arbeiterbewegung am Ende des Ersten Weltkriegs hervorgegangen war. Zwar griffen die kommunistischen Parteien die »kapitalistische Rationalisierung« immer wieder in heftigen Worten an, aber nicht etwa aus einer prinzipiellen Gegnerschaft zu den Methoden von Ford und Taylor, sondern weil diese Rationalisierung nicht im Namen einer »proletarischen« Staatsmacht durchgesetzt wurde. Keineswegs der qualitative soziale Inhalt, sondern die äußerliche politisch-juristische Form erschien als das eigentliche Kriterium, in »wessen Interesse« die sogenannte Arbeitswissenschaft durchgesetzt würde. Der gelegentliche Verweis auf die unglaubliche Intensivierung der »Arbeit« zu Lasten der Produzenten blieb so agitatorisch beschränkt, ohne das Wesen der Zweiten industriellen Revolution zu erfassen. Großenteils ließen die kommunistischen Theoretiker und Gewerkschaftspolitiker sich sogar ebenso wie ihre sozialdemokratischen Kollegen von der vermeintlichen Hochlohnpolitik Fords blenden, die sie lediglich in politisch-soziologischer Hinsicht mit einem negativen Vorzeichen versahen – nämlich als kapitalistische Bestechung einer korrumpierten »Arbeiteraristokratie«.

Der Erfinder dieses oberflächlichen soziologischen Begriffs, kein Geringerer als der berühmte russische Revolutionsführer Lenin, konnte das Problem sowieso nur vom Standpunkt einer »nachholenden Modernisierung« in der jungen Sowjetunion sehen; »Sozialismus« stand hier geradezu für die elementare industrielle Disziplinierung eines noch nicht wie im Westen durchgehend domestizierten Menschenmaterials, legitimiert durch die »proletarische« Ideologie eines quasi-jakobinischen Staatsapparats. Als Trägerin einer Art Französischer Revolution des Ostens mußte die bolschewistische Partei an der Macht den leviathanischen Charakter ihres Sozialismus sogar noch stärker betonen als die westliche Sozialdemokratie. Denn in Rußland ging es darum, einen Staat der Modernisierungsdiktatur erst aus dem Boden zu stampfen; also nicht lediglich um das Ziel, gnädigerweise als leviathanischer sozialer Hilfssheriff in eine bereits bestehende kapitalistische Staatsmacht aufgenommen zu werden. Und diese nachholende Modernisierung mußte gleich auf dem neuesten Stand der Entwicklung ansetzen. Deshalb konnte Lenin bedenkenlos und mit beiden Händen zugreifen, als ihm die Taylor-Fordschen Methoden zur Kenntnis kamen. Hatte er 1914 als linksradikaler Agitator im Exil noch durchaus den »unterjochenden« Charakter des Taylor-Systems bemerkt (allerdings auch damals schon mit Seitenblick auf den angeblich ganz anderen Charakter derselben Rationalisierung in den Händen »des Proletariats«), so ging er 1918 in seinem bekannten Artikel »Die nächsten Aufgaben der Sowjetmacht« als angehender Staatsführer einer am Weltmarkt teilnehmenden Modernisierungsdiktatur schon ganz anders zur Sache:

»Der russische Mensch ist ein schlechter Arbeiter im Vergleich mit den fortgeschrittenen Nationen [...] Arbeiten lernen – diese Aufgabe muß die Sowjetmacht dem Volk in ihrem ganzen Umfang stellen. Das letzte Wort des Kapitalismus in dieser Hinsicht, das Taylorsystem, vereinigt in sich – wie alle Fortschritte des Kapitalismus – die raffinierte Bestialität der bürgerlichen Ausbeutung und eine Reihe wertvollster wissenschaftlicher Errungenschaften in der Analyse der mechanischen Bewegungen bei der Arbeit, der Ausschaltung überflüssiger und ungeschickter Bewegungen, der Ausarbeitung der richtigsten Arbeitsmethoden, der Einführung der besten Systeme der Rechnungsführung und Kontrolle usw. Die Sowjetrepublik muß um jeden Preis alles Wertvolle übernehmen, was Wissenschaft und Technik auf diesem Gebiet errungen haben. Die Realisierbarkeit des Sozialismus hängt ab eben von unseren Erfolgen bei der Verbindung der Sowjetmacht und der sowjetischen Verwaltungsorganisation mit dem neuesten Fortschritt des Kapitalismus. Man muß in Rußland das Studium des Taylorsystems, die Unterweisung darin, seine systematische Erprobung und Auswertung in Angriff nehmen« (Lenin 1918/1978, 249 f.).

Noch deutlicher als die positiven Äußerungen westlicher Sozialdemokraten zur arbeitswissenschaftlichen »Rationalisierung des Menschen« zeigt dieses Dokument, wes Geistes Kind auch noch der roteste Sozialismus mit der Ideologie einer sogenannten »Diktatur des Proletariats« war. Abgesehen von der rein machtpolitischen Alternative mit der Überbetonung des Staatsapparats als Generalunternehmer (wie schon bei Kautsky) ist es vor allem der Geist des liberalen Arbeits- und Leistungsfetischs mit seiner betriebswirtschaftlichen Paranoia, der da spricht, und zwar durchaus in einem drohenden Ton. Nicht einmal im Traum wäre dieser Lenin auf den eigentlichen Zumutungsgehalt des Taylorsystems gekommen, wenn er ganz unschuldig von der »Ausschaltung überflüssiger Bewegungen« als dem eilig zu übernehmenden »neuesten Fortschritt des Kapitalismus« spricht.

Mangels fundamentaler Opposition gegen die neue Qualität kapitalistischer Menschenbewirtschaftung ging es nur noch um das »Wie« der Zweiten industriellen Revolution, abermals getrieben von den Angstpotentialen der internationalen Konkurrenz. Es gab eine Art zweite »Standortdebatte«, rund hundert Jahre nach der von Friedrich List forcierten Propaganda zur Industrialisierung, um der damals übermächtigen englischen Konkurrenz standhalten zu können. Jetzt wurde die neue Gefahr beschworen, die aus den USA mit Fords neuer Hyperproduktivität zu kommen schien. In ganz Europa und besonders in Deutschland erschien eine Flut von Rationalisierungsliteratur, einschlägige Tagungen jagten sich, und die Presse brachte mit ihren Kommentaren dazu das populäre Thema erst richtig in Schwung. Das meiste davon ist heute vergessen, weil es nach dem durchschlagenden Erfolg der Zweiten industriellen Revolution überflüssig geworden ist; und manches könnte nur noch als grotesk erscheinen. Aber gerade die besonders verrückten und unfreiwillig komischen Produkte einer gesellschaftlichen Debatte im Kapitalismus erhellen oft im nachhinein den Charakter der ganzen Veranstaltung am deutlichsten. Ein apokrypher Ableger dieser Rationalisierungsliteratur war zum Beispiel die Broschüre des Karlsbader Arztes Dr. Franz Xaver Mayr mit dem schönen Titel »Rationalisierung der Maschine Mensch«, die 1931 erschien; schon mitten in der Weltwirtschaftskrise. Mayr verspricht darin eine »radikale Bekämpfung der Arbeitslosigkeit« durch einen direkten Zugriff auf den menschlichen Körper selbst:

»Das erprobteste und daher allseits als das zuverlässigste und beste anerkannte Verfahren, um Unternehmungen [...] rentabler zu machen, ist zweifellos die Rationalisierung der maschinellen Einrichtungen [...] Sollte man nun [...] sich nicht auch dieses erprobten Verfahrens bedienen und es mit der Rationalisierung des in diesen Betrieben verwendeten Förder- und

Schöpfapparates, d. i. des menschlichen Körpers, versuchen? [...] Die Berufensten zur Beantwortung dieser Frage sind wir Ärzte, denn wir sind die Fachleute hierfür. Die Körper der Menschen zu rationalisieren, ist unser Beruf [...] Es ist nun schon über ein Vierteljahrhundert her, seit ich begonnen habe, mich systematisch und eingehendst mit der Rationalisierung der Maschine Mensch jeden Alters und Zustandes nicht nur vom medizinischen, sondern auch vom volkswirtschaftlichen und sozialpolitischen Gesichtspunkte aus zu beschäftigen« (Mayr 1931, 16 f., 30).

Das klingt so grauenhaft, wie es ist; aber wieder einmal schlägt das kleingeistige Strebertum, das die zeitgemäße kapitalistische Anforderung übereifrig zu erfüllen sucht, in eine Realsatire naturwissenschaftlichen Denkens im Dienste des Kapitals um, die einem infernalischen Humor entsprungen zu sein scheint:

»Auf welche Weise und mit welchen Mitteln kann man den menschlichen Körper rationalisieren? [...] Ich erziele Erfolge [...] nur dadurch, daß ich in allen Fällen den Verdauungsapparat möglichst zu verbessern, also vorerst ihn zu rationalisieren trachte [...] 1899 begann ich mich mit dem Studium des Wesens und der Behandlung des so weit verbreiteten und lästigen Übels der chronischen habituellen Stuhlverstopfung eingehender zu beschäftigen [...] Klar wurde mir [...] die enorme volkswirtschaftliche, soziale und nationalpolitische Bedeutung der Behandlung der Verdauungsstörungen [...] Das erschreckende Anwachsen der wirtschaftlichen Not und die allgemeine Ratlosigkeit ihr gegenüber veranlaßten mich, [...] diese Arbeit hiermit der Öffentlichkeit zu übergeben [...] Die von mir geübte Schulung des Darmes, seine Gymnastik, besteht darin, daß ich durch sachte rhythmische Drükkungen, Knetungen, Walkungen usw. mit meinen innigst mit der vorderen Bauchwand des zu Behandelnden verbundenen Händen die Wände des zu behandelnden Darmes mit dem Darminhalt in innige Berührung zu bringen suche, um Darmbewegungen auszulösen [...] Ausnahmslos kann man vom ersten Tag der Behandlung an schon finden [...], daß der Gase im Leibe immer weniger werden [...] Die Gase [...] bekunden ein unrationelles Verhalten der Gedärme bei ihrer Arbeit. Somit haben wir naturgemäß im Schwinden der Gase aus den Gedärmen ein brauchbares Maß für die Beurteilung, inwieweit es [...] gelungen ist, ihre Tätigkeit wieder zu rationalisieren« (Mayr 1931, 16 f., 30 ff.).

Die unwiderlegbare Schlüssigkeit, mit der hier ein Zusammenhang zwischen Blähungen, rationellen Darmbewegungen und volkswirtschaftlichen Nützlichkeitsgesichtspunkten hergestellt wird, kennzeichnet den Zeitgeist der Rationalisierungsdebatte treffender als jede scheinrationale Abhandlung weniger obskurer Provenienz. Und die versprochene »Rationalisierung der Maschine Mensch« gipfelt in einem passenden Vorschlag, wie er durchaus auch dem Hirn eines Taylor oder Ford hätte entsprungen sein können:

»Man braucht nun [...] viel weniger, oft um die Hälfte weniger auf einmal zu essen, um satt zu werden, [...] so daß es bei der üblichen Arbeitseinteilung in den Ämtern und Betrieben leicht möglich wäre, jede Essenspause ausfallen zu lassen. Dadurch würde nicht nur eine kostbare Tagesstunde für die Arbeit gewonnen, sondern auch die Energie für die weitere Arbeit erspart werden, die für die Verdauung von Mahlzeiten notwendig ist, ganz abgesehen von den Kosten und Verlusten, die den Betrieben durch Einschaltung von Eßpausen erwachsen [...]« (Mayr 1931, 44).

Aus der Flut der Rationalisierungs-, Taylor- und Ford-Literatur im Europa der Zwischenkriegszeit ragen zwei wirkungsmächtige Köpfe besonders hervor: der spätere Spitzenmann der nationalsozialistischen Volkswirtschaftslehre, Friedrich von Gottl-Ottlilienfeld (1868–1958) und der italienische kommunistische Theoretiker Antonio Gramsci (1891–1937). Beide können für sich in Anspruch nehmen, unabhängig voneinander den weittragenden und bis heute immer wieder in der gesellschaftstheoretischen Debatte aufgenommenen Begriff des »Fordismus« kreiert zu haben. Gelegentlich war auch vom »Taylorismus« die Rede; aber nicht zu Unrecht blieb die letztere Bezeichnung auf bestimmte Rationalisierungsmethoden beschränkt, während Henry Fords Name zu einer Epochenbezeichnung geadelt wurde. Denn Ford hatte nicht nur das umfassendere gesellschaftspolitische Konzept im Geiste Benthams, er trug auch mit seinem Produkt, dem Automobil für die Massen, wesentlich zum Gesicht des Kapitalismus im 20. Jahrhundert bei. Damit war zum ersten Mal in der Modernisierungsgeschichte der Name nicht eines Philosophen oder eines Staatsführers, sondern der eines kapitalistischen Managers in den Rang sowohl einer identitätsbildenden

Ideologie als auch einer historischen Entwicklungsstufe des Kapitalismus aufgerückt.

Gottl-Ottlilienfeld sah in dem »Neuwort Fordismus« den Begriff einer unvermeidlichen Wirtschaftsphilosophie, die erst den Grundsätzen der »technischen Vernunft« zur vollen Gültigkeit verhelfe, um die »Ertriebswucht« der volkswirtschaftlichen Maschine zu steigern (Gottl-Ottlilienfeld 1926, 5), aber damit auch die »Leistungswucht des einzelnen Arbeiters« (a.a.O., 13). Der martialische Kasernenton kommt nicht von ungefähr, und Gottl-Ottlilienfeld beeilt sich auch gleich, das neue Methodensystem in den Kontext einer geschichtsphilosophischen Legitimation von Repression und Arbeitsqual zu stellen, die nun eben naturgesetzlich zu verschärfen sei:

»Wir dichtgesiedelten Millionenvölker des Abendlandes sitzen gleichsam im Gefängnis der Betriebsgebundenheit [...] Es sind gewiß liebenswürdige Träume, von einem Bruch mit dieser Arbeitskasernierung, von einem Glück-im-Winkel-Leben mittelalterlichen Zuschnittes, romantisch frisiert [...] im weiten Ganzen bleibt der Betrieb, mit allen seinen Härten und Schatten, das Massenlos [...] Das ist einfach die ›ratio‹, mit Bezug auf die wir von ›rationaler‹ Technik und ›rationaler‹ Produktion reden [...]« (a.a.O., 4).

Es ist bemerkenswert, wie die Grundmotive einer Rechtfertigung des offen zugegebenen Zwangscharakters kapitalistischer Produktion auf allen Entwicklungsstufen stets einen der »Natur« unterschobenen Sachverhalt (hier wieder einmal das malthusianische Argument von der »Überbevölkerung« der »dichtgesiedelten Millionenvölker«) mit einer angeblich rein technologischen Notwendigkeit zu verbinden suchen; sorgfältig das Thema der Unterwerfung und Formung der Technik durch die irrationale Logik des Kapitals vermeidend. So kann auch Gottl-Ottlilienfeld für den Fordismus unproblematisch die »Diktatur der technischen Vernunft« (a.a.O., 48) geltend machen, obwohl ihm sogar gelinde Zweifel kommen angesichts der Perspektiven einer allgemeinen Automobilisierung:

»Das Auto [...] droht sich heute schon totzulaufen durch Verstopfung der Straßen und auch wegen der Unterstellung eines so sperrigen Gerätes, gleich so zahlreich wie Regenschirme […] Das Auto […] rollt nur gleisfrei, erheischt den kostspieligen Bau von Straßen. So darf man immerhin fragen: Bewegt sich das Volksauto, als Entwicklung des Verkehrs gewürdigt, wirklich in der Linie der Technischen Vernunft? […] welch ungeheure Zersplitterung zu zehn Millionen kleiner Einheiten, und welches Totliegen bei zwei bis drei Fahrten am Tage! […] Im Haushalt der breiten Schicht drückt diese Anschaffung gleich ganze Reihen anderer Bedarfe tot […]« (a.a.O., 44f.).

Diese partielle Einsicht aber zieht vorüber wie ein Wolkenschatten, um von Erwägungen überrollt zu werden, deren irrationaler und herrschafts-technologischer Charakter für sich spricht. Gottl-Ottlilienfeld begrüßt den Fordismus als neue Stufe der »Arbeit«, die ihren Zweck als Selbstunterwerfung des Menschen in sich trägt, um einen spielerischen und »tändelnden« Kindheitszustand zu überwinden, »wie ja ein Gleiches von Spiel und Tanz des Primitiven gelten mag, der sich noch ebensowenig wie das Kind durchgerungen hat zur Selbstzucht des Arbeiters« (a.a.O., 89). Wieder einmal blitzt das Gegenbild des Kindes und des »Wilden« auf, zu dem noch die Frau gehört; ein für das kapitalistische Herrenmenschentum stets als abscheulich und bedrohlich erscheinender »Zustand«. Nicht nur die »Ertriebswucht« der Selbstzweckmaschine wird fordistisch gesteigert, sondern auch die Disziplinierung des Menschenmaterials forciert; Gottl-Ottlilienfeld stellt in diesem Sinne eine »brave Vertikale« (die hierarchische, technokratische Ordnung) einer »bösen Horizontalen« (jede Form einer eigenmächtigen Verständigung der zu disziplinierenden Menschen untereinander) gegenüber, »die letztere angefangen etwa von der organisierten Meuterei des Soldatenrates, die gleich das ganze Heer auffliegen läßt, bis hinunter zu einem Schülerkomplott, zur hellen Verzweiflung des Herrn Lehrers« (a.a.O., 11).

Hingegen jubelt das Herz des deutschen Repressionsphilosophen, wenn er in der »amerikanischen« Methode einen verwandten Geisteszustand erkennt und für die segensreichen Disziplinierungswirkungen auch den neuen Massenkonsum als integralen Bestandteil einer raffinierten Unterwerfungsform begrüßen kann, deren Affinität zu den Methoden der deutschen Kriegswirtschaft ausdrücklich Erwähnung findet:

»Das Endziel zeichnet sich […] scharf genug ab. Eine reiche, vielleicht überreiche Versorgung, ausdrücklich auch für die breiten Massen. Freilich in allem streng vereinheitlicht, standardisiert, ›rathenauisiert‹ […] alles dient; jeder nach seinen Fähigkeiten, dort, wohin immer diese ihn getragen. Wie auch jedem nach seinen Bedürfnissen würde, auch dafür bietet sich bei Ford ein Ansatz« (a.a.O., 36 f.).

Gottl-Ottlilienfeld spielt hier ganz bierernst mit der Marxschen Formel für den Kommunismus (»jeder nach seinen Fähigkeiten, jedem nach seinen Bedürfnissen«), die dabei faktisch verhöhnt wird; denn in der fordistischen Erscheinungsform wird daraus eine grausame Karikatur auf den »Verein freier Menschen«, die alle Hoffnungen auf eine reiche und befriedigende Gesellschaft selbstbestimmter Individuen in ihr Gegenteil verkehrt und die Menschen in standardisierte Roboter der »abstrakten Arbeit« verwandelt. Und keineswegs zufällig schlägt der Kommunist Antonio Gramsci in dieselbe Kerbe nicht nur wie Lenin, sondern auch wie Gottl-Ottlilienfeld und dementiert damit den angeblich kritischeren Charakter eines »westlichen Marxismus«, dem er zugerechnet wird, gegenüber dem russischen Industrialisierungs-Marxismus. Auch Gramsci kommt es nicht in den Sinn, den gesteigerten Zwangs- und Zumutungscharakter der neuen Verdichtung betriebswirtschaftlicher Rationalität radikal aus der Perspektive sozialer Emanzipation zu kritisieren. Aus Sardinien stammend, sieht er in Italien mit seinem Nord-Süd-Gefälle und seinem Überhang agrarischer Traditionen vor allem einen Modernisierungs-Rückstand. Deshalb nimmt auch er die Perspektive einer Anpassung »kommunistischer« Politik an den Fordismus ein, dem er eine »objektive Notwendigkeit« zugesteht.

Gramsci, heute noch immer als theoretischer Stichwortgeber eines dissidenten und reflektierten Marxismus gehandelt (was allerdings Rückschlüsse auch auf dessen fordismuskonformen Charakter nahelegt), hatte während des Ersten Weltkriegs die Position Mussolinis unterstützt, des späteren faschistischen »Duce«, der ja bekanntlich aus der sozialistischen Partei hervorgegangen ist. Diese Herkunft war keine bloß zufällige Erscheinung des Frontenwechsels einer Person, sondern verweist durchaus auf eine gemeinsame ideologische Schnittmenge von Sozialisten/Kommunisten und Faschisten/Nationalsozialisten, die (ebenso wie im Verhältnis zu den Liberalen) in der positiven Einschätzung des Fordismus abermals wirksam wurde und unter der Oberfläche politischer Feindschaft auch auf dieser Entwicklungsstufe die gemeinsame Wurzel aller Modernisierungs-Ideologien sichtbar machte. In seinen berühmten theoretischen Gefängnisheften, die er in der Haft während der faschistischen Herrschaft schrieb, nimmt Gramsci deckungsgleich mit Gottl-Ottlilienfeld den Fordismus zum Anlaß, die kapitalistische Disziplinierung als menschliche Veredelung zu preisen:

»Die Geschichte des Industrialismus war stets ein Kampf gegen das ›tierhafte‹ Element im Menschen (und wird es heute in einer noch akzentuierten und rigoroseren Form), ein ununterbrochener, oft schmerzlicher und blutiger Prozeß der Unterwerfung (natürlicher, tierhafter und primitiver) Instinkte unter neue, immer ausgedehntere und starrere Normen und Gewohnheiten der Ordnung, Genauigkeit und Präzision. Diese ermöglichen immer komplexere Formen kollektiven Lebens als notwendige Entwicklungsfolgen des Industrialismus [...] Bisher sind die erzielten Erfolge, obwohl vom unmittelbar praktischen Standpunkt aus äußerst wertvoll, größtenteils rein mechanisch, sie sind nicht zu einer ›zweiten Natur‹ geworden (!) [...]« (Gramsci 1967/1926–37, 389).

Wie bei dem angehenden NS-Ökonomen vor- und nichtkapitalistische Kulturen unter das Rubrum »Tändelei der Wilden« fallen, so bei dem »kritischen« Marxisten unter dasjenige der »tierhaften Elemente« im Menschen. Deutlicher könnte die gemeinsame Befangenheit im mechanischen Fortschrittsbegriff des Liberalismus nicht formuliert werden. Gramsci geht sogar noch weiter als Gottl-Ottlilienfeld. Für ihn steht fest, »daß Amerikanismus und Fordismus sich aus der unmittelbaren Notwendigkeit der Organisation einer Planwirtschaft ergeben« (a.a.O., 377), womit er in der Befürwortung der kapitalistischen Rationalisierung dieselbe Haltung an den Tag legt wie die immer noch von der »sozialistischen« Kriegswirtschaft begeisterten deutschen Sozialdemokraten. In diesem Sinne setzt er sich mit modernisierungs-theoretischem Objektivismus sogar bedenkenlos über antifordistische Impulse der Arbeiterbewegung in den USA hinweg:

»In Amerika hat die Rationalisierung die Heranbildung eines neuen, dem neuen Typ der Arbeit und des Produktionsprozesses konformen Menschentypus notwendig (!) gemacht [...] Die amerikanische Arbeitergewerkschaft ist mehr korporativer Ausdruck von Berufseigenschaften, und deswegen hat die Forderung der Industriellen nach ihrer Beseitigung einen ›progressiven‹ Aspekt (!) [...]« (a.a.O., 383).

Gramsci nennt es zwar im Vorbeigehen einen »brutalen Zynismus« Taylors, »beim Arbeiter im höchsten Grade maschinelle und automatische Verhaltensweisen zu entwickeln« (a.a.O., 393); aber er stellt die neue Stufe der Entmenschung dennoch in den Horizont einer abstrakten Notwendigkeit, die der »Höherentwicklung« diene. Dabei versteigt er sich sogar zu offen sozialdarwinistischen Drohungen gegen den nicht »fordismusfähigen« Teil der »Arbeiterklasse« selbst:

»Eine zwangsweise Auswahl wird unvermeidlich sein, ein Teil der Arbeiterklasse wird unerbittlich aus der Welt der Arbeit und vielleicht tout court aus der Welt (!), eliminiert werden« (a.a.O., 393).

Kein Wunder, daß Gramsci sich auch trotz aller (partiellen) philosophischen Kritik am Sowjetmarxismus durchaus für die russische »Militarisierung der Ökonomie« durch Trotzki (den verhinderten Stalin) erwärmen kann, indem er mit dürren Worten kommentiert: »Das Prinzip direkten und indirekten Zwanges bei der Regelung der Produktion ist richtig« (a.a.O., 392). Der fordistisch und tayloristisch abgerichtete und »rationalisierte« Mensch, so Gramsci, werde sogar ein »neuer« und in ungeahntem Maße »freier« Mensch sein:

»Wenn der Anpassungsprozeß erfolgt ist, zeigt sich in Wirklichkeit, daß das Gehirn des Arbeiters, anstatt zu veröden, einen Zustand völliger Freiheit (!) erreicht hat. Nur die physische Geste ist völlig mechanisiert: das berufliche Gedächtnis, auf einfache, mit intensivem Rhythmus wiederholte Gesten reduziert, hat sich in den Muskel- und Nervensträngen eingenistet und so das Gehirn frei für andere Beschäftigung gemacht. So wie man geht, ohne an alle notwendigen Bewegungen zu denken, damit alle Körperteile in eben jener Weise, die zum Gehen erforderlich ist, synchron bewegt werden, so ist es in der Industrie mit den Grundgesten des Berufs und wird es auch in Zukunft sein. Man geht automatisch und zugleich denkt man, was man möchte« (a.a.O., 398).

Hier wird das ganze Ausmaß der Verhöhnung menschlicher Freiheit durch die mechanistische Fortschrittsideologie jener endlosen »Modernisierung« sichtbar, die auch Gramsci fanatisch propagiert; allenfalls könnte man ihm zugute halten, daß er nicht weiß, wovon er eigentlich spricht. Es gehört nämlich schon eine sagenhafte Ignoranz dazu, die hoch intensivierte Absaugung von Lebensenergie in betriebswirtschaftlich neurotisierten Funktionsräumen und die dabei aufgezwungenen »automatischen« Bewegungsabläufe mit der unbewußten Steuerung des Bewegungsapparats beim Spazierengehen gleichzusetzen. Abgesehen davon, daß der fordistische Automatismus erschöpfende und nervenschädigende Arbeitsqual ist, macht er selbstverständlich auch den Kopf nicht »frei«; im Gegenteil wird die Aufmerksamkeit ständig auf die kleinlichsten Abläufe gezwungen (Ziffern und Buchstabenkombinationen ablesen, anrollende Gegenstände sortieren, »Achtsamkeit« bei der Fütterung von Maschinen usw.), so daß nur in den seltensten Fällen ein Abschweifen der Gedanken möglich ist. Und welche Gedanken sollten das denn sein, wenn der »rationalisierte Mensch« tagaus, tagein Bestandteil eines maschinellen Ablaufs sein muß, dessen Inhalt, Sinn und Zweck ihm äußerlich bleibt und meistens sowieso irrational und destruktiv ist? Die Menschen konnten ihre Gedanken immer schon außerhalb von repressiven, fremdbestimmten Institutionen leichter frei schweifen lassen als innerhalb; die Vorstellung ist völlig absurd, sie müßten erst zu dressierten Affen des Kapitals gemacht werden, um einen »höheren Grad« von Freiheit des Gedankenflugs erreichen zu können.

Gramsci, der wirklich keine Gemeinheit ausläßt bei seiner positiven Erörterung des fordistischen Fortschrittskatalogs, erhofft sich auch eine sexuelle Disziplinierung des Menschenmaterials (Achtung, »tierhafte Elemente«!), so daß in der fordistischen Perspektive die bei der unaufgeklärten ländlichen Bevölkerung noch weitverbreiteten Schrecken von »Sodomie sowie Homosexualität« (a.a.O., 387) eingedämmt werden könnten und die Arbeiter zur »industriellen Monogamie« verdonnert würden, denn merke: »Wer nach einer

Nacht der ›Ausschweifung‹ zur Arbeit geht, ist kein guter Arbeiter« (a.a.O., 395). Die ausgelaugten Ford-»Beschäftigten« konnten ein Lied davon singen [...] Als Krönung seines Räsonnements stellt Gramsci der heimischen »Arbeiterklasse« ein gutes fordistisches Zeugnis aus, das an Peinlichkeit nichts zu wünschen übrig läßt:

»In Wirklichkeit haben sich die italienischen Fabrikarbeiter weder als Individuen noch als Gewerkschaften, weder aktiv noch passiv den Erneuerungen in den Weg gestellt, die Kostensenkung, Rationalisierung der Arbeit, Einführung perfekterer technischer Organisationsformen im gesamten Betrieb anstrebten [...] Eine eingehende Analyse der italienischen Geschichte von 1922 und auch vor 1926 [...] muß zu der objektiven Schlußfolgerung gelangen, daß gerade die Arbeiter Träger der neuesten und modernsten industriellen Forderungen waren und sie auf ihre Weise tapfer (!) vertraten« (a.a.O., 385).

Trotz aller Belege für die Disziplinierung und die Verinnerlichung kapitalistischer Zumutungen bleibt ein Rest an Rätselhaftigkeit, wie es gelingen konnte, die Massen in ein derart verdichtetes System der betriebswirtschaftlichen Arbeitsfolter hineinzutreiben. Zwar fehlte wegen der fordistischen Gleichschaltung der großen Arbeiterparteien und Gewerkschaften jegliches Medium der gesellschaftlichen Artikulation für das »Unbehagen im Fordismus«, aber dieses Unbehagen war doch vorhanden und ist es bis heute, auch wenn es in den sozialen und psychischen Untergrund verbannt wurde. Etwas davon, wie der Fordismus über den Massenkonsum, das Auto und eine »Liebe zu den Maschinen« in der Massenpsyche verankert werden konnte, findet sich in der hysterischen und über weite Strecken unfreiwillig komischen Literatur des (vor allem italienischen) Futurismus. Diese einflußreiche Strömung einer künstlerischen Avantgarde seit der Jahrhundertwende, die sich nicht von ungefähr großenteils dem Faschismus zuwandte, drückte gewissermaßen das Unbewußte des »rationalisierten Menschen« und seiner kompensatorischen Verdrängungen aus, noch bevor er sich als Sozialcharakter gesellschaftlich verallgemeinert hatte. Besonders die literarischen Schreikrämpfe von Filippo Tommaso Marinetti (1876–1944) lieferten schon am Vorabend des Ersten Weltkriegs eine passende Begleitmusik zur fordistischen Mobilisierung. In seinem berühmten »Manifest des Futurismus« (1909) nimmt er das stolze Bekenntnis des automobilen Massenwahns vorweg:

»Wir erklären, daß sich die Herrlichkeit der Welt um eine neue Schönheit bereichert hat: die Schönheit der Geschwindigkeit. Ein Rennwagen, dessen Karosserie große Rohre schmücken, die Schlangen mit explosivem Atem gleichen [...] ein aufheulendes Auto, das auf Kartätschen zu laufen scheint, ist schöner als die Nike von Samothrake. Wir wollen den Mann besingen, der das Steuer hält, dessen Idealachse die Erde durchquert, die selbst auf ihrer Bahn dahinjagt [...] Wir wollen den Krieg verherrlichen – diese einzige Hygiene der Welt – den Militarismus, den Patriotismus, die Vernichtungstat der Anarchisten, die schönen Ideen, für die man stirbt, und die Verachtung des Weibes. Wir wollen die Museen, die Bibliotheken und die Akademien jeder Art zerstören und gegen den Moralismus, den Feminismus und gegen jede Feigheit kämpfen, die auf Zweckmäßigkeit und Eigennutz beruht [...]« (zit. nach: Schmidt-Bergmann 1993, 77 f.).

Die ungeheure Aggressivität, die einem aus diesem Stakkato wirrer Ideenbrocken und cholerischer Aufwallung entgegenschlägt, zeigt den Geisteszustand des aufkommenden automobilen Vollkapitalismus an, in dem sich die schon auf den Schlachtfeldern eingeübte masochistische Hingabe des »männlichen« Ernst-Jünger-Subjekts an die Maschine mit einem sadistischen Rausch der Geschwindigkeit verbindet, der auch auf den zivilen Straßen buchstäblich über Leichen rollt. Daß diese aggressive Unterwerfung unter die »Zweckform« des Kapitals, inkarniert in den rollenden Maschinen und Bändern, sich ausgerechnet als Aufstand gegen die »Zweckmäßigkeit« versteht, macht den Charakter der psychischen Verdrängungsleistung deutlich; diese Formulierung ist aber auch doppeldeutig, denn im Sinne sozialer und ästhetischer Vernunft ist die kapitalistische Entwicklung ja alles andere als »zweckmäßig« für ein gutes und befriedigendes Leben – und insofern die jubelnde Selbstunterwerfung unter das gesellschaftsneurotische Konstrukt des Fordismus tatsächlich ein »Aufstand gegen die Zweckmäßigkeit«. Marinetti liefert als eine Art Friederike Kempner des Fordismus unfreiwillig das Psychogramm des »neuen« kapitalistischen Auto-Menschen, der auch ein neuer Massenkleinbürger zu werden verspricht; dieser am Steuer seines Blechhaufens »wild gewordene« Konsumspießer grölt auch aus dem ebenfalls berühmt gewordenen Marinettischen Poem »An das Rennautomobil«:

> Feuriger Gott aus stählernem Geschlecht,
> Automobil, das fernensüchtig
> geängstet stampft, in scharfen Zähnen das Gebiß!
> Japanisch-fürchterliches Untier, schmiedefeueräugig,
> mit Flammen und mit Ölen aufgenährt,
> nach Horizonten gierig und nach Sternenbeute,
> des Herzens teuflisches Töff-Töff befrei ich dir
> und deine riesigen Pneumatiks
> zum Tanze auf der Erde weißen Straßen.
> Ich lasse den metallenen Zügel los und du
> stürmst trunken in befreiende Unendlichkeit!

Marinetti formuliert schon offen die endgültige Verlagerung des Gefühlslebens von sozialen Beziehungen auf tote, mechanische Dinge. Die Marxschen Begriffe der *Entfremdung* und *Verdinglichung* gewinnen erst auf dieser Entwicklungsstufe des Kapitals ihre volle Gültigkeit. Wenn Marinettis »drahtlose Phantasie« eine maschinenbezogene »einölende Zärtlichkeit« beschwört, ist das nicht nur eine Metapher für die Maschinisierung (und Kommerzialisierung) der Erotik und Sexualität. Die kritiklose Hingabe an die Imperative der nunmehr buchstäblichen kapitalistischen Weltmaschine bringt auch den Alptraum hervor, die seit La Mettrie spukende Vorstellung vom Menschen als Maschine zur unmittelbaren Wirklichkeit zu machen und das Selbst vollständig in der physikalischen Mechanik aufgehen zu lassen, wie Marinetti es in seinem »Technischen Manifest des Futurismus« (1912) hinausschreit:

»Die Festigkeit einer Stahlplatte interessiert uns um ihrer selbst willen, d. h. wegen der unverständlichen und unmenschlichen Verbindung ihrer Moleküle und Elektronen, die sich zum Beispiel dem Eindringen eines Schrapnells widersetzen. Die Wärme von einem Stück Eisen oder Holz ist längst viel aufregender für uns als das Lächeln oder die Tränen einer Frau.

Wir wollen in der Literatur das Leben des Motors wiedergeben, dieses neuen instinktiven Tieres, dessen Hauptinstinkt wir verstehen, wenn wir die Instinkte der verschiedenen Kräfte erkannt haben, aus denen er besteht. Für einen futuristischen Dichter gibt es nichts Interessanteres als die Bewegungen der Tasten eines mechanischen Klaviers. Der Kinematograph bietet uns den Tanz eines Gegenstandes, der sich teilt und sich ohne menschliches Eingreifen wieder zusammensetzt [...] Er zeigt uns einen Menschen mit einer Geschwindigkeit von 200 Stundenkilometern. Lauter Bewegungen der Materie, die den Gesetzen der Intelligenz nicht unterliegen und deshalb viel bedeutsamer sind [...] Futuristische Dichter! Ich habe euch gelehrt, Bibliotheken und Museen zu hassen, und ich habe euch darauf vorzubereiten, DIE INTELLIGENZ ZU HASSEN [...] Mit Hilfe der Intuition werden wir die scheinbar unbeugsame Feindschaft besiegen, die unser menschliches Fleisch vom Metall der Motoren trennt. Nach dem Reich der Lebewesen beginnt das Reich der Maschinen. Durch Kenntnis und Freundschaft der Materie, von der die Naturwissenschaftler nur die physikalisch-chemischen Reaktionen kennen können, bereiten wir die Schöpfung des MECHANISCHEN MENSCHEN MIT ERSATZTEILEN vor [...]« (zit. nach: Schmidt-Bergmann, a.a.O., 285 ff., Hervorhebung Marinetti).

Es sind ebenso banale wie mächtige Imaginationen, die den längst gebrochenen Impuls der Rebellion gegen die »abstrakte Arbeit« in einer verkehrten, selbstzerstörerischen Form auf die fordistischen Maschinengenüsse richten; die rasende Fahrt, die Rücksichtslosigkeit der mechanischen vielhundertfachen »Pferdestärken« und das strukturell »männliche« Selbstbild eines gerade in seiner bedingungslosen Unterwerfung, seinem Willen zur Selbstauslöschung gefährlich aggressiven Menschen beginnen zu einem industriell-psychischen Gesamtkomplex zu verschmelzen, wie er bis heute das gesellschaftliche Bewußtsein prägt. Das dämonische Moment des darin eingeschlossenen »lustvollen Funktionierens« (wie eine Maschine eben) kommt allerdings einem sozial armseligen Charakter zu, wie er nach den größten Zerstörungsexzessen der Geschichte in der zweiten Jahrhunderthälfte als jenes berüchtigte, allsamstäglich autowaschende Kleinfamilienmonster oder als jugendlicher »Raser« und Verkehrsrüpel zu seinem traurigen Endstadium gelangen sollte.

Weltwirtschaftskrise

Fast schien es so, als würden schon die 20er Jahre die neue Epoche eines weltweiten Kapitalismus von Massenproduktion und Massenkonsum hervorbringen. Die Lockung des »weißen Sozialismus« von Ford schlug sich in einer beginnenden kommerziellen Massenkultur nieder, die in vieler Hinsicht wie eine Vorwegnahme des westlichen Nachkriegskapitalismus erscheint. Das an den Fronten des Weltkriegs »eingeschmolzene« Menschenmaterial begann in den »Roaring Twenties« gewissermaßen, sich in seine neue Gestalt als vollkapitalistischer Warenmensch einzuüben. Habitus und Lebensgefühl, Mode und neue Medien brachten einen durchkapitalisierten »technokulturellen« Zeitgeist hervor und begannen den Alltag als nahezu lückenloses Terrain der Kapitalverwertung bis in die Poren und Nischen der Intimität hinein zu »modernisieren« – zumindest in einem ersten großen Anlauf. Neben dem Auto als zentralem Strukturelement der Zweiten industriellen Revolution machten die Anfänge der neuen Medien von Film (erster langer Spielfilm 1919, erster Tonfilm 1928) und Rundfunk Furore. 1923 wurde in Deutschland der allgemeine »Unterhaltungsrundfunk« eingeführt, mit damals gerade einmal 1500 Teilnehmern; 1928 waren es bereits 2,5 Millionen Hörer.

Aber die neue Konsumreligion haftete lediglich wie ein dünner Firnis auf dem gesellschaftlichen Bewußtsein. Das lag nicht allein und nicht einmal in erster Linie an der technischen Unvollkommenheit und relativ geringen Reichweite der neuen Formen von Massenproduktion, Massenkonsum und kommerzieller Massenkultur. Vielmehr wurde der strukturelle Umbruch der Zweiten industriellen Revolution überlagert von der bis dahin größten und verheerendsten sozialökonomischen Transformationskrise. Ähnlich wie beim Übergang zur Ersten industriellen Revolution hundert Jahre zuvor, nur mit einer erheblich stärkeren Durchschlagskraft und in einer weitaus größeren (erstmals wirklich globalen) Dimension walzte die Weltwirtschaftskrise alle konsumistischen Hoffnungen nieder, so erbärmlich, angepaßt und kapitalistisch domestiziert diese auch sein mochten; die ohnehin kurze Blütezeit des fordistischen Massenkonsums stand erst Jahrzehnte später real auf der Tagesordnung.

Über die Ursachen der verheerenden Weltwirtschaftskrise in der Zwischenkriegszeit ist von den Ideologen und Theoretikern des warenproduzierenden Systems viel gerätselt worden. Da jedoch die kategorialen Grundlagen der kapitalistischen Produktionsweise in der gesamten offiziellen Wissenschaft als »gesellschaftliche Naturgrundlagen« axiomatisch vorausgesetzt werden, also kein Gegenstand der kritischen Erörterung sind (und auch von den Sozialisten oder Kommunisten in einer lediglich anders moderierten Form beibehalten wurden), mußte diese Debatte so oberflächlich bleiben wie alle früheren, wenn sie auch nicht folgenlos war. Tatsächlich wiederholte sich im wesentlichen die transformatorische Gesellschaftskatastrophe der Ersten industriellen Revolution; allerdings auf viel höherer Stufenleiter der Entwicklung und daher auch in einem anderen Bezugssystem.

Dennoch war es derselbe unversöhnliche innere Selbstwiderspruch des Kapitalismus, der niemals überwunden werden konnte und jetzt einen neuen Kulminationspunkt der Krise ansteuerte: der immergleiche Widerspruch zwischen dem Selbstzweck der Anhäufung abstrakter »Arbeitsquanta« einerseits und dem von der Konkurrenz erzwungenen Drang, »Arbeit« überflüssig zu machen, andererseits. Da die Logik dieses Widerspruchs durch seine Verflüssigung als industrielles Schneeballsystem nicht aufgehoben, sondern dynamisiert worden war, mußte dieses blind prozessierende dynamische System seiner inneren Logik nach weiterhin auf den Zusammenbruch zusteuern, der sich schon in seiner früheren Aufstiegsgeschichte immer wieder in partiellen und temporären Großkrisen und Katastrophen angekündigt hatte. War die Dynamik der Expansion während der »großen Depression« oder Gründerzeitkrise zwischen 1873 und 1890 auf ein Kriechtempo zurückgebremst worden und hatte die Ahnung der erneuten Katastrophe aufscheinen lassen, so wurde der schlimmste denkbare Fall nun in der Zwischenkriegszeit Wirklichkeit: Das Schneeballsystem fiel völlig in sich zusammen, und auf die erste politisch-militärische folgte die zweite, nämlich ökonomische »Urkatastrophe des 20. Jahrhunderts«.

Wie war das möglich, obwohl der Fordismus doch scheinbar das Grundproblem einer neuen Qualität und Quantität des Massenkonsums durch das »investive Konsumtionsmittel« Automobil und eine vielfach potenzierte Aussaugung des Menschenmaterials im Prinzip gelöst zu haben schien? »Im Prinzip« heißt aber noch lange nicht in der sperrigen gesellschaftlichen Realität. Denn für eine derart weitreichende Umwälzung hin zu einer vollkapitalistischen Gesellschaft bedurfte es einer langen Inkubationszeit. Die Erste industrielle Revolution und ihre Basisindustrien hatten sich als Träger einer weiteren Expansion erschöpft; diese Epoche war durch den Weltkrieg endgültig abgeschlossen und eben auch abrupt abgebrochen worden. Der Fordismus konnte jedoch nicht nahtlos anschließen, jedenfalls nicht unmittelbar, weltweit und gesellschaftlich flächendeckend – nicht einmal in den USA selbst.

Als System war die neue Form der kapitalistischen Produktionsweise erst in der theoretischen Debatte, im Zeitgeist und in den aufkeimenden technokulturellen Imaginationen eines Massenkonsums von hochwertigen Waren weit verbreitet und fast schon allgemeingültig geworden, nicht aber in der gesellschaftlichen Praxis. Die neuen fordistischen Prinzipien waren für den großen Durchschnitt erst ein Zukunftshorizont, auf den man sich vorsichtig zubewegte. So lagen Straßenbau, Energieversorgung, technologische Netzwerke für die neuen Medien und den Automobilismus weit hinter den Produktionsmethoden Fords zurück, und die dafür notwendigen gesamtgesellschaftlichen Investitionskosten konnten weder von der Privatwirtschaft noch von den durch die Kriegskosten erschöpften Staaten rasch genug aufgebracht werden. Nicht zuletzt benötigte der Fordismus einen intakten Weltmarkt und eine weitergehende internationale Verflechtung, um die Kapazitäten einer durchrationalisierten Industrie durch weltweite Absatzmärkte flexibel ausnutzen zu können, statt auf nationale Binnenmärkte beschränkt zu bleiben. Aber gerade in dieser Hinsicht machten die Kriegsfolgen erst recht einen dicken Strich durch die Rechnung: Der Weltmarkt war im Vergleich zur Vorkriegszeit drastisch geschrumpft und erholte sich nicht so schnell wieder; die Außenhandelsnetze waren gerissen. Zu tief saß außerdem das gegenseitige Mißtrauen, so daß Träume von einer nationalen ökonomischen Autarkie auch wirtschaftspolitisch einflußreich wurden. Henry Fords Auslandsfabriken blieben Ausnahmefälle. Der nächste große Schub kapitalistischer Globalisierung sollte erst Jahrzehnte später einsetzen.

So tat sich also ein »lag« auf zwischen den fordistisch-tayloristischen Innovationen in den Spitzen der neuen Industrien und einer gesamtgesellschaftlich greifenden Implementierung des Fordismus, die aber Voraussetzung für ein unmittelbares Gelingen der Zweiten industriellen Revolution gewesen wäre. Soweit sich die neuen Rationalisierungsmodelle in der fordistischen Avantgarde der Industrie, vor allem natürlich in Fords Fabriken selbst, bereits durchgesetzt hatten, bewirkten sie daher nicht den erwarteten Schub neuer industrieller Dynamik durch eine Kohärenz von Massenproduktion, Masseneinkommen und Massenkonsum, sondern im Gegenteil die rasche »Freisetzung« von Arbeitskraft; wenn nicht unmittelbar in den fordistischen Unternehmen, so doch zunächst durch Verdrängungskonkurrenz im noch nicht rationalisierten größeren Teil der Industrie. Insofern hatte die fordistische Rationalisierung, soweit sie schon realisiert war, eine ähnlich ruinöse strukturelle Wirkung wie Dampfmaschine und mechanischer Webstuhl in der Ersten industriellen Revolution. Erstmals machte das Schlagwort von der »technischen Arbeitslosigkeit« die Runde. Zusammen mit der Stagnation der alten Industrien und der Sättigung ihrer Märkte (immer gemäß kapitalistischen Kriterien der Kaufkraft natürlich) wurde auf diese Weise eine Krisendynamik freigesetzt, die nicht mehr zu bändigen war.

Daß sich diese Krisendynamik bis zur offenen ökonomischen Katastrophe steigern konnte, obwohl der Freisetzungsfaktor der Rationalisierung keineswegs in einem derart großen Maßstab wirksam war, erklärt sich auch durch die Veränderung des kapitalistischen Bezugssystems selbst, die gewissermaßen eine »Hebelwirkung« entfaltete, durch die sich die Krise potenzieren mußte. Zum einen war das schlicht die fortgeschrittene kapitalistische »Inwertsetzung« der gesamtgesellschaftlichen Reproduktion: zwar noch immer nicht flächendeckend und total, hatte sich der kapitalistische Sektor seit dem späten 19. Jahrhundert doch bedeutend ausgedehnt und war vor allem der nichtkapitalistische Sektor auf dem flachen Land weiter zurückgegangen. Das bedeutete, daß die kapitalistische Krise in weitaus geringerem Umfang als etwa noch in der »großen Depression« der Gründerzeit durch einen »Rückzug auf das Land«, durch Subsistenzproduktion für den Eigenbedarf oder wenigstens entsprechende Hilfen mittels noch funktionierender Verwandtschaftsbeziehungen zwischen ländlicher und städtisch-industrieller Bevölkerung aufgefangen werden konnte. Inzwischen stand nicht nur die Masse der enorm angewachsenen städtischen Industriebevölkerung in keinem entsprechenden Verhältnis zur Landbevölkerung mehr, weder von den persönlichen Bindungen her noch rein zahlenmäßig, sondern auch der zunehmend kapitalistische Charakter der Landwirtschaft selbst (sogar der kleineren bäuerlichen Wirtschaften jenseits der Agro-Latifundien), die immer stärker auf den Weltmarkt ausgerichtet wurde, machte das flache Land als »Puffer« der Krise wirkungslos. So blieb zum Beispiel die Bewegung des »Agrarianism« im Süden der USA, die mit der Parole »Zurück aufs Land!« in den 20er und 30er Jahren das Arbeitslosenproblem lösen wollte, praktisch unbedeutend (Mattick 1969/1936).

Die kapitalistische Erwerbsquote hatte sich seit dem Ende des 19. Jahrhunderts einerseits stark erhöht; andererseits aber war die Frauenerwerbsquote nicht entsprechend gestiegen und hatte sich nach dem Weltkrieg wieder stark abgeschwächt. Dieser Zusammenhang brachte noch einen zweiten Hebel der Krisenverschärfung hervor: Nicht nur der ländliche und subsistenzwirtschaftliche Rückhalt fiel als Auffangstellung weitgehend weg, sondern von jedem industriellen Arbeitsplatz hing auch die Versorgung von mehr Menschen als in der Vergangenheit ab. Insgesamt schlug also das schiere Gewicht des angewachsenen kapitalistischen Sektors in der Krise logischerweise verschärfend zu Buche: Je mehr der Kapitalismus die gesellschaftliche Reproduktion bestimmte, desto größer und unwiderstehlicher mußte die Wucht der Krise werden, die auch in ihren Folgen unmittelbar auf dem Boden des Kapitalismus selbst wirksam wurde. Im Unterschied zur verheerenden Transformationskatastrophe der Ersten industriellen Revolution waren es jetzt nicht mehr vorkapitalistische handwerkliche Produzenten, deren Existenz zerstört wurde, sondern industrielle Arbeitermassen selbst.

Zu dieser inneren Dynamik der Krise kamen natürlich die Kriegslasten und Kriegsfolgen hinzu, die das Desaster der ersten »Urkatastrophe« des 20. Jahrhunderts hinterlassen hatte und die erst jetzt voll auf die Ökonomie zurückzuschlagen begannen; und zwar keineswegs allein durch das Schrumpfen des internationalen Handels. Der gesamte Faktor der Kriegsfolgen kann jedoch nicht in dem Sinne als

»außerökonomischer« interpretiert werden, daß die große Krise womöglich gar nichts mit den kapitalistischen Funktionsgesetzen und ihren Selbstwidersprüchen zu tun gehabt hätte. Für die Kriegsfolgen gilt dasselbe, was schon für die Kriegsvorbereitungen der Hochrüstungspolitik gesagt werden mußte: Nicht allein im ideologischen Sinne waren es die Liberalen selbst gewesen, die den Imperialismus konzeptionell ausgearbeitet und hochgerüstet hatten; vielmehr war ja der Weltkrieg gerade aus der »Fortsetzung der Konkurrenz mit anderen Mitteln« zwischen den kapitalistischen Nationalökonomien hervorgegangen. Die Logik der Konkurrenz hat immer auch eine politische Seite. Der Weltkrieg und seine Folgen waren insofern in vieler Hinsicht mit der kapitalistischen Ökonomie und ihren Widersprüchen verschränkt, so daß die »Ökonomie des Todes« mit Rüstungsindustrien, imperialer Konkurrenz und dann eben auch den Kosten der Materialschlacht als integraler Bestandteil der kapitalistischen Produktionsweise betrachtet werden muß; ganz abgesehen davon, daß dieser bis dahin gewaltigste aller Kriege strukturell und mentalitätsgeschichtlich die Bresche für die Zweite industrielle Revolution buchstäblich freigeschossen hatte. Der industrielle Weltkrieg hatte so ungeheure Mittel verschlungen, daß sie schon nach wenigen Monaten in keinem kriegführenden Land mehr aus regulären Staatseinnahmen (Steuern und Abgaben) finanziert werden konnten. Gemessen an der damaligen Kaufkraft war es eine unvorstellbare Summe, die aufgebracht werden mußte:

»Die direkten Kosten des Krieges für alle kriegführenden Länder beliefen sich auf etwa 260 Milliarden Dollar, wovon die Alliierten 176 Milliarden Dollar aufbrachten [...] Die Höhe der Gesamtausgaben kann man daran ermessen, daß dies das 6½fache der Summe der gesamten Staatsschulden der Welt vom Ende des 18. Jahrhunderts bis zum Ausbruch des Ersten Weltkrieges (!) ausmachte [...]« (Aldcroft 1978, 46).

Das monetäre Dilemma, das sich vorher nur in kleinerem Maßstab als Finanzierung der Flottenprogramme durch staatliche Anleihen angekündigt hatte, wuchs durch die Kosten des Weltkriegs in ungeheure Dimensionen an. Die Folge war eine ebenso unausweichliche wie einschneidende Maßnahme auf dem Gebiet der monetären Ordnung: die Bindung der Währungen, seit dem 19. Jahrhundert ausschließlich an das Gold, mußte gekappt werden. In den ersten Kriegsmonaten versuchte man diesen Eingriff noch hinauszuschieben, so etwa in Deutschland durch die Kampagne »Gold gab ich für Eisen«, in der patriotische Bürger ihre privaten Goldschätze bis hin zum Ehering der Kriegsmaschine und ihren Blutmühlen zum Opfer brachten. Aber das war nicht mehr als ein Tropfen auf den heißen Stein. So mußte der Weg von Anleihen und staatlicher Kreditaufnahme in einer bisher unbekannten Dimension beschritten werden. In den vier Kriegsjahren legte allein das Deutsche Reich neun Kriegsanleihen mit fast 100 Milliarden Mark auf. Ähnlich gingen auch die anderen kriegführenden Staaten vor. Mit dem Versprechen der Verzinsung dieser Kriegsanleihen verschuldeten sich die Staaten bei ihren Bürgern in einem derartigen Umfang, daß bei Kriegsende ein riesiger »monetärer Rückstau« (Blaich 1985, 34) entstand.

Aber damit nicht genug. Auch die ungeheuren Staatsanleihen reichten bei weitem nicht aus, um die industrielle Kriegsmaschine zu finanzieren. So griffen die Staaten zu neuen Tricks, um die Geldschöpfung ins Uferlose ausdehnen zu können. Im Deutschen Reich war es zum Beispiel die bereits durch Gesetz vom 4. August 1914 beschlossene Gründung von sogenannten Darlehenskassen, die den wachsenden Kreditbedarf durch die Ausgabe von »Darlehenskassenscheinen« gegen die Verpfändung von Waren und vor allem Wertpapieren decken sollten. Obwohl diese Scheine keine offizielle Geldfunktion hatten, wurden sie doch wie Geld benutzt.

Auf diese Weise wurde Geld oder Quasi-Geld in den Wirtschaftskreislauf eingespeist, das nicht regulär durch kapitalistische Produktion »verdient« worden war, sondern vom Staat aus dem Nichts geschöpft wurde. Dieses herbeigezauberte Geld konnte nun seinerseits wieder Produktion und damit zusätzliche Geldeinkommen hervorrufen, etwa wenn damit bezahlte Rüstungsarbeiter Lebensmittel einkauften oder damit »gedeckte« Kredite (durch die immanente Geldschöpfungspotenz des Bankensystems) zur Grundlage weiterer Kredite gemacht wurden. Da schon der Ausgangspunkt ein fiktiver war, hatten auch die Folgeprozesse keinen »Boden unter den Füßen«. Eine solche Kettenreaktion irregulärer Geldschöpfungsprozesse hat ihren Grund letztlich darin, daß die gesellschaftlichen »Gemeinkosten«, darunter auch Rüstungs- und Kriegskosten, ebenso wie Sozialausgaben für die kapitalistische Reproduktion als reine Kostenfaktoren erscheinen. Es handelt sich um einen bloßen gesellschaftlichen Konsum, der nicht mehr in den kapitalistischen Verwertungsprozeß zurückkehrt, sondern »im Gebrauchswert erlischt« (wie Marx in anderem Sinne den Charakter des vorkapitalistischen Warenkonsums bezeichnet hatte), selbst wenn dieser »Gebrauchswert« in der Vernichtung und Verstümmelung von Menschen besteht – aber die Ökonomie des abstrakten Werts ist als »zweite Natur« ebenso blind wie die Gesetze der »ersten Natur«. Kapitalistisch gesehen ist der militärische Konsum ein Faktor, der in der Kapitalakkumulation nicht wiedererscheint, sondern gewissermaßen »verschwindet« und sich daher als nur belastender Kostenfaktor darstellt. Trotzdem handelt es sich um einen notwendigen Bestandteil der kapitalistischen Reproduktion, »notwendig« freilich nur im Sinne des irrationalen Charakters der ganzen Veranstaltung. Die böse Ironie besteht darin, daß die größere Liebe des Liberalismus zum leviathanischen Rüstungs- und Repressionskonsum rein ökonomisch den Gesetzen der »schönen Maschine« gemäß letztlich ebenso negativ für das System zu Buche schlägt wie der ungeliebte Sozialkonsum.

In der langen Friedens- und Rüstungszeit seit 1871 konnte dieser negative Kostencharakter des militärisch-industriellen Komplexes verborgen bleiben; solange die staatliche Kreditaufnahme für den Rüstungskonsum eine »kritische Masse« nicht überschritt, schlug sie sogar als positiver Wachstumsfaktor (mit in die Zukunft verschobener Krisenpotenz) zu Buche, sowohl hinsichtlich der »Beschäftigung« als auch der betriebswirtschaftlichen Gewinne in der Rüstungsindustrie. Als jedoch der militärische »Gebrauchswert« realisiert wurde und die Kosten der vierjährigen Materialschlacht in astronomische Höhen schnellten, wurde das System von seiner eigenen Logik eingeholt, und die irreal gesteigerte Vorwegnahme zukünftiger Einnahmen durch die staatliche Geldmaschine mußte als massiver Krisenfaktor real in Erscheinung treten. Die exorbitant steigenden betriebswirtschaftlichen Gewinne der Rüstungsindustrie, angeheizt durch eine vom ökonomischen Gesamtprozeß des Kapitals völlig abgekoppelte staatliche Geldschöpfung, schlugen nach einer mehrjährigen Inkubationszeit auf das kapitalistische Gesamtsystem als monetäre Krise zurück, die mit den anderen Krisenmomenten verschmolz und die Krisendynamik der Zwischenkriegszeit sowohl verschärfte als auch beschleunigte.

Daß diese Krisenpotenz auf der Ebene des Geldes selbst in Erscheinung treten mußte, liegt auf der Hand: Die in großem Maßstab abgekoppelte Geldschöpfung ohne »Deckung« durch die kapitalistische Realakkumulation konnte nur zu einer Entwertung des Geldes selber führen – ein als Inflation bezeichneter Vorgang. Inflationiert werden die Preise der Waren, aber nicht unmittelbar nach dem Marktgesetz von Angebot und Nachfrage als Nachfrageschub aufgrund realkapitalistisch »verdienter« Einkommen. Genauer gesagt: die zusätzliche Nachfrage wird statt dessen mit aus dem ökonomischen Nichts »geschöpftem« Geld bezahlt, was sich nach einiger Zeit eben als Entwertung dieses Geldes und damit als Preisinflation niederschlagen muß. In gewisser Weise handelt es sich um die Bildung von »fiktivem Kapital« durch den Staat, ähnlich wie bei einer spekulativen Welle irreal steigender Aktienkurse oder Immobilienpreise auf der Ebene des Privatkapitals. In beiden Fällen ist die Folge ein Entwertungsschock, aber in jeweils umgekehrter Form: Das private »fiktive Kapital« entwertet sich durch den Crash (den Verfall der Aktien- und/oder Immobilienpreise), das staatliche »fiktive Kapital« durch die allgemeine Geldentwertung (inflationäre Steigerung der Warenpreise). So oder so, in beiden Fällen handelt es sich immer auch um die Vernichtung von großen Geldvermögen; beim Aktiencrash um die Vernichtung irreal aufgeblähter »Seifenblasen-Vermögen«, bei der Inflation um die Vernichtung ursprünglich »reeller« Geldvermögen (Geldkapitalbesitz, Ersparnisse etc.) durch die allgemeine Entwertung des Geldes.

Inflationen hatte es (ebenso wie spekulative Finanzkräche) schon mehrfach in der kapitalistischen Geschichte gegeben; so etwa in Gestalt der sogenannten Assignaten während der Französischen Revolution oder des Papierdollars im US-amerikanischen Bürgerkrieg Mitte des 19. Jahrhunderts. Jedesmal war die Ursache eine von der Realökonomie des warenproduzierenden Systems abgekoppelte staatliche Geldschöpfung (die französischen »Assignaten« etwa waren im Prinzip etwas ganz Ähnliches wie die »Darlehenskassenscheine« des Deutschen Reiches); und jedesmal diente diese Vorgehensweise einer durch die regulären Staatseinnahmen nicht gedeckten Rüstungs- und Kriegsfinanzierung. Diese »toten Kosten« des Systems im Kriegszustand gingen aber in der industriellen Materialschlacht mit ihrem »Walzwerk der Front« nicht nur um ein Vielfaches über alle früheren Kriegskosten hinaus; gleichzeitig mußte die inflationäre Folge auch die gesellschaftliche Reproduktion viel härter und tiefer treffen als alle früheren Inflationen, weil ein wesentlich größerer Teil des Lebens unmittelbar vom Geld abhing als auf älteren Entwicklungsstufen des Systems.

In der »staatssozialistischen« Kriegswirtschaft konnte die Inflation zunächst zurückgestaut werden. Dafür brach sie nach Kriegsende dann um so heftiger los. Zum einen erschien ja die abgekoppelte Geldschöpfung in Form von Löhnen und Gewinnen der Rüstungsindustrie, der militärischen Logistik usw. als irreguläre Kaufkraft wieder. Zum andern trat auch die Tilgung und Verzinsung der Kriegsanleihen als zusätzliche Kaufkraft in Erscheinung, die nach Kriegsende erst richtig angeheizt wurde, da der finanziell ruinierte Staat die ungeheuren Schulden bei seinen Bürgern (und teilweise auch im »befreundeten« Ausland) durch hemmungsloses Anwerfen der Notenpresse zu bedienen suchte, um den Schein eines geordneten Kreditwesens aufrechtzuerhalten. Dem stand ein durch die Kriegslasten drastisch vermindertes ziviles Warenangebot (bis hin zu einem Mangel an elementaren Lebensmitteln) gegenüber.

Natürlich hätte man vorher wissen können, welches Spiel man da betrieb. Aber unter dem Eindruck des industrialisierten Krieges gab es in dieser Hinsicht wenig Problembewußtsein. Außerdem hofften alle, als Sieger die Kriegskosten auf die Verlierer abwälzen zu können. Tatsächlich wurden Deutschland, das ja zu den aggressivsten Kriegstreibern gehört und durch seine Flottenpolitik die Kriegskonstellation wesentlich mitverursacht hatte, im Friedensvertrag von Versailles ungeheure Reparationen auferlegt, die jedoch wegen der Wirtschaftskrise nie ganz bezahlt wurden und außerdem trotz ihrer Höhe die Kriegskosten der westlichen Siegermächte sowieso nicht hätten ausgleichen können.

So kam, was kommen mußte: Der »monetäre Rückstau« verwandelte sich in eine Flut des irregulären Geldes, die über die Gesellschaft hereinbrach und die Warenpreise immer schneller in die Höhe trieb. Die im Lauf des 19. Jahrhunderts mit seiner allgemeinen Goldbindung der Währungen selbst in der Wirtschaftswissenschaft vergessene inflationäre Krise des Geldes erfaßte nahezu ganz Europa und andere Teile der Welt; am wenigsten die USA, die relativ problemlos zum Goldstandard zurückkehren konnten. Waren die USA vor dem Krieg noch mit vier Milliarden Dollar im Ausland verschuldet, so kehrte sich das Verhältnis nun in derselben Größenordnung um; vor allem England und Frankreich hatten sich für Kriegsmaterial und Kriegsfinanzierung beim historischen Aufsteiger verschulden müssen. Die Folge war, daß nahezu alle anderen Währungen auch in ihrem Außenwert riesige Einbußen gegenüber dem Dollar erlitten, der damit seinen ersten Anlauf zur Rolle der neuen globalen Leitwährung unternahm. Trotzdem blieben auch die USA nicht ganz von der Inflation verschont, die allerdings bei den europäischen »Siegermächten« erheblich höher war:

Spitzenwerte der Nachkriegs-Geldentwertung bei den westlichen Großmächten (gemessen am Index der Großhandelspreise, 1913 = 100)

Großbritannien	Frankreich	USA
307 (1920)	584 (1925)	226 (1920)

(Quelle: Ott/Schäfer 1984, 225)

Wesentlich dramatischer fiel die Inflation bei den Kriegsverlierern aus. Deutschland, maßlos wie immer, stellte dabei einen absoluten, bis heute nicht wieder erreichten Weltrekord auf. Binnen weniger Monate zwischen 1922 und 1923 schütteten fast zweitausend Notenpressen das Land mit einer Sintflut aus Papiergeld zu. Die Preise stiegen bis in groteske Dimensionen an. Für diese überbordende Geldentwertung wurde der Ausdruck »Hyperinflation« geprägt, ein Vorgang, der in etwas kleineren, aber immer noch hochpotenzierten Dimensionen auch die anderen Kriegsverlierer und vor allem Osteuropa heimsuchte:

»Am Ende dieses Prozesses hatten sich die Preise im Vergleich zur Vorkriegsbasis in Österreich um das Vierzehntausendfache, in Ungarn um das Dreiundzwanzigtausendfache, in Polen um das zweieinhalb Millionenfache, in Rußland um das vier Milliardenfache und in Deutschland um eine Billion erhöht« (Aldcroft 1978, 161 f.).

Die Folge war natürlich eine völlige Zerrüttung des Geldsystems. Die tiefe Irrationalität des Kapitalismus brach in seiner geheiligten Grundform hervor und machte den Fetischismus dieses Gesellschaftssystems bis zur Lächerlichkeit sichtbar. Wie in einem verrückten Märchen wurden plötzlich alle Millionäre und Milliardäre, aber gerade dadurch ruiniert. Ein Brötchen kostete Tausende, schließlich Millionen und Milliarden Mark. Auf dem Höhepunkt der Inflation wurde das Geld schubkarrenweise ausgezahlt und mitgeführt. Diese Katastrophe der Geldform trieb Behörden, Firmen und Privatmenschen zu entsprechend verrückten Verhaltensweisen, um den Konsequenzen ihrer eigenen, verselbständigten und außer Kontrolle geratenen Gesellschaftlichkeit zu entgehen:

»Groteske Erscheinungen begleiteten die anschwellende Flut des Papiergeldes. Auch Arbeiter, Angestellte und Beamte traten jetzt die Flucht in die Sachwerte an. Da Immobilien, Aktienpakete und Juwelen für sie unerschwinglich waren, begnügten sie sich mit haltbaren Lebensmitteln und Gebrauchsgegenständen [...] Nach der Lohnzahlung wurde in den meisten Betrieben der Arbeitsprozeß unterbrochen. Mit Bündeln von Banknoten bepackt, stürzte die Belegschaft in die umliegenden Geschäfte, um irgendwelche Waren zu kaufen, ehe der nächste Preisschub den Lohn wertlos machen würde. Wie in der Kriegszeit bildeten sich vor den Läden lange Schlangen [...] Der Einzelhandel versuchte, sich gegen den Schwund der Kaufkraft des Papiergeldes zu wappnen, indem er die Höhe seiner Verkaufspreise nach dem jeweiligen Austauschverhältnis zwischen der Mark und dem US-Dollar ausrichtete. Als sich im Herbst 1923 dieser ›Dollarkurs‹ mehrmals am Tage änderte, wurden auch die Preise in den Läden und Gaststätten entsprechend häufig angepaßt [...] Deshalb konnte es vorkommen, daß eine Tasse Kaffee, deren Preis bei der Bestellung 5000 Mark betragen hatte, bereits 8000 Mark kostete, wenn der Kellner die Rechnung brachte [...] In ländlichen Gebieten [...] kehrte man zum primitiven Naturaltausch zurück. Die Innung der Friseure zu Ochsenfurt am Main beschloß z. B., für eine Rasur ein Entgelt von zwei Eiern und für einen Haarschnitt einen Preis von vier Eiern zu verlangen. Das Pfarramt im fränkischen Pegnitz erhob für eine einfache Beerdigung ohne Einsegnung eine Gebühr von zehn Eiern. Für eine Bestattung 1. Klasse mit Grabrede oder Predigt mußten die Hinterbliebenen dem Pfarrer 40 Eier bezahlen. Schließlich hielt der Naturaltausch auch in der Großstadt seinen Einzug. Ein Kinobesuch kostete nunmehr zwei Briketts [...] und der Arzt oder der Rechtsanwalt nahm als Honorar lieber eine Flasche Wein oder ein Pfund Butter entgegen als ein Bündel Papiergeld [...]« (Blaich 1985, 12 ff.).

Auch in den westeuropäischen »Siegerländern«, wo die Inflation bei weitem nicht so extrem ausfiel wie in Deutschland, Österreich und Osteuropa, schnitt die Krise des Geldes dennoch tief bis in den Alltag ein. Vor allem in Frankreich, das den Höhepunkt der inflationären Krise und mehr noch den Verfall des Franc in seinem Außenwert gegenüber dem Dollar erst 1925/26 erlebte, machte sich die Zerrüttung des Geldwesens im Massenbewußtsein bemerkbar, wie ein zeitgenössischer Beobachter bemerkte:

»Jeder Lebensmittelhändler überlegte sich die Auswirkung des Wechselkurses auf Kaffee, jede Stenotypistin versuchte, ein Sparkonto in einem Land mit Goldstandard zu eröffnen. Es ist kaum möglich, das Ausmaß zu übertreiben, in dem sich die breite Masse mit solchen Fragen befaßte. Der Dollarpreis war das Gesprächsthema in jeder Eckkneipe, und man konnte kaum einen Kauf tätigen, ohne den Wechselkurs irgendwie zu diskutieren [...]« (zit. nach: Aldcroft 1978, 172).

Das Lebensniveau der Massen, ohnehin unter der bisherigen Herrschaft des Kapitalismus meistens in der Nähe des Existenzminimums und durch den Krieg noch tiefer gedrückt, verharrte weitgehend im Elendszustand. Besonders in Deutschland drohte die Selbstzerstörung des Geldes bei weiterhin geltenden kapitalistischen Produktionsbedingungen in die offene Hungerkatastrophe der großen Städte zu führen, weil die Bauern sich zunehmend weigerten, Lebensmittel gegen wertloses Geld zu liefern und andererseits der Naturaltausch zwischen Stadt und Land nur begrenzt funktionieren konnte; etwa in der Form »ein Klavier für die Lieferung der ›Winterkartoffeln‹ [...]« (Blaich, a.a.O., 15). Denn über den sattsam bekannten

Kartoffelstandard kam die Lebenshaltung breiter Massen natürlich in der Geldkrise erst recht nicht hinaus. In den Erinnerungen eines ehemaligen Bergarbeiters finden wir dazu das alte leidige Lied:

»Die allgemeine Not wuchs ins Unermeßliche! Der Wert der Mark hatte einen Tiefstand erreicht, der nicht mehr überboten werden konnte. Wir erhielten Billionenlöhne, mit denen wir kaum das Notwendigste zum alltäglichen Bedarf erstehen konnten. Ein Brot kostete eineinhalb Billionen Mark! Die Erbitterung in der Arbeiterschaft nahm drohende Formen an. Aus allen Städten des Ruhrgebietes wurden Plünderungen von Lebensmittelgeschäften gemeldet [...] In dieser Woche [...] wurden die Zechen endgültig geschlossen [...] Arbeitslos – nie hatte ich früher geahnt, was das bedeutet! Ich hatte wohl gedacht, daß die Arbeitslosigkeit ein sehr unangenehmes Übel sei, doch schließlich ein erträgliches, da man Unterstützung erhielt [...] Wir erhielten Unterstützung, aber was für eine! Wöchentlich einmal, in bestimmten Lokalen, fand die Auszahlung statt. Wir als Insassen des Ledigenheimes erhielten, da wir Mittag- und Abendessen geliefert bekamen, zwei und eine halbe Billion für die Woche. Ein Brot kostete eineinhalb Billionen, für die übrige Billion konnten wir uns gerade etwas Aufstrich, Marmelade oder ähnliches erstehen. Das wäre zu ertragen gewesen, wenn das Essen im Ledigenheim gesättigt hätte. Mittags gab es [...] kein Fleisch, sondern nur einen Haufen halbverfaulter Kartoffeln mit üblem, süßlichem Nachgeschmack und dazu etwas Kohl. Abends eine wässrige Suppe, die wir wie Wasser heruntergossen, ohne das geringste Gefühl des Sattseins zu spüren! Vier, fünf Tage mit dieser Kost, und wir empfanden ein ewiges Hungergefühl, ein Brennen in den Eingeweiden [...] Mit Sehnsucht erwarteten wir den Tag der Auszahlung der Erwerbslosenunterstützung [...] Ich stürzte darauf sofort zu einem Bäcker, um ein Brot zu erstehen. Im Ledigenheim angelangt, aßen alle gierig darauflos. Es gab einige, die ihr ganzes Brot auf einmal verschlangen und später erbrechen mußten, andere wieder versoffen ihr ganzes Geld, um für Stunden aus dem Elend heraus zu flüchten! Ich vertilgte gewöhnlich ein halbes Brot, um wenigstens einen Tag in der Woche den Zustand des Sattseins bewußt zu genießen [...]« (zit. nach: Abelshauser/Faust/Petzina 1985, 50 ff.).

Die »wohlfahrtssteigernde« Wirkung der wunderbaren Marktwirtschaft – wieder einmal in voller Aktion, vom Kartoffelschalen-Standard zum Standard verfaulter Kartoffeln! Und das waren beileibe keine Ausnahmezustände einer gesellschaftlich marginalen Elendspopulation (was ja auch schon skandalös genug wäre), sondern Massenschicksal. Vor allem aber traf es jetzt nicht mehr allein die unteren Schichten des kapitalistischen Menschenmaterials in den Fabriken und Slums, sondern auch die klein- und mittelbürgerlichen Schichten. Die Vernichtung eines Großteils der bürgerlichen Geldvermögen führte zu einem beispiellosen Massenruin der bisher »staatstragenden« mittelständischen Schichten und Milieus:

»Ein Bankguthaben von 60 000 Mark, dessen Zinsertrag noch im Jahre 1913 ein behagliches Leben im Ruhestand ermöglicht hatte, reichte [...] im August 1923 nicht einmal mehr für den Kauf einer Tageszeitung aus [...] Rentiers, die nicht mehr arbeitsfähig waren oder keine Beschäftigung mehr fanden, sahen sich gezwungen, persönliche Besitztümer wie Möbel und Hausrat, Gemälde, Schmuck, Porzellan oder das ›Familiensilber‹ an den nächstbesten Raffke zu verschleudern [...] Erbarmungslos drückte die Notenpresse diese einst wohlhabenden und in hohem Ansehen stehenden Bürger auf den Stand des Fürsorgeempfängers hinab, der sich in die Schlange vor der städtischen ›Notküche‹ einreihen mußte, wenn er eine warme Mahlzeit erhalten wollte [...]« (Blaich 1985, 16 f.).

Die »nächstbesten Raffkes«, das waren die Spekulanten, die auf den Wogen der Geldkrise zu surfen begannen. Die Inflation mit ihren zerrüttenden Wirkungen spülte, wie so oft in der kapitalistischen Krisengeschichte, wieder einmal den Typus des Glücksritters und Cleverles nach oben. Während die Massen und große Teile des Mittelstands verelendeten, spreizte sich eine kleine Schicht von spekulativen Krisengewinnlern in der obszönen Präsentation ihres luftigen Reichtums; und gerade diese Schicht von Neureichen war es, die mitten im Massenelend die Anfänge des technokulturellen »Konsumismus« am weitestgehenden realisieren konnte und die Imaginationen des Zeitgeistes bestimmte.

Aber nirgendwo gab es eine emanzipatorische Alternative gegen das aberwitzige kapitalistische System; die sozialistischen und kommunistischen Parteien waren und blieben ja weiterhin den kapitalistischen Grundkategorien verhaftet. Statt dessen blühten die Ressentiments, niedrigen Instinkte und irrationalen Krisenerklärungen auf wie im Treibhaus. Nicht emanzipatorische Kritik an den Grundlagen der kapitalistischen Produktionsweise war die Folge, sondern eine populistische »Spekulantenhetze« quer durch das Parteienspektrum.

Besonders in Deutschland mit seiner einschlägigen Tradition weckte die Mischung aus Krisenangst, phantasmagorischen Projektionen und Spekulantenhatz den alten, tiefsitzenden Dämon des Antisemitismus. Wie schon während der großen Transformationskrise der Ersten industriellen Revolution in den Hep-Hep-Unruhen und während der großen Gründerzeit-Depression in der antisemitischen Bewegung mit ihren Pogromen, so stieg auch jetzt wieder die Flut des wahnhaften Antisemitismus an; und diesmal, der weitaus größeren Dimension der Krise entsprechend, überflutete sie das politische System. Zum ersten Mal in der Modernisierungsgeschichte entstand in Gestalt der »Nationalsozialistischen Deutschen Arbeiterpartei« (NSDAP) eine rechtsradikale Massenbewegung mit fundamental antisemitischer Selbstlegitimation, die den linken sozialistisch-kommunistischen Parteien nicht nur Konkurrenz machte, sondern sie sogar überflügeln konnte. Jetzt war der von der alten Bebel-Sozialdemokratie in ihrer Verblendung als kleinerer und dümmerer Bruder der Kapitalismuskritik aufgefaßte deutsche Antisemitismus zu einem wahren Monstrum herangewachsen.

Adolf Hitler, der »Führer« dieser monströsen Bewegung, griff die antisemitische deutsche Ideologiebildung seit den Zeiten der Aufklärung, die rassischen Wahnideen der Chamberlain, Treitschke, Wagner usw. nicht nur auf und synthetisierte sie; in seinem 1925 erschienenen berüchtigten Buch »Mein Kampf« führte er auch Kriegsniederlage und Krise direkt auf die »jüdische Blutvergiftung« des »deutschen Volkes« zurück und bezichtigte das Kaiserreich, in dieser Hinsicht nicht konsequent genug vorgegangen zu sein:

»Wenn wir all die Ursachen des deutschen Zusammenbruches vor unserem geistigen Auge vorüberziehen lassen, dann bleibt als die letzte und ausschlaggebende das Nichterkennen des Rasseproblems und besonders der jüdischen Gefahr übrig. Die Niederlagen auf dem Schlachtfelde im August 1918 wären spielend leicht zu ertragen gewesen. Sie standen in keinem

Verhältnis zu den Siegen unseres Volkes. Nicht sie haben uns gestürzt, sondern gestürzt wurden wir von jener Macht, die diese Niederlagen vorbereitete, indem sie seit vielen Jahrzehnten planmäßig unserem Volke die politischen und moralischen Instinkte und Kräfte raubte, die allein Völker zum Dasein befähigen und damit auch berechtigen. Indem das alte Reich an der Frage der Erhaltung der rassischen Grundlagen unseres Volkstums achtlos vorüberging, mißachtete es auch das alleinige Recht, das auf dieser Welt Leben gibt [...] Alle wirklich bedeutungsvollen Verfallserscheinungen der Vorkriegszeit gehen im letzten Grunde auf rassische Ursachen zurück [...] Ein einziger focht in diesen langen Jahren mit unerschütterlicher Gleichmäßigkeit, und dies war der Jude [...]« (Hitler 1942/1925, 359 ff.).

So offenkundig der kontrafaktische, irrationale und projektive Charakter dieser Geschichts- und Krisendeutung auch ist, er konnte in Deutschland das Massenbewußtsein ergreifen. Es ist von interessierter Seite oft versucht worden (und wird heute wieder verstärkt versucht), die deutsche Bevölkerung von der Begeisterung für die aberwitzige antisemitische Welterklärung zu entlasten, indem behauptet wird, die geradezu massenhysterische deutsche »Hitlerei« habe gewissermaßen »trotz« des Antisemitismus gelodert, der vielleicht nicht einmal als entscheidend wahrgenommen worden sei. Mit anderen Worten: die Deutschen seien »eigentlich« in ihrer großen Mehrheit gar nicht antisemitisch gewesen, sondern der Hitlerpartei rein aus Gründen der sozialen Krise gewissermaßen »verständlich« auf den Leim gegangen; vielleicht noch verführt von gewissen »Faszinosa« der Massenpropaganda und der geradezu Wagnerschen Inszenierungen im Auftreten der NSDAP. So behauptet etwa der Historiker Hans Mommsen:

»Der Anteil aktivistischer Antisemiten überstieg kaum mehr als 20 % der NSDAP-Mitglieder, und viele der Anhänger standen dem Kern der NS-Weltanschauung eher distanziert gegenüber« (Mommsen 1991, 424).

Wird hier die Massenbewegung, die den Aufstieg der NSDAP trug, gegen deren (anscheinend verborgenen) antisemitischen weltanschaulichen »Kern« in Schutz genommen, so geht neuerdings der Historiker Ernst Nolte als ziemlich offener Apologet der Nazis genau umgekehrt vor, indem er die zum Staatswillen gewordene siegreiche NSDAP gegen den Antisemitismus ihres Massenanhangs in Schutz zu nehmen sucht:

»[...] so waren [...] die Nürnberger Gesetze von 1935 gewiß ein Ausfluß des nationalsozialistischen Antisemitismus, aber sie waren zugleich ein Versuch, die gewalttätigen und chaotischen Ausbrüche dieses Antisemitismus durch staatliche Gesetzgebung zu zügeln (!) [...]« (Nolte 1993, 17f.).

Beide Aussagen dementieren sich nicht nur wechselseitig; in ihrer Komplementarität zeigen sie auch unfreiwillig, daß die Nazis und die deutschen Massen einander wert waren. Der positive »Verstehenswille« versucht, die nie mehr gutzumachende deutsche Geschichte zu entlasten, statt sich ihr zu stellen; er führt auf die Spur von potentiellen Wiederholungstätern. Denn die wahnhafte antisemitische Deutung von Weltkrieg und Krise durch Hitler und die NSDAP war alles andere als ein »verborgener Kern« ihrer Ideologie und konnte von den Massen gar nicht übersehen werden; der Antisemitismus durchdrang nicht nur die unerträglich dumme Schwarte »Mein Kampf«, sondern den gesamten Auswurf der NS-Propagandamaschine. Er war die Grundlage und Selbstlegitimation der ganzen Bewegung und sollte zur Staatsdoktrin erhoben werden. Wer sich dieser Partei und diesem »Führer« zuwandte, der konnte das gar nicht »trotz«, sondern nur »wegen« ihres Antisemitismus tun, denn mit diesem Konstrukt stand und fiel die NS-Mobilisierung in jeder Hinsicht und auf allen Gebieten.

Die große Krise ließ in der ganzen Welt antisemitische, rassistische und sozialdarwinistische Stimmungen emporkommen, deren ideelle Grundlagen ja seit Aufklärungszeiten von den liberalen Stammvätern selbst gelegt worden waren; aber nur in Deutschland formierte sich eine politische Massenpartei mit genuin antisemitischer Legitimation, die durch demokratische Wahlen zur Macht gelangen konnte. Nicht nur große Teile des von der Inflation ruinierten deutschen Bürgertums griffen blindlings das antisemitische Deutungsmuster auf, sondern quer durch alle Klassen und Schichten pflanzte sich dieses bösartige Phantasma fort. Voller Stolz konnte Hitler 1925 feststellen:

»Jedenfalls begann im Winter 1918/19 so etwas wie Antisemitismus langsam Wurzeln zu fassen. Später hat dann allerdings die nationalsozialistische Bewegung die Judenfrage ganz anders vorwärtsgetrieben. Sie hat es vor allem fertiggebracht, dieses Problem aus dem engbegrenzten Kreise oberer und kleinbürgerlicher Schichten herauszuheben und zum treibenden Motiv einer großen Volksbewegung umzuwandeln« (Hitler, a.a.O., 628).

Tatsächlich kam es die ganzen 20er Jahre hindurch (vor allem, aber nicht nur in München und Berlin) zu antisemitischen Straßenkrawallen »von unten« und ohne massive Gegenbewegung. Wie schon in der Zeit des »Krachs« nach 1873 wurden im Hyperinflationsjahr 1923 Juden auf der Straße zusammengeschlagen und jüdische Geschäfte geplündert. Auch zwischen 1924 und 1929 wurden immer wieder jüdische Friedhöfe geschändet, es gab zahlreiche Anschläge auf Synagogen und andere antisemitische Gewalttaten; oft ganz »spontan« durch Jugendliche und sogar Schulkinder verübt (Walter 1999). Die Nazis konnten auf der Welle eines gesellschaftlich weitverbreiteten Antisemitismus schwimmen.

Zu diesem Zeitpunkt legte die kapitalistische Weltkrise erst einmal eine kleine Pause ein. Es gelang den Regierungen, mit drastischen Sparmaßnahmen (um den Preis eines Abwürgens der »Inflationskonjunktur«), mit Währungsreformen (um den Preis der endgültigen Vernichtung großer Vermögensmassen) und mit einer teilweisen Rückkehr zum Goldstandard (um den Preis einer eingeschränkten Handlungsfähigkeit des Kreditsystems) die Inflation erst einmal zurückzudrängen. Allgemein war das Ziel die Rückkehr zum Goldstandard und damit vermeintlich zur Vorkriegs-»Normalität«. Hatten die USA dieses Ziel schon 1919 erreicht, so folgte Großbritannien 1925. Deutschland führte 1924 zunächst die sogenannte Rentenmark als neue Währungseinheit ein, die durch Anleihen auf Grund und Boden »gedeckt« und gegenüber der alten Mark im Maßstab 1:1 Billion verrechnet wurde, um anschließend zu einem eingeschränkten »Golddevisenstandard« überzugehen. Diese »verwässerte Version des reinen Goldstandards« (Aldcroft 1978, 152) setzte sich in den meisten Ländern bis 1928 durch. Das bedeutete, daß das Papiergeld nicht mehr jederzeit in Gold konvertierbar war, also der Umlauf von Goldmünzen aus dem täglichen Zahlungsverkehr verschwand; gleichzeitig wurde ein wachsender Teil der Reserven der Zentralbank nicht mehr in Gold, sondern in ausländischen Währungen (Devisen) gehalten, bzw. die Zentralbank intervenierte auf dem Devisenmarkt mit dem Ziel eines festen Wechselkurses zu einer anderen Währung mit Goldstandard (meistens dem Dollar).

Diese teuer bezahlte Stabilisierung konnte aber nur für wenige Jahre vortäuschen, daß die Krise gestoppt wäre. Tatsächlich lief diese vermeintliche Normalisierung darauf hinaus, daß sich die Staaten bei ihren Bürgern als Gläubigern gewaltsam entschuldeten und damit einen gewaltigen Verarmungsschub auslösten. In Deutschland war das Realeinkommen auf die Hälfte von 1913 gefallen (Aldcroft, a.a.O., 166). Mit der Illusion, daß nun der große, weittragende Aufschwung einsetzen werde, predigten die Mechaniker und Hüter der »schönen« Maschine wieder einmal säkularen Optimismus, wie zum Hohn auf die realen Erfahrungen. Tatsächlich war schon die »Inflationskonjunktur« ein Strohfeuer vor dem Hintergrund eines schweren Einbruchs von Produktion und Handel gewesen; und daran änderte sich im Grunde auch nach der monetären Stabilisierung nichts, wie der englische Wirtschaftshistoriker Derek Aldcroft im Rückblick feststellt:

»Die vielgelobte fieberhafte Industrietätigkeit jener Zeit existierte mehr dem Scheine nach als in Wirklichkeit. Die Produktion stieg, doch nur von einer sehr niedrigen Basis; sie blieb immer noch um vieles unter dem Vorkriegsstand, während die Produktivität abnahm« (Aldcroft, a.a.O., 167).

»Schein« ist hier buchstäblich zu verstehen, denn der Aufschwung fand vor allem im Reich der Spekulation statt. Hatte sich diese in der Inflationszeit aus der Zerrüttung des Geld- und Währungssystems heraus entwickelt, so ging sie nach der monetären Stabilisierung auf die Aktien- und Immobilienmärkte über. Denn jetzt wurde, ganz ähnlich wie zur Zeit des Gründerschwindels, nur in viel größerem Umfang, die erwartete Prosperität der Zweiten industriellen Revolution in einer für die tatsächlichen Verhältnisse völlig irrealen Dimension vorweggenommen. Rationalisierungsdebatte und Fordismus, in der industriellen Realität noch lange nicht implementiert oder erst einmal mit der negativen Konsequenz der »Freisetzung« von Arbeitskraft, gaukelten die unmittelbar bevorstehende »lange Welle« eines neuen säkularen Aufschwungs nach den Prinzipien von Henry Ford vor. Es schien so, als sei diese Welle nur vorübergehend durch die leidigen Nachwirkungen des Weltkriegs aufgehalten worden. Natürlich machte sich dieser spekulative historische Optimismus vor allem in den USA breit, die ja offenbar alle Voraussetzungen hatten, um zur »Lokomotive« einer Weltkonjunktur der Zweiten industriellen Revolution zu werden. Dem Immobilienboom (vor allem in Florida) folgte ein beispielloser Boom der Aktienkurse. Der linksliberale US-Ökonom John Kenneth Galbraith (geb. 1908) beschreibt als Zeitzeuge diese bis dahin größte Spekulationswelle:

»Ging es nach der nationalen Stimmung, so entstand ein Bild großen, andauernden und verdienten Wohlstands, wie es Präsident Coolidge so bewundernswert dargestellt hatte. Unterstützt wurde es durch die Vision einer neuen Welt der Industrie und Technologie, beherrscht von der Automobilindustrie mit ihren immer noch bewunderten Montagebändern und, vor allem, von der neuen Kommunikationswelt des Radios. Beliebtestes Spekulationsobjekt jener Jahre war RCA, die Radio Corporation of America. Wahrlich, sie hatte ihre Zukunft noch vor sich; RCA hat niemals eine Dividende ausgeschüttet. Im Zusammenhang mit dieser Stimmung und durch sie unterstützt, gab es […] die sich selbst stärkende Kraft des Spekulationsbooms. Wie das Land in Florida, zogen die steigenden Aktienpreise die Käufer an, die kauften und dadurch die Preise noch höher trieben […] Diese Tendenz wurde Ende der zwanziger Jahre durch zahlreiche Aktienkünstler verstärkt, die den Prozeß umfassend begriffen hatten und die sich zusammentaten, um den Preis für eine bestimmte Aktie hochzutreiben, und durch gemeinsames Kaufen und Verkaufen die Aufmerksamkeit auf diese Aktie lenkten. Hatten sie auf diese Weise das Interesse von Unschuldigen, Gierigen und Leichtgläubigen geweckt, verkauften sie ihre Aktien zu dem beträchtlich höheren Preis. Das war der Spekulationspool« (Galbraith 1995, 81 f.).

Um diesen Spekulationspool sammelte sich ein wachsendes Heer von Kleinspekulanten, ganz ähnlich wie in Deutschland vor dem Gründerkrach 1873, nur in weitaus größerer Zahl. Zwar konnte selbst in den USA nach wie vor nur ein Teil der Bevölkerung auf Erspartes zurückgreifen; aber das genügte, um eine allgemeine spekulative Mentalität zu erzeugen und das Zocken an der Börse zum »Volkssport« zu machen, zumal es möglich war, daran bei mangelnder eigener Liquidität mit Hilfe von Krediten teilzunehmen. Ein damaliger Börsenhändler berichtete kopfschüttelnd: »Ich habe erlebt, wie Schuhputzer Aktien im Wert von 50 000 Dollar mit nur 500 Dollar in bar kauften. Alles wurde auf gut Glück gekauft« (zit. nach: Terkel 1972, 14). Als die spekulative Hybris ihren Gipfel erreichte, soll der berühmte Börsenhai Jesse Livermore (der sich standesgemäß einige Jahre später auf der Toilette eine Kugel in den Kopf jagte) einem Neuling gesagt haben: »Junger Mann, was nützen einem 10 Millionen, wenn man nicht das wirklich große Geld kriegt?« (a.a.O., 17). In einer journalistischen Skizze über die Präsenz der abhebenden Börse im Alltagsleben der USA hieß es:

»Der Chauffeur des reichen Mannes lenkt den Wagen mit zurückgelegten Ohren, um Nachrichten über eine bedeutende Kursveränderung von Bethlehem Steel aufzufangen, denn er besitzt selbst 50 Anteile. Der Fensterputzer im Büro des Maklers macht eine Pause, um den Ticker zu beobachten, denn er überlegt, ob er die Früchte seiner Arbeit in einige Anteile von Simmons umtauschen soll. Edwin Levèfre, ein cleverer Marktberichterstatter [...] erzählt vom Kammerdiener eines Maklers, der fast eine Viertelmillion am Markt gemacht hat, von einer Krankenschwester, die 30 000 Dollar mit Hilfe der Tips gewann, die ihr dankbare Patienten gaben [...]« (zit. nach: Galbraith 1989/1954, 89).

Aber die spekulative Welle war nur ein Anzeichen dafür, daß in Wirklichkeit die realen Großinvestitionen in die unausgereiften Strukturen der Zweiten industriellen Revolution ausblieben und das Geldkapital statt dessen in die Finanzmärkte drängte. Statt eines gesamtgesellschaftlichen Investitionsbooms in Maschinen, Fließbänder, Fabriken usw. wurde kurzerhand die imaginäre Zukunft selber direkt auf den Aktienmärkten kapitalisiert. Natürlich platzte diese Blase des »fiktiven Kapitals« ebenso wie 1873 – nur der Knall war lauter und die Folgen verheerender. Der berühmte »Schwarze Freitag« am 24. Oktober 1929 (in Wirklichkeit war das in den USA ein Donnerstag, wegen der Zeitverschiebung jedoch in Europa schon der Freitag) sah den Zusammenbruch der New Yorker Börse. Es war der bis heute größte Crash in der Geschichte. In seiner Monographie erzählt John Kenneth Galbraith die Dramatik des Geschehens, dessen Folgen die Welt erneut in den Abgrund reißen sollten:

»Plötzlich blieb der Ticker zurück. Die Preise fielen stärker und schneller, und der Ticker hinkte hoffnungslos nach. Etwa um elf Uhr hatte sich der Markt in ein wildes Gebalge verwandelt [...] Um elf Uhr dreißig war der Markt von blinder, hoffnungsloser Angst erfüllt. Die Panik war da. Draußen auf der Straße hörte man wildes Geschrei. Eine Menschenmenge sammelte sich an. Polizeikommissar Grover Whalen beorderte eine Polizeiabordnung in die Wall Street, um die Ruhe zu erhalten. Viele Leute kamen und warteten, doch offensichtlich wußte niemand worauf. Ein Arbeiter erschien auf dem Dach eines hohen Gebäudes. Er sollte dort einige Reparaturen vornehmen. Die Menge glaubte, er wolle Selbstmord begehen, und wartete ungeduldig darauf, daß er endlich springen würde [...] Aktien wurden um ein Butterbrot verkauft [...] Eine Selbstmordwelle hing in der Luft. Es hieß, elf sehr bekannte Spekulanten hätten sich schon umgebracht [...] Für viel zu viele Beobachter bedeutete dies, daß sie erledigt waren und daß ihr kurzer Traum vom Reichtum verblaßt war, zusammen mit der Villa, den Autos, den Pelzen, den Juwelen und dem guten Ruf [...] Es war acht und eine halbe Minute nach sieben Uhr abends, als der Ticker endlich aufhörte, das Unglück des Tages weiterzuverbreiten. In den Börsenräumen saßen immer noch die Spekulanten, die schon seit dem Morgen ruiniert waren, und beobachteten schweigend das Papierband des Börsenschreibers [...] Der Markt hatte sich wieder durchgesetzt als eine selbstherrliche Macht, jenseits des Zugriffs irgendwelcher Personen, die ihn kontrollieren wollten [...]« (Galbraith 1989/1954, 110–120).

Zuerst dachte man noch, die Panik sei bloß eine vorübergehende »Korrektur« der überschäumenden Kursphantasie und danach werde es wieder nach oben gehen. Als aber die Kurse in den folgenden Wochen und Monaten immer dramatischer verfielen, wurde klar, daß der Zusammenbruch ein nachhaltiger war und es nichts mehr zu retten gab. Der Spekulationswelle folgte eine beispiellose Selbstmordwelle, die jahrelang anhielt. Der aus dem Fenster springende ruinierte Spekulant wurde zu einer Art mythischer Figur im Bewußtsein der Zeitzeugen und der Nachwelt:

»Ivar Kreuger, der berühmteste der internationalen Spekulanten, [...] ging eines Abends in Paris los, kaufte ein Gewehr, kehrte in seine Unterkunft zurück, wo er sich am nächsten Morgen erschoß. Um eine nachteilige Wirkung auf die ohnehin schwachen Märkte zu verhindern, wurde die Nachricht von seinem Tod so lange zurückgehalten, bis die Börse an diesem Tag schloß. Ähnliche Reaktionen auf das Unglück waren nicht ungewöhnlich, obwohl Presse und schwarzer Humor fast immer die Folgen übertrieben. Hotelangestellte fragten ankommende Gäste nicht, ob sie das Zimmer zum Schlafen oder zum Springen brauchten; die häufig erzählte Geschichte, daß zwei Börsenagenten Hand in Hand aus dem Fenster gesprungen seien, weil sie ein gemeinsames Konto hatten, ist bestimmt nicht wahr« (Galbraith 1995, 87).

Die einst von Adam Smith als segensreich gepriesene »unsichtbare Hand« des Marktes schlug wie ein außer Kontrolle geratener Roboter das gesellschaftliche Leben kurz und klein. Denn der Ruin der Spekulanten nach dem »Schwarzen Freitag« war nur der Auftakt zur bislang größten Depression der kapitalistischen Geschichte. Die vom Crash schwer getroffenen US-Banken mußten reihenweise ihre Geldanlagen aus dem Ausland zurückziehen, besonders natürlich aus Europa. Damit rissen die internationalen Kreditketten. Urplötzlich erwiesen sich immer mehr Kredite als »faul«, weil die Gläubiger, Sparer und Anleger um ihr Geld fürchteten und es schnellstmöglich einzutreiben versuchten, während umgekehrt die Schuldner ihre Kredite durch Spekulationsverluste und rasch zurückgehende reale Produktion nicht mehr bedienen konnten.

Dieser Prozeß der Abwärtsspirale verlief in mehreren Schüben, jedesmal durch neue Zusammenbrüche von Banken eingeleitet. So mußte die Österreichische Kreditanstalt, die größte Bank des Landes, im Sommer 1931 ihre Zahlungsunfähigkeit eingestehen. Danach brach die Depression in Europa erst richtig los. Besonders betroffen vom Abzug ausländischer Gelder war Deutschland, dessen Nettoinvestitionen in den Jahren vor 1929 zu fünfzig Prozent mit ausländischen, vor allem US-amerikanischen Krediten finanziert worden waren. Insgesamt gingen die internationalen Kapitalanleihen um mehr als 90 Prozent zurück. Der Zusammenbruch der Spekulation und die folgende allgemeine Kreditkrise legten den wahren Zustand der kapitalistischen Weltökonomie offen. Reihenweise bankrottierten Industrieunternehmen oder fuhren ihre Produktion drastisch zurück. In den USA stieg die Arbeitslosenquote auf 25 Prozent, in Deutschland auf über 40 Prozent. Ähnliche Größenordnungen wurden überall in der industrialisierten kapitalistischen Welt erreicht. Aber auch die agrarischen und rohstoffproduzierenden Länder wurden durch den drastischen globalen Rückgang von Produktion und Kaufkraft in den Strudel der Krise gerissen. Und überall sackte das Sozialprodukt dramatisch ab; in den USA um 30 Prozent und in Deutschland um mehr als 50 Prozent.

Diese zweite, größere Welle der Weltwirtschaftskrise nach der Inflationszeit lief in genau umgekehrter Form wie die Inflation ab, nämlich als globaler deflationärer Schock. Deflation bedeutet, daß die Warenpreise ebenso dramatisch sinken, wie sie in der Inflation steigen. Vorbereitet wird dieser Prozeß durch Abschwung und Stagnation der Konjunktur, weil sich wegen Überkapazitäten im Verhätnis zur kapitalistisch »regulären« Kaufkraft reale Investitionen immer weniger lohnen. Eben dies war die kapitalistische Grundtendenz der gesamten Zwischenkriegszeit von zwei Jahrzehnten (1919–1939) aufgrund des Zusammenwirkens von Erschöpfung der alten Trägerindustrien, Kriegsfolgen und mangelnder Potenzen zur raschen Implementierung der Zweiten industriellen Revolution mit ihren kostspieligen Rahmenbedingungen. Nur zeitweilig und teilweise konnte diese Grundtendenz durch die Bildung von »fiktivem Kapital« ohne reale Wertschöpfungspotenz (Vernutzung von regulärer »abstrakter Arbeit« auf der Höhe des Produktivitätsstandards) überspielt werden: zuerst durch die irreguläre staatliche Geldschöpfung mit der Folge des inflationären Zusammenbruchs; dann durch die spekulative Aufblähung der Aktien und teilweise der Immobilienwerte mit der Folge des deflationären Zusammenbruchs, dessen Wirkungen noch weitaus verheerender sein mußten als diejenigen der Inflation.

Ein deflationärer Krisenprozeß erhält seinen entscheidenden Schub durch den dramatischen Verfall der Immobilien- und Aktienpreise (also die unvermeidliche Entwertung des fiktiven Spekulationskapitals). Mit dem dadurch bedingten Reißen der Kreditketten und anschließenden Bankrottwellen verfällt die gesellschaftliche

Kaufkraft in immer größeren Dimensionen: Die Unternehmen bekommen keinen Kredit mehr, weil die Banken auf riesigen faulen Krediten sitzen und keine neuen Risiken eingehen können; die steil ansteigende Arbeitslosigkeit läßt die konsumtive Massenkaufkraft ebenfalls rasch verfallen; die Einnahmen des Staates aus regulären Steuern gehen mit derselben Geschwindigkeit zurück. Kurz: es herrscht allgemeiner Geldmangel, was dazu führt, daß nach den Aktien- und Immobilienpreisen auch die Warenpreise immer schneller absinken.

Die deflationäre Krise hat aber ebenso wenig wie die Inflation etwas mit dem »klassischen« Gesetz von Angebot und Nachfrage auf den Warenmärkten zu tun. Denn ebenso wenig wie die inflationär gefütterte Nachfrage auf eine Erweiterung von realer Produktion und Bedürfnissen zurückzuführen ist, ist die deflationäre Verminderung der Nachfrage etwa die Folge einer Sättigung der Bedürfnisse; ganz im Gegenteil. Können sich die Leute in der Hyperinflation mit ihren absurden Billioneneinkommen nicht einmal ein anständiges Essen leisten, so erleiden sie dasselbe Schicksal in der Deflation mit umgekehrtem Vorzeichen, weil sie trotz drastisch fallender Warenpreise keine müde Mark mehr in der Tasche haben. Die Wucht der deflationären Krise ist jedoch insofern wesentlich stärker, als die Preise und Löhne zwar in der Inflation bis in astronomische Höhen steigen und dennoch immerhin einen Teil der Produktion aufrechterhalten, aber in der Deflation nicht in ebensogroßen Dimensionen fallen können: Statt dessen wird ein dramatisch wachsender Teil der Produktion freiwillig mangels jeglicher Rentabilität oder unfreiwillig durch Massenbankrotte gänzlich stillgelegt. Auf diese Weise schwillt die Arbeitslosigkeit weiter an, die Staatseinnahmen gehen weiter zurück, und die Krisenspirale ist nicht mehr zu stoppen.

Die Weltwirtschaftskrise nach 1929 war der bislang größte deflationäre Schock in der Modernisierungsgeschichte. Dementsprechend feierte die wunderbare Marktwirtschaft sogar über die katastrophalen Erfahrungen der Inflationsjahre hinausgehende Weltrekorde der »Wohlfahrtssteigerung« bis hin zur offenen globalen Hungerkrise. In den USA irrten nahezu mittellose Massen in ihren Ford-Autos, dem einzigen noch verbliebenen Besitz, hilflos durch das Land auf der Suche nach Gelegenheitsjobs, um ein wenig Essen und Benzin zu verdienen. Der blecherne Schrotthaufen als letzte Heimat einer neuen Elends-Vagabondage: was für ein Auftakt des von Henry Ford versprochenen goldenen Zeitalters! Außer diesen bizarren mobilen Slums entstanden in den Vorstädten auch riesige neue Elendsviertel, die nie mehr ganz verschwinden sollten: »Die Obdachlosen sammelten sich in Kolonien aus Blech- und Bretterhütten [...] inmitten von Schmutz und Ratten« (Sautter 1994, 371). Diese Slums wurden nach dem während der schlimmsten Jahre der Weltwirtschaftskrise regierenden Präsidenten Herbert Clark Hoover (1874–1964) ironisch »Hoovervilles« getauft. In allen großen Industriestaaten schwoll die Zahl der Hungernden wieder an. In Berlin wird eine Arbeiterfrau über die familiären Ernährungsverhältnisse befragt:

»Und wie kaufen Sie von 8 Mark 20 in der Woche Essen für sieben Menschen? ›Brot und Kartoffeln‹, antwortete sie. ›Zum größten Teil Brot. An dem Tag, an dem wir das Geld kriegen, kaufen wir uns Wurst. Einmal in der Woche will doch der Mensch ein bißchen Fleisch haben. Dafür hungern wir aber die beiden letzten Tage von der Woche [...]« (zit. nach Abelshauser/Faust/Petzina 1985, 335).

Im August 1931 muß das preußische Wohlfahrtsministerium beschämende Zustände der medizinischen Versorgung und der Ernährungslage besonders bei Kindern eingestehen:

»Die Arbeitslosigkeit der Eltern verursacht bei den jungen Kindern Unterernährung, Häufung von Krankheiten, Gleichgültigkeit gegenüber hygienischen Anforderungen [...] Die Kinderkrankheiten und Erkältungskrankheiten häufen sich, da der Arzt sehr oft zu spät oder gar nicht aufgesucht wird, weil für Arztschein und Medizin die notwendigen Gebühren nicht aufzubringen sind oder kein Fahrgeld vorhanden ist [...] Sehr deutlich sind die häufigen Erkrankungen der Kinder in den Schulen infolge Blutarmut und Hunger. Schwindel- und Ohnmachtsanfälle treten stark auf, auch bei älteren Kindern. Bei Nachforschungen in den Haushaltungen hat sich herausgestellt, daß die Ernährung völlig unzureichend ist, Vitamine (Obst, Gemüse) ganz fehlen, weil die Mittel nicht vorhanden sind. Skorbutanzeichen (!) machen sich schon bemerkbar in gewissen Elendsquartieren der Großstädte« (zit. nach Treue 1967, 248).

Zu welcher Kostbarkeit für große Menschenmassen die schlichte Kartoffel abermals aufgestiegen war, zeigt die Aktion eines passenderweise nach dem bildungsbürgerlichen Ober-Antisemiten Heinrich von Treitschke benannten Gymnasiums in Berlin: Jeder Sprößling der noch verbliebenen Besserverdienenden soll morgens jeweils eine Kartoffel mitbringen für die Lazarusse des Bezirks! Im Herbst 1931 berichtet ein Reporter der »Vossischen Zeitung« über die Not der abgestürzten, vor allem älteren Menschen in den immer noch sauberen Mittelstandsvierteln:

»Am schlimmsten sind die, die gar nichts reden. Solange es hell ist, sitzen sie verloren auf den Bänken der breiten Straße; später streichen sie die Zäune der Restaurants entlang, bleiben stehen, stieren den Essenden an, ohne zu reden, ohne zu betteln, ohne sich zu regen« (zit. nach Treue 1967, 250).

Binnen kürzester Zeit bombte die Weltwirtschaftskrise die sozialen Standards auf das Niveau des 18. und frühen 19. Jahrhunderts zurück. Dieser kapitalistische Alptraum machte natürlich auch vor der Kultur und selbst vor den minimalsten zivilisatorischen Errungenschaften nicht halt. Reihenweise wurden Schwimmbäder, Theater und kulturelle Institutionen geschlossen, die Etats der Bibliotheken und des gesamten Bildungswesens, der Krankenhäuser und der medizinischen Versorgung brutal zusammengestrichen. Die Entzivilisierung der gesamten kapitalistischen Welt nahm Ausmaße an, wie sie selbst noch in der ersten, inflationären Phase der Krise niemand für möglich gehalten hätte.

Es ist natürlich von den Apologeten der offiziellen Wirtschaftswissenschaft immer wieder versucht worden, die katastrophale Weltwirtschaftskrise nach 1929 nicht etwa auf die zerstörerische innere Logik des sakrosankten kapitalistischen Systems zurückzuführen, sondern auf eine angeblich »falsche Wirtschaftspolitik« der meisten damaligen Regierungen, denen die deflationäre Gefahr nicht bewußt geworden sei, bis es zu spät war. Sie hätten noch eine »Politik des knappen Geldes« betrieben, als schon längst Liquidität in die Wirtschaft hätte gepumpt werden müssen, um Krach und Krise zu vermeiden. Diese Beurteilung ist gleich dreifach falsch und kontrafaktisch.

Denn erstens waren damals ja gerade erst unter großen Opfern die Inflationen und Hyperinflationen mühsam überwunden worden, deren Lehre zu lauten schien: Niemals wieder die Notenpresse anwerfen, um die Fiktion einer funktionierenden Ökonomie aufrechtzuerhalten! Es war schlicht unmöglich, nach dieser Erfahrung und dem daraus entstandenen geld- und währungspolitischen Weltkonsens einfach aus dem Stand wieder ins genaue Gegenteil zu verfallen. Zweitens fand trotzdem durchaus ein realer Wechsel der Geldpolitik statt, allerdings vorsichtig und zögernd – am spätesten in Deutschland, wo das Trauma der Hyperinflation am meisten nachwirkte. In der Folge mußte der gerade erst gepäppelte Gold-Devisen-Standard schon wieder aufgegeben werden. Allein die USA konnten schließlich zu einer unmittelbaren Goldbindung und Goldeinlösungspflicht ihrer Währung zurückkehren und damit im Zuge ihres Aufstiegs zur Weltmacht den Dollar endgültig als neue globale Leitwährung etablieren.

Drittens bestand der Grund der Krise keineswegs in einem ursprünglichen Mangel an Liquidität, die vor dem Crash sogar im Übermaß vorhanden war; allerdings nach 1925 nicht in Form staatlicher Geldschöpfung, sondern in Form der spekulativen Blase fiktiver Wertsteigerungen der Aktien (und der damit verbundenen kommerziellen Geldschöpfung durch die Aufblähung des Kreditgeldes im Bankensystem). Diese Liquidität war aber ja gerade deshalb in den Finanz- und Spekulationsüberbau gepumpt worden, weil sich reale industrielle Investitionen als relativ unrentabel erwiesen hatten angesichts zunehmender Überkapazitäten. Das industrielle Schneeballsystem der kapitalistischen Produktion selbst war an eine innere Schranke gestoßen, insofern die Kluft zwischen der Erschöpfung der alten Industrien für eine weitere Akkumulation einerseits und der gesellschaftlichen Implementierung der neuen fordistischen Industrien und Produktionsmethoden andererseits nicht geschlossen werden konnte. Dieses Problem trat auf der oberflächlichen geld- und währungspolitischen Ebene in Erscheinung, aber es wurde nicht auf dieser Ebene verursacht.

In Wahrheit zeigt der Ablauf der globalen Wirtschaftskatastrophe in der Zwischenkriegszeit aber mehr als einen bloß zyklischen Einbruch an. Diese Weltkrise verweist darauf, daß ein flächendeckender Vollkapitalismus, der die gesamte gesellschaftliche Reproduktion seiner Logik unterwirft, nur in einer äußerst hybriden und fragilen Gestalt ins Leben treten kann, also ohne die Aussicht auf lange historische Dauer. Die Kriegswirtschaft war ökonomisch gesehen der Vorbote einer strukturellen Grundproblematik für den heraufdämmernden Totalkapitalismus auch in seiner zivilen Form: Vorauskosten, Nebenkosten und Folgekosten einer gesellschaftlich totalisierten betriebswirtschaftlichen Rationalität steigen derart an, daß das Verhältnis von Geldform und realer Produktion des Kapitals nicht mehr nahezu deckungsgleich gehalten werden kann, sondern krisenhaft auseinanderfällt.

Ein voll entwickelter Kapitalismus, der alle anderen Sektoren ausgeschaltet oder marginalisiert hat und den gesamten gesellschaftlichen Lebensprozeß beherrscht, ohne seinen eigenen inneren Selbstwiderspruch zu beherrschen, kann sich grundsätzlich nur in einer mehr oder weniger gedehnten Spirale von Inflation und Deflation bewegen, bis er sein auswegloses Ende erreicht hat. Schon im Anlauf zu seiner Totalisierung war der Kapitalismus an dieser Hürde eigentlich gescheitert. In ziviler Form hätte der Übergang zur Zweiten industriellen Revolution nicht mehr stattgefunden. So blieb nichts als die Flucht nach vorn in neue Rüstungspolitik und neue Kriegswirtschaft: »Krieg, nicht etwa ökonomische Weisheit, beendete die Depression« (Galbraith 1995, 91).

Diktaturen und »Krieg der Welten«

Es gehört zum Selbstbetrug und zur Geschichtsklitterung der auch heute noch herrschenden bürgerlich-demokratischen Ideologie, daß sie die nun folgende dritte Runde der Weltkatastrophe im Übergang zur Zweiten industriellen Revolution von den innerkapitalistischen Widersprüchen möglichst weitgehend abzulösen sucht. Ist man noch genötigt, die »Urkatastrophe« des Ersten Weltkriegs widerwillig mit dem genuin kapitalistischen Prozeß von Kolonialismus, Imperialismus und Rüstungswettlauf der konkurrierenden jungen Nationalökonomien in Verbindung zu bringen (allerdings meistens unter dem Aspekt irgendwie »zeitbedingter« Auswüchse, die nichts mit dem wahren Wesen des Kapitalismus zu tun hätten), so folgt das apologetische bürgerliche und liberale Denken des Westens für die Zeit nach 1918 einem anderen Muster, um die blutigen Spuren der weiteren kapitalistischen Geschichte zu verwischen.

Von jetzt an wird der »eigentliche«, zu sich selbst gekommene Kapitalismus ideologisch mit der »guten« westlichen Demokratie und ihrer angeblich friedlich-schiedlichen Marktwirtschaft identifiziert, während man alles Böse dieser Welt und alle Verbrechen der unaufhörlich weitermahlenden Modernisierungsgeschichte den Diktaturen des 20. Jahrhunderts anlastet, die im Gefolge von Weltkrieg und Weltwirtschaftskrise entstanden und für die symbolisch die Namen Hitler und Stalin stehen. Wie die betriebswirtschaftliche Logik permanent Kosten »externalisiert« und diese den sozialen Verlierern, der Gesamtgesellschaft, anderen Ländern, der Zukunft und der Natur auflädt, so kann der Liberalismus (der ja alle Parteien der westlichen Staaten als Basisideologie durchdringt) mit seinen Orwellschen Sprachregelungen die diversen Modernisierungsdiktaturen von 1918 bis zu ihren heutigen Ausläufern und Irrläufern als eine Art ideologische Müllkippe benutzen, um die Kosten der weiteren Durchkapitalisierung der Welt projektiv zu entsorgen.

Woher aber diese Diktaturen gekommen sind, in welchem historischen Grund ihr Denken wurzelt und in welcher inneren Beziehung sie zur westlichen Marktwirtschaftsdemokratie stehen, muß dann rätselhaft erscheinen. Sie werden gewissermaßen ideologisch aus der kapitalistischen Welt exkommuniziert und gelten als das schlechthin »Andere« und »Fremde«, das aus den Tiefen der Geschichte emporgestiegen ist und die dunkle, antizivilisatorische Seite des Menschen überhaupt repräsentiert. Der »Absturz einer westlich geprägten Zivilisation in eine Barbarei ohnegleichen« (Mommsen 1991, 424) als Kennzeichnung der Nazi-Diktatur, wie eine typische Konsensformulierung nicht nur unter zeitgenössischen Historikern lautet, blockt von vornherein die Frage nach einem inneren Zusammenhang, einem gemeinsamen Kontext oder einer gemeinsamen Grundlage von Marktwirtschaftsdemokratie und Nazi-Verbrechen oder überhaupt staatsterroristischen Krisen- und Modernisierungsdiktaturen der jüngeren Vergangenheit ab, in der das barbarische Moment der »westlich geprägten Zivilisation« selber aufscheinen könnte.

Wenn etwa der BRD-Philosoph Hans-Joachim Lieber den Stalinismus als ein System bestimmt, das »die Denunziation, gnadenlose Verfolgung, Deportation und Massenvernichtung von ›Andersdenkenden‹ [...]« (Lieber 1993, 882) als Strukturmerkmal aufweise, dann müßte schon ein grober Blick auf die Modernisierungsgeschichte der letzten 200 Jahre genügen, um die Frage aufkommen zu lassen, ob dieses »Strukturmerkmal« nicht das Vorgehen des Liberalismus oder Liberalkonservatismus und seiner sämtlichen Regimes gegen soziale Verweigerungs- und Emanzipationsbewegungen schon immer gekennzeichnet hat. Darin kann der Unterschied von westlich-liberalen Traditionen und den Diktaturen des 20. Jahrhunderts mit Sicherheit nicht bestehen. Schon die frühesten Versuche einer theoretischen Aufarbeitung der diktatorischen Epoche in der Geschichte der Zweiten industriellen Revolution operieren mit ähnlich apologetischen Konstrukten, wie sich etwa in einer (unter dem Pseudonym Paul Sering) 1946 erschienenen Analyse von Richard Löwenthal zeigt:

»Besonders der deutsche Nationalsozialismus hat eine zerstörende explosive Wucht, eine Berserkerwut in der Verneinung anerkannter Werte der europäischen Tradition entfaltet, deren Wurzeln wir in einer anderen Dimension des geschichtlichen und gesellschaftlichen Geschehens suchen müssen [...] Die humanistische Tradition, die in christlichen, liberalen oder sozialistischen Formen jeder Art von zivilisierter Gemeinschaft in Europa zu Grunde liegt, ist wie jede Errungenschaft menschlicher Gesittung immer wieder vom Hereinbrechen des Chaos (!) bedroht [...]« (Sering 1984/1946, 412).

Es ist bemerkenswert, daß diese Exkommunikation der Nazi-Diktatur aus der »europäischen Tradition« hier von einem Linken in derselben Weise formuliert wird, wie es dann auch Konservative und Liberale immer wieder versucht haben, um den ekelhaften braunen Fleck aus dem aufklärerisch-demokratisch-kapitalistischen Gesamtkunstwerk herauszuwaschen. Die jüngste Geschichte soll so als fundamentaler Konflikt, Menschheitskrieg und Endkampf zwischen Gut und Böse, zwischen liberaler westlicher Demokratie und jenen Diktaturen interpretiert werden; eine Lesart, die keinen Raum mehr läßt für eine alternative Betrachtungsweise und kritische Analyse, die ein anderes Verhältnis zwischen diesen historischen Erscheinungen entdecken könnte.

Dieses Konstrukt ist so offenkundig projektiv und manichäisch, daß es verdächtig an die Struktur der Nazi-Ideologie selbst erinnert. In der Tat war das antisemitische Zentrum jener vom Liberalismus ausgehenden Mythisierung und Biologisierung, mit der die kapitalistischen Selbstwidersprüche und Krisenpotenzen seit dem 19. Jahrhundert irrational umgedeutet wurden, überlagert von allen möglichen Bildern und Traumgesichten des »Fremden« und »Anderen« – die Bedrohung durch das verinnerlichte System der anonymen Konkurrenz auf allen Ebenen suchte sich ihren imaginativen Ausdruck in zahlreichen Verkleidungen, auch wenn (oder gerade weil) das zugrundeliegende gesellschaftliche Syndrom nicht mehr bewußt und vernünftig mit kritischer Reflexion durchdrungen werden konnte.

Eine der vielen Erscheinungsformen dieser mythischen »Andersheit« in der populären Literatur war (und ist bis heute) die »Invasion der Außerirdischen«, wie sie die seit dem späten 19. Jahrhundert aufkommende Science-fiction als imperialistisches Märchen erfunden hat.

Schon 1898 hatte der einschlägig berühmte H. G. Wells (1866–1946) in seinem prototypischen Roman »Der Krieg der Welten« einen Angriff weit überlegener Wesen vom Mars geschildert. Das Fremde, mit dem nicht mehr kommuniziert werden kann, obwohl es ebenso aus Fleisch und Blut wie die Menschen ist, erscheint dabei schon rein physiognomisch als Klischee purer Bösartigkeit:

> »Es hatte unter den Augen einen Mund, dessen Rand unausgesetzt zitterte und von Speichel troff [...] Der seltsame V-förmige Mund mit zugespitzter Oberlippe, die fehlenden Augenbrauen, das fehlende Kinn [...] verursachte [...] Übelkeit [...] Schon bei dieser ersten Begegnung, bei diesem ersten Anblick wurde ich von Abscheu und Grauen überwältigt (Wells 1974/1898, 21).

Die Projektion des eigenen gesellschaftlichen Widerspruchs in »außerirdische« Monstrositäten ist dabei nur die bizarre Variante desselben Mechanismus, wie er in »irdischen« (vor allem antisemitischen) Projektionen ebenso erscheint. Keiner der Beteiligten käme je auf die

Idee, daß das, was er da sieht, einem Blick in den Spiegel geschuldet ist. Gewöhnlich versucht das bürgerliche Bewußtsein, diese gefährliche Projektion gesellschaftlicher Widersprüche auf »fremde Wesen« durch betuliche Moralisierung zu verharmlosen: Alle sollen einfach »nett zueinander« sein – der Nazi zum Juden, der Kommunist zum Liberaldemokraten, der Mensch zum Außerirdischen und umgekehrt. Weil die Verdrängungsleistung der marktwirtschaftlich-demokratischen Hardcore-Ideologie begrenzt bleiben muß, nimmt die Wiederkehr des Verdrängten eine ebenso perverse wie legitimatorische Form an: Der ganze sozialökonomische Zusammenhang, der die paranoide Projektion überhaupt erst hervorgebracht hat, wird als das eigentlich und schlechthin »Gute« festgeschrieben; und soweit Gemeinsamkeiten, Berührungspunkte und Schnittmengen von Diktatur und Marktwirtschaftsdemokratie einfach nicht gänzlich zu übersehen sind, werden sie dann für eine »Entschuldigung« und historische Teillegitimation der Diktatur instrumentalisiert. Bezeichnenderweise gilt dies aber (besonders in Deutschland seit dem »Historikerstreit« der 80er Jahre) nur für die Nazi-Diktatur, während die bolschewistisch-stalinistische Sowjetunion wesentlich schlechter wegkommt.

Geradezu virtuos ist dieses apologetische Konstrukt von Ernst Nolte entwickelt worden. Er bekennt sich erst einmal ausdrücklich im Prinzip zur westlichen Liberaldemokratie, zum bürgerlich-kapitalistischen »Fortschritt« und zur »Westernization« der Welt. So greift er halbwegs zustimmend die einschlägige Grundaussage auf, »daß die eigentliche und modernisierende Revolution diejenige des liberalen Kapitalismus oder der Wirtschaftsfreiheit ist, die vor 200 Jahren in England begann und die sich zuerst in Amerika vollendete« (Nolte 1987, 20). Und vehement wendet er sich dagegen, die Nazi-Diktatur in einen *negativen* inneren Zusammenhang mit Kapitalismus und Nachkriegsdemokratie zu bringen: »Wer das Dritte Reich deshalb kritisiert, weil er im Grunde die Bundesrepublik oder das kapitalistische System treffen will, muß als der Tor erscheinen, der er ist« (a.a.O., 33). Soweit unterscheidet sich Noltes ideologischer Ausgangspunkt nicht von dem seiner Gegner, etwa des demokratischen Staatsphilosophen Jürgen Habermas, der in demselben Sinne sagt: »Die vorbehaltlose Öffnung der Bundesrepublik gegenüber der politischen Kultur des Westens ist die große intellektuelle Leistung unserer Nachkriegszeit, auf die gerade meine Generation stolz sein könnte« (Habermas 1987, 75).

Auch die weitere Argumentation Noltes, der jedwede radikale soziale Gegenbewegung und die sozialistisch-kommunistischen Ideen in ihrer Gesamtheit einer letztlich »archaischen«, diktatorischen, utopischen, in vieler Hinsicht »asiatischen« und völlig inakzeptablen Reaktion auf die nun leider einmal unvermeidlichen Opfer der Modernisierung zuschreibt, ist so weit vom westlich-kapitalistischen, liberaldemokratischen Konsens nicht entfernt. Noltes Spezialität besteht allerdings darin, daß er mit einer bislang zumindest in »seriösen« Wissenschaftskreisen nicht dagewesenen Offenheit die Nazi-Diktatur gerade dadurch »relativieren« und »historisieren« will, daß er ihr (im Unterschied zum östlichen Staatskommunismus) gewisse *positive* Affinitäten zur westlichen Welt und zumindest eine Funktion in der Abwehr des »eigentlichen« Bösen, nämlich des Kommunismus, zugesteht:

»[...] und der Frage ist schlechterdings nicht mehr auszuweichen, ob nicht dem Nationalsozialismus zumindest insoweit ein gewisses historisches Recht (!) zuzuschreiben ist, als er sich dem umfassenden Anspruch der Sowjetunion mit großer, wenn auch vermutlich weit überschießender Energie widersetzte. Wenn es je einen wissenschaftsfördernden Anstoß gab, so ist es dieser (!) [...]« (Nolte 1993, 19).

Die Konsequenz ist dann natürlich, daß auch Auschwitz und der Holocaust relativiert werden müssen. Die eigentlichen Übeltäter der Geschichte sollen demnach die russischen Kommunisten mit ihrem von Nolte als »Klassenmord« bezeichneten Vorgehen gewesen sein. Alles übrige, so Nolte, folge aus diesem »Urverbrechen«, so daß »die sogenannte (!) Judenvernichtung des Dritten Reiches eine Reaktion oder verzerrte Kopie und nicht ein erster Akt oder das Original war« (Nolte 1987, 33). Hitler und die Nazi-Verbrechen treten hinter die »kommunistische Bedrohung« zurück:

»Vollbrachten die Nationalsozialisten, vollbrachte Hitler eine ›asiatische‹ Tat vielleicht nur deshalb, weil sie sich und ihresgleichen als potentielle oder wirkliche Opfer einer ›asiatischen‹ Tat betrachteten? War nicht der ›Archipel Gulag‹ ursprünglicher als Auschwitz? War nicht der ›Klassenmord‹ der Bolschewiki das logische und faktische Prius des ›Rassenmords‹ der Nationalsozialisten?« (Nolte 1987, 45).

Auschwitz verschwindet so nahezu im »verständnisvollen« Begriff der »überschießenden Energie«, mit dem sich die Nazi-Diktatur »verdienstvoll« und fast schon als Vorposten der westlichen Demokratie dem »umfassenden Anspruch der Sowjetunion« entgegengestemmt habe. Die demokratische Empörung über diese perfide Argumentation, die ohnehin nur gedämpft war und als »wissenschaftliche Diskussion« unter ehrenwerten Historikern firmierte, mußte aber ihrerseits zweideutig bleiben. Denn die Frage ist, ob die liberaldemokratische Kritik an Nolte wirklich in erster Linie auf die Relativierung der Nazi-Verbrechen als solche zielte oder ob sie nicht vielmehr deswegen aufbrauste, weil diese Relativierung selber einen übergreifenden westlich-kapitalistischen und liberaldemokratischen Standpunkt positiv für sich reklamierte, von dem aus der Nationalsozialismus wenigstens »ein Stück weit« in die marktwirtschaftsdemokratische Familie bzw. deren Ahnengalerie eingemeindet werden, der Kommunismus dagegen »für immer draußen bleiben« sollte. Das Unbehagen an der Argumentation von Nolte könnte insofern daher rühren, daß er die westlich-kapitalistische Demokratie unfreiwillig desavouiert, indem er sie genau wie seine demokratischen Kritiker manichäisch als das absolut »Gute« der Moderne voraussetzt, gleichzeitig aber einer bestimmten Erscheinungsform des »Bösen«, nämlich der Nazi-Diktatur, Elemente einer Affinität zu diesem »Guten« unterstellt und zugesteht: Die absolute Anerkennung der westlichen Demokratie schlägt so bei ihm um in die relative Anerkennung der Nazi-Diktatur.

Die Auflösung dieser gespenstischen Debatte kann nicht darin bestehen, zu einer »Reinhaltung« der Marktwirtschaftsdemokratie von allen verdächtigen Gemeinsamkeiten mit den Diktaturen des 20. Jahrhunderts zurückzukehren, um die Exkommunikation des »Bösen« lückenlos zu erhalten. Vielmehr liegt es bei einer Betrachtung der gesamten Modernisierungsgeschichte nahe, die Perspektive umzukehren und genau andersherum wie Nolte vorzugehen:

nämlich Kapitalismus, Liberalismus und Marktwirtschaftsdemokratie nicht als übergreifendes Positivum zu verstehen, sondern im Gegenteil als die bloß mit Orwellschem Vokabular schöngefärbte Welt jener negativen und repressiven Zwangsvergesellschaftung durch die monströse »schöne Maschine« der »Verwertung des Werts«; und demzufolge auch die in der kapitalistischen Produktionsweise wurzelnden gemeinsamen Momente von Marktwirtschaftsdemokratien und Diktaturen des 20. Jahrhunderts nicht als »entschuldigendes« Faktum darzustellen, sondern als die unter bestimmten Bedingungen realisierte besondere Erscheinungsform jener »eigentlichen und modernisierenden Revolution des liberalen Kapitalismus« selbst. Aus dieser negativen, kritischen Perspektive kann besonders Auschwitz nur als die nicht mehr zu überbietende äußerste Konsequenz der liberalen Ideologie in der Tradition von Hobbes, Mandeville, de Sade, Bentham, Malthus u. Co. verstanden werden, während im Gegensatz zu Nolte eine gewisse Relativierung eher hinsichtlich des Regimes einer »nachholenden Modernisierung« in der Sowjetunion angebracht wäre.

Entscheidend aus dieser Sicht ist die gemeinsame, identische und übergreifende negative Grundform aller Gesellschaftssysteme des 20. Jahrhunderts, nämlich das im Laufe des 19. Jahrhunderts herausgebildete warenproduzierende Industriesystem mit seiner Zwangsherrschaft der »abstrakten Arbeit« und der Zwangskonkurrenz sogenannter Nationen auf dem Weltmarkt. Die durch Weltkrieg und Weltwirtschaftskrise hervortretenden Unterschiede von Marktwirtschaftsdemokratie und Modernisierungs- oder Krisendiktatur sind demgegenüber sekundär und im wesentlichen Resultate einer *historischen Ungleichzeitigkeit* des kapitalistischen Entwicklungsprozesses in den verschiedenen Weltregionen. Die Unterschiede sowohl zwischen der westlich-kapitalistischen Liberaldemokratie und den Diktaturen des 20. Jahrhunderts als auch zwischen diesen Diktaturen selbst (vor allem die Differenz von stalinistischer Sowjetunion und nationalsozialistischer Herrschaft) können überhaupt nur vor dem Hintergrund dieser fundamentalen Gemeinsamkeit herausgearbeitet werden. Geradezu hellsichtig hat der französisch-russische Philosoph Alexandre Kojève dieses Verhältnis von struktureller Identität und historischer Ungleichzeitigkeit der westlichen Demokratie, des Sowjetkommunismus und des Nationalsozialismus bereits in den 30er Jahren erfaßt; seine einschlägigen Vorlesungen wurden unmittelbar nach dem Zweiten Weltkrieg publiziert. Zusammenfassend stellt Kojève fest:

»Aus einer wirklich historischen Perspektive gesehen, hatten die beiden Weltkriege und die Vielzahl großer und kleiner Revolutionen in ihrem Gefolge lediglich den Effekt, die rückständigen Zivilisationen der Randprovinzen den fortschrittlichsten (realen oder virtuellen) historischen Positionen in Europa anzugleichen. Wenn die Sowjetisierung Rußlands oder der Machtantritt des Kommunismus in China mehr oder etwas anderes bedeuten als die Demokratisierung des imperialen Deutschland (mit dem Durchgangsstadium Hitlerismus) oder die Entlassung Togos in die Unabhängigkeit, ja sogar als die Selbstbestimmung der Papuaner, dann nur, weil die sino-sowjetische Aktualisierung des Robespierreschen Bonapartismus das postnapoleonische Europa dazu treibt, die Beseitigung der mehr oder weniger anachronistischen Überbleibsel seiner vorrevolutionären Vergangenheit zu beschleunigen« (Kojève 1947, 436).

Bis heute ist das westlich-demokratische Denken unfähig, diese dialektische, die Ungleichzeitigkeit auf gleicher Grundlage reflektierende historische Perspektive einzunehmen und insbesondere das sowjetische und das chinesische Revolutionsregime (in der Folge auch die nationalrevolutionären Regimes der ehemaligen Kolonien) als modifiziertes staatsökonomisches Revival der frühkapitalistischen Durchsetzungsregimes im Westen zu begreifen. In phantastischer Form taucht dieser Gedanke auch schon vor der entsprechenden historischen Realität in Alfred Kubins visionärem Roman »Die andere Seite« von 1909 auf. Darin werden nicht nur Diktaturen, Weltkriege und zerbombte Städte vorausgesehen. Patera, dem Diktator des Traumreiches in einem virtuellen Mittelasien, erwächst ein Gegenspieler in dem »Pökelfleischkönig« und Milliardär Herkules Bell aus Philadelphia, kurz »der Amerikaner« genannt, der zwecks Befreiung in den Traumstaat eindringt; seine Proklamation ist durch einschlägige Symbolik verziert: »Eine Freiheitsgöttin mit Diadem hält eine Tafel, auf deren Rückseite die Worte: Freiheit, Gleichheit, Brüderlichkeit, Gesellschaft, Wissenschaft, Recht zu lesen waren« (Kubin

1994/1909, 156). In alptraumartigen Sequenzen zeigt sich jedoch, daß Patera und Bell ein und dieselbe Person sind, verwachsen zu einem mehrgestaltigen Monstrum, das als eine aus dem Unbewußten aufsteigende Metapher der Modernisierung gelesen werden kann:

»Wenn ich diese Widersprüche auch nicht verstehen oder auflösen konnte – was kümmerten sie mich schließlich? Jegliche Furcht war verschwunden; die entsetzliche Vision, die mich Pateras Doppelwesen erfassen ließ, schloß die Abgründe meiner Zweifel und Ängste [...] Patera und der Amerikaner verkrallten sich zu einer unförmlichen Masse, der Amerikaner war gänzlich in Patera hineingewachsen. Ein ungeschlachter, nicht übersehbarer Körper wälzte sich nach allen Seiten. Dieses gestaltlose Wesen besaß eine Proteusnatur, Millionen kleiner, wechselnder Gesichter bildeten sich an seiner Oberfläche, schwatzten, sangen und schrien durcheinander und zogen sich wieder zurück [...] Das Phänomen Patera bleibt ungelöst [...] Der Amerikaner lebt heute noch und ihn kennt alle Welt« (Kubin, a.a.O., 191, 238, 249).

In dieser phantastischen Identität von Patera und Bell scheint etwas davon auf, daß wir es hier mit einer Art Dr.-Jekill-und-Mr.-Hyde-Identität von Demokratie und Diktatur zu tun haben; oder anders gesagt, daß die westliche Nachkriegsdemokratie, vorgeformt in den USA, nichts anderes als die fortentwickelte und zur »zweiten Natur« objektivierte Diktatur einer fetischistischen, in Wahrheit der menschlichen Vernunft hohnsprechenden Gesellschaftsmaschine ist. Bei näherer Betrachtung kann auch leicht eingesehen werden, daß sich in den Diktaturen des 20. Jahrhunderts nur der liberale Terror des Frühkapitalismus auf höherer Stufenleiter der Entwicklung und mit verschobenen ideologischen Legitimationsmustern wiederholte. Schon in der Doktrin von Hobbes ist die Identität von Liberalismus und Diktatur enthalten; und bei dem ersten Liberaldemokraten Bentham wird sie zum Programm. Erinnern wir uns an das Ziel dieses Programms, so wird die innere Einheit von Demokratie und Diktatur vollends klar: Der »ökonomische Terror« des Kapitalismus sollte verinnerlicht werden, bis schließlich das Menschenmaterial reif dafür gemacht wäre, eine demokratische Exekution dieses Terrors an sich selbst zu vollstrecken. Solange dieses edle Ziel noch nicht erreicht war, galten dem Oberliberalen und Urdemokraten Bentham alle Mittel des Zwangs einschließlich der Folter als legitim.

War bei Bentham die Identität von Demokratie und Diktatur unter den Bedingungen der kapitalistischen Weltmaschine in ihrem Frühstadium noch unmittelbar deutlich und mit naiver Offenheit postuliert, so konnte im westlichen Denken nach 1945 diese Identität von zwei Seiten derselben Medaille in dem Maße verwischt werden, wie das Bentham-Projekt seiner Verwirklichung näherkam und es somit möglich wurde, einen Orwellschen Begriff der »Freiheit« ideologisch gegen die primitiveren, staatsautoritären und diktatorischen Durchsetzungsmodi derselben Gesellschaftsmaschine auszuspielen. Die Drohung mit der offenen und blutigen Repression bleibt, und daran hat der Liberalismus niemals einen Zweifel gelassen, institutionell bestehen (und ist in allen westlich-liberaldemokratischen Staaten für den Fall einer größeren Unbotmäßigkeit des Menschenmaterials unter irgendeinem Begriff des »inneren Notstands« oder »Ausnahmezustands« juristisch festgeschrieben). Daß aber bei fortgeschrittener Verinnerlichung der kapitalistischen Systemzwänge und Zumutungen das Menschenmaterial sogar mit einer gewissen »Selbstverwaltung« und jedenfalls Beteiligung an den Modalitäten seiner eigenen Repression ausgestattet und somit dem ausgeliefert werden kann, was Marx den »stummen Zwang der Verhältnisse« nannte – dieser zynische Sachverhalt macht die Qualität der liberalkapitalistischen Demokratie im Verhältnis zur staatskapitalistischen Diktatur aus.

In einem derart fortgeschrittenen Stadium findet die Gewalt vor allem in der nationalökonomisch-nationalstaatlichen »Interessenvertretung« nach außen statt; und auf diesem Feld haben sich sämtliche westlichen Demokratien mit dem Oberhirten USA an der Spitze nie anders betragen als die wüstesten diktatorischen Schlächter, Rechtsbrecher und autokratischen Willkürherrscher, vor allem den sogenannten »unterentwickelten« Ländern gegenüber. Soweit sich die wunderbaren Demokratien dabei nicht im Zuge größerer Maßnahmen (etwa dem Vietnamkrieg) selber die Hände schmutzig machen wollten, hat es ihnen auch noch nie etwas ausgemacht, »weiße« Diktaturen der übelsten Sorte zu unterstützen, zu päppeln und selber als Statthalter zu installieren. Mit zweierlei Maß gemessen wurde und wird dabei je nach Laune und Interessenlage (heute z. B. hinsichtlich der Autonomiebestrebungen der Albaner im Kosovo einerseits und der Kurden in der Türkei andererseits). Was demokratisch legitim ist, handeln die Weltpolizisten (vulgo »demokratische Staatengemeinschaft«) unter sich aus, was als Diktatur und Terrorismus zu gelten hat ebenso.

Außer der angemaßten Definitionsgewalt darüber, was Agression und was legitime Selbstverteidigung oder »Rettung der Menschenrechte« ist, kann sich die »Weltdemokratie« der kapitalistisch fortentwickelten Länder aber vor allem darüber legitimieren, daß sie das Gefälle der historischen Ungleichzeitigkeit für sich ausnutzt und auf die innere und äußere Gewalt der primitiveren, kapitalistisch rückständigen Diktaturen verweist, während sie ihre eigene Gewalt nicht nur ideologisch schönfärbt, sondern ihre Hauptverbrechen auch jenseits unmittelbarer Gewaltanwendung aus der »stummen Diktatur« des Weltmarkts und seiner blinden Konkurrenzverhältnisse hervorgehen, gerade deswegen aber gar nicht als Verbrechen wahrgenommen werden; heute ebenso wenig wie zu Beginn der kapitalistischen Industrialisierung.

Obwohl die als »friedliche Marktwirtschaft« maskierte Weltmaschine des Kapitals in ihren objektivierten Wirkungen mehr Menschen- und nicht zuletzt Kinderopfer gefordert hat (und weiterhin fordert) als sämtliche äußeren Repressionen und Kriege aller modernen Diktaturen zusammengenommen, werden nur die letzteren Opfer als solche gezählt, während die ersteren in neutral dargestellten Statistiken gar nicht als Opfer erscheinen. Weil die Verbindung von Täter und Opfer nur bei äußerer Gewaltanwendung eine unmittelbare und direkt einsichtige ist, während die ökonomische Gewalt in ihren gesellschaftlichen Vermittlungen verschwindet und in der liberalen Ideologie als »Naturgesetzlichkeit« erscheint, können sich die Täter und Exekutoren der »unsichtbaren Hand« sogar als politische Moralisten aufspielen, die sich nicht einmal entblöden, die Welt zu Mitleid und Hilfe für die Opfer ihres eigenen Tuns in seiner blinden Gesamtresultante aufzufordern. Sie können sich dabei auf die massenhafte Verinnerlichung der kapitalistischen Pseudo-Natur in den höchstentwickelten demokratischen Bentham-Gesellschaften verlassen und erkennen sich selber nicht mehr als die Verbrecher und Exekutoren eines diktatorischen Zwangs, die sie real sind.

Insofern die historische Ungleichzeitigkeit der Gesellschaften im 20. Jahrhundert nicht wahrgenommen und die eigene Vergangenheit mit ihrer blutig repressiven Konstitutionsgeschichte verdrängt oder ideologisch »externalisiert« wird, während gleichzeitig die »stumme« ökonomische Form der demokratischen Diktatur außerhalb jeder kritischen Reflexion bleibt, erscheinen dann die diversen Diktaturen des 20. Jahrhunderts als äußere Gegenspieler der liberalkapitalistischen Demokratie. Tatsächlich aber sind sie nicht etwa, wie der liberale US-Geschichtsphilosoph Francis Fukuyama behauptet, strukturell und entwicklungsgeschichtlich gleichzeitige »konkurrierende Herrschaftsformen« (Fukuyama 1992, 11) dieser Demokratie, sondern deren ungleichzeitiges Alter ego. So gesehen ist die als »Siegersystem« ausgerufene westliche Nachkriegsdemokratie nicht das äußere Gegenteil von Diktatur und das endlich erreichte »Ziel der Geschichte« (Fukuyama), sondern die Form einer *verinnerlichten Diktatur* und eines weiter fortgeschrittenen Bentham-Projekts, das die früheren unmittelbar diktatorischen Formen, auch die großen Diktaturen im Gefolge von Weltkrieg und Weltwirtschaftskrise, in sich aufgehoben hat.

Arbeitsstaat und Führersozialismus

Die strukturelle innere Identität von Diktatur und Demokratie im Prozeß der Zweiten industriellen Revolution läßt sich für die Zwischenkriegszeit exemplarisch an einigen exponierten Gesellschaften dieser Epoche aufzeigen: der Sowjetunion, den USA und Deutschland. Es sind vor allem zwei Momente, in denen diese innere Identität aufscheint. Zum einen handelt es sich dabei um die Transformation der »abstrakten Arbeit«, zum anderen um die Idee und Praxis eines industriellen kapitalistischen »Führersystems«, in dem das moderne Management erst seine eigentliche Weihe erhielt.

Bis zum Ersten Weltkrieg galten zwar die bürgerlichen Sekundärtugenden wie Fleiß und Sparsamkeit als Bestandteile eines ethischen Kanons, der schon seit mehreren Jahrhunderten das Bewußtsein der

Kaufleute, aufstrebenden »Unternehmer« und Exekutoren der »schönen Maschine« bestimmt hatte. Trotzdem wurde immer noch ein gar nicht so feiner Unterschied in den Tätigkeiten gesehen: Die abstrakte »Arbeit« im eigentlichen Sinne als gesellschaftliches Vollzugsorgan an der Basis der kapitalistischen Reproduktion (und seit Beginn des 19. Jahrhunderts im maschinellen Fabriksystem) war eindeutig für das »unterständische« Menschenmaterial reserviert. Das sklavische Moment an der kapitalistischen Produktionsweise war auch äußerlich noch deutlich sichtbar; und Leute wie Mandeville sagten ja auch ganz offen, daß sie die »arbeitenden Armen« als Menschenmaterial für etwas benutzen wollten, was unter ihrer eigenen Würde lag. Das alte Bürgertum und seine Honoratioren hätten sich nie auf eine Stufe mit den »hands«, den Fabrikarbeitern, gestellt. Eher orientierte man sich, zumindest in Europa, an den »gehobenen Tischsitten« und soziokulturellen Mustern des Adels, dessen feudale Herrschaftspositionen zwar seit dem Absolutismus großenteils an die bürokratische moderne Staatsmaschine und den militärisch-industriellen Komplex übergegangen waren, der aber immer noch die Schicht der »upper ten« bestimmte und als Leitbild firmierte.

Die »höheren Stände«, die sich selbst noch nicht als bloße Funktionseliten eines verselbständigten Mechanismus begreifen wollten, hatten also ein scheinbar äußerliches Verhältnis zum System der »abstrakten Arbeit«. Gerade diese Erscheinung eines noch nicht voll ausentwickelten Kapitalismus trug dazu bei, daß die »Arbeiterklasse« im Zuge ihrer Verinnerlichung der Fabrikdisziplin ausgerechnet die kapitalistische Zentralkategorie der »Arbeit« positiv vom Liberalismus übernehmen und vermeintlich gegen das kapitalistische Herrschaftsverhältnis richten konnte: Es schien so, als würde der Liberalismus diese Kategorie gewissermaßen zu Unrecht für seine Ideologie reservieren, als würde er damit bloß ein illegitimes Verhältnis von unterdrückten »Arbeitenden« und quasi-feudal privilegierten »Nichtarbeitenden« verschleiern.

Der industrielle Großkrieg mit seinen sozialen Einschmelzungsprozessen und Folgekrisen hatte nun aber das bürgerliche Honoratiorentum in jeder Hinsicht ruiniert; nicht nur sozialökonomisch, sondern auch ideell und soziokulturell. Jene Erkenntnis, übermächtigen anonymen Kräften und »titanischen« Mächten eines unkontrollierbaren historischen Prozesses und einer verselbständigten Gesellschaftsmaschine als bloßes Objekt ausgeliefert zu sein, wie sie etwa Ernst Jünger formuliert hatte, war in das gesamte bürgerliche Bewußtsein gedrungen. Im Gefolge jener lustvollen Selbstunterwerfung mit mörderischen Zügen, in der die Funktionseliten sich bewußt selber zum Menschenmaterial und »Ungeziefer« des kapitalistischen Monstrums zu machen begannen, konnte auch die hochnäsige ständische Distanz zur industriellen »Arbeit« keinen Bestand haben. Es wurde deutlich, daß der Übergang zum »fordistischen« Vollkapitalismus nach einer neuen Art funktionell degradierter Eliten verlangte, wie sie als Prototypus in den Schützengräben entstanden war: das industrielle Management, in Marxscher Diktion die »Offiziere und Unteroffiziere des Kapitals«. Erst jetzt wurde diese ahnungsvolle Begrifflichkeit beim Übergang zum Totalkapitalismus der Zweiten industriellen Revolution in vollem Umfang wahr.

Ironischerweise verlor damit jedoch die Arbeiterbewegung das Privileg, sich als das alleinige organisierte Selbstbewußtsein der »abstrakten Arbeit« darstellen zu können. Dieses Selbstbewußtsein ging auf die nunmehr endgültig funktionell reduzierten Eliten über und erschien daher nicht mehr bloß in der linken, sozialistischen Ideologie, sondern auch in rechten, faschistischen und liberaldemokratischen Varianten. Das heraufdämmernde neue Management des fordistischen 20. Jahrhunderts zählte sich selber zu den »hands« als integraler, nicht mehr ständisch distanzierter Bestandteil der gesellschaftlichen Arbeits-Maschine im Prozeß der Kapitalverwertung. Das Bürgertum hörte auf, sich als Bürgertum zu verstehen; statt dessen begriff es sich nun selber als Arbeiter einer umfassenden »Arbeitsgesellschaft«, die in der ausentwickelten Form der bürgerlichen Selbstversklavung um so gnadenloser zu werden versprach. In den 20er Jahren wurde es geradezu eine Mode des Bürgertums, die vergangene Epoche als »bürgerlich« zu beschimpfen.

Es war wiederum der für historische Sado-Maso-Verhältnisse mit einer feinen Witterung begabte Ernst Jünger, der den bürgerlichen Arbeiter oder Arbeitsbürger zuerst auf den Begriff brachte. 1932 erschien sein berühmtes Buch »Der Arbeiter«, der nun zur übergreifenden »Gestalt« geadelt und in Jüngerscher Manier mit dem Raunen des Geheimnisses aufgeladen wurde: »Der Arbeiter nämlich steht in einem Verhältnis zu elementaren Mächten, von deren bloßem Vorhandensein der Bürger nie eine Ahnung besaß« (Jünger 1981/1932, 19). Damit einher geht notwendigerweise eine erweiterte Vorstellung des Arbeiters, dessen »Gestalt« nun die gesamte Gesellschaft bestimmen soll:

»Wir finden [...] bestätigt, daß unter dem Arbeiter weder ein Stand im alten Sinne noch eine Klasse im Sinne der revolutionären Dialektik des 19. Jahrhunderts zu verstehen ist. Die Ansprüche des Arbeiters greifen im Gegenteil über alle ständischen Ansprüche hinaus. Insbesondere wird man nie zu sauberen Ergebnissen kommen, wenn man den Arbeiter schlechthin mit der Klasse der Industriearbeiter identifiziert. Dies heißt, statt die Gestalt zu sehen, sich mit einer ihrer Erscheinungen begnügen« (Jünger, a.a.O., 77).

Das klassische Bürgertum, die alte Bourgeoisie, war mit dem Ersten Weltkrieg untergegangen – aber nicht der Kapitalismus, der sich jetzt erst im Übergang zu seiner vollen Entfaltung auch der äußeren Erscheinung nach als jenes »automatische Subjekt« (Marx) entpuppte, das er seiner inneren Logik nach immer schon gewesen war. Nur auf dem flachen Land konnten sich Überreste der alten Honoratioren-Bourgeoisie noch länger (und teilweise bis heute) erhalten; aber nicht mehr als tragende Führungsschicht der Gesellschaft, sondern bloß noch als eine Art Ehrenvorstand der Freiwilligen Feuerwehr. Ernst Jünger dechiffrierte den wahren Charakter der kapitalistischen Freiheit in der neuen, flächendeckenden »Arbeitsgesellschaft« des beginnenden Fordismus als Unterwerfung auch der »Herrschenden« unter den Zwang der blinden Gesellschaftsmaschine; aber wie schon beim Erleben der industriellen Materialschlacht nicht etwa als Denunziation einer ungeheuren Zumutung, sondern als passive Hinnahme eines überwältigenden Geschehens, das sich nunmehr auch in der zivilen Normalität durchsetzen würde:

»Jeder Freiheitsanspruch innerhalb der Arbeitswelt ist also nur möglich, insofern er als Arbeitsanspruch erscheint. Das bedeutet, daß das Maß der Freiheit des Einzelnen genau dem Maße entspricht, in dem er Arbeiter ist« (Jünger, a.a.O., 68).

Das Bürgertum hatte als vermeintliches Subjekt der Geschichte abgedankt und mußte sich eingliedern in das Heer der Arbeitssoldaten. So wurde jetzt erst in vollem Umfang realisiert und im Bewußtsein der Eliten ratifiziert, was keimhaft schon im Maschinen-Begriff von Mensch und Gesellschaft bei den fortgeschrittensten Ideologen des 18. Jahrhunderts formuliert worden war. Jünger proklamierte in diesem Sinne die »Ablösung des bürgerlichen Individuums durch den Typus des Arbeiters« (a.a.O., 121), den »Übergang von der liberalen Demokratie zum Arbeitsstaat« (a.a.O., 246) und eine »Ablösung der Gesellschaftsverträge durch den Arbeitsplan« (a.a.O., 282). Und ganz ähnlich wie bei dem Futuristen Marinetti wird die bedingungslose Selbstauslieferung an die »titanische« Gesellschaftsmaschine auch bei Jünger kompensiert und verdrängt durch eine Romantisierung des Fordismus und jene von »einölender Zärtlichkeit« getragene »Liebe zur Maschine«. Schon 1929 hatte der Autor der »Stahlgewitter« diese sonderbare Empfindung in seiner Schrift »Das abenteuerliche Herz« notiert:

»Gestern noch, bei einem nächtlichen Spaziergang durch entlegene Straßen des östlichen Viertels, in dem ich wohne, bot sich ein einsames und finster heroisches Bild. Ein vergittertes Kellerfenster öffnete den Blick einem Maschinenraum, in dem ohne jede menschliche Wartung ein ungeheures Schwungrad um die Achse pfiff. Während ein warmer, öliger Dunst von innen heraus durch das Fenster trieb, wurde das Ohr durch den prachtvollen Gang einer sicheren, gesteuerten Energie fasziniert, der sich ganz leise wie auf den Sohlen des Panthers des Sinnes bemächtigte, begleitet von einem feinen Knistern, wie es aus dem schwarzen Fell der Katzen springt, und vom pfeifenden Summen des Stahles in der Luft – dies alles ein wenig einschläfernd und sehr aufreizend zugleich« (Jünger 1987/1929, 134).

Hier wird auch deutlich, daß die biedere und domestizierte sozialistische Arbeiterbewegung inklusive ihrer linksradikalen Varianten in der Zwischenkriegszeit weniger an politischen und taktischen Fehlern gescheitert ist. In Wahrheit machte die Abdankung des klassischen Bürgertums die Essenz der verkürzten sozialistischen Kapitalismuskritik für immer obsolet. Diese sozialistische Ideologie, die innerhalb der objektivierten kapitalistischen Kategorien eine Art organisationssoziologisches Gegensubjekt (»Bourgeoisie«) als Demiurgen der ganzen Produktionsweise mißverstand und sich bloß an den »Privilegien« und der »Verfügungsgewalt« dieser sogenannten »Herrschenden« rieb, war im Grunde auf eine noch nicht voll entwickelte Gestalt des Kapitalismus fixiert. Jetzt aber holte sich das abgedankte Bürgertum in seiner neuen Gestalt als Manager, fordistisches Planpersonal und Offizierskorps der »Arbeitsstaaten« die sozialistisch besetzte Kategorie der »abstrakten Arbeit« zurück, enthüllte sie als originär kapitalistisch und desavouierte damit den Kern des sowieso schon demoralisierten sozialistischen Gegenentwurfs. Der faschistischen und nationalsozialistischen Usurpation der »Arbeit« gegenüber blieben die westlichen Sozialisten und Kommunisten hilflos. Die Parole »Arbeit macht frei« über dem Tor von Auschwitz enthüllte das wahre Wesen jenes zu sich gekommenen Selbstbewußtseins der »Arbeit«, das die Arbeiterbewegung stets als emanzipatorisches Prinzip mißverstanden hatte.

In der Sowjetunion, später in China und den nationalrevolutionären Regimes der Dritten Welt dagegen konnte das alte sozialistische Selbstbewußtsein der »Arbeit« völlig ungebrochen weiterleben; aber nur deswegen, weil die sozialistischen Staatsparteien hier mit genau jenen Methoden der staatsökonomischen Kriegswirtschaft, die sogar das Herz eines preußischen Generals entzücken konnten, in der »nachholenden Modernisierung« genuin bürgerlich-kapitalistische Aufgaben für die historische Implementierung eines warenproduzierenden Systems übernommen hatten. Triumphierend und selbst im bolschewistischen Todfeind ein Moment der Verwandtschaft witternd, stellte der romantische Militarist Jünger 1932 in seinem »Arbeiter« fest:

»Es gibt Länder, in denen man wegen Werkssabotage erschossen werden kann wie ein Soldat, der seinen Posten verläßt, und in denen man seit fünfzehn Jahren die Lebensmittel rationiert wie in einer belagerten Stadt – und dies sind Länder, in denen der Sozialismus bereits am eindeutigsten verwirklicht worden ist. Solchen Feststellungen gegenüber, deren Zahl sich beliebig vermehren läßt, ist nur zu bemerken, daß es sich hier um Dinge handelt, die zwar 1914 noch utopischen Charakter getragen hätten, die aber heute jedem Zeitgenossen geläufig sind« (Jünger 1981/1932, 260).

Wie das kapitalistische Fabriksystem von Anfang an auf der abstrakten Vernutzung menschlicher Arbeitskraft beruht hatte, so war auch seine Organisation immer schon zwanghaft, den Produzenten äußerlich und militärähnlich gewesen. Und wie der Fordismus die Lebensenergien aussaugende Verdichtung der »Arbeit« um ein Vielfaches steigerte, so trieb er auch ihre Militarisierung weit über alle bisherigen Formen hinaus. Weltkrieg, staatskapitalistische Revolutionen und Apparate der Krisenverwaltung forcierten diese Militarisierung nicht nur als äußerliches Durchsetzungsmoment der Zweiten industriellen Revolution, sondern auch als »innere Militarisierung des Menschen«, die seine betriebswirtschaftliche Rationalisierung begleiten mußte – bis auch dieses Moment strukturell und im Massenbewußtsein sedimentiert war und nach 1945 zumindest im Westen nicht mehr als solches wahrgenommen wurde.

In der »heroischen« Katastrophenphase der qualvoll in die Geschichte gepeitschten Zweiten industriellen Revolution erschien das vermasste Funktionssubjekt noch als unfertiges Leitbild, symbolisiert im technisch bereits anachronistischen Zeichen von Hammer und Sichel oder im Nazi-Bild des Spatens. Bis zur Lächerlichkeit identisch wurden im deutschen Nationalsozialismus ebenso wie in der Sowjetunion die öffentlichen Räume mit den Statuen muskelbepackter »Arbeitsmänner« bevölkert; und hier wie dort prägte man den Begriff der »Arbeitsschlacht«.

Nach dem Sieg der Hitler-Partei liefen sogar nicht wenige sozialdemokratische Funktionäre zur neuen »deutschen Arbeiterpartei« über oder freundeten sich zumindest mit deren Arbeitspathos an. Der unsägliche Arbeiterdichter Karl Bröger, der schon mit nationalistischen Weltkriegs-Schnulzen geglänzt hatte, fand jedenfalls nichts dabei, 1935 in einem »dem schaffenden Volke und seinem ersten Arbeiter« gewidmeten Sammelband ein unappetitliches Erzeugnis der Dichtkunst mit dem Titel »Hymne vom Schweiß« abdrucken zu lassen:

> [...] Strom deines Schweißes,
> der jede Stunde unsres Daseins befruchtet,
> Blutstrom deiner Arbeit, mein Volk.

Köstlicher kein Öl noch Balsam
in aller Welt
als ein Tropfen aus diesem Strom,
gefallen von furchiger Stirn [...]

Herrlicher sah ich dich nie
denn in deiner Arbeit, Volk,
und weiß um keine Andacht,
größer als diese Andacht
vor deinem ewig strömenden Schweiß.

Der Kontext dieses arbeitsreligiösen Kitschs war jetzt aber nicht mehr das Selbstbewußtsein von unterständischen, klassenmäßig abgegrenzten »hands«, sondern die protofordistische Verwandlung der gesamten Gesellschaft und aller Schichten in das Menschenmaterial der zum Vollkapitalismus erweiterten »schönen Maschine«. Der Namensgeber des neuen kapitalistischen Zeitalters, Henry Ford (dessen Bild einige Zeit auf Hitlers Schreibtisch gestanden haben soll), hatte sich und seinesgleichen schon längst zu »ersten Arbeitern« erklärt, wenn auch weniger heroisch und romantisierend als die europäisch-asiatischen Sänger desselben Liedes:

»Das wirtschaftliche Grundprinzip ist die Arbeit [...] Das moralische Grundprinzip ist das Recht des Menschen auf seine Arbeit [...] Meines Erachtens kann ein Mann auch gar nicht anders, als ständig bei der Arbeit sein. Bei Tage müßte er an sie denken und nachts von ihr träumen [...] Denn es ist etwas Großes um unser Tagewerk – etwas ganz Großes! Die Arbeit ist der Eckstein, auf dem die Welt ruht, sie ist die Wurzel unserer Selbstachtung. Und der Arbeitgeber ist verpflichtet, ein noch größeres Tagewerk zu leisten als seine Leute. Der Unternehmer, der seine Pflicht der Welt gegenüber ernst nimmt, muß auch ein tüchtiger Arbeiter sein [...]« (Ford 1923, 10f., 52, 140).

Ganz ähnlich argumentiert der Nazi Will Decker, Inspekteur für Erziehung und Ausbildung im Reichsarbeitsdienst, 1933 in einer Massenbroschüre für die unter dem Zeichen des Spatens marschierende Jugend:

»Das aber ist das Neue im Arbeitsdienst, daß wir den Führer über Menschen der Arbeit genau an denselben Platz und in dieselbe Voraussetzungslosigkeit dieses schlichten Dienstes hineinstellen, wie den ärmsten Handarbeiter, damit er weiß, was es heißt, mit der Hand Arbeit schaffen zu müssen ohne Vorteile für sich. Diese Linie führt zuletzt Arbeit und Kapital wieder zusammen, da sie unlöslich zusammengehören« (Decker 1933, 20).

Das System der »abstrakten Arbeit« kommt erst voll zu sich, wenn die Tätigkeit der »Herrschenden« auf allen Ebenen in dieselbe Form und auf denselben Nenner gebracht worden ist wie diejenige der »hands«, wenn sie als identische Einheit derselben Verausgabungsmasse abstrakter menschlicher Energie sich darstellt. Der Unterschied ist dann kein substantieller und auch kein formeller mehr, sondern nur noch ein funktioneller. Das Leitbild des mit frühkapitalistischen Arbeitszeiten für sich selbst geradezu protzenden Managers ähnelt dem eines Helden in einer Naturkatastrophe oder im Krieg, der sich aufopferungsvoll als Kopf und Organisator, gleichzeitig aber als Fleisch vom Fleisch der Masse, den dunklen Mächten der selbsterzeugten Bedrängnis entgegenstemmt. Dieser Typus des Oberverrückten, der auf dem egalitären Nenner des gemeinsamen Wahnsinns die Leitung der gesellschaftlichen Irrenanstalt übernommen hat, unterscheidet sich wirklich nur noch *funktionselitär* von den übrigen »Arbeitssoldaten«.

In Gottl-Ottlilienfelds organizistischer Wirtschaftsphilosophie, die schon in den frühen 20er Jahren mit dem Begriff eines kapitalistischen »Führersozialismus« liebäugelt, erscheint diese Karikatur als Leitbild eines hierarchischen Feudalkapitalismus der »technischen Vernunft«, in dem sich »organische« Strukturen mit einer technologischen Diktatur verbinden:

»Kapitalbesitz, einfach als Gestaltungswucht (!), verknüpft sich bloß der Führerschaft im Dienen; ähnlich sieht sich Henry Ford schon als bloßen Verwalter von Kapital. Die Führerschaft ist berufen durch selbstsicheren Dienstwillen, auserwählt dann im Wege der Auslese […] Hinter jedem Führer im Dienen aber schart sich Gefolgschaft im Dienen, sobald einmal die Gesinnung von der Spitze herab auch die Basis mehr und mehr ergriffen hätte.

Hier erst, da braucht es doch nicht vieler Worte, vollendet sich der Betriebsverband, mit ihm die so bedeutsame Formeinheit der wichtigsten aller heutigen Lebensformen; hier erst verklärt sich der industrielle Betrieb (!) zu einer Gemeinschaft arbeitsfrohen Dienstes an der größeren Gemeinschaft« (a.a.O., 37 f.).

Die enge Verwandtschaft liberaler und faschistischer Terminologie zeigt sich bis heute auch im kitschigen Ausmalen einer Ideologie der »Betriebsgemeinschaft«, die der Frontkameradschaft in den Schützengräben zum Verwechseln ähnlich sieht, obwohl dieser eigentliche Ursprung inzwischen vergessen ist. Die Wurzeln dieses »Führerprinzips« finden sich bei den Vordenkern der kapitalistischen Arbeitsreligion im 19. Jahrhundert; Thomas Carlyles »captains of industry« als sogenannter »Industrie-Adel« konnten nun aus einer bloß ideologischen Figur real ins Leben treten, freilich in einer gänzlich verwandelten Gestalt. Hatte die Idee einer formalen »Feudalisierung« der industriellen Erwerbsarbeit im 19. Jahrhundert tatsächlich noch ständische, alt-paternalistische Züge getragen (wie ja auch der Sozialstaat von Bismarck oder Louis Bonaparte), so firmierte sie jetzt zwar unter dem gleichen Namen, aber in einer militarisierten und rationalisierten Form von »Kameraden der Arbeitsschlacht«, die unterschiedliche Ränge bekleiden und trotzdem gleichzeitig egalisiert sind als Räder und Schrauben der »schönen Maschine« aus identischem Material. Diese aberwitzige Mischung aus »Führersozialismus«, »Industriefeudalismus« und demokratischer Egalität des Menschenmaterials zelebrierte besonders kraß die Nazi-Ideologie. So heißt es in der Einführung zum »Gesetz zur Ordnung der nationalen Arbeit« vom 20. Januar 1934:

»Zum erstenmal wird der Begriff ›soziale Ehre‹ bestimmt. Der Unternehmer muß seinen Betrieb als ein von der Gemeinschaft verliehenes Lehen (!) verwalten. Verletzt er seine Pflicht gegenüber seiner Belegschaft und dem Gemeinwohl [...], so wird in Zukunft ein Ehrengerichtsverfahren ihn zur Besinnung auf seine Pflicht zwingen. Das gleiche gilt für den Arbeitnehmer, der seine Pflicht gegenüber der Betriebsgemeinschaft vergißt, den Arbeitsfrieden gefährdet oder sich wider den Gemeinschaftsgeist versündigt« (Münz 1934, 15).

Das neue »Führerprinzip« erschien aber auch in der sowjetischen »Arbeitsschlacht« als quasi-militärische Formierung von Offizieren und Soldaten der einen identischen »Arbeiterklasse« auf dem Weg zur Turbo-Industrialisierung; formal vereint unter dem gemeinsamen Dach des »Volkseigentums«, das nichts anderes sein konnte als die juristische Form einer im Entstehen begriffenen nationalökonomischen »schönen Maschine«. Erst recht ließ es sich der »erste Arbeiter« Henry Ford nicht nehmen, dieselben Prinzipien zu verkünden. Seine von Gottl-Ottlilienfeld protofaschistisch reformulierte Version des »Lehens« hört sich zwar neutraler an, beinhaltet aber ebenfalls die Idee eines »dienenden Kapitalisten«, der einer höheren »Volksgemeinschaft« des Arbeitsstaates verpflichtet ist:

»Kapital [...] stellt [...] lediglich einen von der Allgemeinheit dem Betreffenden anvertrauten und der Allgemeinheit zugute kommenden täglichen Arbeitsreservefond dar. Der, dessen Verwaltung es unterstellt ist, darf es keinesfalls als eigenen Verdienst betrachten. Ja, keiner darf einen derartigen Überschuß als persönliches Eigentum ansehen, hat er ihn doch nicht allein geschaffen [...] Der wirklich ehrliche Fabrikant wird die überschüssigen Gewinne auch nur als ihm anvertrautes Gut betrachten [...]« (Ford 1923, 226 f.).

Die Nazi-Parole vom »schaffenden« im Gegensatz zum »raffenden« Kapital und die damit verbundene Halluzination eines »volksgemeinschaftlichen« kapitalistischen Sozialismus oder sozialistischen Kapitalismus durchdrang die weiße Variante von Ford ebenso wie die braune von Hitler und die rote von Stalin. Der treuhänderische Kapitalist oder Manager einer durchrationalisierten und durchmilitarisierten Gesellschaftsmaschine konnte so auch in der US-amerikanischen Variante nur als Erscheinungsform eines weißen »Führersozialismus« im Sinne des »schaffenden« Kapitals begriffen werden. Kurz vor Hitlers Machtergreifung propagierte demzufolge der unaufhörlich arbeitsphilosophisch weiterschwadronierende Henry Ford ebenfalls den »Führergedanken« als erzieherisches Ziel:

»Das Ziel ist, junge Menschen zu finden und auszurüsten, damit sie sich zu industriellen Führern der Menschen entwickeln können [...] Darauf läuft unser Erziehungsideal hinaus, und vielleicht werden wir als Resultat unserer Bemühungen ein paar wirkliche Industrieführer erhalten, die imstande sind, das Beste für die Zahlreichen zu leisten, die sich damit begnügen, den Fußstapfen anderer zu folgen [...] Das soll nicht etwa heißen, daß irgendein Erziehungsplan an sich Führer erzeugen wird. Aber es erscheint möglich, eine Methode zu ersinnen, mit deren Hilfe Führer gleich bei ihrem Auftreten erkannt werden [...]« (Ford 1930, 286).

Der verlorene Traum und der kapitalistische Furor

Die kapitalistische Metamorphose der Zweiten industriellen Revolution läßt sich als die Herausbildung identischer Grundstrukturen im Systemzusammenhang des Durchbruchs zum fordistischen Vollkapitalismus für die Sowjetunion, das nationalsozialistische Deutschland und die USA gleichermaßen darstellen. Vor diesem gemeinsamen Hintergrund werden dann aber auch die historischen Unterschiede deutlich. Das gilt zunächst und ganz besonders für die staatskapitalistische Sowjetunion. Diese Gesellschaft kann im Verhältnis zu den USA und Nazi-Deutschland als die im strengen Sinne historisch ungleichzeitige betrachtet werden – als Prototyp der staatsökonomischen »nachholenden Modernisierung« im 20. Jahrhundert. Hier ist ebenso wie später in China und in den »nationalen« Revolutionen der Dritten Welt das Pathos der Französischen Revolution herauszuhören. Als Französische Revolutionen des Ostens und des Südens repräsentierten diese Regimes ein wirklich jugendliches Stadium des modernen warenproduzierenden Systems und seiner »abstrakten Arbeit«, gewissermaßen zeitrelativistisch einen früheren Aggregatzustand. Was das diktatorische Moment anbelangt, war demzufolge die Sowjetunion im Vergleich zum deutschen Nationalsozialismus keine Krisen-, sondern eine Entwicklungsdiktatur. Immanent betrachtet ist das ein entscheidender Unterschied.

In diese Konstellation eingeschlossen ist eine gewisse historische Zwangslage für die sowjetische »nachholende Modernisierung«. Und genau auf dieser Ebene hätte eine Relativierung und »Historisierung« des sogenannten Stalinismus oder überhaupt der Sowjetdiktatur anzusetzen, also genau umgekehrt wie bei Nolte. Nicht etwa um die spezifischen sowjetischen Staatsverbrechen zu entschuldigen, sondern um einer Problemlage kapitalistisch peripherer Weltregionen gerecht zu werden, die für Nazi-Deutschland eben gerade nicht geltend gemacht werden kann. Diese Zwangslage der Sowjetunion war eine doppelte.

Zum einen konnte sie keinen grundsätzlich anderen Entwicklungspfad mehr einschlagen als den vom westlichen Kapitalismus vorgezeichneten, auch wenn sie sich kapitalismuskritisch legitimierte. Aber diese Legitimation konnte eben nur noch die Konkurrenz der »nachholenden« Peripherie gegenüber dem Zentrum ausdrükken. Historisch war der Weltprozeß bereits im 18. Jahrhundert (und in mancher Hinsicht noch früher) entschieden worden. Die Späteinsteiger des 20. Jahrhunderts gingen zwar von anderenorts bereits Geschichte gewordenen Bedingungen aus, aber sie befanden sich natürlich nicht wirklich im 17. oder 18. Jahrhundert, sondern agierten in einer bereits kapitalistisch umgeformten Welt. Das war nicht nur die Welt »da draußen«, weit weg im Westen, sondern auch die Präsenz des kapitalistisch vorausgeeilten Westens im Inneren dieser Gesellschaften selbst, und zwar nicht nur in technischer Hinsicht oder als längst objektivierte Abhängigkeit der Peripherie vom Weltmarkt und seinen Kriterien. Vielmehr war auch das »Weltbewußtsein« bereits ein kapitalistisch geformtes, das von kapitalistisch geprägten Medien kapitalistische Kategorien und Kriterien in die Intelligenz aller Weltregionen getragen hatte. Und in diesem Sinne war der kupierte Marxismus der Sowjetideologie keineswegs allein ein Produkt der russischen »Unterentwicklung« unter dem Zarenregime, sondern vor allem eine Erscheinungsform des kapitalistisch domestizierten sozialistischen und Arbeiterklassen-Bewußtseins im allgemeinen (daher auch die Emphase der »Westernization« bei Lenin und Stalin). Als Ableger und integraler Bestandteil der vom Westen ausgehenden staatssozialistischen Ideologie war der russische Bolschewismus bereits gefiltert durch die westliche Geschichte der Anpassung an die »abstrakte Arbeit« des warenproduzierenden Industriesystems. Woher sollte da eine »unschuldige« Neubestimmung gegen den Strom der Geschichte kommen?

Zum andern aber bedeutete diese Ungleichzeitigkeit in einer von den Standards des zeitgenössischen Kapitalismus bestimmten Welt, daß auch der Nachtrag auf dem vom Westen vorgezeichneten Entwicklungspfad nicht einfach bloß denselben Prozeß mit derselben Geschwindigkeit wiederholen konnte, sondern auf dem Niveau des 20. Jahrhunderts einsteigen mußte. Einerseits wiederholte sich also die »ursprüngliche Akkumulation« des Kapitals in den staatsökonomischen Formen des 17. und 18. Jahrhunderts mit einer veränderten, staatssozialistischen Legitimation, andererseits mußte dieser Prozeß unter hohem Kapitaleinsatz bereits als industrieller stattfinden; und nicht nur als industrieller schlechthin, sondern unter den Bedingungen und in den Formen eines Protofordismus. Die Belastung, die den Massen auferlegt wurde, war also eine doppelte: sie hatten nicht nur die Kosten (und die Greuel) der Implementierung eines modernen warenproduzierenden Systems zu tragen, sondern auch die Kosten einer aus dem Boden gestampften Industrie mit zeitgenössischen Produktivitätsstandards.

Was heute als »Verbrechen des Kommunismus« in der apologetischen Literatur westlicher hurrademokratischer Ideologen akribisch aufgelistet wird, war nichts anderes als die zeitlich komprimierte Wiederholung der frühkapitalistischen Schrecken. Die Lager des Gulag als die Konsequenzen einer vermeintlich antikapitalistischen Alternative zu definieren (womit natürlich jeder Gedanke an eine wirkliche Alternative ausgetrieben werden soll) und dabei die Hölle der kapitalistischen Durchsetzungsgeschichte über mehrere Jahrhunderte hinweg schlicht zu vergessen – auf diesen Einfall können nur in demokratischer Verdrängungsleistung geschulte »wissenschaftliche Historiker« kommen. Die Hungersnot der frühen 30er Jahre mit Millionen von Toten war die Folge einer rigiden Industrialisierungspolitik, deren Kosten besonders aus der großen Masse der Landbevölkerung herausgepreßt wurden. Ein volles Jahrzehnt dieser ungeheuren Repression müßte allerdings, wenn man schon akribisch zu zählen anfängt, gegen ein bis zwei volle Jahrhunderte derselben Qualität aufgerechnet werden, die in der westlichen Modernisierungsgeschichte angefallen waren. Aber Menschenleben kann man so nicht aufrechnen. Mit alledem ist immer nur gesagt, daß das moderne warenproduzierende System in keinem Fall die Leidenskosten seiner Durchsetzungsgeschichte wert ist.

Die Menschenopfer der sowjetischen Industrialisierung waren jedoch nicht den Folgen einer kapitalistischen Krise geschuldet, sondern einem gewaltsamen Aufbau von (staats)kapitalistischen Industriesystemen und der Durchsetzung von Normen der »abstrakten Arbeit«. Zur selben Zeit, als der vorausgeeilte Westen im Strudel der Weltwirtschaftskrise versank und die Irrationalität eines entwickelten Kapitalismus sich an der massenhaften Stillegung der Produktion erwies, hatte die Sowjetunion hohe Wachstumsraten. Die aus der Bevölkerung herausgepreßten Mittel verwandelten sich in Geldkapital, mit dem im Ausland Investitionsgüter für die Industrialisierung eingekauft wurden. Der US-amerikanische Journalist H. R. Knickerbocker schrieb darüber sogar einen Bestseller mit dem Titel »Der rote Handel lockt« (1931). Dabei fielen hohe Milliardenbeträge an. Es ist eine der bösen Ironien der Geschichte, daß die forcierte Industrialisierung der Sowjetunion auf diese Weise sogar dämpfend (wenn auch nicht entscheidend) auf die westliche Weltwirtschaftskrise wirkte:

»Die Sowjetunion war [...] als einziger bedeutender Staat der Weltwirtschaftskrise entgangen [...] Eine ganze Anzahl deutscher Facharbeiter war in sowjetischen Fabriken beschäftigt, und ihre Entlohnung war, wie selbst Industrielle zugestanden, ›nicht ungünstig‹. Doch nicht genug damit, die Sowjetunion sicherte durch ihre Nachfrage nach Industriegütern auch Arbeitsplätze in Deutschland. 1931 wurden 74 Prozent der von Deutschland ausgeführten Werkzeugmaschinen an sowjetische Betriebe geliefert« (Blaich 1985, 75).

Während die westliche Welt eines schon gealterten Kapitalismus an ihre Grenzen zu stoßen und den Übergang zur Zweiten industriellen Revolution nicht mehr zu bewältigen schien, hoffte die Sowjetunion darauf, sich mit den Methoden frühkapitalistischer Grausamkeit an die Spitze der Weltentwicklung setzen zu können. Sie tat das mit der Emphase einer historischen »Berechtigung«, nämlich mit dem Willen der Nachzügler, sich nicht zum abhängigen und ausgebeuteten Hinterland der kapitalistischen Zentren degradieren zu lassen. Dieser Impuls, im Namen eines gleichberechtigten Eintritts in den industriellen Weltmarkt die Gegenwart der Zukunft aufzuopfern, trug dazu bei, den Leiden und Grausamkeiten einen relativen »Sinn« zu verleihen und ihre mörderischen Konsequenzen zu verdrängen.

Aber nicht nur in diesem Sinne ist eine Relativierung und »Historisierung« der sowjetisch-stalinistischen Diktatur angebracht, die das Problem der historischen Ungleichzeitigkeit berücksichtigt, statt es unter den Tisch fallen zu lassen. Darüber hinaus ist ein Moment dieser Diktatur zu benennen, das wirklich auf die Zukunft verweist, wenn auch nur in negativer Form. Indem nämlich die staatskapitalistische Entwicklungsdiktatur die »nachholende Modernisierung« im Konkurrenzverhältnis zum Westen auch mit einer Konkurrenzideologie legitimierte, bekanntlich dem Marxismus, enthielt sie einen zusätzlichen Selbstwiderspruch des Bewußtseins. Natürlich wurde die Marxsche Theorie, die ja schon in einer vom westlichen Arbeiterbewegungs-Marxismus kupierten Gestalt übernommen worden war, unter dem Druck einer frühkapitalistischen »ursprünglichen Akkumulation« noch weiter verzerrt, verhärtet und dogmatisiert. Gerade die einst vom Liberalismus ererbten Bestandteile der Marxschen Theorie, die dieses Denken einer radikalen sozialen Emanzipation mit kapitalistischen Kategorien kontaminiert hatten, bildeten in vulgarisierter Gestalt den Kern der staatskapitalistischen Modernisierungsideologie; hier wurden die »Armeen der Arbeit« aus dem Kommunistischen Manifest zum Legitimationsmodell eines äußerst rohen, geradezu primitiven Protofordismus.

Aber der »andere« Marx, der Kritiker des modernen Fetischismus von »abstrakter Arbeit« und selbstzweckhafter »Verwertung des Werts«, konnte dennoch selbst in diesem Kontext nicht völlig unterdrückt werden. Dieses Denken der Emanzipation von den Zumutungen des modernen warenproduzierenden Systems, dem kein sozialer Bewegungsimpuls mehr entgegenkam, spukte gewissermaßen als Gespenst in der sowjetischen Legitimationstheorie. Die Marxsche Idee, die beiden Pole abstrakter kapitalistischer Allgemeinheit der Gesellschaft – Geld und Staat – positiv aufzuheben durch einen »Verein freier Menschen«, quälten die Sowjetideologie als Stimme eines schlechten theoretischen Gewissens. Daher die bandwurmartig sich fortpflanzende und Bibliotheken füllende Literatur, die das seltsame Thema erörterte, warum es auch im Sozialismus Warenproduktion und »abstrakte Arbeit« geben müsse. Nicht ohne Grauen sind auch die halsbrecherischen Argumentationsfiguren eines Stalin zu lesen, der unbedingt die Absurdität beweisen wollte, daß das Marxsche Programm einer Zurücknahme des entfremdeten modernen Staatsapparats in die Selbstorganisation der Gesellschaft ausgerechnet die Form einer besonders rigiden Staatsmaschine annehmen müsse. Nichts dergleichen war und ist jemals das Problem eines ordinären, genuin westlichen Kapitalismus, den bei seinen Untaten noch nie ein theoretisches Gewissen geplagt hat.

In der sowjetischen »nachholenden Modernisierung«, allgemein in der Ideologie der verhausschweinten Arbeiterbewegung und der Linken überhaupt, war also (und ist bis heute) ein *uneingelöstes Moment* enthalten; jener »Traum«, von dem Marx einst gesprochen hatte und der sich nur dann einlösen läßt, wenn eine soziale Bewegung, die sich nicht mehr als das sich selbst verkaufende Vieh der Arbeitsmärkte definieren läßt, und eine theoretische Kritik des modernen Fetischsystems zusammenkommen. Die Kluft zwischen diesen beiden Polen der Emanzipation, die seit dem historischen Auseinanderfallen der alten Sozialrevolten und der nicht integrierbaren Elemente der Marxschen Theorie gähnt, ist bis heute immer noch nicht geschlossen.

Dieser uneingelöste Traum spukte jedoch nicht nur als theoretisches Gespenst; er war auch im institutionellen Gefüge der Sowjetunion enthalten. Der Begriff des »Sowjet« verweist auf einen sozialen Impuls, der rasch wieder verschwand und von den Brutalitäten der »nachholenden Modernisierung« aufgesaugt wurde, aber dennoch nicht unerwähnt bleiben kann. »Sowjet« als Präfix läßt heute automatisch an die untergegangene Staatsmaschine Stalins und seiner Nachfolger denken, an das Regime einer Entwicklungsdiktatur. Bekanntlich handelte es sich aber ursprünglich um die »Räte«, die Selbstverwaltungsorgane der Produzenten mit einem Anspruch, der auch schon in den Prinzipien der Pariser Commune aufgeschienen war: nämlich alle gesellschaftlichen Angelegenheiten, den Einsatz der Ressourcen und modernen Produktivkräfte, einem Diskussions- und Entscheidungsprozeß unter Beteiligung aller Gesellschaftsmitglieder zu unterwerfen.

Dieser Anspruch einer umfassenden Selbstorganisation brach sich in der russischen Revolution nicht allein an einer mangelnden Entwicklung der Produktivkräfte, sondern mehr noch daran, daß das »Weltbewußtsein« unter Einschluß der sozialistischen Arbeiterbewegung bereits durchgehend kapitalistisch kontaminiert war. Die Idee der Selbstverwaltung durch Räte blieb so (wie bei der Pariser Commune) klassen- und organisationssoziologisch beschränkt, während die gesellschaftliche Form von warenproduzierender Geldwirtschaft und »abstrakter Arbeit« als natürliches Bezugssystem erschien und gar nicht als unvereinbar mit dem Anspruch der freien und bewußten Selbstorganisation begriffen wurde. Eine bewußte Diskussion und gemeinsame Entscheidung über die Verwendung der Ressourcen ausgerechnet in den Kategorien einer blinden, selbstzweckhaften Gesellschaftsmaschine ist jedoch eine logische und praktische Unmöglichkeit. Insofern war es nicht einfach die Aushebelung der Räte durch die »Parteidiktatur«, die das Projekt der gesellschaftlichen Selbstverwaltung zerstört hat, wie einige selber noch organisationssoziologisch beschränkte Kritiker der sowjetischen Entwicklung meinten, sondern die Fesselung des Massenbewußtseins selber in den Formen kapitalistischer Reproduktion.

Trotzdem bleibt es der Horizont sozialer Emanzipation, die fortgeschrittenen Produktivkräfte durch einen umfassenden gesellschaftlichen Diskussionsprozeß zu steuern statt durch die Pseudophysik der Märkte und ihrer nicht verhandelbaren »Naturgesetze«. Es war kein anderer als Henry Ford, der im Räte-Gedanken die große Gefahr für die kapitalistische Gesellschaftsmaschine witterte:

»Sobald die Räte die Leitung der russischen Fabriken in die Hand nahmen, ging alles dem Ruin und Verderben entgegen; die Diskussion gewann die Oberhand über die Produktion« (Ford 1923, 5).

Klar, vom Standpunkt des kapitalistischen Selbstzwecks aus müssen langwierige Debatten über Sinn und Zweck dessen, was da produziert wird und unter welchen Bedingungen, mit welchen Folgen usw. als völlige Zeitverschwendung, als bloßes Geschwätz und letztendlich als »Ruin und Verderben« erscheinen. Die Produzenten sollen nicht diskutieren, sondern ihre Energie in hoch verdichteter Form optimal verausgaben, damit sie in Geld verwandelt werden kann, und ansonsten das Maul halten im abstrakten Funktionsraum des Kapitals. Denn da der Selbstzweck der Verwertung jedem qualitativen Gesichtspunkt und dem Wohlbefinden der Produzenten sowieso unerbittlich vorgelagert ist, dürfen die Menschen nicht fragen und klären, was sie eigentlich von der Produktion haben, sondern genau umgekehrt fragt gewissermaßen die verselbständigte Produktion zuerst, ob sie etwas (nämlich ausreichenden Überschuß in der Geldform) von den Menschen hat.

Ford brauchte sich allerdings keine allzu großen Sorgen zu machen. Die Räte degenerierten schnell zu einer bloßen Attrappe der Selbstorganisation, indem die gesellschaftliche Reproduktion jener fordistischen Zielsetzung unterworfen wurde, welche die staatssozialistischen Protagonisten bereits verinnerlicht hatten – auch wenn die Realisierung dieser Prinzipien noch einen langen Weg benötigen sollte. Mit fast denselben Worten wie Ford geißelte Lenin schon kurz nach der Oktoberrevolution die »Neigung, Taten durch Diskussionen, Arbeit durch Gerede zu ersetzen« (Lenin 1961/1917, 410). Im Juli 1923 wurde in der Sowjetunion allen Ernstes eine sogenannte »Zeitliga« (!) gegründet, die durch fordistische Massenerziehung das Diktat der abstrakten kapitalistischen Fließzeit im gesellschaftlichen Bewußtsein durchsetzen sollte. Verräterisch, aber ganz fordistisch und »führersozialistisch« naiv hieß es dazu: »Der Kampf um die Zeit ist ein Kampf um eine neue Lebensweise« (zit. nach: Süß 1985, 122). Und die entsprechenden Verlautbarungen der »Zeitliga« ließen an Deutlichkeit nichts zu wünschen übrig:

»Die Zeitliga ist ein kollektives Propagandamittel zur Einführung des Amerikanismus im besten Sinne dieses Wortes: unsere Arbeit ist unser Leben! [...] Die Zeitkarten betrachteten wir und betrachten wir als nützliches Mittel der Selbstdisziplin, des Trainings, der Erarbeitung eines Bewußtseins von der Zeit. Aber die Zeitberechnung ist nicht für sich selbst notwendig und wertvoll, sondern bloß als Mittel für die richtige Planung der Zeit [...]« (zit. nach: Süß a.a.O.).

Es ist den Hofsängern der westlichen Marktwirtschaftsdemokratie offenbar entgangen, daß gerade die staatsterroristischen Momente in der russisch-»sowjetischen« Entwicklungsdiktatur als integralen Bestandteil die Propaganda des »Amerikanismus« enthielten, was darauf hindeutet, daß es die »Westernization« selbst war, die unter den russischen Bedingungen nur die Form einer Diktatur annehmen konnte. Oder anders gesagt: Die »Westernization« als staatskapitalistische Zwangsindustrialisierung war es, die den selbstorganisatorischen Impuls der Räte zum Absterben verurteilte. Kein anderer als Stalin brachte diese Adaption an die abstrakte kapitalistische Leistungsideologie auf den Punkt:

»Der amerikanische Leistungswille ist jene unüberwindliche Kraft, die kein Hindernis kennt oder anerkennt [...] Die Kombination aus dem russischen revolutionären Schwung und dem amerikanischen Leistungswillen ist der Kern des Leninismus [...]« (zit. nach: Hughes 1991, 255).

Aufs Ganze gesehen war die sowjetische Diktatur einerseits Fleisch vom Fleische der fordistischen Zweiten industriellen Revolution im Kontext einer »nachholenden Modernisierung« und »ursprünglichen Akkumulation« des Kapitals. Ihre Differenz und relativierende Historisierung läßt sich andererseits mit den Momenten der Ungleichzeitigkeit sowohl in Richtung Vergangenheit als auch in Richtung Zukunft begründen: Für die Vergangenheit als das »Recht« der historischen Nachzügler, sich mit allen, auch den schlimmsten Mitteln dagegen zu wehren, als Hinterhof und Abfallkübel der westlichen kapitalistischen Zentren für ewig peripher bleiben zu müssen; für die Zukunft als das uneingelöste und bis zur Unkenntlichkeit verstümmelte emanzipatorische Moment der Marxschen Theorie und der Räte-Idee in der sowjetischen Legitimationsideologie.

Nichts dergleichen läßt sich für die Relativierung von Nazi-Deutschland anführen. Nolte z. B. versucht gar nicht erst, seine einschlägigen Bemühungen aus der strukturellen und historischen Position des Nationalsozialismus selber und von innen heraus zu begründen, sondern er weicht von vornherein auf eine äußerliche und projektive Argumentation aus, nämlich die angeblich kausale »Vorgängigkeit« der sowjetischen Staatsverbrechen – was großenteils selbst auf dieser Ebene nicht stimmt, weil die schlimmsten Greuel der sowjetischen Zwangsindustrialisierung erst nach Hitlers Machtantritt stattfanden.

Auch für die USA läßt sich hinsichtlich der Leiden und sozialökonomischen Katastrophen in der Weltwirtschaftskrise keine relativierende Historisierung herleiten. Dieser weltweite Zusammenbruch war ebenso wie die »Urkatastrophe« des Ersten Weltkriegs ein direkter Ausdruck und Ausbruch der entwickelten kapitalistischen Irrationalität im gescheiterten Anlauf zur Zweiten industriellen Revolution, ohne auch nur ein einziges legitimierendes Spurenelement.

Wenn die Weltwirtschaftskrise in Deutschland zur Krisendiktatur führte, während in den USA die liberaldemokratische Fassade stehenblieb, so war dies einer anderen, relativen Ungleichzeitigkeit innerhalb des Westens selbst geschuldet. Dabei sind allerdings einige Differenzierungen vorzunehmen. So muß geklärt werden, warum sich die Verlaufsformen der westlichen Krise paradigmatisch in den USA und in Deutschland zuspitzten. Zunächst einmal waren diese beiden Länder unter den entwickelten westlichen Industriestaaten am stärksten von der Krise betroffen: Deutschland, weil es durch die ökonomischen Folgen des Krieges am tiefsten erschüttert war; die USA, weil sie das Zentrum der spekulativen Scheinexpansion bildeten. England und Frankreich dagegen waren relativ weniger betroffen, wenn auch natürlich nicht unbeeinträchtigt.

Vor diesem Hintergrund wurde ein entscheidendes Moment der Ungleichzeitigkeit zwischen Europa und den USA in Deutschland besonders drastisch wirksam, nämlich das unterschiedliche Verhältnis von Funktionseliten und »Arbeiterklasse«. Beiderseits des Atlantik war die Domestizierung des Menschenmaterials längst abgeschlossen, aber in jeweils anderen Formen. Der »jungfräuliche« Kapitalismus der USA hatte im Gegensatz zu Europa keinen Unterbau sedimentierter früherer, patriarchaler Herrschaftsverhältnisse. Die demokratische Diktatur oder diktatorische Demokratie allseitiger Markt- und Geldbeziehungen ohne große ständische Friktionen war hier bereits der historische Ausgangspunkt gewesen. Daher stieß die neue negative Egalität von fordistischen Funktionsmenschen auf keine starken Hindernisse und konnte sich viel leichter durchsetzen als in Europa. Die domestizierte »Arbeiterklasse« war bereits hochgradig individualisiert. Bekanntlich hat es eine mit den europäischen Dimensionen vergleichbare organisierte Arbeiterbewegung in den USA nie gegeben. Sie war auch gar nicht in demselben Maße notwendig, weil die Arbeitskraft niemals ständisch gebunden war und von vornherein die »staatsbürgerlichen Rechte« eines kapitalistischen Gesellschaftsatoms besaß. Diese bereits fortentwickelte Individualisierung führte dazu, daß die Krise im Vergleich zu Europa viel stärker als Privatsache erlebt wurde und das staatlich-politische System so gut wie gar nicht erschüttern konnte. Mitten in der Weltwirtschaftskrise berichtete der Journalist Richard Lewinsohn (Morus) über seine einschlägigen Beobachtungen in New York:

»Ein Arbeiterführer [...] liefert mir den Beweis, warum das in Amerika möglich ist. Vor dem Asyl spricht er einen noch ganz gut gekleideten Mann an und fragt ihn, wie er hierher geraten ist. ›Ich habe nicht genug gespart, ich Schafskopf‹, erwidert der Obdachlose. An einer anderen Stelle, in der Bowery, macht mein Begleiter eine neue Probe aufs Exempel. Er wird nun etwas deutlicher. ›Ein schlechtes Land‹, sagt er zu einem der Frierenden. ›Nein, ein gutes Land, aber eine schlechte Zeit‹, lautet die Antwort. Solange selbst die Arbeitslosen so denken, brauchen sich die Herren Amerikas trotz der Krise keine ernsten Sorgen zu machen [...] Dieses Fundament der amerikanischen Weltanschauung ist durch die Krisennot bisher nicht erschüttert [...] Hunger ist Privatsache [...], daraus, daß man auf der Schattenseite der Wirtschaft steht, darf man keine politischen Ansprüche herleiten [...] Die Not muß, wie der Reichtum, als individuelles Schicksal empfunden werden und gewahrt bleiben [...]« (Lewinsohn 1932, 231 ff.).

Das bedeutet keineswegs, daß es in den USA überhaupt kein Aufbegehren gegen die Krise gab. Aber dieses Aufbegehren hatte keine oder nur eine geringe ideologische Dimension, so militant die meistens spontanen Aktionen auch aussehen mochten:

»Protestmärsche der Farmer, Hungerdemonstrationen in den Städten, Plünderungen und Straßenkämpfe mit der Polizei gehörten seit 1931 zum täglichen Leben. In Chicago erschoß die Polizei 1932 drei Demonstranten, in Dearborn bei Detroit tötete sie unter Einsatz von Maschinengewehren vier Menschen und verwundete fünfzig. Aber es war erstaunlich, wie wenig es den Linksparteien gelang, die unzufriedenen Massen zu organisieren« (Sautter 1994, 393).

Schon seit dem 19. Jahrhundert hatten Arbeitskämpfe in den USA nicht selten gewaltsame Formen angenommen. Aber solche Konflikte, oft beiderseits mit Schußwaffen ausgetragen, standen eher in der Tradition von Pioniersitten und Selbstjustiz; sie blieben punktuell und ohne nachhaltigen politisch-organisatorischen Niederschlag, der die kapitalistische Individualisierung konterkariert hätte. Man konnte sich an Hungermärschen beteiligen und trotzdem die Krise ideologisch als Privatsache oder wenigstens als eine gemeinsame Naturkatastrophe betrachten, die keineswegs nach einer grundsätzlichen Änderung der Produktions- und Lebensweise verlangte. Diese affirmative Auffassung einigte die verschiedenen Funktionsebenen der Gesellschaftsmaschine in einem schon vor dem Fordismus historisch eingeübten egalitären Bewußtsein.

In Europa dagegen gab es nicht nur eine tief verwurzelte ständische und patriarchale, längst anachronistische Tradition der »Herrschenden«, sondern auch die dumpfe Erinnerung an die niederkartätschten alten Sozialrevolten gegen die »abstrakte Arbeit«. Aus dieser Geschichte war jenes tiefe Mißtrauen der kapitalistischen Eliten gegen das eigene Menschenmaterial zurückgeblieben, das ja schon Bismarck zur völligen Fehleinschätzung der Sozialdemokratie veranlaßt hatte. Das war auch der Grund, warum in Europa, selbst in England und Frankreich, die »staatsbürgerlichen Rechte« für die Arbeitermassen den liberalen und liberalkonservativen Regimes nur mühsam abgerungen werden konnten; abgeschlossen wurde dieser Prozeß ja erst nach 1918. In dieser ganzen Zeit hatte sich daher die Arbeiterbewegung als eine Art kapitalistische Parallelgesellschaft oder als Lager »außerhalb der Stadtmauern« formiert, obwohl sie ja selber nichts anderes mehr als die »abstrakte Arbeit« wollte. So gab es also seit dem späten 19. Jahrhundert nicht ein individuelles Verhältnis auf verschiedenen Funktionsebenen zur Gesellschaftsmaschine, das nun fordistisch transformiert werden konnte, sondern statt dessen eine zur Eskalation tendierende Wechselwirkung von »offiziellem« Kapitalismus und einer zwar domestizierten, aber dennoch separat organisierten Arbeiterbewegung.

Einerseits neigten in dieser Konstellation die offiziellen Eliten dazu, in jeder Krise Panikgefühle zu entwickeln und zwecks vermeintlicher »Gesellschaftsrettung« mit brutalem Verbotsdruck noch gegen die harmlosesten staatstreuen Arbeitervereine vorzugehen, ja sogar vor Gemetzeln, Deportationen und Polizeigreueln aller Art nicht zurückzuschrecken (das gab es im Einzelfall zwar auch in den USA, aber nicht als gesamtgesellschaftliches und vor allem nicht als politisch transformiertes Grundmuster). Andererseits wurde durch dieses Vorgehen die staatstreue Sozialdemokratie gewissermaßen wider Willen tatsächlich zum »Alternativ-Leviathan« gemacht, der zwar voll und ganz in den kapitalistischen Kategorien befangen war, aber eben nicht »herangelassen« wurde. Durch den Weltkrieg war diese Konstellation erstmals aufgebrochen worden, dennoch drohte in der Weltwirtschaftskrise die alte Panik wieder hochzusteigen. Und in der am meisten krisengeschüttelten deutschen Gesellschaft geschah das tatsächlich. Faschistische Diktaturen entstanden in dieser Zeit bekanntlich auch in Italien und Spanien; ähnliche Regimes kamen in der osteuropäischen Peripherie ans Ruder.

Die kapitalistische »Gesellschaftsrettung« von 1933 in Deutschland gewann ihre diktatorische Dynamik allerdings weniger durch die Existenz der im großen und ganzen bereits eingebundenen Sozialdemokratie, sondern vielmehr durch das Auftreten der konkurrierenden Kommunistischen Partei (KPD), die im Strudel des ökonomischen Zusammenbruchs den eigentlichen Gegenpol zu den Nazis zu bilden schien. In der geschichtsklitternden Selbstlegitimation der westlichen deutschen Nachkriegsdemokratie wurde daraus die Legende, die Weimarer Republik als erste deutsche Demokratie sei durch den Ansturm links- und rechtsradikaler Fanatiker schmählich gemeuchelt worden; und nach der bedauerlichen Unterbrechung durch die Nazi-Diktatur habe die in den Westen integrierte Bundesrepublik an die friedlich-schiedliche Marktwirtschaftsdemokratie der Zwischenkriegszeit anknüpfen können.

Diese offizielle Interpretation der Geschichte schlägt der Wahrheit ins Gesicht. Abgesehen davon, daß ein derart apologetisches Konstrukt natürlich die innere Identität von Demokratie und Diktatur im Übergang zur Zweiten industriellen Revolution sowieso verfehlt, stimmt es nicht einmal immanent betrachtet. Denn die Nazi-Partei kam nicht nur auf dem legalen Weg demokratischer Wahlen und eines parlamentarischen Procedere zur Macht, sondern dem »Ermächtigungsgesetz« stimmten sämtliche bürgerlichen Parteien zu, allen voran die Liberalen – darunter auch der nach dem Krieg als liberaldemokratische intellektuelle und politische Repräsentationsfigur herausgestellte spätere Bundespräsident Theodor Heuss (1884–1963). Dies entsprach durchaus dem Willen aller bürgerlichen Schichten und einer Bevölkerungsmehrheit, die nicht Menschenrechte und vermeintliche »Freiheiten« für alle verteidigen wollten, sondern zwecks »Gesellschaftsrettung« vor der »kommunistischen Gefahr« massiv die braune Diktatur vorzogen.

Auf den Punkt gebracht: Es war nicht im entferntesten so, daß die unschuldige »erste deutsche Demokratie« unter den bösartigen »Schlägen von links und rechts« zusammengebrochen wäre. Vielmehr waren es diese Demokratie, ihre tragenden Schichten, Eliten und politischen Repräsentanten selbst, die unter den Bedingungen einer katastrophalen kapitalistischen Krise ihr wahres diktatorisches Gesicht offen zeigten und die Demokratie von innen heraus, ihrer eigenen Logik gemäß, in die braune Diktatur verwandelten. Jene »zerstörende Wucht und Berserkerwut«, die Richard Löwenthal angesichts der rauchenden Trümmer dem Nationalsozialismus attestierte, waren die letzte Konsequenz dieser Demokratie selbst, ihre eigene innerste Natur. Von der Vorgehensweise her sah diese Diktatur in vieler Hinsicht (Verhaftung, Folterung und Tötung »innerer Feinde«, Verbot der Gewerkschaften usw.) den diversen Maßnahmen zur »Gesellschaftsrettung« liberalkonservativer Regimes seit dem 18. Jahrhundert zum Verwechseln ähnlich. Ein Unterschied bestand allerdings darin, daß die Nazis, dem fordistischen Entwicklungshorizont entsprechend, selber als »Arbeiterpartei« auftraten und den »führersozialistischen Arbeitsstaat« des »schaffenden Kapitals« verkündeten.

Die auch bei den Kommunisten tief verwurzelte Arbeitsreligion kann es also nicht gewesen sein, was sie zur »Gefahr aller Gefahren« stempelte. Für die »Arbeit« als höchsten aller Werte traten ausnahmslos alle Parteien und Strömungen ein. Die Kommunisten repräsentierten jedoch für das bürgerliche Bewußtsein (mittlerweile unter Einschluß der Sozialdemokratie) und seine Halluzinationen mehr und etwas anderes, als sie wirklich waren; nämlich eben jenes dunkle und uneingelöste Moment sozialer Emanzipation, das in der Marxschen Theorie verborgen ist und das an die Grundfesten der kapitalistischen Zumutungsgesellschaft rührt, auch wenn es im westlichen Kommunismus ebenso wie in der Sowjetunion nur noch als Spurenelement oder eben in negativer, apologetisch abgewehrter Gestalt aufscheinen konnte – viel zu schwach, um die Kraft für eine historische Wende gegen den Strom der Modernisierung aufzubringen. Aber es enthüllt den erbarmungslosen und fanatischen Furor im diktatorischen Moment des Kapitalismus, auch in seiner entwickeltsten demokratischen Form, daß selbst die schwache Ahnung, der bloße Hauch einer auch nur von fern denkbaren Selbstbestimmung der Produzenten gegen die »Naturgesetze« der Gesellschaftsmaschine einen derart monströsen Haßausbruch der gesamten von Furcht geschüttelten bürgerlichen Krisengesellschaft in Deutschland auszulösen vermochte.

Der gesamtbürgerliche Haß mündete aus diesem Zusammenhang heraus auch deswegen in den Blutstrom der Nazi-Diktatur, weil Deutschland das einzige westliche Land war, das in den gesellschaftlichen Erschütterungen nach dem Weltkrieg parallel zu Rußland den Versuch erlebt hatte, Räte hervorzubringen und die Räte-Idee theoretisch wie praktisch aufzugreifen. Weder in Frankreich noch in England oder gar den USA war trotz aller Krisenerscheinungen ein auch nur entfernt ähnliches Experiment aufgetaucht. Ansonsten hätte auch in diesen Ländern die liberale Demokratie ihre wahre Fratze gezeigt. Die Räte standen freilich auch in keiner deutschen Tradition sozialer Bewegung, sondern sie wurden gerade von jenem völlig minoritären Flügel unter Rosa Luxemburg forciert, der schon vergeblich gegen den Krieg opponiert hatte und sowieso ein Fremdkörper in der deutschen Arbeiterbewegung geblieben war; nur unter den Zusammenbruchsbedingungen unmittelbar nach dem verlorenen Weltkrieg konnte dieser Flügel vorübergehend eine gewisse Ausstrahlungskraft gewinnen.

Natürlich wurde dieser Versuch sehr schnell von Sozialdemokratie und Gewerkschaften (ähnlich wie unter anderen, härteren Bedingungen in der Sowjetunion) wieder erstickt und in die fordistische Rationalisierungs- und Standortdebatte transformiert; was übrigblieb in Gestalt der »Betriebsräte« als subalterne Hilfssheriffs der betriebswirtschaftlichen Rationalität, war einigermaßen erbärmlich und ähnelt bis heute eher den Mitverwaltungsorganen der Nazi-»Arbeitsfront« als einer sozial emanzipatorischen Institution. Aber schon das schwache Auftreten einer darüber hinausgehenden Räte-Idee, deren Konsequenzen gegen das System der »abstrakten Arbeit« selbst von der winzigen Minderheit der äußersten Linksradikalen nicht durchdacht waren, genügte dem Furor der »schönen Maschine« und ihrer Repräsentanten bereits. Das für die kapitalistische Bewußtseinslage nachhaltige Schreckgespenst jener ultrakurzen Traumblüte der Räte unmittelbar nach 1918 und die in Europa beispiellose Gewalt der Weltwirtschaftskrise verschränkten sich in Deutschland zu einem spezifischen Komplex, um eine ebenso beispiellose Krisendiktatur aus dem faulen Schoß der kapitalistischen Demokratie zu gebären.

Als der deutsche Kommunismus zum irrationalen Haßobjekt der gesamten bürgerlichen Gesellschaft und schließlich abgeschlachtet wurde, war er längst weit von jeder sozialemanzipatorischen Perspektive entfernt. Die KPD mutierte im Laufe der 20er Jahre wie alle westlichen Kommunismen zu einem bloßen Repräsentationsorgan der Sowjetunion ohne eigene theoretische und historische Substanz. Die Räte-Idee war nicht konsistent entwickelt und hätte in ihren Konsequenzen über das in der gegebenen Konstellation Denkbare hinausführen müssen; als bloß abstrakte soziale Militanz auf dem Boden des warenproduzierenden Systems und seiner Arbeitsreligion aber war dieser »Kommunismus« im Westen überflüssig wie ein Kropf und konnte kaum mehr als ein fluktuierendes Sammelbekken von Deklassierten und Arbeitslosen abgeben (die andererseits gleichzeitig auch für die Nazi-Partei einen Teil der Massenbasis bildeten).

Wo die kommunistische Partei in westlichen Ländern wie Frankreich (und später Italien) einen relativ größeren Einfluß erreichte, geschah dies nur deshalb, weil sie nach dem Schisma schon frühzeitig einen Teil der sozialdemokratischen Ideologeme und »Aufgaben« übernahm. Obwohl die Kommunisten dabei überall auch Momente des Nationalismus aufgriffen, galten sie doch bald nur noch als »5. Kolonne Moskaus«, besonders in Deutschland. Das fachte den blinden Haß des kapitalistischen Bewußtseins nur noch mehr an, bezog er sich doch nunmehr auf eine doppelte Repräsentanz des »Fremden«: einmal auf den vagen, verlorenen Traum einer Emanzipation von der modernen Gesellschaftsmaschine überhaupt, zum andern auf die importierte Ideologie eines konkurrierenden Systems der »nachholenden Modernisierung« an der unruhigen Peripherie.

In einer vergleichbaren Konstellation des überdurchschnittlich zugespitzten inneren Widerspruchs hätte es wohl auch in jedem anderen westlichen Land, die USA eingeschlossen, irgendeine Diktatur der »Gesellschaftsrettung« gegeben, wenn auch sicher nicht mit derselben ideologischen Legitimation wie bei den Nazis. Das kapitalistische Trauma der kurzzeitig aufgetauchten Räte, die unklar erfaßte Konkurrenzmacht im Osten und der eigene ökonomische Zusammenbruch ließen die noch unsichere deutsche Bentham-Demokratie also von innen heraus zur braunen Diktatur mutieren, die den fordistischen Schub nachhaltiger und unter brutaler Ausschaltung aller störenden Momente durchzusetzen versprach. Die Sozialdemokratie war dabei keine Alternative, weil sie angesichts der schweren gesellschaftlichen Erschütterung und ihrer noch nicht gefestigten Einbindung als Sub-Leviathan dem kapitalistischen Furor keine ausreichende Plattform bieten konnte. Andererseits war sie natürlich um so weiter davon entfernt, irgendein Bündnis mit dem soeben abgespaltenen feindlichen Bruder der kommunistischen Partei eingehen zu können, da sie weder mit der Repräsentanz der »nachholenden Modernisierung« im Osten irgendetwas anfangen konnte noch mit dem negativen Potential der Arbeitslosenmassen, ganz zu schweigen von der Räte-Idee, die sie ja selber massiv erstickt hatte. Umgekehrt gab es auch bei den inhaltlich (theoretisch und programmatisch) längst demoralisierten Kommunisten nicht erst seit Stalins Terrorpolitik keinen Berührungspunkt mehr, der gesellschaftlich hätte greifen können; und sei es auch nur, um die fordistische Umwälzung in einer weniger katastrophalen Weise auf den Weg zu bringen.

Aber auch wenn sie nicht mehr die Hauptrolle spielen konnte, machte sich die Sozialdemokratie doch wenigstens um die Mutation der Demokratie zur Krisendiktatur verdient, in getreuer Fortsetzung ihrer nationalistischen Kriegspolitik. Daß diese Demokratie nicht irgendein »besseres Deutschland« repräsentierte, sondern selber den Terror im Leib trug, stand ihr von Anfang an ins Gesicht geschrieben. Die bentham-demokratische Formierung der Massen hatte nicht nur in den Blut- und Schlammlöchern des Weltkriegs ihren Ursprung, sie war auch in ihrer offiziellen Nachkriegs-Konstitution auf Mord gegründet, und zwar direkt unter sozialdemokratischer Leitung. Die Leichen von Karl Liebknecht und Rosa Luxemburg, die stellvertretend für die Toten der »Gesellschaftsrettung« von 1918/19 stehen, waren gewissermaßen wie ein archaisches Menschenopfer in den Grundstein dieser Demokratie eingemauert. Und das war kein historischer »Unfall«, sondern legte den wahren Charakter der Demokratie offen.

Besonders Rosa Luxemburg vereinte in ihrer Person alles, was das kapitalistische Bewußtsein im allgemeinen und das Krisenbewußtsein im besonderen bis aufs Blut haßte: das Jüdische, das Ausländische (Polin!), das Weibliche in einer nicht einmal haustierhaft kuschenden Gestalt (Theoretikerin!) und den Linksradikalismus mit seiner vagen Erinnerung an die Zukunft einer undenkbaren Befreiung vom System der »abstrakten Arbeit«. Sicher war auch Rosa Luxemburg in den bürgerlichen Kategorien des Arbeiterbewegungs-Marxismus befangen, sie konnte natürlich nicht aus einer schon langen Geschichte der Domestizierung oppositionellen Denkens einfach hinausspringen; aber mit ihrer Theorie einer objektiven inneren Schranke des kapitalistischen Systems und der notwendigen »Selbsttätigkeit der Massen« kam sie doch von allen zeitgenössischen Denkpositionen am nächsten an die radikale Kritik der »schönen Maschine« mitsamt ihrer politischen Menschenverwaltung heran. Deshalb war es mit zwingender Konsequenz die erste Tat der Demokratie, »wehrhaft«, wie sie stets war und ist, dieser 49jährigen Frau mit Gewehrkolben den Schädel zu zertrümmern.

Bei »Gefahr im Verzuge« muß eben manchmal etwas außerhalb des Rechtswegs durchgegriffen werden. Das ist keineswegs überzogene Polemik. Obwohl die »Spartakus«-Gruppe um Rosa Luxemburg keinerlei Massenbewegung repräsentierte, erschien schon allein ihr an die Grenzen des bürgerlichen Universums stoßendes Denken als ungeheure »Gefahr« und mußte deshalb um jeden Preis ausgelöscht werden. So wurden einige hundert bewaffnete Arbeiter zum »Spartakus-Aufstand« stilisiert. Im Grunde genommen ging es darum, den zum Material degradierten Menschen von Anfang an zu zeigen (buchstäblich einzuhämmern), wo die unüberschreitbaren Grenzen des demokratischen Käfigs mit Blut gezogen waren. Der Sozialdemokrat Gustav Noske (1868–1946), Reichwehrminister der neuen

Republik, outete sich in diesem Sinne mit dem berühmt gewordenen Satz: »Einer muß der Bluthund werden; ich scheue die Verantwortung nicht« (zit. nach: Strübel 1996, 113). Diese Mutation von verhausschweinten Funktionären zu Kampf- und Bluthunden des Kapitalismus war abzusehen.

Die 1. Garde-Kavallerie-Schützen-Division unter dem Befehl des Hauptmanns Waldemar Pabst übernahm im Auftrag Noskes und der sozialdemokratisch geführten Regierung die Drecksarbeit. Als die Leichen zur Schau gestellt wurden, freute sich die ganze junge Demokratie. Es war gewissermaßen die Vorfreude auf die Häutung der Weimarer Demokratie zur Nazi-Diktatur. Die liberale und höchst intellektuelle »Vossische Zeitung« (Thomas Mann publizierte dort seine Essays) gab gutgelaunt kund, daß »an den beiden terroristischen Führern eine Art Volksgericht vollstreckt worden ist« (zit. nach: Strübel, a.a.O., 114). Der »Vorwärts«, das Zentralorgan der SPD, äußerte sich ebenfalls voller Genugtuung:

»Die Niederwerfung des Spartakusaufstandes bedeutet für unser Volk, ganz besonders auch für die Arbeiterklasse, einen Akt der Rettung, den zu vollbringen wir vor der Geschichte verpflichtet waren [...]« (a.a.O., 115).

Friedrich Ebert (1871–1925), ehemaliger Sattlergeselle und sozialdemokratische Führungsperson, der kurz nach dem Mord zum oberdemokratischen Reichspräsidenten gekürt wurde, äußerte dem Leipziger SPD-Funktionär Albert Konzowski gegenüber triumphierend: »Albert – noch zwei solcher Siege wie die über Liebknecht und Luxemburg, und wir haben gesiegt« (a.a.O., 110). Selbstverständlich wurden die Täter von der Anklage des Mordes freigesprochen. Hauptmann Pabst, dem ein langes und friedliches Leben beschieden war, rühmte sich noch in den 60er Jahren, als unbescholtener Bürger der neuen Demokratie, in verschiedenen Äußerungen seiner »gesellschaftsrettenden« Tat:

»Ich habe richten lassen [...] Es lag nicht nur im Interesse unseres Deutschlands [...], sondern der Sieg des Kommunismus in Deutschland hätte bereits 1919 das gesamte christliche Abendland zum Einsturz gebracht. Die Beendigung dieser Gefahr wog bestimmt wesentlich mehr als die Beseitigung von zwei politischen Verführern [...] Wir müssen uns endlich zu unserer Vergangenheit bekennen [...], niemand braucht sich zu schämen für das, was er getan hat. Ich habe den Männern den Auftrag gegeben. Sie haben ihn ordnungsgemäß ausgeführt. Die Leute haben sich um Deutschland verdient gemacht [...] Nur einer von den Herrschaften hat richtig begriffen, was wir für unser deutsches Vaterland getan hatten. Noske. Er hat mir die Hand gedrückt« (a.a.O., 117 ff.).

In demselben Geist, der bei ihrer Gründung Pate gestanden hatte, vollzog sich auch der innere Gestaltwandel der Demokratie zur Krisendiktatur. Auch diesmal versuchten Sozialdemokratie und Gewerkschaften bis zuletzt, in der nationalen Loyalität aufzugehen. Als der 1. Mai 1933 von den siegreichen Nazis zum »Tag der nationalen Arbeit« erklärt und damit ironischerweise eine alte Forderung der Arbeiterbewegung erfüllt wurde, gaben die Gewerkschaften einen bereits in passendem Vokabular (das ja großenteils aus dem Weltkriegs-Wortschatz der Sozialdemokratie selbst stammte) verfaßten Aufruf zur Beteiligung heraus:

»Kollegen und Kolleginnen! [...] Wir begrüßen es, daß die Reichsregierung diesen unseren Tag zum gesetzlichen Feiertag der nationalen Arbeit, zum deutschen Volksfeiertag erklärt hat [...] Der deutsche Arbeiter soll am 1. Mai standesbewußt (!) demonstrieren, soll ein vollberechtigtes Mitglied der deutschen Volksgemeinschaft werden [...] In herzlicher Kameradschaft mit euch allen unerschütterlich verbunden, senden wir euch zu diesem Tag unseren gewerkschaftlichen Gruß. Berlin, 15. April 1933. Der Bundesvorstand des Allgemeinen Deutschen Gewerkschaftsbundes« (zit. nach: Scharrer 1984, 113).

Als der Tag herankam, trottete in Berlin fast die gesamte Arbeiterbewegung im Riesenaufmarsch der Nazi-Kolonnen mit, wie der linke Schriftsteller Franz Jung als Augenzeuge berichtete:

»Zum ersten Male in der Geschichte sollte [...] auf dem Tempelhofer Feld eine Masse von anderthalb Millionen Menschen auf einem einzigen Platz versammelt werden [...] Der Allgemeine Deutsche Gewerkschaftsbund hatte die ihm angeschlossenen Freien Gewerkschaften angewiesen, sich geschlossen und in möglichst großer Zahl an dem Aufmarsch zu beteiligen. Das taktische Ziel mag gewesen sein, den neuen Machthabern den guten Willen zur Zusammenarbeit zu zeigen [...]; der Vorsitzende des ADGB, Genosse Leipart, hatte sich Hitler zur Verfügung gestellt. So sind an diesem Tage die sozialdemokratischen und kommunistischen Arbeiter, die gewerkschaftliche Elite der deutschen Arbeiterschaft, auf dem Tempelhofer Feld marschiert, eingestreut zwischen den SA- und SS-Standarten von Groß-Berlin, der Hitler-Jugend, den Ortsgruppenführern, Blockwarten, dem Bund Deutscher Mädchen, dem Nationalsozialistischen Reiter-Sturm, dem NS-Kraftfahrer-Korps, dem NS-Fliegerkorps und der NS-Frauenschaft [...] sind marschiert die Berufsgruppe Metall in etwa 20 Teilkolonnen, die Berufsgruppe Verkehr mit den Eisenbahnern [...], die Berufsgruppe Papier und Druck, Chemische Industrie, Textil [...]« (zit. nach: Scharrer, a.a.O., 7 f.).

Der Gewerkschaftsvorsitzende Theodor Leipart (1867–1947) hatte den Nazis schon die Gewerkschaftskasse angeboten; am 2. Mai 1933 kam die SA und holte sie sich unaufgefordert: die Gewerkschaftshäuser wurden besetzt, die Organisationen aufgelöst. Das hinderte die Sozialdemokratie nicht, sich im Parlament noch einmal der Nazi-Diktatur anzudienen. Hatte sie noch gegen das »Ermächtigungsgesetz« gestimmt, so begrüßte die sozialdemokratische Reichstagsfraktion am 17. Mai 1933 die außenpolitische Erklärung Hitlers. Der SPD-Abgeordnete Wilhelm Hoegner (1887–1980) erinnert sich später mit immer noch schwülstigen Worten:

»Jetzt kam die Abstimmung. Unsere Nachbarn zur Rechten, die katholischen Parteien, blickten voll Erwartung auf uns. Wir erhoben uns mit ihnen und stimmten der Erklärung des deutschen Reichstags zu. Da brach ein Beifallssturm der anderen Abgeordneten los. Selbst unser unversöhnlicher Gegner, Adolf Hitler, schien einen Augenblick bewegt. Er erhob sich und klatschte uns Beifall zu [...] Dann fingen die deutschnationalen Abgeordneten das Deutschlandlied zu singen an. Die meisten in unseren Reihen sangen mit. Manchen liefen die Tränen über die Wangen [...]« (zit. nach: Scharrer, a.a.O., 8).

Man sollte niemals vergessen, bei welchen Gelegenheiten die Sozialdemokratie immer wieder sentimental wird. Einen Monat später wurde auch die SPD verboten. Die Krisendiktatur der Nazis war so angelegt, daß sie im Zuge einer protofordistischen »Gleichschaltung« der Gesellschaft auf allen Ebenen keinerlei Pluralismus dulden konnte. Auch alle anderen Parteien, sozialen und kulturellen Organisationen wurden schließlich aufgelöst und durch einheitliche Sub-Gebilde der Nazis ersetzt, deren Mitgliedschaft sich großenteils (manchmal durch Zwang, mehr aber noch freiwillig) aus den früher unabhängigen Organisationen rekrutierten. Das galt auch für die nationalsozialistische »Deutsche Arbeitsfront«, die an die Stelle der Gewerkschaften trat. Der innere Drang des Kapitalismus, mit aller Gewalt aus der Weltwirtschaftskrise herauszukommen und die fordistische Vollkapitalisierung durchzupeitschen, nahm unter den besonders verschärften deutschen Bedingungen die Form einer Krisen- und Gleichschaltungs-Diktatur an, die in ihrer Eigendynamik nicht einmal mehr auf potentielle sozialdemokratische »Bluthunde« zurückgreifen wollte.

Das war der Sozialdemokratie nicht bewußt, die 1933 im Prinzip genauso reagierte, wie sie schon 1914 und 1918/19 reagiert hatte und wie es ihrem Wesen als Abkömmling von Aufklärungsvernunft und Liberalismus entsprach. Da die Position einer Emanzipation von dieser Geschichte und damit vom System der »abstrakten Arbeit« nicht real besetzt war, konnte es nur noch darum gehen, in welcher Form und von welchen Kräften Krisendiktatur und fordistische Zwangsmobilisierung durchgesetzt wurden.

Es resultierte zwar nicht aus einer theoretisch überlegenen Position und adäquaten Analyse, sondern entsprang im Gegenteil bloß einem kurzsichtigen Konkurrenzhaß zweier unreflektierter politischer Lager, daß die Kommunisten in ihrer hölzernen Propaganda Nazis und Sozialdemokraten unmittelbar identisch setzten und den Propagandabegriff des »Sozialfaschismus« prägten. Aber ganz unabhängig vom verkürzten und mechanischen Denken seiner Urheber, in einem ihr Verständnis übersteigenden Sinne, enthielt diese Bezeichnung durchaus ein Wahrheitsmoment. Natürlich handelte es sich auf der politischen Erscheinungsebene bei Nazis und Sozialdemokraten nicht um identische Strömungen, und die Sozialdemokratie war auch nicht einfach eine Unterabteilung der Nazis. Aber betrachtet im Kontext einer Metamorphose des warenproduzierenden

Systems zur fordistischen Stufe der »abstrakten Arbeit«, die in einer fundamentalen Krise mit anschließendem Staatsterrorismus kulminierte, waren Sozialdemokratie und Nationalsozialismus in demselben Sinne verwandt, wie es der US-Fordismus und die Sowjetunion waren. Die deutschen Kommunisten dagegen, nach der Ermordung von Rosa Luxemburg ohne eigenständiges Denken und historisch substanzlos, waren schon aus der Geschichte herausgefallen.

Man muß sich nur einmal mit aller Schärfe bewußt machen, wie sich die Sozialdemokratie 1918/19 zur imaginären Bedrohung durch Rosa Luxemburg mit ihrer kleinen Gruppe und wie sie sich 1933 zur realen Bedrohung durch die Nazis verhielt, um den Charakter der Demokratie überhaupt zu begreifen. Es geht hier nicht um bloße Symbolik des nationalen Wahns und auch nicht allein um die Kräfteverhältnisse. Dieses Verhalten macht vielmehr deutlich, daß das innerste Wesen der Demokratie selber terroristisch ist, was sich in der Krise sofort manifest äußert. Immer wird im Zweifelsfall Rosa Luxemburg totgeschlagen und Noske oder Hitler demokratisch ermächtigt. Die sozialdemokratischen Ideenträger als historische Vorreiter und glühendste Verfechter der Demokratie lagen im Grunde genommen schon seit 1848 in vorauseilender nationaler Arbeits- und Staatsgläubigkeit vor Hitler auf dem Bauch, ganz abgesehen davon, daß sie ihm die »national-sozialistischen« Stichworte geliefert hatten. Die Demokratie selber war der Schoß, aus dem das kroch.

Die negative Fabrik Auschwitz

Es ist oft von der Singularität des Menschheitsverbrechens Auschwitz gesprochen worden. Das trifft zwar insofern zu, als Auschwitz eine einmalige Dimension des Verbrechens enthält, die über bloßen Haß, über bloße Grausamkeit und Barbarei ebenso hinausgeht wie über einen Massenmord aus politisch-ökonomischen Nutzenkalkülen. Aber dieser Begriff der Singularität dient gleichzeitig den westlich-demokratischen Ideologen dazu, Auschwitz aus der deutschen Geschichte, aus Demokratie, Kapitalismus und Aufklärungsvernunft hinauszumythologisieren. »Singularität« meint dann nicht mehr eine einmalige Dimension des Irrationalismus auf dem Boden der modernen bürgerlichen Rationalität selbst, sondern den Einbruch jener »fremden«, äußerlichen und gewissermaßen »außerirdischen« Macht der Finsternis, die mit der reinen kapitalistisch-demokratischen Seele gar nichts zu tun haben kann.

Mit einer gewissen Bauernschläue hat Ernst Nolte diese offensichtliche Ignoranz des demokratischen »Singularitäts«-Begriffs dafür ausgenutzt, bei seiner apologetischen Historisierung des Nationalsozialismus in einem Aufwasch auch gleich Auschwitz in die Reihe der gewöhnlichen Modernisierungsverbrechen einzugemeinden und als bloß »sekundäre« Untat zu verharmlosen. Und wie schon hinsichtlich der nationalsozialistischen Krisendiktatur im allgemeinen politisch-ökonomischen Sinne, so wäre auch hinsichtlich des Holocaust und seiner spezifischen Qualität im Gegensatz zu Nolte die Perspektive umzukehren, um unbeschadet jener Dimension der Singularität statt einer positiven eine negative Historisierung von Auschwitz vorzunehmen. Der Holocaust wird dann zur Generalanklage gegen Aufklärungsvernunft, Kapitalismus und deutsche Nationalgeschichte: Auschwitz war in diesem Sinne keine »fremde« Tat, sondern eine spezifisch deutsche Konsequenz der Modernisierungsgeschichte selbst, die ihre Wurzeln im allgemeinen Boden des bürgerlich-liberalen und demokratischen Denkens der Moderne hatte.

Es ist ja eigentlich ganz offensichtlich, daß die ideologische Naturalisierung und Biologisierung des Sozialen von Hobbes über Smith, Malthus usw. bis Darwin eine historische Schicht von Auschwitz darstellt. Ebenso gehört zur Archäologie des Holocaust das Denken von de Sade, jenes »Libertins«, der zum ersten Mal die vollständige Ablösung sowohl der Sexualität als auch »funktioneller Handlungen« überhaupt von jeder menschlichen Gefühlsregung propagiert hat; ein den kapitalistischen »gesellschaftsmaschinellen« Funktionalismus in enthemmten Phantasien vorwegnehmender Alptraum des sozialen Bewußtseins, ohne den der Apparat von Auschwitz ebenfalls nicht denkbar gewesen wäre.

Auch der moderne Antisemitismus als solcher wurzelt in der Aufklärungsphilosophie, wie Poliakov gezeigt hat; und das ist ja kein Zufall, sondern spiegelt jenen inneren Widerspruch des modernen bürgerlichen Bewußtseins, das den Anspruch der vernünftigen Selbstreflexion ausgerechnet in der Form der Selbstunterwerfung unter die Pseudo-Naturgesetze einer blinden Gesellschaftsphysik erhebt – ein irrationaler Grundsachverhalt, der bei jedem kapitalistischen Entwicklungs- und Krisenschub in der Projektion auf das »jüdische Fremdwesen« scheinaufgelöst wurde.

Alle Grundelemente des Denkens, das zu Auschwitz geführt hat, entstammen dem breiten Strom der Modernisierungsgeschichte und ihrer Ideologisierung. Und hatte sich das antisemitische Syndrom schon in der kapitalistischen Aufstiegsbewegung des 19. Jahrhunderts über die ganze westliche Welt verbreitet, so wurde es in der fordistischen Zweiten industriellen Revolution zusätzlich aufgeladen. Denn in demselben Maße, wie die betriebswirtschaftliche Rationalisierung und innere Militarisierung des Menschen zu einem absoluten, die gesamte Gesellschaft lückenlos erfassenden System der »abstrakten Arbeit« drängte, spitzte sich auch das negative Moment der qualitätslosen, unheimlichen und gegen jede sinnliche Qualität gleichgültigen Arbeitskategorie zu.

Die Naturalisierung und Biologisierung dieser negativen Qualität der Qualitätslosigkeit in der »jüdischen Rasse« und die Projektion der leeren, selbstzweckhaften Abstraktion des Kapitalismus auf ein »jüdisches Wesen« erhielt einen neuen und stärkeren Schub: durch die jetzt erst in vollem Maße gültig werdende soziale Gleichnamigkeit und Gleichschaltung der abstrakten Arbeitsquanta von Funktionseliten und »hands«, von Führern und Geführten, nahm das Bedürfnis nach einer projektiven Entsorgung der damit verbundenen destruktiven Rationalität entsprechend zu.

Die qualitative Steigerung der Zumutungen und die neue Stufe der Benthamschen Verinnerlichung waren daher nicht nur in Deutschland von einem Anwachsen und einer Verdichtung des antisemitischen Syndroms begleitet. Auch in der übrigen Welt und insbesondere in der Sowjetunion und den USA ließ die Zweite industrielle Revolution, im Westen verstärkt durch ihr vorläufiges Scheitern in der Weltwirtschaftskrise, die antisemitische Stimmung im gesellschaftlichen Bewußtsein anschwellen.

Obwohl die bolschewistische Partei, ihrer Herkunft aus der Sozialdemokratie entsprechend, offiziell den Antisemitismus als bloße Dummheit verstand und ihn unmittelbar nach der Oktoberrevolution sogar unter Strafe gestellt hatte, machte sich in den Kreisen um

Stalin schon seit den 20er Jahren eine unterschwellige antisemitische Strömung breit, die in den großen Verfolgungswellen und Schauprozessen der 30er Jahre gegen angebliche »Verräter, Agenten und Saboteure« eine entscheidende Rolle spielte und die sowjetische Geschichte bis zum Ende begleiten sollte. Noch Anfang der 50er Jahre, kurz vor Stalins Tod, soll sogar die Deportation der sowjetischen Juden geplant gewesen sein; es gab eine Broschüre des Innenministeriums mit dem Titel »Warum die Juden aus den Industriegebieten ausgesiedelt werden müssen« (Rapoport 1992, 207), aber der Plan wurde dann nicht mehr ausgeführt. Später nährte sich der sowjetische Antisemitismus an der proarabischen Außenpolitik gegen Israel, die nach innen als Propaganda gegen »den Zionismus« wirkte und von einer Verfolgung angeblicher »zionistischer Agenten« begleitet war.

Die sowjetische antisemitische Tendenz hatte allerdings eine besondere Note. Stalin stand am konsequentesten für die protofordistische Entwicklungs- und Modernisierungsdiktatur. Und in diesem Kontext muß wahrscheinlich auch das Aufgreifen des antisemitischen Syndroms gesehen werden, das ja in Rußland schon eine lange Tradition unter dem Zarismus hatte. Da die Sowjetunion von der westlichen Weltwirtschaftskrise nicht betroffen war und die Bewegung des Geldkapitals unter staatskapitalistischer Kontrolle stand, richtete sich die paranoide Projektion aber weniger gegen die als »jüdisch« imaginierte Abstraktion des zinstragenden Kapitals als vielmehr gegen die ebenso als »jüdisch« denunzierte »abstrakte Theorie«. Nicht die Spekulanten und Bankiers, sondern die Intellektuellen waren bevorzugtes Ziel der Verfolgung. Diese Variante spielte auch im westlichen Antisemitismus eine Rolle, aber in der Sowjetunion rückte sie ins Zentrum.

Schon Lenin hatte ja mehr als einmal gegen die »Tagediebe und Hysteriker unter der Intelligenz« gegiftet. Es ist leicht zu begreifen, daß diese Angriffe dem Einschwenken auf den fordistischen Entwicklungspfad geschuldet waren und dem daraus resultierenden Imperativ: Schluß mit lustig, nicht mehr diskutieren über Sinn und Zweck, sondern Arbeitsquanta verausgaben in der Gesellschaftsmaschine. Die weitere theoretische Reflexion erschien zunehmend als Gefahr, nicht nur im Sinne eines als »unfruchtbar« denunzierten »abstrakten Geschwätzes«, sondern vor allem als jene mögliche Erinnerung an die verlorene Zukunft einer selbstorganisierten Räte-Gesellschaft, jenseits der Entfremdungsformen von Geld und Staat. Hinzu kam die Ideologisierung der Konkurrenz gegen den Westen, die mit der Erfindung eines »Sowjetpatriotismus« und zunehmender Ausländerphobie einherging; »Intellektualismus« und kritische Reflexion wurden demgegenüber einer unpatriotischen »kosmopolitischen« Lauheit verdächtigt. Halb als schlechtes theoretisches Gewissen, halb als wütender Haß gegen dessen mögliches Aufkeimen, wurde die Intellektuellenhetze zu einer periodisch wiederkehrenden Veranstaltung des Partei- und Staatsapparats.

Das war um so absurder und doppelbödiger, als die Parteiführung und ihre Kader auf allen Ebenen großenteils selber Intellektuelle waren, zu einem hohen Prozentsatz von jüdischer Herkunft. Die Widersprüche, Brüche und Abgründe eines gesellschaftlichen Geschehens, das nicht mehr begrifflich reflektiert werden durfte, jedenfalls nicht mehr kritisch, äußerten sich so auf gespenstische Weise in einer wechselseitigen Denunziation von Intellektuellen als »intelligenzlerische« Miesmacher und Saboteure des »sozialistischen Aufbaus«. Stalin mußte nur das populäre antisemitische Syndrom und die Denunziation gegen den »jüdischen« unzuverlässigen Kosmopolitismus mit dem ebenso populären antiintellektuellen Ressentiment verbinden, um die hilflose Parteiintelligenz zur Abschlachtung freizugeben.

Der ungeheure Terror der durchgepeitschten Industrialisierungspolitik, die Foltermethoden zur Einübung des Menschenmaterials in die abstrakte fordistische Zeitdisziplin und die antisemitisch legitimierte Verfolgungswelle gegen die Intelligenzia verbanden sich zum blutigen Gesamtkunstwerk dessen, was als »Tschistka (Säuberung; auch Reinigung oder Entleerung des Darms) [...]« (Rapoport 1992, 56) in die Geschichte des 20. Jahrhunderts eingegangen ist. Gerade weil die Tschistka mit ihrer ungeheuren Willkür, ihren Massenerschießungen, Folterungen und grotesken Schauprozessen durch ein Orwellsches Vokabular der sozialistischen »Glücksordnung« und ihres Lebenskampfes gegen den westlichen Kapitalismus und seine »Agenten« begründet werden mußte, konnte sie nicht anders als in hysterischen und paranoiden Formen bis hin zur buchstäblichen Geistesverwirrung von Anklägern und Angeklagten ablaufen. Was da »hinausgesäubert« werden sollte, war der innere Widerspruch der in gesellschaftlichen Riesenschritten durchgesetzten »abstrakten Arbeit« (und der mögliche theoretische Einspruch dagegen). Dafür war die Mobilisierung des antisemitisch-antiintellektuellen Syndroms geradezu unerläßlich. Erhellend der Kommentar eines alten zaristischen Offiziers im Zuchthaus:

»Am Ende werden die Träume unseres Zaren Nikolaus noch wahr, obwohl er selbst zu weich war, um sie zu verwirklichen: Die Gefängnisse sind voll von Juden und Bolschewiken« (Rapoport 1992, 70).

In den USA schlug die antisemitische Hetze ebenso massiv durch, vielleicht sogar noch deutlicher als in der Sowjetunion. Hier waren es natürlich die Spekulation und die große Finanz- und Bankenkrise, die auf das »jüdische Fremdwesen« projiziert wurden. John Kenneth Galbraith schrieb über die Stimmung nach dem »Schwarzen Freitag«: »Dicht unter der Oberfläche war der Antisemitismus zu spüren« (Galbraith 1995, 86). Weder blieb allerdings die antisemitische Paranoia-Ideologie unter der Oberfläche, noch war sie auf eine irrationale Krisenreaktion beschränkt. Henry Ford selber, der Prophet der Zweiten industriellen Revolution und ihr Mitschöpfer, war schon lange vorher vom antisemitischen Wahn durchdrungen. Unter seinen Schriften tauchte Anfang der 20er Jahre (und mehrfach ins Deutsche übersetzt) ein Machwerk mit dem Titel »Der internationale Jude« auf. Darin freut er sich fast wie Hitler über die allfällige Thematisierung der »Judenfrage«:

»Die Judenfrage besteht in den Vereinigten Staaten seit Jahren; aber unter der Oberfläche der Öffentlichkeit [...] Gleichwohl ist es möglich geworden, das Wort ›Jude‹, das noch vor einem Jahr verpönt war, öffentlich zu gebrauchen. Es erscheint jetzt fast täglich auf der Vorderseite der Zeitungen, ist überall Gegenstand der Erörterungen [...]« (Ford 1922, 116f.).

Der Grund, warum er die Juden haßt und fürchtet, ist für den freiheitlich-demokratischen Namensgeber der Epoche derselbe wie für Hitler und Stalin: Es geht ihm darum, das fordistische System der

Rationalisierung und wissenschaftlich forcierten Aussaugung des Menschenmaterials frei zu halten vom Odium des abstrakten Selbstzwecks. Genau wie die Nazis stellt Ford »schaffendes« (nämlich sein eigenes) und »raffendes Kapital« (nämlich das zinstragende Geldkapital des Bankensystems) gegenüber. Alle negativen und zerstörerischen Erscheinungen des protofordistischen Krisenkapitalismus werden auf dieses »kosmopolitische« Geldkapital abgeladen und direkt mit den Juden als kulturell-biologischen Trägern identifiziert:

»Der internationale jüdische Bankier, der kein Vaterland hat, sondern alle Länder gegeneinander ausspielt, und das internationale jüdische Proletariat, das von Land zu Land streicht, um die ihm genehmen wirtschaftlichen Bedingungen zu suchen, sind hinter allen Problemen zu finden, die heutzutage die Welt beunruhigen. Die Einwanderungsfrage ist jüdisch. Die Sittlichkeitsfrage in Kinos und auf der Bühne ist es. Die Lösung der Judenfrage ist in erster Linie Sache der Juden; tun sie es nicht, so wird die Welt sie lösen (!) [...] Ein Volk wird durch künstlichen Wechseldiskont schwer geschädigt; ein zweites dadurch, daß ihm das Geld aus dem wirtschaftlichen Blutumlauf genommen wird [...] In stürmischen Zeiten fallen mehr Pflaumen als sonst in die aufgehaltenen Körbe der internationalen Bankiers. Kriege und Notzeiten liefern ihnen die reichsten Ernten. Man gehe durch die Amtsräume der Regierung, wo die Geheimnisse der Einkommensteuer, der Bundesbanken, der auswärtigen Politik verwahrt werden sollen – und man findet Juden überall gerade an den Stellen sitzen, wo es dem internationalen Judentum erwünscht ist und wo es erfahren kann, was es will [...] Der amerikanische Landwirt und die Industrien, die den Tricks der internationalen Bankiers nicht gewachsen waren und denen bei dürftigem Kredit der Atem ausgeht, wundern sich, wo das Geld sein mag [...]« (Ford 1922, 152 f.).

Ob in der Form des Staatskapitalismus oder des »freien« Konkurrenzkapitalismus: Stets ging es darum, das Hohelied der industriellen Massenproduktion zu singen, die im System fordistischer Rationalisierung und mit dem »schaffenden« Geldkapital als bloßem »Lehen« oder »Auftrag« des Arbeitsstaates angeblich unmittelbar für die Befriedigung der Massenbedürfnisse ins Werk gesetzt werden sollte – im Gegensatz zur »jüdischen Weltverschwörung« einer als gesellschaftlich verantwortungslos und blutsaugerisch denunzierten Geldmacherei jenseits der fordistisch aufgerüsteten Maschinenwelt und ihrer »Hymnen vom Schweiß«. Sowjetpatriotismus, nationalsozialistische Autarkiepolitik und US-Isolationismus angesichts eines geschrumpften und verdächtigten Weltmarkts befanden sich ebenso im ideologischen Gleichklang mit mehr oder weniger ausgeprägt antisemitischen Weltanschauungsmustern. »Arbeit« als klassenübergreifendes Pseudo-Konkretum und Nationalismus/Autarkismus als flankierendes Moment der weltweiten antisemitischen Welle wurden für den Durchbruch der Zweiten industriellen Revolution weit über den Kapitalismus des 19. Jahrhunderts hinaus ideologisch mobilisiert.

Auch die organisatorische Form, in der sich dieser irrationale und mörderische Durchbruch vollziehen sollte, war als übergreifendes Muster zu erkennen, wenn auch wiederum in unterschiedlicher Gestalt und Intensität: das »Arbeitslager«, gesteigert zum »Konzentrationslager«. Das zwanghafte, militarisierende Moment der fordistischen Offensive äußerte sich in diesen »Lagern« am offensten und brutalsten. Wie weit der Kapitalismus bereits verinnerlicht war, wird daran sichtbar, daß es sogar freiwillige Erscheinungsformen des Arbeitslagers gab. In den 20er Jahren organisierten in Deutschland nicht nur rechtsradikale, sondern auch linke, gewerkschaftliche und sogar kommunistische Jugendorganisationen solche Camps eines geradezu religiösen »Arbeitseinsatzes«, die den »Arbeitsdienst« der Nazis vorwegnahmen. Unter dem Eindruck der Massenarbeitslosigkeit in der Weltwirtschaftskrise faßte diese Form einer entfremdeten, militärähnlichen Staatsorganisation der »abstrakten Arbeit« seit 1935 auch in den USA Fuß:

»Noch im März verabschiedete der Kongreß den Unemployment Relief Act, auf Grund dessen dann das Civilian Conservation Corps (CCC) gegründet wurde. Freiwillige zwischen 18 und 25 Jahren wurden hierin in einer Art Arbeitsdienstlagern zusammengefaßt und zu Natur- und Landschaftsschutzarbeiten eingesetzt. 1935 waren eine halbe Million junger Leute für 30 Dollar Lohn von solchen Lagern aus tätig« (Sautter 1994, 383).

Keine Selbstorganisation eines höheren, befreiten Bewußtseins machte sich hier geltend, sondern die repressive »Gemeinnützigkeit« im Horizont des steckengebliebenen Fordismus und unter dem Diktat der »schönen Maschine«, ihrer Hüter und Antreiber. Um so schärfer stellte sich der Zwang jenseits aller verinnerlichten Freiwilligkeit in der sowjetischen Modernisierungsdiktatur dar. In einem großenteils noch nicht kapitalistisch formierten gesellschaftlichen Milieu mußte die staatskapitalistische Version der fordistischen Mobilisierung entsprechend schlimmere Formen annehmen. Schon kurz nach der Oktoberrevolution ließ Lenin keinen Zweifel an der wütenden Zwanghaftigkeit der kommenden Vollarbeitsgesellschaft aufkommen:

»An einem Ort wird man zehn Reiche, ein Dutzend Gauner, ein halbes Dutzend Arbeiter, die sich vor der Arbeit drücken (ebenso flegelhaft wie viele Setzer in Petrograd, besonders in den Parteidruckereien), ins Gefängnis stecken. An einem anderen Ort wird man sie die Klosetts reinigen lassen. An einem dritten Ort wird man ihnen nach Abbüßung ihrer Freiheitsstrafe gelbe Pässe aushändigen (!), damit das ganze Volk sie bis zu ihrer Besserung als schädliche Elemente überwache. An einem vierten Ort wird man einen von zehn, die sich des Parasitentums schuldig machen, auf der Stelle erschießen [...]« (Lenin 1961/1917, 413).

Die absurd moralisierende Begründung dieses Arbeitszwangs mit der regelmäßigen »Versorgung jedes Kindes armer Familien mit einer Flasche Milch« (a.a.O.) kann nicht darüber hinwegtäuschen, daß es sich in Wahrheit um die staatliche Installation der kapitalistischen Selbstzweck-Maschine handelte. Das wird erst recht an Lenins protestantischem Postulat deutlich: »Wer nicht arbeitet, der soll auch nicht essen! – das ist das praktische Gebot des Sozialismus« (a.a.O., 412). Unter dieser Devise konnte Lenins Lieblingsthema der »schwersten Zwangsarbeit« (a.a.O., 412) zum Gebot der Stunde aufsteigen. Ganz offen wurde die fordistische Arbeitsdiktatur hier als Naturnotwendigkeit proklamiert, um ihre menschlichen Friktionen und Leidenspotentiale ignorieren zu können und den militärischen Zwang gegen das Menschenmaterial zur positiven Naturtatsache zu stilisieren – ganz wie ein Jahrhundert zuvor in der Ersten industriellen Revolution. Trotzkis »Militarisierung der Wirtschaft« war keine bloße Notmaßnahme in Bürgerkriegswirren, sondern das Programm einer ganzen Epoche.

So verschärfte sich in der sowjetischen Version des Arbeitsstaates der Arbeitsterror unter dem doppelten Druck, daß die staatskapitalistischen »Hetzvögte« nicht nur die fordistische Mobilisierung durchsetzen mußten, sondern es dabei zusätzlich mit einer weitgehend bäuerlich und vorkapitalistisch sozialisierten Bevölkerung zu tun bekamen, die noch nicht einmal frühere Stufen der Domestizierung durchlaufen hatte. Diese historische Ungleichzeitigkeit brachte das grauenvolle System des Gulag hervor, ein gesamtgesellschaftlich organisiertes Netzwerk von Konzentrations- und Zwangsarbeitslagern, das Millionen von Sträflingen erfaßte. Die menschliche Arbeitskraft wurde dabei in der rohesten Form vernutzt bis zum Tod, besonders für die Infrastrukturprojekte der Turbo-Industrialisierung. Allein der Bau der Moskauer U-Bahn verschlang Zehntausende von Arbeitssklaven.

Es konnte nicht ausbleiben, daß für westliche Ideologen im nachhinein das Terrorsystem des Gulag als die eigentliche Erfindung des Konzentrationslagers gilt. Auch in dieser Hinsicht kann dann die Nazi-Diktatur als bloßer Nachahmungstäter verharmlost werden, um das historische Übel einem dämonisierten Asiatentum anzulasten und die Nazi-Version des KZ als einen bloßen Betriebsunfall der westlichen Geschichte erscheinen zu lassen. In Wirklichkeit verhält es sich genau umgekehrt: Das KZ ist eine originär westliche Erfindung, die von der sowjetischen Entwicklungsdiktatur gewissermaßen importiert wurde. Das KZ war nämlich ursprünglich ein Produkt des westlichen Kolonialsystems im späten 19. Jahrhundert, wie der polnische Historiker Andrzej Kaminski gezeigt hat. Wahrscheinlich wurde der Ausdruck »KZ« von dem spanischen General Valeriano Weyler y Nicolau geprägt, als dieser 1896 einen Aufstand auf Kuba niederschlug und dabei anordnete, daß »in der unüberschreitbaren Frist von acht Tagen sämtliche Bauern, die nicht als Aufständische behandelt werden möchten, sich in befestigten Lagern konzentrieren sollten« (Kaminski 1990, 34). Diese Lager wurden »campos de concentración« genannt. Vier Jahre später waren es die USA, die zur Bekämpfung von Aufständischen auf der Insel Mindanao KZs errichteten, nachdem sie Spanien die Philippinen entrissen hatten. Solche »concentration camps« benutzte bekanntlich zur selben Zeit auch die britische Kolonialmacht im südafrikanischen Burenkrieg als Terrorsystem, das Zehntausenden von Zivilisten das Leben kostete.

Es ist bezeichnend, daß diese militärische Erfindung des Staatsterrorismus gegen koloniale Aufstands- und Guerillabewegungen Jahrzehnte später als »zivilgesellschaftliche« Durchsetzungsform der Zweiten industriellen Revolution diente, mit einem breiten Spektrum von »freiwilligen« Arbeitslagern bis zu Vernichtungs-KZs. Die wirkliche Geschichte des KZ reicht aber weiter zurück als der bloße Name. Auf höherer Entwicklungsstufe und in größerem Maßstab wiederholte sich, was schon im 18. Jahrhundert nicht bloß in den Phantasien eines de Sade spukte. Die »Hundert Tage von Sodom« beschreiben eine Art sexuelles Konzentrations- und Vernichtungslager, das seine reale Entsprechung in den Irrenanstalten, Armen- und Arbeitshäusern, Jugendgefängnissen und kolonialen Sklavenkasernen des Frühkapitalismus hatte, wie sie der Liberaldemokrat Bentham inklusive Bewachersystemen und erkennungsdienstlichen Tätowierungen so liebevoll auszumalen sich bemühte. Letztlich verweist das KZ im Mikro- wie im Makro-Maßstab auf die zwanghafte Natur des Kapitalismus überhaupt, dessen ganzes Fabrik- und Arbeitssystem nie etwas anderes war als die ins Alltagsleben übersetzte Militärdespotie.

Zum gesteigerten Despotismus des kapitalistischen Selbstzwecks gehörte auch jene Definition »lebensunwerten Lebens«, wie sie in den rassistischen und sozialdarwinistischen Diskursen bis zum Ersten Weltkrieg vorbereitet worden war. Im Prinzip ist für den Kapitalismus eigentlich jedes Leben »lebensunwert«, das nicht für die »Verwertung des Werts« verwurstet werden kann. Sowohl in der Sowjetunion als auch in den westlichen Ländern wurden einzelne Elemente dieses mörderischen Programms in der Durchsetzungsgeschichte der Zweiten industriellen Revolution praktiziert. Die Psychiatrisierung von Oppositionellen gehörte ebenso dazu wie die Zwangssterilisierung von Behinderten, wie sie zum Beispiel im brav sozialdemokratischen Schweden noch bis weit nach dem Zweiten Weltkrieg an der Tagesordnung war.

Den Zusammenhang mit der Logik und allgemeinen Geschichte des Kapitalismus unter Einschluß seiner westlich-angelsächsischen Varianten sichtbar zu machen, darin besteht die eine Seite einer negativen Historisierung von Auschwitz. Die Nazis kamen nicht vom andern Stern, sie waren Fleisch vom Fleisch der Modernisierungsgeschichte. Ihre grauenhaften Massenverbrechen wurzelten in den

Zwängen der kapitalistischen Produktionsweise, die immer noch unser Leben beherrscht und heute zum großen Sieger der Geschichte ausgerufen wird. Solange aber der Kapitalismus nicht erledigt ist, kann auch Auschwitz nicht wirklich Geschichte werden.

Die andere Seite dieser negativen Historisierung aber muß darin bestehen, Auschwitz in die Kontinuität der spezifischen deutschen Nationalgeschichte zu stellen. So sehr diese Tat zur westlichen Moderne gehört, ebensosehr ist wahr, daß sie nur von deutschen Tätern und getragen von der deutschen Gesellschaft vollbracht wurde. Einzelne Elemente von Auschwitz und seiner ideologischen Vorbereitung gehören der allgemeinen Geschichte der Zweiten industriellen Revolution an und sind in allen Ländern zu finden. Aber weder in der Sowjetunion noch in den USA wurde der Judenmord jemals zum Staatsprogramm. Sogar Henry Ford wandte sich später wieder vom Antisemitismus ab, der für seine Version der kapitalistischen Massenproduktion offenbar nicht lebenswichtig war. Nur in Deutschland gab es eine offene antisemitische Massenbewegung, die zur Macht gelangte. Ähnliches gilt für die Vernichtung »lebensunwerten Lebens«, deren Elemente überall in den zeitgenössischen Gesellschaften gefunden werden können, die aber nur von Nazi-Deutschland im großen Maßstab und generalstabsmäßig geplant durchgeführt wurde.

Auschwitz als singuläre Tat war spezifisch deutsch. Aber auch in dieser Hinsicht kamen die Nazis nicht von einem andern Stern, sondern aus den Tiefen der Nationalgeschichte, die dadurch für immer und unrettbar verdorben ist. Alle Versuche, Auschwitz in der deutschen Geschichte als Fremdkörper einzukapseln und an irgendwelchen besseren (demokratischen, aufklärerischen usw.) Traditionen anknüpfen zu wollen, sind zum Scheitern verurteilt. Daraus kann nur eine Konsequenz gezogen werden: der kategoriale Bruch mit der Nation überhaupt, der Bruch mit jeglichem nationalen Selbstverständnis und jeglicher nationalen Loyalität. Wie der Antisemitismus im allgemeinen zum Nationalismus im allgemeinen gehört, so gehört Auschwitz im besonderen zur deutschen Nation im besonderen. Aber das Allgemeine und das Besondere sind immer verschränkt; das Besondere ist das Besondere eines Allgemeinen und das Allgemeine enthält das Besondere. Insofern muß Auschwitz als der Anfang vom

Ende aller Nationen betrachtet werden. Und damit steht auch der Kapitalismus als solcher zur Disposition, der die Nation erfunden und dessen Logik letztendlich auch Auschwitz hervorgebracht hat.

In der Katastrophengeschichte der Zweiten industriellen Revolution wurde die über zwei Jahrhunderte hinweg entwickelte spezifische Legitimationsideologie der deutschen Nationsbildung abgerufen: die von Herder und Fichte zuerst erfundene, im Laufe des 19. Jahrhunderts rassistisch und antisemitisch unterfütterte Begründung der Nation nicht als politisch-juristische Einheit, sondern als Kultur- und Abstammungs- oder Blutsgemeinschaft. In der kapitalistischen Konkurrenz mit Großbritannien und Frankreich zum Selbstverständnis der deutschen »nachholenden Modernisierung« des 19. Jahrhunderts gemacht und verbunden mit den staatspaternalistischen Vorstellungen und Institutionen seit Adolph Wagners »Staatssozialismus« und Bismarcks »sozialem Königtum«, war daraus jene »deutsche Ideologie« der »Ideen von 1914« geworden, mit der sich das Deutsche Reich vom angelsächsischen Wirtschaftsliberalismus und von der französischen »politischen Nation« bis in das Staatsbürgerschaftsrecht hinein abzugrenzen suchte. Die Nazis waren die legitimen Erben dieses nationalen deutschen Selbstverständnisses, das sie nur noch mit den ursprünglich sozialliberalen und sozialdemokratischen Begriffen eines »National-Sozialismus« anreichern mußten, um zu einer wahnhaften »Demokratie des Blutes« unter der Fahne des protofordistischen Arbeitsstaats zu gelangen.

In dieser blutsideologischen Frontstellung gegen die westeuropäisch-nordamerikanischen Varianten des Kapitalismus konnte die Zweite industrielle Revolution zur gesellschaftspolitischen »deutschen Revolution« überhöht werden: Jenes deutsche Selbstverständnis als »protestierendes Reich«, das nicht dem westlichen »Krämergeist« verfallen sei, wurde bis zur letzten Konsequenz getrieben und endete folgerichtig in einer Geschichtskatastrophe, wie sie in Jahrtausenden nicht erlebt worden war. Der ideologische Kern dieser Idee einer kulturnationalen Blutsgemeinschaft, nämlich die Vorstellung einer nicht in kapitalistischen Funktionen aufgehenden, der Moderne vorgängigen und ontologischen »völkischen« Identität oder Wesenheit, suggerierte ein »über« dem Kapitalismus stehendes nationales Ziel. Der »Kampf ums Dasein« von »völkischen« Entitäten, obwohl selbst ein Produkt des Kapitalismus, erschien so als die eigentliche Wirklichkeit, der gegenüber die kapitalistische Ökonomie keinen Zweck (schon gar keinen Selbstzweck) darstellen durfte, sondern vermeintlich nur ein Mittel. Diese deutsche Version der Moderne, die kapitalistische Ökonomisierung der Gesellschaft mit einer antiökonomischen Blutsideologie durchzusetzen, wurde nun in den Strukturbrüchen und Krisen des Übergangs zum Fordismus in den Begriffen einer »völkischen Revolution«, »konservativen Revolution« oder »Revolution von rechts« gefaßt.

Das Paradoxon eines »antikapitalistischen Kapitalismus« kennzeichnete die Zweite industrielle Revolution mehr oder weniger auch in der Sowjetunion und den USA. Die stärkere Betonung staatsökonomischer Momente, wie sie schon seit dem Ende des 19. Jahrhunderts entstanden und durch den Weltkrieg forciert worden waren, die Betonung des »schaffenden« pseudokonkreten Industriekapitals, die Gleichschaltung und Egalisierung der »Arbeit« und Elemente einer nationalistischen Autarkiepolitik als Reaktion auf den Zusammenbruch des Weltmarkts: Das waren gemeinsame Strukturmerkmale, die überall eine »antikapitalistische« Färbung hatten, wenn auch mit unterschiedlicher Intensität und ideologischer Begründung. Die technische und organisatorische Revolution der Rationalisierung ging einher mit vagen oder dezidierten Vorstellungen einer gesellschaftspolitischen Umwälzung hin zur fordistischen »Arbeitsdemokratie«. Diese »antikapitalistische Revolution« auf dem Boden und in den Formen des Kapitalismus selbst hatte nirgendwo etwas mit sozialer Emanzipation zu tun; sie war nur die repressive Durchsetzungsform für eine neue Entwicklungsstufe der kapitalistischen Gesellschaftsmaschine. Der bürgerliche, vom Sozialismus übernommene Revolutionsbegriff hatte eigentlich nie etwas anderes beinhaltet. Und deswegen war die »Revolution« im fordistischen 20. Jahrhundert auch »rechts« besetzbar geworden.

In Deutschland aber bedeutete »rechts« eben nichts anderes als »völkisch« (und auch die Linke war ja von diesem schlimmsten aller bürgerlichen Ideologeme nicht frei). Die fordistische »Revolution« mit ihren Massenaufmärschen und Arbeitslagern war überall staatsautoritär, am deutlichsten aber in Deutschland, wo bereits die Nationsbildung selber als »Revolution von oben« und mit »völkischen«

Ideen angereichert vollzogen worden war. Die hollywoodreifen Nazi-Inszenierungen brachten diesen allgemeinen Charakter der gesellschaftlichen Umwälzung am konsequentesten zum Ausdruck: Das war eine im Geist der Schützengräben geborene Revolution, eine Revolution im Gleich- und Stechschritt, ganz ohne befreiendes anarchisches Moment, sondern im Gegenteil in den Formen fordistischer Massendisziplinierung. Eine Bentham-Revolution. Und in der deutschen »völkischen« Erscheinungsform mußte sie zwangsläufig zum Programm des Massenmords werden.

Die fordistisch-demokratische Selbst- und Massendisziplinierung konnte im Sinne der »völkischen« Legitimation geradezu als Vollendung eines überhistorischen Mythos erscheinen, weit jenseits spröder kapitalistischer Rationalitätsgesichtspunkte. Die allgemeine fordistische Scheinkritik am alten »bürgerlichen« Geld- und Honoratiorenkapitalismus gewann so eine besondere Durchschlagskraft zusätzlicher Irrationalität. Die Formierung einer »Demokratie des Blutes« grenzte die fordistische Egalität der »Arbeit« zwangsläufig auf das imaginierte deutsch-»arische« Rassen- und Herrenvolk ein, das sich von der »jüdischen Blutvergiftung« zu reinigen hatte, während die »slawische Rasse« im Osten des zu erobernden Großraums zu einem Heer von Arbeitssklaven gemacht werden sollte. Hier wird auch sofort der Unterschied zur Sowjetunion deutlich: War der Gulag ein rein funktionsrationales System der terroristischen Vernutzung von Arbeitskraft, so waren die Nazi-KZs gleichzeitig (und sogar jenseits der Arbeitsfunktion) ein System der rassisch-»völkischen« Selektion.

Diese Selektion und »Arisierung« allein hätte noch nicht unbedingt zum Holocaust führen müssen. Die Nürnberger Rassengesetze mit dem berüchtigten Zwang zum »arischen Abstammungsnachweis« für alle Staatsbürger der deutschen Blutsdemokratie und dem Verbot von »Mischehen« oder überhaupt sexuellen Beziehungen von Deutschen und Juden als »Rassenschande«, die Diskriminierung und Enteignung der Juden (wovon bis heute nicht wenige Deutsche profitieren, auch als »Erben« von geraubtem Eigentum), die Pläne zur Deportation der Juden aus Deutschland – all dies waren wahnhafte Maßnahmen der Abtrennung, wie sie in der Logik der Blutsdemokratie lagen, noch nicht des Mordes.

Aber die »deutsche Revolution« konnte nicht bei der bloßen »völkischen Reinigung« stehenbleiben. Gerade die allgemeinere fordistische Qualität dieser Revolution drängte die deutsche »Säuberung« als rassisch-blutsideologische über die bloße Selektion hinaus. Die Juden galten ja nicht nur als »fremdes Blut«, sondern gleichzeitig als biologische Repräsentanz aller Negativität des Kapitalismus und seiner destruktiven Abstraktionen. Dieses seit langem aufgebaute Muster, das unter den Bedingungen fordistischer Mobilisierung ungeheure Brisanz gewonnen hatte, entwickelte nun eine Eigendynamik: Durch die Projektion auf die Juden sollte die negative Seite der »abstrakten Arbeit« aus dem fordistischen Arbeitsparadies verschwinden, ohne den Kapitalismus als solchen überwinden zu müssen. Blieb es bei Ford und Stalin eine bloße Projektion im Interesse systemfunktionaler Ziele, so wurde diese Projektion bei Hitler zu einem Selbstzweck sui generis.

Unter den Bedingungen des Antisemitismus als Staatsprogramm und der praktisch bereits durchorganisierten »völkischen« Selektion konnte sich dieser Impuls in Deutschland zur realen Massenvernichtung steigern: Der ökonomische »Wert«, die fetischhafte Abstraktion verausgabter Arbeitsquanta als gesellschaftliche Pseudo-Eigenschaft der Waren, sollte in Gestalt der Juden aus der Welt verschwinden, die Waren sollten nur noch Gebrauchsdinge und trotzdem weiterhin Waren sein, aber von der »jüdischen« Abstraktion gereinigte – ebenso wie die warenproduzierende »Arbeit« als ihr Produktionsprozeß. Der US-amerikanische Soziologe Moishe Postone hat diesen Kern des antisemitischen »Antikapitalismus« der Nazis als erster auf den Begriff gebracht:

»Eine kapitalistische Fabrik ist ein Ort, an dem Wert produziert wird, der ›unglücklicherweise‹ die Form der Produktion von Gütern annehmen muß. Das Konkrete wird als der notwendige Träger des Abstrakten produziert. Die Ausrottungslager waren demgegenüber keine entsetzliche Version einer solchen Fabrik, sondern müssen eher als ihre groteske arische ›antikapitalistische‹ Negation gesehen werden. Auschwitz war eine Fabrik zur ›Vernichtung des Werts‹, das heißt zur Vernichtung der Personifizierung des Abstrakten. Sie hatte die Organisation eines teuflischen industriellen Prozesses mit dem Ziel, das Konkrete vom Abstrakten zu ›befreien‹. Der erste

Schritt dazu war die Entmenschlichung, das heißt, die ›Maske‹ der Menschlichkeit wegzureißen und die Juden als das zu zeigen, was ›sie wirklich sind‹, Schatten, Ziffern, Abstraktionen. Der zweite Schritt war dann, diese Abstraktheit auszurotten, sie in Rauch zu verwandeln, jedoch auch zu versuchen, die letzten Reste des konkreten gegenständlichen ›Gebrauchswerts‹ abzuschöpfen: Kleider, Gold, Haare, Seife. Auschwitz, nicht die ›Machtergreifung‹ 1933, war die wirkliche ›Deutsche Revolution‹ – die wirkliche Schein-›Umwälzung‹ der bestehenden Gesellschaftsformation. Diese Tat sollte die Welt vor der Tyrannei des Abstrakten bewahren. Damit jedoch ›befreiten‹ die Nazis sich selbst aus der Menschheit« (Postone 1988, 253 f.).

Diese Dechiffrierung steht nicht im Gegensatz zu einer Analyse, die Auschwitz gleichzeitig in das liberale Nutzenkalkül und in das fordistische Programm einordnet. Wie Benthams grausiger Utilitarismus noch die Exkremente und die Leichen der Sträflinge (ja sogar seine eigene Leiche) der Verwertung zuführen wollte, so verwerteten auch die Nazis die körperlichen Überreste der ermordeten Juden bis hin zu Lampenschirmen aus Menschenhaut. Insofern hat Auschwitz den liberalen angelsächsischen Utilitarismus in sich aufgehoben. Auch andere, »bevölkerungspolitische« Nutzenkalküle standen sicherlich in Verbindung mit dem KZ-System, das ja nicht nur die Juden erfaßte. Aber die entscheidende Dimension von Auschwitz geht darüber hinaus, wie sie auch über die Massensklaverei des Gulag hinausgeht. In den sowjetischen Lagern wurden Menschen durch »Arbeit« vernichtet, aber diese Vernichtung war eine in Kauf genommene, kein unmittelbarer Zweck. Sie stand immer noch unter dem Bann eines Nutzenkalküls, nämlich der rücksichtslosen, über Leichen gehenden Turbo-Industrialisierung.

Auch Auschwitz war eine fordistische Fabrik, genau wie »Volkswagen«. Die Vernichtungsmaschine wurde als ganz gewöhnliche kapitalistische Industrie betrieben, unter Beteiligung ganz gewöhnlicher Privatfirmen. Dazu gehörte etwa das Unternehmen J. A. Topf und Söhne (Erfurt), Maschinenfabrik und feuertechnisches Baugeschäft, das die Großöfen für die Menschenverbrennung lieferte (Pressac 1995, 181). Der Ingenieur Fritz Sander, Angestellter dieser Firma, ließ sich das von ihm entworfene Modell eines riesigen Einäscherungsofens sogar patentieren (Pressac, a.a.O., 69). Aber Auschwitz war eine negative Fabrik. Dort wurde nichts produziert, sondern etwas »entsorgt« – nämlich die phantasmatische Verkörperung des gesellschaftlichen Abstraktionsvorgangs in einem warenproduzierenden System. Insofern war Auschwitz die äußerste Konsequenz des Fordismus als kapitalistischer Arbeits- und Industriereligion: die industrielle Erlösung für die deutsche Blutsdemokratie durch die Vernichtung der Juden. Die Parole »Arbeit macht frei« über dem Tor von Auschwitz enthält so eine doppelte Bedeutung: »Arbeit« macht frei als kapitalistischer Daseinszweck, wenn sie von den Juden und damit von der Abstraktion »befreit« ist. Nur so werden Himmlers berühmte, unbegreifliche, immer wieder zitierte Sätze gegenüber SS-Männern doch wieder begreiflich:

»Von euch werden die meisten wissen, was es heißt, wenn 100 Leichen beisammenliegen, wenn 500 daliegen oder wenn 1000 daliegen. Dies durchgehalten zu haben, und dabei – abgesehen von Ausnahmen menschlicher Schwächen – anständig geblieben zu sein, das hat uns hart gemacht. Dies ist ein niemals geschriebenes und nie zu schreibendes Ruhmesblatt unserer Geschichte« (zit. nach: Piper 1995, IX).

Nicht persönlicher Haß durfte hier wirksam sein, noch nicht einmal persönliche Grausamkeit, sondern einzig jene »Banalität des Bösen« (Hannah Arendt) von Buchhaltertypen, fleißigen Ingenieuren und deutschen Pflichtmenschen, die alle menschlichen Regungen den Opfern gegenüber ersticken mußten für den »höheren Zweck« einer Art Menschheitserlösung. Die Nazis vollzogen auf ihre Weise, was die Sozialdemokratie sich immer erträumt hatte: eine »ordentliche Revolution«, in der alles ganz anders wird, damit alles so bleiben kann, wie es ist. Die »ordentliche« Judenvernichtung der »deutschen Revolution« erschien so als eine Art Müllabfuhr des inkarnierten Bösen am Kapitalismus, eine schwere »Blutarbeit«, die anständig durchzustehen war, um hinterher duschen zu gehen und den gereinigten Kapitalismus endlich genießen zu können. Auschwitz und »Volkswagen« stehen in einem reziproken Verhältnis: eine Welt der Massenproduktion erlöster fordistischer Gebrauchsgüter, der erlösten Massen-Mobilität und des erlösten Freizeitkonsums um den Preis des jüdischen Blutopfers, das die »Arbeitssoldaten« freisprechen sollte von der Selbstunterwerfung unter die kapitalistische Maschine.

Ein derart paranoides Konstrukt, das den allgemeinen Wahnsinn des Kapitalismus unüberbietbar zuspitzte, konnte nicht anders, als im Vernichtungswillen auch die Selbstvernichtung einzuschließen, die von Anfang an wie ein Alptraum der »völkischen« Ideologie und ihrer fordistischen Ausprägung inhärent war. »Ragnarök«, der Weltuntergang in der germanischen Mythologie, spukte durch dieses Bewußtsein. Das geheime Wissen um den irreversiblen Wahnsinn des eigenen Tuns, das selbstzerstörerische Formen annehmen mußte, war schon frühzeitig in den ideologischen Schüben der »deutschen Revolution« aufgeschienen und ist in Oswald Spenglers berüchtigtem Werk »Der Untergang des Abendlands« (erste Ausgabe 1918) sprichwörtlich geworden. Spengler (1880–1936) gehörte wie Jünger zu jenen Wegbereitern des Nazismus, die sich zwar bald von dessen Vulgarität abgestoßen fühlten, ohne doch jemals das Denken zu verlassen, das der »deutschen Revolution« zugrunde lag. In seiner organizistischen Geschichtsphilosophie erscheinen große Kulturen (ähnlich wie bei Herder Nationen oder Völker) als »Organismen«, die einen Lebensprozeß durchlaufen und schließlich unwiderruflich absterben müssen. Die zeitgenössische Geschichte ist für ihn das letzte Aufbäumen der arisch-»faustischen« abendländischen Kultur, das schon auf einen als »heroisch« imaginierten Untergang hindeutet:

»Es ist der Verzweiflungskampf des technischen Denkens um seine Freiheit gegenüber dem Denken in Geld [...] Dies gewaltige Ringen einer sehr kleinen Zahl stahlharter Rassemenschen (!) von ungeheurem Verstand, wovon der einfache Städter weder etwas sieht noch versteht, läßt von fern betrachtet, welthistorisch also, den bloßen Interessenkampf zwischen Unternehmertum und Arbeitersozialismus zur flachen Bedeutungslosigkeit herabsinken. Die Arbeiterbewegung ist, was ihre Führer aus ihr machen, und der Haß gegen die Inhaber der industriellen Führerarbeit (sic!) hat sie längst in den Dienst der Börse gestellt (!) [...] Aber damit steht das Geld am Ende seiner Erfolge, und der letzte Kampf beginnt, in welchem die Zivilisation ihre abschließende Form erhält: der zwischen Geld und Blut [...] Das Geld wird nur vom Blut überwältigt und aufgehoben (!) [...] Es handelt sich in der Geschichte um das Leben und immer nur um das Leben, die Rasse, den

Triumph des Willens zur Macht, und nicht um den Sieg von Wahrheiten […] So schließt das Schauspiel einer hohen Kultur […] wieder mit den Urtatsachen des ewigen Blutes, das mit den ewig kreisenden kosmischen Fluten ein und dasselbe ist […]« (Spengler 1972/1918, 1192 ff.).

Weil das »letzte Gefecht« des kapitalistisch domestizierten Arbeitsmarxismus gegen die »abstrakte Arbeit« ausgeblieben war, um statt dessen den »bloßen Interessenkampf« (wie Spengler schlau bemerkt) innerhalb des als unüberwindbar gedachten warenproduzierenden Systems zu führen, brachte der Kapitalismus selber ein monströses Phantasma seiner Scheinüberwindung hervor. Die Nazis waren das grauenhaft verzerrte Spiegelbild einer sozialen Bewegung, die nicht mehr an die Emanzipation vom Fetischismus der Moderne herankommen konnte.

An die Stelle der Idee einer selbstorganisierten Räte-Gesellschaft unter Beteiligung aller trat der elitäre Wahn eines »Führersozialismus« von »stahlharten Rassemenschen« vor der negativen Gleichheit des Arbeitszwangs, an die Stelle der Wahrheit die »Rasse«. Nicht die Überwindung von »Arbeit«, Geld und Staat durch den »Verein freier Menschen« war das Ziel, sondern die phantasmatische Aufhebung des Geldes durch das »Blut«, über die Köpfe der Menschen hinweg. Die tiefe Irrationalität dieser sich selbst realisierenden Vorstellung konnte die »Aufhebung« des Kapitalismus auf seinen eigenen Grundlagen nicht anders denken als ein »Ende der Geschichte« – aber im Unterschied zu den Aufklärern, Hegel und Comte als ein negatives und dunkles. Das »letzte Gefecht« der Blutsgemeinschaft sollte nicht in die soziale Emanzipation als Anfang einer selbst-bewußten Geschichte führen, sondern unter Strömen von Blut zurück in die Geschichtslosigkeit:

»In den Kreis der Symbole des Niedergangs gehört nun vor allem die Entropie, bekanntlich das Thema des zweiten Hauptsatzes der Thermodynamik […] Die Kraft, der Wille hat ein Ziel, und wo es ein Ziel gibt, gibt es für den forschenden Blick auch ein Ende […] Das Weltende als Vollendung einer innerlich notwendigen Entwicklung – das ist die Götterdämmerung; das bedeutet also, als letzte, als irreligiöse Fassung des Mythos, die Lehre von der Entropie […] Der ›historische Mensch‹ […] ist der Mensch einer in Vollendung begriffenen Kultur. Vorher, nachher und außerhalb ist er geschichtslos […] Und daraus folgt eine ganz entscheidende […] Tatsache: daß der Mensch nicht nur vor dem Entstehen einer Kultur geschichtslos ist, sondern wieder geschichtslos wird, sobald eine Zivilisation sich zu ihrer vollen und endgültigen Gestalt herausgebildet und damit die lebendige Entwicklung der Kultur beendet, die letzten Möglichkeiten eines sinnvollen Daseins erschöpft hat« (Spengler, a.a.O., 542 ff., 613 f.).

Welch böse Ironie: War die gesellschaftsphilosophische Reformulierung der Entropie bei Wilhelm Ostwald noch für die neurotische betriebswirtschaftliche Zeitsparlogik des Fordismus bemüht worden, so tritt sie wenige Jahre und einen Weltkrieg später bei Spengler schon als Untergangsprophezeiung auf. Darin wird nicht nur der Todestrieb der aufkommenden Nazis sichtbar, sondern der Todestrieb des modernen warenproduzierenden Systems überhaupt. Wie diese Ideologie die nicht verhandelbare, deterministische Gesellschaftsphysik des Kapitalismus in eine ebenso blinde, determinierte Logik des »Blutes« übersetzte, so deutete sie den inneren, auf eine absolute Schranke zulaufenden kapitalistischen Selbstwiderspruch als unaufhaltsame »Götterdämmerung« der Zivilisation. Auch jenseits von Auschwitz bleibt diese immanente Drohung des Kapitalismus bestehen: die Entropie des Kapitals soll der Tod des gesellschaftlichen Universums sein; wenn es nicht durch Blutopfer von sich selbst befreit werden kann, »will« das »automatische Subjekt«, daß sein eigenes Ende auch der Untergang der Menschheit und des irdischen Lebens überhaupt ist.

Löcher graben und Pyramiden bauen: die keynesianische Revolution

Mit der Weltwirtschaftskrise und den diversen diktatorischen Systemen hatte die längst selber in Richtung Konservatismus und Staatssozialismus mutierte wirtschaftsliberale Ideologie einen Tiefpunkt erreicht. Fast niemand glaubte mehr so recht an die Doktrin der »unsichtbaren Hand«. Es herrschte, wie der Ökonom Joseph A. Schumpeter (1883–1950) noch 1942 schrieb, in nahezu allen politischen und ideologischen Lagern eine »Atmosphäre der Feindschaft gegenüber dem Kapitalismus« (Schumpeter 1980/1942, 107), die aus bitteren Erfahrungen genährt war:

»Die öffentliche Meinung ist allgemach so gründlich über ihn verstimmt, daß die Verurteilung des Kapitalismus und aller seiner Werke eine ausgemachte Sache ist, – beinahe ein Erfordernis der Etikette der Diskussion« (a.a.O.).

Aber in Wirklichkeit bezog sich diese »Kapitalismuskritik« der Zwischenkriegszeit nirgendwo auf den Kapitalismus als (warenproduzierendes) Selbstzweck-System, sondern immer nur auf seine vergangene, obsolet gewordene Form des 19. Jahrhunderts, die schon längst »staatssozialistisch« (eigentlich: staatskapitalistisch) angenagt war. Die kapitalistischen Grundkategorien waren im Massenbewußtsein ebenso wie in der theoretischen Reflexion bereits derart verinnerlicht, daß jene von der Sozialdemokratie in die Geschichte eingeführte »sozialistische« Staatsideologie als Gegenentwurf zum Kapitalismus überhaupt erscheinen konnte, der völlig mit Privatkapitalismus, Konkurrenzökonomie, Wirtschaftsliberalismus und Freihandel identifiziert wurde. Es war in Vergessenheit geraten, daß der Sozialismus die Idee des Leviathan vom Liberalismus selbst geerbt hatte. Damit war die »Kapitalismuskritik« längst schon in jene Falle gelaufen, die der Liberalismus unbewußt aufgestellt hatte: nämlich vermeintliche Alternativen nur noch innerhalb der kapitalistischen Realkategorien formulieren zu können.

Denn der moderne Staatsapparat ist ja selber nur eine Funktionssphäre des Kapitalismus, genau wie der Markt. Während sich auf dem Markt die Rückverwandlung des fetischistisch in den Waren inkorporierten »Mehrwerts« in die Geldform realisiert, reguliert der Staat diese Märkte, schafft Rahmenbedingungen, tritt teilweise selber als Unternehmer auf (wie es Adolph Wagner bereits analysiert hatte) und ist vor allem Funktionär der allgemeinen kapitalistischen Menschenverwaltung. Markt und Staat sind also immer nur die beiden Seiten derselben kapitalistischen Medaille. Ausgerechnet das Staatsungeheuer, den Leviathan, diesen von der Selbsttätigkeit und Selbstorganisation der Massen abgetrennten und entfremdeten Apparat, als »antikapitalistische« Form mißzuverstehen – das hieß im Sinne der Emanzipation den Bock zum Gärtner zu ernennen.

Marktmaschine und Staatsmaschine können nur zwei mehr oder weniger mit Reibungsverlusten ineinandergreifende Aggregate der einen »schönen Maschine« des kapitalistischen Selbstzwecks darstellen; Privatkapitalismus und Staatskapitalismus (vulgo »Staatssozialismus«) daher nur zwei unterschiedlich akzentuierte Erscheinungsformen derselben menschenschinderischen Monstrosität sein. Wie der Privatkapitalismus die Schrecken der bürokratischen Menschenverwaltung als sein Alter ego einschließt und schon früh mitentwickelt hat, so schließt umgekehrt auch der Staatskapitalismus unter seiner bürokratischen Hülle die Schrecken und absurden Mühen der Konkurrenz auf allen Ebenen ein. Markt und Staat, Privatkapitalismus und Staatskapitalismus sind ebenso wie »Arbeiterklasse« und »Kapitalisten« bzw. Manager nur die gesellschaftlichen und sozialen Formen, in denen sich der irrationale kapitalistische Selbstwiderspruch bewegt und historisch fortentwickelt.

Was Adolph Wagner mit seinem Theorem der »steigenden Staatsquote« ökonomisch vorausgesagt und was sich schon in der imperialen Konkurrenz und im Weltkrieg unaufhaltsam aufgebaut hatte, trat nun im Kampf um die Durchsetzung der fordistischen Revolution erst in ein entscheidendes Stadium: der Übergang zu einer allgemeinen staatsökonomischen Regulation, zum Staat als wesentlichem Wirtschaftssubjekt. Eben dieser objektive Prozeß war es, der die Grundlage für die Ideologie von »Arbeitsstaat« und »Arbeitsdemokratie« in ihren diversen Erscheinungsformen bildete. Je mehr Markt, desto mehr Staat: diese strukturgeschichtliche Grundformel der kapitalistischen Entwicklung bewahrheitete sich mehr denn je beim Übergang zum fordistischen Vollkapitalismus, der ohne den gleichzeitigen Übergang zum Staat als forciertem Metasubjekt der Ökonomie gar nicht möglich gewesen wäre. Was viele als zunehmenden Sozialismus oder Protosozialismus mißverstanden, war nichts anderes als eine Häutung des Kapitalismus selbst. Weltkrieg und Weltwirtschaftskrise bildeten die Schubkräfte dieser Häutung des Gesamtungeheuers, und die Leiden der Katastrophen wurden dafür instrumentalisiert.

Wie schon im Weltkrieg war es natürlich die Sozialdemokratie, die nicht nur die fordistische Rationalisierung des Menschenmaterials frohlockend als »Übergang zum Sozialismus« umdefinierte, sondern auch die sich damit anbahnende staatsökonomische Formierung, die notgedrungen über den »Kriegssozialismus« hinaus fortgesetzt werden mußte. Der sozialdemokratische Finanztheoretiker Rudolf Hilferding (1877–1941), der im Gefängnis der Gestapo durch Folter oder Selbstmord endete, sprach in diesem Sinne Ende der 20er Jahre optimistisch vom »organisierten Kapitalismus«. Diese theoretische Reflexion, ob in optimistischer, pessimistischer oder elegischer Version, ging aber inzwischen weit über den Dunstkreis des Arbeits- und Staatsmarxismus hinaus. Sie sollte auch in der Nachkriegszeit bis in die 70er Jahre hinein anhalten. In der soziologischen Analyse erschien dieser Prozeß als fortschreitende »Bürokratisierung der Welt« (Jacoby 1969), die sich sowohl auf der staatlichen als auch auf der betriebswirtschaftlichen Ebene vollzog. Max Weber, seit dem Weltkrieg vom imperialistischen Kampfpropagandisten zum gesetzten bürgerlichen Großtheoretiker mutiert, sprach vom »Geist der Bürokratie« und der säkularen Entwicklung zu einem bürokratisch geformten »Gehäuse der Hörigkeit« (Weber 1985/1922). Die Idee eines kapitalistischen »Führersozialismus« als Bestandteil der Ideologie vom allgemeinen »Arbeitsstaat« hatte in dieser umfassenden Bürokratisierung ihre objektive Grundlage. Anfang der 40er Jahre bezeichnete der Soziologe James Burnham den Übergang zur staatsbürokratisch organisierten Ökonomie in einer weltweit diskutierten Analyse als »Das Regime der Manager« (Burnham 1948/1941):

»Dieser Übergang vollzieht sich von dem Gesellschaftstyp, den wir kapitalistisch oder bürgerlich genannt haben, zu einem Typ, den wir manageriell nennen. Dieses Übergangsstadium wird vermutlich im Vergleich zum Übergang vom Feudalismus zum Kapitalismus von kurzer Dauer sein. Es begann etwa mit dem ersten Weltkrieg; enden wird es ungefähr 50 Jahre später mit der Konsolidierung der neuen Gesellschaft [...] Am Ende der Übergangszeit werden die Manager die gesellschaftliche Führung errungen haben und die herrschende Gesellschaftsklasse sein. Zudem ist es ein weltweites Ringen, das in allen Ländern in vollem Gange ist, wenngleich die Entwicklung in den verschiedenen Ländern verschieden weit gediehen ist. Das Wirtschaftssystem, welches die gesellschaftliche Führung der Manager gewährleisten wird, gründet sich auf das staatliche Eigentum an den Produktionsmitteln.

Innerhalb dieses Systems wird es ein Privateigentum an den wichtigeren Produktionsmitteln nicht geben [...] Die Kontrolle der Manager über den Staat wird durch angemessene politische Einrichtungen hinlänglich gesichert werden, ebenso wie die Herrschaft des Bürgertums unter dem Kapitalismus durch bürgerlich-politische Institutionen gesichert wurde. Die Ideologien, welche die gesellschaftlichen Aufgaben, Interessen und Bestrebungen der Manager widerspiegeln [...], sind bisher noch nicht fertig ausgearbeitet; [...] Man nähert sich ihnen jedoch schon aus verschiedenen, wenn auch verwandten Richtungen, so z. B. durch den Leninismus und Stalinismus, den Faschismus und Nazismus und – auf einer primitiveren Ebene – durch die Lehre des New Deal und weniger einflußreiche amerikanische Ideologien, wie die Technokratie« (Burnham, a.a.O., 91 ff.).

Diese Überlegungen sind in mehrfacher Hinsicht bemerkenswert. So identifiziert Burnham den Typus des Managers keineswegs mit der Leitung privatkapitalistischer Unternehmungen, sondern mit einer viel allgemeineren gesellschaftlichen Leitungsfunktion, die auch die staatsökonomische Administration einschließt und dem eher ideologischen Begriff des »Führers« nahekommt. Gleichzeitig sieht er dieses »Regime der Manager« als allgemeine historische Erscheinung unabhängig von der ideologischen Legitimation, also sowohl in der Sowjetunion als auch in Nazi-Deutschland und in den USA gleichermaßen auf den Weg gebracht. Zwar hypostasiert Burnham dabei den Begriff des allgemeinen »Staatseigentums an den Produktionsmitteln«. Aber diese gerade auch von den Staatsmarxisten überstrapazierte juristische Eigentumsfrage macht im Verhältnis von Staatseigentum und Privateigentum nur einen formalen Unterschied, der die wesentliche soziale und ökonomische Qualität (nämlich die entfremdete, selbstzweckhafte Kapitaleigenschaft der Produktionsmittel) gar nicht berührt.

Dem alten sozialdemokratischen Programm folgend, machte nur die Sowjetunion den Staat zum leviathanischen Generalunternehmer der ganzen Gesellschaft, während in Nazi-Deutschland und in den USA die neue staatliche Regulation die privatkapitalistische Verfassung nicht auf dieselbe Weise total in sich aufsog. Aber das war nur ein gradueller Unterschied. Entscheidend blieb, daß der Staat viel weiter als vor dem Ersten Weltkrieg in die Funktion des ökonomischen Gesamtregulators aufrücken mußte. Insofern war die beginnende staatsökonomische Krisenpolitik des 1933 auf Hoover folgenden neuen US-Präsidenten Franklin Delano Roosevelt (1882–1945), die unter dem unklaren und vieldeutigen Namen »New Deal« in die Sozial- und Wirtschaftsgeschichte eingegangen ist, im Prinzip aus demselben Holz geschnitzt wie die sowjetische und nazi-deutsche. Daß sich am Rande dieses New Deal eine kleine, von Ingenieuren, Managern und Intellektuellen getragene Bewegung formierte, die sich ganz positiv mit einem später pejorativ gewordenen Begriff als »Technokratie« bezeichnete, ist eine kennzeichnende Marginalie des zeitgenössischen Weltbewußtseins.

Burnham prognostizierte in diesem Sinne den Charakter der gesellschaftlichen Umwälzung, indem auch er diesen »Übergang« nicht als Häutung des Kapitalismus selbst, sondern als die Heraufkunft einer neuen Gesellschaft verstand; mit einer historischen Qualität wie der Übergang vom Feudalismus zum Kapitalismus. Dieses allgemeine Mißverständnis nährte sich aus jener soziologischen Verkürzung der Betrachtungsweise, wie sie nicht nur den Arbeiterbewegungs-Marxismus auszeichnete, sondern auch die bürgerliche Sozialwissenschaft: Während die gesellschaftlichen Grundformen des modernen warenproduzierenden Systems »stummer«, unhistorisch-ontologischer und unreflektierter Hintergrund bleiben, bezieht sich die theoretische Analyse einzig und allein auf die soziologischen Entwicklungen der Herrschafts-, Funktions- und Klassenverhältnisse innerhalb dieses Systems.

Die »Kontrolle der Manager« über die Gesellschaft ist aber nichts anderes als die logische Fortentwicklung des kapitalistischen Systems. Die unmittelbare Identität von juristischer Eigentumsfunktion und realer Leitungsfunktion hatte sich ja schon in den Aktiengesellschaften des 19. Jahrhunderts aufgelöst. Ob in dieser oder in direkt staatsökonomischer Form: der Kapitalismus setzte in stetig wachsendem Maße seine eigentliche Logik frei, in der die vermeintliche Identität des »Eigentümers« als eines mit »privater Verfügungsgewalt« begabten und selbstverantwortlichen Subjekts blamiert wird und sich das bewußtlose »automatische Subjekt« enthüllt. Es handelt sich eben nicht um eine Gesellschaft von persönlichen Privatproduzenten, die auf dem Markt ihre persönlichen Produkte austauschen würden. Ganz im Gegenteil haben wir es mit einer überpersönlichen gesellschaftlichen Aggregierung der Produktion zu tun – aber nicht in einer gemeinschaftlich und bewußt organisierten Weise, wie es eigentlich dem Charakter zunehmender Vergesellschaftung entsprechen müßte, sondern unter dem Diktat einer verselbständigten Fetischform. Dieser Charakter einer negativen, irrationalen Vergesellschaftung durch das Kapitalverhältnis war ja im Prinzip schon im 18. Jahrhundert mit den Metaphern der Gesellschaftsmaschine oder der Gesellschaftsphysik formuliert worden. Diese früheste, ahnungsvolle Begrifflichkeit nahm bereits vorweg, was sich real erst in einer langen Entwicklungsgeschichte herausschälen konnte. Beim Transit der Zweiten industriellen Revolution kam jetzt diese negative, bewußtlose Vergesellschaftung in ihrem ausgereiften, nur noch staatsökonomisch zu organisierenden Entwicklungsstadium an.

Für die USA, die bislang der staatsökonomischen Orientierung am wenigsten gefolgt waren, stellten schon die im ganzen eher zaghaften Versuche von Roosevelts New Deal den tiefsten Einschnitt in ihre Wirtschaftsgeschichte dar. War noch die spekulative Vorwegnahme der fordistischen Prosperität ganz von den wirtschaftsliberalen Grundanschauungen des »American Way of Life« geprägt gewesen, so hatte die verheerende Weltwirtschaftskrise dieses falsche Selbstbewußtsein derart nachhaltig geschockt, daß nun auch die USA reif für den weltweiten Trend wurden, sogar unter Einschluß von mehr oder weniger freiwilligen staatlichen Arbeitslagern für Jugendliche. Der Bostoner Kaufhausbesitzer Edward A. Filene, ein Anhänger des New Deal, versuchte 1933 sogar nach einer Europareise mit Besuch in Nazi-Deutschland, eine »arbeitsbegeisterte« Jugendbewegung nach dem Vorbild der Hitler-Jugend zu inspirieren (Jaeger 1974, 157). Freilich kehrten damit wie in der übrigen Welt nur die vergessenen Methoden des europäischen Frühkapitalismus in neuer, höher entwickelter Gestalt zurück.

Insgesamt waren die staatsökonomischen Maßnahmen des New Deal inkohärent und eher pragmatisch. Zunächst ging es darum, das durch die Krise fast halbierte Einkommen der ländlichen Farmerbevölkerung zu stabilisieren. Dies geschah in einer Weise, wie sie auf dem Agrarsektor immer wieder angewendet worden ist und heute z. B. das absurde Gesamtkunstwerk der Landwirtschaftspolitik in der

Europäischen Union bestimmt: nämlich durch Reduktion des Angebots, um die Preise für Agrarprodukte künstlich hoch zu halten. In der Form staatlicher Regulation bedeutete dies, Prämien für die Reduzierung der Anbaufläche aus Staatsfonds zu zahlen:

»Zur Durchführung wurde eine neue Behörde, die Agricultural Adjustment Administration (AAA), geschaffen. Die nächste Ernte war freilich beim Inkrafttreten des Gesetzes schon gepflanzt. Die AAA forderte daher in einem Propagandafeldzug dazu auf, ein Viertel der Baumwollpflanzen unterzupflügen. Rund zehn Millionen acres wurden so der Produktion entzogen. Für die Weizenernte besorgte das schlechte Wetter des Jahres das Geschäft der Regierung. Mais- und Fleischpreise wurden durch Aufkäufe künstlich hochgetrieben. Fast 6 Millionen Schweine und Ferkel wurden zum größten Teil zu Düngemitteln verarbeitet. Im Grund war es eine bittere Ironie, daß bei all der Not im Land Prämien bezahlt wurden, um den Segen der Natur zu vernichten. Die Verantwortlichen sahen freilich innerhalb der vorhandenen Sozialordnung keinen anderen Ausweg [...] Die Schwächsten wurden allerdings hart getroffen. Grundbesitzer nahmen bisher verpachtetes Land aus der Produktion, kassierten die Prämien und entließen ihre Pächter; Farmhelfer mußten gehen« (Sautter 1994, 381).

Hier wird schon deutlich, daß die staatsökonomische Regulation, in welcher Gestalt und Intensität auch immer, die Irrationalität des kapitalistischen Selbstzwecks nicht überwinden konnte. Die Krise wurde zwar teilweise bewältigt, aber nur um den Preis, sie an anderer Stelle zu verschärfen und neue, besonders absurde Verlaufsformen der kapitalistischen Entwicklung hervorzubringen. An der Vernichtung von Lebensmitteln angesichts von Hungermärschen zeigt sich besonders drastisch, daß die Übernahme ökonomischer Aufgaben durch die Staatsmaschine keine Korrektur der »unsichtbaren Hand« im Sinne eines vernünftigen Umgangs mit den Ressourcen, sondern immer nur im Sinne des weiterhin unvernünftigen »automatischen Subjekts« sein kann. Die Maschine als solche soll wieder laufen, die realen Bedürfnisse bleiben diesem Zweck untergeordnet.

Ansonsten gehörte zu den Maßnahmen des New Deal vor allem die Finanzierung öffentlicher Arbeiten. Dabei handelte es sich wie in Nazi-Deutschland und in der Sowjetunion vor allem um Projekte der

Infrastruktur wie Straßen, Staudämme und Kraftwerke; die staatsökonomischen Ansätze der Krisenbewältigung gingen so Hand in Hand damit, die bislang unzureichenden logistischen Rahmenbedingungen für die Zweite industrielle Revolution zu schaffen, insbesondere für den Massenkonsum von Automobilen und neuen Medien. Schließlich holte der New Deal für die USA auch einige sozialstaatliche Maßnahmen nach, wie sie Bismarck schon gut ein halbes Jahrhundert zuvor institutionell verankert hatte. In dieser Hinsicht waren es die USA, die einen Bedarf an »nachholender Modernisierung« hatten: Die neugegründete »Federal Emergency Relief Administration« (FERA) »verteilte in der Folge über 3 Milliarden Dollar an die Wohlfahrtsagenturen der Staaten und Städte als Hilfe bei der Arbeitslosenunterstützung« (Sautter, a.a.O., 383).

Obwohl Nazi-Deutschland ebenfalls nicht zu einem vollen Staatseigentum überging, wurden die staatsökonomischen Eingriffe hier weitaus stärker als im New Deal vorangetrieben. Im Namen der »Arbeitsschlacht« legte die Hitler-Administration eine ganze Reihe von »Arbeitsbeschaffungsprogrammen« auf; ein Begriff, der wieder einmal unfreiwillig auf den irrationalen Charakter einer Produktionsweise verweist, die »Arbeit« zum Selbstzweck gemacht hat und die Menschen um jeden Preis »beschäftigen« muß, statt die Ressourcen für den Gewinn von Muße und gutem Leben für alle einzusetzen. 1933/34 liefen bereits zahlreiche staatsfinanzierte Infrastrukturprogramme an, darunter vor allem der berühmte Bau der Autobahnen, der sich so nachhaltig im Massenbewußtsein festgesetzt hat. Die fordistischen Imaginationen wurden dabei als Hebel der Massenmobilisierung eingesetzt. Und es bedurfte einiger Suggestion, um die Wirklichkeit des Autobahnbaus als Bestandteil einer Wohlfahrtssteigerung sehen zu können, denn die Nazis behandelten die dafür eingesetzten »Volksgenossen« nicht viel besser als Stalin seine Arbeitssklaven des Gulag:

»In schäbigen Baracken, aber auch in Scheunen und Ställen untergebracht, nur mit primitivstem Handwerkszeug ausgerüstet, mußten sie für armselige Löhne arbeiten. Der durchschnittliche Stundenlohn betrug 68 Pfennig, wozu noch sogenannte Bedarfdeckungsscheine im Wert von 25 Reichsmark bei vier vollen Arbeitswochen hinzukamen, die zur Anschaffung von Kleidung, Wäsche und Hausrat in Sondergeschäften berechtigten« (Höhne 1996, 164).

Hauptsache »Arbeit«. Die schon tausendfach gedemütigten, immer wieder auf Kartoffelstandard heruntergedrückten Elendsgestalten der ausgetrockneten Arbeitsmärkte waren fast mit allem zufrieden. Die zurückgehende Massenarbeitslosigkeit wurde als Erfolg Hitlers gewertet. Für die Nazi-Diktatur standen allerdings »Arbeitsschlacht« und »Arbeitsbeschaffungsprogramme« von vornherein im Zeichen von Aufrüstung und Kriegsvorbereitung. Das galt zumindest indirekt auch für die Autobahnen, deren militärstrategischer Wert unklar blieb; tatsächlich liefen die Militär- und Vernichtungstransporte im Zweiten Weltkrieg immer noch hauptsächlich auf dem Schienenweg, während die zivile Massenproduktion von Autos in den Anfängen steckenblieb. So hatten diese »Geisterautobahnen« real kaum mehr als propagandistischen Wert. Aber sie waren trotzdem kein von der beginnenden Rüstungspolitik getrenntes Programm, denn auch die zivilen Infrastrukturprojekte standen für die Nazis im allgemeinen Kontext der Kriegsvorbereitung. Ähnlich wie Jünger hatte Hitler den Charakter des Ersten Weltkriegs als »technischen Krieg« begriffen, der für die Zukunft »die technische Rüstung« zum entscheidenden Faktor mache. Die fordistische Autogesellschaft sah er deshalb schon in seiner Bekenntnisschwarte »Mein Kampf« primär unter militärischen Gesichtspunkten und warnte vor den diesbezüglichen Folgen einer ungenügenden Modernisierung:

»Der allgemeinen Motorisierung der Welt, die im nächsten Kriege schon in überwältigender Weise kampfbestimmend in Erscheinung treten wird, könnte von uns fast nichts entgegengestellt werden« (Hitler 1942/1925, 748).

Hier ist schon die Ökonomie des motorisierten »Blitzkriegs« angedeutet, in die das »Arbeitsbeschaffungsprogramm« Nazi-Deutschlands während der 30er Jahre überging. Wenn Hitlers »Arbeitsschlacht« die Wirkungen des New Deal übertraf, so war dies einer zunehmenden Rüstungskonjunktur geschuldet. Dafür mußten für die Verhältnisse dieser Zeit ungeheure Finanzmittel mobilisiert werden. Allein zwischen 1935 und 1938 betrugen die deutschen Rüstungsausgaben mit umgerechnet knapp 16 Milliarden Dollar soviel wie im selben Zeitraum die der USA, Großbritanniens, Frankreichs und Italiens zusammengenommen. Der Anteil der direkten und indirekten Militärausgaben (unter Einschluß von Betriebskosten, Personalausgaben usw.) an den Gesamtausgaben aller »öffentlichen Hände« stieg innerhalb weniger Jahre von 4 Prozent (1932) auf 50 Prozent (1938) an (Ludwig 1981, 66).

War schon der New Deal nur durch staatliche Defizite zu finanzieren, so galt dies in gesteigertem Maße für Nazi-Deutschlands gigantisches Rüstungsprogramm. Auch in der Sowjetunion konnte die Geldform der Turbo-Industrialisierung nur durch eine politisch diktierte Geldschöpfung der Notenpresse dargestellt werden. Trotz aller unguten Gefühle der Ökonomen war der fordistische Durchbruch im zweiten Anlauf nicht anders als mit den mehr oder weniger stark wiederbelebten Finanzmethoden der Kriegswirtschaft anzusteuern. Damit wurden die Grundlagen für einen neuen, diesmal längerfristigen Umschlag des deflationären in einen inflationären Zyklus gelegt, in dem sich der kapitalistische Selbstwiderspruch bewegen und seine absolute Schranke noch einmal hinausschieben konnte. Obwohl Hitler anfangs noch die Rückkehr zu inflationären Maßnahmen zu scheuen schien, ließ die Eigendynamik von »Arbeitsschlacht« und Rüstungspolitik keinen anderen Weg zu.

Das dafür benutzte Instrument hatte ebenso verzweifelte Ähnlichkeit mit den »Darlehenskassenscheinen« des Rathenauschen »Kriegssozialismus« wie diese mit den »Assignaten« der Französischen Revolution. Es handelte sich um eine Kreditgeldschöpfung über die »Vorfinanzierung durch Wechsel« (Höhne 1996, 167), die Hitlers erster Reichsbankpräsident und Wirtschaftsminister Hjalmar Schacht (1877–1970) ausgeheckt hatte. Die Wechsel mit »vierprozentiger Zinsausstattung und unbeschränkter Konvertierbarkeit« (Höhne a.a.O., 168) liefen über eine Firma namens »Metallurgische Forschungsgesellschaft mbH« (Mefo), einer gemeinsamen Gründung von Reichsbank, Reichswehrministerium und Unternehmen der Schwerindustrie. Dieses Kunstgeld wurde bald zum Motor der Nazi-»Arbeitsschlacht«: »Die Mefowechsel lockten und trieben die deutschen Unternehmer an, ohne diese Papiere schien in der Wirtschaft nichts mehr zu gehen« (Höhne a.a.O., 168).

Niemand konnte mehr die Augen davor verschließen, daß die Methoden der staatsökonomischen Kriegswirtschaft keineswegs auf die unmittelbare Kriegssituation beschränkt bleiben durften wie in der Vergangenheit. Ein theoretischer Paradigmenwechsel war unausweichlich geworden, um die Permanenz einer nach der geltenden Doktrin wirtschaftspolitischen Todsünde zu legitimieren. Parallel zum pragmatischen Vorgehen von Roosevelts New Deal und Hitlers Rüstungskonjunktur schuf der britische Ökonom John Maynard Keynes (1883–1946) die dazugehörige Theorie des »Deficit spending«. In seinem 1936 erschienenen Werk »Allgemeine Theorie der Beschäftigung, des Zinses und des Geldes« zieht er aus den Erfahrungen der Weltwirtschaftskrise den Schluß, das bis dahin gültige »klassische« Saysche Theorem, daß das Angebot seine eigene Nachfrage schafft (also eine sich selbst überlassene »unsichtbare Hand« der Märkte automatisch zum »Gleichgewicht« der Vollbeschäftigung führen muß), sei falsch – oder zumindest nur ein Sonderfall in den »Wechsellagen« der kapitalistischen Ökonomie. Keynes stellte demgegenüber fest, daß der Fall eines »negativen Gleichgewichts« weit unterhalb der Vollbeschäftigung eintreten kann, sobald in einer Gesellschaft »zuviel« Kapital akkumuliert worden ist, als daß es einen ausreichenden Anreiz zur realen Reinvestition geben könnte:

»Der Hang zum Verbrauch und die Rate der Neuinvestition bestimmen unter sich die Menge der Beschäftigung […] Wenn der Hang zum Verbrauch und die Rate der Neuinvestition zu einer unzureichend wirksamen Nachfrage führen, wird das tatsächliche Niveau der Beschäftigung hinter dem Arbeitsangebot, das zum bestehenden Reallohn potentiell verfügbar sein mag, zurückbleiben […] Diese Analyse gibt uns eine Erklärung für das Paradox der Armut mitten im Überfluß. Denn das bloße Vorhandensein einer Unzulänglichkeit der wirksamen Nachfrage kann und wird oft die Zunahme der Beschäftigung zum Stillstand bringen, bevor ein Niveau der Vollbeschäftigung erreicht worden ist. Die Unzulänglichkeit der wirksamen Nachfrage wird den Vorgang der Erzeugung hemmen […] Ferner, je reicher das Gemeinwesen, umso größer die Neigung, daß sich die Kluft zwischen der wirklichen und potentiellen Erzeugung erweitert […] Denn ein armes Gemeinwesen wird geneigt sein, weitaus den größten Teil seiner Produktion zu verbrauchen, so daß ein sehr bescheidenes Maß von Investition genügen wird, um einen Zustand der Vollbeschäftigung zu schaffen, während ein reiches Gemeinwesen viel weitere Investitionsgelegenheiten entdecken muß, wenn der Hang zum Sparen der reicheren Mitglieder mit der Beschäftigung der ärmeren vereinbart werden soll. Wenn in einem potentiell reichen Gemeinwesen die Veranlassung zur Investition schwach ist, wird es das Gesetz der wirksamen Nachfrage, trotz seines potentiellen Reichtums, zwingen, seine tatsächliche Produktion zu verringern [...]« (Keynes 1994/1936, 26 f.).

In gewisser Weise hat Keynes damit überflüssigerweise das längst erfundene Rad neu erfunden, denn was er da in seinem wirtschaftswissenschaftlichen Jargon umschreibt, ist im Grunde nichts anderes als die schon mehr als 70 Jahre zuvor entwickelte und offiziell verfemte Theorie der krisenhaften kapitalistischen »Überakkumulation« von Karl Marx. Im Unterschied zu Marx dringt Keynes jedoch nicht zu dem zugrunde liegenden logischen Selbstwiderspruch des Kapitalismus vor, sondern bleibt bei einer oberflächlichen Beschreibung subjektiver Präferenzen der »Wirtschaftssubjekte« (vulgo »Hang zum Verbrauch«, sprich: Kaufkraft, und »Neigung zur Neuinvestition«) stehen. Ist für ihn doch gemäß der subjektiven Wert- und Preistheorie, die keine fetischistische Objektivierung »hinter dem Rücken« der Marktteilnehmer kennt, »Wirtschaft« durch nichts als »die unlenkbare und unfügsame Psychologie der Geschäftswelt bestimmt [...]« (a.a.O., 268). Deshalb kann er das Problem auch nicht als historische Entwicklung dieses prozessierenden Selbstwiderspruchs begreifen, der an eine absolute Grenze stoßen muß, sondern nur als quasi ahistorischen »möglichen Fall«; wie ja überhaupt die bürgerliche Volkswirtschaftslehre von Haus aus ahistorisch mit abstrakten »Modellen« vermeintlich ewiger Wirtschaftskategorien operiert. Genauso oberflächlich bleibt auch John Kenneth Galbraith als biederer Keynesianer bei der Fassung des Problems in seiner Augenzeugen-Geschichte der Weltwirtschaft im 20. Jahrhundert:

»Das Saysche Theorem ist nicht unangreifbar. Einkommen muß nicht notwendigerweise ausgegeben oder investiert werden; in Zeiten der Unsicherheit und Zweifel an der Zukunft wird es bar oder bei Banken gehortet, und die Banken können aus Angst oder wegen notleidender Kredite übervorsichtig sein und kein Geld verleihen. Oder es mangelt an hinreichend solventen Kreditnehmern. Auch die Preise passen sich nicht notwendig an die gesunkene Nachfrage an. Unter modernen wirtschaftlichen Bedingungen sind die Preise nur begrenzt elastisch oder stabil, gleiches gilt für die Löhne [...] Ist das persönliche Einkommen ungleich verteilt, wie es dies damals war (und heute noch ist), kann das Saysche Theorem weiter unter Druck geraten durch starke ungenutzte Kaufkraft, die den glücklichen Menschen zuwächst, die nicht darauf angewiesen sind, Geld auszugeben oder zu investieren [...] Schließlich jedoch, wenn die Wirtschaft schrumpft, gibt es eine Stabilisierung auf ein neues Gleichgewicht, eines mit niedriger Produktion und erheblicher Arbeitslosigkeit [...] Und es gibt keinen wesentlichen Grund, warum dieses neue Gleichgewicht sich nicht behaupten sollte. Der Glaube, daß es eine automatische Rückkehr zu hoher oder völliger Kapazitätsauslastung und Vollbeschäftigung gibt, hängt an Wunschdenken, Hoffnungen und Beteuerungen der Politik, nicht an der Wirtschaftswirklichkeit. Die dreißiger Jahre waren ein jahrzehntelanger Beweis für das Unterbeschäftigungs-Gleichgewicht [...]« (Galbraith 1995, 94f.).

Die Theorie von Keynes blieb auch deshalb oberflächlich, weil er als bürgerlicher Volkswirtschaftler selbstverständlich gar nicht anders denken konnte als im Sinne einer Systemrettung. Es durfte keinen unaufhebbaren Selbstwiderspruch der Gesellschaftsmaschine geben, wenn das einzige Ziel darin bestehen mußte, »allmählich die verschiedenen anstößigen Formen des Kapitalismus los zu werden« (Keynes, a.a.O., 185). »Anstößig« ist es natürlich, wenn angesichts arbeitsloser, verarmender, obdachloser und sogar hungernder Massen mangels Rendite in großem Ausmaß Wohnungen leer stehen und Betriebsmittel brachliegen. Keynes schlug deshalb vor, durch staatliche Intervention müsse Investition und Verbrauch angeregt werden. Er meinte, »daß das weiseste Verfahren wäre, auf beiden Fronten gleichzeitig vorzugehen. Während ich eine sozial geleitete Investitionsrate befürworte, [...] würde ich gleichzeitig alle Arten der Politik unterstützen, die den Hang zum Verbrauch vermehren« (Keynes, a.a.O., 275). Die im Vergleich zur Sowjetökonomie (mit dem Staat als Generalunternehmer) »schwache« keynesianische Version des Staatskapitalismus sollte daher in einer Art von staatlich geplantem »Investitions-Sozialismus« bestehen, unter Beibehaltung von Privateigentum und »Privatinitiative«:

»Ich denke mir daher, daß eine ziemlich umfassende Verstaatlichung der Investition sich als das einzige Mittel zur Erreichung einer Annäherung an Vollbeschäftigung erweisen wird; obschon dies nicht alle Arten von Zwischenlösungen und Verfahren ausschließen muß, durch welche die öffentliche Behörde mit der privaten Initiative zusammenarbeiten wird. Aber darüber hinaus wird keine offensichtliche Begründung für ein System des Staatssozialismus vorgebracht, das den größten Teil des wirtschaftlichen Lebens des Gemeinwesens umfassen würde. Es ist nicht der Besitz der Erzeugungsgüter, deren Aneignung wichtig für den Staat ist. Wenn der Staat die der Vermehrung dieser Güter gewidmete Gesamtmenge der Hilfsmittel und die grundlegende Rate der Belohnung an ihre Besitzer bestimmen kann, wird er alles erfüllt haben, was notwendig ist [...] Unsere Kritik der akzeptierten klassischen Theorie der Wirtschaftslehre bestand nicht so sehr darin, logische Fehler in ihrer Analyse zu finden, als hervorzuheben, daß ihre stillschweigenden Voraussetzungen selten oder nie erfüllt sind, mit der Folge, daß sie die wirtschaftlichen Probleme der wirklichen Welt nicht lösen kann. Wenn es aber unseren zentralen Leitungen gelingt, eine Gesamtmenge der Erzeugung festzusetzen, die mit Vollbeschäftigung so nah als durchführbar übereinstimmt, wird die klassische Theorie von diesem Punkt an wieder zu ihrem Recht kommen [...] Von der Notwendigkeit zentraler Leitung für die Herbeiführung eines Ausgleichs zwischen dem Hang zum Verbrauch und der Veranlassung zur Investition abgesehen, besteht somit nicht mehr Grund für die Verstaatlichung des wirtschaftlichen Lebens als zuvor [...] Die zentralen Leitungen, die für die Sicherung der Vollbeschäftigung erforderlich sind, bringen natürlich eine große Ausdehnung der überlieferten Aufgaben der Regierung mit sich [...] Aber es wird immer noch ein weites Feld für die Ausübung der privaten Initiative und Verantwortung bleiben [...]« (Keynes, a.a.O., 319 f.).

Wie Keynes nur einen schwachen, für die bürgerlichen Nerven verträglichen Abguß der Marxschen Krisentheorie zu bieten hatte, so basierte auch sein Rezept auf einer bloß verwässerten Version der staatssozialistischen Ideologie (was einer zeitweiligen pragmatischen Wirksamkeit nicht im Wege stehen mußte). Kein Wunder, daß diese »keynesianische Revolution« in den Grenzen der Gesetze und auf dem Boden der kapitalistischen Kategorien zum Leitbild der Nachkriegs-Sozialdemokratie werden sollte. Keynes war in der ökonomischen Theorie genau der Typus von Revolutionär, der den Bahnhof stürmt, indem er eine Bahnsteigkarte kauft. Gegen theoriekonservative Kritiker verteidigte er denn auch vorbeugend seine Kühnheit mit dem Hinweis, die von ihm vollzogene Korrektur des Sayschen Dogmas sei »das einzige durchführbare Mittel, die Zerstörung der bestehenden wirtschaftlichen Formen in ihrer Gesamtheit zu vermeiden« (a.a.O., 321). Wobei freilich berücksichtigt werden muß, daß die Konsequenz einer möglichen Zerstörung dieser (privatkapitalistischen) Formen damals schon nur noch als voller Staatskapitalismus nach dem Muster der Sowjetunion gedacht werden konnte, während der für das bürgerliche Bewußtsein vollends unerträgliche Gedanke einer Emanzipation von den kapitalistischen Fetischformen überhaupt nicht einmal mehr in den Träumen vorhanden war.

Keynes mußte nun natürlich auch sagen, auf welche Art die staatliche Investitionslenkung bzw. Schaffung von Nachfrage denn erfolgen solle. Grundsätzlich befürwortete er eine durch staatliche Geldpolitik induzierte Zinssenkung, um zu einer dauerhaften »Übereinstimmung des Zinsfußes mit der Rate der Investition« (a.a.O., 184) zu kommen. Dies müsse zu einem »sanften Tod des Rentiers« (a.a.O., 317) führen, weil sich dann reine Geldkapitalinvestitionen für Zinserträge im Vergleich zu Sachinvestitionen kaum mehr lohnen würden. Keynes wußte oder ahnte jedoch, daß die staatliche Geldpolitik den Zins nicht oder nicht immer oder nicht dauerhaft unter Kontrolle halten kann. Für diesen »Fall« blieb dann nur noch das, was Roosevelt und Hitler bereits ganz theorielos praktizierten: defizitfinanzierte Sachinvestitionen und öffentliche Arbeiten im großen Maßstab (in kleineren Dimensionen hatte das ja bereits der »Sozialimperialismus« des späten 19. Jahrhunderts praktiziert, etwa mit den öffentlichen Bauprojekten unter Louis Bonaparte). In Nazi-Deutschland gab es dazu seit 1936 sogar schon einen »Vierjahresplan«. Keynes zeigte sich indigniert davon, daß ausgerechnet die Wirtschaftspolitik der Nazis als Musterbeispiel seiner Theorie dienen konnte. Er mochte auch nicht Aufrüstung und neuen Rüstungswettlauf als zu erwartenden Schwerpunkt staatlicher Defizit-Sachinvestitionen geradezu propagieren. Die Metaphern, die er für staatliche Investitionsprojekte wählte, sind allerdings um so verräterischer:

»Wenn der Zinsfuß – aus welchem Grunde immer – nicht so rasch fallen kann, [...] dann wird selbst eine Ablenkung des Verlangens nach dem Besitz von Reichtum auf Vermögensbestände, die in Wahrheit überhaupt keine wirtschaftlichen Früchte abwerfen, den wirtschaftlichen Wohlstand vermehren. Soweit Millionäre ihre Befriedigung darin finden, mächtige Paläste zur Beherbergung ihrer Leiber während ihres Lebens und Pyramiden zu ihrer Bergung nach dem Tode zu errichten, oder in Bereuung ihrer Sünden Kathedralen erbauen und Klöster oder Missionen beschenken, kann der Tag, an dem die Fülle des Kapitals auf die Fülle der Produktion störend einwirkt, aufgeschoben werden. ›Das Graben von Löchern im Erdboden‹, bezahlt aus Ersparnissen, wird nicht nur die Beschäftigung, sondern auch das reale Einkommen der Volkswirtschaft an nützlichen Gütern und Dienstleistungen vermehren [...]« (a.a.O., 184).

Keynes gibt also nicht nur (halb zufällig und ungewollt) zu, daß es sich im Grunde nur um einen »Aufschub« der absoluten Grenze kapitalistischer Produktion handeln kann. Ebenso unfreiwillig enthüllt er die Absurdität der dem Kapitalverhältnis inhärenten Logik. Wie schon Mandeville den Leuten einreden wollte, daß noch die obszönsten Paläste und Vergeudungsgüter der Reichen objektiv notwendig seien, um die Armen »beschäftigen« zu können, so geniert sich auch der neue Theorierevolutionär nicht, diese erzliberale Frechheit wieder aufzutischen. Freilich genügten unter den Bedingungen der Zweiten industriellen Revolution bloße Luxusgüter für die oberen Zehntausend nicht mehr. Nur noch staatliche Großprojekte für die Formierung gesamtgesellschaftlicher »Arbeitsarmeen« konnten die Verlängerung des kapitalistischen Lebens und den Durchbruch zum Fordismus erzwingen.

Nicht umsonst wählt Keynes die Metapher der »Pyramide«, denn nur in offen sinnlosen Projekten konnte der kapitalistische »Investitionismus« weitergetrieben werden: »Zwei Pyramiden, zwei Steinhaufen für die Toten, sind doppelt so gut wie einer, aber nicht so zwei Eisenbahnen von London nach York« (a.a.O., 111). Bei anderer Gelegenheit prägte Keynes sogar das »Bonmot«, besser als in der Krise gar nichts zu tun sei es, »leere Bierflaschen mit Zehnpfundnoten in stillgelegten Bergwerken zu vergraben und sie von Unternehmern wieder ausbuddeln zu lassen« (zit. nach: Höhne 1996, 165 f.). Pyramiden bauen und Löcher graben – unverblümter könnte das irrationale Selbstzweck-System des Kapitalismus nicht ausgedrückt werden, in dem auch die »Arbeit« als abstraktifizierte Tätigkeitsform ein Selbstzweck ist. Autobahnen, Kanäle, Großstaudämme mit zweifelhaftem Gebrauchswert, überhaupt »Pyramidenprojekte« aller Art verschandeln seither zunehmend die Landschaft. Auch der sowjetische Staatskapitalismus setzte geradezu orgiastisch eine ungeheure Masse von »Investitionsruinen« in die Welt; »Steinhaufen für die Toten« und Monumente für die Nachwelt, um die kapitalistische Geistestrübung zu dokumentieren.

Blieb noch das heikle Problem der Inflationsträchtigkeit eines staatlichen »deficit spending«. Keynes versuchte die damit verbundene Angst auszutreiben, indem er eine vorsichtige Dosierung mittels neuer Finanzinstrumente und Kontrollen vorschlug. Wie ein eigentlich tödlich wirkendes Gift bei langsamer Gewöhnung in kleinen, allmählich gesteigerten Dosen vom Körper lange Zeit absorbiert werden kann, so sollte die defizitäre Steigerung der Geldmenge nicht durch hemmungslose Inanspruchnahme der Notenpresse, sondern durch behutsames Absaugen der Ersparnisse mittels Staatsverschuldung und kontrollierte Vorgriffe auf zukünftige Einnahmen bewerkstelligt werden, um die staatliche Geldschöpfung »unter dem kritischen Niveau« (a.a.O., 256) zu halten. Keynes wandte sich also gegen die Annahme, »daß jede Zunahme in der Geldmenge eine Inflation bedeutet« (a.a.O., 257). Dies gelte nur unter bestimmten Bedingungen:

»Wenn eine weitere Zunahme in der wirksamen Nachfrage keine weitere Zunahme in der Produktion hervorruft und ausschließlich auf eine Zunahme in der Lohneinheit im vollen Verhältnis zur Zunahme in der wirksamen Nachfrage wirkt, haben wir einen Zustand erreicht, der zutreffend als ein Zustand wahrer Inflation bezeichnet werden könnte. Bis zu diesem Punkt ist die Wirkung der geldlichen Ausdehnung eine Frage des Grades [...]« (a.a.O., 256).

Zwar ist es eine Illusion, wenn Keynes meint, daß nur irgendeine Kongruenz von Ausdehnung der Geldmenge und wirklich nachfolgender Produktion hergestellt werden müsse, unabhängig vom Sachcharakter. Dann hätte allerdings auch der Todeskonsum des Weltkriegs, der ja durchaus sachliche Produktionen von industriellen Waffen, Munition usw. zum Inhalt hatte, nicht zur Inflation führen dürfen. Der Konsum der »Pyramidenprojekte«, wenn es sich überhaupt um einen Konsum handelt, kehrt aber ebenso wenig in den Kreislauf der erweiterten Akkumulation des Kapitals zurück wie der Rüstungskonsum. Von praktischer Wirksamkeit konnten dagegen die Methoden der Dosierung sein, um das »deficit spending« unter jenem »kritischen Niveau« zu halten. Die inflationäre Wirkung war damit nicht prinzipiell zu verhindern, aber es war möglich, sie als »gebremste Inflation« zeitlich zu strecken, wie sich später zeigen sollte.

Ob Keynes es wollte oder nicht, die erste große Runde des »Keynesianismus« mündete in einen neuen Rüstungswettlauf, den Hitlers Turbo-Rüstung und offene Kriegsvorbereitung eingeleitet hatte. Da die zivile fordistische Basis noch weitgehend fehlte und auch nicht aus sich heraus durchgesetzt werden konnte, war wieder einmal der Krieg der Vater aller Dinge. Nur so konnte, wie Galbraith richtig bemerkt hat, der fordistische Durchbruch erzielt werden. Hitler war gewissermaßen der Exekutor dieser mörderischen »List« einer Geschichte, die ihr dunkelstes Kapitel zu schreiben begann. Daß der groteske »Führer« rücksichtslos alle Verträge brach und in geheimer Selbstvernichtungswut gleichzeitig die Sowjetunion überfiel und den Westen provozierte, führte wenigstens dazu, daß die kapitalistischen Westmächte ein ungeliebtes Bündnis mit dem sowjetischen Staatskapitalismus eingehen mußten. So konnte gerade noch der Absturz des Kapitalismus in eine globale Barbarei ohnegleichen verhindert werden.

Das war keineswegs zwangsläufig. Es ist sehr zu bezweifeln, ob der Judenmord der Nazis allein gereicht hätte, um diese Konstellation herbeizuführen. Churchill soll nach dem Zusammenbruch Nazi-Deutschlands geäußert haben, der Westen hätte »das falsche Schwein geschlachtet«. In der nachfolgenden Situation der Konkurrenz und des »kalten Krieges« zwischen der staatskapitalistischen

»nachholenden Modernisierung« und dem westlichen Kapitalismus wurden schon die Grundlagen für jene Verharmlosung und klammheimliche Relativierung des Nazismus gelegt, wie sie dann ein Ernst Nolte offen aussprechen sollte. Die kapitalistische Selbstlegitimation kann immer nur Geschichtsklitterung betreiben, weil das bürgerliche Subjekt unfähig ist, sich selber ins Gesicht zu sehen.

Der Zweite Weltkrieg, der eigentliche Durchbruch der Zweiten industriellen Revolution, übertraf an Vernichtungskraft die erste, die Urkatastrophe des 20. Jahrhunderts bei weitem. Die von Hitler prophezeite »Vollmotorisierung« konnte tatsächlich erst in der von ihm erträumten militärischen Form auf den Weg gebracht werden. Und wieder »glänzte« der industrielle Krieg auf dem nunmehr fordistischen Niveau durch eine Beschleunigung von technischen Innovationen: Radar und Düsenflugzeug, Raketen als Vorstufe der Raumfahrt und nicht zuletzt Kernenergie und Atombombe erschienen als technologische Speerspitzen einer genuin kapitalistischen Horrorform der Produktivkraftentwicklung. Dieser neuerliche Triumph der »schönen Maschine« kostete insgesamt 55 Millionen Menschen das Leben, große Teile Europas und Asiens wurden verwüstet.

Aber merkwürdig: Die abermaligen und ungeheuerlichen »Kosten der Modernisierung«, die quantitativ wie qualitativ allen bisherigen Terror und Horror des Kapitalismus übertrafen, riefen kein geistiges Echo der tiefen Erschütterung mehr hervor wie noch die Urkatastrophe des Ersten Weltkriegs. Die zweite blutige Geburt der fordistischen Welt ging intellektuell und kulturell auf eine gespenstisch stumme Weise vor sich. Es war, als liefe das bis ins Mark demoralisierte Menschenmaterial geradezu gleichgültig und bereits roboterhaft kalt durch eine Feuerwand in den kommerziellen, endgültig entgeistigten Stumpfsinn des kommenden trostlosen Konsumparadieses hinein. Ahnungsvoll heißt es in einer zeitgenössischen Verszeile von Karl Kraus:

> Das Wort entschlief, als jene Welt erwachte.

Das System der totalitären Weltmarkt-Demokratien

Bis 1950 hätte niemand gedacht, daß der Kapitalismus nach der Epoche der Weltkatastrophen wie ein Phönix aus der Asche emporsteigen würde. Dabei hatte es der »Durchsetzungswucht« zweier Weltkriege (um in der Diktion Gottl-Ottlilienfelds zu sprechen) unabdingbar bedurft, damit die vom geplatzten Spekulationsboom der 20er Jahre so rasant vorgetäuschte Weltprosperität der Zweiten industriellen Revolution schließlich doch noch in Gang kommen konnte. Für die meisten unerwartet schien die Weltmaschine auf einmal ganz gegen ihren bisherigen Lauf tatsächlich so etwas wie ein »goldenes Zeitalter« hervorzubringen. In Deutschland, wo der Fall ein besonders tiefer gewesen war, prägte sich sogar das Zauberwort vom »Wirtschaftswunder« ein; eine verdächtige Begriffsbildung, die schon anzeigt, daß es sich um eine außergewöhnliche, für das herrschende System eigentlich anomale und daher auch vorübergehende Erscheinung handeln mußte.

Alle kapitalistischen Zentren erlebten diese Nachkriegsprosperität in größerem oder geringerem Umfang. Auch für die übrige Welt schien sich damit eine positive Perspektive zu eröffnen. Und wie es »Wunder« nun einmal so an sich haben, die Aufmerksamkeit des Weltbewußtseins fokussierte sich auf diesen historisch winzigen Zeitraum, um zwei- bis dreihundert Jahre katastrophale Modernisierungsgeschichte mitsamt ihren Opfern und Leiden möglichst gründlich zu vergessen und den wohlfeilen Glauben zu verbreiten, der Kapitalismus sei nun endlich bei sich selbst, nämlich bei seiner wirklichen und wahren »wohlfahrtssteigernden« Wirkung angekommen. Nur noch ein bißchen an den Modalitäten des Systems müsse demokratisch herumgebastelt werden, so die aufatmende Grundüberzeugung, die das »Wirtschaftswunder« hinterlassen hat. Und das wäre ja wirklich ein Wunder gewesen: Die kinderfressende und blutsaufende Weltmaschine des Kapitals hätte sich plötzlich in eine Art friedlichen Kaffeeautomaten verwandelt; ganz ohne schwerwiegende neue Konflikte, ohne gesellschaftliche Umwälzung und ohne daß sich die Menschen vom System der Zumutungen emanzipieren mußten.

Nagelneue Ruinen

Sogar rein immanent betrachtet und für die historisch kurze Zeit tatsächlicher Prosperität ist das Wunder allerdings auch als solches zu relativieren. Denn erstens war dieser Konsumreichtum, selbst wenn man von seiner in vieler Hinsicht destruktiven Qualität einmal ganz absieht, für den durchschnittlichen Menschen niemals anders als bescheiden zu nennen. Überwältigend war der Eindruck der Konsumflut nur gemessen an den vorherigen Erfahrungen von einem halben Jahrhundert kapitalistischer Weltkatastrophen. Da mußte es dem domestizierten Menschenmaterial schon die Freudentränen in die Augen treiben, wenn es endlich einmal ausnahmsweise nicht mehr gequält, erschossen oder vergast, wenn es endlich einmal nicht mehr weiter in permanente Massenarmut und immer wieder in absolutes Elend getrieben wurde, wenn sich alle endlich einmal wenigstens satt essen »durften«. Dabei sah es selbst danach zunächst gar nicht aus, denn zumindest im zerbombten Deutschland und in den von Hitlers Wehrmacht verwüsteten Ländern Osteuropas galt noch etliche Jahre der altgewohnte Kartoffelfraß- und Hunger-Standard, dramatisch verschärft im berüchtigten »Hungerwinter« 1946/47. Heinrich Böll beschrieb die drückende Empfindung in seinem 1953 erschienenen Roman »Das Brot der frühen Jahre«:

»Der Hunger lehrte mich die Preise; der Gedanke an frisch gebackenes Brot machte mich ganz dumm im Kopf und ich streifte oft abends stundenlang durch die Stadt und dachte nichts anderes als Brot. Meine Augen brannten, meine Knie waren schwach und ich spürte, daß etwas Wölfisches in mir war. Brot. Ich war Brot-süchtig wie man Morphium-süchtig ist. Ich hatte Angst vor mir selbst [...] Noch jetzt überkommt mich die wölfische Angst jener Tage und ich kaufe Brot, wie es frisch in den Fenstern der Bäckereien liegt« (zit. nach: Becher 1990, 96f.).

Die sich anschließende berühmte »Freßwelle« als erstes Phänomen des beginnenden Booms in den 50er Jahren war vor diesem Hintergrund nur allzu verständlich. Eine Familienmutter erinnert sich: »Da gab es wirklich schon Schinken und Käse und Salate [...] Und es gab [...] Bratkartoffeln mit Rührei und sowas. Das war für uns wie im

Schlaraffenland« (zit. nach: Wildt 1996, 48). Das eigentliche Wendejahr in dieser Hinsicht war allerdings erst 1953, wie aus Haushaltsbüchern und persönlichen Berichten hervorgeht:

»1953 hatten wir unsere erste Gans, die wog zehn Pfund und kostete zwanzig Mark, und wir sind ganz stolz mit dieser dicken Gans nach Hause gegangen, und haben ein ganz tolles Weihnachten verlebt. Und das war nicht ein Essen, das war ein regelrechtes Schmausen. Damals konnte man sich noch am Essen freuen« (zit. nach: Wildt 1996, 49).

Aber diese Freßwelle hatte auch immer noch etwas Wölfisches und Entwürdigendes an sich. Elementarste Bedürfnisbefriedigung und Genüsse, an die selbst im Mittelalter normalerweise kaum jemand einen Gedanken verschwenden mußte, wurden gierig als realisiertes »Schlaraffenland« erlebt. Das hatte etwas von ausgehungerten Tieren an sich, die über einen endlich gefüllten Freßnapf herfallen.

Eine zweite Relativierung des Wirtschaftswunders ist insofern angebracht, als selbst in den reichsten kapitalistischen Industriestaaten auch in dieser Epoche der Prosperität ein Bodensatz von Armut niemals gänzlich abgebaut wurde; schon gar nicht in den USA, der neuen ersten Welt- und westlichen Führungsmacht, die bei Kriegsende fast die Hälfte des globalen Sozialprodukts erwirtschaftete. Trotzdem verschwanden die in der Weltwirtschaftskrise neu gebildeten Slums nur teilweise; es gab ausgedehnte Armutsgebiete im Süden, vorwiegend in Alabama und Mississippi, und große Teile der schwarzen Bevölkerung im ganzen Land sind überhaupt niemals aus Armutsverhältnissen herausgekommen. Dasselbe gilt für bestimmte englische und französische Randbezirke und ländliche Regionen, für den italienischen Mezzogiorno usw.

Auch in der wirtschaftswunderbaren BRD bis Mitte der 70er Jahre hielt sich hartnäckig eine gewisse Armutspopulation als gar nicht so kleine Randgruppe. Anfang der 70er Jahre erschien eine Studie »Armut in der Bundesrepublik« von Jürgen Roth, die das mit amtlichen Zahlen belegte und jene Bevölkerungsteile benannte, die vom Wirtschaftswunder weitgehend ausgeschlossen blieben: vorwiegend Menschen aus den sogenannten »strukturschwachen« Gebieten im ländlichen Raum, Rentner und vor allem alleinstehende Rentnerinnen (»Altersarmut«), Delinquente, Heimkinder und andere Opfer zerrütteter Verhältnisse im sozialen Mikrobereich. Schon damals wurden eine halbe Million Obdachlose im Wunderland gezählt. Insgesamt handelte es sich um eine erhebliche Minderheit von Menschen im Dunklen, die im Konsumparadies der Mehrheit nicht mehr die Wahrnehmung der Verhältnisse bestimmten: »Heute werden in der Bundesrepublik Deutschland etwa 20 % der Bevölkerung von der Möglichkeit ausgeschlossen, am sozialen und gesellschaftlichen Fortschritt teilzunehmen; sie sind arm« (Roth 1971, 67).

Das allein wäre schon beschämend genug. Aber noch schwerer fällt eine dritte notwendige Relativierung der Nachkriegs-Prosperität ins Gewicht. Denn die reale Erfahrung des fordistischen Massenkonsums beschränkte sich weitgehend auf jene Handvoll Industriestaaten, in denen die Zweite industrielle Revolution wirklich flächendeckend greifen konnte. Der größte Teil der kapitalistischen Peripherie ist nie über partikulare Ansätze des Fordismus hinausgekommen. Das gilt insbesondere für die sogenannte Dritte Welt in Asien, Afrika und Lateinamerika. Im asiatischen und afrikanischen Raum setzte sich die seit 1918 begonnene Entkolonisierung nach dem Zweiten Weltkrieg in großen Schüben fort; teils erzwungen durch blutige Unabhängigkeitskriege gegen die letzten Kolonialmächte (vor allem in Indochina und Algerien gegen Frankreich), in der Mehrzahl der Fälle jedoch durch die einigermaßen friedliche »Entlassung in die Unabhängigkeit«.

Das koloniale Abenteuer des europäischen Kapitalismus, insgesamt ein historischer Fehlschlag ungeheuren Ausmaßes, endete kläglich – ohne daß jedoch für die postkolonialen Eliten der »jungen Nationalstaaten« mit ihren (meist mehr oder weniger staatskapitalistisch organisierten) Entwicklungsregimes jemals eine andere Perspektive auf der Tagesordnung stand als der Versuch, den industriekapitalistischen Westen nachzuahmen und damit eine nachholende Modernisierung in Gang zu setzen. Der dazugehörige Begriff der »Entwicklung« orientierte sich teils am Muster der Sowjetunion und der damit verbundenen ersten Welle nachholender Modernisierung im 20. Jahrhundert, teils aber auch an der westlichen fordistischen Nachkriegsprosperität. Für die »Entwicklungsländer« als nunmehr selbstverantwortliche Teilnehmer am Weltmarkt war diese Perspektive jedoch kaum mehr als die mit nationalistischer Ideologie verbrämte Hoffnung, unter den Bedingungen eines prosperierenden warenproduzierenden Weltsystems vielleicht den Anschluß zu finden. Die staatskapitalistischen Industrien der Sowjetunion, die während der westlichen Weltwirtschaftskrise noch mit hohen Wachstumsraten (bei einem naturgemäß niedrigen Ausgangsniveau) geglänzt hatten, konnten zwar eine rohe und unvollkommene Version des flächendeckenden fordistischen »Arbeitsstaates« entwikkeln; aber sie blieben jetzt wieder hinter der Vollendung der Zweiten industriellen Revolution in den alten kapitalistischen Ländern zurück.

Insgesamt war also das Zeitalter der Weltprosperität nicht nur in mehrfacher Hinsicht beschränkt; ihm haftete auch grundsätzlich ein Moment der Zweideutigkeit und Unwahrhaftigkeit an. Der endlich gelingende Übergang zu einer fordistischen Kohärenz von Massenproduktion, Masseneinkommen und Massenkonsum auf relativ hohem Niveau stand ja weiterhin unter dem Diktat des kapitalistischen Selbstzwecks, seiner absurden Formen und seiner blinden Eigendynamik, war also ein Gelingen auf Widerruf, durchdrungen von den Pathologien der allseitigen Konkurrenz und daher kein positiv in sich ruhendes Weltverhältnis. Auch der zum Jahrhundertkonflikt aufgeblasene Gegensatz von westlichem Privatkapitalismus und östlichem Staatskapitalismus, der diese Zeit zur Epoche des kalten Krieges werden ließ, verzerrte die Wahrnehmung ideologisch. Dieser historisch immanente Gegensatz verdeckte den gemeinsamen Bezugsrahmen des warenproduzierenden Weltsystems als Gegenstand einer ebenso gemeinsamen negativen und destruktiven Daseinsweise. Je aggressiver und selbstvergessener diese Welt konsumierte, desto falscher wurde sie.

Aber für die Benennung dieser Falschheit standen ja schon lange keine Begriffe mehr zur Verfügung, und jetzt weniger denn je. Nur in den Intuitionen der poetischen Sprache kam an die Oberfläche und wirkte als Provokation auf die Verständnislosen, was hier nicht stimmte. »Etwas, das keine Farbe hat, etwas, das nach nichts riecht, etwas Zähes« nannte der junge Lyriker Hans Magnus Enzensberger damals dieses Unnennbare, um (in dem Poem »Landessprache«) nicht den Konsum als solchen, sondern seine unheimliche gesellschaftliche Form sichtbar zu machen und die unbestimmte Drohung, die unter der glitzernden Oberfläche weiterschwelte:

> Was habe ich hier verloren,
> in diesem Land,
> dahin mich gebracht haben meine Älteren
> durch Arglosigkeit?
> Eingeboren, doch ungetrost,
> abwesend bin ich hier,
> ansässig im gemütlichen Elend,
> in der netten, zufriedenen Grube.
>
> Was habe ich hier? und was habe ich hier zu suchen,
> in dieser Schlachtschüssel, diesem Schlaraffenland,
> wo es aufwärts geht, aber nicht vorwärts,
> wo der Überdruß ins bestickte Hungertuch beißt,
> wo in den Delikateßgeschäften die Armut, kreidebleich,
> mit erstickter Stimme aus dem Schlagrahm röchelt und ruft:
> es geht aufwärts!
> wo eine Gewinnspanne weit von den armen Reichen die
> reichen Armen
> vor Begeisterung ihre Kinostühle zerschmettern,
> da geht es aufwärts von Fall zu Fall,
> wo die Zahlungsbilanz Hosianna und alles was recht ist singt
> und ruft: das ist nicht genug,
> daß da die Freizeit spurt und Gas gibt und hinhaut,
> […]
> hier laßt uns Hütten bauen,
> auf diesem arischen Schrotthaufen,
> auf diesem krächzenden Parkplatz,
> wo aus den Ruinen Ruinen sprossen,
> nagelneu, Ruinen auf Vorrat, auf Raten,
> auf Abruf, auf Widerruf […]

»Nagelneue Ruinen«: besser hätte man den Charakter dieses in den kapitalistischen Selbstzweck eingebannten, unselbständigen und menschlich schäbigen Reichtums nicht bezeichnen können. Das zeitweilige Konsumparadies für die Mehrheit der globalen Minderheit in den kapitalistischen Zentren war in der Tat eine historische Ruine: die Ruine sozialer Emanzipation, menschlicher Selbstbestimmung und freier Zwecksetzungen, erstickt in einem ebenso teuer erkauften wie faulen Überfluß, durch den doch immer die soziale Ärmlichkeit hindurchschimmerte. Die gelingende fordistische Mobilisierung bedeutete ja nichts anderes, als daß sich das kapitalistische System der Zumutungen zur gesellschaftlichen *Totalität* schließen konnte – jedenfalls soweit das überhaupt möglich ist.

Denn als wirkliche Totalität im Sinne eines Absolutums wäre das System von »abstrakter Arbeit« und Konkurrenz selbstverständlich nicht lebensfähig, und zwar auf eine ganz unmittelbare soziale und psychische Weise, wenn es nicht die »Rückseite« jener seit Beginn der Modernisierung dem weiblichen Geschlecht zugewiesenen Bereiche (von »Hausarbeit« bis »Zuwendung«) ausgebildet hätte. Diese vom kapitalistischen Selbstzweck abgespaltenen und dennoch durch ihn vermittelten Bereiche wurden auch von der fordistischen Mobilisierung nicht einfach aufgesaugt, sondern vielmehr transformiert. Das totalisierende Moment bezog sich also darauf, daß die reale Durchsetzung der Zweiten industriellen Revolution den kapitalistischen Zugriff auf das hierfür benötigte Menschenmaterial intensivierte. Zunächst einmal und oberflächlich gesehen bedeutete das eine erneute Verschiebung in der Struktur der Beschäftigungsverhältnisse, hin zu jener vollindustriellen Daseinsweise, wie sie der Fordismus verlangte. Im Vergleich zum Entwicklungsstand kurz vor dem Ersten Weltkrieg erreichte die Durchindustrialisierung erst jetzt überall »englische« Ausmaße:

Beschäftigte nach Grundsektoren 1968 (in Prozent)

Land	Landwirtschaft	Industrie	Dienstleistungen
England	3,5	45,2	51,3
Frankreich	15,6	38,6	45,8
USA	5,1	35,4	59,4
Deutschland (West)	9,9	47,1	43,0

Quelle: OECD, Historical Statistics (1995)

Gegenüber der Zeit um 1910 fällt die drastische Abnahme vor allem der Beschäftigung in der Landwirtschaft auf, die auf deren weitgehende Industrialisierung und »Vermarktwirtschaftlichung« zurückzuführen ist. Nominell ist der Anteil der Industrie selber dagegen nur in Deutschland gestiegen, in England, den USA und Frankreich dagegen sogar leicht zurückgegangen, während überall der Anteil der sogenannten Dienstleistungen oder des »tertiären Sektors« geradezu explodierte. Nur auf den ersten Blick scheint dieser Befund dem Charakter der Zweiten industriellen Revolution zu widersprechen. In Wirklichkeit verbirgt sich hinter dem scheinbar unveränderten Begriff der Dienstleistungen die eigentliche Umwälzung. Denn jetzt haben wir es hier nicht mehr mit Dienstmädchen, Hausdienern und anderen Domestiken aller Art zu tun, wie sie noch typisch für die alte bürgerliche Gesellschaft gewesen waren, sondern im Gegenteil mit dem Massenpersonal des fordistischen »Arbeitsstaats« in einer Vielzahl neuer Sektoren vor allem der industriellen Infrastruktur; von der vielfältigen Organisation des automobilen Individualverkehrs über die neuen Medien (Rundfunk, Fernsehen) bis zur keynesianischen Sozialstaatsbürokratie.

Relativ gesehen ist es also der dramatische Rückgang der Beschäftigung in der Landwirtschaft und der ebenso dramatische Anstieg der Beschäftigung in den industriellen Infrastrukturen, der den Durchbruch der Zweiten industriellen Revolution kennzeichnet. Darüber hinaus ist aber noch eine andere Umwälzung wesentlich. Denn die prozentuale Relation der drei Grundsektoren innerhalb des warenproduzierenden Systems sagt ja noch nichts über die absolute Größe der kapitalistischen Beschäftigungsverhältnisse aus. Die explosive Entwicklung der industriellen Produktion in der fordistischen Prosperitätsära ging, insofern ganz klassisch im Sinne des Sayschen Theorems, weit über die Rationalisierungseffekte von Fließfertigung und »Arbeitswissenschaft« hinaus. Die absolute Zahl der kapitalistisch Beschäftigten stieg also gewaltig an, auch in den Sektoren der unmittelbaren industriellen Produktion.

Die gesamtgesellschaftliche »Erwerbsquote« (im Sinne kapitalistischer Reproduktion) nahm dementsprechend stark zu, was wiederum bedeutet, daß von einem industriellen Arbeitsplatz weniger Personen ohne kapitalistische Erwerbstätigkeit abhingen. Oder anders ausgedrückt, daß die Bevölkerung insgesamt in einem höheren Maße der kapitalistischen Gesellschaftsmaschine ausgeliefert war. Der Soziologe Burkart Lutz spricht in diesem Zusammenhang von einer grundsätzlichen strukturellen Verschiebung in der gesamtgesellschaftlichen Reproduktion. Danach waren die kapitalistischen Staaten bis kurz nach dem Ende des Zweiten Weltkriegs von einer »dualen« Wirtschaftsstruktur geprägt, und zwar mit einem komplexen Verhältnis zwischen einem »modernen, industriell-marktwirtschaftlichen Sektor einerseits und einem immer noch starken traditionellen Sektor andererseits« (Lutz 1989, 21). Damit ist nichts anderes als jene Tatsache bezeichnet, die noch im Wilhelminischen Reich ebenso wie in anderen kapitalistischen Industriestaaten vor ihrer fordistischen Mauserung galt, nämlich daß der Kapitalismus zwar der dominierende und dynamisierende, aber eben doch nur ein Sektor der gesamten Reproduktion (und damit auch des praktischen Lebens und der Erfahrung) war:

»Der moderne Sektor [...] ist vor allem durch großbetrieblich-kapitalistische Organisation und Wirtschaftsweisen, durch Lohnarbeit als dominante Form der Erwerbstätigkeit und durch überwiegende Orientierung an großräumigen (meist, aber natürlich nicht ausschließlich internationalen) Märkten charakterisiert. Ihm steht selbst in den am stärksten industrialisierten Nationen ein noch immer bedeutsamer traditioneller Sektor mit Dominanz kleiner Familienbetriebe, überwiegend familieneigenen Arbeitskräften und nach wie vor großem Gewicht subsistenzwirtschaftlicher Strukturen und Orientierungen gegenüber« (Lutz, a.a.O., 21).

Einerseits war also (ungefähr bis 1950) der Markt kein einheitlich kapitalistischer, sondern die großen nationalen und internationalen Märkte waren verschränkt mit lokalen »Familienmärkten« ohne Dominanz kapitalistischer Kriterien der »abstrakten Arbeit«; andererseits war der durchschnittliche Haushalt immer noch in vieler Hinsicht eine »Wirtschaft«, die auch selber Bedarfsgüter produzierte. So erinnere ich mich persönlich daran, daß in unserer Familie bis über die 50er Jahre hinaus der Kauf fertiger Kleider keineswegs die Regel war; auf dem Markt erworben wurden eher Textilien, die dann zu Hause von Mutter und Großmutter zu Kleidern verarbeitet wurden.

Ähnliches galt für eine Reihe von Lebensmitteln. Solche Erfahrungen können verallgemeinert werden. Was heute noch vereinzelt als »Hobby« betrieben wird, war damals ein wesentlicher ökonomischer Bestandteil der gesellschaftlichen Reproduktion; und keinesfalls nur als Ausnahmeerscheinung der Nachkriegsnöte, sondern als immer noch erheblicher Restbestand einer älteren Produktionsweise, die nie ganz erloschen war und immer in Wechselwirkung mit dem aufsteigenden kapitalistischen Sektor stand.

Dieser »traditionelle Sektor« war im Vergleich zum 19. Jahrhundert zwar schon teilweise abgeschmolzen und hatte ja während der Weltwirtschaftskrise nicht mehr seine Funktion als »Krisenpuffer« ausreichend erfüllen können. Aber sein fast völliges Verschwinden mußte dennoch als unvorstellbar erscheinen. Eben dies war jedoch die »Leistung« des Nachkriegs-Fordismus: die flächendeckende Erzeugung und Distribution aller Gebrauchsgüter durch das fordistische Industriekapital und seinen »Arbeitsstaat«. Die jetzt erst massenhafte Kreation der neuen Konsumgegenstände von Automobilen sowie Unterhaltungs- und Haushaltselektronik (»braune« und »weiße« Ware) ging also mit der sukzessiven Vernichtung der hauswirtschaftlichen Elemente von Subsistenzproduktion und der bedarfswirtschaftlichen lokalen Familienproduktion einher. Natürlich war dieser »traditionelle Sektor« geschlechtshierarchisch und arbeitsintensiv gewesen. Aber er wurde ja nicht ersetzt durch selbstbestimmte industrielle Zwecksetzungen, sondern durch eine bis an die Grenzen des Möglichen gesteigerte Einverleibung der Massen in das Räderwerk der »schönen Maschine« und ihre Unterwerfung unter die fordistisch forcierte Arbeitsdisziplin.

Dieser beispiellose Vorgang, der jetzt wirklich die gesamte Lebensweise umwälzte, ähnlich einschneidend wie einst die Erste industrielle Revolution, hatte den Zweiten Weltkrieg und die damit verbundenen Elemente der diktatorischen »Arbeitsschlacht« nicht nur in technischer und organisatorischer Hinsicht zur Voraussetzung. Nur mit einem »substantiell gesteigerten Durchdringungsgrad von Staatsverwaltung und Wirtschaft« (Lutz, a.a.O., 192), wie ihn ja auch Burnhams Theorie vom »Regime der Manager« bereits postuliert hatte, war es möglich, die Zweite industrielle Revolution über den Krieg hinaus als allgemeine sozialökonomische Reproduktionsform durchzusetzen. Mit anderen Worten: die keynesianische Schlußfolgerung, wie sie implizit bereits Hitler, Roosevelt und Stalin ansatzweise praktiziert hatten, mußte nun unabhängig von ideologischen Präferenzen verallgemeinert werden. Es galt also, die kriegswirtschaftlichen Strukturen diesmal nicht wieder abzubauen oder bloß halbherzig weiterzuführen, sondern sie über die numerische Steigerung der Staatsquote am Sozialprodukt hinaus in »zivilökonomische« Regulationsformen zu überführen und zu einem dauerhaften System auszubauen:

»Im gleichen Zuge hat auch die Fähigkeit staatlicher oder parastaatlicher Instanzen, wirtschaftliche Prozesse, Einkommensströme und das Verhalten von Wirtschaftssubjekten effizient zu steuern, nachhaltig zugenommen. Und während nach dem Ersten Weltkrieg die oft ja nur sehr rudimentären Instanzen kriegswirtschaftlicher Planung überall sehr schnell wieder abgebaut worden waren, blieb nunmehr auch über die unmittelbare Nachkriegszeit hinweg ein hoher Sockel staatlichen Interventionspotentials bestehen« (Lutz, a.a.O., 192).

In den USA, die als erste Supermacht zum Garanten des »freien Weltmarkts« und zum »Weltpolizisten« mutierten, blieb das kriegsökonomische Moment sogar im rein militärischen Sinne erhalten; kritische Stimmen sprachen deshalb dort schon in den 60er Jahren von einer »permanenten Kriegswirtschaft«. Berücksichtigt man, daß der staatsökonomische Regulationsmechanismus, den Keynes theoretisch zu verallgemeinern wußte, seine Wurzeln in der Kriegswirtschaft der beiden Weltkriege hatte, dann kann man diesen Terminus getrost auf die gesamte Nachkriegsära übertragen. »Permanente Kriegswirtschaft« war insofern das Merkmal der durchgesetzten Zweiten industriellen Revolution in einem doppelten Sinne: einmal indirekt als die »keynesianische Maschine« der allgemeinen, staatlich induzierten Regulationsform; zum anderen direkt als das im Westen konkurrenzlose US-Militärpotential, das den Hintergrund für eine erneute Expansion des Weltmarkts nach dessen Zusammenbruch und weitgehender Stagnation in der ersten Jahrhunderthälfte bildete. Unter dem Dach der »Pax Americana« gingen die auf Autarkie-Positionen zurückgefallenen kapitalistischen Volkswirtschaften zu einer neuen Stufe der internationalen Verflechtung über. Auch das war eine wesentliche Bedingung für den Sieg der Zweiten industriellen Revolution, die in der Zwischenkriegszeit vorher noch gefehlt hatte.

Trotzdem darf nicht vergessen werden, daß es sich bei alledem nur um die »Bedingung der Möglichkeit« für die Durchsetzung des Fordismus handeln konnte, nicht um die Möglichkeit selbst, deren Kernstruktur bereits Jahrzehnte zuvor entwickelt worden war. Deshalb reicht es auch nicht, einfach die Aufsaugung des »traditionellen« durch den industriell-kapitalistischen Sektor zu konstatieren und als ursächliche Veränderung nur die Installation des keynesianischen Regulationssystems sowie eine ideologische Orientierung am »Amerikanismus« anzugeben, wie es bei Burkart Lutz erscheint. Diese Momente förderten vielmehr lediglich den Durchbruch der längst angelegten neuen Akkumulationsstruktur des Kapitals.

Wenn allein in der BRD zwischen 1950 und 1973 neun Millionen zusätzliche Arbeitskräfte in den kapitalistischen Verwertungsprozeß eingesaugt wurden (in der kapitalistischen Diktion bezeichnet als Schaffung von neun Millionen zusätzlichen »Arbeitsplätzen«), dann war diese enorme Expansion großenteils dem immanenten Potential des Kapitals selbst geschuldet. Ohne dieses vorhandene Akkumulationspotential wäre die keynesianische Regulation ins Leere gelaufen und schon im Ansatz gescheitert. Diese Regulation konnte die vorher steckengebliebene Zweite industrielle Revolution *freisetzen*, aber nicht *ersetzen*. Es waren also jene von Ford und Taylor erfundenen Methoden betriebswirtschaftlicher Rationalisierung, die nun ihren wirklichen Durchbruch erzielten und über die verdoppelte, verdreifachte und vervierfachte Aussaugung des Menschenmaterials erst das kapitalistische Kunststück der Kohärenz von gesteigerter Kapitalakkumulation, verkürzter Arbeitszeit und gesteigertem Massenkonsum industrieller Waren (mit dem Auto als Zentralgut) fertigbringen konnten.

Der perfide Charakter dieser lange vorbereiteten Identität von Hingabe der Lebensenergie in phantastischem Ausmaß einerseits und kapitalistisch konditioniertem Warenkonsum andererseits hatte aber nicht bloß keinen Begriff mehr; diese Totalunterwerfung unter den kapitalistischen Selbstzweck erschien nicht einmal mehr in den

Empfindungen als das, was sie war. Die endlich umfassend realisierte Ungeheuerlichkeit der Zumutung fand buchstäblich wie im Schlaf statt. Deshalb erscheint die Epoche der fordistischen Prosperität bis heute und selbst bei Kritikern wie etwa Burkart Lutz ganz ohne relativierende Anführungszeichen, ganz schlicht als »Massenwohlstand« und ganz unproblematisch als positiver Sachverhalt einer »reale(n) Berücksichtigung elementarer Interessen der Lohnarbeiterschaft« (a.a.O., 192). Es bleibt also eine Aufgabe, den Zumutungsgehalt und damit den wahren negativen Charakter auch des (ohnehin kurzen) vermeintlich »goldenen Zeitalters« des Kapitalismus deutlich sichtbar zu machen.

Der totalitäre Markt

Die beiden zentralen Begriffe dieses Zumutungsgehalts der Zweiten industriellen Revolution, wie er sich nach dem Zweiten Weltkrieg weltweit entfalten konnte, sind bereits gefallen: nämlich »Mobilität« (oder »Bewegung«) einerseits und »Totalität« andererseits. Der Begriff der Totalität stammt aus der Philosophie und Logik; dort meint er schlicht die Gesamtheit, Vollständigkeit, Ganzheit sowohl einer Sache als auch von Gesellschaft und Welt überhaupt. In den auf Geschlossenheit und lückenlose Erfassung aller Gegenstände zielenden »philosophischen Systemen« des 19. Jahrhunderts, besonders bei Hegel, reflektiert die Verwendung dieses Begriffs die Hybris eines »totalen Begreifens«, das die Welt unter seine abstrakte Begrifflichkeit subsumiert und alles darin nicht Aufgehende für nichtig erklärt. Diese Art der Reflexion kann durchaus als die philosophische Übersetzung des kapitalistischen Anspruchs interpretiert werden, Mensch und Natur total der »schönen Maschine« zu unterwerfen, also idealtypisch jedes Atom der Materie, jeden Gedanken und jede Empfindung zum untergeordneten Bestandteil einer in sich geschlossenen Totalität zu erklären, sprich: sie in das Material des Verwertungsprozesses zu verwandeln. Der moderne Totalitätsbegriff ist überhaupt nur denkbar vor dem Hintergrund des Kapitals mit seinem inhärenten Drang, sich zum totalen Weltverhältnis zu machen.

Schon die im 17. und 18. Jahrhundert formulierte ursprüngliche ideologische Kernaussage, die Keimformen eines völlig neuartigen, paranoiden und selbstzweckhaften Systems von Zumutungen als »natürlich«, unwandelbar, von jeher gegeben und unüberschreitbar zu heiligen, trägt diesen monomanischen kapitalistischen »Willen zur Totalität« in sich. Zumindest implizit finden wir diesen Willen und Anspruch sowohl in der objektivierten historischen Bewegung der »schönen Maschine« als auch in den subjektiven Äußerungen ihrer theoretischen und praktischen Protagonisten. Explizit allerdings wurde die Willensform der Totalität erst mit der Zweiten industriellen Revolution in der begrifflichen Neubildung des »Totalitären« oder des »Totalitarismus« gefaßt – nicht zufällig parallel zu den Begriffen der »Gleichschaltung«, »Vereinheitlichung«, »Normung« und »Typisierung«.

Vor diesem Hintergrund reizt es zum Lachen, wenn wir folgende Lexikon-Definition (Bertelsmann-Handlexikon, 1975) finden: »totalitär, alles erfassend u. alles sich unterwerfend, keine abweichende Meinung oder Lebensform duldend; Gegensatz: liberal (!)«. Dieser kurze Eintrag sagt viel über das vielleicht frechste ideologische Bubenstück des Liberalismus seit Smith, Kant, Bentham u. Co. Denn wie die Modernisierungsverbrechen des 20. Jahrhunderts von der kapitalistischen Form der Gesellschaft abgelöst und rein äußerlich den ideologischen Verirrungen der Diktaturen von Hitler und Stalin angelastet werden, so auch der reale Prozeß der kapitalistischen Totalisierung. Der totalitäre Anspruch, wie er der »schönen Maschine« von Haus aus inhärent ist, erscheint dann ebenso ganz einseitig als bloßes Spezifikum jener Diktaturen, die inzwischen Vergangenheit sind.

Der Totalitarismus gilt so als ein in den Weltmarkt-Demokratien der Nachkriegszeit überwundener Zustand, der jedoch eine »Gefahr« bleibt – nicht etwa durch die Struktur dieser Gesellschaft selber bedingt, sondern als ihre äußere Bedrohung durch ideologische Wiedergänger und subjektive politische Bösartigkeit. In der Epoche des kalten Krieges wurde dieser Part als »real existierender« dem staatskapitalistischen Ostblock zugewiesen. Dieser immanente Konflikt historischer Ungleichzeitigkeit auf dem Boden des warenproduzierenden Weltsystems sollte, wie einer der deutschen demokratischen Verfassungsphilosophen schreibt, »als fundamentaler Konflikt zwischen liberaler Demokratie und totalitärer Diktatur begriffen werden« (Lieber 1993, 881). Nach Lieber ist der Totalitarismus, die totalitäre Diktatur oder totalitäre Herrschaft wesentlich durch zwei »typische Strukturmerkmale« bestimmt:

»1. Eine von einem einzelnen oder einer Minderheit autoritär geführte und beherrschte sogenannte Massenbewegung erhebt einen durch die Beherrschten grundsätzlich nicht kontrollierbaren Ausschließlichkeitsanspruch auf die politische Herrschaft. Sie verfügt durch eine zentralistisch aufgebaute, bürokratische Herrschaftsapparatur – eine ›perfektionierte Verwaltung‹, die allein an ihrem Effekt orientiert ist – über das Mittel zur realen Durchsetzung dieses Herrschaftsanspruches. 2. Das auf diese Weise zentral gelenkte und beherrschte politische Machtsystem erstreckt sich rückhaltlos und unbegrenzt in alle gesellschaftlichen Lebensbereiche (zum Beispiel Familie, Sport, Urlaub, Nachbarschaft, Betrieb, Vereine). Es schaltet diese Lebensbereiche dem politischen Herrschafts- und Planungsgefüge entsprechend gleich und durchdringt die Gesamtgesellschaft so, daß es grundsätzlich keine von der politischen Macht unbeeinflußten Freiräume gesellschaftlichen Handelns und Verhaltens gibt« (Lieber, a.a.O., 883).

Es fällt auf, daß in dieser »Totalitarismustheorie« von den beiden Polen kapitalistischer Vergesellschaftung nur der staatlich-politische benannt wird, während der ökonomische völlig ausgeblendet bleibt. Danach kann es einen totalitären Staat geben, aber anscheinend keinen totalitären Markt, keine totalitäre Ökonomie, keine totalitäre Produktionsweise – ein Denken, dessen Axiom darin besteht, daß eigentlich nur Staat und Politik in den Bereich des Gesellschaftlichen fallen, während die Ökonomie in guter liberaler Tradition der »Natur« angehört und insofern aus der Gesellschaftstheorie im strengen Sinne herausfällt. So kann auch die Tatsache stumm bleiben, daß sowohl die stalinistische als auch die Nazi-Diktatur ebenso wie der italienische Faschismus auf dem Boden des warenproduzierenden Systems entstanden und der Durchsetzungsgeschichte der Zweiten industriellen Revolution angehörten. Wenn es sich dabei um Varianten der kapitalistischen Disziplinierungs- und Verinnerlichungsgeschichte handelt, dann müssen diese Diktaturen aber nicht nur als Durchgangsstadien der kapitalistischen Demokratie selber betrachtet werden, sondern auch als Momente eines übergreifenden Totalitarismus, der seine Wurzel im ökonomischen Zentrum des Kapitalverhältnisses hat. Insofern wäre die liberale Weltmarkt-Demokratie nicht die Überwindung und nicht der Gegensatz totalitärer Herrschaft, sondern ihre *Vollendung*.

Dieser Gedanke, der dem offiziellen gesellschaftstheoretischen Wissenschaftsbetrieb natürlich völlig fremd und unerträglich sein muß, drängt sich geradezu auf, wenn die Elemente des Totalitären und ihre Geschichte etwas genauer betrachtet werden. Schon als die Opposition gegen Mussolinis Faschismus in den frühen 20er Jahren den Totalitarismus-Begriff prägte, machte sie sich der Verkürzung des Problems auf die staatlich-politische Sphäre schuldig, ohne nach dem Verhältnis des Faschismus zur kapitalistischen Entwicklung zu fragen. Wenn etwa der Liberale Giovanni Amendola in einem Artikel vom Mai 1923 das faschistische Vorgehen (damals hinsichtlich der Kommunalpolitik) ein »sistema totalitario« nannte (zit. nach: Petersen 1998), so blieb diese Kritik ganz auf den politischen Alleinvertretungsanspruch beschränkt. In diesem Sinne bezeichnete Amendola bereits 1925 Kommunismus und Faschismus gleichermaßen als »eine totalitäre Reaktion auf Liberalismus und Demokratie« (Petersen, a.a.O.).

Schon diesen fast vergessenen frühesten Äußerungen des Totalitarismus-Begriffs kommt es also nicht in den Sinn, Kommunismus (Staatskapitalismus), Faschismus/Nationalsozialismus und liberale Demokratie als Varianten oder ungleichzeitige Durchgangsstadien eines übergreifenden totalitären Gesellschaftsprozesses zu begreifen. Interessanter ist da schon eine Äußerung des faschistischen Dissidenten Alfredo Misuri, der (ebenfalls im Mai 1923) in einer Oppositionsrede gegen Mussolini sagte, der faschistische Totalitarismus sei dabei, »Italien von einem Garten in eine Kaserne zu verwandeln« (Petersen, a.a.O.). Intuitiv bringt er hier zum Ausdruck, was nicht bloß metaphorisch für den politischen Raum in den Diktaturen gilt, sondern durchaus buchstäblich für den sozialökonomischen Prozeß der Zweiten industriellen Revolution überhaupt und natürlich nicht allein in Italien; von den neuen Verdichtungsformen der »abstrakten Arbeit« bis zur genormten Architektur in der fordistischen »Zweckform«.

In diesem Sinne ist der politische Totalitarismus zu übersetzen oder zu dechiffrieren als die spezifische »Verpuppungsform« eines viel allgemeineren, viel tiefer greifenden sozialökonomischen Totalitarismus der historisch ihrer Reife und Vollendung entgegengehenden kapitalistischen Produktionsweise insgesamt. Die eigentlichen, tiefer liegenden Elemente dieses Totalitarismus sind nicht in den beschränkten Formen der politischen Diktaturen zu suchen, sondern zum einen in den ökonomischen Formbestimmungen von nunmehr »totaler Kommerzialisierung«, »totaler Konkurrenz«, »totaler Arbeit« etc., zum andern in den sachlichen, stofflich-materiellen, bis zur Mikro-Ebene des Alltags reichenden Ablagerungen dieser totalitären kapitalistischen Daseinsform. In diesem erweiterten Sinne sind eigentlich erst die marktwirtschaftlichen Nachkriegs-Demokratien wirklich totalitäre Gesellschaften zu nennen, weil die fordistische Versachlichung des totalitären kapitalistischen Anspruchs erst in dieser Zeit und in dieser Form zum flächendeckenden Systemzusammenhang ausgereift war.

Es ist auch relativ leicht möglich, die Reflexionen des politischen Totalitarismus selbst in diesem Sinne zu interpretieren und auf die spätere Geschichte der Weltmarkt-Demokratien zu beziehen. Sowohl die Faschisten als auch die Nazis übernahmen den Totalitarismus-Begriff ganz positiv für sich und konnten darin gar keine Verunglimpfung erkennen; hatten sie doch längst schon das Adjektiv »total« zu ihrem Lieblingswort erkoren. Gerade darin bewiesen sie sich als modernisierende kapitalistische Trendsetter. Aus diesem Geist heraus veröffentlichte der verrückt gewordene Ex-General Ludendorff, der verhinderte Cromwell des Deutschen Reiches, 1935 sein Traktat »Der totale Krieg«. So klinisch paranoid Ludendorff auch sein mochte, er legte in diesem Werk doch bemerkenswerte Züge einer Binnenrationalität an den Tag. Wenn der Demagoge und Reichspropagandaminister Joseph Goebbels in seiner berüchtigten Berliner Sportpalast-Rede eine aufgeputschte Masse dazu bringen konnte, auf die infernalische Frage »Wollt ihr den totalen Krieg?« mit einem brüllenden »Ja!« zu antworten, dann mobilisierte er damit nur die psychotische Energie, die Ludendorff in eine zweckrationale Fassung gebracht hatte. Und es ist nur ein kleiner gedanklicher Schritt, den »totalen Krieg« Ludendorffs in den »totalen Markt« der Nachkriegsgeschichte zu übersetzen, wenn er über die Geburt des Totalitarismus im Ersten Weltkrieg räsoniert:

»Der totale Krieg, der nicht nur Angelegenheit der Streitkräfte ist, sondern auch unmittelbar Leben und Seele (!) jedes einzelnen Mitgliedes der kriegführenden Völker berührt, war geboren [...] Der totale Krieg hat seitdem mit der Verbesserung und Vermehrung der Flugzeuge, die Bomben aller Art, aber auch Flugblätter und sonstiges Propagandamaterial über die Bevölkerung abwerfen, und durch Verbesserung und Vermehrung der Rundfunkanlagen, die Propaganda feindwärts verbreiten, und anderes mehr, noch an Vertiefung gewonnen« (Ludendorff 1935, 5).

Streicht man die rassenmythologischen Mystifizierungen über die Weltverschwörung »Judas und Roms« usw., mit denen Ludendorff sein Räsonnement spickte, dann wird die modernisierungsanalytische Hellsicht des Irren deutlich, der zwei Jahre später vom Leiden seiner Existenz erlöst wurde: Aus den »Bomben aller Art, Flugblättern und sonstigem Propagandamaterial« wurde in den kommerziellen Demokratien das pausenlose Trommelfeuer der Werbung und medialen Berieselung, das als visueller Andrang und akustische Glocke den gesamten öffentlichen Raum erfaßt und insofern terroristischen Charakter trägt, als sich niemand diesem unendlichen Gesabber und seiner unverschämten Zudringlichkeit entziehen kann. Was hier »feindwärts verbreitet« wird (und tatsächlich ist jeder des anderen Feind im Kampf um Kundschaft, Arbeitsplätze, Karrieren, Prestige, »Lebensraum« usw.), das geht weit über die militärischen Anfänge im »totalen Krieg« hinaus.

Die Transformation des kapitalistischen Totalitarismus in den Nachkriegs-Demokratien vom totalen Staat zum totalen Markt und zur totalen Durchkommerzialisierung des Lebens im nunmehr allumfassenden eisernen Griff der Verwertungsmaschine hat viele Aspekte. Es ist dabei bemerkenswert, daß die fordistische Welt im Zuge ihrer Durchsetzung von literarischen Negativ-Utopien begleitet war, die diesen totalitären Charakter in seiner zukünftigen Vollendung beschreiben wollten. Die drei berühmtesten dieser Werke sind der Roman »Wir« (geschrieben 1920, erschienen auf englisch 1925) von Jewgeni Samjatin (1884–1937); der 1932 erschienene

Roman »Schöne neue Welt« von Aldous Huxley (1894–1963); und der 1949 erschienene Roman »1984« von George Orwell (1903–1950). Zeitbedingt ist ihnen allen gemeinsam, daß sie die weitere totalitäre Entwicklung nur als staatlich-politische darstellen können und damit auf den ersten Blick gut zur liberalen Totalitarismustheorie zu passen scheinen. Sowohl bei Samjatin als auch bei Orwell gibt es eine übermächtige und überlebensgroße Führergestalt, ganz unverkennbar Hitler und Stalin vorwegnehmend (Samjatin) bzw. ihnen nachempfunden (Orwell); im einen Fall schlicht »der Wohltäter« genannt, der einem globalen »Einheitsstaat« vorsteht, im anderen Fall als »Großer Bruder« bezeichnet, der ebenfalls einen totalen Überwachungsstaat repräsentiert. Aldous Huxley verbreitet sich in einem 1949 geschriebenen Vorwort zu »Brave New World« ausdrücklich über die historische »Tendenz zur Staatsallmacht«.

In diesem Sinne war es natürlich leicht, so zu tun, als sprächen derartige Negativ-Utopien allein über die totalitäre Staatsherrschaft und hätten mit den Nachkriegs-Demokratien gar nichts zu schaffen. Immerhin hielt es Huxley 1949 für wahrscheinlich, »daß alle Regierungen der Welt mehr oder weniger totalitär sein werden« (Huxley 1989/1949, 15), also auch die demokratischen, »sogar noch vor der industriellen Nutzbarmachung atomarer Energie; daß sie während und nach solcher Nutzbarmachung totalitär sein werden, scheint fast gewiß« (a.a.O.). Wenn Huxley hier auch (insofern ähnlich wie Gottl-Ottlilienfeld) den »unvermeidlich« totalitären Charakter ohne Vermittlung mit der ökonomischen Form der »schönen Maschine« auf eine pure Sachzwanghaftigkeit »technischer Vernunft« zurückführt, so geht er damit doch einen Schritt über die rein staatlich-politische Begriffsbestimmung des Totalitarismus hinaus. Noch näher ist er ahnungsvoll der kommenden marktwirtschaftlich-demokratischen Vollendung des totalitären Systems, wenn er fortfährt:

»Es gibt natürlich keinen Grund, warum der neue Totalitarismus dem alten gleichen sollte. Ein Regieren mittels Knüppeln und Exekutionskommandos, mittels künstlicher Hungersnöte, Massenverhaftungen und Massendeportationen ist nicht nur unmenschlich (darum schert sich heutzutage niemand viel); es ist nachweisbar leistungsunfähig – und in einem Zeitalter fortgeschrittener Technik ist Leistungsunfähigkeit die Sünde wider den Heiligen

Geist. Ein wirklich leistungsfähiger totalitärer Staat wäre ein Staat, in dem die allmächtige Exekutive politischer Machthaber und ihre Armee von Managern eine Bevölkerung von Zwangsarbeitern beherrscht, die zu gar nichts gezwungen zu werden brauchen, weil sie ihre Sklaverei lieben« (a.a.O.).

Wenn wir uns daran erinnern, daß die Liebe zur eigenen Sklaverei und die Züchtung einer Population von freiwilligen und selbstregulativen Knechten den Kern des Bentham-Projekts ausmachen, dann wird klar, daß Huxleys Vision von »Zwangsarbeitern, die zu gar nichts gezwungen zu werden brauchen« exakt die Erfüllung dieses Programms beschreibt. Dabei war Bentham sogar Huxley immer noch insoweit voraus, als er ja dieses Programm bereits als demokratisches entworfen hatte: also eben nicht im Sinne einer (nur nachhelfenden) »Staatsallmacht«, sondern einer Allmacht der »glückbringenden« Marktmaschine. Die liberalen Weltmarkt-Demokratien der prosperierenden Nachkriegsära vollendeten den Totalitarismus nicht staatsautoritär, sondern marktautoritär, eben weil darin das »leistungsfähigere« Moment der totalitären Erfassung lag. Diese Demokratien, in denen wir heute noch leben, sind reine Bentham-Demokratien; sie unterscheiden sich von den übriggebliebenen Dinosauriern staatstotalitärer Regimes einzig dadurch, daß sie einen auf den ökonomischen Imperativ umgepolten Totalitarismus höherer Ordnung darstellen. Da die mechanische Gestalt und »technische Vernunft« des Fordismus nichts anderes ist als die stofflich inkarnierte, totalitär ausgereifte Ökonomie des kapitalistischen Selbstzwecks, konnte die staatstotalitäre Form nicht mehr als ein Durchgangsstadium unter bestimmten historischen Bedingungen wie in Deutschland oder Rußland sein. Wie bei Huxley, bei dem der »heilige Ford« angerufen wird, so klingt dieser Gedanke auch schon bei Samjatin an, freilich ohne explizit zu werden, indem er die Schrecken der Zukunft als »tayloristische« (also keineswegs in der politischen Form aufgehende) andeutet:

»Ja, dieser Taylor war zweifellos das größte Genie unter den Alten. Allerdings war er in seinem Denken nicht konsequent genug, die gefundene Methode auf das ganze Leben auszudehnen, auf jeden Schritt, auf sämtliche Stunden des Tages – er vermochte es nicht, sein System von 1 bis 24 zu integrieren [...] Doch seid ihr, die ihr von Kindesbeinen an durch das Taylorsche System erzogen worden seid, nicht ebenso stetig geworden wie ein Pendel? [...] Habt ihr jemals gesehen, daß auf dem Gesicht eines Pumpenzylinders während der Arbeit ein abwesendes, sinnlos-schwärmerisches Lächeln gelegen hätte? Habt ihr jemals gehört, daß sich die Kräne in den Nächten und Stunden, die für die Erholung bestimmt sind, unruhig umherwälzten und seufzten? [...] Ihr seid vollkommen, ihr seid der Maschine gleich, der Weg zum hundertprozentigen Glück steht auch offen [...]« (Samjatin 1991/1920, 37, 186f.).

Ähnlich wie Huxley bleibt auch Samjatin bei der technischen Form stehen, bei der tayloristischen Maschine schlechthin, ohne den ökonomischen Charakter der kapitalistischen »Zweckform« zu reflektieren. Und so ist es bei beiden ebenso wie bei Orwell dann doch wieder der totalitäre Staat, der die Menschen zu seinen Objekten degradiert, sie züchtet wie Kürbisse und Haustiere – oder sie montiert wie Maschinenaggregate (bald sollte in Gestalt des »Cyborg« eine Art Mischwesen zwischen organischer und anorganischer Materie, ein Mensch mit Maschinenteilen, in der Science-fiction auftauchen – wie es ja schon der Futurist Marinetti emphatisch vorgedacht hatte). Diese Visionen vom total manipulierten Menschen blieben stehen beim äußeren Zugriff des Staates auf die Individuen durch bürokratische Apparate, Psychopharmaka oder biologische Eingriffe. Bei Samjatin etwa wird den Staatsbürgern in der »Großen Operation« durch einen chirurgischen Schnitt im Gehirn die Phantasie wegoperiert. Und bei Huxley gibt es ein biologisches »Bokanowsky-Verfahren«, mit dessen Hilfe in staatlichen Zuchtanstalten schon vom Embryo an Funktionsmenschen en gros produziert und schließlich »entkorkt« werden, um in »Neo-Pawlowschen Normungssälen« ihre weitere Zurichtung zu erfahren.

Die Manipulation hat also ein äußeres staatliches Subjekt, auch wenn dieses samt seinen Beweggründen im Dunklen bleibt: Was in den berühmten Romanen von Franz Kafka bereits literarische Metapher für ein subjektloses Verhängnis ist, erscheint in den Negativ-Utopien noch einmal als handfeste Willensmacht – ein schwarzer Nachklang der aufklärerischen bürgerlichen Subjektillusion. Diese Kritik hatte nicht voraussehen können, daß die auf das Verpuppungsstadium der diversen Staatssozialismen und Modernisierungsdiktaturen folgende höhere Entwicklungsform des »freien« Marktes in seiner fordistischen Gestalt viel totalitärer sein würde als der totalitäre Staat. Denn dieser mußte sich mit einer äußeren Repression und einem äußerlich gehaltenen Funktionieren begnügen und dem Menschenmaterial soziale Nischen oder wenigstens Reservate des Bewußtseins lassen; in der Realität war er nie so total wie in der Literatur und konnte vielfältig unterlaufen werden, weil jede Bürokratie schwerfällig und ihrem Wesen nach strunzdumm ist.

Soweit die Individuen dabei als zugerichtete formal zustimmen und an ihrer eigenen Reglementierung mitarbeiten, bleibt diese Selbstrepression auf die Oberflächlichkeit eines ideologischen Konformismus beschränkt; und auch in diesem Sinne zeigte sich die Wirklichkeit der staatstotalitären Manipulation löchriger als in den literarischen Monsterstaaten. Obwohl die äußerlichen Brutalitäten der staatspolizeilichen Zugriffe oft unvorstellbar waren, behielt der staatstotalitär zentrierte Apparat immer und überall auch Züge einer Lachnummer und Spottgestalt, die zuletzt im östlichen Staatskapitalismus überdeutlich hervortraten.

Der Zugriff der zum totalen Fordismus fortentwickelten demokratischen Markt- und Geldform dagegen ist kein bloß äußerlicher mehr, sondern kommt aus dem Inneren des durchpädagogisierten Bentham-Menschen selber; er hat also auch die tieferen Schichten des Bewußtseins und den Kern der Subjektivität erfaßt, ohne die Individuen deswegen aus dem Griff des bürokratischen Leviathan freizugeben. Soweit Selbstunterdrückung und Selbstverhöhnung überhaupt vollendet werden können (lückenlos schließen wird sich dieser Mechanismus niemals lassen), geschah dies erst in den »freien« Weltmarkt-Demokratien nach 1945. Und erst am Ende des 20. Jahrhunderts drängt unabweisbar die Wahrheit ans Licht, daß der immanente Totalitarismus der Moderne in der fetischistischen Form des warenproduzierenden Systems selber lauert, nicht bloß in der scheinbaren Willkür von bürokratischen Übergangsdiktaturen. Denn dieser essentielle Tatbestand war nicht nur in der langen Epoche des Linksliberalismus und der Arbeiterbewegung ausgeblendet worden, als die kapitalistische Demokratie den Platz der Emanzipation usurpierte und ihre Chimäre den historischen Zielhorizont ausfüllte; er konnte auch nach der vollen Durchsetzung der Bentham-Demokratie verborgen bleiben, solange der kurze Sommer fordistischer Prosperität die Selbstunterdrückung für das zugerichtete Bewußtsein wenigstens in einigen kapitalistischen Kernländern leicht und angenehm zu machen schien. Man war geneigt zu glauben, die pessimistischen Voraussagen seien endlich positiv überwunden, während sie doch nur negativ übertroffen werden sollten.

Soweit wäre den Negativ-Utopien vielleicht noch das Zugeständnis zu machen, daß sich ihre Voraussagen in vieler Hinsicht erfüllt hatten, gerade deswegen aber dieser Beweis nicht mehr realisiert werden konnte, weil die Menschen bereits praktisch in der schwarzen Utopie lebten. Zu kritisieren wäre insofern nur, daß sie die Form dieser Durchsetzung mißverstanden und den historischen Fuhrknecht in Gestalt des totalitären Staates mit dem Herrn des Systems verwechselten, der die subjektlose Weltmaschine des Kapitals selbst ist. Es fällt auch nicht schwer, den »Wohltäter«, der sich übrigens tatsächlich als intelligente Maschine entpuppt, und »Big Brother« in diesem Sinne als gelungene Metapher für den totalitären anonymen Markt zu verstehen. Das auf sich selbst in rastloser Bewegung rückgekoppelte Geldkapital, das verselbständigte, mit geisterhaftem Leben begabte tote Ding – es ist ja nichts anderes als der säkularisierte Gott; die ältere Metapher von der Weltmaschine, in der heutigen Systemtheorie pseudowissenschaftlich objektiviert, kann durchaus auch als quasi personifizierte Macht erscheinen, wie das ja auch in der noch älteren religiösen (transzendenten) Götterwelt üblich war.

»Big Brother is watching you« – das ist ja schon wieder das Benthamsche Programm, nunmehr in fast vollendeter, reif gewordener Gestalt: Der »Große Bruder« als ein irdischer »Adam Kadmon«, ein aus Millionen und Milliarden Menschen zusammengesetzter Riesenmensch und die Projektion der totalitären kapitalistischen Gesellschaft auf sich selbst, besteht aus den Millionen Augen der fordistischen Medien, des Marketings und der Demoskopie. Dabei hat sich sogar die äußere Überwachung des Menschenmaterials durch bürokratische Apparate nicht nur des Staates, sondern auch der kapitalistischen Unternehmen und der kommerziellen Medien in den fordistischen Weltmarkt-Demokratien gegenüber den rohen staatsdiktatorischen Formen noch einmal verstärkt. 1964 veröffentlichte dazu der kritische US-Publizist Vance Packard eine Untersuchung, in der er die schleichende Ausweitung von Kontrollapparaten und damit der universellen Beobachtung aufzeigt, wie sie bereits den Alltag durchdrungen hat:

»Wir schreiben das Jahr 1964. Wir sehen Mama in einer der Kabinen eines Warenhauses, wo sie ein neues Kleid anprobiert. Eine hinter einem dreiteiligen Spiegel versteckt eingebaute Fernsehkamera nimmt alles auf, was in der Kabine vor sich geht, um darüber zu wachen, daß Mama nicht etwa irgendwelche Sachen heimlich in ihrer Tasche verschwinden läßt. Papa finden wir derweil in seinem Büro, wo er mit einer Gruppe von Kollegen am Konferenztisch sitzt und über die Arbeit seiner Abteilung spricht. Der neben ihm sitzende Kollege gehört einem Detektivbüro an, das in allen amerikanischen Staaten Zweigstellen unterhält. Er ist heimlich von der Firma, in der Papa arbeitet, eingestellt worden, um das Verhalten und die Arbeit der höheren Angestellten des Betriebes ständig zu beobachten. Ein zweiter mit Nachforschungen betrauter Mann führt im gleichen Augenblick von irgendwoher mit Papas Bank ein Telefongespräch über die Höhe seines Bankkontos und irgendwelche noch nicht zurückgezahlten Darlehen [...] Sohn John, nach absolvierter Hochschule, sitzt unterdessen auf einem etwas anderen Stuhl, ein luftgefüllter Schlauch ist um seinen Brustkasten und eine Elektrode an seiner Handfläche befestigt. John hat sich um den Posten eines Verkaufsvertreters in einem Elektronikkonzern beworben. Er muß sich nun dem üblichen Lügendetektortest unterziehen, durch den seine Rechtschaffenheit, seine Männlichkeit und eventuelle gefährliche Gewohnheiten geprüft werden sollen. Währenddessen unterhält sich ein anderer Ermittler mit Johns ehemaligen Professoren, um sie über die politischen Ansichten zu befragen, die John als Junge möglicherweise in Klassendiskussionen geäußert hat. Tochter Mary, ein reizendes Mädchen, das noch zur Schule geht, plagt sich in diesem Moment auf ihrem Platz in der zweiten Klasse einer Oberschule mit einem aus 250 Fragen bestehenden Fragebogen. Sie soll der Wahrheit gemäß Fragen beantworten, wie: Hast du den Eindruck, daß deine Eltern häufig Streit miteinander haben? – Haben deine Eltern mit dir schon jemals über sexuelle Dinge gesprochen? – Machst du dir Sorgen wegen deiner Menstruation? Sollten Marys Eltern von dieser Befragung zufällig etwas erfahren, würde man ihnen jede Auskunft über Marys Antworten sowie deren Auswertung und Bewertung verweigern [...] Gibt es unbestimmte Kräfte in unserer modernen Welt, die das Privatleben des einzelnen zu vernichten drohen? Und wenn es solche unbestimmten Kräfte tatsächlich gibt, schaffen sie die Voraussetzungen für den Totalitarismus, der zur Gefahr für die persönliche Freiheit des modernen Menschen werden könnte? Dies sind die Fragen, über die es nachzudenken gilt, wenn wir das seit kurzem ungeheure Wuchern der Beobachtung, Überprüfung und Kontrolle anderer und den Austausch von Informationen über andere zu erforschen trachten. Jede dieser neuartigen gesellschaftlichen Kontrollarten, der wir begegnen, tritt uns im Gewand einer vernünftigen Maßnahme entgegen. Und bei einigen lassen sich möglicherweise sogar komische Wesenszüge erkennen [...]« (Packard 1964, 7 f.).

Packard sieht hier nicht nur den Totalitarismus mitten in der heiligen ersten Marktwirtschaftsdemokratie, er verweist dabei auch ausdrücklich auf die schleichende Realisierung von Orwells »1984«. Aber als bloß empirischer Kritiker kommt er nicht darüber hinaus, dem fordistisch inkarnierten Liberalismus die selber schon Orwellschen liberalen Ideale gegenüberzustellen und das »Recht auf Privatheit« einzuklagen. Packard merkt nicht, daß jene »unbestimmten Kräfte« (keineswegs zufällig erinnert die Formulierung an Enzensbergers Gedicht über jenes unnennbare Etwas, »das keine Farbe hat, das nach nichts riecht«) gerade aus den kapitalistischen Konstitutionsbedingungen jener vermeintlichen »privaten Freiheit« selber hervorgehen, die in Frage zu stellen ihm nicht in den Sinn käme. Mit ermüdender Regelmäßigkeit stellt sich heraus, daß Macher wie Opfer, Befürworter wie Kritiker die im Laufe der kapitalistischen Entwicklung immer dichter gewordene Matrix Benthamscher Steuerungs- und Kontrollmechanismen beschreiben, ohne das ebenso klare wie perfide Bewußtsein dieses Urliberalen über den wahren Charakter von Demokratie und Marktwirtschaft, über die Identität von kapitalistischer Freiheit und totaler Kontrolle jemals wieder zu erreichen.

So findet auch Packard jede Menge Fallbeispiele für das unaufgeforderte und unverschämte Eindringen bürokratischer wie kommerzieller Ausforschungen, Zudringlichkeiten und Belästigungen in die persönliche Sphäre, vom Handel mit persönlichen Daten zwecks gezielter Briefkastenwerbung bis zum (damals schon in den USA üblichen) unangemeldeten telefonischen Verkaufsgespräch, ohne daß der Charakter einer totalen Käufer-Verkäufer-Gesellschaft dabei überhaupt zur Sprache kommt. Außerdem kommt natürlich das totalitäre Wesen des fordistischen Vollkapitalismus nicht allein in der Zunahme von Ausforschungs- und Kontrollmechanismen zum Vorschein, sondern mehr noch in der forcierten wechselseitigen Beobachtung und Kontrolle der funktionalistisch getrimmten Gesellschaftsmitglieder auch schon im Alltag; schließlich in der Selbstbeobachtung und Selbstkontrolle der individuellen »Arbeitskraft« durch ihr fordistisches Überich: Bin ich, bist du, sind wir leistungsfähig genug, schön genug, angepaßt genug? Liege ich im Trend, gehe ich mit der Zeit, bin ich konkurrenzfähig? Die »Gedankenpolizei« der fordistischen Demokratie ist auch in dieser Hinsicht viel raffinierter und auswegloser als der Zugriff aller Geheimpolizisten in den rohen, bloß staatstotalitären Durchsetzungsformen.

Und das gilt auch für jene »Orwellsche Sprache«, das »Neusprech«, das ja im Grunde schon seit mehr als zweihundert Jahren die Sprache des Liberalismus war, auf dessen Namen selber alle Attribute dieser doppelbödigen Schizo-Sprache zutreffen. Wenn es im Namen des »Großen Bruders« heißt: FREIHEIT IST SKLAVEREI, dann braucht man diesen Kernsatz nur umzudrehen, um die erzliberale Maxime zu bekommen: SKLAVEREI IST FREIHEIT, nämlich die bedingungslose und freudige Unterwerfung unter die »Naturgesetze« der marktwirtschaftlichen Gesellschaftsphysik, seit Hegel philosophisch legitimiert in jenem totalitären Satz: »Freiheit ist Einsicht in die Notwendigkeit«. Das gilt auch für die anderen beiden Parteiwahlsprüche im Staat des »Großen Bruders«: KRIEG BEDEUTET FRIEDEN – niemand weiß das besser als die NATO alias »demokratische Staatengemeinschaft« in ihrer Eigenschaft als selbsternannte Weltpolizei; und UNWISSENHEIT IST STÄRKE – wer könnte diese Maxime besseren Gewissens unterschreiben als der demokratische Massenkonsument, der umsichtige Produzent destruktiver Weltzerstörungswaren und der betriebswirtschaftlich bornierte Manager, deren Lebens- und Erfolgsfähigkeit systematische soziale Ignoranz voraussetzt? Auch nur gedanklich diese Welt eines geschlossenen gesellschaftlichen Wahnsystems von Grund auf in Frage zu stellen heißt schon, »out« und ein Fremder in der eigenen Gesellschaft zu sein, oder, wie es in »1984« heißt: »Das Gedankenverbrechen zieht nicht den Tod nach sich: das Gedankenverbrechen ist der Tod« (Orwell 1995/1949, 28), nämlich der soziale Tod. Auf die totalitäre fordistisch-demokratische Marktwirtschaft trifft in einem weit höheren Maße und weitaus intensiver als in den protofordistischen Diktaturen zu, was Orwell über das System des »Großen Bruders« und das darin herrschende »Zwiedenken« sagt:

»Es war nichts weiter nötig als eine nicht abreißende Kette von Siegen über das eigene Gedächtnis. Wirklichkeitskontrolle nannten sie es; in der Neusprache hieß es Zwiedenken [...] Zu wissen und nicht zu wissen, sich des vollständigen Vertrauens seiner Hörer bewußt zu sein, während man sorgfältig konstruierte Lügen erzählte, gleichzeitig zwei einander ausschließende Meinungen aufrechtzuerhalten, zu wissen, daß sie einander widersprachen, und an beide zu glauben; die Logik gegen die Logik ins Feld zu führen [...] zu vergessen, was zu vergessen von einem gefordert wurde, um es sich dann, wenn man es brauchte, wieder ins Gedächtnis zurückzurufen, und es hierauf erneut prompt wieder zu vergessen; und vor allem, dem Verfahren selbst gegenüber wiederum das gleiche Verfahren anzuwenden. Das war die äußerste Spitzfindigkeit: bewußt die Unbewußtheit vorzuschieben und dann noch einmal sich des eben vollzogenen Hypnoseaktes nicht bewußt zu werden. Allein schon das Verständnis des Wortes Zwiedenken setzte eine doppelbödige Denkweise voraus« (Orwell, a.a.O., 34f.).

Dieses Zwiedenken als eine Art negative Dialektik der gesellschaftlichen Bewußtlosigkeit (und, wiederum ähnlich wie bei Gottl-Ottlilienfeld, eine grausame Karikatur auf die bewußt negatorische Haltung emanzipatorischen Denkens und Handelns) wurde in den Diktaturen des 20. Jahrhunderts zwar staatstotalitär eingeübt, blieb aber in dieser Form relativ leicht durchschaubar und ebenso oberflächlich wie der bloß ideologische Konformismus. Natürlich waren auch dabei schon Verinnerlichungsprozesse neuen Typs am Werk, wie sie übrigens in jeder religiösen und politischen Sekte, überhaupt in jedem auf repressiver Zwangsvergesellschaftung beruhenden Gruppenkonformismus zu beobachten sind. Aber aus einer Sekte kann man austreten und aus dem totalitären Staat heraus wenigstens in die »innere Emigration« gehen, also den totalitären Konformismus bloß noch wie eine Leibesübung vollziehen, ohne sich innerlich weiter erfassen zu lassen. Aus dem totalitären Markt aber kann man nicht austreten, und die »innere Emigration« ist hier nur in einem ganz abstrakten Sinne möglich, eben weil die eigene Subjektivität bereits zwanghaft auf den Marktprozeß, die Geldform, den Warenkonsum, die Konkurrenz, die kapitalistischen Medien konditioniert worden ist.

Aus sich selbst kann man nicht austreten wie aus einer bloß äußeren Zumutung. Und hier beginnt schon das vom totalitären Markt geforderte Zwiedenken: die Zwänge werden durchaus als Zwänge erlebt, aber gleichzeitig als eigene Willensform, weil man ja sonst »zu nichts kommt«. Das Bewußtsein ist rückgekoppelt auf den allgegenwärtigen Marktmechanismus, unablässig den eigenen abstrakten Nutzen kalkulierend und gleichzeitig sich selbst propagandistisch betrügend: ARBEITSQUAL IST SELBSTVERWIRKLICHUNG, KONKURRENZANGST IST SELBSTBEHAUPTUNG, LEISTUNGSWAHN IST SELBSTERFAHRUNG, UNSELBSTÄNDIGKEIT IST SELBSTVERANTWORTUNG, TOTALE SELBSTAUSLIEFERUNG IST SELBSTBEFREIUNG, eben mit einem Wort: SKLAVEREI IST FREIHEIT. Oder, um es mit Rimbaud zu sagen, der schon fast hundert Jahre zuvor wußte, was das innere Selbstbewußtsein des fordistischen Menschen der Weltmarkt-Demokratien werden sollte: »ICH IST EIN ANDERER«.

Freiheit ist, zu wissen, was der »Große Bruder« oder »der Wohltäter«, der totalitäre Markt, von mir wollen könnte, es vorauszuahnen und mich in bedingungslosem vorauseilendem Gehorsam danach zu richten, um stets unter das passende Joch der Arbeitsmärkte zu kriechen. Und dieser totalitäre Markt bestraft postwendend jedes von »Gedankenverbrechen« ausgelöste »Fehlverhalten«; unerbittlicher als jede Lautsprecherstimme eines bürokratischen Überwachungssystems ist die paranoide »Stimme im Kopf«. Freiheit ist also das genaue Gegenteil von freier, selbstbestimmter Zwecksetzung der Gesellschaftsmitglieder, die ja eben gerade nicht in bewußter Absprache über den Einsatz der gemeinsamen, hochgradig vergesellschafteten Ressourcen entscheiden. Erst in der fordistischen Gestalt wird die unheimlich subjektlose, anonyme Macht der kapitalistischen Maschine zum totalen Weltverhältnis; erst jetzt kommen der ökonomische und der technische Mechanismus zur vollen Deckung.

Es handelt sich keineswegs bloß um eine neutral zu beschreibende strukturelle Verschiebung in der gesellschaftlichen Reproduktion, wenn die letzten Reste des »traditionellen Sektors« von der fordistischen Warenwelt aufgesaugt werden. Diese Welt ist eine total ausgepreiste: alle Gegenstände des Gebrauchs vom Buch bis zur Zahnbürste, vom Weinglas bis zum Apfel, von der CD bis zum Kugelschreiber, sind mit ekligen kleinen Preisschildchen beklebt, die sich übrigens nur mühsam entfernen lassen; man muß sie abkratzen und dabei hinterlassen sie häßliche Flecken, oft wird die Oberfläche der Gegenstände beschädigt, oder der zähe Leim bleibt an den Fingern kleben. Es sind Millionen von derartigen Kleinigkeiten, in denen sich die stoffliche, materielle Objektivierung des totalitären Marktes niederschlägt und die vom Bewußtsein gar nicht mehr als die Absurditäten wahrgenommen werden, die sie sind.

Ob Kinder und alte Leute hilflos vor den Fahrkartenautomaten mit ihrer grotesken Preiskomplexität stehen, ob die Konsumenten an den Funktionsweisen ihrer Geräte herumrätseln, um den vorgesehenen Gebrauch vollziehen zu können, ob die »Beschäftigten« in riesigen Fertigungsketten Dinge zusammenfügen, deren Sinngehalt völlig außerhalb ihrer Bestimmungsmöglichkeiten liegt: auf Schritt und Tritt folgt der weltweit realisierte fordistische Mensch den zur objektiven »Umwelt« geronnenen kapitalistischen Zeichensystemen, bleibt stehen, wenn es verlangt wird, setzt sich in Bewegung, wenn das Signal dafür aufleuchtet, empfindet Mitleid oder Empörung, wie die Medien es überwältigend vorprogrammieren, trifft »persönliche Entscheidungen«, deren Alternativen längst aufbereitet sind und nur noch »angekreuzt« werden können.

Die kapitalistische »Wirklichkeitskontrolle« scheint vollkommen. Nicht mehr die bürokratische Zensur der staatstotalitären Diktaturen, die an den alten Absolutismus erinnerte, bestimmt den Inhalt der vollendeten fordistischen Massenmedien, sondern die programmierte Selbstzensur der medialen Institutionen. Das ist keineswegs bloß die bekannte »Schere im Kopf« bei der Darstellung und Interpretation brisanter oder entlarvender Geschehnisse, also die bewußte Rücksichtnahme auf marktwirtschaftlichen Konformismus, demokratische

Staatsräson, die Interessen von Kunden und Auftraggebern, populistisch angereizte Stimmungslagen des in seinen Empfindungen fast schon nach Belieben an- und abschaltbaren Menschenmaterials usw.. Vielmehr findet die vorstrukturierende Zensur gewissermaßen osmotisch in der kommerziellen Orientierung, ja schon in der technologischen Form der Medien statt, die in ihrer kapitalistischen Verfaßtheit ganz unbewußt wirkt.

Es handelt sich ja bei diesen Medien nicht um die Organisierung einer gesamtgesellschaftlichen Kommunikation für den freien Austausch von Informationen oder die offene Diskussion gemeinsamer Angelegenheiten, sondern auch in dieser Hinsicht um eine strukturelle Trennung von Produzenten und Konsumenten, die nicht kommunikativ, sondern bewußtlos wirkt: Auf allen Kanälen spricht immer der »Große Bruder«, und zwar um so mehr, je kommerzieller sie ausgerichtet sind. Finden sich in den staatlich-politischen Medien (diktatorischen wie demokratischen) noch Kümmerformen einer ideologisch nach Staatsräson und Grenzen des Erwünschten vorgefilterten Debatte und Kultur (auch hier ist die Zensur nicht scharf gefaßt, sondern wirkt wie von selbst und bloß halb bewußt), so funktionieren die kommerziellen Medien sowieso nur noch nach Kriterien der Rendite und damit nach »Einschaltquoten«.

Das Resultat ist dann unvermeidlich die Reduktion des Inhalts auf nervlich-emotionale Berührungen (Sensationen) eines Publikums, das durch die fordistische Arbeit ausgelaugt und durch die maschinelle oder bürokratische Gleichförmigkeit seines Daseins bereits derart abgestumpft ist, daß es äußerst grobe Reize und rohe Empfindungen durch den Schein des Unerhörten und nie Dagewesenen braucht, damit es überhaupt noch erreicht werden kann. Auch in dieser Hinsicht funktioniert das kapitalistische System in seiner zur totalitären Reife entwickelten Gestalt als ein auf sich selbst rückgekoppeltes: Nachdem die Menschen durch das objektivierte Zwangsverhältnis zu gelangweilten Funktionsrobotern eines ihnen vorausgesetzten Selbstzwecks degradiert worden sind, dürfen sie ihren auf dieser geistigen Reduktionsstufe noch möglichen »Konsumentenwillen« entfalten, und die Bedingungen ihrer Abstumpfung können ihnen als ihre eigene freie Entscheidung zurückgespiegelt werden.

Totale Mobilmachung

Kapitalistische Totalisierung ist nicht möglich ohne eine entsprechende Mobilisierung. Auch dieses zweite Stichwort der fordistischen industriellen Revolution erfüllte sich im großen gesellschaftlichen Maßstab erst nach dem Zweiten Weltkrieg. Und auch in dieser Hinsicht waren die staatstotalitären Diktaturen nur eine spezifische Durchsetzungsform dieser Mobilisierung, die ihren militärischen Ursprung in der industriellen Kriegführung seit dem Ersten Weltkrieg nicht verleugnen konnte. Militärische »Mobilmachung« war unter diesen Bedingungen viel mehr und etwas ganz anderes als zu den Zeiten der unmotorisierten offenen Feldschlachten von Fußsoldaten und Reitern, die trotz aller Kanonen noch keine tief gestaffelte industrielle Logistik und soziale Begleitmobilisierung verlangten. Im Zeichen der Zweiten industriellen Revolution erforderte aber nicht nur der Krieg eine Mobilisierung vielfältiger zusätzlicher Reserven. Die Gesellschaft als Ganzes mußte überhaupt in eine beschleunigte Bewegung auf allen Ebenen und Gebieten versetzt werden, um die beschleunigte und verdichtete Akkumulation des Kapitals tragen zu können. Nachdem der erste Anlauf des Fordismus in den 20er Jahren gescheitert war, setzte die erweiterte »Mobilmachung« sowohl in den Demokratien als auch besonders in den staatstotalitären Diktaturen zunächst auf der propagandistischen und politischen Ebene an. Die US-Philosophin Hannah Arendt (1906–1975) widmete diesem Aspekt in ihrem 1951 erschienenen Buch über »Elemente und Ursprünge totaler Herrschaft« besondere Aufmerksamkeit:

»Nichts ist kennzeichnender für die totalitären Bewegungen im allgemeinen und für die Qualität des Ruhmes ihrer Führer im besonderen als die verblüffende Schnelligkeit, mit der sie vergessen, und die verblüffende Leichtigkeit, mit der sie ausgewechselt werden können [...] Diese Bestandlosigkeit hat sicher etwas [...] zu tun [...] mit der Bewegungssüchtigkeit totalitärer Bewegungen, die sich überhaupt nur halten können, solange sie in Bewegung bleiben und alles um sich herum in Bewegung versetzen [...] gerade diese außerordentliche Umstellungsfähigkeit und Kontinuitätslosigkeit ist, wenn es überhaupt so etwas gibt wie einen totalitären Charakter oder eine totalitäre Mentalität, zweifellos ein hervorragendes Merkmal [...]« (Arendt 1991/1951, 495 f.).

Es ist offenkundig, daß auch Hannah Arendt hier nur die staatlich-politische Seite im Auge hat. Was vor diesem Auge vorbeizieht, sind die endlosen Massenaufmärsche, Fackelzüge, rituellen Demonstrationen, Paraden und »lebenden Bilder« in den großen Stadien, mit denen die staatstotalitären Diktaturen die Mobilisierung der Massen inszenierten. Ludendorff, der irre Stratege des totalen Krieges, sprach in diesem Sinne auch von einer »seelischen Mobilmachung« (Ludendorff 1935, 26). Aber gerade eine Formulierung wie diese hätte stutzig machen müssen. Denn der Begriff einer »seelischen Mobilmachung« geht über die beschränkten Intentionen seines Schöpfers hinaus; er ist nicht nur im militärischen, völkischen, staatskapitalistischen oder überhaupt politischen Sinne zu verstehen. Es liegt sogar nahe, dabei an die »geheimen Verführer« (Vance Packard) der späteren massiven Werbekampagnen für den kapitalistischen Massenkonsum zu denken.

Nur scheinbar steht die gesichtslose, von den Diktaturen oder demokratischen Übergangsformen politisch mobilisierte Masse der ersten Jahrhunderthälfte im Gegensatz zum kommerziellen Kult des Individuums als »Verbraucher« in den Nachkriegsdemokratien. Vielmehr kann das eine, die in den Aufmärschen mobilisierte Masse, als die Einübung des anderen, des isolierten Konsumenten-Individuums, verstanden werden. Es ist die Dialektik von gesichtsloser Masse und nicht weniger gesichtsloser abstrakter Individualität, wie Theodor W. Adorno (1903–1969) und Max Horkheimer (1895–1973) 1944 in ihrer »Dialektik der Aufklärung« bemerken: »Jeder ist nur noch, wodurch er jeden anderen ersetzen kann: fungibel, ein Exemplar. Er selbst, als Individuum, ist das absolut Ersetzbare, das reine Nichts« (Adorno/Horkheimer 1997/1944, 168). Dieser in den Weltkriegen und politischen Massenbewegungen geformte Status der Nichtigkeit setzt sich in der »seelischen Mobilmachung« der individualisierten Nachkriegs-Kommerzmenschen nicht nur fort, sondern vollendet sich erst: Es handelt sich nur um zwei verschiedene historische Aggregatzustände der kapitalistischen Mobilisierung mit dem Resultat einer »Pseudoindividualität« (a.a.O., 177). Das aus dieser Geschichte hervorgegangene kapitalistische Individuum der Marktwirtschafts-Demokratien dementiert sich selbst:

»Es wird nur so weit geduldet, wie seine rückhaltlose Identität mit dem Allgemeinen außer Frage steht [...] Das Individuelle reduziert sich auf die Fähigkeit des Allgemeinen, das Zufällige so ohne Rest zu stempeln, daß es als dasselbe festgehalten werden kann [...] Nur dadurch, daß die Individuen gar keine sind, sondern bloße Verkehrsknotenpunkte der Tendenzen des Allgemeinen, ist es möglich, sie bruchlos in die Allgemeinheit zurückzunehmen [...]« (a.a.O., 177f.).

Das »freie« demokratische Nachkriegs-Individuum ist nichts als das von der politisch-militärischen Maschine genormte und gepreßte »Exemplar«, das nur losgelassen wurde, um für den weiteren kommerziellen Gang der Weltmaschine verfügbar zu sein. Der neue Kult der Individualität, wie er die zweite Jahrhunderthälfte prägen sollte, setzt durch seine »lügenhafte Unterschiebung des Stereotypen fürs Individuelle« (a.a.O., 179) das Schicksal der gesichtslosen, automatenhaften Masse nur mit anderen Mitteln fort; die von der Werbung, den Moden und Konjunkturen in Gang gehaltenen Konsumenten-Individuen sind nicht weniger, nur anders fremdbestimmt als die Massen der Aufmärsche: »personality bedeutet ihnen kaum mehr etwas anderes als blendend weiße Zähne und Freiheit von Achselschweiß und Emotionen« (a.a.O., 191). Wie vorher die genormten Massen, so sind nun die aus dieser Masse hervorgegangenen genormten Individuen Objekte der kapitalistischen Mobilmachung. Sie werden permanent »in Bewegung« gehalten durch die Imperative eines Systems, das ihnen keinen Eigensinn mehr läßt.

In ihrer Fixiertheit auf die totalitären politischen Massenbewegungen der ersten Jahrhunderthälfte übersieht Hannah Arendt völlig, wie sehr ihre Formulierungen über das Wesen des Totalitarismus exakt den Charakter und das Weltverhältnis des totalitär werdenden Marktes und damit der westlichen Demokratie selber wiedergeben. Die »verblüffende Schnelligkeit des Vergessens« – worauf träfe diese Kennzeichnung besser zu als auf die kapitalistischen Konjunkturen, die keine menschliche Entwicklung mehr sind, sondern nur noch der Durchgang gleichgültiger Inhalte durch die gespenstische Selbstbewegung des Geldes? Die »Leichtigkeit der Auswechslung« – was wäre damit präziser benannt als die universelle Gegenständlichkeit der Waren, denen die zum Gegenstand reduzierte Persönlichkeit universell auswechselbarer Menschen entspricht? Und was könnte »bewegungssüchtiger« sein als der Kapitalismus selbst, der sich als industrielles Schneeballsystem in der Tat »nur halten kann, solange er in Bewegung bleibt und alles um sich herum in Bewegung versetzt«? Wo wäre »außerordentliche Umstellungsfähigkeit« eine größere Tugend als in der demokratischen Weltmarktwirtschaft, wie wir es ja gerade heute wieder gepredigt bekommen von den Einpeitschern der permanenten »Anpassung« an einen blinden und destruktiven ewigen »Strukturwandel«? Und was schließlich könnte eine radikalere »Kontinuitätslosigkeit« repräsentieren als der geschichtslose universelle Markt, der in einer Art von zeitlosem ökonomischen Nirwana seine immergleiche, auf sich selbst bezogene Bewegung vollzieht?

1947 schrieb in diesem Sinne der schweizerisch-amerikanische Architekt und Theoretiker Siegfried Giedion, selber ein Promoter der fordistischen Welt, in plötzlich aufscheinender negativer Erkenntnis bezogen nicht etwa auf den europäischen Staatstotalitarismus, sondern auf die »Herrschaft der Mechanisierung« in den am weitesten fordistisch entwickelten USA:

> »Die öffentliche Meinung beurteilt Erfindungen und Produkte ausschließlich unter dem Gesichtspunkt ihres kommerziellen Erfolges. Diese Einstellung wird damit entschuldigt, daß man sagt: ›Wir blicken nicht zurück, sondern nach vorn‹. Damit wird die Zeit, die Vergangenheit ebenso wie die Zukunft, geleugnet. Was zählt, ist allein der gegenwärtige Augenblick. Spätere Epochen werden diese Zerstörungsakte, diesen Mord an der Geschichte, nicht verstehen« (Giedion 1987/1948, 14).

Die Mobilisierung der Massen in politischer (das heißt positiv auf den Staat bezogener) Form, wie sie im späten 19. Jahrhundert die Sozialdemokratie erfunden hatte, wurde in der ersten Hälfte des 20. Jahrhunderts, also in der Durchsetzungsgeschichte der Zweiten industriellen Revolution, zum allgemeinen Bewegungsgesetz des Kapitalismus, der nicht mehr anders als in massendemokratischer Gestalt weiterexistieren konnte. Der staatlich-politische Totalitarismus war auch hinsichtlich der »Mobilmachung« nur eine spezifische Erscheinungsform dieser viel allgemeineren Entwicklung. Auf der Höhe des Fordismus konnte das kapitalistische ökonomische Schneeballsystem nur unter Mobilisierung aller Reserven weitergewälzt werden. Dem »Mord an der Geschichte« (der erst viel später in der postmodernen Version explizit und positiv formuliert werden sollte) lag als übergreifendes Moment die Einheit von Totalisierung und Mobilisierung kapitalistischer Massenproduktion zugrunde. Was dieses »Bewegungsgesetz« wirklich bedeutet und welche Entwicklungslinie es weiterführt, bringt wiederum Hannah Arendt mit überraschender Deutlichkeit zum Ausdruck, wobei sie abermals viel mehr sagt, als sie selber weiß:

»Hinter dem Anspruch auf Weltherrschaft, den alle totalitären Bewegungen stellen, liegt immer der Anspruch, ein Menschengeschlecht herzustellen, das aktiv handelnd Gesetze verkörpert, die es sonst nur passiv, voller Widerstände und niemals vollkommen erleiden würde [...] das Bewegungsgesetz [...] läuft in jedem Falle auf ein Gesetz der Ausscheidung von ›Schädlichem‹ oder Überflüssigem zugunsten des reibungslosen Ablaufs einer Bewegung hinaus, aus der schließlich gleich dem Phönix aus der Asche eine Art Menschheit erstehen soll [...] Die Friedhofsruhe, die nach klassischer Theorie die Tyrannis über das Land legt [...], bleibt dem totalitär regierten Land so verwehrt wie Ruhe überhaupt. Zwar sind seine Bewohner allen in freier Spontaneität entspringenden Handelns oder auch nur Tätigseins beraubt; dennoch werden sie in dauernder Bewegung gehalten als Exponenten des gigantisch übermenschlichen Prozesses von Natur oder Geschichte, der durch sie hindurchrast [...] Das Wesen totalitärer Herrschaft [...] ist der Terror, der aber nicht willkürlich und nicht nach den Regeln des Machthungers eines einzelnen (wie in der Tyrannis), sondern in Übereinstimmung mit außermenschlichen Prozessen und ihren natürlichen oder geschichtlichen Gesetzen vollzogen wird [...] Terror in diesem Sinne ist gleichsam das ›Gesetz‹, das nicht mehr übertreten werden kann. Diese terroristische Stabilisierung soll der Befreiung der sich bewegenden Geschichte oder Natur dienen. Eine Diskussion mit Anhängern totalitärer Bewegungen über Freiheit ist schon darum so außerordentlich unergiebig, weil sie an menschlicher Freiheit, das heißt an der Freiheit menschlichen Handelns, nicht nur nicht interessiert sind, sondern sie gefährlich für die Befreiung natürlicher oder historischer Prozesse halten. Die sogenannte Freiheit der Geschichte und der Natur, die sich ja nach beobachtbaren Regeln vollzieht, kann für den Menschen in der Tat nur im Gewand der Notwendigkeit auftreten« (Arendt, a.a.O., 706, 708 ff.).

Es ist geradezu zum Lachen, wie hier aus dem Munde einer ehrenwerten liberalen Philosophin in ihrem gerechten Zorn über den politischen Totalitarismus eine gnadenlose Selbstverurteilung kommt, ohne daß ihr das im geringsten bewußt wird. Denn was sie vehement als Kern der totalitären Ideologie und »Bewegungsgesetzlichkeit« anprangert, ist ja nichts anderes als die Essenz der liberal-aufklärerischen Theorie seit mehreren hundert Jahren und gleichzeitig die tatsächliche Objektivierung der kapitalistischen Pseudo-Naturgesetzlichkeit. Es waren eben gerade die Theoretiker des Liberalismus, die das kapitalistische System der Zumutungen von Anfang an zum »Naturgesetz« erklärt hatten und die schon immer für sich in Anspruch nahmen, »die Gesetze von Natur und Geschichte« an den Menschen zu exekutieren. Und es war niemand anders als die Creme der bürgerlichen Volkswirtschaftslehre und Aufklärungsphilosophie, die seit dem 18. Jahrhundert in Gestalt der Mandeville, Smith, Bentham, Malthus u. Co. »ein Gesetz der Ausscheidung von Schädlichem oder Überflüssigem zugunsten des reibungslosen Ablaufs einer Bewegung« postuliert und mit brutalen Zurichtungs-, Repressions- und sogar Ausrottungsphantasien verbunden hatte.

Wie alle Totalitarismustheoretiker ist Hannah Arendt nicht nur von der zeitgenössischen unmittelbaren Erfahrung geblendet, sondern auch von der Fixierung auf den politischen Raum und auf demokratische Verfassungsgegenstände, ohne daß der totalitäre Anspruch der kapitalistischen Ökonomie jemals zum Thema wird – eben weil dieses »Bewegungsgesetz«, das in Wahrheit und auf lange Sicht das übergreifende und dominierende ist, tatsächlich in die »Natur« zu fallen scheint. Zumindest ist auch von Hannah Arendt nichts Gegenteiliges überliefert. So entgeht ihr der eigentliche Inhalt ihrer eigenen Erkenntnis; denn es ist ganz unabhängig von der spezifischen historischen Erscheinungsform des Staatstotalitarismus schon immer der kapitalistische Selbstzweck, der die Bewohner des sozialen Raums, in dem er herrscht, »allen in freier Spontaneität entspringenden Handelns oder auch nur Tätigseins beraubt« – alle Tätigkeit ist in diesem Raum axiomatisch formatiert durch den ökonomischen Imperativ der abstrakten Rentabilität und der Unterwerfung des Menschen unter das Diktat von sogenannten Arbeitsmärkten. Qua fetischistischer Ökonomie des Kapitals werden die ihrer selbst entfremdeten Individuen »in dauernder Bewegung gehalten als Exponenten des gigantisch übermenschlichen Prozesses« von Strukturbrüchen einer blinden Wachstumsdynamik, die »durch sie hindurchrast« und von den liberalen Ideologen als objektiver »Prozeß von Natur und Geschichte« ausgegeben wird.

Jede freie, selbstbestimmte Zwecksetzung wird von diesem übermächtigen Anspruch der falschen ökonomischen Objektivierungen von vornherein negiert. Aber dieses System war eben bis zur Mitte des 20. Jahrhunderts noch nicht zum gesellschaftlichen Gesamtzusammenhang geschlossen. Die überwältigende politische Mobilisierung der Massen als bloße Objekte einer übermenschlichen Pseudonatur, die Hannah Arendt vor Augen hatte, war nur die politische Durchsetzungsform des ökonomischen Imperativs zum fordistischen Vollkapitalismus. »Das Wesen totalitärer Herrschaft ist der Terror«, in der Tat, aber der politische Terror erweist sich im historischen Gesamtprozeß als bloßes Vehikel dessen, was in der demokratischen Nachkriegsgeschichte als »Terror der Ökonomie« seine fordistische Erfüllung fand.

Es ist wahrhaftig »außerordentlich unergiebig«, mit Liberalen, Demokraten, bürgerlichen Aufklärern und anderen Totalitaristen über menschliche Freiheit zu diskutieren, da sie allesamt die Freiheit des Handelns immer schon unter das Joch der »Notwendigkeit« irrationaler ökonomischer Zwänge geschickt haben, die sie für »die Befreiung natürlicher oder historischer Prozesse halten«. Die liberale Philosophin Hannah Arendt hat unbewußt das intellektuelle Todesurteil über den kapitalistischen Liberalismus oder liberalen Kapitalismus gesprochen, der damit als Matrix der totalitären Mobilisierung enttarnt ist. Soweit dabei auch der Marxismus getroffen wird, insbesondere in seiner legitimationsideologischen Variante für die nachholende Modernisierung der östlichen und südlichen Entwicklungsdiktaturen, handelt es sich gerade um diejenigen Elemente, die er vom Liberalismus übernommen hat. Hannah Arendt übersieht völlig, daß sich die Marxsche Theorie viel stimmiger auch genau umgekehrt lesen läßt, nämlich als radikale Kritik der Pseudo-Naturgesetzlichkeit (die von Marx immerhin als fetischistischer Verblendungszusammenhang dargestellt wird und nicht platt als zu exekutierende »Gesetzmäßigkeit«). Das ökonomische Terrorgesetz, »das nicht mehr übertreten werden kann«, ist nicht die zu affirmierende zweite Natur, sondern der Skandal einer solchen blinden und bewußtlosen Vergesellschaftung, gegen den der emanzipatorische Aufstand entfesselt werden muß.

Es waren wiederum die Ideologen des politischen Totalitarismus selbst, die den wahren Charakter der »Bewegungsgesetze« und der damit verbundenen »Mobilmachung« im fordistischen Kontext ganz offen herausstellten. Berühmt geworden ist in diesem Zusammenhang Ernst Jüngers Essay über die »totale Mobilmachung«, der den Nazis ein entscheidendes Stichwort lieferte und im Sinne des totalen Krieges stets rein militärisch verstanden worden ist, obwohl sein Gedanke sogar weit bewußter als bei Ludendorff darüber hinausgeht. Jünger ordnet die bloß »partielle Mobilmachung« dem »Wesen der Monarchie« zu, »die ihr Maß in demselben Verhältnis überschreitet, in dem sie gezwungen wird, die abstrakten Formen des Geistes, des Geldes, des ›Volkes‹, kurzum die Mächte der heranwachsenden Demokratie, an der Rüstung zu beteiligen« (Jünger 1941/1934, 130). Jünger ist sich im klaren darüber, daß es sich dabei um einen über das Militärische hinausreichenden Vorgang handelt, eine Erkenntnis, die den positiv beschworenen Totalitarismus der Mobilmachung gerade in der feindlichen liberaldemokratischen Gestalt als überlegene und vollendete Form erkennt:

> »So konnte die Mobilmachung in den Vereinigten Staaten, einem Lande von sehr demokratischer Verfassung, mit Maßnahmen von einer Schärfe einsetzen, wie sie im Militärstaate Preußen, dem Lande des Klassenwahlrechts, nicht möglich gewesen wäre. Und wer möchte bezweifeln, daß Amerika, das Land ohne ›verfallene Schlösser, Basalte, Ritter-, Räuber- und Gespenstergeschichten‹, als der sichtbare Sieger aus diesem Kriege hervorgegangen ist? Schon in diesem Kriege kam es nicht auf den Grad an, in dem ein Staat Militärstaat war oder nicht, sondern auf den Grad, in dem er zur totalen Mobilmachung befähigt war« (a.a.O., 138f.).

Jünger stellt auch schon direkt die Verbindung der militärischen zur ökonomischen Sprache her, wenn er darauf verweist, daß in der totalen Mobilmachung für die Schlachtfelder »ein ebenfalls sehr mechanisch gewordener Verzehr die Rolle des Konsumenten übernahm« (a.a.O., 135). So ist der Schritt zur Entzifferung der totalen Mobilmachung als soziale Maschine der fordistischen Massenarbeit naheliegend, deren eigentlicher Sinn in der ökonomischen »Bewegungsgesetzlichkeit« auf dem Beschleunigungs-Niveau der Zweiten industriellen Revolution liegt:

»[...] es genügt, dieses unser Leben selbst in seiner vollen Entfesselung und in seiner unbarmherzigen Disziplin, mit seinen rauchenden und glühenden Revieren, mit der Physik und Metaphysik seines Verkehrs, seinen Motoren, Flugzeugen und Millionenstädten zu betrachten, um mit einem mit Lust gemischten Gefühl des Entsetzens (!) zu ahnen, daß es hier kein Atom gibt, das nicht in Arbeit ist, und daß wir selbst diesem rasenden Prozesse im Tiefsten verschrieben sind. Die totale Mobilmachung wird weit weniger vollzogen, als sie sich selbst vollzieht (!), sie ist in Krieg und Frieden der Ausdruck des geheimnisvollen und zwingenden Anspruches, dem dieses Leben im Zeitalter der Massen und Maschinen uns unterwirft« (a.a.O., 134f.).

Jünger kann den ökonomischen Imperativ der kapitalistischen Fetischform natürlich nicht als solchen benennen; aber in seiner typischen masochistischen Bereitschaft zu akzeptieren und mit seinem unvermeidlichen Geraune vom »Geheimnisvollen« sagt er doch, daß es hier keineswegs um irgendeine »technologische Rationalität« schlechthin geht, die gewissermaßen den Produktivkräften (dem Naturwissen und den menschlichen Potenzen) als solchen inhärent wäre, sondern vielmehr um den irrationalen Anspruch, daß es »kein Atom« geben soll, das »nicht in Arbeit« wäre, also um den kapitalistischen Selbstzweck der Wertverwertung, der die Technologie und damit die technologisch verwandelte und umgepflügte Welt nach seinem Bilde formt. Die »mit Blut gespeiste Turbine« (a.a.O., 135) der totalen Mobilmachung hatte den industriellen Krieg als Schrittmacher, aber als »sich selbst vollziehender Prozeß« mußte sie sich im fordistischen Frieden der Nachkriegs-Demokratien sogar noch beschleunigen. Insofern könnte die Epoche der Prosperität mit ihrer totalen Mobilmachung von Massenproduktion und Massenkonsum unter dem Diktat des Verwertungsprozesses auch als ein gewissermaßen nach innen gerichteter »kalter Krieg« verstanden werden, parallel zum äußeren »kalten Krieg« der staatskapitalistischen und privatkapitalistischen Weltsysteme.

Die staatstotalitäre Form der totalen Mobilmachung beschränkte sich keineswegs auf die politische und militärische Erfassung, sondern nahm viele Elemente der marktwirtschaftlichen Kampagnen in den Nachkriegs-Demokratien vorweg. Waren schon die Programme des New Deal von einer Art Propagandawelle mit Showeffekten, Massenkundgebungen und Fackelzügen begleitet (Sautter, a.a.O., 382), so mobilisierte Nazi-Deutschland noch mit weitaus größerem Aufwand die Massen für die »Arbeitsschlacht«. Und auch das war ein gemeinsames Merkmal der Epoche: der Zwang mußte durch »Motivationskunst« ergänzt werden, wiederum ähnlich wie in der industriepädagogischen Kampagne zur »Verfleißigung«, die schon in der Ersten industriellen Revolution den Benthamschen Terror ergänzt hatte; jetzt allerdings auf weitaus höherem Niveau, in größeren Dimensionen und mit verfeinerten Mitteln. Wie in der Sowjetunion und zumindest streckenweise auch in den USA des New Deal gelang es der Nazi-Propaganda im Dienste der »Arbeitsschlacht« tatsächlich, eine Art gesamtgesellschaftliche »Aufbruchstimmung« zu erzeugen, die keineswegs zufällig an die pathologische Euphorie des August 1914 erinnerte. Die Umwälzung zur gesamtgesellschaftlichen Bürokratie des fordistischen »Arbeitsstaats« wurde mit dem Gestus gerade des Unbürokratischen, dem Appell an die selbstverantwortliche Eigentätigkeit und dem Charme einer »Jugendrevolte« inszeniert, wie sich ein Nazi-Manager noch Jahrzehnte später voller Stolz erinnert:

»Es wurde dabei ein bestimmter Typ gesucht: jung, beweglich, engagiert, intelligent, verantwortungsfreudig, unkonventionell und unbürokratisch [...] Die nationalsozialistische Revolution war ja auch eine Revolution der Jugend gegen das Alter. Bei Personenauswahl, Umstrukturierung und Umbesetzung in Dienststellen, Behörden und Verbänden stand ausgesprochen oder unausgesprochen im Vordergrund der wenig liebenswürdige Gedanke: ›Die alten Säcke müssen weg‹ [...]« (Kehrl 1973, 33 f.).

Das hört sich schon ganz wie der demokratische Sermon politischer »Aufbruch«-Inszenierungen und betriebswirtschaftlicher Umkrempelungs-Kampagnen des Managements für immer noch mehr Anpassung, Arbeitshetze, Leistungsorientierung, Konkurrenzmentalität usw. an. Dem pausenlosen Trommelfeuer der Werbung mit ihren Kampagnen zur totalen Mobilmachung eines ständig zu steigernden, immer unsinnigeren Warenkonsums entsprechen diese Hetzkampagnen von Leistung und Konkurrenz, um das letzte aus dem Menschenmaterial herauszuholen. Der Ökonom Schumpeter bezeichnete das permanente Umkrempeln verräterisch als »schöpferische Zerstörung«: in einer endlosen Aufeinanderfolge von neuen Produkten und Produktionsprozessen, neuen Konstellationen der Konkurrenz, der sozialen und politischen Regulation usw. werden stets von neuem bisherige Inhalte und Verfahrensweisen obsolet gemacht, um die Menschen auf den ökonomischen Imperativ fixiert und sie »auf Trab« zu halten.

Ein derartiger Terror der allumfassenden und permanenten Bewegungshetze erinnert an das Innenleben religiöser und politischer Sekten: Je irrationaler und monströser deren Zweck, desto heftiger die immer wieder forcierte Mobilmachung der Mitglieder und desto stärker der Drang zu immer neuen betäubenden Kampagnen, um die Menschen nur ja nicht zum Nachdenken kommen zu lassen und alle Energie auf einen zum Selbstzweck gewordenen Aktivismus abzulenken, der keiner selbstbewußten und selbstbestimmten Intention mehr folgt. Insofern kann der Kapitalismus geradezu als eine gigantische negativ-utopische Sekte gesehen werden, die sich durch die fordistische Mobilisierung hindurch zum totalen Weltsystem objektiviert hat.

In der sozialen Struktur führte die totale industrielle Mobilmachung erstmals zu einem dauerhaft hohen Anteil der Frauen an der kapitalistischen Erwerbstätigkeit. Die weibliche Lohnarbeit stieg in den meisten westlichen Ländern seit 1960 deutlich an, in den staatskapitalistischen Ländern des Ostblocks sogar noch wesentlich stärker. Fast wurde die industrielle Frauenerwerbsquote des Frühkapitalismus wieder erreicht, die damals allerdings auf die noch relativ kleine Population der Industriearbeiterschaft bezogen und mit deren Anwachsen in der zweiten Hälfte des 19. Jahrhunderts stark zurückgegangen war. Ende der 60er Jahre gab es in den USA doppelt so viele erwerbstätige Frauen wie 1930, ein ähnliches Bild zeigte sich in allen Industriestaaten:

Prozentualer Anteil der Frauen an der Gesamtzahl der Arbeitskräfte (1963–1967):

USA	BRD	DDR	Frankreich	England	Sowjetunion
34,1	36,9	46,0	34,9	34,4	48,0

Quelle: Sullerot 1971, 115.

Obwohl der Prozeß im Prinzip überall derselbe war, wird der Sachverhalt durch unterschiedliche Formen der statistischen Erhebung in den einzelnen Staaten teilweise verdunkelt; deshalb scheint die Frauenerwerbsquote in manchen Ländern sogar zurückzugehen. Das Problem dabei ist, daß oft die weiblichen Tätigkeiten des »traditionellen Sektors« in die Statistik mit eingehen, soweit es sich dabei um Produktionstätigkeit für lokale Märkte handelt. Während also etwa die familiale Hausarbeit auch dort, wo sie subsistenzwirtschaftliche Produktion einschließt, nicht als Berufs- oder Erwerbstätigkeit geführt wird, erscheint die weibliche Produktion in den warenproduzierenden bäuerlichen, handwerklichen und kleinhändlerischen (»Tante-Emma-Läden«) Familienbetrieben durchaus als Faktor der kapitalistischen Statistik; meist unter dem Titel der »mithelfenden Familienangehörigen«. Daneben spielte in der Statistik weiblicher Erwerbstätigkeit auch die extrem niedrig entlohnte Dienstmädchen-Arbeit noch bis in die 20er Jahre hinein eine erhebliche Rolle.

Auch in der geschlechtlichen Struktur der Produktionsverhältnisse hat also die fordistische industrielle Mobilmachung die Masse der Tätigkeiten vom »traditionellen Sektor« in die sich totalisierende kapitalistische Form umgeschichtet. Während die weibliche Produktionstätigkeit vor allem in der familialen Landwirtschaft zusammen mit dieser radikal abgeschmolzen wurde (und das »Dienstmädchen« fast ganz verschwand), saugten die fordistischen Industrien und Infrastrukturen große Massen weiblicher »Arbeitskräfte« in das Lohnarbeitsverhältnis der Zweiten industriellen Revolution auf. Diese Veränderung ist immer wieder als wesentliches Moment der Frauenemanzipation hingestellt worden. Aber das ist nicht einmal die halbe Wahrheit.

Zwar wurden viele Frauen jetzt durch ein eigenes Lohneinkommen unabhängiger von ihren Ehemännern, denn in den Familienklitschen hatten sie als »mithelfende Familienangehörige« völlig ohne Entgelt gearbeitet, während der männliche Haushaltungsvorstand zumindest formal allein über das erwirtschaftete Einkommen entscheiden konnte. Aber wie sich schon bei der weiblichen Lohnarbeit in den Munitionsfabriken der Kriegswirtschaft gezeigt hatte, tauschten die Frauen nur die persönliche Abhängigkeit von männlichen Partnern gegen die versachlichte Abhängigkeit von der fordistischen Arbeitshetze, Fabrik- und Bürodisziplinierung ein. Die bornierten hauswirtschaftlichen Verhältnisse durch die Zumutungen der »abstrakten Arbeit« zu ersetzen, das war (und ist bis heute) nichts als ein Wechsel des Übels, aber keine Emanzipation. Außerdem setzte sich die geschlechtliche Hierarchie auch in den fordistisch mobilisierten Arbeitsverhältnissen fort: Stets wurden Frauen schlechter bezahlt, oft für dieselbe Tätigkeit, und konnten nur selten bis in Führungspositionen vordringen (auch das wäre ja nur ein Wechsel des Übels, denn das kapitalistische Management verlangt von sich ebenso wie die demokratische Politik vor allem negative und entmenschlichende Qualitäten). Auch daran hat sich bis heute nichts Wesentliches geändert, wie etwa die Statistik der industriellen Frauenlöhne in Europa zeigt:

Frauenlöhne in Prozent des männlichen Lohns
(Anfang der 90er Jahre)

Frankreich	Schweden	Niederlande	BRD	Spanien	England
81	89	75	74	72	69

Quelle: Wikander 1998, 191.

Nicht zuletzt aber blieben die Frauen parallel zu ihrer fordistischen Mobilmachung trotzdem weiterhin auf die Hausarbeit festgenagelt. Denn an der bürgerlichen Familienstruktur des Geschlechterverhältnisses änderte sich durch die zunehmende industrielle Erwerbstätigkeit der Frauen ebenfalls nichts Grundsätzliches. Die nach einer Entwicklung von mehreren hundert Jahren tief in der kollektiven

Psyche verwurzelten Geschlechtsidentitäten mit ihren spezifischen Zuschreibungen an »die Frau« reproduzierten weiterhin die Form der »Abspaltung« (Roswitha Scholz) aller jener Tätigkeiten und Verhaltensweisen, die nach wie vor nicht im Verwertungsprozeß aufgehen konnten, als einen spezifisch weiblichen Bereich. Angesichts der fordistischen Unterwerfung von Mann und Frau gleichermaßen unter das System der »abstrakten Arbeit« außerhalb der Hauswirtschaft hätte eigentlich eine Neuverteilung der abgespaltenen Bereiche nahegelegen. Statt dessen führte die ungebrochene Struktur der nunmehr vorherrschenden bürgerlichen Kleinfamilie zu einem Verhältnis, das bald als verallgemeinerte »Doppelbelastung der Frau« gekennzeichnet werden sollte.

Damit das überhaupt möglich wurde, mußte die industrielle Mobilisierung auch die parzellierten Kleinhaushalte erfassen. Ein erheblicher Teil des fordistischen Massenkonsums in Gestalt der »weißen Ware« (Kühlschränke, Gas- und Elektroherde, Mikrowellengeräte, Waschmaschinen, Geschirrspülautomaten, Staubsauger etc.) gehört in diese Rubrik, wobei sich das Potential erst langsam mit zunehmender Kaufkraft aufbaute:

»1955 besaßen zehn Prozent aller Haushaltungen einen Kühlschrank [...] Während in den Vereinigten Staaten 1953 schon 76,3 Prozent aller Haushalte eine Waschmaschine besaßen, hatten zu diesem Zeitpunkt in der BRD nur 3,5 Prozent eine [...] 1962 hatten etwa 34 Prozent der Haushalte in der BRD einen Fernseher, 52 Prozent einen Kühlschrank, 25 Prozent eine Waschmaschine und 65 Prozent einen Staubsauger [...] 1973 gehörte inzwischen eine Waschmaschine zur Standardausstattung aller Haushalte [...] Als treibendes Motiv der Technisierung und Rationalisierung der Haushalte war nicht die Arbeitsentlastung der Hausfrau auszumachen, sondern die Ausnutzung technischer Möglichkeiten und Absatzchancen. Ebenso hing die Verbreitung von Haushaltsgeräten, auch an Stelle der Kochstelle die Durchsetzung von Elektro- und Gasherden, mit dem Ausbau und der Entwicklung der Strom- und Gasversorgung eng zusammen« (Köppen 1994, 130 f., 230).

Diese scheinbaren Konsumtionsmittel stellen eigentlich nichts anderes als Poduktionsmittel für eine industrialisierte hauswirtschaftliche

Tätigkeit dar, also keineswegs für einen bloßen Konsum im herkömmlichen Sinne. Erst auf diese Weise gelang das Kunststück, daß viele Frauen gleichzeitig »Hausfrauen« und Berufstätige sein konnten. So ging es in der Tat keineswegs um eine Erleichterung für die als »weiblich« definierten Tätigkeiten, sondern in Wahrheit darum, einerseits auch die Frauen in die fordistische totale Mobilmachung einzubeziehen und andererseits trotzdem die »abgespaltenen« sozialen Bereiche weiterhin als »der Frau« zugewiesene zu erhalten, ja diese Bereiche sogar selber noch indirekt zu Feldern der industriellen Akkumulation zu machen.

Für die Frauen nahm die Mobilisierung auf diese Weise einen paradoxen Charakter an: Die Industrialisierung der Hausarbeit erleichterte es, daß ihre Arbeitskraft nun zusätzlich industriell verwurstet werden konnte; umgekehrt mußten sie ihrerseits industrielle Lohnarbeit aufnehmen, um sich die »weiße Ware« der hauswirtschaftlichen Produktionsmittel überhaupt leisten zu können! Unter dem Strich kam eine größere statt geringere Belastung als vorher heraus – eine Absurdität, die schon von Anfang an den industriekapitalistischen »Fortschritt« gekennzeichnet hatte und die nun in der realisierten Zweiten industriellen Revolution auch das Terrain der geschlechtlichen Funktionsteilung erfaßte.

Den eigentlichen Drive erhielt der vollendete Nachkriegs-Fordismus natürlich erst durch die endlich gelingende Vermassung des Automobils, ein Vorgang, der ja von Haus aus mit spezifisch »männlichen« Imaginationen aufgeladen war und tatsächlich Elemente der militärischen »Bewegungslehre« in das Alltagsleben transformieren konnte. Keine fordistische Mobilisierung ohne totale »Automobilmachung« (Williams 1992). Auch die exemplarische Ware der Zweiten industriellen Revolution rollte erst in den Nachkriegs-Demokratien im wirklich großen und weltgesellschaftlichen Maßstab vom Band.

Und wie in jeder anderen Hinsicht erwiesen sich auch in dieser die staatstotalitären Diktaturen als Schrittmacher. Besonders die Nazis waren in das Auto verliebt, nachdem der »Führer« den Stellenwert der Massenmotorisierung bereits programmatisch festgelegt hatte. Es war Hitlers persönliche Idee, die deutsche Herrenrasse mit einem »Volkswagen für alle« zu beglücken, der Henry Fords »Modell T« nachempfunden sein sollte. Der berühmte VW Käfer war ein ganz typisches Nazi-Projekt mit einem hypermodernen Design, das erstmals die bis dahin dominierenden Konturen der »Postkutschen«-Karosserie verschwinden ließ; entworfen hauptsächlich von dem Ingenieur Ferdinand Porsche, den Hitler 1934 zu seinem »Reichskonstrukteur« für die Automobilmachung der Deutschen ernannte. Das deutsche »Jedermannsauto« wurde zusammen mit der dazugehörigen Autobahn unter großem Aufwand als nationales Bedürfnis propagiert. 1935 rollten die ersten Prototypen des Käfers über die Straßen, und 1938 begann der Bau der Retortenstadt Wolfsburg, in der die damals größte Automobilfabrik der Welt geplant war:

»Die Hauptmontagehalle sollte sich über einen Kilometer ausdehnen, und zwei Schichten von 10000 und 7000 Arbeitern sollten pro Jahr mehr als eine halbe Million Autos produzieren. Dies würde den Bau einer ganz neuen Stadt nötig machen, um die Arbeiter und ihre Familien in einem Umkreis von drei Kilometern unterzubringen« (Burnham 1991, 12).

Der Preis für den Volkswagen sollte sogar noch um fast ein Drittel unter dem des Ford-Massenautos liegen. Robert Ley, der Führer der »Deutschen Arbeitsfront«, entwickelte eine Art Raten-Sparsystem, um die Deutschen für die Traumerfüllung des fordistischen Bewegungsmenschen zu begeistern:

»Das Schema, das am 1. Januar 1939 in Kraft trat, forderte die zukünftigen Käufer dazu auf, sich zum Kauf von Sparmarken in Höhe von mindestens 5 Reichsmark pro Woche zu verpflichten, die in ein Sparbuch geklebt werden mußten [...] Ungefähr 337000 Gläubiger unterschrieben diesen Plan, der zu einer Anhäufung von 280 Millionen Reichsmark während der Kriegsjahre führte. Aber paradoxerweise war es kein großartiger Trick, um Kapital für militärische Zwecke zu erwirtschaften, da jeder Pfennig [...] auf der Berliner Arbeiterbank deponiert wurde – die sich die Russen zu Kriegsende einverleibten. Und so kamen die Einzahler niemals in den Besitz ihres Autos; ihnen wurde 1961 eine Entschädigung von VW angeboten (nach 12jähriger Gerichtsverhandlung) in Form von DM 100,– in bar oder DM 600,– vom Preis eines neuen Volkswagens. Fast die Hälfte wählte das letztere« (Burnham 1991, 13).

Die Liebe der Nazis zum Auto sagt viel über das Auto selbst; keinesfalls handelte es sich dabei um eine neutrale Zeiterscheinung und Entwicklungsgeschichte. In der totalen Automobilmachung fand gewissermaßen das faschistische Element in allen fordistischen Gesellschaften, auch in den Nachkriegs-Demokratien, seinen zentralen Ausdruck. Die totalitäre »Bewegungssucht«, wie sie Hannah Arendt auf der politischen Ebene beschrieben hatte, objektivierte sich in dieser blechernen Form zu einem technisch-materiellen System und zu einem zwanghaften, alles beherrschenden Alltagshandeln. Es mußte nur eine kritische Masse überschritten werden, um diese Objektivierung derart überwältigend und irreversibel zu machen, daß eine völlig neue Welt nach dem Bild des Auto gewordenen Kapitals geschaffen werden konnte.

Bis zum Zweiten Weltkrieg blieb diese kritische Masse unerreichbar. 1932 wurden in Deutschland gerade einmal etwas mehr als 40 000 Autos gebaut. Hitler tobte bei der Berliner Auto-Schau 1934, daß schändlicherweise nur auf jeden fünfzigsten Deutschen ein Auto komme. 1938 hatte sich die deutsche Produktion erst auf 222 000 Autos gesteigert. Die ab Herbst 1939 geplante Serienproduktion des Käfer in Wolfsburg kam nicht mehr zustande; statt des Familienautos »für drei Erwachsene und ein Kind« wurde ab 1940 die militärische Version des VW als Kübelwagen »für drei Soldaten und ein Maschinengewehr« (Burwitz u. a. 1992, 28) gebaut. Erst in den Nachkriegs-Demokratien setzte dann jene Blechlawine ein, von der die kritische Masse erreicht und übertroffen wurde:

PKW-Bestand in der BRD (in Millionen)

1958	1968	1978	1985	1992
3,1	11,7	21,2	25,5	36,1

Quellen: Bode u. a. 1986, 39; Burwitz u. a. 1992, 11.

Ähnlich explosiv war die Entwicklung der PKW-Dichte in allen Industriestaaten, aber auch in der kapitalistischen Peripherie. Die gewaltige Dimension der Automobilmachung zeigt sich dementsprechend auch in den Stückzahlen der Produktion:

Jährliche PKW-Produktion 1938 und 1979 (in Millionen)

	USA	Deutschland	Ostblock	Japan	Welt total
1938	2,0	0,28	0,04	0,008	3,04
1979	8,49	3,93	2,25	6,29	31,54

Quelle: Eckermann 1989, 169 ff.

Anfang der 90er Jahre fuhren mehr als 400 Millionen Autos auf den Straßen der Welt; zu Beginn des neuen Jahrhunderts sollen es bereits 700 Millionen sein. 1990 lag die Gesamtproduktion der deutschen Automobilindustrie bei inzwischen mehr als 5 Millionen Stück. Fast schon auf jeden zweiten Einwohner der BRD kommt ein Auto. Hitler wäre begeistert gewesen. Denn ob staatstotalitär oder demokratisch – nicht nur der ökonomische Totalitarismus des Kapitals feierte in dieser Automobilmachung seinen Triumph, sondern auch die Militarisierung des Alltags. Der alltägliche »Berufsverkehr«, der »Wochenendverkehr« und die touristischen Blechlawinen in der Urlaubssaison übersetzen die motorisierte Mobilmachung von Armeen in die zivile Gesellschaft als militärähnliche kommerzielle Mobilisierung.

Der Verkehrsstau, in dem sich die totale Automobilmachung ad absurdum führt, wird durchaus als kriegsähnliches »Erlebnis« gewertet: Stellten sich dabei ursprünglich Empfindungen wie Platzangst und Panikgefühle, Kopfschmerzen und Schweißausbrüche ein, so nimmt nach einer Untersuchung des BAT-Freizeit-Forschungsinstituts aus dem Jahr 1995 inzwischen vor allem bei den noch stärker durchkonditionierten jüngeren Generationen die »Lust am Stau« zu, etwa nach dem Motto: »Es ist was los, und ich bin mittendrin«. Das anarchische Moment, »ein bißchen Chaos« genießen zu dürfen, hatte sich für das domestizierte und gleichgeschaltete Menschenmaterial des Kapitalismus seit Beginn des 20. Jahrhunderts nur noch in der negativen Form des Weltkriegs eröffnet; in den Nachkriegs-Demokratien wurde es in die »Verkehrsschlacht« transformiert. »In Fahrgewittern« nannte der Publizist Ludger Lütkehaus 1995 dieses »innere Erlebnis« des asozialen und autoritären deutschen Autofahrers. Der einschlägige Spezialist Ernst Jünger hatte schon sechzig Jahre zuvor durchaus sensibel die sich anbahnenden Analogien von industrieller Materialschlacht des Weltkriegs und fordistischem Alltagsleben beschrieben, wie sie seit 1950 den Massenalltag strukturieren sollten:

»Überhaupt sind die Laute, von denen wir in unseren großen Städten umgeben sind, meist trauriger und gefährlicher Natur; sie sind fast alle auf U oder I gestimmt. Der Ton der Sirenen, die zur Arbeit rufen, könnte von Dämonen erfunden sein. Vom Strome der Verkehrsmittel geht unaufhörlich eine Fülle von heulenden, pfeifenden, schrillenden oder dunkel warnenden Signalen aus [...] Aber nicht nur den sehr lauten, sondern auch den sehr leisen Geräuschen unserer Welt haftet dieser dunkle Charakter an. So spricht sich im Summerton, der bei uns eine große Rolle spielt, eine Art von insektenhafter Bösartigkeit aus. Es wird uns dies besonders deutlich, wenn wir nachts in ein Zimmer treten, in dem dieser Ton schon lange, und zuweilen durch ein feines Klingeln unterbrochen, erscholl« (Jünger 1934, 66 f.).

Es sind nicht bloß Analogien und metaphorische Bezüge, die sich zwischen der militärischen Mobilmachung der Weltkriege und der zivilen totalen Automobilmachung in den Nachkriegs-Demokratien herstellen lassen. Auch buchstäblich tobt der unerklärte Dritte Weltkrieg auf den Straßen der Welt. Nach groben Schätzungen sind im Laufe dieses Jahrhunderts etwa siebzehn Millionen Menschen durch Autos getötet worden; wahrscheinlich sind es noch weitaus mehr, weil in einschlägigen Statistiken meistens nur die unmittelbar auf der Straße Getöteten erfaßt werden, während die später in Krankenhäusern gestorbenen Opfer nicht mehr unter die Unfallstatistik fallen. Noch weitaus größer ist die Zahl der Verletzten und dauerhaft Verstümmelten, die permanent aus dem Dritten Weltkrieg des Individualverkehrs hervorgehen wie zuvor nur aus den großen militärischen Schlachten. Der einstmals gesunde Mensch als beinloses oder querschnittsgelähmtes Wesen im Rollstuhl ist die schauerliche Fortsetzung des »Autofahrers« – das mechanische Rad wird zum Körperteil des verstümmelten fordistischen Cyborg. Und alle diese Ungeheuerlichkeiten konnten zur »unwiderlegbaren« Normalität sedimentieren. In der Verschränkung von universeller ökonomischer Konkurrenz und struktureller Aggressivität der Automobilmachung objektivierte sich das von Haus aus »faschistische« Moment des Kapitalismus in den totalitären Demokratien zum universellen sozialen Zusammenhang. Ahnungsvoll äußerte sich Theodor W. Adorno im Jahr 1944 über diese automobile Fortsetzung des totalitären Terrors mit anderen Mitteln:

»Man wird dem neuen Menschentypus nicht gerecht ohne das Bewußtsein davon, was ihm unablässig, bis in die geheimsten Innervationen hinein, von den Dingen der Umwelt widerfährt [...] Welchen Chauffierenden hätten nicht schon die Kräfte seines Motors in Versuchung geführt, das Ungeziefer der Straße, Passanten, Kinder und Radfahrer, zuschanden zu fahren? In den Bewegungen, welche die Maschinen von den sie Bedienenden verlangen, liegt schon das Gewaltsame, Zuschlagende, stoßweis Unaufhörliche der faschistischen Mißhandlungen« (Adorno 1983/1951, 42 f.).

Die Menschenopfer, die der »schönen Maschine« in ihrer vollendeten demokratisch-automobilen Gestalt dargebracht werden, sind weitaus zahlreicher und grausamer als alle archaischen Blutrituale zusammengenommen; und trotzdem nimmt dasselbe Bewußtsein, das sich über die aztekischen Blutopfer entsetzt, bei denen Menschen lebendigen Leibes das Herz herausgeschnitten worden sein soll, das massenhafte und ebenso blutige wie alltägliche Schlachtritual auf den Straßen und Autobahnen als Normalität und abstraktes Schicksal hin. Der unermeßliche Schrecken, der Schock, der die realen Opfer ebenso und vielleicht mehr (weil ohne rituell eingebundene Auswahl und damit ohne Vorauswissen) überfällt, bleibt im offiziellen Bewußtsein stumm und wird individualisiert erlitten; er erweist sich dadurch als um so schrecklicher. Ernst Jünger, der Ideologe jener universellen Gestalt des »Arbeiters«, die in der totalen Automobilmachung gesellschaftlich zu sich kommt, wundert sich am Vorabend des zivilen Dritten Weltkriegs immerhin noch über die moralische Qualität dieser fordistischen Ignoranz:

»Wie kommt es, daß in einer Zeit, in der um den Kopf eines Mörders mit dem vollen Aufgebot entgegengesetzter Weltanschauungen gestritten wird, in bezug auf die unzähligen Opfer der Technik, und insbesondere der Verkehrstechnik, eine Verschiedenheit der Stellungnahme überhaupt nicht vorhanden ist? Daß dies durchaus nicht von jeher der Fall gewesen ist, läßt sich leicht aus der Fassung der ersten Eisenbahngesetze ersehen, in der deutlich das Bestreben zum Ausdruck kommt, die Eisenbahn für jeden Schaden verantwortlich zu machen, der sich rein aus der Tatsache ihres Vorhandenseins ergibt. Heute dagegen hat sich die Auffassung durchgesetzt, daß der ›Fußgänger‹ sich nicht nur dem Verkehr anzupassen hat, sondern daß er auch für die Verstöße gegen die Verkehrsdisziplin haftbar ist. Diese Verkehrsdisziplin selbst ist eins der Kennzeichen der sachlichen Revolution, die den Menschen unauffällig und ohne Widerspruch einer veränderten Gesetzmäßigkeit unterstellt [...] Diese Tatsache steht demselben Geiste außerhalb jeder Fragestellung, der geneigt ist, etwa den Schmerz, den man sich durch Jahrhunderte hindurch in den Mönchsklöstern zufügte, als eine seltsame Verirrung anzusehen. Die Opfer des Verkehrs fallen jahraus, jahrein; sie haben eine Ziffer erreicht, die die Verluste eines blutigen Krieges übersteigt. Wir stehen ihnen mit einem Gefühl der Selbstverständlichkeit gegenüber [...] Die Opfer, die der technische Vorgang einfordert, erscheinen uns deshalb notwendig, weil sie unserem Raume, das heißt dem Arbeitsraume, angemessen sind« (Jünger 1934, 198f.).

Knapp zwanzig Jahre später war das Erstaunen Jüngers über die Menschenopfer der totalen Automobilmachung schon viel geringer. Jetzt, im demokratischen Nachkriegs-Fordismus angesiedelt, wußte er die moralische Differenzierung von subjektiver Schuld und blinder Objektivierung fast schon routiniert vorzunehmen:

»Wir können täglich in den Zeitungen die Versuche verfolgen, den Verkehrsunfall zu moralisieren, der auf dem Globus erschreckende Ziffern erreicht. Dennoch wird stets ein Unterschied bleiben zwischen demjenigen, der seine Frau vergiftet, und jenem anderen, der sie ›auf dem Gewissen hat‹, weil sie neben ihm saß, als er fahrlässig steuerte, selbst wenn er dabei betrunken war. Man weiß genau, neben welchem von beiden man noch ›am Tisch sitzen kann‹ [...]« (Jünger 1953, 92).

Der »Arbeitsraum«, sprich: die abstrakte Akkumulationslogik des Kapitals, muß zwangsläufig auch die permanente Tötung und Verstümmelung von Menschen kraft des überwältigenden ökonomischen Imperativs legitimieren. Auf der Höhe des fordistischen Vollkapitalismus ist dieser Imperativ identisch geworden mit einer generellen »Vorfahrt« des Zentralgutes Automobil, die nicht nur buchstäblich über Leichen rollt, sondern auch über die Rechtsverhältnisse und die Psyche der automobilen Individuen. Die Killerinstinkte der aggressiven Autofahrer-Mentalität (»freie Fahrt für freie Bürger« – treffender könnte die demokratische Freiheit nicht auf den Begriff gebracht werden) korrespondieren mit einer Rechtssprechung von atemberaubendem Zynismus, die bereits vollautomatisch auf »autogerechte« Zustände geeicht ist. Dieser Grundsachverhalt kann jeder beliebigen Tageszeitung entnommen werden:

»Wenigstens 20 Autos haben gestern ein zwölfjähriges Mädchen überfahren, das Hilfe für seinen bei einem Verkehrsunfall verletzten und sterbenden Vater holen wollte. Ein Fahrer hat schließlich die Polizei gerufen. Die Beamten fanden Leichenteile über eine Strecke von 50 Metern verteilt [...] Es gibt mehr als genug Berichte über erstaunlich milde Strafen für Amerikas ›gesellschaftlich akzeptierte Form des Mordes‹. So kam ein Mann in Wisconsin, der ein Kind überfahren und getötet hatte, mit einer Geldbuße in Höhe von 284 Dollar davon [...] Der Killer eines 15jährigen Jungen wurde zu zwei Jahren Haft mit Bewährung und 200 Dollar Geldstrafe verurteilt. Die Fahrerlaubnis wurde ihm für 16 Monate entzogen [...]« (zit. nach: Williams 1992, 96 f.).

Blütenlesen dieser Art, hier aus der angelsächsischen Presse, könnten mühelos in jedem Land der Welt vorgenommen werden – ganz besonders in Deutschland, wo die untergründig (und inzwischen auch wieder offen) weiterschwelende Nazi-Mentalität sich im »Fahrverhalten« betätigen kann. Bis heute ist die BRD eines der wenigen Länder ohne generelle Geschwindigkeitsbeschränkungen auf Landstraßen und Autobahnen; eine herausragende Rücksichtslosigkeit, über die nicht nur die Autolobby, sondern auch die großen politischen Parteien ebenso einmütig wie eifersüchtig wachen. Auch die indirekten Folgen der totalen Automobilmachung – Smog und Ozonbelastung – mit ihren negativen Auswirkungen auf den menschlichen Körper werden kaltschnäuzig als »hinzunehmende Notwendigkeit« dargestellt. Symptomatisch für diese Haltung ist ein Urteil des Frankfurter Verwaltungsgerichts, nachdem die Eltern eines an Allergien, Neurodermitis und spastischer Bronchitis leidenden fünfjährigen Kindes Stadt und Land verklagt hatten, weil diese trotz Überschreitung der Ozon-Grenzwerte keinerlei Verkehrsbeschränkungen anzuordnen bereit waren. Das Gericht verhielt sich gesellschaftskonform und »autogerecht«, indem es die Klage unter Verweis auf den Vorrang des »reibungslosen Verkehrs« abschmetterte:

»Einen ›Schutzanspruch‹ könne der Junge nur ableiten, wenn seine Menschenwürde verletzt sei [...] Davon könne aber ›erst die Rede sein, wenn die Qualen, die ein Mensch durch hohe Ozonwerte erleidet, so hoch sind, daß sie nicht mehr durch die Vorteile aufgewogen werden, die dieser Betroffene von einem reibungslosen Verkehr hat (!)‹ [...] Es verstoße ›nicht gegen die Menschenwürde, wenn einem Bürger [...] zugemutet wird, während einiger Tage sich möglichst nicht im Freien zu bewegen‹ [...]« (Frankfurter Rundschau vom 15. 7. 1995).

Was für den ökonomischen Verwertungs-Imperativ im allgemeinen gilt, das gilt gleich doppelt und dreifach für den daraus entsprungenen Imperativ der Automobilmachung: Die Komplizenschaft aller gesellschaftlichen Institutionen mit dem vorgeschalteten Selbstzweck des Kapitals setzt sich auch über elementare Lebensinteressen hinweg. Daß gerade Kinder in jeder Hinsicht zu den bevorzugten Opfern der »Verkehrsschlacht« gehören, ist für diesen Tatbestand besonders signifikant. So werden etwa die berüchtigten Grenzwerte nicht auf »Kinderhöhe« gemessen, obwohl die Belastung mit Schadstoffen unmittelbar über dem Erdboden am größten ist. Inzwischen beweist die Statistik, daß sich schwere Allergien und Atemwegsstörungen bei kleinen Kindern häufen; sichtbar auch daran, daß Hautärzte und Hals-Nasen-Ohren-Ärzte in Ballungsgebieten häufig ein spezielles Wartezimmer für Kinder eingerichtet haben. Dem Götzen muß geopfert werden. Und die Institutionen des automobilen Kapitalismus können sich darauf verlassen, daß die säkularisierte Gottheit des Geldkapitals auch in den Sehnsüchten und moralischen Wertungen des Massenbewußtsein Auto-Gestalt angenommen hat:

»Einer Umfrage zufolge, die Gallup International 1983 in sechzehn Ländern über moralische Werte durchgeführt hat, ist das schlimmste Verbrechen, das Menschen begehen können, nicht etwa Völkermord, Muttermord, Raub, Plünderung oder Vergewaltigung, sondern das Fahren eines fremden Autos ohne die Erlaubnis des Besitzers. Das war auch der einzige Wert, den die Menschen in allen sechzehn Ländern gemeinsam hatten« (zit. nach: Williams 1992, 91).

Natürlich besteht das Problem nicht allein darin, daß im Verhältnis zur »freien Fahrt« das Menschenleben im juristischen Sinne wenig wiegt und sogar durch rücksichtsloses Verhalten zu Killern mutierte Autofahrer überaus milde bestraft werden. Es handelt sich ja nicht um eine Summe von subjektivem Fehlverhalten, sondern um die spezifisch fordistisch-automobile Form, die das objektivierte kapitalistische Weltverhältnis angenommen hat. Die bei distanzierter Betrachtung monströse Verschiebung aller sozialen und moralischen Maßstäbe selbst des unreflektierten »gesunden Menschenverstands« ist nur die Fortsetzung jener Logik der Demoralisierung, wie sie schon Mandeville in seiner »Bienenfabel« gefeiert hatte: Im Unterschied zum gewöhnlichen Mord und Totschlag erscheinen die kapitalkonformen Handlungen und Mentalitäten, selbst wenn ihre Konsequenzen auf Menschen- und Weltvernichtung hinauslaufen, als letzten Endes doch wieder positiv oder mindestens »unvermeidlich«. In der weitestmöglich totalisierten warenproduzierenden Gesellschaft fallen die Risiken und Nebenwirkungen sämtlicher Betätigungen des »freien Willens« von Produzenten und Konsumenten eben nicht unter die menschliche Verantwortung, sondern unter die »Natur«. Wie der indirekte Kindermord durch marktwirtschaftliche »Gesetzmäßigkeiten« und daraus resultierende Verelendung nicht als Mord, sondern als Naturkatastrophe oder als sozialtechnischer Unfall gesehen wird, so auch der direkte Kindermord durch das Automobil gewordene Kapital.

Die fordistisch hergestellte Objektivität der Automobilmachung und ihrer Konsequenzen beschränkt sich nicht auf die unmittelbare

Daseinsform des Vehikels und seiner Fahrer, sondern erfaßt den gesamten gesellschaftlichen und natürlichen Raum. Auch in sozialer, ökologischer, ästhetischer und städtebaulicher Hinsicht erweist sich diese Mobilisierung als eine totale. Städte und Landschaften werden von Autostraßen zerschnitten, soziale und ästhetische Räume vom Terror der Automobilisierung buchstäblich gefressen. Nicht umsonst entstand in diesem Zusammenhang das Wort vom »Landschaftsverbrauch«. Es gibt keinen Ort, der davon unbehelligt wäre; niemand kann sich dem Diktat des fließenden Verkehrs entziehen. Die Siedlungsräume und Wohnverhältnisse wurden zwangsweise der Automobilmachung untergeordnet und angepaßt, wie neuere Untersuchungen am Beispiel der BRD zeigen:

»In der Wiederaufbauphase orientierten sich ›moderne‹ Stadt- und Verkehrsplaner am Vorbild Amerika und forderten Stadtautobahnen, Cityringe und Parkhäuser. Breite Straßenräume sollten die Funktionsfähigkeit der Stadt garantieren und symbolisierten im Zeitalter der Hochhäuser, der weiten Abstandsflächen und der aufgelockerten Stadtstrukturen einen neuen städtebaulichen Maßstab. Als vorbildlich für eine derartige Förderung des motorisierten Individualverkehrs galten beispielsweise die Städte Hannover und Kassel [...] In den fünfziger und sechziger Jahren wurde die Politik, dem Auto genügend Platz in der Stadt zur Verfügung zu stellen und das Autofahren angenehm zu machen, fortgesetzt. Straßenverbreiterungen, Neugestaltung der städtischen Verkehrsknotenpunkte und ›Flächenklau‹ von den Rad- und Fußwegen waren die Folgen einer stark technik- und autofixierten Verkehrsplanung [...] Es mußte zusätzlicher Platz für Autos her. Straßenbahnen wurden stillgelegt, U-Bahnen neu gebaut oder erweitert; Rad- und Fußwege mußten weichen, Bäume wurden geopfert: alles, damit mehr Autos auf den Straßen fahren konnten« (Burwitz/Koch/Krämer-Badoni 1992, 29).

Der tiefe Eingriff in das soziale und persönliche Leben, den die Automobilmachung mit sich brachte, ging schleichend und hinter dem Rücken der Menschen vor sich. Alle Verhältnisse wurden »wie von selbst« in eine Verfassung gebracht, die das Auto über seine Kultgegenständlichkeit hinaus zur alltäglichen Notwendigkeit machte. Der automobile Kapitalismus stülpte nicht nur seine eigene akustische Glocke über die Welt und blies nicht nur seine Abgaswolken in die

Atmosphäre; er setzte auch in sämtlichen Lebensbereichen »stumme Zwänge« durch, die notwendigerweise ein weiteres Anschwellen der Blechlawine nach sich zogen:

»Seitdem das Automobil zum Besitzstand breiter Kreise der Bevölkerung gehört, hat sich eine völlig neue städtische Siedlungsstruktur herausgebildet. Der Städtebau war bis zum Zeitalter des Autos charakterisiert durch eine hohe Baudichte und eine hohe Nutzungsmischung von Wohnen, Arbeiten und Einkaufen. Diese Siedlungsform war nach der Automobilisierung breiter Bevölkerungsgruppen dem Untergang geweiht. Es entstanden autogerechte Stadtrandsiedlungen und Vororte, bei deren Planung keine besondere Rücksicht auf Baudichte, Versorgungsleistungen und Arbeitsplatzangebote genommen werden mußte, da alle Bewohner nun (auto-)mobil waren. Diese Veränderung der Siedlungsstruktur schuf damit neue Zwänge und hatte zur Folge, daß nun auch immer mehr Menschen das Auto tatsächlich benutzen mußten. Für den Stadtrand- oder Vorortbewohner sind die Wege zur Arbeit, zum Einkaufen und zu Freizeiteinrichtungen deutlich weiter als für den Stadtbewohner, das Angebot an öffentlichen Verkehrsmitteln schlechter und die Bedingungen für das Zufußgehen und Radfahren meist unattraktiver. Ausstattungsmängel müssen also durch mehr Automobilität kompensiert werden [...] Ein Vorortbewohner legt mehr als dreieinhalb mal soviel Kilometer mit dem PKW für sogenannte ›Versorgungsreisen‹ zurück wie ein Bewohner eines gut ausgestatteten Altbauviertels im städtischen Kerngebiet [...] Der autogerechte Umbau der Städte seit den dreißiger Jahren und vor allem nach den Zerstörungen des Zweiten Weltkriegs ist wohl zu recht als Vandalismus der Straßenbauer bezeichnet worden« (Burwitz/Koch/Krämer-Badoni 1992, 31 f.).

Bis in die intimen Verhältnisse hinein macht sich in der fordistisch umgewälzten Gesellschaft die Diktatur des Autos bemerkbar, die heute ihren Gipfelpunkt erreicht zu haben scheint. Wie alle kapitalistischen Entwicklungen hat sich auch diese im gesellschaftlichen Bewußtsein als Pseudo-Naturverhältnis etabliert; schon in der ersten Etappe der Nachkriegsgeschichte war die Allgegenwart der Autos, deren losgelöste, partikulare Anti-Ästhetik jeden Blick verstellt, zur Selbstverständlichkeit geworden. Und wie die fordistische Rationalisierung in den 20er Jahren, so erschien auch die totale Automobilmachung der Nachkriegszeit quer durch die politischen und ideologischen Lager als rein positiver Tatbestand einer angeblich enormen Verbesserung des »Lebensstandards«, der doch nur auf eine Standardisierung des menschlichen Verhaltens hinauslief.

Nur noch in verschämten Klagen, die (ähnlich wie in den 20er Jahren gegenüber dem neuen Paradigma der Rationalisierung) vor allem durch ein eher hilfloses konservatives Räsonnement gekennzeichnet waren, beanspruchte »Der letzte Fußgänger« (Muthesius 1960) gegen die überwältigende Macht einer durch und durch automobilisierten Welt Geltung. Die inzwischen von ihrem hölzernen »Marxismus« endgültig »befreite« Sozialdemokratie mutierte in Übereinstimmung mit dem konditionierten Massenbewußtsein zur ersten und geradezu fanatischen »Autofahrerpartei«; und nirgendwo so begeistert und konsequent wie in der BRD. Es war der sozialdemokratische Oberbürgermeister von München und spätere SPD-Vorsitzende Hans-Jochen Vogel, der ausdrücklich die »autogerechte Stadt« propagierte. Seitdem ist es ein Herzensanliegen der Sozialdemokratie geblieben, die Welt unter Asphalt und Beton zu legen, um die Landschaft in eine Ansammlung von Autobahnkreuzen zu verwandeln. Die Sozialdemokratie kann auf allen Ebenen für sich in Anspruch nehmen, die Vandalen-Partei der Straßenbauer zu sein. Nach einem halben Jahrhundert totaler Automobilmachung bekennt sich auch der jüngste sozialdemokratische Bundeskanzler Schröder genüßlich als »Automann«.

In seiner populären Form als investives Massenkonsumtionsmittel Automobil, als »autogerechte« Verwandlung der Welt und als vermasstes Autofahrerbewußtsein hat der Kapitalismus nicht nur das Netz Benthamscher Verhaltensspuren flächendeckend gemacht und so dicht wie nie zuvor gewebt; die kapitalistische Mobilmachung des Menschen ist auf diese Weise auch endgültig zum Wesen der Arbeiterbewegung geworden, die in der Nachkriegsgeschichte die letzten Reste emanzipatorischen Denkens entsorgte, um im »rasenden Stillstand« (Paul Virilio 1992) einer Welt von »wohlausgerüsteten Invaliden« (Virilio, a.a.O., 51) zu erstarren. Gerade in der perversen Liebe zur Automobilmachung wird die stets geleugnete innere Identität von Liberalismus, Sozialdemokratie und Nazismus bis zur Kenntlichkeit deutlich. Und wie ein Echo auf den Ernst Jünger der 30er Jahre zeigt der »Geschwindigkeitsphilosoph« Virilio im Rückblick auf die Zweite industrielle Revolution, daß diese Identität die demokratischen USA nicht nur einschließt, sondern das Wechselverhältnis von ziviler und militärischer Mobilisierungskraft in der fortgeschrittensten Demokratie auch die größte Durchschlagskraft entfaltet:

»Zwar hat die Revolution des Transportwesens und der Geschwindigkeit weltweites Ausmaß, doch ist die Körperlichkeit des Projektil-Menschen unterschiedlich, je nach seiner kulturellen Herkunft; so ist in den Vereinigten Staaten beispielsweise die Logistik des Durchfahrens demokratisch, und das Ziel des ›großen Konsumfestes‹ ist es […], das Menschenmaterial der Nation in Fahrt zu halten […] Die Jugendlichen, die zu Tausenden Auto fahren, sich mit Mechanik, mit den Gesetzen der Kraftübertragung und des Verkehrs beschäftigen, sich an motorische Ausdauer gewöhnen, erhöhen unbewußt die militärische Kapazität der Vereinigten Staaten […]« (Virilio 1978, 14f.).

Virilio, von Haus aus Architekt, hat keinen Begriff vom Fetischismus des kapitalistischen Selbstzwecks und bleibt in seiner Argumentation wie so viele Kritiker auf der Ebene der technologischen Erscheinungsform stehen; dennoch formuliert er in seiner Beschreibung von »inhaltsloser« Mobilisierung und einer Geschwindigkeit um ihrer selbst willen doch die gähnende Leere des auf sich selbst rückgekoppelten Geldkapitals:

»Mitgerissen von der ungeheuren Gewalt der Geschwindigkeit, bewegen wir uns nirgendwohin, wir geben uns mit der Aufgabe des LEBENDIGEN zugunsten der LEERE der Geschwindigkeit zufrieden […]« (Virilio 1992, 135).

Diese herausgehobene »Leere«, diese »Bahn ohne Bahn«, dieser »Zeitraum ohne Zeitraum« (a.a.O.) – was sind sie anderes als Metaphern für die abstrakte, entsinnlichte, entmenschlichte Fließzeit der »schönen Maschine« und ihres betriebswirtschaftlichen Funktionsraums? Jenseits aller selbst-bewußten menschlichen Zwecksetzungen entfaltet die kapitalistische Weltmaschine in ihrer fordistischen Mobilmachung bis zur letzten Konsequenz die ihr eigene Dialektik, in der die toten Dinge gespenstisch belebt und die Menschen verdinglicht werden:

»Als architektonische Mischung zwischen der Kabine eines Vehikels und dem Raststättengebäude veranschaulicht das Hotelzimmer heute besser als irgendeine andere häusliche Umwelt die Entwicklung der menschlichen Wohnverhältnisse [...] Keine Zimmer mehr, sondern ›Boxen‹ von neun oder sogar sechs Quadratmetern [...] Manchmal sogar, wie im Falle des Hauses der Hotelkette COCOON, das sich in der Nähe des Flughafens Roissy befindet, noch nicht einmal mehr Fenster, wobei die Zellen einzig durch ein inneres Klimatisationsnetz belüftet werden. Hierbei hat offensichtlich das Parkplatzsystem als Modell gedient, denn die menschliche Aufbewahrung eines Reisenden unterscheidet sich nicht mehr so sehr von der für sein mitgebrachtes Gepäck [...]« (Virilio 1992, 139).

Der mechanische »Fortschritt« eines zwar gesellschaftlich konstituierten, aber paradoxerweise dennoch un- und außermenschlichen Selbstzwecks hat die Menschen als pure Objekte mobil gemacht, sie gewissermaßen als Projektile abgeschossen auf eine Bahn, in der sie sozial gelähmt auf Hochgeschwindigkeit gebracht oder, wie Virilio sagt, »satellitisiert« werden. Die ungeheure Tristesse und Monotonie dieses entleibten Lebens, das der ziellos mobilisierte Mensch als Massenproduzent und Massenkonsument des Kapitals führt, klingt aus einem in den 70er Jahren noch nicht einmal mit kritischer Absicht entstandenen Song der Gruppe »Kraftwerk«:

Wir fahrn fahrn fahrn auf der Autobahn,
wir fahrn fahrn fahrn auf der Autobahn.

Vor uns liegt ein weites Tal,
die Sonne scheint mit Glitzerstrahl.

Die Fahrbahn ist ein graues Band,
weiße Streifen, grüner Rand.

Jetzt schalten wir das Radio an,
aus dem Lautsprecher klingt es dann:

Wir fahrn fahrn fahrn auf der Autobahn,
wir fahrn fahrn fahrn auf der Autobahn [...]

Totalitärer Freizeitkapitalismus

Vielleicht die eigentümlichste Verblendung des gesellschaftlichen Bewußtseins in der totalitären Mobilmachung war die weitverbreitete Idee, daß die kapitalistische Menschheit aufgrund der gigantisch gesteigerten Produktivität immer mehr »Freizeit« und »Spaß« haben werde. Wie die fordistische Prosperität überhaupt, so ist aber auch die oberflächlich damit einhergehende »Arbeitszeitverkürzung« selbst immanent und rein quantitativ betrachtet stark zu relativieren.

Denn erstens beschränkte sich auch dieser Aspekt des »Wirtschaftswunders« auf jene wenigen kapitalistischen Zentralmächte, die bis heute den Weltmarkt dominieren; zu einem erheblichen Teil konnte die Verkürzung der Arbeitszeit aus den Weltmarktgewinnen finanziert werden und stellte daher nur eine Gewinner-Option in der Epoche der Prosperität dar, nicht etwa eine strukturelle Möglichkeit des Kapitalismus überhaupt. Für die große Mehrzahl der Menschheit in den staatskapitalistischen Ländern nachholender Modernisierung und in den »Entwicklungsländern« der Dritten Welt blieben die überlangen Tages-, Jahres- und Lebensarbeitszeiten bestimmend, die bestenfalls ein wenig unter die Spitzenwerte der frühkapitalistischen Arbeitshöllen gedrückt werden konnten.

Zweitens gab es in dieser Hinsicht selbst innerhalb der kapitalistischen Zentralmächte ein starkes Gefälle; denn in den angelsächsischen Ländern des klassischen Wirtschaftsliberalismus wurden die Arbeitszeiten auch unter »linken« Regierungen nicht so stark gesenkt wie im kontinentalen Westeuropa. Ganz zu schweigen von Japan, dem neuen kapitalistischen Zentrum und Weltmarktgewinner im asiatischen Raum, wo (vor allem in den Zulieferbetrieben) frühkapitalistische Zustände niemals ganz verschwunden sind. Drittens war die Arbeitszeitverkürzung natürlich an die Epoche der Prosperität gebunden; mit der Verlangsamung des Wachstumstempos mußte sich zwangsläufig die betriebswirtschaftliche Rationalität gegen jede weitere Schmälerung der tariflichen und gesetzlichen Arbeitszeit sperren und den Trend sogar wieder umkehren. Die Visionen von der kapitalistischen »Freizeitgesellschaft« waren also auch in rein quantitativer Hinsicht von Anfang an primitive Hochrechnungen einer besonderen und zeitlich begrenzten Situation.

Viertens schließlich blieb bei den Erwägungen und Hoffnungen einer zunehmenden Bedeutung der »Freizeit« durchwegs unberücksichtigt, was das eigentliche Kalkül schon bei Taylor und Ford in der Frühphase der Zweiten industriellen Revolution gewesen war: nämlich die gewaltige Überkompensation der mäßigen Arbeitszeitverkürzung durch die Verdichtung der Arbeitszeit um ein Vielfaches. Die Methoden der »Arbeitswissenschaft« und Fließfertigung wurden in der Ära der fordistischen Prosperität nicht nur erstmals im großen gesellschaftlichen und globalen Maßstab angewendet, sondern auch ständig verfeinert. Die derart verstärkte Auspressung des Menschenmaterials war es eigentlich, die den großen Akkumulationsschub der Nachkriegszeit trug; die Arbeitszeitverkürzung fiel demgegenüber nur minimal ins Gewicht. Dieser Zusammenhang könnte auf die böse Formel gebracht werden: Je kürzer die fordistische Arbeitszeit, desto ausgelaugter das Menschenmaterial. Der zunehmende Freizeitkonsum war gewissermaßen die Banane, mit der die konditionierten »Arbeitskräfte« in die extreme Verdichtung der »abstrakten Arbeit« hineingelockt wurden.

Abgesehen von dieser quantitativen Relativierung der verkürzten Arbeitszeit ist es der qualitative Charakter der scheinbar frei disponiblen Zeit selbst, der ihr destruktives Wesen enthüllt. Allein der Ausdruck »Freizeit« verweist schon auf die Ursprünge in den Irrenhäusern des 18. Jahrhunderts, auf eine bloße Restzeit jenseits der Domestizierung des Menschenmaterials in Fabrik und Büro. Aber die fordistische Mobilmachung lief genau darauf hinaus, auch diese Restzeit des Lebens noch kapitalistisch zu instrumentalisieren. Wie die doppelt belastete Hausfrau und Mutter nach der auszehrenden Tätigkeit im unmittelbaren Funktionsraum des Kapitals zu Hause die Arbeit mit anderen Mitteln fortsetzt, indem sie fordistische Haushalts-Produktionsmittel anwendet, ebenso setzt sich darüber hinaus im Freizeitkonsum mittels fordistischer Verkehrsmittel, Medien und Spielgeräte die kapitalistische Konditionierung fort. War die »Freizeit« bis zur Jahrhundertmitte noch ein mehr oder weniger unbestimmter Raum außerhalb des Kapitals und seiner Zugriffe gewesen, so bemächtigten sich Totalisierung und Mobilmachung nun auch dieser Sphäre. Was Hannah Arendt über die Bewohner des totalitär regierten Landes sagt, nämlich daß sie »allen in freier Spontaneität entspringenden Handelns oder auch nur Tätigseins« beraubt seien, das galt jetzt auch für den Restraum jenseits der unmittelbaren kapitalistischen Funktionssphäre. Ohne es so zu wollen, hatte die sozialistische und gewerkschaftliche Arbeiterbewegung aus dem Geist der Domestizierung heraus schon die Formen der »abstrakten Arbeit« in die »Freizeit« transformiert und in ihren einschlägigen sekundären Kultur-Organisationen ein Verhalten eingeübt, das nur noch kommerzialisiert zu werden brauchte. Die Automobilmachung und der daran anschließende Wochenend- und Ferien-Tourismus bildeten ideale Ansatzpunkte, um die totalitäre kapitalistische Einbindung auf die Sphäre der »Freizeit« auszudehnen.

Das war auch den Nazis bewußt, die bezeichnenderweise als Unterabteilung der »Deutschen Arbeitsfront« die Freizeitorganisation »Kraft durch Freude« (KdF) gründeten. Auch in dieser Hinsicht brachte schon der Nationalsozialismus in staatstotalitären Formen die kommerzielle Nachkriegsdemokratie auf den Weg und begründete die erst seit den 50er Jahren ganz entfalteten Strukturen eines neuartigen Freizeitkapitalismus, der in den USA bereits in voller Blüte stand. Die geplante deutsche Volksmotorisierung konnten die Nazis zwar nicht mehr vollenden, aber KdF organisierte vielfältige touristische Unternehmungen, die durchaus an einschlägige Aktivitäten der Arbeiter-Kulturbewegung anschließen konnten. KdF-Schiffsreisen nach Madeira und Norwegen nahmen Elemente des späteren europäischen Massentourismus vorweg. Auch viele ehemalige Mitglieder von Gewerkschaften und Sozialdemokratie ließen sich durch KdF von den Nazis korrumpieren. So heißt es in einem der »Deutschland-Berichte« der Exil-SPD, die Material über die Verhältnisse und Stimmungslagen in Nazi-Deutschland sammelten, über eine KdF-Reise unter Beteiligung des »Arbeitsfront«-Führers Ley:

»Daß mit der Madeirafahrt eine Riesenreklame gemacht wurde, brauche ich nicht besonders zu erwähnen. Bemerkenswert ist, daß diese Fahrt sogar auf einen älteren Genossen großen Eindruck gemacht hat. Er erzählte z. B.: ›Weißt, das muß ich zugeben, Kameradschaft hat während der ganzen Fahrt geherrscht, wie sie bei uns früher leider nicht vorhanden war. Den Bedürftigeren wurde von den Bessergestellten sogar mit Geldgeschenken ausgeholfen, damit sie sich nirgends zurückgesetzt zu fühlen brauchten. Es gab auf dem Schiffe keine Unterschiede, alles war ein Herz und eine Seele. Man muß sagen, daß hier wirklich etwas von einer Gleichheit da war, wie wir Sozialisten uns das immer erhofft haben. Und besonders der Ley war sehr kameradschaftlich. Täglich hielt er in seiner Kabine Sprechstunden ab [...]‹ [...] Es muß [...] zugegeben werden, daß die Nationalsozialisten mit solchen Methoden bei einem Teil der Belegschaft leider Eindruck schinden« (zit. nach: Abelshauser/Faust/Petzina 1985, 375 f.).

In einem anderen dieser Berichte kommt ein Aspekt des beginnenden Massentourismus zum Vorschein, der bereits in diesem frühen Stadium sowohl die Karikatur sozialer Emanzipation im kapitalistischen Freizeitkonsum als auch den Charakter konservativ-elitärer Kulturkritik an diesen Phänomenen enthüllt:

»Viele wohlsituierte Leute sind über KdF sehr verschnupft. Reisen war eine ihnen reservierte Domäne. Es kann für sie nicht mehr das große Erlebnis sein, wenn es zum Massenerlebnis heruntergewürdigt wird. Sie meiden Orte mit KdF-Besuchen. Sie kolportieren Schauergeschichten von dem ungezogenen Benehmen der KdF-Leute, die wie Heuschrecken über einen Ort herfielen, ihm einen gewöhnlichen Stempel aufdrückten, die sich sinnlos besöffen und die nachts einen greulichen Lärm machten [...]« (zit. nach: Abelshauser u. a., 379).

Wie auch in anderer Hinsicht zielt die elitäre Kritik an der »Vermassung« nicht etwa darauf, daß das Menschenmaterial des Kapitals durch die fordistische totale Mobilmachung sogar noch in seiner »Freizeit« zu Formen der Selbstverhöhnung und Subordination unter den kapitalistischen Selbstzweck getrieben wird; genau umgekehrt beklagt der bürgerliche Kulturkonservatismus lediglich, daß sich die »Besserverdienenden« in ihrem bürgerlichen Weltgenuß durch den vulgarisierten Massenkonsum der fordistischen Warenwelt gestört fühlen müssen. Das zerstörerische Wesen des automobilen (und inzwischen aeromobilen) Massentourismus erscheint rein empirisch und unmittelbar als das Verhalten der Subjekte, die als rohe und niedrig denkende »Plebs« abqualifiziert werden, während der kapitalistische Bedingungszusammenhang, der den stummen Hintergrund jener elitären Kritiker der Massenkultur selber bildet, auch in ihrem flachen Räsonnement stumm bleibt. Was die ekelhaften Phänomene der kapitalistischen Massenunkultur zeigen, ist aber nur das, was der Kapitalismus aus den Menschen gemacht hat.

In den fordistischen Nachkriegs-Demokratien nahmen diese Erscheinungen erst wirklich massenhaften Charakter an, ausgehend vom Auto als Freizeitmittel und in der Verlängerung durch den Massentourismus. Der Traum vom Reisen und von genußvoller Welterfahrung wurde zum Alptraum, die Wunscherfüllung zum grausamen Zerrbild. Denn indem sich die Mobilmachung derart auf die »Freizeit« ausdehnte, wurde diese in eine gespenstische Verlängerung des betriebswirtschaftlichen Funktionsraums verwandelt. Die fabrikmäßige Organisation der »Freizeit«, wie sie KdF ansatzweise vorweggenommen hatte, übersetzte den entsinnlichten Arbeitstakt nahtlos in einen Freizeittakt. Der tägliche »Feierabend«, das Wochenende und der lächerlich knappe Jahresurlaub spuckten die Menschen nun bloß noch von einem Funktionsraum des Kapitals in den anderen. Indem auch das private Leben, die Interessen und Gewohnheiten der Menschen außerhalb des abstrakten Arbeits-Raums in ein (zunehmend individualisiertes) Bedienen von Maschinen aller Art transformiert wurden, gab es endgültig keinen sozialen Raum außerhalb der kapitalistischen Konditionierung mehr. Somit erlosch auch weitgehend (wenngleich keineswegs vollends) die menschliche Wahrnehmungsfähigkeit für den kapitalistischen Charakter dieser bedingten Lebensform, die keine alternativen Verhaltens- und Genußweisen mehr zuließ, weil der gesamte gesellschaftliche und individuelle Lebensraum gemäß der kapitalistischen »Zweckform« umgewälzt wurde. Ernst Jünger, inzwischen beschaulich geworden, registrierte in seinem »Sanduhrbuch« zu Beginn des Nachkriegsbooms diese »Fortsetzung der Arbeit mit anderen Mitteln« durchaus zutreffend:

»Wenn man die armen Leute beobachtet, die heute Erholung suchen und ihrer auch im höchsten Maß bedürfen, so möchte man ihnen wünschen, daß sie vorher über zwei Dinge nachdächten, die eng zusammengehören, nämlich über die Arbeit und die Uhr. Sie würden dann Ferien vermeiden, die nur die Arbeit fortsetzen. Wenn sie am Sonnabend Mittag mit Automobilen und Motorrädern möglichst entfernte Ziele anstreben, dort hetzenden Vergnügungen sich widmen, dann Sonntags spät zurückkehren, die Städte mit Lärm erfüllend, so haben sie ihre Wochenarbeit in anderen, vielleicht noch zehrenderen Formen fortgesetzt. Sie stiegen nicht aus dem Bannkreis der Automaten aus. Sie lösten sich nicht vom Takte der Uhren ab. Auf diese Weise bleiben sie immer in einem Raume, den die beiden Figuren des Rades und des laufenden Bandes bestimmen: des Rades, das sich rastlos dreht und des bezifferten Laufbandes, das kein Ende besitzt. Das Rad kann als Uhrrad oder als Rad von Verkehrs- und Vergnügungsmaschinen erscheinen, das Band als Straße, als Film, als endloses Ziffernblatt. Besonders nachts, beim Rasen über bleiche Straßen, kann dieser Bann sehr stark werden. All diese Erscheinungen sind nicht in sich beschlossen und nicht ad hoc genießbar, sondern stellen Ab- und Ausschnitte einer ungeheuren, kreisenden Bewegung dar. Diese Bewegung ist das nach außen projizierte Zeit- und Raumbewußtsein des Menschenschlages, der sie erdacht hat und machtvoll genießt, ist Arbeit schlechthin. Der Sport trägt gleichfalls Arbeitscharakter, und zwar dadurch, daß er die freie Bewegung des Spieles dem Bann der Uhren und Rekorde unterwirft. Er bringt daher auch keine Erholung, sondern setzt die Arbeit fort. Das tritt auch darin zu Tage, daß sich einerseits Meßverfahren, andererseits Geldgeschäfte an ihn anschließen [...] Von den Formen der Mobilmachung sind jene besonders wirksam, die nicht als solche erkannt, oder die gar begrüßt werden. Der Komfortcharakter unserer Einrichtungen gleicht einer dünnen Politur [...]« (Jünger 1954, 194f.).

Etwas anderes ist wohl kaum zu erwarten in einer Gesellschaftsordnung, die darauf ausgerichtet ist, möglichst »kein Atom« zu dulden, das »nicht in Arbeit« wäre. Jünger kommt hier ein wenig durcheinander mit seinen Bestimmungen und Diagnosen der fordistischen Welt in ihren verschiedenen Entwicklungsstadien: Einerseits spukt noch die heroisierte literarische »Gestalt des Arbeiters« aus der Post-Stahlgewitter-Moderne in der Zwischenkriegszeit nach; und in diesem Sinne wird die Endlosbewegung des laufenden Bandes, die den totalitären Freizeitkapitalismus einschließt, zum »Zeit- und Raumbewußtsein« jenes Typus, der sie angeblich »machtvoll genießt«. Schon unter den gegebenen Bedingungen Mitte der fünfziger Jahre wäre dieser »machtvolle Genuß« allerdings nur noch der schäbige des besinnungslosen Rasers und idiotischen Touristen. Andererseits sind jene »machtvollen Genießer« der Endlosbewegung auch bei Jünger wenige Zeilen vorher nichts als »arme Leute«, die sich auch noch in ihrer »Freizeit« von der rastlosen Selbstzweck-Bewegung des Kapitals mobilisieren und »auszehren« lassen. Jüngers eigene Analyse dieses Vorgangs dementiert jenen Gestaltheros des universellen »Arbeiters«, von dem er dennoch nicht lassen mag. Deutlicher werden da schon Horkheimer und Adorno ein Jahrzehnt zuvor, nachdem ihr Blick von den fortgeschrittenen US-amerikanischen Zuständen des Freizeitkapitalismus geschärft worden war:

»Amusement ist die Verlängerung der Arbeit unterm Spätkapitalismus. Es wird von dem gesucht, der dem mechanisierten Arbeitsprozeß ausweichen will, um ihm von neuem gewachsen zu sein. Zugleich aber hat die Mechanisierung solche Macht über den Freizeitler und sein Glück, sie bestimmt so gründlich die Fabrikation der Amüsierwaren, daß er nichts anderes mehr erfahren kann als die Nachbilder des Arbeitsvorgangs selbst [...] Dem Arbeitsvorgang in Fabrik und Büro ist auszuweichen nur in der Angleichung an ihn in der Muße [...] das Produkt zeichnet jede Reaktion vor: nicht durch seinen sachlichen Zusammenhang – dieser zerfällt, soweit er Denken beansprucht – sondern durch Signale [...] Fun ist ein Stahlbad. Die Vergnügungsindustrie verordnet es unablässig [...] Mit der Flucht aus dem Alltag, welche die gesamte Kulturindustrie in allen ihren Zweigen zu besorgen verspricht, ist es bestellt wie mit der Entführung der Tochter im amerikanischen Witzblatt: der Vater selbst hält im Dunklen die Leiter. Kulturindustrie bietet als Paradies denselben Alltag wieder an [...] Das Vergnügen befördert die Resignation, die sich in ihm vergessen will [...] Es klirrt nicht die Schellenkappe des Narren, sondern der Schlüsselbund der kapitalistischen Vernunft, die selbst im Bild noch die Lust an die Zwecke des Fortkommens schließt [...] Vergnügen heißt allemal: nicht daran denken müssen, das Leiden vergessen, noch wo es gezeigt wird. Ohnmacht liegt ihm zu Grunde. Es ist in der Tat Flucht, aber nicht, wie es behauptet, Flucht vor der schlechten Realität, sondern vor dem letzten Gedanken an Widerstand, den jene noch übriggelassen hat [...] Die Industrie ist an den Menschen bloß als an ihren Kunden und Angestellten interessiert und hat in der Tat die Menschheit als ganze wie jedes ihrer Elemente auf diese erschöpfende Formel gebracht [...]« (Adorno/Horkheimer 1997/1944, 158–169 passim).

Die Verlagerung des Schwerpunkts im kapitalistischen Massenbewußtsein von der Arbeit auf die Freizeit, von der Warenproduktion auf den Warenkonsum, folgte nur der Verwandlung von Freizeit und Konsum in Anlagesphären des Kapitals und in eine kapitalistische »Produktionstätigkeit zweiter Ordnung« nach. Der freizeitorientierte statt arbeitszentrierte fordistische Nachkriegsmensch lebte nun in einer Welt, in der er tatsächlich seinen Lebenswillen nicht mehr äußern konnte, ohne dabei direkt oder indirekt den Verwertungsprozeß des Kapitals zu bedienen. So wurde zwangsläufig auch das menschliche Bewußtsein in einem tieferen als bloß disziplinarischen oder ideologischen Sinne vom mahlenden Lauf der »schönen Maschine« erfaßt. Der unteilbare Mensch, der unter der kapitalistischen Herrschaft lange Zeit aufgespalten war in das dressierte Arbeitstier einerseits und die übriggelassene Restmenschlichkeit der »Freizeit« andererseits, konnte nun aller bisherigen Kulturkritik zum Hohn wiederhergestellt werden; aber nur als universeller Funktionsmensch einer zum Freizeitkapitalismus verlängerten totalitären Produktionsweise.

Das derart weitgehend erfaßte Massenbewußtsein näherte sich so allmählich dem Benthamschen Idealzustand an – einer kapitalistischen »Wirklichkeitskontrolle«, die auch noch die »Traumkontrolle« einschließt: nicht allein durch die Konditionierung der Wünsche und Hoffnungen auf den Warenkonsum von Motoren und Freizeitgütern, auch nicht bloß durch eine Berieselung mit Reklame, die wie das Auto zur anti-ästhetischen universellen Umwelt geworden war, sondern durch eine umfassende mediale »Emotionskontrolle«. Natürlich drückt schon die von kapitalistischen Kriterien geformte Gestalt der technischen Konsumtionsmittel dem Bewußtsein im Freizeitkapitalismus ihren Stempel auf. Ebenso macht sich die akustische und visuelle Allgegenwärtigkeit der Reklame weniger durch ihren direkten Zweck bemerkbar, zum Kauf bestimmter Waren anzureizen, sondern als allgemeine Formierung eines Bewußtseins, das die Form, den »Sinn«, die spezifische Ästhetik von »Reklame überhaupt« in sich aufgenommen hat und mit diesen Augen die Welt sieht.

Schon diese Ebenen der Bewußtseins-Konditionierung bedeutet mehr als einfach nur die Banalität, daß in einer kapitalistischen Gesellschaft eben ein kapitalistisches Bewußtsein herrscht. Die allgemeine Tatsache, daß das Bewußtsein ein gesellschaftliches Produkt ist, sagt noch nichts darüber aus, wie tiefgehend und wie umfassend die Individuen von gesellschaftlichen Imperativen gesteuert werden. Es sind weniger spezifische Gegenstände des Denkens und Empfindens, die diesen gesellschaftlich konditionierten Charakter des Bewußtseins ausmachen, als vielmehr die allgemeine Form aller überhaupt denkbaren Bewußtseins-Inhalte, die das Individuum botmäßig machen. Und in diesem Sinne zielte und traf die kapitalistische Form in der fordistischen Mobilmachung und im Freizeitkapitalismus auf tiefere Schichten des Bewußtseins als alle früheren Zugriffe gesellschaftlicher Herrschaft. Die Formatierung nicht nur der äußeren Wünsche und Begierden, sondern auch der Gefühle, der Griff nach dem Unbewußten, enthüllt am deutlichsten den totalitären Charakter des Kapitalismus – und macht diesen Totalitarismus gleichzeitig unsichtbar, soweit der Zugriff gelingt.

Die Voraussetzung dafür waren die industriellen Bewußtseins-Medien, die der Fordismus im Anschluß an das Automobil rein technisch schon in der Zwischenkriegszeit hervorgebracht hatte; vor allem natürlich Tonfilm, Rundfunk und Fernsehen. Für diese damals neuen Medien gilt dasselbe wie für das Auto: ihre eigentliche Mobilmachung im großen gesellschaftlichen Maßstab als Massenkonsum fiel erst in die Nachkriegsgeschichte. Die fordistischen Arbeitsstaaten wurden nicht nur Auto-Diktaturen, sondern auch Medien-Demokratien. Die Demokratisierung des Massenbewußtseins, die im krassen Gegensatz zur offiziellen Ideologie der »politischen Teilhabe« gerade mit einer politischen Demobilisierung einherging und die Mobilmachung statt dessen auf die kommerzielle Ebene verlagerte, war identisch mit einer Gleichschaltung des Unbewußten und der Gefühlsäußerungen. Nichts anderes konnte damit hervorgebracht werden als eine kapitalistische Formatierung auch noch des Gefühlshaushalts der Individuen, eine fordistische Standardisierung der Emotion.

Das war es im Kern, was Adorno und Horkheimer bereits 1944 als »Kulturindustrie« oder kapitalistische »Massenkultur« bezeichnet hatten. Der Freizeitkapitalismus geht dabei natürlich nicht in der kruden Gegenständlichkeit medialer Geräte auf. Die »Glotze«, die Box der Bild- und Tonübertragung, ist nur technischer Träger – aber weniger von Inhalten als von Form-Modulationen des Bewußtseins und der Gefühle. Was im Prinzip für die Reklame gilt, trifft auch für die Bewußtseins- und Gefühlsprodukte des Massenkonsums zu, die keinen direkten Reklamecharakter haben. Das Moment der universellen Käuflichkeit, das jeden Inhalt verschluckt und vergleichgültigt, assimiliert alle Bewußtseins- und Gefühlsgegenstände der Reklame. Gleichzeitig sind es die fordistischen Produktionsbedingungen, die auch diese Bewußtseins-Produkte a priori kapitalistisch formatieren:

»Der Montagecharakter der Kulturindustrie, die synthetische, dirigierte Herstellungsweise ihrer Produkte, fabrikmäßig nicht nur im Filmstudio sondern virtuell auch bei der Kompilation der billigen Biographien, Reportageromane und Schlager, schickt sich vorweg zur Reklame: indem das Einzelmoment ablösbar, fungibel wird, jedem Sinnzusammenhang auch technisch entfremdet, gibt es sich zu Zwecken außerhalb des Werkes her [...]« (Adorno/Horkheimer 1997/1944, 187).

Der Zweck außerhalb des Inhalts ist natürlich der kapitalistische Selbstzweck, die immer gleiche Verwertung des Geldes, das sein eigener Inhalt geworden ist. Daraus folgt für die Bewußtseinsproduktion dieselbe Rationalisierung wie bei den industriellen Serienprodukten. Stimmungen, Gefühlslagen, Ideologien, persönliche Beziehungen und »innere Befindlichkeiten« werden auf ein Grundarsenal von Bauteilen und Modulen reduziert, die beliebig kombinierbar sind. Bewußtseinsmodelle werden produziert wie Autos, Gefühle standardisiert wie das »Modell T«. Damit unterliegen die kapitalistisch aufgeladenen, genormten Gefühlswelten und gesellschaftlichen Stimmungslagen auch den Konjunkturen des Verwertungsprozesses:

»Die Verbreitung von popular songs [...] geschieht schlagartig. Der amerikanische Ausdruck ›fad‹ für epidemisch auftretende – nämlich durch hochkonzentrierte ökonomische Mächte entzündete – Moden bezeichnete das Phänomen, längst ehe totalitäre Reklamechefs die jeweiligen Generallinien der Kultur durchsetzten« (Horkheimer/Adorno, a.a.O., 189).

Hans Magnus Enzensberger kritisierte Anfang der 60er Jahre den Begriff der »Kulturindustrie« als verharmlosend, weil auf ein zu enges Segment des »sogenannten Kulturlebens« zugeschnitten, und erweiterte die Bedeutung des Phänomens zu einem umfassenderen

Begriff der »Bewußtseins-Industrie« (Enzensberger 1964). Und er verlangte, auf diese Entwicklung, die er (fast ein wenig in der Manier von Ernst Jünger) für »unvermeidlich« hielt, gewissermaßen mit List und Tücke zu reagieren:

»Es handelt sich um einen irreversiblen Prozeß. Daraus folgt: jede Kritik an der Bewußtseins-Industrie, die deren Abschaffung fordert, ist hilf- und sinnlos. Sie läuft auf den selbstmörderischen Vorschlag hinaus, Industrialisierung überhaupt rückgängig zu machen, zu liquidieren [...] Beschäftigt mit der Vervielfältigung von Bewußtsein, vervielfältigt (die Bewußtseins-Industrie) ihre eigenen Widersprüche [...] Jede Kritik [...] ist unnütz oder gefährlich, die diese Zweideutigkeit nicht erkennt [...] Es handelt sich nicht darum, die Bewußtseins-Industrie ohnmächtig zu verwerfen, sondern darum, sich auf ihr gefährliches Spiel einzulassen [...]« (Enzensberger 1964, 12 ff.).

Sicherlich würde der Begriff der »Kulturindustrie« bei einem strikten Bezug auf die kulturelle Sphäre im engeren Sinne zu kurz greifen, aber so ist er zumindest bei Adorno und Horkheimer nicht gemeint. Vielmehr geht es dabei um einen weiter gefaßten Kulturbegriff, der auch den Alltag und das breite Spektrum des darauf bezogenen Freizeitkapitalismus einschließt; in diesem Sinne wäre der Begriff der »Kulturindustrie« sowohl synonym mit dem der »Massenkultur« als auch dem der »Bewußtseinsindustrie«. Kapitalistisches Alltags- und Massenbewußtsein, »Wirklichkeitskontrolle«, »Traumkontrolle« und »Gefühlskontrolle« funktionieren auf vielfältige Weise durch das Zusammenwirken von Produktions- und Freizeitkapitalismus, durch direkte und indirekte Mechanismen der Formatierung von Bewußtsein; nicht allein durch spezifische Bewußtseinsmodelle und Gefühlsprodukte der einschlägigen Industrien.

Wie die seitherige Entwicklung der Bewußtseinsindustrie gezeigt hat, kann dieser universelle Zugriff kaum durch die Attitüde individueller Partisanentätigkeit von Intellektuellen unterlaufen werden. Aber die Alternative von reaktionärem Kulturpessimismus und kritischem Mitmachen ist sowieso eine falsche. Weil das Problem die kapitalistische Form der Gesellschaft überhaupt ist, die im historischen Durchbruch des Fordismus den totalitären Anspruch der »schönen Maschine« als Freizeitkapitalismus bis in die Restzeiten des Lebensabfalls jenseits der kapitalistischen Produktion, ja bis in die Gefühlsregungen hinein ausgedehnt hat, können Kritik und Widerstand auch nicht isoliert an diesen äußersten Erscheinungen ansetzen. In dem Maße, wie sich der Kapitalismus zum allgemeinen Weltverhältnis aufgeblasen hat, gilt auch für seine Kritik die Parole: ganz oder gar nicht.

Die Chance des Widerstands liegt weniger darin, einzelne kritische Inhalte in die Kultur- oder Bewußtseinsindustrie hineinzuschmuggeln. Vielmehr ist es die Tatsache, daß sich der Kapitalismus trotz seiner fordistischen Zuspitzung nicht völlig zur Totalität zu schließen vermochte, die bis heute auch eine Lücke im Massenbewußtsein läßt. Wie die abgespaltenen, als »weiblich« definierten Bereiche der Reproduktion von den fordistischen Industrien und Dienstleistungen nicht völlig aufgesaugt werden konnten, ebensowenig war das Massenbewußtsein mit den Formatierungen der Kulturindustrie völlig deckungsgleich zu machen. Aber es fehlten eben das theoretische Bewußtsein und die soziale Bewegungskraft, an diesen Lücken den Hebel der Kritik anzusetzen, da Sozialisten und Kommunisten, Gewerkschaften und linke Intellektuelle gleichermaßen nicht nur selber von der irre gewordenen liberalen Aufklärungsvernunft abstammen, sondern stets auch die aktuelle Gestalt der totalitären kapitalistischen Produktionsweise in jeder Hinsicht mitgetragen haben. Was der Sozialdemokratie die Automobilmachung, war der Intelligenzia die fordistische Bewußtseinsindustrie. Wie schon auf früheren Entwicklungsstufen gehörten auch beim Durchbruch der Zweiten industriellen Revolution Sozialdemokratie, Gewerkschaften und linke Gesellschaftskritik selber gewollt oder ungewollt zu den Schrittmachern des kapitalistischen Totalisierungsprozesses.

Die totalitäre Demokratie

Am wenigsten einsichtig ist das herrschende Bewußtsein, wie es sich in der fordistischen Entwicklung seit 1945 herausgebildet hat, natürlich hinsichtlich des totalitären Charakters der geheiligten Demokratie selbst. Jene Fixierung auf die politische Sphäre der kapitalistischen Gesellschaft, wie sie Hannah Arendt und die übrigen

Totalitarismus-Theoretiker an den Tag legten, läßt als Kriterium immer nur den Vergleich zwischen demokratischen und staatstotalitären Formen innerhalb der politischen Sphäre zu, wobei diese Unterschiede überdies nicht etwa als jeweilige Durchgangsstadien eines identischen historischen Prozesses, sondern als konträre »Modelle« dargestellt werden. Meinungsfreiheit, Versammlungsfreiheit und freie Wahlen scheinen aus dieser Sicht das genaue Gegenteil der Diktatur und eine Garantie für die Entscheidungsfreiheit »des Volkes« über seine Geschicke zu sein.

Diese Illusion ist keineswegs neu. Schon die Sozialdemokraten des 19. Jahrhunderts bildeten sich ein, durch demokratische Prozeduren nach dem Prinzip »ein Mann, eine Stimme« (das Frauenwahlrecht kam erst im 20. Jahrhundert hinzu) könne der – ohnehin verkürzt verstandene – Kapitalismus sozusagen »abgewählt« werden. Und die bürgerlich-konservativen Kontrahenten glaubten ihnen aufs Wort, so daß der Kampf um das Wahlrecht und die Demokratie die gesellschaftliche Auseinandersetzung in der politischen Sphäre beherrschte und den eigentlichen Charakter der kapitalistischen Weltmaschine verdunkelte. Als aber der Weltkrieg den Durchbruch der Demokratie ausgerechnet im großen Menschenschlachthaus brachte, erwies sich sehr schnell, daß gerade die demokratische Politik nur eine Funktion des totalitär entwickelten Kapitalismus war und auch gar nichts anderes sein konnte. Die alte Doppelzüngigkeit des Liberalismus, die dessen Vorkämpfer noch gar nicht auf die Demokratie bezogen hatten, konnte sich nun in massendemokratischer Form um so besser entfalten: Die offene politische Entscheidung als gnadenlose Unterwerfung unter die ökonomischen Imperative, die freie Debatte als ausweglose Verengung des Denkens auf kapitalistische »Chancen und Risiken« – raffinierter hätte das »Zwiedenken« die totalitäre Einbindung nicht vollenden können als in den Demokratien des freien Westens.

Auf ihre Weise wußten das auch die staatstotalitären Schrittmacher der Weltkriegsepoche. Demokratisch waren sie jedenfalls insofern, als sie im Unterschied zu den liberalkonservativen Regimes des 18. und 19. Jahrhunderts die »arbeitende Volksmehrheit« ganz bewußt in die politische Mobilisierung einbezogen, weil sie erkannt hatten, daß die zuerst im totalen Krieg erscheinende neue Stufe der kapitalistischen Entwicklung ohne eine paradoxe »selbstverantwortliche« Teilhabe der atomisierten Massen an ihrer eigenen Verheizung als Material für die »höheren Zwecke« nicht mehr zu haben war. Ganz in diesem Sinne interpretierte Ludendorff auch den nunmehr massendemokratisch aufgeladenen Begriff des »Volkes«, der ja sowohl von den Nazis wie von der staatskapitalistischen Sowjetunion und den späteren östlichen »Volksdemokratien«, aber eben bis heute auch von den »freien« westlichen Demokratien strapaziert wurde und wird. Ludendorff macht deutlich, daß die »Demokratisierung der Massen und des Staates« ganz auf der Linie des totalitären Anspruchs liegt:

»Ich trug noch auf dem Adler meines Helmes das Wort: ›Mit Gott für König und Vaterland‹. Diese Worte enthielten das Wort: Volk nicht, sie waren deshalb nicht erschöpfend. Heute in dem totalen Kriege ist das Wort Volk und mit ihm es selbst in die vorderste Linie gerückt [...] im totalen Kriege kämpft schließlich nicht der Staat, sondern das ›Volk‹ [...] Im Volke liegt der Schwerpunkt im totalen Kriege. Die Führung desselben hat mit dem Volk zu rechnen. Die totale Politik (!) hat ihr die Kraft des Volkes zur Verfügung zu stellen und das Volk zu erhalten« (a.a.O., 28).

Wiederum über den unmittelbaren militärischen Kontext des Räsonnements über den totalen Krieg hinaus schimmert hier die Benthamsche Erkenntnis durch, daß das Menschenmaterial des Verwertungsprozesses in keiner anderen Staatsform so widerspruchslos und kostengünstig an der Leine geführt werden kann wie in der Demokratie. Das hat einen einfachen Grund, der im Widerspruch der beiden kapitalistischen Vergesellschaftungs-Pole von Ökonomie und Politik, von Markt und Staat angelegt ist und in der Demokratie am reinsten zum Ausdruck kommt. Denn einerseits wird der abstrakte Anspruch erhoben, daß die Gesellschaft sich selbstbewußt über ihre gemeinsamen Angelegenheiten verständigt und darüber rationale Entscheidungen trifft (»Demokratie«). Andererseits jedoch handelt es sich bei dieser Gesellschaft ja gleichzeitig und erklärtermaßen um die mechanische Selbstregulation eines verselbständigten Systemzusammenhangs, dessen stumme Funktionsgesetze zur Pseudo-Naturtatsache sedimentiert sind (»Marktwirtschaft« alias Kapitalismus).

In Wahrheit wird also das gesellschaftliche Leben letzten Endes gar nicht durch die Diskussion und bewußte gemeinsame Entscheidung der demokratischen Gesellschaftsmitglieder gesteuert. Denn die demokratischen Prozeduren von freier Meinungsäußerung, politischer Willensbildung und freien Wahlen sind den Wirkungen der »Gesellschaftsphysik« von anonymen Märkten nicht etwa vor-, sondern nachgeschaltet. Alle Entscheidungen demokratischer Institutionen stellen somit keine autonome Verfügung über den sinnvollen Einsatz der gemeinsamen Ressourcen dar, sondern sie sind immer schon präformiert durch die Automatik des ökonomischen Systems, die als solche eben gerade nicht demokratisch verhandelbar ist, weil sie einer unausweichlichen »Natur« zugeordnet wird. Damit ist noch die verrückteste und handgreiflich widersinnige Mobilisierung sachlicher und menschlicher Ressourcen a priori gerechtfertigt.

Hinter den »drei Gewalten« der staatlich-politischen Sphäre, nämlich Legislative, Exekutive und Judikative, wie sie im Anschluß an Charles de Secondat Montesquieu (1689–1755) jedes demokratische Sozialkundebuch zierlich zu nennen weiß, steht immer schon eine stumme »vierte Gewalt« – die strukturelle Gewalt des totalitären Marktsystems; also die Regulations- und Realisationssphäre der Kapitalverwertung, die in den betriebswirtschaftlichen Funktionsräumen der »abstrakten Arbeit« exekutiert und über das universelle Kaufen und Verkaufen nur indirekt gesellschaftlich wird. Seit Rousseau firmiert dieser ökonomische Götze, der jeder demokratischen Prozedur spottet, in der politischen Theorie unter dem Namen des abstrakten »Gemeinwohls«. Weil die Gesellschaft paradoxerweise ausschließlich als politische betrachtet wird und die herrschende Produktionsweise als solche unter die gleichsam außergesellschaftliche »Natur« fällt, kann sich die demokratisch postulierte »Volkssouveränität« logischerweise nicht auf die »vierte Gewalt« der Kapitalverwertung und ihres Marktmechanismus erstrecken.

Dieses absurde gesellschaftliche Gesamtverhältnis bildet nicht nur eine objektivierte Struktur und blinde Sachgesetzlichkeit aus, sondern eben auch eine dazugehörige Subjektform der Gesellschaftsmitglieder, in der sich das objektive, versachlichte Abhängigkeitsverhältnis des Staates vom Markt, der Politik von der Ökonomie reproduziert. Bevor die Gesellschaftsmitglieder als politisch-demokratische Subjekte zu handeln, ja bevor sie überhaupt zu denken beginnen, sind sie immer schon als »Arbeitskräfte« und Subjekte der Konkurrenz auf anonymen Märkten vorausgesetzt; außerhalb dieser axiomatischen Bestimmung würde auch ihr politischer und juristischer Status als gegenstandslos verfallen. Was für eine wunderbare Benthamsche Falle, aus der es kein Entrinnen gibt, solange die gesellschaftlichen Axiome nicht gebrochen werden, die per Definition kein Gegenstand des demokratischen Diskurses sein können.

Der perfide Charakter des demokratischen Prozedere ist nicht zuletzt deswegen so schwer zu durchschauen, weil die Menschen ihren Status als »Arbeitskräfte« eines verselbständigten, selbstzweckhaften Systemzusammenhangs ja längst schon verinnerlicht haben und sich eine andere, vernünftigere Form von Gesellschaftlichkeit gar nicht mehr vorstellen können. Befestigt wird dieser axiomatische Status noch dadurch, daß der objektivierte Systemprozeß keineswegs als eindimensionaler und linearer Ablauf daherkommt, der nur noch beobachtet und exekutiert werden kann. Ganz im Gegenteil setzt das System aus sich heraus und in seinen eigenen Kategorien permanent Alternativen, differente Möglichkeiten und Verlaufsformen, die dann demokratisch-politisch bearbeitet werden können. Aber diese alternativen Pfade dürfen immer nur innerhalb des hermetisch geschlossenen kapitalistischen Rahmens verlaufen. Demokratisch verhandelt werden also von vornherein nur programmierte Scheinalternativen, wie sie die blinden gesellschafts-physikalischen »Naturprozesse« hervorgebracht haben. Demokratische Entscheidungen verlaufen so prinzipiell nach dem Muster eines »Multiple-choice«-Verfahrens: es kann nur eine Möglichkeit aus einem vorgegebenen, eng begrenzten Katalog gewissermaßen »angekreuzt« werden. Immer wieder handelt es sich dabei um die freie Wahl zwischen Pest und Cholera. Eine Alternative, die jenseits des vorgegebenen Spektrums von Möglichkeiten läge, ein Verwerfen der ganzen Konstellation also, die damit auch das Verfahren selbst in Frage stellen müßte, ist strukturell ausgeschlosen.

Gab die Sozialdemokratie des 19. Jahrhunderts den Prototyp für diese demokratisch-politische Selbstregulation ab, so brachte die staatstotalitäre Mobilisierung der Massen, Ludendorffs »totale Politik«, diese massendemokratische Einbindung erst richtig auf Touren. Die Umpolung des kapitalistischen Totalitarismus von der »totalen Politik« auf den »totalen Markt« in den Nachkriegsdemokratien stabilisierte dann die Entwicklungsstufe der Zweiten industriellen Revolution auch im politischen Sinne: Die Massen mußten nun nicht mehr unmittelbar politisch mobilisiert werden, um in Aufmärschen und organisierten Großkundgebungen das demokratische Verfahren einzuüben, sondern sie konnten als passives Stimmvieh auf die Zuschauerrolle im politischen Theater fixiert bleiben. Das demokratische Prozedere reduzierte sich somit für die Normalbürger auf ein sekundäres Multiple-choice-Verfahren, nämlich das »Ankreuzen« politischer Parteinamen in großen zeitlichen Abständen. Die Parteien wurden sich dabei in der Nachkriegsgeschichte immer ähnlicher bis zur Ununterscheidbarkeit ihrer Programme und Vorgehensweisen; ein Zustand, den das Zweiparteiensystem der Vormacht USA schon längst erreicht hatte.

Der totalitäre Charakter der fordistischen Demokratie zeigte sich aber nicht nur indirekt in der vorausgeschalteten totalitären Diktatur des ökonomischen Imperativs, die den Gesellschaftsmitgliedern nur die »Wahl« zwischen verschiedenen Übeln und verschiedenen (oder eben gar nicht mehr so verschiedenen) politischen Exekutoren der blinden Systemgesetzlichkeit läßt. Auch die Exekutive im weitesten Sinne, die bürokratische Menschenverwaltung von der Wiege bis zur Bahre, die seit ihrer Entstehung im Absolutismus den Modernisierungsprozeß durch alle Staatsformen hindurch begleitet hatte, erlebte in den Weltmarkt-Demokratien der Nachkriegsgeschichte ihre üppigste Blüte. Jene »verwaltete Welt«, die Soziologen wie Burnham prognostiziert hatten, wurde erst jetzt in vollem Umfang wahr. Denn der fordistische Vollkapitalismus samt Vollmotorisierung, infrastruktureller Logistik und sozialstaatlicher Flankierung verlangte eine umfassende staatliche und betriebliche Administration, die weit über jede frühere Verwaltungsdichte hinausging. Die demokratische Verlängerung und Weiterentwicklung der kriegswirtschaftlichen Strukturen, nunmehr immer feiner auf die neu sich entfaltende Marktkonkurrenz abgestimmt, brachte geradezu monströs anschwellende Apparate der Regulation und Kontrolle hervor, die von den Prozessen politischer Willensbildung nur ganz oberflächlich und immer schwächer berührt werden konnten – etwa nach dem Motto: »Regierungen kommen und gehen, aber der Moloch der totalitären Verwaltung bleibt bestehen«.

In Wahrheit übertreffen heute die bürokratischen Apparate des demokratischen Staates und der Weltmarkt-Konzerne die Verwaltungsdichte und die Zugriffsmöglichkeiten selbst der staatstotalitären Diktaturen in der ersten Jahrhunderthälfte bei weitem. Der Glaube, es verhalte sich umgekehrt, beruht auf einer optischen Täuschung. Wenn der staatstotalitäre Anspruch rigoroser zu sein scheint als der demokratische in den Nachkriegsgesellschaften, so allein deshalb, weil die bürokratischen und noch relativ unbeholfenen Gängelungsversuche gegenüber der kapitalistischen Ökonomie größere Friktionen erzeugten und daher stärker auffielen. Mit der Umpolung des totalitären Anspruchs vom Staat auf den Markt konnten die Kontroll- und Verwaltungsapparate genauer und fast geräuschlos auf die Mechanismen der Marktkonkurrenz abgestimmt werden, während sie gleichzeitig noch anwuchsen und ihre Zugriffsbereiche immer weiter ausdehnten.

So erreichte das totalitäre Bentham-Konstrukt ganz im Sinne seines Erfinders gerade in den Weltmarkt-Demokratien seit 1950 seine bis dahin ausgefeilteste und weitestgehende Form. Das Zusammenspiel der Mechanismen von Benthams gesellschaftlichem Gesamtzuchthaus funktionierte niemals so perfekt wie in der entwickelten, durchgehend verrechtlichten Demokratie. Die juristische Regulation noch der simpelsten Alltagsbeziehung, wie sie in den Demokratien die ursprünglichen Gewaltverhältnisse endgültig unsichtbar machte, definierte die Menschen erst recht a priori als »Arbeitskräfte« und Binnensubjekte des gesellschaftlichen Verwertungs-Automatismus.

Einerseits wurde auf diese Weise das Menschenmaterial nicht mehr bloß der Absicht und dem Anspruch nach, sondern real auf Schritt und Tritt von kapitalistisch durchgeformten Architekturen und Signalsystemen, von versachlichten, technologisch maskierten Strukturen betriebswirtschaftlicher Rationalität und von einer kapitalistisch implantierten Rechts-Subjektivität gesteuert, während gleichzeitig die apparative Menschenverwaltung ebenso lückenlos wie lautlos funktionieren konnte. Andererseits waren die leistungsterroristische Selbstbeobachtung der Wirtschaftssubjekte und die Selbstregulation der demokratischen Staatsbürger nun derart genau auf den kapitalistischen Bedingungszusammenhang geeicht, daß die formalen Prozeduren demokratischer Entscheidungsprozesse reibungslos auf die repressiven Scheinalternativen im geschlossenen Raum der totalitären sozialökonomischen Zumutung gelenkt werden konnten. Und wie zum Hohn wird diesem in jeder Hinsicht automatisierten demokratischen Menschen bis heute auf allen gesellschaftlichen Kanälen bis zum Überdruß gepredigt: Jetzt endlich bist du politisch und persönlich frei, frei, frei!

Und dennoch wohnte den demokratischen Prozeduren von Anfang an eine Unsicherheit inne, die das verinnerlichte Gewaltverhältnis immer noch ahnen ließ. Unter der glatten Oberfläche von »freedom and democracy« schwelte das gesellschaftliche Angst- und Haßpotential weiter, das selbst in Zeiten der Prosperität aus den Konkurrenzverhältnissen und aus der geistigen Ödnis der »abstrakten Arbeit« erwächst. Da die Demokratie nichts weiter als eine verinnerlichte und verrechtlichte Diktatur des irrationalen kapitalistischen Selbstzwecks ist, kann sie auch jederzeit wieder aus sich heraus in offen terroristische Verhältnisse umkippen, sobald die »schöne Maschine« aufhört zu funktionieren oder in ihrem Lauf gestört wird.

Aber auch schon in den Schönwetterzeiten der relativen Prosperität wurde jede oppositionelle Regung gnadenlos unterdrückt, sobald sie die Grenzen des eisernen demokratischen Käfigs auch nur versehentlich zu überschreiten drohte. Für das halbe Jahrhundert nach 1945 ließe sich in der westlichen Welt (ganz zu schweigen von den befreundeten Diktaturen der Peripherie) eine endlose Reihe von Polizeiübergriffen auflisten, die sich immer wieder gegen jede noch so unreflektierte und minoritäre linke Kapitalismuskritik richteten und in Wahrheit mit den komplementären Repressalien im zunehmend ausgeleierten Staatstotalitarismus des Ostens während desselben Zeitraums mühelos mithalten konnten. In dieser Hinsicht setzte die Nachkriegs-Demokratie die kapitalistische Kontinuität seit dem 18. Jahrhundert nahtlos fort, wenn sie auch dank der zeitweiligen Prosperität weniger Arbeit damit hatte.

Dennoch gab es dabei – parallel zum Dritten Weltkrieg auf den

Straßen – insgesamt mehr Tote, Verletzte und Eingekerkerte, als man auf den ersten Blick zu glauben geneigt ist. Auch das rassistische Gewaltpotential der domestizierten Massen machte sich in der ganzen westlichen Welt immer wieder Luft, von den sogenannten »Rassenunruhen« in den USA und England bis zu den Rocker-Krawallen in der Bundesrepublik Deutschland. Die schwelende rassistische Glut unter der scheinbar befriedeten Oberfläche ist niemals erloschen, weil sie integraler Bestandteil des Kapitalismus ist. Das gilt auch für das antisemitische Syndrom, das ebensowenig überwunden wurde. Besonders in Deutschland, wo es am nötigsten gewesen wäre, unterblieb die gründliche, bis zu den Wurzeln gehende Abrechnung mit der Geschichte. Nur ganz äußerlich und seicht moralisierend distanzierte sich das demokratische Deutschland vom Judenmord. Die »völkische« Blutsideologie ist bis zum heutigen Tag im deutschen Staatsbürgerschaftsrecht verankert. Und in den Poren des Alltags wurde der Antisemitismus gewissermaßen osmotisch weitergegeben. Der Germanist Ralf Schnell (Jahrgang 1943) hat deutsche Szenen dieser Art festgehalten, die sich auch sonst zuhauf in Literatur aller Art dokumentieren ließen:

»Antisemitismus? Erinnerungsbilder schießen durch den Kopf, Szenen einer Jugend im Deutschland der fünfziger und sechziger Jahre, kulturelle Konfigurationen vor dem traumatischen Hintergrund unbegriffener Vergangenheit: – Der Geschichtslehrer, unterschenkelamputiert, Glasauge rechts, der in den fünfziger Jahren in der 10. Klasse des Humanistischen Gymnasiums zu Oldenburg [...] den Nationalsozialismus ›durchnahm‹ und anläßlich der Judendeportationen im Dritten Reich in Parenthese anführte: ›Die Juden – sie sind ja auch ein Kreuz!‹ Pause, Stille, Erschrecken, der schnelle Blick über Tische und Bänke [...] – Das Familiengespräch am Mittagstisch des kleinbürgerlichen Haushalts, das, wie schon so oft, um die Frage kreiste: Wie konnte es dazu kommen? Die üblichen Gesten apologetischer Rhetorik: Was hätte man denn machen sollen? Immerhin: die Autobahnen! Sechs Millionen? Nie! Und plötzlich, en passant, die Erzählung über jenen Onkel, der, als Halbjude, ›ins KZ gewandert‹ sei – ›aber dagegen war nichts zu machen‹ [...] – Eine ältere Bekannte, die, irritiert durch einen Schnäuzer, den sich der Primaner hat wachsen lassen, halb angeekelt, halb komisch-verzweifelt ausruft: ›Du siehst ja aus wie ein Jud'!‹ – Die Mutter, die den Abiturienten ermahnt, doch nicht so viele Werke des ›Juden‹ Bertolt Brecht zu lesen. Und die, wenn nicht überzeugt, so doch besänftigt ist, als der Sohn – nicht wissend, wessen Sache er da betreibt – ihr klarzumachen versucht, daß dieser Bertolt Brecht gar kein Jude war. Nur Kommunist« (Schnell 1998, 7 f.).

Mühelos sind solche Szenen quer durch die Republik aus dem persönlichen Erinnerungsschacht zu heben. Als Kind habe ich lange herumgerätselt, warum ich keine »jüdische Hast« an den Tag legen sollte. Auf die Frage, was das denn sei, wurde mir um so rätselhafter bedeutet: »Das sagt man halt so.« 1966, am Vorabend der Studentenrevolte, als ich noch zu Hause bei der Großfamilie wohnte, erhielt ich Besuch von einem jungen Akademiker-Ehepaar aus dem Feindesland DDR. Unvergeßlich der Augenblick, als meine geduldige, uns bekochende Großmutter mich in den Flur holte und mit angsterstickter Stimme zischte: »Robert, Robert, das sind Juden – die Juden sind unser Unglück!« Es war meiner gottgläubigen Großmutter nicht bewußt, daß sie den ehrenwerten deutschen Historiker Heinrich von Treitschke zitierte, dessen Name in unserer Stadt auch im Jahr 1999 noch ein Straßenschild ziert.

Da leckte die Hundezunge der deutschen Nation in eine Familienidylle, in der nie anders als sozialdemokratisch gewählt wurde. Fast vernachlässigenswert könnte es erscheinen, daß in derselben Stadt die SPD-Zentrale auch heute noch ganz unschuldig »Karl-Bröger-Haus« heißt. Oder daß die Bayreuther Festspiele völlig ungebrochen als Honoratioren-Ereignis weitergingen, als wäre nichts geschehen. Auch in der DDR wurde der Nationalsozialismus nur im oberflächlichen Sinne des parteikommunistischen »Antifaschismus« aufgearbeitet, während das »völkisch«-antisemitische Syndrom ebenso wie in der BRD unterbelichtet blieb – der preußische Stechschritt der »Nationalen Volksarmee« konnte im Namen des »nationalen Erbes« darüber hinwegparadieren. Die Dämonen der Modernisierungsgeschichte wurden nie ausgetrieben, weil sie zum Kapitalismus in allen seinen Varianten und damit zur Demokratie als blutige Hausgeister gehören. Die Epoche der Prosperität war eine Zeit der Dämonen im Winterschlaf, die man atmen hören konnte.

Der kurze Sommer des Wirtschaftswunders

Im nachhinein betrachtet ist es fast unglaublich, wie kurz eigentlich die historische Zeit der tatsächlichen Prosperität nach dem Zweiten Weltkrieg war, in der die Parole des westdeutschen Wirtschaftsministers Ludwig Erhard (1897–1977) vom »Wohlstand für alle« zwar nicht als umfassende Realität, aber doch als Perspektive in einem konsumkapitalistisch kontaminierten Sinne wenigstens für die Bevölkerungsmehrheit in den westlichen Zentren gelten konnte. Setzte das »Wirtschaftswunder« erst in der zweiten Hälfte der 50er Jahre ein, so war es Mitte der 70er Jahre schon wieder zu Ende. Nachdem die neuen Industrien den »traditionellen Sektor« weitgehend aufgesaugt hatten, erschöpfte sich die fordistische Dynamik, und in der Massenproduktion begann die Rationalisierung allmählich die Anwendung menschlicher Arbeitskraft auszudünnen, sobald die Spitze der Expansion überschritten war. Die zunehmende Sättigung der Märkte für weiße und braune Ware bremste das Wachstum, während die Expansion der Automobilmachung noch eine Zeitlang weiterging. Aber insgesamt konnten keine großen neuen Käuferschichten mehr erreicht werden; in vielen Branchen resultierte die Nachfrage überwiegend aus Ersatzbedarf. Das Paradigma der Zweiten industriellen Revolution ermüdete zusehends. Das läßt sich an der Abflachung der Wachstumsraten in der BRD feststellen:

Reale Steigerung des Bruttosozialprodukts (in Prozent)

	1951	1955	1960	1965	1967	1970	1975	1980
BRD	9,4	11,8	8,8	5,3	–0,2	5,0	–1,3	1,0

Quelle: Dresdner Bank, Statistische Reihen, 1999.

Derselbe Absturz des Wachstums findet sich auch in der übrigen kapitalistischen Welt, wenn die Durchschnittsraten jeweils für einen längeren Zeitraum zusammengefaßt betrachtet werden:

Reales durchschnittliches Wachstum pro Jahr (in Prozent)

	1960–1973	1973–1979
USA	3,9	2,5
England	3,1	1,5
Frankreich	5,4	2,8
Japan	9,6	3,6

Quelle: OECD, Historical Statistics, 1995.

Dabei muß berücksichtigt werden, daß die Entwicklung zwar insgesamt die gleiche war, aber mit einer zeitversetzten Dynamik. In den USA lag der Höhepunkt des fordistischen Schubs schon in den Jahren des Zweiten Weltkriegs, mit über 15 Prozent Wachstum pro Jahr zwischen 1940 und 1944 – ein sonst nie und nirgendwo erreichter Wert; die BRD folgte in den 50er Jahren mit einem teilweise zweistelligen Zuwachs und Japan erst in den 60er Jahren.

Es ist eigentlich logisch, daß bei einem stetig erhöhten Ausgangsniveau die Fortsetzung des Wachstums immer schwieriger wird. Denn so muß die Masse der Güter gleich aus zwei Gründen überproportional gesteigert werden, um weiteres Wachstum zu erzielen: Zum einen erfordert die absolute Höhe des Produktionsniveaus eine entsprechend größere absolute Gütermenge – wenn in einem Land jährlich zehntausend Kühlschränke produziert werden, ist Wachstum viel leichter möglich, als wenn jährlich bereits zehn Millionen Kühlschränke die Fabriken verlassen. Zum andern geht es aber nicht allein um die Menge der stofflichen Güter, sondern um den darin inkorporierten ökonomischen Wert; und der ist eben pro Produkt um so kleiner, je höher die Produktivität liegt (ablesbar am sinkenden Preisniveau unabhängig von Angebot und Nachfrage). Es genügt also keineswegs ein bloßer absoluter Zuwachs der stofflichen Produktmenge, denn dieser kann trotzdem ein Minus an Wertschöpfung bedeuten; nötig ist ein Zuwachs, der trotz sinkenden Werts pro Produkt ein absolutes Plus an Wertschöpfung beinhaltet. Wenn aber gleichzeitig auch bei weiter sinkenden Preisen keine neuen Käuferschichten mehr erreicht werden können und sich somit die Expansion der Märkte erschöpft, wird dem Wachstum allmählich die Luft abgedreht. Der Absturz des Fordismus in der gesamten kapitalistischen Welt läßt sich um so eindrucksvoller feststellen, wenn man die Aufstiegs- und die Abstiegsperiode als jeweils Ganzes vergleicht:

»Vor allem der Zeitraum zwischen 1958 und 1975 [...] war geprägt durch eine Expansion, die in der Geschichte des Kapitalismus einzigartig dasteht. In dieser Zeitspanne von nur 17 Jahren nahm die Industrieproduktion der kapitalistischen Welt um 130 % zu. Der jährliche Zuwachs lag bei 6 % – ein Tempo, das für den Gesamtkapitalismus (nicht für einzelne Länder) historisch herausragend ist [...] Zwischen 1975 und 1987 errechnet sich dagegen nur noch ein Zuwachs von rd. 25 %, weniger als 2 % im Jahresdurchschnitt. Dies ist auch im historischen Rückblick weniger als ›normal‹, d. h. es entspricht der Entwicklung in früheren, längeren Krisenperioden, insbesondere dem Zeitraum von 1929 bis 1937. Das Niveau ist dabei allerdings unvergleichlich höher« (Goldberg 1988, 11 f.).

Dieser Absturz von historisch überdurchschnittlichen zu historisch unterdurchschnittlichen Wachstumsraten ging einher mit einer relativen Verminderung der Investitionen, woraus deutlich wird, daß der Abschwung ein nachhaltiger und nicht bloß konjunkturell, sondern strukturell bedingt war. Die entsprechenden Werte für die BRD können durchaus als signifikant für die kapitalistischen Kernländer genommen werden:

	1950–60	1960–70	1970–80	1980–86
Netto-Anlageinvestitionen (jährliche Veränderung in Prozent)	11,3	–0,3	0,7	–2,8
Netto-Investitionsquote in Prozent des Sozialprodukts	16,9	16,9	12,8	8,8

Quelle: Goldberg 1988/Statistisches Bundesamt.

Überlagert wurde der Rückgang des Wachstums von einem zusätzlichen Problem, in dem sich auch das Schicksal des Keynesianismus beschließen sollte. Keynes hatte das »deficit spending« zusätzlicher öffentlicher Investitionen und Sozialleistungen eigentlich als bloße »Anschubhilfe« auf Krisensituationen beschränken wollen, während in der Prosperität mittels Geldpolitik eine Investitionslenkung eher vorsichtig über das Zinsniveau laufen sollte. Aber das genaue Gegenteil war der Fall. Obwohl sich die meisten Regierungen der Nachkriegszeit, darunter auch die konservativ-liberale in der BRD, gar nicht offiziell zu Keynes bekannten, betrieben sie exzessiven Keynesianismus – allerdings verkehrt herum: Mitten in der Prosperität sattelte der Staat noch drauf durch zusätzliche Investitionen. Schon in den 60er Jahren stellte der Wirtschaftsjurist Harold Rasch in einer kritischen Untersuchung über »Die Finanzierung des Wirtschaftswunders« fest:

»Wenn wir vom ›deutschen Wirtschaftswunder‹ sprechen, dann denken wir gewöhnlich an die Leistungen der privaten Wirtschaftsunternehmen, die eine Politik der ›sozialen Marktwirtschaft‹ ermöglicht haben. Tatsächlich kommt aber auch der öffentlichen Hand eine erhebliche und ständig wachsende Bedeutung zu [...] Die öffentlichen Investitionen waren nach einer Zusammenstellung der Deutschen Bundesbank vom August 1964 im Jahre 1963 auf nahezu 30 Mrd. DM gestiegen. Sie haben damit relativ stärker als die sonstigen öffentlichen Ausgaben und auch stärker als die gesamten volkswirtschaftlichen Bruttoanlageninvestitionen zugenommen« (Rasch 1966, 52 ff.).

Mit anderen Worten: Das »Wirtschaftswunder« war eigentlich gar kein vollständig sich selbst tragender Boom, jedenfalls nicht in seiner historisch beispiellosen Dimension, sondern bereits vor seinem Höhepunkt angeheizt von staatlichen »Pyramidenprojekten«; nicht zuletzt natürlich durch die »autogerechte« Betonierung und Versiegelung der Welt. Der Wachstumsgehalt der Zweiten industriellen Revolution hätte auf dem Boden der endogenen Kapitalakkumulation allein niemals so weit tragen können, wie es mit Hilfe der überproportionalen staatlichen Investitionstätigkeit möglich wurde: während der relative Anteil der Investitionen am Sozialprodukt sank, stieg der staatliche Anteil an den Investitionen gleichzeitig an. Aber diese zusätzlichen Ausgaben konnten trotz des Booms schon frühzeitig nicht mehr aus den laufenden Steuereinnahmen gedeckt werden; sie liefen bereits weitgehend über ein »deficit spending«:

»Mehr als die Hälfte der gesamten ›Einnahmen aus Vermögensbewegung‹ entfiel auf die Aufnahme von Schulden […] Werden Anleihen der öffentlichen Körperschaften am Kapitalmarkt untergebracht, so wird die Erhöhung der Kaufkraft der öffentlichen Hand durch Bindung entsprechender Mittel bei den Übernehmern der Anleihe kompensiert. Gefährlich wird die Situation aber, wenn öffentliche Ausgaben durch mehr oder weniger kurzfristige Kredite finanziert werden, wie dies bei – nicht nur ganz vorübergehenden – Kassendefiziten der öffentlichen Hand geschieht. Eine derart ermöglichte Nachfrage muß inflationär wirken […] Nach vielen Jahren ständiger Überexpansion knistert es bedenklich im Gebälk des Gebäudes […] Was insbesondere die Entwicklung des Sozialprodukts einerseits, des Preisniveaus andererseits betrifft, so haben die letzten fünfzehn Jahre zwar ein ständiges Wachstum, aber auch eine ständig wachsende Entwertung der Deutschen Mark gebracht. Dieses Nebeneinander ist gewiß kein Zufall. Jedes Wachstum wird in der heutigen Wirtschaft durch Kreditschöpfung finanziert. Folgt ihr eine entsprechende Ersparnisbildung, so bleibt der Geldwert neutral, andernfalls muß er sinken. Die Entwertung der DM zeigt eindeutig, daß die monetären Ansprüche an das Sozialprodukt laufend überspannt werden […]« (Rasch, a.a.O., 57, 107, 162, 176).

Die Schlußfolgerung aus konservativ-liberalem Munde ist seither immer wieder, wie schon bei Jakob Burckhardt im späten 19. Jahrhundert, daß »die Gesellschaft nicht über ihre Verhältnisse leben« dürfe. Aber diese ominösen »Verhältnisse« sind ja die irrationalen des kapitalistischen Selbstzwecks; und nicht »über« diese Verhältnisse zu leben heißt nichts anderes, als um so schneller erst recht an die Schranken der Krise zu stoßen. Natürlich kann eine Gesellschaft rein stofflich-materiell gesehen gar nicht über ihre Verhältnisse leben, wenn sie lediglich ihre wirklich vorhandenen menschlichen und sachlichen Ressourcen in Bewegung setzt. Solange das bedingende Moment dieser Verhältnisse aber die auf sich selbst rückgekoppelte Akkumulationsbewegung des Geldes ist, muß die Gesellschaft immer wieder und auf historisch wachsender Stufenleiter über ihre monetären Verhältnisse leben, um ihre angeschwollenen Produktivkräfte auch nur teilweise in Bewegung halten zu können.

Diese Verrücktheit, die den zugrunde liegenden Selbstwiderspruch des Kapitalismus ausdrückt, war schon in den 60er Jahren erneut herangereift. Hätten sich die Regierungen damals an die konservative monetäre Hausväterweisheit gehalten, so wäre der Boom schon viel früher zu Ende gegangen. Durch das aufgesattelte »deficit spending« konnte dieses Ende noch einmal um ein Jahrzehnt hinausgeschoben werden. Aber damit begann der Kapitalismus eben auch in einen neuen inflationären Zyklus einzutreten. Noch kam die irreguläre staatliche Geldschöpfung nicht an jene von Keynes benannte »kritische Masse« heran; die Inflation blieb gedämpft, aber sie machte sich als »schleichende« oder – über größere Zeiträume hinweg betrachtet – »säkulare« erneut bemerkbar:

»Diese Verfallserscheinungen sind keineswegs auf exotische Währungen beschränkt. Von den großen Leitwährungen dieser Welt kann heute, Anfang des Jahres 1971, keine noch mehr als ein Drittel ihrer Kaufkraft vor dem Zweiten Weltkrieg aufweisen. Der Sterling, eine der wichtigsten Währungen des Welthandels, hat kaum noch 20 Prozent seiner Kaufkraft vom Jahre 1939. Alles, was in Frankreich übrigblieb, ist eine Kaufkraft von etwa 1 bis 2 Prozent des Vorkriegsfranc. Der Schweizer Franken, dessen Stabilität als klassisch anzusehen war, hat in den letzten zwei Jahrzehnten von 1950 bis 1970, schon nach dem Index der Lebenshaltungskosten, 38 Prozent seines Wertes verloren. Im Vergleich zum Vorkriegsjahr 1939 sind auch bei dieser Musterwährung im Jahre 1970 nur noch knappe 30 Prozent ihrer ehemaligen Kaufkraft übriggeblieben. Fast in exakt gleicher Relation wie der Schweizer Franken hat auch der US-Dollar, die Leitwährung der westlichen Weltwirtschaft, seine Kaufkraft von 1939 bis 1970 reduziert, nämlich auf 31 Cent […] Die Fallinie der Deutschen Mark, die im Jahre 1970 eine Inflationsrate von fast 8 Prozent erreicht hat, gemessen am Bruttosozialprodukt, ist nicht weniger steil nach unten gerichtet, nachdem sie im Jahr 1970 ohnehin nur noch knapp die Hälfte ihrer Kaufkraft von 1950 besaß« (Slotosch 1971, 19f.).

Die Parallelität eines Sinkflugs der Wachstumsraten und eines Anstiegs der Inflation war neu. Dieses in den 70er Jahren als »Stagflation« bezeichnete Phänomen zeigte an, daß eine strukturelle Krise des gesamten kapitalistischen Systems mit einer neuen Qualität heranzureifen begann, deren Konturen damals noch undeutlich blieben. In dieser »Stagflation« wuchs auch die Arbeitslosigkeit wieder an. Die Zeit der fordistischen »Vollbeschäftigung« war zu Ende. Während die Mischung aus konjunktureller und struktureller (von Rationalisierung bedingter) Arbeitslosigkeit zunächst nur langsam anstieg, explodierten die Arbeitslosenzahlen Mitte der 70er Jahre geradezu. Paradigmatisch läßt sich dies an einem kapitalistischen Kernland wie der BRD ablesen:

Arbeitslose in der BRD
(in Millionen)

1960	1967	1975	1981	1985
0,27	0,46	1,07	1,27	2,30

Quelle: Dresdner Bank, Statistische Reihen, 1999.

Das war natürlich nicht das Problem des deutschen Kapitalismus allein. Das gesamte warenproduzierende Weltsystem wurde von der zunehmenden »Beschäftigungskrise« erfaßt. Die staatskapitalistischen Länder konnten diese Krise durch hemmungslose irreguläre Geldschöpfung und administrative Eingriffe vorübergehend wegsimulieren, den Schein der »Vollbeschäftigung« aufrechterhalten und so (auf einem immer noch wesentlich tieferen Niveau) rein optisch betrachtet ein wenig besser aussehen; allerdings nur um den Preis ihres anschließenden Untergangs. In der westlichen Welt, deren Entwicklung sich durch die Expansion der Weltmarktbeziehungen unter der Ägide der USA vereinheitlicht hatte, stieg die Arbeitslosenzahl insgesamt und unaufhaltsam an:

Arbeitslose der Kernländer (USA, Japan, BRD, England, Frankreich und Italien) in Millionen:

1960	1970	1980	1985
6,6	6,8	14,3	20,7

Quelle: Goldberg 1988, 13.

Es ist merkwürdig, wie ignorant sich das offizielle gesellschaftliche Bewußtsein gegenüber dem beobachtbaren Ende der fordistischen Expansion verhielt. Natürlich wurden die Risse in der Decke wahrgenommen, aber nicht als Beginn einer neuen Systemkrise. Zu sehr war das Bewußtsein auf die zuvor erlebte Epoche der Prosperität fixiert. So schob man die neuen Krisenerscheinungen lieber auf die sogenannten »Ölpreisschocks« von 1973/74, mit denen das Kartell der erdölexportierenden Länder (OPEC) damals die Welt der Mobilmachung überraschte. Die gesamte westliche Presse gefiel sich in mehr oder weniger rassistischen antiarabischen Hetztiraden. Insbesondere die USA ließen nie einen Zweifel daran, daß die strategischen Erdölreserven im Nahen Osten notfalls auch militärisch gesichert werden. Seither sind mehr als einmal westliche Flugzeugträger in dieser Region aufgefahren. Da die Zweite industrielle Revolution mit dem Übergang von der Kohle zum Erdöl auch eine energetische gewesen war, reagierten die kapitalistischen Mächte empfindlich auf jede denkbare Beeinträchtigung der Zufuhr von fossilen Energieträgern. Um die totale Mobilmachung fortsetzen zu können, mußte billiger Sprit fließen. Auch sonst ließ die kapitalistische Weltpolizei die Muskeln spielen. Mit der exemplarischen Vietnam-Aggression gaben die USA zu verstehen, daß sie eine globale militärische Kontrolle ausüben wollten (auf die Niederlage in Vietnam folgte postwendend das erfolgreichere Projekt, die Sowjetunion als staatskapitalistische Gegenmacht »totzurüsten«).

Natürlich war der Ölpreisschock Mitte der 70er Jahre nicht die Ursache, sondern nur der Anlaß dafür, daß das kapitalistische Weltsystem erstmals seit dem Zweiten Weltkrieg von einer schweren Rezession geschüttelt wurde. Diesen Einbruch als »Ölkrise« zu bezeichnen war nicht mehr als der schwache Versuch, den beginnenden endogenen Krisenprozeß des Kapitals als »extern verursacht« zu beschönigen. Die weltweit einsetzende Inflation verstärkte sich zwar durch die Erhöhung der in Dollar abgerechneten Ölpreise; denn auf diese Weise wurde die in den USA wegen der horrenden Kosten des Vietnamkriegs besonders hohe Inflation über den Weltmarkt weitergegeben. Aber der eigentliche Grund für den Beginn des neuen inflationären Zyklus war die zusätzliche Geldschöpfung des »deficit spending«, mit dem die kapitalistischen Staaten das Ende der fordistischen Prosperität hinauszuschieben suchten.

Der kurze Sommer des Wirtschaftswunders war auch »der kurze Traum immerwährender Prosperität« (Burkart Lutz), den niemand für ausgeträumt halten mochte. Abgesehen vom notorisch schwachen historischen Gedächtnis des kapitalistischen Marktmenschen lag das zum Teil sicher auch daran, daß die Epoche der Prosperität einen institutionellen Überhang hatte: Zahlreiche in dieser Zeit eingeführte Sozialleistungen waren gesetzlich oder tarifvertraglich fixiert und konnten nicht automatisch mit dem Ende der Expansion wieder abgebaut werden. Während also in Wahrheit ein lang anhaltender und zumindest im westlichen Kontinentaleuropa bis heute nicht beendeter Kampf um die Liquidation des »Wohlfahrtsstaates« bevorstand, wiegte sich die demokratische gesellschaftswissenschaftliche Staatsintelligenz noch in der falschen Sicherheit, daß die Befriedung des Kapitalismus grundsätzlich gelungen sei und nur noch in »legitimatorischen«, institutionell gezähmten Auseinandersetzungen weiter moduliert werden müsse. In diesem Sinne wurde der bundesdeutsche Hauskritiker Professor Habermas nicht müde, auch noch mitten in den neuen Krisenprozessen die Verlängerung des keynesianischen Welfare-Staates anzupreisen:

»Die Marx-Orthodoxie tut sich mit einer plausiblen Erklärung von staatlichem Interventionismus, Massendemokratie und Wohlfahrtsstaat schwer [...] Auch wenn Systemprobleme zunächst aufgrund eines krisenhaften Verlaufsmusters ökonomischen Wachstums entstehen, können wirtschaftliche Ungleichgewichte dadurch balanciert werden, daß der Staat in die Funktionslücken des Marktes einspringt [...] Die auf den Ausbau des Sozialstaates gerichtete Politik steht freilich vor einem Dilemma [...] Das Dilemma besteht darin, daß der Sozialstaat sowohl die unmittelbaren negativen Auswirkungen des kapitalistisch organisierten Beschäftigungssystems wie auch die dysfunktionalen Nebenwirkungen eines über Kapitalakkumulation gesteuerten ökonomischen Wachstums auf die Lebenswelt auffangen soll, ohne Organisationsform, Struktur und Antriebsmechanismus der wirtschaftlichen Produktion antasten zu dürfen [...] Soweit es nun dem politischen System in den entwickelten kapitalistischen Gesellschaften gelingt, die strukturellen Dilemmata, denen der staatliche Interventionismus, die Massendemokratie und der Wohlfahrtsstaat begegnen, zu bewältigen, bilden sich jene Strukturen des Spätkapitalismus aus, die aus der Perspektive der zu eng ökonomisch ansetzenden Marxschen Theorie als paradox erscheinen müssen [...] Im Sozialstaat werden die Rollen, die das Beschäftigungssystem anbietet, sozusagen normalisiert [...] und die Belastungen, die sich aus dem Charakter fremdbestimmter Arbeit ergeben, werden, wenn nicht durch die ›Humanisierung‹ des Arbeitsplatzes, so durch das Angebot von monetären Entschädigungen und rechtlich garantierten Sicherheiten mindestens subjektiv erträglich gemacht [...] Dieses neue Gleichgewicht zwischen normalisierter Beschäftigten- und aufgewerteter Konsumentenrolle ist [...] das Ergebnis eines sozialstaatlichen Arrangements, das unter den Legitimationsbedingungen der Massendemokratie zustande kommt [...]« (Habermas 1981, 505, 511 ff.).

Erst im Lauf der 80er Jahre bequemte sich sogar Habermas zu der widerwilligen Erkenntnis, daß »die Sozialstaatsentwicklung in eine Sackgasse geraten« (Habermas 1990/1984, 123) sei; aber nur, um daraus die Schlußfolgerung zu ziehen, das »Sozialstaatsprojekt« möge »auf höherer Reflexionsstufe fortgesetzt werden« (a.a.O., 124), und zwar in einer Form, »die nicht weit ab von den normativen Vorstellungen unserer Sozialkundelehrbücher« (a.a.O., 125) liegen sollte. Auf die Rückkehr der kapitalistischen Krise, jenes fast schon vergessenen »Wolfs«, mit der Beschwörung der »Sozialkundelehrbücher« zu reagieren – dieses exemplarische letzte Wort der linken demokratischen Staatsintelligenz ließ nichts Gutes ahnen für die intellektuelle Reflexion der Krise durch den offiziellen Wissenschaftsbetrieb.

Weltzerstörung und Bewußtseinskrise

Am Wendepunkt des fordistischen Booms zeigte sich nicht nur, daß die kapitalistische Hoffnung auf »immerwährende Prosperität« eine Illusion war. Es wurde auch deutlich, daß die Mobilmachung der Zweiten industriellen Revolution eine neue Dimension der Krise gerade als Folge der Prosperität hervorgebracht hatte: die umfassende Zerstörung der natürlichen Lebensgrundlagen. Die Logik der »abstrakten Arbeit« und die damit verbundene betriebswirtschaftliche Externalisierung von Kosten (auf die Gesamtgesellschaft, die Zukunft und eben auch auf die Natur) hatte den Kapitalismus von Anfang an gleichgültig gegen qualitative Inhalte und damit auch gegen die Eigenlogik der natürlichen Umwelt gemacht. Schon im 19. Jahrhundert stank dieses System buchstäblich zum Himmel. Bei seiner Analyse der »Lage der arbeitenden Klasse« hatte etwa der junge Friedrich Engels die Gewässer der englischen Fabrikstädte als »widerliche Kloaken« beschrieben. Solange der Kapitalismus noch nicht flächendeckend den gesellschaftlichen und natürlichen Raum beherrschte, war diese Seite seines Zerstörungspotentials zwar schon sichtbar, aber sie erschien noch nicht als umfassende Bedrohung und trat hinter die sozialökonomischen Probleme zurück. Erst zusammen mit der fordistischen Totalmobilmachung verschwand dann nicht nur der »traditionelle Sektor« der Reproduktion, sondern auch die Natur wurde nun total der abstrakten betriebswirtschaftlichen Vernutzungslogik ausgeliefert.

Anfang der 70er Jahre thematisierten Gruppen von Wissenschaftlern die »Begrenztheit der natürlichen Ressourcen«, die durch den industriellen Raubbau gefährdet schienen. In der »Ölkrise« wurde diese Drohung handgreiflich, als während der sonntäglichen Fahrverbote die Straßen und Autobahnen gespenstisch ausgestorben dalagen und der ewige Motorenlärm einmal verstummte. Erstmals wurden die »Grenzen des Wachstums« nach einer gleichnamigen Studie des »Club of Rome« (Meadows 1972) weltweit debattiert. Darin kam vor allem das Verhältnis von endloser Akkumulationslogik und natürlichen Rohstoffen zur Sprache:

»Die jährliche Zunahme erfolgt nach einem Muster, das die Mathematiker als exponentielles Wachstum bezeichnen [...] Beim exponentiellen Wachstum nimmt [...] die Größe in jeweils gleichen Zeiträumen um einen bestimmten Prozentsatz der jeweils vorigen Größe zu [...] Obwohl exponentielles Wachstum [...] alltäglich ist, bereitet es immer wieder Überraschungen, schon seit Jahrtausenden. Es gibt die alte persische Sage von dem Höfling, der seinem König ein kunstvolles Schachbrett schenkte und als Lohn dafür nur ein einziges Getreidekorn für das erste Feld und für jedes folgende Feld die doppelte Kornzahl wie für das vorhergehende demütig erbat, also für das zweite Feld zwei Körner, für das dritte vier, für das vierte acht Körner. Das entspricht einer exponentiellen Wachstumsrate von einhundert Prozent; auf das zehnte Feld entfallen erst 512 Körner, aber auf das 21. über eine Million Körner. Es gibt gar nicht so viel Getreidekörner auf der Erde, wie für das 64. Feld bezahlt werden müßten. Exponentielles Wachstum ist trügerisch, weil schon bei relativ geringen Wachstumsraten in kurzer Zeit astronomische Zahlen erreicht werden [...] Ebenso wie exponentiell steigender Landbedarf rasch gegen die Grenze des verfügbaren Landes stößt, kann analog exponentieller Rohstoffverbrauch rapide zu einer Erschöpfung der vorhandenen Lagerstätten führen [...] Nachdem wir gezeigt haben, wie schnell durch exponentielles Wachstum eine Maximalgrenze erreicht werden kann, wird es kaum noch überraschen, daß bei der gegenwärtigen Verbrauchssteigerung die meisten der heute wichtigen und sich nicht regenerierenden Rohstoffe in 100 Jahren extrem teuer sein werden [...]« (Meadows 1972, 18 f., 51 ff.).

Aber in dieser Kritik honoriger Wissenschaftler kam der destruktive Charakter betriebswirtschaftlicher Rationalität bestenfalls indirekt vor; und nicht etwa als Charakteristikum des modernen warenproduzierenden Systems, sondern als bedauerliche Nebenwirkung der »Industriegesellschaft« schlechthin, womit wieder einmal die negative gesellschaftliche Abstraktion des auf sich selbst rückgekoppelten Geldes hinter der technologischen Erscheinung verschwand. Außerdem ließen Dennis Meadows und der »Club of Rome« offen, ob nicht etwa das eigentliche Wachstumsübel in der Zunahme der Weltbevölkerung liege – womit passend zum Beginn eines neuen kapitalistischen Krisenzyklus und verpackt in scheinbar kritische Worte das Terror-Argument des Pfarrers Malthus wieder hervorgeholt wurde.

Seit der zweiten Hälfte der 70er Jahre hat sich die (inzwischen so bezeichnete) »ökologische Krise« ständig verschärft. Rasch wurde deutlich, daß das Problem keineswegs nur in der langfristigen Erschöpfung der Rohstoffe besteht. Die blind sich voranfressende Weltmaschine verbrauchte nicht nur zu viel fossile Brennstoffe, Metalle usw. auf Kosten zukünftiger Generationen, sondern verseuchte und zerstörte in erschreckend großem Maßstab die elementaren natürlichen Lebensgrundlagen: Boden, Atmosphäre, Wasser und ökologische Binnensysteme (tropische Regenwälder, Alpen, Nordsee, Mittelmeer, Baikalsee usw.). In den 80er Jahren zeigten die Menetekel paradigmatischer industrieller Großkatastrophen in Seveso (Italien), Bhopal (Indien) und Tschernobyl (Ukraine) die im Fordismus erreichte Potenz des warenproduzierenden Systems zur Weltzerstörung an; nicht etwa nur im militärischen Sinne eines möglichen Atomkriegs, sondern durch den ganz »normalen« alltäglichen Betrieb der zum totalen Weltsystem angewachsenen »schönen Maschine«.

Ob Waldsterben oder Ozonloch, Überschwemmungskatastrophen oder Wassermangel, Artensterben oder neue Krankheiten: der bis heute anhaltende und sogar noch beschleunigte, schier unaufhaltsame ökologische Zerstörungsprozeß ist eindeutig auf die fordistische Verbrennungswirtschaft im planetarischen Maßstab zurückzuführen. Da ist es fast tröstlich, daß die Herren der kapitalistischen Schöpfung von den Auswirkungen ihrer ökonomischen Selbstzweck-Orgie allmählich an ziemlich empfindlicher Stelle getroffen werden. Der französische Sexologe Xavier Boquet nimmt an, daß allein durch den Autostreß die Hälfte aller männlichen Einwohner von Paris zeitweise an Impotenz leidet. Damit nicht genug. Nach jüngsten Untersuchungen führen Rückstände bestimmter Chemikalien im Wasser, die unter anderem auf die Plastikproduktion zurückzuführen sind, zu einer dem weiblichen Sexualhormon Östrogen ähnlichen Verbindung, die sich auch im menschlichen Körper an die entsprechenden Rezeptoren anzuheften vermag. Die Folge: diese Stoffe lösen die gleichen biochemischen Prozesse wie das natürliche Östrogen aus. Bei Männern sinkt der Spiegel des Sexualhormons Testosteron im Blut. Die Rede ist von »winzigen Penissen«. Und der dänische Mediziner Niels Skakkebaek hat herausgefunden, daß die Spermien in der Samenflüssigkeit schon seit 1938 rapide zurückgehen, während sich seither die Fälle von Hodenkrebs verdreifacht haben. Der im Verbrennungskonsum der totalen Mobilmachung sozialisierte Mann kann sich also darauf einstellen, gewissermaßen fordistisch kastriert am Steuer seiner Mächtigkeit zu sitzen.

Die offizielle Gesellschaft nahm die Debatte über die Grenzen und destruktiven ökologischen Folgen des »Wachstums« nur auf, um das Problem besser verdrängen zu können. Die Gleichartigkeit der ökologischen Katastrophe in West und Ost wurde selbstverständlich nicht auf die gemeinsame und identische »Wert«-Abstraktion des warenproduzierenden Systems und seine irrationalen Zwänge zurückgeführt, sondern teils »kulturkritisch« und mit seichter Moral zerredet, teils in die unverbindliche Propaganda einer angeblichen »Versöhnung von Ökonomie und Ökologie« überführt. Alle Teileinsichten blieben folgenlos, weil die »schöne Maschine« ja definitionsgemäß ihren blinden Lauf verfolgt. Ein unabweisbarer Handlungsdruck für das Weltsystem als Ganzes entstand nicht, weil viele der nicht unmittelbar wirksamen ökologischen Zerstörungsprozesse über die individuellen Lebenszeiten hinausreichen und praktisch lange Zeit als lokalisierbare Teilkatastrophen verlaufen, die stets nur von einer bestimmten Population erlitten werden, die dann eben »Pech« gehabt hat. Der von den fordistischen Institutionen alimentierte Ethik- und Geistesbetrieb hat die ökologische Krise inzwischen zu einem moralischen »face lifting« des Kapitalismus verarbeitet.

Trotz aller Beschwichtigungs- und falschen Versöhnungs-Ideologien konnte die Erschöpfung der Zweiten industriellen Revolution nicht völlig geleugnet werden. Ende der 60er Jahre machte sich ein massives »Unbehagen im Fordismus« bemerkbar. Die Angst vor den kommenden Krisen trieb aus dem sozialen Inneren der Weltmarkt-Demokratien erste Schübe eines neuen Rechtsradikalismus hervor, der sich zunächst in den alten politischen Formen parlamentarisch geltend machte. So spülte seit der ersten Nachkriegs-Rezession von 1967 in der BRD jeder neue Schub der Krise mit geradezu unheimlicher Regelmäßigkeit neonazistische Parteien in die Landes- und Kommunalparlamente.

Andererseits entwickelte sich eine weltweite Jugend- und Studentenbewegung, die in vieler Hinsicht gegen das herrschende System aufbegehrte. Nach der langen sozialen Windstille in der Epoche fordistischer Prosperität wirkte diese »Bewegung von 1968«, wie sie nach dem Jahr ihres Höhepunkts genannt wurde, theoretisch und praktisch unbeholfen. Mühsam wurden alle sozialen Emanzipationskonzepte der kapitalistischen Modernisierungsgeschichte noch einmal ausgegraben und auf ihre Brauchbarkeit abgeklopft. Erstmals seit vielen Jahrzehnten gab es (besonders in Frankreich und Deutschland) wieder so etwas wie den Versuch, eine authentische Reformulierung der Marxschen fundamentalen Kapitalismuskritik zu wagen. Der »Pariser Mai« schien das System in seinen Grundfesten zu erschüttern. 1968 erschien ein Band mit Texten der Revolte, in dem der deutsche Studentenführer Rudi Dutschke in lange nicht mehr vernommenen Worten den Fetischcharakter der totalitären kapitalistischen Warenwelt attackierte. Dutschke verwies auf die absurde Diskrepanz zwischen der ungeheuren Entwicklung der Produktivkräfte und der fordistischen Arbeits- und Leistungsdichte:

»(Der bürgerliche Charakter) schuf einen ungeahnten Reichtum, der die historisch einzigartige Chance begründete, ein Leben jenseits materieller Notdurft zu führen, ein Leben einzurichten, in dem die Losung sein kann: ›Alle Menschen sollen essen und wenig arbeiten‹ (Horkheimer). Der Widerspruch des bürgerlichen Charakters besteht nun gerade darin, daß diese von ihm geschaffenen Produktivkräfte, diese akkumulierten Reichtümer [...] sich ihm gegenüber verselbständigt haben, sie ihm gegenüber fremd geworden sind [...] Heute hält uns nicht eine abstrakte Theorie der Geschichte zusammen, sondern der existentielle Ekel vor einer Gesellschaft, die von Freiheit schwätzt und die unmittelbaren Interessen und Bedürfnisse der Individuen und der um ihre sozial-ökonomische Emanzipation kämpfenden Völker subtil und brutal unterdrückt [...] Es entwickeln sich im Kampf neue und radikale Bedürfnisse, wie zum Beispiel der Wunsch, die Totalität der [...] Produktivkräfte endlich von den Fesseln des Kapitals und der Demokratie zu befreien, sie mit allen Mitteln endlich der bewußten Kontrolle der Produzenten zu unterwerfen« (Dutschke 1968, 75, 91).

Die revoltierenden Studenten träumten von einer Welt, die – vom kapitalistischen Selbstzweck der »schönen Maschine« erlöst – die Produktionstätigkeit auf vielleicht zwei oder drei Stunden am Tag reduzieren würde. Sie begriffen die Universität als Ort der Subversion, der Gesellschaftskritik und der Muße für selbstbestimmte Zwecke, die den Gegensatz zur öden bürgerlichen Karriere für den kapitalistischen Betrieb entfalten sollte. Wolfgang Lefèvre, ein anderer Sprecher der Bewegung, klagte in diesem Sinne die Kritik und Überwindung des kapitalistischen Wissenschaftsbetriebs ein:

»Die aufs Instrumentale verkürzte Wissenschaft und Technik [...] werden für den überwiegenden Teil der Gesellschaft zur Bedrohung [...] Die technologische Dynamik der destruktiven Produktionssektoren wurde zugleich zur Begründung immer neuer Destruktion. Das Destruktionssystem konnte den Anschein ›sachlicher Notwendigkeit‹ erlangen, weil Entwicklung der Technologie und Kapitalverwertung in der Destruktion harmonieren. Die Entwicklung der Technologie, des Inbegriffs des Instrumentalen, mausert sich zum letzten Zweck, indem alle Zwecke zum Mittel der Kapitalverwertung werden. Die Vernichtung aller Zwecke ist zum alleinigen Zweck einer aufs Instrumentale verkürzten Wissenschaft geworden [...]« (Lefèvre 1968, 121).

Für einen historischen Augenblick kam wirklich das vom Arbeiterbewegungs-Marxismus (und erst recht von den staatskapitalistischen Regimes »nachholender Modernisierung«) verdrängte Zentrum der Marxschen radikalen Kritik an Warenform und »abstrakter Arbeit« zum Vorschein. Aber auch diesmal wurde Karl Marx nicht abgeholt. Natürlich formulierte die Studentenrevolte ihre neuen Ideen noch weitgehend in den Begriffen des alten Arbeitsmarxismus und versuchte irgendwie, an die unüberwundene Metaphysik der »Arbeiterbewegung« anzuknüpfen. Gleichzeitig griff sie aber auch die Kritische Theorie von Adorno und Horkheimer auf, die schon einen Schritt weitergegangen waren und deren Texte aus den 40er Jahren plötzlich zum heiß diskutierten Gegenstand wurden. Die inhaltlichen und begrifflichen Schwierigkeiten hätten vielleicht in einem Prozeß der Selbstvergewisserung überwunden werden können. Wenn die Bewegung von 1968 im Sinne der sozialen Emanzipation restlos gescheitert ist, so vor allem deswegen, weil sie die Linie der Kritik an »abstrakter Arbeit, Warenfetisch und betriebswirtschaftlicher Rationalität nicht weiter und bis zu Ende verfolgte, um zu einem negativen, aufhebenden Begriff des kapitalistischen Selbstzweck-Zusammenhangs zu kommen. Statt dessen kam sie auf die schiefe Bahn der »Politik« und fiel rasch derselben demokratischen Illusion zum Opfer wie schon die alte Arbeiterbewegung.

Als Rudi Dutschke den »langen Marsch durch die Institutionen« propagierte, war das durchaus noch subversiv gemeint. Aber im Sinne »demokratischer Politik« konnte daraus nur der Marsch heim ins System werden. Habermas wurde zwar seines offenkundigen sozialdemokratischen Reformismus wegen von der Studentenbewegung heftig kritisiert, aber in diesem entscheidenden Punkt verstanden er und seinesgleichen die Revolte doch zu impfen, indem die vorher wie nachher immer aufs neue wiederholte Formel aufgestellt wurde:

»Zwischen Kapitalismus und Demokratie besteht ein unauflösliches Spannungsverhältnis; mit beiden konkurrieren nämlich zwei entgegengesetzte Prinzipien der gesellschaftlichen Integration um den Vorrang [...] Die beiden Imperative stoßen vor allem in der politischen Öffentlichkeit aufeinander [...]« (Habermas 1981, 507 f.).

Das war natürlich genau die uralte, abgestandene Idee aus dem 19. Jahrhundert, mit der sich schon die frühe Sozialdemokratie selber auf die kapitalistische Welt vergattert hatte. Auch Habermas kannte seinen Bentham schlecht – und die Studentenbewegung ebenso, sonst hätte sie die innere Identität von Demokratie und Kapitalismus durchschaut und wäre nicht an der leeren Formel von der »Demokratisierung« hängengeblieben, die sich mehrfach bis zur sinnlosen Tautologie von der »Demokratisierung der Demokratie« steigerte. Dabei gab es im Kontext von »1968« sogar eine ebenso flüchtige wie gespenstische Begegnung mit Bentham. Aber der Charakter des Bentham-Konstrukts konnte nicht durchschaut werden, weil die »Neue Linke« der Studentenrevolte nicht weniger als die alte Arbeiterbewegungs-Linke in den ideologischen Illusionen der bürgerlichen Welt über sich selbst befangen blieb.

Als der französische Philosoph und 68er-Manifestant André Glucksmann, vermittelt über die Lektüre von Alexander Solschenizyns »Archipel Gulag«, die repressive Vernunft des Konzentrationslagers im »Marxismus« entdeckte und (zu Recht) die gesamte staatssozialistisch orientierte Linke als Mitträger und Komplizen dieser Logik mit seinem Buch »Köchin und Menschenfresser« (Glucksmann 1976/1974) haftbar machte, verfehlte er das Problem dennoch gründlich. Statt den impliziten, objektivierten und mit dem Liberalismus Benthams kompatiblen Sinn der Sentenz Lenins zu durchschauen, daß »die Köchin den Staat regieren« können müsse, warf er ihm bloß vor, die Köchin in Wirklichkeit qua Erziehungsdiktatur doch nicht eigentlich im Staat mitregieren lassen zu wollen, was sich schließlich im Stalinismus (und im Denken der sozialistischen Intellektuellen überhaupt) als endgültiger Ausschluß der »Köchin« von der gesellschaftlichen Regulation gezeigt habe:

»Lenin hatte seine Köchin oft als ›asiatisch‹ und zurückgeblieben bezeichnet und versprach ihr eine langwierige Erziehung, bevor sie den Staat anführen und ihre Erzieher erziehen könnte [...] Der Nachfolger Lenins trug seiner Leidenschaft für Pädagogik voll und ganz Rechnung [...] Von Platon bis Stalin ist die Plebs dem absoluten Wissen des Führers ausgeliefert gewesen. Da es der Köchin nicht erlaubt ist, ihre Nase in die Angelegenheit des Staates zu stecken, muß der Staat wohl oder übel die seinige in die Angelegenheiten der Köchin stecken [...] Diesen Stalin, den großen Begründer allen Nicht-Widerstandes gegen den Staat, haben wir alle irgendwie in den Knochen. Wie er, zweifeln wir an der Köchin [...]« (Glucksmann, a.a.O., 164f.).

Glucksmann versteht (wie die 68er überhaupt) die Begriffe von Pädagogik, Demokratie und Diktatur noch naiv aufklärerisch, als definierbare Subjekt-Objekt-Beziehungen in einem falschen, oberflächlichen Gegensatz: Entweder ist die Köchin demokratisches Mitregierungs-Subjekt, oder sie ist »undemokratisch« bloßes Objekt der staatsbürokratischen Herrschaft von selbsternannten »Führern«. Es entgeht Glucksmann völlig, daß der westliche Liberalismus diesen scheinbaren Gegensatz nicht emanzipatorisch ausgetragen, sondern auf perfide Weise repressiv aufgehoben hat. Obwohl Glucksmann am Ende seines Buches durch ein Zitat aus einem antiautoritären Pamphlet des Pädagogik-Kritikers René Scherer über »Das dressierte Kind« (Scherer 1975/1973) sogar ironischerweise kurz auf Bentham und sein Panopticon zu sprechen kommt, hat er sich damit offensichtlich nicht wirklich auseinandergesetzt. Foucaults Text »Überwachen und Strafen« mit seiner ausführlichen Kritik des Panopticons erschien ein Jahr nach Glucksmanns »Köchin«, zu spät für eine Vermittlung; zumal Foucault selber keine systematische Beziehung seiner »Mikrophysik der Macht« zu den kapitalistischen Erwerbskategorien und zur Logik der »abstrakten Arbeit« hergestellt hat. Auch bei Scherer, der die bürgerliche Dressur-Pädagogik von Rousseau über Bentham bis zur zeitgenössischen Schule und Familie kritisiert, wird das eigentliche Wesen des (nur nebenbei erwähnten) Panopticons nicht herausgearbeitet, weil er sich ebenfalls noch von der bürgerlichen Fiktion eines »freien demokratischen Subjekts« (vor allem hinsichtlich der damals oft antiautoritär thematisierten kindlichen Sexualität) leiten läßt, dem der repressive Apparat vermeintlich äußerlich gegenübersteht.

Auf den Leim der »Demokratisierung« gekrochen, blieb die 68er-Bewegung hoffnungslos an den Aporien des kapitalistischen Bewußtseins kleben. Statt die immerhin kurz angedeutete Logik der subjektlosen Weltmaschine und ihrer destruktiven Rationalität von innen her zu kritisieren und aufzubrechen, fiel die Kritik auf die platte Vorstellung von »herrschenden sozialen Gruppen« zurück, denen qua »Demokratisierung« die Emanzipation der naiv vorausgesetzten Subjekte abgerungen werden sollte. In diesem Nebel des vulgären Demokratismus kam die kategoriale Kritik von »abstrakter Arbeit« und betriebswirtschaftlicher Rationalität schnell abhanden. Die Politik der »Demokratisierung« verfiel auf zwei gleichermaßen haltlose Konzepte. Zum einen wurde die alte sozialdemokratische Idee der »Wirtschaftsdemokratie« wieder aufgewärmt. Beliebt in diesem Sinne war eine Karikatur, die ein Schild am Eingang zur Fabrik mit der Aufschrift zeigte: »Hier endet der demokratische Sektor der Republik«. Widersinnigerweise sollten die Prinzipien der politischen Demokratie auf das ökonomische System ausgeweitet werden, statt die wechselseitige kapitalistische Identität der beiden polaren Sphären von Politik und Ökonomie zu erkennen. Die neuen Wirtschaftsdemokraten bildeten sich ein, durch demokratische Prozeduren, formale Willensbildungsprozesse, Abstimmungen usw. die emanzipatorische »Verfügungsgewalt« der Subjekte über die Produktion herstellen zu können, ohne mit den gesellschaftlichen Formen und Fetischkategorien von Warenproduktion, »abstrakter Arbeit«, Markt usw. brechen zu müssen. An die Stelle des kategorialen Bruchs mit den kapitalistischen Grundformen, die sich in ihrem Bewußtsein schnell wieder zu stummen »Naturtatsachen« verflüchtigten, trat die alte aufklärerische Illusion vom formalen bürgerlichen Subjekt – ohne zu realisieren, daß die unaufgehobenen bürgerlichen Subjekte, die da den Widersinn einer demokratisch formalisierten Warenwirtschaft ins Werk setzen sollen, immer schon qua ihrer eigenen Form abstrakte Konkurrenz- und Leistungssubjekte sind, die dann nur an sich selbst im demokratischen Multiple-choice-Verfahren die betriebswirtschaftlichen Systemgesetze samt allen Zumutungen und Leiden exekutieren könnten.

Zum andern war es die noch ältere, auf Rousseau zurückgehende Idee der »direkten Demokratie«, die von den in der politischen Sphäre agierenden 68ern reanimiert wurde. Wie die »Wirtschaftsdemokratie« in den Ideen der Alternativbewegung der 80er Jahre auf quasi betriebswirtschaftlicher Ebene wieder auftauchte (»Arbeiten ohne Chef«) und seither für kapitalistische Management-Konzepte verwurstet wurde, so erschienen Elemente der »direkten Demokratie« oder »Basisdemokratie« in verschiedenen Ländern bei den Parteien der Grünen wieder (»Rotationsprinzip« usw.). Auch die Idee der »direkten Demokratie« geht an der kapitalistischen Konstituiertheit der Subjekte in den Formen von »abstrakter Arbeit«, Ware und Geld völlig vorbei. Daran waren ja letztlich schon die ebenfalls auf dieser Idee beruhenden Konzepte der Pariser Kommune von 1871 und der Räte in Rußland und Deutschland nach dem Ersten Weltkrieg gescheitert, die eine radikale »politische« Emanzipation anstrebten, ohne den Status der vorgeschalteten ökonomischen Formen auch nur im geringsten zu klären. Bevor sich jedoch die Subjekte vermeintlich »direkt« qua Politik miteinander verständigen, sind sie qua blind vorausgesetzter ökonomischer Form immer schon »indirekt« als Träger von Arbeitskraft und als Konkurrenzsubjekte negativ aufeinander bezogen und von systemischen Imperativen bestimmt, über die sie keine Gewalt haben.

Konservative Ideologen des Parlamentarismus haben den Verfechtern der »direkten Demokratie« nicht zu Unrecht vorgeworfen, daß das diesem Konzept inhärente plebiszitäre Moment besonders gern von den diversen modernen Diktaturen aufgegriffen wurde. Weil die Fragen, die für die »direkte Demokratie« plebiszitär zur Abstimmung stehen, immer schon von den blinden Entwicklungen, Gesetzmäßigkeiten und irrationalen Widersprüchen des warenproduzierenden

Selbstzweck-Systems vorformuliert sind, können auch auf der Ebene von politischen Parteien oder der politischen Gesamtheit der Staatsbürger nur systembedingte Alternativen zur Disposition stehen; genau wie bei einer parlamentarischen Filterung des Entscheidungsprozesses. Das Plebiszit eignet sich allerdings besonders für demagogische Zwecke und Suggestiv-Alternativen.

Der englische Historiker J. L. Talmon hatte Anfang der 60er Jahre (vom bürgerlich-parlamentarischen Standpunkt aus) für die Idee »direkter«, plebiszitärer Entscheidungsformen sogar den Begriff der »totalitären Demokratie« geprägt, der allerdings auf jede Form der modernen Demokratie zutreffen würde. Talmon reduziert dieses totalitäre Moment auf die plebiszitäre Vorgehensweise, so am Beispiel der Ideen von François Babeuf (1762–1797) in der Französischen Revolution:

»Babeuf [...] zeigt wenig Liebe oder Vertrauen zu parlamentarischer Vertretung [...] Jedenfalls will er die gewählte Legislatur der strengsten Kontrolle durch die Wählerschaft und dem Vetorecht des Volkes, mit anderen Worten der direkten französischen Demokratie, unterwerfen [...] Alles muß der Zustimmung des Volkes unterbreitet werden [...] Jeder Abgeordnete kann jederzeit durch seine Wählerschaft zurückgerufen werden [...] Letzten Endes würde die Legislatur nur das Recht haben, Gesetze einzubringen, aber nicht, über sie zu beschließen [...] Alle diese mühseligen Maßnahmen waren nach Babeufs Behauptung notwendig, um sicher zu sein, daß [...] kein anderer als der Volkswille die Oberhand gewinnt. Aber solche plebiszitäre, direkte Demokratie ist [...] die Vorstufe zur Diktatur oder versteckte Diktatur [...]« (Talmon 1961, 185 ff.).

Das ist insofern richtig, als die plebiszitären Entscheidungsprozesse ja nicht von im juristischen Sinne enzyklopädischen Subjekten getroffen werden, sondern von bereits auf Systemimperative konditionierten Menschen, die weder direkt noch indirekt »frei« über ihre Angelegenheiten, den Einsatz der Ressourcen, die Vernünftigkeit von Maßnahmen usw. entscheiden können. Die allseitige abstrakte, formale »Verrechtlichung«, die allein durch das totalitäre warenproduzierende System überhaupt nötig wird, ist selber das Problem – nicht die Frage, ob eine Legislative oder »das Volk direkt« diese Verrechtlichung exekutiert. Vom Markt schon a priori getriebene und gehetzte Menschen werden mit einer Flut von in vielen Fällen eigentlich absurden Entscheidungsfragen und systemisch präformierten Scheinalternativen hoffnungslos überfordert und daher leicht zum Werkzeug von professionellen Manipulateuren, Intriganten, Demagogen usw. Aber die »direkte Demokratie« bringt die Widersprüche des demokratischen Konstrukts nur offener und brutaler zum Vorschein als die parlamentarische Form einer »Stellvertreter-Demokratie«.

Die Bewegung von 1968, die an der Schnittstelle zwischen der Zweiten und der Dritten industriellen Revolution gewissermaßen für eine historische Schrecksekunde an das Geheimnis des kapitalistischen Systems rührte, ließ sich wie ihre arbeiterbewegten Ahnen noch einmal von der Benthamschen Perfidie narren. Mit dem schwachen Konzept der »Demokratisierung« war schon das Resultat vorgezeichnet, daß der »Marsch durch die Institutionen« genau wie bei der Sozialdemokratie in kapitalistische Regierungen und auf Ministersessel führen sollte, um schließlich selber jene Zwänge zu vollstrecken, gegen die man einst angetreten war.

Die Geschichte der Dritten industriellen Revolution

Der Kapitalismus hatte bis zum letzten Drittel des 20. Jahrhunderts zur Genüge gezeigt, zu welcher Präzision der Menschendressur er fähig und in welchem Ausmaß es ihm bereits gelungen war, die Maske seiner Fetischformen zum Gesicht der materiellen Welt und sogar weiter Teile der Natur zu machen, ja bis zu welchem Grad der Selbstverleugnung er große Massen treiben konnte. Diese enorme Leistung brachte aber niemals das elementare Unbehagen völlig zum Verstummen, das im logischen Selbstwiderspruch dieser Produktions- und Lebensweise von Grund auf angelegt ist. War der Fortschrittsglaube eigentlich schon im 19. Jahrhundert erloschen (auch wenn sein Gespenst seither von kapitalistischen Berufsoptimisten und Entertainern der Krisenberuhigung immer wieder beschworen worden ist) und hatte das bürgerlich-aufklärerische Subjekt spätestens im Ersten Weltkrieg abgedankt, um den sadomasochistischen Ritualen der Selbstauslieferung an einen als unbeherrschbar erkannten gesellschaftlichen Prozeß Platz zu machen, so durften sich die zum bloßen Material herabgewürdigten Menschen in der fordistischen Nachkriegsgeschichte wenigstens noch durch die flachen Räusche des Warenkonsums betäuben. Als aber schneller als erwartet die Grenzen des Wirtschaftswunders in Sicht kamen, konnte das gesellschaftliche Bewußtsein bei der quer durch alle theoretischen und politischen Lager erreichten Selbstverdummung auf hohem Niveau nur noch mit Verdrängungs- und Beschönigungsversuchen reagieren.

Das Unbehagen in der fordistischen Massenkultur seit den späten 60er Jahren ließ zwar das Ende der Atempause auch in den westlichen Zentren schon frühzeitig ahnen, aber es war verpufft, ohne sich zu einer neuen radikalen Kritik verdichten zu können. Der Alpdruck von nahezu dreihundert Jahren Modernisierungsgeschichte lastete auf den Gehirnen; und die neuen sozialen Bewegungen seit 1968, die niemals zum Kern des modernen Fetischismus vorzudringen vermochten, blieben mindestens so kapitalismuskompatibel wie die alte Arbeiterbewegung. Kein Wunder, daß die in der zweiten

Jahrhunderthälfte herausgebildete globale Gesellschaft der totalitären Weltmarkt-Demokratien blind und sprachlos in ihr Verderben zu rennen begann.

Auch die Mahnungs- und Warnungs-Literatur der Negativ-Utopien konnte da nicht mehr weiterhelfen. Hatte sie schon das System der fordistischen »Arbeitsstaaten« nur unzulänglich erfaßt, nämlich trotz aller weitergehenden Überlegungen letztlich doch auf die Elemente des politischen Totalitarismus konzentriert, so war mit dem Ende der Nachkriegsprosperität der Gehalt ihrer Vorausschau endgültig verbraucht. Die noch im Nebel der Zukunft verborgene Krise am Ende des 20. Jahrhunderts mußte von dieser Art des historischen Pessimismus gründlich verfehlt werden. Denn im phantasmagorisch verlängerten Fordismus der Negativ-Utopien werden die Menschen durch reglementierte Produktivkräfte abgefüttert und konsumistisch verblödet; alle Schrecken eines bürokratisch verfeinerten Kapitalismus sind vorgesehen, nur einer nicht: der Entzug des Konsums, die Rückkehr der Massenarmut und des gesellschaftlich produzierten Hungers.

»Ohne wirtschaftliche Sicherheit«, schreibt Huxley als guter Liberaler 1949 im Vorwort zur Neuausgabe seiner »Brave New World«, »kann die Liebe zur Sklaverei unmöglich entstehen; der Kürze halber nehme ich an, daß es der allmächtigen Exekutive und ihren Managern gelingen wird, das Problem dauernder wirtschaftlicher Sicherheit zu lösen« (Huxley 1989/1932, 16). Aber eben deshalb waren die negativ-utopischen Bilder dieser Art nicht schwarz genug: Sie konnten nur von jener staatlichen Gehirnwäsche und quasi physiologischen Manipulation durch totalitäre Staatsapparate ausgehen, ohne das eigentliche Wesen und die innere Schranke der Weltmaschine zu erkennen. Ebensowenig war ihnen der Kern der kapitalistischen Konkurrenz-Subjektivität in den Individuen selbst bewußt, der in der Krise zu Orgien der sozialen Ausgrenzung und der endemischen Gewalt führen würde, statt eine gleichförmige Einheitsmasse geräuschlos und reibungslos vor sich hin funktionieren zu lassen. Die Gleichförmigkeit ist gerade diejenige der totalen Konkurrenz von abstrakten Individuen; und der darin eingeschlossene Selbsthaß von Sklaven anonymer Märkte richtet sich in der Krise notwendig als Projektion nach außen, gegen »die anderen«.

Für die historische Kurzsichtigkeit der fordistischen Negativ-Utopien und ihrer Vorläufer gibt es einen einfachen Grund: Sie setzen das System der »abstrakten Arbeit« blind als einen quasi »naturgemäß« funktions- und reproduktionsfähigen Mechanismus voraus. Das Kommando der manipulativen Apparate bezieht sich immer schon auf die Tätigkeitsform der warenproduzierenden Weltmaschine, in der wenigstens eines ewig zu sein scheint: die gesellschaftliche Notwendigkeit, massenhaft Arbeitskraft zu verausgaben. Alle ausgemalten Schrecknisse eines mechanistisch verstümmelten Lebens entstammen dieser Voraussetzung: der Mensch als zum Roboter degradiertes Aggregat der »Arbeit«. Selbst bei Huxley, der die warenkonsumistische Kehrseite von »Brot und Spielen« betont, sind es doch immer funktionell zugerichtete »Arbeiter«, die als Embryos funktionell genormt und schließlich »entkorkt« werden:

»Menschen einer einzigen Prägung, in einheitlichen Gruppen. Ein einziges bokanowskysiertes Ei lieferte die Belegschaft für eine kleine Fabrik. Sechsundneunzig völlig identische Geschwister bedienen sechsundneunzig völlig identische Maschinen [...] Millionlinge. Massenproduktion endlich auch in der Biologie [...] Künftige Tropenarbeiter werden schon von ein Meter einhundertfünfzig an geimpft [...] Die Embryos haben noch Kiemen. Wir machen den Fisch immun gegen die Krankheiten des späteren Menschen [...] Auf Regal 10 wurden ganze Reihen künftiger Chemiearbeiter an die Einwirkungen von Blei, Ätznatron, Teer und Chlor gewöhnt. Der erste Schub einer Lieferung von zweihundertfünfzig Raketeningenieuren in embryonalem Zustand passierte soeben Meter 1100 auf Regal 3 [...] Und nun [...] möchte ich Ihnen einige interessante Einzelheiten bei der Normung von alpha-plus Intellektuellen zeigen. Wir haben eine große Lieferung auf Regal fünf [...] Die Normung Intellektueller kann mit Erfolg erst dann begonnen werden, wenn die Fetusse ihre Schwänze verloren haben« (Huxley 1989/1932, 22, 30 f.).

In einer weiteren berühmten, schon 1895 erschienenen Negativ-Utopie von H. G. Wells, dem Autor von »Krieg der Welten«, wird diese blinde Extrapolation der abstrakten »Arbeit« sogar auf die Spitze getrieben. Sein Roman »Die Zeitmaschine«, ebenso populär wie die Geschichte vom Angriff der Marsianer, benutzt die Vorstellung der Zeitreise (damals selbstverständlich als Einbahnstraße in die Zukunft gedacht), um den viktorianischen Kapitalismus sozialkritisch bis in das Endstadium seiner vollständigen Degeneration zu verlängern. Was sein Zeitreisender in der fernen Zukunft des Jahres 802701 vorfindet, ist eine nach wie vor in »nichtarbeitende« Drohnen und »Arbeiter« gespaltene Gesellschaft. Auf der Erdoberfläche leben die »Eloi«, ebenso schöne und verspielte wie dumme und »nutzlose« Kinder, die Nachkommen der einstigen Kapitalisten. In unterirdischen Fabrikstädten dagegen hausen die »Morlocken«, die Nachkommen der ehemaligen Lohnarbeiter, denn es herrschte ja schon Ende des 19. Jahrhunderts »eine Tendenz, die weniger ahnsehnlichen Einrichtungen unserer Zivilisation unter die Erde zu verlegen« (Wells 1980/1895, 78). Nach so langer Zeit aber sind beide Klassen in das Stadium des Verfalls übergegangen, wobei sich das Verhältnis eigenartig verkehrt hat:

»Die Oberweltler waren zwar einst vielleicht die bevorzugte Aristokratie gewesen und die Morlocken ihre rechtlosen Sklaven; das aber gehörte schon längst der Vergangenheit an. Die zwei Gattungen, welche die Evolution der Menschheit hervorgebracht hatte, sanken nun allmählich in ein völlig neues Verhältnis zueinander ab oder hatten es bereits erreicht. Die Eloi waren, wie einst die Karolinger, zu einer nur noch schönen Nutzlosigkeit degeneriert. Noch waren sie die Herren der Erde, doch nur noch geduldete; denn den Morlocken, die seit ungezählten Generationen unterirdisch lebten, war das Tageslicht mit der Zeit unerträglich geworden. Ich nahm an, daß sie die Kleider für die Eloi herstellten und ihre übrigen Alltagsbedürfnisse befriedigten, einem uralten Dienstritual zufolge vielleicht. Sie taten es ebenso selbstverständlich, wie ein stehendes Pferd mit den Hufen scharrt [...] Aber offenbar hatte sich die alte Ordnung teilweise schon in ihr Gegenteil verkehrt. Die Göttin der Vergeltung war dem verwöhnten Geschlecht auf den Fersen. Vor Weltzeitaltern, vor Tausenden von Generationen, hatte der Mensch seinen Bruder aus dem Wohlleben und dem Sonnenschein verdrängt; jetzt kehrte dieser Bruder zurück – aber verwandelt! Schon hatten die Eloi begonnen, Altes und Vergessenes neu zu erlernen: sie lernten wieder das Fürchten. Und plötzlich schoß mir die Erinnerung an das Fleisch durch den Kopf, das ich in der Unterwelt gesehen hatte [...] Diese Eloi waren nichts anderes als Mastvieh, das die ameisenartigen Morlokken aufzogen und schlachteten – wahrscheinlich sogar regelrecht züchteten [...]« (Wells, a.a.O., 92 ff.).

Der hübsche Einfall eines posthistorischen Vergeltungs-Kannibalismus kann nicht darüber hinwegtäuschen, daß die negative Zukunft aus der Verlängerung der »Arbeit« heraus gedacht ist und immer noch vom Standpunkt eines abstrakten »Nutzens« bewertet wird. Das System der mechanischen, selbstzweckhaften »Verausgabung von Nerv, Muskel, Hirn« ist nicht aufgehoben, sondern bloß degeneriert. Offenbar hatten die kritischen Literaten vergessen, was das eigentliche logische Problem des Kapitalismus ist und seinen unausweichlichen Selbstwiderspruch letzten Endes ausmacht – oder sie hielten dieses Problem wie Huxley positiv für überwunden, obwohl doch die Weltwirtschaftskrise das Gegenteil gezeigt hatte. Merkwürdigerweise kommt die ökonomische Krise in den Negativ-Utopien überhaupt nicht vor, sondern eben nur der vermeintlich omnipotente totalitäre »Arbeitsstaat«.

Visionen der Automatisierung

Sowohl den Negativ-Utopisten als auch den ökonomischen Theoretikern und den »Machern« des Managements war natürlich die schleichende Tendenz zur technologischen Substitution von Arbeitskraft durchaus bekannt. Sogar der Traum von der Vollautomatisierung war schon längst vorausgedacht. Gerade diese Idee wurde jedoch nicht unbedingt als negative empfunden, wenn ihre Verwirklichung auch in ferner Zukunft zu liegen schien. 1908 bemerkte Walter Rathenau beiläufig:

»Eine ideale Fabrik wäre eine, die wie ein riesiges Uhrwerk automatisch funktioniert und nur eines einzigen Arbeiters als Aufseher bedarf. Die Krafterzeugungsindustrie und die technische Chemie nähern sich diesem Zustand. Dieser Arbeiter als Aufseher aber hätte ausschließlich geistige Arbeit aufzuwenden und wäre vor eine sehr große Verantwortung gestellt [...] der Arbeitgeber [...] hat ein lebhaftes Interesse daran, daß der Mann sich gut ernährt, Muße zum Nachdenken hat, zufrieden und guter Laune ist« (Rathenau 1925/1908, 304).

Die harmonistische Idylle, die Rathenau hier pflegt, bezieht sich aber nur auf den »Arbeitgeber« und seinen einzigen übriggebliebenen Arbeiter – seltsamerweise taucht die Frage überhaupt nicht auf, was denn wohl passieren würde, wenn dieser Zustand sich verallgemeinert und die »zufriedenen Arbeiter« mitsamt ihrer »guten Laune« auf ein winziges Häuflein zusammenschmelzen, während die große Masse als kapitalistisch »überflüssige« Restmenge aus der gesellschaftlichen Reproduktion herausfällt.

Als dann Henry Ford mit der Zweiten industriellen Revolution Furore machte, gab es so etwas wie eine unausgesprochene Gewißheit, daß trotz Rationalisierung durch Fließband und tayloristische »Arbeitswissenschaft« keinesfalls die menschliche Arbeitskraft in wirklich großem Maßstab aus dem Produktionsprozeß verschwinden könnte. Zwar wurde die Massenarbeitslosigkeit in der Weltwirtschaftskrise durchaus (und oft agitatorisch anklagend) mit den neuen Prozeßtechniken in Verbindung gebracht. Aber es überstieg offensichtlich das zeitgenössische Vorstellungsvermögen, sich die Krise des Kapitalismus als grundsätzliche »Krise der Arbeitsgesellschaft« und damit als Krise der »abstrakten Arbeit« selbst denken zu können.

Rein logisch hätte dieser Gedanke durchaus naheliegen können: Wenn sich nämlich der Mensch der fordistischen Industrien in einen Roboter verwandeln mußte, dann bedurfte es ja nur noch weniger Entwicklungsschritte, bis er wirklich durch einen Roboter zu ersetzen war. Merkwürdigerweise hatten die Verfasser der Negativ-Utopien dies entweder nicht vorausgesehen oder jedenfalls keine gesellschaftliche Brisanz darin erblickt, sondern ihren historischen Pessimismus an anderen Problemen festgemacht. Fast noch merkwürdiger mutet jedoch der Optimismus der wenigen Theoretiker an, die weiter in die Zukunft schauten und dabei durchaus erkannten, daß der Fordismus nur die Vorstufe zu einer bis dahin nicht für möglich gehaltenen Automation bildete.

Gerade Keynes gehörte zu diesen historischen Optimisten der noch im Schoße der Zukunft verborgenen Dritten industriellen Revolution, die irgendwann den Fordismus ablösen würde. 1930, noch mitten in der Weltwirtschaftskrise, verbreitete er sich launig über die »wirtschaftlichen Möglichkeiten für unsere Enkelkinder«, obwohl der Einsatz seiner Argumentation zunächst kritisch klingt:

»Wir sind von einer neuen Krankheit befallen, deren Namen einige Leser noch nicht gehört haben mögen, von der sie aber in den nächsten Jahren noch recht viel hören werden, nämlich *technologischer Arbeitslosigkeit*. Das bedeutet Arbeitslosigkeit, weil unsere Entdeckung von Mitteln zur Ersparung von Arbeit schneller voranschreitet als unsere Fähigkeit, neue Verwendung für die Arbeit zu finden. Das ist aber nur ein vorübergehender Zustand des Anpassungsmangels. Auf lange Sicht bedeutet all dieses, daß die Menschheit dabei ist, ihre wirtschaftliche Aufgabe zu lösen. Ich möchte voraussagen, daß die Lebenshaltung der fortschrittlichen Länder in hundert Jahren vier- bis achtmal so hoch sein wird, als sie heute ist. Selbst im Lichte unseres heutigen Wissens hätte dies nichts Überraschendes. Es wäre aber auch nicht unsinnig, einen noch viel rascheren Fortschritt für möglich zu halten [...] Unter der Annahme, daß keine wichtigen Kriege und keine erhebliche Vermehrung der Bevölkerung stattfinden, komme ich zu dem Schluß, daß die Lösung des wirtschaftlichen Problems in hundert Jahren zum mindesten in Sicht sein wird. Dies bedeutet, daß die wirtschaftliche Aufgabe, wenn wir in die Zukunft sehen, nicht die beständige Aufgabe der menschlichen Rasse ist. Sie mögen fragen, warum ist das so aufregend? Es ist aufregend, weil wir finden – wenn wir in die Vergangenheit statt in die Zukunft blicken –, daß die wirtschaftliche Aufgabe, der Kampf um die Erhaltung, bisher immer die allererste und höchst dringliche Aufgabe der menschlichen Rasse war, ja, nicht nur der menschlichen Rasse, sondern des gesamten Königreichs des Lebendigen, von den Anfängen des Lebens in seinen niedrigsten Formen. Wir sind also – mit all unseren Beweggründen und tiefsten Trieben – von der Natur ausdrücklich zu dem Zweck entwickelt (!), unsere wirtschaftliche Aufgabe lösen zu können. Wenn die wirtschaftliche Aufgabe gelöst ist, wird die Menschheit eines ihrer herkömmlichen Zwecke beraubt sein. Wird dies eine Wohltat sein? Wenn man überhaupt an die wirklichen Werte des Lebens glaubt, so eröffnet sich zum mindesten die Aussicht auf die Möglichkeit einer Wohltat. Dennoch denke ich mit Schrekken an die Umstellung der Gewohnheiten und Triebe des gewöhnlichen Menschen, die in ihm seit ungezählten Generationen gezüchtet sind, und die er nun in wenigen Jahrzehnten von sich abwerfen soll. Um die heute übliche Sprache zu gebrauchen: müssen wir nicht einen allgemeinen ›Nervenzusammenbruch‹ erwarten? [...] Zum ersten Mal seit seiner Erschaffung wird somit der Mensch vor seine wirkliche, seine beständige Aufgabe gestellt sein, wie seine Freiheit von drückenden wirtschaftlichen Sorgen zu verwenden ist, wie seine Muße auszufüllen ist, die Wissenschaft und Zinseszins für ihn gewonnen haben, damit er weise, angenehm und gut leben kann [...] Doch, glaube ich, gibt es kein Land und kein Volk, das dem Zeitalter der Muße und der Fülle ohne Furcht entgegenblicken könnte. Denn wir sind zu lange dazu erzogen worden, zu streben und nicht zu genießen. Für den gewöhnlichen Menschen ohne eine besondere Begabung ist es eine beängstigende Aufgabe, sich selbst zu beschäftigen [...] Eine Drei-Stunden-Schicht oder eine Fünfzehn-Stunden-Woche kann die Aufgabe noch eine lange Weile hinausschieben. Für die meisten von uns sind drei Stunden am Tag ganz genug, um den alten Adam in uns zufrieden zu stellen [...] Wir werden imstande sein, uns von vielen der schein-sittlichen Grundsätze loszusagen, die uns seit zweihundert Jahren wie ein Albdruck verfolgt haben, wobei wir einige der abstoßendsten menschlichen Eigenschaften in die Stellung höchster Tugenden emporgesteigert haben [...]« (Keynes 1956/1930, 267 ff.).

Es ist wirklich verblüffend: Das einzige Problem, das der große bürgerliche Ökonom Keynes im Zusammenhang von möglicher Automatisierung und »technologischer Arbeitslosigkeit« sieht, ist ein kulturelles und psychologisches – die Frage, ob die von der vorausgesagten Dritten industriellen Revolution »freigesetzten« Massen imstande sein werden, sinnvoll mit der sorgenfreien Muße umzugehen, die ihnen von der kapitalistischen Entwicklung beschert werden wird. Fast dieselbe Argumentation finden wir 28 Jahre später bei der US-Philosophin Hannah Arendt in ihrem Werk »Vita Activa«, wenn auch wesentlich kritischer formuliert:

»[...] entscheidend ist ein [...] bedrohliches Ereignis des letzten Jahrzehnts, die noch in ihren Anfangsstadien begriffene Ausbreitung der Automation. Wir wissen bereits, ohne es uns doch recht vorstellen zu können, daß die Fabriken sich in wenigen Jahren von Menschen geleert haben werden und daß die Menschheit der uralten Bande, die sie unmittelbar an die Natur ketten, ledig sein wird, der Last der Arbeit und des Jochs der Notwendigkeit. Auch hier handelt es sich um einen Grundaspekt menschlichen Daseins, [...] das Verlangen nach dem leichten, von Mühe und Arbeit befreiten, göttergleichen Leben ist so alt wie die überlieferte Geschichte [...] So mag es scheinen, als würde hier durch den technischen Fortschritt nur das verwirklicht, wovon alle Generationen des Menschengeschlechts nur träumten, ohne es jedoch leisten zu können. Aber dieser Schein trügt. Die Neuzeit hat im siebzehnten Jahrhundert damit begonnen, theoretisch die Arbeit zu verherrlichen, und sie hat zu Beginn unseres Jahrhunderts damit geendet, die Gesellschaft im Ganzen in eine Arbeitsgesellschaft zu verwandeln. Die Erfüllung des uralten Traums trifft wie in der Erfüllung von Märchenwünschen auf eine Konstellation, in der der erträumte Segen sich als Fluch auswirkt. Denn es ist ja eine Arbeitsgesellschaft, die von den Fesseln der Arbeit befreit werden soll, und diese Gesellschaft kennt kaum noch vom Hörensagen die höheren und sinnvolleren Tätigkeiten, um derentwillen die Befreiung sich lohnen würde [...] Was uns bevorsteht, ist die Aussicht auf eine Arbeitsgesellschaft, der die Arbeit ausgegangen ist, also die einzige Tätigkeit, auf die sie sich noch versteht. Was könnte verhängnisvoller sein?« (Arendt 1989/1958, 11 f.).

Offensichtlich kennen die Ideologen des Kapitalismus ihr eigenes System sehr schlecht. Das liegt vor allem daran, daß sie es apriorisch und enthistorisiert betrachten, also mit überzeitlichen ontologischen Kategorien der Ökonomie operieren, was Keynes ja schon daran gehindert hatte, die von ihm analysierten Probleme als Resultat eines irreversiblen Entwicklungsprozesses statt als »mögliche Fälle« einer zeitlosen gesellschaftlichen Form zu sehen. Während Hannah Arendt immerhin noch weiß, daß zumindest die Verherrlichung der Arbeit erst im 17. Jahrhundert begann, übersetzt Keynes ganz in der Tradition des Liberalismus die ominöse »wirtschaftliche Aufgabe«, die nichts anderes ist als das System der kapitalistischen Zumutungen, wieder einmal in eine allgemeine »Naturbedingung«, so daß sogar schon die »niedersten Formen des Lebens« sich nach kapitalistischen Kriterien der Selbsterhaltung abstrampeln (in der Realität müßten dann allerdings alle Tiere Faultiere genannt werden, weil ihre »Selbsterhaltung« auf alles andere als eine rastlose und selbstzweckhafte Tätigkeit gerichtet ist).

Keynes wiederholt auch besinnungslos die uralte liberale Lüge von der permanenten Wohlfahrtssteigerung durch die Marktwirtschaft, von der die überwältigende Mehrheit der Menschen bis heute nichts bemerkt hat; und so erscheint ihm die künftige Überflüssigkeit der »Arbeit« als bloße Prolongation derselben Erhöhung des

Lebensstandards, zu der angeblich »Wissenschaft und Zinseszins« schon seit jeher führen. Er tut so, als wäre die kommende Obsoletheit der »Arbeit« in ökonomischer Hinsicht nichts als ein kleines Anpassungsproblem innerhalb der bestehenden Gesellschaftsordnung, obwohl das Ende der »wirtschaftlichen Aufgabe« in Wahrheit nur der Untergang des Kapitalismus selbst sein könnte. Glaubte Keynes allen Ernstes, dieses System würde sein Menschenmaterial einfach loslassen und selber friedlich entschlafen?

Sicherlich darf die verinnerlichte Arbeitsdisziplin als psychologisches und kulturelles Problem nicht unterschätzt werden, wenn das System der »abstrakten Arbeit« sich selber ad absurdum führt. Aber so schrecklich beängstigend ist die Aufgabe nun auch wieder nicht, sich »selbst zu beschäftigen«, wenn darunter nicht mehr die entfremdete Tätigkeit für den Selbstzweck der »schönen Maschine« zu verstehen ist. Daß ein kapitalistisch »beschäftigungslos« gewordener Mensch nur noch stumpfsinnig aus dem Fenster stiert, bis er endlich tot umfällt und von seinen Leiden erlöst wird, trifft zwar oft genug auf die ausgebrannten Wracks zu, die eine lebenslange betriebswirtschaftliche Verwurstung nach Erreichen der Altersgrenze zurückläßt; aber trotz aller Konditionierung sind die wenigsten von Anfang an und durchgehend so abgestumpft, daß sie nur deswegen in die »Arbeit« rennen, weil sie sonst absolut nichts mit sich anzufangen wüßten. Der Hauptgrund für die freiwillige Knechtschaft unter dem Joch anonymer Märkte ist noch immer jener »stumme Zwang der Verhältnisse« (Marx), der die von allen selbstbestimmten Mitteln und sozialen Beziehungen entblößten Menschen dazu treibt, sich einer verabscheuten Tätigkeitsform auszuliefern, weil sie sonst von ihren Existenzbedingungen abgeschnitten werden.

Verinnerlicht ist nicht so sehr die »abstrakte Arbeit« als solche, sondern die daraus entspringende allgemeine Verkehrsform des »Geldverdienens« und der Konkurrenz. Deshalb kann die kulturelle Unselbständigkeit der Menschen beim Obsoletwerden der »Arbeit« nur ein Nebenproblem bilden; das Hauptproblem besteht darin, daß die dauerhaft und strukturell »Überflüssigen« aus dem System des »Geldverdienens« und der Konkurrenz ausgestoßen werden, ohne daß dieses System aufhört, ihre Existenzbedingung zu sein. Sowohl Keynes als auch Arendt entgeht es völlig, daß die betriebswirtschaftliche Rationalität von Grund auf unfähig ist, die Automatisierung in eine entsprechende Abnahme der »abstrakten Arbeit« zu übersetzen (bei Keynes auf fünfzehn Wochenstunden, und auch das nur aus therapeutischen Gründen!). Dieser grandiose Irrtum ist nur möglich, weil der moderne Arbeitszwang in liberaler ideologischer Verblendung aus der »natürlichen« Notwendigkeit der stofflich-materiellen Wohlfahrtssteigerung hergeleitet wird statt aus dem abstrakten Selbstzweck der Weltmaschine, so daß dann das hochautomatisierte Fließen des stofflichen Reichtums ebenso »natürlich« die Arbeitszeit nahezu bis zum Verschwinden immer weiter herabsetzen müßte.

Das genaue Gegenteil ist aber der Fall, denn der betriebswirtschaftliche Kalkulationsroboter würde noch den (wie bei Rathenau) letzten übriggebliebenen Arbeiter am liebsten rund um die Uhr hetzen, während er die »Überflüssigen« ausspuckt und ihnen im Prinzip kein Stück Brot mehr gönnt. Das ist die logisch einzig mögliche Verlaufsform der Automatisierung im Kapitalismus: Massenarbeitslosigkeit bedeutet hier niemals massenhafte genußvolle Muße, sondern Massenarmut oder in letzter Konsequenz sogar Massensterben. Genau diese von Anfang an der betriebswirtschaftlichen Rationalität inhärente Logik ist es, die sich bei einer weitgehenden Automatisierung Bahn brechen und die bisherigen Kompensationsmechanismen des industriellen Wachstums außer Kraft setzen müßte. Hannah Arendt hat recht, wenn sie es als zutiefst verhängnisvoll bezeichnet, daß der modernen Arbeitsgesellschaft die »Arbeit« ausgeht – aber ihre Aussage wird erst wahr, wenn sie als Prognose einer nicht bloß kulturellen, sondern vor allem sozialen und ökonomischen Großkrise gelesen wird; und nicht etwa nur einer vorübergehenden Krise, sondern eines wirklichen historischen Systemzusammenbruchs, denn die »Arbeit«, die ausgeht, ist ja nichts anderes als die fetischistische Substanz des Kapitals selbst.

Aber eine Öffentlichkeit und bürgerliche Institutionen, die bis ins Mark vom Dienst an der kapitalistischen Gesellschaftsmaschine durchdrungen sind und daraus ihre Existenzberechtigung ziehen, konnten (und können bis heute) unmöglich einen solchen Gedanken zulassen, ebenso wenig wie die Masse der Lohnarbeiter, die auf die Subjekt- und Verkehrsform des warenproduzierenden Systems geeicht sind. Dennoch gab es einzelne Stimmen, die vor einer möglichen neuen und unerhörten sozialökonomischen Katastrophe des Kapitalismus im Gefolge der Automatisierung warnten, wenn ihnen auch der innere Formzusammenhang (und die grundsätzliche Identität) von »Arbeit«, Geld und Kapital fremd blieb, ihre Argumente also vor allem moralischer Natur waren. An vorderster Stelle ist hier Norbert Wiener (1894–1964) zu nennen, der wohl herausragendste unter den Begründern der Kybernetik. In der Erstausgabe seines kurz nach dem Zweiten Weltkrieg erschienenen berühmten Buches über diese neue Wissenschaft sieht er radikale Konsequenzen voraus und zeigt sich tief pessimistisch, weil er im Hinblick auf die Potentiale der Automatisierung mehr als Keynes oder Arendt wußte, wovon er sprach:

»Die automatische Fabrik und das Fließband ohne menschliche Bedienung sind nur so weit von uns entfernt, wie unser Wille fehlt, ein ebenso großes Maß von Anstrengung in ihre Konstruktion zu setzen wie z. B. in die Entwicklung der Radartechnik im Zweiten Weltkrieg [...] Es kann sehr wohl für die Menschheit gut sein, Maschinen zu besitzen, die sie von der Notwendigkeit niedriger und unangenehmer Aufgaben befreien, oder es kann auch nicht gut sein. Ich weiß es nicht. Es kann nicht gut sein, diese neuen Kräfteverhältnisse in den Begriffen des Marktes abzuschätzen, des Geldes, das sie verdienen [...] Ich kann vielleicht den Hintergrund der gegenwärtigen Situation erläutern, wenn ich sage, daß die Erste industrielle Revolution, die Revolution der ›finsteren satanischen Fabriken‹, die Entwertung des menschlichen Armes durch die Konkurrenz der Maschine war [...] Die moderne industrielle Revolution ist in ähnlicher Weise dazu bestimmt, das menschliche Gehirn zu entwerten, wenigstens in seinen einfacheren und mehr routinemäßigen Entscheidungen. Natürlich, gerade wie der gelernte Zimmermann, der gelernte Mechaniker, der gelernte Schneider in gewissem Grade die Erste industrielle Revolution überlebt hat, können der erfahrene Wissenschaftler und der erfahrene Verwaltungsbeamte die zweite überleben. Wenn man sich jedoch die zweite Revolution abgeschlossen denkt, hat das durchschnittliche menschliche Wesen mit mittelmäßigen oder noch geringeren Kenntnissen nichts zu verkaufen, was für irgend jemanden das Geld wert wäre. Die Antwort ist natürlich, daß wir eine Gesellschaft haben müssen, die auf menschliche Werte gegründet ist und nicht auf Kaufen und

Verkaufen. Um diese Gesellschaft zu erreichen, brauchen wir eine Menge von Planungen und Kämpfen, die, wenn es zum besten verläuft, sich auf der Ebene von Ideen abspielen, und wenn nicht – wer weiß, wie? [...] Das Beste, was wir tun können, ist, zu versuchen, daß eine breite Öffentlichkeit die Richtung und die Lage der gegenwärtigen Arbeit versteht [...] Ich schreibe im Jahre 1947, und ich muß sagen, daß es eine sehr schwache Hoffnung ist [...]« (Wiener 1992/1948, 59 ff.).

Für Wiener verschwimmt hier die bereits sichtbare Zweite mit der noch unsichtbaren Dritten industriellen Revolution, die er sich als bloße Konsequenz der zweiten denkt. Natürlich bauen die industriellen Revolutionen aufeinander auf, und es gibt Zwischenstufen und Übergänge, da ja die Konkurrenz permanent technologische Neuerungen erzwingt. Aber im großen Maßstab langfristiger Entwicklung betrachtet, lassen sich doch kohärente Muster feststellen, die auf einer ganz bestimmten technologischen Basis eine entsprechend spezifische sozialökonomische Epoche ausmachen.

War die Erste industrielle Revolution durch die Anwendung von Kohle und Dampfkraft gekennzeichnet, die den Ruin der traditionellen handwerklichen Produzenten nach sich zog, so beruhte die Zweite industrielle Revolution auf dem Verbrennungsmotor, dem Fließband und der betriebswirtschaftlichen »Arbeitswissenschaft«, verbunden mit einer sozialökonomischen Spaltung der Epoche in die Zeiten der industrialisierten Weltkriege und der fordistischen Nachkriegsprosperität. Die Dritte industrielle Revolution sollte ihre technologische Basis in der Elektronik und den »Informationswissenschaften« haben, um zu einer qualitativ neuen Stufe der Massenarbeitslosigkeit und damit der Systemkrise zu führen. Wieners früher Pessimismus hinsichtlich der in seinen Forschungen technologisch aufscheinenden Möglichkeit, daß die elektronisch-informationelle Fortentwicklung der Produktion nicht mehr mit der herrschenden Produktionsweise auf der Basis von »Arbeitsmärkten« vereinbar sein könnte, war nur zu berechtigt; aber seine Hinweise, in denen er noch nicht klar zwischen der Zweiten und der Dritten industriellen Revolution unterscheiden konnte, blieben erst einmal ohne Wirkung – kein Wunder, stand doch 1947 die volle Durchsetzung des Fordismus erst noch bevor.

1965, noch auf dem Scheitelpunkt des Booms, führte die deutsche Industriegewerkschaft Metall (IGM), eine der größten Einzelgewerkschaften der Welt, eine Tagung mit dem Titel »Automation – Risiko und Chance« durch, die in zwei dicken Bänden dokumentiert wurde. Obwohl bereits von elektronischen Rechnern und neuen Rationalisierungs-Potentialen die Rede war, betrachtete man die Zukunft der Dritten industriellen Revolution mit den fordistischen Augen einer »gesättigten« Massenbeschäftigung. Der Optimismus überwog, wie schon das Aufgreifen des ewigen kapitalistischen Räsonnements über »Risiken und Chancen« zeigt, in dem die »Risiken« immer nur als Funktion toller »Chancen« figurieren, um den Gang der kapitalistischen Dinge a priori zu rechtfertigen. Der damalige IGM-Vorsitzende Otto Brenner (1907–1972) meinte in aller Gemütlichkeit:

»In der Bundesrepublik haben wir trotz Automatisierung und Technisierung seit Jahren Vollbeschäftigung […] Die Gewerkschaften gehören keineswegs zu jenen, die von Automatisierung und anderen Formen des technischen Fortschritts unvermeidbare Massenarbeitslosigkeit erwarten […] Die Gewerkschaften betrachten den technischen Fortschritt als ein notwendiges Instrument zur Erreichung eines höheren Lebensstandards für alle […] Eine hochtechnisierte Zukunft stellt auch den Gewerkschaften neue Aufgaben. Die Gewerkschaften nehmen allerdings für sich in Anspruch, durch ihre erfolgreiche Lohn-, Gehalts- und Arbeitszeitpolitik in der Vergangenheit bereits wesentliche Vorleistungen zur Sicherung der Vollbeschäftigung erbracht zu haben. Nicht gelungen ist es bisher, die Ansprüche technisch eingesparter Arbeitnehmer auf gleichwertige Arbeitsplätze zu sichern […]« (Brenner 1965, 16, 22, 26 ff.).

Ganz eindeutig bestand die gewerkschaftliche Zukunftsschau einzig und allein darin, sich wie schon bei der fordistischen Rationalisierungsdebatte in den 20er Jahren an die noch undeutliche technologische Revolutionierung des Kapitalismus anzuhängen, sie beschönigend umzudeuten und die Hoffnung zu nähren, daß auch eine neue Epoche von Rationalisierung und Automation durch positives Mitmachen bewältigt werden könnte. Noch optimistischer, ja geradezu euphorisch äußerten sich auf dieser Tagung die Vertreter internationaler Institutionen, so Jef Rens, Führungsmitglied der Internationalen Arbeitsorganisation (IAO) in Genf:

»Durch die ungeheuren technischen Fortschritte in der jüngsten Vergangenheit wird es möglich, eine ständig wachsende Flut von Gütern zu erzeugen, um die Wünsche und Bedürfnisse der Menschen zu befriedigen. Wir können uns jetzt wie nie zuvor überlegen, wie wir diese steigende Produktivität nutzen wollen [...] Mit der Verlängerung der Freizeit, wie sie vorauszusehen ist, werden sich auch umfassendere Möglichkeiten zu ihrer konstruktiven Verwendung bieten. Gerade die Gewerkschaften können in dieser Entwicklung eine bedeutende Rolle spielen. Sie werden von den Arbeitnehmern selber gebildet und gelenkt und haben daher ideale Voraussetzungen für die Aufstellung und Durchführung von Programmen, die dem arbeitenden Menschen ein reicheres und erfüllteres Leben erschließen können. Die Gewerkschaftsbewegung kann am besten bestimmen, welche Freizeitbeschäftigungen für ihre Mitglieder von Interesse sind, und dementsprechend ihre Programme gestalten. Hier ist der Gewerkschaftsbewegung von heute sicherlich noch eine große Aufgabe gestellt« (Rens 1965, 49 f.).

Ganz in diesem absurd optimistischen Sinne, der die Gewerkschaft der Zukunft als eine Art Sinngebungs-Organisation für die kommende Freizeit-Gesellschaft begreifen wollte, sekundierte Michael Harris, der stellvertretende Generalsekretär der OECD:

»Vielleicht wurden die Möglichkeiten der modernen Technik weniger beachtet als ihre Gefahren. Die bisherigen Produktivitätsfortschritte haben jedoch zu einem ständigen Anstieg des Lebensstandards in jenen Ländern geführt, die die neuen Techniken angewandt haben. Nichts berechtigt zu der Annahme, daß es bei der Automation anders sein sollte« (Harris 1965, 54).

Unter weitgehender Ignoranz aller ökonomischen Bedingungszusammenhänge drückt sich hier mit Macht das Bestreben aus, die kommende Dritte industrielle Revolution allein unter dem Aspekt des bereits im Sinkflug begriffenen fordistischen Booms zu sehen und damit als dessen Verlängerung. Solche Erwartungen wurden auch von vielen Sozialwissenschaftlern genährt. Zu den bekanntesten Berufsoptimisten in dieser Hinsicht zählte der französische Soziologe Jean Fourastié (1907–1990), der die engbegrenzten Arbeitszeitverkürzungen in den Zentren der fordistischen Prosperität gleich für das nächste Jahrhundert hochrechnete:

»Man ist heute allgemein der Ansicht, daß schon in naher Zukunft der Durchschnittsmensch in den wirtschaftlich hochentwickelten Ländern seine Bedürfnisse mit einer Erwerbstätigkeit von 30 Stunden in der Woche befriedigen kann [...]; jedenfalls lassen die seit zehn Jahren in den westlichen Ländern gemachten Fortschritte in Wissenschaft und Technik derartige Perspektiven durchaus berechtigt erscheinen [...]; ohne [...] einen genauen Zeitpunkt festzulegen, darf man annehmen, daß 30 Arbeitsstunden in der Woche mit 40 Arbeitswochen im Jahr in Einklang zu bringen sind. Das ergibt mithin 30 x 40 gleich 1200 Arbeitsstunden im Jahr [...] Da die Lebensdauer des Durchschnittsmenschen sich alsdann auf annährend 80 Jahre [...] beläuft, werden unsere Nachkommen von 100 Stunden nur noch sechs der Arbeit an der Produktion widmen, die ja Jahrtausende hindurch fast die gesamte physische Kraft und geistige Aktivität von Millionen unserer Vorfahren verschlang. Gegenwärtig erleben wir also, wie der Mensch aus einer Situation zeitlicher Gebundenheit in eine solche des Zeithabens wechselt [...]« (Fourastié o. J./1965, 7 ff.).

Fourastié, der seine optimistische Zukunftsvision »Die 40 000 Stunden« nannte (mehr würde der Mensch künftig während seines ganzen Lebens nicht mehr zu arbeiten brauchen), ignoriert wie seine Kolleginnen und Kollegen aus der ökonomischen und philosophischen Zunft vollständig die kapitalistische Logik, um ganz unmittelbar »technischen Fortschritt« und »Arbeitszeit« miteinander zu verrechnen – und nebenbei auch noch die Sozialgeschichte der Menschheit zu verfälschen, indem er unterstellt, daß die vormodernen Menschen »Jahrtausende hindurch« nahezu ihre gesamte Lebenszeit mit »Arbeit« zugebracht hätten, während in Wahrheit das genaue Gegenteil der Fall ist; hat doch erst der Kapitalismus die absurde Tendenz entwickelt, die Produktivkraft einzig zu dem Zweck zu steigern, möglichst die gesamte Lebenszeit in »Arbeit« zu verwandeln. Und hatten Keynes und Hannah Arendt wenigstens noch die kulturelle und sozialpsychologische Problematik einer über die »Arbeitsgesellschaft« hinauswachsenden Entwicklung der Produktivkräfte erörtert, so findet sich bei Fourastié nur noch die Naivität eines hemmungslosen technologischen Wunderglaubens, der aus heutiger Sicht geradezu schrullig wirkt:

»Jetzt wird man auch den normalen Menschen ›vervollkommnen‹, seine Fähigkeiten steigern, seine Müdigkeit verringern oder sogar abschaffen (!) und sein Erbgut beeinflussen können [...] In der Tier- und Pflanzenbiologie haben wir schon Schlachtvieh, das unsere Vorfahren für märchenhaft gehalten hätten, wir haben Pfirsiche mit einem Gewicht von 500 g, Äpfel, die 1 kg schwer sind [...]; 1965 wird das Atomkraftwerk in Hanford in Betrieb genommen, und an ihm läßt sich erkennen, wie die ungeheuren Kraftwerke der nahen Zukunft aussehen werden [...]« (Fourastié, a.a.O., 13).

Diese Euphorie hat etwas Gespenstisches, wenn man bedenkt, daß der technologisch und technokratisch reduzierte liberale wie sozialistische Fortschrittsglaube des 19. Jahrhunderts in Zeiten der industrialisierten Weltkriege und der Weltwirtschaftskrise bereits katastrophisch verglüht war. Die kurze Phase der fordistischen Prosperität nach 1950 brachte aber gewissermaßen noch einmal ein Nachbild dieser technokratischen Hoffnung im gesellschaftlichen Bewußtsein hervor. Fourastié stand mit seinem flachen Optimismus durchaus im Kontext fordistischer Technik-Utopien, die auf niedrigstem intellektuellen Niveau inzwischen allenthalben propagiert wurden. Die technologisch als machbar gedachte »Abschaffung der Müdigkeit« etwa korrespondiert mit zeitgenössischen Vorstellungen in populären Technik-Zeitschriften oder Science-fiction-Romanen von einer Reduktion der Nahrungsaufnahme auf Pillenform, einer Autobahn über den Bodensee oder von Rasierapparaten, die durch miniaturisierte Atomreaktoren angetrieben werden.

Die Wegrationalisierung des Menschen

Der reale Ablauf einer industriellen Revolution vollzieht sich, wie die Geschichte seit dem späten 18. Jahrhundert gezeigt hat, ungleichmäßig und mit mehr oder weniger langen Inkubationszeiten. Das Aufkommen neuer Technologien zieht also nicht unmittelbar das »Anspringen« des entsprechenden sozialökonomischen Umwälzungsprozesses nach sich; und auch die jeweilige Basistechnologie selbst bedarf einer gewissen Reifezeit und der Vermittlung mit Innovationen auf anderen Ebenen. So datiert die Erfindung des Automobils bereits auf die 80er Jahre des 19. Jahrhunderts, aber erst in Verbindung mit Taylors »Arbeitswissenschaft« und Fords neuen Produktionsmethoden seit 1913 wurde die Grundlage für die Zweite industrielle Revolution gelegt, die nach dem in der Weltwirtschaftskrise gescheiterten ersten Anlauf ihren weltweiten Durchbruch noch viel später, nämlich um 1950 erlebte. Eine derart über mehr als ein halbes Jahrhundert gestreckte ungleichmäßige Verlaufsform bietet natürlich Raum für vielfältige und gegensätzliche Interpretationen, bis sich schließlich der wahre Charakter der epochalen Umwälzung herausschält.

Die technologischen Innovationen der Dritten industriellen Revolution fanden zu einer Zeit statt, als der Durchbruch der Zweiten noch nicht einmal vollzogen war. Dabei läßt sich die jeweilige Qualität der drei großen industriellen Entwicklungsschübe hinsichtlich der Tätigkeit im kapitalistischen Produktionsprozeß leicht kennzeichnen: Bestand der Hauptinhalt der Ersten industriellen Revolution darin, menschliche Muskelkraft durch Maschinenkraft zu ersetzen, so lag das Charakteristikum der Zweiten industriellen Revolution darin, die im Maschinensystem tätige menschliche Arbeitskraft zu »rationalisieren« oder gleichsam zu robotisieren. Das zentrale Merkmal der Dritten industriellen Revolution konnte es dann nur noch sein, die menschliche Arbeitskraft im industriellen Produktionsprozeß überhaupt überflüssig zu machen, sie durch gesteuerte Automaten und Informationssysteme »wegzurationalisieren«.

Dafür waren im wesentlichen zwei Innovationen maßgebend. Zum einen bedurfte es einer neuen Form von »Organisationswissenschaft«, die keine »Arbeitswissenschaft« im Sinne Fords und Taylors mehr war, sondern eine »Steuerungswissenschaft« für technologisch-ökonomische Aggregate – also unabhängig von der menschlichen »Verausgabung von Nerv, Muskel, Hirn«, ganz abstrakt für die Regulation von systemischen »Abläufen« aller Art. Diese fand sich eben in der *Kybernetik*, ein Begriff, den Norbert Wiener in seinem 1948 erschienenen gleichnamigen Buch (nach dem altgriechischen Wort für »Steuermannskunst«) überhaupt erst geprägt hatte. Wiener bezeichnete damit eine neu entstandene Grenzwissenschaft zwischen Mathematik, Technik und Biologie (Neurophysiologie), die sich mit den »Gesetzmäßigkeiten von Funktionsmechanismen« beschäftigte – ein dem kapitalistischen Funktionalismus auf den Leib geschriebener interdisziplinärer Wissenschaftszweig. Auf die Soziologie übertragen, konnte diese Wissenschaft nur Sozialtechnokratie im großen Stil bedeuten, technologisch die Automatisierung, und betriebswirtschaftlich eben das »Wegrationalisieren« der menschlichen Arbeitskraft. Der Begriffsapparat der Kybernetik, wie er seither in den allgemeinen Wortschatz eingegangen ist, befaßt sich auf eine ganz bestimmte, an automatischer »Regelung« interessierte Weise mit den Zusammenhängen von Kommunikation, Information, Speicherung und Rückmeldung bzw. »Rückkoppelung«. In einer ersten Gesamtdarstellung der schnell unübersehbar gewordenen neuen Wissenschaft heißt es über ihre Entstehung und ihren Inhalt, ausgehend von Wieners begriffsbildender Publikation:

»Das Erscheinen dieses Buches wirkte wie ein Kristallkeim in einer übersättigten Lösung: gleichsam mit einem Schlage lagerten sich Kristalle an, gewann all das, was auf den verschiedensten Gebieten und in den verschiedensten Ländern ›in der Luft lag‹, plötzlich Form, schloß sich zusammen – und die Wissenschaft ›Kybernetik‹ war da! [...] Da war einmal die sogenannte ›Regeltechnik‹, also die Theorie technischer Regelgeräte, ihre Konstruktion und ihre Einführung in die Industrie [...] In Biologie und Physiologie hatte sich eine ähnliche Entwicklung angebahnt, nur gleichsam in umgekehrter Richtung. Daß die ›Regulierung‹ physiologischer Vorgänge in den Organismen eine hervorragende Rolle spielt, war schon lange bekannt [...] Dann aber hatten einige Physiologen und Biologen begonnen, auf der Suche nach Methoden, mit denen sie dieses Verhalten der Organismen und das ungeheuer komplizierte Zusammenspiel der physiologischen Vorgänge in den Lebewesen beschreiben könnten, die Begriffe und vor allem die mathematischen Methoden der Regeltechniker zu übernehmen – in Deutschland als erster der Münchner Physiologe R. Wagner schon seit 1925. Umgekehrt konnten die Techniker aus dieser Berührung mit der Biologie wieder viel für die Theorie und für die Konstruktion ihrer ›Regler‹ lernen. Ein zweites Gebiet, auf dem entsprechende Probleme schon behandelt wurden, war die Nachrichtentechnik [...] Mit der rapiden Zunahme des Nachrichtenwesens in der Welt, das zugleich immer größere Entfernungen zu überbrücken hatte, entstanden für die Nachrichtentechniker viele neuartige Probleme, etwa: Wie kann man mit möglichst wenig Aufwand und in möglichst kurzer Zeit ein Maximum von Nachrichten auf beliebig weite Entfernungen übertragen? Welche Rolle spielen dabei die unvermeidlichen ›Störungen‹? Wie lassen sich diese Störungen vermindern [...]? Dabei tauchten zwangsweise Fragen auf, die die Formulierung von Nachrichten betrafen, also Probleme der Sprache, der Schrift, der ›Codierung‹ von Nachrichten, der Erkennbarkeit von Zeichen [...] Bei diesen Untersuchungen entdeckte und präzisierte man einen ganz neuen Begriff, den der ›Information‹. Es entwikkelte sich ein eigener Wissenschaftszweig, die *Informationstheorie*, selbst eine Wissenschaft auf einer terra incognita zwischen Nachrichtentechnik, Sprachtheorie, symbolischer Logik, Mathematik usw., die dann wieder für die Regeltechnik und die Biologie von zunehmender Wichtigkeit wurde [...] Alles drängte eigentlich zu einer Vereinheitlichung, zu einer Zusammenfassung [...]« (Flechtner 1984/1966, 1, 6 f.).

Die alte kapitalistische Metapher der Maschine für den Weltzusammenhang überhaupt, die schon in den ersten beiden industriellen Revolutionen ihre je spezifische Ausprägung gefunden hatte, wiederholte sich auch für die Kybernetik in deren Definition als »allgemeine formale Wissenschaft der Maschinen«, wobei ausdrücklich dazugesagt wurde, »daß hier unter ›Maschinen‹ auch Lebewesen, Gemeinschaften, Volkswirtschaften und dgl. zu verstehen sind« (Flechtner, a.a.O., 9). Norbert Wiener selbst definierte »seine« Wissenschaft 1960 auf einer Tagung folgendermaßen: »Die Kybernetik ist die Wissenschaft von Kontrolle und Information, gleichgültig, ob es sich um lebende Wesen oder um Maschinen handelt« (zit. nach: Flechtner, a.a.O., 9). Ironischerweise war es aber gerade diese umfassende »Maschinenwissenschaft«, die den Menschen als kapitalistische Maschine obsolet machen und gerade diese »Kontrollwissenschaft«, die den Kapitalismus endgültig außer Kontrolle bringen sollte, wie es ja Wiener selbst vorausgeahnt hatte.

Zum andern bedurfte es allerdings auch buchstäblich einer neuen Art von Maschine, um die Kybernetik überhaupt im großen Maßstab wirksam zu machen und die Dritte industrielle Revolution auf den Weg zu bringen. Diese Maschine neuen Typs war der Rechenautomat, die elektronische Rechenmaschine, deren Entwicklung von Anfang an in engem Zusammenhang mit der Geburt der Kybernetik stand. Die Idee als solche und einfache Formen ihrer Ausführung sind sehr alt. Mathematische Vorüberlegungen dazu gab es schon im Mittelalter. Leibniz verfolgte das Programm einer »universellen Formalisierbarkeit« der Welt in Verbindung mit der Konstruktion von Rechenautomaten. Alle diese Optionen blieben in den Kinderschuhen stecken, weil es nicht genügend »Speicherkapazität« gab und die Geschwindigkeit der Rechenoperationen zu langsam war. Immerhin liefen in der Ersten industriellen Revolution die mechanischen Webstühle bereits mit einer Lochkartensteuerung: »Bonchon benutzt etwa um 1725 ein Lochpapier, um Muster mechanisch zu übertragen [...] 1805 verbessert Jacquard die Lochkartensteuerung durch Hintereinanderknüpfen von Lochkarten – ein erster Einstieg in die Datenverarbeitung« (Coy 1985, 47). Und 1890, noch am Vorabend der Zweiten industriellen Revolution, erfand der deutsch-amerikanische Ingenieur Hermann Hollerith (1860–1929) die Lochkartenmaschine. Aber erst im 20. Jahrhundert kam die Grundidee in großem Stil auf die Tagesordnung der technologisch-naturwissenschaftlichen Entwicklung im Kapitalismus. 1936 kreierte der englische Mathematiker A. M. Turing das Gedankenmodell einer nach ihm benannten Maschine, das den »Begriff der Berechenbarkeit oder der Konstruierbarkeit« (Coy 1985, 31) formalisierte:

»Die Turing-Maschine ist [...] ein mathematisches Modell einer Rechenmaschine. Sie kann bei geeignetem Programm jede Berechnung ausführen, die ein Mensch durch Beschreiben von Papier ausführen kann [...] In der folgenden Zeit wurde deutlich, daß dieses mathematische Maschinenmodell zu allen bekannten formalen Kalkülen der Berechenbarkeit äquivalent ist [...] Die Umsetzbarkeit des mathematisch definierten Rechenautomaten war Turing bewußt. Während des Krieges arbeitete er in einer Dechiffrierabteilung der britischen Armee an einer solchen Maschine, dem ›Colossus‹-Projekt. 1947 wurde in der Folge dieses Projektes der erste britische Rechner gebaut« (Coy, a.a.O., 30 f.).

Im selben Jahr 1936 baute der deutsche Ingenieur Konrad Zuse einen »Ziffernrechner«, der »Gleichungen für statische Rechnungen programmgesteuert lösen konnte« (Coy, a.a.O., 63). Der Zweite Weltkrieg beschleunigte die Entwicklung der automatischen elektronischen Rechenmaschinen für die Berechnung von Geschoßbahnen, die Entschlüsselung feindlicher Nachrichten-Codes und nicht zuletzt für den Bau der Atombombe; auch bei der technologischen Grundlegung der Dritten industriellen Revolution war der Krieg wieder einmal der Vater aller kapitalistischen Dinge. Aber die mit Hilfe der Elektronenröhre betriebenen Rechner waren noch viel zu schwerfällig und aufwendig, um Bestandteil einer neuen Art der Massenproduktion werden zu können. 1948, zeitgleich mit Wieners Kreation der Kybernetik, gelang der entscheidende technische Durchbruch: In den Bell-Laboratorien vor den Toren New Yorks erfanden die Ingenieure John Bardeen, Walter Brattain und William Shockley den Transistor – die »Nervenzelle des Informationszeitalters«. 1956 bekamen sie dafür den Nobelpreis. Der Transistor, ein elektronisches Verstärkerelement aus Halbleitermaterial, vermied die Heizleistung der Elektronenröhre und war nicht nur von Anfang an um vieles kleiner, sondern auch weiter miniaturisierbar. Ende der 50er Jahre entstand schließlich durch die Integration mehrerer Transistoren der Mikrochip. Alle Grundelemente der mikroelektronischen Revolution waren damit vorhanden:

»Innovationstheoretisch sind der Transistor und die darauf folgende mikroelektronische Technologie interessant, weil sie als [...] Basisinnovation [...] ein Kernelement eines technologischen Strukturwandels, der automatischen Steuerung von Maschinen darstellt, dessen Folgen für die Produktionstechnologie so umfassend sind, daß nicht von ungefähr von einer ›industriellen Revolution‹ gesprochen wird [...]« (Halfmann 1984, 60).

Die Automatisierungsdebatte Ende der 50er und Anfang der 60er Jahre war also nicht mehr bloße Science-fiction, sondern hatte bereits einen realen technologischen Hintergrund, während sich noch der fordistische Boom entfaltete. Der Transistor erweiterte schlagartig den Anwendungsbereich elektronischer Steuerungen. Bei jener Tagung der IG Metall im Jahr 1965 berichtete Walter P. Reuther, der Vorsitzende der US-amerikanischen Automobilarbeiter-Gewerkschaft, über die ersten neuartigen Automationstendenzen:

»Als unsere Gewerkschaft vor zehn Jahren eine Schrift über die Auswirkungen der Automation herausgab, nannten wir auch einige aufsehenerregende Beispiele, wie eine automatische Drehbank, die selbst ihre Schneidewerkzeuge neu einstellen oder gegebenenfalls austauschen konnte; Drehbänke und Bohrmaschinen, die durch elektronische Vorrichtungen oder Lochstreifen gelenkt wurden und hochqualifizierte Arbeitnehmer ersetzen konnten; und dann eine Maschine mit einem ›elektronischen Gedächtnis‹, die eine Kurbelwelle genau studieren, etwaige Unebenheiten entdecken und sie sich merken, dann die Kurbelwelle anhalten und automatisch die Unebenheiten beseitigen konnte [...] Im wesentlichen zeigt sich das gleiche Bild für fast alle Industriezweige [...] Fast überall wird mit einer Produktionssteigerung gerechnet, aber der technische Fortschritt wird das Anwachsen der Beschäftigung verlangsamen oder sogar verringern« (Reuther 1965, 1078 ff.).

Dennoch gab es immer noch eine gewisse Inkubationszeit der Entwicklung, gewissermaßen einen doppelten Wettlauf: Zum einen zwischen der Expansion der fordistischen Märkte und der neuen mikroelektronischen Rationalisierung; zum andern zwischen dem betriebswirtschaftlichen Kostenkalkül und der Miniaturisierung sowie der damit verbundenen Verbilligung der Rechner und Steuerungsanlagen. Die Dritte industrielle Revolution reifte im Schoße der Zweiten heran:

»Die Automatisierung beginnt mit der Verfahrenstechnik in der Chemieindustrie und der Petrochemie, der Stahlindustrie, dem Bergbau, der Energieproduktion und in der Lebensmittelproduktion. Die Automatisierung der metallverarbeitenden Industrie ist wegen der Komplexität und Unterschiedlichkeit der einzelnen Produktionsschritte erheblich schwieriger und beginnt massenhaft erst in der Mitte der siebziger Jahre nach der Einführung des Mikroprozessors als billigem Regel- und Steuerbaustein [...]« (Coy 1985, 64).

Solange die entgegengesetzten Kräfte in verschiedene Richtungen an der gesellschaftlichen Reproduktion zerrten, waren die letztendlichen Folgen der Dritten industriellen Revolution noch nicht klar zu erkennen, und der historische Optimismus der Gewerkschaften und von Theoretikern wie Fourastié schien praktisch noch nicht widerlegt.

Obwohl sich die fordistische Expansion der Märkte Ende der 60er Jahre bereits erschöpft hatte, legten sich die Wellen der Automatisierungs-Debatte erst einmal wieder. Die sogenannte »Ölkrise« lenkte die Aufmerksamkeit zunächst in eine andere Richtung. Aber als deutlich wurde, daß die einsetzende neue Massenarbeitslosigkeit im Weltmaßstab nicht mehr allein dem Ölpreisschock geschuldet sein konnte, kehrte auch die Frage nach den sozialökonomischen Folgen der Automation zurück; jetzt allerdings weitaus ungemütlicher und weniger optimistisch als fünfzehn oder zwanzig Jahre zuvor.

Die technologische oder auch inzwischen als »strukturell« bezeichnete Massenarbeitslosigkeit, die parallel zum Aufstieg der mikroelektronischen Revolution seit Beginn der 80er Jahre immer unerbittlicher anstieg, zeigte ein Charakteristikum an, das für das kapitalistische Bewußtsein zutiefst beunruhigend wirken mußte: Die Arbeitslosigkeit war insofern eine strukturelle geworden, als sie nicht mehr in Korrespondenz mit dem konjunkturellen Zyklus an- oder abschwoll, sondern unabhängig davon kontinuierlich wuchs. Nicht nur hatte das Wachstum sich relativ verlangsamt, sondern der Zyklus legte sich nur noch als schwache Modulation über eine massive, absolut ansteigende Massenarbeitslosigkeit, deren »Sockel« in der Folge bis zum Ende des 20. Jahrhunderts stetig größer werden sollte. Dieses Problem hatte sich zum gesellschaftlichen Hauptproblem gemausert, zu einer globalen Dauerkrise, die alle anderen Probleme überlagerte oder zunehmend überhaupt erst hervorbrachte.

Hannah Arendts Diktum von der »Krise der Arbeitsgesellschaft« wurde jetzt nicht nur erstmals für ein großes gesellschaftliches Publikum relevant, sondern nahm auch einen drohenden Ton an. 1983 veröffentlichte die IG Metall eine Untersuchung zur technologischen Massenarbeitslosigkeit, deren Titel »Maschinen wollen sie – uns Menschen nicht!« sich im Vergleich zum goldenen Optimismus von 1965 schon richtig kläglich anhörte. Entsprechend düster oder verhärtet stellte sich nun auch die theoretische Reflexion dar. Schon 1977 schrieb der Philosoph Günther Anders über die »Antiquiertheit der Arbeit«:

»Nun, die Mehrzahl der heute Arbeitenden gehören noch nicht zur Kategorie der Automationsdiener. Aber der Trend ist unaufhaltsam: im Jahre 2000 werden, so sagt man voraus, die meisten Arbeiter Automationsarbeiter sein. Das bedeutet natürlich nicht, daß dann alle ›Arbeitswilligen‹ an oder in Automationen arbeiten werden. Denn es gibt eine eiserne Regel der *Umkehrung der Proportion,* die besagt, daß *mit der steigenden Zahl der Automationen die Zahl der erforderlichen Arbeiter sinkt.* Anders ausgedrückt: Es ist unvermeidlich, daß, gewissermaßen als ›zweites Produkt‹, aus den Automationen ein Millionenhaufen von Arbeitslosen [...] herausfällt [...] In Japan gibt es bereits *›unmanned factories‹*. Die wird es bald auch anderswo geben, ebenso *›unmanned offices‹*, da heutige Computer [...] millionenfach so schnell rechnen wie ihre Konstrukteure [...] Wird sich nicht die Menschheit in ein einziges kolossales Lumpenproletariat verwandeln? [...] Denn die Arbeitslosigkeit, die nunmehr bevorsteht, wird die, die vor 50 Jahren geherrscht hatte, als harmlos erscheinen lassen. Wenn man bedenkt, daß schon die damalige eine der Hauptursachen des Nationalsozialismus gewesen war, dann kann einem der Mut vergehen, sich vorzustellen, was die bevorstehende hervorbringen wird. Gar nicht unmöglich, daß die (damals wirtschaftlich widersinnigen) Auschwitzer Gasöfen die Modelle für die ›Bewältigung‹ der Tatsache, daß es, verglichen mit Arbeitsgelegenheiten, *›zu viele Menschen gibt‹*, abgeben werden [...]« (Anders 1987/1977, 94 ff.).

Hier werden mit ahnungsvollem Entsetzen bereits die schwärzesten Konsequenzen aus dem drohenden Zusammenbruch der Arbeitsmärkte gezogen, die auf die Spuren der liberalen Vernichtungsphantasien gegen die kapitalistisch »überflüssigen« Menschenmassen während der großen Transformationskrise der Ersten industriellen Revolution verweisen. Wie so viele Kritiker vor ihm führt jedoch auch Anders, obwohl er gelegentlich und wie nebenbei vom Kapitalismus redet, das katastrophenträchtige Problem unvermittelt und letztbegründend auf »die Technik« zurück und macht es damit ausweglos. Zwar ist es ein treffender Ausdruck, wenn er vom »Totalitarismus der Geräte« (a.a.O., 109) spricht; aber doch nur deswegen, weil in diesen »Geräten« die Produktivkräfte bereits in einer spezifisch kapitalistischen Form gebunden sind, deren Logik keine »technische« an sich ist, sondern die ökonomische Vernutzungslogik »abstrakter Arbeit«. Anders' eigener Argumentationsgang macht indirekt den destruktiven Charakter betriebswirtschaftlicher Rationalität deutlich; denn es ist 1977 so wenig wie 1844 oder 1999 glaubwürdig, daß »arbeitssparende Maschinen« an sich, aus rein »technischen« Gründen, massenhaft Menschen ins Elend stürzen sollen. Das kann gar nicht durch die Technik als solche, sondern nur durch die Form der gesellschaftlichen Organisation verursacht sein, die zu solchen widersinnigen Konsequenzen der technischen Entwicklung führt.

Nennt aber Anders wenigstens noch die systemische Brutalität beim Namen, auch wenn er den sozialökonomischen Bedingungszusammenhang verfehlt, so macht Ralf Dahrendorf fünf Jahre später beim 21. Deutschen Soziologentag aus seinem liberalen Herzen keine Mördergrube und führt ein Räsonnement ein, das gerade als ökonomisches die »Krise der Arbeitsgesellschaft« in der klassischen Manier der angelsächsischen Volkswirtschaftslehre wegerklärt und zugleich indirekt eine infame »Lösung« nahelegt, auch wenn der Großdenker des zeitgenössischen Liberalismus daran selbst nicht so recht glauben mag:

»Alle reden von der Arbeitslosigkeit. Man kann es verstehen. Noch in der Mitte der 70er Jahre lag in den OECD-Ländern der Prozentsatz der Beschäftigten, die ohne Arbeit waren, bei drei, allenfalls vier Prozent [...] Heute, 1982, liegt der OECD-Durchschnitt der Nichtbeschäftigten bei 10 Prozent [...] Friedrich von Hayek hat argumentiert, daß es in einer echten Marktwirtschaft keine Arbeitslosigkeit geben könnte; der Preis der Arbeit würde sich auf einer Höhe einpendeln, die allen Beschäftigung verschafft [...] Solange die Dimension der Reallöhne sich nicht verändert, erklären sie zwar die Arbeitslosigkeit, eignen sich aber nicht zu ihrer Bekämpfung. Die Reallöhne, die wir heute kennen, sind das Ergebnis einer langen und folgenschweren Entwicklung, [...] der Entwicklung der Staatsbürgerrechte. Das gilt insbesondere, wenn wir Maßnahmen zur Sicherheit am Arbeitsplatz und vor allem zur Sicherheit des Arbeitsplatzes hinzunehmen, also vom Realeinkommen im umfassenden Sinn sprechen. Alle diese Entwicklungen machen Arbeit teuer. Die Arbeitslosigkeit beruht auf dem Preis der Arbeit [...] Der zunehmende Erfolg der Arbeitnehmer ist daher die treibende Kraft der Arbeitsgesellschaft, der am Ende zu ihrer Aufhebung führt [...] Es wird ja oft gesagt, die Ursache für nicht eindeutig konjunkturell bedingte Arbeitslosigkeit läge in der technischen Entwicklung. In der Tat läßt sich nicht leugnen, daß Arbeitsplätze durch technische Prozesse ersetzt werden [...] Nur eben ist der technische Fortschritt entgegen dem Gesellschaftsbild der Arbeiter kein ›Naturgesetz‹. Die These von der Vernichtung der Arbeitsplätze durch die Technik greift zu kurz. Die Technik ist längst eher Folge als Ursache sozialer Entwicklungen geworden, Teil der Produktionsverhältnisse und nicht Produktivkraft. Ohne steigende Reallöhne bliebe die technische Entwicklung über weite Strecken rein theoretisch. Technische Neuerungen werden eingeführt, weil sie billiger sind; und sie sind nicht an sich billiger, sondern im Vergleich zur menschlichen Arbeit. Die sogenannte ›strukturelle‹ oder ›technologische‹ Arbeitslosigkeit ist genau genommen Arbeitslosigkeit auf Grund des Preisvorteils der Technik gegenüber der Arbeit« (Dahrendorf 1983, 25 ff.).

Es ist die altgewohnte Rabulistik des klassischen Liberalismus, die sich da wieder ungeniert zu Wort meldet. »Bedauernd« wird darauf hingewiesen, daß die »eigentliche« Ursache der Misere die »zu große« Höhe der Reallöhne sei. Da feixt gewissermaßen das liberale Herrschaftsbewußtsein: Hätte es nicht die »folgenschwere Entwicklung« von »sozialen Rechten«, Erhöhung des Lohnniveaus, Verbesserung des Arbeitsschutzes usw. gegeben, wären also die alte Arbeiterbewegung und der Sozialstaat nicht so »erfolgreich« (in Wirklichkeit mit nur sehr mäßigen Ergebnissen) gewesen, dann gäbe es eigentlich gar kein Problem. So aber kam, was kommen mußte; die Arbeitskraft wurde »zu teuer« – und jetzt habt ihr den Salat! Logisch wären also »eigentlich« die wirtschafts-extremistischen Parolen angesagt: Runter mit den Löhnen, weg mit den Sozialleistungen, Schluß mit dem »Klimbim« sozialer Schutzrechte! Das, so fährt das liberale Räsonnement mit honigsüßer Stimme fort, ist natürlich auf keinen Fall wünschenswert, und das wollt ihr sicher nicht, niemand von uns will das – aber dann müßt ihr eben leider auch die Konsequenzen tragen, welche immer das sein werden!

Diese Scheinargumentation ist in einem doppelten Sinne absurd. Selbst rein systemimmanent betrachtet kann die radikale Absenkung des Niveaus von Reallöhnen und Sozialleistungen keinen Ausweg bieten. Die massenhafte Rückkehr der »arbeitenden Armen«, wie sie das liberale Bewußtsein in Wahrheit (und seiner Tradition getreu) aus tiefstem Herzen herbeiwünscht, müßte auf dem historisch erreichten Niveau der Akkumulation die kapitalistische Produktionsweise selbst dann und aus rein objektiven ökonomischen Gründen in die Luft sprengen, wenn es keinerlei soziale Gegenwehr gäbe. Dahrendorf hat schon zu Beginn der neuen Krise anscheinend rein alles vergessen, was die innerkapitalistische Debatte seit einem guten Jahrhundert an Selbstreflexion hervorgebracht hatte; von Bismarcks Zugeständnis einiger »Tropfen socialen Oeles« bis zur fordistischen Erkenntnis von der systemischen Notwendigkeit des »investiven« Massenkonsums von Autos, Haushaltsmaschinen usw.

Dahrendorf wiederholt einen typischen Trugschluß, wie er das mikroökonomische, vorkeynesianische Denken in der Volkswirtschaftslehre gekennzeichnet hatte: Was auf der betriebswirtschaftlichen Ebene für das einzelne Unternehmen »gut« ist zwecks Behauptung in der Konkurrenz (Kostensenkung), soll qua »unsichtbarer Hand« auf der makrökonomischen Ebene der gesellschaftlichen Gesamtreproduktion ebenso positiv zu Buche schlagen. Daß sich eine radikale Absenkung der Reallöhne auf dem fordistischen Produktionsniveau makroökonomisch nur noch katastrophal auswirken kann und entsprechend auf die betriebswirtschaftliche Ebene zurückschlagen muß, wird schlicht ausgeblendet. Dahrendorf tut plötzlich so, als wüßte er nicht, wie unabdingbar und unhintergehbar die mühsam auf den Weg gebrachte Kohärenz der industriellen Massenproduktion, des Masseneinkommens in der Geldform und des Massenkonsums von Waren bereits für die Existenz des Kapitalismus selbst geworden war.

Umgekehrt war allerdings auch die makroökonomisch auf die volkswirtschaftlichen Fließgrößen zentrierte keynesianische Argumentation obsolet geworden, denn die Inflationierung des monetären Systems hatte das Konzept des »deficit spending« ja längst eingeholt. Deshalb konnte das bloße Beharren auf diesem Konzept, wie es insbesondere der akademische Linkskeynesianismus bis zum heutigen Tag repräsentiert, erst recht keine Lösung mehr bieten – der Keynesianismus hatte sich vollständig verbraucht. Aber das heißt nur, daß von nun an mikroökonomische und makroökonomische Logik nicht mehr zur Deckung gebracht werden konnten. Während der mikroökonomische Gesichtspunkt unter den neuen Bedingungen eine radikale Senkung von Reallöhnen und Sozialleistungen verlangte, legte der makroökonomische Gesichtspunkt im Gegenteil eine weitere Steigerung der Masseneinkommen nahe, um das Wachstum nicht zu gefährden. Mit anderen Worten: der innere Selbstwiderspruch des Kapitalismus war zu einer neuen, systemsprengenden Qualität herangereift. Genau diese Konsequenz mochten natürlich weder Keynesianer noch Liberale wie Dahrendorf ziehen. So verfocht das zunehmend in die Defensive gedrängte und abschmelzende keynesianische Lager weiterhin das »deficit spending«, obwohl dieses Konzept hoffnungslos ausgereizt war; während Dahrendorf implizit zu jener alten, konsequent mikroökonomischen Konzeption zurückkehrte, die schon vor dem Keynesianismus gescheitert war und diesen überhaupt erst hervorgebracht hatte. Damit deutete sich schon die Stoßrichtung der kapitalistischen Intelligenz in der heraufdämmernden neuen Systemkrise an: die Flucht nach vorn – zurück in die liberale Vergangenheit!

Aber Dahrendorfs Argumentation wäre auch dann absurd, wenn diese Rückkehr zum radikal mikroökonomischen Standpunkt und damit die Absenkung der Reallöhne tatsächlich auch im makrökonomischen Maßstab funktionieren könnte. Man muß sich nur einmal überlegen, welch groteske Zumutung er den Lohnarbeitern nahelegt: Diese sollen mit den Rationalisierungs-Potentialen der Dritten industriellen Revolution in einen »Kostenwettbewerb« und damit in eine Art Abwertungswettlauf zwischen ihren eigenen Löhnen und den Preisen der neuen Steuerungs-Technologien eintreten. Mit anderen Worten: die einzige Möglichkeit, die »Beschäftigung« zu sichern, bestünde laut Dahrendorf darin, daß die Lohnarbeiter den technischen Fortschritt aufhalten, indem sie freiwillig ihr eigenes Lebensniveau immer tiefer herunterschrauben. Denn natürlich wäre das keine einmalige Maßnahme, sondern eine permanente Spirale von Lohnsenkung und technologischer Entwicklung, da das Konkurrenzinteresse der Anbieter von Rationalisierungs-Technologie deren stetige Verbilligung verlangt. In diesem seltsamen »Wettbewerb« gegen den technischen Fortschritt müßte also – unter den Bedingungen der Dritten industriellen Revolution – der Lohn immer weiter fallen, bis er bei Null angelangt oder sogar negativ geworden wäre. Denn angesichts der riesigen und ständig erweiterten Produktivitätssprünge der mikroelektronischen Aggregate müßte der Preis der Arbeitskraft überproportional heruntergehen; kann doch die Kostensenkung der mikroelektronischen Produktionsmittel mit einer immer weiter gesteigerten technischen Produktivität kombiniert werden, während die Leistungsfähigkeit der menschlichen Arbeitskraft absolut begrenzt ist und daher allein über die Kostenseite konkurrieren müßte.

Diese in mehrfacher Hinsicht völlig verrückte und sozial selbstmörderische mikroökonomische Konsequenz ist offenbar das letzte Wort eines von Haus aus verrückten Systems. Nicht im Traum denkt Dahrendorf daran, die einzig vernünftige Konsequenz zu ziehen. Diese bestünde selbstverständlich darin, nicht in eine aberwitzige Konkurrenz gegen den technischen Fortschritt einzutreten, sondern im Einklang mit diesem Fortschritt entsprechend mehr Muße für alle einzuklagen, bei voller Beteiligung aller an den Früchten der ungeheuer angewachsenen Produktivität. Diese einzig vernünftige Schlußfolgerung ist jedoch auf dem Boden betriebswirtschaftlicher Rationalität absolut unmöglich. So kann der liberale Großdenker nur noch blühenden Unsinn entfalten und sich dabei auf eine derart fortgeschrittene und allgemeine Verinnerlichung des kapitalistischen Selbstzweck-Systems verlassen, daß selbst dieser offenkundige Widersinn als ernsthaftes theoretisches Argument geschluckt wird. Dabei beschreibt Dahrendorf selbst am Ende seines Referats fast ein wenig verwundert den kompletten Nonsens, zu dem das Wegrationalisieren der »Arbeit« unter weiterhin kapitalistischen Bedingungen führt:

»Der Kampf zwischen denen, die arbeiten müssen, und denen, die nicht arbeiten müssen, hat zum totalen Erfolg geführt: die, die früher nicht arbeiten mußten, sind nun zu denen geworden, die noch arbeiten dürfen, während die, die früher arbeiten mußten, nicht mehr arbeiten können. Der Klassenkampf um Arbeit hat zur vollständigen Verkehrung der Fronten geführt« (a.a.O., 34).

In Dahrendorfs Kontext wird die Aporie der »Arbeit« den »zu erfolgreichen« Lohnarbeitern zur Last gelegt. Aber in Wahrheit handelt es sich um die Aporie des Kapitalismus selbst, und den Lohnarbeitern ist höchstens zur Last zu legen, daß sie sich überhaupt historisch auf die Zwänge der »abstrakten Arbeit« eingelassen und die Arbeitskategorie verinnerlicht haben. Dahrendorf dagegen formuliert die Aporie in dem Sinne, daß die kapitalistischen Existenzbedingungen unabänderlich und unaufhebbar sind. Wenn die Kriterien der »Arbeitsgesellschaft« samt allen damit verbundenen ökonomischen Formen bleiben müssen, aber »die Arbeitsgesellschaft selber zu kippen beginnt« (a.a.O., 34), dann stellen sich allerdings elementare Fragen, die Dahrendorf nur affirmativ und daher in einem schon deutlich heraushörbaren repressiven Ton zu stellen vermag:

»Zum Beispiel: an welchem Geländer entlang kann das Leben der Menschen geordnet werden, wenn die Disziplinierung (!) durch die Organisation der Arbeit entfällt? Oder: wie läßt sich die Existenzgrundlage der Menschen sichern, wenn sie nicht mehr auf der Arbeitsleistung beruht? [...]« (a.a.O., 34).

Gute Fragen, deren Beantwortung leichtfällt: Die »Disziplinierung« des Menschenmaterials ist so überflüssig wie der Kapitalismus selbst; die Menschen können ihre Angelegenheiten auch ohne den äußeren Zwang entfremdeter Apparate und verhaltensgestörter kapitalistischer »Macher« regeln. Aus Dahrendorfs Frage spricht die alte Bentham-Logik, die sich nun selber ad absurdum führt. Und nichts ist leichter, als die »Existenzgrundlage der Menschen« mit den neuen Produktivkräften zu sichern, indem diese eben jenseits der kapitalistischen Logik eingesetzt und die Produkte ganz einfach unabhängig von der »Arbeitsleistung« der einzelnen verteilt werden. Was denn sonst? Für den liberalen Theoretiker tun sich da nur deshalb »unlösbare Fragen« auf, weil er sich andere als die unmöglich gewordenen kapitalistischen Antworten weder vorstellen kann noch will.

Günther Anders war wenige Jahre vorher ebenfalls auf die kapitalistische Aporie gestoßen, wie sie sich in der Dritten industriellen Revolution manifestierte; er sprach davon, »daß heute Mittel und Zweck ausgetauscht sind« (Anders 1987/1977, 99). Grundsätzlich trifft diese Verkehrung allerdings auf die kapitalistische Selbstzweck-Logik überhaupt und von Anfang an zu; es ist allerdings bemerkenswert, daß sie sich jetzt dem unbefangenen Beobachter auch ohne das theoretische Instrumentarium der Marxschen Fetisch-Kritik offen darbieten konnte. Und obwohl er das Problem fälschlich unmittelbar auf »die Technik« zurückführt, kommt Anders wie von selbst auf den irrationalen Selbstzweck der kapitalistischen Produktionsweise, der unter den Bedingungen mikroelektronischer Rationalisierung freilich einem Blinden hätte auffallen müssen:

»Aber während früher das Ziel der Arbeit darin bestanden hatte, Bedürfnisse durch Erzeugung von Produkten zu befriedigen, zielt heute das Bedürfnis auf Arbeitsplätze; Arbeitsbeschaffung wird zur Aufgabe, *Arbeit selbst wird zum herzustellenden Produkt* [...]« (Anders, a.a.O., 99).

Im Kapitalismus war es nie anders; jene »einfache« Beziehung von Bedürfnis und Produktionsprozeß, die Anders als ursprüngliche vor Augen hat, ist eigentlich vormodern. Aber die kapitalistisch erzeugte künstliche Knappheit, die paradoxerweise mit dem ständigen Anwachsen der Produktivkräfte einherging, konnte ideologisch als Verhältnis von Bedürfnissen und Ressourcen vorgegaukelt werden, solange das kapitalistische Wachstum noch einen historischen Entwicklungsspielraum vor sich hatte. In demselben Maße, wie die Dritte industrielle Revolution manifest wurde, trat nun allerdings der verrückte Sachverhalt der »Arbeit selbst« als »herzustellendes Produkt« offen zutage – ohne jedoch, wie es bei Anders noch anklingt, zu einer radikalen Kritik dieser paradoxen Anforderung zu führen. Statt dessen erhob sich jenes schauerliche Geheul nach »Arbeitsplätzen«, das uns heute immer noch und weitaus schlimmer als vor fünfzehn oder zwanzig Jahren in den Ohren gellt.

Da die Überwindung des kapitalistischen Bedingungszusammenhangs trotz seiner nicht mehr zu übersehenden Absurdität konsequent und in einem stummen Einverständnis quer durch alle gesellschaftlichen Lager ausgeschlossen wurde, blieb nur eine in mehr oder weniger regelmäßigen Zeitabständen wiederholte zwangsoptimistische Zukunftsprognostik für einen neuen säkularen Boom; meistens schlau relativiert durch ominöse Verweise auf die undurchschaubare »Komplexität« der »modernen Gesellschaft«, wie sie nun einmal sei. Der Grundgedanke bestand schlicht darin, daß die Dritte industrielle Revolution letzten Endes ebenso wie die beiden vorhergehenden doch noch zu einem weittragenden Aufschwung von

Wachstum und »Beschäftigung« führen würde. Die schweren Einbrüche der 70er und 80er Jahre sollten wie die damit verbundene Massenarbeitslosigkeit nur eine vorübergehende Erscheinung jener Transformationskrise sein, wie sie schon die früheren strukturellen Brüche gekennzeichnet hatte. In diesem Sinne sagten seit 1983 die Weltbank, das japanische MITI (Ministerium für internationalen Handel und Industrie), die Basler Prognos AG, das Münchner Ifo-Institut und das Kieler Institut für Weltwirtschaft sowie zahlreiche Management-Gurus in Europa und den USA eine positive »Tendenzwende« für die 90er Jahre voraus.

Mitte der 80er Jahre erschien in Deutschland ein Sammelband mit dem typischen Mutmacher-Titel »Vor uns die goldenen neunziger Jahre?« (Jänicke 1985), der die erhoffte »lange Welle« eines neuen Langzeitaufschwungs zur Debatte stellte. Das von Schumpeter und Nikolai Kondratieff begründete Theorem der »langen Wellen« deckt sich zwar nicht mit dem umfassenderen Konzept der industriellen Revolutionen, weil es sich nur um eine verlängerte Konjunkturtheorie handelt; aber dabei wird ein grundsätzlicher Zusammenhang von »neuen Basistechnologien« und »langfristigem Aufschwung« angenommen, wie er nach einer qualvollen Inkubationszeit mit massenhaften Opfern für die ersten beiden industriellen Revolutionen tatsächlich zutreffend war (wenn auch nie im Sinne einer allgemeinen »Wohlfahrtssteigerung«, sondern immer nur als Expansion des kapitalistischen Systems). Auf die Dritte industrielle Revolution übertragen, lief also das Konzept der »langen Wellen« darauf hinaus, daß die Schumpeterschen »schöpferischen Zerstörer« des neuen (hauptsächlich mikroelektronischen) Unternehmertums zwar zunächst die inzwischen alt gewordenen fordistischen Industrien in die Krise stürzen (»dunkle 80er Jahre«), dann aber mit ihren aufstrebenden neuen Industrien selber zum Wachstums- und Arbeitsplatz-Motor werden würden (»goldene 90er Jahre«). Nach diesem Muster gab man gleichsam epochale Entwarnung:

»Die meisten Autoren stimmen inzwischen darin überein, daß die letzte lange Welle der Massenmotorisierung mit der Rezession von 1967 und dem sog. Ölschock von 1973 ihren Höhepunkt erreicht und überschritten hat […] Alte Industriekomplexe – z. B. die Automobilindustrie, die elektrotechnische Massenartikelindustrie oder die Schornsteinindustrien in Kohle und Stahl – sind in allgemeine Überlebenskrisen eingetreten [...] Ebenso absehbar ist, daß es jenseits der Krise wieder ›aufwärts‹ gehen wird. Dies ist trivial, insofern die allgemeinen Bedingungen langer Wellen weiterhin gegeben sind: eine Kultur, in der eine instrumentelle Vernunft vorherrscht; Menschen mit ausgeprägtem Macht- und Gewinnstreben; Pionierpersönlichkeiten in Wissenschaft und Technik ebenso wie in Wirtschaft und Politik und – nicht zuletzt – ein ungebrochener Strom wissenschaftlich-technischer Entwicklungen, die zum gegebenen Zeitpunkt wirtschaftlich ausgeschlachtet werden können [...] Diese neuen Technologien sind untereinander vielfach gekoppelt und durchdringen gleichzeitig die alten [...] Der elektronische Komplex verkörpert das neue industrielle Schlüsselprojekt [...] Die treibenden und die tragenden Kräfte für den Aufschwung einer langen Welle sind also gegeben [...]« (Huber 1985, 67 ff.).

Es ist eine ziemlich krude Aufzählung von »Faktoren«, die da als Theorie des langfristigen Aufschwungs verkauft wird: aus dem Zusammenspiel von »instrumenteller Vernunft« (was in der kritischen Theorie Horkheimers und Adornos noch ein Begriff der Kritik war, figuriert hier bereits als positive Bedingung), von macht- und gewinngeilen »Pionierpersönlichkeiten« (Motive, die in Mandevillescher Manier geradezu als vorbildlich erscheinen) und »neuen Technologien« soll schlechthin ein neues »Akkumulationsmodell« entstehen; dieser Zusammenhang wird einfach axiomatisch vorausgesetzt, um ihn nicht mehr konkret begründen zu müssen. Die analytisch unverarbeitete bloße Erfahrung des fordistischen Booms für eine globale Minderheit erscheint dabei als allgemeines, für alle Zukunft hochgerechnetes »Modell«. Diese blauäugige »Orientierung auf eine neuerliche lange Welle« (Huber, a.a.O., 71) wurde in den 80er Jahren zur stillschweigenden Übereinkunft von liberalen, konservativen, sozialistischen und grün-alternativen Theoretikern.

Der Drang, grundsätzlich Entwarnung zu geben, bevor die Krise überhaupt richtig in Gang gekommen war, verband sich dabei – ebenfalls quer durch alle Lager – mit dem stereotypen Hinweis, es müsse noch an den notwendigen »Rahmenbedingungen« gebastelt werden. Das Interesse verschob sich also von der Analyse des eigentlichen kapitalistischen Wachstums und seiner inneren Bedingungen auf den äußeren Rahmen, auf die »politische Gestaltung« und die institutionellen Voraussetzungen – ahnungsvoll sagte Günther Anders in seinem Essay über die »Antiquiertheit der Arbeit«: »[...] ich mißtraue dem Wort ›gestalten‹, es gehört auf die schwarze Liste, die Liste der proskribierten Wörter« (Anders, a.a.O., 98). Von den hoffnungsvollen Propagandisten der »politischen Gestaltung« wurde unterstellt, daß ähnlich wie bei der Zweiten industriellen Revolution in den 20er Jahren zwar bereits die innerkapitalistischen Voraussetzungen für einen neuen Boom auf der Ebene von Technologie und Rationalisierung geschaffen worden seien, aber noch die staatlich-institutionellen Veränderungen nachfolgen müßten. Diese Interpretation der Krise folgte gewissermaßen schon dem Dahrendorfschen Imperativ, denn das Problem der »Rahmenbedingungen« entpuppte sich ziemlich schnell als das der »Anpassung« an die neuen kapitalistischen Verhältnisse – und »Anpassung« heißt natürlich wieder einmal bedingungslose soziale Unterwerfung.

Aber obwohl seit Dahrendorfs Einlassung von Anfang der 80er Jahre die Reallöhne und Sozialleistungen in der ganzen Welt und auch in den kapitalistischen Kernländern tatsächlich stetig gesunken sind, hat sich die strukturelle Massenarbeitslosigkeit vorangefressen wie ein Flächenbrand, während die Wachstumsraten niedrig blieben oder in vielen Ländern ganz abstürzten. Heute, Ende der 90er Jahre, ist von einem neuen säkularen Boom weit und breit immer noch nichts zu sehen. Das Warten auf den »langfristigen Aufschwung« der Dritten industriellen Revolution hat sich als Warten auf Godot herausgestellt. Während mit jedem Schub der mikroelektronischen Rationalisierung weitere Segmente der Arbeitsmärkte wegbrechen, haben sich die kapitalistischen Institutionen auf eine hinhaltende Krisenverwaltung eingestellt, die zum Dauerzustand zu werden droht.

Längst versunken und vergessen sind die freizeit-optimistischen Vorhersagen eines Fourastié, ganz zu schweigen von jenen »therapeutischen« fünfzehn Wochenstunden, wie sie Keynes bei einer entsprechenden Produktivkraftsteigerung vorschwebten. Zwar versuchten die Gewerkschaften noch in den 80er Jahren, die »Krise der Arbeit« innerkapitalistisch durch eine Verkürzung der tariflichen Arbeitszeit auf unter 40 Wochenstunden (maximal bis 35 Stunden) zu lösen. Aber diese Rechnung des gesunden Menschenverstandes konnte nicht aufgehen; sie brach sich, wie vorherzusehen war, an der gesellschaftlich irrationalen betriebswirtschaftlichen Rationalität. Soweit in wenigen kapitalistischen Kernländern (und auch dort nur in wenigen Branchen) tatsächlich weitere Arbeitszeitverkürzungen ausgehandelt werden konnten, sind diese im Laufe der 90er Jahre längst schon in der Praxis unterlaufen und völlig ausgehöhlt worden: teils durch (zunehmend sogar unbezahlte!) Überstunden, teils durch Ausstieg aus den tarifgebundenen Verbänden, teils durch offenen Vertragsbruch. In der überwältigenden Mehrheit aller Länder und Branchen gab es als Reaktion auf die Krise nicht einmal nominelle Arbeitszeitverkürzungen, sondern die Aufspaltung in zunehmende Arbeitshetze und sogar Verlängerung der Arbeitszeit einerseits, Massenarbeitslosigkeit und zunehmende Armut andererseits. Inzwischen ist das Modell der Arbeitszeitverkürzung bei den Gewerkschaften selbst der entwickeltsten Länder in der Versenkung verschwunden – ein Anzeichen der bedingungslosen Kapitulation und Selbstaufgabe. »Das Zeitalter der allgemeinen Arbeitszeitverkürzung geht zu Ende« (Süddeutsche Zeitung v. 2. 7. 1997) – ausgerechnet in einer Zeit der Automatisierung und der Massenarbeitslosigkeit.

Die bürgerliche Öffentlichkeit ebenso wie die Regierungen und Staatsapparate weigern sich gegen jede Evidenz, die »Krise der Arbeitsgesellschaft« in ihrer wahren, systemsprengenden Dimension wahrzunehmen. Zwar ist vom neuen säkularen Langzeitaufschwung schon längst keine Rede mehr. Aber an die Stelle der großen Hoffnung ist nicht das Eingeständnis getreten, daß der Kapitalismus unter den Bedingungen der mikroelektronischen Revolution unfähig zur Reproduktion der Gesellschaft wird, sondern lediglich ein »business as usual« im Umgang mit der sich voranfressenden Krise. Dabei haben sich zwei komplementäre Vorgehensweisen herausgebildet. Während die Öffentlichkeit der Medien, der Publizistik und des akademischen Wissenschaftsbetriebs garantiert harmlose »Lösungskonzepte« diskutiert oder auch nur noch inszeniert, die gänzlich folgenlos bleiben, gehen die herrschenden Institutionen mit immer härteren sozialen Restriktionen gegen das »überflüssige« Menschenmaterial vor.

Das Aushecken von Konzepten für den Windmühlenkampf gegen die »Beschäftigungsmisere« ist fast schon zum Sport für sogenannte »Querdenker«, auf jeden Fall aber zum einträglichen Geschäftszweig geworden. Vom Job-sharing über die Teilzeitarbeit bis zur »Aufwertung« kommunaler »Bürgerarbeit« reicht die Flut von Milchmädchenrechnungen, die allesamt eines gemeinsam haben: sie gehen am Kern des Problems vorbei, weil sie axiomatisch voraussetzen, daß eine denkmögliche Lösung mit der »Marktwirtschaft« und ihren Systemgesetzen vereinbar sein muß. Nur die Symptome dürfen zur Sprache kommen, nicht die Ursachen. Deshalb erfaßt diese Scheindebatte auch nur Randbereiche und nicht verallgemeinerbare Sonderformen der »Beschäftigung«, während das gesellschaftliche Zentrum, der Herrschaftsblock der »abstrakten Arbeit«, völlig ausgeblendet bleibt. Diese Art von »Lösungsangeboten«, wie sie unverdrossen auf den Markt geworfen werden, ist inzwischen derart durchsichtig in ihrer mangelhaften Analyse, derart billig und in sich widersprüchlich geworden, daß selbst ein Kind sie als haltlos durchschauen kann. Soweit überhaupt ein Gehalt festzustellen ist, handelt es sich um jene Reparatur der »Rahmenbedingungen«, die allemal auf Billiglohn und soziale Restriktionen hinausläuft. Der Lärm dieses sonderbaren Diskurses übertönt die Maßnahmen der kapitalistischen Arbeitsverwaltung, deren vornehmstes Ziel seit langem darin besteht, die Massenarbeitslosigkeit möglichst geräusch- und reibungslos »unsichtbar« zu machen:

»In vielen entwickelten Industrieländern, deren Regierungen sich vor nicht allzu langer Zeit noch dem Ziel der Vollbeschäftigung verschrieben hatten, sind bereits die offiziellen Arbeitslosenzahlen in sozialer Hinsicht beunruhigend [...] Die wirkliche Zahl der Arbeitslosen liegt wahrscheinlich noch wesentlich höher, als die offiziellen Zahlen vermuten lassen. Die Zahl der Arbeitslosen ist ein heikles politisches Thema, und so werden in den offiziellen Statistiken nur diejenigen aufgeführt, die der offiziellen Definition entsprechen. In Deutschland beispielsweise wurde diese Definition wiederholt revidiert, so daß sich inzwischen hinter anderen Kategorien wie z. B. den Empfängern von Sozialhilfe eine beträchtliche Anzahl tatsächlich Arbeitsloser verbergen. In mehreren entwickelten Industriestaaten, darunter auch Deutschland, werden nur diejenigen als arbeitslos bezeichnet, die eine Stelle suchen, und auch die Arbeitslosenunterstützung wird nur für eine bestimmte Frist gezahlt. Unter solchen Voraussetzungen gibt eine unbekannte Zahl von Arbeitssuchenden nach wiederholten Fehlschlägen die Suche auf und begnügt sich mit der Sozialhilfe [...]« (Kidron/Segal 1996, 142).

Im Grunde genommen werden die Arbeitslosenstatistiken fast überall aus Gründen der politischen Optik regelrecht gefälscht. Einerseits erscheinen große Massen von Arbeitslosen nicht mehr in der Statistik, weil ihr realer Status wegretuschiert worden ist; nicht nur durch die Verschiebung in die Sozialhilfe, sondern auch durch staatliche oder staatlich geförderte »Beschäftigungsgesellschaften«, »Arbeitsbeschaffungsmaßnahmen« (ABM) und sogenannte Umschulungen sowie vorzeitigen Ruhestand. Viele Frauen, sowohl Ehefrauen und Familienmütter als auch »Alleinerziehende«, werden indirekt »zurück an den Herd« genötigt und fallen oft ganz aus der Erfassung heraus. Andererseits erscheint umgekehrt eine stets wachsende Zahl von Lohnarbeitern in der Statistik der »Beschäftigten«, die in Wirklichkeit nur Saison- oder Teilzeitjobs haben oder sogar nur stundenweise angeheuert werden.

In den USA gilt es als ein »Arbeitsplatz«, wenn jemand für buchstäblich eine Handvoll Dollars auch nur ein oder zwei Stunden wöchentlich der Kundschaft im Supermarkt die Tüten aufhalten darf. Noch krasser verfälscht wird die Statistik der Arbeitsplätze und Beschäftigungsverhältnisse dadurch, daß die Senkung der Reallöhne in vielen Industriestaaten immer mehr Lohnarbeiter zwingt, neben ihrer regulären Arbeit ein zweites oder sogar ein drittes Beschäftigungsverhältnis einzugehen. In New York etwa ist es mittlerweile nichts Ungewöhnliches mehr, daß ein Maschinenarbeiter nach Feierabend sein Nachtmahl hinunterschlingt, um anschließend noch mehrere Stunden als Wächter tätig zu sein und am Wochenende zu kellnern – ganz ohne Lohn, allein für die Trinkgelder. Nur durch eine derart ruinöse Lebensweise kann die Fassade der Normalität (Krankenversicherung, Wohnung, Auto) aufrechterhalten werden. Es gehört schon einige Dreistigkeit dazu, solche Verhältnisse, die sich längst auch in Europa auszubreiten beginnen, als »Jobwunder« zu bezeichnen. So gibt die Arbeitslosenstatistik heute grundsätzlich ein verfälschtes und beschönigendes Bild der realen Lage. Trotzdem läßt sich sogar durch den Schleier der offiziellen Zahlen hindurch die explosive Ausdehnung der strukturellen Massenarbeitslosigkeit wenigstens ahnen, wenn man die Entwicklung vom ersten großen Schub zwischen 1980 und 1985 bis in die späteren 90er Jahre weiterverfolgt:

Arbeitslose (in Millionen)

	1980	1985	1990	1995
BRD	0,889	2,304	1,883	3,210
Frankreich	1,467	2,442	2,205	2,980
England	1,513	3,179	1,556	2,454
USA	7,637	8,312	7,047	7,404
Japan	1,140	1,560	1,350	2,098

Quelle: Statistisches Bundesamt, Statistisches Jahrbuch für das Ausland, 1998.

Diese Angaben und ihre Veränderungen spiegeln durchweg weniger ein Verhältnis von Krise und relativer Erholung wieder als vielmehr die Grenzen der bürokratischen Verschleierungskünste: Nach jedem Heruntermanipulieren der Arbeitslosenzahlen (besonders zwischen 1985 und 1990 und besonders in den angelsächsischen Ländern) werden diese durch die weitergehende mikroelektronische Rationalisierung wieder nach oben gedrückt. Absolut ist ein langfristiger Anstieg der Sockelarbeitslosigkeit festzustellen. In der BRD, wo die Vier-Millionen-Grenze inzwischen offiziell überschritten wurde, sind schätzungsweise in Wahrheit bereits bis zu sieben Millionen Menschen arbeitslos. In den USA und England muß die offizielle Zahl wohl nicht bloß verdoppelt, sondern verdreifacht oder sogar vervierfacht werden. Der US-Ökonom Lester C. Thurow macht eine ganz andere Rechnung als die offizielle auf:

»Die amerikanische Arbeitslosigkeit ähnelt einem Eisberg – der größte Teil liegt unsichtbar unter Wasser. Eine Arbeitslosenquote von etwas über fünf Prozent entspricht mehr als sieben Millionen Arbeitslosen [...] Aber neben diesen über sieben Millionen amtlichen Arbeitslosen würden sich noch weitere sechs Millionen Menschen als arbeitslos bezeichnen, wenn sie danach gefragt würden. Sie gelten jedoch offiziell nicht als arbeitslos, weil sie die eine oder andere Voraussetzung nicht erfüllen – daß sie sich beispielsweise in der Woche zuvor aktiv um Arbeit bemüht haben müssen. Weiterhin gibt es 4,5 Millionen Teilzeitarbeitskräfte, die aber gerne ganztägig arbeiten würden [...] Acht Millionen amerikanische Arbeiter arbeiten bloß vorübergehend. Zwei Millionen weitere arbeiten nur, wenn ihr Arbeitgeber sie abruft [...] Von diesen Millionen gilt niemand als arbeitslos [...] Aus der Statistik sind außerdem fast sechs Millionen Männer zwischen 25 und 60 Jahren verschwunden (!). Nach den Volkszählungen gibt es sie, aber in den Arbeitsplatzstatistiken tauchen sie nicht auf. Sie arbeiten nicht, sie sind nicht arbeitslos, sie sind weder Schüler noch im Gefängnis. Wie sie ihren Unterhalt verdienen (durch illegale Handlungen?), weiß niemand [...]« (Thurow 1996).

In Großbritannien wurde die Zählweise der Arbeitslosen seit 1979 nicht weniger als dreißigmal geändert – mit der regelmäßigen Folge, daß das Arbeitslosenheer auf dem Papier schrumpfte (Lütge 1997). Und in Japan wären nach den gegenwärtigen (selber schon manipulierten) statistischen Kriterien der europäischen Länder 10 bis 15 Prozent der Erwerbstätigen arbeitslos. Wie irreführend diese Quotierung sein kann, zeigt auch die Situation in Spanien, dem Land mit der höchsten Arbeitslosigkeit in der Europäischen Union (mit einem langjährigen Durchschnitt von 20 bis 25 Prozent), wo gegenwärtig (1999) ein »Jobwunder« ausgerufen wird, weil die Quote nun je nach Erhebungsmethode auf 18 oder gar 10,8 Prozent zurückgegangen sein soll. Von trauriger Gestalt ist auch das vielgelobte holländische »Jobwunder«:

»Zu geradezu erschreckenden Ergebnissen kommen jene Arbeitsmarktforscher, die versuchen, die sogenannte versteckte Arbeitslosigkeit aufzuspüren. Erst jüngst sorgte eine Studie der Unternehmensberatung McKinsey für Diskussionen. Diesmal gerieten die Niederlande ins schiefe Licht. Statt der offiziellen 6,3 Prozent, die von einem enormen Fortschritt bei der Bekämpfung der Arbeitslosigkeit künden, seien dort zwanzig Prozent auf Jobsuche, so McKinsey. Die Forscher zählten all diejenigen mit, die offiziell keine Arbeit suchen, gleichwohl arbeiten wollen und können. Und dazu gehören auch jene, die in der Vergangenheit im großen Stil für erwerbsunfähig erklärt wurden und nun als invalide (!) gelten« (Lütge 1997).

Tatsache ist, daß überall die regulären industriellen Arbeitsplätze abschmelzen wie Schnee in der Sonne. Allein in der BRD sank laut Statistischem Bundesamt die Zahl der Lohnarbeiter im »produzierenden Gewerbe« zwischen 1991 und 1997 um rund drei Millionen, nachdem schon die ganzen 80er Jahre hindurch der Abbau von Arbeitsplätzen in diesem Kernbereich rapide fortgeschritten war. Rechnet man das Handwerk ab, so müßte die Reduktion im eigentlichen industriellen Sektor noch weitaus drastischer ausgefallen sein. Alles in allem läßt sich sagen, daß die Rate der Arbeitslosigkeit in den kapitalistischen Industrieländern, die laut Dahrendorf Anfang der 80er Jahre auf 10 Prozent geklettert war, sich Ende der 90er Jahre real (das heißt unter Bereinigung sämtlicher Manipulationen und statistischen »Auslagerungen« in andere Kategorien) auf etwa 20 Prozent verdoppelt haben dürfte, während sie offiziell in den meisten Fällen nur auf Größenordnungen zwischen 10 und 15 Prozent gestiegen ist.

In der BRD ist die besonders drastische Zunahme der absoluten Zahlen auch auf die Einverleibung der zusammengebrochenen DDR zurückzuführen, die in mehreren ostdeutschen Städten und Regionen zu Arbeitslosenraten von 30 Prozent und mehr geführt hat. Gewöhnlich wird dies als externer Sonderfaktor gewertet, der aus der Erblast des Staatssozialismus stamme. Abgesehen davon, daß auch in der alten BRD für sich genommen die Massenarbeitslosigkeit unaufhaltsam zugenommen hat, ist diese Schutzbehauptung noch aus einem anderen Grund haltlos. Denn die staatskapitalistischen Regimes waren ja kein Gegensystem, das eine kategorial andere, postkapitalistische Gesellschaft jenseits der »abstrakten Arbeit« dargestellt hätte, sondern eben nur Varianten »nachholender Modernisierung« an der kapitalistischen Peripherie – im Falle der DDR eine Art historische Fehlgeburt, weil hier (als Quittung für die von Deutschland ausgehende Entfesselung des Zweiten Weltkriegs) das abgetrennte Teilgebiet eines bereits kapitalistisch entwickelten Landes gegen den Strich der Geschichte einem Regime der Peripherie unterworfen wurde. Wenn man weiß, daß es sich nur um verschiedene Entwicklungsstufen und gewissermaßen »Aggregatzustände« ein und desselben warenproduzierenden Weltsystems handelt, dann gehört der Zusammenbruch des Staatskapitalismus zur Krisengeschichte der Dritten industriellen Revolution selbst und ist kein externer Faktor einer »fremden« Erblast; ablesbar schon allein daran, daß die »Öffnung« für die fortgeschrittene westlich-konkurrenzkapitalistische Variante die Krise im Osten nur verschärft statt gemildert hat.

Die Einverleibung der ehemaligen DDR in die BRD stellt nur insofern eine Besonderheit dar, als auf diese Weise gegenläufig zum bisherigen globalen Krisenverlauf ein nationalökonomisches Opfer der Dritten industriellen Revolution aus der Peripherie direkt in den ökonomischen Binnenraum eines kapitalistischen Kernlandes integriert wurde. Durch diesen beispiellosen Vorgang hat sich die BRD als Erbschaft der deutschen Geschichte gerechterweise mit der viel weiter fortgeschrittenen Krise in den peripheren Ländern infiziert. Denn der Untergang der DDR war ja Bestandteil eines Prozesses, in dem seit Beginn der 80er Jahre nicht nur das gesamte System der um die »Sowjetökonomie« gruppierten nachholenden Industrialisierung in den Abgrund gerissen wurde, sondern auch große Teile der ehemaligen Dritten Welt in Asien, Lateinamerika und vor allem Afrika in einem weitaus schlimmeren Ausmaß als die westlichen »Herren des Weltmarkts« von den Folgen der mikroelektronischen Rationalisierung überrollt wurden (mit Spätfolgen auch in den kurzzeitigen Boomländern Südostasiens).

Es stellte sich nämlich sukzessive heraus, daß nahezu alle Länder der kapitalistischen Peripherie, und das heißt die überwältigende Mehrzahl der Menschheit, die Kapitalkosten der Dritten industriellen Revolution nicht mehr tragen konnten – oder nur noch um den Preis, dann in die Falle der hoffnungslosen Außenverschuldung hineinzulaufen. Die Wirkung der mikroelektronischen Revolution ist hier keine direkte, sondern eine indirekte, über den Markt vermittelte. Was sich in den kapitalistischen Zentren auf der Ebene von Unternehmen abspielt, betrifft in der Peripherie ganze Nationalökonomien: sie werden durch den Ansturm der mikroelektronisch aufgerüsteten Konkurrenz ruiniert.

Die strukturelle Massenarbeitslosigkeit ist also einerseits eine unmittelbar technologische, durch das mikroelektronische »Wegrationalisieren« von Arbeitskraft verursachte – dieses Moment tritt vor allem in den kapitalistischen Zentren in Erscheinung, die das Problem teilweise über die Konkurrenz auf dem Weltmarkt »exportieren« können. Eben deswegen ist die neue Massenarbeitslosigkeit andererseits eine über den Weltmarkt vermittelte – nämlich durch den Ruin der Industrien, von denen die mikroelektronischen Aggregate eben gerade nicht oder nur in äußerst bescheidenem Maße angewendet werden können. Dieser Fall ist die Regel in den Ländern der Peripherie, für die trotz ständiger Verbilligung die Steuerungs- und Automatisierungs-Technologie immer noch viel zu teuer ist und sogar relativ immer teurer wird, da die Preise ihrer eigenen, nicht mit dem neuen Produktivitäts-Standard hergestellten Exportwaren stärker verfallen, als die Importe aus den Kernländern durch die mikroelektronische Produktivkraftentwicklung billiger werden. Sie unterliegen also seit den 80er Jahren einem ökonomischen Teufelskreis, dem sie nur noch durch die extreme Auspowerung ihrer Arbeitskräfte begegnen können: Die Krise der Dritten industriellen Revolution in den Kernländern schreitet voran, aber in den schon von Haus aus armen Ländern der kapitalistischen Peripherie wächst sie relativ noch schneller und führt zu periodischen Zusammenbrüchen der gesamten Volkswirtschaft.

Dementsprechend höher ist auch die strukturelle Massenarbeitslosigkeit dort, sind die Statistiken noch weniger aussagekräftig als im Westen. Denn hier treten Faktoren hinzu, die in den entwickelten kapitalistischen Ländern einstweilen noch unbekannt oder erst in geringerem Maße wirksam sind. So ist das Phänomen der »Unterbeschäftigten«, also jener Menschen, die keinen regulären Arbeitsplatz haben, nur sporadisch auf Stunden- oder Tagelöhner-Basis ein wenig Geld verdienen und eigentlich arbeitslos sind, in der gesamten Dritten Welt noch viel weiter verbreitet als selbst in den USA und längst zum Normalzustand der großen Mehrheit geworden. Wer überhaupt noch in der Arbeitslosenstatistik erscheint, gehört bereits zu einer privilegierten Minderheit. Insofern ist es schlicht grotesk, wenn ein Land wie Brasilien für 1997 eine Arbeitslosigkeit von lediglich 5,71 Prozent und Mexiko für 1998 gar von nur 3,6 Prozent meldet. In solchen Ländern und anderen, die überhaupt keine Arbeitslosenstatistik mehr führen, gehört ein Großteil der Menschen zu den »Ausgeschlossenen«, Fremden im eigenen Land:

»Für viele arme Länder liegen keine Zahlen vor, oder sie gelten nur für einen verhältnismäßig kleinen Bereich der Wirtschaft, für die Städte oder auch nur für die Hauptstadt« (Kidron/Segal 1997, 142).

Wo es weniger manipulierte Zahlen oder Schätzungen unabhängiger Organisationen gibt, liegt die Höhe der Arbeitslosigkeit in einem Bereich, der nur noch als völliger Systemzusammenbruch bezeichnet werden kann; so beträgt sie in Afghanistan 90 Prozent, in Mosambik 50 Prozent, in Südafrika 45 Prozent, in Restjugoslawien 40 bis 50 Prozent, in Jordanien 40 Prozent, in Algerien und im Libanon 35 Prozent usw. (Quellen: Kidron/Segal 1997, Fischer Weltalmanach 1999). Für China, das 1997 offiziell eine Arbeitslosigkeit von 4 Prozent auswies, haben unabhängige Schätzungen eine reale Quote von 30 Prozent ergeben. Eine Studie der Internationalen Arbeitsorganisation (IAO) in Genf mußte Mitte der 90er Jahre feststellen:

»Im Zuge der größten Arbeitsmarktkrise seit der Depression in den 30er Jahren waren Anfang 1994 weltweit 820 Millionen Menschen oder 30 Prozent der gesamten Arbeitnehmerschaft ohne Beschäftigung« (zit. nach: Handelsblatt v. 7.3.1994).

Darin sind allerdings auch die kapitalistischen Kernländer enthalten, so daß diese 30 Prozent Arbeitslosigkeit das Weltverhältnis wiedergeben – nach den immer noch vorsichtigen Schätzungen der IAO. 1999 gelten weltweit bereits mindestens eine Milliarde Menschen als arbeitslos (Handelsblatt vom 15.3.1999). Allein in Südostasien wurden nach Angaben der IAO im Lauf der Krise von 1997/98 dauerhaft 24 Millionen Arbeitsplätze vernichtet. Hinzu kommt in großen Teilen der Welt, besonders in den Ländern des ehemaligen Ostblocks, in China, Kuba, Ex-Jugoslawien usw., das Phänomen der »Geisterindustrien«. Dabei handelt es sich in der Regel um offiziell noch nicht abgewickelte Staatsindustrien der ehemaligen »nachholenden Industrialisierung«, die nominell noch viele Millionen Menschen »beschäftigen«, während sie in Wahrheit ökonomisch »Tote auf Urlaub« sind. Diese Industrien produzieren nur noch teilweise, zahlen Löhne nur noch sporadisch oder überhaupt nicht mehr, falls sie ihre »Beschäftigten« nicht in Naturalien entlohnen:

»Die wachsende Zahlungsunfähigkeit privater wie staatlicher Einrichtungen in Rußland hat bereits zu Gehalts- und Pensionsrückständen sowie Schulden gegenüber Lieferanten in Höhe von 26 Milliarden Mark geführt. Immer mehr Betriebe sind gezwungen, Werktätige und Pensionäre in Naturalien zu entlohnen – Geschirrhersteller zahlen mit Töpfen, Konfektfabriken mit einigen Kilo Schokolade, Verlage mit Bücherstapeln. Unternehmen in Kursk geben inzwischen Getreide und lebende Ferkel als Rente aus. Manche Belegschaften organisieren den Straßenverkauf des Lohnersatzes zur Bargeldbeschaffung – oft weit vom Produktionsort entfernt. Bislang wenig Erfolg hat das Wolgograder Unternehmen Armina, das seinen Mitarbeitern den Monatslohn (etwa 42 Mark) seit drei Jahren in Form von durchschnittlich acht Büstenhaltern erstattet. Die nicht sonderlich marktgängigen Kreationen werden auch als materielle Beihilfen im Geburts- oder Sterbefall gereicht [...]« (Der Spiegel 8/1997).

Natürlich können das nur Übergangsphänomene bis zur völligen Stillegung der Fabriken sein. Es läßt sich nicht länger leugnen, daß ein großer Teil der Weltbevölkerung bereits außerhalb des Kapitalismus lebt, damit aber auch außerhalb der offiziellen Gesellschaft – und also nur noch vegetiert. Milliarden von Menschen wurden in eine erbärmliche Subsistenzwirtschaft auf Familienbasis zurückgeworfen und von den kapitalistisch verwalteten modernen Produktivkräften weitgehend abgeschnitten.

Als Gesamtresultat läßt sich feststellen, daß die Dritte industrielle Revolution in knapp zwei Jahrzehnten die größte Weltkrise seit 1929 heraufbeschworen hat. In die kapitalistischen Zentren kehrte die endgültig überwunden geglaubte Massenarbeitslosigkeit zurück, und in der Peripherie ist zusammen mit der »abstrakten Arbeit« auch die Geldwirtschaft in vielen Ländern bereits zusammengebrochen. Dabei ist das Automatisierungs- und Rationalisierungspotential der Mikroelektronik noch lange nicht ausgeschöpft. Das »Wegrationalisieren« der menschlichen Arbeitskraft aus dem kapitalistischen Produktionsprozeß, das seit Ende der 70er Jahre eingesetzt hat, wird auch im kommenden Jahrzehnt weitergehen. Dieser Prozeß vollzieht sich in Schüben, immer nur zeitweilig unterbrochen durch das Herunterdrücken der Preise von Arbeitskraft oder technologische Schnittstellenprobleme. Einerseits geht die Automatisierung mit jeder neuen Generation von Mikrochips und Software-Entwicklungen weiter und hat sich in der zweiten Hälfte der 90er Jahre wieder beschleunigt:

»Die Automatisierung hat in den letzten Jahren wieder deutlich an Bedeutung für die produzierenden Unternehmen gewonnen [...] So werden in der Montage verstärkt kleine kostengünstige Tischroboter eingesetzt, mit denen einfachere Aufgaben gut automatisiert werden können [...] Unterstützt wird der Automatisierungstrend auch durch die gesunkenen Preise der Komponenten. Beispielsweise sind Industrieroboter in den letzten Jahren um bis zu 40 Prozent kostengünstiger geworden und bieten dabei einen verbesserten Leistungsumfang von Steuerungstechnik, Sensorik und Bedienerschnittstellen gegenüber den älteren Modellen. Das Anwendungsfeld der Industrieroboter wird größer, die Robotertechnik dringt zunehmend in Bereiche vor, die bislang kaum im Mittelpunkt von Automatisierungsbemühungen standen, wie in der Möbel- oder Bauindustrie oder sogar der Medizintechnik [...]« (Neugebauer 1999).

Zum anderen verstärkt sich auch die organisatorische Rationalisierung mit Hilfe der Mikroelektronik und neuer Softwareprogramme. Dabei werden in großem Umfang Tätigkeiten und ganze Unternehmens-Ebenen von der Produktionsplanung bis zum Marketing nicht als solche automatisiert, sondern durch neue, elektronisch integrierte Organisationsformen schlicht überflüssig gemacht. Und als Folge dieser weitergehenden Automatisierungs- und Rationalisierungs-Schübe wird natürlich auch das indirekte, über den Weltmarkt vermittelte Wegbrechen der Arbeitsmärkte in der Peripherie weiter zunehmen. Die Ruinierung ganzer Volkswirtschaften wird sich nicht verlangsamen, sondern beschleunigen und in ihren Auswirkungen verschärfen.

Obwohl es die offiziellen Institutionen des Kapitalismus natürlich immer noch ableugnen, wird der Horizont einer neuen Systemkrise sichtbar, die alle bisherigen Transformations-Katastrophen seit Beginn der Industrialisierung in den Schatten zu stellen verspricht. Unabweisbar stellt sich also die Frage nach der besonderen Qualität der Dritten industriellen Revolution im Verhältnis zu den beiden ersten. Diese besteht, wie sich mit immer größerer Deutlichkeit zeigt, in einer gewissermaßen finalen Mobilisierung des kapitalistischen Selbstwiderspruchs. Die in der Ersten und Zweiten industriellen Revolution nach schweren Transformationskrisen einsetzende kompensatorische Bewegung bleibt trotz aller Beschwörungen aus.

Zwar ist auch diesmal eine sukzessive Verbilligung der neuen mikroelektronischen Basis-Technologie und ihrer Produkte festzustellen. Rechnerkapazitäten, für die vor wenigen Jahrzehnten noch die Kapitalkraft großer Unternehmen oder staatlicher Institutionen nötig waren, bekommen die Kinder heute in Gestalt von Spielgeräten aller Art zu Weihnachten geschenkt. Der Personalcomputer, noch zu Beginn der 80er Jahre ein relativ teures Produktionsmittel, ist längst in den Massenkonsum eingegangen. Aber ein Akkumulations- und »Beschäftigungs«-Effekt analog zum Fordismus bleibt aus. Der Grund ist ganz einfach der, daß die Mikroelektronik insgesamt weitaus mehr »abstrakte Arbeit« überflüssig macht, als durch die Verbilligung ihrer Produkte und die damit einhergehende Ausdehnung der Märkte neu entstehen kann. Das liegt vor allem daran, daß die mikroelektronische Kapazität der Rationalisierung viel größer ist als diejenige der fordistischen Fließfertigung und daß sie universell eingesetzt werden kann: sie rationalisiert schon im vorhinein ihre eigene Produktion.

Das Verhältnis von Produkt- und Prozeß-Innovation hat sich umgekehrt – die neuen, zusätzlich in den Massenkonsum eingehenden Produkte werden von den Potentialen der »Wegrationalisierung« überholt. Damit kommt das immer schon prekäre industrielle Schneeballsystem irreversibel zum Stehen. Die Erste industrielle Revolution hatte vor allem die unabhängigen handwerklichen Produzenten ruiniert und massenhaft »arbeitslos« gemacht, um sie erst allmählich auf niedrigstem Lebensniveau in das Fabriksystem zu integrieren. Die Zweite industrielle Revolution hatte zunächst in der Weltwirtschaftskrise erstmals zu einem großen Einbruch auf dem Boden des industriellen Kapitals selber geführt, um in der Nachkriegsgeschichte mit keynesianischer Flankierung den Vollkapitalismus durchzusetzen. In der Dritten industriellen Revolution entläßt der Kapitalismus seine Kinder. Das Weltsystem einer auf sich selbst rückgekoppelten Verwandlung menschlicher Energie in Geld hat sich endgültig selber ad absurdum geführt. Die tiefe Irrationalität dieser Produktionsweise wird handgreiflich und völlig unhaltbar – ironischerweise in demselben Maße, wie sie als alternativlos erklärt wird und gleichzeitig für immer das Schicksal der Menschheit bestimmen soll.

Der Staat dankt ab

Gemessen an den Fakten der »Krise der Arbeitsgesellschaft«, wie sie sich in den letzten beiden Jahrzehnten des 20. Jahrhunderts entwikkelt hat, kann der in derselben Zeit mit Macht herausgebildete »marktwirtschaftliche Weltkonsens« nur als Ausdruck zunehmender Unzurechnungsfähigkeit der kapitalistischen Institutionen und ihrer ideologischen Repräsentanten gewertet werden. Diese geradezu gemeingefährliche Realitätsblindheit läßt sich nur zum Teil aus der spezifischen Konstellation der Nachkriegsgeschichte erklären.

Wirtschaftstheoretisch und politisch hatte sich als Reaktion auf die Große Depression der Zwischenkriegszeit die keynesianische Doktrin weitgehend durchgesetzt; und im Systemkonflikt mit dem Ostblock schien es sich zu empfehlen, soziale Zugeständnisse zu machen. Darüber hinaus kamen zumindest Teile der kapitalistischen Funktionseliten zu der mit dem Keynesianismus mehr oder weniger stark verbundenen Einsicht, daß der »investive Massenkonsum« von langlebigen Konsumgütern zu einer tragenden Säule des Systems selbst geworden und damit auch staatlich zu stützen war. Auf diese Weise hatte ja der fordistische Boom sogar über seine innere Schranke hinaus verlängert werden können. Doch was tat man, als unabweisbar deutlich wurde, daß sich das monetäre System wieder dramatisch zu inflationieren begann und damit auch der Keynesianismus gescheitert war? Man schritt zurück und nannte das Fortschritt.

Denn neben dem klassischen, auf die Physiokraten, Smith, Ricardo und Say zurückgehenden Wirtschaftsliberalismus hatte das kapitalistische Denken als Zusammenfassung der staatsökonomischen Tendenzen seit dem späten 19. Jahrhundert nur noch die Doktrin von Keynes (in einem Seitenzweig außerdem die gänzlich staatskapitalistische Version der »nachholenden Modernisierung«) hervorgebracht und sich damit restlos verausgabt. Eine dritte Möglichkeit auf dem Boden der kapitalistischen Produktionsweise gibt es nicht. Da dieses System immer nur versuchen kann, seinen Selbstwiderspruch im Wechselspiel zwischen den beiden repressiven Entfremdungsmächten von Markt und Staat zu bewältigen, war der Spielraum seiner Institutionen nach dem Ausreizen beider Möglichkeiten ausgeschöpft.

So hätte also die Erkenntnis vom Scheitern des Keynesianismus gleichbedeutend mit dem Eingeständnis eines völligen historischen Scheiterns der kapitalistischen Produktionsweise selbst sein müssen. Dieses Eingeständnis wird den Ideologen und Funktionseliten des Kapitalismus aber nie über die Lippen kommen. So konnte es nur eines geben: jenen auch von Dahrendorf auf dem 21. Deutschen Soziologentag anvisierten Weg zurück zum puren Liberalismus zu nehmen, gegen alle Erfahrung und eigentlich wider besseres Wissen; der schieren Ausweglosigkeit gehorchend und diese doch als Weg ins Freie deutend.

Dieselbe, geradezu pathologische Vergeßlichkeit hinsichtlich der bisherigen kapitalistischen Geschichte, wie sie Dahrendorf an den Tag legte, wurde binnen weniger Jahre zum Weltphänomen. Im Triumphzug holte die bürgerliche Gesellschaft die Gebeine des längst verblichenen alten Wirtschaftsliberalismus des 18. und frühen 19. Jahrhunderts aus dem Grab, um mit diesem Häufchen wissenschaftlichen Elends die große marktwirtschaftliche Zukunft und einen neuen himmelstürmenden Optimismus auszurufen – freilich einen Optimismus mit zusammengebissenen Zähnen. Der Beginn einer fundamentalen Krise der »abstrakten Arbeit« und damit des Kapitalismus fiel also mit jener ideologischen Wende zusammen, die inzwischen als »neoliberale Revolution« oder als »neoklassische Gegenrevolution« gegen den Keynesianismus bezeichnet wird. Nicht umsonst ist dabei auch von einer »Radikalisierung des Liberalismus« die Rede, denn nur als fundamentalistische Beleidigung des menschlichen Denkvermögens konnte diese theoretisch wie praktisch längst abgehalfterte Doktrin zurückkehren.

Keineswegs zufällig setzte sich der marktradikale Neoliberalismus politisch zuerst in den angelsächsischen Ländern durch, denn dort hatte diese Denkweise nicht nur ihren Ursprung, sondern war auch im Jahrhundert der aufsteigenden kapitalistischen Staatsökonomie stets lebendiger und deutlicher präsent geblieben als in anderen Ländern. In den USA unter der Präsidentschaft des ehemaligen Hollywood-Schauspielers Ronald Reagan (1982–1990) und in Großbritannien unter der konservativen Regierung von Margaret Thatcher (1979–1990) avancierte der neue kapitalistische Fundamentalismus geradezu zur Staatsreligion, um sich dann von diesen Führungsmächten des Weltkapitals aus rasch über die gesamte Erde zu verbreiten.

Natürlich hatte die neokonservativ-neoliberale »Revolution«, die das keynesianisch-sozialdemokratische Zeitalter politisch und institutionell ablösen sollte, einen theoretischen und gewissermaßen strategischen Hintergrund. Denn der klassische Wirtschaftsliberalismus, so erledigt er schon zu sein schien, hatte auch während der Epoche des New Deal, der Kriegswirtschaft und schließlich des fordistischen Booms seine unbelehrbare Glaubensgemeinde behalten und sich sozusagen im Schatten des Keynesianismus weiterentwickelt. Der Stammvater dieses Neoliberalismus war Friedrich August von Hayek (1899–1992), der bislang wohl konsequenteste und doktrinärste aller liberalen Theoretiker, der in den 40er Jahren die marktradikale Gegenrevolution schon vorbereitete, noch bevor der Keynesianismus sich überhaupt als Regulationsmodell durchgesetzt hatte. Wie alle realitätsblinden Doktrinäre (die stets um so energischer abstrakt jeglichen Dogmatismus zu bekämpfen vorgeben, je monomanischer sie ein eigenes Dogma vertreten) läßt auch Hayek von Anfang an nicht den geringsten Zweifel daran, daß sich für ihn die Welt verkehrt herum darstellt. Denn ihm erscheint es nicht etwa so, daß der in einem säkularen Prozeß zunehmende staatsökonomische Regulationsapparat die unvermeidliche Reaktion auf den krisenhaft prozessierenden kapitalistischen Selbstwiderspruch war, sondern genau umgekehrt sollen zumindest die großen Krisen, Zusammenbrüche und sozialen Verwerfungen einem sündhaften Abweichen der Menschheit von der »reinen Lehre« des ursprünglichen Liberalismus geschuldet sein, verursacht durch »zu viel Wohlstand«:

»Infolge [...] der uferlosen Ansprüche, die durch die bereits erreichte Besserung der materiellen Lage gerechtfertigt schienen, kam es dahin, daß man um die Jahrhundertwende sich immer mehr von dem Glauben an die Grundgedanken des Liberalismus abkehrte [...] Man interessierte sich nur noch für die neuen Ansprüche, deren schneller Befriedigung das Festhalten an den alten Prinzipien im Wege zu stehen schien. Immer weiter verbreitete sich die Auffassung, daß ein erneuter Fortschritt nicht in der alten Entwicklungslinie unter dem Regime zu erwarten sei, das ihn früher ermöglicht hatte, sondern nur von einer völligen Umgestaltung der Gesellschaftsordnung. Es war nicht mehr die Rede von einer Ergänzung oder Verbesserung der vorhandenen Maschine (!), sondern davon, daß sie zum alten Eisen geworfen und durch eine andere ersetzt werden müsse [...] Mit dem Rückgang des Verständnisses für die Wirkungsweise der freien Marktwirtschaft ging auch die Erkenntnis dessen, was von ihrer Existenz abhing, immer mehr verloren [...] Nach den heute geltenden Anschauungen handelt es sich nicht mehr darum, wie wir aus den freien Kräften einer freien Gesellschaft den größten Nutzen ziehen können. Unsere Zeit hat sich in der Tat die Aufgabe gestellt, auf jene Kräfte mit ihren unerwarteten Wirkungen zu verzichten und an die Stelle des unpersönlichen und anonymen Marktmechanismus die kollektive und ›bewußte‹ Lenkung aller Kräfte der Gesellschaft auf genau bestimmte Ziele zu setzen [...] Das Erstaunliche ist, daß dieser selbe Sozialismus, in dem man nicht nur frühzeitig die ernsteste Bedrohung der Freiheit erkannt hatte, sondern der ganz offen als Gegenschlag gegen den Liberalismus der Französischen Revolution begonnen hatte, gerade unter der Flagge der Freiheit allgemeine Anerkennung fand [...] Die leichte Änderung, die an dem Sinn des Wortes Freiheit vorgenommen wurde, um dem Argument Überzeugungskraft zu verleihen, ist bedeutungsvoll. Für die großen Apostel der politischen Freiheit hatte dies Wort Befreiung von Despotie bedeutet, Befreiung von der Willkür anderer [...] Die neue Freiheit dagegen, die in Aussicht gestellt wurde, sollte eine Freiheit von Not sein, eine Befreiung aus dem Zwang der Umstände, die uns allen nur eine begrenzte Wahl der Lebensgüter lassen, wenn auch für den einen sehr viel mehr als für den andern [...]« (Hayek 1945, 39 f., 44 ff.).

Einen solchen Begriff der Freiheit, nämlich Freiheit von sozialer Not, konnte der Hardcore-Liberalismus natürlich auf keinen Fall dulden. Hayek verteufelt ganz offen den elementar vernünftigen Anspruch, daß die Gesellschaft sich bewußt (bezeichnenderweise setzt er das Wort mit pejorativer Absicht in Anführungszeichen) selbst regulieren soll, statt durch einen bewußtlosen anonymen Marktmechanismus reguliert zu werden. In seiner bislang reinsten Form, noch über die Klassiker des Liberalismus hinaus, tritt hier der Urgrund liberaler

Antivernunft zutage: der Anspruch auf bewußte soziale Gesellschaftlichkeit gilt als Sünde wider den Heiligen Geist einer asozialen, blinden Gesellschaftsmaschine, die wieder und wieder zur Naturgesetzlichkeit erklärt worden ist.

Hayek ist aber wohl der erste, der diesen widervernünftigen Grundgedanken nicht verklausuliert, sondern völlig offenherzig und mit fast naivem Nachdruck ausspricht; freilich nur, um diese an sich absurde Kriegserklärung gegen ein bewußtes soziales Sein sogleich damit zu legitimieren, daß er eine »bewußte Lenkung« der Ressourcen einzig als leviathanische Staatsplanung durch eine autoritäre »Behörde« begreift. Damit kann er sich allerdings auf das Verständnis des gesamten modernen Denkens berufen, den Sozialismus/Kommunismus eingeschlossen. So dekliniert Hayek die öde liberale Dialektik des seltsamen Widerspruchs von »Gleichheit« (alias »sozialer Sicherheit«) einerseits und »Freiheit« (alias »wirtschaftlichem Individualismus« oder »freier Konkurrenz«) andererseits durch, um sich auf eine extremistische Weise für den vermeintlichen Pol der »Freiheit« zu entscheiden.

Hayek bemerkt nicht, daß er damit nur den inneren Widerspruch des Liberalismus selbst thematisiert, der als faules Erbe auch in das sozialistische Denken eingegangen war und auf jene gespaltene, irrationale Struktur eines geschlossenen warenproduzierenden Systems verweist, die dazu führt, daß der Einsatz der gesellschaftlichen Ressourcen für die gemeinsame Reproduktion des Lebens nicht von den Gesellschaftsmitgliedern bewußt entschieden und organisiert wird, sondern diesen ihre eigene Reproduktion paradoxerweise als unbeherrschbarer pseudo-naturgesetzlicher Zusammenhang der sogenannten Ökonomie entgegentritt; mit der bekannten Folge, daß sich die tatsächlichen gesellschaftlichen Beziehungen aufspalten in ein atomisiertes, abstrakt-individuelles Handeln im Bezugsraum anonymer Märkte einerseits und in einen Apparat staatlicher Menschenverwaltung andererseits, der die Voraussetzungen, Schäden und Nebenwirkungen dieser destruktiven Reproduktionsform reguliert und über dessen vom blinden Systemprozeß präformierte Alternativen dann auch noch demokratisch verhandelt werden soll.

Auf beiden Seiten dieses Verhältnisses gibt es keine Spur von Freiheit, also von Selbstbestimmung über die eigenen Angelegenheiten.

Der Staat bleibt seinem Wesen nach auch bei noch so demokratischen Wahlen das leviathanische Ungeheuer – ein den Individuen äußerlicher Apparat, der ihr Leben nach den Kriterien des kapitalistischen Systems reguliert; sie »sind« nicht der Staat, sondern dessen Verwaltungsobjekte. Andererseits sind aber auch die Menschen der Staatsapparate von den politischen Kommandohöhen bis zur lokalen Amtsstube nicht die Subjekte dieser Menschenverwaltung, die darin ihren eigenen Willen betätigen würden, sondern ebenfalls nur ausführende Funktionäre und (staatlich-juristische) »Arbeitskräfte«. Der Apparat als solcher, obwohl von Menschen gemacht und von Menschen angetrieben, bildet eine jeden Willen und jede freie Entscheidungsmöglichkeit übersteigende kafkaeske Struktur, da sein Wirken ja von vornherein auf die irrational verselbständigte Ökonomie zugeschnitten ist.

Indem die Sozialisten »gesellschaftliche Bewußtheit« nur in der vom Liberalismus übernommenen Form des Leviathan sich denken konnten, mußte das Programm der sozialen Bewußtwerdung in eine staatsautoritäre, bürokratische Zurichtung des Menschenmaterials umschlagen. Es konnte Hayek nicht besonders schwer fallen, diese Paradoxie des Staatskapitalismus, wie sie in einer »starken« Version die Regimes nachholender Modernisierung und in einer »schwachen« die westliche keynesianische Regulation darstellten, als »Zwangsorganisation der Gesellschaft« und als »Weg in die Knechtschaft« (so der Titel seines Buches von 1945) zu denunzieren.

Die andere Seite der gespaltenen kapitalistischen Struktur, die Ökonomie anonymer Märkte, führt aber ganz genauso zur Knechtschaft. Die Individuen des ökonomisch »freien« Willens sind ja schon a priori auf die blinden »Marktgesetze« zwangsverpflichtet und erst recht als bloße »Arbeitskräfte« definiert. Indem ihre absurde »Freiheit« darin besteht, ihr Leben unter das Joch von Arbeitsmärkten zu beugen, sind sie nichts anderes als Zwangsarbeiter der »schönen Maschine«, die nicht nach dem Sinn und Zweck der ganzen Veranstaltung fragen dürfen, am wenigsten hinsichtlich ihres eigenen Wohlergehens. Sehr klar brachte diesen elementaren Sachverhalt der betriebswirtschaftlichen Knechtschaft mehr als dreißig Jahre später, an der Schwelle der neuen Großkrise, Günther Anders zum Ausdruck:

»Unfrei ist (der Lohnarbeiter) nicht etwa nur deshalb, weil er vom Eigentum an ›seinen‹ Produktionsmitteln oder Produkten ausgeschlossen ist, sondern weil er das Ganze des Produktionszusammenhangs, in das er integriert ist, nicht übersieht; und ebensowenig das Endprodukt und dessen Bewandtnis kennt – diese bleiben gewissermaßen ›transzendent‹; ebensowenig die moralischen oder unmoralischen Qualitäten ›seines‹ Produkts; ebensowenig dessen Nutznießer, Verwender oder dessen Opfer. All das – und damit auch sein eigenes Arbeiten – findet gewissermaßen hinter seinem eigenen Rücken statt. So ist es mir und der Belegschaft, innerhalb derer ich arbeitete, vor schon mehr als 35 Jahren in einer kalifornischen Fabrik gegangen. Das Einzige, was wir ›vor uns sahen‹, war das auf uns zu- und dann sofort wieder von uns fortwandernde Produktstück, für dessen Bearbeitung wir eingesetzt waren – wir wünschten auch nicht mehr, mehr zu wissen oder zu sehen, die Neugierde war uns fortmanipuliert worden; uns fehlte jedes Interesse an unserem Tun – warum hätten wir auch mehr wissen oder sehen sollen, was hätten wir davon schon gehabt? Vor allem: Wir sollten an dem, was wir verrichteten, kein Interesse haben, wir sollten ohne Bewandtnis arbeiten. Hätte einer von uns den Vorarbeiter oder sonstwen nach der Bewandtnis unseres Tuns gefragt, er wäre im besten Falle als Kauz abgefertigt worden, ›that's none of your damned business‹, und ein paar Jahre später, in der McCarthy-Periode, hätte er als ›security risk‹ gegolten [...]« (Anders 1987/1977, 91 f.).

Könnte es eine schlimmere Knechtschaft geben, als den größten Teil der im Wachzustand verbrachten Tages-, Wochen-, Jahres- und Lebenszeit für eine Verausgabung der eigenen Energie opfern zu müssen, über deren inhaltliche und soziale »Bewandtnis« keinerlei Selbstbestimmung ausgeübt werden kann? Ist der abstrakt »freie« kapitalistische Mensch nach der staatlich-demokratischen Seite hin bloßes Objekt einer umfassenden Menschenverwaltung, so ist er nach der markt- und betriebswirtschaftlichen Seite hin nichts als der Befehl und Gehorsam unterworfene Arbeitssoldat einer quasi-militärisch organisierten Kampfeinheit im »totalen Krieg« der universellen Konkurrenz, der nach einem Reglement tätig sein muß, das ihn zum unselbständigen Ausführungsorgan degradiert. Er hat die Knochen hinzuhalten für fremde Zwecke, die ihm aufgedrängt worden sind. So ist das »freie« Individuum nichts als ein Knecht, der sich politisch wie ökonomisch seinen »Herrn« vordergründig selber wählen darf. Aber diese »Herren« sind auf der betriebswirtschaftlichen genau wie auf der politisch-demokratischen Ebene selber nur Knechte der »schönen Maschine«, bloße »leitende Arbeitskräfte« jenes monströsen Selbstzwecks, der auch ihre Handlungen zu unselbständigen und unfreien macht.

Freiheit würde einzig und allein darin bestehen, daß die Menschen, die sich zur Reproduktion ihres Lebens zusammenfinden, dies nicht nur freiwillig tun, sondern auch gemeinsam über den Inhalt ebenso wie über die Vorgehensweise beraten und beschließen. Dieses Kriterium, das nur in den Räte-Ideen kurz aufscheinen konnte, aber an der mangelnden Kritik der »abstrakten Arbeit« und der daraus entspringenden kapitalistischen Verkehrsformen gescheitert war, bleibt als Traum einer grundsätzlich anderen Vergesellschaftung uneingelöst. Eine derartige Freiheit, die das genaue Gegenteil der liberalen universellen Knechtschaft unter dem Diktat von Arbeitsmärkten wäre, ist prinzipiell auf allen Ebenen und Aggregierungen der gesellschaftlichen Reproduktion praktisch möglich – vom Haushalt bis zur transkontinentalen Vernetzung der Produktion. Natürlich bedarf es dabei institutioneller Vermittlungen, die jedoch das Kriterium nicht berühren.

Technisch und organisatorisch wäre das überhaupt kein Problem, heute weniger denn je, denn die Kommunikationstechnologie hat durchaus mit dem Grad der Vernetzung und Vergesellschaftung sowohl in der Industrie als auch auf allen anderen Gebieten mitgehalten. Es bedarf für eine Beratung und Entscheidung aller beteiligten Gesellschaftsmitglieder am Einsatz der gemeinsamen Ressourcen keiner ihnen äußerlichen »Behörde«, keiner Bürokratie und keiner Weltregierung, überhaupt keines »allwissenden Zentrums« (was die Fiktion jeder leviathanischen Staatsplanungs-Ideologie ist), sondern gerade bei einer Anwendung der modernsten Kommunikationsmittel und Vernetzungstechniken kann das »Zentrum« überall zugleich sein.

Erinnern wir uns an die »brave Vertikale« und die »böse Horizontale« bei Gottl-Ottlilienfeld. Sowohl die staatliche Menschenverwaltung als auch die betriebswirtschaftliche Organisation sind letzten Endes immer vertikal ausgerichtet; entstammen die Institutionen des warenproduzierenden Systems doch ihrem Wesen nach der gesellschaftlichen Reorganisation durch die frühmodernen Militärdespotien. Und weil diese vertikale Herrschaftstruktur in den Selbstzweck der »schönen Maschine« eingeschrieben ist, ändern daran weder die politische Demokratie noch ein »egalitäres«, scheinbar enthierarchisiertes Management etwas; es kann sich dabei immer nur um die Bentham-Methode handeln, mit der die vertikale Herrschafts- und Repressionsstruktur ins Innere der Individuen selbst verlagert wird. Soziale Befreiung setzt die Entfesselung der »bösen Horizontale« voraus (»böse« natürlich nur vom Standpunkt der herrschenden irrationalen »Zweckform« des Kapitals), also die direkte Kommunikation aller Beteiligten, bevor der Zweck ihres Tuns festgelegt ist, um diesen Zweck gemäß ihren Bedürfnissen selbst festzulegen. Erforderlich ist dafür einzig und allein ein genügend großer gesellschaftlicher Zeitfonds, der nicht unmittelbar der Produktion selbst gewidmet werden muß. Auf niedrigeren Stufen der Produktivkraft-Entwicklung wäre somit eine direkte, kommunikative, »horizontale« Vergesellschaftung erkauft mit einer Einschränkung der Produktion. Das heißt nicht, daß eine Gesellschaftlichkeit ohne vertikale Herrschaftsstruktur in der Vergangenheit etwa logisch unmöglich gewesen wäre. Denn verhungern hätte bei einem relativ hohen kommunikativen Aufwand selbst unter den Bedingungen geringer Produktivkräfte niemand müssen; und auch die Entwicklung von Naturerkenntnis, Technik usw. wäre dabei – entgegen den bürgerlichen Annahmen seit Kant – keineswegs stehengeblieben, sondern allenfalls langsamer, dafür aber auch nicht derart katastrophal verlaufen. Wir können es also nicht als »objektive Notwendigkeit«, sondern lediglich als empirischen Sachverhalt feststellen, daß sich die bisherige menschliche Entwicklung, den Kapitalismus eingeschlossen, in verselbständigten gesellschaftlichen Fetischformen und damit in vertikalen Herrschaftsstrukturen vollzogen hat, die den wachsenden gesellschaftlichen Zeitfonds irrational und weitgehend destruktiv monopolisierten.

Die Dritte industrielle Revolution führt aber nicht nur an die Grenzen des Kapitalismus, sondern an die Grenzen der bisherigen Geschichte überhaupt heran, indem sie den gesellschaftlichen Zeitfonds derart sprunghaft erweitert, daß er nicht mehr positiv für eine Minderheit im Gefüge fetischhafter Herrschaftsformen monopolisiert werden kann, sondern nur noch negativ als Gesellschaftskatastrophe der globalen »strukturellen Massenarbeitslosigkeit« in Erscheinung tritt. Auf katastrophale Weise wird damit deutlich, daß objektiv (technisch und materiell) mehr als genug Zeit gesellschaftlich zur Verfügung stünde, um eine universelle »horizontale« Vergesellschaftung ohne soziale Herrschaft zu ermöglichen, in der nur noch wenig Zeit für die Produktion der Güter erforderlich ist und alle Gesellschaftsmitglieder ständig an Kommunikations- und Entscheidungsprozessen über die sinnvolle Mobilisierung der Ressourcen teilnehmen, ja darüber hinaus noch über jede Menge Zeit für frei gewählte individuelle Zwecke verfügen könnten. Diese Möglichkeit ist aber gleichzeitig auch Bedingung, d. h., der ungeheure Zeitfonds kann überhaupt nur durch eine »horizontale« Vergesellschaftung positiv genutzt werden, die sich Staat und Markt gleichermaßen vom Hals schafft und nicht mehr in dieser Schizo-Struktur einer irrationalen Polarität gefangen ist, sondern »unipolar«, also direkt kommunikativ, Politik und Ökonomie in sich aufhebt.

Jenes gräßliche Geheul nach »Arbeitsplätzen«, das die Stimme der Vernunft übertönt, zeigt aber schon an, daß das herrschende gesellschaftliche Bewußtsein von sozialer Freiheit um keinen Preis etwas wissen will. So kann es kaum überraschen, daß das Pendel der Bewußtseinskonjunktur beim Scheitern der Staatsökonomie wieder zum kruden Liberalismus und damit zum perversen Begriff der ökonomischen »Freiheit« zurückschwingen mußte. Hayek hatte diesen Pendelschlag bereits während des Übergangs zum Keynesianismus vorbereitet und dabei vorweggenommen, daß eine Rückkehr zum Liberalismus nur durch dessen »Radikalisierung« zu haben war. Gerade weil die liberalen Illusionen des 18. und frühen 19. Jahrhunderts durch die kapitalistische Entwicklung selber längst widerlegt worden waren, konnten sie nur durch eine extremistische Zuspitzung wiederbelebt werden.

Hayek tat im Grunde genommen dasselbe, was vorher der Staatssozialismus getan hatte, nur in umgekehrter Richtung: Hatte dieser den unheilbaren Selbstwiderspruch des Kapitalismus und damit die innere Widersprüchlichkeit der liberalen Ideologie dahingehend aufzulösen versucht, daß er den leviathanischen Pol weitgehend verabsolutierte und den Markt vom Staat als Generalunternehmer verschlucken lassen wollte, so wollte Hayek nun umgekehrt den Staat weitgehend in den Markt auflösen; und zwar über alle bisherigen liberalen Vorstellungen hinaus. Durch die betuliche akademische Wissenschaftssprache hindurch war dabei wieder jener blaffende antisoziale Ton der liberalen Ursprache herauszuhören, wie Hayek am 6. Februar 1979, nunmehr zu Beginn der neuen kapitalistischen Weltkrise, in einem berüchtigten Festvortrag in der Aula der Universität Freiburg zu erkennen gab:

»Das Soziale bezeichnet kein definierbares Ideal, sondern dient heute nur mehr dazu, die Regeln der freien Gesellschaft, der wir unseren Wohlstand verdanken, ihres Inhalts zu berauben [...] Ich muß gestehen, wenn Sie auch darüber entsetzt sein werden, daß ich nicht sozial denken kann, denn ich weiß nicht, was das heißt« (Hayek 1979, 16).

Hayek wollte mehr als bloß einen Abbau des keynesianischen Sozial- und Regulationsstaates, bevor er noch überhaupt richtig aufgebaut war; er proklamierte eine umfassende Abdankung des Staates bis hin zu Funktionen, die selbst die liberalen Klassiker nicht in Frage gestellt hatten oder die vom Liberalismus inzwischen notgedrungen akzeptiert worden waren. Dazu gehörte nicht zuletzt die Forderung, das staatliche Geldwesen wieder abzuschaffen und an die Stelle nationaler Währungen eine »freie Konkurrenz« von Geld-Emittenden zu setzen. Dennoch blieb Hayek auch in der Zeit der keynesianischen Epoche keineswegs isoliert. Selber ein Schüler des altliberalen »Sozialistenfressers« Ludwig v. Mises (1881–1973) in Wien, dessen Nachfolger er von 1927–31 als Direktor des dortigen Instituts für Konjunkturforschung wurde, hinterließ er seither seine Duftmarke an der London School of Economics (1931–1950), an der Universität Chicago (1950–1962) und seit 1962 an der Universität Freiburg i. Br. – alles Zentren jenes Neoliberalismus, der später die ideologische Weltmacht übernehmen sollte. Ganz im Sinne Hayeks meldeten sich seine Schüler und wiederum deren Schüler mit stets wachsender Schärfe zu Wort; so das Haupt der Chikagoer Schule, Milton Friedman (geb. 1912), in seinem Buch über »Kapitalismus und Freiheit«:

»Es gibt wenig Entwicklungstendenzen, die so gründlich das Fundament unserer freien Gesellschaft untergraben können, wie die Annahme einer anderen sozialen Verantwortung durch Unternehmer, als die, für die Aktionäre ihrer Gesellschaften soviel Gewinn wie möglich zu erwirtschaften« (Friedman 1971/1962, 176).

Wie weit diese Radikalisierung ging, zeigte sich daran, daß jetzt nicht einmal Adam Smith, der erzliberale Begründer der modernen kapitalistischen Volkswirtschaftslehre, mehr ungeschoren davonkam und von dem US-Radikalliberalen Murray Rothbard der Häresie bezichtigt wurde, wie eine erstaunte Rezension in der Financial Times feststellt:

»Adam Smith warf den Fortschritt der Wirtschaftstheorie um ein Jahrhundert zurück, er ebnete den Greueln des Marxismus den Weg. Diese massive Kritik findet sich in dem zweibändigen Werk von Murray Rothbard [...] Der 1995 verstorbene Rothbard war einer der wenigen US-Wirtschaftswissenschaftler, die sich der österreichischen Tradition eines Ludwig von Mises und Friedrich Hayek verschrieben [...] Nach Rothbards Einschätzung genießt Adam Smith seinen Ruf als Exponent der freien Marktwirtschaft völlig zu Unrecht. Rothbard meint, Smith habe nicht nur öffentliche Bauten und staatliche Erziehung befürwortet, sondern auch die Regulierung des Bankwesens, progressive Einkommenssteuern, rigide Wuchergesetze und zahlreiche sonstige Eingriffe des Staates. Smiths Ansichten seien in jeder Hinsicht ein Rückschritt vom strikten Liberalismus [...]« (Prowse 1997).

Ebenso harsch meldete sich die »wilde Jugend« der neoliberalen Schule zu Wort; in Chicago blieb dabei die Sache in der Familie. Hatte Milton Friedman in der Widmung seines Buches »Kapitalismus und Freiheit« 1962 seinem Sohn David aufgetragen, dieser müsse »die Fackel der Freiheit in die nächste Runde tragen«, so folgte der Filius diesem Auftrag elf Jahre später mit der Publikation eines Werkes, das den bezeichnenden Titel »The Machinery of Freedom« trug. Diese echt Benthamsche Idee der »Freiheitsmaschine« zieht die letzte Konsequenz:

»Würde man dem Sohn von Nobelpreisträger Milton Friedman vorwerfen, er wolle zurück zum altliberalen Nachtwächterstaat, dann wäre dies eine Verleumdung, denn natürlich würde er auch das Amt des Nachtwächters privatisieren. ›Alles, was Regierungen tun, kann in zwei Kategorien aufgeteilt werden – in Aufgaben, die man ihnen heute schon wegnehmen kann, und in Aufgaben, von denen wir hoffen, sie ihnen morgen wegnehmen zu können‹, heißt es in seinem Buch [...] Private Verbrechensbekämpfung zum Beispiel, findet Friedman, wäre effizienter als staatliche. Das Opfer eines Verbrechens müßte dann nur seine Ansprüche auf Schadensersatz oder Schmerzensgeld einem Privatunternehmer verkaufen, der sie dann beim Verbrecher eintreibt – tot oder lebendig. Erinnert das nicht an die Kopfgeldjäger im Wilden Westen? Warum auch nicht, sagt Friedman. ›Das System funktionierte doch ganz gut‹. Friedmans Ansichten sind extrem, aber er ist kein Einzelgänger. Radikalkapitalismus ist schick in Amerika [...]« (Piper 1997).

Hier werden die Konturen einer Horror-Gesellschaft gezeichnet, wie sie sich die Verfasser der Negativ-Utopien in der ersten Jahrhunderthälfte nicht hätten träumen lassen. Nicht mehr der allmächtige und allgegenwärtige Staatsapparat ist es, der die totale Herrschaft ausübt, sondern in einer atomisierten Gesellschaft wird von den mächtigen Privatinteressen der marktwirtschaftlich Zahlungsfähigen ein nicht weniger grauenhaftes Terror-Regime ausgeübt. An die Stelle der allmächtigen Staats- und Geheimpolizei treten private Sicherheitsdienste, Schlägertrupps und Bodyguards, »schwarze Sheriffs« und Todesschwadronen. Aber diese spiegelverkehrte Version der Negativ-Utopien kommt nicht etwa als Warnung daher, sondern allen Ernstes als positive Vision einer Gesellschaft, wie sie zu sein hätte.

Es war allerdings keine spezifisch US-amerikanische Angelegenheit, die den radikalisierten Neoliberalismus ausmachte, auch wenn dieses Gedankengut im angelsächsischen Raum am schnellsten fruchtbaren Boden fand. Schon Hayeks Karriere zeigt, daß die Fäden viel weiter gesponnen waren. Die deutsche und schweizerische Variante des Neoliberalismus, geprägt von Walter Eucken (1891–1950) und Wilhelm Röpke (1899–1966), die den theoretischen Hintergrund für die Wirtschaftspolitik des vermeintlichen deutschen »Wirtschaftswunderministers« Ludwig Erhard bildete, stand stets in enger Beziehung zu Hayek und seinen Schülern, auch wenn Unterschiede bestanden. Eucken und Röpke hatten aus der Großen Depression ihre eigenen Schlußfolgerungen gezogen, die ebenfalls gegen die keynesianische Doktrin gerichtet waren; sie sahen die Ursache der Krise vor allem darin, daß die freie Konkurrenz institutionell nicht ausreichend gesichert gewesen und durch Monopolbildungen an ihrem segensreichen Wirken gehindert worden sei. Deshalb verlangten sie, der Staat müsse ordnungspolitische Rahmenbedingungen schaffen, um dem Konkurrenzmechanismus zu seinem Recht zu verhelfen (diese neoliberale Variante wurde deshalb auch »Ordoliberalismus« genannt); darüber hinaus dürfe es aber nur begrenzte staatliche Eingriffe in die sozialökonomischen Verhältnisse geben, auf keinen Fall im weitgehenden keynesianischen Sinne eines »Investitions-Sozialismus« und eines »deficit spending«. Die ordoliberale Variante war »gemäßigter« als der radikalisierte österreichisch-englische und US-amerikanische Neoliberalismus; aber Hayek entfaltete ein bemerkenswertes Geschick, die diversen neoliberalen Positionen theoriepolitisch und strategisch in seinem Sinne auszurichten. 1947 wurde in Mont Pèlerin (Schweiz) unter Hayeks Regie die bis heute wirksame Mont Pèlerin Society gegründet, gewissermaßen ein Brain-Trust und gleichzeitig eine Art intellektueller Ku-Klux-Klan des Neoliberalismus zwecks langfristiger Einflußnahme im Sinne eines kapitalistischen Wirtschafts-Extremismus, wie es in einem wohlwollenden Bericht zur Jubiläumstagung fünfzig Jahre später eher unfreiwillig entlarvend zum Ausdruck kommt:

»(Vom) 1. bis zum 10. April 1947 [...] trafen sich auf dem Mont Pèlerin oberhalb von Vevey 39 Wissenschaftler, Unternehmer und Journalisten auf Einladung von Friedrich August von Hayek, um über die Herausforderungen und Bedrohungen einer liberalen Gesellschaft zu diskutieren. Am Ende der zehn Tage [...] kam es schließlich, wie dies das Ziel Hayeks gewesen war, zur Gründung der nach dem Tagungsort benannten Gesellschaft [...] Aus dem damals noch intimen und weitgehend auf Europa und die USA beschränkten Verein ist inzwischen eine intellektuelle Heimat für mehr als 500 Liberale in allen Erdteilen geworden [...] Alle zwei Jahre veranstaltet die Mont Pèlerin Society (MPS) an irgendeinem Ort der Welt ein sogenanntes General Meeting, dazwischen finden regionale Treffen statt. Die Veranstaltungen dienen der Diskussion, sind nach innen gerichtet und nicht für die Öffentlichkeit bestimmt. Diese ›Abschottung‹ macht die Gesellschaft in den Augen vieler leicht suspekt [...] So sind [...] die Medien offiziell nicht zugelassen, und die wenigen Journalisten unter den Mitgliedern können zwar über die Essenz der Gespräche berichten, sollten aber nicht allzu sehr in die Details gehen […]« (Neue Zürcher Zeitung, 3.5.1997).

Hinter den Kulissen betrieb die MPS einen eifrigen wissenschaftspolitischen Lobbyismus, ihre Mitglieder konnten Schlüsselpositionen im akademischen Betrieb besetzen. In diesem Sinne gehörte es am Ende des kurzen keynesianisch-fordistischen Booms bereits zur Erfolgsgeschichte des neuen Wirtschafts-Extremismus, daß 1974 Hayek und 1976 Friedman (senior) mit dem Nobelpreis ausgezeichnet wurden. Sicherlich hat dies alles den Geruch einer radikalliberalen »Weltverschwörung«; aber wie immer in solchen Dingen wird auch hier der subjektive Wille überschätzt. In einer gespaltenen, auf irrationalen Fetischformen statt auf kommunikativer Selbst-Bewußtheit beruhenden Gesellschaft gibt es zwangsläufig nicht nur vertikale Herrschaft, sondern auch Cliquen, Klüngel und Seilschaften, Korruption und Mafia, informelle Kreise und Ku-Klux-Klans aller Art; immer jedoch können derartige Bandenbildungen auch im wissenschaftlichen und gesellschaftspolitischen Bereich nur wirksam werden, wenn ihnen »objektive« ökonomisch-politische und geistige Konjunkturen entgegenkommen.

In der Wirtschaftswissenschaft und bei den kapitalistischen Funktionseliten war es allerdings keineswegs eine bloße Konjunktur der Theorien, die dem Neoliberalismus nach einer langen Durststrecke wieder Oberwasser gegeben hätte. Genauer betrachtet war nämlich der vorherige theoretische »Siegeszug« des Keynesianismus ein höchst eigenartiger und gewissermaßen unglücklicher. Denn für die Weltwirtschaftskrise war die »General Theory« ja zu spät gekommen; die ökonomische Praxis des New Deal von Roosevelt ebenso wie die Nazi-Ökonomie lagen zwar auf der Linie der keynesianischen Doktrin, aber diese Politik war spontan und pragmatisch entstanden, also keineswegs als »Anwendung« von Keynes' theoretischer Intervention. In der Nachkriegszeit war es nur die jüngere, noch nicht akademisch etablierte Generation der Ökonomen, die großenteils als überzeugte Keynesianer gelten konnten; die ältere Generation dagegen, die meistens noch die Lehrstühle besetzt hielt, vertrat weiterhin die klassische oder eben schon die neoliberale Theorie.

Obwohl die gesellschafts- und wirtschaftspolitische Praxis der Regierungen unter dem Druck des Booms und seiner Ansprüche sowie der Systemkonkurrenz mit dem Ostblock nolens volens immer mehr keynesianisch aussah, war keineswegs überall der Keynesianismus, sondern weit eher ein diffus modifizierter Liberalismus offizielle Doktrin; in der BRD war es ganz explizit der »Ordoliberalismus« von Eucken und Röpke, der Ludwig Erhard als theoretischer Hintergrund für das Konstrukt der »sozialen Marktwirtschaft« diente. Theoretisch wie gesellschaftspolitisch handelte es sich also um eine Paradoxie: Die Regierungen mit weiterhin klassisch liberalem oder sogar neoliberalem legitimatorischen Hintergrund ihrer Wirtschaftspolitik handelten zunehmend keynesianisch im Sinne des »deficit spending«; aber eben nicht in dem von Keynes dafür vorgesehenen Kontext einer Krisenbewältigung, sondern als Steigerung und Verlängerung des Booms: teils durch die mit hohen Staatsinvestitionen verbundene infrastrukturelle Fundierung des flächendeckenden Vollkapitalismus, teils durch sozialpolitische Flankierung des Massenkonsums.

Als endlich die jungen Ökonomen der 40er Jahre alt geworden und in führende Positionen aufgerückt waren, also die große Zeit des Keynesianismus gekommen schien, war sie auch schon wieder vorbei; denn fast zeitgleich setzte mit den Nobelpreisen von Hayek und Friedman bereits die Inthronisierung des radikalisierten Neoliberalismus ein. Diese merkwürdige Geschichte zeigt, daß der Keynesianismus eigentlich immer und ganz unabhängig von Krisensituationen ein ungeliebtes Stiefkind der ökonomischen Zunft, der politischen Klasse und der kapitalistischen Funktionseliten geblieben ist – obwohl er doch das einzig mögliche Programm enthielt, das Leben des Kapitalismus trotz seines prozessierenden Selbstwiderspruchs zu verlängern und diese Produktionsweise überhaupt gesellschaftlich zu totalisieren (soweit das möglich ist).

Diese »Undankbarkeit« zeugt von einem tiefsitzenden ideologischen Impuls und von einer fanatischen Grundhaltung der kapitalistischen Gesellschaft, die bis auf Hobbes, Mandeville u. Co. zurückgeht: der völlig unlogische Herrenmenschen-Glaube nämlich, das Kapital könne unbegrenzt akkumulieren mittels der optimierten Vernutzung eines Menschenmaterials, das grundsätzlich auf dem Status von »arbeitenden Armen« gehalten und kujoniert werden müsse.

Das ist eben jene mikroökonomische, rein betriebswirtschaftliche und pseudo-individuelle Betrachtungsweise, wie sie nicht umsonst auch bei Dahrendorf wieder zutage getreten war und die gewissermaßen die »natürliche« des Kapitals ist. Denn praktisch handelt es sich dabei um den einzig möglichen Standpunkt, während der makroökonomische oder überhaupt gesamtgesellschaftliche ein lediglich virtueller und theoretischer bleibt, der den »Wirtschaftsakteuren« ein ihnen eigentlich fremdes Moment von Reflexion abverlangt, das im Widerspruch zu ihrem Handeln steht.

Pseudo-individuell ist dieser Standpunkt allerdings deswegen, weil er streng genommen nur derjenige des individuellen Kapitaleigners oder Managers sein kann, während dieselbe ökonomische »Individualität« hinsichtlich der Arbeitsmärkte für die davon Abhängigen zu grotesken und selbstzerstörerischen Resultaten führt. Aber auch für das Management mündet der »natürliche« individuell-betriebswirtschaftliche Standpunkt in jene makroökonomisch-gesamtgesellschaftlichen Aporien, die auf die betriebswirtschaftliche Ebene zurückschlagen. Das ökonomische »Es« beharrt gegen jede rationale Einsicht auf seinem dunklen Trieb, die Welt in eine gigantische Ansammlung von Waren zu verwandeln und gleichzeitig die Massen auf das Existenzminimum herunterzudrücken; ihm diese logische Unmöglichkeit ausreden zu wollen ist ungefähr so erfolgversprechend wie der Versuch, ein fleischfressendes Raubtier auf Vegetarier umzuschulen.

So war der theoretische Hintergrund für den Durchbruch des extremistischen Neoliberalismus eigentlich immer schon vorhanden; es bedurfte nur noch der ökonomisch-gesellschaftlichen Situation, in der die keynesianische Doktrin auch praktisch scheitern mußte, um das Raubtier loszulassen. Diese Situation war ironischerweise identisch damit, daß der Keynesianismus nach seiner mühsamen Ochsentour durch die Institutionen endlich am Gipfel angelangt war – nur um sogleich wieder abtreten zu müssen. Denn just in derselben Zeit, die endlich auch mehr oder weniger explizit keynesianische und sozialdemokratische Regierungen in den USA, England und der BRD sah, während einschlägige Konzepte auch für die »Entwicklung« der Dritten Welt an Boden gewannen, setzte ja schon die neue Krise ein, die nicht nur den fordistischen Boom beenden, sondern den Zusammenbruch des industriellen Schneeballsystems überhaupt ankündigen sollte.

In den USA hatten die Präsidenten aus der traditionell sozialliberalen Demokratischen Partei, John F. Kennedy und Lyndon B. Johnson, schon 1960–68 mit dem Programm der »Great Society« keynesianische Elemente von Sozialpolitik und staatlicher Regulation eingeführt oder verstärkt, die auch unter der Präsidentschaft der eher konservativen Republikaner Richard Nixon und Gerald R. Ford (1968–76) nicht zurückgenommen wurden. Vor allem aber war es der Demokrat Jimmy Carter, in dessen Regierungszeit (1976–1980) der Versuch unternommen wurde, neue Sozialprogramme aufzulegen. Auch in Großbritannien hatte eine Labour-Regierung unter Clement Attlee bereits 1945–1951 keynesianische Programme und sogar Verstaatlichungen durchgeführt, die allerdings von den Konservativen unter Winston Churchill und Harold Macmillan bis 1964 teilweise wieder zurückgenommen wurden. Seitdem lösten sich Labour und Konservative in der Regierung ab, begleitet von heftigen sozialen Auseinandersetzungen; zuletzt waren 1974–1979 unter Harold Wilson und James Callaghan ausgesprochen keynesianische Labour-Regierungen am Ruder. In der BRD wurde die langjährige konservative Regierung unter Konrad Adenauer und Ludwig Erhard 1966 zunächst durch eine »große Koalition« abgelöst, bis es unter Willy Brandt und Helmut Schmidt zu sozialliberalen Regierungen mit starker keynesianischer Orientierung kam (1969–1982).

Nahezu gleichzeitig erlitt der Keynesianismus Ende der 70er und Anfang der 80er Jahre unter dem Eindruck der inflationären Krisen zusammen mit den Regierungen Carter, Callaghan und Schmidt in den größten industriellen Zentren Schiffbruch. Die »Wende« durch Reagan, Thatcher und Kohl war mehr als ein bloßer Regierungs- und auch mehr als ein Politikwechsel; es war jene abrupte Kehrtwendung zum radikalen Liberalismus, wie sie die ideologische Wühltätigkeit der Mont Pèlerin Society mit ihren vielfältigen Verbindungen in die konservativen und liberalen Parteien seit langem und mit wechselndem Erfolg betrieben hatte:

»Von der deutschen Wirtschafts- und Währungsunion (Ludwig Erhard) und der Freiburger Schule über die Reagan-Jahre und den Thatcherismus mit deren Rückgriff auf unzählige Berater aus den Reihen der MPS bis hin zur samtenen Revolution in der Tschechoslowakei (Vaclav Klaus) spielten Mitglieder der MPS immer wieder eine Schlüsselrolle […]« (Neue Zürcher Zeitung, 3.5.1997).

Vor allem Reagan und Thatcher waren der große Durchbruch, für den die unterschwellig asoziale Gemütslage der kapitalistischen Eliten und die inflationäre Krise ein explosives Gemisch als Treibsatz abgaben: »Wie ein aus einer Darstellung der Apokalypse entsprungenes Ungeheuer brach der Reaganismus aus dem Gehege des amerikanischen Sunbelt (›Sonnengürtels‹) hervor […]« (Davis 1986, 13). Was die radikale Kehrtwende für die Ökonomen und Politiker so verführerisch machte, war nicht nur die weltweit in großen Schüben steigende Inflation, sondern auch die gegen jede Lehrbuchweisheit gleichzeitig steigende Massenarbeitslosigkeit. Dieses Phänomen war keynesianisch nicht mehr zu erklären, geschweige denn zu bewältigen. Denn die von Keynes in Erwägung gezogene »dosierte« Mikro-Inflation des »deficit spending« sollte ja automatisch die Vollbeschäftigung garantieren.

Populär in dieser Hinsicht war die nach dem britischen Ökonomen A. W. Philips benannte »Philips-Kurve« geworden, wonach sich Inflation und Arbeitslosigkeit grundsätzlich reziprok verhalten sollen: Je höher die Inflation, desto geringer die Arbeitslosigkeit und umgekehrt. Der sozialdemokratische Bundeskanzler Helmut Schmidt hatte daraus das Programm gemacht, fünf Prozent Inflation seien besser als fünf Prozent Arbeitslosigkeit. Nun stellte sich die »Philips-Kurve« als ein unhaltbares Konstrukt heraus, da nicht nur die Inflation aus dem Ruder zu laufen drohte, sondern auch der vermeintlich damit verzahnte Beschäftigungs-Automatismus nicht mehr griff. Als strahlender Sieger schien Milton Friedman dazustehen, der schon lange behauptet hatte, die mit den keynesianischen Mechanismen (systematische Niedrigzinspolitik, »deficit spending«) verbundene Inflation könne auf die Dauer weder unter Kontrolle gehalten werden noch Arbeitslosigkeit verhindern. Einzige Aufgabe des Staates müsse es in wirtschaftspolitischer Hinsicht sein, durch relative Hochzinspolitik und strikte Haushaltsdisziplin monetäre Stabilität als Rahmenbedingung für das freie Spiel der Marktkräfte zu garantieren (daher auch der Name »Monetarismus« für diese Doktrin). Der Zusammenhang, so betonte Friedman stets von neuem, sei ein ganz einfacher:

»Würde die Menge an Gütern und Dienstleistungen, die man kaufen kann, das heißt der Output, so schnell steigen wie die Geldmenge, blieben die Preise im Prinzip stabil [...] Eine Inflation entsteht, wenn die Geldmenge erheblich schneller wächst als der gesamte Output. Je schneller die Geldmenge pro Einheit des Outputs wächst, desto höher ist die Inflationsrate. Kein anderer Lehrsatz der Wirtschaftswissenschaft ist wahrscheinlich so einwandfrei nachgewiesen wie dieser. Der Output wird durch die verfügbaren physischen und menschlichen Ressourcen und durch den Stand der Kenntnisse und Fähigkeiten zur Nutzung dieser Ressourcen begrenzt. Auch im bestmöglichen Fall kann der Output nur langsam steigen [...]« (Friedman 1992, 199).

Wirklich sehr einfach: Das Übel der Inflation entsteht dadurch, daß die Geldmenge schneller wächst als die Gütermenge; und deshalb lautet das Rezept, daß die Geldmenge restriktiv an die reale Gütermenge angepaßt werden muß. Natürlich erhebt sich dabei die kleine Frage: Welches ist denn diese »reale Gütermenge«? Es ist diejenige Menge, behauptet Friedman, wie sie mit den verfügbaren physischen Ressourcen sowie menschlichen Kenntnissen und Fähigkeiten herstellbar ist. Sozialpolitisch heißt das, so die ewige neoliberale Predigt: »Verteilt werden kann nur das, was in einem bestimmten Zeitraum an Gütern und Dienstleistungen erbracht worden ist.« Der Liberalismus stellt sich hier naiver, als er ist. Ähnlich naiv argumentierte Fourastié hinsichtlich der möglichen Arbeitszeitverkürzung durch steigende Produktivität. Wie aber die Arbeitszeit unter dem Diktat betriebswirtschaftlicher Rationalität keine Größe der »naturalen« Potenzen von Produktivkräften ist, ebensowenig ist es der Output von Gütern.

Es werden nämlich keineswegs so viele Güter hergestellt und gemäß Bedürfnissen verteilt, wie es mit den vorhandenen »naturalen« Potenzen, physischen Ressourcen und Kenntnissen möglich wäre. Statt dessen ist der Output einzig und allein durch die Kriterien des Geldes, d.h. des kapitalistischen Verwertungsprozesses bestimmt. Wie Friedman selber so schön gesagt hatte: die einzige soziale Verantwortung der Unternehmer bestünde darin, für die Aktionäre ihrer Gesellschaften soviel Gewinn wie möglich zu erwirtschaften. »Real« in diesem Sinne ist keineswegs die Menge der Güter, die den materiellen und wissenschaftlich-technischen Ressourcen entspricht, sondern immer nur die Menge der Güter, deren Produktion das Kriterium der sogenannten Rentabilität erfüllt. Der Standard der Rentabilität wiederum wird vom gesamtkapitalistischen (heute globalen) Durchschnitt des Profits bestimmt. Das bedeutet, daß sogar mit Gewinn produzierte Güter »unrentabel« werden, wenn dieser Gewinn unter dem Standard der Rentabilität liegt. Insofern kann der absurde Fall eintreten, daß eine in hohem Maße »unrentable« Produktion im kapitalistischen Sinne ökonomischen »Wert« vernichtet, statt welchen zu schaffen – obwohl funktionsfähige physische Güter mit physisch vorhandenen Mitteln produziert worden sind. Auf jeden Fall produziert eine Marktwirtschaft immer weit unterhalb ihrer »naturalen« technischen Kapazität; weder werden die Produktionsmittel im Ausmaß der technischen Möglichkeiten hergestellt, noch werden die hergestellten Kapazitäten in diesem Maße ausgelastet, selbst wenn für die Produkte ein dringendes soziales Bedürfnis besteht.

Das ist ja gerade der Grund, warum in der Krise massenhaft Produktionsmittel stillgelegt werden, während gleichzeitig die Menschen massenhaft darben müssen. Unter dem Eindruck der Weltwirtschaftskrise hatte Keynes gefürchtet, daß der »Skandal« dieser Absurdität zum Aufstand gegen den Kapitalismus führen könnte; und nicht um dieser Absurdität ein Ende zu setzen, sondern um das System zu retten, wollte er die gefährliche kapitalistische Restriktion der »naturalen« Produktivkräfte gewissermaßen durch das »deficit spending« überlisten: Mittels Staatsverschuldung und Niedrigzinspolitik sollte die Geldmenge gegen die (betriebswirtschaftliche) kapitalistische Logik gerade an die wirkliche (physisch-»naturale«) Kapazität des möglichen Outputs an Gütern angepaßt und damit ausreichend Konsum und Beschäftigung gesichert werden.

Wäre mit dieser »List« tatsächlich die Grenze der vorhandenen physischen Ressourcen und menschlichen Kenntnisse überschritten worden, dann hätte natürlich auch die zusätzliche Geldschöpfung nichts genützt. Insofern blamiert sich Friedmans Argument selber;

in Wahrheit sagt er nur, daß durch den keynesianischen Trick die durchaus real existierenden Produktionsmöglichkeiten »verbotenerweise« über die kapitalistischen Grenzen hinaus benutzt worden sind. Das krisenhafte Resultat erscheint daher auch nicht auf der Seite der Produktionsmittel, die technisch überstrapaziert würden, sondern (wie Friedman selber sagt) auf der Seite des Geldes, das »entwertet« wird, weil es physische Produktionsmittel mobilisiert, die der kapitalistischen Widervernunft zufolge »eigentlich« stillgestellt werden müßten. Die »Philips-Kurve« war so gesehen ein nur zeitweilig gültiger Indikator dafür, wie weit unter den Bedingungen der Zweiten industriellen Revolution die Geldmenge mit der tatsächlichen »naturalen« Potenz der Produktivkräfte einigermaßen in Übereinstimmung gebracht werden konnte, ohne die völlige Zerrüttung des monetären Systems zu riskieren.

Das Obsoletwerden dieses Mechanismus zeigte an, daß die Dritte industrielle Revolution begann, weit über die Situation der früheren Weltwirtschaftskrise hinaus das Mißverhältnis von betriebswirtschaftlicher Rentabilität und »naturaler« Potenz der Produktivkräfte katastrophal auseinandertreten zu lassen. Während sich die technische Kapazität des Outputs durch die mikroelektronische Rationalisierung sprunghaft erhöhte, wurde durch die Massenarbeitslosigkeit die Kaufkraft in demselben Ausmaß vermindert. Der keynesianische Versuch, die kapitalistische Restriktion der physischen Potenzen und Ressourcen durch eine »künstliche« Expansion der eingespeisten Geldmenge zu überlisten, konnte selbst bei hoher Inflation nicht mehr greifen – ein Indiz dafür, mit welch ungeheurem Tempo jetzt die realen Produktionspotenzen dem kapitalistischen Rentabilitäts-Kriterium davonzulaufen begannen.

Letzten Endes bedeutet das auf mittlere Sicht, daß der Kapitalismus in größeren Dimensionen als je zuvor nur noch die »Wahl« zwischen völliger inflationärer Zerrüttung und deflationärem Zusammenbruch hat. Keynesianer und Monetaristen repräsentieren die beiden Pole eines logischen Widerspruchs, der in sein Reifestadium eingetreten ist; deshalb kann es in ihrem Streit trotz des oberflächlichen monetaristischen Triumphs letztlich keinen Sieger geben, sondern nur den gemeinsamen intellektuellen und praktischen Bankrott.

Friedmans allzu simples Rezept läuft darauf hinaus, die inflationäre durch die deflationäre Krise zu ersetzen. Er behauptet im Grunde genommen, daß nicht etwa die vorhandenen Produktionsmittel, die physischen Ressourcen und technisch-wissenschaftlichen Potenzen »natural« sind, sondern allein die kapitalistischen Bewegungsgesetze des Geldes – die für ihn einzig denkbare Form, in der die Gesellschaft ihre materiellen Hilfsmittel mobilisieren »darf«:

»Die Währungsbehörde kann den Marktzins nur durch Inflation unter den natürlichen Zins absenken. Sie kann den Marktzins über den natürlichen Zins hinaus nur durch Deflation anheben [...] Diese Analyse findet ihr unmittelbares Gegenstück auf dem Arbeitsmarkt [...] Ein höheres Beschäftigungsniveau ist ein Zeichen dafür, daß eine Überschußnachfrage nach Arbeit vorhanden ist, die die Reallohnsätze in die Höhe drückt. Ein niedrigeres Beschäftigungsniveau ist ein Indiz für ein Überschußangebot an Arbeit, das die Reallohnsätze herabdrücken wird. Das ›natürliche Unterbeschäftigungsniveau‹ ist mit anderen Worten jenes, das sich aus dem [...] Gleichgewichtssystem ergeben würde [...] Wie im Falle der Zinssätze kann das ›Markt‹-Niveau nur durch Inflation unter dem ›natürlichen‹ Niveau gehalten werden und, wie bei den Zinssätzen, ebenfalls nur über eine Beschleunigung des Inflationsprozesses« (Friedman 1976/1969, 144 ff.).

Ein »natürlicher« Zins und damit eine »natürliche« Geldmenge führen also zwangsläufig zu einer »natürlichen« und damit in Kauf zu nehmenden Arbeitslosigkeit. Friedman entlastete mit dieser Argumentation den Staat von der lästig und praktisch unmöglich gewordenen Aufgabe, »Vollbeschäftigung« und Massenkonsum garantieren zu müssen.

Er und seine Anhänger konnten sich damit einbilden, das Problem seitenverkehrt zum Keynesianismus gelöst zu haben: wie dieser fälschlich ein gewisses Maß an sozusagen »natürlicher« Inflation in Kauf nehmen und beherrschbar halten wollte, so der Monetarismus umgekehrt und ebenso fälschlich ein entsprechendes Maß an »natürlicher« Arbeitslosigkeit. Diese Illusion beruht darauf, daß der Monetarismus das Problem ebenso wie der Keynesianismus, nur mit entgegengesetzten Schlußfolgerungen, auf die monetäre Ebene reduziert und dabei eine zeitlose, »natürliche« Lösung für möglich hält: »Geldpolitische Hygiene statt keynesianischer Hydraulik« (Starbatty 1999) sei angesagt. In beiden Fällen wird völlig ignoriert, daß es die im historischen Prozeß der drei industriellen Revolutionen unaufhaltsam und irreversibel zunehmende Entwicklung der Produktivkräfte ist, die das monetäre System und die wissenschaftlich-technischen Potenzen der Produktion immer krasser auseinandertreten läßt, bis schließlich diese Potenzen mit der Fetischform des Geldes und mit der Reproduktion der Individuen über »Arbeitsmärkte« völlig unvereinbar werden. Es ist nur eine Frage der Zeit, bis sich die monetaristische Doktrin ebenso blamiert hat wie die keynesianische.

Aber für die Zunft der Ökonomen wie für die kapitalistischen Funktionseliten insgesamt ist es unmöglich, an die stummen Axiome des modernen warenproduzierenden Systems zu rühren, in dessen Kategorien ihr gesamtes Denken gefangen ist, so daß eine Meta-Reflexion »über« die Formen und Voraussetzungen dieser Gesellschaft unmöglich scheint; würde diese doch zusammen mit der dazugehörigen gesellschaftlichen Praxis das gesamte in drei Jahrhunderten errichtete Gebäude der sogenannten Wirtschaftswissenschaft implodieren lassen und die soziale Notwendigkeit von Funktionseliten unter Einschluß der politischen Klasse prinzipiell in Frage stellen. Daher wollte man, um die neue Großkrise im planetarischen Maßstab zu bannen, lieber dem radikalisierten Neoliberalismus Glauben schenken, zumal sich damit die angenehme Vorstellung verbinden ließ, die zum Material degradierten Menschen wieder stärker an die Kandare nehmen zu können.

So wurde, in Erfüllung der monetaristischen Doktrin, der systematische Rückzug und die Abdankung des keynesianischen Regulations- und Welfare-Staates zur gesellschaftlichen Haupttendenz für den Rest des 20. Jahrhunderts. Die große »Wende« in den angelsächsischen Ländern und in der BRD machte diese Gesellschaftspolitik zum Muster für die übrigen, mehr oder weniger begeistert nachfolgenden kapitalistischen Zentren, während sie durch internationale ökonomische Institutionen wie die Weltbank und den Internationalen Währungsfonds auch der bereits im Strudel der Krise weitgehend ruinierten Dritten Welt aufgenötigt wurde. Der Zusammenbruch des staatskapitalistischen Ostblocks Ende der 80er Jahre gab diesem neoliberalen »Weltkonsens« noch einmal einen ungeheuren Auftrieb, so daß die Krise nun erst recht auftrumpfend als das Resultat einer staatsökonomischen Verirrung hingestellt werden konnte.

Unter den Schlagworten der »Deregulierung« und »Privatisierung« hat seither mit beispielloser Zerstörungslust eine Abrüstung der in mehr als hundert Jahren aufgebauten staatsökonomischen Strukturen stattgefunden, die noch lange nicht beendet ist. Auch dieser Prozeß, in dem ein buchstäblich irre gewordener Kapitalismus seine sämtlichen Sicherungen ausbaut und seine eigenen Rahmenbedingungen niederreißt, vollzieht sich – wie die Krise der Dritten industriellen Revolution – in diskontinuierlichen Schüben. Nicht nur Staatsbetriebe werden privatisiert, mit denen der Leviathan sowohl in den staatskapitalistischen Ländern als auch in der Dritten Welt und teilweise auch in den Zentren (vor allem in der BRD, Frankreich und Italien) selber als Unternehmer aufgetreten war, um die eigene Industrie (oder als strategisch erachtete Teile davon) zu kontrollieren und zu schützen. Auch ganze Sektoren der gesellschaftlichen Infrastruktur sollen auf Biegen und Brechen dem betriebswirtschaftlichen Rentabilitätskalkül unterworfen werden, obwohl damit das Wesen gesamtgesellschaftlicher Rahmenbedingungen mißachtet wird, die nicht nach den Zyklen der Marktkonjunktur betrieben werden können, wie schon Adolph Wagner erkannt hatte.

Vor allem aber sind die sozialstaatlichen und kulturellen Sektoren zum Ziel der neoliberalen Abrißbirnen geworden. Alles, was nicht unmittelbar der Verwertung dient, soll vom Erdboden verschwinden. Reihenweise werden wissenschaftliche Institute und Krankenhäuser, Kindergärten und Theater, Schwimmbäder und Museen, Schulen und soziale Einrichtungen geschlossen oder die Mittel dafür derart zusammengestrichen, daß nur noch ein drastisch eingeschränkter Betrieb möglich ist. Überall läßt der Zentralstaat die Kommunen finanziell ausbluten und die Krise der Staatsverschuldung ausbaden. Natürlich hieß es schon immer den Bock zum Gärtner zu ernennen, wenn ausgerechnet der Staat für die wichtigsten sozialen und kulturellen Bereiche zuständig gemacht wurde. Aber unter den Bedingungen der kapitalistischen Produktionsweise konnte es gar keine andere Instanz geben als den Staat, um wenigstens ein Mindestmaß an zivilisatorischen Standards zu gewährleisten und die zerstörerischen Folgen betriebswirtschaftlicher Rationalität abzumildern. Der nun geforderte und durchgeführte umfassende Rückzug des Staates enthält bereits erste Anzeichen der von Anfang an im Kapitalismus lauernden Möglichkeit der völligen Entzivilisierung. Selbst in einem kapitalistischen Zentrum wie der BRD macht sich dieser zivilisatorische Verfall bis in groteske Einzelheiten des öffentlichen Alltags bemerkbar:

»Pecunia non olet, Geld stinkt nicht, lernen Schüler seit jeher im Lateinunterricht. Was Titus noch nicht ahnte, lernt der Nachwuchs heutzutage in der Pause: Nicht vorhandenes Geld stinkt. So beklagt jetzt die Innenraumlufthygienekommission (sic!) des Umweltbundesamtes den katastrophalen Zustand der Hygiene an Deutschlands Schulen. Vielerorts sei besonders ›der Sanitärbereich‹ davon betroffen, daß die Reinigungsmaßnahmen in Schulen ›auf ein nicht mehr akzeptables Maß verringert werden‹. Weil das Geld knapp würde, sparten viele Kommunen an der Reinigung der Lehranstalten [...]« (Die Zeit 27/1999).

Der mit Hängen und Würgen durchgesetzte »schlanke Staat« stinkt in jeder Hinsicht zum Himmel. Das ist das zwangsläufige materielle Resultat der »geldpolitischen Hygiene«. Die neoliberal ideologisierten kapitalistischen Funktionseliten nehmen zwar eine weitgehende Entzivilisierung ohne weiteres in Kauf, da es ihnen einzig und allein um das Weiterleben dieses Systems zu tun ist, und seien die Konsequenzen noch so aberwitzig. Aber gerade auch im Sinne der Systemrettung sind die Dogmen von »geldpolitischer Hygiene«, »schlankem Staat«, allgemeiner Deregulierung und Privatisierung grandiose Milchmädchenrechnungen. Zwar spülen die Erlöse der Privatisierungsrunden (die Verscherbelung des öffentlichen »Tafelsilbers«) vorübergehend Geld in die leeren Staatskassen, aber damit wird natürlich kein einziges Problem gelöst, und der Effekt muß bald wieder verpuffen. Erst recht erscheinen die »eingesparten« Gelder und »Beschäftigten« des Staates nicht auf der »privaten«, betriebswirtschaftlichen Seite in einer angeblich effizienteren Form wieder. Die privatisierten Sektoren der Infrastruktur werden auf »rentable« Kerne reduziert und hören auf, ihre gesamtgesellschaftliche Funktion zu erfüllen; viele soziale und kulturelle Bereiche verschwinden einfach.

Aber sowohl die staatlichen Investitionskosten als auch die Gehälter der in diesen Bereichen beschäftigten Staatsangestellten und die

Welfare-Finanzmittel waren ja gleichzeitig, worauf die Keynesianer mit Recht hingewiesen haben, Nachfrage auf dem Gütermarkt und haben reale Produktion generiert. Wenn es sich dabei, wie die Monetaristen betonen, um eine durch unseriöse staatliche Geldpolitik und Geldschöpfung bloß simulierte Nachfrage gehandelt hat, dann betrifft deren drastisches Zurückfahren natürlich nicht nur die Staatsfinanzen, die Beamtengehälter und die Sozialeinkommen, sondern ebenso das Marktvolumen, die Umsätze und Gewinne der Unternehmen. Mit anderen Worten: In demselben Maße, wie die »keynesianische Hydraulik« versagt und ihr sogar bewußt der Hahn abgedreht wird, droht das wahre Ausmaß der Krise offenbar zu werden und die Reproduktion des kapitalistischen Systems zu ersticken. Der Keynesianismus war eben das erste und gleichzeitig das letzte kapitalistische Systemrettungsprojekt, während die neoliberale Abrißbirne wider Erwarten nicht nur die »Wohlfahrtsdiktatur«, sondern gleich den Kapitalismus selber dem Erdboden gleichmachen könnte. Die indirekten Kosten von Sozialabbau, Stillegungen, Privatisierung und »Streichkonzerten« haben längst die Einsparungen überkompensiert und die Kosten der Krise verschärft statt gelindert. Deshalb konnten eineinhalb Jahrzehnte neoliberalen Staatsabbaus auch den säkularen Trend von Adolph Wagners »Gesetz der steigenden Staatsquote« keineswegs umkehren, wie ein langfristiger Vergleich von drei kapitalistischen Kernländern mit unterschiedlichen Traditionen zeigt:

Staatsquote in Prozent des Bruttoinlandsprodukts

Jahr	1870	1960	1994
Deutschland	10	32	50
Schweden	6	31	69
USA	4	27	32

Quelle: Internationaler Währungsfonds/Wirtschaftswoche.

Ganz offensichtlich ist die Staatsquote aufgrund der unterschiedlichen Traditionen und Entwicklungsgeschichten zwar nicht im gleichen Ausmaß, aber in allen Fällen derart stark angestiegen, daß es sich keineswegs um das Resultat subjektiver Politik, sondern um einen objektiven Strukturwandel handeln muß. Die darin angelegte spezifische Krisenpotenz, die in der Dritten industriellen Revolution abgerufen wird, kann durch die neoliberale Gewaltkur nur verschlimmert werden. Wenn der Staat abdankt, muß auch der Markt abdanken. Der Staat kann nur dann im emanzipatorischen Sinne »absterben«, wenn zusammen mit ihm auch der Kapitalismus stirbt.

Ein losgelassener Kapitalismus aber, der gleichwohl gesellschaftlich reproduktionsunfähig wird, kehrt zum permanenten Notstand seines frühindustriellen »Take-off« zurück. »Vater Staat« läßt die Maske fallen und reduziert sich in immer hektischer aufeinanderfolgenden Krisenschüben wieder auf seinen repressiven Gewaltkern. Nicht umsonst wurde der neoliberale Ernstfall seit 1973 in der chilenischen Militärdiktatur geprobt; noch heute erklärt sich Margaret Thatcher, von der gesagt wurde, daß sie »über Leichen stöckelt«, freundschaftlich verbunden mit einem Monster wie Pinochet, der linke Oppositionelle aus Hubschraubern werfen ließ. Und nicht umsonst bestand die erste »Reform« von Ronald Reagan darin, 135 Milliarden Dollar aus dem Sozial- in den Rüstungsetat umzuschichten. Die latente Gewaltbereitschaft des Liberalismus droht mit zunehmendem Notstand auch nach innen manifest zu werden; und selbst das Vertrauen in die Bentham-Demokratie beginnt zu schwinden, wie bei der Jubiläumstagung der Mont Pèlerin Society zu hören war:

»Obwohl die Mitglieder der Mont Pèlerin Society von Anfang an immer mit Überzeugung für eine liberale Demokratie eingestanden sind, ist ihnen [...] nie das Janusköpfige der Demokratie entgangen. Heute ist [...] die Erkenntnis und die Sorge gewachsen, daß die Demokratie zwar Ausdruck eines freiheitlichen Menschenbildes ist, aber zugleich alle Mechanismen in sich trägt, um die Freiheit des Individuums zugunsten eines ausufernden Staates einzuengen [...] Generell ist offenkundig, daß die freiheitsbedrohenden Entwicklungen der letzten 50 Jahre ja in jedem Fall trotz Demokratie zustande kamen – und vielleicht eben teilweise auch wegen der Demokratie [...]« (Neue Zürcher Zeitung, 3.5.1997).

Deutlicher könnte nicht gesagt werden, daß in der Krise der Dritten industriellen Revolution die Demokratie von innen heraus wieder in den offenen Staatsterror gegen die »Überflüssigen« umschlagen könnte. Nicht weil das demokratische Procedere in einem grundsätzlichen Widerspruch zum Kapitalismus stünde, sondern weil in einer drohenden Zusammenbruchskrise selbst auf die Benthamschen Mechanismen kein Verlaß mehr ist. Wenn alle Stricke reißen und das Menschenmaterial auf dumme Gedanken kommen könnte, muß das Procedere eben ein wenig abgekürzt und der verborgene diktatorische Kern der Demokratie hervorgekehrt werden.

Wo sich aber sogar der staatliche Gewaltkern auflöst und trotzdem die Geldwirtschaft in Mafia- und Elendsformen weiterbesteht, ganz wie es sich der extremistische Liberalismus eines David Friedman erträumt, da herrscht bereits die offene Barbarei. In weiten Teilen der Welt, von Lateinamerika und Afrika über Afghanistan und Mittelasien bis zum Balkan, hat der Zusammenbruch der »nachholenden Modernisierung« im Verein mit den nachfolgenden neoliberalen »Schocktherapien« oder vom IWF erzwungenen Restriktionen die Gesellschaft bereits in Schrecken gestürzt, wie sie selbst der Terror des Frühkapitalismus nicht kannte.

Der letzte Kreuzzug des Liberalismus

Mit der Dritten industriellen Revolution ist der kapitalistische Selbstwiderspruch vollkommen unlösbar geworden. Seine kompensatorische Dynamik hat sich erschöpft, sogar der keynesianische Herzschrittmacher für das überalterte Fetisch-System mußte versagen. Das Dogma einer totalitären Gesellschaftsform, die mit unverminderter Härte die gesamte Menschheit unter das Gesetz der Verwertung des Werts und das Joch der Arbeitsmärkte zwingen will, kann jetzt nur noch den Charakter eines Kreuzzuges gegen die Tatsachen annehmen.

Die Rückkehr zu einem radikal mikroökonomischen Standpunkt gleicht einer Vogel-Strauß-Politik: Das mühsam und nur innerhalb der kapitalistischen Kategorien erreichte makroökonomische Reflexionsniveau soll liquidiert werden, um die Gesellschaft vollständig in atomisierte individuelle Kalküle aufzulösen und auf diese Weise die Krise vermeintlich unsichtbar zu machen. Es gibt dann keinen objektiven Selbstwiderspruch des Kapitalismus und kein soziales Problem mehr, da ja alle angeblich nur ihrem eigenen selbstverantwortlichen Willen folgen: »Arbeitslosigkeit wird als frei gewählte Freizeit im Rahmen eines individuellen Optimierungskalküls erklärt« (Schütte 1995) – jedenfalls in der »Theorie« des US-Ökonomen Robert Lucas (62). Für so etwas bekommt man heute den Nobelpreis nachgeschmissen (Lucas war 1995 dran). Mit seiner in der Tat »simplen Erkenntnis«, die freien individuellen Kalküle ließen sich nicht durch makroökonomische (gesellschaftspolitische) Maßnahmen beeindrucken und umlenken, sondern würden diese durch ihre marktkonformen »rationalen Erwartungen« unwirksam machen, so die allgemeine Laudatio, habe er »das wirtschaftspolitische Denken revolutioniert« (Schütte 1995).

An einem derart kruden Räsonnement wie dieser »Theorie der rationalen Erwartungen« läßt sich ablesen, welchen Weg der neoliberale Kreuzzug gegen die Realität zu nehmen gedenkt: Die Saysche »Angebotsökonomie« (»supply side«) soll endgültig auch auf die Arbeitsmärkte übertragen werden. Wer seine Arbeitskraft zu verscherbeln hat, soll sich gefälligst genauso »marktrational« verhalten wie jemand, der Tomaten, Tellerminen oder Präservative verkauft – also nach dem »Gesetz von Angebot und Nachfrage« auf anonymen Märkten. Dieser Linie folgt auch der absurde Vorschlag Dahrendorfs, die Lohnabhängigen sollten als »Anbieter« gegen den technischen Fortschritt konkurrieren.

Damit zeigt sich, worin eigentlich die Radikalisierung des Liberalismus angesichts der fundamentalen Krise der kapitalistischen Produktionsweise letzten Endes besteht: nämlich in dem gewaltsamen Versuch, diese Krise dadurch zu bannen, daß der Arbeitsmarkt bis zur letzten Konsequenz als ein Markt wie jeder andere behandelt wird. Ein solcher Versuch war schon einmal im Frühkapitalismus gemacht worden und katastrophal gescheitert. Seither hatten Staatseingriffe und sozialstaatliche »Zugeständnisse« ebenso wie die Existenz von Arbeiterbewegung, Gewerkschaften und sozialistischen bzw. sozialdemokratischen Parteien (oder überhaupt »sozialpolitischen« Momenten in eigentlich allen Parteien) indirekt, inoffiziell und gewissermaßen verschämt darauf verwiesen, daß hier letzten Endes eine logische und praktische Unmöglichkeit vorliegt, weil

Menschen sich im Grunde nicht selber stückweise (für Intervalle abstrakter »Arbeitszeit«) wie tote Dinge verkaufen können.

Die Abnormität des Arbeitsmarktes im Sinne sozialer Reproduktion, durch die aber überhaupt erst ein flächendeckendes warenproduzierendes System (d. h. die Verwandlung aller Dinge des Lebens in Waren) konstituiert wird, läßt den ursprünglichen Gewalt- und gleichzeitig den irrationalen Selbstzweck-Charakter des Kapitalismus durchscheinen. Die schiere Existenz eines Arbeitsmarktes verrät eine allgemeine Systemsklaverei, die aber gar nicht konsequent durchhaltbar ist. Denn eine menschliche Gesellschaft würde praktisch unmöglich, wenn die »Arbeitskraft« (und damit die dazugehörigen Körper und sozialen Existenzen) tatsächlich dem »Gesetz« von Angebot und Nachfrage völlig ausgeliefert wären. Unverkäufliche Waren werden auf Halde gelagert, ohne dabei andere Kosten als die der »toten« Lagerung selber zu verschlingen; aber unverkäufliche Arbeitskraft kann nicht »gelagert« werden, ohne daß die dazugehörigen Menschen weiter gesellschaftlich existieren und konsumieren. Sie können nicht »abgestellt« (etwa in eine Nährflüssigkeit gelegt oder tiefgefroren) werden und in Kartons auf Regalen ihrer Verkäuflichkeit harren, sondern müssen weiterleben. Dieses Weiterleben ist aber abhängig vom Verkaufserlös der »Arbeitskraft« – und an dieser Paradoxie bricht sich der Arbeitsmarkt, wenn sie in genügend großem Umfang gesellschaftlich durchschlägt. Unverkäufliche Tomaten können auf den Müll geworfen und aus der Mode gekommene Hartwaren nach zu langer Lagerung verschrottet werden; aber der unverkäufliche und in seinen Kenntnissen und Fertigkeiten unverwertbar gewordene Humanmüll müßte schon von Staats wegen getötet werden oder sich freiwillig selber umbringen (Günter Anders hat diese Logik ja schon angedeutet), wenn er wirklich ein »Marktgegenstand« ohne Wenn und Aber sein soll.

Es war für den Liberalismus schon immer ein heikles Problem gewesen, den Arbeitsmarkt auch nur ideologisch als ganz gewöhnlichen und »natürlichen« Warenmarkt darzustellen, weil an diesem Gegenstand die kapitalistische »Freiheit« ihren Pferdefuß nur allzu deutlich herzeigen muß. Die Herausbildung des Sozialstaats hatte das stillschweigende Eingeständnis enthalten, daß ein allgemeiner Markt für die menschliche Arbeitskraft nicht nur eine Herabwürdigung sozialer Beziehungen ist, sondern auch zur praktischen Unmöglichkeit wird, wenn nicht »marktwidrige« Momente hinzutreten, die das »Gesetz« von Angebot und Nachfrage an seiner »freien« Wirkung hindern. Nicht erst der Sozialstaat des 20. Jahrhunderts war aus diesem stillen Eingeständnis gefolgt, sondern schon die allmähliche zähneknirschende Anerkennung der Gewerkschaften als offizielle Vertragspartner im 19. Jahrhundert. Die Vertretung von Kollektivinteressen dementiert grundsätzlich den Charakter des Arbeitsmarktes als Warenmarkt, denn damit wird ja praktisch anerkannt, daß die Verkäufer der Arbeitskraft gar keinem individuellen Kalkül folgen können. Weil diese besondere Sorte von Verkäufern nämlich ihre eigene Haut zu Markte tragen muß, befindet sie sich in einer derartigen strukturellen Abhängigkeit der Systemsklaverei, daß das freie Wirken der Marktgesetze den sozialen Zusammenbruch der Gesellschaft herbeiführen müßte.

Sowohl die soziale Kollektivierung der Arbeitsmärkte durch Gewerkschaften und Unternehmerverbände als auch die flankierende Notwendigkeit sozialstaatlicher Maßnahmen hatten den Gesichtspunkt der Makroökonomie überhaupt erst zu einem innerkapitalistischen Faktor gemacht. Das gesamtgesellschaftliche Eingeständnis, daß der Arbeitsmarkt bei Strafe der völligen sozialen Zerrüttung kein individueller Angebotsmarkt sein kann, hatte allerdings auch einen weiteren immanenten Widerspruch auf den Weg gebracht: Einerseits ist es die Grundvoraussetzung des Kapitalismus, daß die menschliche »Arbeitskraft« zur Ware gemacht wird; andererseits ist das aber ein derart unmögliches Verhältnis, daß dieser Warencharakter teilweise wieder zurückgenommen werden muß. Daraus resultiert auch ein strukturelles Dilemma von Arbeiterbewegung und Gewerkschaften: Einerseits beruht ihre Existenz auf der Lohnarbeit und damit auf der grundsätzlichen Akzeptanz der Marktgesetze; andererseits durchbrechen sie aber schon mit ihrer schieren Existenz diese Marktgesetze, indem sie zumindest partiell die Konkurrenz unter den Anbietern der Ware Arbeitskraft aufheben.

Diesem Widerspruch konnte eine reformerische Verlaufsform gegeben werden, solange die Entwicklung der Produktivkräfte noch nicht an die absolute Schranke des Kapitalismus geführt hatte. In der Krise der Dritten industriellen Revolution aber wird der Widerspruch unerträglich. Die heranreifende Unmöglichkeit, die gesellschaftliche Reproduktion weiterhin in die Form von »Arbeitsmärkten« zu pressen, läßt nur noch die Alternative übrig, entweder mit dem Warencharakter der Arbeitskraft (und in der Konsequenz mit dem warenproduzierenden System überhaupt) Schluß zu machen oder genau umgekehrt die Arbeitskraft wirklich ohne jede Einschränkung als Ware von individuellen Anbietern zu behandeln und damit auch die Krise zu individualisieren. Das ist der letzte Weg, der den Repräsentanten des Systems noch bleibt, auch wenn sie auf diese Weise den völligen Zerfall der Gesellschaft als »Risiko« in Kauf nehmen.

Auch in dieser Hinsicht ist die mikroökonomische Radikalisierung von Wirtschaftswissenschaft und Politik ein Indiz dafür, daß die Lage für den Kapitalismus eigentlich ausweglos geworden ist. Der neoliberale Kreuzzug für die Verwandlung der Arbeitsmärkte in individuelle Angebotsmärkte muß nicht nur den Sozialstaat, sondern auch die Existenz der Gewerkschaften grundsätzlich in Frage stellen, ob nun offen ausgesprochen oder nicht. Als realitäts-resistenter Ideologe konnte Milton Friedman schon 1962, noch mitten im fordistischen Boom, eine »marktschädliche« Wirkung der Gewerkschaften feststellen, »indem sie in vielen Fällen das Lohnniveau über die vom Markt gegebene Höhe anheben« (Friedman 1971/1962, 163) und somit laut angebotspolitischer Doktrin angeblich die Lohnarbeiter selber ins Elend stürzen:

»Eine Einkommenserhöhung infolge gewerkschaftlicher Intervention innerhalb eines bestimmten Beschäftigungssektors oder Industriezweiges hat zwangsläufig eine Verringerung der möglichen Arbeitsplätze zur Folge – ebenso wie jede Preiserhöhung den Absatz verringert. Dies bedeutet, daß mehr Arbeitskräfte frei werden und Arbeit suchen, was wiederum das Lohnniveau in anderen Branchen senkt. Da im allgemeinen die Gewerkschaften ihre stärkste Position in sowieso gut bezahlten Gruppen von Arbeitnehmern haben, war die Auswirkung ihrer Aktivität, daß gut bezahlte Arbeiter noch höher bezahlt wurden, was zu Lasten der Arbeitnehmer mit geringeren Einkommen ging. Die Gewerkschaften haben daher nicht nur der Allgemeinheit und der Gesamtheit der Arbeitnehmer geschadet, indem sie das Gleichgewicht auf dem Arbeitsmarkt störten, sondern sie trugen auch dazu bei, die Einkommensverteilung der Arbeitenden durch Verminderung der Möglichkeiten für die am stärksten benachteiligten Arbeiter ungünstiger zu gestalten« (Friedman, a.a.O., 164).

Soweit Friedmans Argumentation überhaupt etwas trifft, ist es das gewerkschaftliche Dilemma, daß auch nur ein halbwegs anständiges Lebensniveau, das im Kapitalismus stets nur durch erbitterte Lohnkämpfe und nur zeitweilig erreicht werden konnte, es von der Kostenseite her für das betriebswirtschaftliche Kalkül um so interessanter macht, lebendige Arbeit durch Maschinerie zu ersetzen. Indem Friedman auf diesem grundsätzlichen Dilemma herumreitet, das ja auch dem perfiden Dahrendorfschen Vorschlag zugrunde liegt, merkt er gar nicht, daß darin konsequenterweise nur ein Vorwurf an Arbeiterbewegung und Gewerkschaften liegen kann, sich überhaupt auf die kapitalistische Produktionsweise eingelassen zu haben, wenn diese zu derart grotesken Alternativen führt.

Rein systemimmanent betrachtet ist es aber eine elementare Erfahrung (und bis zur neoliberalen »Gegenrevolution« war es auch ein allgemein anerkannter Tatbestand) von 150 Jahren Gewerkschaftsgeschichte, daß überhaupt nur die kollektive gewerkschaftliche Organisationskraft und Aktion das allgemeine Lohnniveau (also auch das der schwächeren und unorganisierten Teile der Lohnarbeiter) über das nackte Existenzminimum heben konnte. Stets hat der Druck der organisierten Arbeiter im Kielwasser ihrer Verhandlungserfolge auch Vorteile und Spielräume für die unorganisierten und schlechter bezahlten Arbeiter gebracht, während umgekehrt die Schwäche und die Niederlagen der Gewerkschaften schon immer das Verhalten des Managements speziell gegenüber den »am stärksten benachteiligten Arbeitern« geradezu enthemmt haben.

Das ökonomische »Gleichgewicht auf dem Arbeitsmarkt«, das Friedman beschwört, impliziert aufgrund der strukturellen Abhängigkeits-Position der »Anbieter von Arbeitskraft« genau jene hemmungslose »Abwertung« des Arbeitslohns bei individuellen Angebotsmärkten: es könnte immer nur ein »Gleichgewicht« auf dem tiefsten sozialen Niveau sein. Allein die »marktwidrige« gewerkschaftliche Intervention war es, die ein »historisch-moralisches Moment« in die Kategorie der Lohnarbeit hineinbrachte, wie Marx diesen Sachverhalt nannte. Gemeint ist damit, daß der ökonomische »Wert« der

Ware Arbeitskraft nicht rein objektiv bestimmt werden kann. Denn im Unterschied zu den toten Warendingen ist für die Arbeitskraft die Definition, daß ihr Wert durch die Kosten ihrer Herstellung bedingt sei, keineswegs eindeutig und nicht ein für allemal gegeben.

Die vertrackte Ware Arbeitskraft, da untrennbar verbunden mit lebendigen Menschen, muß tagtäglich neu »hergestellt« werden durch den Lebensvollzug dieser Menschen. Was aber geht in dessen »Kosten« notwendigerweise ein? Nur gerade so viel Lebensmittel, daß sie nicht verhungern und täglich neu auf der Matte stehen können, ohne vor Schwäche umzufallen, oder gute Mahlzeiten mit einem Anspruch an Gehalt und Geschmack? Nur überhaupt ein »Dach über dem Kopf« in Form einer Armenkaserne, einer Brücke, eines Kanaldeckels, oder doch etwas, das einer Wohnung wenigstens entfernt ähnlich sieht? Das moralisch-kulturelle »Minimum« ist offensichtlich etwas, das nicht allein durch das »Gesetz« von Angebot und Nachfrage auf den Arbeitsmärkten reguliert werden kann.

Hier sind wir wieder bei dem Problem angelangt, daß es im Kapitalismus auf stets wachsender Stufenleiter der Entwicklung einer »marktwidrigen« Intervention bedarf (sei es der keynesianisch-sozialstaatlichen Regulation, sei es des gewerkschaftlichen Kampfes für bessere Löhne und Arbeitsbedingungen), um das wachsende Mißverhältnis von Produktivkraftentwicklung und irrationalen Restriktionen durch die »Marktgesetze« wenigstens einigermaßen unter Kontrolle zu halten. Weil dieses Mißverhältnis in der Dritten industriellen Revolution endgültig aus dem Ruder läuft, wird der »Systemlogik« nach die vom Neoliberalismus repräsentierte Tendenz übermächtig, den »marktwidrigen« Faktor der Gewerkschaften auszuschalten, um die »Beschäftigung« durch das ominöse »Gleichgewicht« auf den Arbeitsmärkten vermeintlich wiederherzustellen. Was Friedman theoretisch vorgedacht hatte, setzten Reagan und Thatcher (und in ihrem Gefolge mehr oder weniger militant nahezu alle Regierungen der Welt) in die Praxis um. Margaret Thatcher hat dabei nie ein Blatt vor den Mund genommen:

»Anders als manche meiner Ministerkollegen war ich immer der Überzeugung, daß unter gleichbleibenden Voraussetzungen die Arbeitslosenrate in direktem Verhältnis zur Macht der Gewerkschaften steht. Die Gewerkschaften hatten die Arbeitsplätze vieler ihrer Mitglieder zerstört, indem sie für ungenügende Leistungen völlig überhöhte Lohnforderungen stellten, so daß die britischen Produkte nicht mehr wettbewerbsfähig waren« (Thatcher 1993, 395).

Diese Vorstellung, die den wirklichen Zusammenhang auf den Kopf stellt, kann nur ein Programm im Sinn haben: nämlich jene Abwärtsspirale der Löhne, wie sie Dahrendorf den Lohnarbeitern freundlich empfiehlt, notfalls eben administrativ durchzusetzen, wenn die »Anbieter von Arbeitskraft« nicht willig sind, sich einem »Gleichgewicht« der Arbeitsmärkte auf stets tieferem Niveau »anzupassen«. Das bedeutet nichts anderes, als jenes »historisch-moralische Moment« im Arbeitslohn ersatzlos zu streichen und im Notstand der Dritten industriellen Revolution das individuelle Angebotsprinzip ohne Rücksicht auf die sozialen Folgen durchzupeitschen. Thatcher kam in der Konservativen Partei ans Ruder, weil sie genau in diesem Sinne mit dem bisherigen (unausgesprochenen) historischen Konsens offen zu brechen bereit war:

»Wir hatten uns [...] mit beiden Beinen auf den sozialistischen Boden begeben, wonach ›Niedriglöhne‹ – wie immer man sie definieren mochte – ein ›Problem‹ darstellten, das nicht über den Markt, sondern durch die Regierung gelöst werden müsse« (Thatcher 1995, 267).

Diese Kampagne gegen die Gewerkschaften und gegen das »historisch-moralische« Lohnniveau war von durchschlagendem Erfolg: In den wichtigsten Industrieländern und weltweit sind die Arbeitslöhne seit Beginn der neoliberalen »Gegenrevolution« sowohl relativ als auch absolut gesunken. In der BRD hat die Lohnquote (der Anteil der Löhne am sogenannten Volkseinkommen) 1998 den niedrigsten Stand seit 1949 erreicht. In den USA sind die Reallöhne (also die reale, »inflationsbereinigte« Kaufkraft der Löhne) in den 90er Jahren unter das Niveau der 70er Jahre gefallen. Die reale Arbeitslosigkeit, vorangetrieben durch die Mikroelektronik, steigt trotzdem unaufhaltsam weiter an; und durch die permanente Verminderung der binnenökonomischen Kaufkraft wird diese Tendenz sogar noch verschärft.

Die »Beschäftigung« sinkt weiter, während ihre Struktur sich mit jedem neuen Schub von Krise und weiterer Lohnsenkung immer mehr in Richtung der prekären, ungesicherten Billiglohn-Verhältnisse verschiebt. Und auf jeden dieser Schübe haben die mikroökonomisch radikalisierten kapitalistischen Funktionseliten immer nur dieselbe Antwort: Noch mehr »Lohnzurückhaltung«, noch mehr Billiglohn, bis das »Gleichgewicht« der Arbeitsmärkte auf Biegen und Brechen erreicht ist – das sich aber selbst auf Hungerniveau nicht mehr einstellen wird. Der Kreuzzug des Neoliberalismus läuft darauf hinaus, das Lebensniveau und selbst die Existenz von immer mehr Menschen dem »Systemerhalt« um jeden Preis zu opfern. Daran läßt etwa die wirtschaftsextremistische »graue Eminenz« der deutschen Liberalen, Otto Graf Lambsdorff, keinerlei Zweifel:

»(Besteht) nicht [...] die Gefahr, daß ein ausufernder Sozialstaat, genährt durch Ansprüche und Forderungen, die in wachstumsstarken Jahren leicht befriedigt werden konnten, die Grundlagen des Systems gefährdet?« (Lambsdorff 1997).

Man muß sich nur immer wieder vergegenwärtigen, welche Unverfrorenheit diese Argumentation enthält: Obwohl durch die mikroelektronische Produktivkraft die Kapazität der realen stofflich-technischen Produktion sprunghaft gesteigert wurde, soll dennoch das materielle Lebensniveau der Massen zunehmend durch eine Kombination von Billiglohn und »natürlicher Arbeitslosigkeit« heruntergedrückt werden, aus keinem anderen Grund, als um »das System« nicht zu gefährden, das diese unsinnige Logik hervorbringt. Wie in der ersten Hälfte des 19. Jahrhunderts nähern sich die kapitalistischen Funktionseliten wieder jenem äußersten Standpunkt antisozialer Militanz an, der die schiere menschliche Existenz unter den Vorbehalt der Systemrationalität stellt, die als die einzig denkbare vorausgesetzt wird. Auf der Höhe der Dritten industriellen Revolution ist aber dieses Ansinnen nicht mehr in eine praktikable Verlaufsform zu überführen. Jetzt wäre paradoxerweise selbst systemimmanente Gegenwehr nur noch möglich, indem das System selbst zur Disposition gestellt wird. Damit sind die Gewerkschaften mit ihrem Latein am Ende. Ihr Handlungsspielraum hat sich immer nur auf die historische Expansion der kapitalistischen Anwendung von »Arbeitskraft« beziehen können, die den Arbeitsmärkten durch die zyklische Bewegung hindurch ein aufsteigendes, langfristig dominierendes Moment der »Nachfrage« verlieh. Nur in dieser Konstellation war gewerkschaftliche Solidarität und Aktionsfähigkeit bei gleichzeitiger Akzeptanz der Systemgrundlagen möglich. In der neuen Konstellation einer dauerhaften und stetig weiter anschwellenden strukturellen Massenarbeitslosigkeit kehrt sich das Verhältnis jedoch um: als übergreifendes Moment durch den Zyklus hindurch wird auf den Arbeitsmärkten langfristig das »Angebot« dominierend. Permanentes Überangebot von Arbeitskraft bei einer von Haus aus strukturell schwachen Position der Anbieter hebelt zwangsläufig die Gewerkschaften als Faktor grundsätzlich aus.

Die militante Kampagne der neoliberal aufgerüsteten Funktionseliten für individuelle Angebotsmärkte der »Arbeitskraft« hat in der finalen kapitalistischen Krise die Wucht jener Systemlogik hinter sich, auf die sich ja auch die Gewerkschaften prinzipiell und seit ihrer Geburt selber vergattert haben. Die Konsequenz wäre eigentlich der eigenhändig zu vollziehende Gnadenschuß, also die freiwillige Selbstauflösung der gewerkschaftlichen Organisationen, weil ihre Situation unhaltbar geworden ist. Diese Konsequenz wird natürlich nicht gezogen, aber es bleibt noch nicht einmal mehr hinhaltender Widerstand, sondern nur langsames Siechtum und Auszehrung – gehetzt von allen Hunden des Kapitals. Um auch nur minimalste Gratifikationen oder selbst die bloße Existenz ihrer Organisation zu erhalten, müßten die Gewerkschaften über ihren eigenen Schatten springen und die gesamte Hypothek ihrer Geschichte abschütteln.

Das Bewußtsein der Mitglieder und das der Funktionäre bedingen sich dabei gegenseitig. Die Gewerkschaftsfunktionäre bilden selber längst eine Abteilung der kapitalistischen Funktionseliten; ihre Spitzen sitzen in der BRD in den Aufsichtsräten der größten Konzerne, auf allen Ebenen sind sie mit den Verwaltungen und der gesamten politischen Honoratiorenklasse verfilzt und versippt, in manchen Ländern (vor allem den USA) sogar mit dem organisierten Verbrechen. Noch jeder kapitalistischen Entwicklung haben sie sich angedient, noch an jedem krisenhaften Kulminationspunkt haben sie bedingungslos kapituliert. Unter dem ominösen Namen der »Modernisierer« hat bis in die 90er Jahre hinein ein Teil der Funktionärskaste, der sich ein »querdenkerisches« Profil zu geben suchte, an der Illusion gebastelt, die Gewerkschaften könnten in der Dritten industriellen Revolution noch einmal ebenso als regulative Kraft mitmischen, wie sie es schon in der Vergangenheit nur sehr subaltern und mit sehr mäßigen Resultaten hatten tun können. Am Ende des 20. Jahrhunderts wird immer deutlicher, daß die Gewerkschaftsapparate in der qualitativ neuen Krise selbst bei einer dramatischen Zuspitzung nicht einmal mehr verboten werden müssen. Den »Modernisierern« bleibt nur noch die Option, bei der Abwicklung der kollektiven Tarifverträge und der Liquidierung aller sozialen Standards als eine Art Hilfstruppe sich Verdienste um das Allgemeinwohl zwecks späterer anderweitiger Karrieren zu erwerben und die Umwandlung der Arbeitsmärkte in individuelle Angebotsmärkte mit ebenso unverbindlicher wie zahmer und moraltriefender sozialer Rhetorik zu begleiten.

Die sogenannte Basis der Mitglieder ist ihrerseits weit von jedem Gedanken an Gegenwehr entfernt. Die Konditionierung auf die »abstrakte Arbeit« über viele Generationen hinweg und die Verinnerlichung der kapitalistischen Kriterien bilden einen gewaltigen Bewußtseinsblock, der jedenfalls nicht im Rahmen der herkömmlichen gewerkschaftlichen Strukturen und Denkweisen durchbrochen werden kann, obwohl unter den Bedingungen der Dritten industriellen Revolution kein einziger Mechanismus der systemimmanenten kollektiven Interessenvertretung (Streiks, Tarifverträge, Druck auf das politische System) mehr greift.

Die Gewerkschaften sind nicht für die Krise gemacht. In der strukturellen Krise der Dritten industriellen Revolution erlischt ihr Potential, es gibt auch für sie nichts mehr zu »gestalten« als den eigenen Untergang. Überall in der Welt bröckeln die kollektiven Tarifverträge, die Unternehmerverbände zeigen Auflösungserscheinungen, den Gewerkschaften laufen die Mitglieder scharenweise davon. Die allgemeine Entsolidarisierung und die Verwilderung der sozialen Verhältnisse bilden den Nährboden, auf dem sich die Individualisierung der Arbeitsmärkte und damit der Krise wie von selbst vollzieht. Seit den 80er Jahren bekam der Kreuzzug des Neoliberalismus überdies Schützenhilfe von der akademischen Soziologie, die den Prozeß der sozialen Erosion als neutrale strukturelle »Ausdifferenzierung« beschrieb. Der deutsche Soziologe Ulrich Beck taufte die Tendenz zur Verwilderung des Kapitalismus in eine »Risikogesellschaft« von schicksalhafter Unausweichlichkeit um, mit der nun eben die atomisierten Individuen auch individuell zurechtkommen müßten:

»Dieser seltsame Sozialtypus pauschaler Vereinzelung [...], der hier entsteht, ist gewiß nicht die Wiederauferstehung des bürgerlichen Individuums nach seinem Ableben. Aber es ist auch nicht das falsche Bewußtsein des sich über seine Klassenlage individualistisch hinwegtäuschenden Proletariats, das nun endgültig den ideologischen Sirenenklängen des Kapitals erlegen ist. Es ist [...] der zur Wahlfreiheit (!) verdammte Inszenator seines Lebenslaufs. In der individualisierten Gesellschaft muß der einzelne bei Strafe seiner permanenten Benachteiligung lernen, sich selbst als Handlungszentrum, als Planungsbüro (!) in bezug auf die Möglichkeiten und Zwänge (!) seines Lebenslaufs zu sehen [...] Gefordert ist ein aktives Handlungsmodell des Alltags, das das Ich zum Zentrum hat, ihm Handlungschancen zuweist (!) und eröffnet und auf diese Weise erlaubt, die aufbrechenden Gestaltungszwänge und Entscheidungsmöglichkeiten in bezug auf den eigenen Lebenslauf sinnvoll zu kontrollieren (!). Das bedeutet, daß sich hier unter der Oberfläche intellektueller Spiegelfechtereien für die Zwecke des eigenen Überlebens ein ichzentriertes Weltbild entwickelt, das das Verhältnis von Ich und Gesellschaft sozusagen auf den Kopf stellt und für die Zwecke der individuellen Lebenslaufgestaltung handhabbar denkt und macht« (Beck 1990, 58 f.).

Dieses Kauderwelsch von »Gestaltungszwängen und Entscheidungsmöglichkeiten«, ein postmoderner Jargon, der sich vom Feuilleton bis zum soziologischen Seminar, von der Management-»Philosophie« bis zum gewerkschaftlichen »Querdenkertum« der »Modernisierer« breitgemacht hat, bildet die trommelnde Begleitmusik für den neoliberalen Kreuzzug. Auch nur der Gedanke an eine mögliche Kritik der paranoiden kapitalistischen Objektivierungen wird als »intellektuelle Spiegelfechterei« verdammt; was übrigbleibt, ist die nackte Individualität des kapitalistischen Gesellschaftsatoms, das sich in der Tat nicht mehr die Illusion des alten bürgerlichen Individuums machen kann, Subjekt seines Handelns zu sein. Dieses abstrakte Angebots-Individuum grast nur noch die »Chancen und Risiken« seiner zur zweiten Natur gewordenen verrückten Bedingungen ab, um sich schließlich wie ein Rindvieh zur sozialen Schlachtbank treiben zu lassen. Beck merkt nicht einmal, wie sehr sein zum kapitalistischen »Planungsbüro« seiner selbst gewordenes armseliges Individuum das soziologische Pendant zu Milton Friedmans radikalisierter Mikroökonomie und zur »Theorie« der »rationalen Erwartungen« eines Robert Lucas darstellt. Er merkt es so wenig, daß er allen Ernstes die bereits abgewrackten fordistischen Regulationsformen für eine weiterhin gültige Voraussetzung der »chancenreichen Individualisierung« hält:

»Im Gefüge des Wohlfahrtsstaates erhält der Individualismus eine historisch neue, ökonomische Basis [...] am Arbeitsmarkt, genauer: am tarifvertraglich, sozialrechtlich abgepufferten, organisierten Arbeitsmarkt mit seinen Bildungs- und Mobilitätserfordernissen« (Beck, a.a.O., 58).

Über so viel Ignoranz kann man nur staunen. Die wirkliche Voraussetzung der Beckschen »Individualisierung« ist ja gerade der forcierte Untergang des »Wohlfahrtsstaates« ebenso wie der »tarifvertraglich organisierten« Arbeitsmärkte, also die staatlich flankierte Durchsetzung angebots-ökonomisch verelendeter Beschäftigungsverhältnisse. Die offensichtliche Unkenntnis der neoliberalen ökonomischen Inhalte und ihrer Entfaltung in den letzten Jahrzehnten ebenso wie das Fehlen jeglicher krisentheoretischer Fundierung verführen Beck zu einer phänomenologisch beschränkten Sichtweise, die in ihrer oberflächlichen Momentaufnahme den harten Kern der kapitalistischen Krisentendenz völlig verfehlt (und im übrigen auch borniert bleibt durch die Einengung auf die Verhältnisse in der BRD, deren fordistischer »Überhang« vorläufig noch nicht ganz so weit abgeschmolzen ist wie in anderen Teilen der kapitalistischen Welt).

Wie so viele Ideologen einer ewig weitergehenden »Modernisierung« in den unaufgehobenen kapitalistischen Kategorien benutzt auch Beck den altmarxistischen Klassenbegriff als Negativ-Folie, um sich einigermaßen billig vom zugespitzten Selbstwiderspruch dieses Systems loszukaufen und sich »jenseits« davon zu wähnen. Der »Klassenkampf« erscheint so als ein anachronistisch gewordener »Radikalismus«, der nun in der individualisierten postmodernen Chancenwelt gegenstandslos geworden sei. Während geläuterte Gesellschaftskritiker wie Beck auf diese Weise im Frühling einer »zweiten Moderne« angelangt zu sein glauben, sind sie aber in Wirklichkeit nur auf die uralten ideologischen Muster des Wirtschaftsliberalismus zurückgefallen, also mit dem Angebots-Extremismus von Hayek und Friedmann kompatibel geworden.

Zusammen mit der gesamten akademischen Welt und dem allgemeinen Bewußtsein hat Beck das verzerrte Geschichtsbild der bürgerlichen Ideologie im Kopf, das die historische Arbeiterbewegung nicht als das Resultat einer verheerenden Niederlage der alten Sozialrevolten begreift, sondern als den originären Aufgang eines »radikalen« Weltbilds, das allmählich geläutert worden sei. Erinnern wir uns der impliziten Tatsache, daß der ursprüngliche, verschüttete Impuls der sozialen Revolte darin bestanden hatte, daß die Menschen in der »Zeit der Verzweiflung« sich nicht zur »Arbeiterklasse« eines verselbständigten ökonomischen Systems machen lassen wollten, und daß der »Klassenkampf« der späteren Arbeiterbewegung nichts weiter als die immanente Bewegungsform eines bereits domestizierten, verhausschweinten Bewußtseins war. Aus dieser Sicht kann der »Klassenkampf« also nur die soziale Selbstbewegung der »schönen Maschine« sein, und insofern war seine Logik von vornherein eingeengt auf den eisernen Rahmen der kapitalistischen Kategorien.

Allerdings stellte die mehr oder weniger bewußte Definition des immanenten sozialen Gegensatzes immerhin noch einen Reflex des objektivierten Systemwiderspruchs dar. Obwohl die Arbeiterbewegung auf die kapitalistischen Kategorien konditioniert war, mußte sie den Selbstwiderspruch des Systems wenigstens noch indirekt thematisieren. Aber weil diese Thematisierung auf die Logik des Kapitals selbst rückgekoppelt war, konnte sie nur dem Entwicklungsprozeß des Systems lemmingartig nachfolgen. Die Anpassung an die Verwertungsmaschine durch die zunehmende »freiwillige Selbstdisziplin« im betriebswirtschaftlichen Funktionsraum, durch die Konditionierung der Begierden auf die Form kapitalistischen Warenkonsums und nicht zuletzt auch durch ideologische Abrüstung (von einem verwässerten, bloß oberflächlich rezipierten »Marxismus« zu flachen keynesianischen Ideen) war in mehr als hundert Jahren weit fortgeschritten; und das verselbständigte und vielfältig objektivierte

Bentham-Programm hatte den Prozeß der Verinnerlichung kapitalistischer Kriterien bis in die Psyche der Individuen hinein vorangetrieben. Aber selbst während des fordistischen Nachkriegsbooms war der Schatten des kapitalistischen Widerspruchs trotzdem noch präsent; es gab noch einen Rest von Bewußtsein davon, daß da eine fremde Gewalt wirksam war (auch wenn sie sich schon längst im eigenen Inneren eingenistet hatte), daß es einen auch institutionell repräsentierten Gegensatz (in Form von Unternehmerverbänden und Gewerkschaften) gab, der ausgetragen werden mußte – auch wenn dies nur als immanente Bewegung geschehen konnte.

Es ist nun gerade der ausweglose Charakter der neuen kapitalistischen Weltkrise, der die Austragung eines rein systemimmanenten Gegensatzes ausgehebelt und zum Leerlauf verdammt hat. Das ist eigentlich der Grund, warum es kein Zurück zu irgendwelchen schärferen Formen dieser immanenten Interessenbewegung unter dem Titel »Klassenkampf« geben kann; war doch dieser »Klassenkampf« selber schon von Anfang an nichts anderes als die Bewegungsform kapitalistisch domestizierter Interessen gewesen. Wenn aber ein Wissen oder wenigstens eine dunkle Ahnung um sich greift, daß unter den Krisenbedingungen der Dritten industriellen Revolution kein Tarifvertrag mehr standhalten kann, keine soziale Gratifikation im Maßstab von ganzen Branchen oder gar der Gesamtgesellschaft mehr zu erstreiten ist, alle früheren sozialen Errungenschaften, so beschränkt sie auch waren, nur noch abgebaut werden und trotzdem keine anderen gesellschaftlichen Beziehungsformen als diejenigen des warenproduzierenden Systems akzeptabel oder auch nur vorstellbar erscheinen – dann bröckelt notwendigerweise auch der kollektive, institutionalisierte »Interessenstandpunkt«.

Das sozialökonomische, kapitalistisch genormte »Interesse« schnurrt unter diesen Bedingungen in einer rasanten Fluchtbewegung nach dem Motto »Rette sich, wer kann« zusammen – von der Gesamtgesellschaft auf die Branche, von der Branche auf den Einzelbetrieb, von diesem auf die Abteilung und von da auf das einzelne Individuum. Insofern stellt die sozialökonomische »Individualisierung« keine Überwindung des alten Klassenkampfs dar und auch keinen Gegensatz zum »sozialpartnerschaftlichen« rituellen Ringen der Nachkriegsgesellschaft, sondern sie ist im Gegenteil das logische

Endstadium dieser früheren Erscheinungsformen eines absteigenden systemimmanenten Interessenkampfes selbst, das mit der Endkrise des Kapitalismus zusammenfällt. Es ist jetzt der »Krieg aller gegen alle«, aus dem ideologischen Nachtmahr von Thomas Hobbes in der Frühzeit der Modernisierung zur buchstäblichen Realität in ihrer »letzten Welt« geworden.

Der neoliberale Kreuzzug für individuelle Angebotsmärkte der »Arbeitskraft« hat es also mit keinem ernstzunehmenden Gegner mehr zu tun, sondern mit in heilloser Auflösung begriffenen institutionellen Interessenformen; ein Vorgang, der sich für Ulrich Beck paradoxerweise als »erweiterter Handlungsrahmen der Individuen« darstellt. Die Individualisierung der Konkurrenz führt allerdings zu einer geradezu unheimlichen Verwandlung des Einzelinteresses von Lohnarbeitern, wie es 1997 die »Kommission für Zukunftsfragen der Freistaaten Bayern und Sachsen« (verantwortliches Mitglied: Ulrich Beck) in ihrer Studie »Erwerbstätigkeit und Arbeitslosigkeit in Deutschland« halb blauäugig und halb kaltschnäuzig als positives Leitbild für eine »unternehmerische Gesellschaft« propagierte:

»Zwar wird auch in dieser Gesellschaft in überschaubarer Zukunft die Mehrheit der Erwerbsbevölkerung einer abhängigen Beschäftigung nachgehen und durch diese einen wesentlichen Teil ihres Lebensunterhalts verdienen. Die Leitbilder der arbeitnehmerzentrierten Industriegesellschaft werden aber auch für sie verblassen müssen, wenn sie nicht zum Verlierer des wirtschaftlichen und gesellschaftlichen Wandels werden soll. Auch für sie gilt: Das Leitbild der Zukunft ist das Individuum als Unternehmer seiner Arbeitskraft (!) und Daseinsvorsorge. Diese Einsicht muß geweckt, Eigeninitiative und Selbstverantwortung, also das Unternehmerische in der Gesellschaft müssen stärker entfaltet werden« (Kommission für Zukunftsfragen 1997, 35).

Es kann einen kalt überlaufen, wenn man sich die Konsequenz dieses »Leitbildes« überdenkt. Denn dabei handelt es sich offensichtlich um die letzte überhaupt vorstellbare Steigerung des Bentham-Projekts, an die auch der Fordismus noch nicht zu denken gewagt hatte: die restlose Verlagerung des Kapitalismus in das Innere der Individuen, so daß die destruktive Zwangsform der Gesellschaft nicht einmal mehr als Schatten wahrgenommen werden kann, sondern unmittelbar mit der natürlichen Existenz der Menschen verschmilzt. Was sich schon bei Becks Vorstellung vom isolierten Ich als »Planungsbüro« seiner selbst angedeutet hatte, hier wird es zu einer diabolischen Vision des »totalen Humankapitals« zugespitzt.

Protest und Auflehnung gegen die immer schärferen und unsinnigeren Verhaltenszumutungen soll geradezu denkunmöglich gemacht werden, indem der bislang wenigstens noch rudimentär äußerbare Konflikt sich nur noch in der Brust der vereinzelten Einzelnen abspielt. Allen Ernstes verlangt diese famose »Zukunftskommission« im akademischen Plauderton, die allgemeine Entsolidarisierung möge dahin gelangen, daß die Individuen nicht einmal mehr mit sich selber solidarisch sind, sondern auch als »abhängig Beschäftigte« sich selbst gegenüber »unternehmerische« Verhaltenszwänge durchsetzen und gewissermaßen »betriebswirtschaftliche« Maßnahmen ergreifen.

Was da verlangt wird, ist eine Art Autokannibalismus des kapitalistischen Individuums, ein Selbstopfer, in dem der »Krieg aller gegen alle«, wie vorauszusehen war, in blinde Autoaggression umschlägt. Das rasend gewordene ökonomische »Es« des Kapitalismus will den unbewältigbaren Defekt der »Schönen Maschine« nicht wahrhaben – das Monstrum soll um jeden, aber auch wirklich jeden Preis weiterlaufen; und die logische Unmöglichkeit übersetzt sich in eine hemmungslose Steigerung des Irrationalismus, in der die ausrastenden Funktionseliten ganz unverhohlen in eine religiöse, mystifizierende Sprache zurückfallen, als wollten sie endlich zugeben, daß Kapitalismus bösartig säkularisierte Religion und Schwarze Magie der Selbstverzauberung ist. 1994 gab auf einer Jahrestagung der Alfred-Herrhausen-Gesellschaft ein einschlägiger Oberpriester namens Dr. Wolfgang Reitzle, damals noch Vorstandsmitglied von BMW, eine entsprechende Predigt von sich:

»Aus dem Arbeitnehmer im herkömmlichen Sinn, dem gesagt wird, ›was er zu tun hat‹, wird im Idealfall ein Anbieter von Leistung im unternehmerischen Sinn, der kreativ, eigenverantwortlich und verantwortungsbewußt handelt […] das Ziel dabei ist klar: Die Menschen im Unternehmen müssen zu einer Wertschöpfungsgemeinschaft (!) zusammenschmelzen und dies in ihrem Selbstverständnis verinnerlichen […]« (Reitzle 1994, 216 ff.).

Die Umdeutung des entsetzlich banalen und zugleich paranoiden betriebswirtschaftlichen Verwurstungsregimes abstrakter menschlicher Energie in Myriaden von fanatischen Miniatursekten einer »Wertschöpfungsgemeinschaft« spiegelt jene von Günther Anders angesprochene phantastische Verkehrung wider: nämlich die Verwandlung der einstmals unerträglichen Verhaltenszumutung der »abstrakten Arbeit« in ein gesellschaftliches Privileg. Der »Arbeitnehmer im herkömmlichen Sinn«, dem »gesagt wurde, was er zu tun hat«, konnte sich trotz aller Benthamschen Verinnerlichung wenigstens noch in einer Ecke seines Geistes distanziert halten von der Maßlosigkeit des kapitalistischen Anspruchs. Der als Selbst ausgelöschte »Arbeitsplatzbesitzer« dagegen, der seine permanente Gefährdung angesichts des Ozeans von Herausgefallenen erlebt, wird ansprechbar für eine Theologisierung der Konkurrenz. Der Amoklauf mit anschließender Selbsthinrichtung, wie er bereits den Instinkt der Medien beschäftigt, ist das Paradigma des Untergangskapitalismus. Solange sich dieser Zustand nicht verallgemeinert hat, muß den verwirrten Individuen die kapitalistische Krise als Naturkatastrophe verkauft werden, die einen sekundären Altruismus der sozialen Selbstbeschneidung verlangt. In den Worten der »Zukunftskommission«:

»Jede Vorgehensweise hat unerwünschte Nebenwirkungen, die jedoch unvermeidlich (!) sind. Das muß der Bevölkerung unmißverständlich verdeutlicht werden (!) [...] Wie der internationale Vergleich zeigt, läßt sich die Beschäftigungslage innerhalb weniger Jahre deutlich verbessern, wenn den Marktgegebenheiten entsprochen und der Preis für Arbeit gesenkt wird. Diese Senkung kann beispielsweise darin bestehen, daß künftige Lohnsteigerungen unterhalb der Produktivitätsentwicklung liegen. Allerdings werden positive Beschäftigungseffekte dann nur langsam eintreten. Wo die Beschäftigungslage innerhalb kurzer Zeit verbessert werden soll, müssen die realen und oft sogar die nominalen Arbeitseinkommen zum Teil deutlich verringert werden [...] Eine Senkung der Direktentgelte kommt nur als äußerstes Mittel in Betracht [...] Allerdings kann immer häufiger nur so die Wettbewerbsfähigkeit des Faktors Arbeit gegenüber Kapital und Wissen vorübergehend (!) erhalten werden [...]« (Kommission für Zukunftsfragen 1997, 1, 17ff.).

Es ist wirklich kaum faßbar: angesichts gigantischer technologisch-materieller »Überkapazitäten«, die aufgrund des bornierten betriebswirtschaftlichen Kalküls nicht mehr mobilisierbar sind, wird den Menschen ein »notwendiges« Armutsniveau vorgerechnet. Je größer die Reichtumskapazität in der destruktiven kapitalistischen Form wird, desto rigider wird die Forderung, die Bedürfnisse den kapitalistischen »Naturbedingungen« zu unterwerfen und damit immer weiter herunterzuschrauben. Und mit dürren Worten verlangen die »Modernisierer« die Anwendung von direktem staatlichen Zwang, um immer mehr Menschen in Billiglohnverhältnisse hineinzuprügeln:

»Aus unterschiedlichen Gründen werden in Deutschland erwerbsfähigen Empfängern öffentlicher Transfers vorhandene Arbeiten nicht zugemutet, obwohl dies rechtlich möglich und volkswirtschaftlich sinnvoll ist. Künftig müssen Zumutbarkeitsanforderungen konsequent durchgesetzt werden« (Kommission für Zukunftsfragen 1997, 29).

»Zumutbar« ist so ziemlich alles: ehemalige Facharbeiter sollen in entqualifizierte Billiglohn-Jobber verwandelt werden, im Zuge der Entkulturalisierung auf die Straße gesetzte Philharmoniker die Toiletten von Luxusrestaurants schrubben, arbeitslose Sozialarbeiter Automaten füllen oder Würstchen verkaufen. »Volkswirtschaftlich« gesehen ist das alles natürlich vollkommen sinnlos, denn mit den Daumenschrauben der »Zumutbarkeitsanforderungen« (allein das Wort muß man sich auf der Zunge zergehen lassen, es ist ein Inbegriff der demokratischen Freiheit) kann man zwar Menschen quälen, aber weder die Lawine der mikroelektronischen »Wegrationalisierung« aufhalten noch den Verfall der kapitalistischen »Wertschöpfung« stoppen. Soviel miese Billigjobs gibt es gar nicht, wie erforderlich wären, um das Rad der Entwicklungsgeschichte wieder zurückzudrehen. Um so rasender wird die Wut der Funktionseliten gegen die anschwellende Masse der Herausgefallenen, der »überflüssigen Esser«, die mit allen Mitteln drangsaliert werden, ohne daß der permanent gesteigerte Zwang etwas anderes bewirken würde als die Beschleunigung des Krisenprozesses.

Der neoliberale Kreuzzug gegen die Erniedrigten und Beleidigten des Krisenkapitalismus nimmt dabei nicht nur immer bösartigere Formen an, er beschränkt sich auch längst nicht mehr auf explizit liberale und konservative Regierungen. Unter seiner Fahne sammelt sich inzwischen auch die Sozialdemokratie, die unter dem Druck der Weltkrise wieder in den ideologischen Heimathafen des Liberalismus eingelaufen ist. Nach der ersten Häutung, die den domestizierten Arbeitsmarxismus durch die keynesianische Doktrin ersetzt hatte, fällt nun in einem zweiten Durchgang bei den Sozialisten fast jeglicher Couleur auch noch die keynesianische Haut ab. In gewisser Weise sind jetzt alle politischen Parteien quer durch das gesamte Spektrum neoliberal und mikroökonomisch radikalisiert; nicht einmal die mediale Rhetorik unterscheidet sich noch sonderlich. In der Not kommt der gemeinsame identische Kern des modernen irrationalen Zwangssystems zum Vorschein. Egal, aus wessen Mund: das Wort »Modernisierung« ist zur dumpfen Drohung und der Begriff der »Reform« zum Synonym für asoziale Zwangsmaßnahmen geworden.

Deshalb bedeuten auch die Regierungswechsel nichts, die im Laufe der 90er Jahre in den USA und Europa stattgefunden haben. Wie Präsident Clinton die soziale Kahlschlagpolitik seiner konservativen Vorgänger nahtlos fortsetzte, so Tony Blair mit »New Labour« den wirtschaftsextremistischen Kurs von Margaret Thatcher und »Rot-Grün« den systematischen Sozialabbau des liberalkonservativen Kohl-Regimes. Es sind häufig ehemalige Kapitalismuskritiker der Bewegung von 1968, die nun die Ehre haben, selbstbewußt und in Armani-Anzügen das Leben der Menschen unter »Finanzierbarkeits-Vorbehalt« zu stellen. Naturgesetz ist eben nun mal Naturgesetz. Die Parteisoldaten gehorchen, oder sie werden ausgemustert. In Großbritannien spielte es nicht einmal eine Rolle, daß die Labour Party im Zuge der Durchsetzung von Blair nahezu 30 Prozent ihrer Mitglieder verloren hat. Über die letzte Häutung der deutschen Sozialdemokratie heißt es in einem typischen Kommentar der sozialliberalen Wochenzeitung »Die Zeit«:

»Nur wer ihre Sehnsucht nach sozialer Gerechtigkeit kennt, weiß, wie die SPD heute leidet (!) [...] Beim Katalog skizzierter Opfer von den Nullrunden bei Löhnen über Rentenstillstand bis zu Schröder/Blairs forschen Wegweisungen in die Arena der Selbstbehauptung kann es Sozialdemokraten nur eiskalt ums Herz werden [...] Der Streit hätte schon viel früher ausgetragen werden müssen. Doch wie die andere Volkspartei hat sich die SPD davor gedrückt, die Zukunft des Sozialen unter verschärften finanziellen Bedingungen (!) zu definieren [...] Es geht um das künftige Verhältnis zwischen Armen und Reichen, Kranken und Gesunden, Jungen und Alten, Angebots- und Nachfragepolitik. Eine Mammutaufgabe, deren Bewältigung keine Tabus (!) zuläßt. Die viel zitierten Modernisierer der SPD halten sich an diese Notwendigkeit [...] Was nützt auch ein heiles soziales Weltbild, wenn die Weltläufe es rasant überholen?« (Buhl 1999).

Das reale Leiden der Opfer selber steht nicht zur Debatte, handelt es sich dabei doch laut Wirtschafts- und Krisenverwaltungs-Jargon um »unvermeidliche Härten«. Besonders die Sozialhilfe ist ins Visier der sozialen Terrorstrategen geraten. Denn diese unterste Kategorie der sozialstaatlichen Transfereinkommen beruht in allen kapitalistischen Ländern, in denen sie überhaupt existiert, nicht auf erworbenen Ansprüchen, die ganz oder teilweise aus eigenen Einzahlungen resultieren (wie etwa die Altersrente oder das Arbeitslosengeld), sondern stellt einen reinen »Gnadenakt« des Leviathan gegenüber den Herausgefallenen und Überflüssigen dar. Je größer aber deren Zahl wird, desto größer wird auch der administrative Drang, ihnen die Butter vom Brot wegzusparen, sie zu schikanieren und das über die Sozialhilfe bestimmte Existenzminimum immer weiter herunterzudefinieren.

Schon für Hayek war es eine lästige und widerwillig akzeptierte Notwendigkeit, »eine Art Vorsorge« für die »unbeschäftigbaren Armen« treffen zu müssen, von der man sich nur zu überlegen habe, »in welcher Form sie am wenigsten das Funktionieren des Marktes behindert« (Hayek 1976/1952, 147). Heute vergeht keine Woche, in der nicht honorige Damen und Herren »tiefere Einschnitte bei der Sozialhilfe« fordern, »die sofort kassenwirksam werden«, so etwa Michael Fuchs, der Präsident des deutschen Groß- und Außenhandels (Wirtschaftswoche 16/1997). Der ehemalige deutsche Gesundheitsminister Seehofer räsonierte sogar über ein Sparen bei der Unterwäsche für Sozialhilfeempfänger:

»Für besonderes Aufsehen sorgte die in der Bild-Zeitung wiedergegebene Idee des Gesundheitsministers, Kleidung nur noch als ›Ergänzung zur

Grundaussattung‹ zu gewähren und die Zuwendungshöhe nach der ›Wäschewechselhäufigkeit der unteren Einkommensgruppen‹ zu bemessen. Es sei, so der Entwurf, auch die Beschaffung gebrauchter Kleidung zumutbar« (Eltzschig 1997).

Selbst das elendeste Staatsalmosen erscheint immer noch als Luxus und Verschwendung, ganz wie einst im kapitalistischen Frühling der Herren Mandeville oder de Sade. Mit besonders harschen Formulierungen blies Frau Thatcher zur Hatz auf Sozialhilfeempfänger und hat damit überall Schule gemacht:

»Das schreckliche Paradoxon der Abhängigkeitskultur besteht [...] darin, daß sie Menschen mit erheblichen finanziellen Anreizen dazu veranlaßt, ein Leben der Trägheit, Verwahrlosung und Verzweiflung zu führen (!). Wir sollten die Mühe honorieren, die sich tapfere Leute (!) geben. Aber die Regierung muß ihnen bei der Beseitigung oder wenigstens Verringerung der Versuchungen (!) beistehen« (Thatcher 1995, 648).

In grotesker Verdrehung der Tatsachen und in Übereinstimmung mit dem mikroökonomischen Extremismus wird hier haargenau wie bei den frühkapitalistischen Terror-Ideologen unterstellt, daß es sich bei der Massenarbeitslosigkeit und dem Absinken großer Bevölkerungsgruppen in die Sozialhilfe nicht etwa um ein soziales und ökonomisches, sondern eigentlich nur um ein »pädagogisches Problem« handelt. Das »viel zu hohe« Niveau des staatlich definierten Existenzminimums soll, um den prinzipiell als »arbeitsscheu« unterstellten Leistungsempfängern die hedonistischen »Versuchungen« zu ersparen, einem »Abstandsgebot« zu den ebenfalls immer tiefer sinkenden untersten Lohngruppen unterworfen werden. Das Ziel dieses Elendswettlaufs besteht eindeutig darin, die Menschen in Hungerjobs administrativ hineinzuprügeln. In den USA, Großbritannien und zunehmend auch in der BRD werden dabei besonders die alleinerziehenden Mütter zum Feindbild aufgebaut:

»Spätestens seit der Präsidentschaft Ronald Reagans geistert durchs kollektive Bewußtsein der US-Bürger ein Phantombild, das von konservativen Politikern, Kolumnisten und Fernsehunterhaltern immer wieder beschworen wird: die Vision von der mehrfachen Mutter und Wohlfahrtskönigin, die bei der Bank mit dem Cadillac vorfährt, um lachend ihre Fürsorge-Schecks hinzublättern. Reagans fixe Idee von der parasitären ›welfare queen‹ hat im Amerika der achtziger Jahre das stille Ressentiment gegen die Sozialhilfeempfänger (und gegen die Unterklasse überhaupt) gesellschaftsfähig gemacht« (Widmann 1995).

Neben der generellen Wiedereinführung von Studiengebühren, um die Universitäten einer Art »sozialen Säuberung« zu unterziehen (eine Forderung, die für die BRD auch der sozialdemokratische Vordenker Peter Glotz erhoben hat), gehörte es zu den ersten Maßnahmen des smarten Tony Blair, die Sozialhilfe für Alleinerziehende drastisch zusammenzustreichen. Dieselbe Heldentat erlaubte sich der »Womanizer« Bill Clinton mit seinem Gesetz zur generellen Beendigung der Sozialhilfe:

»Clintons Gesetz nimmt die Bundesstaaten streng in die Pflicht. Sie müssen bis zum Jahr 2002 in genau festgelegten Stufen einen Großteil ihrer Fürsorgeempfänger – überwiegend alleinstehende Mütter – ans Arbeiten gebracht haben (!), sonst drohen ihnen Geldstrafen. ›Nur mit radikalen Schnitten funktioniert das‹, meint Wisconsins Gouverneur Tommy Thompson [...] Drogenabhängige müssen ebenso ran [...] wie Mütter, sobald ihr Kind zwölf Wochen alt ist (!)« (Der Spiegel 48/1997).

Grundsätzlich wird seit Clintons »Reform« die Sozialhilfe nach zwei Jahren ersatzlos gestrichen, und es gibt sie nur noch maximal fünf Jahre im ganzen Leben, völlig unabhängig von Wirtschaftslage und persönlicher Situation – ansonsten müssen sich die Menschen auf Gedeih und Verderb »um Arbeit bemühen«, auch zu den demütigendsten Bedingungen, oder eben verhungern. Soweit die Sozialhilfe überhaupt noch weiterexistiert, wird sie in wachsendem Ausmaß an private Unternehmen verpachtet, die dann die Armut nach privatwirtschaftlichen Profitprinzipien verwalten, also ungefähr in der Art der einst von Bentham propagierten Privatisierung der englischen Zucht- und Armenhäuser; in Texas betreibt dieses Geschäft »eine Tochtergesellschaft des weltgrößten Waffenkonzerns Lockheed Martin« (Die Zeit 20/1997). Derartige Konzepte firmieren im deutschen sozialliberalen Räsonnement inzwischen als US-»Reformwerkstatt« unter dem Titel »Die Zukunft der Solidarität (!)« (Die Zeit 15/1999). Und die Erfolge sind natürlich enorm. Ausgewählte und für ihren Auftritt gedrillte Exemplare werden gerne öffentlich vorgeführt, um das Glück des Zwangs-Billigjobs zu besingen; so etwa Michelle Crawford, eine 39jährige Mutter von vier Kindern, wie die »Wirtschaftswoche« genüßlich berichtet:

»Nach zehn Jahren als Sozialhilfeempfängerin arbeite sie jetzt für 8,20 Dollar die Stunde in einer Plastikfabrik außerhalb Milwaukees, erzählte Crawford vor laufenden Fernsehkameras. ›Ich freue mich darauf, morgens aufzustehen und zur Arbeit zu gehen‹, beteuerte sie gegenüber ihrem begeisterten Publikum« (Wirtschaftswoche 20/1999).

Clay Shaw, republikanischer Kongreßabgeordneter aus Florida, stellte voller Stolz fest, mit derartigen »Reformen« würden die USA wieder einmal »den Ton für die Welt angeben« (Wirtschaftswoche 33/1996). Auch in der BRD werden in der Tat Arbeitslose und Sozialhilfeempfänger immer stärker bürokratisch drangsaliert, sich pausenlos selber auf die Suche nach einem Billiglohn-Sklavenhalter zu machen und dies auch noch »nachzuweisen«. In Großbritannien verschärft das Blair-Regime die ohnehin schon enormen Zumutungen aus Thatcher-Zeiten weiter; inzwischen müssen Arbeitslose regelmäßig im Sozialamt vorstellig werden und dort erläutern, warum sie noch keine Arbeit gefunden haben! Die Beweislast hat sich umgekehrt – nicht mehr die »Arbeitsverwaltung« muß Lohnarbeit anbieten, sondern die Arbeitslosen haben den Nachweis ihres eigenen inbrünstigen Strebens nach unterbezahlter Drecksarbeit zu führen. Neben den Alleinerziehenden werden besonders die Jugendlichen unter die Verhörlampe der Armutsverwaltung genommen: sie sollen nicht etwa angesichts des mangelnden Angebots von für sie akzeptabler kapitalistischer »Beschäftigung« das Armutsniveau der Sozialhilfe in Kauf nehmen und dafür unkontrollierten Interessen nachgehen (wie etwa Musik machen), sondern ihr Leben vielmehr unter allen Umständen kapitalistisch verwursten lassen und »lernen«, auch das Inakzeptable als akzeptabel hinzunehmen.

Programme dieser Art nennen sich »Welfare to work« oder kurz

»Workfare«, neuerdings auch in der BRD als »Hilfe zur Arbeit« auf den Weg gebracht. Allen Ernstes will »New Labour« den Herausgefallenen »viktorianische Arbeitsethik« predigen; in diesem Sinne forderte Schatzkanzler Gordon Brown bei seinem Amtsantritt buchstäblich einen »nationalen Kreuzzug«, um den Geist von Thomas Carlyle wiederzuerwecken. In der britischen Presse wird bereits von »Labours Sträflingskolonne« gesprochen. Aber weil es für die Masse der Arbeitslosen und Herausgefallenen nirgendwo genügend Zwangs-Billigjobs auf dem Angebotsmarkt gibt, schreckt man längst auch vor der offenen staatlich organisierten Zwangsarbeit nicht mehr zurück.

Der gewaltsame Versuch einer neoliberalen Quadratur des Kreises, nämlich trotz der unaufhaltsamen Konsequenzen der Dritten industriellen Revolution die Gesellschaft weiterhin gnadenlos unter der Fuchtel des Kapitalismus zu halten, bringt inzwischen eine Mißgeburt von »kombinierten Konzepten« nach der anderen hervor. Dabei gewinnt die auf Milton Friedman zurückgehende Idee an Boden, das gesamte Sozialversicherungssystem zu liquidieren (also womöglich auch erworbene Ansprüche zu entwerten), um es durch ein neu definiertes Existenzminimum in Gestalt eines »garantierten Grundeinkommens« zu ersetzen. Dieses »Grundeinkommen« soll allerdings so extrem niedrig angesetzt sein, daß es nicht etwa »die Arbeitsmoral untergräbt« – also weit unter der jetzigen Sozialhilfe. Damit liebäugelt auch die von Ethik geradezu triefende Honoratioren-Ansammlung des »Club of Rome«, in deren neuestem Bericht die Verfasser Orio Giarini und Patrick Liedtke eine spezielle Variante dieses organisierten Verelendungs-Konzepts empfehlen:

»In ihrer Welt herrscht Vollbeschäftigung, allerdings nicht im herkömmlichen Sinn. Wer nichts in der freien Wirtschaft findet, muß sich seine staatliche Unterstützung in gemeinnützigen Tätigkeiten verdienen – auch mit ungeliebten Arbeiten. Ein hartes Regime: Wer gesund ist, aber untätig bleibt, geht leer aus. Die Autoren wissen, das geht nicht ohne Zwang. ›Aber wir sehen hier keine Alternative‹. Um sich seine Existenz mit einem staatlichen Mindesteinkommen zu sichern, muß der Bedürftige gut die Hälfte der Woche öffentliche Tätigkeiten ausüben [...] Aber auch Kleinverdiener im ersten Arbeitsmarkt können mit gemeinwohlorientierter Arbeit in Bildung, Gesundheitswesen und Sozialdiensten ihr Einkommen bis zur Existenzgrenze aufbessern (!). Die Schlüsselrolle fällt [...] weiter dem ersten Arbeitsmarkt zu [...] Der allerdings kommt bei Giarini und Liedtke neoliberalen Träumen sehr nahe. Tarifliche Arbeitszeiten haben in ihrem Modell keinen Platz, die Arbeitsbedingungen sollen so flexibel wie möglich sein, der Staat darf lediglich dafür sorgen, daß der Wettbewerb funktioniert« (Heuser/Martens 1998).

Voilà, das ist es, das Ei des Kolumbus: tariflose und ungeschützte Billigjobs plus staatliches Elendssalär plus unentgeltliche kommunale Zwangsarbeit; alles in individuell selbstverantwortlicher Kombination und im Rahmen »riskanter Freiheiten« (Ulrich Beck). Zwar ist dieses Konzept gesamtgesellschaftlich so haltlos wie alle anderen, weil es makroökonomisch nie aufgehen kann. Aber die Verbindung einer drastisch reduzierten und verallgemeinerten Sozialhilfe mit »gemeinnütziger« Zwangsarbeit läßt so manches Modernisierer-Herz höher schlagen. In den Kommunen werden schon längst einschlägige Versuche unternommen. So läßt die Stadt New York fast 40 000 Sozialhilfeempfänger ihr Geld als Straßenkehrer oder Friedhofswächter abarbeiten. In Stuttgart kam die Armutsverwaltung auf die Idee, einige unnütze Fresser in Overalls zu stecken und als »gelbe Engel« auf die Straße zu schicken, um Leuten den Weg zu zeigen oder Hundekot wegzuräumen. Leipzig wiederum beglückt seine Herausgefallenen mit »Stiefeljobs«, etwa in einer Kompostieranlage. In 250 »sozialen Projekten« dürfen jugendliche Zwangsarbeiter in der BRD Schrotteile zerlegen, um »Arbeitstugenden wie Pünktlichkeit und Zuverlässigkeit« nicht zu verlernen, so die Leiterin eines solchen Projekts in Solingen.

Aber die staatlich-kommunale Zwangsarbeit funktioniert so wenig wie die Verpflichtung auf marktwirtschaftliche Billigjobs: Schon laufen die lokalen Industrie- und Handelskammern Sturm, weil die Städte reguläre Auftragsarbeiten von Handwerks- und Dienstleistungsbetrieben durch die kostenlose Zwangsarbeit ersetzen, die auf diese Weise neue Arbeitslose und Sozialhilfeempfänger produziert. Außerdem können die Kommunen gar nicht genug »Zwangsarbeitsplätze« bereitstellen, ganz abgesehen vom bürokratischen Kostenaufwand. Selbst Margaret Thatcher war in dieser Hinsicht skeptisch:

»Aber die Erfahrung in Amerika zeigt, daß ›Workfare‹ sowohl kostspielig sein als auch wegen bürokratischer Hemmnisse ins Leere laufen kann. Unter diesen Umständen besteht die wichtigste Aufgabe wahrscheinlich darin, einfach generell die Staatsausgaben und insbesondere die Sozialausgaben zu verringern« (Thatcher 1995, 648 f.).

Mit anderen Worten: Runter oder ganz weg mit der Sozialhilfe und die Leute einfach ihrem Schicksal überlassen, um den »Naturgesetzen« nicht länger ins Handwerk zu pfuschen. Soweit die leviathanischen Almosen noch nicht völlig abgeschafft sind, bleibt für die Treibjagd auf Sozialhilfeempfänger dann nur noch das Feld des »Sozialmißbrauchs«, ein weiterer infamer Kampfbegriff des neoliberalen Kreuzzugs. Gemeint ist damit eine »Leistungserschleichung« von Menschen, die formal nicht bezugsberechtigt oder aus der Berechtigung ausgesondert worden sind und die vor allem anderes Einkommen »verschweigen«. Denn weil die staatlichen Bettelpfennige nur mit scheelen Augen zugeteilt werden, verrechnet die Armutsverwaltung jedes zusätzliche Einkommen oder Vermögen sofort als Abzug von der Sozialhilfe. Das gilt für die alleinerziehende Mutter, die von ihren Eltern ein paar Mark geschenkt bekommt, ebenso wie für den arbeitslosen Jugendlichen, der nebenbei noch »schwarz« einige Stunden jobbt oder den Langzeitarbeitslosen, der vielleicht ein paar tausend Mark geerbt hat.

Und wenn schon! Was hier als »Mißbrauch« gebrandmarkt wird, ist nichts weiter als das Mitnehmen eines winzigen Bruchteils an gesellschaftlichem Reichtum, der den Enterbten des Kapitalismus nach dessen verrückten Gesetzen vorenthalten wird. Auch der Asylbewerber, der illegal die Sozialämter der halben BRD abklappert und sich nach seiner Abzockerei idiotischerweise eine Rolex zulegt, nimmt sich nur einen Anteil dieses Reichtums, der ihm als Mensch nach dem Stand der Produktivkräfte in einer vernünftigeren Form hundertfach und tausendfach zustehen würde. Die protestantische Gehässigkeit der demokratischen Bürokraten, Arbeitsideologen und Menschenschinder bannt die Potenzen des Reichtums unter die kapitalistischen Restriktionen, um sich dann gegen diejenigen moralisierend in die Brust zu werfen, die sich einen Rest von Verstand und wahrhaftem Eigeninteresse gegenüber diesem System bewahrt haben. In diesem Sinne besonders anwidernd äußert sich die bayerisch-sächsische »Zukunftskommission«:

»Schließlich sind Mißbräuche wie der unberechtigte Bezug von Sozialleistungen [...] konsequenter als bisher zu bekämpfen. Dieser Kampf ist allerdings nur dann erfolgreich, wenn zum einen legale Arbeit erleichtert, vor allem ihre Kosten gesenkt (!) und zum anderen – eng hiermit verbunden – Mißbräuche jedweder Art gesellschaftlich geächtet werden. In einem allgemeinen Klima des Wegschauens bei Sozialleistungsmißbrauch oder illegaler Beschäftigung können Interventionen des Staates zumindest in einem freiheitlichen Gemeinwesen nur punktuell erfolgreich sein« (Kommission für Zukunftsfragen 1997, 30).

Diese unverhohlene Aufforderung zur wechselseitigen Bespitzelung und Denunziation, um das allgemeine Armutsniveau zu gewährleisten und den Druck in Richtung Elendsarbeit zu erhöhen, hätte von den Nazis formuliert sein können. Deutlicher könnte das »freiheitliche Gemeinwesen« nicht als lineare Fortsetzung des Blockwart-Systems denunziert werden. Teilweise ist diese Sozial-Bespitzelung sogar schon als »Job« formalisiert worden. Zumindest in Bayern hat man den Beruf des »Mißbrauchsermittlers« entdeckt, wie eine Stellenanzeige dokumentiert:

»Der Landkreis Bad Tölz-Wolfratshausen stellt zum nächstmöglichen Zeitpunkt Außendienstmitarbeiter/innen als Mißbrauchsermittler/innen in der Sozialhilfe ein. Aufgabe ist es, die Rechtmäßigkeit des Leistungsbezuges zu überprüfen und Leistungsmißbrauch aufzudecken. Die Beschäftigung erfolgt im Rahmen sozialversicherungsfreier 610-DM-Arbeitsverhältnisse, zunächst befristet auf die Dauer von einem Jahr. Erwartet werden Verhandlungsgeschick, sicheres Auftreten, ein einwandfreier Leumund, flexible Arbeitszeiten [...]« (zit. nach: Abendzeitung v. 8.4.1997).

Weiter kann die Perversion nicht gesteigert werden: Die Verfolgung der Sozialhilfeempfänger findet selber wieder in der Form elender Billigjobs statt. In Großbritannien ist das schon längst eine Selbstverständlichkeit. Dort fahnden heute dreitausend »Sozialdetektive« nach »Sozialhilfebetrügern«: »Die Fahnder stehen unter Leistungsdruck: So muß etwa ein Team von fünf Detektiven pro Monat rund 14000 Mark einbringen« (Abendzeitung, a.a.O.). Angesichts solcher Verhältnisse und des Fehlens jeder sozialen Gegenbewegung (wir befinden uns anscheinend in einer Phase der sozialen Unzurechnungsfähigkeit) bleibt die Kriminalität der letzte Ausweg, um die Selbstachtung der Herausgefallenen zur Geltung zu bringen. Wenn kein allgemeiner Widerspruch mehr gegen das herrschende Terror-System formuliert werden kann, schlägt die Stunde der unreflektierten individuellen Auflehnung.

Wie zu allen Zeiten, in denen ein herrschendes Ausbeutungssystem den Menschen gar nichts mehr zu bieten hat, vermehren sich sprunghaft die Räuber und Outlaws. Ist es nicht besser, erhobenen Hauptes und mit der Waffe in der Hand im Kampf gegen die Polizei des demokratischen Orwell-Staates zu sterben, als ein Leben lang die Unterhosen rationiert zu bekommen, Hundekot einzusammeln oder sich sonstwie zum Idioten der »Besserverdienenden« machen zu müssen?

Es sind mit Sicherheit in der Regel die stärkeren und stolzeren Naturen, die sich für den offenen Bruch mit der Legalität entscheiden und damit eine Energie entfalten, die einer besseren Sache wert gewesen wäre. Denn natürlich handelt es sich nicht um lauter kleine Robin Hoods. Kriminalität ist ja nicht die Folge kritischen Bewußtseins, sondern die Fortsetzung der Konkurrenz mit anderen Mitteln. Und im späten Katastrophenkapitalismus sind die von der universellen Konkurrenz sozialisierten Kids kaum bereit oder auch nur in der Lage, bei Raub und Überfall die Armen zu schonen wie vielleicht manche Räuberbande der Vorzeit. Mit der Verwilderung der Strukturen geht eine diffuse allgemeine Gewaltbereitschaft einher, die sich beispielsweise darin äußert, daß Jugendliche einem Gleichaltrigen die Markenturnschuhe von den Füßen rauben (ein inzwischen auf der ganzen Welt verbreitetes paradigmatisches Delikt). Oft sind es andererseits nur kleine Diebstähle in Kaufhäusern und Supermärkten, gewissermaßen eine Art Mundraub, mit dem immer mehr vor allem junge Menschen am vorenthaltenen Warenkonsum teilhaben wollen, der ja gleichzeitig über den allgegenwärtigen Medienhimmel pausenlos als Lebenszweck ins Bewußtsein geträufelt wird.

Eine Zeitlang hat die bürgerliche Öffentlichkeit auf die mit der strukturellen Massenarbeitslosigkeit unvermeidlich einhergehende Erscheinung zunehmender Massenkriminalität mit heuchlerischer Verständnis-Pädagogik reagiert: Wo sie nur herkommt, die schlimme moralische Verwahrlosung? Läuft vielleicht die Erziehung in den Familien schief, oder hat die Schule versagt? An der wunderbaren Marktwirtschaft kann es jedenfalls nicht liegen. Inzwischen hat der neoliberale Kreuzzug längst auch in dieser Hinsicht die Flagge der nackten Repression gezeigt. Mit einem Rest von Verständnis, sozialarbeiterischer Betreuung und der Zuteilung eines Freizeitraums können zumindest in der BRD nur noch junge Neonazi-Schläger rechnen, die Behinderte aus den Rollstühlen kippen und sie als »Kostenfaktoren« beschimpfen; da schießen »unsere Jungs« wirklich bloß ein wenig übers Ziel hinaus und müssen besänftigt werden. Angesichts der massenhaften Verletzung des geheiligten Privateigentums dagegen hallt der neoliberale Kreuzzugs-Schlachtruf durch die ganze Welt: »Zero Tolerance«!

Als Erfinder dieser Parole gilt der republikanische Bürgermeister von New York, Rudolph Giuliani, dessen Polizeichef William Bratton drakonisches Vorgehen schon bei kleinsten Delikten auf seine Fahnen geschrieben hat. Das bedeutet nicht nur, »lieber zuviel als zuwenig Leute festnehmen, ganze Wohnblocks, an denen irgendetwas verdächtig erscheint, mit großem Polizeiaufgebot durchsuchen« (Baier 1998), sondern auch der Colt sitzt locker. Reihenweise wurden bereits unbewaffnete, bloß verdächtige Personen (natürlich vor allem in den Armenghettos) von Kugeln durchsiebt; ein Vorgehen, das allmählich auch anderswo Schule zu machen scheint. Anfang 1999 gab es in New York eine Protestdemonstration gegen die unerträgliche Polizeiwillkür und -brutalität. »Sicherheitsexperten« haben sogar Touristen davor gewarnt, im Umgang mit der US-Polizei aus Versehen »verdächtige Bewegungen« zu machen. New York gilt seither laut »Time« als »Lourdes der Polizeiarbeit«: ein nicht abreißender Strom von Polizeioffizieren, Kommunalpolitikern, Jugendfürsorgern und Kriminalitätsforschern aus aller Herren Länder pilgert ins Mekka von »Null Toleranz«, um zu lernen, wie man »es macht«.

In den letzten Jahren haben 80 Prozent der US-amerikanischen Städte nächtliche Ausgangssperren für Jugendliche verhängt; dieses in vielen Staaten befürwortete »Kriegsrecht für Kinder« ist auch in

Polen bereits Praxis: dort dürfen in der Stadt Radom alle, die jünger als 18 Jahre sind, zwischen 23 Uhr abends und 6 Uhr morgens die Straße nicht mehr betreten. Selbst Holland hat sich auf Hardliner-Positionen umgestellt:

»(In) der Hauptstadt der Provinz Friesland kennt die Polizei kein Pardon. Seit Anfang des Jahres gilt hier, so Staatsanwalt Klaas Bunk, ›das Prinzip null Toleranz‹. Jeder auch noch so geringe Verstoß werde sofort geahndet [...] Nicht nur bei der [...] Eindämmung der Wohlfahrtskosten, so der Leeuwardener Bürgermeister Hayo Apotheker, solle das ›Poldermodell‹ Vorbild für Europa werden [...] Das gesellschaftliche Klima hat sich in den Niederlanden radikal geändert [...], schreibt die Tageszeitung ›De Volkskrant‹, nun habe sich die Erkenntnis durchgesetzt, daß das Zusammenleben verludert, wenn kleine Übertretungen toleriert werden« (Der Spiegel 19/1998).

Auch der mittelalterliche Brauch des Prangers oder Schandpfahls wurde in den USA wieder eingeführt, um Delinquenten zu demütigen. Häufig müssen jugendliche Ladendiebe sich vor dem Geschäft, in dem sie geklaut haben, hinstellen und Tafeln mit der Aufschrift tragen: »Ich bin ein Dieb. Ich habe in diesem Geschäft gestohlen.« In Minneapolis veranstaltet die Polizei regelmäßig öffentliche Demütigungen unter dem Titel »Stunde der Schande«, und in Kansas City profitiert sogar ein lokaler Fernsehsender davon, daß er die Fotografien und Delikte von Vorbestraften verbreitet (Diederichs 1999). Zunehmend werden jugendliche Täter als Erwachsene bestraft und selbst 16jährige hingerichtet. In den USA gilt die Idee eines eigenen Jugendstrafrechts heute als überholt. Und in Europa werden ebenfalls Stimmen laut, die das Strafmündigkeitsalter herabsetzen wollen (so 1997 die CSU-Landesgruppe im Deutschen Bundestag), um die »Kinderkriminalität einzudämmen« und die Einweisung in »geschlossene Heime« zu erleichtern. Wie es in solchen Anstalten bald auch anderswo aussehen kann, zeigt ein Bericht über ein Kinder- und Jugendzuchthaus in Texas:

»In dem kahlen Schlafsaal mit dreißig eisernen Etagenbetten flackern grelle Neonleuchten auf. Aus knackenden Lautsprechern bläst eine Trompete um halb sechs Uhr morgens einen schrillen Weckruf. Kaum eine Sekunde später, als dreißig kahlgeschorene und nur mit Unterhosen bekleidete junge Männer aus ihren Kojen springen und hektisch nach Kleidungsstücken suchen [...] Zwischen ihnen stolzieren zwei Aufseher, auch ›Drill Instructors‹ genannt, herum und bellen heisere Befehle [...] Von diesen ›Bootcamps‹, wie die Besserungsanstalten wegen ihrer Ähnlichkeit mit den Lagern für die Grundausbildung beim Militär im Volksmund heißen, gibt es immer mehr in den Vereinigten Staaten [...] Auf einem Übungsplatz hetzt der Drill Lieutenant [...] die Gefangenen über einen Hindernisparcours. Er läßt sie marschieren, rennen und auf dem Boden vorwärts robben [...] harte Strafen erwarten den, der mit einem Angehörigen einer anderen Gruppe spricht. Keinerlei Kontakt zwischen den Gefangenen ist erlaubt. Wer dagegen verstößt, muß in der Gluthitze des Exerzierplatzes einen Haufen mit großen Steinen von einer Ecke des Hofes in die andere bewegen [...] Wer mehr als einmal seinen Spindschlüssel verlegt, muß eine Woche lang den Inhalt dieses Spindes in einem Rucksack tragen, wohin er auch geht [...]« (Neue Zürcher Zeitung, 22. 6. 1996).

Überdies werden ganze Busladungen von »Problemkindern« vorgefahren, die man zwingt, sich dieses Treiben zwecks Abschreckung anzuschauen. Es sind ganz offensichtlich die alten Bentham-Methoden des späten 18. Jahrhunderts, zu denen der Kapitalismus trotz aller Verinnerlichungsprozesse zurückkehrt – ein Indiz für das bevorstehende völlige Scheitern des ganzen Konditionierungsprogramms; gebändigt werden können die himmelschreienden kapitalistischen Widersprüche so oder so nur noch mit Gewalt, Schikane und einer Moralisierung, die immer dümmlicher wird. So hat der rechtssozialdemokratische deutsche Altbundeskanzler Helmut Schmidt einen »Katalog der Menschenpflichten« propagiert, der den heranwachsenden Generationen eingebleut werden soll. Noch zu Thatcher-Zeiten gab die staatliche Lehrplankommission Großbritanniens ein »Statement of Shared Values« heraus, das die Schulkinder auswendig lernen müssen. Wie dabei handgreiflich nachzuhelfen sei, hatte die »eiserne Lady« ganz offen deutlich gemacht:

»In meinen Debattenbeiträgen (trat ich) für eine neue Klausel ein, die ein paar von uns in die damalige Strafrechtsvorlage aufgenommen sehen wollten und die die Einführung der Prügelstrafe für junge Gewalttäter vorsah« (Thatcher 1995, 144).

Tony Blair fand sogar das öffentliche Bekenntnis publikumswirksam, daß er seine eigenen Kinder schlägt. Gegen die Kids der unbrauchbar Gewordenen bedarf es natürlich noch wesentlich härterer Bandagen. In Frankreich werden schon länger Gebirgs- und Fallschirmjäger für den Straßenkampf ausgebildet, um notfalls Armee-Einsätze gegen die Riots in den eigenen Vorstädten ausführen zu können (Der Spiegel 45/1995). Und wenn schon überall delinquente Kinder und Jugendliche bei kleinsten Delikten mit brutalster Repression überzogen werden, dann natürlich Erwachsene erst recht. Auch hier reicht das Spektrum von der Schikane bis zum offenen Terror. In ganz Europa sind »Ordnungspolitiker« dabei, die Armen, Bettler, arbeitslosen Jugendlichen usw. aus den Innenstädten zu verjagen, um den flanierenden Besserverdienenden deren Anblick und Belästigungen zu ersparen. Die Berichte darüber gleichen denen des frühen 19. Jahrhunderts aufs Haar.

Von Jahr zu Jahr werden die einschlägigen Bestimmungen verschärft. In Frankfurt/Main gilt seit Anfang 1999 wie in einigen anderen deutschen Städten eine Verordnung, die das »Lagern in der Öffentlichkeit« und den Konsum alkoholischer Getränke auf der Straße kriminalisiert. Gang und gäbe ist es, daß Bettler schikaniert oder gar in Polizeiautos verfrachtet und irgendwo weit vor der Stadt im freien Gelände ausgesetzt werden. Berichte über schwerste Polizeiübergriffe gegen Immigranten, Kleinkriminelle oder bloß »verdächtige« Arme häufen sich in allen kapitalistischen Zentren. Amnesty International mußte die USA wegen massenhafter Unmenschlichkeiten in den Gefängnissen anklagen. So müssen weibliche Gefangene im Beisein von männlichen Aufsehern duschen und sich befingern lassen; Vergewaltigungen durch Aufsichtspersonal sind an der Tagesordnung. Selbst schwangere Inhaftierte werden schwer mißhandelt: »Einige Frauen blieben während der Geburt gefesselt, andere mit starken Blutungen stundenlang an ihr Bett gekettet« (Frankfurter Allgemeine Zeitung v. 24. 3. 1999). In Alabama werden »arbeitsunwillige« Gefangene bei glühender Hitze mit Handschellen an Pfosten gefesselt und dürfen so lange nicht einmal ihre Notdurft verrichten, bis sie sich zu arbeiten bereit erklären. Wie es im Strafvollzug zugeht, zeigt auch ein Bericht über den »härtesten Sheriff Amerikas«:

»In der Wüste in Arizona, zwischen der Mülldeponie und dem Tierkadaver-Krematorium der Hauptstadt Phoenix, ist in den letzten vier Jahren eine berüchtigte Zeltstadt entstanden. Verurteilte Straftäter, die in den überfüllten Gefängnissen des Maricopa County keinen Platz fanden, werden hier in alten Armeezelten untergebracht. Im Sommer steigen die Temperaturen auf bis zu 50 Grad; wenn es regnet, versuchen die Gefangenen die Löcher in den Zelten mit Zahnpasta zu reparieren [...] Die ›tent city‹ in der Wüste von Arizona ist Joe Arpaios Erfindung [...] Er selbst bezeichnet sich stolz als Amerikas härtester Sheriff [...] Den Häftlingen macht er das Leben so schwer, wie es nur geht. Männer wie Frauen tragen zum Beispiel schwere Fußketten, wenn sie im Stadtzentrum von Phoenix oder entlang der Landstraßen Abfall beseitigen und Unkraut jäten. Statt eines warmen Mittagessens erhalten sie Sandwiches mit oxidierter, grünlich verfärbter Billig-Mortadella, die nicht mehr verkauft werden kann. Arpaio ist stolz darauf, daß er auf diese Weise die Kosten für eine Mahlzeit von 2 Dollar auf 30 Cent reduziert hat. Gespart wird auch bei den Bestattungen. Verstorbene Gefängnisinsassen werden nicht mehr von einem professionellen Bestattungsunternehmen beerdigt, sondern von den Häftlingen [...] Alle Gefängnisinsassen müssen rosagefärbte Unterwäsche tragen [...] Die Aktion hat in Phoenix so viel Anklang gefunden, daß der Sheriff am Wochenende in den Einkaufszentren rosafarbene Unterhosen (plus Autogramm) für zehn Dollar das Stück verkauft. Der Erlös kommt der 3000 Mann starken Bürgerwehr zugute, die er gegründet hat. Zu deren Angehörigen zählen Ärzte, Rechtsanwälte und auch der Gouverneur von Arizona [...]« (Neue Zürcher Zeitung, 26.9.1997).

Das ist westliche Freiheit, das ist Liberalismus in Reinkultur. Für solche Verhältnisse und Prinzipien lohnt es sich doch, Diktaturen wie dem jugoslawischen Milosevic-Regime mit Bombenteppichen Menschenrechts-Manieren beizubringen. In der ganzen westlichen Welt ist die rapide »Kriminalisierung des Elends« und der »Vormarsch des strafenden Staates« (Wacquant 1997) zu beobachten:

»Der Disziplinarstaat strickt inzwischen systematisch an einem Gitterwerk, das das alte soziale Netz des sich auflösenden wohltätigen Staates ersetzen soll […] Die erste Methode, eigentlich nur für die Betroffenen sichtbar, besteht darin, die vorhandenen sozialen Dienste in Instrumente zur Überwachung und Kontrolle der neuen ›gefährlichen Klassen‹ umzuwandeln […] Die zweite Methode der Politik der ›repressiven Eindämmung‹ der Armen ist der massive und systematische Rückgriff auf die Institution des Gefängnisses. Nach einem Rückgang […] in den 60er Jahren ist die Zahl der Häftlinge in den Vereinigten Staaten buchstäblich explodiert […]« (Wacquant 1997).

Schon 1996 waren in den USA mehr als 1,6 Millionen Menschen unter großenteils unmenschlichen Bedingungen eingekerkert, eine Verdoppelung in knapp zehn Jahren. Heute dürfte die Zahl auf die Zweimillionengrenze zugehen; übrigens auch ein Beitrag zur Verbesserung der Arbeitslosenstatistik. Damit hat die gesamtgesellschaftliche »Sträflingsquote« in der Vormacht der demokratischen Welt bereits diejenige der stalinistischen Sowjetunion zu Zeiten des Gulag überschritten, wie die »Wirtschaftswoche« (Nr. 52/1997) bewundernd feststellen konnte. Ironisch wurde in der Presse angemerkt, daß bei einer Beibehaltung des Kriminalisierungs-Tempos etwa Mitte des 21. Jahrhunderts die gesamte US-Bevölkerung einsitzen müßte. Der Bau weiterer riesiger Zuchthauskomplexe ist geplant; allein in Texas wurden dafür bis zum Jahr 2000 mehr als zwei Milliarden Dollar veranschlagt. Auch in Großbritannien wurden Mitte der 90er Jahre mehrere Milliarden Pfund für den Gefängnisbau in die Haushaltsplanung aufgenommen, um Zehntausende von neuen Zellen zu »schaffen«; ebenso dramatisch steigen die Kosten für Gefängnisse und Repressionsmittel auf dem europäischen Kontinent und in der BRD – umgekehrt proportional zum Schwund der sozialen Gratifikationen.

Gleichzeitig hat die Mikroelektronik natürlich auch die Orwellschen Überwachungssysteme aller Art aufgerüstet und im Vergleich zur fordistischen Epoche noch einmal im großen Maßstab ausgeweitet und verfeinert. Staatsapparate ebenso wie Konzerne operieren mit elektronischen »Personal-Informationssystemen«, um den vollkommen »gläsernen Menschen« zu schaffen und damit den Traum aller Menschendresseure seit Bentham endgültig zu verwirklichen. Von Jahr zu Jahr wird der »Datenabgleich« der privatkapitalistischen und öffentlichen Institutionen von Menschenverwaltung, Repression und Kontrolle intensiver. Dabei ist eine besondere Strategie gar nicht notwendig, denn auch dieser Prozeß der digitalen Verschmelzung von Kontrollapparaten vollzieht sich eher osmotisch aus der Eigendynamik des Systems und seiner Krisenprozesse heraus. Die Überwachung ist sogar in räumlicher Hinsicht flächendeckend, und dazu bedarf es noch nicht einmal hochauflösender Satelliten-Beobachtungssysteme (die bis jetzt eher militärisch genutzt werden), sondern in den Städten wird die Bevölkerung durch immer neue Generationen elektronisch vervollkommneter Überwachungskameras erfaßt, die sogar automatisch verdächtige Personen nach zuvor eingespeicherten Bildern identifizieren können. Wie es scheint, hat in dieser Hinsicht gegenwärtig Großbritannien die Nase vorn:

»In einer Untersuchung für die Universität Hull kam der Kriminologe und Sozialwissenschaftler Clive Norris zum Ergebnis, daß die vorhandenen automatischen Erkennungstechniken die Regierung in die Lage versetzen könnten, jeden einzelnen Bürger zu kontrollieren [...] Keiner weiß genau, wie viele Closed-Circuit-TV-Kameras auf Gebäuden und öffentlichen Plätzen installiert sind [...] Angst vor dem Großen Bruder ist wenig verbreitet, er gehört offenbar schon zur Familie [...] In Newcastle, wo die Behörden stolz sind auf den ›weltweiten Vorsprung‹ ihres Landes in der Überwachungstechnologie, gab die Polizei nach Straßenkrawallen CCTV-Bilder an die Presse weiter. Der ›Newcastle Evening Chronicle‹ druckte die Fotos von 100 Störenfrieden und machte seine Leser zu Freunden und Helfern der Polizei: Sie sollten die Abgebildeten identifizieren und verpfeifen« (Der Spiegel 9/1998).

Der Druck im kapitalistischen Kessel steigt unaufhaltsam an, während die enthemmten Funktionseliten mit boshafter Freude sämtliche Ventile entfernen. Es ist nur eine Frage der Zeit, bis die Fassade marktwirtschaftlich-demokratischer und »zivilgesellschaftlicher« Normalität auch in den westlichen Zentren in die Luft fliegt. Wie unhaltbar die Situation bereits geworden ist, läßt sich an den schroffen Kontrasten des neoliberalen Kreuzzugs und seiner barbarischen Krisenverwaltungs-Regimes ablesen: Die letzte Stufe in der Verinnerlichung des Kapitalismus durch den Menschen als »Unternehmer seiner Arbeitskraft« stimmt ebenso wenig mit dem offensichtlichen Terror- und Zuchthaus-Regime des demokratischen Sklavenhalter-Staates zusammen wie die mikroelektronischen Benthamschen Kontrollapparate mit der Wiederkehr des mittelalterlichen Prangers oder die massenhafte »Überflüssigkeit« wegrationalisierter Menschen mit der absurden Wiederbelebung viktorianischer Arbeitsmoral. Indem sie auf die Krise des 21. Jahrhunderts mit den Methoden des 18. Jahrhunderts reagiert, gebiert die Demokratie aus ihrem Inneren heraus den neuen Gulag und eine neue »Zeit der Verzweiflung«.

Die neue Massenarmut

Es gibt inzwischen keinen Zweifel mehr daran (und wird auch als Faktum kaum noch bestritten), daß die Krisenschübe der 80er und 90er Jahre im Verein mit den Auswirkungen des staatlichen Rückzugs aus der sozialen Verantwortung und des neoliberalen Kreuzzuges die größte Welle der Massenverarmung seit dem frühen 19. Jahrhundert ausgelöst haben. Alle aus der fordistischen Epoche noch übriggebliebenen Hoffnungen der ehemaligen kolonialen Weltregionen auf eine eigenständige »Entwicklung« im Rahmen des kapitalistischen Weltmarkts haben sich in Rauch aufgelöst. Der größte Teil der sogenannten Dritten Welt wurde vollständig ruiniert, zuletzt sogar die wenigen südostasiatischen Länder, in denen die nachholende Industrialisierung gelungen zu sein schien. Die furchtbare Enttäuschung, vom gedeckten Tisch eines vollindustriellen Konsumniveaus weggeprügelt zu werden, kaum daß er in Sichtweite geraten war, hat traumatische Spuren in Ländern wie Südkorea, Thailand, Indonesien oder Malaysia hinterlassen.

Noch schrecklicher muß diese Erfahrung in den Zerfallsstaaten der ehemaligen Sowjetunion und in ganz Osteuropa sein, wo jahrzehntelang ein vollindustrielles System in staatskapitalistischen Formen existiert hatte, wenn auch mit einem im Vergleich zum Westen niedrigeren Konsumniveau. In diesen Ländern wurden binnen weniger Jahre die erreichten Standards in allen Lebensbereichen vollständig weggenommen. Im Westen selber sind es inzwischen ganze Regionen und von Jahr zu Jahr größere Bevölkerungsgruppen, die ein ähnlich traumatisches Absinken in die Massenarmut erleben, allerdings von einem höheren Lebensstandard aus. Wie viele Neoliberale geben Orio Giarini und Patrick M. Liedtke, die Autoren des jüngsten Berichts an den »Club of Rome«, die wachsende globale Massenarmut und die damit kontrastierende Existenz immenser Ressourcen in dürren Worten zu:

»Niemals zuvor in der Geschichte waren menschliche und andere Ressourcen in solchem Überfluß verfügbar wie heute [...] Und dennoch gibt es fast überall auf unserer Erde noch Armut und Unwissenheit, welche in manchen Fällen (!) sogar noch zunehmen [...] Leider scheinen für 1,4 Milliarden Menschen, nahezu ein Viertel der Weltbevölkerung, selbst die nötigsten Dinge des Lebens in weiter Ferne, weil sie unter der Armutsgrenze existieren [...]« (Giarini/Liedtke 1997, 25, 192).

Nach Maßgabe aller menschlichen Vernunft könnte daraus nur der Schluß gezogen werden, daß das globale kapitalistische System mit seiner »unsichtbaren Hand« des blinden Marktmechanismus bei der »Allokation der Ressourcen« (der Steuerung des Einsatzes von Produktionsmitteln und des Flusses von Gütern) gerade nach seinem vermeintlichen »Sieg« über den Staatskapitalismus vollkommen versagt hat. Genau das können und wollen die neoliberalen Ideologen und Konzeptbastler natürlich nicht eingestehen, weil sie dieses System ja zum Naturgesetz gemacht haben und sich auf dessen ungeheuerliche Restriktionen daher immer wieder mit ermüdender Regelmäßigkeit wie auf Naturgewalten beziehen. Und so ist ihnen zur »Naturtatsache« der neuen kapitalistischen Massenarmut eben nichts Besseres als jene schöne Kombination von noch mehr Billigjobs mit Zwangsarbeit eingefallen.

Auch die Weltbank, einer der größten Armutsproduzenten unter den internationalen kapitalistischen Institutionen, jammert über die verheerende Massenverarmung, die sie selbst durch ihre neoliberalen »Strukturanpassungsprogramme« mitzuverantworten hat, als handelte es sich um die Opfer von Seuchen und Wirbelstürmen. Im Weltbank-Bericht von 1999 wird dabei festgestellt, daß die Zahl der Menschen, die mit weniger als einem Dollar pro Tag auskommen muß, kontinuierlich steigt. Zwischen 1987 und 1993 nahm sie um

100 Millionen auf 1,3 Milliarden zu, gegenwärtig sind es schätzungsweise 1,5 Milliarden, schon bald nach der Jahrtausendwende werden es 2 Milliarden sein. Allein in Indien ist die Zahl der Armen zwischen 1989 und 1999 von 300 auf 340 Millionen gestiegen.

Weltbankdirektor Michael Walton, zuständig für »Armutsreduzierung«, mußte erklären: »Zusammengefaßt sieht das globale Bild am Ende der neunziger Jahre deprimierend aus« (zit. nach: Handelsblatt v. 7. 6. 1999). Wenn darin das unzweideutige Resultat von zwanzig Jahren »mehr Marktwirtschaft« besteht und die Weltbank darüber so deprimiert ist, daß sie eine abermals höhere Dosis von »Marktwirtschaft« vorschlägt, dann ist das ein besonders schlagender Beweis für jene allgemeine Unzurechnungsfähigkeit, wie sie die Funktionseliten ergriffen hat. Wie dramatisch die globale Massenarmut in den 90er Jahren angestiegen ist, läßt sich vor allem daran ablesen, daß der marktwirtschaftliche Verarmungsprozeß in den industrialisierten Ländern ein relativ höheres Tempo angenommen hat als in der ohnehin schon vom Massenelend gezeichneten Dritten Welt. Wo es überhaupt noch etwas abzuschmelzen gibt, ist der soziale Absturz großer Bevölkerungsteile eben deutlicher sichtbar.

Das gilt vor allem für die ehemaligen staatskapitalistischen Länder des Ostens, aber inzwischen eben auch für die westlichen Kernländer selbst. In Europa lebten nach Angaben der EU schon 1996 mindestens 150 Millionen Menschen in Armut. Dabei trifft es keineswegs bloß die gänzlich Herausgefallenen. Mit der Verschiebung der noch vorhandenen »Beschäftigungsverhältnisse« in Richtung Billiglohn, wie sie die USA vorexerzierten, hat sich der nette Begriff der »Erwerbsarmut« eingebürgert. Das bedeutet, daß selbst Löhne für Vollzeitarbeit kein Leben oberhalb der Armutsgrenze mehr erlauben – ein zumindest in Europa (West wie Ost) noch vor 15 oder 20 Jahren undenkbarer Zustand.

Zu den »Erwerbsarmen« kommen nicht nur die Arbeitslosen und Sozialhilfeempfänger, sondern auch die Elendsexistenzen der »verdeckten Armut«; also diejenigen, die nicht einmal mehr ihre Berechtigung zur Sozialhilfe in Anspruch nehmen, weil sie die sadistischen Demütigungen der demokratischen Armutsverwaltung nicht mehr ertragen – allein in der BRD etwa 2,8 Millionen Menschen. Selbst in den reichsten westlichen Ländern hat sich so ein Ozean von bettelarmen Millionenmassen angesammelt. Die unterste, am meisten verelendete Kategorie bilden dabei nicht zufällig all diejenigen, deren »Arbeitskraft« nicht einmal mehr potentiell oder nur in eingeschränktem Maße vernutzbar ist: Kinder, Alte, Behinderte, psychisch Kranke, Gefangene. Für die BRD ist die Steigerung der Armutsrate sowohl im allgemeinen als auch speziell (und weit überproportional) für Kinder und Haushalte von Alleinerziehenden in der ersten Hälfte der 90er Jahre statistisch nachgewiesen:

Einkommensarmut 1990 und 1995 in Prozent

	Westdeutschland		Ostdeutschland	
Gruppe	1990	1995	1990	1995
Personen insgesamt	10,5	13,0	3,4	11,5
Kinder unter 15	16,7	21,8	5,1	19,7
Haushalte von Alleinerziehenden	36,2	42,4	16,	35,5

Quelle: Palentien u. a. 1999/Statistisches Bundesamt.

Ablesen läßt sich daraus, daß erstens die Armutsrate dramatisch im Steigen begriffen ist, diese zweitens in der ehemaligen DDR viel geringer war, drittens weitaus mehr Kinder (nämlich rund 20 Prozent) als Erwachsene in die Armutskategorie fallen und viertens die noch einmal fast doppelt so hohe Armutsquote bei Haushalten von Alleinerziehenden nur bedeuten kann, daß die Masse der alleinstehenden und zunehmend von der demokratischen Armutsverwaltung drangsalierten Mütter sich offensichtlich so ziemlich alles versagen muß, um ihre Kinder auch nur auf durchschnittlichem Armutsniveau zu halten, während sie selber dabei verelenden. Diese schändlichen Tendenzen in einem der reichsten Länder mit (noch) relativ hohen Sozialtransfers lassen Rückschlüsse darauf zu, wie sehr sich die Massenarmut im größten Teil der Welt bereits in eine Dantesche Hölle verwandelt haben muß.

Hinter den abstrakten Zahlen stehen unbeschreibliche Zustände, die kaum mehr nachzuvollziehen sind und deshalb von der demokratischen Öffentlichkeit verdrängt werden. Es wird zwar alles irgendwann und irgendwo gesagt und offen zugegeben, aber nie auf das verursachende gesellschaftliche System (»Demokratie und Marktwirtschaft«) zurückbezogen und daher im allgemeinen Medienbetrieb ununterscheidbar neben Sportereignissen, Naturkatastrophen oder den Darbietungen des politischen Zirkus abgebildet. Daß beispielsweise die Kinderarbeit in der Dritten Welt noch einmal rapide zu- statt abgenommen hat, wird kaum noch mit einem Achselzucken registriert. Neu ist in den 90er Jahren, daß sich dieses Gesellschaftsverbrechen der Kinderarbeit auch im Westen ausbreitet, obwohl es dort überall offiziell verboten ist.

In der BRD müssen nach Angaben des Deutschen Kinderschutzbundes 700 000 Kinder unter 15 Jahren arbeiten. Nur zum Teil handelt es sich dabei um Jobs für eigene Wünsche, um bei sonst unerschwinglichen Konsumgegenständen noch mithalten zu können. In Kneipen, Läden, Bauernhöfen, Gärtnereien, auf Märkten usw. wird unter dem zunehmenden Konkurrenzdruck verstärkt kindliche Arbeitskraft im Familienverband eingesetzt. Am häufigsten aber müssen Kinder von Sozialhilfeempfängern, besonders von Alleinerziehenden, illegale Beschäftigungsverhältnisse eingehen. So erklärte ein Mitarbeiter des Duisburger Jugendamts: »Es besteht die Gefahr, daß Kinder im Zuge der Verarmung ganz bestimmter gesellschaftlicher Schichten konkret zum Lebensunterhalt der Familien beitragen müssen« (Clausen 1998). Im ach so kinderlieben Italien werden bis zu einer halben Million Bambinis in industriellen Zentren wie Mailand oder Genua zur Maloche gezwungen. Den Rekord an Grausamkeit lassen sich auch in dieser Hinsicht innerhalb des Westens die USA nicht nehmen, wie zahlreiche Berichte beweisen:

»Mit unsicheren Schritten stapft Angel Oliveras durch die Plantage. Die Pfeffersträucher reichen dem Vierjährigen gerade bis zum Kinn. Angel hat sich nicht etwa auf dem Weg zum Kindergarten verlaufen – er arbeitet. Zusammen mit seiner Mutter pflückt der Dreikäsehoch für einen Hungerlohn Chili-Schoten. Und das nicht in einem Land der Dritten Welt, sondern in den USA […] Die Spuren so gefertigter Produkte führten unter anderem zum Suppenhersteller Campbell, zum Kaufhauskonzern Sears und zu den Lebensmittelunternehmen H.J. Heinz und Newman's Own des Hollywood-schauspielers Paul Newman [...] Alle fünf Tage stirbt in den USA ein arbeitendes Kind, wie aus einer amtlichen Statistik hervorgeht. Rund 200 000 Minderjährige werden jedes Jahr an ihrem Arbeitsplatz verletzt [...] So wurde der 14jährige Alexis Jaimes auf einer Baustelle in Texas von einer Maschine zu Tode gequetscht. Der 15jährige Joshua Henderson, der in einer Autowaschanlage in Colorado arbeitete, erlitt einen tödlichen Stromschlag. Iliana Sifuentes hackte sich in einer Baumschule mit ihrer Machete in Daumen und Finger, als sie Christbäume in Form schnitt. ›Du mußt dich bei der Arbeit halt beeilen, wenn du gutes Geld verdienen willst‹, sagte die 16jährige. Ihre schweren Verletzungen wurden ohne einen Arzt verbunden – der Fall taucht, wie viele andere auch, nicht einmal in der Statistik auf« (Foster 1997).

Noch schlimmer ist das Schicksal der Kinder, die nicht einmal mehr in illegalen Arbeitsverhältnissen schmachten müssen, sondern die sich selbst überlassen auf den Straßen vegetieren und sich von Almosen, Diebstählen und Prostitution ernähren. Das Phänomen der Straßenkinder hat sich ebenfalls von der Dritten in die Erste Welt ausgedehnt. In Rußland leben heute mindestens zwei Millionen Kinder auf der Straße. Nicht besser steht es in den USA und Großbritannien, wo neben der offen sichtbaren Bildung von neuen Slums auch die Straßenkinder immer stärker das Bild der Städte prägen. In der BRD sind die bereits sprichwörtlichen Berliner Straßenkinder zum Massenphänomen geworden; pünktlich zum Einzug der Ministerien präsentiert sich die neue gesamtdeutsche Hauptstadt würdig als demokratisches Zentrum der Verwahrlosung und des Kinderelends. Weil er genug von der Dokumentation der Tatsachen hat, übt der US-Kongreß seit Jahren Druck auf die UNO aus, das Kinderhilfswerk Unicef im Zuge der Einsparung von Kosten und des Abbaus von Befugnissen faktisch aufzulösen.

Die wunderbare globale Marktwirtschaft hat es sogar fertiggebracht, in den 90er Jahren zusammen mit der exorbitanten Steigerung der Produktivkräfte auch den weltweiten Hunger wieder anschwellen zu lassen. Das Phänomen des nicht mehr natur-, sondern gesellschaftsbedingten Hungers hat den Kapitalismus niemals verlassen, nur war es in Zeiten des fordistischen Booms in die Peripherie abgedrängt worden. Die vermeintlichen westlichen Wohlstandsbürger, die dem fordistischen Massenkonsum frönten, nahmen den Massenhunger in den südlichen Regionen des Weltmarkts halb rassistisch und halb karitativ wahr. Ich erinnere mich noch an den »nikkenden Mohr«, der in den Kirchen aufgestellt war und sich beim Einwurf eines Geldstücks für »die armen hungernden Neger« verneigte.

1962 wurde die Deutsche Welthungerhilfe gegründet. Bis heute betreibt eine Vielzahl von Hilfsorganisationen in dieser Hinsicht alles mögliche, bloß eines nicht: Kritik an jenem globalen warenproduzierenden System, das durch seine absurden Restriktionen den Hunger überhaupt erst hervorbringt. Deshalb blieben all die vielen Hilfsmaßnahmen auch ohne jeden nachhaltigen Nutzen und wurden von der Logik des Weltmarkts überrollt. 1996 mußte die Welternährungskonferenz feststellen, daß auf der ganzen Erde 840 Millionen Menschen hungern. Wahrscheinlich waren es schon damals weitaus mehr. Inzwischen dürften es nach den neuen Armutsschüben in Osteuropa, Asien, Lateinamerika und im Westen selbst über eine Milliarde Menschen sein, die nicht mehr genug zu essen bekommen. Nach mehreren Hunger-Wintern, in denen Rentner in ihren ungeheizten Zimmern erfroren, ist zum Beispiel Bulgarien auf der untersten Stufe einer menschlichen Gesellschaft angekommen:

»Seit Februar bereitet eine Köchin mit zwei Helferinnen in einer leerstehenden Schulküche das karge Mahl für täglich 800 Handverlesene zu. Wer 300 Gramm warme Suppe und ein Brot bekommt, entscheiden Sozialstationen der Millionenstadt Sofia. Emil Borisow (72) hütet einen der raren Berechtigungsscheine wie einen Schatz; draußen warten Hungrige ohne amtliche Stempel auf die Reste. Der ehemalige Arbeiter in einer Fabrik für Ledertaschen hat im letzten Winter für umgerechnet eine Mark seinen Mantel versetzt, um sättigendes Soja als Ersatz für Fleisch zu kaufen: ›Meine Frau war krank, sie hatte solchen Hunger‹ [...]« (Loose 1997).

In Rumänien ist das Elend der Bevölkerung derart angewachsen, daß vom Hunger gepeinigte Menschen sogar in zoologische Gärten eindrangen, um dort die Tiere zu schlachten. Noch himmelschreiender sind die russischen Zustände. Anfang 1999 plante die Regierung eine Amnestie, weil sie die in überfüllten Gefängnissen eingepferchten

Menschen nicht mehr ernähren kann: Für jeden Häftling stehen pro Tag nur noch umgerechnet 5 Pfennige zur Verfügung. Allein 1997 sind nach offiziellen Angaben im neudemokratischen Gulag zehntausend Männer und Frauen qualvoll verhungert. Auch aus anderen Bereichen der russischen Menschenverwaltung dringen Horror-Nachrichten an die Außenwelt:

»Die psychiatrischen Kliniken der russischen Stadt Wladiwostok haben aus Geldmangel rund 200 Patienten entlassen. Wie das russische Fernsehen meldete, herrscht nun Angst in der Stadt, nachdem einer der Entlassenen seinen Nachbarn mit der Axt erschlagen hat, weil der ihm nichts zu essen gab. Der stellvertretende Direktor der Kliniken sagte, bisher seien erst die ruhigeren Patienten entlassen worden. Wenn sich die Versorgung aber nicht bessere, müßten alle freigelassen werden. ›Wir können sie nicht verhungern lassen‹. Aus Geldmangel werden die Patienten in den Kliniken nur mit Haferschleim und Suppe ernährt« (Nürnberger Nachrichten v. 23. 10. 1997).

Auch außerhalb der Menschenverwahranstalten sieht die Ernährungslage in Rußland nicht viel besser aus. Besonders in den Provinzen wird deutlich, daß die einstige zweite Weltmacht nach ihrer marktwirtschaftlich-demokratischen Läuterung sozialökonomisch auf den Status eines afrikanischen Hungerlandes abgesunken ist. Partnerstädte und Institutionen des Kulturaustauschs werden immer häufiger von verzweifelten Hilferufen ihrer russischen Freunde erreicht. So heißt es in einem Bericht über eine sibirische Region:

»Gefrorene Fische stapeln sich wie Feuerholz vor der Markthalle von Ulan Ude in Sibirien [...] Einen Schritt weiter, hinter der Tür, warten Unmengen von Fleisch und Gemüse auf Käufer [...] Hunger sollte angesichts der reichen Nahrungsmittelvorräte kein Thema in der Republik Burjatien sein. Dennoch zählen Rotes Kreuz und Roter Halbmond das Gebiet zu den in diesem Winter stark vom Hunger betroffenen [...] Der burjatische Sozialminister Stepan Efimow [...] streitet aber ab, daß in seinem Land jemand vom Hungertod bedroht sei. ›Unsere Kinder sind am Verhungern‹, widerspricht Vera Baldanowa vom örtlichen Roten Kreuz aufgebracht. ›Sie brechen zusammen, weil sie hungrig sind. Und sie hungern, weil ihre Eltern arbeitslos sind‹. Andere haben seit Monaten keine Löhne bekommen – und die Preise sind im vergangenen Jahr rapide gestiegen […] ›Es gibt alles in den Läden und auf dem Markt‹, erklärt Baldanowa. ›Die Auswahl ist enorm – aber die Menschen können sich das Essen nicht leisten‹ […]« (Landsberg 1999).

Daß die marktwirtschaftliche »Allokation der Ressourcen« den Massenhunger zwangsläufig einschließen kann, wußte schließlich schon Bentham – und davon legt heute auch die erste Führungsmacht der freien demokratischen Welt reichliches Zeugnis ab. Nach offiziellen Angaben des Landwirtschaftsministeriums sind in den USA Millionen von Menschen unterernährt, vor allem Kinder:

»4,2 Millionen Amerikaner hungern […] zumindest zeitweise. In 800 000 Haushalten gebe es oft einen ganzen Tag lang nichts zu essen. Nach Angaben von Wohltätigkeitsorganisationen liegen die Zahlen noch weitaus höher. Der Organisation ›Second Harvest‹ zufolge befinden sich 30 Millionen (!) in einer ›unsicheren Nahrungsmittelsituation‹, 26 Millionen seien jeden Monat auf öffentliche Speisungen oder Lebensmittelgeschenke angewiesen« (Frankfurter Allgemeine Zeitung v. 17. 9. 1997).

Aber mit den öffentlichen Speisungen ist es nicht mehr so weit her. Gleich nach Reagans Amtsantritt wurden zum Beispiel die Mittel für die Schulspeisung zugunsten des Militäretats drastisch reduziert, obwohl diese »öffentliche Mahlzeit« für viele Kinder der einzige Zugang zu gehaltvoller Nahrung war:

»Bis September 1981 war es das Normziel, mit dem Schul-Lunch ein Drittel des Nahrungsbedarfs eines Kindes bereitzustellen. Für viele Jugendliche ist das Schul-Lunch die beste, manchmal die einzige Mahlzeit am Tag. Untersuchungen des Landwirtschaftsministeriums haben ermittelt, daß bedürftige Kinder mit dieser Mahlzeit ein Drittel bis die Hälfte ihrer Grundnahrung aufnehmen. Sie werden sich anderswo nach Eßbarem umsehen müssen« (Lekachman 1982, 88 f.).

Selbst im kalifornischen Obst- und Gemüsegarten der USA, wo Nahrungsmittel für die ganze Welt produziert werden, stellte der »Children's Defense Fund« bei Schulkindern Unterernährung fest; in vielen Bundesstaaten kommen die Kinder der Unterschicht abgemagert aus den Ferien zurück. Lehrer berichten über dramatische Hungerfälle:

»James Steyer ist Lehrer in Oakland, in einer der ärmsten Gegenden der USA. Er hat inzwischen einen Blick für Schüler entwickelt, die auffällig werden, weil sie nicht genug zu essen bekommen. Er erzählt von einem Zwölfjährigen, der die Größe eines Sechsjährigen hat. ›Ich habe einen Schüler, dessen Mutter ist gestorben und sein Vater arbeitet von 16 Uhr bis Mitternacht bei der Reisegepäckabfertigung am Flughafen. Ich habe ihn gefragt: Rafael, was machst du, wenn du abends nach Hause kommst? Und er hat mir erzählt, daß er zum Abendessen gern Kartoffeln ißt. Ich wollte dann wissen, wie die Kartoffeln zubereitet sind. Darauf hat er gesagt: Mein Vater läßt mir jeden Abend eine Kartoffel zum Essen da. Ich fragte ihn: Wie kochst du sie? Und darauf meinte er: Ich koche sie überhaupt nicht, ich esse sie roh‹ [...]« (Kölle 1992)

Da ist er wieder, der unvermeidliche Kartoffelstandard aus fast drei Jahrhunderten Krisen-, Kriegs- und Armutszeiten der »wohlfahrtsteigernden Marktwirtschaft«. Der ersten demokratischen Weltmacht ist es nicht nur gelungen, Millionen ihrer eigenen Kinder dem Hunger auszusetzen; sie hat es auch fertiggebracht, zum Ergötzen infantiler militärischer Wissenschaftsmänner über 100 Millionen Kilometer hinweg ein Spielzeugauto auf den Mars zu schießen und dort einige Steinbrocken zu bewegen, denen man Eigennamen gegeben hat. Wenn das keine Effizienz in der Ressourcenlenkung ist! Auch in den west- und mitteleuropäischen Demokratien hat längst der Hunger wieder angeklopft. Während in Großbritannien bei den Kindern der neuen Unterschicht die alten Mangelkrankheiten des 19. Jahrhunderts zurückkehren, verhärtet sich der Staat bei der Nahrungsmittelhilfe wie in den USA. Margaret Thatcher eiferte dabei ihrem alten Freund, dem blutigen wirtschaftsliberalen Diktator Pinochet, in einem speziellen Punkt nach, worauf sie sich in ihren Memoiren auch noch etwas einbildet: »Einsparungen bei den Schulmahlzeiten und der Schulmilch boten sich [...] als erstes an« (Thatcher 1995, 215). Das war auch eines der ersten frommen Werke von Pinochet gewesen, nachdem er den gewählten Präsidenten Allende im Regierungspalast hatte ermorden lassen. Unter Blair hat sich die Ernährungs-Situation der Herausgefallenen in Großbritannien eher verschärft als gebessert. Auch in Frankreich sind es wie überall außer den Alten zuerst die Alleinerziehenden, bei denen es nicht mehr fürs Essen reicht:

»Für Monique geht es nicht darum, ob sie sich den teuren Kinobesuch leisten kann oder den Kauf der heißersehnten CD noch etwas verschiebt. Monique rechnet Monat für Monat nach, ob sie nach Zahlung der Stromrechnung noch genug Geld übrig hat, um für sich und ihre drei Kinder Fleisch und Käse zu kaufen. ›Ich kenne Familien, in denen die Kinder nur Bananen zu essen kriegen‹, sagt die 33jährige« (Gabriel 1998).

Da darf der »rheinische Kapitalismus« der BRD natürlich nicht zurückstehen, wenn es um die Palme im edlen Wettstreit um den marktwirtschaftlichen Rekord an hungernden Kindern geht. 1997 forderte der Deutsche Kinderschutzbund, die längst abgeschaffte Schulspeisung wieder einzuführen. Während in der Neuhauptstadt Berlin die Armani-Linke ihre demokratische Integration feiert, betteln dort massenhaft Armutskinder ihre Mitschüler um das Pausenbrot an. Hamburg, die Stadt mit dem höchsten Pro-Kopf-Einkommen in der BRD, weist auch eine wachsende Hungerpopulation auf:

»In manchen Kinderläden wird montags mehr gekocht, weil die Kinder am Wochenende zu Hause nicht genug bekommen haben. Carola Thomas, Lehrerin an einer Hamburger Grundschule, hat schon seit Jahren einen Kühlschrank im Klassenzimmer stehen. Darin werden Lebensmittel für das Frühstück in der Klasse aufbewahrt [...] Es sind immer Kinder da, die sagen, Mutti hat mir nichts mitgegeben, Mutti hat kein Geld oder der Kühlschrank zu Hause sei leer [...] Heute ist das gemeinsame Klassenfrühstück fester Bestandteil des Stundenplans, ›weil sich die Kinder vor Hunger sonst nicht konzentrieren können‹. In vielen Elternhäusern gibt es offenbar auch mittags und abends kein warmes Essen [...] Im Bürgerladen-Container von Hamburg-Lurup, der vom Kinderschutzbund und der Diakonie getragen wird, kommt montags, wenn gekocht wird, auch ein ganzer Schwung Schulkinder zum Mittagessen [...] Frisch gekochtes Essen ist für viele dieser Kinder ein ungewöhnlicher Genuß [...] ›Wenn wir hier was hinstellen‹, sagt Verena Behrman, die für die Küche zuständig ist, ›ist das ruck, zuck weg‹.

Sie staune immer wieder, ›was die Kinder alles nicht kennen: Nüsse, Rosinen, Obst und Gemüse, das haben manche vorher noch nie gegessen‹ (Jurkovics 1998).

Der freiheitlich-demokratische, marktwirtschaftliche Hunger bedeutet im Westen noch nicht den unmittelbaren Hungertod wie in vielen Regionen der Dritten Welt. Aber er kann es werden. Schon jetzt dekken die karitativen Dienste nur einen Bruchteil der endemischen Hungersnot ab. Ganz bewußt werden genaue Untersuchungen über diesen Komplex von den demokratischen Institutionen hintertrieben. Dieselbe Tendenz zeichnet sich bei der medizinischen Versorgung ab. In den USA, wo es keinerlei gesetzliche Krankenversicherung gibt, ist ein Großteil der Bevölkerung medizinisch völlig ungesichert. Selbst Mittelständler werden bei größeren Krankheiten völlig ruiniert; Menschen der Unterschicht bekommen nur »das Nötigste« an Hilfe und sind dann für immer verschuldet. Aber auch in Ländern mit gesetzlicher Krankenversicherung kann der »Kostenfaktor« immer weniger in marktwirtschaftlichen Kategorien abgebildet werden.

Die Schere geht auch in dieser Hinsicht auseinander: während die medizinischen Kosten steigen, fallen die Einkommen der Versicherten. Im Zuge der allseitigen neoliberalen Privatisierung konzentrieren sich die privaten Kassen auf die Besserverdienenden nach dem Motto: »Hauptsache reich, jung und gesund« (Die Welt v. 23.3.1996). Die gesetzliche Krankenversicherung dagegen wird überall zur »Armenkasse«. Dieser Trend in den westlichen Ländern wird vom Rest der marktwirtschaftlichen Welt nur insofern übertroffen, als es in den meisten östlichen und südlichen Ländern (Ausnahme: Kuba) medizinische Hilfe sowieso nur noch gegen Cash gibt. Wer kein Geld hat, wird einfach seinem Schicksal überlassen und darf auf der Straße sterben. Die Milliardenmassen der neuen, stetig anschwellenden Massenarmut werden wegen schlechter Ernährung und allgemein negativen Lebensbedingungen leichter krank, dafür dann auch schlechter (oder eben gar nicht) medizinisch versorgt:

»Mit einem Blick auf das Gebiß können Zahnärzte inzwischen die soziale Herkunft eines Kindes erschließen: Neunjährigen aus armen Familien faulen oder fehlen im Durchschnitt schon fünf Zähne. Die Verteilung von löchrigen Zähnen und schwindendem Zahnfleisch richtet sich nach dem sozialen Status [...] Jedem zehnten Menschen aus der deutschen Unterschicht fehlen im Alter von 54 Jahren sämtliche Zähne; in der Oberschicht dagegen ist nur einer unter hundert zahnlos [...] Gesundheit ist ungleich verteilt – im gesamten Bundesgebiet, in allen Altersgruppen und bei fast sämtlichen Leiden [...] Die Chance, gesund zu sein, sinkt mit dem Einkommen [...]« (Blech 1997).

Daß nicht nur die Gesundheit zunehmend sozial ungleich verteilt ist, sondern auch die medizinische Behandlung, läßt sich für die BRD ebenfalls anhand des Gebißzustandes leicht nachweisen. Eine »Fundgrube« nicht nur in dieser Hinsicht sind die alljährlichen Weihnachtsaktionen der großen Tageszeitungen, die beim Geldsammeln für Bedürftige mit ihren konkreten Beispielen regelmäßig einen Blick in den sozialen Abgrund der Demokratie gestatten:

»Minderbemittelte sorgen sich heutzutage [...], ob sie zum Beißen noch die Zähne bekommen. Der Eigenanteil bei der Zahnarzt-Rechnung überfordert viele einkommensschwache Bürger [...] Mit Schaudern denkt Margit B. acht Jahre zurück, als sie tagelang wegen einer Totalsanierung mit nur dem halben Gebiß herumgelaufen ist [...] Nun steht wieder eine Gebißsanierung an, bedingt durch jahrelange Krebserkrankung. Der Kostenvoranschlag allein für den Eigenanteil liegt bei 3430 Mark. Fast fünf Monatseinkommen sind das. Margit B. weiß nicht, wie sie es schaffen soll. Die vom Krankengeld Ausgesteuerte hat 712 Mark Arbeitslosenhilfe [...]« (Nürnberger Nachrichten v. 16. 12. 1998).

Die Zweiklassenmedizin, zumindest in der BRD von den demokratischen Politikern jeglicher Couleur lauthals abgestritten, ist längst alltägliche Praxis; und in anderen westlichen Ländern sowieso. Obwohl alle medizinischen Ressourcen überreichlich vorhanden sind, gelangen sie immer weniger zu den herausgefallenen Menschenmassen, weil sie wie alle anderen Dingen des Lebens in irgendeiner Form durch das Nadelöhr der kapitalistischen Ökonomie hindurchmüssen. Gerade in dieser Hinsicht wird buchstäblich der menschliche Körper und sein Leben unter »Finanzierungsvorbehalt« gestellt. Die demokratischen Apparate, die nach der Pfeife des Geldfetischs tanzen, verwalten auch im Gesundheitswesen nur noch eine unaufhaltsame Abwärtsspirale. Mit jeder neuen »Kostendämpfung« werden weitere Leistungen und Menschen »ausgesteuert«. Die neuen demokratischen Armen bekommen immer weniger oder zu immer ruinöseren Bedingungen Hilfe, aber sie dürfen sich umgekehrt als Versuchskaninchen für das gesundheitliche Wohlbefinden der Besserverdienenden zur Verfügung stellen. Der arme Mensch als Experimentiergegenstand, wie es Georg Büchner in seinem »Woyzeck« für die »Zeit der Verzweiflung« im frühen 19. Jahrhundert dargestellt hat, wird zum Massenphänomen:

»Besondere Fachkenntnisse waren für den neuen Job nicht erforderlich. Die einzige Bedingung: Vor Antritt seines Dienstes durfte Hugh Mejia, 34, kein Frühstück einnehmen. Sein Arbeitsplatz war diesmal ein Operationssaal im General Hospital von San Francisco. Ganz entspannt legte sich der schmächtige Mann morgens um acht Uhr auf den OP-Tisch. Die Ärzte bohrten intravenöse Zugänge in seine Arme und brachten Elektroden am Kopf an. Die Vorbereitungen zur Operation verliefen ohne Hektik. Nur einmal wurde es kritisch. Als die Ärzte einen Katheter in sein Herz schoben, geriet es für einen Moment aus dem Takt. ›So etwas kann tödlich enden‹, dachte Mejia noch. Kurz darauf begann die Narkose zu wirken [...] Kein Chirurg hat während der Bewußtlosigkeit an seinem Körper herumgeschnitten. Der narbenfreie Eingriff war nur ein medizinisches Experiment [...] Der Junggeselle aus San Francisco ist hauptberuflich ›research subject‹: ein menschliches Versuchskaninchen. Seit 12 Jahren lebt er davon, daß er – ohne krank zu sein – Tabletten schluckt, in Meßröhrchen pinkelt, sich vorübergehend röntgen oder einschläfern läßt. Auch ziemlich abseitige Experimente hat er schon [...] über sich ergehen lassen: Einmal wickelten ihn Mediziner [...] nackt in eiskalte Tücher. Sie wollten herausfinden, wie schnell ein Mensch so unterkühlt ist, daß selbst seine Zähne nicht mehr klappern. Dann wieder gaben ihm Forscher literweise Kaffee zu trinken, um festzustellen, ob und wann sein Immunsystem zusammenbricht [...] Die Testprozedur ist – wie in allen westlichen Ländern, in denen Heere von Freiwilligen dazu antreten – immer die gleiche [...] Wie Mejia gibt es in den USA 50000 Personen, die [...] ihren Körper an die medizinische Forschung verkaufen [...] Die meisten von ihnen sind ›in between jobs‹: Arbeitslose, Rentner, vom Militär entlassene Soldaten oder ehemalige Strafgefangene [...]« (Der Spiegel 4/1998).

Die »Freiwilligkeit« ist hier keine freie Entscheidung mehr, kein Opfer für andere, sondern eine indirekt vom Arbeitsmarkt erzwungene körperliche Selbstauslieferung von kapitalistisch Armen für kapitalistisch Reiche. Diese äußerste Form der demokratischen Systemsklaverei steigert sich noch weiter, denn in einer zunehmenden Zahl von Fällen wird die Geldarmut sogar dazu ausgenutzt, die Armen als regelrechte Organbanken für die Besserverdienenden auszuschlachten. Die vom Weltmarkt ruinierte Dritte Welt bietet sich als medizinisches Menschenschlachthaus geradezu an. So ist etwa in den 90er Jahren ein sogenannter »Nierentourismus« eingerissen:

»Kommerzielle Nierentransplantationen wurden bisher besonders in Indien durchgeführt [...] Auch pakistanische Ärzte beteiligen sich mittlerweile an den Organmachenschaften. Japaner holen sich seit langem Nieren auf den Philippinen. In der Boomzeit des Organtourismus konkurrierten allein im südindischen Madras 200 Nierenkliniken auf nur einer Straße. Entlegene Dörfer in der Gegend waren bekannt als ›Nieren-Kolonien‹. Wer dort ein Fahrrad besitzt, so besagt eine Faustregel, der hat auch eine 25 Zentimeter lange Narbe an der Flanke [...]« (Der Spiegel 46/1996).

Das ist wohl das letzte noch denkbare Stadium der Angebotsökonomie. Wo alles Marktgegenstand ist, auch menschliche Organe, da sucht sich in den sozial verwüsteten Zusammenbruchsregionen das lachende Bargeld allerdings auch unfreiwillige Opfer. Anfang 1999 nahm die Staatsanwaltschaft in Kairo Ermittlungen gegen eine »private Wohlfahrtsorganisation« auf, die mindestens 25 Waisenkinder zum Ausschlachten an Organhändler verkauft haben soll. In Brasilien werden für diesen Zweck sogar Kinder von der Straße weggefangen. Offenes Geheimnis ist es auch, daß die Organhändler in den 90er Jahren mit hohen Profiten hinter den Fronten der globalen Bürgerkriege operieren, von denen die Zusammenbruchsgesellschaften heimgesucht werden. Wo für irgend etwas ein Markt ist, da ist auch ein Weg.

Das soziale Auseinanderfallen der Menschheit scheint selbst biologische Ausmaße anzunehmen. Am untersten Ende der Skala stehen die »Müllmenschen« in Kalkutta, Kairo, Manila oder im Nordosten von Brasilien. Dort wachsen Populationen von Zwerg- oder

»Rattenmenschen« heran, künstliche Pygmäen mit einer Körpergröße von maximal 1,50 Metern, schon in früher Jugend zahnlos und debil – eine über Generationen weitergegebene soziale Pseudo-Biologie. Am anderen Ende der Skala hofft die kapitalistische Elite der Besserverdienenden allen Ernstes auf einen biologischen Absprung aus der übrigen Menschheit mittels einer »Reprogenetik«, die für die Normalsterblichen unbezahlbar ist. Der US-Molekularbiologe Lee Silver hält eine kapitalistisch vermittelte »Genselektion« für möglich, die am Ende sogar zur Entwicklung zweier Menschengattungen führen könnte.

Die allgemeine Dehumanisierung des kapitalistischen Medizin- und Gesundheitswesens setzt sich selbstverständlich auch in der Art und Weise fort, wie mit geistig oder körperlich Behinderten und vor allem mit pflegebedürftigen Alten umgegangen wird, Menschen also, die auf keinen Fall mehr eigenständig als Marktsubjekte agieren und die für gar nichts mehr ausgenutzt werden können. Allein schon die Existenz von Alten- und Pflege-»Heimen« zeigt, daß die Verwertungsmaschine im Laufe ihrer Entwicklung den Menschen immer weniger Zeit gelassen hat, je mehr sie die Produktivkräfte entwickelte, so daß selbst nächste Angehörige nicht von vertrauten Personen gepflegt werden können, wenn sie als ausgelaugtes Menschenmaterial der Beherrschung ihrer Körperfunktionen verlustig gehen. Allerdings hat das System der totalen Konkurrenz längst auch alle engen menschlichen Bindungen gelockert. Für viele in der marktwirtschaftlichen Tretmühle vor sich hin strampelnde Einzelkämpfer hat selbst die eigene Mutter, ist sie erst einmal hinter den Mauern irgendeiner Anstalt verschwunden, nur noch den Status einer Art entfernten Verwandten, die man allmählich aus den Augen verliert.

Daß das alles auch ganz anders geregelt werden könnte, kommt niemandem mehr in den Sinn. Human wäre es einzig und allein, daß Pflegebedürftige im Kreis vertrauter Menschen ihr Leben zu Ende leben können – und daß die Gesellschaft die Mittel und den Zeitfonds dafür bereitstellt, daß das geschehen kann, ohne daß jemand durch diese Pflegetätigkeit aus allen anderen Interessen und Tätigkeiten völlig herausgerissen wird, sich isoliert und dabei auch noch verarmt. Das Wort »Heim« hat in seiner modernen Bedeutung als Menschenverwahranstalt eine unheimliche Nebenbedeutung erlangt, die allerdings darauf verweist, daß es im Kapitalismus so etwas wie ein »Heim« im Sinne irgendeiner Geborgenheit schon lange nicht mehr gibt. Aber selbst auf dem Weg in die Dehumanisierung macht sich das soziale Auseinanderbrechen der Gesellschaft noch in drastischer Weise bemerkbar. Während die Besserverdienenden ihre zu entsorgenden Angehörigen in Luxus-Altenverwahranstalten abschieben können, nehmen die Altenheime für die verarmten Massen unter dem zunehmenden »Kostendruck« KZ-ähnlichen Charakter an. Dabei ist es egal, auf welchem Wege dieser Druck zustande kommt. In den staatlichen bzw. von gesetzlichen Versicherungsträgern betriebenen Anstalten werden einfach die Gelder zusammengestrichen. Im Zuge der allgemeinen »Privatisierung« tummeln sich allerdings auch schon jede Menge »Barmherzigkeits-Unternehmer« auf dem »Pflegemarkt«. In diesen Unternehmen wird dann »Pflege« zwecks Profitmaximierung nach betriebswirtschaftlichen Gesichtspunkten betrieben, als handelte es sich um die Herstellung von Autoteilen. Die gemäß betriebswirtschaftlicher Rationalität forcierte »Kostensenkung« führt dann zu demselben Resultat wie die »Sparmodelle« der öffentlichen Träger.

1997 warnte das Kuratorium der Deutschen Altenhilfe, daß bei weiterer »Kostendämpfung« nach Modellrechnungen viele Heime ihr ohnehin schon viel zu knappes (und selbstverständlich elend bezahltes) Personal um bis zu 30 Prozent reduzieren müßten. Schon jetzt reißt die Kette der Skandale in öffentlichen wie privaten Altenheimen nicht mehr ab. Hilflose Alte müssen stundenlang im eigenen Kot und Urin liegen, werden schon am frühen Nachmittag ins Bett gesteckt, angeschnallt, mit minderwertigem Essen versorgt usw. Aber selbst dort, wo alles oberflächlich »in Ordnung« ist, sinkt die Qualität der Versorgung notgedrungen ab, Freizeitaktivitäten werden gestrichen. »Satt und sauber« ist die Maxime, als handelte es sich um Vieh im Stall. Sogar die Trennung von Ehepaaren scheint durch die Pflegeverwaltung möglich zu sein, wie im Frühjahr 1999 eine Tragödie in Nürnberg zeigte:

»Das tragische Ende einer Ehe im Stadtteil St. Peter, bei dem ein 87jähriger Mann seine drei Jahre jüngere Frau auf deren Wunsch tötete und beim anschließenden Selbstmordversuch scheiterte, hat viele Menschen erschüttert. Vor allem eine Frage wurde diskutiert: Können betagte Paare zusammenbleiben, wenn einer Pflege braucht, oder müssen sie sich trennen? Nach 50jähriger Ehe wollte das Ehepaar offenbar eine Trennung nicht akzeptieren. Ein Abschiedsbrief an die in der Schweiz lebende Tochter erklärte die Verzweiflungstat [...] Theoretisch (!) finden heute Mann und Frau sicher in einem der Nürnberger Heime einen Platz, allerdings kaum ein gemeinsames Zimmer in der Pflegestation [...]« (Nürnberger Nachrichten v. 8.3.1999).

Auch bei der Altenpflege kann man sich ausmalen, wie die Zustände im Rest der Welt sein mögen, wenn sie schon in einem westlichen Kernland wie der BRD derart alptraumartige Züge tragen. Die demokratischen Politiker, die ohnehin lügen, wenn sie den Mund aufmachen, verdrängen die katastrophale Realität, die sie »gestalten«, regelmäßig mit dem Verweis auf Auswüchse, Einzelfälle, Mißbräuche usw., sobald sie einmal mit nicht abzuleugnenden Zuständen konfrontiert werden. Unter dem Pseudo-Naturgesetz der »Finanzierbarkeit« drehen sie dabei ungerührt in allen gesellschaftlichen Bereichen, die nicht profitabel gemacht werden können, weiter an der Abwärtsspirale oder liefern sie durch »Privatisierung« direkt der betriebswirtschaftlichen Zeitsparlogik und Kostensenkungspolitik aus.

In der fortschreitenden Dehumanisierung des Kapitalismus werden am Ende des 20. Jahrhunderts allmählich die ungeheuren Ausmaße des demokratischen Gulag sichtbar. Dieser Gulag gliedert sich in drei Abteilungen. Die erste Abteilung besteht aus den Anstalten der Menschenverwahrung und Einschließung, in denen immer mehr überflüssige, delinquente oder sonstwie unverwertbare Menschen verschwinden und die selber zu einem gewaltigen Kostenfaktor angeschwollen sind: Gefängnisse, Zuchthäuser, Drillanstalten, »Heime« aller Art, Armenkliniken, psychiatrische Anstalten etc. Die zweite, mittlere und größte Abteilung besteht aus den Massen der Arbeitslosen und Herausgefallenen, die von der demokratischen Armuts- und Krisenverwaltung bürokratisch »auf Trab« gehalten, drangsaliert, gedemütigt und zunehmend auf Hungerrationen gesetzt werden. Die dritte Abteilung im Triptychon des demokratischen Gulag bilden die teilweise sogar aus der Statistik herausgefallenen Obdachlosen, Straßenkinder, Immigranten, Asylbewerber und sonstigen Illegalen, die ganz am Rande der Gesellschaft vegetieren und nicht einmal mehr durchgehend verwaltet werden, sondern nur noch sporadisches Objekt von Polizei- und gelegentlich sogar Militäreinsätzen (oder in manchen Ländern von privaten Todesschwadronen) sind.

Das öffentliche Leben, die Diskussionen, die vermeintliche soziale »Normalität«, die zivilgesellschaftliche Bürgerlichkeit und überhaupt das offizielle Selbstverständnis von »Marktwirtschaft und Demokratie« beziehen sich nicht auf den wuchernden Gulag und seine drei Abteilungen, die verdrängt, beschönigt und gleichzeitig restriktiv unter dem Daumen gehalten werden, sondern eigentlich nur auf den schrumpfenden Rest von »regulären« Beschäftigungs- und Einkommensverhältnissen. Soweit die Realität des demokratischen Gulag ins Blickfeld gerät, erscheint er dem offiziellen Bewußtsein natürlich nicht als das, was er ist. Da ja fanatischer denn je der Kapitalismus und seine Marktwirtschaft zur Naturbedingung erklärt werden, kommt statt dessen Herr Malthus zu neuen Ehren. Das erste und letzte Wort zur aufscheinenden Ausweglosigkeit lautet wieder einmal: »Es gibt einfach zu viele Menschen« – mit allen in diesem »Argument« lauernden Konsequenzen. Das offizielle Wirtschaftsbewußtsein drückt die Sache selbstverständlich etwas dezenter aus: »In vielen Entwicklungsländern wächst die Bevölkerung stärker als die Wirtschaft« (Handelsblatt v. 8. 4. 1999). Was die »Entwicklungsländer« betrifft, war der Malthusianismus nie aus dem kapitalistischen Diskurs verschwunden. Schon 1968, als der fordistische Boom noch nicht ganz ausgeglüht war, schrieb der US-amerikanische »Bevölkerungswissenschaftler« Paul Ehrlich, ursprünglich ein Insektenforscher:

»Krebs ist ein hemmungsloses Vermehren von Zellen, die Bevölkerungsexplosion ist ein hemmungsloses Vermehren von Menschen [...] Wir müssen uns umstellen und versuchen, die Krebsgeschwulst zu entfernen (!), statt die Symptome zu behandeln. Diese Operation wird viele offensichtlich brutale und herzlose Entscheidungen verlangen und viel Leid verursachen. Aber die Krankheit ist schon so weit fortgeschritten, daß der Patient nur mit einer radikalen Behandlung überhaupt eine Überlebenschance hat« (Ehrlich 1971/1968, 131 f.).

Seit Menenius Agrippa ist Vorsicht geboten, wenn Funktionäre der Oligarchien die Gesellschaft mit einem Körper vergleichen. Das »Wesen«, um dessen Rettung es hier geht, ist ganz offensichtlich der Kapitalismus – und die unverwertbaren Menschenmassen die »Krebszellen« dieses Patienten. Die zwanglose Schlußfolgerung kann eigentlich nur darin bestehen, die Zahl der Menschen auf diesem Planeten ihrer Reproduktionsfähigkeit durch die monströse kapitalistische Ökonomie anzupassen – und das wäre dann unter den fortschreitenden Bedingungen der Dritten industriellen Revolution vielleicht noch die Population ungefähr der mittleren Jungsteinzeit. Längst ist in vielen Bezügen das Gerede salonfähig geworden, daß »das Boot voll« sei. In ihrer Serie »Bibliothek der Ökonomie« (unter dem Motto: »Arbeitslosigkeit, Finanzkrisen, Kluft zwischen Arm und Reich, Umweltzerstörung – wer nach Lösungen sucht, muß die grundlegenden Theorien der Volkswirtschaft kennen«) hat die sozialliberale deutsche Wochenzeitung »Die Zeit« wohlwollend auch Malthus vorstellen lassen:

»Für die meisten Entwicklungsländer [...] sind Malthus' Thesen weiter aktuell. Um einen Ausweg aus der Bevölkerungsfalle wird dort noch immer verzweifelt gerungen [...] Die Malthussche Apokalypse, eine Welt, in der es wegen Überbevölkerung nur noch Stehplätze gibt, ist auch heute noch nicht vom Horizont verschwunden [...] Auch die Industrieländer sind der Bevölkerungsfalle nicht endgültig entkommen. Ihr Wohlstand und ihre soziale Stabilität werden heute indirekt bedroht – über Migrantenströme aus den Entwicklungsländern« (Nesshöver 1999).

Es ist atemberaubend, mit welcher Nonchalance hier nicht nur das mörderische Malthusianische Argument (»Bevölkerungsfalle«) wiederholt, sondern auch jeder Logik hohngesprochen wird. Daß die Produktivkräfte heute leicht ausreichen würden, selbst eine Vielzahl der jetzt lebenden Menschen zu reproduzieren, kommt sowieso nicht mehr in Betracht. Daß es aber die »Migrantenströme« aus dem globalen Süden sein sollen, die das Malthus-Argument auch für die westlichen Industrieländer zutreffend machen würden, wo seit langem die Bevölkerungszahl rückläufig ist und konservative Ideologen bereits das »Aussterben« der jeweiligen Nation beschwören – das schlägt dem Faß wirklich den Boden aus. Sogar ein kleines Kind könnte die schreiende Unstimmigkeit einer Argumentation erkennen, die den gewaltigen Prozeß der ökonomischen »Freisetzung« von Arbeitskraft in den kapitalistischen Zentren, die großen Armutsschübe und die Frechheit der demokratischen Krisenverwaltung allen Ernstes ursächlich auf die Elendswanderungen aus der Peripherie zurückführt, die ohnehin mit brutalsten polizeistaatlichen Mitteln zurückgedrängt werden. Wenn derart unfaßbaren Verdrehungen nicht ein allgemeiner Aufschrei wenigstens der intellektuellen Empörung antwortet, dann ist das ein Indiz dafür, wie sehr dem Diskurs der »guten Gesellschaft« – in der Krise schon immer das Zentrum der Barbarei – bereits die primitivsten Regeln des logischen Denkens Wurst sind.

In den dunklen Regionen des globalen demokratischen Gulag hat das Massensterben längst begonnen, auf eine unheimlich lautlose Weise. Über die gelegentlich dokumentierten Einzelfälle liest ein Bewußtsein hinweg, das außer direktem Mord und den Untaten der von den Medien aufgeblasenen Westentaschen-Diktatoren in der Peripherie alles menschliche Dahinsiechen für Unfälle oder natürliches Ableben hält. Die Notiz etwa, daß Ende Januar 1997 die chronisch kranke 34jährige Mathematiklehrerin Valentina Pawlowa aus dem sibirischen Sosnowborsk gestorben ist, weil sie nach sieben Monaten ausgebliebenen Gehalts ihre Medikamente nicht mehr kaufen konnte, bringt kaum jemand mit der systemischen Brutalität von »Demokratie und Marktwirtschaft« in Verbindung. Die Medikamente waren da, vielleicht werden sie irgendwann mangels kaufkräftiger Nachfrage entsorgt. Weil ein derartiges Geschehnis für Sibirien neu ist, konnte es wie eine Blase an die Oberfläche des kapitalistischen Nachrichtenstroms dringen – in Brasilien wird so etwas nicht einmal mehr registriert. Wenn in der BRD Karsten Vilmar, der Präsident der Bundesärztekammer, 1998 aus allerdings zynischen Lobby-Interessen heraus das Wort vom »sozialverträglichen Frühableben« geprägt hat, dann trifft das durchaus ins Schwarze. Bei sogenannten Todkranken, den unnützesten aller Fresser, wird auch immer unverhohlener nachgeholfen:

»In den Niederlanden werden 2700 Schwerkranke im Jahr auf eigenen Wunsch getötet. In Großbritannien kalkuliert ein Computer, ob es sich lohnt, Moribunde künstlich am Leben zu halten. In Deutschland debattieren Ärzte, Juristen und Ethiker, ob man Komapatienten die Nahrung entziehen kann« (Die Zeit 39/1996).

Nur vordergründig kann sich dieser mörderische Diskurs mit menschenfreundlichen Argumenten einer »Abkürzung des Leidens« legitimieren. Er verrät sich regelmäßig mit dem Durchschimmern der Kostengesichtspunkte. Ein erheblicher Teil unerträglicher Schmerzen beispielsweise wäre durchaus zu beseitigen, z. B. durch starke Opiate. Absurderweise werden diese nicht nur aus Geldgründen in der medizinischen Behandlung verboten, sondern auch deswegen, weil sie »süchtig« machen; bei Todkranken, die auf diese Weise noch einen letzten Genuß und gleichzeitig eine Schmerzbefreiung haben könnten, eine groteske Projektion protestantischen Wahns, gleichsam als könnten diese Menschen vielleicht doch noch irgendeine kapitalistische »Leistung« vollbringen, die durch Opium gefährdet wäre. Oder eben zackig abmelden zum freiwilligen und kostengünstigen Gnadentod. Noch viel direkter und deutlicher wird das Mordprogramm bei der Kostensenkungspolitik in der Altenpflege. Daß selbst in der BRD »ein wildes Streichen notwendiger Leistungen« (Der Spiegel 9/1999) mit Todesfolgen eingesetzt hat, ist gut dokumentiert. Beliebt ist etwa der »Tod durch Austrocknung«, weil hilflose Alte von sich aus nicht mehr ausreichend trinken. Eine Studie aus Hamburg zeigt, daß in der BRD alte Leute zu Hunderten sterben, weil sie vernachlässigt sind und ihnen durch die Krankenkassen ganz bewußt Hilfe verweigert wird:

»11,2 Prozent aller Toten in der Hansestadt, so ermittelte Klaus Püschel, Leiter des Instituts für Rechtsmedizin an der Universitätsklinik Eppendorf, hatten Druckgeschwüre durch zu langes Liegen. 400 Hamburger sterben jedes Jahr am sogenannten Dekubitus – jenen schmerzhaften Abszessen, die durch falsche Pflege entstehen [...]« (Der Spiegel 9/1999).

Hochgerechnet für die BRD ergeben sich so 750 000 »Pflegeopfer«. Die Kranken- und Pflegekassen blocken die Kostenübernahme für Rollstühle und spezielle Matratzen ab, um ihre Etats zu schonen, sogar wenn deswegen Menschen buchstäblich die Beine wegfaulen. Der Rest ist Statistik. Nach dem 1997 in Großbritannien veröffentlichten Bericht »Health Inequalities« fällt die Lebenserwartung der Unterschichten stetig ab: Arm und Reich trennen bei den Männern inzwischen bereits fünf Lebensjahre. Aus einer Studie von Unicef (1994) geht hervor, daß die Todesrate in Osteuropa seit dem Beginn des demokratisch-marktwirtschaftlichen Reformprozesses »so hoch wie sonst nur in Kriegszeiten« ist. In Rußland ist die Lebenserwartung der Männer auf 58,3 Jahre gesunken; 1989 hatte sie noch bei 64,2 Jahren gelegen.

Unicef mußte 1997 auch bekanntgeben, daß jedes Jahr sieben Millionen Kinder vor ihrem fünften Geburtstag an den Folgen von Mangelernährung sterben. Kein Wunder, daß die USA diese Organisation wenig liebenswert finden und sie loswerden wollen. Freilich müßte kein einziges dieser Kinder sterben, würden ihm nicht durch die »Naturgesetze der Marktwirtschaft« die notwendige Hilfe vorenthalten. Selbst einfachste, mit Leichtigkeit herzustellende Medikamente gelangen dank der hocheffizienten geldwirtschaftlichen »Allokation der Ressourcen« niemals bis zu diesen Millionenopfern. Alle vergießen kübelweise Krokodilstränen über den tieftraurigen Tatbestand. Für die Damen der Besserverdienenden ergibt sich ein willkommener Anlaß zu ebenso wohltätigen wie folgenlosen Aktivitäten. Aber niemand sagt, daß es sich um den alljährlichen marktwirtschaftlich-demokratischen Kinder-Holocaust handelt.

Die Fata Morgana der Dienstleistungsgesellschaft

Natürlich wissen oder ahnen die kapitalistischen Funktionseliten, daß irgendwann das Ende der Fahnenstange erreicht ist. Wenn nicht bald doch noch ein neuer Wachstums- und Beschäftigungsschub im Weltmaßstab einsetzt, wird das geschehen, was im frühen 19. Jahrhundert auf einer viel niedrigeren Entwicklungsstufe schon einmal dicht bevorgestanden hatte: das Zerbrechen der stur in ihrer Form festgebannten kapitalistischen Gesellschaft in permanenten Bürgerkriegen und Belagerungszuständen, in Terror und Wahnsinn. Der Zero-Tolerance-Diskurs ist ein Indiz für die wachsende Furcht der Eliten, daß die Lage völlig außer Kontrolle geraten könnte. Weil aber klar ist, daß allein uniformierte Gewalt, neue Straf- und Arbeitslager keine zusätzliche Kapitalakkumulation herbeiprügeln können, muß sich auch der ökonomische Hoffnungsdiskurs weiterschleppen, so ausgemergelt er inzwischen auch sein mag.

Daß es mit den industriellen Wirtschaftswundern für immer vorbei ist, hat sich inzwischen herumgesprochen. Von der Theorie der »langen Wellen«, die ja ein Paradigma industriellen Wachstums darstellte, mag kaum noch jemand reden. Getreu der These Milton Friedmans von der »natürlichen Arbeitslosigkeit« ist es heute auch allgemeiner Konsens von Ökonomen und Unternehmensberatern, daß es niemals wieder »Vollbeschäftigung« geben wird. Aber wenn das kapitalistische Weltsystem in seinem Krisenprozeß überhaupt noch »beherrschbar« bleiben soll, muß auf Biegen und Brechen irgendein neues Wachstumsfeld für die »Beschäftigung« gefunden werden, um deren unaufhaltsam weitergehendes Abschmelzen in den industriellen Bereichen wenigstens zu einem einigermaßen erheblichen Teil aufzufangen. Aus dieser Not geboren beherrscht ein neues Theorem zunehmend den sozialökonomischen Diskurs über die Zukunft des Kapitalismus (eine andere darf es ja nicht geben): die Rede von der »postindustriellen Dienstleistungsgesellschaft«.

»Postindustriell« soll natürlich nicht die gesellschaftliche Reproduktion insgesamt werden, sondern die erwartete (oder zusammenphantasierte) aufsteigende Linie der neuen kapitalistischen »Beschäftigung«. Während also die landwirtschaftliche und vor allem die industrielle Produktion hochgradig rationalisiert, automatisiert und somit »menschenarm« alle materiellen Güter herstellt, soll sich die »Beschäftigung« für die aus den beiden ersten Sektoren »freigesetzten« Arbeitskräfte allmählich in den tertiären Sektor der Dienstleistungen verlagern. Auch dieser Diskurs ist bereits älteren Datums; er reicht bis in die Phase des fordistischen »Durchstartens« nach dem Zweiten Weltkrieg zurück. Schon Fourastié war nicht nur ein Verkünder der kommenden Freizeit-, sondern damit auch der heraufdämmernden Dienstleistungsgesellschaft. Und blauäugig optimistisch wie in der einen gab er sich auch in der anderen Hinsicht:

»Schon beginnen sich die Fabriken zu leeren: die Abwanderung aus Berufen des primären in solche des tertiären Sektors geht Hand in Hand mit einer tiefgreifenden Wandlung innerhalb der Berufe des sekundären und des tertiären Sektors und mit einer erstaunlichen Erhöhung der beruflichen Qualifikationen [...] Gewöhnlich vollziehen sich die Abwanderungen in qualifiziertere Berufe hin, einmal weil im Durchschnitt die Berufe des tertiären Sektors größere Berufskenntnisse voraussetzen als die Berufe des sekundären und des primären Sektors; dann aber auch weil in jeder Berufssparte die Arbeit von Jahr zu Jahr ›wissenschaftlicher‹ wird [...]« (Fourastié o. J./1965, 80 ff.).

Wenn gleichzeitig die Freizeit und die beruflichen Qualifikationen allgemein zunehmen, werden natürlich die Menschen auch immer anspruchsvoller, so Fourastié. Er sieht deshalb ein ungeheures gesellschaftliches Feld für »intellektuelle und künstlerische Betätigungen« (a.a.O., 94 f.) entstehen, das dann wiederum neue Sektoren der Freizeitindustrie und somit der »Beschäftigung« ermöglichen wird. Zum Klassiker dieser Transformationsdebatte wurde schließlich der Harvard-Soziologe Daniel Bell mit seiner erstmals 1973 erschienenen Untersuchung über »Die nachindustrielle Gesellschaft«. Nachdem er in einer ebenso kurzen wie platten Auseinandersetzung mit Marx weitere große Krisen des Kapitalismus kategorisch ausgeschlossen hat, sieht Bell eine ziemlich rosige Dienstleistungs-Zukunft voraus:

»Die nachindustrielle Gesellschaft [...] beruht auf Dienstleistungen, ist also ein Spiel zwischen Personen. In ihr zählt weniger Muskelkraft oder Energie als Information. Die wichtigste Figur ist der Akademiker, der auf Grund seiner Ausbildung und Schulung die zunehmend benötigten Fähigkeiten mitbringt. Bemißt sich der Lebensstandard der Industriegesellschaft nach der Quantität der Güter, so bemißt sich die Lebensqualität der nachindustriellen Gesellschaft nach den Dienstleistungen und Annehmlichkeiten – Gesundheit und Bildungswesen, Erholung und Künste – die nun jedem wünschenswert und erreichbar scheinen [...] Reisen, Unterhaltung und Sport kommen in Schwung, denn mit der Erweiterung des Horizonts legen die Menschen auch neue Bedürfnisse und Vorlieben an den Tag. Doch dann kristallisiert sich nach und nach ein neues Bewußtsein heraus. Die Erwartung, die der einzelne auf das von der Gesellschaft verheißene schöne Leben setzt, rückt die beiden für ein solches Leben entscheidenden Bereiche, Gesundheit und Bildung, in den Mittelpunkt des Interesses. Mit der Ausschaltung von Krankheit, der verlängerten Lebensdauer und dem Bestreben, die Lebenserwartung immer weiter heraufzusetzen, entwickelt sich das Gesundheitswesen zum entscheidenden Sektor der modernen Gesellschaft. Gleichzeitig wird, da mit dem Eintritt in die nachindustrielle Phase auch die Anforderungen an das technische und fachliche Können steigen, eine umfassende Schul- und Hochschulbildung zur Voraussetzung für den Aufstieg in der Gesellschaft. So erleben wir das Aufkommen einer neuen, hauptsächlich aus Lehrern bestehenden Intelligenz. Und schließlich führt die Forderung nach mehr Dienstleistungen, das Bedürfnis nach einer menschenwürdigen Umwelt und einem verbesserten Gesundheitsdienst und Schulwesen – Ansprüche, denen der Markt nur unzulänglich gerecht wird – zum Ausbau der öffentlichen Einrichtungen, vor allem in den einzelnen Bundesländern und Kommunen, wo es diese Bedürfnisse zu befriedigen gilt. Die nachindustrielle Gesellschaft ist demnach eine ›kommunale‹ Gesellschaft, in der weniger das Individuum als vielmehr die Gemeinde die unterste soziale Einheit bildet [...]« (Bell 1985/1973, 134 ff.).

Im Jahr 1999 liest sich das alles nur noch wie blanker Hohn. Was Fourastié und Bell vor Augen hatten, waren natürlich die Strukturen des fordistischen Booms, die sie einfach in die Zukunft extrapolierten – eine typische Fehlleistung des kapitalistisch konditionierten akademischen Denkens. Aus dieser Sicht hätten bei weiterer Produktivitätssteigerung die fordistischen industriellen Infrastrukturen, die damals den Prozeß der »Tertiarisierung« trugen, immer mehr in Richtung Kulturbetrieb, Gesundheitsdienst usw. ausgebaut werden können. Die Phase der Dritten industriellen Revolution von Automation und Wegrationalisierung der industriellen Arbeitskraft hätte dann eine Welt der Volkshochschulen und Bildungsveranstaltungen, der Sozialarbeiter und Lehrer, der Ärzte und Versorgungseinrichtungen aller Art für die »Annehmlichkeiten« einer weitgehend ins Freizeitglück entlassenen Menschheit hervorgebracht.

Bell erliegt einer optischen Täuschung, weil er den Strukturwandel ebenso wie Fourastié nur oberflächlich soziologisch wahrnimmt und das zugrundeliegende ökonomische Verhältnis blind voraussetzt, statt es in seiner Krisenpotenz kritisch zu analysieren. Was er für eine allmähliche Ablösung der Industriegesellschaft durch eine Dienstleistungsgesellschaft hält, war in Wirklichkeit nur eine vorübergehende Nebenwirkung des fordistischen industriellen Booms, die zusammen mit diesem verlöschen mußte. Jene scheinbar unaufhaltsam aufsteigende Freizeit-, Bildungs- und Gesundheitswelt setzte keine eigene neue Kapitalakkumulation jenseits des industriellen Booms in Gang, sondern sie wurde vielmehr von diesem alimentiert, solange er noch nicht ausgelaufen war. Das läßt sich in mehrfacher Hinsicht zeigen.

Der große, weltweite Schub der »Tertiarisierung« in den 70er Jahren konzentrierte sich in der Tat auf das Gesundheits-, Bildungs- und Sozialwesen. Aber gerade bei diesen Sektoren handelte es sich ja weitgehend um staatliche oder halbstaatliche Einrichtungen. Für Bell sind die »Unzulänglichkeit des Marktes« und die keynesianische Welt des permanenten »deficit spending« noch derart selbstverständlich, daß ihm eine tertiäre Zukunft von ausgedehnten und vielfältigen »öffentlichen Einrichtungen«, ja geradezu eine »kommunale Gesellschaft« jenseits des fordistischen Konsum-Individualismus als praktisch schon gesichert erscheint. Zur Frage der »Finanzierbarkeit« macht er sich auf wenigen Seiten eines Räsonnements über die »Grenzen des Wandels« (Bell, a.a.O., 158) nur sehr wenige und oberflächliche Gedanken. Die bereits rollende inflationäre Welle, die dem Keynesianismus innerhalb weniger Jahre den Garaus machen sollte, führt er sogar weitgehend »auf die Täuschungsmanöver (!) Präsident Johnsons zurück« (a.a.O., 160); und ähnlich wie später Ulrich Beck glaubt er die Systemfrage mit der Bemerkung abtun zu können, es sei »höchst unwahrscheinlich«, daß sich diese Fragen »zum ›Klassen‹problem auswachsen werden« (a.a.O., 169). Der ökonomische Selbstwiderspruch des Kapitalismus, das gemeinsame Bezugssystem der »schönen Maschine« für alle darin eingeschlossenen sozialen Kategorien, bleibt völlig ausgeblendet. An Bells »postindustriellem« Paradigma zeigt sich die seltsam ignorante Arbeitsteilung der akademischen Gesellschaftswissenschaften: Während die Soziologen ökonomisch ahnungslos soziale Strukturen hochrechnen, deren ökonomische Bedingtheit ihnen ein böhmisches Dorf bleibt, lassen die Ökonomen die Krise in mathematischen Modellrechnungen verschwinden – bis die Krisenrealität beiden Sorten von falschem Optimismus einen dicken Strich durch die Rechnung macht.

Mit dem Ende der keynesianischen Regulation sind die Träume von einer »kommunalen« Dienstleistungsgesellschaft ausgeträumt.

Der fordistische Konsum-Individualismus tritt nicht etwa hinter »öffentliche Sektoren« einer Bildungs- und Gesundheitsökonomie zurück, sondern radikalisiert sich im Gegenteil zur selbstzerstörerischen Angebotskonkurrenz atomisierter Wirtschaftssubjekte, während die keynesianischen öffentlichen Dienstleistungssektoren systematisch abgebaut werden, je mehr die »Krise der Staatsfinanzen« um sich greift. Zunehmend reduziert auf das Volumen privater Zahlungsfähigkeit, werden die Gesundheits- und Bildungsbereiche niemals in der Lage sein, die wegbrechende industrielle »Beschäftigung« aufzufangen. Absurderweise ist aber Bells »klassisches« Paradigma der Dienstleistungsgesellschaft, abgelöst von seinem zutiefst keynesianischen Hintergrund, im postkeynesianischen sozialökonomischen Hoffnungsdiskurs krampfhaft beibehalten worden. Jetzt sollen es plötzlich die anderen kommerziellen Dienstleistungssektoren sein, die eine wirkliche »nachindustrielle« Kapitalakkumulation tragen. Aber gerade in zentralen Bereichen der kommerziellen Dienstleistungen wie Handel und Banken beginnt die mikroelektronische Rationalisierung ebenso zu greifen wie in der Industrie, und auch die übriggebliebenen staatlich-kommunalen Sektoren bleiben von dieser Option der Kostensenkungspolitik nicht verschont, wie neuere Untersuchungen am Beispiel der BRD zeigen:

»Im kommenden Jahrzehnt gehen nach Ansicht von Experten im Dienstleistungsbereich bundesweit 6,7 Millionen Arbeitsplätze verloren. Zu diesem ›Horrorszenario‹ gelangten Wissenschaftler der Universität Würzburg nach monatelanger Forschungsarbeit. ›Wir waren selbst erschrocken, als wir die Zahlen sahen‹, sagte Professor Rainer Thome vom Lehrstuhl für Wirtschaftsinformatik in einem dpa-Gespräch. Die von Thomes wissenschaftlichem Mitarbeiter Boris Kraus erstellten Forschungsergebnisse waren ursprünglich auf einem Fachseminar präsentiert worden. ›Die gängige Hoffnung, der Dienstleistungssektor werde die derzeitigen Probleme am Arbeitsmarkt lösen, ist falsch‹, sagte Kraus. Die Ursache für die ›düstere‹ Beschäftigungssituation der kommenden zehn Jahre liege in den zu erwartenden Auswirkungen der modernen Informationsverarbeitung. Bislang seien durch das Umstellen vieler Dienstleistungstätigkeiten auf Computer nur wenige Arbeitsplätze abgebaut worden. Aufgrund des Kostendrucks werde es jedoch in naher Zukunft zu ›massiven Veränderungen‹ in der Arbeitswelt kommen.

Thome und Kraus bezogen in ihrer Untersuchung drei Viertel aller knapp 22 Millionen Arbeitsplätze im Dienstleistungssektor ein. Im Handel werde danach jeder zweite der 3,4 Millionen untersuchten Arbeitsplätze durch automatisierte Kassen, elektronische Zahlungsmöglichkeiten und Internet-Einkäufe ersetzt. In der öffentlichen Verwaltung seien es 2,6 Millionen Stellen, die durch Büroautomation eingespart würden. Am größten werden nach Kraus' Worten die Auswirkungen im Bankgewerbe sein. 80 Prozent des Bankgeschäfts seien beratungslose Wiederholungsvorgänge, die sich vollständig automatisieren ließen. Dadurch fielen künftig 61 Prozent der 772 000 Arbeitsplätze weg. ›Bedroht sind Stellen mit normalen Sachbearbeiter-Funktionen, wo lediglich reine Informationen zusammengeführt werden‹, sagte Kraus. Eine Lösung haben die Wissenschaftler nach eigenem Bekunden nicht [...]« (Deutsche Presse-Agentur, 11.6.1997).

In der Tat hat die Deutsche Bank, das größte Geldhaus hierzulande, allein zwischen 1993 und 1996 bereits 20 Prozent ihres Personals abgebaut, und ein Ende ist noch nicht abzusehen. Inzwischen erfaßt dieser Prozeß auch andere Sektoren des Geld- und Versicherungswesens; so teilte der Bundesverband der Deutschen Volks- und Raiffeisenbanken mit, daß bis zum Jahr 2008 von den jetzt noch 17 000 Filialen 7000 geschlossen werden sollen (Handelsblatt v. 27.5.1999). Und das »Einkaufen in Läden ohne Verkäufer« hat auch schon seine ersten Testläufe hinter sich:

»In Japan testet der Einzelhandel derzeit in einigen Bereichen vollautomatisierte Läden, in denen keine Mitarbeiter anzutreffen sind [...] Der Laden ist in vier Bereiche aufgeteilt. In einem Bereich wird die Ware ausgestellt, in einem zweiten bestellt, in einem dritten bezahlt und in einem vierten schließlich ausgeliefert [...] Ein anderes derartiges Projekt ist vor einiger Zeit im Bereich des Video-Verleihs angelaufen. Das System arbeitet ähnlich wie die derzeit von den Banken betriebenen Bankgeldautomaten [...] Kernstück [...] ist eine vollautomatisierte Maschine, die wie ein Gabelstapler arbeitet [...]« (Frankfurter Allgemeine Zeitung v. 19.3.1997).

Dasselbe gilt für andere Bereiche des tertiären Sektors wie etwa den Tourismus, das Gaststättengewerbe, Kinos usw. und andererseits die sogenannten »unternehmensnahen Dienstleistungen« wie Steuerberater und Wirtschaftsprüfer, Unternehmensberater, Architekten, technische Planer, Kfz- und Maschinenvermieter, Speditionen und Logistiker, EDV-Dienstleister, Werbeagenturen, »Entsorgungswirtschaft« usw. Einerseits gibt es auch in diesen Bereichen riesige Potentiale mikroelektronischer Substitution von menschlicher Arbeitskraft: »Im Prinzip lassen sich die meisten personenorientierten Dienstleistungen technisch reproduzieren und rationalisieren« (Bender/Graßl 1997). Andererseits gehen die Service-Sektoren auch durch den Abbau von Arbeitsplätzen anderswo sowie die Reduktion gesamtgesellschaftlicher Kaufkraft und Konsumnachfrage zurück. So hatte ja schon die Weltwirtschaftskrise gezeigt, wie große Armutsschübe Gaststätten und Brauereien ruinieren, weil die Nachfrage drastisch schrumpft. Die Gastwirte können sich eben nicht gegenseitig Bier ausschenken. Auch beim Tourismus handelt es sich um eine »sekundäre Warenproduktion«, die von industrieller Massenkaufkraft abhängig bleibt. Gerade dieser Sektor ist trotz zunehmender Massenarbeitslosigkeit nur deswegen noch nicht eingebrochen, weil viele Leute eher auf andere Dinge verzichten oder den nächsten Urlaub eben nicht mehr aus laufenden Einnahmen, sondern aus ihren Ersparnissen finanzieren. Aus der Substanz kann aber dieser Konsum nicht lange alimentiert werden. Sowohl hinsichtlich der Nachfrage als auch hinsichtlich der Rationalisierung sind die Risse im Tourismus (einem der letzten Boom-Sektoren) schon sichtbar:

»Die Suche nach günstigen Angeboten wird immer hektischer. In den letzten Jahren blieb die Tourismus-Branche zwar weitgehend von der Wirtschaftskrise verschont, doch das hat sich geändert. ›Jetzt fangen die Leute an, auch am Urlaub zu sparen‹, sagt die Reisebüro-Leiterin Ingrid Ziegler. Damit werden die Zukunftschancen in den Tourismusberufen schlechter. Hapag-Lloyd zum Beispiel übernimmt kaum noch Auszubildende – obwohl nur die Besten überhaupt einen Platz ergattern [...] Die technische Entwicklung hat die Arbeit der rund 55 000 Mitarbeiter von Veranstaltern und Reisebüros in den letzten Jahren grundlegend verändert [...] Schon heute können Internet-Nutzer ihre Bahn- und Flugtickets selbst buchen. In fünf Jahren (werden) nicht nur sämtliche Fahrkarten, sondern auch viele Pauschalreisen daheim am Computer gekauft [...] Die Folgen dieser Entwicklung für die Betriebe sind noch nicht absehbar« (Hoffmeyer 1997).

Sogar direkt abhängig vom industriellen Sektor sind natürlich die »unternehmensnahen Dienste«, bei deren Expansion in den letzten Jahren es sich großenteils gar nicht um neue, zusätzliche Beschäftigungssektoren handelt, sondern in Wahrheit um die Auslagerung (»Outsourcing«) ursprünglich innerbetrieblicher Abteilungen wie Fuhrparks, Datenverarbeitung etc. Dabei erzeugt allein schon diese Umschichtung Rationalisierungseffekte, wie sogar noch stolz betont wird, so daß die Expansion derartiger unternehmensbezogener Service-Betriebe schon von Haus aus mehr mit dem gesamtgesellschaftlichen Abbau von Arbeitsplätzen verbunden ist als mit einer gelingenden »postindustriellen« Transformation der kapitalistischen Arbeitsgesellschaft.

Insgesamt läßt sich eindeutig sagen, daß der tertiäre Sektor keine neue Ära der »postindustriellen« Kapitalakkumulation und damit auch kein Auffangbecken für die strukturelle Massenarbeitslosigkeit im Weltmaßstab bilden kann. Die Dritte industrielle Revolution wird auf mittlere Sicht die »Beschäftigung« in fast allen Sektoren der Dienstleistungen ebenso wegrationalisieren wie in der Industrie selbst. Fast noch stärker als bei den industriellen Betrieben fallen bei den Dienstleistungen auch die indirekten Folgen der mikroelektronischen Revolution ins Gewicht, weil hier nicht allein einzelne Unternehmen niederkonkurriert, sondern ganze Branchen als nachgeordnete Warenproduktion (oder als staatsabhängige Bereiche) durch die industrielle Massenarbeitslosigkeit von ihrer Nachfrage abgeschnitten werden. Die Kettenreaktion der Krise, die in den westlichen Ländern noch nicht voll auf den Dienstleistungssektor durchgeschlagen hat, wird auch in dieser Hinsicht nicht auf sich warten lassen.

Worin aber besteht der große Denkfehler von Theoretikern wie Fourastié und Bell? Sie versuchten, die historische Entwicklung der Gesellschaftsstruktur zu erklären, indem sie den angeblichen Wandel von der »Industriegesellschaft« zur »Dienstleistungsgesellschaft« mit dem großen Umbruch der Industrialisierung selbst verglichen: Wie es einst den epochalen Übergang von der Agrargesellschaft zur Industriegesellschaft gegeben habe, so das Argument, ebenso werde nun ein ähnlich tiefgreifender Übergang zur Dienstleistungsgesellschaft kommen. Natürlich ist es durchaus richtig, daß die Dritte industrielle Revolution im gesamten Bereich der materiellen Reproduktion menschliche Tätigkeiten in einem nie dagewesenen Ausmaß überflüssig gemacht hat. Und es wäre ja eigentlich wirklich sinnvoll, wenn die vielen Menschen, die nun nicht mehr im industriellen Produktionsprozeß benötigt werden, statt dessen im Gesundheits- und Bildungswesen tätig würden oder in der Planung von Reisen, Kunstausstellungen, Sportveranstaltungen usw. Aber die betriebswirtschaftliche Logik macht auch in dieser Hinsicht dem gesunden Menschenverstand einen Strich durch die Rechnung.

Die falsche Hoffnung, die kapitalistische »Beschäftigung« könne vom industriellen in den tertiären Sektor umgeschichtet werden, beruht auf demselben Trugschluß wie die Hoffnung auf grenzenlos wachsende Freizeit im Kapitalismus durch Steigerung der Produktivität: In beiden Fällen werden »naturale«, technisch-materielle Potenzen aufgerechnet, ohne die (als selbstverständlich vorausgesetzten) ökonomischen Verhältnisse des Kapitalismus zu berücksichtigen. Den Begriffen »Agrargesellschaft«, »Industriegesellschaft« und »Dienstleistungsgesellschaft« fehlen ganz offensichtlich die ökonomische Dimension; sie bezeichnen lediglich die jeweils hauptsächliche konkrete Form der menschlichen Tätigkeit im Reproduktionsprozeß. Für die wirklichen sozialökonomischen Entwicklungen ist es aber ganz nichtssagend, wenn wir bloß erfahren, daß sich die Menschen zuerst hauptsächlich mit Ackerbau beschäftigt hätten, dann mit Industrieproduktion und jetzt die Dienstleistungen dran wären.

Dieser falsche »Naturalismus« übersieht glatt, daß der historische Übergang von der Agrar- zur Industriegesellschaft ein radikaler Bruch in der allgemeinen Form der Reproduktion und damit in allen sozialökonomischen Beziehungen war: Es handelte sich ja nicht um eine Transformation innerhalb des Kapitalismus, sondern um den Entstehungsprozeß der modernen »schönen Maschine« selbst. Die größtenteils naturalwirtschaftliche, agrarische Produktionsweise wurde abgelöst durch die Entfesselung der bis dahin nur randständigen Geldwirtschaft, die weitgehend lokale Ökonomie durch großräumige anonyme Märkte, an die Stelle der bäuerlichen Selbstverwaltung und der Elemente feudaler Herrschaft trat der moderne Staat. Es ist naiv, anzunehmen, die Transformation zur Dienstleistungsgesellschaft könne innerhalb des Kapitalismus stattfinden, ganz ohne einen ähnlich radikalen Bruch wie beim Übergang von der Agrar-

zur Industriegesellschaft. Einen Dienstleistungskapitalismus im Sinne eines großen gesellschaftlichen Wandels wird es nicht geben.

Weil die Ideologen des Kapitalismus diesen Tatbestand jedoch nicht wahrhaben wollen, greifen sie inzwischen zu einer letzten, ebenso verzweifelten wie unverschämten Option: Wenn es schon keinen Aufbruch in eine verallgemeinerbare »Beschäftigung« durch Freizeitgestaltungs- und Bildungsunternehmen, Gesundheitsdienste und Kunstagenturen usw. geben kann, dann sollen sich die individualisierten »Unternehmer ihrer Arbeitskraft« eben millionenfach mit dem bescheiden, was die verunglückte Dienstleistungswelt noch hergibt: Als sklavenähnliche Domestiken der Besserverdienenden werden sie sich leider für ein paar Pfennige oder eine warme Mahlzeit verdingen müssen. Es ist eine böse Ironie dieser absurden Debatte, daß sie das ursprüngliche historische Argument von Daniel Bell geradezu auf den Kopf stellt. Um die Bedeutung seines Konzepts der »nachindustriellen Gesellschaft« besser zu verdeutlichen, hatte Bell deren hypothetische Merkmale mit denjenigen der früheren Formationen verglichen und war dabei hinsichtlich der vor- und frühindustriellen Gesellschaft zu folgenden Eigenschaften gekommen:

»Auf Grund der niedrigen Produktivität und der hohen Bevölkerungsziffern gibt es viele Unterbeschäftigte, die gewöhnlich in der Landwirtschaft und als häusliches Dienstpersonal unterzukommen suchen. So liegt der Anteil der Dienstleistungsberufe, vornehmlich in Form persönlicher Dienstleistungen im Haushalt, ziemlich hoch. Da es dem einzelnen vielfach nur ums nackte Auskommen geht, sind Dienstboten billig und das Angebot groß […] In England z. B. stellten die Domestiken bis in die Mitte der viktorianischen Ära mit Abstand die größte Berufskategorie in der Gesellschaft dar. Selbst Habenichtse wie Becky Sharp und Captain Rawdon Crawley in Thackerays Roman Jahrmarkt der Eitelkeit halten sich Diener […]« (Bell, a.a.O., 133).

Bell hätte sich wohl beim Schreiben dieser Zeilen vor 26 Jahren nicht träumen lassen, daß die Debatte über die »postindustrielle Gesellschaft« einmal dermaßen auf den Hund kommen würde, daß sie allen Ernstes die Rückkehr in die Sozialverhältnisse des 18. und 19. Jahrhunderts propagiert. Einen Vorgeschmack auf das Domestikendasein in Mittelstandshaushalten der BRD liefern Berichte über die Behandlung von Au-pair-Mädchen:

»Die Litauerin Danuta wird mit einem privat aufgesetzten Au-pair-Vertrag ins Land geholt. Die zwei Kinder, die sie betreuen sollte, erweisen sich als zwei Hunde. Danuta ist ein Jahr lang dafür zuständig, die Hunde auszuführen [...] Abends und an Wochenenden darf sie nicht ausgehen, weil [...] ihr Gast-Elternpaar [...] Danuta als Bedienung bei Tisch und als Köchin einsetzt [...] Die Russin Ira, bei einer Familie mit zwei Kindern in Offenbach, muß im Kinderzimmer zwischen Wickelkommode und Schrank schlafen; Privatsphäre gibt es nicht [...] Die Litauerin Gedra arbeitet bei einer Familie in Kronberg bei Frankfurt. Weil die Hausfrau findet, die junge Frau esse zu viel, werden die Nahrungsmittel rationiert. Eine Nachbarin, der auffällt, daß das Mädchen immer dünner wird, füttert sie durch [...] Die drei Mädchen Mascha, Vika und Ala aus Osteuropa, die nacheinander bei einer Familie im Rhein-Main-Gebiet unterkommen, berichten, beim Ausziehen in ihrem Zimmer hätten sie regelmäßig ein Klicken gehört. Es stammt, wie sich erweist, von einer ferngesteuerten Kamera, die der Hausherr einsetzt [...]« (Süddeutsche Zeitung v. 5. 11. 1999).

Man kann sich vorstellen, welche Zustände herrschen werden, wenn es der kapitalistischen »Arbeitsverwaltung« erst einmal gelungen ist, den »Überflüssigen« alle sozialen Rechte zu nehmen und sie in ein erbärmlich bezahltes Domestikendasein abzudrängen. Noch zögerlich und wie abwartend, ob nicht eine wütende Reaktion kommt, aber zunehmend forsch wittert das alte bürgerliche Herrenmenschen-Bewußtsein postmoderne Morgenluft:

»Kürzlich in New York zum Beispiel: das Wetter schlecht, die Schuhe verdreckt, ein Schuhputzer parat. Der verwandelt die Treter schnell und freundlich in vorzeigbare Visitenkarten ihrer Trägerin. Und zeigt dabei nicht den leisesten Hauch peinlicher Berührtheit, weil er auf offener Straße den Rücken krumm macht (!). Eher schon ist die Kundin von Zweifeln geplagt. Gehört sich das? Ausgerechnet auch noch von einem Farbigen (!) die Schuhe putzen zu lassen? Zum Dienen gehört immer auch das Gegenstück: sich bedienen lassen. Auch das will gelernt sein [...] Schwer tun sich offenbar auch Hausfrauen. Ungeübt in der Kunst des Umgangs mit Personal (!), glauben sie, durch gemeinsame Kaffeestunden mit ihren Putzfrauen beweisen zu müssen, daß sie frei von jedwedem Standesdenken sind. Warum eigentlich? Warum nicht zugeben, daß es ärmere und reichere, dümmere und intelligentere, benachteiligte und privilegierte Menschen gibt? [...]« (Sommerhoff 1997).

Warum eigentlich nicht zugeben, daß soviel Dummdreistigkeit Prügel verdient? Was für eine Vorstellungswelt: Eine Kaste von Besserverdienenden, geschützt in schwerbewachten Luxusghettos; überall patrouillierende schwerbewaffnete Zero-Tolerance-Polizei; die »überflüssigen« Menschenmassen teils im Gefängnis oder im Arbeitslager, teils als willfährige Domestiken dienend. Genau so muß das Endstadium der Demokratie aussehen. Und das alles nur deswegen, weil der Kapitalismus die ungeheuren Produktivkräfte der Dritten industriellen Revolution nicht mehr in seine Form pressen kann.

Aber eben deswegen erweist sich der ganze Dienstleistungs-Diskurs auch in seiner bösartigen Verfallsform als völlig illusorisch. Soviel besserverdienende Parvenüs gibt es gar nicht, daß sie die Millionenmassen der Arbeitslosen und Herausgefallenen zu ihrem dienenden »Personal« machen könnten. Im Gegenteil, die Möchtegern-Sklavenhalter sind selber nur ökonomisch »Tote auf Urlaub«, die sich gerechterweise im Prinzip schon darauf einstellen können, demnächst eigenhändig zu Schuhputzzeug und Scheuerlappen greifen zu müssen. Was die USA bereits vorexerziert haben, greift nun auch in Europa rapide um sich – der soziale Absturz der Mittelklasse:

»Daß sich etwas verändert hat, das spüren alle, die bisher mit den Vertretern der Randschichten der Gesellschaft zu tun hatten – und die sich plötzlich Menschen gegenübersehen, die bis vor kurzem der Mittelschicht angehörten [...] Politiker und Ökonomen sind alarmiert. Die jetzt betroffene Mittelschicht – leistungswillige Angestellte, geschäftstüchtige Selbständige, aber auch gutbezahlte Facharbeiter – bildete jahrzehntelang das Rückgrat der deutschen Nachkriegsgesellschaft [...] Soziologen registrieren im Bürgertum eine wachsende Angst vor dem Absturz. Die Furcht ist berechtigt, sagen die Experten vom Deutschen Institut für Wirtschaftsforschung: ›Das Armutsrisiko reicht heute bis weit in die mittleren Einkommenslagen hinein‹ [...]« (Der Spiegel 40/1997).

Kasinokapitalismus: Das Geld wird arbeitslos

Angesichts der globalen sozialökonomischen Lage und des ständig weitergehenden Abschmelzens rentabler »Beschäftigung« stellt sich natürlich die Frage, aus welchen Quellen sich eigentlich noch die Kapitalakkumulation nährt. Denn je größer die Masse der Arbeitslosen wird und je mehr große Teile der Menschheit verelenden, desto besser scheint es dem Kapital zu gehen. Es ist eine beunruhigende Scheinnormalität, die sich mitten in den sozialen Verfallsprozessen geradezu spreizt und eine Robustheit des Kapitalismus vortäuscht, die längst nicht mehr gegeben ist. Zum Teil erklärt sich diese äußerliche Rotbackigkeit natürlich aus dem Verschwinden jeder sozialen Gegenbewegung. In dem »Intermundium« zwischen den Auslaufmodellen systemimmanenter bzw. staatskapitalistisch/staatssozialistisch unterlegter Sozialbewegungen und einer noch nicht auf den Plan getretenen, qualitativ neuen radikalen Systemkritik bleiben vorerst selbst himmelschreiende Widersprüche und Zustände gesellschaftlich »stumm«. Und so präsentiert sich nur noch eine absurde Scheinwelt »ökonomischer Korrektheit«, in der lauter marktwirtschaftliche Musterschüler ihre auswendig gelernten Lektionen aufsagen, hemdsärmelige Manager öffentlich die Muskeln spielen lassen und im Stil einer verallgemeinerten Regenbogenpresse kapitalistische »Erfolgsgeschichten« vorgeführt und verschlungen werden.

Während die Massenarmut und der Terror gegen die Herausgefallenen sich ausbreiten, haben wir es gleichzeitig mit der ebenso allgegenwärtigen wie albernen Inszenierung einer neuen »Gründerzeit« zu tun. Ökonomisch stimmt das sogar in gewisser Weise; freilich ganz und gar nicht in dem Sinne, wie es offiziell dargestellt wird, nämlich als wundersames und »arbeitsplatzschaffendes« Wirken ideenreicher »Existenzgründer«. In dieser Hinsicht handelt es sich, abgesehen vielleicht von einigen »arbeitsmarktpolitisch« unbedeutenden Nischen für eine gewisse postmodern gestylte Szene von gesellschaftlich gedankenlosen Computer-Bastlern (Software, Internet-Design etc.), durchweg um eine Galerie von Absonderlichkeiten. Was etwa in der deutschen »Wirtschaftswoche« unter der Rubrik »Schumpeter« so alles an Gründerbeispielen aufgeführt wird, vom Fernmanagement für Open-Air-Konzerte in China bis zur Ausrichtung von Prunkhochzeiten für Besserverdienende, ist eher eine Realsatire auf den erhofften Dienstleistungskapitalismus. Aber in einem ganz anderen Sinne handelt es sich tatsächlich um eine neue »Gründerzeit«, die den Krisenkapitalismus der Dritten industriellen Revolution vorläufig äußerlich gesundgeschminkt hat – nämlich in Gestalt einer Neuauflage des »großen Schwindels«.

Genau wie in der Zeit vor dem großen »Gründerkrach« und vor dem »Schwarzen Freitag« der Weltwirtschaftskrise wird seit den frühen 80er Jahren die innere Schranke der realen Kapitalakkumulation (der rentablen betriebswirtschaftlichen Verwertung von Arbeitsenergie) zunächst dadurch überspielt, daß der Kapitalismus in das Stadium einer rein finanzkapitalistischen »Geisterakkumulation« übergegangen ist. Hatte aber schon die Entkoppelung der Finanzmärkte von der realökonomischen Kapitalakkumulation in den Jahren vor 1929 dem Umfang und der Reichweite nach den analogen Prozeß in den 70er Jahren des vorigen Jahrhunderts weit übertroffen, so sprengt nun der neue postmoderne »Kasinokapitalismus« alle Grenzen und nimmt quantitativ wie qualitativ völlig neue Dimensionen an. Und das ist nur logisch; denn die Dimensionierung der finanzkapitalistischen Kreation von »fiktivem Kapital« (und des unvermeidlich nachfolgenden »Krachs«) verhält sich spiegelbildlich zum Stand der kapitalistischen Produktivkraftentwicklung und der damit verbundenen Durchkapitalisierung der gesellschaftlichen Verhältnisse.

So entsprach die spekulative Blase der Gründerzeit dem Stand der Ersten industriellen Revolution, in der die Verwertungsbewegung des Geldes sowohl national als auch international noch in vielfacher Hinsicht relativ beschränkt war. Der Spekulationsboom der 20er Jahre, der am »Schwarzen Freitag« 1929 zusammenbrach, gehörte zur Inkubationsphase der Zweiten industriellen Revolution, die bereits einen höheren Grad kapitalistischer Vergesellschaftung voraussetzte; deshalb hatte die finanzkapitalistische »Fiktionalisierung« der Ökonomie als scheinbarer Ersatz für den zunächst ausbleibenden fordistischen Boom auch eine entsprechend größere Dimension als 60 Jahre zuvor und schlug mit größerer Wucht im Weltmaßstab durch, obwohl die realökonomische Vernetzung durch den Weltmarkt sogar zurückgegangen war. Der »Kasinokapitalismus« am Ende des 20.

Jahrhunderts schließlich ist das unvermeidliche Produkt der Dritten industriellen Revolution; die finanzkapitalistische »Fiktionalisierung« findet jetzt nicht nur in einem flächendeckenden und weitgehend ökonomisch synchronisierten, kapitalistischen Weltsystem statt, sondern sie muß auch die weitergehende Akkumulation eines durch den fordistischen Wachstumsschub um ein Vielfaches vergrößerten Kapitalstocks simulieren.

Diese neue Qualität zeigt sich zunächst am Charakter der Arbeitsmarktkrise. Denn die neue strukturelle Massenarbeitslosigkeit im Weltmaßstab, die erstmals auch die gesamte Peripherie erfaßt, ist nicht etwa wie nach 1929 (und in stark eingeschränktem Maße nach 1873) erst die Folge eines finanzkapitalistischen Zusammenbruchs, sondern sie baut sich vielmehr schon vorher auf, parallel zum Scheinboom der »fiktionalisierten« Akkumulation von Finanztiteln. Mit anderen Worten: Die Schere zwischen den produktiven Potenzen und den »Marktgesetzen« klafft auseinander wie nie zuvor. Einerseits wird durch die Dritte industrielle Revolution in der kapitalistischen Form ein globaler Schub von ungeheurer Massenarmut erzeugt, andererseits die Produktionspotenz in einem nie dagewesenen Ausmaß gesteigert. Das Resultat sind entsprechend riesige globale »Überkapazitäten« der Realökonomie. Es gibt zunehmend Verdrängungskonkurrenz und Bankrottwellen; die Rentabilität zusätzlicher Realinvestitionen stürzt im Verhältnis zur Masse des bereits akkumulierten Geldkapitals steil ab, weil ja sowieso nach kapitalistischen Kriterien schon viel zu viel Kapazitäten aufgebaut worden sind. Damit das gesamte Weltsystem nicht zusammenkracht, muß die finanzkapitalistische »Fiktionalisierung« also im Verhältnis zu den beiden früheren Spekulationsblasen eine unvergleichlich größere Masse von »fiktivem Kapital« bewegen – analog zur entsprechend größeren Steigerung der Produktivität durch die Mikroelektronik. Die jetzt schon offen sichtbare strukturelle Massenarbeitslosigkeit und Massenarmut ist ein Indikator dafür, in welch phantastischem Ausmaß das »fiktive Kapital« aufgeblasen wird, um einen ungebremst weitergehenden Akkumulationsprozeß simulieren zu können.

Das Problem, das da mit der Dritten industriellen Revolution zum offenen Ausdruck kommt, ist die bislang verborgene innere Identität von »Kapital« und »Arbeit«. In der systemimmanenten, soziologisch verkürzten Betrachtungsweise wurde immer nur der äußere Interessengegensatz dieser Sozialkategorien gesehen, nicht aber ihre ökonomische Identität als Form und Substanz des Verwertungsprozesses. Solange der (domestizierte) Interessenkampf der »Arbeiterklasse« noch ein historisch überschießendes Moment im Sinne der weiteren Systementwicklung hatte und die abstrakte »Arbeit« zur »natürlichen«, überhistorischen Menschheitsbedingung ideologisiert werden konnte, mochte es den Anschein haben, als könne sich die »Arbeit« vom »Kapital« emanzipieren und fortan für sich allein fortwerkeln; das war ja die Grundillusion des Arbeiterbewegungs-Marxismus und der staatskapitalistischen Systeme nachholender Modernisierung. Jetzt, an der historischen Grenze kapitalistischer Entwicklung, wo der systemimmanente Interessenkampf paralysiert ist, scheint es angesichts der beispiellosen Dimensionen finanzkapitalistischer Simulationsprozesse plötzlich umgekehrt so, als könne das »Kapital« gewissermaßen für sich allein weiterakkumulieren – eine kaum geringere Illusion.

Zusammen mit den massenhaft »überflüssigen« Menschen wird auch das Geld »arbeitslos« und damit »entsubstantialisiert«. Das ist insofern nichts Neues, als ja schon die Kriegswirtschaften des 20. Jahrhunderts und das »Wirtschaftswunder« der Nachkriegszeit (zumindest in seiner Verlängerung und Überhöhung) nur durch eine ständig erweiterte Kreditfinanzierung möglich waren – also durch einen immer weiter hinausgeschobenen monetären »Vorgriff auf die Zukunft«, auf zukünftige »Wertschöpfung« und zukünftiges Einkommen. Darin reflektierte sich jener doppelte und historisch eskalierende logische Selbstwiderspruch des Kapitalismus: nämlich erstens permanent abstrakte »Arbeitsquanta« in der Geldform als Selbstzweck anhäufen zu müssen, während gleichzeitig die »Arbeit« sukzessive überflüssig gemacht wird; und zweitens mit wachsender Vergesellschaftung immer höhere kapitalistisch »unproduktive« Geschäfts- oder »Gemeinkosten« der Marktwirtschaft zu erzeugen, die tendenziell den produzierten Mehrwert zu übersteigen drohen und jedenfalls aus den laufenden Einkommen nicht mehr alimentiert werden können.

Die beiden Momente des Widerspruchs zeigen an, daß sich sowohl die Produktivkräfte als auch der Vergesellschaftungsgrad immer weniger in die Geldform bannen lassen; und beide mußten sich daher von einem bestimmten Entwicklungsgrad an als Krisen des Geldes manifestieren. Solange sich das industrielle Schneeballsystem noch nicht erschöpft hatte, kam der erste Selbstwiderspruch in den *deflationären* »lags« und Strukturbrüchen der industriellen Entwicklung zum Vorschein, während der zweite Selbstwiderspruch vor allem durch die *inflationären* Krisen der Kriegs- und Staatsökonomien gekennzeichnet war. Die Dritte industrielle Revolution bringt in beiden Fällen die den Widerspruch dynamisierende Bewegung zum Stillstand. Jetzt ist die Substitution von menschlicher Arbeitskraft endgültig so weit gediehen, daß die industriellen Produkte wirklich nur noch in homöopathischer Dosis »Arbeit« repräsentieren und daher im Sinne kapitalistischer Ökonomie eigentlich »wertlos« geworden sind.

Die Produkte »gelten« ja kapitalistisch nicht als Quantität von Gebrauchsgütern, sondern als Repräsentanz von Quanta abstrakter »Arbeit« (dargestellt in der Geldform), die ständig ansteigen müssen; eben darin besteht der Selbstzweck des Verwertungsprozesses. Es reicht also nicht, daß nach wie vor große Massen menschlicher Arbeitskraft in der Produktion vernutzt werden, immer noch weitaus mehr als 1873 und 1929. Denn der Akkumulationsprozeß, die Anhäufung von Arbeits- und damit Geldquanta, muß immer vom jeweils bereits erreichten Niveau aus weitergehen, und das kann er jetzt nicht mehr, weil die mikroelektronische Revolution dauerhaft mehr abstrakte »Arbeit« wegrationalisiert, als durch erweiterte Produktion resorbiert wird. Analog verhält es sich mit den Produkten: Es reicht nicht, daß sie nach wie vor in großer und (auf der stofflichen Ebene) sogar wachsender Zahl hergestellt werden, denn weil sich der Wert jedes einzelnen Produkts durch Rationalisierung und Automation stärker vermindert hat, als die marktfähige Produktion ausgedehnt werden kann, gibt auch ein gesteigerter Produktausstoß keine reale Kapitalakkumulation mehr her. Um überhaupt noch eine Erweiterung der realen Wertmasse darstellen zu können, müßte die Produktion jetzt in einem schon rein physisch unmöglichen immensen Ausmaß gesteigert werden; ganz abgesehen davon, daß (als Kehrseite desselben Prozesses) weder Bedarf noch Kaufkraft mehr in dieser Dimension mobilisiert werden könnten.

Gleichzeitig ist der infrastrukturelle Komplex in allen seinen Aspekten derart angewachsen, daß er selbst bei einer tatsächlich erweiterten realen Wertschöpfung, die ihrerseits eben illusorisch geworden ist, nicht mehr als abgeleitete Wertgröße dargestellt, also reell »finanziert« werden könnte. Das bedeutet insgesamt, daß die weitere Reproduktion der Gesellschaft in der kapitalistischen Form nicht mehr bloß vorübergehend als finanzkapitalistische Fiktionalisierung erscheint, sondern überhaupt nur noch als monetärer Simulationsprozeß möglich ist. In der Verlängerung des fordistischen Booms über seine eigentlichen Grenzen hinaus war es zunächst das staatliche »deficit spending« gewesen, das diese Simulation getragen hatte. Als die keynesianische Regulation in der neuen inflationären Krise zusammenbrach, mußten Anfang der 80er Jahre beim »Weiterfahren in der Luft« gewissermaßen die Pferde gewechselt werden – die monetäre Simulation konnte jetzt nicht mehr in der *staatlich* vermittelten Form weitergehen, sondern statt dessen trat die *private* Form der Vorwegnahme von zukünftiger »Arbeit« und zukünftigem Geldeinkommen durch Kreditaufnahme stärker in den Vordergrund. An der Schnittstelle dieses Übergangs machte Ralf Dahrendorf in einem Aufsatz seinem Unbehagen mit einem ratlosen Räsonnement über die »Ökonomie des Als-ob« Luft:

»Fleiß, Sparsamkeit, Konsumverzicht, Disziplin – das sind die vertrauten Worte der bürgerlichen Welt [...] Man kann nicht ausgeben, was man nicht hat. Ohne Fleiß kein Preis. Wer nennt die frommen Sprüche, die diese Welt umlagern? Es war übrigens noch die Welt des Wirtschaftswunders der Nachkriegszeit. Das galt sogar in einem technisch-ökonomischen Sinn. Die Produktivität stieg stets rascher als die Reallöhne. Die Wirtschaft wuchs, weil das, was die Menschen in sie an Arbeit und Kapital hineinsteckten, dem, was sie an Lohn und Gewinn herausholten, immer ein paar Schritte voraus war. Es waren ziemlich große Schritte. Nie zuvor in der Geschichte hat es ein so nachhaltig hohes Wachstum der Volkswirtschaft gegeben [...] Vielleicht war das der Beginn des Verderbens. Denn in den sechziger Jahren holten die Konsumwünsche die Produktionsmöglichkeiten ein. Das erste verbreitete Anzeichen waren wahrscheinlich die Ratenkäufe [...] Rings um dieses neue Verhalten sind Institutionen gewachsen. Es gibt nicht nur Teilzahlungsbanken, sondern alle Banken und Sparkassen haben sich auf das neue Verhalten eingestellt [...] Ohnehin werden die Wechsel auf die Zukunft mehr und mehr zu einem Schachtelgeschäft: Wenn man für den Bausparvertrag keine Garantie geben kann, schließt man eine Lebensversicherung ab. Die Versicherung ist ihrerseits rückversichert, und so weiter. Was dem einzelnen recht ist, ist Unternehmen und öffentlichen Instanzen billig [...] In den letzten zwei Jahrzehnten hat vor unseren Augen eine ganz ungeheure Veränderung stattgefunden: Vom Sparkapitalismus sind wir unversehens zum Pumpkapitalismus übergegangen. Während lange Zeit Arbeit und wachsende Produktivität – also ein Überschuß an Leistung – Motor der Wirtschaftsentwicklung waren, sind es heute Konsum und wachsende Verschuldung, also ein Überschuß an Genuß. Nicht Sparen, sondern Borgen hält die Wirtschaft in Gang [...] Ist nicht das ganze Beharren auf harter Arbeit und Sparen ebenso abwegig wie, sagen wir, die Golddeckung der Währung? [...] In der Tat haben die gelegentlichen Mahnungen an die Ursprungswerte moderner Wachstumsgesellschaften etwas Altväterliches, ja etwas Abwegiges [...] Sehen denn solche Mahner nicht, daß in dem Augenblick, in dem das Schuldenmachen aufhört, nicht nur die Sozialleistungen zu Ende gehen, sondern der gesamte Wirtschaftsprozeß zusammenbricht? ›Aufschwung‹ kann im Pumpkapitalismus nur heißen, daß mehr geliehen, mehr auf Vorschuß gekauft wird. Das ist der ›kulturelle Widerspruch des Kapitalismus‹ (wie Daniel Bell es nennt), daß er als Wirtschaftsform auf Werten beruht, deren Anwendung heute seinen Zusammenbruch zur Folge haben müßte ... Dennoch ist der Verdacht, daß es mit dem Pumpkapitalismus nicht immer so weitergehen kann, nicht einfach von der Hand zu weisen [...] In einer wichtigen Hinsicht ist die konsumgetriebene Wirtschaft eine Ökonomie des Als-ob: Sie schafft ständig Werte, deren Realität von Fragezeichen umlagert ist [...] Da ist nur ein dünner Strich zwischen Wohlstand und Bankrott [...] Die tiefste Schwachstelle der Ökonomie des Als-ob ist das Hasardspiel mit der Zukunft [...] Bloß nicht warten, sonst stehen alle Räder und Bänder still. Und die Zukunft, das ist nur die Zeit, in der man für den Genuß von gestern und vorgestern bezahlt [...] Es fehlt das Motiv, die Zukunft zu gestalten, denn alles, was sie an Angenehmem bringen könnte, ist schon gewesen. Die Zukunft ist nur noch Last [...] « (Dahrendorf 1984).

Das kann nur bedeuten, daß der Kapitalismus eben gar keine Zukunft mehr hat. Diese Schlußfolgerung zieht Dahrendorf natürlich nicht. Man merkt, wie er am liebsten tatsächlich gegen den aufkommenden unseriösen »Pumpkapitalismus« und seine luftige »Ökonomie des Als-ob« die alten protestantischen Werte der Realakkumulation beschwören möchte. Ein Jahr zuvor hatte er ja selber schon jene merkwürdige Argumentation einer Abwertungs-Konkurrenz zwischen technischem Fortschritt und Arbeitslöhnen vom Stapel gelassen, die auch hier wieder als wehmütige Erinnerung an die Wirtschaftswunderzeit anklingt, in der »die Produktivität rascher stieg als die Reallöhne«. Das ist aber gerade kein Kriterium kapitalistischer »Seriosität«. Denn in den fünfzehn Jahren seit Dahrendorfs Räsonnement von 1984 ist die Produktivität qua Mikroelektronik sprunghaft gestiegen, während in derselben Zeit weltweit die Reallöhne abgestürzt sind wie nie zuvor. Dahrendorfs Argument zufolge hätte sich daraus ein entsprechender Boom realer Investitionen entwikkeln müssen, mit anschließender »Vollbeschäftigung« und neuem Wirtschaftswunder. Das genaue Gegenteil ist der Fall gewesen, eben weil die mikroelektronische Produktivität endgültig den Märkten davongelaufen ist und der alte Saysche »Angebots«-Mechanismus nicht mehr greift.

Der unter dem Druck der strukturellen Massenarbeitslosigkeit rapide fallende Anteil der Arbeitslöhne am »Volkseinkommen« führte also zwar zu immer höheren Gewinnen, aber eben nicht zu entsprechend höheren realen Reinvestitionen in zusätzliches Sachkapital und »Arbeitsplätze«, obwohl diese Illusion (das offizielle Credo der »supply-side«-Ökonomie) von den Politikern sämtlicher staatstragenden Parteien ungeachtet ständiger Mißerfolge immer noch papageienhaft weitergeplappert und als Rechtfertigung dafür genommen wird, die kapitalistischen Unternehmen mit angebotsökonomischen Umverteilungsmaßnahmen »von unten nach oben« zu verwöhnen. Die Unternehmen und Banken, die im ständig verschärften Konkurrenzkampf um die schwindende reale Kaufkraft überleben, finden jedoch angesichts der globalen »Überkapazitäten« immer weniger rentable Anlagemöglichkeiten in der Realökonomie.

Was tun mit den Geldmassen, wenn die Gewinne dank sinkender Reallöhne (noch) sprudeln und der Staat den Konzernen überdies diskret die Taschen vollstopft? Es ist »heißes Geld«, das keinesfalls einfach nur so herumliegen darf, sondern sich gemäß dem kapitalistischen Selbstzweck weiterverwerten muß. Obwohl gerade in solchen Zeiten eines sozialen Auseinanderfallens der Gesellschaft der Luxuskonsum parallel zur Massenarmut steigt, können die Besserverdienenden und upper ten gar nicht so viel Porsche-Kabrioletts, Rolex-Uhren, Yachten und anderen teuren Selbstdarstellungs-Unsinn verknuspern wie nötig wäre, um das real nicht mehr rentabel investierbare Geldkapital zu absorbieren. Wohin also damit? Nun, es wird zunächst einmal verliehen: an Staaten, an Unternehmen und an private Konsumenten. Das war in diesem Ausmaß weder im Vorfeld von 1873 noch von 1929 möglich. Denn erstens war damals das Geldsystem noch weitaus schwerfälliger, es gab noch kein elektronisches Buchungssystem und keine derartige nationale und internationale Vernetzung der Finanzinstitutionen wie heute. Zweitens aber waren alle »Wirtschaftssubjekte« noch wesentlich zögerlicher und vorsichtiger bei der Aufnahme von Krediten. Die Enthemmung in dieser Hinsicht brachten erst die Kriegswirtschaften des 20. Jahrhunderts, die keynesianische Doktrin und der fordistische Boom nach 1950. Mit zunehmendem Tempo preschte sich die Kapitalakkumulation gewissermaßen selber voraus in Gestalt ständig wachsender Staats-, Unternehmens- und Konsumentenkredite.

Solange diese Kredite noch locker »bedient« werden konnten, weil der fordistische Boom tatsächlich Arbeitskraft im großen Maßstab real mobilisierte, hatte alles noch seine kapitalistische Richtigkeit, obwohl auf diese Weise eine zusätzliche finanzkapitalistische Dimension in das industrielle Schneeballsystem hineinkam: nämlich das Anheizen der laufenden Konjunktur durch immer weiteren Vorgriff auf zukünftige Konjunkturen. Der Dahrendorfsche »Pumpkapitalismus« wurde zur Gewohnheit. Aber mit dem Auslaufen des fordistischen Booms begann auch in dieser Hinsicht die Schere auseinanderzuklaffen: Einerseits konnte das Kreditsystem immer weniger durch reale Mobilisierung von Arbeitskraft in der Gegenwart »bedient« werden; die Realakkumulation begann einzubrechen. Andererseits blähte sich das Kreditsystem gleichzeitig immer mehr auf durch den Stau anlagesuchender Geldmassen, die nicht mehr rentabel reinvestiert werden konnten. In dieser ersten Phase der von der Dritten industriellen Revolution induzierten Krise (von der zweiten Hälfte der 70er bis etwa Mitte der 80er Jahre) gewann der »Pumpkapitalismus« eine neue Qualität: Jetzt begann sich die allgemeine Vorwegnahme zukünftiger Wertschöpfung in Gewinner und Verlierer aufzuspalten. Mit anderen Worten: Nicht mehr der allgemeine Boom wurde durch die Kreditaufnahme verlängert, sondern die Verlierer der Krise verschuldeten sich in prekären Dimensionen, um überhaupt weiter am munteren »Wirtschaftsleben« teilnehmen zu können.

Während weltweit massenhaft Gewinner-Unternehmen mit überbordender Liquidität Geldkapital in das Kreditsystem schaufelten, verschuldeten sich ebenso massenhaft Verlierer-Unternehmen, begleitet von immer waghalsigeren Bilanzierungen. Die Konsumenten-Kredite, die in den USA der 20er Jahre bei der böse endenden Vorwegnahme des fordistischen Booms entstanden und nach dem Zweiten Weltkrieg zum allgemeinen Phänomen in allen kapitalistischen Kernländern (teilweise auch in der Peripherie) geworden waren, explodierten geradezu – ausgerechnet in einer Zeit wachsender struktureller Massenarbeitslosigkeit. Einzig die staatliche Geldschöpfung wurde unter dem Eindruck der inflationären Schübe und der neoliberalen mikroökonomischen »Revolution« binnenökonomisch zurückgefahren, und es begann die Zeit der nicht mehr enden wollenden Sozialkürzungen und »Sparprogramme«. Dafür allerdings mußten sich die Verlierer-Staaten auf dem Weltmarkt, ähnlich wie die Verlierer-Unternehmen und die Lohnarbeiter mit fallenden Reallöhnen, durch eine dynamisch wachsende *Außenverschuldung* über Wasser halten. Und das internationale Banken- und Kreditsystem, das auf Massen uninvestierbarer »heißer« Liquidität saß, nötigte den peripheren Staaten die Kredite geradezu auf.

Das Resultat war die allgemeine »Schuldenkrise« der 80er Jahre, die bis heute nicht aufgehört hat. In einer nie dagewesenen dichten Folge brechen Unternehmen unter ihrer Schuldenlast zusammen oder müssen (besonders im Falle von Großunternehmen) durch Not- und Auffangprogramme der Gläubigerbanken oder des Staates (vorläufig) gerettet werden – vom gesamten Sparkassensystem der USA bis zur französischen Großbank Crédit Lyonnais, von der Frankfurter Metallgesellschaft bis zum südkoreanischen Daewoo-Konzern. Auf der ganzen Welt hat sich in den vergangenen 15 Jahren eine fast unvorstellbare Masse fauler Unternehmenskredite aufgehäuft; eine tickende Zeitbombe, die in immer schnellerer Folge und durch immer größeren Zuschuß von Liquidität nationaler und internationaler Institutionen entschärft werden muß, ohne wirklich abgestellt werden zu können.

Nicht anders steht es mit den Konsumentenkrediten, deren Volumen beim einschlägigen Weltmeister USA in den 90er Jahren mit der gesamten Masse der aufgehäuften Staatsverschuldung gleichgezogen hat. Ein erheblicher Teil dieser Kredite ist ebenso faul wie auf der Seite der Unternehmen und wird mühsam durch die Bücher geschleppt. Ähnliches gilt für den Rest der Welt, nicht zuletzt für Deutschland. Es ist ja nur logisch, daß es im Prinzip nicht gutgehen kann, wenn einerseits die Realeinkommen sinken und immer mehr Menschen nur noch unsicheren Billig- und Teilzeitjobs nachgehen, andererseits aber das bislang gewohnte Konsumniveau durch Kreditketten aufrechterhalten wird. Selbst für weiterhin »beschäftigte« Lohnarbeiter kann so nach einer Inkubationszeit scheinbarer Normalität die Schuldenfalle abrupt zuschnappen; bei gnadenloser Lohnpfändung schlägt der spekulativ fortgesetzte Konsum von Pay-TV, Handy, Tourismus, neuen Autos usw. dann in regelrechte Hungerzeiten um, weil fast nichts mehr zum Leben bleibt. Heute laufen in den westlichen Ländern massenhaft Jugendliche herum, die schon kurz nach dem »Start ins Berufsleben« auf Jahre und Jahrzehnte hinaus verschuldet sind. Beim immer wahrscheinlicheren Absturz in die Arbeitslosigkeit bricht das fragile Kartenhaus der Konsumkredite meist endgültig zusammen. 1998 waren es allein in der BRD bereits 1,26 Millionen Privatpersonen, gegen die Zwangsmaßnahmen wegen Überschuldung eingeleitet wurden.

Grundsätzlich derselbe Mechanismus ist es, der die Staaten der Peripherie in die Falle der Außenverschuldung getrieben hat. Nachdem sie wie konsumsüchtige Jugendliche die Kredite für Prestige- und Pyramiden-Projekte, Militärkonsum und die Fütterung der korrupten Eliten etc. verausgabt haben, sitzen sie ebenfalls in der Schuldenfalle. Anfang der 80er Jahre wurde Mexiko zum ersten Mal zahlungsunfähig, Ende 1994 zum zweiten Mal. In beiden Fällen mußten der Internationale Währungsfonds (IMF) und internationale Gläubiger-Konsortien mit riesigen »Rettungspaketen« in zweistelliger Milliardenhöhe einspringen. Auch Brasilien und andere lateinamerikanische Staaten, mittlerweile sogar die ehemals noch gelobten südostasiatischen »Tigerländer« sind zu Pflegefällen der Schuldenkrise geworden. Rußland hängt überhaupt nur noch am Tropf periodisch zufließender Rettungsgelder. Die tickende Zeitbombe der Außenverschuldung peripherer Verliererstaaten ist auf die Rekordhöhe von mehreren Billionen Dollar gestiegen. Eine wirklich exakte und offene Auflistung gibt es dabei ebenso wenig wie bei der Verschuldung der Unternehmen und Privatkonsumenten; sichtbar ist immer nur die Spitze des Eisbergs. Alle drei Verschuldungsformen zusammengenommen dürften inzwischen das gesamte globale Sozialprodukt weit übersteigen.

Allen Umschuldungen, Umbuchungen und Bilanzierungstricks zum Trotz hätte die allgemeine Schuldenkrise längst mit dem Zusammenbruch des überdehnten internationalen Finanzsystems enden müssen. Der Vorwegnahme zukünftiger Wertschöpfung durch ungeheure Schuldenberge folgt ja nur noch ein vergleichsweises Rinnsal realer Wertschöpfung nach. Aber auf dem schon aufgebauten Sockel einer weltweiten Schuldenkrise setzte seit Mitte der 80er Jahre erst der eigentliche spekulative Boom an den Aktienmärkten ein. Auch das ist ein Novum im Vergleich zu den 70er Jahren des vorigen und den 20er Jahren dieses Jahrhunderts. Ebenso wie die wachsende strukturelle Massenarbeitslosigkeit ist auch die mühsam unter dem Deckel gehaltene Schuldenkrise nicht erst die Folge eines geplatzten Spekulationsbooms, sondern bereits dessen Begleiterscheinung längst vor dem »Krach« – ein weiteres Indiz für die qualitativ neue Dimension der monetären »Fiktionalisierung« im Zuge der Dritten industriellen Revolution. Die globale Schuldenkrise auf allen Ebenen kann vorerst »weggesteckt« und immer weiter umgeschuldet werden, weil sie von der größten spekulativen Blase aller Zeiten an den Aktienmärkten überlagert wird. Das ist die zweite Phase der Krise seit Mitte der 80er Jahre, die bis heute anhält.

Alle früheren Spekulationsblasen, die eine fiktive, von der Realökonomie nicht mehr einholbare Wertsteigerung vorgaukelten, platzten in einem Zeitraum zwischen ungefähr drei und fünf Jahren. So war es 1873 bei der Blase der Ersten industriellen Revolution, so war es auch 1929 bei der Blase der Zweiten industriellen Revolution. Seit etwa 1982 oder 1984 (je nach Land und Aktienindex) bis heute, also über einen Zeitraum von 15 bis 17 Jahren hinweg, dehnt sich jedoch nunmehr die Blase der Dritten industriellen Revolution aus, scheinbar unbeirrt durch folgenlos vorübergehende Aktiencrashs wie den von 1987, nach dem es weiterging, als wäre nichts gewesen. Verwirrte Wirtschaftswissenschaftler sprechen bereits von einer angeblichen »New Economy«, bei der die bisherigen ökonomischen Gesetze des Kapitalismus nicht mehr gelten sollen. Jessica Mathews, die Chefin der US-Denkfabrik Carnegie Endowment, behauptet schlicht: »Gegen diese Herausforderung war die industrielle Revolution eine Kleinigkeit« (Der Spiegel 12/1999).

In Wirklichkeit handelt es sich um eine Entkoppelung der Finanzmärkte, mit der die kapitalistische Produktionsweise den realökonomischen Zusammenbruch des industriellen Schneeballsystems durch einen endogenen Prozeß der Virtualisierung zu überspielen versucht. Möglich gemacht wird diese beispiellose Entkoppelung des fiktiven Geldkapitals von der Realakkumulation durch ein fast schon vergessenes Ereignis, das am 15. August 1971 stattfand: Damals gab US-Präsident Nixon bekannt, daß die USA keine Dollarreserven fremder Notenbanken mehr zum Preis von 35 Dollar pro Feinunze in Gold umtauschen würden. Mit der Goldkonvertibilität des Dollar fiel die letzte Bindung des Weltwährungssystems an eine objektive, »gedeckte« Wertsubstanz. Nach dem Ende des Goldstandards in den Kriegswirtschaften und der Weltkrise der Zwischenkriegszeit war nur die Goldeinlösungspflicht des Dollar als Zeichen der US-Vormachtrolle übriggeblieben, die aber von der rasch zunehmenden Inflationierung nach einem guten Vierteljahrhundert ausgehöhlt wurde: Um dem absehbaren Wertzerfall des Dollar zuvorzukommen, tauschten immer mehr Notenbanken ihre Forderungen in Gold um, so daß der Vorrat in Fort Knox abschmolz wie Schnee an der Sonne. 1973, zwei Jahre nach der Notmaßnahme von Nixon, war das System fester Wechselkurse ganz am Ende. Seither haben wir es aber nicht nur mit einem instabilen System frei schwankender Wechselkurse zu tun, sondern zusammen mit der Goldkonvertibilität des Dollar wurde auch die letzte immanente Sicherung des globalen Finanzsystems ausgebaut.

Deshalb konnte ein gutes Jahrzehnt später jenes phantastische Abheben der Aktienkurse einsetzen, deren fiktive Wertmasse sich ja in (nunmehr nicht einmal mehr indirekt »gedecktem«) Geld ausdrücken muß. Die von jeglichem Körper befreite Geldseele des Kapitalismus dehnt ihren geisterhaften, ätherischen Leib scheinbar ins Unendliche aus. Allerdings nehmen die neoliberalen Auguren der »New Economy« den virtuellen, simulativen Charakter dieser Wertsteigerungen leicht und für bare Münze, können sie doch auf das gleichzeitige »Ende der Inflation« verweisen. Wie bestellt gingen mit der neoliberalen Machtübernahme die Inflationsraten binnen weniger Jahre drastisch zurück, was als Beweis für die Überlegenheit der Doktrin von Milton Friedman genommen wurde. In den USA sank die jährliche Inflationsrate von 13,5 Prozent (1980) auf 1,9 Prozent (1986), in der BRD von 6,3 Prozent (1981) auf –0,1 Prozent (1986), in Großbritannien von 18,0 Prozent (1980) auf 3,4 Prozent (1986). Ähnliches gilt für alle anderen Industriestaaten und mittlerweile auch für Teile der Peripherie. In den 90er Jahren verharrt die Inflation auf einem Niveau von 0–2 Prozent; nur in einigen Zusammenbruchsregionen schnellt sie gelegentlich hoch, aber meistens nicht mehr mit dem alten hyperinflationären Druck.

»Der Vulkan ist erloschen!«, »die Bestie ist gezähmt!«, »der Kampf hat sich gelohnt!« – mit derlei blumigen und triumphalistischen Parolen feiern Ökonomen, Politiker und Wirtschaftspresse »den Tod der Inflation« (Sauga 1997). Dieses Siegesgeschrei hat etwas Kindisches, denn dabei wird mit geradezu peinlicher Ignoranz ein ganz offenkundiger Tatbestand verdrängt: Die irreguläre Geldschöpfung wurde nicht etwa gestoppt, sie hat sich lediglich vom Staat auf die Finanzmärkte und die Blase fiktiver Wertsteigerungen des Aktienkapitals verlagert – und zwar so präzise, als hätte man einen elektrischen Schalter betätigt. Der Beginn des neoliberalen Siegeszuges und das Ende der Inflation fallen zeitlich genau mit dem Ausbruch der Schuldenkrise und mit dem Abheben der Aktienmärkte zusammen. Wird aber die irreguläre staatliche Geldschöpfung durch die Inflation bestraft, weil sie direkt als ebenso irreguläre Nachfrage in Erscheinung tritt, so ist die Folge der fiktiven »Vermögensinflation« an den Aktienmärkten (»asset inflation«) eben der deflationäre Schock, ausgelöst durch den »Krach« und die damit verbundene schlagartige Entwertung der fiktiven Massen von Geldkapital.

Das bejubelte Ende der Inflation und die noch mehr bejubelte »Jahrtausend-Hausse« der Aktienmärkte sind geradezu der Beweis dafür, daß die weltweit praktizierte Friedman-Doktrin lediglich von der inflationären auf die deflationäre Form der Krise umgeschaltet hat. Weil das Sicherheitsventil der Dollar-Goldkonvertibilität längst vorher entfernt wurde und die neoliberale »Deregulierung« auch der Finanzmärkte die letzten Hemmungen beseitigt hat, kann die Blase so unglaublich groß und über so lange Zeit hinweg aufgeblasen werden. Um so verheerender muß allerdings der Knall sein, mit dem sie irgendwann platzen wird. In welchen astronomischen Dimensionen sich nach eineinhalb Jahrzehnten die Blase des entkoppelten Finanzkapitals bewegt, läßt sich an den Devisenbörsen ablesen:

»(In) den vergangenen zehn Jahren der wilden Deregulierung hat ein Quantensprung der Finanzgeschäfte stattgefunden. Im April 1995 wurden täglich 1572 Milliarden US-Dollar an den Devisenbörsen umgesetzt [...] Bei einem jährlichen Welthandel von (1996) 5113 Milliarden US-Dollar und unter Berücksichtigung des Durchschnitts von Auslandsforderungen und -verbindlichkeiten der Banken in der Größenordnung von rund 9000 Milliarden US-Dollar (am Jahresende 1996) kann man leicht überschlagen, wie hoch der Teil der täglichen Börsenumsätze ist, der mit der Abwicklung realer Geschäfte zu tun hat. Bei 250 Börsentagen im Jahr werden täglich rund 56 Milliarden Dollar für ›reale‹ Geschäfte umgesetzt, das sind etwa vier Prozent der Devisentransfers. Der große Rest von 96 Prozent dient offensichtlich der kurzfristigen Spekulation [...] « (Altvater 1998).

Hinsichtlich der Aktienmärkte kann der berühmte Dow-Jones-Index der New Yorker Börse, heute das globale Zentrum des Kasinokapitalismus, eine Ahnung davon geben, daß sich die Kreation des fiktiven Kapitals bereits Lichtjahre von der Realität betriebswirtschaftlicher »Arbeitssubstanz« entfernt hat. Nach seiner Gründung im Jahr 1900 brauchte der Dow mehr als sechs Jahrzehnte, bis er 1966, auf der Höhe des fordistischen Booms, die magische Marke von 1000 Punkten kurzfristig tangierte. Noch einmal 16 Jahre waren nötig, bis diese Marke 1982 – pünktlich zum Beginn der neoliberalen Spekulationsära – nachhaltig übertroffen wurde. Was seitdem geschehen ist, verdeutlicht die absurde Dimension der fiktiven Wertschöpfung: 1995 lag der Dow bereits bei 4000 Punkten, 1996 bei 6000, im Februar 1997 bei 7000, im Juli 1997 schon bei 8000, 1998 bei 9000 und inzwischen Mitte 1999 bei 11 000 Punkten. Ein ähnlicher

»Quantensprung« findet sich fast in der ganzen Welt, wenn auch nicht überall in derselben Größenordnung.

Man muß sich klarmachen, was das bedeutet: Obwohl das reale Wachstum der Wertmasse auf der Höhe des fordistischen Niveaus, des akkumulierten Kapitalstocks und der anschließenden mikroelektronischen Explosion der Produktivität weitaus schwieriger und inzwischen ganz unmöglich geworden ist, hat der Aktienmarkt innerhalb von nur 17 Jahren »Zukunftserwartungen« von einer Größenordnung »kapitalisiert«, die das Volumen der Börsenkapitalisierung von 82 Jahren des 20. Jahrhunderts um mehr als das Zehnfache übersteigt! Und obwohl die realen Zukunftserwartungen einer neuen industriekapitalistischen »langen Welle« schon seit Jahren keine Rolle mehr spielen und von der Zukunftserwartung eines Dienstleistungsbooms auch nur noch gequält und in ebenso bösartiger wie ökonomisch haltloser Weise die Rede ist, wird eine völlig leere »Zukunftserwartung«, nach deren realer Grundlage niemand mehr fragt, in immer absurderen Dimensionen weiter »kapitalisiert«. Es ist kaum vorstellbar: Die Börsenkapitalisierung hat nicht nur das gesamte 21. Jahrhundert bereits in gegenwärtigen fiktiven Reichtum verwandelt, sondern eine unabsehbare Zukunft vorweggenommen, die als reale Wertschöpfung nie mehr nachfolgen wird. »Die Zukunft ist schon gewesen«, und zwar in einem Ausmaß, wie es sich Ralf Dahrendorf 1984 noch nicht einmal in seinen kühnsten Alpträumen vorstellen konnte. Diese kapitalistische Zukunft ist keine »Last« mehr, denn eine solche »Last« könnte nicht einmal eine in vielen Welten vervielfachte Menschheit »abarbeiten«; diese Zukunft ist eine Null, ein Nichts, ein nicht mehr lebbarer Raum – vorausgesetzt, die kapitalistischen Kriterien und Kategorien sollen weiter gelten.

Der simulierte monetäre Reichtum dieser völlig leergesaugten Zukunft ist es aber, der die bodenlos gewordene Gegenwart des Kapitalismus trägt, die Schuldenkrise scheinbar aufgefangen hat, der die Staaten, Unternehmen und privaten Konsumenten innerhalb der dramatisch geschrumpften kapitalistischen »Normalität« aufrechterhält und die Fiktion erzeugt, die Produktivkräfte der Dritten industriellen Revolution könnten weiterhin in der Geldform mobilisiert werden. Die irreguläre Expansion der Geldschöpfung durch die spekulative Blase, obwohl sie die keynesianische staatliche Geldschöpfung in phantastischem Ausmaß übertrifft, erscheint deswegen nicht als Inflation, weil sie nur indirekt als Nachfrage wirkt und großenteils im Finanzsystem verbleibt.

Im Unterschied zur verblichenen keynesianischen Regulation wirkt diese spekulative Geldschöpfung aber nicht relativ ausgleichend, sondern ist Triebkraft der extremen sozialen Spaltung. Während ein wachsender Teil der Bevölkerung in Armut, ja sogar Hunger getrieben wird und der demokratische Gulag wuchert, explodiert in den gesellschaftlichen Sektoren des spekulativen Reichtums ein bizarrer Luxuskonsum, der die Armen als Domestiken behandelt und sie nur noch durch seine Abfallprodukte reproduziert. Aber weil dieser Reichtum kein substantieller mehr ist, kann er auch mit keiner früheren Arroganz des Geldes verglichen werden. Nicht nur die ehemals kapitalproduktive Mittelklasse wird aufgerieben, sondern die *upper ten* des Kasinokapitalismus selber stehen auf tönernen ökonomischen Füßen. Der Übergang in die Simulation zeigt sich gerade an der sozialen Schnittstelle der prekären »neuen Mitte«:

»Ob der Mittelstand weiterhin die Jobmaschine spielt, ist zweifelhaft. Denn die Mühsal rentiert immer weniger. So erklärt der Hauptgeschäftsführer des Bundesverbandes mittelständische Wirtschaft, Dieter Härthe: ›Die Schere zwischen Erträgen auf dem Kapitalmarkt und aus unternehmerischer Tätigkeit klafft immer weiter auseinander‹. Inzwischen ist es für viele Mittelständler lohnender, ihr Unternehmen zu verkaufen und das Geld in Wertpapieren anzulegen. Dies wird insbesondere für die Erbengeneration zu einer lukrativen Alternative. Bis zum Jahr 2003 stehen über 300 000 Familienunternehmen mit vier Millionen Beschäftigten vor einem Eigentümerwechsel. Das Nachfolgeproblem könnte in den nächsten Jahren vor allem den Arbeitsmarkt erheblich belasten [...] « (Wirtschaftswoche 7/1998).

Was hier als Argument für eine unternehmerische Ermunterung durch Steuerbefreiung und Deregulierung gemeint ist, verweist in Wirklichkeit auf die Dimension des Kasinokapitalismus, die längst jeder »Gründer«-Initiative spottet. Die gesellschaftliche Spaltung geht mittlerweile quer durch alle sozialen Gruppen. Verlierer ist, wer die Teilnahme an der fiktiven Reichtumsproduktion verpaßt hat; vermeintlicher Gewinner ist, wer sich an den Aktienboom anhängen konnte. In unvergleichlich größerem Maßstab als in der Hausse vor 1929 sind es neben institutionellen Anlegern, Fonds und individuellen Großspekulanten ganz gewöhnliche Menschen, von der Sekretärin bis zum Maschinenschlosser oder Taxifahrer, die sich über die simulative Wertsteigerung der Aktien ein »zweites Einkommen« verschaffen können. In diesem gesellschaftlichen Klima konnte das Konzept des »Shareholder value« zur allgemeinen »Philosophie« aufsteigen: Die fiktive Wertsteigerung der Aktien wird zum ökonomischen Nonplusultra, ganz unabhängig von jeder realökonomischen Strategie. In einer weltweiten »Umwertung der Werte« erscheinen die Finanzmärkte nicht mehr als Ausdruck der realökonomischen Warenproduktion, sondern genau umgekehrt diese als sekundärer Ausdruck der Bewegung an den Aktienmärkten. Die passiven »Shareholder« (Aktienbesitzer) werden als die eigentlichen Akteure hofiert, während die reale Warenproduktion nur noch als unwesentliches Anhängsel erscheint. Über die mediale Vermittlung wird diese Absurdität zum allgemeinen gesellschaftlichen Bewußtsein:

»Täglich kündigen Angestellte ihren Job und widmen sich fortan dem Börsenhandel per Internet, einer vermeintlich lukrativeren Methode des Broterwerbs. Sieben Millionen Amerikaner handeln bereits online von ihrem Schreibtisch aus, wo ein Mausklick hunderttausend Dollar bewegen kann, sekundenschnell und nahezu ohne Gebühren. Standen früher noch vor jedem Deal professionelle Broker, die den Anleger vor allzu erratischen Manövern warnen konnten, nehmen heute immer mehr das Geschäft in die eigene Hand. Aktienhandel ist Popkultur geworden wie die Rolling Stones, Apple-Computer oder Coca-Cola – nur daß immer mehr davon süchtig werden. Eine gigantische Medienmaschine treibt den Hype an. TV-Sender berichten rund um die Uhr von den Weltfinanzmärkten, Tageszeitungen und Geldmagazine mit Millionenauflage versorgen das Spekulantenheer mit Informationen. Sogar in Fitneßzentren flackern Monitore mit aktuellen Kursdaten, auf den Straßen der Metropolen tragen viele Taschenempfänger am Gürtel: Sie zeigen Aktienkurse und piepen bei abrupten Ausschlägen. Zehntausende betätigen sich mittlerweile als sogenannte Daytrader. Sie stecken Geld in Aktien und ziehen es Sekunden, Minuten oder ein paar Stunden später wieder ab, um an minimalen Kursschwankungen zu verdienen. Was die Firmen produzieren oder ob sie Gewinne machen, interessiert sie nicht, entscheidend ist das ›Momentum‹, der Schwung hinter einer kurzfristigen Kursbewegung. Die Stimmung wird angeheizt von obskuren Online-Gurus, die ihre Tips in Internet-Chat-Rooms verbreiten und damit Meuten von Online-Tradern, darunter zunehmend auch Schüler, in Bewegung setzen – auf daß sich die Kurse in die gewünschte Richtung bewegen. Sie geben sich Namen wie Tokyo-Park oder sie gehen noch zur Schule – wie der 15 Jahre alte Daniel Miller, der eine eigene Aktien-Seite im Internet betreibt und seine rasch wachsende Fan-Gemeinde in den Unterrichtspausen mit Tips versorgt« (Der Spiegel 12/1999).

Die Aktienspekulation ist Popkultur geworden, Teil der Kulturindustrie – deutlicher könnte nicht zum Ausdruck gebracht werden, in welchem Ausmaß die Weltgesellschaft des Krisenkapitalismus der Verblendung anheimfällt. Und diese Verblendung beschränkt sich nicht auf den Geisteszustand der kasinokapitalistischen Vormacht, ja noch nicht einmal auf die westlichen Zentren insgesamt, sondern sie hat auch noch den letzten Winkel der Welt erfaßt. Am Ende der Welt, in Ulan Bator, handelt die mongolische Börse mit surrealen Privatisierungs-Zertifikaten einer darniederliegenden Wirtschaft. In der Ukraine, in Bulgarien oder Rumänien werden dubiose Papiere nicht selten in ebenso dubiosen Hinterzimmer-Banken mit Erfolg plaziert, während nebenan Menschen verhungern. Auch die offiziellen Börsen Osteuropas ziehen mit wilden Achterbahnfahrten der Kurse »Risikokapital« für undurchsichtige Fonds und windige Privatisierungs-Kupons an. Das »Risiko« bezieht sich längst nicht mehr auf mögliche Industrialisierungs-Erfolge, neue Produkte und Warenmärkte, sondern allein auf den leeren spekulativen Prozeß. Sogar im Hunger- und Bürgerkriegs-Kontinent Afrika entsteht eine neue Börse nach der anderen. In einer Reportage über den Wertpapiermarkt in Sambia, dessen »liberales Regelwerk lockt«, heißt es:

»Der unscheinbare Eingang zur sambischen Börse, der Lusaka Stock Exchange (LuSE), liegt bezeichnenderweise zwischen einem Schlips- und Kurzwarenhändler. Hinter einer Tür und einem Stufenaufgang tritt der Besucher in ein Zimmer mit ein paar Schreibtischen, einem Kopiergerät und einigen Computern. Wer nach dem Börsenparkett fragt, wird verwundert angeschaut. Schließlich steht der Besucher mittendrin. Trotz der beschränkten Räumlichkeiten besteht kein Grund zum Hochmut. 1996 stieg der Umsatz der LuSE um fast das Zehnfache. Seit Jahresbeginn hat sich die Marktkapitalisierung mehr als verdoppelt« (Handelsblatt v. 11.8.1997).

Die frohe Botschaft von der Erlösung durch das kapitalistische Spielkasino hat sich schneller über die Erde verbreitet als die Lehre Christi, mag die jeweilige Realökonomie auch noch so bankrott sein. Die Hoffnung auf Glück im Spiel ist zum übergreifenden Zeitgeist aufgestiegen. Wer nicht genug Geld hat, um an die Börse zu gehen, der begnügt sich eben mit Gewinnspielen aller Art. Sogar die sozial Ausgegrenzten sind davon infiziert: Nicht nur in São Paulo kann man erleben, wie Putzfrauen und Tagelöhner an Bushaltestellen ihr sauer verdientes Geld in »Hütchenspielen« verwetten. Auch die finanzkapitalistische Simulation wird noch einmal simuliert: Ganze Schulklassen beteiligen sich an »Börsenspielen«, die von der Wirtschaftspresse oder von Banken und Sparkassen ausgerichtet werden. Der einsame Trader via Internet mausert sich zum »abenteuerlichen« Leitbild der 30jährigen: »Ich und der Kurs, sonst nichts«, wie einschlägige Vermittlungsfirmen werben.

Nicht zuletzt das dichtgewobene globale Netz des »electronic banking«, die damit verbundenen Institutionen, der einschlägige Medienzirkus und die Massenkultur des Börsenfiebers haben jenes Segment von »Beschäftigung« erzeugt, das im Grunde genommen die Illusion vom Dienstleistungskapitalismus ursprünglich trug; bezeichnenderweise neben der Imagination einer Welt von Domestiken und Zwangsarbeitern. Die allgemeine Individualisierung und Entsolidarisierung wird auch davon genährt, daß immer mehr Menschen in dieser Scheinwelt surfen: Solidarität im alten Sinne bezog sich auf gemeinsame Interessen, soziale Lagen und Verhältnisse im Kontext der kapitalistischen Realökonomie; in der Ära einer weltumspannenden spekulativen Simulation dagegen gibt es keinen bestimmbaren sozialen Ort mehr, sondern einerseits nur noch das Verhältnis von »in« und »out« als allgemeines Droh- und Angstpotential, andererseits ein rein individuelles Verhältnis zum überwältigenden Prozeß einer permanenten Lotto-Ökonomie, bei dem nicht nach der ins Unwirkliche rutschenden sozialen Zugehörigkeit gefragt wird. Diese Verkehrung von Schein und Realität, in der auf absurde Weise tatsächlich »jeder seines Glückes Schmied« ist, konstituiert eine virtualisierte Zocker-Demokratie. Die atomisierten »Unternehmer ihrer Arbeitskraft« sind in Wirklichkeit die »Spieler ihrer Coupons«, und nur aus dieser Imagination heraus funktioniert die ideologische Zumutung überhaupt bei den »Ins« oder Möchtegern-»Ins«. Selbst noch der häßliche Typus des asozialen Gewinners, der »alles nimmt«, bezieht sich nicht mehr auf eine realökonomische Durchsetzungskraft, sondern auf einen rabiaten Virtualismus und völligen Realitätsverlust, wie sich an einem Herrn namens Albert Dunlap zeigt; in den USA die Symbolfigur des »Mister Shareholder-value«:

»Der Manager, der zwischen seinen schmalen Lippen Kommandos hervorstößt, als sei er im Krieg, ist Amerikas berüchtigster Sanierer. Keiner feuert so rücksichtslos wie er, keiner knüppelt Betriebe derart radikal zusammen, keiner geht so hemmungslos mit dem Management ins Gericht: ›Diese Firma brauchte entweder mich oder Doktor Kevorkian‹, einen in den USA berüchtigten Sterbehelfer, pflegt er seinen Mitarbeitern zuzurufen [...] Dunlap, 59 Jahre alt, brachte Bürgermeister zum Heulen, versetzte Gewerkschafter in Wut und ließ Familien verzweifeln – doch stoppen konnte den brachialen Manager bisher niemand. Wie ein Kreuzritter des Aktienkapitals zieht er durch die Lande. Er liebt Schäferhunde und haßt Manager, die keine anständigen Renditen aus ihrer Firma herauspressen [...] ›Dunlappen‹ nennen Amerikas Wirtschaftsführer solch rauhe Kur mittlerweile und haben damit der Diskussion um den Aktienkult neuen Zündstoff gegeben [...] Durch Dunlappen werde kein neuer Reichtum geschaffen, sondern lediglich umverteilt, mahnen Kritiker. Obendrein hätte kaum einer von Dunlaps Betrieben als unabhängiges Unternehmen überlebt. Sie wurden aufgekauft, zerteilt oder anderweitig verwertet – allerdings zumeist zum Vorteil der Aktionäre [...] Dabei versteht sich der Rohling sogar als Wohltäter, als Vorreiter einer ganz neuen Art von Sozialismus. Aktionäre seien schließlich nicht nur die Reichen, sondern Millionen Amerikaner, die Pensionsgelder in Aktien oder Fonds angelegt hätten [...] ›Ich glaube nicht an soziale Verantwortung‹, sagt Dunlap, der sich laut seiner Schwester von der Familie nahezu völlig losgesagt hat, nicht einmal zur Beerdigung seiner Eltern erschien: ›Eine Firma ist kein soziales Experiment. Es geht um Profit. Wer das nicht begreift, den müssen wir rauswerfen‹. Konsequent strich Dunlap zusammen, was immer seine Firmen für Museen, Theater oder Wohltätigkeiten spendeten. Er schaffte Stiftungen ab und verbot Managern, sich während der Arbeitszeit sozialen Aufgaben zu widmen [...]« (Der Spiegel 12/1997).

Angesichts eines derartigen Prachtexemplars fällt den meisten übriggebliebenen »Gesellschaftskritikern« nur noch das ein, was ihnen zum enthemmten Krisenkapitalismus überhaupt einfällt: nämlich seichtes Moralisieren. Links- und Rechtsradikale, Gewerkschafter und Fernsehpfarrer, Altbundeskanzler und Medienpolitiker, »Querdenker« und konservative Sonntagsredner bemühen eimerweise »Ethik« und wollen doch nichts weiter als die Rückkehr zu einem seriösen und »anständigen« warenproduzierenden System. Die periodisch anschwellende Spekulantenhetze im Namen gerade der wunderbaren »Marktwirtschaft« und ihrer »Arbeitsplätze« läßt schon längst wieder Töne hören, die an die antisemitischen Ausbrüche von 1873 und 1929 erinnern, während die vorgeschlagenen Maßnahmen (etwa eine Besteuerung der Spekulationsgewinne) von lächerlicher Harmlosigkeit zeugen. Es wird völlig verdrängt, daß die Ära der kasinokapitalistischen Spekulationsexzesse das Resultat eines endogenen Prozesses ist, in dem sich das warenproduzierende System mit seiner Grundzumutung der »Arbeitsmärkte« endgültig selber ad absurdum geführt hat.

Dieselbe Verdrängungsleistung legen umgekehrt die Kokain-Euphoriker der abgehobenen Finanzmärkte an den Tag, die alle Maßstäbe verloren haben. Ein Gemütsmensch und Entertainer der großen Börsen-Party wie der deutschstämmige New Yorker Fonds-Manager Heiko Thieme rechnet die wundersame Geldvermehrung schon mal für die nächsten hundert Jahre hoch: Im gesegneten Jahr 2097 sieht er den Dow Jones bei 750 000 und den deutschen Dax bei 400 000 Punkten! Aus dem unerschöpflich sprudelnden Füllhorn der utopischen Geldmaschine, so jubelt die Wirtschaftspresse, ließen sich in Zukunft alle Probleme lösen. Die Altersrenten beispielsweise, die in den Industrieländern wegen der Alterspyramide wie so manches andere unbezahlbar zu werden drohen, müßten nicht mehr mühsam aus den vom Lohn abgezogenen Versicherungsbeiträgen eines »Generationenvertrags« gespeist werden, sondern würden sich locker aus den endlosen Kursgewinnen speisen lassen – natürlich nur zugunsten derjenigen, die für ihre private Altersvorsorge Geld in

Aktien anlegen können. Dieses närrische Räsonnement hat längst auch die öffentlichen Verwaltungen ergriffen, die klammheimlich am globalen Spiel des Sich-Reich-Rechnens teilnehmen. Daß die Sache ins Auge gehen kann, zeigt freilich ein prominentes Beispiel:

»Inzwischen ist die Spekulation mit Derivaten sogar zu einem ›Offizialdelikt‹ geworden; eine Reihe von Finanzministern europäischer Staaten benutzt Derivate, um die Schuld und den Schuldendienst zu (ver)schieben [...] Das verringert den Schuldendienst heute, kann ihn aber später beträchtlich steigern. Ähnliches hat der Stadtkämmerer der kalifornischen Gemeinde Orange County in den achtziger und frühen neunziger Jahren versucht. Zunächst war Mr. Criton sehr erfolgreich und bei den Bürgern entsprechend beliebt. Doch am 6. Dezember 1994 führten inzwischen aufgelaufene Spekulationsverluste von zwei Milliarden Dollar zum Bankrott der Gemeinde« (Altvater 1998).

Orange County – das ist just jenes kalifornische Luxus-Ghetto im Sunbelt, aus dem das »apokalyptische Ungeheuer« des Reaganismus einst hervorgebrochen war. Dieser Bankrott ist symbolisch. Er nimmt im mikroskopischen Maßstab den Weltbankrott des »arbeitslosen« Kasinokapitalismus vorweg. So grauenhaft die krisenkapitalistischen Verhältnisse jetzt schon sind: nach dem »Krach«, mit dem die größte aller spekulativen Blasen platzen muß, wird sich das globale kapitalistische System als rauchende ökonomische Ruine wiederfinden. Das ist die einzige »Selbstkritik«, zu der es fähig ist.

Das Ende der Nationalökonomie

Daß sich der spekulativ gesundgeschminkte Kapitalismus am Ende des 20. Jahrhunderts in einem rapiden Prozeß der kategorialen Zersetzung und Auflösung befindet, wird in mehrfacher Hinsicht jetzt schon deutlich. Nicht nur der soziale Zusammenhang löst sich auf in eine nie dagewesene gesellschaftliche Atomisierung der Individuen, nicht nur ganze Weltteile erleben in den großen ökonomischen Zusammenbrüchen einen zivilisatorischen Zerfall – auch die bürgerliche Nation als solche, eine wesentliche Kategorie kapitalistischer

Vergesellschaftung, gerät ins Wanken. War die Nation im Zuge der kapitalistischen Modernisierungsgeschichte überhaupt erst erfunden worden, so wird sie nun am Ende dieser Geschichte von innen her aufgesprengt – die außer Kontrolle geratene Ökonomie des Krisenkapitalismus, die heißgelaufene und kurz vor der Explosion stehende »schöne Maschine«, zerstört auch in dieser Hinsicht ihr eigenes Bezugssystem.

Natürlich braucht man der Nation keine Träne nachweinen. Sie war von Anfang an ein blutbesudeltes Konstrukt der kapitalistischen Konkurrenz, der sozialen Repression und der Ausgrenzung in jeder Hinsicht. Diese verzerrte Form eines falschen »Wir« hatte immer der Desorientierung und Domestizierung sozialer Bewegungen gedient, um die Opfer der »schönen Maschine« an eine irrationale Loyalität zu ketten. Aber wie der Rückzug des Staates führt auch die Zersetzung der Nation im blinden »Naturprozeß« des Krisenkapitalismus nicht zur sozialen Freiheit, sondern in die Schrecken der Entgesellschaftung. An die Stelle des destruktiven nationalen »Wir« tritt keine neue soziale Form, sondern das ökonomische Terrorregime der Betriebswirtschaft und dessen Folgen.

Die Nation löst sich dabei keineswegs einfach still auf, eben weil sie nicht etwa einer höher entwickelten Struktur Platz macht, sondern die Gesellschaft in die Strukturlosigkeit hinein verwildert. Die Nation wird nicht durch eine bewußte soziale Weltgesellschaft positiv überwunden, sondern sie zerplatzt gewissermaßen unter ungeheuren Erschütterungen auf allen gesellschaftlichen Ebenen, wie bei einem Dammbruch, einem großen Erdrutsch oder einem Erdbeben. Deshalb bezeichnet die sogenannte »Globalisierung«, wohl das zentrale Stichwort der 90er Jahre, zwar einen realen Vorgang auf der Erscheinungsebene; es handelt sich dabei jedoch insofern um einen falschen Begriff, als damit in der Regel ein bloßer Strukturwandel des »ewigen« Kapitalismus gemeint ist, während in Wirklichkeit die kategoriale Krise der Nation den Rahmen der Modernisierung zerstört. Denn der Kapitalismus kann ohne nationale Kohärenz nicht leben, aber eben diese Kohärenz wird nun von der »unsichtbaren Hand« selber aufgelöst; reichlich blauäugig kommentiert von den Befürwortern, die darin nur einen neuen bürgerlichen Fortschritt in eine vermeintlich »grenzenlose« Welt zu erkennen vermögen:

»Früher einmal studierte man ›Volkswirtschaft‹ oder ›Nationalökonomie‹. Gegenstand dieses Studiums war ein durch Währung, Steuern und nationale Politik isoliertes Wirtschaftssystem, dessen Reaktionen auf Veränderungen in der Außenwelt untersucht und verstanden wurden. Das Zeitalter der ›Nationalökonomien‹ ist vorbei. Aus den ›Volkswirten‹ sind ›Weltwirte‹ geworden [...] Globalismus ist das notwendige Ergebnis einer marktwirtschaftlichen oder kapitalistischen Gesellschaft. Die Marktwirtschaft läßt sich nicht in nationale Grenzen einsperren, sie breitet sich aus wie ein Ölfleck auf Wasser. Sie zieht den nationalen Industrien und Währungen den Boden unter den Füßen weg und verdrängt sie durch neue Erscheinungsformen der Wirtschaft. Es ist also unausweichlich, daß deutsche Unternehmen und ihre Konkurrenten in anderen Ländern zu Global Players werden, daß sie miteinander fusionieren und eine neue supranationale Identität annehmen [...] Wenn also Daimler und BMW und VW und die Deutsche Bank und fast alle deutschen Großunternehmen auf Standortsuche jenseits der deutschen Grenzen sind, wenn umgekehrt ausländische Konzerne ihre Basis in Deutschland verstärken, wenn nationale Währungen ersetzt werden durch höherrangige Währungssysteme, dann ist dieser Kosmopolitismus der Wirtschaft die vorhersehbare und wünschenswerte Folge eines hochproduktiven Paradigmas der Wirtschaftspolitik, das allein den Fortschritt der Menschheit garantiert [...]« (Mundorf 1999).

Dieselbe phänomenologisch beschränkte Argumentation, wie sie hier in apologetischer Absicht vorgetragen wird, findet sich mit umgekehrtem Vorzeichen auch bei den oberflächlichen »Alarmisten« und Kritikern der Globalisierung wieder, die ebenfalls keine kategoriale Krise erkennen wollen, sondern lediglich über Aufsteiger und Absteiger in der »Zukunft des Kapitalismus« (Thurow 1996 b) aus dem Kaffeesatz der »Märkte« lesen. In beiden Fällen wird das Wesen der Globalisierung mangels krisentheoretischer Kompetenz völlig verfehlt.

Das »hochproduktive Paradigma« der Dritten industriellen Revolution führt in der Tat zum »Kosmopolitismus der Wirtschaft« – aber eben nur der Wirtschaft allein, oder genauer gesagt: eines bestimmten Teils der Wirtschaft, der eine Verfallsform des Ganzen darstellt. Die Veränderung, die sich dabei vollzieht, ist nicht die Verlängerung eines säkularen Trends, sondern ein Strukturbruch. Es handelt sich also keineswegs einfach um eine Ausdehnung des internationalen Handels auf dem Weltmarkt, ebensowenig um eine bloß quantitative Steigerung des Kapitalexports zwischen Nationalökonomien, sondern tatsächlich um eine Auflösung dieser Nationalökonomien selbst. Mit anderen Worten: Das ökonomische Zentrum des modernen Konstrukts »Nation« wird vom Krisenkapitalismus weggespült. Die Globalisierung ist dabei zum einen ebenso wie der Rückzug des Staates oder die finanzkapitalistische Virtualisierung der Ökonomie (und parallel dazu) ein unmittelbares Produkt der Dritten industriellen Revolution und ihrer »Wegrationalisierung des Menschen«; zum andern aber wirken die drei Folgeprozesse von Rückzug des Staates, Virtualisierung und Globalisierung aufeinander zurück und schaukeln sich gegenseitig hoch, wobei auch in dieser Hinsicht die Realökonomie nur noch ein Anhängsel der spekulativen Dynamik von globalisierten Finanzmärkten bildet.

Was machte überhaupt den bisherigen nationalökonomischen Bezugsraum im Unterschied zum Weltmarkt aus? Im Grunde genommen bestand die volkswirtschaftliche oder nationalökonomische Form aus einem System von Filtern, gewissermaßen einer Art von politisch-ökonomischer »Ozonschicht«, die den jeweiligen nationalen Raum in doppelter Weise sowohl nach innen wie nach außen abschirmte: nach innen wurde die »harte Strahlung« von binnenökonomischer Konkurrenz und betriebswirtschaftlicher Rationalität auf ein systemverträgliches Maß heruntergefiltert, nach außen die »harte Strahlung« eines unregulierten und seinem Wesen nach unregulierbaren Weltmarkts. Solche Filter waren natürlich in erster Linie die jeweiligen nationalen Steuer-, Rechts- und Sozialsysteme, die nationale Währung und zahlreiche andere Regulationsmechanismen, die ebenso wie die infrastrukturellen Aggregate allesamt vom Nationalstaat garantiert wurden. Globalisierung ist nichts anderes als eine weitere logische Konsequenz der Prozesse von struktureller Massenarbeitslosigkeit und staatlicher Deregulation, wie sie die Dritte industrielle Revolution ausgelöst hat.

Dabei haben wir es mit einem regelrechten Eskalationsprozeß zu tun. Rationalisierung und Automatisierung führen zu einer neuen Qualität der strukturellen Massenarbeitslosigkeit, damit zu verminderter Kaufkraft und verminderten Staatseinnahmen. Der Staat reagiert darauf mit sozialen Restriktionen, was die Kaufkraft noch mehr herunterdrückt. Die Unternehmen wiederum reagieren auf dieses Austrocknen der Binnenmärkte mit der »Flucht nach vorn« auf den Weltmarkt. Da alle dasselbe tun, kommt es natürlich zu einer wechselseitigen Vernichtungskonkurrenz, begleitet von einer globalen Konzentration des Kapitals. Der Staat reagiert darauf wiederum mit einer panikartigen Deregulierung, um das Kapital am heimischen »Standort« zu halten, was umgekehrt die Konzerne dazu treibt, die Staaten gegeneinander auszuspielen und im Kostensenkungs-Wettlauf die Strategie einer globalen Diversifikation einzuschlagen. Diese »Zerlegung« der betriebswirtschaftlichen Elemente über nationale und kontinentale Grenzen hinweg wird gleichzeitig technologisch durch dieselbe mikroelektronische Revolution ermöglicht und vorangetrieben, die auch den Produktionsprozeß automatisiert und die menschliche Arbeitskraft »wegrationalisiert«. Schon Ende der 80er Jahre brachte der damalige VW-Chef Carl H. Hahn diese Entwicklung auf den Punkt:

»Auch für Teilprozesse der Produktion sind unterschiedliche Standorte möglich. Dadurch wiederum kann eine Reihe länderspezifischer Vorteile – wie etwa niedrige Löhne, kooperative Gewerkschaften, eine geringe Regulierungsdichte oder auch Steuerbefreiungen – mit firmen-spezifischen Vorteilen verknüpft werden. Im Zuge des technischen Fortschritts sind Herstellungsprozesse für die meisten Güter immer zerlegbarer geworden, was die weitgehende Internationalisierung der Produktion erst ermöglichte. Erleichtert wird sie durch die Tatsache, daß die modernen Kommunikationstechniken den Informationsfluß innerhalb transnationaler Unternehmen erheblich verbilligt haben. Die Auslandsproduktion der größten Industrieunternehmen der Welt dürfte inzwischen ein Drittel des gesamten Welthandels ausmachen« (Hahn 1989).

1997, acht Jahre später, bestanden nach Angaben der UNCTAD bereits zwei Drittel des Welthandels aus Transaktionen dieser Art. Ein und dasselbe Unternehmen kann seine Betriebswirtschaft global aufspalten: Der offizielle Firmensitz ist vielleicht Frankfurt, die Finanzgeschäfte laufen über London, die Betriebsabrechnung wird von einem billigen EDV-Team in Indien erledigt, die Vorprodukte durch billige »Lohnveredelung« in Ungarn hergestellt, die Forschung (wegen der geringen staatlichen Auflagen) in den USA betrieben, die Gewinne im »Steuerparadies« Irland ausgewiesen usw. Dabei kann es sich teils um konzerneigene Subfirmen handeln, teils um die Inanspruchnahme selbständiger Anbieter entsprechender »Dienstleistungen« im Zuge des sogenannten »Outsourcing«. Vor dem Zeitalter mikroelektronischer Technologie wäre ein derartiges weltumspannendes Ausnutzen von Kostengefällen, das permanent im »flüssigen« Zustand bleibt, völlig unmöglich gewesen.

Auf diese Weise zeigt sich, daß ein großer und rasch wachsender Teil des Weltmarkts in Wirklichkeit kein Austausch zwischen in sich kohärenten Nationalökonomien mehr ist, sondern Bestandteil einer internen Funktionsteilung von unmittelbar global agierenden Konzernen. Diese Unternehmen oder vielmehr Unternehmens-Agglomerationen agieren nicht mehr »international«, und sie sind auch nicht »multinational« strukturiert, sondern sie gehören einer bisher unbekannten »transnationalen« Dimension an. Die Betriebswirtschaft, bislang eingebettet in einen nationalökonomischen Regulationsraum, durchbricht diesen und agiert unmittelbar auf dem regulationslosen Terrain des Weltmarkts, also eben jenseits der Nationalökonomie (transnational).

Dieser Vorgang ist nichts anderes als die Konsequenz der mikroökonomischen Radikalisierung: Der makroökonomische Gesichtspunkt wird nicht etwa bloß innerhalb des nationalökonomischen Feldes liquidiert, sondern er liquidiert dieses Feld selber. Während die Zerstörung der nationalökonomischen Filter-Mechanismen die strukturelle Massenarbeitslosigkeit zusätzlich vergrößert und ein Massensterben von Betrieben auslöst, sammeln sich die transnationalen Kolosse zur Schlacht auf dem ungefilterten Weltmarkt, wo sich die nunmehr hemmungslos gewordene betriebswirtschaftliche Rationalität Bahn bricht. Die Betriebswirtschaft wird »entbettet«; der eigentliche ökonomische Raum befindet sich nun außerhalb oder »jenseits« der bürgerlichen Zivilisation und ihrer Institutionen, aus denen das Leben zu entweichen beginnt. Genau darin besteht die neue Qualität der Globalisierung im Verhältnis zur früheren Entwicklung des Weltmarkts, die seit dem 19. Jahrhundert immer die kohärenten nationalökonomischen Räume zur Voraussetzung hatte.

Über diese Ebene der industriellen betriebswirtschaftlichen Globalisierung legt sich eine zweite Ebene der finanzkapitalistischen Globalisierung, die das eigentliche Kommando vorgibt. Denn die Virtualisierung der Kapitalakkumulation mangels zusätzlicher rentabler Arbeitssubstanz hat das Verhältnis von Warenströmen und Finanzströmen im Weltmaßstab auf den Kopf gestellt: Die globalen Finanzbewegungen sind nicht mehr der monetäre Ausdruck eines entsprechenden Flusses von Waren und Dienstleistungen, sondern genau umgekehrt sind die Flüsse der realen Waren (und damit die materielle Reproduktion der Menschheit) nur noch ein Ausdruck, ja sogar nur noch ein Abfallprodukt der verselbständigten »Geisterakkumulation« von spekulativem Geldkapital. Der kapitalistische Selbstzweck kommt hier in reinster Form zu sich, aber damit auch in der Form der Unwirklichkeit, die das reale Leben zu beherrschen scheint, solange der »Krach« in den westlichen Zentren noch nicht stattgefunden hat.

Die simulative Geisterakkumulation des Spekulationskapitals reguliert nicht nur die Warenströme nach ihren Geisterbedürfnissen; sie ist auch logischerweise das Zentrum der Globalisierung, weil sie in einem weitergehenden Sinne als die reale Warenproduktion unmittelbar global sein kann. Während nämlich Waren und Produktionsanlagen sperrige handfeste Dinge der Makro-Welt bleiben und deshalb nicht wirklich »ortlos« sein können, sondern an realen Orten verweilen oder durch sie hindurchbewegt werden müssen, gleichen die Finanzströme des elektronischen Geldes gewissermaßen den subatomaren Teilchen der Physik, deren Ort gar nicht mehr genau bestimmbar ist. Mit Hilfe der Kommunikationstechnologie werden ebenso ungeheure wie unwirkliche Geldmassen mit Lichtgeschwindigkeit und in »Echtzeit« bewegt, um Mikrovorteile im 24-Stunden-Finanztag der Welt auszunutzen. Von »Investition« in irgendeinem herkömmlichen Sinne kann dabei gar nicht mehr die Rede sein. Gerade darin zeigt sich die hilflose Abhängigkeit der Realökonomie von den transnationalen »finanzindustriellen Komplexen«, die eine transnationale industrielle Betriebswirtschaft nach ihrem Bilde geschaffen haben.

Natürlich verschwinden die alten nationalökonomischen Institutionen und vor allem die Nationalstaaten nicht einfach von der Bildfläche. Aber sie werden ebenso ausgehöhlt wie Gewerkschaften und

Unternehmerverbände. So ist die »Währung«, die jeweilige nationalökonomische Einheit des Geldes, in den meisten Staaten der Welt entweder bereits ganz verschwunden oder zum bedeutungslosen »Arme-Leute-Geld« herabgesunken, zur Sub-Währung der Herausgefallenen, während die eigentliche Anbindung an die globale Ökonomie, soweit sie überhaupt noch stattfindet, längst über eine Fremdwährung mit Elementen einer Weltgeldfunktion (Dollar, DM, Yen etc.) läuft. Auch das währungspolitische Kamikaze-Experiment des Euro, bei dem eine transnationale Kunstwährung über völlig heterogene nationalökonomische Räume mit ganz unterschiedlichen Produktivitätsstandards, Rechtssystemen usw. gelegt wird, ist nichts anderes als eine Auflösungserscheinung der Nationalökonomie. Diese währungspolitische »Flucht nach vorn« im Interesse der europäischen Global Players, die für ihre weltweite Flexi-Strategie durch den Wegfall der verschiedenen Währungsräume innerhalb der EU Transaktionskosten sparen, findet auf dem Rücken der restlichen »subglobalen« Ökonomie mit ihren regionalen Strukturen und Beschäftigungsverhältnissen statt. Aber nicht nur in währungspolitischer, sondern auch in jeder anderen Hinsicht kann die per Definition auf den nationalstaatlichen Rahmen beschränkte Politik nur noch kraftlos und abnickend auf die immer rüdere Vorgehensweise der transnationalen Mikroökonomie reagieren:

»Manager begegnen ihrer gewählten Regierung immer öfter mit schlichter Mißachtung. Eine neue Haltung macht sich da breit. Die selbsternannten ›global players‹ des Weltmarktes blicken überlegen auf die zunehmend hilf- und machtlosen nationalen Regierungschefs herab. Die Globalisierung der Wirtschaft macht große Unternehmen unabhängiger vom Heimatmarkt und den heimischen Herrschern. Politik sehen die Manager oft nur noch als Servicebetrieb [...] Wie ›Wirte‹ müßten die Nationalstaaten das mobile Kapital zu sich locken, meint das Kieler Institut für Weltwirtschaft. Für Unternehmer wird die Welt, schreibt die Harvard-Professorin Rosabeth Moss Kanter, ›eine einzige große Einkaufspassage‹ [...] Genervt sind Vertreter aller Parteien. Selbst der bayerische Ministerpräsident, Edmund Stoiber, wettert öffentlich gegen die Doppelmoral von Managern, ›die in Deutschland Golf spielen wollen und im Ausland investieren‹. Manche Manager stellen ihr neues Machtbewußtsein offen zur Schau. Befremdet erlebten etwa die Haushaltsexperten des Bundestages bei einer Berlin-Exkursion Ende April einen ausgelassenen Daimler-Benz-Chef Jürgen Schrempp. Bis zur Jahrtausendwende werde sein Unternehmen in Deutschland keinen Pfennig Ertragssteuern zahlen, prahlte er beim Abendessen: ›Von uns kriegt ihr nichts mehr‹. Peinlich berührt schauten die Abgeordneten auf ihre Teller [...] Auch wenn die Unternehmer die Minister einladen, ist das keine Garantie für gute Behandlung. Arglos war Umweltministerin Angela Merkel vorigen Monat zu einer Podiumsdiskussion des Verbandes der Groß- und Außenhändler gegangen – und fand sich auf einem Tribunal wieder. Statt über Ökoklauseln im Welthandel debattierte Verbandschef Michael Fuchs über die Ministerin als Standortproblem. Ihren ›Protektionismus im grünen Gewande‹ könne sie sich abschminken, die Pläne für die Abfallwirtschaft gleich ganz vergessen. ›So sind wir von der Wirtschaft noch nie in der Öffentlichkeit abgewatscht worden‹, klagt ein Mitarbeiter. ›So demütigt man doch keine Gäste‹. Der rüde Stil ist gewöhnungsbedürftig [...]« (Der Spiegel 26/1996).

Diese Skizze aus der Mitte der 90er Jahre läßt noch ein gewisses Unbehagen, sogar eine Art »demokratische Entrüstung« über die transnationale Verselbständigung des Kapitals erkennen. Aber eine solche Aufregung ist ebenso nutzlos wie unangebracht, denn die Demokratie war ja nie etwas anderes als eine Veranstaltung, die im Prinzip nach der Pfeife der ökonomischen »vierten Gewalt« tanzte, wie sie ja schon in der Subjektform ihrer Staatsbürger als kapitalistische Wirtschaftssubjekte und Systemsklaven der Arbeitsmärkte von Haus aus angelegt ist. Die transnationale Betriebswirtschaft des Krisenkapitalismus macht diesen Sachverhalt nur vor aller Augen offensichtlich und engt sogar das demokratische Multiple-choice-Verfahren derart drastisch ein, daß es nahezu bedeutungslos wird. Die »politischen Streitfragen« sind deshalb so erbärmlich dünn und langweilig geworden, weil die Politik im vorauseilenden Gehorsam gegenüber der nationalökonomisch »entbetteten« transnationalen Betriebswirtschaft auch in der vom System vorgestanzten Form fast keine Alternativen mehr formulieren kann.

Die Politik schlägt auch als sogenannte Außenpolitik keine hohen Wellen mehr, die gesellschaftliche Spannung ist bis in den medialen Zirkus hinein auf die Finanzmärkte und ihre Akteure übergegangen. Kläglich sind alle Versuche gescheitert, die Funktion und Sphäre des

Politischen über den nationalstaatlichen Rahmen hinaus zu transformieren und entsprechende globale Instanzen als Pendant zur transnationalen Betriebswirtschaft auch nur ins Auge zu fassen. Die Rolle der UNO, die ja nichts als die äußere Summe der nationalstaatlichen Welt repräsentiert, ist zusammen mit dieser geringer statt größer geworden. Nichts hat sich in den vergangenen Jahren derart grausam blamiert wie das Schwadronieren einer gesellschaftskritisch abgerüsteten links-grünen 68er-Intelligenzia über eine sogenannte »Weltinnenpolitik« oder die »Demokratisierung« internationaler ökonomischer Institutionen wie Weltbank oder IMF. Das ohnehin wolkige Reformprojekt eines »sozialökologischen Umbaus der Industriegesellschaft« hat sich nach der Regierungsübernahme von »Rot-Grün« nicht innerhalb einer Legislaturperiode und nicht einmal innerhalb von Monaten, sondern schon nach wenigen Wochen in Dunst aufgelöst – von der Atomenergie über die Abfallwirtschaft bis zu den gesetzlichen Auflagen für den Umweltschutz. Unter dem Diktat der transnationalen Betriebswirtschaft beschleunigt sich von Monat zu Monat in der staatlichen und regionalen »Standort«-Konkurrenz der selbstzerstörerische Wettlauf im allgemeinen Sozialdumping, Steuerdumping und Ökodumping.

Eine »Weltinnenpolitik«, auf welchem Gebiet auch immer, würde einen »Weltstaat« voraussetzen; und dieser ist nichts als eine schlechte Utopie, weil Staaten ihrem Wesen nach ebenso wie kapitalistische Unternehmen nur im Plural existieren können. Ein »grenzenloser Staat« wäre ebenso ein Widerspruch in sich wie eine »gesamtgesellschaftliche Betriebswirtschaft«. Bilaterale und multilaterale Abkommen von konkurrierenden Instanzen können aber niemals einen verbindlichen Rahmen für alle, eine gesamtgesellschaftliche (jetzt: weltgesellschaftliche) Meta-Instanz hervorbringen. Wie in der Dritten industriellen Revolution Makroökonomie und Mikroökonomie unvereinbar werden und auseinanderfallen, ebenso (und in logischer Konsequenz) verhält es sich mit Betriebswirtschaft und Politik. Die Politik soll das Ganze repräsentieren und ist gegenüber der Sphäre der transnationalen Betriebswirtschaft zu einem konkurrierenden Partikularsubjekt herabgesunken; die Betriebswirtschaft repräsentiert das partikulare Unternehmensinteresse und agiert nun auf einer höheren Ebene als das (kapitalistisch nicht anders als nationalstaatlich-nationalökonomisch zu fassende) »Gesamtinteresse«. Diese paradoxe Verkehrung zeigt besonders deutlich, daß wir es nicht mit einer neuen reproduktionsfähigen Struktur des Kapitalismus zu tun haben, sondern mit dem Zerbrechen der strukturellen Polarität von Markt und Staat, Ökonomie und Politik, Mikroökonomie und Makroökonomie, Individuum und Gesellschaft etc., die Kapitalismus überhaupt möglich macht.

Das an sich schon schizophrene bürgerliche Subjekt, das prinzipiell in der gegensätzlichen Form des »Bourgeois« (Wirtschaftsbürger) und des »Citoyen« (Staatsbürger) konstituiert ist, kann seine widersprüchliche Dr.-Jekyll-und-Mr.-Hyde-Identität endgültig nicht mehr zu einer halbwegs lebensfähigen »Gesamtperson« integrieren. Das totale abstrakte Individuum wird »gesellschaftsunfähig«, und der transnationale »Bourgeois« ist nicht mehr mit dem nationalstaatlichen »Citoyen« zu vermitteln. Die »Persönlichkeitsspaltung« der kapitalistischen Ratio wird in einer neuen Qualität manifest, aus der es keinen Ausweg in kapitalistischen Formen geben kann.

Die von ihrer Staatsbürgerlichkeit weitgehend entkoppelten Subjekte der transnationalen Betriebswirtschaft repräsentieren keinen kapitalistischen »Fortschritt« mehr. Diese letzte Form der »Modernisierung« ist zugleich Selbstauflösung und Selbstzerstörung der Moderne, wie sie ja bereits in vieler Hinsicht Dehumanisierung ist, also in ihren zivilisatorischen Standards selbst noch hinter archaische Gesellschaften zurückfällt. Die Globalisierung ist deshalb auch nichts, was noch einmal von einer antikapitalistischen Gesellschaftskritik als irgendein »Fortschrittserbe« eingeklagt und vereinnahmt werden könnte; es ist das Dementi dieses altmarxistischen, in der bürgerlichen Aufklärungsphilosophie befangenen Konstrukts überhaupt. In der Globalisierung erklimmt der Kapitalismus keine neue Entwicklungsstufe, sondern er führt ein Scheinleben über seine Lebensgrenze hinaus; ungefähr wie jener »Woldemar« in der Geschichte von Edgar Allan Poe, der als Sterbender hypnotisiert und auf diese Weise lange auf der Grenze zwischen Leben und Tod erhalten wird, bis er, aus dem Hypnoseschlaf erweckt, augenblicklich zu einer formlosen Masse verwesten Fleisches zerfällt. Es sind keine fröhlichen, lebensprallen »Kosmopoliten«, die da als Akteure der transnationalen Betriebswirtschaft fungieren, sondern eher die Gespenster einer unwirklichen sozialen Ortlosigkeit, die der ökonomischen Ortlosigkeit des elektronisch simulierten Geldkapitals entspricht:

»Die Mitglieder dieser neuen Klasse der globalen Spieler, zu denen sich übrigens noch der akademische Jet-set und eine gewisse Gruppe von Spitzensportlern, Medienspezialisten und Unterhaltungskünstlern gesellen, halten sich vornehmlich an den von Marc Auge so genannten Nicht-Orten des globalen Kommunikationssystems auf: Flugzeuge, Hotelketten, VIP-Bereiche, Duty-free-Supermärkte und Hochgeschwindigkeitszüge. Der Ethnologe spricht von Transiträumen, wo der mit weiten Strecken, automatischen Verteilern und Kreditkarten Vertraute den Gesten des stummen Verkehrs folgt. So wie ein Ort durch Identität, Relation und Geschichte gekennzeichnet ist, so definiert ein Raum, der überall und nirgends ist und sich weder als relational noch als historisch bezeichnen läßt, einen Nicht-Ort [...] Strukturell unterscheidet sich eine World-Traveller-Suite mit Minibar, Pay-TV und illustriertem Manager-Magazin nicht von einem Flüchtlingslager, das nach den Maßstäben des Flüchtlingswerks der Vereinten Nationen eingerichtet ist. Es handelt sich in beiden Fällen um provisorische Aufenthaltsorte, die uns allein, aber den anderen gleich machen. Der eine ist nur luxuriös und der andere furchtbar« (Bude 1995).

Von einer »Weltkultur« kann in solchen Zusammenhängen keine Rede sein; denn Kultur, auch kapitalistische Massenkultur, ist gerade in ihrem Verständnis als wechselseitiges Durchdringen, als schöpferisches Amalgam und als Kreation neuer Ausdrucksformen immer an Örtlichkeit, Relation und Historizität gebunden.

Ebensowenig ist der gesellschaftlich entkoppelte Raum der globalisierten Betriebswirtschaft grenzenlos. Die ortlosen Transiträume der transnationalen Betriebswirtschaft sind von der wirklichen sozialen, kulturellen und selbst geografischen Welt strikt abgeschottet, die von ihnen durchschnitten wird wie die Landschaft von Autobahnen, Glasfaserkabeln, Gasleitungen oder den Trassen von Hochgeschwindigkeitszügen. Wie die Elendsvagabunden in Asylanten-, Abschiebungs- und Flüchtlingslagern streng eingegrenzt und von anderen Bevölkerungsteilen abgeschottet werden, ebenso leben die Luxusvagabunden der globalisierten Betriebswirtschaft in lagerähnlich abgegrenzten und fast schon hermetisch verschlossenen Räumen.

Aber selbst dort, wo es zwischen der sterbenden und sich auflösenden Welt kohärenter nationalökonomisch-nationalstaatlicher Reproduktion, den ungeheuren dezivilisierten Zusammenbruchsregionen und den Nicht-Orten des globalisierten betriebswirtschaftlichen Raums noch »Schleusen« gibt, ist die neue Art der Grenzziehung schon heute einschneidender als alle früheren politischen Grenzen. Was beispielsweise unter »kosmopolitischer Offenheit« zu verstehen ist, macht der postmoderne Zeitgeist-Exeget und »Trendforscher« Matthias Horx in seinem »Zukunfts-Manifest« deutlich, das den »Aufbruch aus der Jammerkultur« signalisieren soll:

»Was ist der Bezugsrahmen unseres Gleichheitsbegriffs? Unser komfortables, nationales Wohlergehen? Oder ein Planet, auf dem dichte Waren-, Ideen- und Verkehrsströme herrschen, auf dem es Elend (!), aber auch Vitalität (!), Kreativität und den Willen zum Aufstieg gibt? Irgendwann müssen wir wählen. Zwischen einem Gleichheitsmodell, das im günstigsten Fall auf ›Selbstprovinzialisierung‹ hinausläuft [...] und einem offenen Modell, das widersprüchlicher, aber auch ›ehrlicher‹, im planetarischen Maßstab gerechter sein wird [...] Wer Globalität akzeptiert, muß anerkennen, daß sich damit die Ungleichheitsgrade in der Gesellschaft erhöhen. Wenn wir die Armen ins Land lassen, können sie auch kriminell werden oder verelenden (!). Oder uns überflügeln [...] Kann sich unsere Kultur, unsere Gesellschaft, auf eine Utopie (!) einlassen, die mit dem Verlust von Sicherheiten und der Bedrohung alter Claims und Selbstverständlichkeiten einhergeht? [...] Ein gewisses Maß an ›dynamischer‹ Ungleichheit ist wie ein Luftzug in einem Raum mit verbrauchter Luft, oder ein Zustrom frischen Wassers in einem stehenden Tümpel [...]« (Horx 1999, 241 ff.).

Es fragt sich, welche Form der neuen Grenzziehung widerlicher ist: Der wohlstands-chauvinistische und dumpf ausländerfeindliche Abschiebungs-Nationalismus der reaktionären »schweigenden Mehrheit« oder die ökonomische Terror-Ideologie jener »neuen Mitte« von Globalisierungs-Gewinnlern. Die Armen aus den bereits von der globalen Marktwirtschaft verwüsteten Zusammenbruchsregionen sollen nur deshalb streng dosiert »hereingelassen« werden, um die gesellschaftliche Akzeptanz von »erhöhten Ungleichheitsgraden«, ja sogar von »Elend« als Naturtatsachen zu erzwingen und die Menschen als Konkurrenten um die eigene Existenz aufeinander zu hetzen. Was hier propagiert wird, ist die »Chancengleichheit« eines Gladiatorenkampfes.

Es ist die alte Differenz von deutschem oder kontinentaleuropäischem Kollektivrassismus und angelsächsischem Individualrassismus, die im Kontext der Globalisierung fröhliche Urständ feiert. In beiden Fällen ist die Voraussetzung wie das Resultat die Malthusianische Doktrin, daß es gemäß kapitalistischen Kriterien »zu viele Menschen« gibt und eine existentielle Auslese vollzogen werden muß, die stets von neuem einen unüberschreitbaren sozialen Kordon zieht.

Noch sind nicht alle nationalökonomischen und nationalstaatlichen Filter ausgebaut, aber der Druck der deregulierten transnationalen Betriebswirtschaft steigt unaufhörlich an. Das Gerede der demokratischen Politiker von der »Alternativlosigkeit« ihrer restriktiven und antisozialen Maßnahmen zeigt nur, daß sie mit ihrem Latein schon lange am Ende sind und von Mächten getrieben werden, die sich jenseits der bürgerlichen Institutionen bewegen. Oberflächlich und nach altgewohnter Manier in bloß soziologischen (statt systemkritischen) Kategorien betrachtet, scheint es dabei so, daß Staat und Politik zu »Kellnern des Kapitals« (Der Spiegel 26/1996) degradiert worden sind. Aber damit wird eben gerade nicht jene altmarxistische Auffassung bestätigt, daß der Nationalstaat nichts anderes als der »geschäftsführende Ausschuß der Bourgeoisie« sei. Im Sinne eines kohärenten sozialen Klassensubjekts gibt es diese »Bourgeoisie« gar nicht mehr. Als formales kapitalistisches Wirtschaftssubjekt, als »homo oeconomicus« und »Unternehmer seiner Arbeitskraft« hat sich der »Bourgeois« vom engen Begriff des Kapitaleigners auf die Gesamtheit der Gesellschaftsmitglieder unter Einschluß der Lohnarbeiter hin verflüchtigt. Bis zur Dritten industriellen Revolution konnte man immerhin vom Nationalstaat noch als dem »ideellen Gesamtkapitalisten« (Marx) sprechen, wenn darunter nicht die soziologische Gesamtheit der Kapitaleigner, sondern die alle formalen Wirtschaftssubjekte ebenso formal zusammenfassende Instanz des warenproduzierenden Systems verstanden wird. Genau dieser systemischen Funktion geht der Nationalstaat in der Globalisierung als Folge der Dritten industriellen Revolution verlustig. Er kann kein »ideeller Gesamtkapitalist« mehr sein.

Natürlich läßt sich diese Entwicklung auch auf der soziologischen Ebene beschreiben: Die Funktionseliten spalten sich auf allen Ebenen der kapitalistischen Reproduktion noch einmal in einer neuen und zusätzlichen Dimension auf. Denn die Eliten der transnationalen Betriebswirtschaft können weder ein gemeinsames ökonomisches Interesse mit den Resten des traditionellen nationalökonomisch zentrierten Managements (in der alten klassensoziologischen Sprache: der »nationalen Bourgeoisien«) entwickeln, das tragfähig wäre, noch ein gemeinsames politisch-strategisches Interesse mit der nationalstaatlichen »politischen Klasse«. Das »strategische« Moment hat sich nicht nur von der Politik auf die transnationalen Finanzmärkte verlagert, es bringt auf dieser Ebene auch keinerlei zusammenfassende Instanz mehr hervor, sondern fällt unmittelbar mit dem betriebswirtschaftlichen mikroökonomischen Kalkül zusammen, das jetzt selber jenseits der alten »zusammenfassenden« Instanzen agiert. Der Nationalstaat hört als regulative Instanz nach innen ebenso auf, »ideeller Gesamtkapitalist« zu sein, wie als strategisches Subjekt nach außen. Es gibt kein klar definierbares »Innen« und »Außen« mehr, weil sich das Bezugssystem dieser Relationen auflöst.

Das bedeutet auch das Ende des alten nationalen Imperialismus, der schon in der Ära der westlichen »Pax Americana« nach dem Zweiten Weltkrieg verblaßt war; in demselben Maße, wie sich der totalitäre Charakter des Kapitalismus in der Spätphase der Zweiten industriellen Revolution von der Politik auf die Ökonomie verlagerte, trat der Kampf um nationalstaatlich kontrollierte »Einflußzonen« bereits zurück. Statt dessen übernahmen die USA mit Unterstützung der westlichen Sekundärmächte die Rolle des »Weltpolizisten« im Namen allgemeinkapitalistischer Prinzipien und (schon damals) eines »freien« Weltmarkts. In der Dritten industriellen Revolution macht nun die Globalisierung den nationalstaatlichen Kampf um die »Aufteilung der Welt« vollends anachronistisch. Der »ideelle Gesamtkapitalist« entfällt nicht allein im sozialökonomischen Sinne als strategisch die Interessen bündelnde Instanz, sondern das Bezugsfeld der imperialen Strategien existiert überhaupt nicht mehr in einer Welt, die von der transnationalen Betriebswirtschaft dominiert wird. In der entkoppelten Sphäre der »Nicht-Orte« wird *territoriale Herrschaft* sinnlos, in welcher Form auch immer. Wo das mikroökonomisch geleitete strategische Interesse nur noch darin bestehen kann, möglichst überall zugleich und nirgends wirklich »präsent« zu sein, sinkt die territoriale Welt vom strategischen Objekt zum bloßen Schauplatz herab.

Als Servicebetriebe der transnationalen Betriebswirtschaft sind die Nationalstaaten freilich nur bedingt und nur vorübergehend tauglich. Da in dieser Entwicklung die beiden Pole kapitalistischer Vergesellschaftung krisenhaft in Ebenen und Dimensionen auseinanderfallen, die nicht mehr auf einen Nenner gebracht werden können, ist auch die Vorstellung von einer neuen und dauerhaft reduzierten Rolle des Nationalstaats als »neuer Handelsstaat« (Rosecrance 1987) oder »nationaler Wettbewerbsstaat« (Hirsch 1995) hinfällig. Solche Begrifflichkeiten gehen nach wie vor von einem innerkapitalistischen Strukturwandel oder Transformationsprozeß in eine neue Entwicklungsstufe der »ewigen Modernisierung« aus, während es sich in Wahrheit längst um eine kategoriale Krise der kapitalistischen Gesellschaftsformen als solchen handelt, die das definitive Ende der »Modernisierung« markiert. Insofern stellt die transnationale Betriebswirtschaft weder im soziologischen noch im strukturellen Sinne eine neue ökonomische Machtinstanz dar, die eine weitere Ära der kapitalistischen Geschichte repräsentiert und sich nun den Nationalstaat eben in neuer Weise unterordnet. Vielmehr ist die Globalisierung eine Erscheinungsform der Krise selbst, und die »Macher« der entkoppelten, ortlos gewordenen transnationalen Funktionseliten sind selber Getriebene.

Sichtbar ist das Bemühen der staatlichen Krisenverwaltungen, in der Konkurrenz nationaler »Standorte« die Infrastruktur und andere Rahmenbedingungen ganz auf die punktuellen, »insularen« Anforderungen des globalisierten Kapitals einzuengen, während in den abgekoppelten, ökonomisch verödeten Teilen des jeweiligen Territoriums vom Wasserwerk bis zur Polizei ein Prozeß der Verwahrlosung einsetzt. Die nationalen Räume zerfallen in (noch) angekoppelte und in Paria-Regionen, wobei sich alte oder neue Entwicklungsgefälle verschärfen. Sichtbar ist auch die Anstrengung der »vereinigten demokratischen Leviathane«, unter Führung des »Weltpolizisten« USA mit gemeinsamen militärischen Aktionen die überall in den Zusammenbruchsregionen auflodernden Bürgerkriege einzudämmen. Dabei geht es nicht mehr um territoriale »Einflußzonen« alten Stils, sondern um eine Art »Sicherheitsimperialismus«; das Ziel ist nicht Eroberung, sondern »Ruhigstellung«, damit die Kreise der transnationalen Betriebswirtschaft nicht gestört werden.

Aber mit all diesen Anforderungen werden die Nationalstaaten immer weniger fertig. Das globalisierte Kapital, dem sie dienen sollen, schlägt ihnen mit wachsender Heftigkeit die dafür nötigen Mittel aus der Hand, während sich gleichzeitig die Krisenherde sprunghaft vermehren. Mit jedem neuen Währungszusammenbruch rückt das Ende der Geldwirtschaft näher, das natürlich zuletzt auch die ortlosen transnationalen Räume des Kapitals erfassen wird. Und die globale industrielle Betriebswirtschaft mit ihren verstreuten Produktionsinseln agiert erst recht nicht auf einem tragfähigen neuen Niveau, sondern ihr Spielraum vermindert sich mit jedem Schub der Globalisierung selbst. Die beispiellose Konzentration des Kapitals, die bei der betriebswirtschaftlichen »Flucht nach vorn« in die transnationalen Räume aufgebaut worden ist, kündigt einen ökonomischen Kannibalismus auf dem regulationslosen Weltmarkt an. Die vermeintlichen neuen Herren der Welt, die der schwindenden globalen Kaufkraft und Rentabilität nachjagen, können sich nur noch gegenseitig auffressen und auf diese Weise jene realökonomischen »Überkapazitäten« vernichten, die den letzten Rest kapitalistischer »Normalität« in dieser Welt ausmachen.

Die Dämonen erwachen

Der Kapitalismus ist am Ende seines Blindflugs durch die Geschichte angelangt, er kann nur noch zerschellen. Aber je unabweisbarer es wird, daß sich die Menschheit nicht länger in den Formen der »schönen Maschine« und ihrer nur noch stotternden Selbstzweck-Bewegung reproduzieren kann, desto mehr verhärtet sich die kapitalistische Bewußtseinsform. Die Weltkrise der Dritten industriellen Revolution trifft auf kein emanzipatorisches Projekt mehr, das als gesellschaftliche Alternative mobilisierbar wäre. Radikale Kapitalismuskritik gilt allgemein nur noch als skurriler Anachronismus, weil sie im gesellschaftlichen Bewußtsein (vom »Mann auf der Straße« ebenso wie von der sozialwissenschaftlichen Literatur) einzig und allein mit dem musealen, hoffnungslos obsoleten Arbeiterbewegungs-Paradigma identifiziert wird, das in Wirklichkeit immer systemimmanent geblieben ist. So verschwindet die theoretische Reflexion überhaupt aus der kapitalistischen Öffentlichkeit; sie wird vordergründig durch eine selbstbezügliche mediale Effektkultur ersetzt, der es nur noch um die Erregung von Aufmerksamkeit geht: »Theorie« als Geschäftsunternehmen wie jedes andere.

Aber der spielerische postmoderne Kulturalismus, der noch die Armut in ein Kostüm und die soziale Erniedrigung in ein Spiel umdefiniert, ist nur ein dünnes Oberflächengeschehen, unter dem schon etwas ganz anderes sich regt. Mag auch die »Ökonomie des Als-ob« zu einer »Kultur des Als-ob« geführt haben, die scheinbar nichts mehr ernst nimmt und gleichzeitig hochtourig demokratisch biedermeiert, so ist die Wahrheit der kapitalistisch nicht zu bewältigenden Krise doch blutiger Ernst und läßt sich immer weniger verdrängen. Schon gar nicht mehr heimlich, still und leise sucht sich das verstockte gesellschaftliche Bewußtsein, das auf Biegen und Brechen an den sozialen Verkehrsformen des Kapitalismus festhalten will, ein neues Paradigma – das älteste der bürgerlichen Ideologie. Die Dämonen sind erwacht, sie kehren mit Riesenschritten wieder im Denken und Handeln der konkurrierenden postmodernen Monaden. Eine neue radikale Biologisierung der Gesellschaft bricht sich Bahn, das menschliche Tierreich des 19. Jahrhunderts kehrt in einer nur oberflächlich modernisierten Gestalt zurück.

An der kulturalistischen Spielwiese der postmodernen Feuilletons vorbei hat der neoliberale Siegeszug die neue Naturalisierung des Sozialen zunächst in der ökonomischen Ideologie demokratisch hoffähig gemacht. Der allgemein beschworene Glaube an die Marktwirtschaft als »natürliche Wirtschaftsordnung«, Friedmans »natürliche Arbeitslosigkeit« und die diversen Nobelpreise für die platte Wiederholung der aus dem 18. Jahrhundert stammenden Idee von einer ökonomisch-egoistischen »Natur des Menschen« gaben einem offenen oder versteckten Sozialdarwinismus Nahrung, der sich von Erwägungen der »medizinischen Ökonomie« bis zur pseudo-naturalistischen Begründung der sozialen Selektion längst weitgehend unbehelligt von intellektuellen Einsprüchen tummeln kann. Wenn heute die Malthusianische Doktrin mit aller Gemütsruhe in linksliberalen Gazetten wieder positiv erörtert werden darf, dann zeigt dies den bereits erreichten Grad einer neuen »Darwinisierung« des gesellschaftlichen Bewußtseins an.

Im Dunst dieser neoliberalen Redarwinisierung des Ökonomischen und Sozialen hat längst ein noch viel weiter gehender Rückschlag des Denkens stattgefunden. Zusammen mit der marxistisch inspirierten Gesellschaftstheorie und dem sozialkritischen reflexiven Denken sind im Wissenschaftsbetrieb ebenso wie in der Publizistik alle Strömungen, Schulen und Theorieansätze auf dem Rückzug oder schon verschwunden, die den Menschen in erster Linie als soziales und psychisches Wesen und die Gesellschaft aus ihrer eigenen historischen Konstitution heraus verstehen wollen. Die postmoderne Kulturalisierung des Sozialen war nur ein Zwischenspiel auf dem Weg zu dessen erneuter Biologisierung. Nach dem selbstbezüglichen und folgenlosen, kulturell reduzierten Diskurs, dessen Funktion es nur war, die radikale Ökonomiekritik zu entsorgen, wird nun die Naturwissenschaft populär, genauer gesagt: die Pseudo-Vernaturwissenschaftlichung der Gesellschaft und des Bewußtseins.

Ergraute ex-linke Starintellektuelle entdecken die angeblichen »anthropologischen Konstanten«, vor denen ihnen die Geschichte verblaßt. Psychosomatik ist mega-out, und die Psychoanalayse gilt als widerlegt. Nicht das Unbewußte treibt uns, so der neue naturwissenschaftliche Vulgärmaterialismus, sondern die Biochemie und die neuronalen Prozesse unseres Körpers. Überhaupt erscheint der Mensch weniger als ein gesellschaftliches Wesen, sondern eher die Gesellschaft als ein »body«. Und auch die Individuen pflegen vornehmlich ihre Haut und entdecken ihre muskuläre Körperlichkeit; der postmoderne Kult des Outfit geht zurück auf die nackte Physis, und die Daytrader des Kasinokapitalismus versuchen sich im Fitneßcenter dem Erscheinungsbild von Arno-Breker-Figuren anzunähern. Eine Art modifizierte Nazi-Ästhetik des Biologischen ist im Kommen, und die populäre Esoterik als Strang der postmodernen Massenkultur paßt dazu so gut wie schon Geisterseherei, fernöstliche Mystik und Indogermanenkult vor 1933: Jede Art von Weltverschwörungs-Science-fiction erlebt Bestsellerauflagen und wird zur Bettlektüre von Busschaffnern, Arbeitslosen und Zahnarzthelferinnen.

Schon beginnt sich die Genetik, die Speerspitze einer neuen Zucht- und Auslesewissenschaft mit wirklicher Zugriffsmacht, im gesellschaftlichen Sog des Neoliberalismus zu ideologisieren. Zunächst in scheinbar abseitigen Zusammenhängen verfestigt sich zunehmend die Annahme, alle und jede gesellschaftliche wie individuelle Erscheinung sei »genetisch« oder neurobiologisch präformiert. Der US-Neurologe Steven Pinker behauptet, die Sprache sei dem Menschen »angeboren wie dem Elefanten der Rüssel« und es müsse ein »Grammatik-Gen« existieren. Für den Nobelpreisträger Francis Crick aus San Diego besteht selbst der freie Wille aus »nichts als Neuronen«. Wissenschaftler vom Robert-Koch-Institut in Berlin wollen ein Virus gefunden haben, das angeblich Schwermut auslöst und von Hauskatzen übertragen wird. Und der US-Molekularbiologe Dean Hammer führt neuerdings Homosexualität auf das Gen Xq28 in einem Endabschnitt des Geschlechtschromosoms X zurück.

Unsichere Belege, ein Gemisch aus Hypothesen, experimentellen Befunden und Interpretationen, stören dabei anscheinend niemanden mehr, weil die Naturwissenschaft ganz offensichtlich in einen Prozeß der kapitalistischen Grenzziehungen und Krisenverarbeitungsprogramme involviert ist. Ihre vermeintlich »rein objektiven« Fragestellungen werden um so leichter von der angst- und haßerfüllten geistigen Strömung in der Weltgesellschaft des Krisenkapitalismus beeinflußt, als die Naturwissenschaft wie in ihrer gesamten, mit dem Kapitalismus einhergehenden Geschichte auch nach dem Zweiten Weltkrieg niemals zu einer kritischen Selbstreflexion ihrer gesellschaftlichen Stellung bereit und fähig war, außer gelegentlich in seichten moralischen Sekundärüberlegungen; und weil sich daran nichts geändert hat, kehren in der neuen Weltkrise auch ihre eigenen Dämonen wieder. Die »Genetisierung« der sozialen Degradation zieht weite Kreise bis tief in die Gesellschafts- und Geisteswissenschaften hinein. Schon haben die US-Sozialwissenschaftler Richard Herrnstein und Charles Murray in ihrer Publikation »The Bell Curve« einen Zusammenhang zwischen »Race, Genes and IQ« hergestellt, der die schwarzen Amerikaner aus der »kognitiven Elite« pseudo-biologisch hinausdefiniert.

Das Konstrukt des »Intelligenzquotienten« stellt das Bindeglied zwischen dem alten und dem neuen Darwinisierungs-Diskurs dar. In einer hochgradig ideologisch befrachteten »genetischen« Debatte deutet sich an, wie angesichts der abermals anschwellenden »gefährlichen Klassen« von »unbeschäftigbaren« Armen im globalen Krisenkapitalismus die Eugeniker und Schädelvermesser des 19. und frühen 20. Jahrhunderts im Gewand einer »genetischen Selektionswissenschaft« wiederkehren, um am Ende des 20. Jahrhunderts noch einmal »geborene Verbrecher«, »Untermenschen« und »lebensunwertes Leben« zu definieren. Es ist absehbar, wann uns ein »Kriminalitäts-Gen« oder ein »Armuts-Gen« präsentiert wird. Und die Erfindung eines genetisch verankerten sozialen Schicksals kommt natürlich wie gerufen für die neoliberale Politik der sozialen Kostensenkung. Nicht die kapitalistische Form steht zur Disposition, sondern die »Herausgefallenen« werden zunehmend wieder als »Ballastexistenzen« betrachtet. Was in der Mitte der Gesellschaft klammheimlicher Konsens ist, wird von den Neonazi-Banden bereits offen an Obdachlosen und Behinderten exekutiert.

In demselben Maße, wie die Biologisierung und Naturalisierung der Gesellschaft abermals das Krisenbewußtsein des Kapitalismus zu überfluten beginnt und die neoliberale soziale Selektion flankiert, schlägt diese mörderische Tendenz auch wieder in eine rechte, faschistoide Pseudokritik des Liberalismus und der kapitalistischen »Ökonomisierung der Welt« um. Die »völkische« Nation und die »Rasse« rücken in einem pathologischen Wiederholungszwang als phantasmatische Gegenbilder an die Stelle einer radikalen Ökonomiekritik, die der Arbeiterbewegungs-Marxismus nicht einlösen konnte.

»Deutsch« in diesem Sinne ist nicht zuletzt die französische »neue Rechte«, deren Vordenker Alain de Benoist sich schon seit den späten 70er Jahren auf dem Nazi-Trip befindet; getarnt durch eine vermeintliche »Unschuld«, die sich nicht mit Auschwitz belastet wähnt. De Benoist läßt nichts aus; er schwelgt im Phantasma des »Indogermanentums«, und für ihn ist die »Rasse« ein positiver Tatbestand, »geprägt« durch »die Durchschnittshäufigkeit mancher Gene (!), die für eine bestimmte Bevölkerung physische, pathologische und psychologische Merkmale oder Anlagen festlegt« (de Benoist 1983, 53). Im Anschluß an den US-Biologen Robert Ardrey erklärt er den Menschen zum »Fleischfresser mit dem großen Hirn« (a.a.O., 362), dem die Kriterien der Konkurrenz biologisch eingeschrieben seien:

»Unser ältester Vorfahre war ein Raubtier. Sein Raubtierwesen ist das sicherste, was wir geerbt haben. Der Mensch stammt nicht von einem gefallenen Engel, sondern von einem (hoch-)entwickelten Anthropoiden (Menschenaffen) ab. Er ist ein Raubtier« (de Benoist, a.a.O., 362).

Was sich da als Kritik des Liberalismus gibt, wiederholt nur die axiomatische Voraussetzung des Liberalismus seit Hobbes in jener verschärften Form, wie sie die ökonomische Konkurrenz seit dem 19. Jahrhundert ideologisch überlagert hat und als darwinistische »Fortsetzung der Konkurrenz mit anderen Mitteln« zwischen »Rassen«, »Völkern« und »Nationen« propagiert worden ist. Und de Benoist wird für die Wiederbelebung dieses rassistisch mythologisierten Liberalismus nicht etwa »aus dem Saal geprügelt«, sondern als bürgerlich salonfähiger Rechtsradikaler ernst genommen und mit dem Gestus der Toleranz zu Wissenschaftskongressen eingeladen. Der auferstandene Adolf Hitler spricht hier französisch. Aber er spricht »natürlich« auch längst wieder deutsch. Im Heimatland der irrational-romantischen, rassenbiologischen Scheinkritik an der Moderne erhebt sich als Reaktion auf die kapitalistische Krise nach dem »Ende des Marxismus« mit unheimlicher Folgerichtigkeit jener Dämon der »deutschen Ideologie« von seinem Nachtlager, mit dem seit Herder und Fichte die bürgerlich-liberale Erfindung der »Nation« zum überhistorischen Blutswesen geadelt und der schnöden westlichen Demokratie des Mammon entgegengestellt wurde.

Jetzt rächt es sich bitter, daß die Linke gerade dieses dämonische Derivat des Liberalismus trotz Auschwitz nie wirklich durchschaut und bis zu Ende kritisiert hat. Vor allem der Beitrag des Sozialismus selbst für die Darwinisierung des Sozialen und für die Blutsideologie überhaupt bis hinab auf den antisemitischen Gehalt der ikonisierten Utopisten blieb ausgeblendet, wie ja auch die liberale Wurzel des Arbeiterbewegungs-Marxismus als solche nicht kritisch aufgedeckt wurde. Auch in dieser Hinsicht kam die »neue« Linke von 1968 über die alte Arbeiterbewegungs-Linke nicht hinaus. Nachdem sie den modernen Fetischismus des warenproduzierenden Systems, den destruktiven und irrationalen Charakter von abstrakter »Arbeit« und betriebswirtschaftlicher Rationalität, die funktionalistische Einbindung der Wissenschaft etc. zwar kurz thematisiert, aber diesen Rubikon eben nicht überschritten hatte, war ihre Gefangenschaft im »eisernen Gehäuse« der kapitalistischen Kategorien nicht nur auf der Ebene der ökonomischen Formen besiegelt.

Weil die linke Kritik des Kapitalismus viel zu kurz griff und nicht an die kategorialen Grundlagen rührte, blieb zusammen mit der abstrakten »Arbeit« auch die »Nation« unbehelligt; es war kein Thema für die Linke, daß in dieser Kategorie als solcher das Menschheitsverbrechen lauert und nach Auschwitz nicht nur die »deutsche Nation«, sondern die »Nation« überhaupt als eine kapitalistische Formebene der Gesellschaft von Grund auf verworfen werden muß. Statt dessen wurde die »Nation« zunächst über die Mythologisierung der »nationalen Befreiungsbewegungen« an der kapitalistischen Peripherie wieder in die linke Debatte eingeschmuggelt und konnte neben der »Demokratisierung« als positiver Begriff firmieren. Der auf diesem Umweg abermals adaptierte altsozialistische Nationalismus seit 1848 konnte so auch für die eigene bürgerliche Nation wieder positiv aufgeladen werden, ganz im Sinne des DDR-Konstrukts von der »sozialistischen deutschen Nation«. Nach 1989 blieb davon nur die »deutsche Nation« übrig, ähnlich wie übrigens in ganz Osteuropa vom Staatssozialismus nur der Nationalismus als Zerfallsform übrigblieb.

Schien es sich im »Historikerstreit« der 80er Jahre, als Ernst Nolte (parallel zur beginnenden Krise der Dritten industriellen Revolution) seine perfide Rehabilitierung des Nationalsozialismus im Namen einer antikommunistischen demokratischen Legitimation vortrug, noch um einen Vorstoß rechtskonservativen Denkens zu handeln, der von der Linken wie eh und je bekämpft wurde, so ist seither in den Zersetzungsprozessen der Linken die »deutsche Ideologie« auf eine noch wenige Jahre zuvor wohl nicht für möglich gehaltene Weise durchgebrochen. Das ist um so bezeichnender, als sich dieser Übergang in einem kaum zu mißdeutenden gesellschaftlichen Klima vollzog. Der Zusammenbruch der DDR und der Anschluß ihres Territoriums an die BRD, gefeiert als »deutsche Vereinigung«, war ja bereits ein Moment der (verleugneten) Weltkrise des warenproduzierenden Systems; und so verschmolzen »deutsche Einheit«, sozialökonomische Krise und rassistische Reaktionsformen zu einem »die Massen ergreifenden« Gesamtkomplex: Im Namen der Blutsgemeinschaft werden in Deutschland am Ende des 20. Jahrhunderts wieder Menschen gehetzt, verbrannt und totgeschlagen. Diese »Exzesse« rechtsradikaler Banden finden, wie zur Genüge selbst in nur mäßig kritischen Kommentaren vermerkt wurde, ein stummes, uneingestandenes Wohlwollen bei der »schweigenden Mehrheit« und in der »Mitte« der Gesellschaft. Und ganz besonders in Ostdeutschland hat sich als trauriges Residuum der Stechschritt-DDR geradezu eine neonazistische Massen- und Popkultur herausgebildet.

Je mehr die Weltkrise der Dritten industriellen Revolution verharmlost, verleugnet und ideologisch verdreht wird, desto massiver dringt auch das niemals völlig verschwundene antisemitische Syndrom wieder in das gesellschaftliche Bewußtsein ein. Dieser schlimmste aller Dämonen der Moderne treibt die irrationale Welt- und Krisenerklärung auf die Spitze – und er regt sich im Kontext des Kasinokapitalismus längst vor dem fälligen globalen Finanzkrach. So begleiten zum vierten Mal in der kapitalistischen Entwicklungsgeschichte seit den Hep-Hep-Unruhen des frühen 19. Jahrhunderts antisemitische Haßausbrüche und Pogrome die Krise und das Abheben des Finanzkapitals. Parallel zur Struktur des transnationalen Geldkapitals globalisiert sich der Antisemitismus wie nie zuvor: Vom Atlantik bis zum Ural und sogar in Japan blüht die Hetze gegen die jüdischen Gemeinden; und auch Louis Farrakhan, der Führer der einflußreichen »Black Muslims« in den USA, predigt antisemitische Haßtiraden. Auch in Deutschland zeigt sich handgreiflich, wie wenig trotz aller falschen Rührstücke aus Auschwitz Konsequenzen gezogen wurden.

Obwohl die »Zeichen der Zeit« ganz eindeutig zu verstehen sind, verwandelt sich die gesellschaftskritisch abgerüstete Linke auf gespenstische Weise den Gespenstern der kapitalistischen Krisenideologie an. Auf der einen Seite hat der »Demokratisierungs«-Diskurs folgerichtig jene Armani-Linke hervorgebracht, die heute die kapitalistische Krise und die soziale Repression verantwortlich mitverwaltet. Während sie den Sozialhilfeempfängern und Arbeitslosen in jeder Hinsicht das Leben verkürzt, wirft diese staatstragende Ex-Linke im politischen Medienzirkus mit den Plastikwörtern um sich, die nur noch anzeigen, wie das Politische unwirklich zu werden beginnt: Die »demokratische Völkergemeinschaft« soll im Einklang mit einem

»demokratisch-marktwirtschaftlichen Europa« und einem Habermasschen deutschen »Verfassungspatriotismus« vorgeblich die Dämonen bannen, die doch aus dem Inneren dieser Demokratie selber emporsteigen und ihre Unwahrhaftigkeit kenntlich machen. Aber in diesem »Verfassungspatriotismus« ist eben auch noch immer die gleiche »Nation« als positive Kategorie anwesend, die den zentralen Bezugsbegriff für alle irrationalen Krisenerklärungen und rassistischen Ausgrenzungskampagnen bildet. Damit trägt die demokratische Armani-Linke ebenso wie mit ihrer neoliberalen Naturalisierung der kapitalistischen Ökonomie zur Darwinisierung des gesellschaftlichen Bewußtseins bei. In der BRD zeigte sich das nie deutlicher als in der Auseinandersetzung um die Reform des Staatsbürgerschaftsrechts. Das ohnehin nur halbherzige Vorhaben der »rot-grünen« Regierung, das die juristisch kodifizierte deutsche Bluts- und Abstammungsgemeinschaft sowieso nicht grundsätzlich abschaffen, sondern nur modifizieren wollte, endete nach einer ebenso massiven wie erfolgreich mobilisierenden Kampagne der Konservativen für das Blutsrecht mit einem faulen Kompromiß, der die völkische Grundlegung der BRD-Demokratie nicht entscheidend antastet.

Auf der anderen Seite ist ein Teil der Linken von 1968 mit dem positiven Bezug auf die »Nation« direkt zum Schrittmacher eines neuen völkischen Herrschafts- und Ausgrenzungs-Diskurses geworden. Die »deutsche Nation« wurde als Herzensgegenstand entdeckt, den man gegen die kapitalistische Globalisierung geltend machen will. Bernd Rabehl, ein ehemaliger Wortführer der Studentenrevolte, outet sich ebenso als spätberufener völkisch-nationaler Prophet wie Horst Mahler, der ehemalige Anwalt und Vordenker der »Rote Armee Fraktion« (RAF). In einer »Kulturrevolution von rechts« finden sich Neurechte und Ex-Linke traut vereint.

Während in diesem Klima die »verfassungspatriotische« Armani-Linke der »neuen Mitte« die Fetisch-Gesetze des Geldes exekutiert, revitalisiert die völkisch gewendete National-Linke zusammen mit den Neonazis die rassistisch-antisemitische Scheinkritik des Geldes, die auf den Mord hinausläuft. Immer mehr prominente Schriftsteller der BRD stimmen in den national-rassistischen Irrationalismus ein. Nachdem sich schon der Literat Botho Strauß mit einer als »anschwellender Bocksgesang« titulierten Polemik zu den reaktionären

Motiven und Mythen einer völkischen »Kapitalismuskritik« bekannt hatte, leistete der deutschnational verklärte Romancier Martin Walser Schützenhilfe, bezeichnenderweise anläßlich der Verleihung des »Friedenspreises des Deutschen Buchhandels« an seine Person:

»Jeder kennt unsere geschichtliche Last, die unvergängliche Schande, kein Tag, an dem sie uns nicht vorgehalten wird [...] Kein ernstzunehmender Mensch leugnet Auschwitz; kein noch zurechnungsfähiger Mensch deutelt an der Grauenhaftigkeit von Auschwitz herum; wenn mir aber jeden Tag in den Medien diese Vergangenheit vorgehalten wird, merke ich, daß sich in mir etwas gegen diese Dauerpräsentation unserer Schande wehrt. Anstatt dankbar zu sein für die unaufhörliche Präsentation unserer (!) Schande, fange ich an wegzuschauen (!). Ich möchte verstehen, warum in diesem Jahrzehnt die Vergangenheit präsentiert wird wie noch nie zuvor. Wenn ich merke, daß sich in mir etwas dagegen wehrt, versuche ich, die Vorhaltung unserer Schande auf Motive hin abzuhören, und bin fast froh, wenn ich glaube, entdecken zu können, daß öfter nicht mehr das Gedenken, das Nichtvergessendürfen das Motiv ist, sondern die Instrumentalisierung unserer Schande zu gegenwärtigen Zwecken [...] Jemand findet die Art, wie wir die Folgen der deutschen Teilung überwinden wollen, nicht gut und sagt, so ermöglichen wir ein neues Auschwitz. Schon die Teilung selbst, solange sie dauerte, wurde von maßgeblichen Intellektuellen gerechtfertigt mit dem Hinweis auf Auschwitz [...] Im Jahr 1977 habe ich nicht weit von hier, in Bergen-Enkheim, eine Rede halten müssen und habe die Gelegenheit dazu benutzt, folgendes Geständnis zu machen: ›Ich halte es für unerträglich, die deutsche Geschichte – so schlimm sie zuletzt verlief – in einem Katastrophenprodukt enden zu lassen‹ [...] Das fällt mir ein, weil ich jetzt wieder vor Kühnheit zittere, wenn ich sage: Auschwitz eignet sich nicht dafür, Drohroutine zu werden, jederzeit einsetzbares Einschüchterungsmittel oder Moralkeule oder auch nur Pflichtübung [...]« (Walser 1998, 17 ff.).

Unfreiwillig klärt Walser mit solcher Rede darüber auf, daß eine deutsche »nationale Identität« heute nur noch dazu führen kann, »genug davon zu haben, ständig an Auschwitz erinnert zu werden«. Das Stereotyp des verkappten Antisemiten: »Auschwitz war ein Verbrechen, aber ...«, dieses »aber«, das einen Abgrund birgt – es ist die halbe Vorausentschuldigung für die Wiederholungstäter und das Bekenntnis, daß es etwas entschieden Wichtigeres als Auschwitz gibt, nämlich die »deutsche Nation«. Walser glaubt, »vor Kühnheit zu zittern«, wenn er Dinge ausspricht, die in Wahrheit schon längst Konsens der »schweigenden Mehrheit« sind und jetzt aus dem Halbdunkel der Bierdiskurse an den Stammtischen in die offene gesellschaftliche Krisenverarbeitung durchbrechen. Vertieft in seine literarische Privatentdeckung der nationalen Gefühligkeit, bemerkt er nicht (oder will es nicht bemerken), welche Veränderungen des gesellschaftlichen Bewußtseins er dabei beglaubigt, die durch die Krise der Dritten industriellen Revolution vermittelt sind, und wie die Walser-Kontroverse die Lawine verstärkt, die durch die Nolte-Kontroverse losgetreten worden ist. Julius Schoeps, Leiter des Moses-Mendelssohn-Zentrums für europäisch-jüdische Studien, faßte die Wirkung Walsers und der anschließenden Kontroverse in dürren Worten zusammen:

»Es gibt in Deutschland 15 Prozent offene Antisemiten. Dazu kommen noch einmal 30 Prozent latente Antisemiten. Die flippen immer erst aus, wenn so etwas ist wie jetzt gerade. Dann haben wir eben 17 Grabschändungen pro Woche. Normal ist in Deutschland eine pro Woche« (Die Zeit 51/1998).

Diese Einschätzung ist alles andere als übertrieben. Die gesellschaftliche Resonanzschwingung erreichte mich an Weihnachten 1998 unter dem großfamiliären Christbaum, wo niemand sich als Nazi verstehen würde. Aber zu fortgeschrittener Stunde fiel der Satz: »Gegen alles darf man etwas sagen in der Demokratie, bloß gegen die Juden nicht.« Das Ungeheuer schreckt jetzt nicht mehr in einer zufälligen Sekunde aus dem Schlaf der Vernunft hoch, es sitzt dank Nolte, Walser u. Co. überall in Deutschland wieder breitbeinig am Tisch, bis tief hinein in die Schichten der Mittelständler, Gewerkschaftsmitglieder und nicht zuletzt der Beamten, vor allem in den staatlichen Machtapparaten. Noch wenige Jahre zuvor wäre eine Rede wie die Walsers vom Herbst 1998 im Kontext der »Suhrkamp-Kultur« völlig unmöglich gewesen. Nach der Ausmusterung der Ökonomiekritik, die in dieser literarischen Szene ohnehin nie besonders stark auf der Brust gewesen war, verschränkt sich auf »höchster

Ebene« von Literatursprache und Philosophie der linksdemokratische Diskurs ungewollt mit dem neonationalen und neovölkischen.

Und immer noch und stets von neuem wird eins draufgesetzt. Der demokratische Star- und Modephilosoph Peter Sloterdijk, auch er im Übergang von der gesellschaftskritischen Reflexion zur Renaturierung des Sozialen begriffen, räsonierte im Spätsommer 1999 über »Regeln für den Menschenpark« als Auftakt für einen neobiologistischen Diskurs zu den genetischen »Anthropotechniken«; ganz unschuldig daherkommend auch er. Sloterdijk hat wie so viele Intellektuelle schon vor 1989 seinen Frieden mit dem warenproduzierenden System, dessen »Arbeitsmärkten« und selbstzerstörerischen, sozialökonomischen Widersprüchen gemacht (falls er jemals ein Problem damit hatte); in der »Wirtschaftswoche« posierte er sogar schon als philosophischer Ratgeber für das transnationale Management. So nimmt der medial versierte Philosoph die Probleme der Welt nicht mehr im historischen Kontext und durch die Auseinandersetzung mit der herrschenden Ordnung hindurch wahr; er läßt den Kapitalismus Kapitalismus sein und verschiebt das Problembewußtsein ins ahistorische Onto-Anthropologische. Genau dafür waren überhaupt die postmodernen Umwege über Nietzsche und Heidegger letztendlich gut.

So haben wir es jetzt also für Sloterdijk nicht etwa mit einer Weltkrise der kapitalistischen Gesellschaftsform zu tun, sondern mit einer periodisch aus der »Natur des Menschen« erwachsenden Krise; wieder einmal steht der Grundgedanke allen bürgerlichen Denkens seit Hobbes Pate, daß der »menschliche Naturzustand« ein »Krieg aller gegen alle« sei. Wenn also Sloterdijk von der »Verhaustierung« des Menschen spricht, dann ist das bei ihm gerade keine Metapher für die soziale Degradation und die Verinnerlichung der kapitalistischen Disziplin, sondern in grauenhafter Wörtlichkeit biologisch gemeint; es handle sich, wie es im publizierten Text ausdrücklich heißt, um eine Sache von »Züchtungen« (Sloterdijk 1999). Das Resultat solchen Denkens kann nicht die Frage nach der sozialen Emanzipation von gesellschaftlichen Fetischverhältnissen sein, nicht das Programm eines Abschüttelns der kapitalistischen Disziplinierungen und einer Mobilisation der »bösen Horizontale«, sondern ganz im Gegenteil »die Frage nach der Hegung und Formung des Menschen«

(a.a.O.), die Frage, was »den Menschen noch zähmt« (a.a.O.). Die Geschichte erscheint so, wenn nicht als »Streit zwischen verschiedenen Züchtern und verschiedenen Züchtungsprogrammen«, so doch als Ausdruck einer »subjektlosen biokulturellen (!) Drift« (a.a.O.).

Daß die »Menschenzucht« ganz positiv gemeint ist, wird spätestens deutlich, wenn Sloterdijk die Gewaltwelle in den Schulen der westlichen Welt nicht etwa als Verwilderungsform der kapitalistischen Konkurrenz deutet, sondern als eine ominöse »Enthemmung«, der gegenüber man vielleicht auf »Zähmungserfolge« in der Perspektive einer »genetischen Reform der Gattungseigenschaften (!)« (a.a.O.) durch »explizite Merkmalsplanung« (a.a.O.) hoffen könne. Das ist das letzte Wort der biedermeiernden Welt von staatstragenden Besserverdienenden und Menschenverwaltern seit mehr als hundert Jahren in jeder Krise gewesen: die Biologisierung der sozialen Probleme und ihrer Lösung zugleich.

Nicht um die soziale Emanzipation von der »schönen Maschine« des Kapitalfetischs geht es laut Sloterdijk, sondern um einen »Titanenkampf ... unter Züchtern« (a.a.O.), der sogleich an dasselbe Vokabular bei Spengler mit seinen »stahlharten Rassemenschen« denken läßt. Und da gibt es kein Halten mehr: »Menschenhaltung ... als eine zoopolitische Aufgabe«, »Menschenhütekunst« (a.a.O.) wird beschworen, fundiert im »züchterischen Königswissen« eines »Expertenkönigtums« für die »Eigenschaftsplanung bei einer Elite, die eigens um des Ganzen willen gezüchtet werden muß« (a.a.O.). Solche Halbsätze benötigen zum rechten Verständnis gar keinen Zusammenhang, auch wenn Sloterdijk so tut, als ob er (allerdings ohne jede Kritik) bloß Nietzsche und Platon referierte; hier wird ein unverwechselbarer Ton angeschlagen, der nicht lange auf das dröhnende Echo aus der »Mitte« der kapitalistischen Krisengesellschaft warten muß. Daß Sloterdijk diese Monstrositäten auch noch unter das Signum der »Freiwilligkeit« stellt, macht die Verwandtschaft derartiger »Diskurse über Menschenhütung und Menschenzucht« (a.a.O.) mit den liberalen, urdemokratischen Ideen eines Bentham deutlich, für dessen Panoptikon sie eine Bereicherung gewesen wären. »Selbstkontrolle« statt Befreiung würde ja am unfehlbarsten bei einer biologischen, genetischen (statt bloß pädagogisch und strafend eingedrillten) Verankerung der »Verhaltensspuren« funktionieren.

Je mehr sich Sloterdijk aufbläst, desto deutlicher wird, wie ihm dieses nach eigenem Bekunden »philosophische Nachtstück« gewissermaßen osmotisch aus dem inneren Katastrophendiskurs der Dritten industriellen Revolution zugeflossen ist. Die unverkennbare Nähe zu »Eugenik« und »Rassenhygiene«, vom Autor nur nebenbei und unglaubwürdig abgewehrt, weil er sowieso ahistorisch argumentiert, verweist um so greller auf den Kontext der Krisenkonstellation in der Weltkriegsepoche, die nun vielfach verstärkt wiederkehrt – und auf der Stufe einer biotechnologisch ungleich größeren Zugriffsmacht. Sloterdijk, der die soziale Emanzipation nicht mehr formulieren will und zum geistigen Bruder eines de Benoist zu werden verspricht, ist konsequenterweise bei der »Biopolitik« des »Übermenschen« gelandet; er beweist damit nur, daß auf der Linie der Bentham, de Sade, Malthus, Darwin und Nietzsche (mit ihrer Einteilung der Menschheit in »zur Herrschaft berufene Eliten«, »Material« und »Überflüssige«) weiterdenken muß, wer nicht auf der Linie von Marx weiterdenken will.

Aber eben weil solches Denken keinen Begriff der inneren ökonomischen Schranke kapitalistischer Entwicklung hat, begreift es auch nicht, daß die anstelle der emanzipatorischen Gesellschaftspolitik ins Auge gefaßte »biopolitische« Genmanipulation, selbst wenn sie nicht (wie vorauszusehen) als Desaster endet, herrschaftstechnologisch ins Leere gehen muß. Denn die Dritte industrielle Revolution schmilzt die »Arbeitssubstanz« immer weiter ab und führt damit die Verwertung des Werts an sich ad absurdum, egal ob die Menschen nun in freiwilliger Knechtschaft oder gar »biopolitisch-gentechnologisch« verankert in dieser Form weiterexistieren wollen. Im letzteren Fall wäre kein reibungsloses Funktionieren die Folge, sondern die »gezüchteten« Menschen befänden sich dann in der gleichen Lage wie die Kühe in den verlassenen Dörfern der Bürgerkriegsregionen, die elend zugrunde gehen, weil sie nicht mehr gemolken werden.

Selbst immanent betrachtet ist der unappetitliche Gedanke einer »Menschenzucht« Nonsens: Der sozialökonomische Selbstwiderspruch der kapitalistischen Produktionsweise kann nicht biologisch »weggezüchtet« werden, weder nach der Knechts- noch nach der Herrenseite hin. Und was sollte das schon für ein »Übermensch«

sein, der durch genetische Technologie reproduzierbar wäre? Die Fähigkeit zur kritischen Reflexion und Selbstreflexion ist jedenfalls keine biologische Funktion, sondern Resultat einer diskursiven Verarbeitung gesellschaftlicher Prozesse. Durch Genmanipulation höchstens erreichbar wäre vielleicht die Fähigkeit, fünf Meter hoch springen und schneller als jeder heutige Mensch (aber nie so schnell wie ein Computer) rechnen zu können oder gegen den Giftmüll der Marktwirtschaft resistent zu werden wie gewisse Rattenpopulationen; so etwas mit sich selbst machen zu wollen setzt andererseits in reflexiver Hinsicht bereits eine unfaßbare Dummheit voraus. Was für eine »übermenschliche« Elite! Sloterdijk beweist mit seinem »biopolitischen« Räsonnement, daß er sich von der reflexiven Intellektualität bereits verabschiedet hat und zur sozialen Bestialität der gesellschaftlich agierenden Naturwissenschaft übergeht. Das ist Munition für die Dehumanisierung in der sozialen Krisenkonkurrenz, aber kein Weg in irgendeine Zukunft.

Die demokratische Habermas-Intelligenz schlägt angesichts derartiger biologistischer »Zarathustra«-Projekte pflichtschuldigst Alarm, der aber erst recht ins Leere geht. Woher kommt denn all diese Bestialität, wenn nicht aus dem Schoß ihrer geliebten »Marktwirtschaft und Demokratie« selbst? Nötig wäre die radikale emanzipatorische Kritik der Demokratie, die nichts als einen selbstrepressiven Modus der blinden kapitalistischen Geldmaschine darstellt. Auch die demokratische Habermas-Intelligenz hat noch nie grundsätzlich Stellung gegen die Schmach und Schande der Existenz von »Arbeitsmärkten« Stellung bezogen; sie begreift noch nicht einmal, warum darin überhaupt eine Schmach und Schande liegen soll. Erst recht nicht will sie die logisch programmierte, irreversibel akut gewordene Selbstzerstörung von »Marktwirtschaft und Demokratie« wahrhaben, in der die Unmöglichkeit einer weiteren gesellschaftlichen Reproduktion über »Arbeitsmärkte« sichtbar wird.

Was ist unter diesen Umständen der Alarm einer demokratisch »verhausschweinten« Intellektualität gegen den neuen Biologismus und Sozialdarwinismus noch wert? Nichts. Denn es ist ja das Echo ihrer eigenen Geschichte, das der bürgerlich-republikanischen Intelligenzia da in den Ohren gellt. Die öde Feier der Paulskirchen-Demokratie von 1848 hat von jeher verleugnet, daß genau von dort aus die Spur zu den Nazis führt. Die »Ideen von 1848« waren die Vorstufe der »Ideen von 1914«, der Demokratismus ging schon von Anfang an mit dem Nationalismus einher. So bekommen die linksdemokratischen Intellektuellen heute abermals die Quittung dafür, daß sie den Rubikon der kategorialen Kritik am modernen warenproduzierenden System nie überschritten haben. Sollte es ihnen nicht zu denken geben, daß sie in der »Suhrkamp-Kultur« nun Buchrücken an Buchrücken mit den neuen Deutschnationalen, Völkischen und Biologisten stehen?

Gegen die sozialen Abrißbirnen der Neoliberalen (unter Einschluß der linksdemokratischen Hausparteien von »Rot-Grün« und ihren Helden der »Zumutbarkeitsanforderungen«) wie gegen den neuen völkischen Nationalismus und Biologismus kann Habermas nur noch das demokratische Sozialkundebuch aus Wirtschaftswunderzeiten hochhalten, während er und die Seinen gleichzeitig die weltpolizeilichen Ruhigstellungs-Aktionen der »vereinigten demokratischen Leviathane« zu einer neuen »Weltinnenpolitik« der »Menschenrechte« (ausgerechnet mittels Flächenbombardements) stilisieren möchten. Das alles erinnert verzweifelt an die Empfehlungen der Zivilschutzbehörden während des kalten Krieges, nach dem Atomblitz eine Aktentasche über den Kopf zu halten. Die »demokratische Politik« selber mit ihrer faselnden Gestaltungshuberei ausgerechnet in bezug auf das, was für Adorno noch »Verhängnis« und »Verblendung« war, ist es, die am Ende der Arbeitsmarkt-Sklaverei in die ahumanen Phantasmen von »Biopolitik« und »Gattungspolitik« umschlägt. Sloterdijk kann höhnen: »Die Kritische Theorie ist tot« (Die Zeit 37/1999). Gegen die dehumanisierenden Nolte-, Strauß-, Walser- und Sloterdijk-Diskurse, die aus den schreienden inneren Widersprüchen der zerbrechenden Moderne aufsteigen und jedenfalls die demokratischen Einschaltquoten auf ihrer Seite haben, können die staatstragenden demokratischen Runenschriften der historischen und sozialen Heuchelei kein Gegengift sein.

Natürlich ist das keine deutsche Konstellation allein, obwohl sie in Deutschland ihre historischen Wurzeln hat. Überall in der Welt, und am krassesten in den ökonomischen Zusammenbruchsregionen, übersetzt sich die Unmöglichkeit eines kapitalistischen Weiterlebens, die von der demokratischen Phraseologie verleugnet wird, in die Formen einer nationalen, »ethnischen«, pseudo-biologischen Vernichtungskonkurrenz. Als Kehrseite der transnationalen Betriebswirtschaft hat das Denken in Kategorien des völkischen Wahns Hochkonjunktur in allen Erdteilen. Aber trotzdem wiederholt sich die Geschichte nicht spiegelbildlich. Das demokratische Defizit ist auch daran kenntlich, daß der Charakter der drohenden Barbarei verkannt wird. Der politische Totalitarismus der ersten Jahrhunderthälfte, der nicht als Prototypus des ökonomischen Totalitarismus in den Nachkriegsdemokratien begriffen wurde, erscheint gerade deswegen als unmittelbare Wiederholungsgefahr. In Wirklichkeit haben wir es mit dem umgekehrten Vorgang zu tun: Der zerbrechende ökonomische Totalitarismus der Demokratien zerfällt in pseudo-politische Splitter.

Die Partikularisierung der kapitalistischen Gesellschaft ist gerade in ihrem Untergang nicht aufzuhalten. Auch das Revival des gesellschaftlichen Darwinismus wird durch das revitalisierte mikroökonomische Paradigma gefiltert. Stand die früheste bürgerliche Naturalisierung und Biologisierung des Sozialen an der Wende vom 18. zum 19. Jahrhundert unter dem Eindruck des liberalen Individualismus, während die Hochzeit der sozialdarwinistischen und »rassenhygienischen« Vorstellungen ein Jahrhundert später mit dem Aufstieg des imperialen Regulationsstaates und der Modernisierungs-Diktaturen zusammenfiel, so erweist sich die post-postmoderne Biologisierung, Ethnisierung und sonstige Radikalisierung der Konkurrenz an der Schwelle des 21. Jahrhunderts als die Fortsetzung der *Betriebswirtschaft* mit anderen Mitteln. Es geht also nicht mehr um die diktatorische oder demokratische Herstellung einer gesellschaftlichen Einheit, einer warenproduzierenden Universalität. Statt dessen erweist sich paradoxerweise sogar der völkische Nationalismus in der transnationalen Krisengesellschaft als eine Art Sekte. Die Diktatur ist keine universelle Orwellsche Gesamtstruktur mehr, sondern sie erscheint selber in partikularer Form, weil sie jetzt nur noch den gesellschaftlichen Auflösungsprozeß exekutieren kann, statt das Zwangskorsett für eine gesellschaftliche Formierung zu bilden.

Der »apokalyptische Diskurs«, der sich aus dieser Auflösung ergibt, hat besonders in Frankreich seine auf Europa ausstrahlenden Schlußfolgerungen hervorgebracht. Während in Deutschland der staatstragende demokratische Konformismus und der völkisch-biologistische Gespensterdiskurs die Debatte besetzen, wird in Frankreich die neue Qualität an den quasi-betriebswirtschaftlichen Verfallsformen des Politischen stärker wahrgenommen. Der französische Politologe Jean-Marie Guéhenno, der die phantasmatische Idee eines neuen, nach »asiatischen« Prinzipien funktionierenden »Imperiums« bevorzugt, wie es aus dem Zerfall der bürgerlichen Nationalstaaten hervorgehen soll, spricht folgerichtig über »Das Ende der Demokratie«. Die neue imperiale Struktur soll getreu dem kybernetisch-systemtheoretischen Modell »ohne Zentrum« sein, gleichzeitig jedoch die kapitalistischen sozialen Verkehrsformen in atomisierten Strukturen aufrechterhalten:

»Die einzelnen Mitarbeiter eines modernen Unternehmens sind viel zu isoliert, als daß solidarische Verbindungen zwischen ihnen aufscheinen könnten, viel zu entwurzelt, um im Begriff der Gesellschaftsklasse eine Antwort auf ihr Verlangen nach Zugehörigkeit zu finden [...] Die wohlige Wärme einer Gruppe, gleichgerichtet und simpel, ist dann eine natürliche Versuchung. Wer die Vorstellung der Nation als immer abstrakter empfindet, wer von der Integration im Unternehmen ausgeschlossen ist, wen das Unternehmen isoliert, statt ihn in die Gemeinschaft hineinzuführen, dem wird die Gruppe möglicherweise als der natürliche Rahmen erscheinen, in dem jeder seine Identität wiederfindet. Der moderne Mensch – ohne Bindung an ein Territorium, ›Nomade‹ und doch in einer Funktion gefangen, eines Standorts beraubt, der seiner Arbeit einen Sinn geben könnte, ein unendlich oft reproduzierter Webknoten der Gesellschaft und doch stets einsam – ist dazu verdammt, seine Besonderheit in der Suche nach seinen Ursprüngen zu finden. Er braucht sie, um mit den anderen, ebenfalls ›Besonderen‹ das Gefühl einer gemeinsamen Zugehörigkeit teilen zu können« (Guéhenno 1994, 70ff.).

Mag die »Vorstellung von der Nation« auch als solche abstrakt erscheinen, sie kann sich doch an »Gruppen« oder besser gesagt Banden anlagern, die nichts weiter brauchen als ein Feindbild. Der alte bürgerliche Vernichtungsdiskurs, wie er vom Standpunkt der transnationalen Funktionseliten aus die Massen der »gefährlichen Klassen« von potentiell oder manifest »Überflüssigen« ins Auge faßt – er erscheint auch in diesen Massen selbst als die um sich greifende »mikrosoziale« Definition irgendeines irrationalen »Wir« gegen die zu vernichtenden »Anderen«. Unter den Bedingungen globalisierter Betriebswirtschaft besitzen diese Definitionen keine gesellschaftliche Verallgemeinerungsfähigkeit mehr; allenfalls können demagogische »Medienpolitiker« vom Schlage eines Reagan in den USA, eines Haider in Österreich, eines Berlusconi in Italien oder andererseits eines Blair in Großbritannien und eines Schröder in Deutschland damit Wählerstimmen fischen. Solche gewissermaßen virtuellen Figuren sind keine »Führer« einer realen Massenbewegung. Unterhalb des Medienhimmels bilden sich vielmehr durch den Krisenprozeß hindurch jene Gruppen oder Banden mit vielen kleinen »Führern«, die kein gesellschaftliches Projekt, kein »Reich«, keinen imperialen Anspruch mehr tragen.

Die Ausgrenzung und Vernichtung der »Anderen« findet auf »molekularer« Ebene parallel zur Ausdifferenzierung der transnationalen Betriebswirtschaft statt. Diese molekulare Form der Darwinisierung kann viele Gesichter annehmen. Die Feindbilder und Vernichtungsobjekte tragen die alten oder auch neue Namen: Juden, Ausländer, Behinderte, Farbige, »Asoziale«, Nichtmenschen, Untermenschen ... Aber wer darunter fällt, das bestimmt die jeweilige Bande. Das können auch die Nachbarn in der nächsten Region und im anderen Wohnblock oder die Mitglieder anderer, rivalisierender Banden sein. Und auch der Begriff dieser Banden ist weit zu fassen. Es können Jugend- und Straßenbanden, gewöhnliche Räuberbanden, Mafia-Zusammenhänge, »ethnische« Milizen und Geheimbünde aller Art, aber auch Familienclans (vor allem in Weltregionen, wo diese archaische Struktur unter der offiziellen Gesellschaft fortlebte wie im Vorderen Orient, in Asien, Afrika und Teilen Lateinamerikas) und nicht zuletzt religiöse Sekten sein.

Der biologistische und völkische Diskurs mischt sich mit eklektischen, religiösen Vorstellungen und einer wüsten Esoterik. Ideologisch ist das nicht neu, man denke nur an das seltsame Gebräu im Kopf des »deutschen Cromwell« Erich Ludendorff. Neu ist, daß diese wilden Synkretismen sich unter den Bedingungen eines globalisierten Krisenkapitalismus nicht mehr gesellschaftlich synthetisieren lassen. Die neuen Hitler bleiben die Chefs von Banden, Milizen oder eben Sekten und üben ihre Terrorherrschaft selber im molekularen

Maßstab aus. Während in bestimmten Stadtvierteln oder Regionen völkische Banden oder Milizen Jagd auf die »ethnischen Anderen« machen, laufen diese Ausgrenzungs- und Mordprogramme oft parallel zu religiösen Sektenkämpfen oder überlagern sich damit (etwa im Kosovo, im Kaukasus usw.).

Längst haben diese Erscheinungen des »molekularen Bürgerkriegs« (Hans Magnus Enzensberger) auf die industriellen Kernländer übergegriffen. Ob in Ostdeutschland völkische Banden Waffenlager anlegen, in London rassistische Geheimbünde Sprengstoffanschläge gegen Farbige verüben oder in den USA, in der Schweiz usw. Selbstmord- und Weltuntergangs-Sekten von sich reden machen, jugendliche Schwarzmagier und Hitler-Verehrer »Schulmassaker« verüben usw.: derartige Entwicklungen liegen alle auf derselben Linie. Die berüchtigten Selbstmordsekten stellen sozusagen die Bandenversion des individuellen Amokläufers dar, mit der aggressiveren Variante der Weltuntergangssekten, die durch völlig ziellose Terroranschlägen das völkisch-rassistische Vorgehen noch überbieten (das dennoch auch bei ihnen oftmals im Hintergrund steht). Auch diese Speerspitzen des sozialen Wahnsinns kommen aus der »Mitte« der Gesellschaft. So heißt es über die japanische Sekte Aum Shinrikyo, die durch ihren Giftgasanschlag auf die U-Bahn von Tokio berühmt wurde:

»Der Sekte gehören einige der vielversprechendsten und intelligentesten jungen Japaner an [...] Ein besonderes Kuriosum ist, daß Fumihiro Joyu, der 32jährige Sprecher der Sekte, inzwischen von Teenagern in ganz Japan verehrt wird und über Nacht zum Medienstar Nummer eins avanciert ist. Mädchen und junge Frauen in ganz Japan sind in den gutaussehenden und redegewandten Technikabsolventen einer der Elite-Universitäten des Landes, der Waseda-Universität, verliebt [...] Der 40jährige Sektenführer Shoko Asahara wurde im Zusammenhang mit den Gasanschlägen auf die U-Bahn zusammen mit über hundert hochrangigen Mitgliedern der Sekte verhaftet. Asahara [...] ist das sechste von sieben Kindern eines verarmten Tatami-Matten-Machers. Seine noch sehr jungen Gehilfen sind Absolventen der berühmtesten japanischen Universitäten (u. a. Tokio, Keio und Waseda). Und für die Regierung war es ein Schock und gleichzeitig peinlich, als herauskam, daß 30 Soldaten der japanischen Armee Angehörige der Sekte waren [...]« (Naisbitt 1995, 69 ff.).

Weder rekrutieren sich die diversen Dämonen-Banden einseitig aus den in der einen oder anderen Weise bereits Herausgefallenen, noch sind sie allein ein Phänomen, das dem Vernichtungsdiskurs der »Ins« gegen die »Outs« entspringt. Vielmehr mischen sich dabei die hochgradig instabil gewordenen sozialen Gruppen, Charaktere und Motive. Überall dort, wo sich der demokratische Staat unter »Finanzierungsvorbehalt« zurückzieht, entstehen »graue Territorien« des Terrors, die den demokratischen Staatsterror ergänzen und in »molekularen« Formen fortsetzen. Der französische Topmanager und Publizist Alain Minc sieht in diesen Zerfallsformen der kapitalistischen Zivilisation ein »neues Mittelalter« heraufziehen:

»Seit Hegel haben wir geglaubt, daß der Staat das natürliche Endziel aller gesellschaftlichen Organisation ist. Irrtum! Es kommt vor, daß sich Staaten gegen ihren Willen zurückziehen wie die Flut und ganz sonderbare Wirklichkeiten preisgeben [...] Gibt es einen kürzeren Weg zurück ins Mittelalter als den, der über die zunehmende Anzahl von Zonen führt, die außerhalb jeder gesetzlichen Autorität stehen? [...] Plötzlich kehrt sich alles um: Riesige Räume fallen in einen Naturzustand zurück; mitten in den fortschrittlichsten Demokratien breitet sich wieder Gesetzlosigkeit aus; die Mafia erscheint nicht mehr als archaische Erscheinung, die bald wieder verschwindet, sondern als eine Gesellschaftsform, die sich immer mehr ausbreitet; es gibt Bezirke in den Städten, die nicht mehr der staatlichen Autorität unterliegen und in eine besorgniserregende Außerstaatlichkeit abdriften [...] Neue bewaffnete Banden, neue Plünderer, neue ›Terra incognita‹: Es mangelt nicht an Zutaten für ein neues Mittelalter [...] Aber unsere Institutionen sind sich dieser Umwälzung noch nicht bewußt: Sie merken nicht, daß sie weltweit eine Minderheitenposition einnehmen und daß ihnen selbst im Westen ein immer größerer Teil der Gesellschaft entgeht [...]« (Minc 1994, 71 ff.).

Derartige Reflexionen gleiten auf einer trüben Oberfläche dahin. Natürlich ist »Mittelalter« nur eine Metapher, und wahrscheinlich eine unpassende. Was wir mit einem leeren Epochenbegriff als »Mittelalter« bezeichnen, war eine agrarische Zivilisation, deren Defizite hier nicht zur Debatte stehen. Was dagegen Minc und andere beschreiben, ist ein Prozeß der Entzivilisierung, wie ihn der Kapitalismus notwendigerweise am Ende seiner rasenden »Entwicklung« freisetzt. »Zero Tolerance«, wie zu erwarten war, befriedet die Gesellschaft nicht, sondern wird zum Moment ihrer beschleunigten Auflösung. Die »Sicherheitsapparate« beginnen von innen heraus zu verwildern und zu verfaulen; sie unterscheiden sich immer weniger von den Banden. Neben den elend bezahlten staatlichen Apparaten, die der Korruption verfallen und sich mit den Mafia-Strukturen verzahnen, bilden die transnationalen Konzerne eigene Horror-Kulturen aus. In den Transiträumen und »schwimmenden Inseln« der transnationalen Betriebswirtschaft entstehen »deterritorialisierte« Staaten im Staate, ebenso wie in den »grauen Zonen« der preisgegebenen Zusammenbruchs-Regionen.

Vor dem Hintergrund einer allgemeinen Darwinisierung des Denkens und einer Verwilderung der sozialen Beziehungen zersetzen sich »Marktwirtschaft und Demokratie« in partikularisierte Kampfstrukturen »ums Dasein«. Ob transnationale Konzerne mit Privatarmeen und eigenen Geheimdiensten, ob Söldnerhaufen und geschäftsmäßige Todesschwadronen, ob »ethnische« Milizen, Untergangssekten oder Neonazi-Banden: Die Landkarte der Entzivilisierung nimmt Gestalt an, während der Medienzirkus gespenstisch weitergeht und der demokratische Plastikdiskurs von Tag zu Tag ignoranter und hohler wird. Wie der Demokratie die »vierte Gewalt« der kapitalistischen Maschine schon immer vorgelagert war, so ist ihr nun, als Folge der irreparablen Funktionsstörungen dieser Maschine in der Dritten industriellen Revolution, die »fünfte Gewalt« der Banden nachgelagert. Es gibt keinen emanzipatorischen Aufstand, aber jedermann fängt an, sich zu bewaffnen.

Die Ultima ratio von Vernichtung und Selbstvernichtung ist das erste und das letzte Wort des Kapitalismus. Eine »Apokalypse« ist das nur bedingt zu nennen. Denn in den religiösen und mythischen Vorstellungen vom Weltzusammenbruch war immer auch die Verheißung einer anderen, verjüngten Welt enthalten. In diesem Sinne sind aber die Prediger des ökonomischen Terrorsystems von »Marktwirtschaft und Demokratie« trotz der unbewältigbaren Weltkrise dieser Produktions- und Lebensweise noch nicht einmal mehr apokalyptisch. Der »biopolitische« Zeitgeist der verwilderten Haßkonkurrenz erscheint als Spengler redivivus; und die neoliberal vermittelte Ragnarök könnte gelingen als »molekulare« endemische Zerstörung der menschlichen Gesellschaft überhaupt. Das Credo des Kapitalismus, dieser zum totalen Weltsystem objektivierten größten Untergangssekte aller Zeiten, lautet: Nach dieser soll keine andere Welt mehr kommen.

Epilog

Menschen, die gerade unter dem Diktat der kapitalistischen »Selbstverantwortung« jeder Selbstbestimmung über das eigene Leben beraubt und eigentlich selber nichts mehr sind, fragen unvermeidlich nach einem »Rezept«, wenn sie sich der Ausweglosigkeit ihrer Daseinsweise überführt sehen. Damit beweisen sie nur, daß sie selbst die Überwindung des Kapitalismus noch in kapitalistische Kategorien einbannen wollen. Denn ein »Rezept« setzt bereits voraus, daß die anzustrebende Selbstbestimmung nach vorgefertigten Mustern einer äußerlichen Instanz abzulaufen hat, also sich selber dementiert. Was sich angeben läßt, sind nicht »Rezepte« nach einem sozialen Baukastensystem (das wäre nichts als Sozialtechnologie, die ihren Ort nur im Kapitalismus haben kann), sondern vielmehr Kriterien der Emanzipation. Die »böse Horizontale« fängt nicht mit dem Abspulen eines vorgedachten Programms an, sondern mit der sozialen Rebellion gegen die unverschämten Zumutungen von »Marktwirtschaft und Demokratie«.

Radikale theoretische Kritik und Rebellion müssen zusammenkommen, nicht schwächelnde »Ethik« und der Ruf nach einer »gerechten« demokratischen Menschenverwaltung. Der Begriff der »sozialen Gerechtigkeit« gehört zum Plastikwortschatz der Medienpolitiker und damit zum Diskurs der demokratischen Krisenverwaltung. Nicht etwa die Befreiung der Reichtumsproduktion von den absurden kapitalistischen Restriktionen ist damit angesagt, sondern die »gerechte« protestantische Zuteilung der Notrationen gerade unter diesem pseudo-naturgesetzlichen Diktat. So forderte im Juli 1999 der sogenannte »Duisburger Appell« einer Initiative »Verzicht für alle!«, angestoßen bezeichnenderweise vom protestantischen »Kirchlichen Dienst in der Arbeitswelt«, allen Ernstes »Nullrunden auch für Spitzenverdiener« – der »geplante Anschluß der Arbeitnehmer an den Verzicht der Rentner« müsse »ergänzt werden durch die Solidarität aller anderen« (Nürnberger Nachrichten, 30.7.1999). Es ist eine schlichtweg närrische Idee, auf die gesellschaftliche Naturkatastrophe des Kapitalismus mit einer bloß negativen »Solidarität« zu reagieren, als handle es sich um die Heimsuchung eines zürnenden Gottes, der durch allgemeinen »Verzicht« besänftigt werden könnte. Ganz abgesehen davon, daß dieser »Verzicht« ökonomisch völlig sinnlos ist (es würde damit unter den Bedingungen der Dritten industriellen Revolution Geld nicht vom Konsum in reale Investitionen umgelenkt, sondern immer nur in die spekulative Blase), deuten solche Initiativen darauf hin, daß nach dem angeblichen »Tod der Kritik« die bis zum Überdruß wiedergekäute Ethik nur noch in Albernheit umschlagen kann, statt eine Widerstandslinie gegen die offene Barbarei zu ziehen.

Aber auch im positiven Sinne einer monetären »Umverteilung« ist kein Blumentopf mehr zu gewinnen; der Keynesianismus hat sich objektiv verbraucht und kann erst recht nicht durch moralische Appelle wiederbelebt werden: Umverteilungsethik ist genauso sinnlos geworden wie Verzichtsethik. Der ganze ethische Zirkus, dessen Aufführungen in den 90er Jahren immer idiotischer geworden sind, hat ja die bedingungslose Unterwerfung unter die herrschende kapitalistische Form der Gesellschaft zur stillen Voraussetzung. Deshalb können ethische Leitbilder sozialen Handelns auch nur in der Fetischform des Geldes gedacht werden, die als allgegenwärtiges Selbstzweck-Medium den gesellschaftlichen Raum erfüllt. Aber selbst wenn alle Milliardäre Teile ihres Geldvermögens an die Armen dieser Welt abgeben müßten, käme dabei für jeden einzelnen von einer Milliarde hungernder Menschen vielleicht nicht einmal eine Handvoll Reis heraus. Das Problem ist nicht die »Gerechtigkeit« in der herrschenden gesellschaftlichen Form, sondern eben diese Form selber.

Die Aufgaben, die gelöst werden müssen, sind von geradezu ergreifender Schlichtheit. Es geht erstens darum, die real und in überreichem Maße vorhandenen Ressourcen an Naturstoffen, Betriebsmitteln und nicht zuletzt menschlichen Fähigkeiten so einzusetzen, daß allen Menschen ein gutes, genußvolles Leben frei von Armut und Hunger gewährleistet wird. Unnötig der Hinweis, daß dies längst mit Leichtigkeit möglich wäre, würde die Organisationsform der Gesellschaft diesen elementaren Anspruch nicht systematisch verhindern. Zweitens gilt es, die katastrophale Fehlleitung der Ressourcen, soweit sie überhaupt kapitalistisch mobilisiert werden, in sinnlose Pyramidenprojekte und Zerstörungsproduktionen zu stoppen. Unnötig zu sagen, daß auch diese ebenso offensichtliche wie gemeingefährliche »Fehlallokation« durch nichts anderes als die herrschende Gesellschaftsordnung verursacht ist. Und drittens schließlich ist es erst recht von elementarem Interesse, den durch die Produktivkräfte der Mikroelektronik gewaltig angeschwollenen gesellschaftlichen Zeitfonds in eine ebenso große Muße für alle zu übersetzen statt in »Massenarbeitslosigkeit« einerseits und verschärfte Arbeitshetze andererseits.

Es hat die Züge eines verrückten Märchens, in dem das Absurde normal und das Selbstverständliche ganz unverständlich erscheint, daß das, was offen auf der Hand liegt und eigentlich gar nicht erwähnt zu werden braucht, im gesellschaftlichen Bewußtsein vollständig verdrängt worden ist, als wäre darüber ein Zauberbann ausgesprochen worden. Trotz der geradezu schreiend evidenten Tatsache, daß ein auch nur einigermaßen sinnvoller Einsatz der gemeinsamen Ressourcen mit der kapitalistischen Form völlig unvereinbar geworden ist, werden nur noch »Konzepte« und Vorgehensweisen diskutiert, die genau diese Form voraussetzen.

Es handelt sich weder um ein materielles noch um ein technisches oder organisatorisches Problem, sondern allein um eine Bewußtseinsfrage. Um zivilisatorisch überleben zu können, muß die Menschheit die Gehirnwäsche des Liberalismus und seines Bentham-Systems abschütteln, also gewissermaßen die verinnerlichten Zwänge und Zumutungen der blinden Geldmaschine wieder herauswürgen, um sich überhaupt unbefangen dem Verhältnis von vorhandenen Ressourcen und ihrer vernünftigen gesellschaftlichen Anwendung stellen zu können. Das würde bedeuten, die herrschenden gesellschaftlichen Formen, Kategorien und Kriterien nicht mehr in irgendeiner anderen Kombination gruppieren zu wollen, sondern sie schlicht abzuschaffen. Der gesamte Betrieb von abstrakter »Arbeit«, betriebswirtschaftlicher Rationalität, Wachstumszwang und Marktwirtschaft, die gesellschaftliche Reproduktion über »Arbeitsmärkte« unter dem leitenden Selbstzweck des Geldkapitals und seiner »Verwertung« – dieser unhaltbar gewordene ganze Systemzusammenhang kann nur noch stillgelegt werden. Es bedarf eines weltweiten sozialökonomischen »Maschinensturms« gegen die in Wahrheit grauenhaft häßliche Weltmaschine des Kapitals, um sie zum Stehen zu bringen und zu verschrotten, bevor sie vollends in die Luft fliegt und die Reste menschlicher Zivilisation mit sich ins Verderben reißt.

Die Aufgabe gleicht derjenigen eines abergläubischen »Wilden« (und der wahre »Wilde« ist der kapitalistisch domestizierte, moderne Mensch), der sein Leben nur retten kann, wenn er ein tiefsitzendes, völlig unsinniges Tabu bricht. Dieses Tabu ist der geheiligte Dreischritt von abstrakter »Arbeit« (Warenproduktion für anonyme Märkte), Geldeinkommen und Warenkonsum gemäß »Kaufkraft«. Der gordische Knoten des »Geldrätsels« kann nicht aufgeknotet, sondern nur gewissermaßen mit dem Schwert durchschlagen werden. Von diesem Tabubruch ist natürlich weit und breit nichts zu sehen. Wie die Menschen des 18. und frühen 19. Jahrhunderts oft lieber verhungerten, als sich unter das Diktat der Geldmaschine zu beugen, so verhungert anscheinend heute das domestizierte Menschenmaterial dieser Maschine lieber, als daß es seine eingedrillte fetischhafte Geldsubjektivität abschüttelt. Die Kritik des als Kapital zum Selbstzweck gewordenen Geldes, dieses blendenden Scheins gesellschaftlicher Paranoia, ist dennoch in der Krise als Gespenst anwesend. Anders ist es nicht zu erklären, daß die beiden Ökonomen des »Club of Rome«, Orio Giarini und Patrick M. Liedtke, ihre Zwangsarbeits- und Billiglohnprojekte in einer merkwürdigen Passage gegen einen völlig unsichtbaren Gegner verteidigen:

»Von einer Rückkehr zu den alten Utopien des vergangenen Jahrhunderts oder zu neuen, die von einer geldlosen Gesellschaft träumen, kann überhaupt nicht die Rede sein. Geld war eine der wesentlichen Schöpfungen der Zivilisation, weil durch seine Einführung erst wahrer Fortschritt (!) ermöglicht worden ist. Natürlich liegt es in der Natur des Menschen, daß Geld [...] mißbraucht werden kann [...] Ebenso klar sollte jedoch sein, daß die alten Utopien einer geldlosen Gesellschaft der Vergangenheit in Wirklichkeit unbewußte Bestrebungen waren, sich den modernen Realitäten und Chancen (!) zu entziehen, und daß sie lediglich den Widerstand gegen eine mögliche neue Verbesserung widerspiegeln. Gleich, welcher Mythos gesponnen wird, eine steinzeitliche Gesellschaft (!) ist, insbesondere in einer Situation massiver gegenseitiger Abhängigkeiten der Menschen, nicht realisierbar und würde höchstwahrscheinlich in eine Katastrophe führen.

Da unser gegenwärtiges Wirtschaftssystem zu einem großen Teil auf dem Einsatz von Geld beruht – und wir wollen daran nichts ändern –, ist es von grundlegender Bedeutung, daß jeder einzelne Zugang zu einer gewissen Geldmenge hat, um für die nötigsten Dinge des Lebens aufzukommen [...]« (Giarini/Liedtke 1998, 191 f.).

Das Phantom der Kritik am Geldfetisch muß schon arge Panik hervorrufen, wenn ihm in einem Schattengefecht derart schwache Argumente entgegengeschleudert werden. Bis zum Beginn der Modernisierung war Geld ein völlig randständiges Medium für den Austausch von Überschußprodukten oder (im Fernhandel) von Spezialgegenständen wie Seide, Metallen usw. zwischen unabhängigen Produzenten, während die alltägliche Reproduktion größtenteils ganz ohne Geld und Markt »naturalwirtschaftlich« stattfand. Die überwiegende Mehrzahl der Erfindungen und zivilisatorischen Errungenschaften in der ganzen Menschheitsgeschichte vor dem 17. Jahrhundert kam ganz unabhängig von der Geldform zustande. Es ist nur ein Zeichen für den Fetischismus der Ökonomen, daß sie »wahren Fortschritt« nur als Ausdruck der Geldform gelten lassen wollen, womit die Erfindung des Ackerbaus, der Viehzucht, des Rades, der Schrift, der Malerei und unzähliger anderer Errungenschaften anscheinend ein »unwahrer« Fortschritt gewesen sein müssen. Zur alltäglichen gesellschaftlichen Beziehungsform wurde das Geld aber durch keinerlei menschlichen Fortschritt, sondern allein durch die zwangsweise und blutig durchgesetzte Einführung von »Arbeitsmärkten«, mit der die frühmodernen Militärdespotien die Menschen in das Material ihres Geldhungers verwandelten.

Als »freie« Systemsklaven einer irrationalen Gesellschaftsmaschine von anonymen Märkten mußten sich die Gesellschaftsmitglieder den Bewegungsgesetzen des verselbständigten Geldkapitals unterordnen bis zur sozialen Selbstaufgabe, deren Gipfelpunkt heute erreicht zu sein scheint. Es sind gerade keine »unabhängigen Produzenten«, die im Kapitalismus ihre Produkte über das Medium des Geldes »tauschen« würden, wie es die Ideologie der Ökonomen vorgaukeln möchte. Im Gegenteil handelt es sich ja um hochgradig vergesellschaftete Aggregate, in denen die Menschen sich nicht mehr isoliert voneinander in Familienwirtschaften reproduzieren, sondern im unmittelbaren gesellschaftlichen Zusammenwirken. Ausgerechnet diese in hohem Maße vergesellschaftete Reproduktion jedoch wird durch eine Form oder ein Medium gesteuert, das ursprünglich seinen relativen und marginalen Sinn nur in der Beziehung zwischen tatsächlich unabhängigen Familienwirtschaften hatte!

Die »massive gegenseitige Abhängigkeit« in direkt gesellschaftlichen Aggregaten spricht also gerade gegen die Geldform, die unter diesen Umständen ebenso verrückt ist, wie wenn Leute, die in demselben Haus wohnen, sich nur per Satellitentelefon verständigen dürften. Die Geldform ist bei einem derart hohen Grad der Vergesellschaftung eben keine Form menschlicher Verständigung, sondern umgekehrt werden alle menschlichen Beziehungen dem Diktat eines rasend prozessierenden, verständigungslosen und unansprechbaren Dinges unterworfen. Was für eine freche Verdrehung, die Kritik dieser Verrücktheit als »Mythos« einer »steinzeitlichen Gesellschaft« denunzieren zu wollen! Damit beweisen die Ökonomen wieder einmal, daß sie das Phantom »Nicht-Geld« nur mit äußerster Primitivität gleichsetzen wollen, weil die Befreiung vom kapitalistischen Selbstzweck ihren fetischistisch indoktrinierten Verstand übersteigt. So beeilen sie sich, alle denkbaren Vertreter einer Kritik dieses Fetischismus im vorhinein zu psychiatrisieren als Leute, die sich »unbewußt« den »Chancen« der Modernisierung (Zwangsarbeit und Billiglohn als letztes Wort!) »entziehen« wollten. Weil »unser gegenwärtiges Wirtschaftssystem« auf dem »Einsatz von Geld beruht«, soll daran nichts geändert werden; das tautologische Nicht-Argument, daß es so sein soll, weil es so ist, zeigt das Ende jeder kapitalistischen Argumentationsfähigkeit an.

Daß das Geld, wie oft behauptet wird, wenigstens eine Art »Leistungsmaß« sei, wenn es schon aufgrund des hohen Vergesellschaftungsgrades kein Tauschmedium unabhängiger Produzenten mehr sein kann, hat ebenfalls noch nie gestimmt. Weder sind die großen Geldvermögen von den Konquistadoren bis zu den Rockefellers durch andere als mörderische und destruktive »Leistungen« angehäuft worden, noch ist im kapitalistischen Alltag »Leistung« etwas anderes als ein Synonym für Skrupellosigkeit einerseits und Selbstunterdrückung andererseits; bezogen stets auf eine verständigungslose, hochgradig irrationale Tätigkeitsform. In der Dritten industriellen Revolution führt sich sogar dieser irrationale Leistungsbegriff selber ad absurdum; unter diesen Bedingungen kann es gar keinen sinnvollen individuellen Leistungsbegriff mehr geben, weil die eigentliche Produktionspotenz längst im verwissenschaftlichten gesellschaftlichen Aggregat steckt. Die Blähungen des Kasinokapitalismus machen die Geldform als »Leistungsmaß« vollends lächerlich.

Die Panik der Ökonomen vor dem Phantom der Geldkritik zeigt sich auch im falschen Verweis auf die angeblichen »alten Utopien« eines »vergangenen Jahrhunderts«. In Wirklichkeit hat es eine konsequente Kritik der Geldform bis jetzt außer im »esoterischen«, vom Arbeiterbewegungs-Marxismus systematisch verdrängten Aspekt der Marxschen Theorie noch nie gegeben. Abgesehen von einigen moralisierenden Auslassungen gegen den »schnöden Mammon« haben sowohl die Utopisten und Anarchisten als auch der Marxismus niemals den Geldfetisch als solchen kritisiert, sondern immer nur an Surrogatformen des Geldes oder an einer staatlich-leviathanischen Moderation dieser unüberwundenen gesellschaftlichen Form gebastelt. Einer radikalen Kritik des Geldfetischs kann es aber nicht um eine oberflächliche »Abschaffung des Geldes« in seiner unmittelbaren Erscheinungsform gehen, sondern vielmehr um die Aufhebung der dieser Form zugrundeliegenden gesellschaftlichen Beziehungen, also eben des Systems von abstrakter »Arbeit«, »Arbeitsmärkten«, betriebswirtschaftlicher Rationalität und anonymen Warenmärkten, deren zusammenfassendes Selbstzweck-Medium das Geld nur ist.

Daß das eigentliche Problem erst jetzt nach einer mehrhundertjährigen Domestizierung zum Durchbruch kommt, wird bei Giarini/Liedtke unfreiwillig in der seltsamen Formulierung einer »Rückkehr zu neuen Utopien« deutlich, denn in der Tat handelt es sich um eine Art »Rückkehr in die Zukunft«: Die Dritte industrielle Revolution setzt unausweichlich das Problem auf die Tagesordnung, an dem die alten Sozialrevolten gegen das Terrorsystem der abstrakten »Arbeit« gescheitert sind. Natürlich kann es kein Zurück in diese gesellschaftlichen Konstellationen und kein Anknüpfen an den Bewußtseinsstand dieser Revolten geben. Aber auf einer viel höheren Entwicklungsstufe stellt sich erneut die Frage, wie die Produktivkräfte, die schon lange nicht mehr in der Form unabhängiger Familienbetriebe organisiert werden können, in die Form einer bewußten

Verständigung der Gesellschaftsmitglieder zu bringen sind, statt von einem blinden und anonymen Mechanismus gesteuert zu werden.

Allein das Phantom dieses vernünftigen Gedankens denunzieren Giarini/Liedtke bereits als »Gang in die Katastrophe«. In Wahrheit verhält es sich genau umgekehrt: Der Kapitalismus, das heißt das System von »Arbeitsmärkten« und allgemeiner Geldwirtschaft, hat bereits in die Katastrophe geführt. Die »unsichtbare Hand« schlägt blind um sich und zerstört alle zivilisatorischen Mindeststandards, gerade weil die menschlichen Möglichkeiten ungeheuer gesteigert worden sind! Nicht die Verwirklichung irgendeiner träumerischen und »unrealistischen« Utopie steht auf der Tagesordnung, sondern im Gegenteil muß die realisierte Negativ-Utopie des Kapitalismus in ihrem sozialökonomischen Amoklauf gestoppt werden, um durch bewußte gesellschaftliche Verständigung den verrückten Dogmen des Geldes zu entkommen und überhaupt erstmals *pragmatisch* (also nicht einem entsinnlichten, den Bedürfnissen gegenüber autonomen Fetischgesetz folgend) über den sinnvollen Einsatz der Ressourcen und Produktivkräfte zu beraten.

Die Ökonomen sind von diesem elementar vernünftigen Gedanken schon axiomatisch abgeschnitten; ihr »negativer Realismus« kann sich allein auf das Kategoriensystem der »schönen Maschine« beziehen, die für sie identisch mit Gesellschaftlichkeit überhaupt ist. Daran ist allerdings auch das »Humankapital« ihres sektenhaften Priesterwissens gebunden. Wenn sich die Menschheit von der kapitalistischen Maschine befreit, wird mit einem Schlag nahezu die gesamte ökonomische Literatur der letzten dreihundert Jahre zusammen mit ihrem gesellschaftlichen Bezugssystem »entwertet«. Dieses als schriftlicher Corpus fixierte Denksystem wäre dann so historisch wie die altägyptischen Totenbücher oder die Opferrituale der Maya. Für die überlebensnotwendig gewordene Kritik der Ökonomie ist von den Ökonomen nichts zu erwarten.

Der Gedanke einer permanenten gesellschaftlichen Beratung über den Einsatz der Ressourcen verweist schon auf ein mögliches institutionelles Gefüge, das »Marktwirtschaft und Demokratie« ablösen könnte: nämlich eben »Räte«, beratende Versammlungen aller Gesellschaftsmitglieder auf allen Ebenen der gesellschaftlichen Reproduktion. Sich einfach versammeln und die Dinge in die eigene

Hand nehmen, ohne sich länger von der kapitalistischen Menschenverwaltung kujonieren und auf lächerliche Notrationen ohne Not setzen zu lassen – nur darin kann die Entfesselung der »bösen Horizontale« sich darstellen. Die historischen, immer nur kurzlebigen Ansätze von »Räten« seit der Pariser Commune sind daran gescheitert, daß sie in den kapitalistischen Kategorien von abstrakter »Arbeit«, Geldform, Marktvermittlung und »Politik« befangen blieben, also ihren eigenen Gesichtspunkt gegen die herrschenden Fetischformen nicht geltend machen konnten. Unter den Bedingungen der Dritten industriellen Revolution könnten »Räte« dagegen tatsächlich nur noch an die Stelle von Geldform und anonymen Märkten treten. Die Mikroelektronik stellt dafür gleichzeitig die Möglichkeit einer allseitigen kommunikativen Vernetzung bereit, die alle Herrschaftszentren »vertikaler« Menschenverwaltung leicht aushebeln kann.

Damit die »böse Horizontale« in Gang kommen kann, bedarf es einer bewußten »Palaverkultur«; also genau das, was für Ford und Lenin der Horror eines ewigen »Gequatsches« war, das ihre schöne Gesellschaftsmaschine beeinträchtigen könnte. Genau darum geht es: alles zu bereden und abzuwägen, statt sich einer blinden und zerstörerischen abstrakten Leistungsmaschine zu unterwerfen und als deren Rädchen zu funktionieren. Zeit für das Palaver stünde übergenug zur Verfügung; und zwar nicht nur durch die Produktivkräfte der Dritten industriellen Revolution, sondern auch durch die Perspektive, alle destruktiven und unsinnigen Produktionen ersatzlos stillzulegen, die nur der Aufrechterhaltung des kapitalistischen Systems dienen (von der Geldverwaltung bis zur nervtötenden medialen Glocke der »Werbung«).

Das entscheidende Problem ist, ob in der destabilisierten Weltkrisengesellschaft des Kapitalismus im beginnenden 21. Jahrhundert ein ideeller und organisatorischer Fokus entstehen kann, der die radikale Kritik zu formulieren wagt und ihr ein Gesicht zu geben vermag. Es ist nach wie vor die Linke im weitesten Sinne, die allein dafür in Frage kommt. Aber im Hinblick auf die wahre Aufgabe wurden die Weichen seit den 80er Jahren genau verkehrt herum gestellt. Die von Haus aus in den kapitalistischen Kategorien befangene Linke zog aus dem Ende des Staatssozialismus die völlig unangemessene Konsequenz, theoretisch abzurüsten und die Gesellschaftskritik weitgehend fallenzulassen, um sich als Musterschüler der Rentabilitätslogik zu gebärden. Die intellektuelle und moralische Verwahrlosung der regierenden Armani-Linken ist inzwischen so weit fortgeschritten, daß sie bereits unumkehrbar zum integralen Bestandteil der kapitalistischen Krisenverwaltung, der sozialen Repression und Barbarisierung der Verhältnisse geworden ist.

Dennoch befindet sich ein größerer Teil der Linken überall in der Phase einer unbestimmten Latenz. Es ist immer noch möglich, eine Kehrtwendung zu machen und sich den katastrophalen Erfahrungen der 90er Jahre zu stellen. Die Linke muß begreifen, daß sie nicht etwa »zu radikal«, sondern im Gegenteil niemals radikal genug war. Nicht eine stärkere Anpassung an das ökonomische Gesetz des Kapitalismus ist das Gebot der Stunde, sondern im Gegenteil der vollständige Bruch mit diesem Gesetz. Die Linke muß ihre eigene Geschichte kritisieren, ihre eigene apriorische Verbundenheit mit der bürgerlichen Welt aufdecken und sich davon lösen. Nur dann waren die systemimmanenten Kämpfe der letzten hundert Jahre nicht umsonst, mit denen die Linke dem Kapitalismus stets nur vorübergehend ein niemals genügendes Minimum an sozialen Gratifikationen und eine Begrenzung der schlimmsten Zumutungen abgetrotzt hat, wenn diese Linke am definitiven Ende der kapitalistischen Geschichte den Mut findet, aus dem eisernen Käfig von »Marktwirtschaft und Demokratie« auszubrechen.

Die Marxsche Theorie ist nicht widerlegt, sie gewinnt erst jetzt ihren historischen Wahrheitsgehalt; allerdings nur, wenn sie gegen den Strich des Arbeiterbewegungs-Marxismus gebürstet und endlich als radikale Kritik des modernen Fetischismus warenproduzierender Systeme gelesen wird. Die Idee der sozialen Emanzipation muß aufhören, sich wieder und wieder in die vom Liberalismus aufgestellte Falle locken und zwischen den kapitalistischen Polen von Markt und Staat hin- und herhetzen zu lassen. Markt und Staat sind die beiden Seiten derselben Medaille, und es ist eine billige Ausflucht, nach dem Zusammenbruch des Staatssozialismus den Markt als »alternativlos« zu setzen, als wäre die staatskapitalistische Kritik am Konkurrenzsystem die einzig mögliche. Die wirkliche Alternative ist die Selbstverwaltung der Gesellschaft durch die »böse Horizontale« eines umfassenden Rätesystems; und eine solche Selbstverwaltung ist das Gegenteil nicht nur des Staates, sondern damit auch des Marktes.

Eine solche Reformulierung radikaler Kritik ist allerdings auch nur in einer Perspektive möglich, die sich nicht mehr blenden läßt vom falschen Fortschrittsbegriff der »Modernisierung«, der sich heute endgültig als Synonym für soziale Degradation, Verelendung und Entsolidarisierung entlarvt. Gerade in dieser Fixiertheit auf die »Modernisierung«, die nie etwas anderes als der blinde kapitalistische Entwicklungsprozeß gewesen ist, zeigt sich die babylonische Gefangenschaft der Linken im bürgerlichen Denksystem. Seitdem die »Antimoderne« der alten Sozialrevolten von den Terrorregimes des Liberalismus in ihrem Blut erstickt worden ist, hat die Idee der sozialen Emanzipation sich nicht mehr gegen das perfide »Neusprech« und »Doppeldenk« der Aufklärungsphilosophie positionieren können, von der die Unterwerfung unter die moderne Systemsklaverei als Inbegriff der Freiheit verkauft wurde. An die Stelle der emanzipatorischen, sozialrebellischen Antimoderne trat jene reaktionäre, »rechte« Antimoderne, die in Wahrheit immer ein Derivat des bürgerlichen Aufklärungsdenkens selber gewesen ist. Diese rechte Scheinkritik der Moderne konnte das dämonische Potential des Kapitalismus entbinden; sie zeigte immer nur den Irrationalismus der bürgerlichen Rationalität selbst an, um die Nachtseite der Moderne für die Massaker der »Modernisierung« zu instrumentalisieren.

Die falsche Gegenüberstellung einer guten, aufklärerischen Moderne, die links zu besetzen wäre, und einer negativen, vermeintlich gegenaufklärerischen Antimoderne, die irgendein phantasmatisches »Mittelalter« anbetet, ist erst recht eine Falle. Auch in dieser Hinsicht handelt es sich um die beiden Pole der kapitalistischen Moderne selbst. An der Schwelle des 21. Jahrhunderts bedarf es einer neuen »emanzipatorischen Antimoderne«, die sich nicht mehr von den innerkapitalistischen Gegensätzen instrumentalisieren und für dumm verkaufen läßt, sondern der gesamten Modernisierungsgeschichte auf der Höhe der Dritten industriellen Revolution den Prozeß macht. Dieser Gedanke muß nicht erschrecken, denn eine neue emanzipatorische Antimoderne kann sich leicht von der reaktionären Pseudo-Antimoderne abgrenzen und wird den de Benoist u. Co. niemals die Hand reichen.

Die rechte Antimoderne ist immer irrational und biologistisch; sie verlängert den liberalen Naturalismus des Sozialen in darwinistische Rassen- und Volksmythologien. Die emanzipatorische Antimoderne dagegen kann nur der vollständige Bruch mit jeder Art von Naturalisierung des Gesellschaftlichen sein; sie begreift die Gesellschaft als eine Daseinsebene sui generis, die nur in sozialen, psychischen und historischen Kategorien zu entschlüsseln ist. Die rechte Antimoderne ist immer antisolidarisch, ausgrenzend und von Vernichtungsdiskursen erfüllt; sie stellt nichts als die Fortsetzung der Konkurrenz mit anderen Mitteln dar. Die emanzipatorische Antimoderne dagegen ist der ebenso vollständige Bruch mit dem kapitalistischen Konkurrenzsystem und stellt die Solidarität über alle Grenzen hinweg in den Mittelpunkt. Ferner ist die rechte Antimoderne immer elitär und autoritär; ihre Organisationsform ist das »Führerprinzip« und damit die Extremform der im kapitalistischen Sinne »braven Vertikale«. Demgegenüber entfesselt die emanzipatorische Antimoderne eben genau umgekehrt die »böse Horizontale«; sie ist konsequent antielitär, antiautoritär und sozialrebellisch.

Schließlich faßt sich der ganze Gegensatz im Verhältnis zur kapitalistischen Erfindung und Realkategorie der sogenannten »Nation« zusammen: Die rechte Pseudo-Antimoderne beweist sich gerade dadurch als integraler Bestandteil der Moderne selbst, daß sie immer die »Nation« zu ihrem zentralen Bezugsfeld erkoren hat und diesen Begriff mythisch auflädt, auch wenn dies im Zeitalter der Globalisierung nur noch in der Form medialer Inszenierungen oder andererseits einer mörderischen Banden-Ideologie möglich ist. Die emanzipatorische Antimoderne kann sich umgekehrt nur dadurch wirklich von der bürgerlichen Gefangenschaft lösen, daß sie unwiderruflich mit der Kategorie der »Nation« bricht und konsequent jede nationale Loyalität aufkündigt, um sich von vornherein in transnationalen Beziehungsformen zu organisieren. Der Bruch mit der »Nationalität« ist für die Linke die Gretchenfrage, ob ihr der Ausbruch aus dem »eisernen Käfig« gelingt, denn die Befangenheit in der »nationalen Identität« und im bürgerlichen Nationalstaat bildete ja spätestens seit 1848 die entscheidende Fußfessel, die den Arbeiterbewegungs-Sozialismus an das kapitalistische Kategoriensystem gekettet hat.

Es ist fast müßig, sich die Frage zu stellen, auf welche Weise eine neue radikale Kapitalismuskritik jenseits von Markt und Staat als emanzipatorische Antimoderne zur gesellschaftlichen Massenbewegung werden kann. Denn das ist eine Frage, die nur durch die Tat zu entscheiden ist. Voraussetzung dafür ist einerseits die theoretische Innovation, die zur Kritik der grundlegenden kapitalistischen Gesellschaftsformen vordringt, statt sich wie bisher »in« diesen Formen auszudrücken. Andererseits bedarf es des regelrechten Aufstands, der Rebellion gegen die kapitalistische Krisenverwaltung jeglicher Couleur mit ihrer trostlosen Perspektive von demokratischer Zwangsarbeit und Billiglohn-Sklaverei. Die Parole »Niemals Billiglohn!« kann vielleicht endlich umschlagen in die Parole »Nieder mit dem Lohnsystem!« und Elemente einer gesellschaftlichen Gegenbewegung jenseits der abgewirtschafteten demokratischen Politik hervorbringen. Der kürzeste Weg in den sozialen Erschütterungen der kommenden Jahre wäre die *Besetzung* der Produktionsbetriebe, Verwaltungsinstitutionen und sozialen Einrichtungen durch eine Massenbewegung, die sich die gesellschaftlichen Potenzen direkt aneignet und die gesamte Reproduktion in eigener Regie betreibt, also die bislang herrschenden »vertikalen« Institutionen schlicht entmachtet und abschafft. Denkbar wäre auch eine Übergangsphase, in der sich eine Art *Gegengesellschaft* bildet, die bestimmte soziale Räume gegen die kapitalistische Logik eröffnet, aus denen Markt und Staat vertrieben werden.

Am wahrscheinlichsten ist es gegenwärtig allerdings, daß die Zukunftsmusik wirklich ausgespielt hat, weil der »Bewußtseinssprung« nicht mehr vollzogen wird, der für eine neue soziale Emanzipationsbewegung erforderlich wäre. Der Kapitalismus kann dennoch nicht weiterleben, weil seine innere Schranke ebenso blind objektiviert ist wie der Funktionsmechanismus der »schönen Maschine«, der an sich selbst zuschanden wird. Bleibt die radikale Gegenbewegung aus, ist das Resultat die unaufhaltsame Entzivilisierung der Welt, wie sie jetzt schon überall sichtbar wird. Selbst dann wäre für eine Minderheit immer noch wenigstens eine *Kultur der Verweigerung* möglich. Wenn schon das ökonomische Terrorsystem in seinem Zerstörungs- und Selbstzerstörungsprozeß nicht mehr aufgehalten werden kann, so gilt doch immer noch die Devise der Kritischen Theorie, sich von der eigenen Ohnmacht nicht dumm machen zu lassen. Unter den gegebenen Umständen kann das nur heißen, jede Mitverantwortung für »Marktwirtschaft und Demokratie« zu verweigern, nur noch »Dienst nach Vorschrift« zu machen und den kapitalistischen Betrieb zu sabotieren, wo immer das möglich ist. Selbst wenn es nur wenige sind, die im Zerfallsprozeß des Kapitalismus eine neue innere Distanz gewinnen können: Es ist immer noch besser, Emigrant im eigenen Land zu werden, als in den inhaltslosen Plastikdiskurs der demokratischen Politik einzustimmen. Die Gedanken sind frei, auch wenn sonst gar nichts mehr frei ist.

Literatur

Abel, Wilhelm (1981): Stufen der Ernährung. Eine historische Skizze, Göttingen

Abelshauser, Werner/Faust, Anselm/Petzina, Dietmar (Hrsg.) (1985): Deutsche Sozialgeschichte 1914–1945. Ein historisches Lesebuch, München

Abendroth, Wolfgang (1965): Sozialgeschichte der europäischen Arbeiterbewegung, Frankfurt/Main

Abendroth, Wolfgang (1985): Einführung in die Geschichte der Arbeiterbewegung, Band 1, Von den Anfängen bis 1933, Heilbronn

Abosch, Heinz (1986): Jean Jaurès. Die vergebliche Hoffnung, München–Zürich

Adler, Georg (1897): Die imperialistische Sozialpolitik. D'Israeli, Napoleon III., Bismarck, Tübingen

Adorno, Theodor W./Horkheimer, Max (1997, zuerst 1944): Dialektik der Aufklärung, Darmstadt

Adorno, Theodor W. (1983, zuerst 1951): Minima Moralia. Reflexionen aus dem beschädigten Leben, Frankfurt/Main

Aldcroft, Derek H. (1978): Die Zwanziger Jahre. Geschichte der Weltwirtschaft, Band 3, München

Altvater, Elmar (1998): Wer reitet den Tiger der Weltfinanzen, in: Freitag 4/1998

Anders, Günther (1987, zuerst 1977): Die Antiquiertheit des Menschen, Bd. 2, Über die Zerstörung des Lebens im Zeitalter der dritten industriellen Revolution, München

Arendt, Hannah (1989, zuerst 1958): Vita activa oder Vom tätigen Leben, München

Arendt, Hannah (1991, zuerst 1951): Elemente und Ursprünge totalitärer Herrschaft, München–Zürich

Baier, Lothar (1998): Toleranz gegen Null, in: Freitag 13/1998

Baumunk, Bodo-Michael/Rieß, Jürgen (Hrsg.) (1994): Darwin und Darwinismus. Eine Ausstellung zur Kultur- und Naturgeschichte, Berlin

Bayertz, Kurt s. Weingart, Peter

Bebel, August (1946, zuerst 1910): Aus meinem Leben, 3 Bde., Berlin

Becher, Ursula A. (1990): Geschichte des modernen Lebensstils. Essen – Wohnen – Freizeit – Reisen, München

Beck, Ulrich (1990): Freiheit oder Liebe. Vom Ohne-, Mit- und Gegeneinander der Geschlechter innerhalb und außerhalb der Familie, in: Beck, Ulrich/Beck-Gernsheim, Elisabeth: Das ganz normale Chaos der Liebe, Frankfurt/Main

Bell, Daniel (1985, zuerst 1973): Die nachindustrielle Gesellschaft, Frankfurt/Main

Bender, Christiane/Graßl, Hans (1997): Dienstleistungen und ihre technische Reproduzierbarkeit. Die »McDonaldisierung« erfaßt immer mehr Bereiche der Ökonomie, in: Frankfurter Rundschau, 14. 10. 1997

Benoist, Alain de (1983): Aus rechter Sicht, Tübingen–Buenos Aires–Montevideo

Bentham, Jeremy (1981, zuerst 1843): Zur Philosophie der ökonomischen Wissenschaft, in: Gall, Lothar/Koch, Rainer (Hrsg.): Der europäische Liberalismus im 19. Jahrhundert, Frankfurt/Main–Berlin–Wien

Bentham, Jeremy (1995, zuerst 1791): The Inspection-House, London

Bergmann, Anna (1992): Die verhütete Sexualität. Die Anfänge der modernen Geburtenkontrolle, Hamburg

Bernstein, Eduard (1969, zuerst 1899): Die Voraussetzungen des Sozialismus und die Aufgaben der Sozialdemokratie, Reinbek bei Hamburg

Berthold, Werner (1960): »... Grosshungern und Gehorchen«. Zur Entstehung und politischen Funktion der Geschichtsideologie des westdeutschen Imperialismus, untersucht am Beispiel von Gerhard Ritter und Friedrich Meinecke, Berlin

Bieber, Hans-Joachim (1981): Gewerkschaften in Krieg und Revolution. Arbeiterbewegung, Industrie, Staat und Militär in Deutschland 1914–1920, 2 Bde., Hamburg

Blaich, Fritz (1985): Der Schwarze Freitag. Inflation und Weltwirtschaftskrise, München

Blech, Jörg (1997): Arme sterben früher. Der Körper antwortet mit Krankheiten auf soziale Not, in: Die Zeit, 17. 10. 1997

Bode, Peter M./Hamberger, Sylvia/Zängl, Wolfgang (1986): Alptraum Auto. Eine hundertjährige Erfindung und ihre Folgen, München

Braudel, Fernand (1990, zuerst 1979): Sozialgeschichte des 15.–18. Jahrhunderts, Bd. 2, Der Alltag, München

Braverman, Harry (1977): Die Arbeit im modernen Produktionsprozeß, Frankfurt/New York

Brenner, Otto (1965): Automation und technischer Fortschritt in der Bundesrepublik, in: Automation. Risiko und Chance, Bd. I, Beiträge zur zweiten internationalen Arbeitstagung der Industriegewerkschaft Metall für die Bundesrepublik Deutschland über Rationalisierung, Automatisierung und technischen Fortschritt, Frankfurt/Main

Bude, Heinz (1995): Die Herrschaft der globalen Spieler, in: Frankfurter Allgemeine Zeitung, 30.12.1995

Buhl, Dieter (1999): Die SPD stellt sich. Soziale Gerechtigkeit – aber wie?, in: Die Zeit 32/1999

Burckhardt, Jacob (1978, zuerst 1905): Weltgeschichtliche Betrachtungen, Stuttgart

Burgard, Roswitha/Karsten, Gaby (1981): Die Märchenonkel der Frauenfrage: Friedrich Engels und August Bebel, Berlin

Burnham, James (1948, zuerst 1941): Das Regime der Manager, Stuttgart

Burnham, Colin (1991): Der Käfer. Legende, Leistung und Geschichte, Hamburg

Burwitz, Hiltrud/Koch, Henning/Krämer-Badoni, Thomas (1992): Leben ohne Auto. Neue Perspektiven für eine menschliche Stadt, Reinbek bei Hamburg

Capra, Frank (1992, zuerst 1971): Autobiographie, Zürich

Chamberlain, Houston Stewart (1934, zuerst 1899): Die Grundlagen des neunzehnten Jahrhunderts, Bd. I, München

Clausen, Sven O. (1998): Null Freizeit. Auch in Deutschland arbeiten Kinder, weil sie Geld verdienen müssen, in: Die Zeit 20/1998

Claussen, Detlev (1994): Was heißt Rassismus?, Darmstadt

Comte, Auguste (1933, zuerst 1881): Über den Geist des Positivismus, Stuttgart

Coy, Wolfgang (1985): Industrieroboter. Zur Archäologie der zweiten Schöpfung, Berlin

Dahrendorf, Ralf (1983): Wenn der Arbeitsgesellschaft die Arbeit ausgeht, in: Matthes, Joachim (Hrsg.): Krise der Arbeitsgesellschaft? 21. Deutscher Soziologentag, Opladen

Dahrendorf, Ralf (1984): Hasardspiel mit der Zukunft. Zwischen Wohlstand und Bankrott – die Ökonomie des Als-ob; in: Die Zeit 3/1984

Dahrendorf, Ralf (1992): Der moderne soziale Konflikt. Essay zur Politik der Freiheit, Stuttgart

Daniel, Ute (1996): Der Krieg der Frauen 1914–1918. Zur Innenansicht des Ersten Weltkriegs in Deutschland, in: Hirschfeld, Gerhard/Krumreich, Gerd/Renz, Irina (Hrsg.): »Keiner fühlt sich hier mehr als Mensch ...«. Erlebnis und Wirkung des Ersten Weltkriegs, Frankfurt/Main

Darwin, Charles (1995, zuerst 1859): Die Entstehung der Arten durch natürliche Zuchtwahl, Stuttgart

Darwin, Charles (1986, zuerst 1871): Die Abstammung des Menschen und die geschlechtliche Zuchtwahl, Wiesbaden

Davis, Mike (1986): Phoenix im Sturzflug. Zur politischen Ökonomie der Vereinigten Staaten in den achtziger Jahren, Berlin

Decker, Will (1933): Der deutsche Weg. Ein Leitfaden zur staatspolitischen Erziehung der deutschen Jugend im Arbeitsdienst, Leipzig

Deist, Wilhelm (1976): Flottenpolitik und Flottenpropaganda. Das Nachrichtenbureau des Reichsmarineamtes 1897–1914, Stuttgart

Deneke, Bernward (Hrsg.), (1987): Geschichte Bayerns im Industriezeitalter in Texten und Bildern, Stuttgart

Desmond, Adrian/Moore, James (1995): Darwin, München–Leipzig

Deuerlein, Ernst (1970): Die Gründung des Deutschen Reiches in Augenzeugenberichten, Düsseldorf

Diederichs, Friedemann (1999): Zur Strafe: Schämen in der Öffentlichkeit. Stunde der Schande ist beliebtes Spektakel, in: Nürnberger Nachrichten, 8.6.1999

Diehl, Karl/Mombert, Paul (Hrsg.) (1984): Sozialpolitik. Ausgewählte Lesestücke zum Studium der politischen Ökonomie, Frankfurt/Main–Berlin–Wien

Dreßen, Wolfgang (1982): Die pädagogische Maschine. Zur Geschichte des industrialisierten Bewußtseins in Preußen/Deutschland, Frankfurt/Main–Berlin–Wien

Dutschke, Rudi (1968): Die Widersprüche des Spätkapitalismus, die antiautoritären Studenten und ihr Verhältnis zur Dritten Welt, in: Bergmann, Uwe/Dutschke, Rudi/Lefèvre, Wolfgang/Rabehl, Bernd: Rebellion der Studenten oder Die neue Opposition, Reinbek bei Hamburg

Eckermann, Erik (1989): Vom Dampfwagen zum Auto. Motorisierung des Verkehrs, Reinbek bei Hamburg

Ehmer, Josef (1984): Der Betrieb – ein latentes Konfliktfeld. Inhalte und Formen der Arbeitskämpfe, in: Sauer, Walter (Hrsg.): Der dressierte Arbeiter. Geschichte und Gegenwart der industriellen Arbeitswelt, München

Ehrlich, Paul (1971, zuerst 1968): Die Bevölkerungsbombe, München

Eiler, Klaus (Hrsg.) (1984): Hessen im Zeitalter der industriellen Revolution. Text- und Bilddokumente aus hessischen Archiven, Frankfurt/Main

Eltzschig, Johannes (1997): Sparen bei der Unterhose. Die »Wäschewechselhäufigkeit der unteren Einkommensgruppen« treibt Minister Seehofer um, in: Junge Welt, 4. 4. 1997

Engelmann, Bernt (1980): Geleitwort, in: Kroneberg, Lutz/Schloesser, Rolf (Hrsg.): Weber-Revolte 1844, Der schlesische Weberaufstand im Spiegel der zeitgenössischen Publizistik und Literatur, Köln

Engels, Friedrich (1976, zuerst 1845): Die Lage der arbeitenden Klasse in England. Nach eigner Anschauung und authentischen Quellen, in: Marx Engels Werke (MEW), Bd. 2, Berlin

Enzensberger, Hans Magnus (1964): Bewußtseins-Industrie, in: ders.: Einzelheiten I, Frankfurt/Main

Fabiunke, Günter (1955): Zur historischen Rolle des deutschen Nationalökonomen Friedrich List. Ein Beitrag zur Geschichte der politischen Ökonomie in Deutschland, Berlin

Faust, Anselm s. Abelshauser, Werner

Ferro, Marc (1988, zuerst 1969): Der Große Krieg 1914–1918, Frankfurt/Main

Fischer, Wolfram (1992): Die Industrialisierung und ihre Probleme, in: Borst, Otto (Hrsg.): Aufruhr und Entsagung. Vormärz 1815–1848 in Baden und Württemberg, Stuttgart

Flechtner, Hans-Joachim (1984, zuerst 1966): Grundbegriffe der Kybernetik. Eine Einführung, München

Ford, Henry (1922): Der internationale Jude, Leipzig

Ford, Henry (o. J./1923): Mein Leben und Werk, Leipzig

Ford, Henry (1930): Und trotzdem vorwärts!, Leipzig

Forschepiepe, Fritz (1938): Friedrich List, in: ders. (Hrsg.): Friedrich List, Um deutsche Wirklichkeit, Seine Schriften in Auswahl, Stuttgart

Foster, David (1997): Alle fünf Tage stirbt ein arbeitendes Kind. Trotz gesetzlichen Verbotes arbeiten in den Vereinigten Staaten sogar Vierjährige, Associated Press (AP)

Foucault, Michel (1977), Überwachen und Strafen. Die Geburt des Gefängnisses, Frankfurt/Main

Fourastié, Jean (o. J., zuerst 1965): Die 40 000 Stunden. Aufgaben und Chancen der sozialen Evolution, Frankfurt/Main, Wien, Zürich

Friedman, Milton (1971, zuerst 1962): Kapitalismus und Freiheit, Stuttgart

Friedman, Milton (1976, zuerst 1969): Die optimale Geldmenge und andere Essays, München

Friedman, Milton (1992): Geld regiert die Welt, Düsseldorf

Fries, Helmut (1994): Deutsche Schriftsteller im Ersten Weltkrieg, in: Michalka, Wolfgang (Hrsg.): Der Erste Weltkrieg. Wirkung, Wahrnehmung, Analyse; München

Fukuyama, Francis (1992): Das Ende der Geschichte. Wo stehen wir?, München

Gabriel, Susanne (1998): Das Geld reicht hinten und vorne nicht aus. Die französischen Arbeitslosen bekommen lediglich eine knapp bemessene Unterstützung, Associated Press (AP)

Galbraith, John Kenneth (1989, zuerst 1954): Der große Crash 1929. Ursachen, Verlauf, Folgen, München

Galbraith, John Kenneth (1995): Die Geschichte der Wirtschaft im 20. Jahrhundert. Ein Augenzeuge berichtet, Hamburg

Giarini, Orio/Liedtke, Patrick M. (1998): Wie wir arbeiten werden/Der neue Bericht an den Club of Rome, München

Gide, André (1964, zuerst 1911): Corydon. Vier sokratische Dialoge, Frankfurt/Main

Giedion, Siegfried (1987, zuerst 1948): Die Herrschaft der Mechanisierung. Ein Beitrag zur anonymen Geschichte, Frankfurt/Main

Geinitz, Christian (1996): Aufbruchstimmung erfaßte das ganze Bürgertum. 300 Unternehmen der »Gründerjahre« haben überlebt, in: Frankfurter Allgemeine Zeitung, 9. 7. 1996

Glucksmann, André (1976, zuerst 1974): Köchin und Menschenfresser. Über die Beziehung zwischen Staat, Marxismus und Konzentrationslager, Berlin

Goethe, Johann Wolfgang von (1982, zuerst 1821): Wilhelm Meisters Wanderjahre, Frankfurt/Main

Goldberg, Jörg (1988): Von Krise zu Krise. Die Wirtschaft der Bundesrepublik im Umbruch, Köln

Gottl-Ottlilienfeld, Friedrich von (1926): Fordismus, o. O.
Gould, Stephen (1990): Die Entdeckung der Tiefenzeit. Zeitpfeil oder Zeitzyklus in der Geschichte unserer Erde, München–Wien
Gramsci, Antonio (1967, zuerst 1926–37): Philosophie der Praxis. Eine Auswahl, Frankfurt/Main
Graßl, Hans s. Bender, Christiane
Grebing, Helga (1979): Geschichte der deutschen Arbeiterbewegung. Ein Überblick, München
Guéhenno, Jean-Marie (1994): Das Ende der Demokratie, München–Zürich

Habermas, Jürgen (1981): Theorie des kommunikativen Handelns, Bd. 2, Zur Kritik der funktionalistischen Vernunft, Frankfurt/Main
Habermas, Jürgen (1990, zuerst 1984): Die Krise des Wohlfahrtsstaates und die Erschöpfung utopischer Energien, in: ders.: Die Moderne – ein unvollendetes Projekt, Leipzig
Habermas, Jürgen (1987): Eine Art Schadensabwicklung, in: »Historikerstreit«. Die Dokumentation der Kontroverse um die Einzigartigkeit der nationalsozialistischen Judenvernichtung, München–Zürich
Haeckel, Ernst (1960, zuerst 1899): Die Welträtsel. Gemeinverständliche Studien über monistische Philosophie, Berlin
Hahn, Carl H. (1989): Heute ist das Gütesiegel des »Made in Germany« noch weltweit gefragt, und dabei sollte es auch bleiben, in: Handelsblatt, 4. 7. 1989
Halfmann, Jost (1984): Die Entstehung der Mikroelektronik. Zur Produktion technischen Fortschritts, Frankfurt/Main, New York
Hamberger, Sylvia s. Bode, Peter M.
Harris, Michael (1965): Technischer Fortschritt und die Tätigkeit der Organisation für wirtschaftliche Zusammenarbeit und Entwicklung (OECD), in: Automation. Risiko und Chance, Bd. I, Beiträge zur zweiten internationalen Arbeitstagung der Industriegewerkschaft Metall für die Bundesrepublik Deutschland über Rationalisierung, Automatisierung und technischen Fortschritt, Frankfurt/Main
Havel, Václav (1992): Sommermeditationen, Reinbek bei Hamburg
Hayek, Friedrich A. von (1945): Der Weg zur Knechtschaft, Erlenbach–Zürich
Hayek, Friedrich A. von (1976, zuerst 1952): Individualismus und wirtschaftliche Ordnung, Salzburg

Hayek, Friedrich A. von (1979): Wissenschaft und Sozialismus, Tübingen

Hegel, Georg Wilhelm Friedrich (1992, zuerst 1837): Vorlesungen über die Philosophie der Geschichte, in: Werke Bd. 12, Frankfurt/Main

Heinen, Jacqueline s. Maheim, Annik

Heuser, Jean/Martens, Erika (1998): Zwischen Zwang und Spaß. Gibt es staatliche Unterstützung künftig nur noch gegen Arbeit?, in: Die Zeit 10/1998

Heydecker, Joe H. (1997): Der Große Krieg 1914–1918. Von Sarajewo bis Versailles, Berlin

Hinrichs, Peter/Peter, Lothar (1976): Industrieller Friede? Arbeitswissenschaft, Rationalisierung und Arbeiterbewegung in der Weimarer Republik, Köln

Hippel, Wolfgang von (1992): Wirtschaft, Gesellschaft und Staat, in: Borst, Otto (Hrsg.): Aufruhr und Entsagung. Vormärz 1815–1848 in Baden und Württemberg, Stuttgart

Hirsch, Joachim (1995): Der nationale Wettbewerbsstaat. Staat, Demokratie und Politik im globalen Kapitalismus, Berlin

Hitler, Adolf (1942, zuerst 1925): Mein Kampf, München

Hobbes, Thomas (1965, zuerst 1651): Leviathan oder Wesen, Form und Gewalt des kirchlichen und bürgerlichen Staates, Reinbek bei Hamburg

Höhne, Heinz (1996): »Gebt mir vier Jahre Zeit«. Hitler und die Anfänge des Dritten Reiches, Frankfurt/Main

Hoffmeyer, Miriam (1997): Kein süßes Nichtstun. Computer ersetzen Arbeitskräfte in Reisebüros, in: Süddeutsche Zeitung, 24. 9. 1997

Hofmann, Werner (Hrsg.), (1971): Sozialökonomische Studientexte, Bd. 3, Theorie der Wirtschaftsentwicklung, Berlin

Holt, Alix s. Maheim, Annik

Homann, Hermann (Hrsg.), (1973): Meuterei auf der »Bounty«, berichtet von Captain William Bligh, Stuttgart

Hopkins, Terence/Wallerstein, Immanuel (1979): Grundzüge der Entwicklung des modernen Weltsystems. Entwurf für ein Forschungsvorhaben, in: Senghaas, Dieter (Hrsg.): Kapitalistische Weltökonomie. Kontroversen über ihren Ursprung und ihre Entwicklung, Frankfurt/Main

Horkheimer, Max s. Adorno, Theodor W.

Horx, Matthias (1999): Das Zukunfts-Manifest. Aufbruch aus der Jammerkultur, Düsseldorf–München

Huber, Joseph (1985): Modell und Theorie der langen Wellen. Kleine Forschungsgeschichte mit gemischten Ausblicken, in: Jänicke, Martin (Hrsg.): Vor uns die goldenen neunziger Jahre? Langzeitprognosen auf dem Prüfstand, München–Zürich

Hughes, Thomas P. (1991): Die Erfindung Amerikas. Der technologische Aufstieg der USA seit 1870, München

Hurrelmann, Klaus s. Palentien, Christian

Huxley, Aldous (1989, zuerst 1932): Schöne Neue Welt. Ein Roman der Zukunft, Frankfurt/Main

Institut für Marxismus-Leninismus beim ZK der SED (1978): Vorwort zur deutschen Ausgabe, in: Marx Engels Werke (MEW), Bd. 1, Berlin

Israel, Ulrich/Gebauer, Jürgen (1991): Panzerschiffe um 1900, Berlin

Jacoby, Henry (1969): Die Bürokratisierung der Welt. Ein Beitrag zur Problemgeschichte

Jaeger, Hans (1974): Big Business und New Deal, Stuttgart

Jänicke, Martin (1985): Langfristige Wachstumsperspektiven der westlichen Industrieländer, in: ders. (Hrsg.), Vor uns die goldenen neunziger Jahre? Langzeitprognosen auf dem Prüfstand, München–Zürich

Johann, Ernst (Hrsg.), (1966): Reden des Kaisers. Ansprachen, Predigten und Trinksprüche Wilhelms II., München

Jünger, Ernst (1925): Der Kampf als inneres Erlebnis, Berlin

Jünger, Ernst (1941, zuerst 1934 a): Lob der Vokale, in: ders.: Blätter und Steine, Hamburg

Jünger, Ernst (1941, zuerst 1934 b): Die totale Mobilmachung, in: ders.: Blätter und Steine, Hamburg

Jünger, Ernst (1941, zuerst 1934 c): Über den Schmerz, in: ders.: Blätter und Steine, Hamburg

Jünger, Ernst (1953): Der Gordische Knoten, Frankfurt/Main

Jünger, Ernst (1954): Das Sanduhrbuch, Frankfurt/Main

Jünger, Ernst (1978): Sturm, in: Sämtliche Werke, Band 15, Stuttgart

Jünger, Ernst (1981, zuerst 1932): Der Arbeiter. Herrschaft und Gestalt, Stuttgart

Jünger, Ernst (1987, zuerst 1929): Das abenteuerliche Herz. Erste Fassung. Aufzeichnungen bei Tag und Nacht, Stuttgart

Jünger, Ernst (1990, zuerst 1920): In Stahlgewittern, Stuttgart

Jurcovics, Ute (1998): Hunger im Überfluß. In Deutschland hungern immer mehr Kinder, in: Die Woche, 13. 2. 1998

Kaltenbrunner, Robert (1999): Stadt und Wohnung als »Maschine«. Rationalisierung des Bauens erneut als Zauberformel?, in: Neue Zürcher Zeitung, 8. 2. 1999

Kaminski, Andrzej J. (1990): Konzentrationslager 1896 bis heute. Geschichte, Funktion, Typologie, München

Kant, Immanuel (1993, zuerst 1775): Von den verschiedenen Rassen der Menschen, in: Werkausgabe Bd. XI, Frankfurt/Main

Kant, Immanuel (1993, zuerst 1784): Idee zu einer allgemeinen Geschichte in weltbürgerlicher Absicht, in: Werkausgabe Bd. XI, Frankfurt/Main

Kant, Immanuel (1988, zuerst 1764): Beobachtungen über das Gefühl des Schönen und Erhabenen, in: Werkausgabe Bd. II, Frankfurt/Main

Kant, Immanuel (1985, zuerst 1783): Beantwortung der Frage: Was ist Aufklärung?, Stuttgart

Karsten, Gaby s. Burgard, Roswitha

Katona, George (1965): Der Massenkonsum. Eine Psychologie der neuen Käuferschichten, Wien–Düsseldorf

Kautsky, Karl (1910): Vermehrung und Entwicklung in Natur und Gesellschaft, Stuttgart

Kautsky, Karl (1922, zuerst 1892): Das Erfurter Programm, in seinem grundsätzlichen Teil erläutert, Stuttgart–Berlin

Kautsky, Karl (1927): Die Materialistische Geschichtsauffassung Bd. I, Berlin

Kehrl, Hans (1973): Krisenmanager im Dritten Reich. 6 Jahre Frieden – 6 Jahre Krieg, Düsseldorf

Keynes, John Maynard (1956, zuerst 1930): Die Zukunft, in: Politik und Wirtschaft, Männer und Probleme. Ausgewählte Abhandlungen, Tübingen

Keynes, John Maynard (1994, zuerst 1936): Allgemeine Theorie der Beschäftigung, des Zinses und des Geldes, Berlin

Kidron, Michael/Segal, Ronald (1996): Der Fischer Atlas zur Lage der Welt. Globale Trends auf einen Blick, Frankfurt/Main

Klee, Ernst (1995): Mörderische Vordenker. Der Psychiater Alfred Hoche und der Jurist Karl Binding forderten 1920 als erste die Vernichtung »lebensunwerten Lebens«, in: Die Woche, 17. 2. 1995

Klocke, Andreas s. Palentien, Christian

Klönne, Arno (1981): Die deutsche Arbeiterbewegung. Geschichte – Ziele – Wirkungen, Düsseldorf–Köln

Knickerbocker, H. R. (1931): Der rote Handel lockt, Berlin

Koch, Hannsjoachim W. (1973): Der Sozialdarwinismus. Seine Genese und sein Einfluß auf das imperialistische Denken, München

Koch, Henning s. Burwitz, Hiltrud

Kocka, Jürgen s. Ritter, Gerhard A.

Kölle, Ingrid (1992): Millionen Kinder in USA haben nicht genug zu essen, in: Nürnberger Nachrichten, 16. 7. 1992

Köppen, Ruth (1994): Armut und Sexismus, Berlin

Kommission für Zukunftsfragen der Freistaaten Bayern und Sachsen (1997): Erwerbstätigkeit und Arbeitslosigkeit in Deutschland. Entwicklung, Ursachen und Maßnahmen. Teil III, Maßnahmen zur Verbesserung der Beschäftigungslage, Bonn

Kojève, Alexandre (1947): Introduction à la lecture de Hegel, Paris

Krämer-Badoni, Thomas s. Burwitz, Hiltrud

Kroll, Jürgen s. Weingart, Peter

Kroneberg, Lutz/Schloesser, Rolf (Hrsg.), (1980): Weber-Revolte 1844. Der schlesische Weberaufstand im Spiegel der zeitgenössischen Publizistik und Literatur, Köln

Krumreich, Gerd (1996): Kriegsgeschichte im Wandel, in: Hirschfeld, Gerhard/Krumreich, Gerd/Renz, Irina (Hrsg.), »Keiner fühlt sich hier mehr als Mensch ...«. Erlebnis und Wirkung des Ersten Weltkriegs, Frankfurt/Main

Kubin, Alfred (1994, zuerst 1909): Die andere Seite, Reinbek bei Hamburg

Lambsdorff, Otto Graf (1997): Die menschliche Ordnung. Über die Mißverständnisse der Kirchen mit der sozialen Marktwirtschaft, in: Wirtschaftswoche 26/1997

Lamszus, Wilhelm (1928, zuerst 1912): Das Menschenschlachthaus. Visionen vom Krieg, Leipzig

Landsberg, M. (1999): Unsere Kinder sind hier am Verhungern, in: Sonntagsblitz Nürnberg, 28. 2. 1999

Langbehn, Julius (1922, zuerst 1888): Rembrandt als Erzieher. Von einem Deutschen, Leipzig

Langewiesche, Dieter (1992): Wege zur Revolution, in: Borst, Otto (Hrsg.):

Aufruhr und Entsagung. Vormärz 1815–1848 in Baden und Württemberg, Stuttgart

Lefèvre, Wolfgang (1968): Reichtum und Knappheit. Studienreform als Zerstörung gesellschaftlichen Reichtums, in: Bergmann, Uwe/Dutschke, Rudi/Lefèvre, Wolfgang/Rabehl, Bernd: Rebellion der Studenten oder Die neue Opposition, Reinbek bei Hamburg

Lekachman, Robert (1982): Die Reichen reicher machen. Reaganomics oder Wie Ronald Reagan den Sozialstaat abbaut, Reinbek bei Hamburg

Lenin, Wladimir I. (1961, zuerst 1917): Wie soll man den Wettbewerb organisieren?, in: Lenin Werke Bd. 26, Berlin

Lenin, Wladimir I. (1978, zuerst 1918): Die nächsten Aufgaben der Sowjetmacht, in: Lenin Werke Bd. 27, Berlin

Levinsohn, Richard (1932): Die Welt aus den Fugen. Amerika in der Krise, Dresden

Lichter, Jörg (1998): Die große Deflation. Deutsche Gründerkrise von 1873 bis 1879, in: Handelsblatt, 8. 12. 1998

Lieber, Hans-Joachim (1993): Zur Theorie totalitärer Herrschaft, in: ders. (Hrsg.): Politische Theorien von der Antike bis zur Gegenwart, Bonn

Liedtke, Patrick M. s. Giarini, Orio

Lissagaray, Prosper (1894): Geschichte der Kommune von 1871, Stuttgart

List, Friedrich (1922, zuerst 1841): Das nationale System der Politischen Ökonomie, Jena

List, Friedrich (1928, zuerst 1844): Beziehungen der Landwirtschaft zu Industrie und Handel, in: Werke Bd. V, Berlin

List, Friedrich (1928, zuerst 1842): Die deutsche Industrie, in: Werke Bd. V, Berlin

List, Friedrich (1928, zuerst 1841): Die Gegner des Twistzolls, in: Werke Bd. V, Berlin

List, Friedrich (1928, zuerst 1843): Die gegenwärtige Lage der Industrie, in: Werke Bd. V, Berlin

Loose, Hans-Werner (1997): Am Sonntag gibt es nur noch altes Brot. Bulgarien steht vor einem neuen Hunger-Winter, in: Die Welt, 10. 12. 1997

Loth, Wilfried (1996): Das Kaiserreich. Obrigkeitsstaat und politische Mobilisierung, München

Luckow, Marion (1998): Nachwort, in: Sade, Marquis de, Justine oder Vom Mißgeschick der Tugend, Berlin

Ludendorff, Erich (1935): Der totale Krieg, München

Ludwig, Karl-Heinz (1981): Strukturmerkmale nationalsozialistischer Aufrüstung bis 1933, in: Forstmeier, Friedrich/Volkmann, Hans-Erich (Hrsg.): Wirtschaft und Rüstung am Vorabend des Zweiten Weltkriegs, Düsseldorf

Lütge, Gunhild (1997): Die Wunder der Statistik. Ein Vergleich der nationalen Arbeitslosenquoten führt in die Irre, in: Die Zeit 47/1997

Lutz, Burkart (1989): Der kurze Traum immerwährender Prosperität. Eine Neuinterpretation der industriell-kapitalistischen Entwicklung im Europa des 20. Jahrhunderts, Frankfurt/Main–New York

Mahaim, Annik/Holt, Alix/Heinen, Jacqueline (1984): Frauen und Arbeiterbewegung. Deutschland vor 1914 – Russische Revolution – Spanischer Bürgerkrieg, Frankfurt/Main

Malthus, Thomas Robert (1924/25, zuerst 1826): Eine Abhandlung über das Bevölkerungsgesetz, 2 Bde., Jena

Mandeville, Bernard (1988, zuerst 1723): Die Bienenfabel oder Private Laster als gesellschaftliche Vorteile, Leipzig–Weimar

Manegold, Karl-Heinz s. Treue, Wilhelm

Mann, Thomas (o. J.): Buddenbrooks, Verfall einer Familie, Stuttgart

Marten, Heinz-Georg (1983): Sozialbiologismus. Biologische Grundpositionen der politischen Ideengeschichte, Frankfurt/Main–New York

Martens, Erika s. Heuser, Jean

Marx, Karl (1965, zuerst 1890): Das Kapital. Kritik der politischen Ökonomie, Bd. 1, nach der vierten, von Friedrich Engels herausgegebenen Auflage (Hamburg 1890), Berlin

Marx, Karl (1965, zuerst 1894): Das Kapital. Kritik der politischen Ökonomie, Bd. 3, Berlin

Marx, Karl (1968, zuerst 1844): Texte zu Methode und Praxis II. Pariser Manuskripte 1844, Reinbek bei Hamburg

Marx, Karl (1977, zuerst 1848): Lohn, Preis und Profit, Berlin

Marx, Karl (1978, zuerst 1844): Zur Judenfrage, in: Marx Engels Werke (MEW) Bd. 1, Berlin

Mattick, Paul (1969, zuerst 1936): Arbeitslosigkeit und Arbeitslosenbewegung in den USA 1929–1935, Frankfurt/Main

Mayr, Franz Xaver (1931): Rationalisierung der Maschine Mensch. Die radikale Lösung der Arbeitslosenfrage, Wien–Leipzig

Meadows, Dennis (1972): Die Grenzen des Wachstums. Bericht des Club of Rome zur Lage der Menschheit, Stuttgart

Mennicken, Peter (1924): Anti-Ford oder von der Würde des Menschen, o. O.

Miller, Jacques-Alain (1996): Jeremy Benthams panoptische Maschinerie, in: Miller, Jacques-Alain/Bozovic, Miran/Salecl, Renata: Utilitarismus, Wien

Minc, Alain (1994): Das neue Mittelalter, Hamburg

Minchinton, W. (1983): Die Veränderungen der Nachfragestruktur von 1500–1700, in: Carlo M. Cipolla/K. Brochardt (Hrsg.): Europäische Wirtschaftsgeschichte Bd. 2, Sechzehntes und siebzehntes Jahrhundert, Stuttgart–New York

Mommsen, Wolfgang J. (1979): Der europäische Imperialismus. Aufsätze und Abhandlungen, Göttingen

Mommsen, Hans (1991): Der Nationalsozialismus und die deutsche Gesellschaft. Ausgewählte Aufsätze, Reinbek bei Hamburg

Mommsen, Theodor (1988, zuerst 1880): Auch ein Wort über unser Judenthum, in: Boehlich, Walter (Hrsg.): Der Berliner Antisemitismusstreit, Frankfurt/Main

Moore, James s. Desmond, Adrian

Mosse, George L. (1976): Die Nationalisierung der Massen. Von den Befreiungskriegen bis zum Dritten Reich, Frankfurt/Main–Berlin–Wien

Mundorf, Hans (1999): Das Zeitalter der »Nationalökonomien« ist endgültig vorbei, in: Handelsblatt, 12. 1. 1999

Mühlhausen, Walter (1994): Die Sozialdemokratie am Scheideweg – Burgfrieden, Parteikrise und Spaltung im Ersten Weltkrieg, in: Michalka, Wolfgang (Hrsg.): Der Erste Weltkrieg. Wirkung, Wahrnehmung, Analyse; München–Zürich

Münz, Ludwig (1934): Einführung, in: ders. (Hrsg.): Das Gesetz zur Ordnung der nationalen Arbeit vom 20. Januar 1934, Berlin

Muthesius, Ehrenfried (1960): Der letzte Fußgänger oder Die Verwandlung unserer Welt, München

Naisbitt, John (1995): Megatrends Asien, Wien

Naumann, Friedrich (1949, zuerst 1900): Demokratie und Kaisertum, Berlin

Naumann, Friedrich (1964, zuerst 1906): Neudeutsche Wirtschaftspolitik, in: ders.: Werke, Dritter Band, Köln und Opladen

Nesshöver, Christoph (1999): Nur noch Stehplätze. Thomas Robert Malthus: Das Bevölkerungsgesetz, in: Die Zeit 21/1999

Neugebauer, Jens (1999): Roboter sind billiger geworden und bieten deutlich mehr. Die Zukunft der Montagetechnik findet auch in kleinsten Dimensionen statt, in: Handelsblatt, 14. 4. 1999

Nolte, Ernst (1987 a): Zwischen Geschichtslegende und Revisionismus? Das Dritte Reich im Blickwinkel des Jahres 1980, in: »Historikerstreit«. Die Dokumentation der Kontroverse um die Einzigartigkeit der nationalsozialistischen Judenvernichtung, München–Zürich

Nolte, Ernst (1987 b): Vergangenheit, die nicht vergehen will, in: »Historikerstreit«. Die Dokumentation der Kontroverse um die Einzigartigkeit der nationalsozialistischen Judenvernichtung, München–Zürich

Nolte, Ernst (1993): Streitpunkte. Heutige und künftige Kontroversen um den Nationalsozialismus, Berlin–Frankfurt/Main

Ogger, Günter (1982): Die Gründerjahre. Als der Kapitalismus jung und verwegen war, München

Ohlsen, Manfred (1982): Der Eisenbahnkönig Bethel Henry Strousberg. Eine preußische Gründerkarriere, Berlin

Opitz, Reinhard (Hrsg.), (1994): Europastrategien des deutschen Kapitals 1900–1945, Bonn

Orwell, George (1995, zuerst 1949): 1984, Frankfurt/Main, Berlin

Ostwald, Wilhelm (1912): Der energetische Imperativ, Leipzig

Ott, Hugo/Schäfer, Hermann (Hrsg.), (1984): Wirtschafts-Ploetz. Die Wirtschaftsgeschichte zum Nachschlagen, Freiburg–Würzburg

Pache, (1979): Nachwort, in: Defoe, Daniel, Glück und Unglück der berühmten Moll Flanders, Stuttgart

Packard, Vance (1964): Die wehrlose Gesellschaft, München/Zürich

Palentien, Christian/Klocke, Andreas/Hurrelmann, Klaus (1999): Armut im Kindes- und Jugendalter, in: Beilage zur Wochenzeitung Das Parlament 18/1999

Pariser Kommune 1871 (1931): Berichte und Dokumente von Zeitgenossen, Berlin

Paulinyi, Akos (1983): Die industrielle Revolution: Die Entstehung des Fabriksystems in Großbritannien, in: Schneider, Helmuth (Hrsg.): Geschichte der Arbeit. Vom alten Ägypten bis zur Gegenwart, Frankfurt/Main–Berlin–Wien

Pernerstorfer, Engelbert (1916): Einführung, in: Jaurès, Jean, Vaterland und Proletariat, Jena

Perrot, Michelle (1981): Rebellische Weiber. Die Frau in der französischen Stadt des 19. Jahrhunderts, in: Honegger, Claudia/Heintz, Bettina (Hrsg.), Listen der Ohnmacht. Zur Sozialgeschichte weiblicher Widerstandsformen, Frankfurt/Main

Petersen, Jens (1998): Die Verwandlung des Gartens in eine Kaserne. Lösung eines Bannes: Der Begriff des Totalitarismus kehrt in sein Ursprungsland Italien zurück, in: Frankfurter Allgemeine Zeitung, 7. 1. 1998

Petzina, Dieter s. Abelshauser, Werner

Piper, Ernst (1995): Von der Entfernung zur Vernichtung oder Wir standen in der Pflicht, gegenüber der SS, der Firma Topf und dem NS-Staat, Einführung zu: Pressac, Jean Claude, Die Krematorien von Auschwitz. Die Technik des Massenmords, München–Zürich

Piper, Nikolaus (1997): Die unheimliche Revolution. Bewundert, gehaßt, gefürchtet – wie die Doktrin vom Laissez-faire-Kapitalismus in die Wirtschaft zurückkehrte, in: Die Zeit 37/1997

Poliakov, Léon (1983): Geschichte des Antisemitismus, Bd. V, Die Aufklärung und ihre judenfeindliche Tendenz, Frankfurt/Main

Poliakov, Léon (1988 a): Geschichte des Antisemitismus, Bd. VII, Zwischen Assimilation und »jüdischer Weltverschwörung«, Frankfurt/Main

Poliakov, Léon (1988 b): Geschichte des Antisemitismus, Bd. VIII, Am Vorabend des Holocaust, Frankfurt/Main

Postone, Moishe (1988): Nationalsozialismus und Antisemitismus. Ein theoretischer Versuch, in: Diner, Dan (Hrsg.): Zivilisationsbruch. Denken nach Auschwitz, Frankfurt/Main

Pressac, Jean-Claude (1995): Die Krematorien von Auschwitz. Die Technik des Massenmords, München–Zürich

Price, Roger (1992): 1848. Kleine Geschichte der europäischen Revolution, Berlin

Prowse, Michael (1997): Der Sturz des Adam Smith, in: Wirtschaftswoche 6/1997

Rapoport, Louis (1992): Hammer, Sichel, Davidstern. Judenverfolgung in der Sowjetunion, Berlin

Rasch, Harold (1966): Die Finanzierung des Wirtschaftswunders. Der Weg in die permanente Inflation, Stuttgart-Degerloch

Rathenau, Walter (1925, zuerst 1908): Anmerkung vom Konsumanteil, in: Schriften, Bd. 4, Berlin

Rathenau, Walter (1929, zuerst 1915): Deutschlands Rohstoffversorgung, in: Schriften, Bd. 5, Berlin

Recktenwald, Horst Claus (1993): Würdigung, in: Smith, Adam: Der Wohlstand der Nationen. Eine Untersuchung seiner Natur und seiner Ursachen, München

Reisiger, Hans (o. J.): Nachwort, in: Defoe, Daniel: Robinson Crusoe, Zürich

Reitzle, Wolfgang (1994): Die neue Rolle der Arbeitgeber, in: Arbeit der Zukunft – Zukunft der Arbeit, Stuttgart

Remarque, Erich Maria (1952, zuerst 1928): Im Westen nichts Neues, Berlin

Rens, Jef (1965): Technischer Fortschritt und die Tätigkeit der Internationalen Arbeitsorganisation (IAO), in: Automation. Risiko und Chance, Bd. I, Beiträge zur zweiten internationalen Arbeitstagung der Industriegewerkschaft Metall für die Bundesrepublik Deutschland über Rationalisierung, Automatisierung und technischen Fortschritt, Frankfurt/Main

Reuther, Walter P. (1965): Automation und die Politik der Gewerkschaften, in: Automation. Risiko und Chance, Bd. II, Beiträge zur zweiten internationalen Arbeitstagung der Industriegewerkschaft Metall für die Bundesrepublik Deutschland über Rationalisierung, Automatisierung und technischen Fortschritt, Frankfurt/Main

Rieß, Jürgen s. Baumunk, Bodo-Michael

Ritter, Gerhard A./Kocka, Jürgen (Hrsg.), (1982): Deutsche Sozialgeschichte 1870–1914. Dokumente und Skizzen, München

Rocker, Rudolf (1974, zuerst 1950): Absolutistische Gedankengänge im Sozialismus, Hamburg

Röhl, John C. G. (1994): Wilhelm II.: »Das Beste waere Gas!«, in: Die Zeit 48/1994

Roesler, Rudolf (1913): Das Tylor-System – Eine Budgetierung der menschlichen Kraft, in: Taylor, Frederick Winslow: Die Grundsätze wissenschaftlicher Betriebsführung, München–Berlin

Rosecrance, Richard (1987): Der neue Handelsstaat. Herausforderungen für Politik und Wirtschaft, Frankfurt/Main–New York

Roth, Jürgen (1971): Armut in der Bundesrepublik, Darmstadt

Rousseau, Jean-Jaques (1986, zuerst 1762): Emile oder Über die Erziehung, Stuttgart

Rovan, Joseph (1980): Geschichte der deutschen Sozialdemokratie, Frankfurt/Main

Rud, George (1977): Die Volksmassen in der Geschichte. England und Frankreich 1730–1848, Frankfurt/Main–New York

Sade, Marquis de (1980, zuerst 1795): Die Philosophie im Boudoir, Herrsching

Sade, Marquis de (1992, zuerst 1797): Die Geschichte der Justine oder Die Nachteile der Tugend (erweiterte Fassung), Bindlach

Sade, Marquis de (1998, zuerst 1787): Justine oder Vom Mißgeschick der Tugend, Berlin

Samjatin, Jewgeni (1991, geschrieben 1920): Wir, Leipzig–Weimar

Sauga, Michael (1997): Gezähmte Bestie. Über den Tod der Inflation, in: Wirtschaftswoche 3/1997

Sautter, Udo (1994): Geschichte der Vereinigten Staaten von Amerika, Stuttgart

Schäfer, Hermann s. Ott, Hugo

Scharrer, Manfred (1984): Anpassung bis zum bitteren Ende. Die freien Gewerkschaften 1933, in: ders. (Hrsg.): Kampflose Kapitulation. Arbeiterbewegung 1933, Reinbek bei Hamburg

Schérer, René (1975, zuerst 1973): Das dressierte Kind. Sexualität und Erziehung: Über die Einführung der Unschuld, Berlin

Schloesser, Rolf s. Kroneberg, Lutz

Schmidt-Bergmann, Hansgeorg (1993): Futurismus. Geschichte, Ästhetik, Dokumente, Reinbek bei Hamburg

Schnell, Ralf (1998): Dichtung in finsteren Zeiten. Deutsche Literatur und Faschismus, Reinbek bei Hamburg

Schönhoven, Klaus (1994): Die Kriegspolitik der Gewerkschaften, in: Michalka, Wolfgang (Hrsg.): Der Erste Weltkrieg. Wirkung, Wahrnehmung, Analyse, München–Zürich

Scholz, Roswitha (1992): Der Wert ist der Mann. Thesen zu Wertvergesellschaftung und Geschlechterverhältnis, in: Krisis, Beiträge zur Kritik der Warengesellschaft 12, Bad Honnef

Schütte, Christian (1995): Heroische Annahmen. Ökonomie-Preisträger Robert Lucas sprengte die Fundamente des alten Keynesianismus, in: Wirtschaftswoche 42/1995

Schulin, Ernst (1994): Die Urkatastrophe des zwanzigsten Jahrhunderts, in: Michalka, Wolfgang (Hrsg.): Der Erste Weltkrieg. Wirkung, Wahrnehmung, Analyse, München

Schulz, Ursula (Hrsg.), (1976): Die Deutsche Arbeiterbewegung 1848–1919 in Augenzeugenberichten, München

Schumpeter, Joseph A. (1980, zuerst 1942): Kapitalismus, Sozialismus und Demokratie, München

Segal, Ronald s. Kidron, Michael

Sering, Paul (1984, zuerst 1946): Der Faschismus als Revolte gegen Europa, in: Nolte, Ernst (Hrsg.): Theorien über den Faschismus, Königstein/Taunus

Sieber, Eberhard (1992): Studentische Störungen und Entwürfe, in: Borst, Otto (Hrsg.), Aufruhr und Entsagung. Vormärz 1815–1848 in Baden und Württemberg, Stuttgart

Silberner, Edmund (1962): Sozialisten zur Judenfrage. Ein Beitrag zur Geschichte des Sozialismus vom Anfang des 19. Jahrhunderts bis 1914, Berlin

Sloterdijk, Peter (1999): Regeln für den Menschenpark. Ein Antwortschreiben zum Brief über den Humanismus, in: Die Zeit 38/1999

Slotosch, Walter (1971): Das Geld, mit dem wir leben müssen. Panorama der Weltinflation, München–Wien–Basel

Smith, Adam (1977, zuerst 1759): Theorie der ethischen Gefühle, Hamburg

Smith, Adam (1993, zuerst 1789): Der Wohlstand der Nationen. Eine Untersuchung seiner Natur und seiner Ursachen, München

Sommerhoff, Barbara (1997): Dienen und Bedienenlassen will gelernt sein. Ohne Vorbilder kann Servicementalität nur durch wirtschaftlichen Druck entstehen, in: Süddeutsche Zeitung, 1. 3. 1997

Spengler, Oswald (1972, zuerst 1918): Der Untergang des Abendlands. Umrisse einer Morphologie der Weltgeschichte, München

Starbatty, Joachim (1999): Geldpolitische Hygiene statt keynesianischer Hydraulik. Hayeks Konjunkturtheorie wird im Lichte der jüngsten Finanzkrisen wieder aktuell, in: Handelsblatt, 16. 3. 1999

Störig, Hans Joachim (1966): Kleine Weltgeschichte der Philosophie, München–Zürich

Strübel, Gustav (1996): »Ich habe sie richten lassen«. Vor 70 Jahren: Offiziere morden, Richter versagen, die SPD zahlt den Preis, in: Sebastian Haffner, Stephan Hermlin, Kurt Tucholsky u. a.: Zwecklegenden. Die SPD und das Scheitern der Arbeiterbewegung, Berlin

Stürmer, Michael (Hrsg.), (1986): Herbst des alten Handwerks. Meister, Gesellen und Obrigkeit im 18. Jahrhundert, München–Zürich

Süß, Walter (1985): Die Arbeiterklasse als Maschine. Ein industrie-soziologischer Beitrag zur Sozialgeschichte des aufkommenden Stalinismus, Wiesbaden

Sullerot, Evelyne (1971): Die Frau in der modernen Gesellschaft, München

Swift, Jonathan (1991, zuerst 1729): Bescheidener Vorschlag, wie man verhüten kann, daß die Kinder armer Leute in Irland ihren Eltern oder dem Lande zur Last fallen, und wie sie der Allgemeinheit nutzbar gemacht werden können, in: Ausgewählte Werke, Bd. 2, Berlin und Weimar

Swift, Jonathan (1991, zuerst 1727): Gullivers Reisen, in: Ausgewählte Werke, Bd. 3, Berlin und Weimar

Talmon, J. L. (1961): Die Ursprünge der totalitären Demokratie, Köln und Opladen

Taylor, Frederick Winslow (1913): Die Grundsätze wissenschaftlicher Betriebsführung, München und Berlin

Terkel, Studs (1972): Der Grosse Krach. Die Geschichte der amerikanischen Depression, Frankfurt/Main

Thatcher, Margaret (1993): Downing Street No. 10. Die Erinnerungen, Düsseldorf

Thatcher, Margaret (1995): Die Erinnerungen 1925–1979, Düsseldorf

Thompson, Edward P. (1980): Plebeische Kultur und moralische Ökonomie. Aufsätze zur englischen Sozialgeschichte des 18. und 19. Jahrhunderts, Frankfurt/Main–Berlin–Wien

Thompson, Edward P. (1987, zuerst 1963): Die Entstehung der englischen Arbeiterklasse, 2 Bde., Frankfurt/Main

Thurow, Lester C. (1996 a): Die Zukunft des Kapitalismus, Düsseldorf/München

Thurow, Lester C. (1996 b): Die Illusion vom Jobwunder. Viele Arbeitslose werden von Amts wegen gar nicht mehr registriert, in: Die Zeit 44/1996

Treitschke, Heinrich von (1988/zuerst 1879): Unsere Aussichten, in: Boehlich, Walter (Hrsg.): Der Berliner Antisemitismusstreit, Frankfurt/Main

Treue, Wilhelm/Manegold, Karl-Heinz (Hrsg.), (1966): Quellen zur Geschichte der industriellen Revolution, Göttingen–Frankfurt/Main–Zürich

Treue, Wilhelm (Hrsg.) (1967): Deutschland in der Weltwirtschaftskrise in Augenzeugenberichten, Düsseldorf

Tschuppik, Karl (1931): Ludendorff. Die Tragödie des Fachmanns, Wien und Leipzig

Ulrich, Bernd/Ziemann, Benjamin (Hrsg.) (1994): Frontalltag im Ersten Weltkrieg. Wahn und Wirklichkeit. Quellen und Dokumente, Frankfurt/Main

Ullrich, Volker (1994): Kriegsalltag. Zur inneren Revolutionierung der wilhelminischen Gesellschaft, in: Michalka, Wolfgang (Hrsg.): Der Erste Weltkrieg. Wirkung, Wahrnehmung, Analyse; München–Zürich

Virilio, Paul (1992): Rasender Stillstand, München–Wien

Virilio, Paul (1978): Fahren, fahren, fahren ..., Berlin

Vollmer, Antje (1996): Heißer Frieden. Über Gewalt, Macht und Zivilisation, München

Wacquant, Loïc J. D. (1997): Vom wohltätigen Staat zum strafenden Staat. Über den politischen Umgang mit Armut und Elend in den USA, in: Frankfurter Rundschau, 12. 7. 1997

Wagner, Adolph (1912): Die Strömungen in der Sozialpolitik und der Katheder- und Staatssozialismus, Berlin

Wagner, Adolph (1879): Lehrbuch der politischen Oekonomie, Erster Band, Leipzig und Heidelberg

Wagner, Richard (1975, zuerst 1850): Das Judentum in der Musik, München

Wagner, Richard (1988, zuerst 1975): Das braune Buch. Tagebuchaufzeichnungen, München

Wallerstein, Immanuel (1986, zuerst 1974): Das moderne Weltsystem, Bd. I, Kapitalistische Landwirtschaft und die Entstehung der europäischen Weltwirtschaft im 16. Jahrhundert, Frankfurt/Main

Wallerstein, Immanuel s. Hopkins, Terence

Walser, Martin (1998): Erfahrungen beim Verfassen einer Sonntagsrede, Frankfurt/Main

Walter, Dirk (1999): Antisemitische Kriminalität und Gewalt. Judenfeindschaft in der Weimarer Republik, Bonn

Weber, Max (1985, zuerst 1922): Wirtschaft und Gesellschaft. Grundriß der verstehenden Soziologie, Tübingen

Wehler, Hans-Ulrich (1987): Deutsche Gesellschaftsgeschichte. Zweiter Band, 1815–1845/49, München

Wehler, Hans-Ulrich (1995): Deutsche Gesellschaftsgeschichte. Dritter Band, 1849–1914, München

Wehner, Magnus (1932): Langemarck. Ein Vermächtnis, München

Weingart, Peter/Kroll, Jürgen/Bayertz, Kurt (1988): Rasse, Blut und Gene. Geschichte der Eugenik und Rassenhygiene in Deutschland, Frankfurt/Main

Wells, Herbert George (1974, zuerst 1898): Der Krieg der Welten, Zürich

Wells, Herbert George (1980, zuerst 1895): Die Zeitmaschine, Wien–Hamburg

Wick, Rainer K. (1994): Bauhaus Pädagogik, Köln

Widmann, Carlos (1995): Der Armen überdrüssig. Über die Demontage des amerikanischen Sozialstaats, in: Der Spiegel 46/1995

Wiener, Norbert (1992, zuerst 1948): Kybernetik. Regelung und Nachrichtenübermittlung im Lebewesen und in der Maschine, Düsseldorf

Wikander, Ulla (1998): Von der Magd zur Angestellten. Macht, Geschlecht und Arbeitsteilung 1789–1950, Frankfurt/Main

Wildt, Michael (1996): Vom kleinen Wohlstand. Eine Konsumgeschichte der fünfziger Jahre, Frankfurt/Main

Williams, Heathcote (1992): Automobilmachung, Frankfurt/Main

Wingler, Hans M. (1975): Das Bauhaus. Weimar Dessau Berlin und die Nachfolge in Chicago seit 1937, Bramsche

Wirtz, Rainer (1981): »Widersetzlichkeiten, Excesse, Crawalle, Tumulte und Skandale«. Soziale Bewegung und gewalthafter sozialer Protest in Baden 1815–1848, Frankfurt/Main–Berlin–Wien

Wuketits, Franz M. (1987): Charles Darwin. Der stille Revolutionär, München–Zürich

Wulf, Hans Albert (1987): »Maschinenstürmer sind wir keine«. Technischer Fortschritt und sozialdemokratische Arbeiterbewegung, Frankfurt/Main–New York

Zängl, Wolfgang s. Bode, Peter M.

Ziemann, Benjamin s. Ulrich, Bernd

Marx macht mobil

Robert Kurz (Hrsg.)
Marx lesen
Die wichtigsten Texte von Karl Marx
für das 21. Jahrhundert
432 Seiten · Ln. geb. mit Pappschlaufe
DM 49,80 · öS 364,– · sFr 46,–
Ab 01.01.2002: € 24,90 (D)
ISBN 3-8218-1644-9

Globalisierung, Fusionen, Börsenfieber: Viele der aktuellen wirtschaftlichen Entwicklungen hat Karl Marx bereits vorausgesehen und analysiert. Robert Kurz präsentiert in diesem kommentierten Marx-Reader die wichtigsten Texte des wohl meistgelesenen Klassikers der Ökonomie. Seine Auswahl zeigt, daß Marx` Analyse der Marktwirtschaft auch im 21. Jahrhundert noch aktuell ist. Ein unverzichtbares Werk für alle, die unsere Wirtschaft verstehen wollen.